LAROUSSE

MINI DICTIONNAIRE

FRANÇAIS ANGLAIS

ANGLAIS FRANÇAIS

Pour cette édition / For this edition
Rédaction
Lucy Bove Marie Chochon
Coryne Le Gloan Anne-Laure Penot
Donald Watt

Pour la première édition / For the first edition
Callum Brines Laurence Larroche
Sara Montgomery Jane Rogoyska
Cécile Vanwalleghem Patrick White

ISBN 2-03-540243-3 LAROUSSE, PARIS.
21, rue du Montparnasse, 75283 Paris Cedex 06.

ISBN 2-03-542123-4
DIFFUSION/SALES:
HOUGHTON MIFFLIN COMPANY, BOSTON.

LIBRARY OF CONGRESS CIP DATA
HAS BEEN APPLIED FOR

Achevé d'imprimer en Janvier 2006
sur les presses de «La Tipografica Varese S.p.A.» à Varese (Italie)

LAROUSSE

MINI DICTIONARY

FRENCH
ENGLISH

ENGLISH
FRENCH

SOMMAIRE

CONTENTS

Ce dictionnaire MINI a été conçu pour répondre aux besoins du voyageur et du débutant.

Avec plus de 30 000 mots et expressions, et plus de 40 000 traductions, ce dictionnaire présente non seulement le vocabulaire général mais aussi les mots de la vie quotidienne.

De nombreux exemples et des indicateurs de sens précis éclairent le vocabulaire essentiel. Les termes dont l'emploi nécessite une plus grande précision sont mis en relief par une présentation étudiée.

Des informations culturelles et des renseignements pratiques ouvrant des aperçus sur un autre pays sont à découvrir au fil du dictionnaire.

Nous espérons que vous apprécierez cet ouvrage et nous vous invitons à nous envoyer vos suggestions.

L'ÉDITEUR

This MINI dictionary was developed to meet the needs of both the traveller and the beginner.

With over 30,000 words and phrases and 40,000 translations, this dictionary provides not only general vocabulary but also the language used in everyday life.

Clear sense markers are provided to guide the reader to the correct translation, while special emphasis has been placed on many basic words, with helpful examples of usage and a particularly user-friendly layout.

Cultural notes and practical information can be found throughout which allow an interesting insight into life in another country.

We hope you enjoy using this dictionary, and don't hesitate to send us your comments.

THE PUBLISHER

Abbreviations / Abréviations		
abbreviation	abbr/abr	abréviation
adjective	adj	adjectif
adverb	adv	adverbe
anatomy	ANAT	anatomie
article	art	article
automobile, cars	AUT/AUTO	automobile
auxiliary verb	aux	auxiliaire
commerce, business	COMM	commerce
comparative	compar	comparatif
computers	COMPUT	informatique
conjunction	conj	conjonction
continuous	cont	progressif
culinary, cooking	CULIN	cuisine, art culinaire
law	DR	droit
exclamation	excl	interjection
feminine	f	féminin
informal	fam	familier
figurative	fig	figuré
finance, financial	FIN	finance
formal	fml	soutenu
feminine plural	fpl	féminin pluriel
grammar	GRAM/GRAMM	grammaire
impersonal verb	imp	verbe impersonnel
informal	inf	familier
computers	INFORM	informatique
infinitive	infin	infinitif
inseparable	insep	inséparable
exclamation	interj	interjection
invariable	inv	invariable
law	LAW	droit
masculine	m	masculin
masculine or feminine	m ou f	masculin ou féminin
mathematics	MATH	mathématiques
medicine	MED	médecine

Abbreviations / Abréviations

masculine and feminine	mf	même forme pour le masculin et le féminin
military	MIL	militaire
masculine plural	mpl	masculin pluriel
music	MUS	musique
noun	n	nom
nautical	NAUT	nautique
feminine	nf	nom féminin
plural feminine	nfpl	nom féminin pluriel
masculine noun	nm	nom masculin
either feminine or masculine	nm ou nf	nom dont le genre est flottant : ex. un arobase OU une arobase
masculine with feminine ending	nm, f	nom masculin et nom féminin : ex. menteur, euse
masculine and feminine	nmf	même forme pour le masculin et le féminin : ex. démocrate
masculine plural	nmpl	nom masculin pluriel
plural noun	npl	nom pluriel
numeral	num	numéral
present participle	p prés	participe présent
pejorative	pej/péj	péjoratif
plural	plural	pluriel
politics	POL	politique
past participle	pp	participe passé
prefix	pref/préf	préfixe
preposition	prep	préposition
pronoun	pronoun	pronom
interrogative pronoun	pron interr	pronom interrogatif
relative pronoun	pron rel	pronom relatif
past tense	pt	passé
religion	RELIG	religion
school	SCH/SCOL	scolaire
Scottish English	Scot	anglais d'Écosse

Abbreviations / Abréviations		
separable	sep	séparable
singular	sg/sing	singulier
formal	sout	soutenu
sport	SPORT	sport
superlative	superl	superlatif
technology, technical	TECH	technologie
transport	TRANS	transports
television	TV	télévision
uncountable	U	indénombrable
British English	UK	anglais britannique
American English	US	anglais américain
verb + preposition	v+prep	verbe préposition
auxiliary verb	v aux	verbe auxiliaire
impersonal verb	v impers	verbe impersonnel
intransitive verb	vi	verbe intransitif
reflexive verb	vp	verbe pronominal
transitive verb	vt	verbe transitif
vulgar	vulg	vulgaire
sub-entry	◆	sous-entrée
grammatical category	◇	catégorie grammaticale
phrases	●	phrase d'exemple
signs	▼	panneaux
cultural equivalent	≃	équivalent culturel

Trademarks
Words considered to be trademarks have been designated in this dictionary by the symbol ®. However, neither the presence nor the absence of such designation should be regarded as affecting the legal status of any trademark.

Noms de marque
Les noms de marque sont désignés dans ce dictionnaire par le symbole ®. Néanmoins, ni ce symbole ni son absence éventuelle ne peuvent être considérés comme susceptibles d'avoir une incidence quelconque sur le statut légal d'une marque.

	anglais	français	commentaire
[æ]	pat/bag/mad		son entre le **a** et le **e**
[ɑː]	barn/car/laugh	lac/papillon	
[aɪ]	buy/light/aisle	paille/aïe	
[aʊ]	now/shout/town		se prononce comme **ao**
[b]	bottle/bib	bateau/rosbif	
[d]	dog/did	dalle/ronde	
[dʒ]	jig/fridge	gin/jeans	
[e]	pet, bet	pays, année	
[ə]	mother/suppose	cheval/je	
[ɜː]	burn/learn/bird	ailleurs	
[eə]	pair/bear/share	fer/mer	
[eɪ]	bay/late/great	paye	
[f]	fib/physical	fort/physique	
[g]	gag/great	garder/épilogue	
[h]	how/perhaps		son **h** aspiré
[ɪ]	pit/big/rid		son **i** bref
[iː]	bean/weed	riz, fille/île	
[ɪə]	peer/fierce/idea	mieux	son **i** long
[j]	you/spaniel	yeux/yaourt	
[k]	come/kitchen	coq/quatre	
[kv]	quarter		se prononce comme **kw**
[l]	little/help	halle/lit	
[m]	metal/comb	mât/drame	
[n]	night/dinner	nager/trône	
[ŋ]	song/finger	parking/camping	

	anglais	français	commentaire
[ɒ]	dog/sorry	poche/roc/sol	
[ɔː]	lawn	drôle/aube	
[əʊ]	no/road/blow	sot/pot	
[ɔɪ]	boy/foil	coyote	
[ʊ]	put/full	outil/goût	
[uː]	loop/moon		son **ou** long
[ʊə]	poor/sure/tour	touriste/pour	
[p]	pop/people	papa/prendre	
[r]	right/carry	arracher/sabre	
[s]	seal/peace	cela/savant	
[ʃ]	sheep/machine	charrue/schéma	
[t]	train/tip	théâtre/temps	
[tʃ]	chain/wretched	tchèque/tchador	
[θ]	think/fifth		se prononce comme un **s**, mais en pointant la langue contre les incisives.
[ð]	this/with		se prononce comme un **z**, mais en pointant la langue contre les incisives.
[ʌ]	cut/sun		son **o** tirant sur le **a**
[v]	vine/livid	voir/rive	
[w]	wet/why/twin	ouest/oui	
[z]	zip/his	zébu/zéro	
[ʒ]	usual/measure	bijou/rouge	

	français	anglais	commentaire
[a]	lac, papillon		like **a** in cat
[ɑ]	tas, âme		like **a** in barn, dancer
[ã]	champ		the **a** sound of cat nasalized
[b]	bateau, rosbif	bottle, bib	
[d]	dalle, ronde	dog, did	
[e]	pays, année	pay	
[ɛ]	bec, aime	pet	
[ɛ̃]	main, timbre		the **ay** sound of pay nasalized
[ə]	le, je	mother, suppose	
[f]	fort	fib	
[g]	garder, épilogue	gag, great	
[ɥ]	lui, nuit		like **wee** in weed
[i]	fille, île		like **ee** in weed but shorter
[j]	yeux, yoga	spaniel	
[k]	karaté	kitchen	
[l]	halle, lit	little, help	
[m]	mât, drame	metal, comb	
[n]	nager, trône	night, dinner	
[ŋ]	parking, camping	song, finger	
[ɲ]	agneau, peigner		like new
[o]	drôle		beginning of **wet**

	français	anglais	commentaire
[ɔ]	botte, automne	open	
[ɔ̃]	ongle		the **o** sound nasalized
[ø]	aveu, jeu		like **e** in mother
[œ]	peuple, bœuf		like **u** in burn
[p]	papa, prendre	pop, people	
[ʀ]	raisin, régime	right, carry	
[s]	savant	seal, peace	
[ʃ]	charrue, schéma	sheep, machine	
[t]	théâtre, temps	train, tip	
[tʃ]	tchèque, tchador	chain, wretched	
[u]	outil, goût		like a short **loo**p
[œ̃]	brun, parfum		the beginning of **gai**n
[v]	voir, rive	vine, livid	
[w]	ouest, oui	wet, why, twin	
[y]	usage, lune		between **o** and **i**
[z]	zébu, zéro	zip, his	
[ʒ]	bijou, rouge	usual, measure	

Additional information on phonetic transcription The symbol ['] has been used to represent the French 'h aspiré', e.g. *hacher* ['aʃe]	**Point d'information complémentaire sur la phonétique** Le symbole ['] représente le « h » aspiré français, par exemple *hacher* ['aʃe].
The symbol [ˈ] indicates that the following syllable carries primary stress and the symbol [ˌ] that the following syllable carries secondary stress.	Le symbole [ˈ] indique la syllabe accentuée. Lorsqu'il y a deux accents, le symbole [ˌ] indique le plus faible des deux.
The symbol [ʳ] in English phonetics indicates that the final 'r' is pronounced only when followed by a word beginning with a vowel. Note that it is nearly always pronounced in American English.	Le symbole [ʳ] indique que le « r » final d'un mot anglais ne se prononce que lorsqu'il forme une liaison avec la voyelle du mot suivant ; le « r » final est presque toujours prononcé en anglais américain.

English compounds A compound is a word or expression which has a single meaning but is made up of more than one word, e.g. *point of view*, *kiss of life*, *virtual reality* and *West Indies*. It is a feature of this dictionary that English compounds appear in the A–Z list in strict alphabetical order. The compound *blood test* will therefore come after *bloodshot* which itself follows *blood pressure*.	**Mots composés anglais** On désigne par composés des entités lexicales ayant un sens autonome mais qui sont composées de plus d'un mot, par exemple *point of view*, *kiss of life*, *virtual reality* et *West Indies*. Nous avons pris le parti de faire figurer les composés anglais dans l'ordre alphabétique général. Le composé *blood test* est ainsi présenté après *bloodshot* qui suit *blood pressure*.

FRANÇAIS-ANGLAIS

FRENCH-ENGLISH

aA

a [a] *3ᵉ pers. du sg de l'ind. prés.* ➤ **avoir**
A *abr de* **autoroute**
à [a] *prép*
1. *(introduit un complément d'objet indirect)* to • **penser à** to think about • **donner qqch à qqn** to give sb sthg
2. *(indique le lieu où l'on est)* at • **à la campagne** in the country • **j'habite à Paris** I live in Paris • **rester à la maison** to stay at home • **il y a une piscine à deux kilomètres du village** there is a swimming pool two kilometres from the village
3. *(indique le lieu où l'on va)* to • **allons au théâtre** let's go to the theatre • **il est parti à la pêche** he went fishing
4. *(introduit un complément de temps)* at • **embarquement à 21 h 30** boarding is at nine thirty p.m • **au mois d'août** in August • **le musée est à cinq minutes d'ici** the museum is five minutes from here • **à jeudi !** see you Thursday!
5. *(indique la manière, le moyen)* • **à deux** together • **à pied** on foot • **écrire au crayon** to write in pencil • **à la française** in the French style • **fait à la main** handmade, made by hand
6. *(indique l'appartenance)* • **cet argent est à moi/à lui/à Isabelle** this money is mine/his/Isabelle's • **à qui sont ces lunettes ?** whose are these glasses? • **une amie à moi** a friend of mine
7. *(indique un prix)* • **une place à 15 euros** a 15-euro seat
8. *(indique une caractéristique)* with • **le garçon aux yeux bleus** the boy with the blue eyes • **du tissu à rayures** striped fabric • **un bateau à vapeur** a steamboat
9. *(indique un rapport)* by • **100 km à l'heure** 100 km an hour
10. *(indique le but)* • **maison à vendre** house for sale • **le courrier à poster** the letters to be posted

AB (*abr écrite de* **assez bien**) *fair (assessment of schoolwork)*
abaisser [abese] *vt (manette)* to lower
abandon [abɑ̃dɔ̃] *nm* • **à l'abandon** neglected • **laisser qqch à l'abandon** to neglect sthg
abandonné, e [abɑ̃dɔne] *adj* **1.** abandoned **2.** *(village)* deserted
abandonner [abɑ̃dɔne] *vt* to abandon ◇ *vi* to give up
abat-jour [abaʒur] *nm inv* lampshade
abats [aba] *nmpl* **1.** *(de bœuf, de porc)* offal *sg* **2.** *(de volaille)* giblets
abattoir [abatwar] *nm* abattoir
abattre [abatr] *vt* **1.** *(arbre)* to chop down **2.** *(mur)* to knock down **3.** *(tuer)* to kill **4.** *(décourager)* to demoralize
abattu, e [abaty] *adj (découragé)* dejected
abbaye [abei] *nf* abbey
abcès [apsɛ] *nm* abscess
abeille [abɛj] *nf* bee
aberrant, e [abɛrɑ̃, ɑ̃t] *adj* absurd
abîmer [abime] *vt* to damage ◆ **s'abîmer** *vp* **1.** *(fruit)* to spoil **2.** *(livre)* to get damaged • **s'abîmer les yeux** to ruin one's eyesight
aboiements [abwamɑ̃] *nmpl* barking *sg*
abolir [abɔlir] *vt* to abolish

abominable [abɔminabl] *adj* awful
abondant, e [abɔ̃dɑ̃, ɑ̃t] *adj* **1.** plentiful **2.** *(pluie)* heavy
abonné, e [abɔne] *nm, f* **1.** *(à un magazine)* subscriber **2.** *(au théâtre)* season ticket holder ◇ *adj* • **être abonné à un journal** to subscribe to a newspaper
abonnement [abɔnmɑ̃] *nm* **1.** *(à un magazine)* subscription **2.** *(de théâtre, de métro)* season ticket
abonner [abɔne] ♦ **s'abonner à** *vp + prep* • **s'abonner à un journal** to suscribe to a newspaper
abord [abɔr] ♦ **d'abord** *adv* first ♦ **abords** *nmpl* **1.** surrounding area *sg* **2.** *(d'une ville)* outskirts
abordable [abɔrdabl] *adj* affordable
aborder [abɔrde] *vt* **1.** *(personne)* to approach **2.** *(sujet)* to touch on ◇ *vi NAUT* to reach land
aboutir [abutir] *vi (réussir)* to be successful • **aboutir à** *(rue)* to lead to ; *(avoir pour résultat)* to result in
aboyer [abwaje] *vi* to bark
abrégé [abreʒe] *nm* • **en abrégé** in short
abréger [abreʒe] *vt* to cut short
abreuvoir [abrœvwar] *nm* trough
abréviation [abrevjasjɔ̃] *nf* abbreviation
abri [abri] *nm* shelter • **être à l'abri (de)** to be sheltered (from) • **se mettre à l'abri (de)** to take shelter (from)
abricot [abriko] *nm* apricot
abriter [abrite] ♦ **s'abriter (de)** *vp + prep* to shelter (from)
abrupt, e [abrypt] *adj (escarpé)* steep
abruti, e [abryti] *adj* **1.** *(fam) (bête)* thick **2.** *(assommé)* dazed ◇ *nm, f (fam)* idiot
abrutissant, e [abrytisɑ̃, ɑ̃t] *adj* mind-numbing
absence [apsɑ̃s] *nf* **1.** absence **2.** *(manque)* lack
absent, e [apsɑ̃, ɑ̃t] *adj (personne)* absent ◇ *nm, f* absentee
absenter [apsɑ̃te] ♦ **s'absenter** *vp* to leave
absolu, e [apsɔly] *adj* absolute
absolument [apsɔlymɑ̃] *adv* absolutely
absorbant, e [apsɔrbɑ̃, ɑ̃t] *adj (papier, tissu)* absorbent
absorber [apsɔrbe] *vt* **1.** to absorb **2.** *(nourriture)* to take
abstenir [apstənir] ♦ **s'abstenir** *vp (de voter)* to abstain • **s'abstenir de faire qqch** to refrain from doing sthg
abstention [apstɑ̃sjɔ̃] *nf* abstention
abstenu, e [apstəny] *pp* ➤ **abstenir**
abstrait, e [apstrɛ, ɛt] *adj* abstract
absurde [apsyrd] *adj* absurd
abus [aby] *nm* • **évitez les abus** don't drink or eat too much
abuser [abyze] *vi (exagérer)* to go too far • **abuser de** *(force, autorité)* to abuse
académie [akademi] *nf (zone administrative)* local education authority • **l'Académie française** the French Academy *(learned society of leading men and women of letters)*
acajou [akaʒu] *nm* mahogany
accaparer [akapare] *vt (personne, conversation)* to monopolize
accéder [aksede] ♦ **accéder à** *v + prep (lieu)* to reach
accélérateur [akseleratœr] *nm* accelerator

accélération [akselerasjɔ̃] *nf* acceleration

accélérer [akselere] *vi* **1.** *AUTO* to accelerate **2.** *(se dépêcher)* to hurry

accent [aksɑ̃] *nm* accent • **mettre l'accent sur** to stress • **accent aigu** acute (accent) • **accent circonflexe** circumflex (accent) • **accent grave** grave (accent)

accentuer [aksɑ̃tɥe] *vt (mot)* to stress ◆ **s'accentuer** *vp (augmenter)* to become more pronounced

acceptable [akseptabl] *adj* acceptable

accepter [aksepte] *vt* **1.** to accept **2.** *(supporter)* to put up with • **accepter de faire qqch** to agree to do sthg

accès [aksɛ] *nm* **1.** *(entrée)* access **2.** *(crise)* attack • **donner accès à** *(ticket)* to admit to ▼ **accès interdit** no entry ▼ **accès aux trains/aux quais** to the trains

accessible [aksesibl] *adj* accessible

accessoire [akseswar] *nm* accessory ▼ **accessoires beauté/cheveux** beauty/hair accessories

accident [aksidɑ̃] *nm* accident • **accident de la route** road accident • **accident du travail** industrial accident • **accident de voiture** car crash

accidenté, e [aksidɑ̃te] *adj* **1.** *(voiture)* damaged **2.** *(terrain)* bumpy

accidentel, elle [aksidɑ̃tɛl] *adj* **1.** *(mort)* accidental **2.** *(rencontre, découverte)* chance

accolade [akɔlad] *nf (signe graphique)* curly bracket

accompagnateur, trice [akɔ̃paɲatœr, tris] *nm, f* **1.** *(de voyages)* guide **2.** *MUS* accompanist

accompagnement [akɔ̃paɲmɑ̃] *nm MUS* accompaniment

accompagner [akɔ̃paɲe] *vt* to accompany

accomplir [akɔ̃plir] *vt* to carry out

accord [akɔr] *nm* **1.** agreement **2.** *MUS* chord • **d'accord !** OK!, all right! • **se mettre d'accord** to reach an agreement • **être d'accord avec** to agree with • **être d'accord pour faire qqch** to agree to do sthg

accordéon [akɔrdeɔ̃] *nm* accordion

accorder [akɔrde] *vt MUS* to tune • **accorder qqch à qqn** to grant sb sthg ◆ **s'accorder** *vp* to agree • **s'accorder bien** *(couleurs, vêtements)* to go together well

accoster [akɔste] *vt (personne)* to go up to ◇ *vi NAUT* to moor

accotement [akɔtmɑ̃] *nm* shoulder ▼ **accotements non stabilisés** soft verges

accouchement [akuʃmɑ̃] *nm* childbirth

accoucher [akuʃe] *vi* • **accoucher (de)** to give birth (to)

accouder [akude] ◆ **s'accouder** *vp* to lean

accoudoir [akudwar] *nm* armrest

accourir [akurir] *vi* to rush

accouru, e [akury] *pp* ➤ **accourir**

accoutumer [akutyme] ◆ **s'accoutumer à** *vp + prep* to get used to

accroc [akro] *nm* rip, tear

accrochage [akrɔʃaʒ] *nm* **1.** *(accident)* collision **2.** *(fam) (dispute)* quarrel

accrocher [akrɔʃe] *vt* **1.** *(tableau)* to hang (up) **2.** *(caravane)* to hook up **3.** *(déchirer)* to snag **4.** *(heurter)* to hit ◆ **s'accrocher** *vp (fam) (persévérer)* to stick to it • **s'accrocher à** *(se tenir à)* to cling to

accroupir [akrupir] ◆ **s'accroupir** *vp* to squat (down)
accu [aky] *nm* (*fam*) battery
accueil [akœj] *nm* **1.** *(bienvenue)* welcome **2.** *(bureau)* reception ▼ **accueil des groupes** group visit
accueillant, e [akœjɑ̃, ɑ̃t] *adj* welcoming
accueillir [akœjir] *vt* **1.** *(personne)* to welcome **2.** *(nouvelle)* to receive
accumuler [akymyle] *vt* to accumulate ◆ **s'accumuler** *vp* to build up
accusation [akyzasjɔ̃] *nf* **1.** *(reproche)* accusation **2.** *(juridique)* charge
accusé, e [akyze] *nm, f* accused ◇ *nm* ● **accusé de réception** acknowledgment slip
accuser [akyze] *vt* to accuse ● **accuser qqn de qqch** to accuse sb of sthg ● **accuser qqn de faire qqch** to accuse sb of doing sthg
acéré, e [asere] *adj* sharp
acharnement [aʃarnəmɑ̃] *nm* relentlessness ● **avec acharnement** relentlessly
acharner [aʃarne] ◆ **s'acharner** *vp* ● **s'acharner à faire qqch** to strive to do sthg ● **s'acharner sur qqn** to persecute sb
achat [aʃa] *nm* **1.** *(acquisition)* buying **2.** *(objet)* purchase ● **faire des achats** to go shopping
acheter [aʃte] *vt* to buy ● **acheter qqch à qqn** *(pour soi)* to buy sthg from sb ; *(en cadeau)* to buy sthg for sb
acheteur, euse [aʃtœr, øz] *nm, f* buyer
achever [aʃve] *vt* **1.** *(terminer)* to finish **2.** *(tuer)* to finish off ◆ **s'achever** *vp* to end
acide [asid] *adj* **1.** *(aigre)* sour **2.** *(corrosif)* acid ◇ *nm* acid
acidulé [asidyle] *adj m* ➤ **bonbon**
acier [asje] *nm* steel ● **acier inoxydable** stainless steel
acné [akne] *nf* acne
acompte [akɔ̃t] *nm* deposit
à-coup [aku] (*pl* **-s**) *nm* jerk ● **par à-coups** in fits and starts
acoustique [akustik] *nf* *(d'une salle)* acoustics *sg*
acquérir [akerir] *vt* **1.** *(acheter)* to buy **2.** *(réputation, expérience)* to acquire
acquis, e [aki, iz] *pp* ➤ **acquérir**
acquisition [akizisjɔ̃] *nf* **1.** *(action)* acquisition **2.** *(objet)* purchase ● **faire l'acquisition de** to buy
acquitter [akite] *vt* *(juridique)* to acquit ◆ **s'acquitter de** *vp + prep* **1.** *(dette)* to pay off **2.** *(travail)* to carry out
âcre [akr] *adj* *(odeur)* acrid
acrobate [akrɔbat] *nmf* acrobat
acrobatie [akrɔbasi] *nf* acrobatics *sg*
acrylique [akrilik] *nm* acrylic
acte [akt] *nm* **1.** *(action)* act, action **2.** *(document)* certificate **3.** *(d'une pièce de théâtre)* act
acteur, trice [aktœr, tris] *nm, f* *(comédien)* actor(*f* actress)
actif, ive [aktif, iv] *adj* active
action [aksjɔ̃] *nf* **1.** *(acte)* action **2.** *(effet)* effect **3.** *FIN* share
actionnaire [aksjɔnɛr] *nmf* shareholder
actionner [aksjɔne] *vt* to activate
active *adj f* ➤ **actif**
activé *pp* activated
activer [aktive] *vt* **1.** *(feu)* to stoke **2.** *INFORM* to activate ◆ **s'activer** *vp* *(se dépêcher)* to get a move on
activité [aktivite] *nf* activity

actrice *nf* ➤ acteur
actualité [aktɥalite] *nf* ● **l'actualité** current events ● **d'actualité** topical ◆ **actualités** *nfpl* news *sg*
actuel, elle [aktɥɛl] *adj* current, present
actuellement [aktɥɛlmɑ̃] *adv* currently, at present
acupuncture [akypɔ̃ktyr] *nf* acupuncture
adaptateur [adaptatœr] *nm* *(pour prise de courant)* adaptor
adaptation [adaptasjɔ̃] *nf* adaptation
adapter [adapte] *vt* *(pour le cinéma, la télévision)* to adapt ● **adapter qqch à** *(ajuster)* to fit sthg to ◆ **s'adapter** *vp* to adapt ● **s'adapter à** to adapt to
additif [aditif] *nm* additive ▼ **sans additif** additive-free
addition [adisjɔ̃] *nf* **1.** *(calcul)* addition **2.** *(note)* bill (*UK*), check (*US*) ● **faire une addition** to do a sum ● **payer l'addition** to pay (the bill) ● **l'addition, s'il vous plaît !** can I have the bill please!
additionner [adisjɔne] *vt* to add (up)
adepte [adɛpt] *nmf* **1.** *(d'une théorie)* supporter **2.** *(du ski, du jazz)* fan
adéquat, e [adekwa, at] *adj* suitable
adhérent, e [aderɑ̃, ɑ̃t] *nm, f* member
adhérer [adere] *vi* ● **adhérer à** *(coller)* to stick to ; *(participer)* to join
adhésif, ive [adezif, iv] *adj* *(pansement, ruban)* adhesive
adieu, x [adjø] *nm* goodbye ● **adieu !** goodbye! ● **faire ses adieux à qqn** to say goodbye to sb
adjectif [adʒɛktif] *nm* adjective
adjoint, e [adʒwɛ̃, ɛ̃t] *nm, f* assistant
admettre [admɛtr] *vt* **1.** *(reconnaître)* to admit **2.** *(tolérer)* to allow **3.** *(laisser entrer)* to allow in ● **être admis (à un examen)** to pass (an exam)
administration [administrasjɔ̃] *nf* *(gestion)* administration ● **l'Administration** ≃ the Civil Service (*UK*)
admirable [admirabl] *adj* admirable
admirateur, trice [admiratœr, tris] *nm, f* admirer
admiration [admirasjɔ̃] *nf* admiration
admirer [admire] *vt* to admire
admis, e [admi, iz] *pp* ➤ **admettre**
admissible [admisibl] *adj* *SCOL eligible to take the second part of an exam*
adolescence [adɔlesɑ̃s] *nf* adolescence
adolescent, e [adɔlesɑ̃, ɑ̃t] *nm, f* teenager
adopter [adɔpte] *vt* to adopt
adoptif, ive [adɔptif, iv] *adj* **1.** *(enfant, pays)* adopted **2.** *(famille)* adoptive
adoption [adɔpsjɔ̃] *nf* *(d'un enfant)* adoption
adorable [adɔrabl] *adj* delightful
adorer [adɔre] *vt* to adore
adosser [adɔse] ◆ **s'adosser** *vp* ● **s'adosser à** ou **contre** to lean against
adoucir [adusir] *vt* to soften
adresse [adrɛs] *nf* **1.** *(domicile)* address **2.** *(habileté)* skill ● **adresse électronique** e-mail address
adresser [adrese] *vt* to address ◆ **s'adresser à** *vp + prep* **1.** *(parler à)* to speak to **2.** *(concerner)* to be aimed at
adroit, e [adrwa, at] *adj* skilful
adulte [adylt] *nmf* adult
adverbe [advɛrb] *nm* adverb
adversaire [advɛrsɛr] *nmf* opponent

adverse [advɛrs] *adj* opposing
aération [aerasjɔ̃] *nf* ventilation
aérer [aere] *vt* to air
aérien, enne [aerjɛ̃, ɛn] *adj (transport, base)* air
aérodrome [aerɔdrom] *nm* aerodrome
aérodynamique [aerɔdinamik] *adj* aerodynamic
aérogare [aerɔgar] *nf* (air) terminal
aéroglisseur [aerɔglisœr] *nm* hovercraft
aérophagie [aerɔfaʒi] *nf* wind
aéroport [aerɔpɔr] *nm* airport
aérosol [aerɔsɔl] *nm* aerosol
affaiblir [afeblir] *vt* to weaken ♦ **s'affaiblir** *vp* 1. *(personne)* to weaken 2. *(lumière, son)* to fade
affaire [afɛr] *nf* 1. *(entreprise)* business 2. *(question)* matter 3. *(marché)* deal 4. *(scandale)* affair • **avoir affaire à qqn** to deal with sb • **faire l'affaire** to do (the trick) ♦ **affaires** *nfpl (objets)* belongings • **les affaires** *FIN* business *sg* • **occupe-toi de tes affaires !** mind your own business!
affaisser [afɛse] ♦ **s'affaisser** *vp* 1. *(personne)* to collapse 2. *(sol)* to sag
affamé, e [afame] *adj* starving
affecter [afɛkte] *vt* 1. *(toucher)* to affect 2. *(destiner)* to allocate
affection [afɛksjɔ̃] *nf* affection ▾ **affection respiratoire** respiratory illnesses
affectueusement [afɛktɥøzmɑ̃] *adv* 1. affectionately 2. *(dans une lettre)* best wishes
affectueux, euse [afɛktɥø, øz] *adj* affectionate
affichage [afiʃaʒ] *nm INFORM* display • **affichage numérique** digital display ▾ **affichage interdit** stick no bills
affiche [afiʃ] *nf* poster
afficher [afiʃe] *vt* 1. *(placarder)* to post 2. *INFORM* to display
affilée [afile] ♦ **d'affilée** *adv* • **il a mangé quatre hamburgers d'affilée** he ate four hamburgers one after the other • **j'ai travaillé huit heures d'affilée** I worked eight hours without a break
affirmation [afirmasjɔ̃] *nf* assertion
affirmer [afirme] *vt* to assert ♦ **s'affirmer** *vp (personnalité)* to express itself
affluence [aflyɑ̃s] *nf* crowd
affluent [aflyɑ̃] *nm* tributary
affolement [afɔlmɑ̃] *nm* panic
affoler [afɔle] *vt* • **affoler qqn** to throw sb into a panic ♦ **s'affoler** *vp* to panic
affranchir [afrɑ̃ʃir] *vt (timbrer)* to put a stamp on
affranchissement [afrɑ̃ʃismɑ̃] *nm (timbre)* stamp
affreusement [afrøzmɑ̃] *adv* awfully
affreux, euse [afrø, øz] *adj* 1. *(laid)* hideous 2. *(terrible)* awful
affronter [afrɔ̃te] *vt* 1. to confront 2. *SPORT* to meet ♦ **s'affronter** *vp* 1. to clash 2. *SPORT* to meet
affût [afy] *nm* • **être à l'affût (de)** to be on the lookout (for)
affûter [afyte] *vt* to sharpen
afin [afɛ̃] ♦ **afin de** *prép* in order to ♦ **afin que** *conj* so that
africain, e [afrikɛ̃, ɛn] *adj* African ♦ **Africain, e** *nm, f* African
Afrique [afrik] *nf* • **l'Afrique** Africa • **l'Afrique du Sud** South Africa

agaçant, **e** [agasɑ̃, ɑ̃t] *adj* annoying
agacer [agase] *vt* to annoy
âge [aʒ] *nm* age ● **quel âge as-tu ?** how old are you? ● **une personne d'un certain âge** a middle-aged person
âgé, **e** [aʒe] *adj* old ● **il est âgé de 12 ans** he's 12 years old
agence [aʒɑ̃s] *nf* **1.** *(de publicité)* agency **2.** *(de banque)* branch ● **agence de voyages** travel agent's ▼ **agence commerciale** sales office
agenda [aʒɛ̃da] *nm* diary ● **agenda électronique** electronic pocket diary
agenouiller [aʒ(ə)nuje] ◆ **s'agenouiller** *vp* to kneel (down)
agent [aʒɑ̃] *nm* ● **agent (de police)** policeman (*f* policewoman) ● **agent de change** stockbroker
agglomération [aglɔmerasjɔ̃] *nf* town ● **l'agglomération parisienne** Paris and its suburbs
aggraver [agrave] *vt* to aggravate ◆ **s'aggraver** *vp* to get worse
agile [aʒil] *adj* agile
agir [aʒir] *vi* to act ◆ **s'agir** *v impers* ● **dans ce livre il s'agit de...** this book is about... ● **il s'agit de faire des efforts** you/we must make an effort
agitation [aʒitasjɔ̃] *nf* restlessness
agité, **e** [aʒite] *adj* **1.** restless **2.** *(mer)* rough
agiter [aʒite] *vt* **1.** *(bouteille)* to shake **2.** *(main)* to wave ◆ **s'agiter** *vp* to fidget
agneau [aɲo] *(pl* **-x***)* *nm* lamb
agonie [agɔni] *nf* death throes *pl*
agrafe [agraf] *nf* **1.** *(de bureau)* staple **2.** *(de vêtement)* hook
agrafer [agrafe] *vt* to staple (together)
agrafeuse [agraføz] *nf* stapler
agrandir [agrɑ̃dir] *vt* **1.** *(trou, maison)* to enlarge **2.** *(photo)* to enlarge ◆ **s'agrandir** *vp* to grow
agrandissement [agrɑ̃dismɑ̃] *nm (photo)* enlargement
agréable [agreabl] *adj* pleasant
agrès [agrɛ] *nmpl SPORT* apparatus *sg*
agresser [agrese] *vt* to attack
agresseur [agrɛsœr] *nm* attacker
agressif, **ive** [agrɛsif, iv] *adj* aggressive
agression [agrɛsjɔ̃] *nf* attack
agricole [agrikɔl] *adj* agricultural
agriculteur, **trice** [agrikyltœr, tris] *nm, f* farmer
agriculture [agrikyltyr] *nf* agriculture
agripper [agripe] *vt* to grab ◆ **s'agripper à** *vp + prep* to cling to
agroalimentaire [agroalimɑ̃tɛr] *adj* ● **industrie agroalimentaire** food-processing industry
agrumes [agrym] *nmpl* citrus fruit *sg*
ahuri, **e** [ayri] *adj* stunned
ahurissant, **e** [ayrisɑ̃, ɑ̃t] *adj* stunning
ai [ɛ] *1re pers. du sg de l'ind. prés.* ➤ **avoir**
aide [ɛd] *nf* help ● **appeler à l'aide** to call for help ● **à l'aide !** help! ● **à l'aide de** *(avec)* with the aid of
aider [ede] *vt* to help ● **aider qqn à faire qqch** to help sb (to) do sthg ◆ **s'aider de** *vp + prep* to use
aie [ɛ] *1re pers. du sg du subj. prés.* ➤ **avoir**
aïe [aj] *interj* ouch!
aigle [ɛgl] *nm* eagle
aigre [ɛgr] *adj* **1.** *(goût)* sour **2.** *(ton)* cutting

aigre-doux, douce [ɛgrədu, dus] *(mpl* **aigres-doux,** *fpl* **aigres-douces)** *adj (sauce, porc)* sweet-and-sour
aigri, e [egri] *adj* bitter
aigu, uë [egy] *adj* **1.** *(perçant)* high-pitched **2.** *(pointu)* sharp **3.** *(douleur, maladie)* acute
aiguille [egɥij] *nf* **1.** *(de couture, de seringue)* needle **2.** *(de montre)* hand • **aiguille de pin** pine needle • **aiguille à tricoter** knitting needle
aiguillette [egɥijɛt] *nf* • **aiguillettes de canard** strips of duck breast
aiguiser [egize] *vt* to sharpen
ail [aj] *nm* garlic
aile [ɛl] *nf* wing
ailier [elje] *nm* **1.** *(au foot)* winger **2.** *(au rugby)* wing
aille [aj] *1re et 3e pers. du sg du subj. prés.* ➤ **aller**
ailleurs [ajœr] *adv* somewhere else • **d'ailleurs** *(du reste)* moreover ; *(à propos)* by the way
aimable [ɛmabl] *adj* kind
aimant [ɛmɑ̃] *nm* magnet
aimer [eme] *vt* **1.** *(d'amour)* to love **2.** *(apprécier)* to like • **aimer faire qqch** to like doing sthg • **aimer bien qqch/faire qqch** to like sthg/doing sthg • **j'aimerais** I would like • **aimer mieux** to prefer
aine [ɛn] *nf* groin
aîné, e [ene] *adj* **1.** *(frère, sœur)* older, elder **2.** *(fils, fille)* oldest, eldest ◇ *nm, f* **1.** *(frère)* older brother **2.** *(sœur)* older sister **3.** *(fils, fille)* oldest (child), eldest (child)
ainsi [ɛ̃si] *adv* **1.** *(de cette manière)* in this way **2.** *(par conséquent)* so • **ainsi que** and • **et ainsi de suite** and so on
aïoli [ajɔli] *nm* garlic mayonnaise
air [ɛr] *nm* **1.** air **2.** *(apparence)* look **3.** *(mélodie)* tune • **avoir l'air (d'être) malade** to look ill • **avoir l'air d'un clown** to look like a clown • **il a l'air de faire beau** it looks like being a nice day • **en l'air** *(en haut)* in the air • **ficher qqch en l'air** *(fam) (gâcher)* to mess sthg up • **prendre l'air** to get a breath of fresh air • **air conditionné** air conditioning
Airbag® [ɛrbag] *nm* airbag®
aire [ɛr] *nf* area • **aire de jeu** playground • **aire de repos** rest area, lay-by *(UK)* • **aire de stationnement** parking area
airelle [ɛrɛl] *nf* cranberry
aisance [ɛzɑ̃s] *nf* **1.** *(assurance)* ease **2.** *(richesse)* wealth
aise [ɛz] *nf* • **à l'aise** comfortable • **mal à l'aise** uncomfortable
aisé, e [eze] *adj (riche)* well-off
aisselle [ɛsɛl] *nf* armpit
ajouter [aʒute] *vt* • **ajouter qqch (à)** to add sthg (to) • **ajouter que** to add that
ajuster [aʒyste] *vt* **1.** to fit **2.** *(vêtement)* to alter
alarmant, e [alarmɑ̃, ɑ̃t] *adj* alarming
alarme [alarm] *nf* alarm • **donner l'alarme** to raise the alarm
album [albɔm] *nm* album • **album (de) photos** photograph album
alcool [alkɔl] *nm* alcohol • **sans alcool** alcohol-free • **alcool à 90°** surgical spirit • **alcool à brûler** methylated spirits *pl*
alcoolique [alkɔlik] *nmf* alcoholic

alcoolisé, e [alkɔlize] *adj* alcoholic • **non alcoolisé** nonalcoholic
Alcootest® [alkotɛst] *nm* ≃ Breathalyser®
aléatoire [aleatwar] *adj* risky
alentours [alɑ̃tur] *nmpl* surroundings • **aux alentours** nearby • **aux alentours de** *(environ)* around
alerte [alɛrt] *adj* & *nf* alert • **donner l'alerte** to raise the alarm
alerter [alɛrte] *vt* **1.** *(d'un danger)* to alert **2.** *(informer)* to notify
algèbre [alʒɛbr] *nf* algebra
Alger [alʒe] *n* Algiers
Algérie [alʒeri] *nf* • **l'Algérie** Algeria
algérien, enne *adj* Algerian
algue [alg] *nf* seaweed *sg*
alibi [alibi] *nm* alibi
alignement [aliɲmɑ̃] *nm* line
aligner [aliɲe] *vt* to line up ◆ **s'aligner** *vp* to line up
aliment [alimɑ̃] *nm* food
alimentation [alimɑ̃tasjɔ̃] *nf* **1.** *(nourriture)* diet **2.** *(épicerie)* grocer's **3.** *(électronique)* supply • **cordon d'alimentation secteur** mains power cable
alimenter [alimɑ̃te] *vt* **1.** to feed **2.** *(approvisionner)* to supply
Allah [ala] *nm* Allah
allaiter [alete] *vt* to breast-feed
alléchant, e [aleʃɑ̃, ɑ̃t] *adj* mouthwatering
allée [ale] *nf* path • **allées et venues** comings and goings ▾ **allées 5-32** gates 5-32
allégé, e [aleʒe] *adj* *(aliment)* low-fat
Allemagne [almaɲ] *nf* • **l'Allemagne** Germany
allemand, e [almɑ̃, ɑ̃d] *adj* German ◇ *nm* *(langue)* German ◆ **Allemand, e** *nm, f* German
aller [ale] *nm*
1. *(parcours)* outward journey • **à l'aller** on the way
2. *(billet)* • **aller (simple)** single (*UK*), one-way ticket (*US*) • **aller et retour** return (*UK*) ou round-trip (*US*)(ticket)
◇ *vi*
1. *(se déplacer)* to go • **aller au Portugal** to go to Portugal • **pour aller à la cathédrale, s'il vous plaît ?** could you tell me the way to the cathedral please? • **aller en vacances** to go on holiday (*UK*), to go on vacation (*US*)
2. *(route)* to go
3. *(exprime un état)* • **comment allez-vous ?** how are you? • **(comment) ça va ? - ça va** how are things? - fine • **aller bien/mal** *(personne)* to be well/unwell ; *(situation)* to go well/badly
4. *(convenir)* • **ça ne va pas** *(outil)* it's not any good • **aller à qqn** *(couleur)* to suit sb ; *(en taille)* to fit sb • **aller avec qqch** to go with sthg
5. *(suivi d'un infinitif, exprime le but)* • **j'irai le chercher à la gare** I'll go and fetch him from the station • **aller voir** to go and see
6. *(suivi d'un infinitif, exprime le futur proche)* • **aller faire qqch** to be going to do sthg
7. *(dans des expressions)* • **allez !** come on! • **allons !** come on! • **y aller** *(partir)* to be off • **vas-y !** go on!
◆ **s'en aller** *vp* *(partir)* to go away ; *(tache, couleur)* to disappear • **allez-vous-en !** go away!
allergie [alɛrʒi] *nf* allergy

allergique [alɛrʒik] *adj* • **être allergique à** to be allergic to
aller-retour [aler(ə)tur] (*pl* **allers-retours**) *nm (billet)* return (ticket)
alliage [aljaʒ] *nm* alloy
alliance [aljɑ̃s] *nf* **1.** *(bague)* wedding ring **2.** *(union)* alliance
allié, e [alje] *nm, f* ally
allô [alo] *interj* hello!
allocation [alɔkasjɔ̃] *nf* allocation • **allocations familiales** family allowance *sg*
allonger [alɔ̃ʒe] *vt* **1.** *(vêtement)* to lengthen **2.** *(bras, jambe)* to stretch out ◆ **s'allonger** *vp* **1.** *(augmenter)* to get longer **2.** *(s'étendre)* to lie down
allumage [alymaʒ] *nm AUTO* ignition
allumer [alyme] *vt* **1.** *(feu)* to light **2.** *(lumière, radio)* to turn on ◆ **s'allumer** *vp (s'éclairer)* to light up
allumette [alymɛt] *nf* match
allure [alyr] *nf* **1.** *(apparence)* appearance **2.** *(vitesse)* speed • **à toute allure** at full speed
allusion [alyzjɔ̃] *nf* allusion • **faire allusion à** to refer ou allude to
alors [alɔr] *adv (par conséquent)* so, then • **alors, tu viens ?** are you coming, then? • **ça alors !** my goodness! • **et alors ?** *(et ensuite)* and then what? ; *(pour défier)* so what? • **alors que** *(bien que)* even though ; *(tandis que)* whereas, while
alourdir [alurdir] *vt* to weigh down
aloyau [alwajo] (*pl* **-x**) *nm* sirloin
Alpes [alp] *nfpl* • **les Alpes** the Alps
alphabet [alfabɛ] *nm* alphabet
alphabétique [alfabetik] *adj* alphabetical • **par ordre alphabétique** in alphabetical order
alpin [alpɛ̃] *adj m* ➤ **ski**
alpinisme [alpinism] *nm* mountaineering
alpiniste [alpinist] *nmf* mountaineer
Alsace [alzas] *nf* • **l'Alsace** Alsace
alternatif [altɛrnatif] *adj m* ➤ **courant**
alternativement [altɛrnativmɑ̃] *adv* alternately
alterner [altɛrne] *vi* to alternate
altitude [altityd] *nf* altitude • **à 2 000 m d'altitude** at an altitude of 2,000 m
alu [aly] *(fam) adj* • **papier alu** aluminium (*UK*) ou aluminum (*US*) foil
aluminium [alyminjɔm] *nm* aluminium
amabilité [amabilite] *nf* kindness
amadouer [amadwe] *vt* **1.** *(attirer)* to coax **2.** *(calmer)* to mollify
amaigrissant, e [amegrisɑ̃, ɑ̃t] *adj* slimming (*UK*), reducing (*US*)
amande [amɑ̃d] *nf* almond
amant [amɑ̃] *nm* lover
amarrer [amare] *vt (bateau)* to moor
amasser [amase] *vt* **1.** to pile up **2.** *(argent)* to amass
amateur [amatœr] *adj & nm* amateur • **être amateur de** to be keen on
ambassade [ɑ̃basad] *nf* embassy
ambassadeur, drice [ɑ̃basadœr, dris] *nm, f* ambassador
ambiance [ɑ̃bjɑ̃s] *nf* atmosphere • **il y a de l'ambiance !** it's pretty lively in here! • **d'ambiance** *(musique, éclairage)* atmospheric
ambigu, uë [ɑ̃bigy] *adj* **1.** *(mot)* ambiguous **2.** *(personnage)* dubious
ambitieux, euse [ɑ̃bisjø, øz] *adj* ambitious
ambition [ɑ̃bisjɔ̃] *nf* ambition

ambulance [ɑ̃bylɑ̃s] *nf* ambulance
ambulant [ɑ̃bylɑ̃] *adj m* ➤ **marchand**
âme [am] *nf* soul
amélioration [ameljɔrasjɔ̃] *nf* improvement
améliorer [ameljɔre] *vt* to improve ◆ **s'améliorer** *vp* to improve
aménagé, e [amenaʒe] *adj (cuisine, camping)* fully-equipped
aménager [amenaʒe] *vt (pièce, appartement)* to fit out
amende [amɑ̃d] *nf* fine
amener [amne] *vt* **1.** to bring **2.** *(causer)* to cause ● **amener qqn à faire qqch** to lead sb to do sthg
amer, ère [amɛr] *adj* bitter
américain, e [amerikɛ̃, ɛn] *adj* American ◆ **Américain, e** *nm, f* American
Amérique [amerik] *nf* ● **l'Amérique** America ● **l'Amérique centrale** Central America ● **l'Amérique latine** Latin America ● **l'Amérique du Sud** South America
amertume [amɛrtym] *nf* bitterness
ameublement [amœbləmɑ̃] *nm* furniture
ami, e [ami] *nm, f* **1.** friend **2.** *(amant)* boyfriend(*f* girlfriend) ● **être (très) amis** to be (close) friends
amiable [amjabl] *adj* amicable ● **à l'amiable** out of court
amiante [amjɑ̃t] *nm* asbestos
amical, e, aux [amikal, o] *adj* friendly
amicalement [amikalmɑ̃] *adv* **1.** in a friendly way **2.** *(dans une lettre)* kind regards
amincir [amɛ̃sir] *vt (régime)* to make thinner ● **cette veste t'amincit** that jacket makes you look slimmer
amitié [amitje] *nf* friendship ● **amitiés** *(dans une lettre)* best wishes
amnésique [amnezik] *adj* amnesic
amont [amɔ̃] *nm* ● **aller vers l'amont** to go upstream ● **en amont (de)** upstream (from)
amorcer [amɔrse] *vt (commencer)* to begin
amortir [amɔrtir] *vt* **1.** *(choc)* to absorb **2.** *(son)* to muffle ● **mon abonnement est maintenant amorti** my season ticket is now paying for itself
amortisseur [amɔrtisœr] *nm* shock absorber
amour [amur] *nm* love ● **faire l'amour** to make love
amoureux, euse [amurø, øz] *adj* in love ◇ *nmpl* lovers ● **être amoureux de qqn** to be in love with sb
amour-propre [amurprɔpr] *nm* pride
amovible [amɔvibl] *adj* removable
amphithéâtre [ɑ̃fiteatr] *nm* **1.** amphitheatre **2.** *(salle de cours)* lecture hall
ample [ɑ̃pl] *adj* **1.** *(jupe)* full **2.** *(geste)* sweeping
ampli [ɑ̃pli] *nm (fam)* amp
amplificateur [ɑ̃plifikatœr] *nm (de chaîne hi-fi)* amplifier
amplifier [ɑ̃plifje] *vt* **1.** *(son)* to amplify **2.** *(phénomène)* to increase
ampoule [ɑ̃pul] *nf* **1.** *(de lampe)* bulb **2.** *(de médicament)* phial **3.** *(cloque)* blister
amputer [ɑ̃pyte] *vt* **1.** to amputate **2.** *(texte)* to cut
amusant, e [amyzɑ̃, ɑ̃t] *adj* **1.** *(distrayant)* amusing **2.** *(comique)* funny
amuse-gueule [amyzgœl] *nm inv* appetizer

amuser [amyze] *vt (faire rire)* • **amuser qqn** to make sb laugh ◆ **s'amuser** *vp* **1.** *(se distraire)* to enjoy o.s. **2.** *(jouer)* to play • **s'amuser à faire qqch** to amuse o.s. doing sthg
amygdales [amidal] *nfpl* tonsils
an [ɑ̃] *nm* year • **il a neuf ans** he's nine (years old) • **en l'an 2000** in the year 2000
anachronique [anakrɔnik] *adj* anachronistic
analogique [analɔʒik] *adj* analog, analogue *(UK)*
analogue [analɔg] *adj* similar
analphabète [analfabɛt] *adj* illiterate
analyse [analiz] *nf* analysis • **analyse de sang** blood test
analyser [analize] *vt (texte, données)* to analyse
ananas [anana(s)] *nm* pineapple
anarchie [anarʃi] *nf* anarchy
anatomie [anatɔmi] *nf* anatomy
ancêtre [ɑ̃sɛtr] *nmf* **1.** ancestor **2.** *(version précédente)* forerunner
anchois [ɑ̃ʃwa] *nm* anchovy
ancien, enne [ɑ̃sjɛ̃, ɛn] *adj* **1.** *(du passé)* ancient **2.** *(vieux)* old **3.** *(ex-)* former
ancienneté [ɑ̃sjɛnte] *nf (dans une entreprise)* seniority
ancre [ɑ̃kr] *nf* anchor • **jeter l'ancre** to drop anchor • **lever l'ancre** to weigh anchor
Andorre [ɑ̃dɔr] *nf* • **l'Andorre** Andorra
andouille [ɑ̃duj] *nf* **1.** *CULIN type of sausage made of pig's intestines, eaten cold* **2.** *(fam) (imbécile)* twit
andouillette [ɑ̃dujɛt] *nf type of sausage made of pig's intestines, eaten grilled*
âne [an] *nm* **1.** donkey **2.** *(imbécile)* fool
anéantir [aneɑ̃tir] *vt* to crush
anecdote [anɛkdɔt] *nf* anecdote
anémie [anemi] *nf* anaemia
ânerie [anri] *nf (parole)* stupid remark • **faire des âneries** to do stupid things
anesthésie [anɛstezi] *nf* anaesthetic • **être sous anesthésie** to be under anaesthetic • **anesthésie générale** general anaesthetic • **anesthésie locale** local anaesthetic
ange [ɑ̃ʒ] *nm* angel
angine [ɑ̃ʒin] *nf* **1.** *(des amygdales)* tonsillitis **2.** *(du pharynx)* pharyngitis • **angine de poitrine** angina
anglais, e [ɑ̃glɛ, ɛz] *adj* English ◇ *nm (langue)* English • **je ne parle pas anglais** I don't speak English ◆ **Anglais, e** *nm, f* Englishman (*f* Englishwoman)
angle [ɑ̃gl] *nm* **1.** *(coin)* corner **2.** *(géométrique)* angle • **angle droit** right angle
Angleterre [ɑ̃glətɛr] *nf* • **l'Angleterre** England
Anglo-Normandes *adj f pl* ➤ **île**
angoisse [ɑ̃gwas] *nf* anguish
angoissé, e [ɑ̃gwase] *adj* anxious
angora [ɑ̃gɔra] *nm* angora
anguille [ɑ̃gij] *nf* eel • **anguilles au vert** *eels cooked with white wine, cream, cress and herbs, a Belgian speciality*
animal [animal, o] (*pl* **-aux**) *nm* animal
animateur, trice [animatœr, tris] *nm, f* **1.** *(de club, de groupe)* coordinator **2.** *(à la radio, la télévision)* presenter
animation [animasjɔ̃] *nf* **1.** *(vivacité)* liveliness **2.** *(dans la rue)* activity ◆ **animations** *nfpl (culturelles)* activities
animé, e [anime] *adj* lively

animer [anime] *vt* **1.** *(jeu, émission)* to present **2.** *(conversation)* to liven up ◆ **s'animer** *vp* **1.** *(visage)* to light up **2.** *(rue)* to come to life **3.** *(conversation)* to become animated
anis [ani(s)] *nm* aniseed
ankyloser [ãkiloze] ◆ **s'ankyloser** *vp* *(s'engourdir)* to go numb
anneau [ano] (*pl* **-x**) *nm* ring
année [ane] *nf* year ● **année bissextile** leap year ● **année scolaire** school year
annexe [anɛks] *nf* **1.** *(document)* appendix **2.** *(bâtiment)* annex
anniversaire [anivɛrsɛr] *nm* birthday ● **anniversaire de mariage** wedding anniversary
annonce [anɔ̃s] *nf* **1.** announcement **2.** *(dans un journal)* advertisement ● **(petites) annonces** classified advertisements
annoncer [anɔ̃se] *vt* **1.** to announce **2.** *(être signe de)* to be a sign of ◆ **s'annoncer** *vp* ● **s'annoncer bien** to look promising
annuaire [anɥɛr] *nm* *(recueil)* yearbook ● **annuaire (téléphonique)** telephone directory ● **annuaire électronique** electronic directory
annuel, elle [anɥɛl] *adj* annual
annulaire [anylɛr] *nm* ring finger
annulation [anylasjɔ̃] *nf* cancellation
annuler [anyle] *vt* **1.** to cancel **2.** INFORM to undo
anomalie [anɔmali] *nf* anomaly
anonyme [anɔnim] *adj* anonymous
anorak [anɔrak] *nm* anorak
anormal, e, aux [anɔrmal, o] *adj* **1.** abnormal **2.** (*péj*) *(handicapé)* mentally retarded
ANPE *nf* (*abr de Agence nationale pour l'emploi*) *French national employment agency*
anse [ɑ̃s] *nf* **1.** *(poignée)* handle **2.** *(crique)* cove
Antarctique [ɑ̃tarktik] *nm* ● **l'(océan) Antarctique** the Antarctic (Ocean)
antenne [ɑ̃tɛn] *nf* **1.** *(de radio, de télévision)* aerial **2.** *(d'animal)* antenna ● **antenne parabolique** dish aerial ● **antenne satellite** satellite dish ● **antenne relais** mobile phone mast (*UK*)
antérieur, e [ɑ̃terjœr] *adj* **1.** *(précédent)* previous **2.** *(de devant)* front
anthrax® [ɑ̃traks] *nm* (*fam*) *MÉD* anthrax
antibiotique [ɑ̃tibjɔtik] *nm* antibiotic
antibrouillard [ɑ̃tibrujar] *nm* fog lamp (*UK*), foglight (*US*)
anticiper [ɑ̃tisipe] *vt* to anticipate
antidopage [ɑ̃tidɔpaʒ], **antidoping** [ɑ̃tidɔpiŋ] *adj inv* ● **contrôle antidopage** drugs test
antidote [ɑ̃tidɔt] *nm* antidote
antigel [ɑ̃tiʒɛl] *nm* antifreeze
antillais, e [ɑ̃tijɛ, ɛz] *adj* West Indian ◆ **Antillais, e** *nm, f* West Indian
Antilles [ɑ̃tij] *nfpl* ● **les Antilles** the West Indies
antimite [ɑ̃timit] *nm* mothballs *pl*
Antiope [ɑ̃tjɔp] *n information system available via the French television network*
antipathique [ɑ̃tipatik] *adj* unpleasant
antiquaire [ɑ̃tikɛr] *nmf* antiques dealer
antique [ɑ̃tik] *adj* ancient
antiquité [ɑ̃tikite] *nf* *(objet)* antique ● **l'Antiquité** Antiquity

antiseptique [ɑ̃tisɛptik] *adj* antiseptic
antislash [ɑ̃tislaʃ] *nm* backslash
antivirus [ɑ̃tiviʀys] *nm* antivirus software
antivol [ɑ̃tivɔl] *nm* anti-theft device
anxiété [ɑ̃ksjete] *nf* anxiety
anxieux, euse [ɑ̃ksjø, øz] *adj* anxious
AOC (*abr de appellation d'origine contrôlée*) *label guaranteeing the quality of a French wine*
août [u(t)] *nm* August • **en août, au mois d'août** in August • **début août** at the beginning of August • **fin août** at the end of August • **le deux août** the second of August
apaiser [apeze] *vt* **1.** *(personne, colère)* to calm **2.** *(douleur)* to soothe
apercevoir [apɛrsəvwar] *vt* to see ◆ **s'apercevoir** *vp* • **s'apercevoir de** *(remarquer)* to notice ; *(comprendre)* to realize • **s'apercevoir que** *(remarquer)* to notice that ; *(comprendre)* to realize that
aperçu, e [apɛrsy] *pp* ➤ **apercevoir** ◇ *nm* general idea • **aperçu avant impression** print preview
apéritif [aperitif] *nm* aperitif
aphone [afɔn] *adj* • **il était aphone** he'd lost his voice
aphte [aft] *nm* mouth ulcer
apitoyer [apitwaje] ◆ **s'apitoyer sur** *vp + prep (personne)* to feel sorry for
ap. J-C (*abr écrite de après Jésus-Christ*) AD *(Anno Domini)*
aplanir [aplanir] *vt* **1.** to level (off) **2.** *(difficultés)* to smooth over
aplatir [aplatir] *vt* to flatten
aplomb [aplɔ̃] *nm* *(culot)* nerve • **d'aplomb** *(vertical)* straight
apostrophe [apɔstrɔf] *nf* apostrophe • **s apostrophe** "s" apostrophe
apôtre [apotr] *nm* apostle
apparaître [aparɛtr] *vi* to appear
appareil [aparɛj] *nm* **1.** device **2.** *(poste téléphonique)* telephone • **qui est à l'appareil ?** who's speaking? • **appareil jetable** disposable camera • **appareil ménager** household appliance • **appareil photo** camera • **appareil photo numérique** digital camera
apparemment [aparamɑ̃] *adv* apparently
apparence [aparɑ̃s] *nf* appearance
apparent, e [aparɑ̃, ɑ̃t] *adj* **1.** *(visible)* visible **2.** *(superficiel)* apparent
apparition [aparisjɔ̃] *nf* **1.** *(arrivée)* appearance **2.** *(fantôme)* apparition
appartement [apartəmɑ̃] *nm* flat (*UK*), apartment (*US*)
appartenir [apartənir] *vi* • **appartenir à** to belong to
appartenu [apartəny] *pp* ➤ **appartenir**
apparu, e [apary] *pp* ➤ **apparaître**
appât [apa] *nm* bait
appel [apɛl] *nm* call • **faire l'appel** *SCOL* to call the register (*UK*), to call (the) roll (*US*) • **faire appel à** to appeal to • **faire un appel de phares** to flash one's headlights
appeler [aple] *vt* **1.** to call **2.** *(interpeller)* to call out to • **appeler à l'aide** to call for help ◆ **s'appeler** *vp* **1.** *(se nommer)* to be called **2.** *(se téléphoner)* to talk on the phone • **comment t'appelles-tu?** what's your name? • **je m'appelle...** my name is...
appendicite [apɛ̃disit] *nf* appendicitis

appesantir [apəzɑ̃tir] ◆ **s'appesantir sur** *vp + prep* to dwell on

appétissant, e [apetisɑ̃, ɑ̃t] *adj* appetizing

appétit [apeti] *nm* appetite ● **avoir de l'appétit** to have a good appetite ● **bon appétit !** enjoy your meal!

applaudir [aplodir] *vt & vi* to applaud

applaudissements [aplodismɑ̃] *nmpl* applause *sg*

application [aplikasjɔ̃] *nf* **1.** *(soin)* application **2.** *(d'une loi, d'un tarif)* enforcement ● **lancer une application** *INFORM* to start an application

applique [aplik] *nf* wall lamp

appliqué, e [aplike] *adj* **1.** *(élève)* hard-working **2.** *(écriture)* careful

appliquer [aplike] *vt* **1.** *(loi, tarif)* to enforce **2.** *INFORM & (peinture)* to apply ◆ **s'appliquer** *vp (élève)* to apply o.s.

appoint [apwɛ̃] *nm* ● **faire l'appoint** to give the exact money ● **d'appoint** *(chauffage, lit)* extra

apporter [apɔrte] *vt* **1.** to bring **2.** *(fig) (soin)* to exercise

appréciation [apresjasjɔ̃] *nf* **1.** *(jugement)* judgment **2.** *(évaluation)* estimate **3.** *SCOL* assessment

apprécier [apresje] *vt* **1.** *(aimer)* to appreciate, to like **2.** *(évaluer)* to estimate

appréhension [apreɑ̃sjɔ̃] *nf* apprehension

apprendre [aprɑ̃dr] *vt* **1.** *(étudier)* to learn **2.** *(nouvelle)* to learn of ● **apprendre qqch à qqn** *(discipline)* to teach sb sthg ; *(nouvelle)* to tell sb sthg ● **apprendre à faire qqch** to learn (how) to do sthg

apprenti, e [aprɑ̃ti] *nm, f* apprentice

apprentissage [aprɑ̃tisaʒ] *nm* **1.** *(d'un métier manuel)* apprenticeship **2.** *(d'une langue, d'un art)* learning

apprêter [aprete] ◆ **s'apprêter à** *vp + prep* ● **s'apprêter à faire qqch** to be about to do sthg

appris, e [apri, iz] *pp* ➤ **apprendre**

apprivoiser [aprivwaze] *vt* to tame

approcher [aprɔʃe] *vt* to move nearer ◇ *vi* **1.** *(dans l'espace)* to get nearer **2.** *(dans le temps)* to approach ● **approcher qqch de** to move sthg nearer (to) ● **approcher de** to approach ◆ **s'approcher** *vp* to approach ● **s'approcher de** to approach

approfondir [aprɔfɔ̃dir] *vt* **1.** *(à l'écrit)* to write in more detail about **2.** *(à l'oral)* to talk in more detail about

approprié, e [aprɔprije] *adj* appropriate

approuver [apruve] *vt* to approve of

approvisionner [aprɔvizjɔne] ◆ **s'approvisionner** *vp (faire ses courses)* to shop ● **s'approvisionner en** to stock up on

approximatif, ive [aprɔksimatif, iv] *adj* approximate

appt *abr écrite de* **appartement**

appui-tête [apɥitɛt] (*pl* **appuis-tête**) *nm* headrest

appuyer [apɥije] *vt* to lean ◇ *vi* ● **appuyer sur** to press ◆ **s'appuyer** *vp* ● **s'appuyer à** to lean against

après [aprɛ] *prép* after ◇ *adv* afterwards ● **après avoir fait qqch** after having done sthg ● **après tout** after all ● **l'année d'après** the following year ● **d'après moi** in my opinion

après-demain [aprɛdəmɛ̃] *adv* the day after tomorrow

après-midi [apremidi] *nm inv* afternoon • **l'après-midi** *(tous les jours)* in the afternoon
après-rasage [aprɛrazaʒ] (*pl* **-s**) *nm* aftershave
après-shampooing [aprɛʃɑ̃pwɛ̃] *nm inv* conditioner
a priori [apriɔri] *adv* in principle
apte [apt] *adj* • **apte à qqch** fit for sthg • **apte à faire qqch** fit to do sthg
aptitudes [aptityd] *nfpl* ability *sg*
aquarelle [akwarɛl] *nf* watercolour
aquarium [akwarjɔm] *nm* aquarium
aquatique [akwatik] *adj* aquatic
aqueduc [akdyk] *nm* aqueduct
Aquitaine [akitɛn] *nf* • **l'Aquitaine** Aquitaine *(region in southwest of France)*
AR *abr écrite de* **accusé de réception, aller-retour**
arabe [arab] *adj* Arab ◇ *nm (langue)* Arabic ◆ **Arabe** *nmf* Arab
arachide [araʃid] *nf* groundnut
araignée [areɲe] *nf* spider
arbitraire [arbitrɛr] *adj* arbitrary
arbitre [arbitr] *nm* **1.** referee **2.** *(au tennis, cricket)* umpire
arbitrer [arbitre] *vt* **1.** to referee **2.** *(au tennis, cricket)* to umpire
arborescence [aʀbɔʀɛsɑ̃s] *nf* tree structure
arbre [arbr] *nm* tree • **arbre fruitier** fruit tree • **arbre généalogique** family tree
arbuste [arbyst] *nm* shrub
arc [ark] *nm* **1.** *(arme)* bow **2.** *(géométrique)* arc **3.** *(voûte)* arch
arcade [arkad] *nf* arch
arc-bouter [arkbute] ◆ **s'arc-bouter** *vp* to brace o.s.
arc-en-ciel [arkɑ̃sjɛl] (*pl* **arcs-en-ciel**) *nm* rainbow
archaïque [arkaik] *adj* archaic
arche [arʃ] *nf* arch
archéologie [arkeɔlɔʒi] *nf* archaeology
archéologue [arkeɔlɔg] *nmf* archaeologist
archet [arʃɛ] *nm* bow
archipel [arʃipɛl] *nm* archipelago
architecte [arʃitɛkt] *nmf* architect
architecture [arʃitɛktyr] *nf* architecture
archives [arʃiv] *nfpl* records
Arctique [arktik] *nm* • **l'(océan) Arctique** the Arctic (Ocean)
ardent, e [ardɑ̃, ɑ̃t] *adj* **1.** *(soleil)* blazing **2.** *(fig) (défenseur, désir)* fervent
ardoise [ardwaz] *nf* slate
ardu, e [ardy] *adj* difficult
arènes [arɛn] *nfpl* **1.** *(romaines)* amphitheatre *sg* **2.** *(pour corridas)* bullring *sg*
arête [arɛt] *nf* **1.** *(de poisson)* bone **2.** *(angle)* corner
argent [arʒɑ̃] *nm* **1.** *(métal)* silver **2.** *(monnaie)* money • **argent liquide** cash • **argent de poche** pocket money
argenté, e [arʒɑ̃te] *adj* silver
argenterie [arʒɑ̃tri] *nf* silverware
argile [arʒil] *nf* clay
argot [argo] *nm* slang
argument [argymɑ̃] *nm* argument
aride [arid] *adj* arid
aristocratie [aristɔkrasi] *nf* aristocracy
arithmétique [aritmetik] *nf* arithmetic
armature [armatyr] *nf* **1.** framework **2.** *(d'un soutien-gorge)* underwiring
arme [arm] *nf* weapon • **arme à feu** firearm

armé, **e** [arme] *adj* armed • **être armé de** to be armed with

armée [arme] *nf* army

armement [arməmɑ̃] *nm* arms *pl*

armer [arme] *vt* **1.** to arm **2.** *(appareil photo)* to wind on

armistice [armistis] *nm* armistice

armoire [armwar] *nf* cupboard (*UK*), closet (*US*) • **armoire à pharmacie** medicine cabinet

armoiries [armwari] *nfpl* coat of arms *sg*

armure [armyr] *nf* armour

arobase [aʀɔbaz] *nm* at' sign

aromate [arɔmat] *nm* **1.** *(épice)* spice **2.** *(fine herbe)* herb

aromatique [arɔmatik] *adj* aromatic

aromatisé, **e** [arɔmatize] *adj* flavoured • **aromatisé à la vanille** vanilla-flavoured

arôme [arom] *nm* **1.** *(odeur)* aroma **2.** *(goût)* flavour

arqué, **e** [arke] *adj* arched

arracher [araʃe] *vt* **1.** *(feuille)* to tear out **2.** *(mauvaises herbes, dent)* to pull out • **arracher qqch à qqn** to snatch sthg from sb

arrangement [arɑ̃ʒmɑ̃] *nm* **1.** arrangement **2.** *(accord)* agreement

arranger [arɑ̃ʒe] *vt* **1.** *(organiser)* to arrange **2.** *(résoudre)* to settle **3.** *(réparer)* to fix • **cela m'arrange** that suits me ◆ **s'arranger** *vp* **1.** *(se mettre d'accord)* to come to an agreement **2.** *(s'améliorer)* to get better • **s'arranger pour faire qqch** to arrange to do sthg

arrestation [arɛstasjɔ̃] *nf* arrest

arrêt [arɛ] *nm* **1.** *(interruption)* interruption **2.** *(station)* stop • **arrêt d'autobus** bus stop • **arrêt de travail** stoppage • **sans arrêt** *(parler, travailler)* nonstop ▼ **ne pas descendre avant l'arrêt complet du train** do not alight until the train has come to a complete stop ▼ **arrêt interdit** no stopping ▼ **arrêt d'urgence** emergency stop

arrêter [arete] *vt* **1.** to stop **2.** *(suspect)* to arrest ◇ *vi* to stop • **arrêter de faire qqch** to stop doing sthg ◆ **s'arrêter** *vp* to stop • **s'arrêter de faire qqch** to stop doing sthg

arrhes [ar] *nfpl* deposit *sg* • **verser des arrhes** to pay a deposit

arrière [arjɛr] *adj inv* & *nm* back • **à l'arrière de** at the back of • **en arrière** *(rester, regarder)* behind ; *(tomber)* backwards ▼ **arrière des trains courts** 'short trains end here'

arriéré, **e** [arjere] *adj* backward

arrière-boutique [arjɛrbutik] (*pl* **-s**) *nf* back of the shop

arrière-grands-parents [arjɛrgrɑ̃parɑ̃] *nmpl* great-grandparents

arrière-pensée [arjɛrpɑ̃se] (*pl* **-s**) *nf* ulterior motive

arrière-plan [arjɛrplɑ̃] (*pl* **-s**) *nm* • **à l'arrière-plan** in the background

arrière-saison [arjɛrsɛzɔ̃] (*pl* **-s**) *nf* late autumn

arrivée [arive] *nf* **1.** arrival **2.** *(d'une course)* finish ▼ **arrivées** arrivals

arriver [arive] *vi* **1.** to arrive **2.** *(se produire)* to happen ◇ *v impers* • **il arrive qu'il soit en retard** he is sometimes late • **il m'arrive d'oublier son anniversaire** sometimes I forget his birthday • **que t'est-il arrivé ?** what happened to you? • **arriver à qqch** to reach sthg • **arriver à faire qqch**

to succeed in doing sthg, to manage to do sthg
arriviste [arivist] *nmf* social climber
arrobas, arobas [arɔbas] *nf (dans une adresse électronique)* at
arrogant, e [arɔgɑ̃, ɑ̃t] *adj* arrogant
arrondir [arɔ̃dir] *vt* **1.** *(au chiffre supérieur)* to round up **2.** *(au chiffre inférieur)* to round down
arrondissement [arɔ̃dismɑ̃] *nm* district
arrosage [arozaʒ] *nm* watering
arroser [aroze] *vt* to water
arrosoir [arozwar] *nm* watering can
Arrt *abr écrite de* **arrondissement**
art [ar] *nm* • **l'art** art • **arts plastiques** SCOL art ▾ **arts graphiques** graphic arts
artère [artɛr] *nf* artery
artichaut [artiʃo] *nm* artichoke
article [artikl] *nm* article
articulation [artikylasjɔ̃] *nf ANAT* joint
articulé, e [artikyle] *adj* **1.** *(pantin)* jointed **2.** *(lampe)* hinged
articuler [artikyle] *vt (prononcer)* to articulate ◇ *vi* to speak clearly
artifice [artifis] *nm* ➤ **feu**
artificiel, elle [artifisjɛl] *adj* artificial
artisan [artizɑ̃] *nm* craftsman *m* (*f* craftswoman)
artisanal, e, aux [artizanal, o] *adj* traditional
artiste [artist] *nmf* artist
artistique [artistik] *adj* artistic
[1]**as** [a] *2e pers. du sg de l'ind. prés.* ➤ **avoir**
[2]**as** [as] *nm* **1.** *(carte)* ace **2.** *(fam) (champion)* ace
asc. *abr écrite de* **ascenseur**
ascendant [asɑ̃dɑ̃] *nm (astrologique)* ascendant
ascenseur [asɑ̃sœr] *nm* lift *(UK)*, elevator *(US)*
ascension [asɑ̃sjɔ̃] *nf* **1.** ascent **2.** *(fig) (progression)* progress
asiatique [azjatik] *adj* Asian ◆ **Asiatique** *nmf* Asian
Asie [azi] *nf* • **l'Asie** Asia
asile [azil] *nm* **1.** *(psychiatrique)* asylum **2.** *(refuge)* refuge
aspect [aspɛ] *nm* **1.** appearance **2.** *(point de vue)* aspect
asperge [aspɛrʒ] *nf* asparagus • **asperges à la flamande** *asparagus served with chopped hard-boiled egg and butter, a Belgian speciality*
asperger [aspɛrʒe] *vt* to spray
aspérités [asperite] *nfpl* bumps
asphyxier [asfiksje] *vt* to suffocate ◆ **s'asphyxier** *vp* to suffocate
aspirante [aspirɑ̃t] *adj f* ➤ **hotte**
aspirateur [aspiratœr] *nm* vacuum cleaner
aspirer [aspire] *vt* **1.** *(air)* to draw in **2.** *(poussière)* to suck up
aspirine [aspirin] *nf* aspirin
assaillant, e [asajɑ̃, ɑ̃t] *nm, f* attacker
assaillir [asajir] *vt* to attack • **assaillir qqn de questions** to bombard sb with questions
assaisonnement [asɛzɔnmɑ̃] *nm* **1.** *(sel et poivre)* seasoning **2.** *(sauce)* dressing
assassin [asasɛ̃] *nm* murderer
assassiner [asasine] *vt* to murder
assaut [aso] *nm* assault
assemblage [asɑ̃blaʒ] *nm* assembly
assemblée [asɑ̃ble] *nf* meeting • **l'Assemblée (nationale)** the (French) National Assembly

assembler [asɑ̃ble] *vt* to assemble

asseoir [aswar] ◆ **s'asseoir** *vp* to sit down

assez [ase] *adv* **1.** *(suffisamment)* enough **2.** *(plutôt)* quite ● **assez de** enough ● **en avoir assez (de)** to be fed up (with)

assidu, e [asidy] *adj* diligent

assiéger [asjeʒe] *vt* to besiege

assiette [asjɛt] *nf* plate ● **assiette de crudités** *raw vegetables served as a starter* ● **assiette creuse** soup dish ● **assiette à dessert** dessert plate ● **assiette plate** dinner plate ● **assiette valaisanne** *cold meat, cheese and gherkins, a speciality of the Valais region of Switzerland*

assimiler [asimile] *vt (comprendre)* to assimilate

assis, e [asi, iz] *pp* ➤ **asseoir** ◇ *adj* ● **être assis** to be seated OU sitting

assises [asiz] *nfpl* ● **(cour d')assises** ≃ crown court *(UK)*, circuit court *(US)*

assistance [asistɑ̃s] *nf* **1.** *(public)* audience **2.** *(aide)* assistance

assistant, e [asistɑ̃, ɑ̃t] *nm, f* **1.** assistant **2.** *(en langues étrangères)* (foreign language) assistant ● **assistante sociale** social worker

assister [asiste] *vt (aider)* to assist ● **assister à** *(concert)* to attend ; *(meurtre)* to witness

association [asɔsjasjɔ̃] *nf* association

associer [asɔsje] *vt* to associate ◆ **s'associer** *vp* ● **s'associer (à** OU **avec)** to join forces (with)

assombrir [asɔ̃brir] *vt* to darken ◆ **s'assombrir** *vp* to darken

assommer [asɔme] *vt* to knock out

assorti, e [asɔrti] *adj* **1.** *(en harmonie)* matching **2.** *(varié)* assorted

assortiment [asɔrtimɑ̃] *nm* assortment

assoupir [asupir] ◆ **s'assoupir** *vp* to doze off

assouplir [asuplir] *vt (muscles)* to loosen up

assouplissant [asuplisɑ̃] *nm* fabric softener

assouplissement [asuplismɑ̃] *nm (exercices)* limbering up

assouplisseur [asuplisœr] *nm* = **assouplissant**

assourdissant, e [asurdisɑ̃, ɑ̃t] *adj* deafening

assumer [asyme] *vt* **1.** *(conséquences, responsabilité)* to accept **2.** *(fonction, rôle)* to carry out

assurance [asyrɑ̃s] *nf* **1.** *(aisance)* self-confidence **2.** *(contrat)* insurance **3.** ● **assurance automobile** car insurance ● **assurance tous risques** comprehensive insurance

assuré, e [asyre] *adj* **1.** *(certain)* certain **2.** *(résolu)* assured

assurer [asyre] *vt* **1.** *(maison, voiture)* to insure **2.** *(fonction, tâche)* to carry out ● **je t'assure que** I assure you (that) ◆ **s'assurer** *vp (par un contrat)* to take out insurance ● **s'assurer contre le vol** to insure o.s. against theft ● **s'assurer de** to make sure of ● **s'assurer que** to make sure (that)

astérisque [asterisk] *nm* asterisk

asthmatique [asmatik] *adj* asthmatic

asthme [asm] *nm* asthma

asticot [astiko] *nm* maggot

astiquer [astike] *vt* to polish

astre [astr] *nm* star
astrologie [astrɔlɔʒi] *nf* astrology
astronaute [astrɔnot] *nm* astronaut
astronomie [astrɔnɔmi] *nf* astronomy
astuce [astys] *nf* **1.** *(ingéniosité)* shrewdness **2.** *(truc)* trick
astucieux, euse [astysjø, øz] *adj* clever
atelier [atəlje] *nm* **1.** workshop **2.** *(de peintre)* studio
athée [ate] *adj* atheist
athénée [atene] *nm* *(Belg)* secondary school *(UK)*, high school *(US)*
athlète [atlɛt] *nmf* athlete
athlétisme [atletism] *nm* athletics *sg*
Atlantique [atlɑ̃tik] *nm* • **l'(océan) Atlantique** the Atlantic (Ocean)
atlas [atlas] *nm* atlas
atmosphère [atmɔsfɛr] *nf* **1.** atmosphere **2.** *(air)* air
atome [atom] *nm* atom
atomique [atɔmik] *adj* atomic
atomiseur [atɔmizœr] *nm* spray
atout [atu] *nm* **1.** trump **2.** *(avantage)* asset • **atout pique** clubs are trumps
atroce [atrɔs] *adj* terrible
atrocité [atrɔsite] *nf* atrocity
attachant, e [ataʃɑ̃, ɑ̃t] *adj* lovable
attaché-case [ataʃekɛz] (*pl* **attachés-cases**) *nm* attaché case
attachement [ataʃmɑ̃] *nm* attachment
attacher [ataʃe] *vt* to tie (up) ◇ *vi* to stick • **attachez vos ceintures** fasten your seat belts • **attacher un fichier** *INFORM* to attach a file ◆ **s'attacher** *vp (se nouer)* to fasten • **s'attacher à qqn** to become attached to sb
attaquant [atakɑ̃] *nm* **1.** attacker **2.** *SPORT* striker
attaque [atak] *nf* attack
attaquer [atake] *vt* to attack ◆ **s'attaquer à** *vp + prep* **1.** *(personne)* to attack **2.** *(problème, tâche)* to tackle
attarder [atarde] ◆ **s'attarder** *vp* to stay (late)
atteindre [atɛ̃dr] *vt* **1.** to reach **2.** *(émouvoir)* to affect **3.** *(balle)* to hit • **être atteint de** to suffer from
atteint, e [atɛ̃, ɛ̃t] *pp* ➤ **atteindre**
atteinte [atɛ̃t] *nf* ➤ **hors**
atteler [atle] *vt* **1.** *(chevaux)* to harness **2.** *(remorque)* to hitch (up)
attelle [atɛl] *nf* splint
attendre [atɑ̃dr] *vt* **1.** to wait for **2.** *(espérer)* to expect ◇ *vi* to wait • **attendre un enfant** to be expecting a baby • **attendre que** to wait for • **attendre qqch de** to expect sthg from ◆ **s'attendre à** *vp + prep* to expect
attendrir [atɑ̃drir] *vt* to move
attentat [atɑ̃ta] *nm* attack • **attentat à la bombe** bombing
attente [atɑ̃t] *nf* wait • **en attente** pending
attentif, ive [atɑ̃tif, iv] *adj* attentive
attention [atɑ̃sjɔ̃] *nf* attention • **attention !** watch out! • **faire attention (à)** *(se concentrer)* to pay attention (to) ; *(être prudent)* to be careful (of)
atténuer [atenɥe] *vt* **1.** *(son)* to cut down **2.** *(douleur)* to ease
atterrir [aterir] *vi* to land
atterrissage [aterisaʒ] *nm* landing • **à l'atterrissage** on landing
attestation [atɛstasjɔ̃] *nf* certificate
attirant, e [atirɑ̃, ɑ̃t] *adj* attractive

attirer [atire] *vt* to attract • **attirer l'attention de qqn** to attract sb's attention ◆ **s'attirer** *vp* • **s'attirer des ennuis** to get (o.s.) into trouble
attiser [atize] *vt* to poke
attitude [atityd] *nf (comportement)* attitude
attraction [atraksjɔ̃] *nf* attraction
attrait [atrɛ] *nm (charme)* charm
attraper [atrape] *vt* **1.** to catch **2.** *(gronder)* to tell off • **attraper un coup de soleil** to get sunburned
attrayant, e [atrɛjɑ̃, ɑ̃t] *adj* attractive
attribuer [atribɥe] *vt* • **attribuer qqch à qqn** to award sthg to sb
attroupement [atrupmɑ̃] *nm* crowd
au [o] *prép* = **à + le** ; = **à**
aube [ob] *nf* dawn • **à l'aube** at dawn
auberge [obɛrʒ] *nf* inn • **auberge de jeunesse** youth hostel
aubergine [obɛrʒin] *nf* aubergine (*UK*), eggplant (*US*)
aucun, e [okœ̃, yn] *adj* no ◇ *pron* none • **aucun train ne va à Bordeaux** none of the trains go to Bordeaux • **nous n'avons aucun dépliant** we haven't any leaflets • **sans aucun doute** without doubt • **aucune idée !** I've no idea! • **aucun des deux** neither (of them) • **aucun d'entre nous** none of us
audace [odas] *nf* boldness
audacieux, euse [odasjø, øz] *adj* bold
au-delà [odəla] *adv* beyond • **au-delà de** beyond
au-dessous [odəsu] *adv* **1.** below **2.** *(à l'étage inférieur)* downstairs • **les enfants de 12 ans et au-dessous** children aged 12 and under • **au-dessous de** below ; *(à l'étage inférieur)* downstairs from • **les enfants au-dessous de 16 ans** children under (the age of) 16
au-dessus [odəsy] *adv* **1.** above **2.** *(à l'étage supérieur)* upstairs • **les gens de 50 ans et au-dessus** people aged 50 and over • **au-dessus de** over ; *(à l'étage supérieur)* upstairs from • **au-dessus de 1 000 euros** over 1,000 euros
audience [odjɑ̃s] *nf* audience
audiovisuel, elle [odjɔvizɥɛl] *adj* audio-visual
auditeur, trice [oditœr, tris] *nm, f* listener
audition [odisjɔ̃] *nf* **1.** *(examen)* audition **2.** *(sens)* hearing
auditoire [oditwar] *nm* audience
auditorium [oditɔrjɔm] *nm* auditorium
augmentation [ogmɑ̃tasjɔ̃] *nf* increase • **augmentation (de salaire)** (pay) rise (*UK*), raise (*US*) • **en augmentation** on the increase
augmenter [ogmɑ̃te] *vt* to raise, to increase ◇ *vi* **1.** to increase **2.** *(devenir plus cher)* to go up
aujourd'hui [oʒurdɥi] *adv* **1.** today **2.** *(à notre époque)* nowadays • **d'aujourd'hui** *(de notre époque)* of today
auparavant [oparavɑ̃] *adv* **1.** *(d'abord)* first **2.** *(avant)* before
auprès [oprɛ] ◆ **auprès de** *prép* **1.** near **2.** *(déposer une plainte, une demande)* to
auquel [okɛl] *pron rel* = **à + lequel** ; = **lequel**
[1]**aura** *3ᵉ pers. sg de l'ind. fut.* ➤ **avoir**
[2]**aura** [ora] *nf* aura
auréole [oreɔl] *nf (tache)* ring
aurore [orɔr] *nf* dawn

ausculter [oskylte] *vt* • **ausculter qqn** to listen to sb's chest

aussi [osi] *adv*

1. *(également)* also, too • **j'ai faim - moi aussi !** I'm hungry - so am I! ou me too!

2. *(introduit une comparaison)* • **aussi... que** as... as • **il n'est pas aussi intelligent que son frère** he's not as clever as his brother

3. *(à ce point)* so • **je n'ai jamais rien vu d'aussi beau** I've never seen anything so beautiful

◇ *conj (par conséquent)* so

aussitôt [osito] *adv* immediately • **aussitôt que** as soon as

austère [ostɛr] *adj* austere

Australie [ostrali] *nf* • **l'Australie** Australia

australien, enne [ostraljɛ̃, ɛn] *adj* Australian ♦ **Australien, enne** *nm, f* Australian

autant [otɑ̃] *adv*

1. *(exprime la comparaison)* • **autant que** as much as • **l'aller simple coûte presque autant que l'aller et retour** a single costs almost as much as a return • **autant de... que** *(argent, patience)* as much... as ; *(amis, valises)* as many... as

2. *(exprime l'intensité)* so much • **je ne savais pas qu'il pleuvait autant ici** I didn't know it rained so much here • **autant de** *(argent, patience)* so much ; *(amis, valises)* so many

3. *(il vaut mieux)* • **autant partir demain** I/we may as well leave tomorrow

4. *(dans des expressions)* • **j'aime autant...** I'd rather... • **d'autant que** especially since • **d'autant plus que** all the more so because • **pour autant que je sache** as far as I know

autel [otɛl] *nm* altar

auteur [otœr] *nm* **1.** *(d'une chanson)* composer **2.** *(d'un livre)* author **3.** *(d'un crime)* person responsible

authentique [otɑ̃tik] *adj* genuine

auto [oto] *nf* car • **autos tamponneuses** dodgems

autobiographie [otɔbjɔgrafi] *nf* autobiography

autobus [otɔbys] *nm* bus • **autobus à impériale** double-decker (bus)

autocar [otɔkar] *nm* coach

autocollant [otɔkɔlɑ̃] *nm* sticker

autocouchette(s) [otɔkuʃɛt] *adj inv* • **train autocouchette(s)** ≃ Motorail®train

autocuiseur [otɔkɥizœr] *nm* pressure cooker

auto-école [otɔekɔl] (*pl* -s) *nf* driving school

autographe [otɔgraf] *nm* autograph

automate [otɔmat] *nm (jouet)* mechanical toy

automatique [otɔmatik] *adj* **1.** *(système)* automatic **2.** *(geste, réaction)* instinctive

automne [otɔn] *nm* autumn (*UK*), fall (*US*) • **en automne** in autumn (*UK*), in the fall (*US*)

automobile [otɔmɔbil] *adj* car

automobiliste [otɔmɔbilist] *nmf* motorist

autonome [otɔnɔm] *adj* autonomous

autonomie [otɔnɔmi] *nf* **1.** autonomy **2.** *INFORM* battery life

autopsie [otɔpsi] *nf* postmortem (examination)

autoradio [otɔradjo] *nm* car radio
autorisation [otɔrizasjɔ̃] *nf* **1.** permission **2.** *(document)* permit
autoriser [otɔrize] *vt* to authorize • **autoriser qqn à faire qqch** to allow sb to do sthg
autoritaire [otɔritɛr] *adj* authoritarian
autorité [otɔrite] *nf (fermeté)* authority • **les autorités** the authorities
autoroute [otɔrut] *nf* motorway (*UK*), freeway (*US*), highway (*US*) • **autoroute à péage** toll motorway (*UK*), turnpike (*US*)
auto-stop [otɔstɔp] *nm* hitchhiking • **faire de l'auto-stop** to hitch(hike)
autour [otur] *adv* around • **tout autour** all around • **autour de** around
autre [otr] *adj*
1. *(différent)* other • **j'aimerais essayer une autre couleur** I'd like to try a different colour
2. *(supplémentaire)* • **une autre bouteille d'eau minérale, s'il vous plaît** another bottle of mineral water, please • **il n'y a rien d'autre à voir ici** there's nothing else to see here • **veux-tu quelque chose d'autre ?** do you want anything else?
3. *(restant)* other • **tous les autres passagers sont maintenant priés d'embarquer** could all remaining passengers now come forward for boarding?
4. *(dans des expressions)* • **autre part** somewhere else • **d'autre part** besides
◇ *pron* other • **l'autre** the other (one) • **un autre** another • **il ne se soucie pas des autres** he doesn't think of others • **d'une minute à l'autre** any minute now • **entre autres** among others
autrefois [otrəfwa] *adv* formerly
autrement [otrəmɑ̃] *adv* **1.** *(différemment)* differently **2.** *(sinon)* otherwise • **autrement dit** in other words
Autriche [otriʃ] *nf* • **l'Autriche** Austria
autrichien, enne [otriʃjɛ̃, ɛn] *adj* Austrian ◆ **Autrichien, enne** *nm, f* Austrian
autruche [otryʃ] *nf* ostrich
auvent [ovɑ̃] *nm* awning
Auvergne [ovɛrɲ] *nf* ➤ **bleu**
aux [o] *prép* = **à + les** ; = **à**
auxiliaire [oksiljɛr] *nmf (assistant)* assistant ◇ *nm GRAMM* auxiliary
auxquelles [okɛl] *pron rel* = **à + lesquelles** ; = **lequel**
auxquels [okɛl] *pron rel* = **à + lesquels** ; = **lequel**
av. (*abr écrite de avenue*) Ave
avachi, e [avaʃi] *adj* **1.** *(canapé, chaussures)* misshapen **2.** *(personne)* lethargic
aval [aval] *nm* • **aller vers l'aval** to go downstream • **en aval (de)** downstream (from)
avalanche [avalɑ̃ʃ] *nf* avalanche
avaler [avale] *vt* to swallow
avance [avɑ̃s] *nf* advance • **à l'avance, d'avance** in advance • **en avance** early
avancer [avɑ̃se] *vt* **1.** to move forward **2.** *(main, assiette)* to hold out **3.** *(anticiper)* to bring forward **4.** *(prêter)* to advance ◇ *vi* **1.** to move forward **2.** *(progresser)* to make progress **3.** *(montre, pendule)* to be fast • **avancer de cinq minutes** to be five minutes fast ◆ **s'avancer** *vp* **1.** to move forward **2.** *(partir devant)* to go ahead
avant [avɑ̃] *prép* before ◇ *adv* **1.** earlier **2.** *(autrefois)* formerly **3.** *(d'abord)* first **4.** *(dans un classement)* ahead ◇ *nm* **1.** front **2.** *SPORT* forward ◇ *adj inv* front • **avant**

de faire qqch before doing sthg • **avant que** before • **avant tout** *(surtout)* above all ; *(d'abord)* first of all • **l'année d'avant** the year before • **en avant** *(tomber)* forward, forwards • **partir en avant** to go on ahead
avantage [avɑ̃taʒ] *nm* advantage
avantager [avɑ̃taʒe] *vt* to favour
avantageux, euse [avɑ̃taʒø, øz] *adj (prix, offre)* good
avant-bras [avɑ̃bra] *nm inv* forearm
avant-dernier, ière, s [avɑ̃dɛrnje, ɛr] *adj* penultimate ◇ *nm, f* last but one
avant-hier [avɑ̃tjɛr] *adv* the day before yesterday
avant-propos [avɑ̃prɔpo] *nm inv* foreword
avare [avar] *adj* mean ◇ *nmf* miser
avarice [avaris] *nf* avarice
avarié, e [avarje] *adj* bad
avec [avɛk] *prép* with • **avec élégance** elegantly • **et avec ça ?** anything else?
avenir [avnir] *nm* future • **à l'avenir** in future • **d'avenir** *(technique)* promising ; *(métier)* with a future
aventure [avɑ̃tyr] *nf* **1.** *(événement imprévu)* incident **2.** *(entreprise risquée)* adventure **3.** *(amoureuse)* affair
aventurer [avɑ̃tyre] ♦ **s'aventurer** *vp* to venture
aventurier, ière [avɑ̃tyrje, ɛr] *nm, f* adventurer
avenue [avny] *nf* avenue
avérer [avere] ♦ **s'avérer** *vp (se révéler)* to turn out to be
averse [avɛrs] *nf* downpour
avertir [avɛrtir] *vt* to inform • **avertir qqn de qqch** to warn sb of sthg
avertissement [avɛrtismɑ̃] *nm* warning
aveu [avø] *(pl* **-x***) nm* confession
aveugle [avœgl] *adj* blind ◇ *nmf* blind person
aveugler [avœgle] *vt* to blind
aveuglette [avœglɛt] ♦ **à l'aveuglette** *adv* • **avancer à l'aveuglette** to grope one's way
aviateur [avjatœr] *nm* pilot
aviation [avjasjɔ̃] *nf MIL* airforce
avide [avid] *adj* greedy • **avide de** greedy for
avion [avjɔ̃] *nm* (aero)plane ▼ **par avion** airmail
aviron [avirɔ̃] *nm* **1.** *(rame)* oar **2.** *(sport)* rowing
avis [avi] *nm* **1.** *(opinion)* opinion **2.** *(information)* notice • **changer d'avis** to change one's mind • **à mon avis** in my opinion • **avis de réception** acknowledgment of receipt
av. J-C *(abr écrite de avant Jésus-Christ)* BC *(before Christ)*
[1]**avocat, e** [avɔka, tə] *nm, f DR* lawyer
[2]**avocat** [avɔka] *nm (fruit)* avocado (pear)
avoine [avwan] *nf* oats *pl*
avoir [avwar] *vt*
1. *(posséder)* to have (got) • **j'ai deux frères et une sœur** I've got two brothers and a sister
2. *(comme caractéristique)* to have (got) • **avoir les cheveux bruns** to have brown hair • **avoir de l'ambition** to be ambitious
3. *(être âgé de)* • **quel âge as-tu ?** how old are you? • **j'ai 13 ans** I'm 13 (years old)
4. *(obtenir)* to get

5. *(au téléphone)* to get hold of
6. *(éprouver)* to feel • **avoir du chagrin** to be sad
7. (*fam*) *(duper)* • **se faire avoir** *(se faire escroquer)* to be conned ; *(tomber dans le piège)* to be caught out
8. *(exprime l'obligation)* • **avoir à faire qqch** to have to do sthg • **vous n'avez qu'à remplir ce formulaire** you just need to fill in this form
9. *(dans des expressions)* • **vous en avez encore pour longtemps ?** will it take much longer? • **nous en avons eu pour 30 euros** it cost us 30 euros
◇ *v aux* to have • **j'ai terminé** I have finished • **hier nous avons fait 500 km** we did 500 km yesterday
◆ **il y a** *v impers*
1. *(il existe)* there is/are • **il y a un problème** there's a problem • **y a-t-il des toilettes dans les environs ?** are there any toilets nearby? • **qu'est-ce qu'il y a ?** what is it? • **il n'y a qu'à revenir demain** we'll just have to come back tomorrow
2. *(temporel)* • **il y a trois ans** three years ago • **il y a plusieurs années que nous venons ici** we've been coming here for several years now

avortement [avɔrtəmɑ̃] *nm* abortion

avorter [avɔrte] *vi MÉD* to have an abortion

avouer [avwe] *vt* to admit

avril [avril] *nm* April • **le premier avril** April Fools' Day • **en avril, au mois d'avril** in April • **début avril** at the beginning of April • **fin avril** at the end of April • **le deux avril** the second of April

axe [aks] *nm* **1.** axis **2.** *(routier)* major road **3.** *(ferroviaire)* main line • **axe rouge** *section of Paris road system where parking is prohibited to avoid congestion*

ayant [ejɑ̃] *p prés* ➤ **avoir**

ayons [ejɔ̃] *1re pers. du pl du subj. prés.* ➤ **avoir**

azote [azɔt] *nm* nitrogen

Azur [azyr] *n* ➤ **côte**

bB

B (*abr de bien*) G

baba [baba] *nm* • **baba au rhum** rum baba

babines [babin] *nfpl* chops

babiole [babjɔl] *nf* trinket

bâbord [babɔr] *nm* port • **à bâbord** to port

baby-foot [babifut] *nm inv* table football

baby-sitter [bebisitœr] (*pl* -s) *nmf* baby-sitter

bac [bak] *nm* **1.** *(récipient)* container **2.** *(bateau)* ferry **3.** (*fam*) = **baccalauréat**

baccalauréat [bakalɔrea] *nm* ≃ A levels (*UK*) ≃ SATs (*US*)

baccalauréat

The *baccalauréat*, or *bac* for short, is a school-leaving certificate and a university entrance qualification. There are three types of *bac:*

the *baccalauréat général* in literature, science, or economics and social studies; the *baccalauréat technologique* in technology; and the *baccalauréat professionnel* in vocational subjects.

bâche [baʃ] *nf* tarpaulin
bâcler [bakle] *vt* to botch
bacon [bekɔn] *nm* bacon
bactérie [bakteri] *nf* bacterium
badge [badʒ] *nm* badge
badigeonner [badiʒɔne] *vt (mur)* to whitewash
badminton [badmintɔn] *nm* badminton
baffe [baf] *nf (fam)* clip on the ear
baffle [bafl] *nm* speaker
bafouiller [bafuje] *vi* to mumble
bagage [bagaʒ] *nm* piece of luggage OU baggage ● **bagages** luggage *sg*, baggage *sg* ● **bagages à main** hand luggage
bagagerie [bagaʒʀi] *nf* luggage shop
bagarre [bagar] *nf* fight
bagarrer [bagare] ◆ **se bagarrer** *vp* to fight
bagnes [baɲ] *nm hard strong Swiss cheese made from cow's milk*
bagnole [baɲɔl] *nf (fam)* car
bague [bag] *nf* ring
baguette [bagɛt] *nf* **1.** *(tige)* stick **2.** *(de chef d'orchestre)* baton **3.** *(chinoise)* chopstick **4.** *(pain)* French stick ● **baguette magique** magic wand
baie [bɛ] *nf* **1.** *(fruit)* berry **2.** *(golfe)* bay **3.** *(fenêtre)* bay window ● **baie vitrée** picture window
baignade [bɛɲad] *nf* swim ▼ **baignade interdite** no swimming
baigner [beɲe] *vt* to bath ◇ *vi* ● **baigner dans** to be swimming in ◆ **se baigner** *vp* **1.** *(dans la mer)* to go for a swim **2.** *(dans une baignoire)* to have a bath
baignoire [bɛɲwar] *nf* bath
bail [baj] (*pl* **baux** [bo]) *nm* lease
bâiller [baje] *vi* **1.** to yawn **2.** *(être ouvert)* to gape
bâillonner [bajɔne] *vt* to gag
bain [bɛ̃] *nm* bath ● **prendre un bain** to have a bath ● **prendre un bain de soleil** to sunbathe ● **grand bain** main pool ● **petit bain** children's pool
bain-marie [bɛ̃mari] *nm cooking method in which a pan is placed inside a larger pan containing boiling water*
baïonnette [bajɔnɛt] *nf* **1.** *(arme)* bayonet **2.** *(d'ampoule)* bayonet fitting
baiser [beze] *nm* kiss
baisse [bɛs] *nf* drop ● **en baisse** falling
baisser [bese] *vt* **1.** to lower **2.** *(son)* to turn down ◇ *vi* **1.** *(descendre)* to go down **2.** *(diminuer)* to drop ◆ **se baisser** *vp* to bend down
bal [bal] *nm* ball
balade [balad] *nf* **1.** *(à pied)* walk **2.** *(en voiture)* drive **3.** *(en vélo)* ride
balader [balade] ◆ **se balader** *vp* **1.** *(à pied)* to go for a walk **2.** *(en voiture)* to go for a drive **3.** *(en vélo)* to go for a ride
balafre [balafr] *nf* gash
balai [balɛ] *nm* **1.** broom, brush **2.** *(d'essuie-glace)* blade
balance [balɑ̃s] *nf* scales *pl* ◆ **Balance** *nf* Libra

balancer [balɑ̃se] *vt* **1.** to swing **2.** *(fam) (jeter)* to throw away ◆ **se balancer** *vp* **1.** *(sur une chaise)* to rock **2.** *(sur une balançoire)* to swing
balancier [balɑ̃sje] *nm (de pendule)* pendulum
balançoire [balɑ̃swar] *nf* **1.** *(bascule)* seesaw **2.** *(suspendue)* swing
balayer [baleje] *vt* to sweep
balayeur [balɛjœr] *nm* roadsweeper
balbutier [balbysje] *vi* to stammer
balcon [balkɔ̃] *nm* **1.** balcony **2.** *(au théâtre)* circle
baleine [balɛn] *nf* **1.** *(animal)* whale **2.** *(de parapluie)* rib
balise [baliz] *nf* **1.** *NAUT* marker (buoy) **2.** *(de randonnée)* marker **3.** *INFORM* tag
balle [bal] *nf* **1.** *SPORT* ball **2.** *(d'arme à feu)* bullet **3.** *(fam) (franc)* franc • **balle à blanc** blank
ballerine [balrin] *nf* **1.** *(chaussure)* ballet shoe **2.** *(danseuse)* ballerina
ballet [balɛ] *nm* ballet
ballon [balɔ̃] *nm* **1.** *SPORT* ball **2.** *(pour fête, montgolfière)* balloon **3.** *(verre)* round wineglass
ballonné, e [balɔne] *adj* swollen
ballotter [balɔte] *vt* • **être ballotté** *(dans une voiture, un bateau)* to be thrown about ; *(fig)* to be torn
balnéaire [balneɛr] *adj* ➤ **station**
balustrade [balystrad] *nf* balustrade
bambin [bɑ̃bɛ̃] *nm* toddler
bambou [bɑ̃bu] *nm* bamboo
banal, e [banal] *adj* banal
banana [banana] *nm* ▼ **banana split** banana split
banane [banan] *nf* **1.** banana **2.** *(porte-monnaie)* bumbag *(UK)*, fanny pack *(US)*
banc [bɑ̃] *nm* **1.** bench **2.** *(de poissons)* shoal • **banc public** park bench • **banc de sable** sandbank
bancaire [bɑ̃kɛr] *adj* bank, banking
bancal, e [bɑ̃kal] *adj* wobbly
bandage [bɑ̃daʒ] *nm* bandage
bande [bɑ̃d] *nf* **1.** *(de tissu, de papier)* strip **2.** *(pansement)* bandage **3.** *(groupe)* band • **bande d'arrêt d'urgence** hard shoulder • **bande blanche** *(sur route)* white line • **bande dessinée** comic strip • **bande magnétique** tape • **bande originale** original soundtrack
bandeau [bɑ̃do] *(pl* **-x***)* *nm* **1.** *(dans les cheveux)* headband **2.** *(sur les yeux)* blindfold
bander [bɑ̃de] *vt* **1.** *(yeux)* to blindfold **2.** *(blessure)* to bandage
banderole [bɑ̃drɔl] *nf* streamer
bandit [bɑ̃di] *nm* bandit
bandoulière [bɑ̃duljɛr] *nf* shoulder strap • **en bandoulière** across the shoulder
banjo [bɑ̃dʒo] *nm* banjo
banlieue [bɑ̃ljø] *nf* suburbs *pl* • **les banlieues** the suburbs *(usually associated with social problems)*
banlieusard, e [bɑ̃ljøzar, ard] *nm, f* *person living in the suburbs*
banque [bɑ̃k] *nf* bank • **Banque centrale européenne** European Central Bank
banquet [bɑ̃kɛ] *nm* banquet
banquette [bɑ̃kɛt] *nf* seat
banquier [bɑ̃kje] *nm* banker
banquise [bɑ̃kiz] *nf* ice field

baptême [batɛm] *nm* baptism • **baptême de l'air** maiden flight
bar [bar] *nm* bar • **bar à café** (*Helv*) café
baraque [barak] *nf* **1.** *(de jardin)* shed **2.** *(de fête foraine)* stall **3.** (*fam*) *(maison)* house
baratin [baratɛ̃] *nm* (*fam*) smooth talk
barbare [barbar] *adj* barbaric
Barbarie [barbari] *n* ➤ **orgue**
barbe [barb] *nf* beard • **barbe à papa** candyfloss (*UK*), cotton candy (*US*)
barbecue [barbəkju] *nm* barbecue
barbelé [barbəle] *nm* • **(fil de fer) barbelé** barbed wire
barboter [barbɔte] *vi* to splash about
barbouillé, e [barbuje] *adj* *(malade)* • **être barbouillé** to feel sick
barbouiller [barbuje] *vt* **1.** *(écrire, peindre sur)* to daub **2.** *(salir)* to smear
barbu [barby] *adj m* bearded
barème [barɛm] *nm* **1.** *(de prix)* list **2.** *(de notes)* scale
baril [baril] *nm* barrel
bariolé, e [barjɔle] *adj* multicoloured
barman [barman] *nm* barman
baromètre [barɔmɛtr] *nm* barometer
baron, onne [barɔ̃, ɔn] *nm, f* baron (*f* baroness)
barque [bark] *nf* small boat
barrage [baraʒ] *nm* *(sur une rivière)* dam • **barrage de police** police roadblock
barre [bar] *nf* **1.** *(de fer, de chocolat)* bar **2.** *(trait)* stroke **3.** *NAUT* tiller • **barre d'espace** *INFORM* space bar • **barre de défilement** *INFORM* scroll bar • **barre d'outils** *INFORM* tool bar • **barre des tâches** *INFORM* taskbar
barreau [baro] (*pl* **-x**) *nm* bar
barrer [bare] *vt* **1.** *(rue, route)* to block **2.** *(mot, phrase)* to cross out **3.** *NAUT* to steer
barrette [barɛt] *nf* *(à cheveux)* hair slide • **barrette mémoire** *INFORM* memory module
barricade [barikad] *nf* barricade
barricader [barikade] *vt* to barricade ◆ **se barricader** *vp* to barricade o.s.
barrière [barjɛr] *nf* barrier
bar-tabac [bartaba] (*pl* **bars-tabacs**) *nm* *bar also selling cigarettes and tobacco*
bas, basse [ba, bas] *adj* low ◇ *nm* **1.** bottom **2.** *(vêtement)* stocking ◇ *adv* **1.** *(dans l'espace)* low **2.** *(parler)* softly • **en bas** at the bottom ; *(à l'étage inférieur)* downstairs • **en bas de** at the bottom of ; *(à l'étage inférieur)* downstairs from
bas-côté [bakote] (*pl* **-s**) *nm* *(de la route)* verge
bascule [baskyl] *nf* **1.** *(pour peser)* weighing machine **2.** *(jeu)* seesaw
basculer [baskyle] *vt* to tip up ◇ *vi* to overbalance
base [baz] *nf* **1.** *(partie inférieure)* base **2.** *(origine, principe)* basis • **à base de whisky** whisky-based • **de base** basic • **base de données** database
baser [baze] *vt* • **baser qqch sur** to base sthg on ◆ **se baser sur** *vp + prep* to base one's argument on
basilic [bazilik] *nm* basil
basilique [bazilik] *nf* basilica
basket [baskɛt] *nf* *(chaussure)* trainer
basket(-ball) [baskɛt(bol)] *nm* basketball
basquaise [baskɛz] *adj* ➤ **poulet**
basque [bask] *adj* Basque ◇ *nm* *(langue)* Basque ◆ **Basque** *nmf* Basque

basse [ba, bas] *adj f* ➤ **bas**
basse-cour [baskur] (*pl* **basses-cours**) *nf* farmyard
bassin [basɛ̃] *nm* **1.** *(plan d'eau)* pond **2.** *ANAT* pelvis • **le Bassin parisien** the Paris Basin • **grand bassin** *(de piscine)* main pool • **petit bassin** *(de piscine)* children's pool
bassine [basin] *nf* bowl
Bastille [bastij] *nf* • **l'opéra Bastille** *Paris opera house on the site of the former Bastille prison*
bataille [bataj] *nf* battle
bâtard, e [batar, ard] *nm, f (chien)* mongrel
bateau [bato] (*pl* **-x**) *nm* **1.** boat **2.** *(grand)* ship **3.** *(sur le trottoir)* driveway entrance • **bateau de pêche** fishing boat • **bateau à voiles** sailing boat ▾ **bateau de poisson cru** raw fish platter
bateau-mouche [batomuʃ] (*pl* **bateaux-mouches**) *nm pleasure boat on the Seine*
bâtiment [batimɑ̃] *nm* building • **le bâtiment** *(activité)* the building trade
bâtir [batir] *vt* to build
bâton [batɔ̃] *nm* stick • **bâton de rouge à lèvres** lipstick
bâtonnet [batɔnɛ] *nm* **1.** stick **2.** *(coton-tige)* cotton bud (*UK*), Q-tip® (*US*)
battant [batɑ̃] *nm (d'une porte)* door *(of double doors)*
battement [batmɑ̃] *nm* **1.** *(coup)* beat, beating **2.** *(intervalle)* break
batterie [batri] *nf* **1.** *AUTO* battery **2.** *MUS* drums *pl* • **batterie de cuisine** kitchen utensils *pl* • **batterie Lithium Ion** lithium-ion battery
batteur, euse [batœr, øz] *nm, f MUS* drummer ◇ *nm (mélangeur)* whisk
battre [batr] *vt* to beat ◇ *vi* **1.** *(cœur)* to beat **2.** *(porte, volet)* to bang • **battre des œufs en neige** to beat egg whites until stiff • **battre la mesure** to beat time • **battre des mains** to clap (one's hands) ♦ **se battre** *vp* • **se battre (avec qqn)** to fight (with sb)
baume [bom] *nm* balm
baux [bo] *nmpl* ➤ **bail**
bavard, e [bavar, ard] *adj* talkative ◇ *nm, f* chatterbox
bavardage [bavardaʒ] *nm* chattering
bavarder [bavarde] *vi* to chat
bavarois [bavarwa] *nm CULIN cold dessert consisting of a sponge base and layers of fruit mousse, cream and custard*
bave [bav] *nf* **1.** dribble **2.** *(d'un animal)* slaver
baver [bave] *vi* **1.** to dribble **2.** *(animal)* to slaver • **en baver** (*fam*) to have a rough time (of it)
bavette [bavɛt] *nf CULIN lower part of sirloin*
baveux, euse [bavø, øz] *adj (omelette)* runny
bavoir [bavwar] *nm* bib
bavure [bavyr] *nf* **1.** *(tache)* smudge **2.** *(erreur)* mistake
bazar [bazar] *nm* **1.** *(magasin)* general store **2.** (*fam*) *(désordre)* shambles *sg*
BCBG *adj* (*abr de bon chic bon genre*) *term used to describe an upper-class lifestyle reflected especially in expensive and conservative clothes*
BCE (*abr de Banque centrale européenne*) *nf* ECB *(European Central Bank)*

Bd *abr écrite de* **boulevard**

BD *nf abr de* **bande dessinée**

beau, belle [bo, bɛl] (*mpl* **beaux** [bo]) (*bel* [bɛl]) *devant voyelle ou h muet*) *adj* **1.** beautiful **2.** *(personne)* good-looking **3.** *(agréable)* lovely ◇ *adv* • **il fait beau** the weather is good • **j'ai beau essayer...** try as I may... • **beau travail !** *(sens ironique)* well done! • **j'ai un beau rhume** I've got a nasty cold • **un beau jour** one fine day

Beaubourg [bobur] *n name commonly used to refer to the Pompidou centre*

Beaubourg

This is the name given to the Pompidou Centre and the area around it in Paris. With its striking architectural design, the Centre is a popular tourist attraction. It contains the National Museum of Modern Art and a large public library, as well as cinemas, a café, and restaurant.

beaucoup [boku] *adv* a lot • **beaucoup de** a lot of • **beaucoup plus cher** much more expensive • **il a beaucoup plus d'argent que moi** he's got much more money than me • **il y a beaucoup plus de choses à voir ici** there are many more things to see here

beau-fils [bofis] (*pl* **beaux-fils**) *nm* **1.** *(fils du conjoint)* stepson **2.** *(gendre)* son-in-law

beau-frère [bofrɛr] (*pl* **beaux-frères**) *nm* brother-in-law

beau-père [bopɛr] (*pl* **beaux-pères**) *nm* **1.** *(père du conjoint)* father-in-law **2.** *(conjoint de la mère)* stepfather

beauté [bote] *nf* beauty

beaux-parents [boparɑ̃] *nmpl* in-laws

bébé [bebe] *nm* baby

bec [bɛk] *nm* beak • **bec verseur** spout

béchamel [beʃamɛl] *nf* • **(sauce) béchamel** béchamel sauce

bêche [bɛʃ] *nf* spade

bêcher [beʃe] *vt* to dig

bée [be] *adj f* • **bouche bée** open-mouthed

bégayer [begeje] *vi* to stammer

bégonia [begɔnja] *nm* begonia

beige [bɛʒ] *adj & nm* beige

beigne [bɛɲ] *nf* (*Québec*) ring doughnut • **donner une beigne à qqn** (*fam*) to give sb a slap

beignet [bɛɲɛ] *nm* fritter ▾ **beignet aux crevettes** prawn cracker

bel *adj m* ➤ **beau**

bêler [bele] *vi* to bleat

belge [bɛlʒ] *adj* Belgian ◆ **Belge** *nmf* Belgian

Belgique [bɛlʒik] *nf* • **la Belgique** Belgium

bélier [belje] *nm* ram ◆ **Bélier** *nm* Aries

belle-fille [bɛlfij] (*pl* **belles-filles**) *nf* **1.** *(fille du conjoint)* stepdaughter **2.** *(conjointe du fils)* daughter-in-law

Belle-Hélène [bɛlelɛn] *adj* ➤ **poire**

belle-mère [bɛlmɛr] (*pl* **belles-mères**) *nf* **1.** *(mère du conjoint)* mother-in-law **2.** *(conjointe du père)* stepmother

belle-sœur [bɛlsœr] (*pl* **belles-sœurs**) *nf* sister-in-law

belote [bəlɔt] *nf French card game*

bénéfice [benefis] *nm* **1.** FIN profit **2.** *(avantage)* benefit
bénéficier [benefisje] ◆ **bénéficier de** *v + prep* to benefit from
bénéfique [benefik] *adj* beneficial
bénévole [benevɔl] *adj* voluntary
bénin, igne [benɛ̃, iɲ] *adj* benign
bénir [benir] *vt* to bless
bénite [benit] *adj f* ➤ **eau**
bénitier [benitje] *nm* font
benne [bɛn] *nf* skip
BEP *nm vocational school-leaver's diploma (taken at age 18)*
béquille [bekij] *nf* **1.** crutch **2.** *(de vélo, de moto)* stand
berceau [bɛrso] (*pl* **-x**) *nm* cradle
bercer [bɛrse] *vt* to rock
berceuse [bɛrsøz] *nf* lullaby
Bercy [bɛrsi] *n* ● **(le palais omnisports de Paris-)Bercy** *large sports and concert hall in Paris*
béret [berɛ] *nm* beret
berge [bɛrʒ] *nf (d'un cours d'eau)* bank
berger, ère [bɛrʒe, ɛr] *nm, f* shepherd (*f* shepherdess) ● **berger allemand** Alsatian
bergerie [bɛrʒəri] *nf* sheepfold
berlingot [bɛrlɛ̃go] *nm* **1.** *(bonbon)* boiled sweet **2.** *(de lait, de Javel)* plastic bag
bermuda [bɛrmyda] *nm* Bermuda shorts *pl*
besoin [bəzwɛ̃] *nm* need ● **avoir besoin de qqch** to need sthg ● **avoir besoin de faire qqch** to need to do sthg ● **faire ses besoins** to relieve o.s.
bestiole [bɛstjɔl] *nf* creepy-crawly
best-seller [bɛstselœr] (*pl* **-s**) *nm* best-seller
bétail [betaj] *nm* cattle *pl*
bête [bɛt] *adj* stupid ◇ *nf* animal
bêtement [bɛtmɑ̃] *adv* stupidly
bêtise [betiz] *nf* **1.** *(acte, parole)* stupid thing **2.** *(stupidité)* stupidity
béton [betɔ̃] *nm* concrete
bette [bɛt] *nf* (Swiss) chard
betterave [betrav] *nf* beetroot
beurre [bœr] *nm* butter
beurrer [bœre] *vt* to butter
biais [bjɛ] *nm (moyen)* way ● **en biais** *(couper)* diagonally
bibande [bibɔ̃] *adj* dual-band
bibelot [biblo] *nm* knick-knack
biberon [bibrɔ̃] *nm* baby's bottle ● **donner le biberon à** to bottle-feed
Bible [bibl] *nf* ● **la Bible** the Bible
bibliothécaire [biblijɔtekɛr] *nmf* librarian
bibliothèque [biblijɔtɛk] *nf* **1.** library **2.** *(meuble)* bookcase
biceps [bisɛps] *nm* biceps
biche [biʃ] *nf* doe
bicyclette [bisiklɛt] *nf* bicycle
bidet [bidɛ] *nm* bidet
bidon [bidɔ̃] *nm* can ◇ *adj inv* (*fam*) fake
bidonville [bidɔ̃vil] *nm* shantytown
bien [bjɛ̃] *(*mieux [mjø] *est le comparatif et le superlatif de* bien*) adv*
1. *(de façon satisfaisante)* well ● **avez-vous bien dormi ?** did you sleep well? ● **tu as bien fait** you did the right thing
2. *(très)* very ● **une personne bien sympathique** a very nice person ● **bien mieux** much better ● **j'espère bien que...** I do hope that...
3. *(au moins)* at least ● **cela fait bien deux mois qu'il n'a pas plu** it hasn't rained for at least two months

4. *(effectivement)* • **c'est bien ce qu'il me semblait** that's (exactly) what I thought • **c'est bien lui** it really is him
5. *(dans des expressions)* • **bien des gens** a lot of people • **il a bien de la chance** he's really lucky • **c'est bien fait pour toi !** (it) serves you right! • **nous ferions bien de réserver à l'avance** we would be wise to book in advance
◇ *adj inv*
1. *(de bonne qualité)* good
2. *(moralement)* decent, respectable • **c'est une fille bien** she's a decent person
3. *(en bonne santé)* well • **être/se sentir bien** to be/feel well
4. *(à l'aise)* comfortable • **on est bien dans ce fauteuil** this armchair is comfortable
5. *(joli)* nice ; *(physiquement)* good-looking
◇ *interj* right!
◇ *nm*
1. *(intérêt)* interest • **c'est pour ton bien** it's for your own good
2. *(sens moral)* good
3. *(dans des expressions)* • **dire du bien de** to praise • **faire du bien à qqn** to do sb good
◆ **biens** *nmpl (richesse)* property *sg*

bien-être [bjɛ̃nɛtr] *nm* wellbeing

bienfaisant, e [bjɛ̃fəzɑ̃, ɑ̃t] *adj* beneficial

bientôt [bjɛ̃to] *adv* soon • **à bientôt !** see you soon!

bienveillant, e [bjɛ̃vejɑ̃, ɑ̃t] *adj* kind

bienvenu, e [bjɛ̃v(ə)ny] *adj* welcome

bienvenue [bjɛ̃v(ə)ny] *nf* • **bienvenue !** welcome! • **souhaiter la bienvenue à qqn** to welcome sb ▾ **bienvenue à Paris/ en France** welcome to Paris/to France ▾ **bienvenue en gare de...** welcome to... station

bière [bjɛr] *nf* beer

bifteck [biftɛk] *nm* steak

bifurquer [bifyrke] *vi* 1. *(route)* to fork 2. *(voiture)* to turn off

bigorneau [bigɔrno] *(pl* **-x***)* *nm* winkle

bigoudi [bigudi] *nm* roller

bijou [biʒu] *(pl* **-x***)* *nm* jewel

bijouterie [biʒutri] *nf* jeweller's (shop)

Bikini® [bikini] *nm* bikini

bilan [bilɑ̃] *nm* 1. *(en comptabilité)* balance sheet 2. *(résultat)* result • **faire le bilan (de)** to take stock (of)

bilingue [bilɛ̃g] *adj* bilingual

billard [bijar] *nm* 1. *(jeu)* billiards *sg* 2. *(table)* billiard table • **billard américain** pool

bille [bij] *nf* 1. ball 2. *(pour jouer)* marble

billet [bijɛ] *nm (de transport, de spectacle)* ticket • **billet (de banque)** (bank) note • **billet aller et retour** return (ticket) • **billet simple** single (ticket) ▾ **visiteurs munis de billets** ticket holders

billetterie [bijɛtri] *nf* ticket office • **billetterie automatique** *(de billets de train)* ticket machine ; *(de banque)* cash dispenser ▾ **billetterie Ile-de-France** Ile-de-France ticket office

bimensuel, elle [bimɑ̃sɥɛl] *adj* fortnightly

binaire [binɛʀ] *adj* binary

biographie [bjɔgrafi] *nf* biography

biologie [bjɔlɔʒi] *nf* biology

biologique [bjɔlɔʒik] *adj* **1.** biological **2.** *(culture, produit)* organic
bios *nm* BIOS
bis [bis] *interj* encore! ◇ *adv* ● **6 bis** 6a
biscornu, e [biskɔrny] *adj (objet)* misshapen
biscotte [biskɔt] *nf toasted bread sold in packets*
biscuit [biskɥi] *nm* biscuit (*UK*), cookie (*US*) ▼ **biscuit salé/apéritif** cracker
bise [biz] *nf* **1.** *(baiser)* kiss **2.** *(vent)* north wind ● **faire une bise à qqn** to kiss sb on the cheek ● **grosses bises** *(dans une lettre)* lots of love
bison [bizɔ̃] *nm* bison ● **Bison Futé** *French road traffic information organization*
bisou [bizu] *nm (fam)* kiss
bisque [bisk] *nf thick soup made with shellfish and cream*
bissextile [bisɛkstil] *adj* ➤ **année**
bistro(t) [bistro] *nm* small café
bit [bit] *nm* bit
bitmap [bitmap] *adj inv* ● bitmap
bitume [bitym] *nm* asphalt
bizarre [bizar] *adj* strange
blafard, e [blafar, ard] *adj* pale
blague [blag] *nf* **1.** *(histoire drôle)* joke **2.** *(mensonge)* wind-up **3.** *(farce)* trick ● **sans blague !** no kidding!
blaguer [blage] *vi* to joke
blanc, blanche [blɑ̃, blɑ̃ʃ] *adj* **1.** white **2.** *(vierge)* blank ◇ *nm* **1.** *(couleur)* white **2.** *(vin)* white wine **3.** *(espace)* blank ● **à blanc** *(chauffer)* until white-hot ● **tirer à blanc** to fire blanks ● **blanc cassé** off-white ● **blanc d'œuf** egg white ● **blanc de poulet** chicken breast (*UK*), white meat (*US*) ◆ **Blanc, Blanche** *nm, f* white (man)(*f* white (woman))
blancheur [blɑ̃ʃœr] *nf* whiteness
blanchir [blɑ̃ʃir] *vt* **1.** *(à l'eau de Javel)* to bleach **2.** *(linge)* to launder ◇ *vi* to go white
blanchisserie [blɑ̃ʃisri] *nf* laundry
blanquette [blɑ̃kɛt] *nf* **1.** *(plat) stew made with white wine* **2.** *(vin) sparkling white wine from the south of France* ● **blanquette de veau** *veal stew made with white wine*
blasé, e [blaze] *adj* blasé
blazer [blazɛr] *nm* blazer
blé [ble] *nm* wheat ● **blé d'Inde** (*Québec*) corn
blême [blɛm] *adj* pale
blessant, e [blɛsɑ̃, ɑ̃t] *adj* hurtful
blessé [blese] *nm* injured person
blesser [blese] *vt* **1.** to injure **2.** *(vexer)* to hurt ◆ **se blesser** *vp* to injure o.s. ● **se blesser à la main** to injure one's hand
blessure [blesyr] *nf* injury
blette [blɛt] *nf* = bette
bleu, e [blø] *adj* **1.** blue **2.** *(steak)* rare ◇ *nm* **1.** *(couleur)* blue **2.** *(hématome)* bruise ● **bleu (d'Auvergne)** *blue cheese from the Auvergne* ● **bleu ciel** sky blue ● **bleu marine** navy blue ● **bleu de travail** overalls *pl* (*UK*), overall (*US*)
bleuet [bløɛ] *nm* **1.** *(fleur)* cornflower **2.** (*Québec*) *(fruit)* blueberry
blindé, e [blɛ̃de] *adj (porte)* reinforced
blizzard [blizar] *nm* blizzard
bloc [blɔk] *nm* **1.** block **2.** *(de papier)* pad ● **à bloc** *(visser, serrer)* tight ● **en bloc** as a whole

blocage [blɔkaʒ] *nm (des prix, des salaires)* freeze
bloc-notes [blɔknɔt] (*pl* **blocs-notes**) *nm* notepad
blocus [blɔkys] *nm* blockade
blogue [blɔg] *nm* blog
blond, e [blɔ̃, blɔ̃d] *adj* blond • **blond platine** platinum blond
blonde [blɔ̃d] *nf (cigarette)* Virginia cigarette • **(bière) blonde** lager
bloquer [blɔke] *vt* **1.** *(route, passage)* to block **2.** *(mécanisme)* to jam **3.** *(prix, salaires)* to freeze
blottir [blɔtir] ◆ **se blottir** *vp* to snuggle up
blouse [bluz] *nf* **1.** *(d'élève) coat worn by schoolchildren* **2.** *(de médecin)* white coat **3.** *(chemisier)* blouse
blouson [bluzɔ̃] *nm* bomber jacket
blues [bluz] *nm* blues
bob [bɔb] *nm* sun hat
bobine [bɔbin] *nf* reel
bobsleigh [bɔbslɛg] *nm* bobsleigh
bocal [bɔkal, o] (*pl* **-aux**) *nm* **1.** jar **2.** *(à poissons)* bowl
body [bɔdi] *nm* body
body-building [bɔdibildiŋ] *nm* bodybuilding
bœuf *([bœf], pl [bø]) nm* **1.** ox **2.** CULIN beef • **bœuf bourguignon** *beef cooked in red wine sauce with bacon and onions*
bof [bɔf] *interj term expressing lack of interest or enthusiasm* • **comment tu as trouvé le film? - bof !** how did you like the film? - it was all right I suppose
bogue [bɔg] *(Québec)*, *nm* bug
bohémien, enne [bɔemjɛ̃, ɛn] *nm, f* gipsy
boire [bwar] *vt* **1.** to drink **2.** *(absorber)* to soak up ◇ *vi* to drink • **boire un coup** to have a drink
bois [bwa] *nm* wood ◇ *nmpl (d'un cerf)* antlers
boisé, e [bwaze] *adj* wooded
boiseries [bwazri] *nfpl* panelling *sg*
boisson [bwasɔ̃] *nf* drink
boîte [bwat] *nf* **1.** box **2.** *(télécommunications)* • **boîte vocale** voice mail • **boîte d'allumettes** box of matches • **boîte de conserve** tin (*UK*), can • **boîte e-mail** mailbox • **boîte aux lettres** *(pour l'envoi)* postbox (*UK*), mailbox (*US*) ; *(pour la réception)* letterbox (*UK*), mailbox (*US*) • **boîte aux lettres électronique** INFORM electronic mailbox • **boîte (de nuit)** (night)club • **boîte à outils** toolbox • **boîte postale** post office box • **boîte de vitesses** gearbox
boiter [bwate] *vi* to limp
boiteux, euse [bwatø, øz] *adj* lame
boîtier [bwatje] *nm* **1.** *(de montre, de cassette)* case **2.** *(d'appareil photo)* camera body
bol [bɔl] *nm* bowl
bolide [bɔlid] *nm* racing car
bombardement [bɔ̃bardəmɑ̃] *nm* bombing
bombarder [bɔ̃barde] *vt* to bomb • **bombarder qqn de questions** to bombard sb with questions
bombe [bɔ̃b] *nf* **1.** *(arme)* bomb **2.** *(vaporisateur)* spraycan • **bombe atomique** nuclear bomb
bon, bonne [bɔ̃, bɔn] *(*meilleur [mɛjœʀ] *est le comparatif et le superlatif de* bon*) adj*

1. *(gén)* good • **nous avons passé de très bonnes vacances** we had a very good holiday • **être bon en qqch** to be good at sthg
2. *(correct)* right • **est-ce le bon numéro ?** is this the right number?
3. *(utile)* • **c'est bon pour la santé** it's good for you • **il n'est bon à rien** he's useless • **c'est bon à savoir** that's worth knowing
4. *(titre de transport, carte)* valid
5. *(en intensif)* • **ça fait une bonne heure que j'attends** I've been waiting for a good hour
6. *(dans l'expression des souhaits)* • **bonne année !** Happy New Year! • **bonnes vacances !** have a nice holiday!
7. *(dans des expressions)* • **bon !** right! • **ah bon ?** really? • **c'est bon !** *(soit)* all right! • **pour de bon** for good
◇ *adv* • **il fait bon** it's lovely • **sentir bon** to smell nice • **tenir bon** to hold out
◇ *nm (formulaire)* form ; *(en cadeau)* voucher

bonbon [bɔ̃bɔ̃] *nm* sweet (*UK*), candy (*US*)

bond [bɔ̃] *nm* leap

bondé, e [bɔ̃de] *adj* packed

bondir [bɔ̃dir] *vi* to leap

bonheur [bɔnœr] *nm* 1. happiness 2. *(chance, plaisir)* (good) luck

bonhomme [bɔnɔm] (*pl* **bonshommes** [bɔ̃zɔm]) *nm* 1. (*fam*) *(homme)* fellow 2. *(silhouette)* man • **bonhomme de neige** snowman

bonjour [bɔ̃ʒur] *interj* hello! • **dire bonjour à qqn** to say hello to sb

bonne [bɔn] *nf* maid

bonnet [bɔnɛ] *nm* hat • **bonnet de bain** swimming cap

bonsoir [bɔ̃swar] *interj* 1. *(en arrivant)* good evening! 2. *(en partant)* good night! • **dire bonsoir à qqn** *(en arrivant)* to say good evening to sb ; *(en partant)* to say good night to sb

bonté [bɔ̃te] *nf* kindness

bord [bɔr] *nm* edge • **à bord (de)** on board • **monter à bord (de)** to board • **au bord (de)** at the edge (of) • **au bord de la mer** at the seaside • **au bord de la route** at the roadside

bordelaise [bɔrdəlɛz] *adj f* ➤ **entrecôte**

border [bɔrde] *vt* 1. *(entourer)* to line 2. *(enfant)* to tuck in • **bordé de** lined with

bordure [bɔrdyr] *nf* 1. edge 2. *(liseré)* border • **bordure et trame** *INFORM* borders and shading • **en bordure de** on the edge of • **en bordure de mer** by the sea

borgne [bɔrɲ] *adj* one-eyed

borne [bɔrn] *nf (sur la route)* ≃ milestone • **dépasser les bornes** (*fig*) to go too far

borné, e [bɔrne] *adj* narrow-minded

bosquet [bɔskɛ] *nm* copse

bosse [bɔs] *nf* bump

bossu, e [bɔsy] *adj* hunchbacked

botanique [bɔtanik] *adj* botanical ◇ *nf* botany

botte [bɔt] *nf* 1. boot 2. *(de légumes)* bunch 3. *(de foin)* bundle

Bottin® [bɔtɛ̃] *nm* phone book

bottine [bɔtin] *nf* ankle boot

bouc [buk] *nm* 1. *(animal)* (billy) goat 2. *(barbe)* goatee (beard)

bouche [buʃ] *nf* mouth • **bouche d'égout** manhole • **bouche de métro** metro entrance
bouchée [buʃe] *nf* **1.** mouthful **2.** *(au chocolat) filled chocolate* • **bouchée à la reine** chicken vol-au-vent
[1]**boucher** [buʃe] *vt* **1.** *(remplir)* to fill up **2.** *(bouteille)* to cork **3.** *(oreilles, passage)* to block
[2]**boucher, ère** [buʃe, ɛr] *nm, f* butcher
boucherie [buʃri] *nf* butcher's (shop)
bouchon [buʃɔ̃] *nm* **1.** *(à vis)* top **2.** *(en liège)* cork **3.** *(embouteillage)* traffic jam **4.** *(de pêche)* float
boucle [bukl] *nf* **1.** loop **2.** *(de cheveux)* curl **3.** *(de ceinture)* buckle • **boucle d'oreille** earring
bouclé, e [bukle] *adj* curly
boucler [bukle] *vt* **1.** *(valise, ceinture)* to buckle **2.** *(fam) (enfermer)* to lock up ◇ *vi (cheveux)* to curl
bouclier [buklije] *nm* shield
bouddhiste [budist] *adj & nmf* Buddhist
bouder [bude] *vi* to sulk
boudin [budɛ̃] *nm (cylindre)* roll • **boudin blanc** white pudding *(UK)*, white sausage *(US)* • **boudin noir** black pudding *(UK)*, blood sausage *(US)*
boue [bu] *nf* mud
bouée [bwe] *nf* **1.** *(pour nager)* rubber ring **2.** *(balise)* buoy • **bouée de sauvetage** life belt
boueux, euse [buø, øz] *adj* muddy
bouffant, e [bufɑ̃, ɑ̃t] *adj (pantalon)* baggy • **manches bouffantes** puff sleeves
bouffée [bufe] *nf* **1.** puff **2.** *(de colère, d'angoisse)* fit • **une bouffée d'air frais** a breath of fresh air
bouffi, e [bufi] *adj* puffy
bougeotte [buʒɔt] *nf* • **avoir la bougeotte** *(fam)* to have itchy feet
bouger [buʒe] *vt* to move ◇ *vi* **1.** to move **2.** *(changer)* to change • **j'ai une dent qui bouge** I've got a loose tooth
bougie [buʒi] *nf* **1.** candle **2.** *TECH* spark plug
bouillabaisse [bujabɛs] *nf fish soup, a speciality of Provence*
bouillant, e [bujɑ̃, ɑ̃t] *adj* boiling (hot)
bouillie [buji] *nf* **1.** puree **2.** *(pour bébé)* baby food
bouillir [bujir] *vi* to boil
bouilloire [bujwar] *nf* kettle
bouillon [bujɔ̃] *nm* stock
bouillonner [bujɔne] *vi* to bubble
bouillotte [bujɔt] *nf* hot-water bottle
boulanger, ère [bulɑ̃ʒe, ɛr] *nm, f* baker
boulangerie [bulɑ̃ʒri] *nf* baker's (shop), bakery
boule [bul] *nf* **1.** ball **2.** *(de pétanque)* bowl • **jouer aux boules** to play boules • **boule de Bâle** *(Helv) large sausage served with a vinaigrette*
bouledogue [buldɔg] *nm* bulldog
boulet [bulɛ] *nm* cannonball
boulette [bulɛt] *nf* pellet • **boulette de viande/de poulet** meatball/chicken meatball
boulevard [bulvar] *nm* boulevard • **les grands boulevards** *(à Paris) the main boulevards between la Madeleine and République*
bouleversement [bulvɛrsəmɑ̃] *nm* upheaval
bouleverser [bulvɛrse] *vt* **1.** *(émouvoir)* to move deeply **2.** *(modifier)* to disrupt

boulon [bulɔ̃] *nm* bolt
boulot [bulo] *nm* **1.** *(fam) (travail, lieu)* work **2.** *(emploi)* job
bouquet [bukɛ] *nm* **1.** bunch **2.** *(crevette)* prawn **3.** *(d'un vin)* bouquet
bouquin [bukɛ̃] *nm (fam)* book
bourdon [burdɔ̃] *nm* bumblebee
bourdonner [burdɔne] *vi* to buzz
bourgeois, e [burʒwa, az] *adj* **1.** *(quartier, intérieur)* middle-class **2.** *(péj)* bourgeois
bourgeoisie [burʒwazi] *nf* bourgeoisie
bourgeon [burʒɔ̃] *nm* bud
bourgeonner [burʒɔne] *vi* to bud
Bourgogne [burgɔɲ] *nf* • **la Bourgogne** Burgundy
bourguignon, onne [burgiɲɔ̃, ɔn] *adj* ➤ **bœuf, fondue**
bourrasque [burask] *nf* gust of wind
bourratif, ive [buratif, iv] *adj* stodgy
bourré, e [bure] *adj* **1.** *(plein)* packed **2.** *(vulg) (ivre)* pissed *(UK)*, bombed *(US)* • **bourré de** packed with
bourreau [buro] *(pl* **-x***) nm* executioner
bourrelet [burlɛ] *nm* **1.** *(isolant)* draught excluder **2.** *(de graisse)* roll of fat
bourse [burs] *nf* **1.** *(d'études)* grant **2.** *(porte-monnaie)* purse • **la Bourse** the Stock Exchange
boursier, ière [bursje, ɛr] *adj* **1.** *(étudiant)* on a grant **2.** *(transaction)* stock-market
boursouflé, e [bursufle] *adj* swollen
bousculade [buskylad] *nf* scuffle
bousculer [buskyle] *vt* **1.** to jostle **2.** *(fig) (presser)* to rush
boussole [busɔl] *nf* compass
bout [bu] *nm* **1.** *(extrémité)* end **2.** *(morceau)* piece • **au bout de** *(après)* after • **arriver au bout de** to reach the end of • **être à bout** to be at the end of one's tether
boute-en-train [butɑ̃trɛ̃] *nm inv* • **le boute-en-train de la soirée** the life and soul of the party
bouteille [butɛj] *nf* bottle • **bouteille de gaz** gas cylinder • **bouteille d'oxygène** oxygen cylinder
boutique [butik] *nf* shop • **boutique franche** ou **hors taxes** duty-free shop
bouton [butɔ̃] *nm* **1.** *(de vêtement)* button **2.** *(sur la peau)* spot **3.** *(de réglage)* knob **4.** *(de fleur)* bud
bouton-d'or [butɔ̃dɔr] *(pl* **boutons-d'or***) nm* buttercup
boutonner [butɔne] *vt* to button (up)
boutonnière [butɔnjɛr] *nf* buttonhole
bowling [buliŋ] *nm* **1.** *(jeu)* ten-pin bowling **2.** *(salle)* bowling alley
box [bɔks] *nm inv* **1.** *(garage)* lock-up garage **2.** *(d'écurie)* stall
boxe [bɔks] *nf* boxing
boxer [bɔksɛr] *nm (chien)* boxer
boxeur [bɔksœr] *nm* boxer
boyau [bwajo] *(pl* **-x***) nm (de roue)* inner tube ♦ **boyaux** *nmpl ANAT* guts
boycotter [bɔjkɔte] *vt* to boycott
BP *(abr écrite de boîte postale)* P.O. Box *(Post Office Box)*
bracelet [braslɛ] *nm* **1.** bracelet **2.** *(de montre)* strap
bracelet-montre [braslɛmɔ̃tr] *(pl* **bracelets-montres***) nm* wristwatch
braconnier [brakɔnje] *nm* poacher
brader [brade] *vt* to sell off ▼ **on brade** clearance sale
braderie [bradri] *nf* clearance sale

braguette [bragɛt] *nf* flies *pl*
braille [braj] *nm* braille
brailler [braje] *vi (fam)* to bawl
braise [brɛz] *nf* embers *pl*
brancard [brɑ̃kar] *nm* stretcher
branchages [brɑ̃ʃaʒ] *nmpl* branches
branche [brɑ̃ʃ] *nf* **1.** branch **2.** *(de lunettes)* arm
branchement [brɑ̃ʃmɑ̃] *nm* connection • **faire les branchements** to connect
brancher [brɑ̃ʃe] *vt* **1.** *(appareil)* to plug in **2.** *(prise)* to put in
brandade [brɑ̃dad] *nf* • **brandade (de morue)** salt cod puree
brandir [brɑ̃dir] *vt* to brandish
branlant, e [brɑ̃lɑ̃, ɑ̃t] *adj* wobbly
braquer [brake] *vi (volant)* to turn (the wheel) ◇ *vt* • **braquer une arme sur qqn** to aim a weapon at sb ◆ **se braquer** *vp (s'entêter)* to dig one's heels in
bras [bra] *nm* arm
brassard [brasar] *nm* armband
brasse [bras] *nf (nage)* breaststroke
brasser [brase] *vt* **1.** *(remuer)* to stir **2.** *(bière)* to brew
brasserie [brasri] *nf* **1.** *(café) large café serving light meals* **2.** *(usine)* brewery
brassière [brasjɛr] *nf* **1.** *(pour bébé)* baby's vest *(UK)*, baby's undershirt *(US)* **2.** *(Québec) (soutien-gorge)* bra
brave [brav] *adj* **1.** *(courageux)* brave **2.** *(gentil)* decent
bravo [bravo] *interj* bravo!
bravoure [bravur] *nf* bravery
break [brɛk] *nm (voiture)* estate (car) *(UK)*, station wagon *(US)*
brebis [brəbi] *nf* ewe
brèche [brɛʃ] *nf* gap
bredouiller [brəduje] *vi* to mumble
bref, brève [brɛf, brɛv] *adj* brief ◇ *adv* in short
Brésil [brezil] *nm* • **le Brésil** Brazil
Bretagne [brətaɲ] *nf* • **la Bretagne** Brittany
bretelle [brətɛl] *nf* **1.** *(de vêtement)* shoulder strap **2.** *(d'autoroute)* slip road *(UK)*, access road ◆ **bretelles** *nfpl* braces *(UK)*, suspenders *(US)*
breton, onne [brətɔ̃, ɔn] *adj* Breton ◇ *nm (langue)* Breton ◆ **Breton, onne** *nm, f* Breton
brève *adj f sing* ➤ **bref**
brevet [brəvɛ] *nm* **1.** diploma **2.** *(d'invention)* patent • **brevet (des collèges)** *exam taken at the age of 15*
bribes [brib] *nfpl* snatches • **bribes de conversation** snatches of conversation
bricolage [brikɔlaʒ] *nm* do-it-yourself, DIY *(UK)* • **aimer faire du bricolage** to enjoy DIY
bricole [brikɔl] *nf* trinket
bricoler [brikɔle] *vt* to fix up ◇ *vi* to do odd jobs
bricoleur, euse [brikɔlœr, øz] *nm, f* DIY enthusiast
bride [brid] *nf* bridle
bridé, e [bride] *adj* • **avoir les yeux bridés** to have slanting eyes
bridge [bridʒ] *nm* bridge
brie [bri] *nm* Brie
brièvement [brijɛvmɑ̃] *adv* briefly
brigade [brigad] *nf* brigade
brigand [brigɑ̃] *nm* bandit
brillamment [brijamɑ̃] *adv* brilliantly
brillant, e [brijɑ̃, ɑ̃t] *adj* **1.** shiny **2.** *(remarquable)* brilliant ◇ *nm* brilliant

briller [brije] *vi* to shine ● **faire briller** *(meuble)* to shine
brin [brɛ̃] *nm (de laine)* strand ● **brin d'herbe** blade of grass ● **brin de muguet** sprig of lily of the valley
brindille [brɛ̃dij] *nf* twig
brioche [brijɔʃ] *nf round, sweet bread roll eaten for breakfast*
brique [brik] *nf* **1.** brick **2.** *(de lait, de jus de fruit)* carton
briquet [brikɛ] *nm* (cigarette) lighter
brise [briz] *nf* breeze
briser [brize] *vt* to break
britannique [britanik] *adj* British ◆ **Britannique** *nmf* British person ● **les Britanniques** the British
brocante [brɔkɑ̃t] *nf (magasin)* second-hand shop
brocanteur, euse [brɔkɑ̃tœr] *nm, f* dealer in second-hand goods
broche [brɔʃ] *nf* **1.** *(bijou)* brooch **2.** *CULIN* spit
brochet [brɔʃɛ] *nm* pike
brochette [brɔʃɛt] *nf (plat)* kebab ▾ **brochette grillée** grilled meat kebab (*UK*), broiled meat kabob (*US*) ▾ **brochette de poisson** fish kebab (*UK*) ou kabob (*US*)
brochure [brɔʃyr] *nf* brochure
brocoli [brɔkɔli] *nm* broccoli
broder [brɔde] *vt* to embroider
broderie [brɔdri] *nf* embroidery
bronches [brɔ̃ʃ] *nfpl* bronchial tubes
bronchite [brɔ̃ʃit] *nf* bronchitis
bronzage [brɔ̃zaʒ] *nm* suntan
bronze [brɔ̃z] *nm* bronze
bronzer [brɔ̃ze] *vi* to tan ● **se faire bronzer** to get a tan
brosse [brɔs] *nf* brush ● **avoir les cheveux en brosse** to have a crewcut ● **brosse à cheveux** hairbrush ● **brosse à dents** toothbrush
brosser [brɔse] *vt* to brush ◆ **se brosser** *vp* to brush o.s. (down) ● **se brosser les dents** to brush one's teeth
brouette [bruɛt] *nf* wheelbarrow
brouhaha [bruaa] *nm* hubbub
brouillard [brujar] *nm* fog
brouillé [bruje] *adj m* ➤ œuf
brouiller [bruje] *vt* **1.** *(idées)* to muddle (up) **2.** *(liquide, vue)* to cloud ◆ **se brouiller** *vp* **1.** *(se fâcher)* to quarrel **2.** *(idées)* to get confused **3.** *(vue)* to become blurred
brouillon [brujɔ̃] *nm* (rough) draft
broussailles [brusaj] *nfpl* undergrowth *sg*
brousse [brus] *nf (zone)* ● **la brousse** the bush
brouter [brute] *vt* to graze on
browser *nm* browser
broyer [brwaje] *vt* to grind, to crush
brucelles [brysɛl] *nfpl* (*Helv*) (pair of) tweezers
brugnon [bryɲɔ̃] *nm* nectarine
bruine [brɥin] *nf* drizzle
bruit [brɥi] *nm* **1.** *(son)* noise, sound **2.** *(vacarme)* noise ● **faire du bruit** to make a noise
brûlant, e [brylɑ̃, ɑ̃t] *adj* boiling (hot)
brûlé [bryle] *nm* ● **ça sent le brûlé** there's a smell of burning
brûler [bryle] *vt* to burn ◇ *vi* **1.** *(flamber)* to burn **2.** *(chauffer)* to be burning (hot) ● **la fumée me brûle les yeux** the smoke is making my eyes sting ● **brûler un feu rouge** to jump a red light ◆ **se brûler** *vp*

to burn o.s. • **se brûler la main** to burn one's hand
brûlure [brylyr] *nf* **1.** burn **2.** *(sensation)* burning sensation • **brûlures d'estomac** heartburn
brume [brym] *nf* mist
brumeux, euse [brymø, øz] *adj* misty
brun, e [brœ̃, bryn] *adj* dark
brunch [brunch:] *nm* brunch
brune [bryn] *nf (cigarette) cigarette made with dark tobacco* • **(bière) brune** brown ale
Brushing® [brœʃɪŋ] *nm* blow-dry
brusque [brysk] *adj* **1.** *(personne, geste)* brusque **2.** *(changement, arrêt)* sudden
brut, e [bryt] *adj* **1.** *(matière)* raw **2.** *(pétrole)* crude **3.** *(poids, salaire)* gross **4.** *(cidre, champagne)* dry
brutal, e, aux [brytal, o] *adj* **1.** *(personne, geste)* violent **2.** *(changement, arrêt)* sudden
brutaliser [brytalize] *vt* to mistreat
brute [bryt] *nf* bully
Bruxelles [bry(k)sɛl] *n* Brussels
bruyant, e [brɥijɑ̃, ɑ̃t] *adj* noisy
bruyère [bryjɛr] *nf* heather
BTS *nm* (*abr de brevet de technicien supérieur*) *advanced vocational training certificate*
bu, e [by] *pp* ➤ **boire**
buanderie [byɑ̃dri] *nf (Québec) (blanchisserie)* laundry
bûche [byʃ] *nf* log • **bûche de Noël** Yule log
bûcheron [byʃrɔ̃] *nm* lumberjack
budget [bydʒɛ] *nm* budget
buée [bɥe] *nf* condensation
buffet [byfɛ] *nm* **1.** *(meuble)* sideboard **2.** *(repas, restaurant)* buffet • **buffet froid** cold buffet
building [bildiŋ] *nm* skyscraper
buisson [bɥisɔ̃] *nm* bush
buissonnière [bɥisɔnjɛr] *adj f* ➤ **école**
Bulgarie [bylgari] *nf* • **la Bulgarie** Bulgaria
bulldozer [byldozɛr] *nm* bulldozer
bulle [byl] *nf* bubble • **faire des bulles** *(avec un chewing-gum)* to blow bubbles ; *(savon)* to lather
bulletin [byltɛ̃] *nm* **1.** *(papier)* form **2.** *(d'informations)* news bulletin **3.** *SCOL* report • **bulletin météorologique** weather forecast • **bulletin de salaire** pay slip • **bulletin de vote** ballot paper
bungalow [bœ̃galo] *nm* chalet
bureau [byro] *nm* **1.** office **2.** *(meuble)* desk **3.** *INFORM* desktop • **bureau de change** bureau de change • **bureau de poste** post office • **bureau de tabac** tobacconist's (*UK*), tobacco shop (*US*) ▾ **bureau du maire** mayor's office
bureautique [byʀotik] *adj* office-automation • **équipement bureautique** office equipment
burlesque [byrlɛsk] *adj* funny
bus [bys] *nm* bus
buste [byst] *nm* **1.** chest **2.** *(statue)* bust
but [byt] *nm* **1.** *(intention)* aim **2.** *(destination)* destination **3.** *SPORT (point)* goal • **les buts** *SPORT (zone)* the goal • **dans le but de** with the intention of
butane [bytan] *nm* Calor®gas
buté, e [byte] *adj* stubborn

buter [byte] *vi* • **buter sur** ou **contre** *(objet)* to trip over ; *(difficulté)* to come up against
butin [bytɛ̃] *nm* booty
butte [byt] *nf* hillock
buvard [byvar] *nm* blotting paper
buvette [byvɛt] *nf* refreshment stall

C c

c' *pron* ➤ ce
ça [sa] *pron* that • **ça n'est pas facile** it's not easy • **ça va ? - ça va !** how are you? - I'm fine! • **comment ça ?** what? • **c'est ça** *(c'est exact)* that's right
cabane [kaban] *nf* hut
cabaret [kabarɛ] *nm* nightclub
cabillaud [kabijo] *nm* cod
cabine [kabin] *nf* **1.** *(de bateau)* cabin **2.** *(de téléphérique)* cable car **3.** *(sur la plage)* hut • **cabine de douche** shower cubicle • **cabine d'essayage** fitting room • **cabine (de pilotage)** cockpit • **cabine (téléphonique)** phone box
cabinet [kabinɛ] *nm* **1.** *(de médecin)* surgery *(UK)*, office *(US)* **2.** *(d'avocat)* office • **cabinet de toilette** bathroom ▾ **cabinet du maire** mayor's office ◆ **cabinets** *nmpl* toilet *sg*
câble [kabl] *nm* cable • **câble Ethernet** Ethernet cable • **câble USB** USB cable • **(télévision par) câble** cable (television)
cabosser [kabɔse] *vt* to dent
caca [kaka] *nm* • **faire caca** *(fam)* to do a poo
cacah(o)uète [kakawɛt] *nf* peanut
cacao [kakao] *nm* cocoa
cache [kaʃ] *nm* cache
cache-cache [kaʃkaʃ] *nm inv* • **jouer à cache-cache** to play hide-and-seek
cachemire [kaʃmir] *nm* cashmere
cache-nez [kaʃne] *nm inv* scarf
cacher [kaʃe] *vt* **1.** to hide **2.** *(vue, soleil)* to block ◆ **se cacher** *vp* to hide
cachère [kaʃɛr] *adj inv* = **kasher**
cachet [kaʃɛ] *nm* **1.** *(comprimé)* tablet **2.** *(tampon)* stamp
cachette [kaʃɛt] *nf* hiding place • **en cachette** secretly
cachot [kaʃo] *nm* dungeon
cacophonie [kakɔfɔni] *nf* cacophony
cactus [kaktys] *nm* cactus
cadavre [kadavr] *nm* corpse
Caddie® [kadi] *nm* (supermarket) trolley *(UK)*, (grocery) cart *(US)*
cadeau [kado] *(pl* **-x***)* *nm* present • **faire un cadeau à qqn** to give sb a present • **faire cadeau de qqch à qqn** to give sb sthg
cadenas [kadna] *nm* padlock
cadence [kadɑ̃s] *nf* rhythm • **en cadence** in time
cadet, ette [kadɛ, ɛt] *adj & nm, f* **1.** *(de deux)* younger **2.** *(de plusieurs)* youngest
cadran [kadrɑ̃] *nm* dial • **cadran solaire** sundial
cadre [kadr] *nm* **1.** frame **2.** *(tableau)* painting **3.** *(décor)* surroundings *pl* **4.** • **dans le cadre de** as part of ◇ *nmf* *(d'une entreprise)* executive

cafard [kafar] *nm (insecte)* cockroach • **avoir le cafard** *(fam)* to feel down

café [kafe] *nm* **1.** *(établissement)* café **2.** *(boisson, grains)* coffee • **café crème** ou **au lait** white coffee • **café épicé** *(Helv)* *black coffee flavoured with cinnamon and cloves* • **café internet** Internet café • **café liégeois** *coffee ice cream topped with whipped cream* • **café noir** black coffee

le café

Parisians love their cafés, whether sitting at a table on the pavement watching the world go by or inside in the warm, sipping a coffee or having a sandwich. The café has also long been at the centre of intellectual and artistic life in Paris.

cafétéria [kafeterja] *nf* cafeteria

café-théâtre [kafeteatr] *(pl* **cafés-théâtres***)* *nm café where theatre performances take place*

cafetière [kaftjɛr] *nf* **1.** *(récipient)* coffeepot **2.** *(électrique)* coffee-maker **3.** *(à piston)* cafetière

cage [kaʒ] *nf* **1.** cage **2.** *SPORT* goal • **cage d'escalier** stairwell

cagoule [kagul] *nf* balaclava

cahier [kaje] *nm* exercise book • **cahier de brouillon** rough book • **cahier de textes** homework book

caille [kaj] *nf* quail

cailler [kaje] *vi* **1.** *(lait)* to curdle **2.** *(sang)* to coagulate

caillot [kajo] *nm* clot

caillou [kaju] *(pl* **-x***)* *nm* stone

caisse [kɛs] *nf* **1.** box **2.** *(de magasin, de cinéma)* cash desk **3.** *(de supermarché)* checkout **4.** *(de banque)* cashier's desk • **caisse d'épargne** savings bank ▾ **caisse rapide** express checkout ▾ **caisse dix articles** *checkout for ten items or fewer*

caissier, ière [kesje, ɛr] *nm, f* cashier

cajou [kaʒu] *nm* ➤ **noix**

cake [kɛk] *nm* fruit cake

calamars [kalamar] *nmpl* squid *sg*

calcaire [kalkɛr] *nm* limestone ◇ *adj* **1.** *(eau)* hard **2.** *(terrain)* chalky

calciné, e [kalsine] *adj* charred

calcium [kalsjɔm] *nm* calcium

calcul [kalkyl] *nm* **1.** calculation **2.** *(arithmétique)* arithmetic **3.** *MÉD* stone • **calcul mental** mental arithmetic

calculatrice [kalkylatris] *nf* calculator

calculer [kalkyle] *vt* **1.** to calculate **2.** *(prévoir)* to plan

cale [kal] *nf (pour stabiliser)* wedge

calé, e [kale] *adj (fam) (doué)* clever

caleçon [kalsɔ̃] *nm* **1.** *(sous-vêtement)* boxer shorts *pl* **2.** *(pantalon)* leggings *pl*

calembour [kalɑ̃bur] *nm* pun

calendrier [kalɑ̃drije] *nm* calendar

calendrier scolaire

The school year starts in September, with a break in November, two weeks at Christmas, a winter break in February, and a spring break at Easter. Where possible, holidays are staggered nationally, to avoid massive traffic jams on the roads with everyone heading off on holiday at once.

cale-pied [kalpje] (*pl* **-s**) *nm* toe clip
caler [kale] *vt* to wedge ◇ *vi* **1.** *(voiture, moteur)* to stall **2.** *(fam)* *(à table)* to be full up
califourchon [kalifurʃɔ̃] ◆ **à califourchon sur** *prép* astride
câlin [kalɛ̃] *nm* cuddle ● **faire un câlin à qqn** to give sb a cuddle
calmant [kalmɑ̃] *nm* painkiller
calmars [kalmar] *nmpl* = **calamars**
calme [kalm] *adj & nm* calm ● **du calme !** calm down!
calmer [kalme] *vt* **1.** *(douleur)* to soothe **2.** *(personne)* to calm down ◆ **se calmer** *vp* **1.** *(personne)* to calm down **2.** *(tempête, douleur)* to die down
calorie [kalɔri] *nf* calorie
calque [kalk] *nm* ● **(papier-)calque** tracing paper
calvados [kalvados] *nm* calvados, apple brandy
camarade [kamarad] *nmf* friend ● **camarade de classe** classmate
cambouis [kɑ̃bwi] *nm* dirty grease
cambré, e [kɑ̃bre] *adj* **1.** *(dos)* arched **2.** *(personne)* with an arched back
cambriolage [kɑ̃brijɔlaʒ] *nm* burglary
cambrioler [kɑ̃brijɔle] *vt* to burgle *(UK)*, to burglarize *(US)*
cambrioleur [kɑ̃brijɔlœr] *nm* burglar
camembert [kamɑ̃bɛr] *nm* Camembert (cheese)
caméra [kamera] *nf* camera
Caméscope® [kameskɔp] *nm* camcorder
camion [kamjɔ̃] *nm* lorry *(UK)*, truck *(US)*
camion-citerne [kamjɔ̃sitɛrn] (*pl* **camions-citernes**) *nm* tanker *(UK)*, tank truck *(US)*
camionnette [kamjɔnɛt] *nf* van
camionneur [kamjɔnœr] *nm* *(chauffeur)* lorry driver *(UK)*, truck driver *(US)*
camp [kɑ̃] *nm* **1.** camp **2.** *(de joueurs, de sportifs)* side, team ● **faire un camp** to go camping ● **camp de vacances** holiday camp
campagne [kɑ̃paɲ] *nf* **1.** country(side) **2.** *(électorale, publicitaire)* campaign
camper [kɑ̃pe] *vi* to camp
campeur, euse [kɑ̃pœr, øz] *nm, f* camper
camping [kɑ̃piŋ] *nm* **1.** *(terrain)* campsite **2.** *(activité)* camping ● **faire du camping** to go camping ● **camping sauvage** *camping not on a campsite*
camping-car [kɑ̃piŋkar] (*pl* **-s**) *nm* camper-van *(UK)*, RV *(US)*
Camping-Gaz® [kɑ̃piŋgaz] *nm inv* camping stove
Canada [kanada] *nm* ● **le Canada** Canada
canadien, enne [kanadjɛ̃, ɛn] *adj* Canadian ◆ **Canadien, enne** *nm, f* Canadian
canadienne [kanadjɛn] *nf* **1.** *(veste)* fur-lined jacket **2.** *(tente)* (ridge) tent
canal [kanal, o] (*pl* **-aux**) *nm* canal ● **Canal +** *French TV pay channel*
canalisation [kanalizasjɔ̃] *nf* pipe

canapé [kanape] *nm* **1.** *(siège)* sofa **2.** *(toast)* canapé • **canapé convertible** sofa bed

canapé-lit [kanapeli] (*pl* **canapés-lits**) *nm* sofa bed

canard [kanar] *nm* **1.** duck **2.** *(sucre)* sugar lump *(dipped in coffee or spirits)* • **canard laqué** Peking duck • **canard à l'orange** duck in orange sauce

canari [kanari] *nm* canary

cancer [kɑ̃sɛr] *nm* cancer

Cancer [kɑ̃sɛr] *nm* Cancer

cancéreux, euse [kɑ̃serø, øz] *adj (tumeur)* malignant

candidat, e [kɑ̃dida, at] *nm, f* candidate

candidature [kɑ̃didatyr] *nf* application • **poser sa candidature (à)** to apply (for)

caneton [kantɔ̃] *nm* duckling

canette [kanɛt] *nf (bouteille)* bottle

caniche [kaniʃ] *nm* poodle

canicule [kanikyl] *nf* heatwave

canif [kanif] *nm* penknife

canine [kanin] *nf* canine (tooth)

caniveau [kanivo] *nm* gutter

canne [kan] *nf* walking stick • **canne à pêche** fishing rod

canneberge [kanəbɛrʒ] *nf* cranberry

cannelle [kanɛl] *nf* cinnamon

cannelloni(s) [kanelɔni] *nmpl* cannelloni *sg*

cannette [kanɛt] *nf* = **canette**

canoë [kanɔe] *nm* canoe • **faire du canoë** to go canoeing

canoë-kayak [kanɔekajak] (*pl* **canoës-kayaks**) *nm* kayak • **faire du canoë-kayak** to go canoeing

canon [kanɔ̃] *nm* **1.** *(ancien)* cannon **2.** *(d'une arme à feu)* barrel • **chanter en canon** to sing in canon

canot [kano] *nm* dinghy • **canot pneumatique** inflatable dinghy • **canot de sauvetage** lifeboat

cantal [kɑ̃tal] *nm mild cheese from the Auvergne, similar to cheddar*.

cantatrice [kɑ̃tatris] *nf* (opera) singer

cantine [kɑ̃tin] *nf (restaurant)* canteen

cantique [kɑ̃tik] *nm* hymn

canton [kɑ̃tɔ̃] *nm* **1.** *(en France) division of an "arrondissement"* **2.** *(en Suisse)* canton

canton

Switzerland is a confederation of twenty-six cantons. Each canton has its own constitution, parliament, government, and law courts. The cantons themselves are divided into smaller districts called communes. These are responsible for education, social services, town and country planning, taxation, etc.

cantonais [kɑ̃tɔnɛ] *adj m* ➤ **riz**

caoutchouc [kautʃu] *nm* rubber

cap [kap] *nm* **1.** *(pointe de terre)* cape **2.** *NAUT* course • **mettre le cap sur** to head for

CAP *nm vocational school-leaver's diploma (taken at age 16)*

capable [kapabl] *adj* capable • **être capable de faire qqch** to be capable of doing sthg

capacités [kapasite] *nfpl* ability *sg*

cape [kap] *nf* cloak
capitaine [kapitɛn] *nm* captain
capital, e, aux [kapital, o] *adj* essential ◇ *nm* capital
capitale [kapital] *nf* capital
capot [kapo] *nm* AUTO bonnet (*UK*), hood (*US*)
capote [kapɔt] *nf* AUTO hood (*UK*), top (*US*)
capoter [kapɔte] *vi* **1.** *(projet, entreprise)* to fail **2.** (*Québec*) (*fam*) *(perdre la tête)* to lose one's head
câpre [kapr] *nf* caper
caprice [kapris] *nm* **1.** *(colère)* tantrum **2.** *(envie)* whim • **faire un caprice** to throw a tantrum
capricieux, euse [kaprisjø, øz] *adj (personne)* temperamental
Capricorne [kaprikɔrn] *nm* Capricorn
capsule [kapsyl] *nf (de bouteille)* top, cap • **capsule spatiale** space capsule
capter [kapte] *vt (station de radio)* to pick up
captivité [kaptivite] *nf* captivity • **en captivité** *(animal)* in captivity
capture [kaptyr] *nf* capture • **capture d'écran** screenshot • **faire une capture d'écran** to make a screenshot
capturer [kaptyre] *vt* to catch
capuche [kapyʃ] *nf* hood
capuchon [kapyʃɔ̃] *nm* **1.** *(d'une veste)* hood **2.** *(d'un stylo)* top
caquelon [kaklɔ̃] *nm* (*Helv*) fondue pot
[1]**car** [kar] *conj* because
[2]**car** [kar] *nm* coach (*UK*), bus (*US*)
carabine [karabin] *nf* rifle
caractère [karaktɛr] *nm* **1.** character **2.** *(spécificité)* characteristic • **avoir du caractère** *(personne)* to have personality ; *(maison)* to have character • **avoir bon caractère** to be good-natured • **avoir mauvais caractère** to be bad-tempered • **caractères d'imprimerie** block letters
caractéristique [karakteristik] *nf* characteristic ◇ *adj* • **caractéristique de** characteristic of
carafe [karaf] *nf* carafe
Caraibes [karaib] *nfpl* • **les Caraibes** the Caribbean, the West Indies
carambolage [karɑ̃bɔlaʒ] *nm* (*fam*) pile-up
caramel [karamɛl] *nm* **1.** *(sucre brûlé)* caramel **2.** *(bonbon dur)* toffee **3.** *(bonbon mou)* fudge
carapace [karapas] *nf* shell
caravane [karavan] *nf* caravan
carbonade [karbɔnad] *nf* • **carbonades flamandes** *beef and onion stew, cooked with beer*
carbone [karbɔn] *nm* carbon • **(papier) carbone** carbon paper
carburant [karbyrɑ̃] *nm* fuel
carburateur [karbyratœr] *nm* carburettor
carcasse [karkas] *nf* **1.** *(d'animal)* carcass **2.** *(de voiture)* body
cardiaque [kardjak] *adj (maladie)* heart • **être cardiaque** to have a heart condition
cardigan [kardigɑ̃] *nm* cardigan
cardinaux [kardino] *adj m pl* ➤ **point**
cardiologue [kardjolɔg] *nmf* cardiologist

caresse [karɛs] *nf* caress
caresser [karese] *vt* to stroke
cargaison [kargɛzɔ̃] *nf* cargo
cargo [kargo] *nm* freighter
caricature [karikatyr] *nf* caricature
carie [kari] *nf* caries
carillon [karijɔ̃] *nm* chime
carnage [karnaʒ] *nm* slaughter
carnaval [karnaval] *nm* carnival
carnet [karnɛ] *nm* **1.** notebook **2.** *(de tickets, de timbres)* book • **carnet d'adresses** address book • **carnet de chèques** chequebook • **carnet de notes** report card

carnet

If you're using public transport in Paris, it's cheaper to buy a carnet or book of ten tickets than to buy them individually. You can get them at train, underground, or bus stations, or from shops displaying the official Paris transport RATP sign.

carotte [karɔt] *nf* carrot
carpe [karp] *nf* carp
carpette [karpɛt] *nf* rug
carré, e [kare] *adj* square ◇ *nm* **1.** square **2.** *(d'agneau)* rack • **deux mètres carrés** two metres squared • **deux au carré** two squared
carreau [karo] (*pl* **-x**) *nm* **1.** *(vitre)* window pane **2.** *(sur le sol, les murs)* tile **3.** *(carré)* square **4.** *(aux cartes)* diamonds *pl* • **à carreaux** checked
carrefour [karfur] *nm* crossroads *sg*
carrelage [karlaʒ] *nm* tiles *pl*
carrément [karemɑ̃] *adv* **1.** *(franchement)* bluntly **2.** *(très)* completely
carrière [karjɛr] *nf* **1.** *(de pierre)* quarry **2.** *(profession)* career • **faire carrière dans qqch** to make a career (for o.s.) in sthg
carrossable [karɔsabl] *adj* suitable for motor vehicles
carrosse [karɔs] *nm* coach
carrosserie [karɔsri] *nf* body
carrure [karyr] *nf* build
cartable [kartabl] *nm* schoolbag
carte [kart] *nf* **1.** card **2.** *(plan)* map **3.** *(de restaurant)* menu • **à la carte** à la carte • **carte bancaire** *bank card for withdrawing cash and making purchases* • **Carte Bleue**® ≃ Visa® card • **carte de crédit** credit card • **carte d'embarquement** boarding card • **carte de fidélité** loyalty card • **carte grise** vehicle registration document • **carte (nationale) d'identité** identity card • **Carte Orange** *season ticket for use on public transport in Paris* • **carte postale** postcard • **carte son** soundcard • **carte téléphonique** ou **de téléphone** phonecard • **carte des vins** wine list • **carte de visite** visiting card (*UK*), calling card (*US*) ▼ **carte musées-monuments** *pass bought for visiting museums and historic monuments*

carte nationale d'identité

All French citizens carry a national identity card which they must show, when asked, to a police officer or an official. It is also used when paying by cheque, taking exams, opening a bank account, etc., and can be used like a passport for travel within the EU.

carte bleue

Carte Bleue is the name given to any debit card in the French banking system, although only one type is actually blue. It can be used for paying for goods and services, making withdrawals from cash machines, and making on-line payments.

cartilage [kartilaʒ] *nm* cartilage
carton [kartɔ̃] *nm* **1.** *(matière)* cardboard **2.** *(boîte)* cardboard box **3.** *(feuille)* card
cartouche [kartuʃ] *nf* **1.** cartridge **2.** *(de cigarettes)* carton **3.** *(d'encre)* cartridge
cas [ka] *nm* case • **au cas où** in case • **dans ce cas** in that case • **en cas de besoin** in case of need • **en cas d'accident** in the event of an accident • **en tout cas** in any case
cascade [kaskad] *nf* **1.** *(chute d'eau)* waterfall **2.** *(au cinéma)* stunt
cascadeur, euse [kaskadœr, øz] *nm, f* stuntman (*f* stuntwoman)
case [kaz] *nf* **1.** *(de damier, de mots croisés)* square **2.** *(compartiment)* compartment **3.** *(hutte)* hut
caserne [kazɛrn] *nf* barracks *sg pl* • **caserne des pompiers** fire station
casher [kaʃɛr] *adj inv* = **kasher**
casier [kazje] *nm (compartiment)* pigeonhole • **casier à bouteilles** bottle rack • **casier judiciaire** criminal record
casino [kazino] *nm* casino
casque [kask] *nm* **1.** helmet **2.** *(d'ouvrier)* hard hat **3.** *(écouteurs)* headphones *pl*
casquette [kaskɛt] *nf* cap
casse-cou [kasku] *nmf* daredevil
casse-croûte [kaskrut] *nm inv* snack
casse-noix [kasnwa] *nm inv* nutcrackers *pl*
casser [kase] *vt* to break • **casser les oreilles à qqn** to deafen sb • **casser les pieds à qqn** *(fam)* to get on sb's nerves ◆ **se casser** *vp* to break • **se casser le bras** to break one's arm • **se casser la figure** *(fam) (tomber)* to take a tumble
casserole [kasrɔl] *nf* saucepan
casse-tête [kastɛt] *nm inv* **1.** puzzle **2.** *(fig) (problème)* headache
cassette [kasɛt] *nf (de musique)* cassette, tape • **cassette vidéo** video cassette
cassis [kasis] *nm* blackcurrant
cassoulet [kasulɛ] *nm haricot bean stew with pork, lamb or duck*
catalogue [katalɔg] *nm* catalogue
catastrophe [katastrɔf] *nf* disaster
catastrophique [katastrɔfik] *adj* disastrous
catch [katʃ] *nm* wrestling
catéchisme [kateʃism] *nm* ≃ Sunday school
catégorie [kategɔri] *nf* category
catégorique [kategɔrik] *adj* categorical
cathédrale [katedral] *nf* cathedral
catholique [katɔlik] *adj & nmf* Catholic
cauchemar [kɔʃmar] *nm* nightmare
cause [koz] *nf* cause, reason • **à cause de** because of ▼ **fermé pour cause de...** closed due to...
causer [koze] *vt* to cause ◇ *vi* to chat

caution [kosjɔ̃] *nf* **1.** *(pour une location)* deposit **2.** *(personne)* guarantor

cavalier, ière [kavalje, ɛr] *nm, f* **1.** *(à cheval)* rider **2.** *(partenaire)* partner ◇ *nm (aux échecs)* knight

cave [kav] *nf* cellar

caverne [kavɛrn] *nf* cave

caviar [kavjar] *nm* caviar

CB *abr écrite de* **Carte Bleue**®

CD *nm* (*abr de Compact Disc*®) CD

CDI *nm* (*abr de centre de documentation et d'information*) school library

CD-ROM [sederɔm] *nm* CD-ROM

ce, cette [sə, sɛt] (*mpl* **ces** [se]) *(cet* [sɛt] *devant voyelle ou h muet) adj*
1. *(proche dans l'espace ou dans le temps)* this, these *pl* • **cette plage** this beach • **cet enfant** this child • **cette nuit** *(passée)* last night ; *(prochaine)* tonight
2. *(éloigné dans l'espace ou dans le temps)* that, those *pl* • **je n'aime pas cette chambre, je préfère celle-ci** I don't like that room, I prefer this one
◇ *pron*
1. *(pour mettre en valeur)* • **c'est** it is, this is • **ce sont** they are, these are • **c'est votre collègue qui m'a renseigné** it was your colleague who told me
2. *(dans des interrogations)* • **est-ce bien là ?** is it the right place? • **qui est-ce ?** who is it?
3. *(avec un relatif)* • **ce que tu voudras** whatever you want • **ce qui nous intéresse, ce sont les musées** the museums are what we're interested in • **ce dont vous aurez besoin en camping** what you'll need when you're camping
4. *(en intensif)* • **ce qu'il fait chaud !** it's so hot!

CE *nm* **1.** (*abr de cours élémentaire*) • **CE 1** *second year of primary school* • **CE 2** *third year of primary school* **2.** (*abr de comité d'entreprise*) works council

ceci [səsi] *pron* this

céder [sede] *vt (laisser)* to give up ◇ *vi* **1.** *(ne pas résister)* to give in **2.** *(casser)* to give way • **céder à** to give in to ▼ **cédez le passage** (*UK*) give way ; (*US*) yield

CEDEX [sedɛks] *nm code written after large companies' addresses, ensuring rapid delivery*

cédille [sedij] *nf* cedilla

CEI *nf* (*abr de Communauté d'États indépendants*) CIS *(Commonwealth of Independant States)*

ceinture [sɛ̃tyr] *nf* **1.** belt **2.** *(d'un vêtement)* waist • **ceinture de sécurité** seat belt

cela [səla] *pron* that • **cela ne fait rien** it doesn't matter • **comment cela ?** what? • **c'est cela** *(c'est exact)* that's right

célèbre [selɛbr] *adj* famous

célébrer [selebre] *vt* to celebrate

célébrité [selebrite] *nf* **1.** *(gloire)* fame **2.** *(star)* celebrity

céleri [sɛlri] *nm* celery • **céleri rémoulade** *grated celeriac, mixed with mustard mayonnaise, served cold*

célibataire [selibatɛr] *adj* single ◇ *nmf* single man(*f* single woman)

celle *pron f* ➤ **celui**

celle-ci *pron f* ➤ **celui-ci**

celle-là *pron f* ➤ **celui-là**

cellule [selyl] *nf* cell

cellulite [selylit] *nf* cellulite

celui, celle [səlɥi, sɛl] (*mpl* **ceux** [sø]) *pron* the one • **celui de devant** the one in front • **celui de Pierre** Pierre's (one) • **celui qui part à 13 h 30** the one which leaves at 1.30 pm • **ceux dont je t'ai parlé** the ones I told you about

celui-ci, celle-ci [səlɥisi, sɛlsi] (*mpl* **ceux-ci** [søsi]) *pron* **1.** this one **2.** *(dont on vient de parler)* the latter

celui-là, celle-là [səlɥila, sɛlla] (*mpl* **ceux-là** [søla]) *pron* **1.** that one **2.** *(dont on a parlé)* the former

cendre [sɑ̃dr] *nf* ash

cendrier [sɑ̃drije] *nm* ashtray

censurer [sɑ̃syre] *vt* to censor

cent [sɑ̃] *num* a hundred • **pour cent** per cent

centaine [sɑ̃tɛn] *nf* • **une centaine (de)** about a hundred

centième [sɑ̃tjɛm] *num* hundredth

centime [sɑ̃tim] *nm* centime

centimètre [sɑ̃timɛtr] *nm* centimetre

central, e, aux [sɑ̃tral, o] *adj* central

centrale [sɑ̃tral] *nf (électrique)* power station • **centrale nucléaire** nuclear power station

centre [sɑ̃tr] *nm* **1.** centre **2.** *(point essentiel)* heart • **centre aéré** *holiday activity centre for children* • **centre commercial** shopping centre ▾ **centre sportif** sports centre (*UK*) ou center (*US*) ▾ **centre d'affaires** business centre (*UK*) ou center (*US*)

centre-ville [sɑ̃trəvil] (*pl* **centres-villes**) *nm* town centre

cèpe [sɛp] *nm* cep

cependant [səpɑ̃dɑ̃] *conj* however

céramique [seramik] *nf* **1.** *(matière)* ceramic **2.** *(objet)* piece of pottery

cercle [sɛrkl] *nm* circle

cercueil [sɛrkœj] *nm* coffin (*UK*), casket (*US*)

céréale [sereal] *nf* cereal • **des céréales** *(de petit déjeuner)* (breakfast) cereal

cérémonie [seremɔni] *nf* ceremony

cerf [sɛr] *nm* stag

cerf-volant [sɛrvɔlɑ̃] (*pl* **cerfs-volants**) *nm* kite

cerise [səriz] *nf* cherry

cerisier [sərisje] *nm* cherry tree

cerner [sɛrne] *vt* to surround

cernes [sɛrn] *nmpl* shadows

certain, e [sɛrtɛ̃, ɛn] *adj* certain • **être certain de qqch** to be certain of sthg • **être certain de faire qqch** to be certain to do sthg • **être certain que** to be certain that • **un certain temps** a while • **un certain Jean** someone called Jean ◆ **certains, certaines** *adj* some ◇ *pron* some (people)

certainement [sɛrtɛnmɑ̃] *adv* **1.** *(probablement)* probably **2.** *(bien sûr)* certainly

certes [sɛrt] *adv* of course

certificat [sɛrtifika] *nm* certificate • **certificat médical** doctor's certificate • **certificat de scolarité** school attendance certificate

certifier [sɛrtifje] *vt* to certify • **certifié conforme** certified

certitude [sɛrtityd] *nf* certainty

cerveau [sɛrvo] (*pl* **-x**) *nm* brain

cervelas [sɛrvəla] *nm* ≃ saveloy *(sausage)*

cervelle [sɛrvɛl] *nf* brains *sg*

ces *pron pl* ➤ **ce**

césars [cezar] *nmpl French cinema awards*

Césars

Césars are the French equivalent of Hollywood Oscars. The awards ceremony takes place in late February or early March and is intended to promote French cinema and recognize the achievements of French actors and film-makers. Awards tend to go to box office successes rather than critics' choices.

cesse [sɛs] ◆ **sans cesse** *adv* continually

cesser [sese] *vi* to stop ● **cesser de faire qqch** to stop doing sthg

c'est-à-dire [setadir] *adv* in other words

cet [sɛt] *pron m sing* ➤ **ce**

cette *pron f sing* ➤ **ce**

ceux *pron pl* ➤ **celui**

ceux-ci *pron pl* ➤ **celui-ci**

ceux-là *pron pl* ➤ **celui-là**

cf. (*abr de confer*) cf

chacun, e [ʃakœ̃, yn] *pron* **1.** *(chaque personne)* each (one) **2.** *(tout le monde)* everyone ● **chacun à son tour** each person in turn

chagrin [ʃagrɛ̃] *nm* grief ● **avoir du chagrin** to be very upset

chahut [ʃay] *nm* rumpus ● **faire du chahut** to make a racket

chahuter [ʃayte] *vt* to bait

chaîne [ʃɛn] *nf* **1.** chain **2.** *(suite)* series **3.** *(de télévision)* channel ● **à la chaîne** *(travailler)* on a production line ● **chaîne (hi-fi)** hi-fi (system) ● **chaîne laser** CD system ● **chaîne de montagnes** mountain range ● **chaîne à péage** pay TV channel ◆ **chaînes** *nfpl (de voiture)* (snow) chains

chair [ʃɛr] *nf & adj inv* flesh ● **chair à saucisse** sausage meat ● **en chair et en os** in the flesh ● **avoir la chair de poule** to have goose pimples

chaise [ʃɛz] *nf* chair ● **chaise longue** deckchair

châle [ʃal] *nm* shawl

chalet [ʃalɛ] *nm* **1.** chalet **2.** *(Québec) (maison de campagne)* (holiday) cottage

chaleur [ʃalœr] *nf* **1.** heat **2.** *(fig) (enthousiasme)* warmth

chaleureux, euse [ʃalœrø, øz] *adj* warm

chaloupe [ʃalup] *nf (Québec) (barque)* rowing boat (*UK*), rowboat (*US*)

chalumeau [ʃalymo] (*pl* **-x**) *nm* blowlamp (*UK*), blowtorch (*US*)

chalutier [ʃalytje] *nm* trawler

chamailler [ʃamaje] ◆ **se chamailler** *vp* to squabble

chambre [ʃɑ̃br] *nf* ● **chambre (à coucher)** bedroom ● **chambre à air** inner tube ● **chambre d'amis** spare room ● **Chambre des députés** ≃ House of Commons (*UK*), House of Representatives (*US*) ● **chambre double** double room ● **chambre pour une personne** single room

chameau [ʃamo] (*pl* **-x**) *nm* camel

chamois [ʃamwa] *nm* ➤ **peau**

champ [ʃɑ̃] *nm* field ● **champ de bataille** battlefield ● **champ de courses** racecourse

champagne [ʃɑ̃paɲ] *nm* champagne

le champagne

Real champagne, the sparkling wine without which no celebration is complete, is produced only in the Champagne region of France. It is made by the 'champagne method' developed there over the centuries. A special mixture of sugar and yeasts added to the wine produces its famous bubbles.

champignon [ʃɑ̃piɲɔ̃] *nm* mushroom • **champignons à la grecque** *mushrooms served cold in a sauce of olive oil, lemon and herbs* • **champignon de Paris** button mushroom

champion, ionne [ʃɑ̃pjɔ̃, jɔn] *nm, f* champion

championnat [ʃɑ̃pjɔna] *nm* championship

chance [ʃɑ̃s] *nf* **1.** *(sort favorable)* luck **2.** *(probabilité)* chance • **avoir de la chance** to be lucky • **avoir des chances de faire qqch** to have a chance of doing sthg • **bonne chance !** good luck!

chanceler [ʃɑ̃sle] *vi* to wobble

chancelier, ière [ʃɑ̃səlje, jɛr] *nm, f* chancellor

chandail [ʃɑ̃daj] *nm* sweater

Chandeleur [ʃɑ̃dlœr] *nf* • **la Chandeleur** Candlemas

chandelier [ʃɑ̃dəlje] *nm* **1.** candlestick **2.** *(à plusieurs branches)* candelabra

chandelle [ʃɑ̃dɛl] *nf* candle

change [ʃɑ̃ʒ] *nm (taux)* exchange rate

changement [ʃɑ̃ʒmɑ̃] *nm* change • **changement de vitesse** gear lever (*UK*), gear shift (*US*)

changer [ʃɑ̃ʒe] *vt & vi* to change • **changer des euros en dollars** to change euros into dollars • **changer de train/vitesse** to change trains/gear ◆ **se changer** *vp (s'habiller)* to get changed • **se changer en** to change into

chanson [ʃɑ̃sɔ̃] *nf* song

chant [ʃɑ̃] *nm* **1.** song **2.** *(art)* singing

chantage [ʃɑ̃taʒ] *nm* blackmail

chanter [ʃɑ̃te] *vt & vi* to sing

chanteur, euse [ʃɑ̃tœr, øz] *nm, f* singer

chantier [ʃɑ̃tje] *nm* (building) site

chantilly [ʃɑ̃tiji] *nf* • **(crème) chantilly** whipped cream

chantonner [ʃɑ̃tɔne] *vi* to hum

chapeau [ʃapo] (*pl* **-x**) *nm* hat • **chapeau de paille** straw hat

chapelet [ʃaplɛ] *nm* rosary beads

chapelle [ʃapɛl] *nf* chapel

chapelure [ʃaplyr] *nf* (dried) breadcrumbs *pl*

chapiteau [ʃapito] (*pl* **-x**) *nm (de cirque)* big top

chapitre [ʃapitr] *nm* chapter

chapon [ʃapɔ̃] *nm* capon

chaque [ʃak] *adj* **1.** *(un)* each **2.** *(tout)* every

char [ʃar] *nm* **1.** *(d'assaut)* tank **2.** *(Québec) (voiture)* car **3.** *(de carnaval)* float • **char à voile** sand yacht

charabia [ʃarabja] *nm* (*fam*) gibberish

charade [ʃarad] *nf* charade

charbon [ʃarbɔ̃] *nm* coal

charcuterie [ʃarkytri] *nf* **1.** *(aliments)* cooked meats *pl* **2.** *(magasin)* delicatessen
chardon [ʃardɔ̃] *nm* thistle
charge [ʃarʒ] *nf* **1.** *(cargaison)* load **2.** *(fig) (gêne)* burden **3.** *(responsabilité)* responsibility • **prendre qqch en charge** to take responsibility for sthg ◆ **charges** *nfpl (d'un appartement)* service charge *sg*
chargement [ʃarʒəmɑ̃] *nm* load
charger [ʃarʒe] *vt* to load • **charger qqn de faire qqch** to put sb in charge of doing sthg ◆ **se charger de** *vp + prep* to take care of
chariot [ʃarjo] *nm* **1.** *(charrette)* wagon **2.** *(au supermarché)* trolley *(UK)*, cart *(US)*
charité [ʃarite] *nf* charity • **demander la charité** to beg
charlotte [ʃarlɔt] *nf* **1.** *(cuite)* charlotte **2.** *(froide) cold dessert of chocolate or fruit mousse encased in sponge fingers*
charmant, e [ʃarmɑ̃, ɑ̃t] *adj* charming
charme [ʃarm] *nm* charm
charmer [ʃarme] *vt* to charm
charnière [ʃarnjɛr] *nf* hinge
charpente [ʃarpɑ̃t] *nf* framework
charpentier [ʃarpɑ̃tje] *nm* carpenter
charrette [ʃarɛt] *nf* cart
charrue [ʃary] *nf* plough
charter [ʃartɛr] *nm* • **(vol) charter** charter flight
chas [ʃa] *nm* eye *(of a needle)*
chasse [ʃas] *nf* hunting • **aller à la chasse** to go hunting • **tirer la chasse (d'eau)** to flush the toilet
chasselas [ʃasla] *nm (vin) variety of Swiss white wine*
chasse-neige [ʃasnɛʒ] *nm inv* snowplough
chasser [ʃase] *vt* **1.** *(animal)* to hunt **2.** *(personne)* to drive away ◇ *vi* to hunt • **chasser qqn de** to throw sb out of
chasseur [ʃasœr] *nm* hunter
châssis [ʃasi] *nm* **1.** *(de voiture)* chassis **2.** *(de fenêtre)* frame
chat, chatte [ʃa, ʃat] *nm, f* cat • **avoir un chat dans la gorge** to have a frog in one's throat
châtaigne [ʃatɛɲ] *nf* chestnut
châtaignier [ʃateɲe] *nm* chestnut (tree)
châtain [ʃatɛ̃] *adj* brown • **être châtain** to have brown hair
château [ʃato] *(pl* **-x***) nm* castle • **château d'eau** water tower • **château fort** (fortified) castle
chaton [ʃatɔ̃] *nm (chat)* kitten
chatouiller [ʃatuje] *vt* to tickle
chatouilleux, euse [ʃatujø, øz] *adj* ticklish
chatte *nf* ➤ **chat**
chaud, e [ʃo, ʃod] *adj* **1.** hot **2.** *(vêtement)* warm ◇ *nm* • **rester au chaud** to stay in the warm • **il fait chaud** it's hot • **avoir chaud** to be hot • **cette veste me tient chaud** this is a warm jacket
chaudière [ʃodjɛr] *nf* boiler
chaudronnée [ʃodrɔne] *nf (Québec) various types of seafish cooked with onion in stock*
chauffage [ʃofaʒ] *nm* heating • **chauffage central** central heating
chauffante [ʃofɑ̃t] *adj f* ➤ **plaque**
chauffard [ʃofar] *nm* **1.** reckless driver **2.** *(qui s'enfuit)* hit-and-run driver
chauffe-eau [ʃofo] *nm inv* water heater

chauffer [ʃofe] *vt* to heat (up) ◇ *vi* **1.** *(eau, aliment)* to heat up **2.** *(radiateur)* to give out heat **3.** *(soleil)* to be hot **4.** *(surchauffer)* to overheat

chauffeur [ʃofœr] *nm* driver ● **chauffeur de taxi** taxi driver

chaumière [ʃomjɛr] *nf* thatched cottage

chaussée [ʃose] *nf* road ▼ **chaussée déformée** uneven road surface

chausse-pied [ʃospje] (*pl* **-s**) *nm* shoehorn

chausser [ʃose] *vi* ● **chausser du 38** to take a size 38 (shoe)

chaussette [ʃosɛt] *nf* sock

chausson [ʃosɔ̃] *nm* slipper ● **chausson aux pommes** apple turnover ● **chaussons de danse** ballet shoes

chaussure [ʃosyr] *nf* shoe ● **chaussures de marche** walking boots

chauve [ʃov] *adj* bald

chauve-souris [ʃovsuri] (*pl* **chauves-souris**) *nf* bat

chauvin, e [ʃovɛ̃, in] *adj* chauvinistic

chavirer [ʃavire] *vi* to capsize

chef [ʃɛf] *nm* **1.** head **2.** *(cuisinier)* chef ● **chef d'entreprise** company manager ● **chef d'État** head of state ● **chef de gare** station master ● **chef d'orchestre** conductor

chef-d'œuvre (*pl* **chefs-d'œuvre**) *nm* masterpiece

chef-lieu [ʃɛfljø] (*pl* **chefs-lieux**) *nm administrative centre of a region or district*

chemin [ʃəmɛ̃] *nm* **1.** path **2.** *(parcours)* way ● **en chemin** on the way

chemin de fer [ʃəmɛ̃dəfɛr] (*pl* **chemins de fer**) *nm* railway (*UK*), railroad (*US*)

cheminée [ʃəmine] *nf* **1.** chimney **2.** *(dans un salon)* mantelpiece

chemise [ʃəmiz] *nf* **1.** shirt **2.** *(en carton)* folder ● **chemise de nuit** nightdress

chemisier [ʃəmizje] *nm* blouse

chêne [ʃɛn] *nm* **1.** *(arbre)* oak (tree) **2.** *(bois)* oak

chenil [ʃənil] *nm* **1.** kennels *sg* **2.** (*Helv*) *(objets sans valeur)* junk

chenille [ʃənij] *nf* caterpillar

chèque [ʃɛk] *nm* cheque (*UK*), check (*US*) ● **chèque barré** crossed cheque ● **chèque en blanc** blank cheque ● **il a fait un chèque sans provision** his cheque bounced ● **chèque de voyage** traveller's cheque

Chèque-Restaurant® [ʃɛkrɛstɔrɑ̃] (*pl* **Chèques-Restaurant**) *nm* ≃ luncheon voucher

chéquier [ʃekje] *nm* chequebook (*UK*), checkbook (*US*)

cher, chère [ʃɛr] *adj* expensive ◇ *adv* ● **coûter cher** to be expensive ● **cher Monsieur/Laurent** Dear Sir/Laurent

chercher [ʃɛrʃe] *vt* to look for ● **aller chercher** to fetch ◆ **chercher à** *v + prep* ● **chercher à faire qqch** to try to do sthg

chercheur, euse [ʃɛrʃœr, øz] *nm, f* researcher

chéri, e [ʃeri] *adj* darling ◇ *nm, f* ● **mon chéri** my darling

cheval [ʃəval] (*pl* **-aux**) *nm* horse ● **monter à cheval** to ride (a horse) ● **faire du cheval** to go riding ● **être à cheval sur** *(chaise, branche)* to be sitting astride

chevalier [ʃəvalje] *nm* knight

chevelure [ʃəvlyr] *nf* hair

chevet [ʃəvɛ] *nm* ➤ **lampe, table**

cheveu [ʃəvø] (*pl* **-x**) *nm* hair ◆ **cheveux** *nmpl* hair *sg*
cheville [ʃəvij] *nf* **1.** *ANAT* ankle **2.** *(en plastique)* Rawlplug®
chèvre [ʃɛvr] *nf* goat
chevreuil [ʃəvrœj] *nm* **1.** *(animal)* roe deer **2.** *CULIN* venison
chewing-gum [ʃwiŋgɔm] (*pl* **-s**) *nm* chewing gum
chez [ʃe] *prép (sur une adresse)* c/o ● **allons chez les Marceau** let's go to the Marceaus' (place) ● **je reste chez moi** I'm staying (at) home ● **je rentre chez moi** I'm going home ● **chez le dentiste** at/to the dentist's ● **ce que j'aime chez lui, c'est...** what I like about him is...
chic [ʃik] *adj* smart
chiche [ʃiʃ] *adj m* ➤ **pois**
chicon [ʃikɔ̃] *nm* (*Belg*) chicory
chicorée [ʃikɔre] *nf* chicory
chien, chienne [ʃjɛ̃, ʃjɛn] *nm, f* dog(*f* bitch)
chiffon [ʃifɔ̃] *nm* cloth ● **chiffon (à poussière)** duster
chiffonner [ʃifɔne] *vt* to crumple
chiffre [ʃifr] *nm* **1.** *MATH* figure **2.** *(montant)* sum
chignon [ʃiɲɔ̃] *nm* bun *(in hair)*
chimie [ʃimi] *nf* chemistry
chimique [ʃimik] *adj* chemical
Chine [ʃin] *nf* ● **la Chine** China
chinois, e [ʃinwa, az] *adj* Chinese ◇ *nm* *(langue)* Chinese ◆ **Chinois, e** *nm, f* Chinese person
chiot [ʃjo] *nm* puppy
chipolata [ʃipɔlata] *nf* chipolata
chips [ʃips] *nfpl* crisps (*UK*), chips (*US*)
chirurgie [ʃiryrʒi] *nf* surgery ● **chirurgie esthétique** cosmetic surgery
chirurgien, enne [ʃiryrʒjɛ̃, ɛn] *nm, f* surgeon
chlore [klɔr] *nm* chlorine
choc [ʃɔk] *nm* **1.** *(physique)* impact **2.** *(émotion)* shock
chocolat [ʃɔkɔla] *nm* chocolate ● **chocolat blanc** white chocolate ● **chocolat au lait** milk chocolate ● **chocolat liégeois** *chocolate ice cream topped with whipped cream* ● **chocolat noir** plain chocolate ▾ **chocolat viennois** *hot chocolate topped with whipped cream*
chocolatier [ʃɔkɔlatje] *nm* confectioner's *(selling chocolates)*
choesels [tʃuzœl] *nmpl* (*Belg*) *meat, liver and heart stew, cooked with beer*
chœur [kœr] *nm* *(chorale)* choir ● **en chœur** all together
choisir [ʃwazir] *vt* to choose
choix [ʃwa] *nm* choice ● **avoir le choix** to be able to choose ● **de premier choix** top-quality ▾ **fromage ou dessert au choix** a choice of cheese or dessert
cholestérol [kɔlɛsterɔl] *nm* cholesterol
chômage [ʃomaʒ] *nm* unemployment ● **être au chômage** to be unemployed
chômeur, euse [ʃomœr, øz] *nm, f* unemployed person
choquant, e [ʃɔkɑ̃, ɑ̃t] *adj* shocking
choquer [ʃɔke] *vt* to shock
chorale [kɔral] *nf* choir
chose [ʃoz] *nf* thing
chou [ʃu] (*pl* **-x**) *nm* cabbage ● **chou de Bruxelles** Brussels sprout ● **chou à la crème** cream puff ● **chou rouge** red cabbage

chouchou, oute [ʃuʃu, ut] *nm, f (fam)* favourite ◇ *nm* scrunchy
choucroute [ʃukrut] *nf* • **choucroute (garnie)** sauerkraut *(with pork and sausage)*
chouette [ʃwɛt] *nf* owl ◇ *adj (fam)* great
chou-fleur [ʃuflœr] (*pl* **choux-fleurs**) *nm* cauliflower
chrétien, enne [kretjɛ̃, ɛn] *adj & nm, f* Christian
chromé, e [krome] *adj* chrome-plated
chromes [krom] *nmpl (d'une voiture)* chrome *sg*
chronique [krɔnik] *adj* chronic ◇ *nf* **1.** *(maladie)* chronic illness **2.** *(de journal)* column
chronologique [krɔnɔlɔʒik] *adj* chronological
chronomètre [krɔnɔmɛtr] *nm* stopwatch
chronométrer [krɔnɔmetre] *vt* to time
CHU *nm teaching hospital*
chuchotement [ʃyʃɔtmɑ̃] *nm* whisper
chuchoter [ʃyʃɔte] *vt & vi* to whisper
chut [ʃyt] *interj* sh!
chute [ʃyt] *nf (fait de tomber)* fall • **chute d'eau** waterfall • **chute de neige** snowfall
ci [si] *adv* • **ce livre-ci** this book • **ces jours-ci** these days
cible [sibl] *nf* target
ciboulette [sibulɛt] *nf* chives *pl*
cicatrice [sikatris] *nf* scar
cicatriser [sikatrize] *vi* to heal
cidre [sidr] *nm* cider (*UK*), hard cider (*US*) ▼ **cidre bouché** bottled cider (*UK*) ou hard cider (*US*) ▼ **cidre fermier** farm-produced cider (*UK*) ou hard cider (*US*)
Cie (*abr écrite de compagnie*) Co. *(company)*
ciel [sjɛl] *nm* **1.** sky **2.** *(paradis : pl cieux)* heaven
cierge [sjɛrʒ] *nm* candle *(in church)*
cieux [sjø] *nmpl* ➤ **ciel**
cigale [sigal] *nf* cicada
cigare [sigar] *nm* cigar
cigarette [sigarɛt] *nf* cigarette • **cigarette filtre** filter-tipped cigarette • **cigarette russe** *cylindrical wafer*
cigogne [sigɔɲ] *nf* stork
ci-joint, e [siʒwɛ̃, ɛ̃t] *adj & adv* enclosed
cil [sil] *nm* eyelash
cime [sim] *nf* top
ciment [simɑ̃] *nm* cement
cimetière [simtjɛr] *nm* cemetery
cinéaste [sineast] *nmf* film-maker
ciné-club [sineklœb] (*pl* **-s**) *nm* film club
cinéma [sinema] *nm* cinema
cinémathèque [sinematɛk] *nf* art cinema *(showing old films)*
cinéphile [sinefil] *nmf* film lover
cinq [sɛ̃k] *num* five • **il a cinq ans** he's five (years old) • **il est cinq heures** it's five o'clock • **le cinq janvier** the fifth of January • **page cinq** page five • **ils étaient cinq** there were five of them • **le cinq de pique** the five of spades • **(au) cinq rue Lepic** at/to five, rue Lepic
cinquantaine [sɛ̃kɑ̃tɛn] *nf* • **une cinquantaine (de)** about fifty • **avoir la cinquantaine** to be middle-aged
cinquante [sɛ̃kɑ̃t] *num* fifty
cinquantième [sɛ̃kɑ̃tjɛm] *num* fiftieth
cinquième [sɛ̃kjɛm] *num* fifth ◇ *nf* **1.** *SCOL* second year (*UK*), seventh grade

(*US*) **2.** *(vitesse)* fifth (gear) • **le cinquième étage** fifth floor (*UK*), sixth floor (*US*) • **le cinquième (arrondissement)** fifth arrondissement • **il est arrivé cinquième** he came fifth
cintre [sɛ̃tr] *nm* coat hanger
cintré, e [sɛ̃tre] *adj (veste)* waisted
cipâte [sipat] *nm (Québec) savoury tart consisting of many alternating layers of diced potato and meat (usually beef and pork)*
cirage [siraʒ] *nm* shoe polish
circonflexe [sirkɔ̃flɛks] *adj* ➤ **accent**
circonstances [sirkɔ̃stɑ̃s] *nfpl* circumstances
circuit [sirkɥi] *nm* **1.** circuit **2.** *(trajet)* tour • **circuit touristique** organized tour
circulaire [sirkylɛr] *adj & nf* circular
circulation [sirkylasjɔ̃] *nf* **1.** *(routière)* traffic **2.** *(du sang)* circulation
circuler [sirkyle] *vi* **1.** *(piéton)* to move **2.** *(voiture)* to drive **3.** *(sang, électricité)* to circulate
cire [sir] *nf (pour meubles)* (wax) polish
ciré [sire] *nm* oilskin
cirer [sire] *vt* to polish
cirque [sirk] *nm* circus
ciseaux [sizo] *nmpl* • **(une paire de) ciseaux** (a pair of) scissors
citadin, e [sitadɛ̃, in] *nm, f* city-dweller
citation [sitasjɔ̃] *nf* quotation
cité [site] *nf* **1.** *(ville)* city **2.** *(groupe d'immeubles)* housing estate • **cité universitaire** hall of residence
citer [site] *vt* **1.** *(phrase, auteur)* to quote **2.** *(nommer)* to mention
citerne [sitɛrn] *nf* tank
citoyen, enne [sitwajɛ̃, ɛn] *nm, f* citizen
citron [sitrɔ̃] *nm* lemon • **citron vert** lime
citronnade [sitrɔnad] *nf* lemon squash
citrouille [sitruj] *nf* pumpkin
civet [sivɛ] *nm rabbit or hare stew made with red wine, shallots and onion*
civière [sivjɛr] *nf* stretcher
civil, e [sivil] *adj* **1.** *(non militaire)* civilian **2.** *(non religieux)* civil ◇ *nm (personne)* civilian • **en civil** in plain clothes
civilisation [sivilizasjɔ̃] *nf* civilization
cl (*abr écrite de centilitre*) cl *(centilitre)*
clafoutis [klafuti] *nm flan made with cherries or other fruit*
clair, e [klɛr] *adj* **1.** *(lumineux)* bright **2.** *(couleur)* light **3.** *(teint)* fair **4.** *(pur)* clear **5.** *(compréhensible)* clear ◇ *adv* clearly ◇ *nm* • **clair de lune** moonlight • **il fait encore clair** it's still light
clairement [klɛrmɑ̃] *adv* clearly
clairière [klɛrjɛr] *nf* clearing
clairon [klɛrɔ̃] *nm* bugle
clairsemé, e [klɛrsəme] *adj* sparse
clandestin, e [klɑ̃dɛstɛ̃, in] *adj* clandestine
claque [klak] *nf* slap
claquement [klakmɑ̃] *nm* banging
claquer [klake] *vt (porte)* to slam ◇ *vi (volet, porte)* to bang • **je claque des dents** my teeth are chattering • **claquer des doigts** to click one's fingers ◆ **se claquer** *vp* • **se claquer un muscle** to pull a muscle
claquettes [klakɛt] *nfpl* **1.** *(chaussures)* flip-flops **2.** *(danse)* tap dancing *sg*
clarinette [klarinɛt] *nf* clarinet
clarté [klarte] *nf* **1.** light **2.** *(d'un raisonnement)* clarity

classe [klas] *nf*
1. *(transports)* • **classe affaires** business class • **classe économique** economy class • **première classe** first class • **deuxième classe** second class
2. *(d'école)* classroom ; • **aller en classe** to go to school • **classe de mer** seaside trip *(with school)* • **classe de neige** skiing trip *(with school)* • **classes préparatoires** *school preparing students for Grandes Écoles entrance exams* • **classe verte** field trip *(with school)*

classes préparatoires

Students who pass their baccalauréat with flying colours spend another two or three years at school taking enormously demanding courses to prepare them for the entrance exams for the prestigious higher-education establishments called *grandes écoles*. The three main types of course are science, literature, and business.

classement [klasmɑ̃] *nm (rangement)* classification
classer [klase] *vt* **1.** *(dossiers)* to file **2.** *(grouper)* to classify
classeur [klasœr] *nm* folder
classique [klasik] *adj* **1.** *(traditionnel)* classic **2.** *(musique, auteur)* classical
clavicule [klavikyl] *nf* collarbone
clavier [klavje] *nm* keyboard
clé [kle] *nf* **1.** key **2.** *(outil)* spanner *(UK)*, wrench *(US)* • **fermer qqch à clé** to lock sthg • **clé anglaise** monkey wrench • **clé à molette** adjustable spanner
clef [kle] *nf* = **clé**
clémentine [klemɑ̃tin] *nf* clementine
cliché [kliʃe] *nm (photo)* photo
client, e [klijɑ̃, ɑ̃t] *nm, f* **1.** *(d'une boutique)* customer **2.** *(d'un médecin)* patient
clientèle [klijɑ̃tɛl] *nf* **1.** *(d'une boutique)* customers *pl* **2.** *(de médecin)* patients *pl*
cligner [kliɲe] *vi* • **cligner des yeux** to blink
clignotant [kliɲɔtɑ̃] *nm* indicator *(UK)*, turn signal *(US)*
clignoter [kliɲɔte] *vi* to blink
clim [klim] *(fam) nf* air-conditioning
climat [klima] *nm* climate
climatisation [klimatizasjɔ̃] *nf* air-conditioning
climatisé, e [klimatize] *adj* air-conditioned
clin d'œil [klɛ̃dœj] *nm* • **faire un clin d'œil à qqn** to wink at sb • **en un clin d'œil** in a flash
clinique [klinik] *nf* (private) clinic
clip [klip] *nm* **1.** *(boucle d'oreille)* clip-on earring **2.** *(film)* video
clochard, e [klɔʃar, ard] *nm, f* tramp *(UK)*, bum *(US)*
cloche [klɔʃ] *nf* bell • **cloche à fromage** cheese dish *(with cover)*
cloche-pied [klɔʃpje] ◆ **à cloche-pied** *adv* • **sauter à cloche-pied** to hop
clocher [klɔʃe] *nm* church tower
clochette [klɔʃɛt] *nf* small bell
cloison [klwazɔ̃] *nf* wall *(inside building)*
cloître [klwatr] *nm* cloister
cloque [klɔk] *nf* blister
clôture [klotyr] *nf (barrière)* fence
clôturer [klotyre] *vt (champ, jardin)* to enclose

clou [klu] *nm* nail • **clou de girofle** clove • **clous** *nmpl (passage piétons)* pedestrian crossing (*UK*), crosswalk (*US*)
clouer [klue] *vt* to nail
clouté [klute] *adj m* ➤ **passage**
clown [klun] *nm* clown
club [klœb] *nm* club
cm (*abr écrite de centimètre*) cm (*centimetre*)
CM *nm* (*abr de cours moyen*) • **CM 1** *fourth year of primary school* • **CM 2** *fifth year of primary school*
coaguler [kɔagyle] *vi* to clot
cobaye [kɔbaj] *nm* guinea pig
Coca(-Cola)® [kɔka(kɔla)] *nm inv* Coke®, Coca-Cola®
coccinelle [kɔksinɛl] *nf* ladybird (*UK*), ladybug (*US*)
cocher [kɔʃe] *vt* to tick (off) (*UK*), to check (off) (*US*)
cochon, onne [kɔʃɔ̃, ɔn] *nm, f* (*fam*) *(personne sale)* pig ◇ *nm* pig • **cochon d'Inde** guinea pig
cocktail [kɔktɛl] *nm* **1.** *(boisson)* cocktail **2.** *(réception)* cocktail party
coco [kɔko] *nm* ➤ **noix**
cocotier [kɔkɔtje] *nm* coconut tree
cocotte [kɔkɔt] *nf (casserole)* casserole dish • **cocotte en papier** paper bird
Cocotte-Minute® [kɔkɔtminyt] (*pl* **Cocottes-Minute**) *nf* pressure cooker
code [kɔd] *nm* code • **code d'accès** access code • **code confidentiel** PIN number • **code PIN** PIN (number) • **code postal** postcode (*UK*), zip code (*US*) • **code de la route** highway code • **codes** *nmpl AUTO* dipped headlights
codé, e [kɔde] *adj* coded
code-barres [kɔdbar] (*pl* **codes-barres**) *nm* bar code
cœur [kœr] *nm* heart • **avoir bon cœur** to be kind-hearted • **de bon cœur** willingly • **par cœur** by heart • **cœur d'artichaut** artichoke heart • **cœur de palmier** palm heart
coffre [kɔfr] *nm* **1.** *(de voiture)* boot **2.** *(malle)* chest
coffre-fort [kɔfrəfɔr] (*pl* **coffres-forts**) *nm* safe
coffret [kɔfrɛ] *nm* **1.** casket **2.** *COMM (de parfums, de savons)* boxed set
cognac [kɔɲak] *nm* cognac
cogner [kɔɲe] *vi* **1.** *(frapper)* to hit **2.** *(faire du bruit)* to bang • **se cogner** *vp* to knock o.s. • **se cogner la tête** to bang one's head
cohabitation [kɔabitasjɔ̃] *nf* **1.** *(vie commune)* cohabitation **2.** *POL coexistence of an elected head of state and an opposition parliamentary majority*

la cohabitation

This is a situation in which the French president represents one party and the government belongs to another. It first occured because the president's term of office is longer than the parliament's. It first happened in 1986 when the socialist president, François Mitterrand, had a right-wing prime minister, Jacques Chirac.

cohabiter [kɔabite] *vi* **1.** to live together **2.** *(idées)* to coexist

cohérent, e [kɔerɑ̃, ɑ̃t] *adj* coherent
cohue [kɔy] *nf* crowd
coiffer [kwafe] *vt* • **coiffer qqn** to do sb's hair • **coiffé d'un chapeau** wearing a hat ◆ **se coiffer** *vp* to do one's hair
coiffeur, euse [kwafœr, øz] *nm, f* hairdresser
coiffure [kwafyr] *nf* hairstyle
coin [kwɛ̃] *nm* **1.** corner **2.** *(fig) (endroit)* spot • **au coin de** on the corner of • **dans le coin** *(dans les environs)* in the area
coincer [kwɛ̃se] *vt (mécanisme, porte)* to jam ◆ **se coincer** *vp* to jam • **se coincer le doigt** to catch one's finger
coïncidence [kɔɛ̃sidɑ̃s] *nf* coincidence
coïncider [kɔɛ̃side] *vi* to coincide
col [kɔl] *nm* **1.** *(de vêtement)* collar **2.** *(en montagne)* pass • **col roulé** polo neck • **col en pointe** OU **en V** V-neck
colère [kɔlɛr] *nf* anger • **être en colère (contre qqn)** to be angry (with sb) • **se mettre en colère** to get angry
colin [kɔlɛ̃] *nm* hake
colique [kɔlik] *nf* diarrhoea
colis [kɔli] *nm* • **colis (postal)** parcel
collaborer [kɔlabɔre] *vi* to collaborate • **collaborer à qqch** to take part in sthg
collant, e [kɔlɑ̃, ɑ̃t] *adj* **1.** *(adhésif)* sticky **2.** *(étroit)* skin-tight ◇ *nm* tights *pl* (*UK*), panty hose (*US*)
colle [kɔl] *nf* **1.** glue **2.** *(devinette)* tricky question **3.** *SCOL (retenue)* detention
collecte [kɔlɛkt] *nf* collection
collectif, ive [kɔlɛktif, iv] *adj* collective
collection [kɔlɛksjɔ̃] *nf* collection • **faire la collection de** to collect
collectionner [kɔlɛksjɔne] *vt* to collect
collège [kɔlɛʒ] *nm* school

le collège

From age eleven, French children attend a collège for four years. This school prepares them for their choice of specialization in their final three years of secondary education at the *lycée*. Successful completion of this phase is rewarded with a certificate, the *Brevet des Collèges*.

collégien, enne [kɔleʒjɛ̃, ɛn] *nm, f* schoolboy(*f* schoolgirl)
collègue [kɔlɛg] *nmf* colleague
coller [kɔle] *vt* **1.** to stick **2.** *(fam) (donner)* to give **3.** *SCOL (punir)* to keep in **4.** *INFORM* to paste
collier [kɔlje] *nm* **1.** necklace **2.** *(de chien)* collar
colline [kɔlin] *nf* hill
collision [kɔlizjɔ̃] *nf* crash
Cologne [kɔlɔɲ] *n* ➤ **eau**
colombe [kɔlɔ̃b] *nf* dove
colonie [kɔlɔni] *nf (territoire)* colony • **colonie de vacances** holiday camp
colonne [kɔlɔn] *nf* column • **colonne vertébrale** spine
colorant [kɔlɔrɑ̃] *nm (alimentaire)* (food) colouring ▼ **sans colorants** no artificial colourings
colorier [kɔlɔrje] *vt* to colour in
coloris [kɔlɔri] *nm* shade
coma [kɔma] *nm* coma • **être dans le coma** to be in a coma
combat [kɔ̃ba] *nm* fight
combattant [kɔ̃batɑ̃] *nm* fighter • **ancien combattant** veteran

combattre [kɔ̃batr] *vt* to fight (against) ◇ *vi* to fight

combien [kɔ̃bjɛ̃] *adv* **1.** *(quantité)* how much **2.** *(nombre)* how many ● **combien d'argent te reste-t-il ?** how much money have you got left? ● **combien de bagages désirez-vous enregistrer ?** how many bags would you like to check in? ● **combien de temps ?** how long? ● **combien ça coûte ?** how much is it?

combinaison [kɔ̃binɛzɔ̃] *nf* **1.** *(code)* combination **2.** *(sous-vêtement)* slip **3.** *(de skieur)* suit **4.** *(de motard)* leathers *pl* ● **combinaison de plongée** wet suit

combiné [kɔ̃bine] *nm (téléphonique)* receiver

combiner [kɔ̃bine] *vt* **1.** to combine **2.** (*fam*) *(préparer)* to plan

comble [kɔ̃bl] *nm* ● **c'est un comble !** that's the limit! ● **le comble de** the height of

combler [kɔ̃ble] *vt* **1.** *(boucher)* to fill in **2.** *(satisfaire)* to fulfil

combustible [kɔ̃bystibl] *nm* fuel

comédie [kɔmedi] *nf* comedy ● **jouer la comédie** *(faire semblant)* to put on an act ● **comédie musicale** musical

comédien, enne [kɔmedjɛ̃, ɛn] *nm, f (acteur)* actor(*f* actress)

comestible [kɔmɛstibl] *adj* edible

comique [kɔmik] *adj* **1.** *(genre, acteur)* comic **2.** *(drôle)* comical

comité [kɔmite] *nm* committee ● **comité d'entreprise** works council

commandant [kɔmɑ̃dɑ̃] *nm* **1.** *MIL (gradé)* ≃ major **2.** *(d'un bateau, d'un avion)* captain

commande [kɔmɑ̃d] *nf* **1.** *COMM* order **2.** *TECH* control mechanism **3.** *INFORM* command ● **les commandes** *(d'un avion)* the controls

commander [kɔmɑ̃de] *vt* **1.** *(diriger)* to command **2.** *(dans un bar, par correspondance)* to order **3.** *TECH* to control

comme [kɔm] *conj*
1. *(introduit une comparaison)* like ● **elle est blonde, comme sa mère** she's blonde, like her mother ● **comme si rien ne s'était passé** as if nothing had happened
2. *(de la manière que)* as ● **comme vous voudrez** as you like ● **comme il faut** *(correctement)* properly ; *(convenable)* respectable
3. *(par exemple)* like, such as ● **les villes fortifiées comme Carcassonne** fortified towns like Carcassonne
4. *(en tant que)* as ● **qu'est-ce que vous avez comme desserts ?** what do you have in the way of dessert?
5. *(étant donné que)* as, since ● **comme vous n'arriviez pas, nous sommes passés à table** as you still weren't here, we sat down to eat
6. *(dans des expressions)* ● **comme ça** *(de cette façon)* like that ; *(par conséquent)* that way ● **fais comme ça** do it this way ● **comme ci comme ça** (*fam*) so-so ● **comme tout** (*fam*) *(très)* really
◇ *adv (marque l'intensité)* ● **comme c'est grand !** it's so big! ● **vous savez comme il est difficile de se loger ici** you know how hard it is to find accommodation here

commencement [kɔmɑ̃smɑ̃] *nm* beginning

commencer [kɔmɑ̃se] *vt* to start ◇ *vi* to start, to begin ● **commencer à faire qqch** to start ou begin to do sthg ● **commencer par qqch** to start with sthg ● **commencer par faire qqch** to start by doing sthg

comment [kɔmɑ̃] *adv* how ● **comment tu t'appelles ?** what's your name? ● **comment allez-vous ?** how are you? ● **comment ?** *(pour faire répéter)* sorry?

commentaire [kɔmɑ̃tɛr] *nm* **1.** *(d'un documentaire, d'un match)* commentary **2.** *(remarque)* comment

commerçant, e [kɔmɛrsɑ̃, ɑ̃t] *adj (quartier, rue)* shopping ◇ *nm, f* shopkeeper

commerce [kɔmɛrs] *nm* **1.** *(activité)* trade **2.** *(boutique)* shop (*UK*), store (*US*) ● **dans le commerce** in the shops

commercial, e, aux [kɔmɛrsjal, o] *adj* commercial

commettre [kɔmɛtr] *vt* to commit ● **commettre un crime** to commit a crime

commis, e [kɔmi, iz] *pp* ➤ **commettre**

commissaire [kɔmisɛr] *nmf* ● **commissaire (de police)** (police) superintendent (*UK*), (police) captain (*US*)

commissariat [kɔmisarja] *nm* ● **commissariat (de police)** police station

commission [kɔmisjɔ̃] *nf* **1.** commission **2.** *(message)* message ◆ **commissions** *nfpl (courses)* shopping *sg* ● **faire les commissions** to do the shopping

commode [kɔmɔd] *adj* **1.** *(facile)* convenient **2.** *(pratique)* handy ◇ *nf* chest of drawers

commun, e [kɔmœ̃, yn] *adj* **1.** common **2.** *(salle de bains, cuisine)* shared ● **mettre qqch en commun** to share sthg

communauté [kɔmynote] *nf* community

commune [kɔmyn] *nf* town

communication [kɔmynikasjɔ̃] *nf* **1.** *(message)* message **2.** *(contact)* communication ● **communication (téléphonique)** (phone) call

communion [kɔmynjɔ̃] *nf* Communion

communiqué [kɔmynike] *nm* communiqué

communiquer [kɔmynike] *vt* to communicate ◇ *vi* **1.** *(dialoguer)* to communicate **2.** *(pièces)* to interconnect ● **communiquer avec** to communicate with

communisme [kɔmynism] *nm* communism

communiste [kɔmynist] *adj* & *nmf* communist

compact, e [kɔ̃pakt] *adj* **1.** *(dense)* dense **2.** *(petit)* compact

Compact Disc® [kɔ̃paktdisk] (*pl* **-s**) *nm* compact disc, CD

compagne [kɔ̃paɲ] *nf* **1.** *(camarade)* companion **2.** *(dans un couple)* partner

compagnie [kɔ̃paɲi] *nf* company ● **en compagnie de** in the company of ● **tenir compagnie à qqn** to keep sb company ● **compagnie aérienne** airline

compagnon [kɔ̃paɲɔ̃] *nm* **1.** *(camarade)* companion **2.** *(dans un couple)* partner

comparable [kɔ̃parabl] *adj* comparable ● **comparable à** comparable with

comparaison [kɔ̃parɛzɔ̃] *nf* comparison

comparer [kɔ̃pare] *vt* to compare ● **comparer qqch à** ou **avec** to compare sthg to ou with

compartiment [kɔ̃partimɑ̃] *nm* compartment • **compartiment fumeurs** smoking compartment • **compartiment non-fumeurs** no smoking compartment
compas [kɔ̃pa] *nm* **1.** *MATH* pair of compasses **2.** *(boussole)* compass
compatibilité [kɔ̃patibilite] *nf* compatibility
compatible [kɔ̃patibl] *adj* compatible
compatriote [kɔ̃patrijɔt] *nmf* compatriot
compensation [kɔ̃pɑ̃sasjɔ̃] *nf* compensation
compenser [kɔ̃pɑ̃se] *vt* to compensate for
compétence [kɔ̃petɑ̃s] *nf* skill
compétent, e [kɔ̃petɑ̃, ɑ̃t] *adj* competent
compétitif, ive [kɔ̃petitif, iv] *adj* competitive
compétition [kɔ̃petisjɔ̃] *nf* competition
complément [kɔ̃plemɑ̃] *nm* **1.** *(supplément)* supplement **2.** *(différence)* rest **3.** *GRAMM* complement • **complément d'objet** object
complémentaire [kɔ̃plemɑ̃tɛr] *adj (supplémentaire)* additional
complet, ète [kɔ̃plɛ, ɛt] *adj* **1.** *(entier)* complete **2.** *(plein)* full **3.** *(pain, farine)* wholemeal • **riz complet** brown rice ▾ **complet** *(hôtel)* no vacancies ; *(parking)* full
complètement [kɔ̃plɛtmɑ̃] *adv* completely
compléter [kɔ̃plete] *vt* to complete ♦ **se compléter** *vp* to complement one another
complexe [kɔ̃plɛks] *adj* & *nm* complex
complice [kɔ̃plis] *adj* knowing ◇ *nmf* accomplice
compliment [kɔ̃plimɑ̃] *nm* compliment • **faire un compliment à qqn** to pay sb a compliment
compliqué, e [kɔ̃plike] *adj* complicated
compliquer [kɔ̃plike] *vt* to complicate ♦ **se compliquer** *vp* to get complicated
complot [kɔ̃plo] *nm* plot
comportement [kɔ̃pɔrtəmɑ̃] *nm* behaviour
comporter [kɔ̃pɔrte] *vt* to consist of ♦ **se comporter** *vp* to behave
composer [kɔ̃poze] *vt* **1.** *(faire partie de)* to make up **2.** *(assembler)* to put together **3.** *MUS* to compose **4.** *(code, numéro)* to dial • **composé de** composed of
compositeur, trice [kɔ̃pozitœr, tris] *nm, f* composer
composition [kɔ̃pozisjɔ̃] *nf* **1.** composition **2.** *SCOL* essay
compostage [kɔ̃pɔstaʒ] *nm* datestamping ▾ **compostage des billets** datestamping of tickets
composter [kɔ̃pɔste] *vt* to datestamp ▾ **compostez votre billet** stamp your ticket here ▾ **pour valider votre billet, compostez-le** to validate you ticket, date-stamp it

composter

You must always validate a ticket or pass for public transport in France before starting your journey by getting it punched, datestamped, or read electronically by a *composteur* machine. If you don't, you risk being fined.

compote [kɔ̃pɔt] *nf* compote • **compote de pommes** stewed apple
compréhensible [kɔ̃preɑ̃sibl] *adj* comprehensible
compréhensif, ive [kɔ̃preɑ̃sif, iv] *adj* understanding
comprendre [kɔ̃prɑ̃dr] *vt* **1.** to understand **2.** *(comporter)* to consist of ◆ **se comprendre** *vp* to understand each other • **ça se comprend** it's understandable
compresse [kɔ̃prɛs] *nf* compress
compresser [kɔ̃pʀese] *vt* to compress
compression [kɔ̃pʀesjɔ̃] *nf* compression
comprimé [kɔ̃prime] *nm* tablet
compris, e [kɔ̃pri, iz] *pp* ➤ **comprendre** ◇ *adj (inclus)* included • **service non compris** service not included • **tout compris** all inclusive • **y compris** including
compromettre [kɔ̃prɔmɛtr] *vt* to compromise
compromis, e [kɔ̃prɔmi, iz] *pp* ➤ **compromettre** ◇ *nm* compromise
comptabilité [kɔ̃tabilite] *nf* **1.** *(science)* accountancy **2.** *(département, calculs)* accounts *pl*
comptable [kɔ̃tabl] *nmf* accountant
comptant [kɔ̃tɑ̃] *adv* • **payer comptant** to pay cash
compte [kɔ̃t] *nm* **1.** *(bancaire)* account **2.** *(calcul)* calculation • **faire le compte de** to count • **se rendre compte de** to realize • **se rendre compte que** to realize that • **compte postal** post office account • **en fin de compte, tout compte fait** all things considered ◆ **comptes** *nmpl* accounts • **faire ses comptes** to do one's accounts
compte-gouttes [kɔ̃tgut] *nm inv* dropper
compter [kɔ̃te] *vt* & *vi* to count • **compter faire qqch** *(avoir l'intention de)* to intend to do sthg ◆ **compter sur** *v + prep* to count on
compte-rendu [kɔ̃trɑ̃dy] *(pl* **comptes-rendus**) *nm* report
compteur [kɔ̃tœr] *nm* meter • **compteur (kilométrique)** ≃ mileometer • **compteur (de vitesse)** speedometer
comptoir [kɔ̃twar] *nm* **1.** *(de bar)* bar **2.** *(de magasin)* counter
comte, esse [kɔ̃t, kɔ̃tɛs] *nm, f* count *(f* countess)
con, conne [kɔ̃, kɔn] *adj (vulg)* bloody stupid
concentration [kɔ̃sɑ̃trasjɔ̃] *nf* concentration
concentré, e [kɔ̃sɑ̃tre] *adj (jus d'orange)* concentrated ◇ *nm* • **concentré de tomate** tomato puree • **être concentré** to concentrate (hard)
concentrer [kɔ̃sɑ̃tre] *vt (efforts, attention)* to concentrate ◆ **se concentrer (sur)** *vp + prep* to concentrate (on)
conception [kɔ̃sɛpsjɔ̃] *nf* **1.** design **2.** *(notion)* idea
concerner [kɔ̃sɛrne] *vt* to concern
concert [kɔ̃sɛr] *nm* concert
concessionnaire [kɔ̃sesjɔnɛr] *nm (automobile)* dealer
concevoir [kɔ̃səvwar] *vt* **1.** *(objet)* to design **2.** *(projet, idée)* to conceive
concierge [kɔ̃sjɛrʒ] *nmf* caretaker, janitor *(US)*

concis, e [kɔ̃si, iz] *adj* concise
conclure [kɔ̃klyr] *vt* to conclude
conclusion [kɔ̃klyzjɔ̃] *nf* conclusion
concombre [kɔ̃kɔ̃br] *nm* cucumber
concours [kɔ̃kur] *nm* **1.** *(examen)* competitive examination **2.** *(jeu)* competition • **concours de circonstances** combination of circumstances
concret, ète [kɔ̃krɛ, ɛt] *adj* concrete
concrétiser [kɔ̃kretize] ◆ **se concrétiser** *vp* to materialize
concurrence [kɔ̃kyrɑ̃s] *nf* competition
concurrent, e [kɔ̃kyrɑ̃, ɑ̃t] *nm, f* competitor
condamnation [kɔ̃danasjɔ̃] *nf* sentence
condamner [kɔ̃dane] *vt* **1.** *(accusé)* to convict **2.** *(porte, fenêtre)* to board up • **condamner qqn à** to sentence sb to
condensation [kɔ̃dɑ̃sasjɔ̃] *nf* condensation
condensé, e [kɔ̃dɑ̃se] *adj (lait)* condensed
condiment [kɔ̃dimɑ̃] *nm* condiment
condition [kɔ̃disjɔ̃] *nf* condition • **à condition de faire qqch** providing (that) I/we do sthg, provided (that) I/we do sthg • **à condition qu'il fasse beau** providing (that) it's fine, provided (that) it's fine
conditionné [kɔ̃disjɔne] *adj m* ➤ **air**
conditionnel [kɔ̃disjɔnɛl] *nm* conditional
condoléances [kɔ̃dɔleɑ̃s] *nfpl* • **présenter ses condoléances à qqn** to offer one's condolences to sb
conducteur, trice [kɔ̃dyktœr, tris] *nm, f* driver
conduire [kɔ̃dɥir] *vt* **1.** *(véhicule)* to drive **2.** *(accompagner)* to take **3.** *(guider)* to lead ◇ *vi* to drive • **conduire à** *(chemin, couloir)* to lead to ◆ **se conduire** *vp* to behave
conduit, e [kɔ̃dɥi, it] *pp* ➤ **conduire**
conduite [kɔ̃dɥit] *nf* **1.** *(attitude)* behaviour **2.** *(tuyau)* pipe • **conduite à gauche** left-hand drive
cône [kon] *nm* cone
confection [kɔ̃fɛksjɔ̃] *nf (couture)* clothing industry
confectionner [kɔ̃fɛksjɔne] *vt* to make
conférence [kɔ̃ferɑ̃s] *nf* **1.** *(réunion)* conference **2.** *(discours)* lecture
confesser [kɔ̃fɛse] ◆ **se confesser** *vp* to go to confession
confession [kɔ̃fesjɔ̃] *nf* confession
confettis [kɔ̃feti] *nmpl* confetti *sg*
confiance [kɔ̃fjɑ̃s] *nf* confidence • **avoir confiance en** to trust • **faire confiance à** to trust
confiant, e [kɔ̃fjɑ̃, ɑ̃t] *adj* trusting
confidence [kɔ̃fidɑ̃s] *nf* confidence • **faire des confidences à qqn** to confide in sb
confidentiel, elle [kɔ̃fidɑ̃sjɛl] *adj* confidential
confier [kɔ̃fje] *vt* • **confier un secret à qqn** to entrust a secret to sb ◆ **se confier (à)** *vp + prep* to confide (in)
configuration [kɔ̃figyʀasjɔ̃] *nf* configuration
configurer [kɔ̃figyʀe] *vt* to configure
confirmation [kɔ̃firmasjɔ̃] *nf* confirmation
confirmer [kɔ̃firme] *vt* to confirm

confiserie [kɔ̃fizri] *nf* **1.** *(sucreries)* sweets *pl* *(UK)*, candy *(US)* **2.** *(magasin)* sweetshop *(UK)*, candy store *(US)*
confisquer [kɔ̃fiske] *vt* to confiscate
confit [kɔ̃fi] *adj m* ➤ **fruit** ◇ *nm* ● **confit de canard/d'oie** *potted duck or goose*
confiture [kɔ̃fityr] *nf* jam
conflit [kɔ̃fli] *nm* conflict
confondre [kɔ̃fɔ̃dr] *vt* *(mélanger)* to confuse
conforme [kɔ̃fɔrm] *adj* ● **conforme à** in accordance with
conformément [kɔ̃fɔrmemɑ̃] *adv* ● **conformément à ses souhaits** in accordance with his wishes
confort [kɔ̃fɔr] *nm* comfort ▼ **tout confort** all mod cons
confortable [kɔ̃fɔrtabl] *adj* comfortable
confrère [kɔ̃frɛr] *nm* colleague
confronter [kɔ̃frɔ̃te] *vt* to compare
confus, e [kɔ̃fy, yz] *adj* **1.** *(compliqué)* confused **2.** *(embarrassé)* embarrassed
confusion [kɔ̃fyzjɔ̃] *nf* **1.** confusion **2.** *(honte)* embarrassment
congé [kɔ̃ʒe] *nm* holiday *(UK)*, vacation *(US)* ● **être en congé** to be on holiday *(UK)*, to be on vacation *(US)* ● **congé (de) maladie** sick leave ● **congés payés** paid holidays *(UK)*, paid vacation *(US)*
congélateur [kɔ̃ʒelatœr] *nm* freezer
congeler [kɔ̃ʒle] *vt* to freeze
congestion [kɔ̃ʒɛstjɔ̃] *nf* *MÉD* congestion ● **congestion cérébrale** stroke
congolais [kɔ̃gɔlɛ] *nm* coconut cake
congrès [kɔ̃grɛ] *nm* congress
conjoint [kɔ̃ʒwɛ̃] *nm* spouse
conjonction [kɔ̃ʒɔ̃ksjɔ̃] *nf* conjunction
conjonctivite [kɔ̃ʒɔ̃ktivit] *nf* conjunctivitis
conjoncture [kɔ̃ʒɔ̃ktyr] *nf* situation
conjugaison [kɔ̃ʒygɛzɔ̃] *nf* conjugation
conjuguer [kɔ̃ʒyge] *vt* *(verbe)* to conjugate
connaissance [kɔnɛsɑ̃s] *nf* **1.** knowledge **2.** *(relation)* acquaintance ● **avoir des connaissances en** to know something about ● **faire la connaissance de qqn** to meet sb ● **perdre connaissance** to lose consciousness
connaisseur, euse [kɔnɛsœr, øz] *nm, f* connoisseur
connaître [kɔnɛtr] *vt* **1.** to know **2.** *(rencontrer)* to meet ◆ **s'y connaître en** *vp + prep* to know about
conne *nf* ➤ **con**
connecter [kɔnɛkte] *vt* to connect ● **se connecter** to log on ● **se connecter à Internet** to connect to the Internet
connexion [kɔnɛksjɔ̃] *nf* connection
connu, e [kɔny] *pp* ➤ **connaître** ◇ *adj* well-known
conquérir [kɔ̃kerir] *vt* to conquer
conquête [kɔ̃kɛt] *nf* conquest
conquis, e [kɔ̃ki, iz] *pp* ➤ **conquérir**
consacrer [kɔ̃sakre] *vt* ● **consacrer qqch à** to devote sthg to ◆ **se consacrer à** *vp + prep* to devote o.s. to
consciemment [kɔ̃sjamɑ̃] *adv* knowingly
conscience [kɔ̃sjɑ̃s] *nf* **1.** *(connaissance)* consciousness **2.** *(moralité)* conscience ● **avoir conscience de qqch** to be aware of sthg ● **prendre conscience de qqch** to become aware of sthg ● **avoir mauvaise conscience** to have a guilty conscience

conscienciEUX, euse [kɔ̃sjɑ̃sjø, øz] *adj* conscientious
conscient, e [kɔ̃sjɑ̃, ɑ̃t] *adj (éveillé)* conscious • **être conscient de** to be aware of
consécutif, ive [kɔ̃sekytif, iv] *adj* consecutive
conseil [kɔ̃sɛj] *nm* **1.** *(avis)* piece of advice **2.** *(assemblée)* council • **demander conseil à qqn** to ask sb's advice • **des conseils** advice *sg*
[1]**conseiller** [kɔ̃seje] *vt (personne)* to advise • **conseiller qqch à qqn** to recommend sthg to sb • **conseiller à qqn de faire qqch** to advise sb to do sthg
[2]**conseiller, ère** [kɔ̃seje, ɛr] *nm, f* adviser • **conseiller d'orientation** careers adviser
conséquence [kɔ̃sekɑ̃s] *nf* consequence
conséquent [kɔ̃sekɑ̃] ◆ **par conséquent** *adv* consequently
conservateur [kɔ̃sɛrvatœr] *nm (alimentaire)* preservative
conservatoire [kɔ̃sɛrvatwar] *nm (de musique)* academy
conserve [kɔ̃sɛrv] *nf (boîte)* tin (of food) • **des conserves** tinned food
conserver [kɔ̃sɛrve] *vt* **1.** to keep **2.** *(aliments)* to preserve
considérable [kɔ̃siderabl] *adj* considerable
considération [kɔ̃siderasjɔ̃] *nf* • **prendre qqn/qqch en considération** to take sb/sthg into consideration
considérer [kɔ̃sidere] *vt* • **considérer que** to consider that • **considérer qqn/qqch comme** to look on sb/sthg as
consigne [kɔ̃siɲ] *nf* **1.** *(de gare)* left-luggage office **2.** *(instructions)* instructions *pl* • **consigne automatique** left-luggage lockers *pl*
consistance [kɔ̃sistɑ̃s] *nf* consistency
consistant, e [kɔ̃sistɑ̃, ɑ̃t] *adj* **1.** *(épais)* thick **2.** *(nourrissant)* substantial
consister [kɔ̃siste] *vi* • **consister à faire qqch** to consist in doing sthg • **consister en** to consist of
consœur [kɔ̃sœr] *nf* (female) colleague
consolation [kɔ̃sɔlasjɔ̃] *nf* consolation
console [kɔ̃sɔl] *nf* INFORM console • **console de jeux** video game console
consoler [kɔ̃sɔle] *vt* to comfort
consommable [kɔ̃sɔmabl] *nm* • **matériel consommable** consumable hardware
consommateur, trice [kɔ̃sɔmatœr, tris] *nm, f* **1.** consumer **2.** *(dans un bar)* customer
consommation [kɔ̃sɔmasjɔ̃] *nf* **1.** consumption **2.** *(boisson)* drink
consommé [kɔ̃sɔme] *nm clear soup*
consommer [kɔ̃sɔme] *vt* to consume ▼ **à consommer avant le...** use before...
consonne [kɔ̃sɔn] *nf* consonant
constamment [kɔ̃stamɑ̃] *adv* constantly
constant, e [kɔ̃stɑ̃, ɑ̃t] *adj* constant
constat [kɔ̃sta] *nm (d'accident)* report
constater [kɔ̃state] *vt* to notice
consterné, e [kɔ̃stɛrne] *adj* dismayed
constipé, e [kɔ̃stipe] *adj* constipated
constituer [kɔ̃stitɥe] *vt (former)* to make up • **être constitué de** to consist of
construction [kɔ̃stryksjɔ̃] *nf* building
construire [kɔ̃strɥir] *vt* to build
construit, e [kɔ̃strɥi, it] *pp* ➤ **construire**
consulat [kɔ̃syla] *nm* consulate

consultation [kɔ̃syltasjɔ̃] *nf* consultation
consulter [kɔ̃sylte] *vt* to consult
contact [kɔ̃takt] *nm* **1.** *(toucher)* feel **2.** *(d'un moteur)* ignition **3.** *(relation)* contact ● **couper le contact** to switch off the ignition ● **mettre le contact** to switch on the ignition ● **entrer en contact avec** *(entrer en relation)* to contact ; *(heurter)* to come into contact with
contacter [kɔ̃ntakte] *vt* to contact
contagieux, euse [kɔ̃taʒjø, øz] *adj* infectious
contaminer [kɔ̃tamine] *vt* **1.** *(rivière, air)* to contaminate **2.** *(personne)* to infect
conte [kɔ̃t] *nm* story ● **conte de fées** fairy tale
contempler [kɔ̃tɑ̃ple] *vt* to contemplate
contemporain, e [kɔ̃tɑ̃pɔrɛ̃, ɛn] *adj* contemporary
contenir [kɔ̃tnir] *vt* **1.** to contain **2.** *(un litre, deux cassettes, etc)* to hold
content, e [kɔ̃tɑ̃, ɑ̃t] *adj* happy ● **être content de faire qqch** to be happy to do sthg ● **être content de qqch** to be happy with sthg
contenter [kɔ̃tɑ̃te] *vt* to satisfy ◆ **se contenter de** *vp + prep* to be happy with ● **elle s'est contentée de sourire** she merely smiled
contenu, e [kɔ̃tny] *pp* ➤ **contenir** ◇ *nm* contents *pl*
contester [kɔ̃tɛste] *vt* to dispute
contexte [kɔ̃tɛkst] *nm* context
continent [kɔ̃tinɑ̃] *nm* continent
continu, e [kɔ̃tiny] *adj* continuous
continuel, elle [kɔ̃tinɥɛl] *adj* constant
continuellement [kɔ̃tinɥɛlmɑ̃] *adv* constantly
continuer [kɔ̃tinɥe] *vt & vi* to continue ● **continuer à** ou **de faire qqch** to continue doing ou to do sthg
contour [kɔ̃tur] *nm* outline
contourner [kɔ̃turne] *vt* **1.** to go round **2.** *(ville, montagne)* to bypass
contraceptif, ive [kɔ̃trasɛptif, iv] *adj & nm* contraceptive
contraception [kɔ̃trasɛpsjɔ̃] *nf* contraception
contracter [kɔ̃trakte] *vt* **1.** to contract **2.** *(assurance)* to take out
contradictoire [kɔ̃tradiktwar] *adj* contradictory
contraindre [kɔ̃trɛ̃dr] *vt* to force ● **contraindre qqn à faire qqch** to force sb to do sthg
contraire [kɔ̃trɛr] *adj & nm* opposite ● **contraire à** contrary to ● **au contraire** on the contrary
contrairement [kɔ̃trɛrmɑ̃] ◆ **contrairement à** *prép* contrary to
contrarier [kɔ̃trarje] *vt (ennuyer)* to annoy
contraste [kɔ̃trast] *nm* contrast
contrat [kɔ̃tra] *nm* contract ● **rupture de contrat** breach of contract
contravention [kɔ̃travɑ̃sjɔ̃] *nf* **1.** fine **2.** *(pour stationnement interdit)* parking ticket
contre [kɔ̃tr] *prép* **1.** against **2.** *(en échange de)* (in exchange) for ● **un sirop contre la toux** some cough syrup ● **par contre** on the other hand
contre-attaque [kɔ̃tratak] *(pl* **-s***)* *nf* counterattack

contrebande [kɔ̃trəbɑ̃d] *nf* smuggling • **passer qqch en contrebande** to smuggle sthg
contrebasse [kɔ̃trəbas] *nf* (double) bass
contrecœur [kɔ̃ntrəkœr] • **à contrecœur** *adv* reluctantly
contrecoup [kɔ̃trəku] *nm* consequence
contredire [kɔ̃trədir] *vt* to contradict
contre-indication [kɔ̃trɛ̃dikasjɔ̃] (*pl* -s) *nf* contraindication
contre-jour [kɔ̃ntrəʒur] • **à contre-jour** *adv* against the light
contrepartie [kɔ̃trəparti] *nf* compensation • **en contrepartie** in return
contreplaqué [kɔ̃trəplake] *nm* plywood
contrepoison [kɔ̃trəpwazɔ̃] *nm* antidote
contresens [kɔ̃trəsɑ̃s] *nm (dans une traduction)* mistranslation • **à contresens** the wrong way
contretemps [kɔ̃trətɑ̃] *nm* delay
contribuer [kɔ̃tribɥe] • **contribuer à** *v + prep* to contribute to
contrôle [kɔ̃trol] *nm* **1.** *(technique)* check **2.** *(des billets, des papiers)* inspection **3.** *SCOL* test • **contrôle aérien** air traffic control • **contrôle d'identité** identity card check
contrôler [kɔ̃trole] *vt* **1.** *(vérifier)* to check **2.** *(billets, papiers)* to inspect
contrôleur [kɔ̃trolœr] *nm* **1.** *(dans les trains)* ticket inspector **2.** *(dans les bus)* conductor(*f* conductress)
contrordre [kɔ̃trɔrdr] *nm* countermand
convaincre [kɔ̃vɛ̃kr] *vt* to convince • **convaincre qqn de faire qqch** to persuade sb to do sthg • **convaincre qqn de qqch** to convince sb of sthg
convalescence [kɔ̃valesɑ̃s] *nf* convalescence
convenable [kɔ̃vnabl] *adj* **1.** *(adapté)* suitable **2.** *(décent)* proper
convenir [kɔ̃vnir] • **convenir à** *v + prep* **1.** *(satisfaire)* to suit **2.** *(être adapté à)* to be suitable for
convenu, e [kɔ̃vny] *pp* ➤ **convenir**
conversation [kɔ̃vɛrsasjɔ̃] *nf* conversation
convertible [kɔ̃vɛrtibl] *adj* ➤ **canapé**
convocation [kɔ̃vɔkasjɔ̃] *nf* notification to attend
convoi [kɔ̃vwa] *nm* convoy
convoquer [kɔ̃vɔke] *vt (salarié, suspect)* to summon
cookie [kuki] *nm* cookie
coopération [kɔɔperasjɔ̃] *nf* cooperation
coopérer [kɔɔpere] *vi* to cooperate • **coopérer à qqch** to cooperate in sthg
coordonné, e [kɔɔrdɔne] *adj (assorti)* matching
coordonnées [kɔɔrdɔne] *nfpl (adresse)* address and telephone number

donner son adresse

Pour communiquer son adresse, on donne son nom, suivi par le numéro et le nom de la rue, le nom de la ville, en terminant par le code postal (*9, Grosvenor Avenue, London, N5 2NP*).
Lorsqu'il s'agit d'un numéro de téléphone, on épelle les chiffres un à un en communiquant toujours l'indicatif en premier et en

marquant une pause avant d'énoncer le numéro (*0131 3150256, 0207 3541710*). Le chiffre zéro se dit « Oh » (*Oh-Two-Oh-Seven…*) en Angleterre et « Zéro » prononcé *Ziro* (*Zero-Two-Zero-Seven*) aux États-Unis.
Pour une adresse email, le point se dit *« dot »* et le signe @ *« at »* (*lucy-dot-kyle-at-hotmail-dot-com*).

coordonner [kɔɔrdɔne] *vt* to coordinate

copain, copine [kɔpɛ̃, kɔpin] *nm, f* **1.** (*fam*) (*ami*) friend **2.** (*petit ami*) boyfriend(*f* girlfriend)

copie [kɔpi] *nf* **1.** copy **2.** (*devoir*) paper **3.** (*feuille*) sheet (of paper) • **copie de sauvegarde** *INFORM* backup copy

copier [kɔpje] *vt* to copy • **copier (qqch) sur qqn** to copy (sthg) from sb

copier-coller [kɔpjekɔle] *nm inv INFORM* to copy and paste

copieux, euse [kɔpjø, øz] *adj* large

copilote [kɔpilɔt] *nm* copilot

copine *nf* ➤ **copain**

coq [kɔk] *nm* cock, rooster • **coq au vin** *chicken cooked with red wine, bacon, mushrooms and shallots*

coque [kɔk] *nf* **1.** (*de bateau*) hull **2.** (*coquillage*) cockle

coquelet [kɔklɛ] *nm* cockerel

coquelicot [kɔkliko] *nm* poppy

coqueluche [kɔklyʃ] *nf MÉD* whooping cough

coquet, ette [kɔkɛ, ɛt] *adj* (*qui aime s'habiller*) smart

coquetier [kɔktje] *nm* eggcup

coquillage [kɔkijaʒ] *nm* **1.** (*mollusque*) shellfish **2.** (*coquille*) shell

coquille [kɔkij] *nf* shell • **coquille Saint-Jacques** scallop

coquillettes [kɔkijɛt] *nfpl short macaroni*

coquin, e [kɔkɛ̃, in] *adj* (*enfant*) mischievous

cor [kɔr] *nm* **1.** (*instrument*) horn **2.** *MÉD* corn

corail [kɔraj] (*pl* **-aux**) *nm* coral • **(train) Corail** ≃ express train

Coran [kɔrɑ̃] *nm* Koran

corbeau [kɔrbo] (*pl* **-x**) *nm* crow

corbeille [kɔrbɛj] *nf* basket • **corbeille à papiers** wastepaper basket

corbillard [kɔrbijar] *nm* hearse

corde [kɔrd] *nf* **1.** rope **2.** (*d'instrument de musique*) string • **corde à linge** clothesline • **corde à sauter** skipping rope • **cordes vocales** vocal cords

cordon [kɔrdɔ̃] *nm* **1.** string **2.** (*électrique*) lead • **cordon d'alimentation secteur** mains power cable

cordonnerie [kɔrdɔnri] *nf* shoe repair shop

cordonnier [kɔrdɔnje] *nm* shoe repairer

coriandre [kɔrjɑ̃dr] *nf* coriander

corne [kɔrn] *nf* horn

cornet [kɔrnɛ] *nm* **1.** (*de glace*) cornet **2.** (*de frites*) bag

cornettes [kɔrnɛt] *nfpl* (*Helv*) *short macaroni*

cornichon [kɔrniʃɔ̃] *nm* gherkin

corps [kɔr] *nm* body • **le corps enseignant** the teachers • **corps gras** fat

correct, e [kɔrɛkt] *adj* **1.** (*juste*) correct **2.** (*poli*) proper

correction [kɔrɛksjɔ̃] *nf* **1.** *SCOL* marking **2.** *(rectification)* correction **3.** *(punition)* beating • **correction automatique** autocorrect

correspondance [kɔrespɔ̃dɑ̃s] *nf* **1.** *(courrier)* correspondence **2.** *TRANSP* connection • **cours par correspondance** correspondence course

correspondant, e [kɔrɛspɔ̃dɑ̃, ɑ̃t] *adj* corresponding ◇ *nm, f* **1.** *(à qui on écrit)* correspondent **2.** *(au téléphone) person making or receiving a call*

correspondre [kɔrespɔ̃dr] *vi* to correspond • **correspondre à** to correspond to

corrida [kɔrida] *nf* bullfight

corridor [kɔridɔr] *nm* corridor

corriger [kɔriʒe] *vt* **1.** to correct **2.** *(examen)* to mark ◆ **se corriger** *vp* to improve

corrosif, ive [kɔrozif, iv] *adj* corrosive

corsage [kɔrsaʒ] *nm* blouse

corse [kɔrs] *adj* Corsican ◆ **Corse** *nmf* Corsican ◇ *nf* • **la Corse** Corsica

cortège [kɔrtɛʒ] *nm* procession

corvée [kɔrve] *nf* chore

costaud [kɔsto] *adj* **1.** *(fam)* *(musclé)* beefy **2.** *(solide)* sturdy

costume [kɔstym] *nm* **1.** *(d'homme)* suit **2.** *(de théâtre, de déguisement)* costume

côte [kot] *nf* **1.** *(pente)* hill, slope **2.** *(ANAT)* rib **3.** *(d'agneau, de porc, etc)* chop **4.** *(bord de mer)* coast • **côte à côte** side by side • **la Côte d'Azur** the French Riviera

côté [kote] *nm* side • **de quel côté dois-je aller ?** which way should I go? • **à côté** nearby ; *(dans la maison voisine)* next door • **à côté de** next to ; *(comparé à)* compared with • **de l'autre côté (de)** on the other side (of) • **mettre qqch de côté** to put sthg aside

Côte d'Ivoire [kotdivwar] *nf* • **la Côte d'Ivoire** the Ivory Coast

côtelé [kotle] *adj m* ➤ **velours**

côtelette [kotlɛt] *nf* **1.** *(de veau)* cutlet **2.** *(d'agneau, de porc)* chop

cotisation [kɔtizasjɔ̃] *nf* *(à un club)* subscription ◆ **cotisations** *nfpl* *(sociales)* contributions

coton [kɔtɔ̃] *nm* cotton • **coton (hydrophile)** cotton wool

Coton-Tige® [kɔtɔ̃tiʒ] *(pl* **Cotons-Tiges***)* *nm* cotton bud

cou [ku] *nm* neck

couchage [kuʃaʒ] *nm* ➤ **sac**

couchant [kuʃɑ̃] *adj m* ➤ **soleil**

couche [kuʃ] *nf* **1.** *(épaisseur)* layer **2.** *(de peinture)* coat **3.** *(de bébé)* nappy *(UK)*, diaper *(US)*

couche-culotte [kuʃkylɔt] *(pl* **couches-culottes***)* *nf* disposable nappy *(UK)*, disposable diaper *(US)*

coucher [kuʃe] *vt* **1.** *(mettre au lit)* to put to bed **2.** *(étendre)* to lay down ◇ *vi* *(dormir)* to sleep • **être couché** *(être étendu)* to be lying down ; *(être au lit)* to be in bed • **coucher avec qqn** *(fam)* to sleep with sb ◆ **se coucher** *vp* **1.** *(personne)* to go to bed **2.** *(soleil)* to set

couchette [kuʃɛt] *nf* **1.** *(de train)* couchette **2.** *(de bateau)* berth

coucou [kuku] *nm* **1.** *(oiseau)* cuckoo **2.** *(horloge)* cuckoo clock ◇ *interj* peekaboo!

coude [kud] *nm* **1.** *ANAT* elbow **2.** *(courbe)* bend

coudre [kudr] *vt* **1.** *(bouton)* to sew on **2.** *(réparer)* to sew up ◇ *vi* to sew
couette [kwɛt] *nf (édredon)* duvet ◆ **couettes** *nfpl* bunches
cougnou [kuɲu] *nm (Belg) large flat "brioche" eaten on St Nicholas' Day, 6 December, and shaped like the infant Jesus*
couler [kule] *vi* **1.** to flow **2.** *(bateau)* to sink ◇ *vt (bateau)* to sink
couleur [kulœr] *nf* **1.** colour **2.** *(de cartes)* suit ● **de quelle couleur est... ?** what colour is...?
couleuvre [kulœvr] *nf* grass snake
coulis [kuli] *nm liquid puree of fruit, vegetables or shellfish*
coulissant, e [kulisɑ̃, ɑ̃t] *adj* ● **porte coulissante** sliding door
coulisses [kulis] *nfpl* wings
couloir [kulwar] *nm* **1.** corridor **2.** *(de bus)* lane
coup [ku] *nm*
1. *(choc physique)* blow ● **donner un coup à qqn** to hit sb ● **donner un coup de coude à qqn** to nudge sb ● **donner un coup de pied à qqn/dans qqch** to kick sb/sthg ● **donner un coup de poing à qqn** to punch sb
2. *(avec un instrument)* ● **passer un coup de balai** to give the floor a sweep ● **passe un coup de fer sur ta chemise** give your shirt a quick iron
3. *(choc moral)* blow ● **il m'est arrivé un coup dur** *(fam)* something bad happened to me
4. *(bruit)* ● **coup de sifflet** whistle ● **coup de feu** (gun)shot
5. *(à la porte)* knock
6. *(aux échecs)* move ; *(au tennis)* stroke ; *(au foot)* kick ● **coup franc** free kick
7. *(action malhonnête)* trick ● **faire un coup à qqn** to play a trick on sb
8. *(fam) (fois)* time ● **du premier coup** first time ● **d'un (seul) coup** *(en une fois)* in one go ; *(soudainement)* all of a sudden
9. *(dans des expressions)* ● **coup de chance** stroke of luck ● **coup de fil** ou **de téléphone** telephone call ● **donner un coup de main à qqn** to give sb a hand ● **jeter un coup d'œil (à)** to have a look (at) ● **prendre un coup de soleil** to get sunburnt ● **boire un coup** *(fam)* to have a drink ● **du coup...** so... ● **tenir le coup** to hold out
coupable [kupabl] *adj* guilty ◇ *nmf* culprit ● **coupable de** guilty of
coupe [kup] *nf* **1.** *(récipient)* bowl **2.** *SPORT* cup **3.** *(de vêtements)* cut ● **à la coupe** *(fromage,etc) cut from a larger piece and sold by weight at a delicatessen counter* ● **coupe à champagne** champagne glass ● **coupe (de cheveux)** haircut ▼ **coupe de champagne** glass of champagne ▼ **coupe glacée** ice cream *(served in a dish)*
coupe-papier [kuppapje] *nm inv* paper knife
couper [kupe] *vt* **1.** to cut **2.** *(gâteau, viande)* to cut (up) **3.** *(gaz, électricité)* to cut off ◇ *vi* **1.** *(être tranchant)* to cut **2.** *(prendre un raccourci)* to take a short cut ● **couper la route à qqn** to cut across in front of sb ◆ **se couper** *vp* to cut o.s. ● **se couper le doigt** to cut one's finger
couper-coller *nm inv INFORM* ● **faire un couper-coller** to cut and paste

couple [kupl] *nm* **1.** couple **2.** *(d'animaux)* pair
couplet [kuplɛ] *nm* verse
coupure [kupyr] *nf* **1.** cut **2.** *(arrêt)* break • **coupure de courant** power cut • **coupure de journal** (newspaper) cutting
couque [kuk] *nf* **1.** *(Belg) (biscuit)* biscuit (*UK*), cookie (*US*) **2.** *(pain d'épices)* gingerbread **3.** *(brioche) sweet bread roll*
cour [kur] *nf* **1.** *(d'immeuble)* courtyard **2.** *(de ferme)* farmyard **3.** *(tribunal, d'un roi)* court • **cour (de récréation)** playground
courage [kuraʒ] *nm* courage • **bon courage !** good luck!
courageux, euse [kuraʒø, øz] *adj* brave
couramment [kuramɑ̃] *adv* **1.** *(fréquemment)* commonly **2.** *(parler)* fluently
courant, e [kurɑ̃, ɑ̃t] *adj (fréquent)* common ◇ *nm* current • **être au courant (de)** to know (about) • **tenir qqn au courant (de)** to keep sb informed (of) • **courant d'air** draught • **courant alternatif continu** alternating direct current
courbatures [kurbatyr] *nfpl* aches and pains
courbe [kurb] *adj* curved ◇ *nf* curve
courber [kurbe] *vt* to bend
coureur, euse [kurœr, øz] *nm, f* • **coureur automobile** racing driver • **coureur cycliste** racing cyclist • **coureur à pied** runner
courgette [kurʒet] *nf* courgette (*UK*), zucchini (*US*)
courir [kurir] *vi* **1.** to run **2.** *(cycliste, coureur automobile)* to race ◇ *vt* **1.** *(épreuve sportive)* to run (in) **2.** *(risque, danger)* to run
couronne [kurɔn] *nf* **1.** crown **2.** *(de fleurs)* wreath
courriel [kurjɛl] *nm* e-mail
courrier [kurje] *nm* letters *pl*, post (*UK*), mail (*US*) • **courrier électronique** e-mail
courroie [kurwa] *nf* strap
cours [kur] *nm* **1.** *(leçon)* lesson **2.** *(d'une marchandise)* price **3.** *(d'une monnaie)* rate • **au cours de** during • **en cours** in progress • **cours d'eau** waterway
course [kurs] *nf* **1.** *(épreuve sportive)* race **2.** *(démarche)* errand **3.** *(en taxi)* journey ◆ **courses** *nfpl* shopping *sg* • **faire les courses** to go shopping
court, e [kur, kurt] *adj* short ◇ *nm (de tennis)* court ◇ *adv* short • **être à court de** to be short of
court-bouillon [kurbujɔ̃] (*pl* **courts-bouillons**) *nm highly flavoured stock used especially for cooking fish*
court-circuit [kursirkɥi] (*pl* **courts-circuits**) *nm* short circuit
court-métrage [kurmetraʒ] (*pl* **courts-métrages**) *nm* short (film)
courtois, e [kurtwa, az] *adj* courteous
couru, e [kury] *pp* ➤ **courir**
couscous [kuskus] *nm* couscous *traditional North African dish of semolina served with a spicy stew of meat and vegetables*
cousin, e [kuzɛ̃, in] *nm, f* cousin • **cousin germain** first cousin
coussin [kusɛ̃] *nm* cushion
cousu, e [kuzy] *pp* ➤ **coudre**
coût [ku] *nm* cost
couteau [kuto] (*pl* **-x**) *nm* knife

coûter [kute] *vi & vt* to cost • **combien ça coûte ?** how much is it?
coutume [kutym] *nf* custom
couture [kutyr] *nf* **1.** *(sur un vêtement)* seam **2.** *(activité)* sewing
couturier, ière [kutyrje, ɛr] *nm, f* tailor • **grand couturier** fashion designer
couvent [kuvɑ̃] *nm* convent
couver [kuve] *vt* **1.** *(œufs)* to sit on **2.** *(maladie)* to be coming down with ◇ *vi* *(poule)* to brood
couvercle [kuvɛrkl] *nm* **1.** *(de casserole, de poubelle)* lid **2.** *(d'un bocal)* top
couvert, e [kuvɛr, ɛrt] *pp* ➤ **couvrir** ◇ *nm (couteau, fourchette)* place (setting) ◇ *adj* **1.** *(ciel)* overcast **2.** *(marché, parking)* covered **3.** *(vêtu)* • **bien couvert** well wrapped up • **couvert de** covered in ou with • **mettre le couvert** to set ou lay the table
couverture [kuvɛrtyr] *nf* **1.** blanket **2.** *(de livre)* cover
couvrir [kuvrir] *vt* to cover • **couvrir qqch de** to cover sthg with ♦ **se couvrir** *vp* **1.** *(ciel)* to cloud over **2.** *(s'habiller)* to wrap up • **se couvrir de** to become covered in ou with
cow-boy [kobɔj] (*pl* **-s**) *nm* cowboy
CP *nm* (*abr de cours préparatoire*) *first year of primary school*
crabe [krab] *nm* crab
cracher [kraʃe] *vi* to spit ◇ *vt* to spit out
craie [krɛ] *nf* chalk
craindre [krɛ̃dr] *vt* **1.** to fear, to be afraid of **2.** *(être sensible à)* to be sensitive to
craint, e [krɛ̃, ɛ̃t] *pp* ➤ **craindre**
crainte [krɛ̃t] *nf* fear • **de crainte que** for fear that
craintif, ive [krɛ̃tif, iv] *adj* timid
cramique [kramik] *nm (Belg) "brioche" with raisins*
crampe [krɑ̃p] *nf* cramp
cramponner [krɑ̃pɔne] ♦ **se cramponner (à)** *vp + prep* to hang on (to)
crampons [krɑ̃pɔ̃] *nmpl (de foot, de rugby)* studs
cran [krɑ̃] *nm* **1.** *(de ceinture)* hole **2.** *(entaille)* notch **3.** *(courage)* guts *pl* • **(couteau à) cran d'arrêt** flick knife
crâne [kran] *nm* skull
crapaud [krapo] *nm* toad
craquement [krakmɑ̃] *nm* crack
craquer [krake] *vi* **1.** *(faire un bruit)* to crack **2.** *(casser)* to split **3.** *(nerveusement)* to crack up ◇ *vt (allumette)* to strike
crasse [kras] *nf* filth
cravate [kravat] *nf* tie
crawl [krol] *nm* crawl
crayon [krɛjɔ̃] *nm* pencil • **crayon de couleur** crayon
création [kreasjɔ̃] *nf* creation
crèche [krɛʃ] *nf* **1.** *(garderie)* playgroup **2.** RELIG crib
crédit [kredi] *nm (argent emprunté)* loan • **acheter qqch à crédit** to buy sthg on credit • **crédit temps** INFORM credit
créditer [kredite] *vt (compte)* to credit
créer [kree] *vt* **1.** to create **2.** *(fonder)* to found
crémaillère [kremajɛr] *nf* • **pendre la crémaillère** to have a housewarming party
crème [krɛm] *nf* **1.** *(dessert)* cream dessert **2.** *(pour la peau)* cream • **crème anglaise** custard • **crème caramel** crème caramel • **crème fraîche** fresh cream

• **crème glacée** ice cream • **crème pâtissière** confectioner's custard ▾ **crème brûlée** crème brûlée ▾ **crème de marrons** chestnut purée

crémerie [krɛmri] *nf* dairy

crémeux, **euse** [kremø, øz] *adj* creamy

créneau [kreno] (*pl* **-x**) *nm* • **faire un créneau** to reverse into a parking space ◆ **créneaux** *nmpl (de château)* battlements

crêpe [krɛp] *nf* pancake • **crêpe bretonne** *sweet or savoury pancake, often made with buckwheat, a speciality of Brittany*

crêperie [krɛpri] *nf* pancake restaurant

crépi [krepi] *nm* roughcast

crépu, **e** [krepy] *adj* frizzy

cresson [kresɔ̃] *nm* watercress

crête [krɛt] *nf* **1.** *(de montagne)* ridge **2.** *(de coq)* crest

cretons [krətɔ̃] *nmpl* (*Québec*) potted pork

creuser [krøze] *vt* to dig • **ça creuse !** it gives you an appetite! ◆ **se creuser** *vp* • **se creuser la tête** ou **la cervelle** to rack one's brains

creux, **creuse** [krø, krøz] *adj* hollow ◇ *nm* **1.** *(de la main)* hollow **2.** *(sur la route)* dip

crevaison [krəvɛzɔ̃] *nf* puncture

crevant, **e** [krəvɑ̃, ɑ̃t] *adj* (*fam*) *(fatigant)* knackering

crevasse [krəvas] *nf (en montagne)* crevasse

crevé, **e** [krəve] *adj* (*fam*) *(fatigué)* knackered

crever [krəve] *vt* **1.** *(percer)* to burst **2.** (*fam*) *(fatiguer)* to wear out ◇ *vi* **1.** *(exploser)* to burst **2.** *(avoir une crevaison)* to have a puncture (*UK*) or a flat (*US*) **3.** (*fam*) *(mourir)* to kick the bucket

crevette [krəvɛt] *nf* prawn • **crevette grise** shrimp • **crevette rose** prawn

cri [kri] *nm* **1.** shout **2.** *(de joie, de douleur)* cry **3.** *(d'animal)* call • **pousser un cri** to cry (out)

cric [krik] *nm* jack

cricket [krikɛt] *nm* cricket

crier [krije] *vi* **1.** to shout **2.** *(de douleur)* to cry (out) ◇ *vt* to shout (out)

crime [krim] *nm* **1.** *(meurtre)* murder **2.** *(faute grave)* crime

criminel, **elle** [kriminɛl] *nm, f* criminal

crinière [krinjɛr] *nf* mane

crise [kriz] *nf* **1.** *(économique)* crisis **2.** *(de rire, de larmes)* fit • **crise cardiaque** heart attack • **crise de foie** bilious attack • **crise de nerfs** attack of nerves

crispé, **e** [krispe] *adj* **1.** *(personne, sourire)* tense **2.** *(poing)* clenched

cristal [kristal, o] (*pl* **-aux**) *nm* crystal

critère [kritɛr] *nm* criterion

critique [kritik] *adj* critical ◇ *nmf* critic ◇ *nf* **1.** *(reproche)* criticism **2.** *(article de presse)* review

critiquer [kritike] *vt* to criticize

croc [kro] *nm (canine)* fang

croche-pied [krɔʃpje] (*pl* **-s**) *nm* • **faire un croche-pied à qqn** to trip sb (up)

crochet [krɔʃɛ] *nm* **1.** hook **2.** *(tricot)* crochet

crocodile [krɔkɔdil] *nm* crocodile

croire [krwar] *vt* **1.** to believe **2.** *(penser)* to think ◇ *vi* • **croire à/ en** to believe in ◆ **se croire** *vp* • **il se croit intelligent** he thinks he's clever • **on se croirait au**

Moyen Âge you'd think you were (back) in the Middle Ages
croisement [krwazmɑ̃] *nm* **1.** *(carrefour)* junction **2.** *(de races)* crossbreeding
croiser [krwaze] *vt* **1.** to cross **2.** *(personne)* to pass **3.** *(regard)* to meet ◆ **se croiser** *vp* **1.** *(voitures, personnes)* to pass each other **2.** *(lettres)* to cross (in the post)
croisière [krwazjɛr] *nf* cruise
croissance [krwasɑ̃s] *nf* growth
croissant [krwasɑ̃] *nm* **1.** *(pâtisserie)* croissant **2.** *(de lune)* crescent ▼ **croissant au beurre** butter croissant
croix [krwa] *nf* cross ● **en croix** in the shape of a cross ● **les bras en croix** arms out
Croix-Rouge [krwaruʒ] *nf* ● **la Croix-Rouge** the Red Cross
croque-madame [krɔkmadam] *nm inv croque-monsieur with a fried egg*
croque-monsieur [krɔkməsjø] *nm inv toasted cheese and ham sandwich*
croquer [krɔke] *vt* to crunch ◇ *vi* to be crunchy
croquette [krɔkɛt] *nf* croquette ● **croquettes pour chiens** dog meal *sg*
cross [krɔs] *nm inv* **1.** *(course)* cross-country race **2.** *(sport)* cross-country racing
crotte [krɔt] *nf* dropping
crottin [krɔtɛ̃] *nm* **1.** dung **2.** *(fromage) small round goat's cheese*
croustade [krustad] *nf* vol au vent
croustillant, e [krustijɑ̃, ɑ̃t] *adj* crunchy
croûte [krut] *nf* **1.** *(de pain)* crust **2.** *(de fromage)* rind **3.** *MÉD* scab ● **croûte au fromage** *(Helv) melted cheese with wine, served on toast*
croûton [krutɔ̃] *nm* **1.** *(pain frit)* crouton **2.** *(extrémité du pain)* crust
croyant, e [krwajɑ̃, ɑ̃t] *adj* ● **être croyant** to be a believer
CRS *nmpl French riot police*
cru, e [kry] *pp* ➤ **croire** ◇ *adj* **1.** raw **2.** *(choquant)* crude ◇ *nm (vin)* vintage
crudités [krydite] *nfpl raw vegetables*
crue [kry] *nf* flood ● **être en crue** to be in spate
cruel, elle [kryɛl] *adj* cruel
crumble [krœmbœl] *nm* crumble ▼ **crumble (aux pommes)** (apple) crumble
crustacés [krystase] *nmpl* shellfish
crypter [kripte] *vt* to encrypt
cube [kyb] *nm* cube ● **mètre cube** cubic metre
cueillir [kœjir] *vt* to pick
cuiller [kɥijɛr] *nf* = **cuillère**
cuillère [kɥijɛr] *nf* spoon ● **cuillère à café, petite cuillère** teaspoon ● **cuillère à soupe** soup spoon
cuillerée [kɥijere] *nf* spoonful
cuir [kɥir] *nm (matériau)* leather
cuire [kɥir] *vt & vi* **1.** to cook **2.** *(pain, gâteau)* to bake ● **faire cuire** to cook
cuisine [kɥizin] *nf* **1.** kitchen **2.** *(art)* cooking ● **faire la cuisine** to cook
cuisiner [kɥizine] *vt & vi* to cook
cuisinier, ère [kɥizinje, ɛr] *nm, f* cook
cuisinière [kɥizinjɛr] *nf (fourneau)* cooker ➤ **cuisinier**
cuisse [kɥis] *nf* **1.** thigh **2.** *(de volaille)* leg ● **cuisses de grenouille** frog's legs
cuisson [kɥisɔ̃] *nf* cooking

cuit, e [kɥi, kɥit] *adj* cooked • **bien cuit** well-done
cuivre [kɥivr] *nm* copper
cul *nm (vulg) (fesses)* arse *(UK)*, ass *(US)*
culasse [kylas] *nf* ➤ **joint**
culotte [kylɔt] *nf (slip)* knickers *pl* • **culotte de cheval** *(vêtement)* jodhpurs *pl*
culte [kylt] *nm* **1.** *(adoration)* worship **2.** *(religion)* religion
cultivateur, trice [kyltivatœr, tris] *nm, f* farmer
cultiver [kyltive] *vt* **1.** *(terre, champ)* to cultivate **2.** *(blé, maïs, etc)* to grow ◆ **se cultiver** *vp* to improve one's mind
culture [kyltyr] *nf* **1.** *(plante)* crop **2.** *(connaissances)* knowledge **3.** *(civilisation)* culture ◆ **cultures** *nfpl* cultivated land
culturel, elle [kyltyrɛl] *adj* cultural
cumin [kymɛ̃] *nm* cumin
curé [kyre] *nm* parish priest
cure-dents [kyrdɑ̃] *nm inv* toothpick
curieux, euse [kyrjø, øz] *adj* **1.** *(indiscret)* inquisitive **2.** *(étrange)* curious ◇ *nmpl* onlookers
curiosité [kyrjozite] *nf* curiosity ◆ **curiosités** *nfpl (touristiques)* unusual things to see
curry [kyri] *nm* **1.** *(épice)* curry powder **2.** *(plat)* curry
curseur [kuʀsœʀ] *nm* cursor
cutanée [kytane] *adj f* ➤ **éruption**
cuvette [kyvɛt] *nf* **1.** basin **2.** *(des WC)* bowl
CV *nm* **1.** (*abr de curriculum vitae*) CV **2.** *AUTO* (*abr écrite de cheval*) hp
cybercafé [sibɛrkafe] *nm* cybercafé, Internet café
cybercrime [sibɛʀkʀim] *nm* cybercrime
cybersexe [sibɛʀsɛks] *nm* cybersex
cyclable [siklabl] *adj* ➤ **piste**
cycle [sikl] *nm* **1.** cycle **2.** *(de films)* season
cyclisme [siklism] *nm* cycling
cycliste [siklist] *nmf* cyclist ◇ *nm (short)* cycling shorts *pl* ◇ *adj* • **course cycliste** *(épreuve)* cycle race ; *(activité)* cycling
cyclone [siklon] *nm* cyclone
cygne [siɲ] *nm* swan
cylindre [silɛ̃dr] *nm* cylinder
cynique [sinik] *adj* cynical
cyprès [siprɛ] *nm* cypress

dD

DAB [dab] *nm* (*abr écrite de distributeur automatique de billets*) ATM *(automatic or automated teller machine)*
dactylo [daktilo] *nf (secrétaire)* typist
daim [dɛ̃] *nm* **1.** *(animal)* (fallow) deer **2.** *(peau)* suede
dalle [dal] *nf* slab
dame [dam] *nf* **1.** lady **2.** *(aux cartes)* queen ▼ **dame blanche** *vanilla, chocolate ice cream with chantilly* ◆ **dames** *nfpl (jeu)* draughts *(UK)*, checkers *(US)*
damier [damje] *nm (de dames)* draughtboard *(UK)*, checkerboard *(US)*

Danemark [danmark] *nm* • **le Danemark** Denmark

danger [dɑ̃ʒe] *nm* danger • **être en danger** to be in danger

dangereux, euse [dɑ̃ʒrø, øz] *adj* dangerous

danois, e [danwa, az] *adj* Danish ◇ *nm (langue)* Danish ◆ **Danois, e** *nm, f* Dane

dans [dɑ̃] *prép*

1. *(indique la situation)* in • **je vis dans le sud de la France** I live in the south of France

2. *(indique la direction)* into • **vous allez dans la mauvaise direction** you're going in the wrong direction

3. *(indique la provenance)* from • **choisissez un dessert dans le menu** choose a dessert from the menu

4. *(indique le moment)* in • **dans combien de temps arrivons-nous ?** how long before we get there? • **le spectacle commence dans cinq minutes** the show begins in five minutes

5. *(indique une approximation)* • **ça doit coûter dans les 30 euros** that must cost around 30 euros

danse [dɑ̃s] *nf* • **la danse** dancing • **une danse** a dance • **danse classique** ballet dancing • **danse moderne** modern dancing

danser [dɑ̃se] *vt & vi* to dance

danseur, euse [dɑ̃sœr, øz] *nm, f* **1.** *(de salon)* dancer **2.** *(classique)* ballet dancer

darne [darn] *nf* steak *(of fish)*

date [dat] *nf* date • **date limite** deadline • **date de naissance** date of birth ▾ **date limite de consommation** use-by date ▾ **date limite de vente** sell-by date

dater [date] *vt* to date ◇ *vi (être vieux)* to be dated • **dater de** *(remonter à)* to date from

datte [dat] *nf* date

daube [dob] *nf* • **(bœuf en) daube** *beef stew cooked with wine*

dauphin [dofɛ̃] *nm (animal)* dolphin

dauphine [dofin] *nf* ➤ **pomme**

dauphinois [dofinwa] *adj m* ➤ **gratin**

daurade [dɔrad] *nf* sea bream

davantage [davɑ̃taʒ] *adv* more • **davantage de temps** more time

de [də] *prép*

1. *(indique l'appartenance)* of • **la porte du salon** the living room door • **le frère de Pierre** Pierre's brother

2. *(indique la provenance)* from • **d'où êtes-vous ? - de Bordeaux** where are you from? - Bordeaux

3. *(avec « à »)* • **de Paris à Tokyo** from Paris to Tokyo • **de la mi-août à début septembre** from mid-August to the beginning of September

4. *(indique une caractéristique)* • **une statue de pierre** a stone statue • **des billets de 100 euros** 100-euro notes • **l'avion de 7 h 20** the 7:20 plane • **un jeune homme de 25 ans** a young man of 25

5. *(introduit un complément)* • **parler de qqch** to talk about sthg • **arrêter de faire qqch** to stop doing sthg

6. *(désigne le contenu)* of • **une bouteille d'eau minérale** a bottle of mineral water

7. *(parmi)* of • **certaines de ces plages sont polluées** some of these beaches are polluted • **la moitié du temps/de nos clients** half (of) the time/(of) our customers

8. *(indique le moyen)* with • **saluer qqn d'un mouvement de tête** to greet sb with a nod
9. *(indique la manière)* • **d'un air distrait** absent-mindedly
10. *(indique la cause)* • **hurler de douleur** to scream with pain • **je meurs de faim !** I'm starving!
◇ *art* some • **je voudrais du vin/du lait** I'd like some wine/some milk • **ils n'ont pas d'enfants** they don't have any children • **avez-vous du pain ?** do you have any bread?

dé [de] *nm (à jouer)* dice • **dé (à coudre)** thimble

déballer [debale] *vt* **1.** *(affaires)* to unpack **2.** *(cadeau)* to unwrap

débarbouiller [debarbuje] ◆ **se débarbouiller** *vp* to wash one's face

débardeur [debardœr] *nm (T-shirt)* sleeveless T-shirt (*UK*), tank top (*US*)

débarquer [debarke] *vt* to unload ◇ *vi* to disembark

débarras [debara] *nm* junk room • **bon débarras !** good riddance!

débarrasser [debarase] *vt* **1.** to clear up **2.** *(table)* to clear • **débarrasser qqn de** *(vêtement, paquets)* to relieve sb of ◆ **se débarrasser de** *vp + prep* **1.** *(vêtement)* to take off **2.** *(paquets)* to put down **3.** *(personne)* to get rid of

débat [deba] *nm* debate

débattre [debatr] *vt* to discuss ◇ *vi* to debate • **débattre (de) qqch** to debate sthg ◆ **se débattre** *vp* to struggle

débit [debi] *nm* **1.** *(d'eau)* flow **2.** *(bancaire)* debit **3.** *INFORM* rate • **le bas/haut débit** low-speed/high-speed Internet access

débiter [debite] *vt (compte)* to debit

déblayer [debleje] *vt* to clear

débloquer [debloke] *vt* **1.** to unjam **2.** *(crédits)* to unfreeze ◇ *vi (fam)* to talk nonsense

déboguer [deboge] *vt* to debug

déboîter [debwate] *vt* **1.** *(objet)* to dislodge **2.** *(os)* to dislocate ◇ *vi (voiture)* to pull out ◆ **se déboîter** *vp* • **se déboîter l'épaule** to dislocate one's shoulder

débordé, e [deborde] *adj* • **être débordé (de travail)** to be snowed under (with work)

déborder [deborde] *vi* to overflow

débouché [debuʃe] *nm* **1.** *(de vente)* outlet **2.** *(de travail)* opening

déboucher [debuʃe] *vt* **1.** *(bouteille)* to open **2.** *(nez, tuyau)* to unblock ◆ **déboucher sur** *v + prep* to lead to

débourser [deburse] *vt* to pay out

debout [dəbu] *adv* **1.** *(sur ses pieds)* standing (up) **2.** *(verticalement)* upright • **être debout** *(réveillé)* to be up • **se mettre debout** to stand up • **tenir debout** to stand up

déboutonner [debutɔne] *vt* to unbutton

débraillé, e [debraje] *adj* dishevelled

débrancher [debrɑ̃ʃe] *vt* **1.** *(appareil)* to unplug **2.** *(prise)* to remove

débrayer [debreje] *vi* to declutch

débris [debri] *nmpl* pieces

débrouiller [debruje] ◆ **se débrouiller** *vp* to get by • **se débrouiller pour faire qqch** to manage to do sthg

début [deby] *nm* start • **au début (de)** at the start (of)

débutant, **e** [debytɑ̃, ɑ̃t] *nm, f* beginner
débuter [debyte] *vi* **1.** to start **2.** *(dans une carrière)* to start out
déca [deka] *abr de* **décaféiné**
décaféiné, **e** [dekafeine] *adj* decaffeinated
décalage [dekalaʒ] *nm* gap • **décalage horaire** time difference
décalcomanie [dekalkɔmani] *nf* transfer
décaler [dekale] *vt* **1.** *(déplacer)* to move **2.** *(avancer dans le temps)* to bring forward **3.** *(retarder)* to put back
décalquer [dekalke] *vt* to trace
décapant [dekapɑ̃] *nm* stripper ◆ **décapant**, **e** [dekapɑ̃, ɑ̃t] *adj (fig)* caustic
décaper [dekape] *vt* to strip
décapiter [dekapite] *vt* to behead
décapotable [dekapɔtabl] *nf* • **(voiture) décapotable** convertible
décapsuler [dekapsyle] *vt* to open
décapsuleur [dekapsylœr] *nm* bottle opener
décéder [desede] *vi (sout)* to pass away
décembre [desɑ̃br] *nm* December • **en décembre, au mois de décembre** in December • **début décembre** at the beginning of December • **fin décembre** at the end of December • **le deux décembre** the second of December
décent, **e** [desɑ̃, ɑ̃t] *adj* decent
déception [desɛpsjɔ̃] *nf* disappointment
décerner [desɛrne] *vt (prix)* to award
décès [desɛ] *nm* death
décevant, **e** [desvɑ̃, ɑ̃t] *adj* disappointing
décevoir [desəvwar] *vt* to disappoint
déchaîner [deʃene] *vt (colère, rires)* to spark off ◆ **se déchaîner** *vp* **1.** *(personne)* to fly into a rage **2.** *(tempête)* to break
décharge [deʃarʒ] *nf* **1.** *(d'ordures)* rubbish dump (*UK*), garbage dump (*US*) **2.** *(électrique)* electric shock
décharger [deʃarʒe] *vt* **1.** to unload **2.** *(tirer avec)* to fire
déchausser [deʃose] ◆ **se déchausser** *vp* to take one's shoes off
déchets [deʃɛ] *nmpl* waste *sg*
déchiffrer [deʃifre] *vt* **1.** *(lire)* to decipher **2.** *(décoder)* to decode
déchiqueter [deʃikte] *vt* to shred
déchirer [deʃire] *vt* **1.** *(lettre, page)* to tear up **2.** *(vêtement, nappe)* to tear ◆ **se déchirer** *vp* to tear
déchirure [deʃiryr] *nf* tear • **déchirure musculaire** torn muscle
déci [desi] *nm (Helv) small glass of wine*
décidé, **e** [deside] *adj* determined • **c'est décidé** it's settled
décidément [desidemɑ̃] *adv* really
décider [deside] *vt* to decide • **décider qqn (à faire qqch)** to persuade sb (to do sthg) • **décider de faire qqch** to decide to do sthg ◆ **se décider** *vp* • **se décider (à faire qqch)** to make up one's mind (to do sthg)
décimal, **e**, **aux** [desimal, o] *adj* decimal
décisif, **ive** [desizif, iv] *adj* decisive
décision [desizjɔ̃] *nf* decision
déclaration [deklarasjɔ̃] *nf* announcement • **déclaration d'impôts** tax return • **faire une déclaration de vol** to report a theft
déclarer [deklare] *vt* **1.** to declare **2.** *(vol)* to report • **rien à déclarer** nothing to

declare ◆ **se déclarer** *vp (épidémie, incendie)* to break out

déclencher [deklɑ̃ʃe] *vt* **1.** *(mécanisme)* to set off **2.** *(guerre)* to trigger off

déclic [deklik] *nm* click ● **j'ai eu un déclic** *(fig)* it suddenly clicked

décoiffer [dekwafe] *vt* ● **décoiffer qqn** to mess up sb's hair

décollage [dekɔlaʒ] *nm* take-off

décoller [dekɔle] *vt* **1.** to unstick **2.** *(papier peint)* to strip ◇ *vi (avion)* to take off ◆ **se décoller** *vp* to come unstuck

décolleté, e [dekɔlte] *adj* low-cut ◇ *nm* neckline

décolorer [dekɔlɔre] *vt* to bleach

décombres [dekɔ̃br] *nmpl* debris *sg*

décommander [dekɔmɑ̃de] *vt* to cancel ◆ **se décommander** *vp* to cancel

décomposer [dekɔ̃poze] *vt* ● **décomposer qqch en** to break sthg down into ◆ **se décomposer** *vp (pourrir)* to decompose

décompresser [dekɔ̃prese] *vt* to decompress

déconcentrer [dekɔ̃sɑ̃ntre] ◆ **se déconcentrer** *vp* to lose one's concentration

déconcerter [dekɔ̃sɛrte] *vt* to disconcert

déconnecter [dekɔnɛkte] *vt* ● **se déconnecter** to log off

déconseiller [dekɔ̃seje] *vt* ● **déconseiller qqch à qqn** to advise sb against sthg ● **déconseiller à qqn de faire qqch** to advise sb against doing sthg

décontracté, e [dekɔ̃trakte] *adj* relaxed

décor [dekɔr] *nm* **1.** scenery **2.** *(d'une pièce)* décor

décorateur, trice [dekɔratœr, tris] *nm, f* **1.** *(d'intérieurs)* (interior) decorator **2.** *(de théâtre)* designer

décoration [dekɔrasjɔ̃] *nf* decoration

décorer [dekɔre] *vt* to decorate

décortiquer [dekɔrtike] *vt* to shell

découdre [dekudr] *vt* to unpick ◆ **se découdre** *vp* to come unstitched

découler [dekule] ◆ **découler de** *v + prep* to follow from

découper [dekupe] *vt* **1.** *(gâteau)* to cut (up) **2.** *(viande)* to carve **3.** *(images, photos)* to cut out

découragé, e [dekuraʒe] *adj* dismayed

décourager [dekuraʒe] *vt* to discourage ◆ **se décourager** *vp* to lose heart

décousu, e [dekuzy] *adj* **1.** undone **2.** *(raisonnement, conversation)* disjointed

découvert, e [dekuvɛr, ɛrt] *pp* ➤ **découvrir** ◇ *nm (bancaire)* overdraft

découverte [dekuvɛrt] *nf* discovery

découvrir [dekuvrir] *vt* **1.** to discover **2.** *(ôter ce qui couvre)* to uncover

décrire [dekrir] *vt* to describe

décrocher [dekrɔʃe] *vt (tableau)* to take down ● **décrocher (le téléphone)** *(pour répondre)* to pick up the phone ◆ **se décrocher** *vp* to fall down

déçu, e [desy] *pp* ➤ **décevoir** ◇ *adj* disappointed

dédaigner [dedeɲe] *vt* to despise

dédain [dedɛ̃] *nm* disdain

dedans [dədɑ̃] *adv & nm* inside ● **en dedans** inside

dédicacer [dedikase] *vt* ● **dédicacer un livre à qqn** to autograph a book for sb

dédier [dedje] *vt* ● **dédier une chanson à qqn** to dedicate a song to sb

dédommager [dedɔmaʒe] *vt* to compensate
déduction [dedyksjɔ̃] *nf* deduction
déduire [dedɥir] *vt* ● **déduire qqch (de)** *(soustraire)* to deduct sthg (from) ; *(conclure)* to deduce sthg (from)
déduit, e [dedɥi, it] *pp* ➤ **déduire**
déesse [deɛs] *nf* goddess
défaillant, e [defajɑ̃, ɑ̃t] *adj (vue)* failing
défaire [defɛr] *vt* **1.** *(nœud)* to undo **2.** *(valise)* to unpack **3.** *(lit)* to strip ◆ **se défaire** *vp (nœud, coiffure)* to come undone
défait, e [defɛ, ɛt] *pp & 3ᵉ pers. du sg de l'ind. prés.* ➤ **défaire**
défaite [defɛt] *nf* defeat
défaut [defo] *nm* **1.** *(de caractère)* fault **2.** *(imperfection)* flaw ● **à défaut de** for lack of
défavorable [defavɔrabl] *adj* unfavourable
défavoriser [defavɔrize] *vt* to penalize
défectueux, euse [defɛktɥø, øz] *adj* defective
défendre [defɑ̃dr] *vt* to defend ● **défendre qqch à qqn** to forbid sb sthg ● **défendre à qqn de faire qqch** to forbid sb to do sthg ◆ **se défendre** *vp* to defend o.s.
défense [defɑ̃s] *nf* **1.** defence **2.** *(d'éléphant)* tusk ● **prendre la défense de qqn** to stand up for sb ▾ **défense de déposer des ordures** no dumping ▾ **défense d'entrer** no entry
défi [defi] *nm* challenge ● **lancer un défi à qqn** to challenge sb
déficit [defisit] *nm* deficit
déficitaire [defisitɛr] *adj* in deficit
défier [defje] *vt* to challenge ● **défier qqn de faire qqch** to challenge sb to do sthg
défigurer [defigyre] *vt* to disfigure
défilé [defile] *nm* **1.** *(militaire)* parade **2.** *(gorges)* defile ● **défilé de mode** fashion show
défilement [defilmɑ̃] *nm* scrolling ● **défilement vers le haut/bas** scrolling up/down
défiler [defile] *vi (manifestants, soldats)* to march past ● **faire défiler** *INFORM* to scroll
définir [definir] *vt* to define
définitif, ive [definitif, iv] *adj* definitive ● **en définitive** when all is said and done
définition [definisjɔ̃] *nf* definition
définitivement [definitivmɑ̃] *adv* permanently
défoncer [defɔ̃se] *vt* **1.** *(porte, voiture)* to smash in **2.** *(terrain, route)* to break up
déformé, e [defɔrme] *adj* **1.** *(vêtement)* shapeless **2.** *(route)* uneven
déformer [defɔrme] *vt* **1.** to deform **2.** *(fig) (réalité)* to distort
défouler [defule] ◆ **se défouler** *vp* to unwind
défragmentation [defʀagmɑ̃tasjɔ̃] *nf* defragmenting
défragmenter [defʀagmɑ̃te] *vt* to defragment
défricher [defriʃe] *vt* to clear
dégager [degaʒe] *vt* **1.** *(déblayer)* to clear **2.** *(fumée, odeur)* to give off ● **dégager qqn/qqch de** to free sb/sthg from ◆ **se dégager** *vp* **1.** to free o.s. **2.** *(ciel)* to clear ● **se dégager de** *(se libérer de)* to free o.s. from ; *(fumée, odeur)* to be given off from

dégainer [degene] *vt & vi* to draw
dégarni, e [degarni] *adj (crâne, personne)* balding
dégâts [dega] *nmpl* damage • **faire des dégâts** to cause damage
dégel [deʒɛl] *nm* thaw
dégeler [deʒle] *vt* **1.** to de-ice **2.** *(atmosphère)* to warm up ◊ *vi* to thaw
dégénérer [deʒenere] *vi* to degenerate
dégivrage [deʒivraʒ] *nm AUTO* de-icing
dégivrer [deʒivre] *vt* **1.** *(pare-brise)* to de-ice **2.** *(réfrigérateur)* to defrost
dégonfler [degɔ̃fle] *vt* to let down ♦ **se dégonfler** *vp* **1.** to go down **2.** *(fam) (renoncer)* to chicken out
dégouliner [deguline] *vi* to trickle
dégourdi, e [degurdi] *adj* smart
dégourdir [degurdir] ♦ **se dégourdir** *vp* • **se dégourdir les jambes** to stretch one's legs
dégoût [degu] *nm* disgust
dégoûtant, e [degutɑ̃, ɑ̃t] *adj* disgusting
dégoûter [degute] *vt* to disgust • **dégoûter qqn de qqch** to put sb off sthg
dégrafer [degrafe] *vt* **1.** *(papiers)* to unstaple **2.** *(vêtement)* to undo
degré [dəgre] *nm* degree • **du vin à 12 degrés** 12% proof wine
dégressif, ive [degresif, iv] *adj* decreasing
dégringoler [degrɛ̃gɔle] *vi* to tumble
dégroupage [degʀupaʒ] *nm* unbundling
dégueulasse [degœlas] *adj (fam)* filthy
déguisement [degizmɑ̃] *nm (pour bal masqué)* fancy dress
déguiser [degize] *vt* to disguise ♦ **se déguiser** *vp* • **se déguiser (en)** *(à un bal masqué)* to dress up (as)
dégustation [degystasjɔ̃] *nf* tasting
déguster [degyste] *vt (goûter)* to taste
dehors [dəɔr] *adv & nm* outside • **jeter** ou **mettre qqn dehors** to throw sb out • **se pencher en dehors** to lean out • **en dehors de** outside ; *(sauf)* apart from
déjà [deʒa] *adv* already • **es-tu déjà allé à Bordeaux ?** have you ever been to Bordeaux?
déjeuner [deʒœne] *nm* **1.** lunch **2.** *(petit déjeuner)* breakfast ◊ *vi* **1.** to have lunch **2.** *(le matin)* to have breakfast
délabré, e [delabre] *adj* ruined
délacer [delase] *vt* to undo
délai [delɛ] *nm* **1.** *(durée)* deadline **2.** *(temps supplémentaire)* extension • **dans un délai de trois jours** within three days
délavé, e [delave] *adj* faded
délayer [deleje] *vt* to mix
Delco® [dɛlko] *nm* distributor
délégué, e [delege] *nm, f* delegate
délibérément [deliberemɑ̃] *adv* deliberately
délicat, e [delika, at] *adj* **1.** delicate **2.** *(plein de tact)* sensitive **3.** *(exigeant)* fussy
délicatement [delikatmɑ̃] *adv* delicately
délicieux, euse [delisjø, øz] *adj* delicious
délimiter [delimite] *vt (terrain)* to demarcate
délinquance [delɛ̃kɑ̃s] *nf*
délinquant, e [delɛ̃kɑ̃, ɑ̃t] *nm, f* delinquent

délirer [delire] *vi* to be delirious
délit [deli] *nm* offence (*UK*), misdemeanor (*US*)
délivrer [delivre] *vt* **1.** *(prisonnier)* to release **2.** *(autorisation, reçu)* to issue
déloyal, e, aux [delwajal, o] *adj* unfair
delta [dɛlta] *nm* delta
deltaplane [dɛltaplan] *nm* hangglider
déluge [delyʒ] *nm (pluie)* downpour
demain [dəmɛ̃] *adv* tomorrow • **à demain !** see you tomorrow! • **demain matin/soir** tomorrow morning/evening
demande [dəmɑ̃d] *nf* **1.** *(réclamation)* application **2.** *(formulaire)* application form ▾ **demandes d'emploi** situations wanted
demander [dəmɑ̃de] *vt* **1.** to ask for **2.** *(heure)* to ask **3.** *(nécessiter)* to require • **demander qqch à qqn** *(interroger)* to ask sb sthg ; *(exiger)* to ask sb for sthg • **demander à qqn de faire qqch** to ask sb to do sthg ◆ **se demander** *vp* to wonder
demandeur, euse [dəmɑ̃dœr, øz] *nm, f* • **demandeur d'emploi** job-seeker
démangeaison [demɑ̃ʒɛzɔ̃] *nf* itch • **avoir des démangeaisons** to itch
démanger [demɑ̃ʒe] *vt* • **mon bras me démange** my arm is itchy
démaquillant [demakijɑ̃] *nm* cleanser ◆ **démaquillant, e** [demakijɑ̃, ɑ̃t] *adj* cleansing *(avant n)* • **lotion démaquillante** cleansing lotion
démarche [demarʃ] *nf* **1.** *(allure)* bearing **2.** *(administrative)* step
démarque [demark] *nf* reduction ▾ **dernière démarque** final reduction
démarrage [demaraʒ] *nm* start
démarrer [demare] *vi* to start
démarreur [demarœr] *nm* starter
démasquer [demaske] *vt (identifier)* to expose
démêler [demele] *vt* to untangle
déménagement [demenaʒmɑ̃] *nm* removal
déménager [demenaʒe] *vi* to move (house) ◇ *vt* to move
démener [demne] ◆ **se démener** *vp* **1.** *(bouger)* to struggle **2.** *(faire des efforts)* to exert o.s.
dément, e [demɑ̃, ɑ̃t] *adj* **1.** demented **2.** (*fam*) *(incroyable)* crazy
démentir [demɑ̃tir] *vt* to deny
démesuré, e [deməzyre] *adj* enormous
démettre [demɛtr] ◆ **se démettre** *vp* • **se démettre l'épaule** to dislocate one's shoulder
demeure [dəmœr] *nf (manoir)* mansion
demeurer [dəmœre] *vi* **1.** (*sout*) *(habiter)* to live **2.** *(rester)* to remain
demi, e [dəmi] *adj* half ◇ *nm (bière)* ≃ half-pint • **cinq heures et demie** half past five • **un demi-kilo de** half a kilo of • **à demi fermé** half-closed
demi-finale [dəmifinal] (*pl* **-s**) *nf* semi-final
demi-frère [dəmifrɛr] (*pl* **-s**) *nm* half-brother
demi-heure [dəmijœr] (*pl* **-s**) *nf* • **une demi-heure** half an hour • **toutes les demi-heures** every half hour
demi-pension [dəmipɑ̃sjɔ̃] (*pl* **-s**) *nf* **1.** *(à l'hôtel)* half board **2.** *(à l'école)* • **être en demi-pension** to have school dinners
demi-pensionnaire [dəmipɑ̃sjɔnɛr] (*pl* **-s**) *nmf child who has school dinners*
démis, e [demi, iz] *pp* ➤ **démettre**

demi-saison [dəmisɛzɔ̃] (*pl* -s) *nf* • **de demi-saison** *(vêtement)* mid-season
demi-sœur (*pl* -s) *nf* half-sister
démission [demisjɔ̃] *nf* resignation • **donner sa démission** to hand in one's notice
démissionner [demisjɔne] *vi* to resign
demi-tarif [dəmitarif] (*pl* -s) *nm* half price
demi-tour [dəmitur] (*pl* -s) *nm* **1.** *(à pied)* about-turn **2.** *(en voiture)* U-turn • **faire demi-tour** to turn back
démocratie [demɔkrasi] *nf* democracy
démocratique [demɔkratik] *adj* democratic
démodé, e [demɔde] *adj* old-fashioned
demoiselle [dəmwazɛl] *nf* young lady • **demoiselle d'honneur** *(à un mariage)* bridesmaid
démolir [demɔlir] *vt* to demolish
démon [demɔ̃] *nm* devil
démonstratif, ive [demɔ̃stratif, iv] *adj* demonstrative
démonstration [demɔ̃strasjɔ̃] *nf* demonstration
démonter [demɔ̃te] *vt* to take apart
démontrer [demɔ̃tre] *vt* to demonstrate
démoraliser [demɔralize] *vt* to demoralize
démouler [demule] *vt* *(gâteau)* to turn out of a mould
dénicher [deniʃe] *vt* *(trouver)* to unearth
dénivellation [denivɛlasjɔ̃] *nf* dip
dénoncer [denɔ̃se] *vt* to denounce
dénouement [denumɑ̃] *nm* **1.** *(d'intrigue)* outcome **2.** *(d'une pièce de théâtre)* denouement
dénouer [denwe] *vt* to untie
dénoyauter [denwajote] *vt* *(olives)* to pit
denrée [dɑ̃re] *nf* commodity
dense [dɑ̃s] *adj* dense
dent [dɑ̃] *nf* **1.** tooth **2.** *(d'une fourchette)* prong • **dent de lait** milk tooth • **dent de sagesse** wisdom tooth
dentelle [dɑ̃tɛl] *nf* lace
dentier [dɑ̃tje] *nm* dentures *pl*
dentifrice [dɑ̃tifris] *nm* toothpaste
dentiste [dɑ̃tist] *nm* dentist
Denver [dɑ̃vɛr] *n* ➤ **sabot**
déodorant [deɔdɔrɑ̃] *nm* deodorant
dépannage [depanaʒ] *nm* repair • **service de dépannage** AUTO breakdown service
dépanner [depane] *vt* **1.** to repair **2.** *(fig)* *(aider)* to bail out
dépanneur [depanœr] *nm* **1.** repairman **2.** (*Québec*) *(épicerie)* corner shop (*UK*), convenience store (*US*)
dépanneuse [depanøz] *nf* (breakdown) recovery vehicle
dépareillé, e [depareje] *adj* **1.** *(service)* incomplete **2.** *(gant, chaussette)* odd
départ [depar] *nm* **1.** departure **2.** *(d'une course)* start • **au départ** *(au début)* at first ▾ **départs** departures
départager [departaʒe] *vt* to decide between
département [departəmɑ̃] *nm* **1.** *(division administrative)* *territorial and administrative division of France* **2.** *(service)* department
départementale [departəmɑ̃tal] *nf* • **(route) départementale** ≃ B road (*UK*), secondary road
dépassement [depasmɑ̃] *nm* *(sur la route)* overtaking (*UK*), passing

dépasser [depase] *vt* **1.** *(passer devant)* to pass **2.** *(doubler)* to overtake *(UK)*, to pass **3.** *(en taille)* to be taller than **4.** *(somme, limite)* to exceed ◇ *vi (déborder)* to stick out

dépaysement [depeizmɑ̃] *nm* change of scenery

dépêcher [depeʃe] ◆ **se dépêcher** *vp* to hurry (up) ● **se dépêcher de faire qqch** to hurry to do sthg

dépendre [depɑ̃dr] *vi* ● **dépendre de** to depend on ● **ça dépend** it depends

dépens [depɑ̃] ◆ **aux dépens de** *prép* at the expense of

dépense [depɑ̃s] *nf* expense

dépenser [depɑ̃se] *vt* to spend ◆ **se dépenser** *vp (physiquement)* to exert o.s.

dépensier, ère [depɑ̃sje, ɛr] *adj* extravagant

dépit [depi] *nm* spite ● **en dépit de** in spite of

déplacement [deplasmɑ̃] *nm (voyage)* trip ● **en déplacement** away on business

déplacer [deplase] *vt* to move ◆ **se déplacer** *vp* **1.** to move **2.** *(voyager)* to travel

déplaire [deplɛr] ◆ **déplaire à** *v + prep* ● **ça me déplaît** I don't like it

déplaisant, e [deplɛzɑ̃, ɑ̃t] *adj* unpleasant

dépliant [deplijɑ̃] *nm* leaflet

déplier [deplije] *vt* to unfold ◆ **se déplier** *vp* **1.** *(chaise)* to unfold **2.** *(canapé)* to fold down

déplorable [deplɔrabl] *adj* deplorable

déployer [deplwaje] *vt* **1.** *(ailes)* to spread **2.** *(carte)* to open out

déporter [depɔrte] *vt* **1.** *(prisonnier)* to deport **2.** *(voiture)* to cause to swerve

déposer [depoze] *vt* **1.** *(poser)* to put down **2.** *(laisser)* to leave **3.** *(argent)* to deposit **4.** *(en voiture)* to drop (off) ◆ **se déposer** *vp* to settle

dépôt [depo] *nm* **1.** deposit **2.** *(de marchandises)* warehouse **3.** *(de bus)* depot

dépotoir [depɔtwar] *nm* rubbish dump *(UK)*, garbage dump *(US)*

dépouiller [depuje] *vt (voler)* to rob

dépourvu, e [depurvy] *adj* ● **dépourvu de** without ● **prendre qqn au dépourvu** to catch sb unawares

dépression [depresjɔ̃] *nf (atmosphérique)* low ● **dépression (nerveuse)** (nervous) breakdown

déprimer [deprime] *vt* to depress ◇ *vi* to be depressed

depuis [dəpɥi] *prép & adv* since ● **je travaille ici depuis trois ans** I've been working here for three years ● **depuis quand est-il marié ?** how long has he been married? ● **depuis que nous sommes ici** since we've been here

député [depyte] *nm* Member of Parliament *(UK)*, Representative *(US)*

déraciner [derasine] *vt* to uproot

dérailler [deraje] *vi (train)* to be derailed

dérailleur [derajœr] *nm* derailleur

dérangement [derɑ̃ʒmɑ̃] *nm (gêne)* trouble ● **en dérangement** out of order

déranger [derɑ̃ʒe] *vt* **1.** *(gêner)* to bother **2.** *(objets, affaires)* to disturb ● **ça vous dérange si... ?** do you mind if...? ◆ **se déranger** *vp (se déplacer)* to move

dérapage [derapaʒ] *nm* skid

déraper [derape] *vi* **1.** *(voiture, personne)* to skid **2.** *(lame)* to slip

dérégler [deregle] *vt* to put out of order ◆ **se dérégler** *vp* to go wrong
dérive [deriv] *nf NAUT* centreboard ● **aller à la dérive** to drift
dériver [derive] *vi (bateau)* to drift
dermatologue [dɛrmatɔlɔg] *nmf* dermatologist
dernier, ère [dɛrnje, ɛr] *adj* **1.** last **2.** *(récent)* latest ◇ *nm, f* last ● **le dernier étage** the top floor ● **la semaine dernière** last week ● **en dernier** *(enfin)* lastly ; *(arriver)* last
dernièrement [dɛrnjɛrmɑ̃] *adv* lately
dérouler [derule] *vt* **1.** *(fil)* to unwind **2.** *(papier)* to unroll ◆ **se dérouler** *vp (avoir lieu)* to take place
dérouter [derute] *vt* **1.** *(surprendre)* to disconcert **2.** *(dévier)* to divert
derrière [dɛrjɛr] *prép* behind ◇ *adv* **1.** behind **2.** *(dans une voiture)* in the back ◇ *nm* **1.** *(partie arrière)* back **2.** *(fesses)* bottom
des [de] *art* = **de** + **les** ; ➤ **de, un**
dès [dɛ] *prép* ● **dès demain** from tomorrow ● **dès notre arrivée** as soon as we arrive/arrived ● **dès que** as soon as ● **dès que tu seras prêt** as soon as you're ready
désaccord [dezakɔr] *nm* disagreement ● **être en désaccord avec** to disagree with
désaffecté, e [dezafɛkte] *adj* disused
désagréable [dezagreabl] *adj* unpleasant
désaltérer [dezaltere] ◆ **se désaltérer** *vp* to quench one's thirst
désapprouver [desapruve] *vt* to disapprove of
désarçonner [dezarsɔne] *vt* to throw
désarmer [dezarme] *vt* to disarm
désastre [dezastr] *nm* disaster
désastreux, euse [dezastrø, øz] *adj* disastrous
désavantage [dezavɑ̃taʒ] *nm* disadvantage
désavantager [dezavɑ̃taʒe] *vt* to put at a disadvantage
descendant, e [desɑ̃dɑ̃, ɑ̃t] *nm, f* descendant
descendre [desɑ̃dr] *vt* **1.** *(aux avoir) (rue, escalier)* to go/come down **2.** *(transporter)* to bring/take down ◇ *vi* **1.** *(aux être)* to go/come down **2.** *(être en pente)* to slope down **3.** *(baisser)* to fall ● **descendre les escaliers en courant** to run down the stairs ● **descendre de** *(voiture, train)* to get out of ; *(vélo)* to get off ; *(ancêtres)* to be descended from
descente [desɑ̃t] *nf* **1.** *(en avion)* descent **2.** *(pente)* slope ● **descente de lit** bedside rug
description [dɛskripsjɔ̃] *nf* description
désemparé, e [dezɑ̃pare] *adj* helpless
déséquilibre [dezekilibr] *nm (différence)* imbalance ● **en déséquilibre** *(instable)* unsteady
déséquilibré, e [dezekilibre] *nm, f* unbalanced person
déséquilibrer [dezekilibre] *vt* to throw off balance
désert, e [dezɛr, ɛrt] *adj* deserted ◇ *nm* desert
déserter [dezɛrte] *vi* to desert
désertique [dezɛrtik] *adj* desert
désespéré, e [dezɛspere] *adj* desperate
désespoir [dezɛspwar] *nm* despair

déshabiller [dezabije] *vt (personne)* to undress ♦ **se déshabiller** *vp* to get undressed

désherbant [dezɛrbɑ̃] *nm* weedkiller

désherber [dezɛrbe] *vt* to weed

déshonorer [dezɔnɔre] *vt* to disgrace

déshydraté, e [dezidrate] *adj* **1.** *(aliment)* dried **2.** *(fig) (assoiffé)* dehydrated

déshydrater [dezidrate] *vt* to dehydrate ♦ **se déshydrater** *vp* to become dehydrated

désigner [deziɲe] *vt* **1.** *(montrer)* to point out **2.** *(choisir)* to appoint

désillusion [dezilyzjɔ̃] *nf* disillusion

désinfectant [dezɛ̃fɛktɑ̃] *nm* disinfectant

désinfecter [dezɛ̃fɛkte] *vt* to disinfect

désinstaller [dezɛ̃stale] *vt* to uninstall

désintéressé, e [dezɛ̃terese] *adj* disinterested

désintéresser [dezɛ̃terese] ♦ **se désintéresser de** *vp + prep* to lose interest in

désinvolte [dezɛ̃vɔlt] *adj* carefree

désir [dezir] *nm* desire

désirer [dezire] *vt* to want • **vous désirez ?** can I help you? • **laisser à désirer** to leave something to be desired

désobéir [dezɔbeir] *vi* to disobey • **désobéir à** to disobey

désobéissant, e [dezɔbeisɑ̃, ɑ̃t] *adj* disobedient

désodorisant [dezɔdɔrizɑ̃] *nm* air freshener

désolant, e [dezɔlɑ̃, ɑ̃t] *adj* shocking

désolé, e [dezɔle] *adj* **1.** *(personne)* distressed **2.** *(paysage)* desolate • **je suis désolé (de)** I'm sorry (to)

désordonné, e [dezɔrdɔne] *adj* **1.** untidy **2.** *(gestes)* wild

désordre [dezɔrdr] *nm* **1.** mess **2.** *(agitation)* disorder • **être en désordre** to be untidy

désorienté, e [dezɔrjɑ̃te] *adj* disorientated

désormais [dezɔrmɛ] *adv* from now on

desquelles [dekɛl] *pron rel pl* = **de + lesquelles** ; ➤ **lequel**

desquels [dekɛl] *pron rel pl* = **de + lesquels** ; ➤ **lequel**

dessécher [deseʃe] *vt* to dry out ♦ **se dessécher** *vp* **1.** *(peau)* to dry out **2.** *(plante)* to wither

desserrer [desere] *vt* **1.** *(vis, ceinture)* to loosen **2.** *(dents, poing)* to unclench **3.** *(frein)* to release

dessert [desɛr] *nm* dessert

desservir [desɛrvir] *vt* **1.** *(ville, gare)* to serve **2.** *(table)* to clear **3.** *(nuire à)* to be harmful to ▾ **tous les trains desservent Paris** all trains go to Paris

dessin [desɛ̃] *nm* drawing • **dessin animé** cartoon

dessinateur, trice [desinatœr, tris] *nm, f* **1.** *(artiste)* artist **2.** *(technicien)* draughtsman (*f* draughtswoman)

dessiner [desine] *vt* **1.** *(portrait, paysage)* to draw **2.** *(vêtement, voiture)* to design

dessous [dəsu] *adv* underneath ◇ *nm* **1.** *(d'une table)* bottom **2.** *(d'une carte, d'une feuille)* other side • **les voisins du dessous** the downstairs neighbours • **en dessous** underneath • **en dessous de** *(valeur, prévisions)* below

dessous-de-plat [dəsudpla] *nm inv* table mat

dessus [dəsy] *adv* on top ◇ *nm* top • **il a écrit dessus** he wrote on it • **les voisins du dessus** the upstairs neighbours • **avoir le dessus** to have the upper hand

dessus-de-lit [dəsydli] *nm inv* bedspread

destin [dɛstɛ̃] *nm* destiny • **le destin** fate

destinataire [dɛstinatɛr] *nmf* addressee

destination [dɛstinasjɔ̃] *nf* destination • **arriver à destination** to reach one's destination • **vol 392 à destination de Londres** flight 392 to London

destiné, e [dɛstine] *adj* • **être destiné à qqn** *(adressé à)* to be addressed to sb • **être destiné à qqn/qqch** *(conçu pour)* to be meant for sb/sthg • **être destiné à faire qqch** to be meant to do sthg

destruction [dɛstryksjɔ̃] *nf* destruction

détachant [detaʃɑ̃] *nm* stain remover

détacher [detaʃe] *vt* **1.** to untie **2.** *(ceinture)* to undo **3.** *(découper)* to detach **4.** *(nettoyer)* to remove stains from ◆ **se détacher** *vp* **1.** *(se défaire)* to come undone **2.** *(se séparer)* to come off

détail [detaj] *nm (d'une histoire, d'un tableau)* detail • **au détail** retail • **en détail** in detail

détaillant [detajɑ̃] *nm* retailer

détaillé, e [detaje] *adj* **1.** detailed **2.** *(facture)* itemized

détartrant [detartrɑ̃] *nm* descaler

détaxé, e [detakse] *adj* duty-free

détecter [detɛkte] *vt* to detect

détective [detɛktiv] *nm* detective

déteindre [detɛ̃dr] *vi* to fade • **déteindre sur** *(vêtement)* to discolour

déteint, e [detɛ̃, ɛ̃t] *pp* ➤ **déteindre**

détendre [detɑ̃dr] *vt* **1.** *(corde, élastique)* to slacken **2.** *(personne, atmosphère)* to relax ◆ **se détendre** *vp* **1.** *(corde, élastique)* to slacken **2.** *(se décontracter)* to relax

détendu, e [detɑ̃dy] *adj (décontracté)* relaxed

détenir [detnir] *vt* **1.** *(fortune, secret)* to have **2.** *(record)* to hold

détenu, e [detny] *pp* ➤ **détenir** ◇ *nm, f* prisoner

détergent [detɛrʒɑ̃] *nm* detergent

détériorer [deterjɔre] *vt* to damage ◆ **se détériorer** *vp* to deteriorate

déterminé, e [detɛrmine] *adj* **1.** *(précis)* specific **2.** *(décidé)* determined

déterminer [detɛrmine] *vt (préciser)* to specify

déterrer [detere] *vt* to dig up

détester [detɛste] *vt* to detest

détonation [detɔnasjɔ̃] *nf* detonation

détour [detur] *nm* • **faire un détour** *(voyageur)* to make a detour

détourner [deturne] *vt* **1.** *(circulation, attention)* to divert **2.** *(argent)* to embezzle • **détourner qqn de** to distract sb from ◆ **se détourner** *vp* to turn away • **se détourner de** to move away from

détraqué, e [detrake] *adj* **1.** broken **2.** *(fam) (fou)* cracked

détritus [detrity(s)] *nmpl* rubbish *(UK) sg*, garbage *(US) sg*

détroit [detrwa] *nm* strait

détruire [detrɥir] *vt* to destroy

détruit, e [detrɥi, it] *pp & 3ᵉ pers. de l'ind. prés.* ➤ **détruire**

dette [dɛt] *nf* debt

DEUG [dœg] *nm university diploma taken after two years*

deuil [dœj] *nm (décès)* death • **être en deuil** to be in mourning

deux [dø] *num* two • **à deux** together • **deux points** *(signe de ponctuation)* colon • **il a deux ans** he's two (years old) • **il est deux heures** it's two o'clock • **le deux janvier** the second of January • **page deux** page two • **ils étaient deux** there were two of them • **le deux de pique** the two of spades • **(au) deux rue Lepic** at/to two, rue Lepic

deuxième [døzjɛm] *num* second • **le deuxième étage** second floor (*UK*), third floor (*US*) • **le deuxième (arrondissement)** second arrondissement • **il est arrivé deuxième** he came second

deux-pièces [døpjɛs] *nm* **1.** *(maillot de bain)* two-piece (costume) **2.** *(appartement)* two-room flat (*UK*), two-room apartment (*US*)

deux-roues [døru] *nm two-wheeled vehicle*

dévaliser [devalize] *vt* to rob

devancer [dəvɑ̃se] *vt (arriver avant)* to arrive before

devant [dəvɑ̃] *prép* **1.** in front of **2.** *(avant)* before ◇ *adv* **1.** in front **2.** *(en avant)* ahead ◇ *nm* front • **de devant** *(pattes, roues)* front • **(sens) devant derrière** back to front

devanture [dəvɑ̃tyr] *nf* shop window

dévaster [devaste] *vt* to devastate

développement [devlɔpmɑ̃] *nm* **1.** development **2.** *(de photos)* developing

développer [devlɔpe] *vt* to develop • **faire développer des photos** to have some photos developed ♦ **se développer** *vp (grandir)* to grow

développeur [devlɔpœʀ] *nm* software developer

devenir [dəvnir] *vi* to become

devenu, e [dəvny] *pp* ➤ **devenir**

déverrouillage [devɛʀujaʒ] *nm* unlocking

déverrouiller [devɛʀuje] *vt* to unlock

déviation [devjasjɔ̃] *nf* diversion

dévier [devje] *vt* **1.** *(trafic)* to divert **2.** *(balle)* to deflect

deviner [dəvine] *vt* **1.** to guess **2.** *(apercevoir)* to make out

devinette [dəvinɛt] *nf* riddle • **jouer aux devinettes** to play guessing games

devis [dəvi] *nm* estimate

dévisager [devizaʒe] *vt* to stare at

devise [dəviz] *nf* **1.** *(slogan)* motto **2.** *(argent)* currency

deviser [dəvize] *vt* (*Helv*) to estimate

dévisser [devise] *vt* to unscrew

dévoiler [devwale] *vt (secret, intentions)* to reveal

devoir [dəvwar] *vt*

1. *(argent, explications)* • **devoir qqch à qqn** to owe sb sthg

2. *(exprime l'obligation)* • **devoir faire qqch** to have to do sthg • **je dois y aller, maintenant** I have to OU must go now

3. *(pour suggérer)* • **vous devriez essayer le rafting** you should try whitewater rafting

4. *(exprime le regret)* • **j'aurais dû/je n'aurais pas dû l'écouter** I should have/ shouldn't have listened to him

5. *(exprime la probabilité)* • **ça doit coûter cher** that must cost a lot • **le temps devrait s'améliorer cette semaine** the weather should improve this week

6. *(exprime l'intention)* • **nous devions partir hier, mais...** we were due to leave yesterday, but...
◇ *nm*
1. *(obligation)* duty
2. *SCOL* • **devoir (à la maison)** homework exercise • **devoir (sur table)** classroom test
◆ **devoirs** *nmpl SCOL* homework *sg* • **devoirs de vacances** holiday homework (*UK*), vacation homework (*US*)
dévorer [devɔre] *vt* to devour
dévoué, e [devwe] *adj* devoted
dévouer [devwe] ◆ **se dévouer** *vp* to make a sacrifice • **se dévouer pour faire qqch** to sacrifice o.s. to do sthg
devra *3ᵉ pers. du sg de l'ind. fut.* ➤ **devoir**
dézipper *vt* to unzip
diabète [djabɛt] *nm* diabetes
diabétique [djabetik] *adj* diabetic
diable [djabl] *nm* devil
diabolo [djabɔlo] *nm (boisson) fruit cordial and lemonade* • **diabolo menthe** *mint (cordial) and lemonade*
diagnostic [djagnɔstik] *nm* diagnosis
diagonale [djagɔnal] *nf* diagonal • **en diagonale** *(traverser)* diagonally • **lire en diagonale** to skim
dialecte [djalɛkt] *nm* dialect
dialogue [djalɔg] *nm* dialogue
diamant [djamɑ̃] *nm* diamond
diamètre [djamɛtr] *nm* diameter
diapositive [djapozitiv] *nf* slide
diarrhée [djare] *nf* diarrhoea
dictateur [diktatœr] *nm* dictator
dictature [diktatyr] *nf* dictatorship
dictée [dikte] *nf* dictation
dicter [dikte] *vt* to dictate
dictionnaire [diksjɔnɛr] *nm* dictionary
dicton [diktɔ̃] *nm* saying
diesel [djezɛl] *nm* 1. *(moteur)* diesel engine 2. *(voiture)* diesel ◇ *adj* diesel
diététique [djetetik] *adj* • **produits diététiques** health foods
dieu [djø] (*pl* -x) *nm* god ◆ **Dieu** *nm* God • **mon Dieu !** my God!
différence [diferɑ̃s] *nf* 1. difference 2. *MATH* result
différent, e [diferɑ̃, ɑ̃t] *adj* different • **différent de** different from ◆ **différents, es** *adj (divers)* various
différer [difere] *vt* to postpone • **différer de** to differ from
difficile [difisil] *adj* 1. difficult 2. *(exigeant)* fussy
difficulté [difikylte] *nf* difficulty • **avoir des difficultés à faire qqch** to have difficulty in doing sthg • **en difficulté** in difficulties
diffuser [difyze] *vt* 1. *RADIO* to broadcast 2. *(chaleur, lumière, parfum)* to give off
digérer [diʒere] *vt* to digest • **ne pas digérer qqch** *(ne pas supporter)* to object to sthg
digeste [diʒɛst] *adj* (easily) digestible
digestif, ive [diʒɛstif, iv] *adj* digestive ◇ *nm* liqueur
digestion [diʒɛstjɔ̃] *nf* digestion
Digicode® [diʒikɔd] *nm* entry system
digital, e, aux [diʒital, o] *adj* digital
digne [diɲ] *adj* dignified • **digne de** *(qui mérite)* worthy of ; *(qui correspond à)* befitting
digue [dig] *nf* dike
dilater [dilate] *vt* to expand ◆ **se dilater** *vp* to dilate

diluer [dilɥe] *vt* to dilute
dimanche [dimɑ̃ʃ] *nm* Sunday • **nous sommes** ou **c'est dimanche** it's Sunday today • **dimanche 13 septembre** Sunday 13 September • **nous sommes partis dimanche** we left on Sunday • **dimanche dernier** last Sunday • **dimanche prochain** next Sunday • **dimanche matin** on Sunday morning • **le dimanche** on Sundays • **à dimanche !** see you Sunday!
dimension [dimɑ̃sjɔ̃] *nf* dimension
diminuer [diminɥe] *vt* **1.** to reduce **2.** *(physiquement)* to weaken ◇ *vi* to fall
diminutif [diminytif] *nm* diminutive
dinde [dɛ̃d] *nf* turkey • **dinde aux marrons** *roast turkey with chestnuts, traditionally eaten at Christmas*
dîner [dine] *nm* dinner ◇ *vi* to have dinner
diplomate [diplɔmat] *adj* diplomatic ◇ *nmf* diplomat ◇ *nm* CULIN ≃ trifle
diplomatie [diplɔmasi] *nf* diplomacy
diplôme [diplom] *nm* diploma
dire [dir] *vt*
1. *(prononcer)* to say
2. *(exprimer)* to say • **dire la vérité** to tell the truth • **dire à qqn que/pourquoi** to tell sb that/why • **comment dit-on 'de rien' en anglais ?** how do you say "de rien" in English?
3. *(prétendre)* to say • **on dit que...** people say that...
4. *(ordonner)* • **dire à qqn de faire qqch** to tell sb to do sthg
5. *(penser)* to think • **qu'est-ce que vous en dites ?** what do you think? • **que dirais-tu de... ?** what would you say to...? • **on dirait qu'il va pleuvoir** it looks like it's going to rain
6. *(dans des expressions)* • **ça ne me dit rien** it doesn't do much for me • **cela dit,...** having said that... • **disons...** let's say...
◆ **se dire** *vp (penser)* to say to o.s.
direct, e [dirɛkt] *adj* direct ◇ *nm* • **en direct (de)** live (from)
directement [dirɛktəmɑ̃] *adv* directly
directeur, trice [dirɛktœr, tris] *nm, f* **1.** director **2.** *(d'une école)* headmaster(*f* headmistress)
direction [dirɛksjɔ̃] *nf* **1.** *(gestion, dirigeants)* management **2.** *(sens)* direction **3.** AUTO steering • **un train en direction de Paris** a train for Paris ▼ **toutes directions** all routes
dirigeant, e [diriʒɑ̃, ɑ̃t] *nm, f* **1.** POL leader **2.** *(d'une entreprise, d'un club)* manager
diriger [diriʒe] *vt* **1.** to manage **2.** *(véhicule)* to steer **3.** *(orchestre)* to conduct • **diriger qqch sur** to point sthg at ◆ **se diriger vers** *vp + prep* to go towards
dis [di] *1re et 2e pers. du sg de l'ind. prés.* ➤ **dire**
discipline [disiplin] *nf* discipline
discipliné, e [disipline] *adj* disciplined
disc-jockey [diskʒɔkɛ] (*pl* **-s**) *nm* disc jockey
discothèque [diskɔtɛk] *nf* **1.** *(boîte de nuit)* discotheque **2.** *(de prêt)* record library
discours [diskur] *nm* speech
discret, ète [diskrɛ, ɛt] *adj* discreet
discrétion [diskresjɔ̃] *nf* discretion
discrimination [diskriminasjɔ̃] *nf* discrimination
discussion [diskysjɔ̃] *nf* discussion

discuter [diskyte] *vi* **1.** to talk **2.** *(protester)* to argue • **discuter de qqch (avec qqn)** to discuss sthg (with sb)
dise [diz] *1re et 3e pers. du sg du subj. prés.* ➤ **dire**
disjoncteur [disʒɔ̃ktœr] *nm* circuit breaker
disons [dizɔ̃] *1re pers. du pl de l'ind. prés.* ➤ **dire**
disparaître [disparɛtr] *vi* **1.** to disappear **2.** *(mourir)* to die
disparition [disparisjɔ̃] *nf* disappearance
disparu, e [dispary] *pp* ➤ **disparaître** ◇ *nm, f* missing person
dispensaire [dispɑ̃sɛr] *nm* clinic
dispenser [dispɑ̃se] *vt* • **dispenser qqn de qqch** to excuse sb from sthg
disperser [dispɛrse] *vt* to scatter
disponible [dispɔnibl] *adj* available
disposé, e [dispoze] *adj* • **être disposé à faire qqch** to be willing to do sthg
disposer [dispoze] *vt* to arrange ◆ **disposer de** *v + prep* to have (at one's disposal)
dispositif [dispozitif] *nm* device
disposition [dispozisjɔ̃] *nf (ordre)* arrangement • **prendre ses dispositions** to make arrangements • **à la disposition de qqn** at sb's disposal
disproportionné, e [disprɔpɔrsjɔne] *adj (énorme)* unusually large
dispute [dispyt] *nf* argument
disputer [dispyte] *vt* **1.** *(match)* to contest **2.** *(épreuve)* to compete in ◆ **se disputer** *vp* to fight
disquaire [diskɛr] *nmf* record dealer
disqualifier [diskalifje] *vt* to disqualify
disque [disk] *nm* **1.** *(enregistrement)* record **2.** *(objet rond)* disc **3.** *INFORM* disk **4.** *SPORT* discus • **disque laser** compact disc • **disque dur** hard disk
disquette [diskɛt] *nf* floppy disk, diskette
dissertation [disɛrtasjɔ̃] *nf* essay
dissimuler [disimyle] *vt* to conceal
dissipé, e [disipe] *adj* badly behaved
dissiper [disipe] ◆ **se dissiper** *vp (brouillard)* to clear
dissolvant [disɔlvɑ̃] *nm* **1.** solvent **2.** *(à ongles)* nail varnish remover
dissoudre [disudr] *vt* to dissolve
dissous, oute [disu, ut] *pp & 1re et 2e pers. du sg de l'ind. prés.* ➤ **dissoudre**
dissuader [disɥade] *vt* • **dissuader qqn de faire qqch** to persuade sb not to do sthg
distance [distɑ̃s] *nf* distance • **à une distance de 20 km, à 20 km de distance** 20 km away • **à distance** *(commander)* by remote control
distancer [distɑ̃se] *vt* to outstrip
distinct, e [distɛ̃, ɛ̃kt] *adj* distinct
distinction [distɛ̃ksjɔ̃] *nf* • **faire une distinction entre** to make a distinction between
distingué, e [distɛ̃ge] *adj* distinguished
distinguer [distɛ̃ge] *vt* **1.** to distinguish **2.** *(voir)* to make out ◆ **se distinguer de** *vp + prep* to stand out from
distraction [distraksjɔ̃] *nf* **1.** *(étourderie)* absent-mindedness **2.** *(loisir)* source of entertainment
distraire [distrɛr] *vt* **1.** *(amuser)* to amuse **2.** *(déconcentrer)* to distract ◆ **se distraire** *vp* to amuse o.s.

distrait, e [distrɛ, ɛt] *pp* ➤ **distraire** ◇ *adj* absent-minded

distribuer [distribɥe] *vt* **1.** to distribute **2.** *(cartes)* to deal **3.** *(courrier)* to deliver

distributeur [distribytœr] *nm* **1.** *(de billets de train)* ticket machine **2.** *(de boissons)* drinks machine • **distributeur (automatique) de billets** *FIN* cash dispenser

distribution [distribysjɔ̃] *nf* **1.** distribution **2.** *(du courrier)* delivery **3.** *(dans un film)* cast • **distribution des prix** prize-giving

dit [di] *pp & 3ᵉ pers. du sg de l'ind. prés.* ➤ **dire**

dite [dit] *pp* ➤ **dire**

dites [dit] *2ᵉ pers. du pl de l'ind. prés.* ➤ **dire**

divan [divɑ̃] *nm* couch

divers, es [divɛr, ɛrs] *adj* various

divertir [divɛrtir] *vt* to entertain ◆ **se divertir** *vp* to entertain o.s.

divertissement [divɛrtismɑ̃] *nm (distraction)* pastime

divin, e [divɛ̃, in] *adj* divine

diviser [divize] *vt* to divide

division [divizjɔ̃] *nf* division

divorce [divɔrs] *nm* divorce

divorcé, e [divɔrse] *adj* divorced ◇ *nm, f* divorced person

divorcer [divɔrse] *vi* to divorce

dix [dis] *num* ten • **il a dix ans** he's ten (years old) • **il est dix heures** it's ten o'clock • **le dix janvier** the tenth of January • **page dix** page ten • **ils étaient dix** there were ten of them • **le dix de pique** the ten of spades • **(au) dix rue Lepic** at/to ten, rue Lepic

dix-huit [dizɥit] *num* eighteen

dix-huitième [dizɥitjɛm] *num* eighteenth

dixième [dizjɛm] *num* **1.** tenth **2.** *(fraction)* tenth • **le dixième étage** tenth floor (*UK*), eleventh floor (*US*) • **le dixième (arrondissement)** tenth arrondissement • **il est arrivé dixième** he came tenth

dix-neuf [diznœf] *num* nineteen

dix-neuvième [diznœvjɛm] *num* nineteenth

dix-sept [disɛt] *num* seventeen

dix-septième [disɛtjɛm] *num* seventeenth

dizaine [dizɛn] *nf* • **une dizaine (de)** about ten

DJ [didʒi] *nm* (*abr de disc-jockey*) DJ

docile [dɔsil] *adj* docile

docks [dɔk] *nmpl* docks

docteur [dɔktœr] *nm* doctor

document [dɔkymɑ̃] *nm* document

documentaire [dɔkymɑ̃tɛr] *nm* documentary

documentaliste [dɔkymɑ̃talist] *nmf* *SCOL* librarian

documentation [dɔkymɑ̃tasjɔ̃] *nf (documents)* literature

documenter [dɔkymɑ̃te] ◆ **se documenter** *vp* to do some research

doigt [dwa] *nm* **1.** finger **2.** *(petite quantité)* drop • **doigt de pied** toe • **à deux doigts de** within inches of

dois [dwa] *1ʳᵉ et 2ᵉ pers. du sg de l'ind. prés.* ➤ **devoir**

doive [dwav] *1ʳᵉ et 3ᵉ pers. du sg du subj. prés.* ➤ **devoir**

dollar [dɔlar] *nm* dollar

domaine [dɔmɛn] *nm* **1.** *(propriété)* estate **2.** *(secteur)* field • **nom de domaine national** *INFORM* national domain name

dôme [dom] *nm* dome

domestique [dɔmɛstik] *adj (tâche)* domestic ◇ *nmf* servant

domicile [dɔmisil] *nm* residence • **à domicile** at ou from home • **livrer à domicile** to do deliveries

dominer [dɔmine] *vt* **1.** *(être plus fort que)* to dominate **2.** *(être plus haut que)* to overlook **3.** *(colère, émotion)* to control ◇ *vi* **1.** *(face à un adversaire)* to dominate **2.** *(être important)* to predominate

dominos [dɔmino] *nmpl* dominoes

dommage [dɔmaʒ] *nm* • **(quel) dommage !** what a shame! • **c'est dommage de...** it's a shame to... • **c'est dommage que...** it's a shame that... ◆ **dommages** *nmpl* damage *sg*

dompter [dɔ̃te] *vt* to tame

dompteur, euse [dɔ̃tœr, øz] *nm, f* tamer

DOM-TOM [dɔmtɔm] *nmpl French overseas départements and territories*

DOM-TOM

This is the abbreviation that is still commonly used for French overseas possessions, although the *Départements d'Outre-Mer* are now officially called DROM (*Départements et Régions d'Outre-Mer*) and the *Territoires d'Outre-Mer* are now officially called COM (*Collectivités d'Outre-Mer*) or POM (*Pays d'outre-mer*).

don [dɔ̃] *nm (aptitude)* gift

donc [dɔ̃k] *conj* so • **viens donc !** come on!

donjon [dɔ̃ʒɔ̃] *nm* keep

données [dɔne] *nfpl* data

donner [dɔne] *vt* to give • **donner qqch à qqn** to give sb sthg • **donner un coup à qqn** to hit sb • **donner à manger à qqn** to feed sb • **ce pull me donne chaud** this jumper is making me hot • **ça donne soif** it makes you feel thirsty ◆ **donner sur** *v + prep* **1.** *(suj: fenêtre)* to look out onto **2.** *(suj: porte)* to lead to

dont [dɔ̃] *pron rel*

1. *(complément du verbe, de l'adjectif)* • **la façon dont ça s'est passé** the way (in which) it happened • **la région dont je viens** the region I come from • **c'est le camping dont on nous a parlé** this is the campsite we were told about • **l'établissement dont ils sont responsables** the establishment for which they are responsible

2. *(complément d'un nom d'objet)* of which ; *(complément d'un nom de personne)* whose • **le parti dont il est le chef** the party of which he is the leader • **celui dont les parents sont divorcés** the one whose parents are divorced • **une région dont le vin est très réputé** a region famous for its wine

3. *(parmi lesquels)* • **certaines personnes, dont moi, pensent que...** some people, including me, think that... • **deux piscines, dont l'une couverte** two swimming pools, one of which is indoors

dopage [dɔpaʒ] *nm* doping

doré, e [dɔre] *adj* **1.** *(métal, bouton)* gilt **2.** *(lumière, peau)* golden **3.** *(aliment)* golden brown ◇ *nm* walleyed pike

dorénavant [dɔrenavɑ̃] *adv* from now on

dorin [dɔrɛ̃] *nm (Helv) collective name for white wines from the Vaud region of Switzerland*

dormir [dɔrmir] *vi* to sleep

dortoir [dɔrtwar] *nm* dormitory

dos [do] *nm* back • **au dos (de)** on the back (of) • **de dos** from behind

dose [doz] *nf* dose

dossier [dosje] *nm* **1.** *(d'un siège)* back **2.** *(documents)* file **3.** *INFORM* folder

douane [dwan] *nf* customs *pl*

douanier [dwanje] *nm* customs officer

doublage [dublaʒ] *nm (d'un film)* dubbing

double [dubl] *adj & adv* double ◇ *nm* **1.** *(copie)* copy **2.** *(partie de tennis)* doubles *pl* • **le double du prix normal** twice the normal price • **avoir qqch en double** to have two of sthg • **mettre qqch en double** to fold sthg in half

double-clic [dublklik] *nm* double click • **faire un double-clic** to double-click

double-cliquer [dublklike] *vi* to double-click

doubler [duble] *vt* **1.** to double **2.** *(vêtement)* to line **3.** *AUTO* to overtake *(UK)*, to pass **4.** *(film)* to dub ◇ *vi* **1.** to double **2.** *AUTO* to overtake *(UK)*, to pass

doublure [dublyr] *nf (d'un vêtement)* lining

douce *adj f* ➤ **doux**

doucement [dusmɑ̃] *adv* **1.** *(bas)* softly **2.** *(lentement)* slowly

douceur [dusœr] *nf* **1.** *(gentillesse)* gentleness **2.** *(au toucher)* softness **3.** *(du climat)* mildness • **en douceur** smoothly

douche [duʃ] *nf* shower • **prendre une douche** to take OU have a shower

doucher [duʃe] ◆ **se doucher** *vp* to take OU have a shower

doué, e [dwe] *adj* gifted • **être doué pour** OU **en qqch** to have a gift for sthg

douillet, ette [dujɛ, ɛt] *adj* **1.** *(délicat)* soft **2.** *(confortable)* cosy

douleur [dulœr] *nf* **1.** *(physique)* pain **2.** *(morale)* sorrow

douloureux, euse [dulurø, øz] *adj* painful

doute [dut] *nm* doubt • **avoir un doute sur** to have doubts about • **sans doute** no doubt

douter [dute] *vt* • **douter que** to doubt that ◆ **douter de** *v + prep* to doubt ◆ **se douter** *vp* • **se douter de** to suspect • **se douter que** to suspect that

Douvres [duvr] *n* Dover

doux, douce [du, dus] *adj* **1.** *(aliment, temps)* mild **2.** *(au toucher)* soft **3.** *(personne)* gentle

douzaine [duzɛn] *nf* • **une douzaine (de)** *(douze)* a dozen ; *(environ douze)* about twelve

douze [duz] *num* twelve • **il a douze ans** he's twelve (years old) • **il est douze heures** it's twelve o'clock • **le douze janvier** the twelfth of January • **page douze** page twelve • **ils étaient douze** there were twelve of them • **(au) douze rue Lepic** at/to twelve, rue Lepic

douzième [duzjɛm] *num* twelfth • **le douzième étage** twelfth floor *(UK)*,

thirteenth floor (*US*) • **le douzième (arrondissement)** twelfth arrondissement • **il est arrivé douzième** he came twelfth
dragée [draʒe] *nf* sugared almond
dragon [dragɔ̃] *nm* dragon
draguer [drage] *vt* (*fam*) (*personne*) to chat up (*UK*), to hit on (*US*)
dramatique [dramatik] *adj* **1.** (*de théâtre*) dramatic **2.** (*grave*) tragic ◇ *nf* TV drama
drame [dram] *nm* **1.** (*pièce de théâtre*) drama **2.** (*catastrophe*) tragedy
drap [dra] *nm* sheet
drapeau [drapo] (*pl* **-x**) *nm* flag
drap-housse [draus] (*pl* **draps-housses**) *nm* fitted sheet
dresser [drese] *vt* **1.** (*mettre debout*) to put up **2.** (*animal*) to train **3.** (*plan*) to draw up **4.** (*procès-verbal*) to make out ◆ **se dresser** *vp* **1.** (*se mettre debout*) to stand up **2.** (*arbre, obstacle*) to stand
drogue [drɔg] *nf* • **la drogue** drugs *pl*
drogué, e [drɔge] *nm, f* drug addict
droguer [drɔge] ◆ **se droguer** *vp* to take drugs
droguerie [drɔgri] *nf* hardware shop
droit, e [drwa, drwat] *adj & adv* **1.** straight **2.** (*côté, main*) right ◇ *nm* **1.** (*autorisation*) right **2.** (*taxe*) duty • **tout droit** straight ahead • **le droit** (*juridique*) law • **avoir le droit de faire qqch** to have the right to do sthg • **avoir droit à qqch** to be entitled to sthg • **droit d'accès** right of access • **droits d'inscription** registration fee
droite [drwat] *nf* • **la droite** the right ; *POL* the right (wing) • **à droite (de)** on the right (of) • **de droite** (*du côté droit*) right-hand
droitier, ère [drwatje, ɛr] *adj* right-handed
drôle [drol] *adj* funny
drôlement [drolmɑ̃] *adv* (*fam*) (*très*) tremendously
drugstore [drœgstɔr] *nm* drugstore
du [dy] *art* = **de + le** ; = **de**
dû, due [dy] *pp* ➤ **devoir**
duc, duchesse [dyk, dyʃɛs] *nm, f* duke (*f* duchess)
duel [dɥɛl] *nm* duel
duffle-coat [dœfəlkot] (*pl* **-s**) *nm* duffel coat
dune [dyn] *nf* dune
duo [dɥo] *nm* **1.** *MUS* duet **2.** (*d'artistes*) duo
duplex [dyplɛks] *nm* (*appartement*) maisonette (*UK*), duplex (*US*)
duplicata [dyplikata] *nm* duplicate
duquel [dykɛl] *pron rel* = **de + lequel** ; = **lequel**
dur, e [dyr] *adj & adv* **1.** hard **2.** (*viande*) tough
durant [dyrɑ̃] *prép* during
durcir [dyrsir] *vi* to harden ◆ **se durcir** *vp* to harden
durée [dyre] *nf* **1.** (*longueur*) length **2.** (*période*) period
durer [dyre] *vi* to last
dureté [dyrte] *nf* **1.** (*résistance*) hardness **2.** (*manque de pitié*) harshness
duvet [dyvɛ] *nm* **1.** (*plumes*) down **2.** (*sac de couchage*) sleeping bag
DVD *nm inv* DVD
dynamique [dinamik] *adj* dynamic
dynamite [dinamit] *nf* dynamite
dynamo [dinamo] *nf* dynamo
dyslexique [dislɛksik] *adj* dyslexic

eE

E (*abr écrite de est*) E (*east*)
eau [o] (*pl* -x) *nf* water • **eau bénite** holy water • **eau de Cologne** eau de Cologne • **eau douce** fresh water • **eau gazeuse** fizzy water • **eau minérale** mineral water • **eau oxygénée** hydrogen peroxide • **eau potable** drinking water • **eau non potable** water not fit for drinking • **eau plate** still water • **eau du robinet** tap water • **eau salée** salt water • **eau de toilette** toilet water
eau-de-vie [odvi] (*pl* **eaux-de-vie**) *nf* brandy
ébéniste [ebenist] *nm* cabinet-maker
éblouir [ebluir] *vt* to dazzle
éblouissant, e [ebluisɑ̃, ɑ̃t] *adj* dazzling
éborgner [ebɔrɲe] *vt* • **éborgner qqn** to put sb's eye out
éboueur [ebwœr] *nm* dustman (*UK*), garbage collector (*US*)
ébouillanter [ebujɑ̃te] *vt* to scald
éboulement [ebulmɑ̃] *nm* rock slide
ébouriffé, e [eburife] *adj* dishevelled
ébrécher [ebreʃe] *vt* to chip
ébrouer [ebrue] • **s'ébrouer** *vp* to shake o.s.
ébruiter [ebrɥite] *vt* to spread
ébullition [ebylisjɔ̃] *nf* • **porter qqch à ébullition** to bring sthg to the boil
écaille [ekaj] *nf* **1.** (*de poisson*) scale **2.** (*d'huître*) shell **3.** (*matière*) tortoiseshell
écailler [ekaje] *vt* (*poisson*) to scale • **s'écailler** *vp* to peel off
écarlate [ekarlat] *adj* scarlet
écarquiller [ekarkije] *vt* • **écarquiller les yeux** to stare (wide-eyed)
écart [ekar] *nm* **1.** (*distance*) gap **2.** (*différence*) difference • **faire un écart** (*véhicule*) to swerve • **à l'écart (de)** out of the way (of) • **faire le grand écart** to do the splits
écarter [ekarte] *vt* **1.** (*ouvrir*) to spread **2.** (*éloigner*) to move away
échafaudage [eʃafodaʒ] *nm* scaffolding
échalote [eʃalɔt] *nf* shallot
échancré, e [eʃɑ̃kre] *adj* **1.** (*robe*) low-necked **2.** (*maillot de bain*) high-cut
échange [eʃɑ̃ʒ] *nm* **1.** exchange **2.** (*au tennis*) rally • **en échange (de)** in exchange (for)
échanger [eʃɑ̃ʒe] *vt* to exchange • **échanger qqch contre** to exchange sthg for
échangeur [eʃɑ̃ʒœr] *nm* (*d'autoroute*) interchange
échantillon [eʃɑ̃tijɔ̃] *nm* sample
échappement [eʃapmɑ̃] *nm* ➤ **pot, tuyau**
échapper [eʃape] • **échapper à** *v + prep* **1.** (*mort*) to escape **2.** (*corvée*) to avoid **3.** (*personne*) to escape from • **son nom m'échappe** his name escapes me • **ça m'a échappé** (*paroles*) it just slipped out • **ça m'a échappé des mains** it slipped out of my hands • **s'échapper** *vp* to escape • **s'échapper de** to escape from
écharde [eʃard] *nf* splinter
écharpe [eʃarp] *nf* (*cache-nez*) scarf • **en écharpe** in a sling
échauffement [eʃofmɑ̃] *nm* (*sportif*) warm-up

échauffer [eʃofe] ◆ **s'échauffer** *vp (sportif)* to warm up
échec [eʃɛk] *nm* failure ● **échec !** check! ● **échec et mat !** checkmate! ◆ **échecs** *nmpl* chess *sg* ● **jouer aux échecs** to play chess
échelle [eʃɛl] *nf* **1.** ladder **2.** *(sur une carte)* scale ● **faire la courte échelle à qqn** to give sb a leg-up
échelon [eʃlɔ̃] *nm* **1.** *(d'échelle)* rung **2.** *(grade)* grade
échine [eʃin] *nf CULIN cut of meat taken from pig's back*
échiquier [eʃikje] *nm* chessboard
écho [eko] *nm* echo
échographie [ekɔgrafi] *nf* (ultrasound) scan
échouer [eʃwe] *vi (rater)* to fail ◆ **s'échouer** *vp* to run aground
éclabousser [eklabuse] *vt* to splash
éclaboussure [eklabusyr] *nf* splash
éclair [eklɛr] *nm* **1.** flash of lightning **2.** *(gâteau)* éclair ▼ **éclair au café** coffee eclair
éclairage [eklɛraʒ] *nm* lighting
éclaircie [eklɛrsi] *nf* sunny spell
éclaircir [eklɛrsir] *vt* to make lighter ◆ **s'éclaircir** *vp* **1.** *(ciel)* to brighten (up) **2.** *(fig) (mystère)* to be solved
éclaircissement [eklɛrsismɑ̃] *nm (explication)* explanation
éclairer [eklere] *vt (pièce)* to light ◆ **s'éclairer** *vp (visage)* to light up
éclaireur, euse [eklɛrœr, øz] *nm, f (scout)* scout(*f* Guide) ● **partir en éclaireur** to scout around
éclat [ekla] *nm* **1.** *(de verre)* splinter **2.** *(d'une lumière)* brightness ● **éclats de rire** bursts of laughter ● **éclats de voix** loud voices
éclatant, e [eklatɑ̃, ɑ̃t] *adj* brilliant
éclater [eklate] *vi* **1.** *(bombe)* to explode **2.** *(pneu, ballon)* to burst **3.** *(guerre, scandale)* to break out ● **éclater de rire** to burst out laughing ● **éclater en sanglots** to burst into tears
éclipse [eklips] *nf* eclipse
éclosion [eklozjɔ̃] *nf (d'œufs)* hatching
écluse [eklyz] *nf* lock
écœurant, e [ekœrɑ̃, ɑ̃t] *adj* disgusting
écœurer [ekœre] *vt* to disgust
école [ekɔl] *nf* school ● **aller à l'école** to go to school ● **faire l'école buissonnière** to play truant (*UK*), to play hooky (*US*)

l'école

School is compulsory for all French children between the ages of six and sixteen, although most start their education at three in the *école maternelle*. Between the ages of six and eleven, children attend *l'école primaire*, before going to a *collège* and, for some, a *lycée*.

écolier, ère [ekɔlje, ɛr] *nm, f* schoolboy(*f* schoolgirl)
écologie [ekɔlɔʒi] *nf* ecology
écologique [ekɔlɔʒik] *adj* ecological
écologiste [ekɔlɔʒist] *nmf* ● **les écologistes** the Greens
économie [ekɔnɔmi] *nf* **1.** *(d'un pays)* economy **2.** *(science)* economics *sg* ◆ **économies** *nfpl* savings ● **faire des économies** to save money

économique [ekɔnɔmik] *adj* **1.** *(peu coûteux)* economical **2.** *(crise, développement)* economic

économiser [ekɔnɔmize] *vt* to save

écorce [ekɔrs] *nf* **1.** *(d'arbre)* bark **2.** *(d'orange)* peel

écorcher [ekɔrʃe] ◆ **s'écorcher** *vp* to scratch o.s. ● **s'écorcher le genou** to scrape one's knee

écorchure [ekɔrʃyr] *nf* graze

écossais, e [ekɔsɛ, ɛz] *adj* **1.** Scottish **2.** *(tissu)* tartan ◆ **Écossais, e** *nm, f* Scotsman(*f* Scotswoman) ● **les Écossais** the Scots

Écosse [ekɔs] *nf* ● **l'Écosse** Scotland

écouler [ekule] ◆ **s'écouler** *vp* **1.** *(temps)* to pass **2.** *(liquide)* to flow (out)

écouter [ekute] *vt* to listen to

écouteur [ekutœr] *nm (de téléphone)* earpiece ● **écouteurs** *(casque)* headphones

écran [ekrɑ̃] *nm* screen ● **(crème) écran total** sun block ● **le grand écran** *(le cinéma)* the big screen ● **le petit écran** *(la télévision)* television ● **un écran de 17 pouces** a 17-inch screen

écrasant, e [ekrazɑ̃, ɑ̃t] *adj* overwhelming

écraser [ekraze] *vt* **1.** to crush **2.** *(cigarette)* to stub out **3.** *(en voiture)* to run over ● **se faire écraser** *(par une voiture)* to be run over ◆ **s'écraser** *vp (avion)* to crash

écrémé, e [ekreme] *adj* skimmed ● **lait demi-écrémé** semi-skimmed milk

écrevisse [ekrəvis] *nf* crayfish

écrier [ekrije] ◆ **s'écrier** *vp* to cry out

écrin [ekrɛ̃] *nm* box

écrire [ekrir] *vt & vi* to write ● **écrire à qqn** to write to sb (*UK*), to write sb (*US*) ◆ **s'écrire** *vp* **1.** *(correspondre)* to write (to each other) **2.** *(s'épeler)* to be spelled

écrit, e [ekri, it] *pp & 3ᵉ pers. du sg de l'ind. prés.* ➤ **écrire** ◇ *nm* ● **par écrit** in writing

écriteau [ekrito] (*pl* **-x**) *nm* notice

écriture [ekrityr] *nf* writing

écrivain [ekrivɛ̃] *nm* writer

écrou [ekru] *nm* nut

écrouler [ekrule] ◆ **s'écrouler** *vp* to collapse

écru, e [ekry] *adj (couleur)* ecru

écume [ekym] *nf* foam

écumoire [ekymwar] *nf* strainer

écureuil [ekyrœj] *nm* squirrel

écurie [ekyri] *nf* stable

écusson [ekysɔ̃] *nm (sur un vêtement)* badge

eczéma [ɛgzema] *nm* eczema

édenté, e [edɑ̃te] *adj* toothless

édifice [edifis] *nm* building

Édimbourg [edɛ̃bur] *n* Edinburgh

éditer [edite] *vt* to publish

édition [edisjɔ̃] *nf* **1.** *(exemplaires)* edition **2.** *(industrie)* publishing

édredon [edrədɔ̃] *nm* eiderdown

éducatif, ive [edykatif, iv] *adj* educational

éducation [edykasjɔ̃] *nf* **1.** education **2.** *(politesse)* good manners *pl* ● **éducation physique** PE

éduquer [edyke] *vt* to bring up

effacer [efase] *vt* **1.** *(mot)* to rub out **2.** *(tableau)* to wipe **3.** *(bande magnétique, chanson)* to erase **4.** INFORM to delete ◆ **s'effacer** *vp (disparaître)* to fade (away)

effaceur [efasœr] *nm* rubber (*UK*), eraser (*US*)

effectif [efɛktif] *nm* **1.** *(d'une classe)* size **2.** *(d'une armée)* strength
effectivement [efɛktivmɑ̃] *adv* **1.** *(réellement)* really **2.** *(en effet)* indeed
effectuer [efɛktɥe] *vt* **1.** *(travail)* to carry out **2.** *(trajet)* to make
efféminé, e [efemine] *adj* effeminate
effervescent, e [efɛrvesɑ̃, ɑ̃t] *adj* effervescent • **comprimé effervescent** effervescent tablet
effet [efɛ] *nm* **1.** *(résultat)* effect **2.** *(impression)* impression • **faire de l'effet** *(être efficace)* to be effective • **en effet** indeed
efficace [efikas] *adj* **1.** *(médicament, mesure)* effective **2.** *(personne, travail)* efficient
efficacité [efikasite] *nf* effectiveness
effilé, e [efile] *adj* **1.** *(frange)* thinned **2.** *(lame)* sharp
effilocher [efilɔʃe] ◆ **s'effilocher** *vp* to fray
effleurer [eflœre] *vt* to brush (against)
effondrer [efɔ̃dre] ◆ **s'effondrer** *vp* to collapse
efforcer [efɔrse] ◆ **s'efforcer de** *vp + prep* • **s'efforcer de faire qqch** to try to do sthg
effort [efɔr] *nm* effort • **faire des efforts (pour faire qqch)** to make an effort (to do sthg)
effrayant, e [efrɛjɑ̃, ɑ̃t] *adj* frightening
effrayer [efreje] *vt* to frighten
effriter [efrite] ◆ **s'effriter** *vp* to crumble
effroyable [efrwajabl] *adj* terrible
égal, e, aux [egal, o] *adj* **1.** *(identique)* equal **2.** *(régulier)* even • **ça m'est égal** I don't care • **égal à** equal to
également [egalmɑ̃] *adv (aussi)* also, as well
égaliser [egalize] *vt* **1.** *(cheveux)* to trim **2.** *(sol)* to level (out) ◇ *vi SPORT* to equalize
égalité [egalite] *nf* **1.** equality **2.** *(au tennis)* deuce • **être à égalité** *SPORT* to be drawing
égard [egar] *nm* • **à l'égard de** towards
égarer [egare] *vt* to lose ◆ **s'égarer** *vp* to get lost
égayer [egeje] *vt* to brighten up
église [egliz] *nf* church • **l'Église** the Church
égoïste [egɔist] *adj* selfish ◇ *nmf* selfish person
égorger [egɔrʒe] *vt* • **égorger qqn** to cut sb's throat
égouts [egu] *nmpl* sewers
égoutter [egute] *vt* to drain
égouttoir [egutwar] *nm* **1.** *(à légumes)* colander **2.** *(pour la vaisselle)* draining board
égratigner [egratiɲe] *vt* to graze ◆ **s'égratigner** *vp* • **s'égratigner le genou** to graze one's knee
égratignure [egratiɲyr] *nf* graze
égrener [egrəne] *vt (maïs, pois)* to shell
Égypte [eʒipt] *nf* • **l'Égypte** Egypt
égyptien, enne [eʒipsjɛ̃, ɛn] *adj* Egyptian
eh [e] *interj* hey! • **eh bien !** well!
Eiffel [efɛl] *n* ➤ **tour**
éjection [eʒɛksjɔ̃] • **bouton d'éjection du CD-ROM** CD-ROM ejection button
élan [elɑ̃] *nm* **1.** *(pour sauter)* run-up **2.** *(de tendresse)* rush • **prendre de l'élan** to take a run-up

élancer [elɑ̃se] ◆ **s'élancer** *vp (pour sauter)* to take a run-up

élargir [elarʒir] *vt* **1.** *(route)* to widen **2.** *(vêtement)* to let out **3.** *(débat, connaissances)* to broaden ◆ **s'élargir** *vp* **1.** *(route)* to widen **2.** *(vêtement)* to stretch

élastique [elastik] *adj* elastic ◇ *nm* rubber band

électeur, trice [elɛktœr, tris] *nm, f* voter

élections [elɛksjɔ̃] *nfpl* elections

électricien [elɛktrisjɛ̃] *nm* electrician

électricité [elɛktrisite] *nf* electricity ● **électricité statique** static electricity

électrique [elɛktrik] *adj* electric

électrocuter [elɛktrɔkyte] ◆ **s'électrocuter** *vp* to electrocute o.s.

électroménager [elɛktrɔmenaʒe] *nm* household electrical appliances

électronique [elɛktrɔnik] *adj* electronic ◇ *nf* electronics *sg*

électuaire [elɛktuɛr] *nm (Helv)* jam

élégance [elegɑ̃s] *nf* elegance

élégant, e [elegɑ̃, ɑ̃t] *adj* smart

élément [elemɑ̃] *nm* **1.** element **2.** *(de meuble, de cuisine)* unit

élémentaire [elemɑ̃tɛr] *adj* basic

éléphant [elefɑ̃] *nm* elephant

élevage [ɛlvaʒ] *nm* **1.** breeding **2.** *(troupeau de moutons)* flock **3.** *(troupeau de vaches)* herd

élève [elɛv] *nmf* pupil

élevé, e [ɛlve] *adj* high ● **bien élevé** well brought-up ● **mal élevé** ill-mannered

élever [ɛlve] *vt* **1.** *(enfant)* to bring up **2.** *(animaux)* to breed **3.** *(niveau, voix)* to raise ◆ **s'élever** *vp* to rise ● **s'élever à** to add up to

éleveur, euse [ɛlvœr, øz] *nm, f* stock breeder

éliminatoire [eliminatwar] *adj* qualifying ◇ *nf* qualifying round

éliminer [elimine] *vt* to eliminate ◇ *vi (en transpirant)* to detoxify one's system

élire [elir] *vt* to elect

elle [ɛl] *pron* **1.** *(personne, animal)* she **2.** *(chose)* it **3.** *(après prép ou comparaison)* her ● **elle-même** herself ◆ **elles** *pron* **1.** *(sujet)* they **2.** *(après prép ou comparaison)* them ● **elles-mêmes** themselves

éloigné, e [elwaɲe] *adj* distant ● **éloigné de** far from

éloigner [elwaɲe] *vt* to move away ◆ **s'éloigner (de)** *vp + prep* to move away (from)

élongation [elɔ̃gasjɔ̃] *nf* pulled muscle

élu, e [ely] *pp* ➤ **élire** ◇ *nm, f* elected representative

Élysée [elize] *nm* ● **(le palais de) l'Élysée** *the official residence of the French President*

l'Élysée

This building, at the bottom of the Champs-Élysées in Paris, has been the official residence of the French president since 1873. The word is also used to mean the president himself, in the same way as we use Number Ten or the White House in English.

e-mail [imɛl] *(pl* **e-mails***)* *nm* e-mail, E-mail

Écrire l'en-tête d'un e-mail

Lorsque l'on s'adresse à une personne que l'on ne connaît pas, il est préférable d'utiliser la même formule que pour un courrier formel, qui débute toujours par *Dear…* (*Dear Professor Williams, Dear Julie Baker*, etc.).
Si l'on emploie l'expression *Hi !* en ouverture de courriels envoyés à des amis ou à de proches collègues de travail, on utilise uniquement le prénom dans un contexte strictement professionnel.
Lorsque l'on a recours à la fonction « répondre », on peut directement rédiger son texte sans en-tête particulière.

Signer un e-mail

Lorsque l'on termine un mail destiné à une personne que l'on ne connaît pas, il est d'usage d'écrire *I look forward to hearing from you*, suivi par *Best wishes, Kind regards* ou *Best regards* et par votre prénom. Lorsqu'il s'agit de collègues, on signe simplement de son prénom.
En revanche, lorsque l'on s'adresse à des amis proches on peut employer : *Take care, Love, Jane* ou *See you Friday, Lots of love, Mark.*

émail [emaj] (*pl* **-aux**) *nm* enamel ◆ **émaux** *nmpl (objet)* enamel ornament
emballage [ɑ̃balaʒ] *nm* packaging
emballer [ɑ̃bale] *vt* to wrap (up)
embarcadère [ɑ̃barkadɛr] *nm* landing stage
embarcation [ɑ̃barkasjɔ̃] *nf* small boat
embarquement [ɑ̃barkəmɑ̃] *nm* boarding ▾ **embarquement immédiat** now boarding
embarquer [ɑ̃barke] *vt* **1.** *(marchandises)* to load **2.** *(passagers)* to board **3.** *(fam) (prendre)* to cart off ◇ *vi* to board ◆ **s'embarquer** *vp* to board ● **s'embarquer dans** *(affaire, aventure)* to embark on
embarras [ɑ̃bara] *nm* embarrassment ● **mettre qqn dans l'embarras** to put sb in an awkward position
embarrassant, e [ɑ̃barasɑ̃, ɑ̃t] *adj* embarrassing
embarrasser [ɑ̃barase] *vt* **1.** *(gêner)* to embarrass **2.** *(encombrer)* ● **embarrasser qqn** to be in sb's way ◆ **s'embarrasser de** *vp + prep* to burden o.s. with ● **ne pas s'embarrasser de** not to bother about
embaucher [ɑ̃boʃe] *vt* to recruit
embellir [ɑ̃belir] *vt* **1.** to make prettier **2.** *(histoire, vérité)* to embellish ◇ *vi* to grow more attractive
embêtant, e [ɑ̃bɛtɑ̃, ɑ̃t] *adj* annoying
embêter [ɑ̃bete] *vt* to annoy ◆ **s'embêter** *vp (s'ennuyer)* to be bored
emblème [ɑ̃blɛm] *nm* emblem
emboîter [ɑ̃bwate] *vt* to fit together ◆ **s'emboîter** *vp* to fit together
embouchure [ɑ̃buʃyr] *nf (d'un fleuve)* mouth

embourber [ɑ̃burbe] ◆ **s'embourber** *vp* to get stuck in the mud
embout [ɑ̃bu] *nm* tip
embouteillage [ɑ̃butɛjaʒ] *nm* traffic jam
embranchement [ɑ̃brɑ̃ʃmɑ̃] *nm (carrefour)* junction
embrasser [ɑ̃brase] *vt* to kiss ◆ **s'embrasser** *vp* to kiss (each other)
embrayage [ɑ̃brɛjaʒ] *nm* clutch
embrayer [ɑ̃breje] *vi* to engage the clutch
embrouiller [ɑ̃bruje] *vt* **1.** *(fil, cheveux)* to tangle (up) **2.** *(histoire, personne)* to muddle (up) ◆ **s'embrouiller** *vp* to get muddled (up)
embruns [ɑ̃brœ̃] *nmpl* (sea) spray *sg*
embuscade [ɑ̃byskad] *nf* ambush
éméché, e [emeʃe] *adj* tipsy
émeraude [emrod] *nf* emerald ◇ *adj inv* emerald green
émerveillé, e [emɛrveje] *adj* filled with wonder
émetteur [emetœr] *nm* transmitter
émettre [emɛtr] *vt* **1.** *(sons, lumière)* to emit **2.** *(billets, chèque)* to issue ◇ *vi* to broadcast
émeute [emøt] *nf* riot
émigrer [emigre] *vi* to emigrate
émincé [emɛ̃se] *nm thin slices of meat in a sauce* ● **émincé de veau à la zurichoise** *veal and kidneys cooked in a cream, mushroom and white wine sauce*
émis, e [emi, iz] *pp* ➤ **émettre**
émission [emisjɔ̃] *nf* programme
emmagasiner [ɑ̃magazine] *vt* to store up
emmanchure [ɑ̃mɑ̃ʃyr] *nf* armhole
emmêler [ɑ̃mele] *vt (fil, cheveux)* to tangle (up) ◆ **s'emmêler** *vp* **1.** *(fil, cheveux)* to get tangled (up) **2.** *(souvenirs, dates)* to get mixed up
emménager [ɑ̃menaʒe] *vi* to move in
emmener [ɑ̃mne] *vt* to take along
emmental [emɛ̃tal] *nm* Emmental (cheese)
emmitoufler [ɑ̃mitufle] ◆ **s'emmitoufler** *vp* to wrap up (well)
emoticon *nm* emoticon
émotif, ive [emɔtif, iv] *adj* emotional
émotion [emosjɔ̃] *nf* emotion
émouvant, e [emuvɑ̃, ɑ̃t] *adj* moving
émouvoir [emuvwar] *vt* to move
empaillé, e [ɑ̃paje] *adj* stuffed
empaqueter [ɑ̃pakte] *vt* to package
emparer [ɑ̃pare] ◆ **s'emparer de** *vp + prep (prendre vivement)* to grab (hold of)
empêchement [ɑ̃pɛʃmɑ̃] *nm* obstacle ● **j'ai un empêchement** something has come up
empêcher [ɑ̃peʃe] *vt* to prevent ● **empêcher qqn/qqch de faire qqch** to prevent sb/sthg from doing sthg ● **(il) n'empêche que** nevertheless ◆ **s'empêcher de** *vp + prep* ● **je n'ai pas pu m'empêcher de rire** I couldn't stop myself from laughing
empereur [ɑ̃prœr] *nm* emperor
empester [ɑ̃pɛste] *vt (sentir)* to stink of ◇ *vi* to stink
empêtrer [ɑ̃petre] ◆ **s'empêtrer dans** *vp + prep* **1.** *(fils)* to get tangled up in **2.** *(mensonges)* to get caught up in
empiffrer [ɑ̃pifre] ◆ **s'empiffrer (de)** *vp + prep (fam)* to stuff o.s. (with)

empiler [ɑ̃pile] *vt* to pile up ◆ **s'empiler** *vp* to pile up

empire [ɑ̃pir] *nm* empire

empirer [ɑ̃pire] *vi* to get worse

emplacement [ɑ̃plasmɑ̃] *nm* **1.** site **2.** *(de parking)* parking space ▼ **emplacement réservé** reserved parking space

emploi [ɑ̃plwa] *nm* **1.** *(poste)* job **2.** *(d'un objet, d'un mot)* use ● **l'emploi** *(en économie)* employment ● **emploi du temps** timetable

employé, e [ɑ̃plwaje] *nm, f* employee ● **employé de bureau** office worker

employer [ɑ̃plwaje] *vt* **1.** *(salarié)* to employ **2.** *(objet, mot)* to use

employeur, euse [ɑ̃plwajœr, øz] *nm, f* employer

empoigner [ɑ̃pwaɲe] *vt* to grasp

empoisonnement [ɑ̃pwazɔnmɑ̃] *nm* poisoning

empoisonner [ɑ̃pwazɔne] *vt* to poison

emporter [ɑ̃pɔrte] *vt* **1.** to take **2.** *(suj: vent, rivière)* to carry away ● **à emporter** *(plats)* to take away *(UK)*, to go *(US)* ● **l'emporter sur** to get the better of ◆ **s'emporter** *vp* to lose one's temper

empreinte [ɑ̃prɛ̃t] *nf (d'un corps)* imprint ● **empreintes digitales** fingerprints ● **empreinte de pas** footprint

empresser [ɑ̃prese] ◆ **s'empresser** *vp* ● **s'empresser de faire qqch** to hurry to do sthg

emprisonner [ɑ̃prizɔne] *vt* to imprison

emprunt [ɑ̃prœ̃] *nm* loan

emprunter [ɑ̃prœ̃te] *vt* **1.** to borrow **2.** *(itinéraire)* to take ● **emprunter qqch à qqn** to borrow sthg from sb

ému, e [emy] *pp* ➤ **émouvoir** ◇ *adj* moved

en [ɑ̃] *prép*

1. *(indique le moment)* in ● **en été/1995** in summer/1995

2. *(indique le lieu où l'on est)* in ● **être en classe** to be in class ● **habiter en Angleterre** to live in England

3. *(indique le lieu où l'on va)* to ● **aller en ville/en Dordogne** to go into town/to the Dordogne

4. *(désigne la matière)* made of ● **un pull en laine** a woollen jumper

5. *(indique la durée)* in ● **en dix minutes** in ten minutes

6. *(indique l'état)* ● **être en vacances** to be on holiday ● **s'habiller en noir** to dress in black ● **combien ça fait en euros ?** how much is that in euros? ● **ça se dit 'custard' en anglais** it's called "custard" in English

7. *(indique le moyen)* by ● **voyager en avion/voiture** to travel by plane/car

8. *(pour désigner la taille)* in ● **auriez-vous celles-ci en 38/en plus petit ?** do you have these in a 38/a smaller size?

9. *(devant un participe présent)* ● **en arrivant à Paris** on arriving in Paris ● **en faisant un effort** by making an effort ● **partir en courant** to run off

◇ *pron*

1. *(objet indirect)* ● **n'en parlons plus** let's not say any more about it ● **il s'en est souvenu** he remembered it

2. *(avec un indéfini)* ● **en reprendrez-vous ?** will you have some more? ● **je n'en ai plus** I haven't got any left ● **il y en a plusieurs** there are several (of them)

3. *(indique la provenance)* from there • **j'en viens** I've just been there
4. *(complément du nom)* of it, of them *pl* • **j'en garde un excellent souvenir** I have excellent memories of it
5. *(complément de l'adjectif)* • **il en est fou** he's mad about it

encadrer [ãkadre] *vt (tableau)* to frame

encaisser [ãkese] *vt (argent)* to cash

encastré, e [ãkastre] *adj* built-in

enceinte [ãsɛ̃t] *adj f* pregnant ◇ *nf* 1. *(haut-parleur)* speaker 2. *(d'une ville)* walls *pl*

encens [ãsã] *nm* incense

encercler [ãsɛrkle] *vt* 1. *(personne, ville)* to surround 2. *(mot)* to circle

enchaîner [ãʃene] *vt* 1. *(attacher)* to chain together 2. *(idées, phrases)* to string together ◆ **s'enchaîner** *vp (se suivre)* to follow one another

enchanté, e [ãʃãte] *adj* delighted • **enchanté (de faire votre connaissance) !** pleased to meet you!

enchères [ãʃɛr] *nfpl* auction *sg* • **vendre qqch aux enchères** to sell sthg at auction

enclencher [ãklãʃe] *vt* 1. *(mécanisme)* to engage 2. *(guerre, processus)* to begin

enclos [ãklo] *nm* enclosure

encoche [ãkɔʃ] *nf* notch

encolure [ãkɔlyr] *nf (de vêtement)* neck

encombrant, e [ãkɔ̃brã, ãt] *adj (paquet)* bulky

encombrements [ãkɔ̃brəmã] *nmpl (embouteillage)* hold-up

encombrer [ãkɔ̃bre] *vt* • **encombrer qqn** to be in sb's way • **encombré de** *(pièce, table)* cluttered with

encore [ãkɔr] *adv*
1. *(toujours)* still • **il reste encore une centaine de kilomètres** there are still about a hundred kilometres to go • **pas encore** not yet
2. *(de nouveau)* again • **j'ai encore oublié mes clefs !** I've forgotten my keys again! • **encore une fois** once more
3. *(en plus)* • **encore un peu de légumes ?** a few more vegetables? • **reste encore un peu** stay a bit longer • **encore un jour** another day
4. *(en intensif)* even • **c'est encore plus cher ici** it's even more expensive here

encourager [ãkuraʒe] *vt* to encourage • **encourager qqn à faire qqch** to encourage sb to do sthg

encre [ãkr] *nf* ink • **encre de Chine** Indian ink

encyclopédie [ãsiklɔpedi] *nf* encyclopedia

endetter [ãdete] ◆ **s'endetter** *vp* to get into debt

endive [ãdiv] *nf* chicory

endommager [ãdɔmaʒe] *vt* to damage

endormi, e [ãdɔrmi] *adj* sleeping

endormir [ãdɔrmir] *vt* 1. *(enfant)* to send to sleep 2. *(anesthésier)* to put to sleep ◆ **s'endormir** *vp* to fall asleep

endroit [ãdrwa] *nm* 1. place 2. *(côté)* right side • **à l'endroit** the right way round

endurance [ãdyrãs] *nf* endurance

endurant, e [ãdyrã, ãt] *adj* resistant

endurcir [ãdyrsir] ◆ **s'endurcir** *vp* to become hardened

énergie [enɛrʒi] *nf* energy

énergique [enɛrʒik] *adj* energetic

énerver [enɛrve] *vt* to annoy ◆ **s'énerver** *vp* to get annoyed
enfance [ɑ̃fɑ̃s] *nf* childhood
enfant [ɑ̃fɑ̃] *nmf* child ● **enfant de chœur** altar boy
enfantin, e [ɑ̃fɑ̃tɛ̃, in] *adj* **1.** *(sourire)* childlike **2.** *(péj) (attitude)* childish
enfer [ɑ̃fɛr] *nm* hell
enfermer [ɑ̃fɛrme] *vt* to lock away
enfiler [ɑ̃file] *vt* **1.** *(aiguille, perles)* to thread **2.** *(vêtement)* to slip on
enfin [ɑ̃fɛ̃] *adv* **1.** *(finalement)* finally, at last **2.** *(en dernier)* finally, lastly
enflammer [ɑ̃flame] ◆ **s'enflammer** *vp* **1.** *(prendre feu)* to catch fire **2.** *MÉD* to get inflamed
enfler [ɑ̃fle] *vi* to swell
enfoncer [ɑ̃fɔ̃se] *vt* **1.** *(clou)* to drive in **2.** *(porte)* to break down **3.** *(aile de voiture)* to dent ● **enfoncer qqch dans** to drive something into ◆ **s'enfoncer** *vp* **1.** *(s'enliser)* to sink (in) **2.** *(s'effondrer)* to give way
enfouir [ɑ̃fwir] *vt* to hide
enfreindre [ɑ̃frɛ̃dr] *vt* to infringe
enfreint, e [ɑ̃frɛ̃, ɛ̃t] *pp & 3e pers. du sg de l'ind. prés.* ➤ **enfreindre**
enfuir [ɑ̃fɥir] ◆ **s'enfuir** *vp* to run away
enfumé, e [ɑ̃fyme] *adj* smoky
engagement [ɑ̃gaʒmɑ̃] *nm* **1.** *(promesse)* commitment **2.** *SPORT* kick-off
engager [ɑ̃gaʒe] *vt* **1.** *(salarié)* to take on **2.** *(conversation, négociations)* to start ◆ **s'engager** *vp* *(dans l'armée)* to enlist ● **s'engager à faire qqch** to undertake to do sthg ● **s'engager dans** *(lieu)* to enter
engelure [ɑ̃ʒlyr] *nf* chilblain
engin [ɑ̃ʒɛ̃] *nm* machine
engloutir [ɑ̃glutir] *vt* **1.** *(nourriture)* to gobble up **2.** *(submerger)* to swallow up
engouffrer [ɑ̃gufre] ◆ **s'engouffrer dans** *vp + prep* to rush into
engourdi, e [ɑ̃gurdi] *adj* numb
engrais [ɑ̃grɛ] *nm* fertilizer
engraisser [ɑ̃grese] *vt* to fatten ◇ *vi* to put on weight
engrenage [ɑ̃grənaʒ] *nm* *(mécanique)* gears *pl*
énigmatique [enigmatik] *adj* enigmatic
énigme [enigm] *nf* **1.** *(devinette)* riddle **2.** *(mystère)* enigma
enjamber [ɑ̃ʒɑ̃be] *vt* **1.** *(flaque, fossé)* to step over **2.** *(suj: pont)* to cross
enjoliveur [ɑ̃ʒɔlivœr] *nm* hubcap
enlaidir [ɑ̃ledir] *vt* to make ugly
enlèvement [ɑ̃lɛvmɑ̃] *nm* *(kidnapping)* abduction
enlever [ɑ̃lve] *vt* **1.** to remove, to take off **2.** *(kidnapper)* to abduct ◆ **s'enlever** *vp* *(tache)* to come off
enliser [ɑ̃lize] ◆ **s'enliser** *vp* to get stuck
enneigé, e [ɑ̃neʒe] *adj* snow-covered
ennemi, e [ɛnmi] *nm, f* enemy
ennui [ɑ̃nɥi] *nm* **1.** *(lassitude)* boredom **2.** *(problème)* problem ● **avoir des ennuis** to have problems
ennuyé, e [ɑ̃nɥije] *adj* *(contrarié)* annoyed
ennuyer [ɑ̃nɥije] *vt* **1.** *(lasser)* to bore **2.** *(contrarier)* to annoy ◆ **s'ennuyer** *vp* to be bored
ennuyeux, euse [ɑ̃nɥijø, øz] *adj* **1.** *(lassant)* boring **2.** *(contrariant)* annoying
énorme [enɔrm] *adj* enormous
énormément [enɔrmemɑ̃] *adv* enormously ● **énormément de** an awful lot of

enquête [ãkɛt] *nf* **1.** *(policière)* investigation **2.** *(sondage)* survey

enquêter [ãkete] *vi* • **enquêter (sur)** to inquire (into)

enragé, e [ãraʒe] *adj* **1.** *(chien)* rabid **2.** *(fanatique)* fanatical

enrayer [ãrɛje] *vt (maladie, crise)* to check

enregistrement [ãrəʒistrəmã] *nm (musical)* recording • **enregistrement des bagages** baggage check-in

enregistrer [ãrəʒistre] *vt* **1.** to record **2.** *INFORM* • **enregistrer (sous)** to save as **3.** *(bagages)* to check in

enrhumé, e [ãryme] *adj* • **être enrhumé** to have a cold

enrhumer [ãryme] ◆ **s'enrhumer** *vp* to catch a cold

enrichir [ãriʃir] *vt* **1.** to make rich **2.** *(collection)* to enrich ◆ **s'enrichir** *vp* to become rich

enrobé, e [ãrɔbe] *adj* • **enrobé de** coated with

enroué, e [ãrwe] *adj* hoarse

enrouler [ãrule] *vt* to roll up ◆ **s'enrouler** *vp* • **s'enrouler autour de qqch** to wind around sthg

enseignant, e [ãsɛɲã, ãt] *nm, f* teacher

enseigne [ãsɛɲ] *nf* sign • **enseigne lumineuse** neon sign

enseignement [ãsɛɲmã] *nm* **1.** *(éducation)* education **2.** *(métier)* teaching

enseigner [ãseɲe] *vt & vi* to teach • **enseigner qqch à qqn** to teach sb sthg

ensemble [ãsãbl] *adv* together ◇ *nm* **1.** set **2.** *(vêtement)* suit • **l'ensemble du groupe** the whole group • **l'ensemble des touristes** all the tourists • **dans l'ensemble** on the whole

ensevelir [ãsəvlir] *vt* to bury

ensoleillé, e [ãsɔleje] *adj* sunny

ensuite [ãsɥit] *adv* then

entaille [ãtaj] *nf* **1.** notch **2.** *(blessure)* cut

entamer [ãtame] *vt* **1.** to start **2.** *(bouteille)* to open

entasser [ãtase] *vt* **1.** *(mettre en tas)* to pile up **2.** *(serrer)* to squeeze in ◆ **s'entasser** *vp (voyageurs)* to pile in

entendre [ãtãdr] *vt* to hear • **entendre dire que** to hear that • **entendre parler de** to hear about ◆ **s'entendre** *vp (sympathiser)* to get on • **s'entendre bien avec qqn** to get on well with sb

entendu, e [ãtãdy] *adj (convenu)* agreed • **(c'est) entendu !** OK then! • **bien entendu** of course

enterrement [ãtɛrmã] *nm* funeral

enterrer [ãtere] *vt* to bury

en-tête [ãtɛt] (*pl* -s) *nm* heading

en-tête

L'adresse de la personne doit se situer en haut de page sur le côté droit, la date se situant au même emplacement après quelques sauts de ligne. Le nom de la société ou la personne à qui le courrier est adressé suit plus bas du côté gauche.

Si le courrier est purement formel et qu'il n'est pas destiné à une personne en particulier, on débute par *Dear Sir* ou *Dear Madam*

ou lorsque l'on ne connaît pas le sexe de la personne par *Dear Sir/Madam*. Sinon on commence par *Dear Mr X, Mrs X, Dr X*, etc.
Les courriers adressés aux amis débutent par *Dear*, suivi du prénom, ou par *Dearest* ou *My Dearest* quand il s'agit d'amis proches.
Dans tous les cas, la lettre se poursuit après un saut de ligne et débute sur une majuscule.

l'en-tête d'une lettre

Dans les courriers formels, on indique son nom, sa fonction au sein de la société, le nom du département dont on fait partie, l'adresse de la compagnie (comme sur le libellé d'une enveloppe, le numéro et le nom de la rue, le nom de la ville et le code postal), son numéro de téléphone débutant par +, suivi de l'indicatif du pays, du code régional (avec le zéro entre parenthèses puisqu'il n'est pas composé lors d'un appel passé depuis l'étranger : +44 (0) 20) et du numéro personnel, enfin son numéro de fax et son adresse e-mail.

en-tête et pied de page *nm INFORM* header and footer

entêter [ãtete] ◆ **s'entêter** *vp* to persist ● **s'entêter à faire qqch** to persist in doing sthg

enthousiasme [ãtuzjasm] *nm* enthusiasm

enthousiasmer [ãtuzjasme] *vt* to fill with enthusiasm ◆ **s'enthousiasmer pour** *vp + prep* to be enthusiastic about

enthousiaste [ãtuzjast] *adj* enthusiastic

entier, ère [ãtje, ɛr] *adj* **1.** *(intact)* whole, entire **2.** *(total)* complete **3.** *(lait)* full-fat ● **dans le monde entier** in the whole world ● **pendant des journées entières** for days on end ● **en entier** in its entirety

entièrement [ãtjɛrmã] *adv* completely

entonnoir [ãtɔnwar] *nm* funnel

entorse [ãtɔrs] *nf MÉD* sprain ● **se faire une entorse à la cheville** to sprain one's ankle

entortiller [ãtɔrtije] *vt* to twist

entourage [ãturaʒ] *nm* **1.** *(famille)* family **2.** *(amis)* circle of friends

entourer [ãture] *vt* **1.** *(cerner)* to surround **2.** *(mot, phrase)* to circle ● **entouré de** surrounded by

entracte [ãtrakt] *nm* interval

entraider [ãtrede] ◆ **s'entraider** *vp* to help one another

entrain [ãtrɛ̃] *nm* ● **avec entrain** with gusto ● **plein d'entrain** full of energy

entraînant, e [ãtrɛnã, ãt] *adj* catchy

entraînement [ãtrɛnmã] *nm* **1.** *(sportif)* training **2.** *(pratique)* practice

entraîner [ãtrene] *vt* **1.** *(emporter)* to carry away **2.** *(emmener)* to drag along **3.** *(provoquer)* to lead to, to cause **4.** *SPORT* to coach ◆ **s'entraîner** *vp (sportif)* to train ● **s'entraîner à faire qqch** to practise doing sthg

entraîneur, **euse** [ɑ̃trɛnœr, øz] *nm, f* *SPORT* coach

entraver [ɑ̃trave] *vt* **1.** *(mouvements)* to hinder **2.** *(circulation)* to hold up

entre [ɑ̃tr] *prép* between • **entre amis** between friends • **l'un d'entre nous** one of us

entrebâiller [ɑ̃trəbaje] *vt* to open slightly

entrechoquer [ɑ̃trəʃɔke] • **s'entrechoquer** *vp (verres)* to chink

entrecôte [ɑ̃trəkot] *nf* entrecote (steak) • **entrecôte à la bordelaise** *grilled entrecote steak served with a red wine and shallot sauce*

entrée [ɑ̃tre] *nf* **1.** *(accès)* entry, entrance **2.** *(pièce)* (entrance) hall **3.** *CULIN* starter ▾ **entrée gratuite** admission free ▾ **entrée interdite** no entry ▾ **entrée libre** *(dans un musée)* admission free ; *(dans une boutique)* browsers welcome

entremets [ɑ̃trəmɛ] *nm* dessert

entreposer [ɑ̃trəpoze] *vt* to store

entrepôt [ɑ̃trəpo] *nm* warehouse

entreprendre [ɑ̃trəprɑ̃dr] *vt* to undertake

entrepreneur [ɑ̃trəprənœr] *nm (en bâtiment)* contractor

entrepris, **e** [ɑ̃trəpri, iz] *pp* ➤ **entreprendre**

entreprise [ɑ̃trəpriz] *nf (société)* company

entrer [ɑ̃tre] *vi (aux être)* to enter, to go/come in ◇ *vt (aux avoir)* *INFORM* to enter • **entrez !** come in! • **entrer dans** to enter, to go/come into ; *(foncer dans)* to bang into

entre-temps [ɑ̃trətɑ̃] *adv* meanwhile

entretenir [ɑ̃trətənir] *vt (maison, plante)* to look after • **s'entretenir** *vp* • **s'entretenir (de qqch) avec qqn** to talk (about sthg) with sb

entretenu, **e** [ɑ̃trətəny] *pp* ➤ **entretenir**

entretien [ɑ̃trətjɛ̃] *nm* **1.** *(d'un jardin, d'une machine)* upkeep **2.** *(d'un vêtement)* care **3.** *(conversation)* discussion **4.** *(interview)* interview

entrevue [ɑ̃trəvy] *nf* meeting

entrouvert, **e** [ɑ̃truvɛr, ɛrt] *adj* half-open

énumération [enymerasjɔ̃] *nf* list

énumérer [enymere] *vt* to list

envahir [ɑ̃vair] *vt* **1.** to invade **2.** *(herbes)* to overrun

envahissant, **e** [ɑ̃vaisɑ̃, ɑ̃t] *adj (personne)* intrusive

enveloppe [ɑ̃vlɔp] *nf* envelope

Rédiger une enveloppe

Adressée de manière formelle, le titre de la personne à laquelle le courrier est destiné doit être indiqué avant son prénom et son nom (*Mr Oliver Twayne, Mrs Amanda Sutton, Dr James Parker, Professor John Taylor*, etc.).

Le nom des sociétés doit être mentionné en totalité et les numéros d'appartement ou de rues précèdent l'adresse (*Flat 4, Hereford Road*). Les abréviations sont courantes : *Rd* (Road), *St* (Street), *Ave* (Avenue), *Tce* (Terrace), *Gdns* (Gardens), *Sq* (Square).

Le nom des villes est suivi sur la

ligne suivante par celui de la région (en Angleterre) ou de l'état (aux USA) : les régions anglaises sont couramment abrégées (*N Yorks* pour North Yorkshire ou *Hants* pour Hampshire). Les codes postaux sont toujours mentionnés après, par exemple (Burke / Virginia 22051 / USA).

envelopper [ɑ̃vlɔpe] *vt* to wrap (up)
envers [ɑ̃vɛr] *prép* towards ◇ *nm* • **l'envers** the back • **à l'envers** *(devant derrière)* back to front ; *(en sens inverse)* backwards
envie [ɑ̃vi] *nf* **1.** *(désir)* desire **2.** *(jalousie)* envy • **avoir envie de qqch** to feel like sthg • **avoir envie de faire qqch** to feel like doing sthg
envier [ɑ̃vje] *vt* to envy
environ [ɑ̃virɔ̃] *adv* about ◆ **environs** *nmpl* surrounding area *sg* • **aux environs de** *(heure, nombre)* round about ; *(lieu)* near • **dans les environs** in the surrounding area
environnant, e [ɑ̃virɔnɑ̃, ɑ̃t] *adj* surrounding
environnement [ɑ̃virɔnmɑ̃] *nm* **1.** *(milieu)* background **2.** *(nature)* environment
envisager [ɑ̃vizaʒe] *vt* to consider • **envisager de faire qqch** to consider doing sthg
envoi [ɑ̃vwa] *nm (colis)* parcel
envoler [ɑ̃vɔle] ◆ **s'envoler** *vp* **1.** *(avion)* to take off **2.** *(oiseau)* to fly away **3.** *(feuilles)* to blow away
envoyé, e [ɑ̃vwaje] *nm, f* envoy • **envoyé spécial** special correspondent
envoyer [ɑ̃vwaje] *vt* **1.** to send **2.** *(balle, objet)* to throw • **envoyer qqch à qqn** to send sb sthg
épagneul [epaɲœl] *nm* spaniel
épais, aisse [epɛ, ɛs] *adj* thick
épaisseur [epɛsœr] *nf* thickness
épaissir [epesir] *vi CULIN* to thicken ◆ **s'épaissir** *vp* to thicken
épanouir [epanwir] ◆ **s'épanouir** *vp* **1.** *(fleur)* to bloom **2.** *(visage)* to light up
épargner [eparɲe] *vt* **1.** *(argent)* to save **2.** *(ennemi, amour-propre)* to spare • **épargner qqch à qqn** to spare sb sthg
éparpiller [eparpije] *vt* to scatter ◆ **s'éparpiller** *vp* to scatter
épatant, e [epatɑ̃, ɑ̃t] *adj* splendid
épater [epate] *vt* to amaze
épaule [epol] *nf* shoulder • **épaule d'agneau** shoulder of lamb
épaulette [epolɛt] *nf* **1.** *(décoration)* epaulet **2.** *(rembourrage)* shoulder pad
épave [epav] *nf* wreck
épée [epe] *nf* sword
épeler [eple] *vt* to spell
éperon [eprɔ̃] *nm* spur
épi [epi] *nm* **1.** *(de blé)* ear **2.** *(de maïs)* cob **3.** *(de cheveux)* tuft
épice [epis] *nf* spice
épicé, e [epise] *adj* spicy
épicerie [episri] *nf* **1.** *(denrées)* groceries *pl* **2.** *(magasin)* grocer's (shop) • **épicerie fine** delicatessen
épicier, ière [episje, ɛr] *nm, f* grocer
épidémie [epidemi] *nf* epidemic
épier [epje] *vt* to spy on
épilepsie [epilɛpsi] *nf* epilepsy
épiler [epile] *vt* **1.** *(jambes)* to remove unwanted hair from **2.** *(sourcils)* to pluck

épinards [epinar] *nmpl* spinach *sg*
épine [epin] *nf* thorn
épingle [epɛ̃gl] *nf* pin • **épingle à cheveux** hairpin • **épingle de nourrice** safety pin
épingler [epɛ̃gle] *vt* to pin
épinière [epinjɛr] *adj f* ➤ **moelle**
épisode [epizɔd] *nm* episode
éplucher [eplyʃe] *vt* to peel
épluchures [eplyʃyr] *nfpl* peelings
éponge [epɔ̃ʒ] *nf* **1.** sponge **2.** *(tissu)* towelling
éponger [epɔ̃ʒe] *vt* **1.** *(liquide)* to mop (up) **2.** *(visage)* to wipe
époque [epɔk] *nf* period
épouse *nf* ➤ **époux**
épouser [epuze] *vt* to marry
épousseter [epuste] *vt* to dust
épouvantable [epuvɑ̃tabl] *adj* awful
épouvantail [epuvɑ̃taj] *nm* scarecrow
épouvante [epuvɑ̃t] *nf* ➤ **film**
épouvanter [epuvɑ̃te] *vt* to terrify
époux, épouse [epu, epuz] *nm, f* spouse
épreuve [eprœv] *nf* **1.** *(difficulté, malheur)* ordeal **2.** *(sportive)* event **3.** *(examen)* paper
éprouvant, e [epruvɑ̃, ɑ̃t] *adj* trying
éprouver [epruve] *vt* **1.** *(ressentir)* to feel **2.** *(faire souffrir)* to distress
éprouvette [epruvɛt] *nf* test tube
EPS *nf* (*abr de éducation physique et sportive*) PE *(physical education)*
épuisant, e [epɥizɑ̃, ɑ̃t] *adj* exhausting
épuisé, e [epɥize] *adj* **1.** exhausted **2.** *(article)* sold out **3.** *(livre)* out of print
épuiser [epɥize] *vt* to exhaust
épuisette [epɥizɛt] *nf* landing net
équateur [ekwatœr] *nm* equator
équation [ekwasjɔ̃] *nf* equation
équerre [ekɛr] *nf* **1.** set square **2.** *(en T)* T-square
équilibre [ekilibr] *nm* balance • **en équilibre** stable • **perdre l'équilibre** to lose one's balance
équilibré, e [ekilibre] *adj* **1.** *(mentalement)* well-balanced **2.** *(nourriture, repas)* balanced
équilibriste [ekilibrist] *nmf* tightrope walker
équipage [ekipaʒ] *nm* crew
équipe [ekip] *nf* team
équipement [ekipmɑ̃] *nm* equipment
équiper [ekipe] *vt* to equip ◆ **s'équiper (de)** *vp + prep* to equip o.s. (with)
équipier, ère [ekipje, ɛr] *nm, f* **1.** *SPORT* team member **2.** *NAUT* crew member
équitable [ekitabl] *adj* fair
équitation [ekitasjɔ̃] *nf* (horse-)riding • **faire de l'équitation** to go (horse-)riding
équivalent, e [ekivalɑ̃, ɑ̃t] *adj & nm* equivalent
équivaloir [ekivalwar] *vi* • **ça équivaut à (faire)...** that is equivalent to (doing)...
érable [erabl] *nm* maple
érafler [erafle] *vt* to scratch
éraflure [eraflyr] *nf* scratch
érotique [erɔtik] *adj* erotic
erreur [ɛrœr] *nf* mistake • **faire une erreur** to make a mistake
éruption [erypsjɔ̃] *nf* *(de volcan)* eruption • **éruption cutanée** rash
es [ɛ] 2e *pers. du sg de l'ind. prés.* ➤ **être**
escabeau [ɛskabo] (*pl* **-x**) *nm* stepladder
escalade [ɛskalad] *nf* climbing
escalader [ɛskalade] *vt* to climb

Escalator® [ɛskalatɔr] *nm* escalator
escale [ɛskal] *nf* stop • **faire escale (à)** *(bateau)* to put in (at) ; *(avion)* to make a stopover (at) • **vol sans escale** direct flight
escalier [ɛskalje] *nm* (flight of) stairs • **les escaliers** the stairs • **escalier roulant** escalator ▼ **escalier d'honneur** main staircase
escalope [ɛskalɔp] *nf* escalope
escargot [ɛskargo] *nm* snail
escarpé, e [ɛskarpe] *adj* steep
escarpin [ɛskarpɛ̃] *nm* court shoe
escavèches [ɛskavɛʃ] *nfpl (Belg) jellied eels, eaten with French fries*
esclaffer [ɛsklafe] ◆ **s'esclaffer** *vp* to burst out laughing
esclavage [ɛsklavaʒ] *nm* slavery
esclave [ɛsklav] *nmf* slave
escorte [ɛskɔrt] *nf* escort
escrime [ɛskrim] *nf* fencing
escroc [ɛskro] *nm* swindler
escroquerie [ɛskrɔkri] *nf* swindle
espace [ɛspas] *nm* space • **en l'espace de** in the space of • **espace fumeurs** smoking area • **espace non-fumeurs** non-smoking area • **espaces verts** open spaces
espacement [ɛspasmɑ̃] *nm* • **barre d'espacement** *INFORM* space bar
espacer [ɛspase] *vt* to space out
espadrille [ɛspadrij] *nf* espadrille
Espagne [ɛspaɲ] *nf* • **l'Espagne** Spain
espagnol, e [ɛspaɲɔl] *adj* Spanish ◇ *nm (langue)* Spanish ◆ **Espagnol, e** *nm, f* Spaniard • **les Espagnols** the Spanish
espèce [ɛspɛs] *nf (race)* species • **une espèce de** a kind of • **espèce d'imbécile !** you stupid idiot! ◆ **espèces** *nfpl* cash *sg* • **en espèces** in cash
espérer [ɛspere] *vt* to hope for • **espérer faire qqch** to hope to do sthg • **espérer que** to hope (that) • **j'espère (bien) !** I hope so!
espion, onne [ɛspjɔ̃, ɔn] *nm, f* spy
espionnage [ɛspjɔnaʒ] *nm* spying • **film/roman d'espionnage** spy film/novel
espionner [ɛspjɔne] *vt* to spy on
esplanade [ɛsplanad] *nf* esplanade
espoir [ɛspwar] *nm* hope
esprit [ɛspri] *nm* **1.** *(pensée)* mind **2.** *(humour)* wit **3.** *(caractère, fantôme)* spirit
Esquimau, aude, x [ɛskimo, od] *nm, f* Eskimo • **Esquimau**® *(glace)* choc-ice on a stick (*UK*), Eskimo (*US*)
esquisser [ɛskise] *vt (dessin)* to sketch • **esquisser un sourire** to half-smile
esquiver [ɛskive] *vt* to dodge
essai [esɛ] *nm* **1.** *(test)* test **2.** *(tentative)* attempt **3.** *(littéraire)* essay **4.** *SPORT* try
essaim [esɛ̃] *nm* swarm
essayage [esɛjaʒ] *nm* ➤ **cabine**
essayer [eseje] *vt* **1.** *(vêtement, chaussures)* to try on **2.** *(tester)* to try out **3.** *(tenter)* to try • **essayer de faire qqch** to try to do sthg
essence [esɑ̃s] *nf* petrol (*UK*), gas (*US*) • **essence sans plomb** unleaded (petrol)
essentiel, elle [esɑ̃sjɛl] *adj* essential ◇ *nm* • **l'essentiel** *(le plus important)* the main thing ; *(le minimum)* the essentials *pl*
essieu [esjø] (*pl* **-x**) *nm* axle
essorage [esɔraʒ] *nm (sur un lave-linge)* spin cycle

essorer [esɔre] *vt* to spin-dry
essoufflé, e [esufle] *adj* out of breath
essuie-glace [esɥiglas] (*pl* -s) *nm* windscreen wiper (*UK*), windshield wiper (*US*)
essuie-mains [esɥimɛ̃] *nm inv* hand towel
essuie-tout [esɥitu] *nm* paper towels, kitchen roll (*UK*)
essuyer [esɥije] *vt* **1.** *(sécher)* to dry **2.** *(enlever)* to wipe up ◆ **s'essuyer** *vp* to dry o.s. ● **s'essuyer les mains** to dry one's hands
[1]**est** [ɛ] *3ᵉ pers. du sg de l'ind. prés.* ➤ **être**
[2]**est** [ɛst] *adj inv* east, eastern ◇ *nm* east ● **à l'est** in the east ● **à l'est de** east of ● **l'Est** *(l'est de la France)* the East (of France) ; *(l'Alsace et la Lorraine) north-eastern part of France*
est-ce que [ɛskə] *adv* ● **est-ce qu'il est là ?** is he there? ● **est-ce que tu as mangé ?** have you eaten? ● **comment est-ce que ça s'est passé ?** how did it go?
esthéticienne [ɛstetisjɛn] *nf* beautician
esthétique [ɛstetik] *adj (beau)* attractive
estimation [ɛstimasjɔ̃] *nf* **1.** *(de dégâts)* estimate **2.** *(d'un objet d'art)* valuation
estimer [ɛstime] *vt* **1.** *(dégâts)* to estimate **2.** *(objet d'art)* to value **3.** *(respecter)* to respect ● **estimer que** to think that
estivant, e [ɛstivɑ̃, ɑ̃t] *nm, f* holidaymaker (*UK*), vacationer (*US*)
estomac [ɛstɔma] *nm* stomach
estrade [ɛstrad] *nf* platform
estragon [ɛstragɔ̃] *nm* tarragon
estuaire [ɛstɥɛr] *nm* estuary
et [e] *conj* and ● **et après ?** *(pour défier)* so what? ● **je l'aime bien, et toi ?** I like him, what about you? ● **vingt et un** twenty-one
étable [etabl] *nf* cowshed
établi [etabli] *nm* workbench
établir [etablir] *vt* **1.** *(commerce, entreprise)* to set up **2.** *(liste, devis)* to draw up **3.** *(contacts)* to establish ◆ **s'établir** *vp* **1.** *(emménager)* to settle **2.** *(professionnellement)* to set o.s. up (in business) **3.** *(se créer)* to build up
établissement [etablismɑ̃] *nm* establishment ● **établissement scolaire** school
étage [etaʒ] *nm* **1.** floor **2.** *(couche)* tier ● **au premier étage** on the first floor (*UK*), on the second floor (*US*) ● **à l'étage** upstairs
étagère [etaʒɛr] *nf* **1.** shelf **2.** *(meuble)* (set of) shelves
étain [etɛ̃] *nm* tin
étais [etɛ] *1ʳᵉ et 2ᵉ pers. du sg de l'ind. imparfait* ➤ **être**
étal [etal] *nm (sur les marchés)* stall
étalage [etalaʒ] *nm (vitrine)* display
étaler [etale] *vt* **1.** to spread (out) **2.** *(beurre, confiture)* to spread ◆ **s'étaler** *vp (se répartir)* to be spread
étanche [etɑ̃ʃ] *adj* **1.** *(montre)* waterproof **2.** *(joint)* watertight
étang [etɑ̃] *nm* pond
étant [etɑ̃] *p prés* ➤ **être**
étape [etap] *nf* **1.** *(période)* stage **2.** *(lieu)* stop ● **faire étape à** to stop off at
état [eta] *nm* state, condition ● **en état (de marche)** in working order ● **en bon état** in good condition ● **en mauvais état** in poor condition ● **état civil** *(d'une*

personne) personal details • **état d'esprit** state of mind ♦ **État** *nm POL* state

États-Unis [etazyni] *nmpl* • **les États-Unis** the United States

etc (*abr écrite de et cetera*) etc

et cetera [ɛtsetera] *adv* et cetera

[1]**été** [ete] *pp* ➤ **être**

[2]**été** [ete] *nm* summer • **en été** in (the) summer

éteindre [etɛ̃dr] *vt* **1.** *(lumière, appareil)* to turn off **2.** *(cigarette, incendie)* to put out ♦ **s'éteindre** *vp* to go out

éteint, **e** [etɛ̃, ɛ̃t] *pp & 3ᵉ pers. du sg de l'ind. prés.* ➤ **éteindre**

étendre [etɑ̃dr] *vt* **1.** *(nappe, carte)* to spread (out) **2.** *(linge)* to hang out **3.** *(jambe, personne)* to stretch (out) ♦ **s'étendre** *vp* **1.** *(se coucher)* to lie down **2.** *(être situé)* to stretch **3.** *(se propager)* to spread

étendu, **e** [etɑ̃dy] *adj (grand)* extensive

étendue [etɑ̃dy] *nf* area

éternel, **elle** [etɛrnɛl] *adj* eternal

éternité [etɛrnite] *nf* eternity • **cela fait une éternité que...** it's been ages since...

éternuement [etɛrnymɑ̃] *nm* sneeze

éternuer [etɛrnɥe] *vi* to sneeze

êtes [ɛt] *2ᵉ pers. du pl de l'ind. prés.* ➤ **être**

ethernet *nm* • **port ethernet** Ethernet port

étinceler [etɛ̃sle] *vi* to sparkle

étincelle [etɛ̃sɛl] *nf* spark

étiquetage [etiktaʒ] *nm* labelling ▾ **l'étiquetage des bagages est obligatoire** all baggage must be labelled

étiquette [etikɛt] *nf* label

étirer [etire] *vt* to stretch (out) ♦ **s'étirer** *vp* to stretch

étoffe [etɔf] *nf* material

étoile [etwal] *nf* star • **hôtel deux/trois étoiles** two-/three-star hotel • **dormir à la belle étoile** to sleep out in the open • **étoile de mer** starfish

étonnant, **e** [etɔnɑ̃, ɑ̃t] *adj* amazing

étonné, **e** [etɔne] *adj* surprised

étonner [etɔne] *vt* to surprise • **ça m'étonnerait (que)** I would be surprised (if) • **tu m'étonnes !** *(fam)* I'm not surprised! ♦ **s'étonner** *vp* • **s'étonner que** to be surprised that

étouffant, **e** [etufɑ̃, ɑ̃t] *adj* stifling

étouffer [etufe] *vt* **1.** to suffocate **2.** *(bruit)* to muffle ◇ *vi* **1.** *(manquer d'air)* to choke **2.** *(avoir chaud)* to suffocate ♦ **s'étouffer** *vp* **1.** to choke **2.** *(mourir)* to choke to death

étourderie [eturdəri] *nf (caractère)* thoughtlessness • **faire une étourderie** to make a careless mistake

étourdi, **e** [eturdi] *adj (distrait)* scatterbrained

étourdir [eturdir] *vt* **1.** *(assommer)* to daze **2.** *(donner le vertige à)* to make dizzy

étourdissement [eturdismɑ̃] *nm* dizzy spell

étrange [etrɑ̃ʒ] *adj* strange

étranger, **ère** [etrɑ̃ʒe, ɛr] *adj* **1.** *(ville, coutume)* foreign **2.** *(inconnu)* unfamiliar ◇ *nm, f* **1.** *(d'un autre pays)* foreigner **2.** *(inconnu)* stranger ◇ *nm* • **à l'étranger** abroad

étrangler [etrɑ̃gle] *vt* to strangle ♦ **s'étrangler** *vp* to choke

être [ɛtr] *vi*
1. *(pour décrire)* to be • **être content** to be happy • **je suis architecte** I'm an architect
2. *(pour désigner le lieu, l'origine)* to be • **nous serons à Naples/à la maison à partir de demain** we will be in Naples/at home from tomorrow onwards • **d'où êtes-vous ?** where are you from?
3. *(pour donner la date)* • **quel jour sommes-nous ?** what day is it? • **c'est jeudi** it's Thursday
4. *(aller)* • **j'ai été trois fois en Écosse** I've been to Scotland three times
5. *(pour exprimer l'appartenance)* • **être à qqn** to belong to sb • **cette voiture est à vous ?** is this your car? • **c'est à Daniel** it's Daniel's
◇ *v impers*
1. *(pour désigner le moment)* • **il est huit heures/tard** it's eight o'clock/late
2. *(avec un adjectif ou un participe passé)* • **il est difficile de savoir si...** it is difficult to know whether... • **il est recommandé de réserver à l'avance** advance booking is recommended
◇ *v aux*
1. *(pour former le passé composé)* to have/to be • **nous sommes partis hier** we left yesterday • **je suis née en 1976** I was born in 1976 • **tu t'es coiffé ?** have you brushed your hair?
2. *(pour former le passif)* to be • **le train a été retardé** the train was delayed
◇ *nm (créature)* being • **être humain** human being

étrenner [etrene] *vt* to use for the first time

étrennes [etrɛn] *nfpl* ≃ Christmas bonus

étrier [etrije] *nm* stirrup

étroit, e [etrwa, at] *adj* **1.** *(rue, siège)* narrow **2.** *(vêtement)* tight • **on est à l'étroit ici** it's cramped in here

étude [etyd] *nf* **1.** study **2.** *(salle d'école)* study room **3.** *(de notaire)* office ◆ **études** *nfpl* studies • **faire des études (de)** to study

étudiant, e [etydjɑ̃, ɑ̃t] *adj & nm, f* student

étudier [etydje] *vt & vi* to study

étui [etɥi] *nm* case

eu, e [y] *pp* ➤ **avoir**

euh [ø] *interj* er

euro [ørɔ] *nm* euro • **zone euro** euro zone, euro area

eurochèque [ørɔʃɛk] *nm* Eurocheque

Europe [ørɔp] *nf* • **l'Europe** Europe • **l'Europe de l'Est** Eastern Europe

européen, enne [ørɔpeɛ̃, ɛn] *adj* European ◆ **Européen, enne** *nm, f* European

eux [ø] *pron* **1.** *(après prép ou comparaison)* them **2.** *(pour insister)* they • **eux-mêmes** themselves

évacuer [evakɥe] *vt* **1.** to evacuate **2.** *(liquide)* to drain

évader [evade] ◆ **s'évader** *vp* to escape

évaluer [evalɥe] *vt* **1.** *(dégâts)* to estimate **2.** *(tableau)* to value

Évangile [evɑ̃ʒil] *nm (livre)* Gospel

évanouir [evanwir] ◆ **s'évanouir** *vp* to faint

évaporer [evapɔre] ◆ **s'évaporer** *vp* to evaporate

évasé, e [evaze] *adj* flared

évasion [evazjɔ̃] *nf* escape

éveillé, e [eveje] *adj (vif)* alert
éveiller [eveje] *vt* **1.** *(soupçons, attention)* to arouse **2.** *(intelligence, imagination)* to awaken ♦ **s'éveiller** *vp (sensibilité, curiosité)* to be aroused
événement [evɛnmɑ̃] *nm* event
éventail [evɑ̃taj] *nm* **1.** fan **2.** *(variété)* range
éventrer [evɑ̃tre] *vt* **1.** to disembowel **2.** *(ouvrir)* to rip open
éventuel, elle [evɑ̃tɥɛl] *adj* possible
éventuellement [evɑ̃tɥɛlmɑ̃] *adv* possibly
évêque [evɛk] *nm* bishop
évidemment [evidamɑ̃] *adv* obviously
évident, e [evidɑ̃, ɑ̃t] *adj* obvious • **c'est pas évident !** *(pas facile)* it's not (that) easy!
évier [evje] *nm* sink
évitement [evitmɑ̃] *nm (Belg) (déviation)* diversion
éviter [evite] *vt* to avoid • **éviter qqch à qqn** to spare sb sthg • **éviter de faire qqch** to avoid doing sthg
évolué, e [evɔlɥe] *adj* **1.** *(pays)* advanced **2.** *(personne)* broad-minded
évoluer [evɔlɥe] *vi* **1.** to change **2.** *(maladie)* to develop
évolution [evɔlysjɔ̃] *nf* development
évoquer [evɔke] *vt* **1.** *(faire penser à)* to evoke **2.** *(mentionner)* to mention
ex- [ɛks] *préf (ancien)* ex-
exact, e [ɛgzakt] *adj* **1.** *(correct)* correct **2.** *(précis)* exact **3.** *(ponctuel)* punctual • **c'est exact** *(c'est vrai)* that's right
exactement [ɛgzaktəmɑ̃] *adv* exactly
exactitude [ɛgzaktityd] *nf* **1.** accuracy **2.** *(ponctualité)* punctuality
ex aequo [ɛgzeko] *adj inv* level
exagérer [ɛgzaʒere] *vt & vi* to exaggerate
examen [ɛgzamɛ̃] *nm* **1.** *(médical)* examination **2.** *SCOL* exam • **examen blanc** mock exam (*UK*), practise test (*US*)
examinateur, trice [ɛgzaminatœr, tris] *nm, f* examiner
examiner [ɛgzamine] *vt* to examine
exaspérer [ɛgzaspere] *vt* to exasperate
excédent [ɛksedɑ̃] *nm* surplus • **excédent de bagages** excess baggage
excéder [ɛksede] *vt* **1.** *(dépasser)* to exceed **2.** *(énerver)* to exasperate
excellent, e [ɛkselɑ̃, ɑ̃t] *adj* excellent
excentrique [ɛksɑ̃trik] *adj (extravagant)* eccentric
excepté [ɛksɛpte] *prép* except
exception [ɛksɛpsjɔ̃] *nf* exception • **faire une exception** to make an exception • **à l'exception de** with the exception of • **sans exception** without exception
exceptionnel, elle [ɛksɛpsjɔnɛl] *adj* exceptional
excès [ɛksɛ] *nm* excess ◇ *nmpl* • **faire des excès** to eat and drink too much • **excès de vitesse** speeding *sg*
excessif, ive [ɛksesif, iv] *adj* **1.** excessive **2.** *(personne, caractère)* extreme
excitant, e [ɛksitɑ̃, ɑ̃t] *adj* exciting ◇ *nm* stimulant
excitation [ɛksitasjɔ̃] *nf* excitement
exciter [ɛksite] *vt* to excite
exclamation [ɛksklamasjɔ̃] *nf* exclamation
exclamer [ɛksklame] ♦ **s'exclamer** *vp* to exclaim

exclure [ɛksklyr] *vt* **1.** *(ne pas compter)* to exclude **2.** *(renvoyer)* to expel

exclusif, ive [ɛksklyzif, iv] *adj* **1.** *(droit, interview)* exclusive **2.** *(personne)* possessive

exclusivité [ɛksklyzivite] *nf (d'un film, d'une interview)* exclusive rights *pl* • **en exclusivité** *(film)* on general release

excursion [ɛkskyrsjɔ̃] *nf* excursion

excuse [ɛkskyz] *nf* excuse ◆ **excuses** *nfpl* • **faire des excuses à qqn** to apologize to sb

excuser [ɛkskyze] *vt* to excuse • **excusez-moi** *(pour exprimer ses regrets)* I'm sorry ; *(pour interrompre)* excuse me ◆ **s'excuser** *vp* to apologize • **s'excuser de faire qqch** to apologize for doing sthg

exécuter [ɛgzekyte] *vt* **1.** *(travail, ordre)* to carry out **2.** *(œuvre musicale)* to perform **3.** *(personne)* to execute

exécution [ɛgzekysjɔ̃] *nf* execution

exemplaire [ɛgzɑ̃plɛr] *nm* copy

exemple [ɛgzɑ̃pl] *nm* example • **par exemple** for example

exercer [ɛgzɛrse] *vt* **1.** to exercise **2.** *(voix, mémoire)* to train • **exercer le métier d'infirmière** to work as a nurse ◆ **s'exercer** *vp (s'entraîner)* to practise • **s'exercer à faire qqch** to practise doing sthg

exercice [ɛgzɛrsis] *nm* exercise • **faire de l'exercice** to exercise

exigeant, e [ɛgziʒɑ̃, ɑ̃t] *adj* demanding

exigence [ɛgziʒɑ̃s] *nf (demande)* demand

exiger [ɛgziʒe] *vt* **1.** to demand **2.** *(avoir besoin de)* to require

exiler [ɛgzile] ◆ **s'exiler** *vp* to go into exile

existence [ɛgzistɑ̃s] *nf* existence

exister [ɛgziste] *vi* to exist • **il existe** *(il y a)* there is/are

exorbitant, e [ɛgzɔrbitɑ̃, ɑ̃t] *adj* exorbitant

exotique [ɛgzɔtik] *adj* exotic

expatrier [ɛkspatrije] ◆ **s'expatrier** *vp* to leave one's country

expédier [ɛkspedje] *vt* to send

expéditeur, trice [ɛkspeditœr, tris] *nm, f* sender

expédition [ɛkspedisjɔ̃] *nf* **1.** *(voyage)* expedition **2.** *(envoi)* dispatch

expérience [ɛksperjɑ̃s] *nf* **1.** experience **2.** *(scientifique)* experiment • **expérience (professionnelle)** experience

expérimenté, e [ɛksperimɑ̃te] *adj* experienced

expert [ɛkspɛr] *nm* expert

expertiser [ɛkspɛrtize] *vt* to value

expirer [ɛkspire] *vi* **1.** *(souffler)* to breathe out **2.** *(finir)* to expire

explication [ɛksplikasjɔ̃] *nf* **1.** explanation **2.** *(discussion)* discussion • **explication de texte** commentary on a text

expliquer [ɛksplike] *vt* to explain • **expliquer qqch à qqn** to explain sthg to sb ◆ **s'expliquer** *vp* to explain o.s.

exploit [ɛksplwa] *nm* exploit

exploitation [ɛksplwatasjɔ̃] *nf* **1.** *(d'une terre, d'une mine)* working **2.** *(de personnes)* exploitation • **exploitation (agricole)** farm

exploiter [ɛksplwate] *vt* **1.** *(terre, mine)* to work **2.** *(personnes, naïveté)* to exploit

exploration [ɛksplɔrasjɔ̃] *nf* exploration

explorer [ɛksplɔre] *vt* to explore

exploser [ɛksploze] *vi* to explode

explosif, ive [ɛksplozif, iv] *adj & nm* explosive

explosion [ɛksplozjɔ̃] *nf* **1.** explosion **2.** *(fig) (de colère, de joie)* outburst

exportation [ɛkspɔrtasjɔ̃] *nf* export

exporter [ɛkspɔrte] *vt* to export

exposé, e [ɛkspoze] *adj (en danger)* exposed ◇ *nm* **1.** account **2.** *SCOL* presentation • **exposé au sud** south-facing • **une maison bien exposée** a house which gets a lot of sun

exposer [ɛkspoze] *vt* **1.** *(tableaux)* to exhibit **2.** *(théorie, motifs)* to explain

exposition [ɛkspozisjɔ̃] *nf* **1.** exhibition **2.** *(d'une maison)* orientation

[1]**exprès** [ɛksprɛs] *adj inv (lettre)* special delivery ◇ *nm* • **par exprès** (by) special delivery

[2]**exprès** [ɛksprɛ] *adv* **1.** *(volontairement)* on purpose, deliberately **2.** *(spécialement)* specially • **faire exprès de faire qqch** to do sthg deliberately ou on purpose

express [ɛksprɛs] *nm* **1.** *(café)* = **expresso 2.** • **(train) express** express (train)

expression [ɛksprɛsjɔ̃] *nf* expression • **expression écrite** written language • **expression orale** oral language

expresso [ɛksprɛso] *nm* expresso

exprimer [ɛksprime] *vt (idée, sentiment)* to express ♦ **s'exprimer** *vp (parler)* to express o.s.

expulser [ɛkspylse] *vt* to expel

extensible [ɛkstɑ̃sibl] *adj (vêtement)* stretchy

exténué, e [ɛkstenye] *adj* exhausted

extérieur, e [ɛksterjœr] *adj* **1.** *(escalier, poche)* outside **2.** *(surface)* outer **3.** *(commerce, politique)* foreign **4.** *(gentillesse, calme)* outward ◇ *nm* **1.** outside **2.** *(apparence)* exterior • **à l'extérieur** outside • **jouer à l'extérieur** *SPORT* to play away • **à l'extérieur de** outside

exterminer [ɛkstɛrmine] *vt* to exterminate

externe [ɛkstɛrn] *adj* external ◇ *nmf (élève)* day pupil

extincteur [ɛkstɛ̃ktœr] *nm* (fire) extinguisher

extinction [ɛkstɛ̃ksjɔ̃] *nf* **1.** *(voix)* • **extinction de voix** loss of voice **2.** *(animal)* • **en voie d'extinction** endangered

extra [ɛkstra] *adj inv* **1.** *(qualité)* first-class **2.** *(fam) (formidable)* great ◇ *préf (très)* extra

extraire [ɛkstrɛr] *vt* to extract • **extraire qqn/qqch de** to extract sb/sthg from

extrait [ɛkstrɛ] *nm* extract • **extrait de casier judiciaire** copy of criminal record

extraordinaire [ɛkstraɔrdinɛr] *adj* **1.** *(incroyable)* incredible **2.** *(excellent)* wonderful

extravagant, e [ɛkstravagɑ̃, ɑ̃t] *adj* extravagant

extrême [ɛkstrɛm] *adj & nm* extreme • **l'Extrême-Orient** the Far East

extrêmement [ɛkstrɛmmɑ̃] *adv* extremely

extrémité [ɛkstremite] *nf* end

F (*abr écrite de franc, Fahrenheit*) F
fable [fabl] *nf* fable
fabricant [fabrikɑ̃] *nm* manufacturer
fabrication [fabrikasjɔ̃] *nf* manufacture
fabriquer [fabrike] *vt* **1.** to make **2.** *(produit)* to manufacture • **mais qu'est-ce que tu fabriques ?** *(fam)* what are you up to?
fabuleux, euse [fabylø, øz] *adj* **1.** *(énorme)* enormous **2.** *(excellent)* tremendous
fac [fak] *nf (fam)* college
façade [fasad] *nf* facade
face [fas] *nf* **1.** *(côté)* side **2.** *(d'une pièce)* heads *sg* **3.** *(visage)* face • **faire face à** *(être devant)* to face ; *(affronter)* to face up to • **de face** from the front • **en face (de)** opposite • **face à face** face to face
fâché, e [faʃe] *adj* **1.** angry **2.** *(brouillé)* on bad terms
fâcher [faʃe] ◆ **se fâcher** *vp* **1.** to get angry **2.** *(se brouiller)* to quarrel
facile [fasil] *adj* **1.** easy **2.** *(aimable)* easygoing
facilement [fasilmɑ̃] *adv* easily
facilité [fasilite] *nf (aisance)* ease
faciliter [fasilite] *vt* to make easier
façon [fasɔ̃] *nf* way • **de façon (à ce) que** so that • **de toute façon** anyway • **non merci, sans façon** no thank you ◆ **façons** *nfpl (comportement)* manners • **faire des façons** *(être maniéré)* to put on airs
facteur, trice [faktœr, tris] *nm, f* postman(*f* postwoman) (*UK*), mailman(*f* mailwoman) (*US*) ◇ *nm* factor
facture [faktyr] *nf* bill, invoice
facturer [faktyre] *vt* to invoice
facturette [faktyrɛt] *nf* (credit card sales) receipt
facultatif, ive [fakyltatif, iv] *adj* optional
faculté [fakylte] *nf* **1.** *(université)* faculty **2.** *(possibilité)* right
fade [fad] *adj* **1.** *(aliment)* bland **2.** *(couleur)* dull
fagot [fago] *nm* bundle of sticks
FAI (*abr de Fournisseur d'accès à Internet*) *nm* IAP
faible [fɛbl] *adj* **1.** weak **2.** *(son, lumière)* faint **3.** *(revenus, teneur)* low **4.** *(quantité, volume)* small ◇ *nm* • **avoir un faible pour qqch** to have a weakness for sthg • **avoir un faible pour qqn** to have a soft spot for sb
faiblement [fɛbləmɑ̃] *adv* **1.** weakly **2.** *(augmenter)* slightly
faiblesse [fɛblɛs] *nf* weakness
faiblir [feblir] *vi* **1.** *(physiquement)* to get weaker **2.** *(son)* to get fainter **3.** *(lumière)* to fade
faïence [fajɑ̃s] *nf* earthenware
faille [faj] *nf* **1.** *(du terrain)* fault **2.** *(défaut)* flaw
faillir [fajir] *vi* • **il a failli tomber** he nearly fell over
faillite [fajit] *nf* bankruptcy • **faire faillite** to go bankrupt
faim [fɛ̃] *nf* hunger • **avoir faim** to be hungry

fainéant, e [feneɑ̃, ɑ̃t] *adj* lazy ◇ *nm, f* layabout

faire [fɛr] *vt*

1. *(fabriquer, préparer)* to make • **elle a fait un gâteau** she made a cake
2. *(effectuer)* to do • **faire une promenade** to go for a walk
3. *(arranger, nettoyer)* • **faire son lit** to make one's bed • **faire la vaisselle** to wash up • **faire ses valises** to pack (one's bags)
4. *(s'occuper à)* to do • **que faites-vous comme métier ?** what do you do for a living?
5. *(sport, musique, discipline)* to do • **faire des études** to study • **faire du piano** to play the piano
6. *(provoquer)* • **faire du bruit** to make a noise • **faire mal à qqn** to hurt sb • **faire de la peine à qqn** to upset sb
7. *(imiter)* • **faire l'imbécile** to act the fool
8. *(parcourir)* to do • **nous avons fait 150 km en deux heures** we did 100 miles in two hours • **faire du 80 (à l'heure)** to do 50 (miles an hour)
9. *(avec un prix)* • **ça fait combien ?** how much is it? • **ça fait 20 euros** that will be 20 euros
10. *(avec des mesures)* to be • **je fais 1,68 m** I'm 1.68 m tall • **je fais du 40** I take a size 40
11. MATH • **10 et 3 font 13** 10 and 3 are ou make 13
12. *(dire)* to say • **il m'a fait : "Ah bon ?"** he said to me: "Really?"
13. *(dans des expressions)* • **ça ne fait rien** never mind • **il ne fait que pleuvoir** it's always raining • **qu'est-ce que ça peut te faire ?** what's it to do with you? • **qu'est-ce que j'ai fait de mes clefs ?** what have I done with my keys?

◇ *vi*

1. *(agir)* • **vas-y, mais fais vite** go on, but be quick • **vous feriez mieux de...** you'd better... • **faites comme chez vous** make yourself at home
2. *(avoir l'air)* • **faire jeune/vieux** to look young/old

◇ *v impers*

1. *(climat, température)* • **il fait chaud/-2°C** it's hot/-2°C
2. *(exprime la durée)* • **ça fait trois jours que nous avons quitté Rouen** it's three days since we left Rouen • **ça fait dix ans que j'habite ici** I've lived here for ten years

◇ *v aux*

1. *(indique que l'on provoque une action)* to make • **faire cuire qqch** to cook sthg • **faire tomber qqch** to make sthg fall
2. *(indique qu l'on commande une action)* • **faire faire qqch (par qqn)** to have ou get sthg done (by sb) • **faire nettoyer un vêtement** to have a garment cleaned

◇ *v substitut* to do • **on lui a conseillé de réserver mais il ne l'a pas fait** he was advised to book, but he didn't

◆ **se faire** *vp*

1. *(être convenable, à la mode)* • **ça se fait** *(c'est convenable)* it's polite ; *(c'est à la mode)* it's fashionable • **ça ne se fait pas** *(ce n'est pas convenable)* it's not done ; *(ce n'est pas à la mode)* it's not fashionable
2. *(avoir, provoquer)* • **se faire des amis** to make friends • **se faire mal** to hurt o.s.
3. *(avec un infinitif)* • **se faire couper les cheveux** to have one's hair cut • **se faire**

opérer to have an operation • **je me suis fait arrêter par la police** I was stopped by the police
4. *(devenir)* • **se faire vieux** to get old • **il se fait tard** it's getting late
5. *(dans des expressions)* • **comment se fait-il que...?** how come...? • **ne t'en fais pas** don't worry
◆ **se faire à** *vp + prep (s'habituer à)* to get used to

faire-part [fɛrpar] *nm inv* announcement • **faire-part de mariage** wedding announcement • **faire-part de décès** death notice

faire suivre *vt* to forward

fais [fɛ] *1re et 2e pers. du sg de l'ind. prés.* ➤ **faire**

faisable [fəzabl] *adj* feasible

faisan [fəzɑ̃] *nm* pheasant

faisant [fəzɑ̃] *p prés* ➤ **faire**

faisons [fəzɔ̃] *1re pers. du pl de l'ind. prés.* ➤ **faire**

fait, e [fɛ, fɛt] *pp & 3e pers. de l'ind. prés.* ➤ **faire** ◇ *adj* **1.** *(tâche)* done **2.** *(objet, lit)* made **3.** *(fromage)* ripe ◇ *nm* fact • **(c'est) bien fait !** it serves you/him right! • **faits divers** minor news stories • **au fait** *(à propos)* by the way • **du fait de** because of • **en fait** in fact • **prendre qqn sur le fait** to catch sb in the act

faîtes [fɛt] *2e pers. du pl de l'ind. prés.* ➤ **faire**

fait-tout [fɛtu] *nm inv* cooking pot

falaise [falɛz] *nf* cliff

falloir [falwar] *v impers* • **il faut du courage pour faire ça** you need courage to do that • **il faut y aller ou que nous y allions** we must go • **il me faut 2 kilos d'oranges** I want 2 kilos of oranges

fallu [faly] *pp* ➤ **falloir**

falsifier [falsifje] *vt (document, écriture)* to forge

fameux, euse [famø, øz] *adj* **1.** *(célèbre)* famous **2.** *(très bon)* great

familial, e, aux [familjal, o] *adj (voiture, ennuis)* family

familiarité [familjarite] *nf* familiarity

familier, ère [familje, ɛr] *adj* **1.** familiar **2.** *(langage, mot)* colloquial

famille [famij] *nf* family • **en famille** with one's family • **j'ai de la famille à Paris** I have relatives in Paris

fan [fan] *nmf (fam)* fan

fanatique [fanatik] *adj* fanatical ◇ *nmf* fanatic

fané, e [fane] *adj* **1.** *(fleur)* withered **2.** *(couleur, tissu)* faded

faner [fane] ◆ **se faner** *vp (fleur)* to wither

fanfare [fɑ̃far] *nf* brass band

fanfaron, onne [fɑ̃farɔ̃, ɔn] *adj* boastful

fantaisie [fɑ̃tezi] *nf* **1.** *(imagination)* imagination **2.** *(caprice)* whim • **bijoux fantaisie** costume jewellery

fantastique [fɑ̃tastik] *adj* **1.** fantastic **2.** *(littérature, film)* fantasy

fantôme [fɑ̃tom] *nm* ghost

far [far] *nm* • **far breton** *Breton custard tart with prunes*

farce [fars] *nf* **1.** *(plaisanterie)* practical joke **2.** CULIN stuffing • **faire une farce à qqn** to play a trick on sb

farceur, euse [farsœr, øz] *nm, f* practical joker

farci, e [farsi] *adj* stuffed

fard [far] *nm* • **fard à joues** blusher • **fard à paupières** eyeshadow
farfelu, e [farfəly] *adj* weird
farine [farin] *nf* flour
farouche [faruʃ] *adj* **1.** *(animal)* wild **2.** *(enfant)* shy **3.** *(haine, lutte)* fierce
fascinant, e [fasinɑ̃, ɑ̃t] *adj* fascinating
fasciner [fasine] *vt* to fascinate
fasse *1re et 2e pers. du sg du subj. prés.* ➤ **faire**
fatal, e [fatal] *adj* **1.** *(mortel)* fatal **2.** *(inévitable)* inevitable
fatalement [fatalmɑ̃] *adv* inevitably
fataliste [fatalist] *adj* fatalistic
fatigant, e [fatigɑ̃, ɑ̃t] *adj* **1.** tiring **2.** *(agaçant)* tiresome
fatigue [fatig] *nf* tiredness
fatigué, e [fatige] *adj* tired • **être fatigué de faire qqch** to be tired of doing sthg
fatiguer [fatige] *vt* **1.** to tire (out) **2.** *(agacer)* to annoy ◆ **se fatiguer** *vp* to get tired • **se fatiguer à faire qqch** to wear o.s. out doing sthg
faubourg [fobur] *nm* suburb
faucher [foʃe] *vt* **1.** *(blé)* to cut **2.** *(piéton, cycliste)* to run down **3.** *(fam)* *(voler)* to pinch
faudra [fodra] *3e pers. du sg de l'ind. fut.* ➤ **falloir**
faufiler ◆ **se faufiler** *vp* to slip in
faune [fon] *nf* fauna
fausse *adj f* ➤ **faux**
fausser [fose] *vt* **1.** *(résultat)* to distort **2.** *(clef)* to bend **3.** *(mécanisme)* to damage
faut [fo] *3e pers. du sg de l'ind. prés.* ➤ **falloir**
faute [fot] *nf* **1.** mistake **2.** *(responsabilité)* fault • **c'est (de) ma faute** it's my fault • **faute de** for lack of
fauteuil [fotœj] *nm* **1.** armchair **2.** *(de cinéma, de théâtre)* seat • **fauteuil à bascule** rocking chair • **fauteuil roulant** wheelchair
fauve [fov] *nm* big cat
faux, fausse [fo, fos] *adj* **1.** *(incorrect)* wrong **2.** *(artificiel)* false **3.** *(billet)* fake ◇ *adv (chanter, jouer)* out of tune • **fausse note** wrong note • **faux numéro** wrong number
faux-filet [fofilɛ] (*pl* **-s**) *nm* sirloin
faveur [favœr] *nf (service)* favour • **en faveur de** in favour of
favorable [favɔrabl] *adj* favourable • **être favorable à** to be favourable to
favori, ite [favɔri, it] *adj* favourite
favoriser [favɔrize] *vt* **1.** *(personne)* to favour **2.** *(situation)* to help
fax [faks] *nm* fax
faxer [fakse] *vt* to fax
féculent [fekylɑ̃] *nm* starchy food
fédéral, e, aux [federal, o] *adj* federal
fédération [federasjɔ̃] *nf* federation
fée [fe] *nf* fairy
feignant, e [fɛɲɑ̃, ɑ̃t] *adj* (*fam*) lazy
feinte [fɛ̃t] *nf* **1.** *(ruse)* ruse **2.** *SPORT* dummy
fêler [fele] ◆ **se fêler** *vp* to crack
félicitations [felisitasjɔ̃] *nfpl* congratulations
féliciter [felisite] *vt* to congratulate
félin [felɛ̃] *nm* cat
femelle [fəmɛl] *nf* female
féminin, e [feminɛ̃, in] *adj* **1.** feminine **2.** *(mode, travail)* women's

femme [fam] *nf* **1.** woman **2.** *(épouse)* wife • **femme de chambre** chambermaid • **femme de ménage** cleaning woman • **bonne femme** *(fam)* woman
fendant [fɑ̃dɑ̃] *nm white wine from the Valais region of Switzerland*
fendre [fɑ̃dr] *vt* **1.** *(vase, plat)* to crack **2.** *(bois)* to split
fenêtre [fənɛtr] *nf* window
fenouil [fənuj] *nm* fennel
fente [fɑ̃t] *nf* **1.** *(fissure)* crack **2.** *(de tirelire, de distributeur)* slot
fer [fɛr] *nm* iron • **fer à cheval** horseshoe • **fer forgé** wrought iron • **fer à repasser** iron
fera 3e *pers. du sg de l'ind. fut.* ➤ **faire**
féra [fera] *nf fish from Lake Geneva*
fer-blanc [fɛrblɑ̃] *nm* tin
férié [ferje] *adj m* ➤ **jour**
ferme [fɛrm] *adj* firm ◇ *nf* farm • **ferme auberge** *farm providing holiday accommodation*
fermé, e [fɛrme] *adj* **1.** closed **2.** *(caractère)* introverted
fermement [fɛrməmɑ̃] *adv* firmly
fermenter [fɛrmɑ̃te] *vi* to ferment
fermer [fɛrme] *vt* **1.** to shut, to close **2.** *(magasin, société)* to close down **3.** *(électricité, radio)* to turn off, to switch off ◇ *vi* to close, to shut • **fermer qqch à clef** to lock sthg • **ça ne ferme pas** *(porte, boîte)* it won't shut ◆ **se fermer** *vp* **1.** to shut, to close **2.** *(vêtement)* to do up
fermeté [fɛrməte] *nf* firmness
fermeture [fɛrmətyr] *nf* **1.** closing **2.** *(mécanisme)* fastener • **fermeture Éclair**® zip *(UK)*, zipper *(US)* ▼ **fermeture annuelle** annual closing
fermier, ère [fɛrmje, ɛr] *nm, f* farmer
fermoir [fɛrmwar] *nm* clasp
féroce [ferɔs] *adj* ferocious
ferraille [fɛraj] *nf* scrap iron
ferrée [fɛre] *adj f* ➤ **voie**
ferroviaire [fɛrɔvjɛr] *adj* rail
ferry [fɛri] *(pl* **ferries***)* *nm* ferry
fertile [fɛrtil] *adj* fertile
fesse [fɛs] *nf* buttock ◆ **fesses** *nfpl* bottom *sg*
fessée [fese] *nf* spanking
festin [fɛstɛ̃] *nm* feast
festival [fɛstival] *nm* festival

festival d'Avignon

This month-long festival of theatre, dance, music and film, founded by Jean Vilar in 1947, is held every summer in Avignon. As well as the official festival, there is a thriving 'fringe' festival.

festival de Cannes

The Cannes Film Festival, held annually in May, is one of the most important in the world. Films, actors, and film-makers compete for awards, the most prestigious being the *Palme d'Or* for best film. A jury composed of cinema professionals chooses the winners.

fête [fɛt] *nf* **1.** *(congé)* holiday **2.** *(réception)* party **3.** *(kermesse)* fair **4.** *(jour du saint)* saint's day • **faire la fête** to party • **bonne fête !** Happy Saint's Day! • **fête**

foraine funfair • **fête des Mères** Mother's day • **fête des Pères** Father's day • **la fête de la Musique** *annual music festival which takes place in the streets* • **fête nationale** national holiday ♦ **fêtes** *nfpl* • **les fêtes (de fin d'année)** the Christmas holidays

bonne fête

In the Gregorian Calendar established by Pope Gregory XIII in 1582, each day of the year is associated with a particular saint or saints. The French traditionally wish someone with the same first name as a saint *Bonne Fête !* on that saint's day.

la fête de la musique

On 21 June each year, free concerts and performances of all types of music by both professional and amateur musicians are given in streets and squares throughout France. Founded in 1982, the festival rapidly gained in popularity and is now held in a large number of other countries.

fêter [fete] *vt* to celebrate

feu [fø] (*pl* **-x**) *nm* **1.** fire **2.** *(lumière)* light • **avez-vous du feu ?** have you got a light? • **faire du feu** to make a fire • **mettre le feu à** to set fire to • **à feu doux** on a low flame • **feu d'artifice** firework • **feu de camp** campfire • **feu rouge** red light • **feux de signalisation** ou **tricolores** traffic lights • **feux arrière** rear lights • **feux de croisement** dipped headlights • **feux de recul** reversing lights • **au feu !** fire! • **en feu** *(forêt, maison)* on fire

feuillage [fœjaʒ] *nm* foliage

feuille [fœj] *nf* **1.** *(d'arbre)* leaf **2.** *(de papier)* sheet • **feuille morte** dead leaf • **feuille de style** style sheet

feuilleté, e [fœjte] *adj* ➤ **pâte** ◇ *nm dessert or savoury dish made from puff pastry*

feuilleter [fœjte] *vt* to flick through

feuilleton [fœjtɔ̃] *nm* serial • **feuilleton télévisé** soap (opera)

feutre [føtr] *nm* **1.** *(stylo)* felt-tip pen **2.** *(chapeau)* felt hat

fève [fɛv] *nf* **1.** broad bean **2.** *(de galette) charm put in a "galette des Rois"*

février [fevrije] *nm* February • **en février, au mois de février** in February • **début février** at the beginning of February • **fin février** at the end of February • **le deux février** the second of February

fiable [fjabl] *adj* reliable

fiançailles [fjɑ̃saj] *nfpl* engagement *sg*

fiancé, e [fjɑ̃se] *nm, f* fiancé (*f* fiancée)

fiancer [fjɑ̃se] ♦ **se fiancer** *vp* to get engaged

fibre [fibr] *nf* fibre

ficeler [fisle] *vt* to tie up

ficelle [fisɛl] *nf* **1.** string **2.** *(pain) thin French stick*

fiche [fiʃ] *nf* **1.** *(de carton, de papier)* card **2.** *TECH* pin • **fiche de paie** payslip • **fiche technique** technical data sheet

ficher [fiʃe] *vt* **1.** *(planter)* to drive in **2.** *(fam) (faire)* to do **3.** *(fam) (mettre)* to stick • **mais qu'est-ce qu'il fiche ?** *(fam)* what on earth is he doing? • **fiche-moi la paix !** (*fam*) leave me alone! • **fiche le camp !** (*fam*) get lost! ♦ **se ficher de** *vp + prep* (*fam*) (*ridiculiser*) to make fun of • **je m'en fiche** (*fam*) (*ça m'est égal*) I don't give a damn

fichier [fiʃje] *nm* **1.** (*boîte*) card-index box **2.** *INFORM* file • **fichiers temporaires** temporary files

fichu, e [fiʃy] *adj* (*fam*) • **c'est fichu** (*raté*) that's blown it ; (*cassé, abîmé*) it's had it • **être bien fichu** (*beau*) to have a good body • **être mal fichu** (*malade*) to feel rotten

fidèle [fidɛl] *adj* loyal

fidélité [fidelite] *nf* loyalty

[1]**fier** [fje] ♦ **se fier à** *vp + prep* (*personne, instinct*) to rely on

[2]**fier, fière** [fjɛr] *adj* proud • **être fier de** to be proud of

fierté [fjɛrte] *nf* pride

fièvre [fjɛvr] *nf* fever • **avoir de la fièvre** to have a (high) temperature

fiévreux, euse [fjevrø, øz] *adj* feverish

fig. (*abr écrite de figure*) fig.

figé, e [fiʒe] *adj* **1.** (*sauce*) congealed **2.** (*personne*) motionless

figer [fiʒe] ♦ **se figer** *vp* (*sauce*) to congeal

figue [fig] *nf* fig

figure [figyr] *nf* **1.** (*visage*) face **2.** (*schéma*) figure

figurer [figyre] *vi* to appear

fil [fil] *nm* **1.** (*à coudre*) thread **2.** (*du téléphone*) wire • **fil de fer** wire

file [fil] *nf* **1.** line **2.** (*sur la route*) lane • **file (d'attente)** queue (*UK*), line (*US*) • **à la file** in a row • **en file (indienne)** in single file

filer [file] *vt* (*collant*) to ladder (*UK*), to put a run in (*US*) ◇ *vi* **1.** (*aller vite*) to fly **2.** (*fam*) (*partir*) to dash off • **filer qqch à qqn** (*fam*) to slip sb sthg

filet [filɛ] *nm* **1.** net **2.** (*de poisson, de bœuf*) fillet **3.** (*d'eau*) trickle • **filet américain** (*Belg*) steak tartare • **filet à bagages** luggage rack • **filet mignon** filet mignon, small good-quality cut of beef • **filet de bar au pistou** bass fillet with pesto sauce

filiale [filjal] *nf* subsidiary

filière [filjɛr] *nf SCOL* • **filière scientifique** science subjects

fille [fij] *nf* **1.** girl **2.** (*descendante*) daughter

fillette [fijɛt] *nf* little girl

filleul, e [fijœl] *nm, f* godchild

film [film] *nm* film • **film d'horreur** ou **d'épouvante** horror film • **film vidéo** video

filmer [filme] *vt* to film

fils [fis] *nm* son

filtrage [filtraʒ] *nm* screening

filtre [filtr] *nm* filter • **filtre ADSL** ADSL filter

filtrer [filtre] *vt* to filter

fin, e [fɛ̃, fin] *adj* **1.** (*couche, tranche*) thin **2.** (*sable, cheveux*) fine **3.** (*délicat*) delicate **4.** (*subtil*) shrewd ◇ *nf* end • **fin juillet** at the end of July • **à la fin (de)** at the end (of)

final, e, als, aux [final, o] *adj* final

finale [final] *nf* final

finalement [finalmɑ̃] *adv* finally

finaliste [finalist] *nmf* finalist

finance [finɑ̃s] *nf* • **la finance** *(profession)* finance • **les finances** *(publiques)* public funds ; *(fam)* *(d'un particulier)* finances
financement [finɑ̃smɑ̃] *nm* funding
financer [finɑ̃se] *vt* to finance
financier, **ère** [finɑ̃sje, ɛr] *adj* financial ◇ *nm (gâteau) small cake made with almonds and candied fruit* • **sauce financière** *sauce flavoured with Madeira and truffles*
finesse [finɛs] *nf* subtlety
finir [finir] *vt* to finish ◇ *vi* to end • **finir bien** to have a happy ending • **finir de faire qqch** to finish doing sthg • **finir par faire qqch** to end up doing sthg
finlandais, **e** [fɛ̃lɑ̃dɛ, ɛz] *adj* Finnish ◇ *nm* = **finnois** ◆ **Finlandais**, **e** *nm, f* Finn
Finlande [fɛ̃lɑ̃d] *nf* • **la Finlande** Finland
finnois [finwa] *nm* Finnish
fioul [fjul] *nm* fuel
firewall *nm* firewall
FireWire [fajəʀwajəʀ] *nm* FireWire
fisc [fisk] *nm* ≃ Inland Revenue *(UK)* ≃ Internal Revenue *(US)*
fiscal, **e**, **aux** [fiskal, o] *adj* tax
fissure [fisyr] *nf* crack
fissurer [fisyre] ◆ **se fissurer** *vp* to crack
fixation [fiksasjɔ̃] *nf (de ski)* binding
fixe [fiks] *adj* fixed • **téléphone fixe** land line
fixer [fikse] *vt* **1.** *(attacher)* to fix **2.** *(regarder)* to stare at
flacon [flakɔ̃] *nm* small bottle
flageolet [flaʒɔlɛ] *nm* flageolet bean
flagrant, **e** [flagrɑ̃, ɑ̃t] *adj* blatant • **en flagrant délit** in the act
flair [flɛr] *nm* sense of smell • **avoir du flair** *(fig)* to have flair
flairer [flɛre] *vt* **1.** to smell **2.** *(fig)* *(deviner)* to scent
flamand, **e** [flamɑ̃, ɑ̃d] *adj* Flemish ◇ *nm (langue)* Flemish
flambé, **e** [flɑ̃be] *adj* flambéed
flamber [flɑ̃be] *vi* to burn
flamiche [flamiʃ] *nf savoury tart*
flamme [flam] *nf* flame • **en flammes** in flames
flan [flɑ̃] *nm* flan
flanc [flɑ̃] *nm* flank
flâner [flane] *vi* to stroll
flanquer [flɑ̃ke] *vt* **1.** *(entourer)* to flank **2.** *(fam)* *(mettre)* to stick
flaque [flak] *nf* puddle
flash [flaʃ] *(pl* **-s** OU **-es***)* *nm* **1.** *(d'appareil photo)* flash **2.** *(d'information)* newsflash
flatter [flate] *vt* to flatter
fléau [fleo] *(pl* **-x***)* *nm (catastrophe)* natural disaster
flèche [flɛʃ] *nf* arrow
fléchette [fleʃɛt] *nf* dart
fléchir [fleʃir] *vt & vi* to bend
flemme [flɛm] *nf (fam)* • **j'ai la flemme (de faire qqch)** I can't be bothered (to do sthg)
flétri, **e** [fletri] *adj* withered
fleur [flœr] *nf* **1.** flower **2.** *(d'arbre)* blossom • **fleur d'oranger** *CULIN* orange blossom essence • **à fleurs** flowered • **en fleur (s)** *(plante)* in flower ; *(arbre)* in blossom
fleuri, **e** [flœri] *adj* **1.** *(tissu, motif)* flowered **2.** *(jardin)* in flower
fleurir [flœrir] *vi* to flower
fleuriste [flœrist] *nmf* florist
fleuve [flœv] *nm* river

flexible [flɛksibl] *adj* flexible
flic [flik] *nm* (*fam*) cop
flipper [flipœr] *nm* pin-ball machine
flirter [flœrte] *vi* to flirt
flocon [flɔkɔ̃] *nm* • **flocon de neige** snowflake • **flocons d'avoine** oatmeal
flore [flɔr] *nf* **1.** flora **2.** *(livre)* guide to flowers
flot [flo] *nm* stream
flottante [flɔtɑ̃t] *adj f* ➤ **île**
flotte [flɔt] *nf* **1.** *(de navires)* fleet **2.** (*fam*) *(pluie)* rain **3.** (*fam*) *(eau)* water
flotter [flɔte] *vi* to float
flotteur [flɔtœr] *nm* float
flou, e [flu] *adj* **1.** *(photo)* blurred **2.** *(idée, souvenir)* vague
fluide [flɥid] *adj* **1.** fluid **2.** *(circulation)* flowing freely ◇ *nm* fluid
fluo [flyo] *adj inv* fluorescent
fluor [flyɔr] *nm* fluorine
fluorescent, e [flyɔresɑ̃, ɑ̃t] *adj* fluorescent
flûte [flyt] *nf* **1.** *(pain)* French stick **2.** *(verre)* flute ◇ *interj* bother! • **flûte (à bec)** recorder
FM *nf* FM
FNAC [fnak] *nf chain of large stores selling books, records, audio and video equipment*
foi [fwa] *nf* faith • **être de bonne foi** to be sincere • **être de mauvaise foi** to be insincere
foie [fwa] *nm* liver • **foie gras** foie gras, duck or goose liver • **foie de veau** calf's liver
foin [fwɛ̃] *nm* hay
foire [fwar] *nf* **1.** *(marché)* fair **2.** *(exposition)* trade fair • **foire aux questions** FAQ
fois [fwa] *nf* time • **une fois** once • **deux fois** twice • **trois fois** three times • **3 fois 2** 3 times 2 • **à la fois** at the same time • **des fois** *(parfois)* sometimes • **une fois que tu auras mangé** once you have eaten • **une fois pour toutes** once and for all
folie [fɔli] *nf* madness • **faire une folie** *(dépenser)* to be extravagant
folklore [fɔlklɔr] *nm* folklore
folklorique [fɔlklɔrik] *adj* folk
folle *adj f* ➤ **fou**
foncé, e [fɔ̃se] *adj* dark
foncer [fɔ̃se] *vi* **1.** *(s'assombrir)* to darken **2.** (*fam*) *(aller vite)* to get a move on • **foncer dans** to crash into • **foncer sur** to rush towards
fonction [fɔ̃ksjɔ̃] *nf* **1.** function **2.** *(métier)* post • **la fonction publique** the civil service • **en fonction de** according to
fonctionnaire [fɔ̃ksjɔnɛr] *nmf* civil servant
fonctionnel, elle [fɔ̃ksjɔnɛl] *adj* functional
fonctionnement [fɔ̃ksjɔnmɑ̃] *nm* working
fonctionner [fɔ̃ksjɔne] *vi* to work • **faire fonctionner qqch** to make sthg work
fond [fɔ̃] *nm* **1.** *(d'un puits, d'une boîte)* bottom **2.** *(d'une salle)* far end **3.** *(d'une photo, d'un tableau)* background • **au fond, dans le fond** *(en réalité)* in fact • **au fond de** *(salle)* at the back of ; *(valise)* at the bottom of • **à fond** *(rouler)* at top speed ; *(respirer)* deeply ; *(pousser)* all the way • **fond d'artichaut** artichoke heart • **fond de teint** foundation
fondamental, e, aux [fɔ̃damɑ̃tal, o] *adj* basic

fondant, e [fɔ̃dɑ̃, ɑ̃t] *adj* which melts in the mouth ◇ *nm* • **fondant au chocolat** *chocolate cake that melts in the mouth*
fondation [fɔ̃dasjɔ̃] *nf* foundation ◆ **fondations** *nfpl (d'une maison)* foundations
fonder [fɔ̃de] *vt* **1.** *(société)* to found **2.** *(famille)* to start ◆ **se fonder sur** *vp + prep* **1.** *(suj:personne)* to base one's opinion on **2.** *(suj : raisonnement)* to be based on
fondre [fɔ̃dr] *vi* to melt • **fondre en larmes** to burst into tears
fonds [fɔ̃] *nmpl (argent)* funds
fondue [fɔ̃dy] *nf* • **fondue bourguignonne** meat fondue • **fondue parmesan** *(Québec) soft cheese containing Parmesan, coated in breadcrumbs, eaten hot* • **fondue savoyarde** cheese fondue
font [fɔ̃] *3ᵉ pers. du sg de l'ind. prés.* ➤ **faire**
fontaine [fɔ̃tɛn] *nf* fountain
fonte [fɔ̃t] *nf* **1.** *(métal)* cast iron **2.** *(des neiges)* thaw
foot(ball) [fut(bol)] *nm* football
footballeur [futbolœr] *nm* footballer
footing [futiŋ] *nm* jogging • **faire un footing** to go jogging
forain, e [forɛ̃, ɛn] *adj* ➤ **fête** ◇ *nm* fairground worker
force [fɔrs] *nf* **1.** strength **2.** *(violence)* force • **forces** *(physiques)* strength • **de force** by force • **à force de faire qqch** through doing sthg
forcément [fɔrsemɑ̃] *adv* inevitably • **pas forcément** not necessarily
forcer [fɔrse] *vt (porte)* to force ◇ *vi (faire un effort physique)* to strain o.s. • **forcer qqn à faire qqch** to force sb to do sthg ◆ **se forcer** *vp* • **se forcer (à faire qqch)** to force o.s. (to do sthg)
forêt [fɔrɛ] *nf* forest
forêt-noire [fɔrɛnwar] *(pl* **forêts-noires***)* *nf* Black Forest gâteau
forfait [fɔrfɛ] *nm* **1.** *(abonnement)* season ticket **2.** *(de ski)* ski pass **3.** *(de location de voiture)* basic rate **4.** *INFORM* flat rate • **déclarer forfait** to withdraw
forfaitaire [fɔrfɛtɛr] *adj* inclusive
forgé [fɔrʒe] *adj m* ➤ **fer**
forger [fɔrʒe] *vt (fer)* to forge
formalités [fɔrmalite] *nfpl* formalities
format [fɔrma] *nm* **1.** size **2.** *INFORM* format • **format de fichier** file format
formater [fɔrmate] *vt* to format
formation [fɔrmasjɔ̃] *nf* **1.** *(apprentissage)* training **2.** *(de roches, de mots)* formation
forme [fɔrm] *nf* shape, form • **en forme de T** T-shaped • **être en (pleine) forme** to be on (top) form
former [fɔrme] *vt* **1.** *(créer)* to form **2.** *(éduquer)* to train ◆ **se former** *vp* **1.** *(naître)* to form **2.** *(s'éduquer)* to train o.s.
formidable [fɔrmidabl] *adj* great
formulaire [fɔrmylɛr] *nm* form
formule [fɔrmyl] *nf* **1.** formula **2.** *(de restaurant)* menu ▾ **formule du jour** menu of the day ▾ **formule midi** lunch menu ▾ **formule rapide** express menu
fort, e [fɔr, fɔrt] *adj* **1.** strong **2.** *(gros)* large **3.** *(doué)* bright ◇ *adv* **1.** *(parler)* loudly **2.** *(sentir)* strongly **3.** *(pousser)* hard • **fort en maths** good at maths
forteresse [fɔrtərɛs] *nf* fortress

fortifications [fɔrtifikasjɔ̃] *nfpl* fortifications
fortifier [fɔrtifje] *vt* to fortify
fortune [fɔrtyn] *nf* fortune • **faire fortune** to make one's fortune
forum [fɔʀɔm] *nm* forum
fosse [fos] *nf* pit
fossé [fose] *nm* ditch
fossette [fosɛt] *nf* dimple
fossile [fosil] *nm* fossil
fou, folle [fu, fɔl] *adj* **1.** mad **2.** *(extraordinaire)* amazing ◇ *nm, f* madman(*f* madwoman) ◇ *nm (aux échecs)* bishop • **(avoir le) fou rire** (to be in fits of) uncontrollable laughter
foudre [fudr] *nf* lightning
foudroyant, e [fudrwajɑ̃, ɑ̃t] *adj (poison, maladie)* lethal
foudroyer [fudrwaje] *vt* to strike
fouet [fwɛ] *nm* **1.** whip **2.** *CULIN* whisk • **de plein fouet** head-on
fouetter [fwete] *vt* **1.** to whip **2.** *CULIN* to whisk
fougère [fuʒɛr] *nf* fern
fouiller [fuje] *vt* to search
fouillis [fuji] *nm* muddle
foulard [fular] *nm* scarf
foule [ful] *nf* crowd
fouler [fule] ♦ **se fouler** *vp* • **se fouler la cheville** to sprain one's ankle
foulure [fulyr] *nf* sprain
four [fur] *nm (de cuisinière, de boulanger)* oven
fourche [furʃ] *nf* **1.** pitchfork **2.** *(carrefour)* fork **3.** (*Belg*) *(heure libre)* free period
fourchette [furʃɛt] *nf* **1.** fork **2.** *(de prix)* range
fourchu, e [furʃy] *adj* • **avoir les cheveux fourchus** to have split ends
fourgon [furgɔ̃] *nm* van
fourgonnette [furgɔnɛt] *nf* small van
fourmi [furmi] *nf* ant • **avoir des fourmis dans les jambes** to have pins and needles in one's legs
fourmilière [furmiljɛr] *nf* anthill
fourneau [furno] (*pl* -**x**) *nm* stove
fournir [furnir] *vt (effort)* to make • **fournir qqch à qqn** *(marchandises)* to supply sb with sthg ; *(preuve, argument)* to provide sb with sthg • **fournir qqn en qqch** to supply sb with sthg
fournisseur, euse [furnisœr, øz] *nm, f* supplier • **fournisseur d'accès** *INFORM* service provider
fournitures [furnityr] *nfpl* supplies
fourré, e [fure] *adj* **1.** *(vêtement)* lined **2.** *(crêpe)* filled • **bonbon fourré à la fraise** sweet with a strawberry-flavoured centre
fourrer [fure] *vt* **1.** *(crêpe)* to fill **2.** *(fam) (mettre)* to stick ♦ **se fourrer** *vp* (*fam*) *(se mettre)* to put o.s.
fourre-tout [furtu] *nm inv (sac)* holdall
fourrière [furjɛr] *nf* pound • **mettre une voiture à la fourrière** to impound a car
fourrure [furyr] *nf* fur
foyer [fwaje] *nm* **1.** *(d'une cheminée)* hearth **2.** *(domicile)* home **3.** *(pour délinquants)* hostel • **femme/mère au foyer** housewife
fracasser [frakase] ♦ **se fracasser** *vp* to smash
fraction [fraksjɔ̃] *nf* fraction
fracture [fraktyr] *nf* fracture

fracturer [fraktyre] *vt (porte, coffre)* to break open ◆ **se fracturer** *vp* ● **se fracturer le crâne** to fracture one's skull
fragile [fraʒil] *adj* **1.** fragile **2.** *(santé)* delicate
fragment [fragmɑ̃] *nm* fragment
fraîche *adj f* ➤ **frais**
fraîcheur [frɛʃœr] *nf* **1.** coolness **2.** *(d'un aliment)* freshness
frais, **fraîche** [frɛ, frɛʃ] *adj* **1.** *(froid)* cool **2.** *(aliment)* fresh ◇ *nmpl (dépenses)* expenses, costs ◇ *nm* ● **mettre qqch au frais** to put sthg in a cool place ● **prendre le frais** to take a breath of fresh air ● **il fait frais** it's cool ▼ **servir frais** serve chilled
fraise [frɛz] *nf* strawberry
fraisier [frɛzje] *nm* **1.** strawberry plant **2.** *(gâteau)* strawberry sponge
framboise [frɑ̃bwaz] *nf* raspberry
franc, **franche** [frɑ̃, frɑ̃ʃ] *adj* frank ◇ *nm* franc
français, **e** [frɑ̃sɛ, ɛz] *adj* French ◇ *nm (langue)* French ◆ **Français**, **e** *nm, f* Frenchman(*f* Frenchwoman) ● **les Français** the French
France [frɑ̃s] *nf* ● **la France** France ● **France 2** *state-owned television channel* ● **France 3** *state-owned television channel* ● **France Télécom** *French state-owned telecommunications organization*
franche *adj f* ➤ **franc**
franchement [frɑ̃ʃmɑ̃] *adv* **1.** frankly **2.** *(très)* completely
franchir [frɑ̃ʃir] *vt* **1.** *(frontière)* to cross **2.** *(limite)* to exceed
franchise [frɑ̃ʃiz] *nf* **1.** frankness **2.** *(d'assurance)* excess **3.** *(de location automobile)* collision damage waiver
francophone [frɑ̃kɔfɔn] *adj* French-speaking
frange [frɑ̃ʒ] *nf* fringe ● **à franges** fringed
frangipane [frɑ̃ʒipan] *nf* **1.** *(crème)* almond paste **2.** *(gâteau) cake consisting of layers of puff pastry and almond paste*
frappant, **e** [frapɑ̃, ɑ̃t] *adj* striking
frappé, **e** [frape] *adj (frais)* chilled ● **café frappé** iced coffee
frapper [frape] *vt* **1.** to hit **2.** *(impressionner, affecter)* to strike ◇ *vi* to strike ● **frapper un coup** to knock ● **frapper (à la porte)** to knock (at the door) ● **frapper dans ses mains** to clap one's hands
fraude [frod] *nf* fraud ● **passer qqch en fraude** to smuggle sthg through customs
frayer [frɛje] ◆ **se frayer** *vp* ● **se frayer un chemin** to force one's way
frayeur [frɛjœr] *nf* fright
fredonner [frədɔne] *vt* to hum
freezer [frizœr] *nm* freezer compartment
frein [frɛ̃] *nm* brake ● **frein à main** handbrake (*UK*), parking brake (*US*)
freiner [frene] *vt (élan, personne)* to restrain ◇ *vi* to brake
frémir [fremir] *vi* to tremble
fréquence [frekɑ̃s] *nf* frequency
fréquent, **e** [frekɑ̃, ɑ̃t] *adj* frequent
fréquenter [frekɑ̃te] *vt* **1.** *(personnes)* to mix with **2.** *(endroit)* to visit
frère [frɛr] *nm* brother
fresque [frɛsk] *nf* fresco
friand [frijɑ̃] *nm* savoury tartlet
friandise [frijɑ̃diz] *nf* delicacy
fric [frik] *nm (fam)* cash
fricassée [frikase] *nf* fricassee

frictionner [friksjɔne] *vt* to rub
Frigidaire® [friʒidɛr] *nm* fridge
frigo [frigo] *nm* (*fam*) fridge
frileux, **euse** [frilø, øz] *adj* sensitive to the cold
frimer [frime] *vi* (*fam*) to show off
fripé, **e** [fripe] *adj* wrinkled
frire [frir] *vt* & *vi* to fry ● **faire frire** to fry
frisé, **e** [frize] *adj* **1.** (*personne*) curly-haired **2.** (*cheveux*) curly
frisée [frize] *nf* curly endive
friser [frize] *vi* to curl
frisson [frisɔ̃] *nm* shiver ● **avoir des frissons** to have the shivers
frissonner [frisɔne] *vi* to shiver
frit, **e** [fri, frit] *pp* ➤ **frire** ◇ *adj* fried
frites [frit] *nfpl* ● **(pommes) frites** chips (*UK*), French fries (*US*)
friteuse [fritøz] *nf* deep fat fryer
friture [frityr] *nf* **1.** oil **2.** (*poissons*) fried fish **3.** (*fam*) (*parasites*) interference
froid, **e** [frwa, frwad] *adj* & *nm* cold ◇ *adv* ● **avoir froid** to be cold ● **il fait froid** it's cold ● **prendre froid** to catch cold
froidement [frwadmɑ̃] *adv* coldly
froisser [frwase] *vt* to crumple ◆ **se froisser** *vp* to crease
frôler [frole] *vt* to brush against
fromage [frɔmaʒ] *nm* cheese ● **fromage blanc** fromage frais ● **fromage de tête** brawn (*UK*), headcheese (*US*)

le fromage

Brie, Camembert, Roquefort - these are just three of the more than 400 different types of cheese that France produces. Cheeses made from unpasteurized milk using traditional methods account for 15% of those produced. Pasteurized milk is used in all industrially produced cheeses.

froment [frɔmɑ̃] wheat-flour ▼ **crêpe de froment** wheat-flour crêpe
fronce [frɔ̃s] *nf* gather
froncer [frɔ̃se] *vt* (*vêtement*) to gather ● **froncer les sourcils** to frown
fronde [frɔ̃d] *nf* sling
front [frɔ̃] *nm* **1.** forehead **2.** (*des combats*) front ● **de front** (*de face*) head-on ; (*côte à côte*) abreast ; (*en même temps*) at the same time
frontière [frɔ̃tjɛr] *nf* border
frottement [frɔtmɑ̃] *nm* friction
frotter [frɔte] *vt* **1.** (*tache*) to rub **2.** (*meuble*) to polish **3.** (*allumette*) to strike ◇ *vi* to rub
fruit [frɥi] *nm* fruit ● **fruit de la passion** passion fruit ● **fruits confits** candied fruit *sg* ● **fruits de mer** seafood *sg* ● **fruits secs** dried fruit *sg* ▼ **fruits de saison** seasonal fruits
fruitier [frɥitje] *adj m* ➤ **arbre**
fugue [fyg] *nf* ● **faire une fugue** to run away
fuir [fɥir] *vi* **1.** to flee **2.** (*robinet, eau*) to leak
fuite [fɥit] *nf* **1.** flight **2.** (*d'eau, de gaz*) leak ● **être en fuite** to be on the run ● **prendre la fuite** to take flight
fumé, **e** [fyme] *adj* smoked

fumée [fyme] *nf* **1.** smoke **2.** *(vapeur)* steam
fumer [fyme] *vt* to smoke ◇ *vi* **1.** *(personne)* to smoke **2.** *(liquide)* to steam ▼ **défense de fumer** no smoking
fumeur, euse [fymœr, øz] *nm, f* smoker ▼ **vous entrez dans un espace non fumeur** you are entering a no-smoking area
fumier [fymje] *nm* manure
funambule [fynɑ̃byl] *nmf* tightrope walker
funèbre [fynɛbr] *adj* ➤ **pompe**
funérailles [fyneraj] *nfpl* (*sout*) funeral *sg*
funiculaire [fynikylɛr] *nm* funicular railway
fur [fyr] ◆ **au fur et à mesure** *adv* as I/you etc go along ● **au fur et à mesure que** as
fureur [fyrœr] *nf* fury ● **faire fureur** to be all the rage
furieux, euse [fyrjø, øz] *adj* furious
furoncle [fyrɔ̃kl] *nm* boil
fuseau [fyzo] (*pl* **-x**) *nm (pantalon)* skipants *pl* ● **fuseau horaire** time zone
fusée [fyze] *nf* rocket
fusible [fyzibl] *nm* fuse
fusil [fyzi] *nm* gun
fusillade [fyzijad] *nf* gunfire
fusiller [fyzije] *vt* to shoot ● **fusiller qqn du regard** to look daggers at sb
futé, e [fyte] *adj* smart
futile [fytil] *adj* frivolous
futur, e [fytyr] *adj* future ◇ *nm* **1.** *(avenir)* future **2.** *GRAMM* future (tense)

gG

gabarit [gabari] size ▼ **gabarit bagage cabine** hand baggage size
gâcher [gaʃe] *vt* **1.** *(détruire)* to spoil **2.** *(gaspiller)* to waste
gâchette [gaʃɛt] *nf* trigger
gâchis [gaʃi] *nm* waste
gadget [gadʒɛt] *nm* gadget
gaffe [gaf] *nf* ● **faire une gaffe** to put one's foot in it ● **faire gaffe (à qqch)** (*fam*) to be careful (of sthg)
gag [gag] *nm* gag
gage [gaʒ] *nm* **1.** *(dans un jeu)* forfeit **2.** *(assurance, preuve)* proof
gagnant, e [gaɲɑ̃, ɑ̃t] *adj* winning ◇ *nm, f* winner
gagner [gaɲe] *vt* **1.** *(concours, course, prix)* to win **2.** *(argent)* to earn **3.** *(temps, place)* to save **4.** *(atteindre)* to reach ◇ *vi* to win ● **gagner sa place** to take one's seat ● **(bien) gagner sa vie** to earn a (good) living
gai, e [gɛ] *adj* **1.** cheerful **2.** *(couleur, pièce)* bright
gaiement [gemɑ̃] *adv* cheerfully
gaieté [gete] *nf* cheerfulness
gain [gɛ̃] *nm (de temps, d'espace)* saving ◆ **gains** *nmpl* **1.** *(salaire)* earnings **2.** *(au jeu)* winnings
gaine [gɛn] *nf* **1.** *(étui)* sheath **2.** *(sous-vêtement)* girdle
gala [gala] *nm* gala
galant [galɑ̃] *adj m* gallant

galerie [galri] *nf* **1.** *(passage couvert)* gallery **2.** *(à bagages)* roof rack • **galerie (d'art)** art gallery • **galerie marchande/commerciale** shopping centre/arcade (*UK*), shopping mall (*US*)

galet [galɛ] *nm* pebble

galette [galɛt] *nf* **1.** *(gâteau) flat cake* **2.** *(crêpe)* pancake • **galette bretonne** *(biscuit) all-butter shortcake biscuit, speciality of Brittany* • **galette des Rois** *cake traditionally eaten on Twelfth Night*

la galette des rois

This puff pastry and almond paste "Kings' Cake", named after the Three Kings in the Bible story, is traditionally eaten in France on Twelfth Night. Each cake contains a *fève*, a porcelain lucky charm, and the person whose slice contains it is crowned king or queen.

Galles [gal] *n* ➤ **pays**

gallois, e [galwa, az] *adj* Welsh ♦ **Gallois, e** *nm, f* Welshman(*f* Welshwoman) • **les Gallois** the Welsh

galon [galɔ̃] *nm* **1.** *(ruban)* braid **2.** *MIL* stripe

galop [galo] *nm* • **aller/partir au galop** *(cheval)* to gallop along/off

galoper [galɔpe] *vi* **1.** *(cheval)* to gallop **2.** *(personne)* to run about

gambader [gɑ̃bade] *vi* to leap about

gambas [gɑ̃bas] *nfpl large prawns*

gamelle [gamɛl] *nf* mess tin (*UK*), kit (*US*)

gamin, e [gamɛ̃, in] *nm, f* (*fam*) kid

gamme [gam] *nf* **1.** *MUS* scale **2.** *(choix)* range

ganglion [gɑ̃glijɔ̃] *nm* • **avoir des ganglions** to have swollen glands

gangster [gɑ̃gstɛr] *nm* gangster

gant [gɑ̃] *nm (de laine, de boxe, de cuisine)* glove • **gant de toilette** ≃ flannel (*UK*), facecloth (*US*)

garage [garaʒ] *nm* garage

garagiste [garaʒist] *nm* **1.** *(propriétaire)* garage owner **2.** *(mécanicien)* mechanic

garantie [garɑ̃ti] *nf* guarantee • **(bon de) garantie** guarantee • **appareil sous garantie** appliance under guarantee

garantir [garɑ̃tir] *vt* to guarantee • **garantir qqch à qqn** to guarantee sb sthg • **garantir à qqn que** to guarantee sb that

garçon [garsɔ̃] *nm* **1.** boy **2.** *(homme)* young man • **garçon (de café)** waiter

[1]**garde** [gard] *nm* guard • **garde du corps** bodyguard

[2]**garde** [gard] *nf* **1.** *(d'un endroit)* guarding **2.** *(d'enfants)* care **3.** *(soldats)* guard • **monter la garde** to stand guard • **mettre qqn en garde (contre)** to put sb on their guard (against) • **prendre garde (à qqch)** to be careful (of sthg) • **prendre garde de ne pas faire qqch** to take care not to do sthg • **médecin de garde** duty doctor, doctor on duty • **pharmacie de garde** duty chemist's

garde-barrière [gard(ə)barjɛr] (*pl* **gardes-barrière(s)**) *nmf* level crossing keeper (*UK*), grade crossing keeper (*US*)

garde-boue [gardəbu] *nm inv* mudguard

garde-chasse [gardəʃas] (*pl* **gardes-chasse(s)**) *nm* gamekeeper

garde-fou [gardəfu] *(pl* **-s***) nm* railing

garder [garde] *vt* **1.** to keep **2.** *(vêtement)* to keep on **3.** *(enfant, malade)* to look after **4.** *(lieu, prisonnier)* to guard **5.** *(souvenir, impression)* to have ◆ **se garder** *vp (aliment)* to keep

garderie [gardəri] *nf* **1.** (day) nursery *(UK)*, day-care center *(US)* **2.** *(d'entreprise)* crèche

garde-robe [gardərɔb] *(pl* **-s***) nf* wardrobe

gardien, enne [gardjɛ̃, ɛn] *nm, f* **1.** *(de musée)* attendant **2.** *(de prison)* warder *(UK)*, guard *(US)* **3.** *(d'immeuble)* caretaker *(UK)*, janitor *(US)* ● **gardien de but** goalkeeper ● **gardien de nuit** nightwatchman

gare [gar] *nf* station ◇ *interj* ● **gare à toi !** *(menace)* watch it! ● **entrer en gare** to pull into the station ● **gare maritime** harbour station ● **gare routière** bus station ▼ **gare TGV** high-speed train station

garer [gare] *vt* to park ◆ **se garer** *vp (dans un parking)* to park

gargouille [garguj] *nf* gargoyle

gargouiller [garguje] *vi* **1.** *(tuyau)* to gurgle **2.** *(estomac)* to rumble

garnement [garnəmɑ̃] *nm* rascal

garni, e [garni] *adj (plat)* served with vegetables

garnir [garnir] *vt* ● **garnir qqch de qqch** *(décorer)* to decorate sthg with sthg ; *(équiper)* to fit sthg out with sthg

garniture [garnityr] *nf* **1.** *(légumes)* vegetables *(accompanying main dish)* **2.** *(décoration)* trimming

gars [ga] *nm (fam)* guy

gas-oil [gazɔjl] *nm* = **gazole**

gaspillage [gaspijaʒ] *nm* waste

gaspiller [gaspije] *vt* to waste

gastronomique [gastrɔnɔmik] *adj* **1.** *(guide)* gastronomic **2.** *(restaurant)* gourmet

gâté, e [gate] *adj (fruit, dent)* rotten

gâteau [gato] *(pl* **-x***) nm* cake ● **gâteau marbré** marble cake ● **gâteau sec** biscuit *(UK)*, cookie *(US)*

gâter [gate] *vt (enfant)* to spoil ◆ **se gâter** *vp* **1.** *(fruit)* to go bad **2.** *(dent)* to decay **3.** *(temps, situation)* to get worse

gâteux, euse [gatø, øz] *adj* senile

gauche [goʃ] *adj* **1.** left **2.** *(maladroit)* awkward ◇ *nf* ● **la gauche** the left ; *POL* the left (wing) ● **à gauche (de)** on the left (of) ● **de gauche** *(du côté gauche)* left-hand

gaucher, ère [goʃe, ɛr] *adj* left-handed

gaufre [gofr] *nf* waffle

gaufrette [gofrɛt] *nf* wafer

gaver [gave] *vt* ● **gaver qqn de qqch** *(aliments)* to fill sb full of sthg ◆ **se gaver de** *vp + prep (aliments)* to fill o.s. up with

gaz [gaz] *nm inv* gas

gaze [gaz] *nf* gauze

gazeux, euse [gazø, øz] *adj (boisson, eau)* fizzy

gazinière [gazinjɛr] *nf* gas stove

gazole [gazɔl] *nm* diesel (oil)

gazon [gazɔ̃] *nm* **1.** *(herbe)* grass **2.** *(terrain)* lawn

GB (*abr écrite de Grande-Bretagne*) GB *(Great Britain)*

géant, e [ʒeɑ̃, ɑ̃t] *adj* **1.** *(grand)* gigantic **2.** *COMM (paquet)* giant ◇ *nm, f* giant

gel [ʒɛl] *nm* **1.** *(glace)* frost **2.** *(à cheveux, dentifrice)* gel

gélatine [ʒelatin] *nf CULIN* gelatine
gelée [ʒəle] *nf* **1.** *(glace)* frost **2.** *(de fruits)* jelly *(UK)* • **en gelée** in jelly
geler [ʒəle] *vt* to freeze ◇ *vi* **1.** to freeze **2.** *(avoir froid)* to be freezing • **il gèle** it's freezing
gélule [ʒelyl] *nf* capsule
Gémeaux [ʒemo] *nmpl* Gemini *sg*
gémir [ʒemir] *vi* to moan
gênant, e [ʒenɑ̃, ɑ̃t] *adj* **1.** *(encombrant)* in the way **2.** *(embarrassant)* embarrassing
gencive [ʒɑ̃siv] *nf* gum
gendarme [ʒɑ̃darm] *nm* policeman
gendarmerie [ʒɑ̃darməri] *nf* **1.** *(gendarmes)* ≃ police force **2.** *(bureau)* ≃ police station

la gendarmerie

In small towns and villages in France, the *gendarmerie*, which technically is part of the armed forces, is the police. With their distinctive uniforms, *gendarmes* also have responsibility for patrolling the road network, national borders, and ports, as well as performing national security functions.

gendre [ʒɑ̃dr] *nm* son-in-law
gêne [ʒɛn] *nf* **1.** *(physique)* discomfort **2.** *(embarras)* embarrassment
généalogique [ʒenealɔʒik] *adj* ➤ **arbre**
gêner [ʒene] *vt* **1.** *(déranger)* to bother **2.** *(embarrasser)* to embarrass **3.** *(encombrer)* • **gêner qqn** to be in sb's way • **ça vous gêne si...?** do you mind if...? ◆ **se gêner** *vp* • **ne te gêne pas** don't mind me
général, e, aux [ʒeneral, o] *adj & nm* general • **en général** *(dans l'ensemble)* in general ; *(d'habitude)* generally
généralement [ʒeneralmɑ̃] *adv* generally
généraliste [ʒeneralist] *nm* • **(médecin) généraliste** GP
génération [ʒenerasjɔ̃] *nf* generation
généreux, euse [ʒenerø, øz] *adj* generous
générique [ʒenerik] *nm* **1.** credits *pl* **2.** *MÉD* generic drug ◇ *adj* • **médicament générique** generic drug
générosité [ʒenerɔzite] *nf* generosity
genêt [ʒənɛ] *nm* broom *(plant)*
génétique [ʒenetik] *adj* genetic
Genève [ʒənɛv] *n* Geneva
génial, e, aux [ʒenjal, o] *adj* brilliant
génie [ʒeni] *nm* genius
génoise [ʒenwaz] *nf* sponge
génome [ʒenom] *nm* genome *m*
genou [ʒənu] (*pl* **-x**) *nm* knee • **être/se mettre à genoux** to be on/to get down on one's knees
genre [ʒɑ̃r] *nm* **1.** kind, type **2.** *GRAMM* gender • **un genre de** a kind of
gens [ʒɑ̃] *nmpl* people
gentil, ille [ʒɑ̃ti, ij] *adj* **1.** nice **2.** *(serviable)* kind **3.** *(sage)* good
gentillesse [ʒɑ̃tijɛs] *nf* kindness
gentiment [ʒɑ̃timɑ̃] *adv* **1.** kindly **2.** *(sagement)* nicely **3.** (*Helv*) *(tranquillement)* quietly
géographie [ʒeɔgrafi] *nf* geography
géométrie [ʒeɔmetri] *nf* geometry
géranium [ʒeranjɔm] *nm* geranium

gérant, e [ʒerɑ̃, ɑ̃t] *nm, f* manager (*f* manageress)
gerbe [ʒɛrb] *nf* **1.** *(de blé)* sheaf **2.** *(de fleurs)* wreath **3.** *(d'étincelles)* shower
gercé, e [ʒɛrse] *adj* chapped • **lèvres gercées** chapped lips
gérer [ʒere] *vt* to manage
germain, e [ʒɛrmɛ̃, ɛn] *adj* ➤ **cousin**
germe [ʒɛrm] *nm* **1.** *(de plante)* sprout **2.** *(de maladie)* germ
germer [ʒɛrme] *vi* to sprout
gésier [ʒezje] *nm* gizzard
geste [ʒɛst] *nm* **1.** movement **2.** *(acte)* gesture
gesticuler [ʒɛstikyle] *vi* to gesticulate
gestion [ʒɛstjɔ̃] *nf* management
gibelotte [ʒiblɔt] *nf rabbit stew with white wine, bacon, shallots and mushrooms*
gibier [ʒibje] *nm* game
giboulée [ʒibule] *nf* sudden shower
gicler [ʒikle] *vi* to spurt
gifle [ʒifl] *nf* slap
gifler [ʒifle] *vt* to slap
gigantesque [ʒigɑ̃tɛsk] *adj* **1.** gigantic **2.** *(extraordinaire)* enormous
gigot [ʒigo] *nm* • **gigot d'agneau/de mouton** leg of lamb/of mutton
gigoter [ʒigɔte] *vi* to wriggle about
gilet [ʒilɛ] *nm* **1.** *(pull)* cardigan **2.** *(sans manches)* waistcoat (*UK*), vest (*US*) • **gilet de sauvetage** life jacket
gin [dʒin] *nm* gin
gingembre [ʒɛ̃ʒɑ̃br] *nm* ginger
girafe [ʒiraf] *nf* giraffe
giratoire [ʒiratwar] *adj* ➤ **sens**
girofle [ʒirɔfl] *nm* ➤ **clou**
girouette [ʒirwɛt] *nf* weathercock
gisement [ʒizmɑ̃] *nm* deposit
gitan, e [ʒitɑ̃, an] *nm, f* gipsy
gîte [ʒit] *nm (de bœuf)* shin (*UK*), shank (*US*) • **gîte d'étape** halt • **gîte (rural)** gîte *(self-catering accommodation in the country)*

gîte rural

Country cottages providing self-catering accommodation are regulated and classified by an organization known as *Gîtes de France*, which is officially recognized by the French Ministry of Tourism. Their ever-increasing popularity, especially with families with children or people with pets, makes early booking advisable.

givre [ʒivr] *nm* frost
givré, e [ʒivre] *adj* covered with frost • **orange givrée** *orange sorbet served in a scooped-out orange*
glace [glas] *nf* **1.** ice **2.** *(crème glacée)* ice cream **3.** *(miroir)* mirror **4.** *(vitre)* pane **5.** *(de voiture)* window
glacé, e [glase] *adj* **1.** *(couvert de glace)* frozen **2.** *(froid)* freezing cold
glacer [glase] *vt* to chill
glacial, e, s, aux [glasjal, o] *adj* icy
glacier [glasje] *nm* **1.** *(de montagne)* glacier **2.** *(marchand)* ice-cream seller
glacière [glasjɛr] *nf* cool box
glaçon [glasɔ̃] *nm* ice cube
gland [glɑ̃] *nm* acorn
glande [glɑ̃d] *nf* gland
glissade [glisad] *nf* slip

glissant, e [glisɑ̃, ɑ̃t] *adj* slippery
glisser [glise] *vt* to slip ◇ *vi* **1.** *(en patinant)* to slide **2.** *(déraper)* to slip **3.** *(être glissant)* to be slippery ◆ **se glisser** *vp* to slip
global, e, aux [glɔbal, o] *adj* global
globalement [glɔbalmɑ̃] *adv* on the whole
globe [glɔb] *nm* globe ● **le globe (terrestre)** the Earth
gloire [glwar] *nf* fame
glorieux, euse [glɔrjø, øz] *adj* glorious
glossaire [glɔsɛr] *nm* glossary
gloussement [glusmɑ̃] *nm* **1.** *(de poule)* clucking **2.** *(rire)* chuckle
glouton, onne [glutɔ̃, ɔn] *adj* greedy
gluant, e [glyɑ̃, ɑ̃t] *adj* sticky
GO (*abr écrite de grandes ondes*) LW *(long wave)*
gobelet [gɔblɛ] *nm* **1.** *(à boire)* tumbler **2.** *(à dés)* shaker
gober [gɔbe] *vt* to swallow
goéland [gɔelɑ̃] *nm* seagull
goinfre [gwɛ̃fr] *nmf* pig
golf [gɔlf] *nm* **1.** golf **2.** *(terrain)* golf course ● **golf miniature** crazy golf
golfe [gɔlf] *nm* gulf
gomme [gɔm] *nf (à effacer)* rubber (*UK*), eraser (*US*)
gommer [gɔme] *vt (effacer)* to rub out (*UK*), to erase (*US*)
gond [gɔ̃] *nm* hinge
gondoler [gɔ̃dɔle] ◆ **se gondoler** *vp* **1.** *(bois)* to warp **2.** *(papier)* to wrinkle
gonflé, e [gɔ̃fle] *adj* **1.** swollen **2.** *(fam) (audacieux)* cheeky
gonfler [gɔ̃fle] *vt* to blow up ◇ *vi* **1.** *(partie du corps)* to swell (up) **2.** *(pâte)* to rise
gorge [gɔrʒ] *nf* **1.** throat **2.** *(gouffre)* gorge
gorgée [gɔrʒe] *nf* mouthful
gorille [gɔrij] *nm* gorilla
gosette [gɔzɛt] *nf (Belg) apricot or apple turnover*
gosse [gɔs] *nmf (fam)* kid
gothique [gɔtik] *adj* Gothic
gouache [gwaʃ] *nf* gouache
goudron [gudrɔ̃] *nm* tar
goudronner [gudrɔne] *vt* to tar
gouffre [gufr] *nm* abyss
goulot [gulo] *nm* neck ● **boire au goulot** to drink straight from the bottle
gourde [gurd] *nf* flask
gourmand, e [gurmɑ̃, ɑ̃d] *adj* greedy
gourmandise [gurmɑ̃diz] *nf* greed ● **des gourmandises** sweets
gourmet [gurmɛ] *nm* gourmet
gourmette [gurmɛt] *nf* chain bracelet
gousse [gus] *nf* ● **gousse d'ail** clove of garlic ● **gousse de vanille** vanilla pod
goût [gu] *nm* taste ● **avoir bon goût** *(aliment)* to taste good ; *(personne)* to have good taste
goûter [gute] *nm* afternoon snack ◇ *vt* to taste ◇ *vi* to have an afternoon snack ● **goûter à qqch** to taste sthg
goutte [gut] *nf* drop ● **tomber goutte à goutte** to drip ◆ **gouttes** *nfpl (médicament)* drops
gouttelette [gutlɛt] *nf* droplet
gouttière [gutjɛr] *nf* gutter
gouvernail [guvɛrnaj] *nm* rudder
gouvernement [guvɛrnəmɑ̃] *nm* government
gouverner [guvɛrne] *vt* to govern

grâce [gras] *nf* grace ◆ **grâce à** *prép* thanks to
gracieux, euse [grasjø, øz] *adj* graceful
grade [grad] *nm* rank
gradins [gradɛ̃] *nmpl* terraces
gradué, e [gradɥe] *adj* **1.** *(règle)* graduated **2.** *(Belg) (diplômé) holding a technical diploma just below university level* ● **verre gradué** measuring glass
graduel, elle [gradɥɛl] *adj* gradual
graffiti(s) [grafiti] *nmpl* graffiti *sg*
grain [grɛ̃] *nm* **1.** grain **2.** *(de poussière)* speck **3.** *(de café)* bean ● **grain de beauté** beauty spot ● **grain de raisin** grape
graine [grɛn] *nf* seed
graisse [grɛs] *nf* **1.** fat **2.** *(lubrifiant)* grease
graisser [grɛse] *vt* to grease
graisseux, euse [grɛsø, øz] *adj* greasy
grammaire [gramɛr] *nf* grammar
grammatical, e, aux [gramatikal, o] *adj* grammatical
gramme [gram] *nm* gram
grand, e [grɑ̃, grɑ̃d] *adj* **1.** *(ville, différence)* big **2.** *(personne, immeuble)* tall **3.** *(en durée)* long **4.** *(important, glorieux)* great ◇ *adv* ● **grand ouvert** wide open ● **il est grand temps de partir** it's high time we left ● **grand frère** older brother ● **grand magasin** department store ● **grande surface** hypermarket ● **les grandes vacances** the summer holidays (*UK*), the summer vacation *sg* (*US*)
grand-chose [grɑ̃ʃoz] *pron* ● **pas grand-chose** not much
Grande-Bretagne [grɑ̃dbrətaɲ] *nf* ● **la Grande-Bretagne** Great Britain
grandeur [grɑ̃dœr] *nf* **1.** size **2.** *(importance)* greatness ● **grandeur nature** life-size
grandir [grɑ̃dir] *vi* to grow
grand-mère [grɑ̃mɛr] (*pl* **grands-mères**) *nf* grandmother
grand-père [grɑ̃pɛr] (*pl* **grands-pères**) *nm* grandfather
grand-rue [grɑ̃ry] (*pl* **-s**) *nf* high street (*UK*), main street (*US*)
grands-parents [grɑ̃parɑ̃] *nmpl* grandparents
grange [grɑ̃ʒ] *nf* barn
granit(e) [granit] *nm* granite
granulé [granyle] *nm (médicament)* tablet
graphique [grafik] *nm* diagram
grappe [grap] *nf* **1.** *(de raisin)* bunch **2.** *(de lilas)* flower
gras, grasse [gra, gras] *adj* **1.** greasy **2.** *(aliment)* fatty **3.** *(gros)* fat ◇ *nm* **1.** fat **2.** *(caractères d'imprimerie)* bold (type) ● **écrire en gras** to write in bold ● **faire la grasse matinée** to have a lie-in
gras-double [gradubl] (*pl* **-s**) *nm* (ox) tripe
gratin [gratɛ̃] *nm* gratin *(dish with a topping of toasted breadcrumbs or cheese)* ● **gratin dauphinois** *sliced potatoes baked with cream and browned on top*
gratinée [gratine] *nf French onion soup*
gratiner [gratine] *vi* ● **faire gratiner qqch** to brown sthg
gratis [gratis] *adv* free (of charge)
gratitude [gratityd] *nf* gratitude
gratte-ciel [gratsjɛl] *nm inv* skyscraper
gratter [grate] *vt* **1.** *(peau)* to scratch **2.** *(peinture, tache)* to scrape off ◆ **se gratter** *vp* to scratch o.s.
gratuit, e [gratɥi, it] *adj* free

gravats [grava] *nmpl* rubble *sg*
grave [grav] *adj* **1.** *(maladie, accident, visage)* serious **2.** *(voix, note)* deep
gravement [gravmɑ̃] *adv* seriously
graver [grave] *vt* **1.** to carve **2.** *INFORM* to burn
gravier [gravje] *nm* gravel
gravillon [gravijɔ̃] *nm* fine gravel
gravir [gravir] *vt* to climb
gravité [gravite] *nf* **1.** *(attraction terrestre)* gravity **2.** *(d'une maladie, d'une remarque)* seriousness
gravure [gravyr] *nf* engraving
gré [gre] *nm* • **de mon plein gré** of my own free will • **de gré ou de force** whether you/they etc like it or not • **bon gré mal gré** willy-nilly
grec, **grecque** [grɛk] *adj* Greek ◇ *nm* *(langue)* Greek ◆ **Grec**, **Grecque** *nm, f* Greek
Grèce [grɛs] *nf* • **la Grèce** Greece
greffe [grɛf] *nf* **1.** *(d'organe)* transplant **2.** *(de peau)* graft
greffer [grɛfe] *vt* **1.** *(organe)* to transplant **2.** *(peau)* to graft
grêle [grɛl] *nf* hail
grêler [grele] *v impers* • **il grêle** it's hailing
grêlon [grɛlɔ̃] *nm* hailstone
grelot [grəlo] *nm* bell
grelotter [grəlɔte] *vi* to shiver
grenade [grənad] *nf* **1.** *(fruit)* pomegranate **2.** *(arme)* grenade
grenadine [grənadin] *nf* grenadine
grenat [grəna] *adj inv* dark red
grenier [grənje] *nm* attic
grenouille [grənuj] *nf* frog
grésiller [grezije] *vi* **1.** *(huile)* to sizzle **2.** *(radio)* to crackle
grève [grɛv] *nf (arrêt de travail)* strike • **être/se mettre en grève** to be/to go on strike • **grève de la faim** hunger strike
gréviste [grevist] *nmf* striker
gribouillage [gribujaʒ] *nm* doodle
gribouiller [gribuje] *vt* to scribble
grièvement [grijɛvmɑ̃] *adv* seriously • **grièvement blessé** seriously wounded
griffe [grif] *nf* **1.** claw **2.** *(Belg) (éraflure)* scratch
griffer [grife] *vt* to scratch
griffonner [grifɔne] *vt* to scribble
grignoter [griɲɔte] *vt* to nibble (at ou on)
gril [gril] *nm* grill
grillade [grijad] *nf* grilled meat
grillage [grijaʒ] *nm (clôture)* wire fence
grille [grij] *nf* **1.** *(de four)* shelf **2.** *(de radiateur)* grill **3.** *(d'un jardin)* gate **4.** *(de mots croisés, de loto)* grid **5.** *(tableau)* table
grillé, **e** [grije] *adj* **1.** *(ampoule)* blown **2.** *(viande)* grilled • **du pain grillé** toasted bread
grille-pain [grijpɛ̃] *nm inv* toaster
griller [grije] *vt* **1.** *(aliment)* to grill (*UK*), to broil (*US*) **2.** *(fam)* • **griller un feu rouge** to go through a red light
grillon [grijɔ̃] *nm* cricket
grimace [grimas] *nf* grimace • **faire des grimaces** to pull faces
grimpant, **e** [grɛ̃pɑ̃, ɑ̃t] *adj* climbing
grimper [grɛ̃pe] *vt* to climb ◇ *vi* **1.** *(chemin, alpiniste)* to climb **2.** *(prix)* to soar • **grimper aux arbres** to climb trees
grincement [grɛ̃smɑ̃] *nm* creaking
grincer [grɛ̃se] *vi* to creak

grincheux, **euse** [grɛ̃ʃø, øz] *adj* grumpy
griotte [grijɔt] *nf* morello (cherry)
grippe [grip] *nf* flu • **avoir la grippe** to have (the) flu
grippé, **e** [gripe] *adj (malade)* • **être grippé** to have (the) flu
gris, **e** [gri, griz] *adj & nm* grey
grivois, **e** [grivwa, az] *adj* saucy
grognement [grɔɲmɑ̃] *nm* growl
grogner [grɔɲe] *vi* **1.** to growl **2.** *(protester)* to grumble
grognon, **onne** [grɔɲɔ̃, ɔn] *adj* grumpy
grondement [grɔ̃dmɑ̃] *nm (de tonnerre)* rumble
gronder [grɔ̃de] *vt* to scold ◇ *vi (tonnerre)* to rumble • **se faire gronder** to get a telling-off
groom [grum] *nm* bellboy
gros, **grosse** [gro, gros] *adj* big ◇ *adv* **1.** *(écrire)* in big letters **2.** *(gagner)* a lot ◇ *nm* • **en gros** *(environ)* roughly ; *COMM* wholesale • **gros lot** big prize • **gros mot** swearword • **gros titres** headlines
groseille [grozɛj] *nf* redcurrant • **groseille à maquereau** gooseberry
grosse *adj f* ➤ **gros**
grossesse [grosɛs] *nf* pregnancy
grosseur [grosœr] *nf* **1.** size **2.** *MÉD* lump
grossier, **ère** [grosje, ɛr] *adj* **1.** rude **2.** *(approximatif)* rough **3.** *(erreur)* crass
grossièreté [grosjɛrte] *nf* **1.** rudeness **2.** *(parole)* rude remark
grossir [grosir] *vt* **1.** *(suj: jumelles)* to magnify **2.** *(exagérer)* to exaggerate ◇ *vi (prendre du poids)* to put on weight
grosso modo [grosomodo] *adv* roughly
grotesque [grɔtɛsk] *adj* ridiculous
grotte [grɔt] *nf* cave
grouiller [gruje] ◆ **grouiller de** *v + prep* to be swarming with
groupe [grup] *nm* group • **en groupe** in a group • **groupe sanguin** blood group • **groupe de news** newsgroup
grouper [grupe] *vt* to group together ◆ **se grouper** *vp* to gather
groupes • **groupes de news** newsgroups
gruau [gryo] *nm (Québec)* porridge
grue [gry] *nf* crane
grumeau [grymo] *(pl* **-x***)* *nm* lump
gruyère [gryjɛr] *nm* Gruyère (cheese) *(hard strong cheese made from cow's milk)*
Guadeloupe [gwadlup] *nf* • **la Guadeloupe** Guadeloupe
guadeloupéen, **enne** [gwadlupeɛ̃, ɛn] *adj* of Guadeloupe
guédille [gedij] *nf (Québec) bread roll filled with egg or chicken*
guêpe [gɛp] *nf* wasp
guère [gɛr] *adv* • **elle ne mange guère** she hardly eats anything
guérir [gerir] *vt* to cure ◇ *vi* **1.** *(personne)* to recover **2.** *(blessure)* to heal
guérison [gerizɔ̃] *nf* recovery
guerre [gɛr] *nf* war • **être en guerre** to be at war • **guerre mondiale** world war
guerrier, **ère** [gɛrje, ɛr] *nmf* warrior
guet [gɛ] *nm* • **faire le guet** to be on the lookout
guetter [gete] *vt* **1.** *(attendre)* to be on the lookout for **2.** *(menacer)* to threaten
gueule [gœl] *nf* **1.** *(d'animal)* mouth **2.** *(vulg) (visage)* mug • **avoir la gueule de bois** *(fam)* to have a hangover

gueuler [gœle] *vi* (*fam*) *(crier)* to yell (one's head off)

gueuze [gøz] *nf* (*Belg*) *strong beer which has been fermented twice*

gui [gi] *nm* mistletoe

guichet [giʃɛ] *nm (de gare, de poste)* window • **guichet automatique (de banque)** cash dispenser

guichetier, **ère** [giʃtje, ɛr] *nm, f* counter clerk

guide [gid] *nmf* guide ◇ *nm (routier, gastronomique)* guide book • **guide touristique** tourist guide

guider [gide] *vt* to guide

guidon [gidɔ̃] *nm* handlebars *pl*

guignol [giɲɔl] *nm (spectacle)* ≃ Punch and Judy show

guillemets [gijmɛ] *nmpl* inverted commas • **entre guillemets** *(mot)* in inverted commas

guimauve [gimov] *nf* marshmallow

guirlande [girlɑ̃d] *nf* garland

guise [giz] *nf* • **en guise de** by way of

guitare [gitar] *nf* guitar • **guitare électrique** electric guitar

guitariste [gitarist] *nmf* guitarist

Guyane [gɥijan] *nf* • **la Guyane (française)** French Guiana

gymnase [ʒimnaz] *nm* gymnasium

gymnastique [ʒimnastik] *nf SPORT* gymnastics *sg* • **faire de la gymnastique** to do exercises

gynécologue [ʒinekɔlɔg] *nmf* gynaecologist

hH

habile [abil] *adj* **1.** *(manuellement)* skilful **2.** *(intellectuellement)* clever

habileté [abilte] *nf* **1.** *(manuelle)* skill **2.** *(intellectuelle)* cleverness

habillé, **e** [abije] *adj* **1.** dressed **2.** *(tenue)* smart

habillement [abijmɑ̃] *nm* *(couture)* clothing trade (*UK*), garment industry (*US*)

habiller [abije] *vt* **1.** to dress **2.** *(meuble)* to cover ◆ **s'habiller** *vp* **1.** to get dressed **2.** *(élégamment)* to dress up • **s'habiller bien/mal** to dress well/badly

habitant, **e** [abitɑ̃, ɑ̃t] *nm, f* **1.** inhabitant **2.** (*Québec*) *(paysan)* farmer • **loger chez l'habitant** to stay with a family

habitation [abitasjɔ̃] *nf* residence

habiter [abite] *vt* to live in ◇ *vi* to live

habits [abi] *nmpl* clothes

habitude [abityd] *nf* habit • **avoir l'habitude de faire qqch** to be in the habit of doing sthg • **d'habitude** usually • **comme d'habitude** as usual

habituel, **elle** [abitɥɛl] *adj* usual

habituellement [abitɥɛlmɑ̃] *adv* usually

habituer [abitɥe] *vt* • **habituer qqn à faire qqch** to get sb used to doing sthg • **être habitué à faire qqch** to be used to doing sthg ◆ **s'habituer à** *vp + prep*

• **s'habituer à faire qqch** to get used to doing sthg
hache ['aʃ] *nf* axe
hacher ['aʃe] *vt* **1.** *(viande)* to mince *(UK)*, to grind *(US)* **2.** *(oignon)* to chop finely
hachis ['aʃi] *nm* mince *(UK)*, ground meat *(US)* • **hachis Parmentier** ≃ shepherd's pie
hachoir ['aʃwar] *nm* *(lame)* chopping knife
hachures ['aʃyr] *nfpl* hatching *sg*
haddock ['adɔk] *nm* smoked haddock
haie ['ɛ] *nf* **1.** hedge **2.** *SPORT* hurdle
haine ['ɛn] *nf* hatred
haïr ['air] *vt* to hate
Haïti [aiti] *n* Haiti
halal ['alal] *adj inv* halal ▾ **viande halal** halal meat
hâle ['al] *nm* (sun)tan
haleine [alɛn] *nf* breath
haleter ['alte] *vi* to pant
hall ['ol] *nm* **1.** *(d'un hôtel)* lobby **2.** *(d'une gare)* concourse
halle ['al] *nf* (covered) market
hallucination [alysinasjɔ̃] *nf* hallucination
halogène [alɔʒɛn] *nm* • **(lampe) halogène** halogen lamp
halte ['alt] *nf* **1.** *(arrêt)* stop **2.** *(lieu)* stopping place • **faire halte** to stop
haltère [altɛr] *nm* dumbbell
hamac ['amak] *nm* hammock
hamburger ['ãburgœr] *nm* burger
hameçon [amsɔ̃] *nm* fish-hook
hamster ['amstɛr] *nm* hamster
hanche ['ãʃ] *nf* hip
handball ['ãdbal] *nm* handball
handicap ['ãdikap] *nm* handicap
handicapé, e ['ãdikape] *adj* handicapped ◇ *nm, f* handicapped person
hangar ['ãgar] *nm* shed
hanté, e ['ãte] *adj* haunted
happer ['ape] *vt* **1.** *(saisir)* to grab **2.** *(suj : animal)* to snap up **3.** *(suj : voiture)* to knock down
harceler ['arsəle] *vt* to pester
hardi, e ['ardi] *adj* bold
hareng ['arã] *nm* herring • **hareng saur** kipper
hargneux, euse ['arɲø, øz] *adj* **1.** aggressive **2.** *(chien)* vicious
haricot ['ariko] *nm* bean • **haricot blanc** white (haricot) bean • **haricot vert** green bean
harmonica [armɔnika] *nm* harmonica
harmonie [armɔni] *nf* harmony
harmonieux, euse [armɔnjø, øz] *adj* harmonious
harmoniser [armɔnize] *vt* to harmonize
harnais ['arnɛ] *nm* harness
harpe ['arp] *nf* harp
hasard ['azar] *nm* • **le hasard** chance, fate • **un hasard** a coincidence • **au hasard** at random • **à tout hasard** just in case • **par hasard** by chance
hasardeux, euse ['azardø, øz] *adj* dangerous
hâte ['at] *nf* haste • **à la hâte, en hâte** hurriedly • **sans hâte** at a leisurely pace • **avoir hâte de faire qqch** to be looking forward to doing sthg
hâter ['ate] ◆ **se hâter** *vp* to hurry
hausse ['os] *nf* rise • **être en hausse** to be on the increase

hausser ['ose] *vt (prix, ton)* to raise • **hausser les épaules** to shrug (one's shoulders)
haut, e ['o, 'ot] *adj & adv* high ◇ *nm* top • **tout haut** aloud • **haut la main** hands down • **de haut en bas** from top to bottom • **en haut** at the top ; *(à l'étage)* upstairs • **en haut de** at the top of • **la pièce fait 3 m de haut** the room is 3 m high • **avoir des hauts et des bas** to have one's ups and downs
hautain, e ['otɛ̃, ɛn] *adj* haughty
haute-fidélité ['otfidelite] *nf* hi-fi
hauteur ['otœr] *nf* **1.** height **2.** *(colline)* hill • **être à la hauteur** to be up to it
haut-le-cœur ['olkœr] *nm inv* • **avoir un haut-le-cœur** to retch
haut-parleur ['oparlœr] (*pl* **-s**) *nm* loudspeaker
hebdomadaire [ɛbdɔmadɛr] *adj & nm* weekly
hébergement [ebɛrʒəmɑ̃] *nm* lodging
héberger [ebɛrʒe] *vt* to put up
hectare [ɛktar] *nm* hectare
hein ['ɛ̃] *interj (fam)* • **tu ne lui diras pas, hein ?** you won't tell him/her, will you? • **hein ?** what?
hélas ['elas] *interj* unfortunately
hélice [elis] *nf* propeller
hélicoptère [elikɔptɛr] *nm* helicopter
helvétique [ɛlvetik] *adj* Swiss
hématome [ematom] *nm* bruise
hémorragie [emɔraʒi] *nf* hemorrhage
hennissement ['enismɑ̃] *nm* neigh
hépatite [epatit] *nf* hepatitis
herbe [ɛrb] *nf* grass • **fines herbes** herbs • **mauvaises herbes** weeds
héréditaire [ereditɛr] *adj* hereditary
hérisser ['erise] ◆ **se hérisser** *vp* to stand on end
hérisson ['erisɔ̃] *nm* hedgehog
héritage [eritaʒ] *nm* inheritance
hériter [erite] *vt* to inherit ◆ **hériter de** *v + prep* to inherit
héritier, ère [eritje, ɛr] *nm, f* heir(*f* heiress)
hermétique [ɛrmetik] *adj* airtight
hernie ['ɛrni] *nf* hernia
héroïne [erɔin] *nf* **1.** *(drogue)* heroin **2.** ➤ **héros**
héroïsme [erɔism] *nm* heroism
héros, héroïne ['ero, erɔin] *nm, f* hero (*f* heroine)
herve [ɛrv] *nm soft cheese from the Liège region of Belgium, made from cow's milk*
hésitation [ezitasjɔ̃] *nf* hesitation
hésiter [ezite] *vi* to hesitate • **hésiter à faire qqch** to hesitate to do sthg
hêtre ['ɛtr] *nm* beech
heure [œr] *nf* **1.** hour **2.** *(moment)* time • **quelle heure est-il ? - il est quatre heures** what time is it? - it's four o'clock • **il est trois heures vingt** it's twenty past three (*UK*), it's twenty after three (*US*) • **à quelle heure part le train ? - à deux heures** what time does the train leave? - at two o'clock • **c'est l'heure de...** it's time to... • **à l'heure** on time • **de bonne heure** early • **heures de bureau** office hours • **heures d'ouverture** opening hours • **heures de pointe** rush hour *sg* ▼ **heure d'été** ≃ British Summer Time (*UK*) ≃ daylight saving time (*US*)
heureusement [œrøzmɑ̃] *adv* luckily, fortunately

heureux, euse [œrø, øz] *adj* **1.** happy **2.** *(favorable)* fortunate
heurter ['œrte] *vt* **1.** to bump into **2.** *(en voiture)* to hit **3.** *(vexer)* to offend ◆ **se heurter à** *vp + prep (obstacle, refus)* to come up against
hexagone [ɛgzagɔn] *nm* hexagon ● **l'Hexagone** (mainland) France
hibou ['ibu] (*pl* **-x**) *nm* owl
hier [ijɛr] *adv* yesterday ● **hier après-midi** yesterday afternoon
hiérarchie ['jerarʃi] *nf* hierarchy
hiéroglyphes ['jerɔglif] *nmpl* hieroglyphics
hi-fi ['ifi] *nf inv* hi-fi
hilarant, e [ilarɑ̃, ɑ̃t] *adj* hilarious
hindou, e [ɛ̃du] *adj & nm, f* Hindu
hippodrome [ipɔdrom] *nm* racecourse
hippopotame [ipɔpɔtam] *nm* hippopotamus
hirondelle [irɔ̃dɛl] *nf* swallow
hisser ['ise] *vt* **1.** to lift **2.** *(drapeau, voile)* to hoist
histoire [istwar] *nf* **1.** story **2.** *(passé)* history ● **faire des histoires** to make a fuss ● **histoire drôle** joke
historique [istɔrik] *adj* **1.** historical **2.** *(important)* historic
hit-parade ['itparad] (*pl* **-s**) *nm* charts *pl*
hiver [ivɛr] *nm* winter ● **en hiver** in winter
HLM *nm inv* ≃ council house/flat (*UK*) ≃ public housing unit (*US*)
hobby ['ɔbi] (*pl* **-s** OU **hobbies**) *nm* hobby
hochepot ['ɔʃpo] *nm Flemish stew of beef, mutton and vegetables*
hocher ['ɔʃe] *vt* ● **hocher la tête** *(pour accepter)* to nod ; *(pour refuser)* to shake one's head
hochet ['ɔʃɛ] *nm* rattle
hockey ['ɔkɛ] *nm* hockey ● **hockey sur glace** ice hockey
hold-up ['ɔldœp] *nm inv* hold-up
hollandais, e ['ɔlɑ̃dɛ, ɛz] *adj* Dutch ◇ *nm (langue)* Dutch ◆ **Hollandais, e** *nm, f* Dutchman (*f* Dutchwoman)
hollande ['ɔlɑ̃d] *nm (fromage)* Dutch cheese
Hollande ['ɔlɑ̃d] *nf* ● **la Hollande** Holland
homard ['ɔmar] *nm* lobster ● **homard à l'américaine** *lobster cooked in a sauce of white wine, brandy, herbs and tomatoes* ● **homard Thermidor** lobster Thermidor *(grilled and served in its shell with a mustard sauce and grated cheese)*
homéopathie [ɔmeɔpati] *nf* homeopathy
hommage [ɔmaʒ] *nm* ● **en hommage à** in tribute to ● **rendre hommage à** to pay tribute to
homme [ɔm] *nm* **1.** man **2.** *(mâle)* man ● **homme d'affaires** businessman ● **homme politique** politician
homogène [ɔmɔʒɛn] *adj* **1.** homogeneous **2.** *(classe)* of the same level
homosexuel, elle [ɔmɔsɛksɥɛl] *adj & nm, f* homosexual
Hongrie ['ɔ̃gri] *nf* ● **la Hongrie** Hungary
honnête [ɔnɛt] *adj* **1.** honest **2.** *(salaire, résultats)* decent
honnêteté [ɔnɛtte] *nf* honesty
honneur [ɔnœr] *nm* honour ● **en l'honneur de** in honour of ● **faire honneur à**

(famille) to do credit to ; *(repas)* to do justice to
honorable [ɔnɔrabl] *adj* **1.** honourable **2.** *(résultat)* respectable
honoraires [ɔnɔrɛr] *nmpl* fee(s)
honte ['ɔ̃t] *nf* shame ● **avoir honte (de)** to be ashamed (of) ● **faire honte à qqn** *(embarrasser)* to put sb to shame ; *(gronder)* to make sb feel ashamed
honteux, euse ['ɔ̃tø, øz] *adj* **1.** ashamed **2.** *(scandaleux)* shameful
hôpital [ɔpital, o] (*pl* **-aux**) *nm* hospital
hoquet ['ɔkɛ] *nm* ● **avoir le hoquet** to have hiccups
horaire [ɔrɛr] *nm* timetable ▼ **horaires d'ouverture** opening hours
horizon [ɔrizɔ̃] *nm* horizon ● **à l'horizon** on the horizon
horizontal, e, aux [ɔrizɔ̃tal, o] *adj* horizontal
horloge [ɔrlɔʒ] *nf* clock ● **l'horloge parlante** the speaking clock
horloger, ère [ɔrlɔʒe, ɛr] *nm, f* watchmaker
horlogerie [ɔrlɔʒri] *nf* watchmaker's (shop)
horoscope [ɔrɔskɔp] *nm* horoscope
horreur [ɔrœr] *nf* horror ● **quelle horreur!** how awful! ● **avoir horreur de qqch** to hate sthg
horrible [ɔribl] *adj* **1.** *(effrayant)* horrible **2.** *(laid)* hideous
horriblement [ɔribləmɑ̃] *adv* terribly
horrifié, e [ɔrifje] *adj* horrified
hors ['ɔr] *prép* ● **hors de** outside, out of ● **hors jeu** offside ● **hors saison** out of season ▼ **hors service** out of order ● **hors sujet** irrelevant ● **hors taxes** *(prix)* excluding tax ; *(boutique)* duty-free ● **hors d'atteinte, hors de portée** out of reach ● **hors d'haleine** out of breath ● **hors de prix** ridiculously expensive ● **hors de question** out of the question ● **être hors de soi** to be beside o.s.
hors-bord ['ɔrbɔr] *nm inv* speedboat
hors-d'œuvre [ɔrdœvr] *nm inv* starter
hortensia [ɔrtɑ̃sja] *nm* hydrangea
horticulture [ɔrtikyltyr] *nf* horticulture
hospice [ɔspis] *nm (de vieillards)* home
hospitaliser [ɔspitalize] *vt* to hospitalize
hospitalité [ɔspitalite] *nf* hospitality
hostie [ɔsti] *nf* host
hostile [ɔstil] *adj* hostile
hostilité [ɔstilite] *nf* hostility
hot dog ['ɔtdɔg] (*pl* **-s**) *nm* hot dog
hôte, hôtesse [ot, otɛs] *nm, f (qui reçoit)* host (*f* hostess) ◇ *nm (invité)* guest
hôtel [otɛl] *nm* **1.** hotel **2.** *(château)* mansion ● **hôtel de ville** town hall ● **hôtel particulier** town house
hôtellerie [otɛlri] *nf* **1.** *(hôtel)* hotel **2.** *(activité)* hotel trade
hôtesse [otɛs] *nf* **1.** *(d'accueil)* receptionist **2.** *(qui reçoit)* hostess **3.** ● **hôtesse de l'air** air hostess
hotte ['ɔt] *nf (panier)* basket ● **hotte (aspirante)** extractor hood
houle ['ul] *nf* swell
hourra ['ura] *interj* hurrah
housse ['us] *nf* cover ● **housse de couette** duvet cover
houx ['u] *nm* holly
hovercraft [ɔvœrkraft] *nm* hovercraft
HT *abr écrite de* **hors taxes**
hublot ['yblo] *nm* porthole
huer ['ɥe] *vt* to boo

huile [ɥil] *nf* oil ● **huile d'arachide** groundnut oil ● **huile d'olive** olive oil ● **huile solaire** suntan oil
huiler [ɥile] *vt* **1.** *(mécanisme)* to oil **2.** *(moule)* to grease
huileux, euse [ɥilø, øz] *adj* oily
huissier [ɥisje] *nm (juridique)* bailiff
huit ['ɥit] *num* eight ● **il a huit ans** he's eight (years old) ● **il est huit heures** it's eight o'clock ● **le huit janvier** the eighth of January ● **page huit** page eight ● **ils étaient huit** there were eight of them ● **le huit de pique** the eight of spades ● **(au) huit rue Lepic** at/to eight, rue Lepic
huitaine ['ɥitɛn] *nf* ● **une huitaine (de jours)** about a week
huitante ['ɥitɑ̃t] *num* (*Helv*) eighty
huitième ['ɥitjɛm] *num* eighth ● **le huitième étage** eighth floor (*UK*), ninth floor (*US*) ● **le huitième (arrondissement)** eighth arrondissement ● **il est arrivé huitième** he came eighth
huître [ɥitr] *nf* oyster
humain, e [ymɛ̃, ɛn] *adj* **1.** human **2.** *(compréhensif)* humane ◇ *nm* human (being)
humanitaire [ymanitɛr] *nm* ● **l'humanitaire** humanitarian organizations ◇ *adj* humanitarian
humanité [ymanite] *nf* humanity
humble [œ̃bl] *adj* humble
humecter [ymɛkte] *vt* to moisten
humeur [ymœr] *nf* **1.** *(momentanée)* mood **2.** *(caractère)* temper ● **être de bonne/mauvaise humeur** to be in a good/bad mood
humide [ymid] *adj* **1.** damp **2.** *(pluvieux)* humid
humidité [ymidite] *nf* **1.** *(du climat)* humidity **2.** *(d'une pièce)* dampness
humiliant, e [ymiljɑ̃, ɑ̃t] *adj* humiliating
humilier [ymilje] *vt* to humiliate
humoristique [ymɔristik] *adj* humorous
humour [ymur] *nm* humour ● **avoir de l'humour** to have a sense of humour
hurlement ['yrləmɑ̃] *nm* howl
hurler ['yrle] *vi* to howl
hutte ['yt] *nf* hut
hydratant, e [idratɑ̃, ɑ̃t] *adj* moisturizing
hydrophile [idrɔfil] *adj* ➤ **coton**
hygiène [iʒjɛn] *nf* hygiene
hygiénique [iʒjenik] *adj* hygienic
hymne [imn] *nm (religieux)* hymn ● **hymne national** national anthem
hyper- [ipɛr] *préf (fam) (très)* ● **hyperclasse** dead classy
hypermarché [ipɛrmarʃe] *nm* hypermarket
hypertension [ipɛrtɑ̃sjɔ̃] *nf* high blood pressure
hypertexte [ipɛrtɛkst] *adj* ● **lien hypertexte** hyperlink ◇ *nm* hypertext
hypnotiser [ipnɔtize] *vt* **1.** to hypnotize **2.** *(fasciner)* to fascinate
hypocrisie [ipɔkrizi] *nf* hypocrisy
hypocrite [ipɔkrit] *adj* hypocritical ◇ *nmf* hypocrite
hypothèse [ipɔtɛz] *nf* hypothesis
hystérique [isterik] *adj* hysterical

iceberg [ajsbɛrg] *nm* iceberg
ici [isi] *adv* here ● **d'ici là** by then ● **d'ici peu** before long ● **par ici** *(de ce côté)* this way ; *(dans les environs)* around here
icône [ikon] *nf* icon
idéal, e, aux [ideal, o] *adj & nm* ideal ● **l'idéal, ce serait...** the ideal thing would be...
idéaliste [idealist] *adj* idealistic ◇ *nmf* idealist
idée [ide] *nf* idea ● **as-tu une idée du temps qu'il faut ?** do you have any idea how long it takes?
identifiant [idɑ̃tifjɑ̃] *nm* username.
identifier [idɑ̃tifje] *vt* to identify ◆ **s'identifier à** *vp + prep* to identify with
identique [idɑ̃tik] *adj* ● **identique (à)** identical (to)
identité [idɑ̃tite] *nf* identity
idiot, e [idjo, ɔt] *adj* stupid ◇ *nm, f* idiot
idiotie [idjɔsi] *nf (acte, parole)* stupid thing
idole [idɔl] *nf* idol
igloo [iglu] *nm* igloo
ignoble [iɲɔbl] *adj* **1.** *(choquant)* disgraceful **2.** *(laid, mauvais)* vile
ignorant, e [iɲɔrɑ̃, ɑ̃t] *adj* ignorant ◇ *nm, f* ignoramus
ignorer [iɲɔre] *vt (personne, avertissement)* to ignore ● **j'ignore son adresse/où il est** I don't know his address/where he is
il [il] *pron* **1.** *(personne, animal)* he **2.** *(chose)* it **3.** *(sujet de v impers)* it ● **il pleut** it's raining ◆ **ils** *pron pl* they
île [il] *nf* island ● **île flottante** *cold dessert of beaten egg whites served on custard* ● **l'île Maurice** Mauritius ● **les îles Anglo-Normandes** the Channel Islands
Île-de-France [ildəfrɑ̃s] *nf administrative region centred on Paris*
illégal, e, aux [ilegal, o] *adj* illegal
illettré, e [iletre] *adj & nm, f* illiterate
illimité, e [ilimite] *adj* unlimited
illisible [ilizibl] *adj* illegible
illuminer [ilymine] *vt* to light up ◆ **s'illuminer** *vp* **1.** *(monument, ville)* to be lit up **2.** *(visage)* to light up
illusion [ilyzjɔ̃] *nf* illusion ● **se faire des illusions** to delude o.s.
illusionniste [ilyzjɔnist] *nmf* conjurer
illustration [ilystrasjɔ̃] *nf* illustration
illustré, e [ilystre] *adj* illustrated ◇ *nm* illustrated magazine
illustrer [ilystre] *vt* to illustrate
îlot [ilo] *nm* small island
ils *pron pl* ➤ **il**
image [imaʒ] *nf* **1.** picture **2.** *(comparaison)* image
imaginaire [imaʒinɛr] *adj* imaginary
imagination [imaʒinasjɔ̃] *nf* imagination ● **avoir de l'imagination** to be imaginative
imaginer [imaʒine] *vt* **1.** *(penser)* to imagine **2.** *(inventer)* to think up ◆ **s'imaginer** *vp* **1.** *(soi-même)* to picture o.s. **2.** *(scène, personne)* to picture ● **s'imaginer que** to imagine that
imbattable [ɛ̃batabl] *adj* unbeatable
imbécile [ɛ̃besil] *nmf* idiot

imbiber [ɛ̃bibe] *vt* • **imbiber qqch de** to soak sthg in
imbuvable [ɛ̃byvabl] *adj* undrinkable
imitateur, trice [imitatœr, tris] *nm, f* impersonator
imitation [imitasjɔ̃] *nf* **1.** imitation **2.** *(d'une personnalité)* impersonation • **imitation cuir** imitation leather
imiter [imite] *vt* **1.** to imitate **2.** *(personnalité)* to impersonate
immangeable [ɛ̃mɑ̃ʒabl] *adj* inedible
immatriculation [imatrikylasjɔ̃] *nf* **1.** *(inscription)* registration **2.** *(numéro)* registration (number)
immédiat, e [imedja, at] *adj* immediate
immédiatement [imedjatmɑ̃] *adv* immediately
immense [imɑ̃s] *adj* huge
immergé, e [imɛrʒe] *adj* submerged
immeuble [imœbl] *nm* block of flats
immigration [imigrasjɔ̃] *nf* immigration
immigré, e [imigre] *adj & nm, f* immigrant
immobile [imɔbil] *adj* still
immobilier, ère [imɔbilje, ɛr] *adj* property *(UK)*, real estate *(US)* ◇ *nm* • **l'immobilier** the property business *(UK)*, the real-estate business *(US)*
immobiliser [imɔbilize] *vt* to immobilize
immonde [imɔ̃d] *adj* vile
immoral, e, aux [imɔral, o] *adj* immoral
immortel, elle [imɔrtɛl] *adj* immortal
immuniser [imynize] *vt* to immunize
impact [ɛ̃pakt] *nm* impact
impair, e [ɛ̃pɛr] *adj* uneven
impardonnable [ɛ̃pardɔnabl] *adj* unforgivable
imparfait, e [ɛ̃parfɛ, ɛt] *adj* imperfect ◇ *nm GRAMM* imperfect (tense)
impartial, e, aux [ɛ̃parsjal, o] *adj* impartial
impasse [ɛ̃pas] *nf* dead end • **faire une impasse sur qqch** *SCOL* to skip (over) sthg in one's revision
impassible [ɛ̃pasibl] *adj* impassive
impatience [ɛ̃pasjɑ̃s] *nf* impatience
impatient, e [ɛ̃pasjɑ̃, ɑ̃t] *adj* impatient • **être impatient de faire qqch** to be impatient to do sthg
impatienter [ɛ̃pasjɑ̃te] ♦ **s'impatienter** *vp* to get impatient
impeccable [ɛ̃pekabl] *adj* impeccable
imper [ɛ̃pɛr] *nm* raincoat
impératif, ive [ɛ̃peratif, iv] *adj* imperative ◇ *nm GRAMM* imperative (mood)
impératrice [ɛ̃peratris] *nf* empress
imperceptible [ɛ̃pɛrsɛptibl] *adj* imperceptible
imperfection [ɛ̃pɛrfɛksjɔ̃] *nf* imperfection
impérial, e, aux [ɛ̃perjal, o] *adj* imperial
impériale [ɛ̃perjal] *nf* ➤ **autobus**
imperméable [ɛ̃pɛrmeabl] *adj* waterproof ◇ *nm* raincoat
impersonnel, elle [ɛ̃pɛrsɔnɛl] *adj* impersonal
impitoyable [ɛ̃pitwajabl] *adj* pitiless
implanter [ɛ̃plɑ̃te] *vt* **1.** *(mode)* to introduce **2.** *(entreprise)* to set up ♦ **s'implanter** *vp* **1.** *(entreprise)* to be set up **2.** *(peuple)* to settle
impliquer [ɛ̃plike] *vt (entraîner)* to imply • **impliquer qqn dans** to implicate sb in

◆ **s'impliquer dans** *vp + prep* to get involved in

impoli, e [ɛ̃pɔli] *adj* rude

import [ɛ̃pɔr] *nm* **1.** *(commerce)* import **2.** *(Belg)* *(montant)* amount

importance [ɛ̃pɔrtɑ̃s] *nf* **1.** importance **2.** *(taille)* size

important, e [ɛ̃pɔrtɑ̃, ɑ̃t] *adj* **1.** important **2.** *(gros)* large

importation [ɛ̃pɔrtasjɔ̃] *nf* import

importer [ɛ̃pɔrte] *vt* to import ◇ *vi (être important)* to matter, to be important ● **peu importe** it doesn't matter ● **n'importe comment** *(mal)* any (old) how ● **n'importe quel** any ● **n'importe qui** anyone

importuner [ɛ̃pɔrtyne] *vt* to bother

imposable [ɛ̃pozabl] *adj* taxable

imposant, e [ɛ̃pozɑ̃, ɑ̃t] *adj* imposing

imposer [ɛ̃poze] *vt (taxer)* to tax ● **imposer qqch à qqn** to impose sthg on sb ◆ **s'imposer** *vp (être nécessaire)* to be essential

impossible [ɛ̃pɔsibl] *adj* impossible ● **il est impossible de/que** it's impossible to/that

impôt [ɛ̃po] *nm* tax

impraticable [ɛ̃pratikabl] *adj (chemin)* impassable

imprégner [ɛ̃preɲe] *vt* to soak ● **imprégner qqch de** to soak sthg in ◆ **s'imprégner de** *vp* to soak up

impression [ɛ̃presjɔ̃] *nf* **1.** *(sentiment)* impression **2.** *(d'un livre)* printing ● **avoir l'impression que** to have the feeling that ● **avoir l'impression de faire qqch** to feel as if one is doing sthg

impressionnant, e [ɛ̃presjɔnɑ̃, ɑ̃t] *adj* impressive

impressionner [ɛ̃presjɔne] *vt* to impress

imprévisible [ɛ̃previzibl] *adj* unpredictable

imprévu, e [ɛ̃prevy] *adj* unexpected ◇ *nm* ● **aimer l'imprévu** to like surprises

imprimante [ɛ̃primɑ̃t] *nf* printer ● **imprimante à jet d'encre** inkjet printer ● **imprimante laser** laser printer

imprimé, e [ɛ̃prime] *adj (tissu)* printed ◇ *nm (publicitaire)* booklet

imprimer [ɛ̃prime] *vt* to print

imprimerie [ɛ̃primri] *nf* **1.** *(métier)* printing **2.** *(lieu)* printing works

imprononçable [ɛ̃prɔnɔ̃sabl] *adj* unpronounceable

improviser [ɛ̃prɔvize] *vt & vi* to improvise

improviste [ɛ̃prɔvist] ◆ **à l'improviste** *adv* unexpectedly

imprudence [ɛ̃prydɑ̃s] *nf* recklessness

imprudent, e [ɛ̃prydɑ̃, ɑ̃t] *adj* reckless

impuissant, e [ɛ̃pɥisɑ̃, ɑ̃t] *adj (sans recours)* powerless

impulsif, ive [ɛ̃pylsif, iv] *adj* impulsive

impureté [ɛ̃pyrte] *nf (saleté)* impurity

inabordable [inabɔrdabl] *adj (prix)* prohibitive

inacceptable [inakseptabl] *adj* unacceptable

inaccessible [inaksesibl] *adj* inaccessible

inachevé, e [inaʃve] *adj* unfinished

inactif, ive [inaktif, iv] *adj* idle

inadapté, e [inadapte] *adj* unsuitable

inadmissible [inadmisibl] *adj* unacceptable

inanimé, **e** [inanime] *adj* **1.** *(sans connaissance)* unconscious **2.** *(mort)* lifeless
inaperçu, **e** [inapɛrsy] *adj* • **passer inaperçu** to go unnoticed
inapte [inapt] *adj* • **être inapte à qqch** to be unfit for sthg
inattendu, **e** [inatɑ̃dy] *adj* unexpected
inattention [inatɑ̃sjɔ̃] *nf* lack of concentration • **faute d'inattention** careless mistake
inaudible [inodibl] *adj* inaudible
inauguration [inogyrasjɔ̃] *nf* **1.** *(d'un monument)* inauguration **2.** *(d'une exposition)* opening
inaugurer [inogyre] *vt* **1.** *(monument)* to inaugurate **2.** *(exposition)* to open
incalculable [ɛ̃kalkylabl] *adj* incalculable
incandescent, **e** [ɛ̃kɑ̃desɑ̃, ɑ̃t] *adj* red-hot
incapable [ɛ̃kapabl] *nmf* incompetent person ◇ *adj* • **être incapable de faire qqch** to be unable to do sthg
incapacité [ɛ̃kapasite] *nf* inability • **être dans l'incapacité de faire qqch** to be unable to do sthg
incarner [ɛ̃karne] *vt (personnage)* to play
incassable [ɛ̃kasabl] *adj* unbreakable
incendie [ɛ̃sɑ̃di] *nm* fire
incendier [ɛ̃sɑ̃dje] *vt* to set alight
incertain, **e** [ɛ̃sɛrtɛ̃, ɛn] *adj* **1.** *(couleur, nombre)* indefinite **2.** *(temps)* unsettled **3.** *(avenir)* uncertain
incertitude [ɛ̃sɛrtityd] *nf* uncertainty
incessant, **e** [ɛ̃sesɑ̃, ɑ̃t] *adj* constant
incident [ɛ̃sidɑ̃] *nm* incident
incisive [ɛ̃siziv] *nf* incisor
inciter [ɛ̃site] *vt* • **inciter qqn à faire qqch** to incite sb to do sthg
incliné, **e** [ɛ̃kline] *adj (siège, surface)* at an angle
incliner [ɛ̃kline] *vt* to lean • **s'incliner** *vp* to lean • **s'incliner devant** *(adversaire)* to give in to
inclure [ɛ̃klyr] *vt* to include
inclus, **e** [ɛ̃kly, yz] *pp* ➤ **inclure** ◇ *adj* included • **jusqu'au 15 inclus** up to and including the 15th
incohérent, **e** [ɛ̃kɔerɑ̃, ɑ̃t] *adj* incoherent
incollable [ɛ̃kɔlabl] *adj (riz)* nonstick
incolore [ɛ̃kɔlɔr] *adj* colourless
incommoder [ɛ̃kɔmɔde] *vt* to trouble
incomparable [ɛ̃kɔ̃parabl] *adj* incomparable
incompatible [ɛ̃kɔ̃patibl] *adj* incompatible
incompétent, **e** [ɛ̃kɔ̃petɑ̃, ɑ̃t] *adj* incompetent
incomplet, **ète** [ɛ̃kɔ̃plɛ, ɛt] *adj* incomplete
incompréhensible [ɛ̃kɔ̃preɑ̃sibl] *adj* incomprehensible
inconditionnel, **elle** [ɛ̃kɔ̃disjɔnɛl] *nm, f* • **un inconditionnel de** a great fan of
inconnu, **e** [ɛ̃kɔny] *adj* unknown ◇ *nm, f* **1.** *(étranger)* stranger **2.** *(non célèbre)* unknown (person) ◇ *nm* • **l'inconnu** the unknown
inconsciemment [ɛ̃kɔ̃sjamɑ̃] *adv* unconsciously
inconscient, **e** [ɛ̃kɔ̃sjɑ̃, ɑ̃t] *adj* **1.** *(évanoui)* unconscious **2.** *(imprudent)* thoughtless ◇ *nm* • **l'inconscient** the unconscious

inconsolable [ɛ̃kɔ̃sɔlabl] *adj* inconsolable
incontestable [ɛ̃kɔ̃tɛstabl] *adj* indisputable
inconvénient [ɛ̃kɔ̃venjɑ̃] *nm* disadvantage
incorporer [ɛ̃kɔrpɔre] *vt (ingrédients)* to mix in • **incorporer qqch à** *(mélanger)* to mix sthg into
incorrect, e [ɛ̃kɔrɛkt] *adj* **1.** incorrect **2.** *(impoli)* rude
incorrigible [ɛ̃kɔriʒibl] *adj* incorrigible
incrédule [ɛ̃kredyl] *adj* sceptical
incroyable [ɛ̃krwajabl] *adj* incredible
incrusté, e [ɛ̃kryste] *adj* • **incrusté de** *(décoré de)* inlaid with
incruster [ɛ̃kryste] ◆ **s'incruster** *vp (tache, saleté)* to become ground in
inculpé, e [ɛ̃kylpe] *nm, f* • **l'inculpé** the accused
inculper [ɛ̃kylpe] *vt* to charge • **inculper qqn de qqch** to charge sb with sthg
inculte [ɛ̃kylt] *adj* **1.** *(terre)* uncultivated **2.** *(personne)* uneducated
incurable [ɛ̃kyrabl] *adj* incurable
Inde [ɛ̃d] *nf* • **l'Inde** India
indécent, e [ɛ̃desɑ̃, ɑ̃t] *adj* indecent
indécis, e [ɛ̃desi, iz] *adj* **1.** undecided **2.** *(vague)* vague
indéfini, e [ɛ̃defini] *adj* indeterminate
indéfiniment [ɛ̃definimɑ̃] *adv* indefinitely
indélébile [ɛ̃delebil] *adj* indelible
indemne [ɛ̃dɛmn] *adj* unharmed • **sortir indemne de** to emerge unscathed from
indemniser [ɛ̃dɛmnize] *vt* to compensate
indemnité [ɛ̃dɛmnite] *nf* compensation
indépendamment [ɛ̃depɑ̃damɑ̃] ◆ **indépendamment de** *prép (à part)* apart from
indépendance [ɛ̃depɑ̃dɑ̃s] *nf* independence
indépendant, e [ɛ̃depɑ̃dɑ̃, ɑ̃t] *adj* **1.** independent **2.** *(travailleur)* self-employed **3.** *(logement)* self-contained • **être indépendant de** *(sans relation avec)* to be independent of
indescriptible [ɛ̃dɛskriptibl] *adj* indescribable
index [ɛ̃dɛks] *nm* **1.** *(doigt)* index finger **2.** *(d'un livre)* index
indicateur [ɛ̃dikatœr] *adj m* ➤ **poteau**
indicatif [ɛ̃dikatif, iv] *nm* **1.** *(téléphonique)* dialling code (*UK*), dial code (*US*) **2.** *(d'une émission)* signature tune **3.** GRAMM indicative ◇ *adj m* • **à titre indicatif** for information
indication [ɛ̃dikasjɔ̃] *nf (renseignement)* (piece of) information ▾ **indications:...** *(sur un médicament)* suitable for...
indice [ɛ̃dis] *nm* **1.** *(signe)* sign **2.** *(dans une enquête)* clue
indien, enne [ɛ̃djɛ̃, ɛn] *adj* Indian ◆ **Indien, enne** *nm, f* Indian
indifféremment [ɛ̃diferamɑ̃] *adv* indifferently
indifférence [ɛ̃diferɑ̃s] *nf* indifference
indifférent, e [ɛ̃diferɑ̃, ɑ̃t] *adj (froid)* indifferent
indigène [ɛ̃diʒɛn] *nmf* native
indigeste [ɛ̃diʒɛst] *adj* indigestible
indigestion [ɛ̃diʒɛstjɔ̃] *nf* stomach upset
indignation [ɛ̃diɲasjɔ̃] *nf* indignation

indigner [ɛ̃diɲe] ◆ **s'indigner** *vp* ● **s'indigner de qqch** to take exception to sthg
indiquer [ɛ̃dike] *vt (révéler)* to show ● **indiquer qqn/qqch à qqn** *(montrer)* to point sb/sthg out to sb ; *(médecin, boulangerie)* to recommend sb/sthg to sb ● **pouvez-vous m'indiquer le chemin d'Oxford ?** can you tell me the way to Oxford?
indirect, e [ɛ̃dirɛkt] *adj* indirect
indirectement [ɛ̃dirɛktəmɑ̃] *adv* indirectly
indiscipliné, e [ɛ̃disipline] *adj* undisciplined
indiscret, ète [ɛ̃diskrɛ, ɛt] *adj* **1.** *(personne)* inquisitive **2.** *(question)* personal
indiscrétion [ɛ̃diskresjɔ̃] *nf* **1.** *(caractère)* inquisitiveness **2.** *(gaffe)* indiscretion
indispensable [ɛ̃dispɑ̃sabl] *adj* essential
individu [ɛ̃dividy] *nm* individual
individualiste [ɛ̃dividɥalist] *adj* individualistic
individuel, elle [ɛ̃dividɥɛl] *adj* **1.** individual **2.** *(maison)* detached
indolore [ɛ̃dɔlɔr] *adj* painless
indulgent, e [ɛ̃dylʒɑ̃, ɑ̃t] *adj* indulgent
industrialisé, e [ɛ̃dystrijalize] *adj* industrialized
industrie [ɛ̃dystri] *nf* industry
industriel, elle [ɛ̃dystrijɛl] *adj* industrial
inédit, e [inedi, it] *adj* **1.** *(livre)* unpublished **2.** *(film)* not released
inefficace [inefikas] *adj* ineffective
inégal, e, aux [inegal, o] *adj* **1.** *(longueur, chances)* unequal **2.** *(terrain)* uneven **3.** *(travail, résultats)* inconsistent
inégalité [inegalite] *nf (des salaires, sociale)* inequality
inépuisable [inepɥizabl] *adj* inexhaustible
inerte [inɛrt] *adj (évanoui)* lifeless
inestimable [inɛstimabl] *adj* **1.** *(très cher)* priceless **2.** *(fig) (précieux)* invaluable
inévitable [inevitabl] *adj* inevitable
inexact, e [inegza(kt), akt] *adj* incorrect
inexcusable [inɛkskyzabl] *adj* unforgivable
inexistant, e [inɛgzistɑ̃, ɑ̃t] *adj* nonexistent
inexplicable [inɛksplikabl] *adj* inexplicable
inexpliqué, e [inɛksplike] *adj* unexplained
in extremis [inɛkstremis] *adv* at the last minute
infaillible [ɛ̃fajibl] *adj* infallible
infarctus [ɛ̃farktys] *nm* coronary (thrombosis)
infatigable [ɛ̃fatigabl] *adj* tireless
infect, e [ɛ̃fɛkt] *adj* disgusting
infecter [ɛ̃fɛkte] ◆ **s'infecter** *vp* to become infected
infection [ɛ̃fɛksjɔ̃] *nf* **1.** infection **2.** *(odeur)* stench
inférieur, e [ɛ̃ferjœr] *adj* **1.** *(du dessous)* lower **2.** *(qualité)* inferior ● **à l'étage inférieur** downstairs ● **inférieur à** *(quantité)* less than ; *(qualité)* inferior to
infériorité [ɛ̃ferjɔrite] *nf* inferiority
infernal, e, aux [ɛ̃fɛrnal, o] *adj (bruit, enfant)* diabolical
infesté, e [ɛ̃fɛste] *adj* ● **infesté de** infested with
infidèle [ɛ̃fidɛl] *adj* unfaithful
infiltrer [ɛ̃filtre] ◆ **s'infiltrer** *vp (eau, pluie)* to seep in

infime [ɛ̃fim] *adj* minute

infini, e [ɛ̃fini] *adj* infinite ◇ *nm* infinity ● **à l'infini** *(se prolonger, discuter)* endlessly

infiniment [ɛ̃finimɑ̃] *adv* extremely ● **je vous remercie infiniment** thank you so much

infinitif [ɛ̃finitif] *nm* infinitive

infirme [ɛ̃firm] *adj* disabled ◇ *nmf* disabled person

infirmerie [ɛ̃firməri] *nf* sick bay

infirmier, ère [ɛ̃firmje, ɛr] *nm, f* nurse

inflammable [ɛ̃flamabl] *adj* inflammable

inflammation [ɛ̃flamasjɔ̃] *nf* inflammation

inflation [ɛ̃flasjɔ̃] *nf* inflation

inflexible [ɛ̃flɛksibl] *adj* inflexible

infliger [ɛ̃fliʒe] *vt* ● **infliger qqch à qqn** *(punition)* to inflict sthg on sb ; *(amende)* to impose sthg on sb

influence [ɛ̃flyɑ̃s] *nf* influence ● **avoir de l'influence sur qqn** to have an influence on sb

influencer [ɛ̃flyɑ̃se] *vt* to influence

informaticien, enne [ɛ̃fɔrmatisjɛ̃, ɛn] *nm, f* computer scientist ● **il est informaticien** he's in computers

information [ɛ̃fɔrmasjɔ̃] *nf* ● **une information** *(renseignement)* information ; *(nouvelle)* a piece of news ◆ **informations** *nfpl (à la radio, à la télé)* news *sg*

informatique [ɛ̃fɔrmatik] *adj* computer ◇ *nf* **1.** *(matériel)* computers *pl* **2.** *(discipline)* computing

informatisé, e [ɛ̃fɔrmatize] *adj* computerized

informe [ɛ̃fɔrm] *adj* shapeless

informer [ɛ̃fɔrme] *vt* ● **informer qqn de/que** to inform sb of/that ◆ **s'informer (de)** *vp + prep* to ask (about)

infos [ɛ̃fo] *nfpl (fam) (à la radio, à la télé)* news *sg*

infraction [ɛ̃fraksjɔ̃] *nf* offence ● **être en infraction** to be in breach of the law

infranchissable [ɛ̃frɑ̃ʃisabl] *adj (rivière)* uncrossable

infrarouge [ɛ̃fʀaʀuʒ] *nm* infrared

infusion [ɛ̃fyzjɔ̃] *nf* herbal tea

ingénieur [ɛ̃ʒenjœr] *nm* engineer

ingénieux, euse [ɛ̃ʒenjø, øz] *adj* ingenious

ingrat, e [ɛ̃gra, at] *adj* **1.** ungrateful **2.** *(visage, physique)* unattractive

ingratitude [ɛ̃gratityd] *nf* ingratitude

ingrédient [ɛ̃gredjɑ̃] *nm* ingredient

inhabituel, elle [inabitɥɛl] *adj* unusual

inhumain, e [inymɛ̃, ɛn] *adj* inhuman

inimaginable [inimaʒinabl] *adj* incredible

ininflammable [inɛ̃flamabl] *adj* non-flammable

ininterrompu, e [inɛ̃tɛrɔ̃py] *adj* unbroken

initial, e, aux [inisjal, o] *adj* initial

initiale [inisjal] *nf* initial

initialisation [inisjalizasjɔ̃] *nf* initialization

initialiser [inisjalize] to initialize

initiation [inisjasjɔ̃] *nf SCOL (apprentissage)* introduction

initiative [inisjativ] *nf* initiative ● **prendre l'initiative de faire qqch** to take the initiative in doing sthg

injecter [ɛ̃ʒɛkte] *vt* to inject

injection [ɛ̃ʒɛksjɔ̃] *nf* injection

injure [ɛ̃ʒyr] *nf* insult
injurier [ɛ̃ʒyrje] *vt* to insult
injuste [ɛ̃ʒyst] *adj* unfair
injustice [ɛ̃ʒystis] *nf* injustice
injustifié, e [ɛ̃ʒystifje] *adj* unjustified
inné, e [ine] *adj* innate
innocence [inɔsɑ̃s] *nf* innocence
innocent, e [inɔsɑ̃, ɑ̃t] *adj* innocent ◇ *nm, f* innocent person
innombrable [inɔ̃brabl] *adj* countless
innover [inɔve] *vi* to innovate
inoccupé, e [inɔkype] *adj* empty
inodore [inɔdɔr] *adj* odourless
inoffensif, ive [inɔfɑ̃sif, iv] *adj* harmless
inondation [inɔ̃dasjɔ̃] *nf* flood
inonder [inɔ̃de] *vt* to flood
inoubliable [inublijabl] *adj* unforgettable
Inox® [inɔks] *nm* stainless steel
inoxydable [inɔksidabl] *adj* ➤ **acier**
inquiet, ète [ɛ̃kjɛ, ɛt] *adj* worried
inquiétant, e [ɛ̃kjetɑ̃, ɑ̃t] *adj* worrying
inquiéter [ɛ̃kjete] *vt* to worry ◆ **s'inquiéter** *vp* to worry
inquiétude [ɛ̃kjetyd] *nf* worry
inscription [ɛ̃skripsjɔ̃] *nf* **1.** *(sur une liste, à l'université)* registration **2.** *(gravée)* inscription **3.** *(graffiti)* graffiti
inscrire [ɛ̃skrir] *vt* **1.** *(sur une liste, dans un club)* to register **2.** *(écrire)* to write ◆ **s'inscrire** *vp (sur une liste)* to put one's name down ● **s'inscrire à un club** to join a club
inscrit, e [ɛ̃skri, it] *pp & 3ᵉ pers. du sg de l'ind. prés.* ➤ **inscrire**
insecte [ɛ̃sɛkt] *nm* insect
insecticide [ɛ̃sɛktisid] *nm* insecticide
insensé, e [ɛ̃sɑ̃se] *adj* **1.** *(aberrant)* insane **2.** *(extraordinaire)* extraordinary
insensible [ɛ̃sɑ̃sibl] *adj* **1.** insensitive **2.** *(léger)* imperceptible ● **être insensible à** *(douleur, froid)* to be insensitive to ; *(art, charme)* to be unreceptive to
inséparable [ɛ̃separabl] *adj* inseparable
insérer [ɛ̃sere] *vt* to insert
insertion [ɛ̃sɛʀsjɔ̃] *nf* insertion
insigne [ɛ̃siɲ] *nm* badge
insignifiant, e [ɛ̃siɲifjɑ̃, ɑ̃t] *adj* insignificant
insinuer [ɛ̃sinɥe] *vt* to insinuate
insistance [ɛ̃sistɑ̃s] *nf* insistence ● **avec insistance** insistently
insister [ɛ̃siste] *vi* to insist ● **insister sur** *(détail)* to emphasize
insolation [ɛ̃sɔlasjɔ̃] *nf* ● **attraper une insolation** to get sunstroke
insolence [ɛ̃sɔlɑ̃s] *nf* insolence
insolent, e [ɛ̃sɔlɑ̃, ɑ̃t] *adj* insolent
insolite [ɛ̃sɔlit] *adj* unusual
insoluble [ɛ̃sɔlybl] *adj* insoluble
insomnie [ɛ̃sɔmni] *nf* insomnia ● **avoir des insomnies** to sleep badly
insonorisé, e [ɛ̃sɔnɔrize] *adj* soundproofed
insouciant, e [ɛ̃susjɑ̃, ɑ̃t] *adj* carefree
inspecter [ɛ̃spɛkte] *vt* to inspect
inspecteur, trice [ɛ̃spɛktœr, tris] *nm, f* inspector ● **inspecteur de police** detective sergeant (*UK*), lieutenant (*US*)
inspiration [ɛ̃spirasjɔ̃] *nf* inspiration
inspirer [ɛ̃spire] *vt* to inspire ◇ *vi (respirer)* to breathe in ● **inspirer qqch à qqn** to inspire sb with sthg ◆ **s'inspirer de** *vp + prep* to be inspired by
instable [ɛ̃stabl] *adj* unstable

installation [ɛ̃stalasjɔ̃] *nf* **1.** *(emménagement)* moving in **2.** *(structure)* installation
installer [ɛ̃stale] *vt* **1.** *(poser)* to put **2.** *(eau, électricité)* *INFORM* to install **3.** *(aménager)* to fit out **4.** *(loger)* to put up ◆ **s'installer** *vp* **1.** *(dans un appartement)* to settle in **2.** *(dans un fauteuil)* to settle down **3.** *(commerçant, médecin)* to set (o.s.) up
instant [ɛ̃stɑ̃] *nm* instant ● **il sort à l'instant** he's just gone out ● **pour l'instant** for the moment
instantané, e [ɛ̃stɑ̃tane] *adj* **1.** instantaneous **2.** *(café, potage)* instant
instinct [ɛ̃stɛ̃] *nm* instinct
instinctif, ive [ɛ̃stɛ̃ktif, iv] *adj* instinctive
institut [ɛ̃stity] *nm* institute ● **institut de beauté** beauty salon
instituteur, trice [ɛ̃stitytœr, tris] *nm, f* primary school teacher *(UK)*, grade school teacher *(US)*
institution [ɛ̃stitysjɔ̃] *nf* institution
instructif, ive [ɛ̃stryktif, iv] *adj* informative
instruction [ɛ̃stryksjɔ̃] *nf (enseignement, culture)* education ◆ **instructions** *nfpl* instructions
instruire [ɛ̃strɥir] ◆ **s'instruire** *vp* to educate o.s.
instruit, e [ɛ̃strɥi, it] *pp & 3ᵉ pers. du sg de l'ind. prés.* ➤ **instruire** ◇ *adj (cultivé)* educated
instrument [ɛ̃strymɑ̃] *nm* instrument ● **instrument (de musique)** (musical) instrument
insuffisant, e [ɛ̃syfizɑ̃, ɑ̃t] *adj* **1.** insufficient **2.** *(travail)* unsatisfactory
insuline [ɛ̃sylin] *nf* insulin
insulte [ɛ̃sylt] *nf* insult
insulter [ɛ̃sylte] *vt* to insult
insupportable [ɛ̃sypɔrtabl] *adj* unbearable
insurmontable [ɛ̃syrmɔ̃tabl] *adj (difficulté)* insurmountable
intact, e [ɛ̃takt] *adj* intact
intégral, e, aux [ɛ̃tegral, o] *adj* complete
intégrer [ɛ̃tegre] *vt* to include ◆ **s'intégrer** *vp* ● **(bien) s'intégrer** *(socialement)* to fit in
intellectuel, elle [ɛ̃telɛktɥel] *adj & nm, f* intellectual
intelligence [ɛ̃teliʒɑ̃s] *nf* intelligence
intelligence artificielle *nf* artificial intelligence
intelligent, e [ɛ̃teliʒɑ̃, ɑ̃t] *adj* intelligent
intempéries [ɛ̃tɑ̃peri] *nfpl* bad weather *sg*
intense [ɛ̃tɑ̃s] *adj* intense
intensif, ive [ɛ̃tɑ̃sif, iv] *adj* intensive
intensité [ɛ̃tɑ̃site] *nf* intensity
intention [ɛ̃tɑ̃sjɔ̃] *nf* intention ● **avoir l'intention de faire qqch** to intend to do sthg
intentionné, e [ɛ̃tɑ̃sjɔne] *adj* ● **bien intentionné** well-meaning ● **mal intentionné** ill-intentioned
interactif [ɛ̃tɛʀaktif, iv] *adj* interactive
intercalaire [ɛ̃tɛrkalɛr] *nm* insert
intercaler [ɛ̃tɛrkale] *vt* to insert
intercepter [ɛ̃tɛrsɛpte] *vt* to intercept
interchangeable [ɛ̃tɛrʃɑ̃ʒabl] *adj* interchangeable
interclasse [ɛ̃tɛrklas] *nm* break

interdiction [ɛ̃tɛrdiksjɔ̃] *nf* ban ▼ **interdiction de fumer** (strictly) no smoking
interdire [ɛ̃tɛrdir] *vt* to forbid ● **interdire à qqn de faire qqch** to forbid sb to do sthg
interdit, e [ɛ̃tɛrdi, it] *pp & 3ᵉ pers. du sg de l'ind. prés.* ➤ **interdire** ◇ *adj* forbidden ● **il est interdit de...** you are not allowed to...
intéressant, e [ɛ̃terɛsɑ̃, ɑ̃t] *adj* interesting
intéresser [ɛ̃terese] *vt* **1.** to interest **2.** *(concerner)* to concern ◆ **s'intéresser à** *vp + prep* to be interested in
intérêt [ɛ̃terɛ] *nm* **1.** interest **2.** *(avantage)* point ● **avoir intérêt à faire qqch** to be well-advised to do sthg ● **dans l'intérêt de** in the interest of ◆ **intérêts** *nmpl FIN* interest *sg*
interface [ɛ̃tɛʀfas] *nf* interface
intérieur, e [ɛ̃terjœr] *adj* **1.** inner **2.** *(national)* domestic ◇ *nm* **1.** inside **2.** *(maison)* home ● **à l'intérieur (de)** inside
interligne [ɛ̃tɛrliɲ] *nm* (line) spacing
interlocuteur, trice [ɛ̃tɛrlɔkytœr, tris] *nm, f* ● **mon interlocuteur** the man to whom I was speaking
intermédiaire [ɛ̃tɛrmedjɛr] *adj* intermediate ◇ *nmf* intermediary ◇ *nm* ● **par l'intermédiaire de** through
interminable [ɛ̃tɛrminabl] *adj* never-ending
internat [ɛ̃tɛrna] *nm (école)* boarding school
international, e, aux [ɛ̃tɛrnasjɔnal, o] *adj* international
internaute [ɛ̃tɛrnot] *nmf* (net) surfer, cybersurfer
interne [ɛ̃tɛrn] *adj* internal ◇ *nmf* **1.** *(des hôpitaux)* junior hospital doctor (*UK*), intern (*US*) **2.** *SCOL* boarder
interner [ɛ̃tɛrne] *vt (malade)* to commit
Internet [ɛ̃tɛrnɛt] *nm* internet, Internet
interpeller [ɛ̃tɛrpəle] *vt (appeler)* to call out to
Interphone® [ɛ̃tɛrfɔn] *nm* **1.** *(d'un immeuble)* entry phone **2.** *(dans un bureau)* intercom
interposer [ɛ̃tɛrpoze] ◆ **s'interposer** *vp* ● **s'interposer entre** to stand between
interprète [ɛ̃tɛrprɛt] *nmf* **1.** *(traducteur)* interpreter **2.** *(acteur, musicien)* performer
interpréter [ɛ̃tɛrprete] *vt* **1.** *(résultat, paroles)* to interpret **2.** *(personnage, morceau)* to play
interrogation [ɛ̃terɔgasjɔ̃] *nf (question)* question ● **interrogation (écrite)** (written) test
interrogatoire [ɛ̃terɔgatwar] *nm* interrogation
interroger [ɛ̃terɔʒe] *vt* **1.** to question **2.** *SCOL* to test ● **interroger qqn sur** to question sb about
interrompre [ɛ̃terɔ̃pr] *vt* to interrupt
interrupteur [ɛ̃teryptœr] *nm* switch
interruption [ɛ̃terypsjɔ̃] *nf* **1.** *(coupure, arrêt)* break **2.** *(dans un discours)* interruption
intersection [ɛ̃tɛrsɛksjɔ̃] *nf* intersection
intervalle [ɛ̃tɛrval] *nm* **1.** *(distance)* space **2.** *(dans le temps)* interval ● **à deux jours d'intervalle** after two days
intervenir [ɛ̃tɛrvənir] *vi* **1.** to intervene **2.** *(avoir lieu)* to take place

intervention [ɛ̃tɛrvɑ̃sjɔ̃] *nf* **1.** intervention **2.** *MÉD* operation
intervenu, e [ɛ̃tɛrvəny] *pp* ➤ **intervenir**
interview [ɛ̃tɛrvju] *nf* interview
interviewer [ɛ̃tɛrvjuve] *vt* to interview
intestin [ɛ̃tɛstɛ̃] *nm* intestine
intestinal, e, aux [ɛ̃tɛstinal, o] *adj* intestinal
intime [ɛ̃tim] *adj* **1.** *(personnel)* private **2.** *(très proche)* intimate
intimider [ɛ̃timide] *vt* to intimidate
intimité [ɛ̃timite] *nf* intimacy
intituler [ɛ̃tityle] ◆ **s'intituler** *vp* to be called
intolérable [ɛ̃tɔlerabl] *adj* **1.** *(douleur)* unbearable **2.** *(comportement)* unacceptable
intoxication [ɛ̃tɔksikasjɔ̃] *nf* • **intoxication alimentaire** food poisoning
intraduisible [ɛ̃tradɥizibl] *adj* untranslatable
intranet [ɛ̃tʀanɛt] *nm* intranet
intransigeant, e [ɛ̃trɑ̃ziʒɑ̃, ɑ̃t] *adj* intransigent
intrépide [ɛ̃trepid] *adj* intrepid
intrigue [ɛ̃trig] *nf (d'une histoire)* plot
intriguer [ɛ̃trige] *vt* to intrigue
introduction [ɛ̃trɔdyksjɔ̃] *nf* introduction
introduire [ɛ̃trɔdɥir] *vt* to introduce ◆ **s'introduire dans** *vp + prep (pénétrer dans)* to enter
introduit, e [ɛ̃trɔdɥi, it] *pp & 3ᵉ pers. du sg de l'ind. prés.* ➤ **introduire**
introuvable [ɛ̃truvabl] *adj (objet perdu)* nowhere to be found
intrus, e [ɛ̃try, yz] *nm, f* intruder
intuition [ɛ̃tɥisjɔ̃] *nf (pressentiment)* feeling
inusable [inyzabl] *adj* hardwearing
inutile [inytil] *adj* **1.** *(objet, recherches)* useless **2.** *(efforts)* pointless
inutilisable [inytilizabl] *adj* unusable
invalide [ɛ̃valid] *nmf* disabled person
invariable [ɛ̃varjabl] *adj* invariable
invasion [ɛ̃vazjɔ̃] *nf* invasion
inventaire [ɛ̃vɑ̃tɛr] *nm* inventory • **faire l'inventaire de qqch** to make a list of sthg
inventer [ɛ̃vɑ̃te] *vt* **1.** to invent **2.** *(moyen)* to think up
inventeur, trice [ɛ̃vɑ̃tœr, tris] *nm, f* inventor
invention [ɛ̃vɑ̃sjɔ̃] *nf* invention
inverse [ɛ̃vɛrs] *nm* opposite • **à l'inverse** conversely • **à l'inverse de** contrary to
investir [ɛ̃vɛstir] *vt (argent)* to invest
investissement [ɛ̃vɛstismɑ̃] *nm* investment
invisible [ɛ̃vizibl] *adj* invisible
invitation [ɛ̃vitasjɔ̃] *nf* invitation
invité, e [ɛ̃vite] *nm, f* guest
inviter [ɛ̃vite] *vt* to invite • **inviter qqn à faire qqch** to invite sb to do sthg
involontaire [ɛ̃vɔlɔ̃tɛr] *adj* involuntary
invraisemblable [ɛ̃vrɛsɑ̃blabl] *adj* unlikely
iode [jɔd] *nm* ➤ **teinture**
ira ➤ **aller**
irlandais, e [irlɑ̃dɛ, ɛz] *adj* Irish ◆ **Irlandais, e** *nm, f* Irishman *(f* Irishwoman) • **les Irlandais** the Irish
Irlande [irlɑ̃d] *nf* • **l'Irlande du Nord** Northern Ireland • **la République d'Irlande** the Republic of Ireland, Eire
ironie [irɔni] *nf* irony

ironique [irɔnik] *adj* ironic
irrationnel, elle [irasjɔnɛl] *adj* irrational
irrécupérable [irekyperabl] *adj (objet, vêtement)* beyond repair
irréel, elle [ireɛl] *adj* unreal
irrégulier, ère [iregylje, ɛr] *adj* **1.** irregular **2.** *(résultats, terrain)* uneven
irremplaçable [irɑ̃plasabl] *adj* irreplaceable
irréparable [ireparabl] *adj* **1.** beyond repair **2.** *(erreur)* irreparable
irrésistible [irezistibl] *adj* irresistible
irrespirable [irɛspirabl] *adj* unbreathable
irrigation [irigasjɔ̃] *nf* irrigation
irritable [iritabl] *adj* irritable
irritation [iritasjɔ̃] *nf* irritation
irriter [irite] *vt* to irritate
islam [islam] *nm* • **l'islam** Islam
isolant, e [izɔlɑ̃, ɑ̃t] *adj* **1.** *(acoustique)* soundproofing **2.** *(thermique)* insulating ◇ *nm* insulator
isolation [izɔlasjɔ̃] *nf* **1.** *(acoustique)* soundproofing **2.** *(thermique)* insulation
isolé, e [izɔle] *adj* **1.** *(à l'écart)* isolated **2.** *(contre le bruit)* soundproofed **3.** *(thermiquement)* insulated
isoler [izɔle] *vt* **1.** *(séparer)* to isolate **2.** *(contre le bruit)* to soundproof **3.** *(thermiquement)* to insulate ◆ **s'isoler** *vp* to isolate o.s.
Israël [israɛl] *n* Israel
issu, e [isy] *adj* • **être issu de** *(famille)* to be descended from ; *(processus, théorie)* to stem from
issue [isy] *nf (sortie)* exit • **issue de secours** emergency exit ▼ **voie sans issue** no through road
Italie [itali] *nf* • **l'Italie** Italy
italien, enne [italjɛ̃, ɛn] *adj* Italian ◇ *nm (langue)* Italian ◆ **Italien, enne** *nm, f* Italian
italique [italik] *nm* italics *pl* • **écrire en italique** to write in italics
itinéraire [itinerɛr] *nm* route • **itinéraire bis** alternative route *(to avoid heavy traffic)*
ivoire [ivwar] *nm* ivory
ivre [ivr] *adj* drunk
ivrogne [ivrɔɲ] *nmf* drunkard

jJ

j' *pron* ➤ **je**
jacinthe [ʒasɛ̃t] *nf* hyacinth
jaillir [ʒajir] *vi (eau)* to gush
jalousie [ʒaluzi] *nf* jealousy
jaloux, ouse [ʒalu, uz] *adj* jealous • **être jaloux de** to be jealous of
jamais [ʒamɛ] *adv* never • **ne... jamais** never • **je ne reviendrai jamais plus** I'm never coming back • **c'est le plus long voyage que j'aie jamais fait** it's the longest journey I've ever made • **plus que jamais** more than ever • **si jamais tu le vois...** if you happen to see him...
jambe [ʒɑ̃b] *nf* leg

jambon [ʒɑ̃bɔ̃] *nm* ham • **jambon blanc** boiled ham • **jambon cru** raw ham
jambonneau [ʒɑ̃bɔno] (*pl* **-x**) *nm* knuckle of ham
jante [ʒɑ̃t] *nf* (wheel) rim
janvier [ʒɑ̃vje] *nm* January • **en janvier, au mois de janvier** in January • **début janvier** at the beginning of January • **fin janvier** at the end of January • **le deux janvier** the second of January
Japon [ʒapɔ̃] *nm* • **le Japon** Japan
japonais, e [ʒapɔnɛ, ɛz] *adj* Japanese ◇ *nm (langue)* Japanese ◆ **Japonais, e** *nm, f* Japanese (person)
jardin [ʒardɛ̃] *nm* garden • **jardin d'enfants** kindergarten, playgroup • **jardin public** park ▼ **ce jardin sera fermé en cas de tempête** the gardens will be closed in the event of severe weather
jardinage [ʒardinaʒ] *nm* gardening
jardinier, ère [ʒardinje, ɛr] *nm, f* gardener
jardinière [ʒardinjɛr] *nf (bac)* window box • **jardinière de légumes** *dish of diced mixed vegetables* ➤ **jardinier**
jarret [ʒarɛ] *nm* • **jarret de veau** knuckle of veal
jauge [ʒoʒ] *nf* gauge • **jauge d'essence** petrol gauge • **jauge d'huile** dipstick
jaune [ʒon] *adj & nm* yellow • **jaune d'œuf** egg yolk
jaunir [ʒonir] *vi* to turn yellow
jaunisse [ʒonis] *nf* jaundice
Javel [ʒavɛl] *nf* • **(eau de)Javel** bleach
jazz [dʒaz] *nm* jazz
je [ʒə] *pron* I
jean [dʒin] *nm* jeans *pl*, pair of jeans
Jeep® [dʒip] *nf* Jeep®

jerrican [ʒerikan] *nm* jerry can
Jésus-Christ [ʒezykri] *nm* Jesus Christ • **après Jésus-Christ** AD • **avant Jésus-Christ** BC
[1]**jet** [ʒɛ] *nm (de liquide)* jet • **jet d'eau** fountain
[2]**jet** [dʒɛt] *nm (avion)* jet (plane)
jetable [ʒətabl] *adj* disposable
jetée [ʒəte] *nf* jetty
jeter [ʒəte] *vt* **1.** to throw **2.** *(mettre à la poubelle)* to throw away ◆ **se jeter** *vp* • **se jeter dans** *(suj:rivière)* to flow into • **se jeter sur** to pounce on
jeton [ʒətɔ̃] *nm* **1.** *(pour jeu de société)* counter **2.** *(au casino)* chip
jeu [ʒø] (*pl* **-x**) *nm* **1.** game **2.** *(d'un mécanisme)* play **3.** *(assortiment)* set • **le jeu** *(au casino)* gambling • **jeu de cartes** *(distraction)* card game ; *(paquet)* pack of cards • **jeu d'échecs** chess set • **jeu de mots** pun • **jeu de société** board game • **jeu vidéo** video game • **les jeux Olympiques** the Olympic Games
jeudi [ʒødi] *nm* Thursday • **nous sommes** ou **c'est jeudi** it's Saturday today • **jeudi 13 septembre** Thursday 13 September • **nous sommes partis jeudi** we left on Thursday • **jeudi dernier** last Thursday • **jeudi prochain** next Thursday • **jeudi matin** on Thursday morning • **le jeudi** on Thursdays • **à samedi !** see you Thursday!
jeun [ʒœ̃] ◆ **à jeun** *adv* on an empty stomach
jeune [ʒœn] *adj* young ◇ *nmf* young person • **jeune fille** girl • **jeune homme** young man • **les jeunes** young people
jeûner [ʒøne] *vi* to fast

jeunesse [ʒœnɛs] *nf* **1.** *(période)* youth **2.** *(jeunes)* young people *pl*
job [dʒɔb] *nm (fam)* job
jockey [ʒɔkɛ] *nm* jockey
jogging [dʒɔgiŋ] *nm* **1.** *(vêtement)* tracksuit **2.** *(activité)* jogging • **faire du jogging** to go jogging
joie [ʒwa] *nf* joy
joindre [jwɛ̃dr] *vt* **1.** *(relier)* to join **2.** *(contacter)* to contact • **joindre qqch à** to attach sthg to • **je joins un chèque à ma lettre** I enclose a cheque with my letter ◆ **se joindre à** *vp + prep* to join
joint, e [ʒwɛ̃, ɛ̃t] *pp & 3ᵉ pers. du sg de l'ind. prés.* ➤ **joindre** ◇ *nm* **1.** *TECH* seal **2.** *(de robinet)* washer **3.** *(fam) (drogue)* joint • **joint de culasse** cylinder head gasket
joker [ʒɔkɛr] *nm* joker
joli, e [ʒɔli] *adj (beau)* pretty
jongleur [ʒɔ̃glœr] *nm* juggler
jonquille [ʒɔ̃kij] *nf* daffodil
joual [ʒwal] *nm (Québec) French-Canadian dialect*
joue [ʒu] *nf* cheek
jouer [ʒwe] *vi* **1.** to play **2.** *(acteur)* to act ◇ *vt* **1.** to play **2.** *(somme)* to bet **3.** *(pièce de théâtre)* to perform • **jouer à** *(tennis, foot, cartes)* to play • **jouer de** *(instrument)* to play • **jouer un rôle dans qqch** *(fig)* to play a part in sthg
jouet [ʒwɛ] *nm* toy
joueur, euse [ʒwœr, øz] *nm, f* **1.** *(au casino)* gambler **2.** *SPORT* player • **être mauvais joueur** to be a bad loser • **joueur de cartes** card player • **joueur de flûte** flautist • **joueur de foot** footballer
jour [ʒur] *nm* **1.** day **2.** *(clarté)* daylight • **il fait jour** it's light • **jour de l'an** New Year's Day • **jour férié** public holiday • **jour ouvrable** working day • **huit jours** a week • **quinze jours** two weeks, a fortnight *(UK)* • **de jour** *(voyager)* by day • **du jour au lendemain** overnight • **de nos jours** nowadays • **être à jour** to be up-to-date • **mettre qqch à jour** to update sthg ▼ **tarte du jour** tart of the day
journal [ʒurnal, o] *(pl* **-aux***) nm* newspaper • **journal (intime)** diary • **journal télévisé** news (on the television)
journaliste [ʒurnalist] *nmf* journalist
journée [ʒurne] *nf* day • **dans la journée** *(aujourd'hui)* today ; *(le jour)* during the day • **toute la journée** all day (long)
joyeux, euse [ʒwajø, øz] *adj* happy • **joyeux anniversaire !** Happy Birthday! • **joyeux Noël !** Merry Christmas!
judo [ʒydo] *nm* judo
juge [ʒyʒ] *nmf* judge
juger [ʒyʒe] *vt* **1.** to judge **2.** *(accusé)* to try
juif, ive [ʒɥif, ʒɥiv] *adj* Jewish ◆ **Juif, ive** *nm, f* Jew
juillet [ʒɥijɛ] *nm* July • **le 14-Juillet** *French national holiday* • **en juillet, au mois de juillet** in July • **début juillet** at the beginning of July • **fin juillet** at the end of July • **le deux juillet** the second of July

le 14 juillet

This French national holiday commemorates the most famous act of the French Revolution, the storming of the Bastille, the royal prison, on July 14, 1789 by the people of Paris. It is celebrated with a military parade in Paris, and dances and firework displays throughout the country.

juin [ʒyɛ̃] *nm* June • **en juin, au mois de juin** in June • **début juin** at the beginning of June • **fin juin** at the end of June • **le deux juin** the second of June
juke-box [dʒukbɔks] *nm inv* jukebox
jumeau, **elle**, **eaux** [ʒymo, ɛl, o] *adj (maisons)* semidetached ◇ *nm, f* • **des jumeaux** twins • **frère jumeau** twin brother
jumelé, **e** [ʒymle] *adj* ▾ **ville jumelée avec...** twinned with...
jumelles [ʒymɛl] *nfpl* binoculars
jument [ʒymɑ̃] *nf* mare
jungle [ʒœ̃gl] *nf* jungle
jupe [ʒyp] *nf* skirt • **jupe droite** straight skirt • **jupe plissée** pleated skirt
jupon [ʒypɔ̃] *nm* underskirt, slip
jurer [ʒyre] *vi* to swear ◇ *vt* • **jurer (à qqn) que** to swear (to sb) that • **jurer de faire qqch** to swear to do sthg
jury [ʒyri] *nm* jury
jus [ʒy] *nm* **1.** juice **2.** *(de viande)* gravy • **jus d'orange** orange juice
jusque [ʒysk(ə)] ◆ **jusqu'à** *prép* • **allez jusqu'à l'église** go as far as the church • **jusqu'à midi** until noon • **jusqu'à ce que je parte** until I leave • **jusqu'à présent** up until now, so far ◆ **jusqu'ici** *adv* **1.** *(dans l'espace)* up to here **2.** *(dans le temps)* up until now, so far ◆ **jusque-là** *adv* **1.** *(dans l'espace)* up to there **2.** *(dans le temps)* up to then, up until then
justaucorps [ʒystokɔr] *nm* leotard
juste [ʒyst] *adj* **1.** *(équitable)* fair **2.** *(addition, raisonnement)* right, correct **3.** *(note)* in tune **4.** *(vêtement)* tight ◇ *adv* **1.** just **2.** *(chanter, jouer)* in tune • **ce gâteau est un peu juste pour six** this cake isn't big enough for six people • **il est huit heures juste** it's exactly eight o'clock • **au juste** exactly
justement [ʒystəmɑ̃] *adv* **1.** *(précisément)* just **2.** *(à plus forte raison)* exactly
justesse [ʒystɛs] ◆ **de justesse** *adv* only just
justice [ʒystis] *nf* justice
justifier [ʒystifje] *vt* to justify ◆ **se justifier** *vp* to justify o.s.
jute [ʒyt] *nm* • **(toile de) jute** jute
juteux, **euse** [ʒytø, øz] *adj* juicy

K

K7 [kasɛt] *nf* (*abr de cassette*) cassette
kaki [kaki] *adj inv* khaki
kangourou [kɑ̃guru] *nm* kangaroo
karaté [karate] *nm* karate
kart [kart] *nm* go-kart
karting [kartiŋ] *nm* go-karting
kasher [kaʃɛr] *adj inv* kosher ▾ **produits kasher** kosher foods
kayak [kajak] *nm* **1.** *(bateau)* kayak **2.** *(sport)* canoeing

képi [kepi] *nm* kepi
kermesse [kɛrmɛs] *nf* fête
kérosène [kerɔzɛn] *nm* kerosene
ketchup [kɛtʃœp] *nm* ketchup
kg (*abr écrite de kilogramme*) kg (*kilogram*)
kidnapper [kidnape] *vt* to kidnap
kilo(gramme) [kilɔ(gram)] *nm* kilo (gram)
kilométrage [kilɔmetraʒ] *nm* (*distance*) ≃ mileage • **kilométrage illimité** ≃ unlimited mileage
kilomètre [kilɔmɛtr] *nm* kilometre • **100 kilomètres (à l')heure** 100 kilometres per hour
kilt [kilt] *nm* kilt
kinésithérapeute [kineziterapøt] *nmf* physiotherapist
kiosque [kjɔsk] *nm* pavilion • **kiosque à journaux** newspaper kiosk ▼ **kiosque à musique** bandstand
kir [kir] *nm aperitif made with white wine and blackcurrant liqueur* • **kir royal** *aperitif made with champagne and blackcurrant liqueur*
kirsch [kirʃ] *nm* kirsch
kit [kit] *nm* kit • **en kit** in kit form
kiwi [kiwi] *nm* kiwi (fruit)
Klaxon® [klaksɔn] *nm* horn
klaxonner [klaksɔne] *vi* to hoot (one's horn)
Kleenex® [klinɛks] *nm* Kleenex®
km (*abr écrite de kilomètre*) km (*kilometre*)
km/h (*abr écrite de kilomètre par heure*) kph (*kilometre per hour*)
K-O [kao] *adj inv* **1.** KO'd **2.** (*fam*) (*épuisé*) dead beat
kouglof [kuglɔf] *nm light dome-shaped cake with currants and almonds, a speciality of Alsace*
K-way® [kawɛ] *nm inv* cagoule
kyste [kist] *nm* cyst

L

l (*abr écrite de litre*) l
l' *art* ➤ **le**
la [la] *art* ➤ **le**
là [la] *adv* **1.** (*lieu*) there **2.** (*temps*) then • **elle n'est pas là** she's not in • **par là** (*de ce côté*) that way ; (*dans les environs*) over there • **cette fille-là** that girl • **ce jour-là** that day
là-bas [laba] *adv* there
laboratoire [labɔratwar] *nm* laboratory
labourer [labure] *vt* to plough
labyrinthe [labirɛ̃t] *nm* maze
lac [lak] *nm* lake
lacer [lase] *vt* to tie
lacet [lasɛ] *nm* **1.** (*de chaussures*) lace **2.** (*virage*) bend
lâche [laʃ] *adj* **1.** (*peureux*) cowardly **2.** (*nœud, corde*) loose ◇ *nmf* coward
lâcher [laʃe] *vt* **1.** to let go of **2.** (*desserrer*) to loosen **3.** (*parole*) to let slip ◇ *vi* **1.** (*corde*) to give way **2.** (*freins*) to fail
lâcheté [laʃte] *nf* cowardice
là-dedans [laddɑ̃] *adv* **1.** (*lieu*) in there **2.** (*dans cela*) in that

là-dessous [ladsu] *adv* **1.** *(lieu)* under there **2.** *(dans cette affaire)* behind that
là-dessus [ladsy] *adv* **1.** *(lieu)* on there **2.** *(à ce sujet)* about that
là-haut [lao] *adv* up there
laid, e [lɛ, lɛd] *adj* ugly
laideur [lɛdœr] *nf* ugliness
lainage [lɛnaʒ] *nm (vêtement)* woollen garment
laine [lɛn] *nf* wool • **en laine** woollen
laïque [laik] *adj* secular
laisse [lɛs] *nf* lead • **tenir un chien en laisse** to keep a dog on a lead
laisser [lese] *vt* to leave ◇ *v aux* • **laisser qqn faire qqch** to let sb do sthg • **laisser tomber** to drop • **laisser qqch à qqn** *(donner)* to leave sb sthg ♦ **se laisser** *vp* • **se laisser aller** to relax • **se laisser faire** *(par lâcheté)* to let o.s. be taken advantage of ; *(se laisser tenter)* to let o.s. be persuaded • **se laisser influencer** to allow o.s. to be influenced
lait [lɛ] *nm* milk • **lait démaquillant** cleanser • **lait solaire** suntan lotion • **lait de toilette** cleanser ▼ **lait ribot** fermented milk *(typically drunk in Brittany)* ▼ **lait frais** fresh milk
laitage [lɛtaʒ] *nm* dairy product
laitier [lɛtje] *adj m* ➤ **produit**
laiton [lɛtɔ̃] *nm* brass
laitue [lety] *nf* lettuce
lambeau [lɑ̃bo] (*pl* **-x**) *nm* strip
lambic [lɑ̃bik] *nm* (*Belg*) *strong malt-and wheat-based beer*
lambris [lɑ̃bri] *nm* panelling
lame [lam] *nf* **1.** blade **2.** *(de verre, de métal)* strip **3.** *(vague)* wave • **lame de rasoir** razor blade
lamelle [lamɛl] *nf* thin slice
lamentable [lamɑ̃tabl] *adj* **1.** *(pitoyable)* pitiful **2.** *(très mauvais)* appalling
lamenter [lamɑ̃te] ♦ **se lamenter** *vp* to moan
lampadaire [lɑ̃padɛr] *nm* **1.** *(dans un appartement)* standard lamp (*UK*), floor lamp (*US*) **2.** *(dans la rue)* street lamp
lampe [lɑ̃p] *nf* lamp • **lampe de chevet** bedside lamp • **lampe de poche** torch (*UK*), flashlight (*US*)
lance [lɑ̃s] *nf (arme)* spear • **lance d'incendie** fire hose
lancée [lɑ̃se] *nf* • **sur sa/ma lancée** *(en suivant)* while he/I was at it
lancement [lɑ̃smɑ̃] *nm (d'un produit)* launch
lance-pierres [lɑ̃spjɛr] *nm inv* catapult
lancer [lɑ̃se] *vt* **1.** to throw **2.** *(produit, mode)* to launch ♦ **se lancer** *vp* **1.** *(se jeter)* to throw o.s. **2.** *(oser)* to take the plunge • **se lancer dans qqch** to embark on sthg
landau [lɑ̃do] *nm* pram
lande [lɑ̃d] *nf* moor
langage [lɑ̃gaʒ] *nm* language
langer [lɑ̃ʒe] *vt* to change
langouste [lɑ̃gust] *nf* spiny lobster
langoustine [lɑ̃gustin] *nf* langoustine
langue [lɑ̃g] *nf* **1.** ANAT CULIN tongue **2.** *(langage)* language • **langue étrangère** foreign language • **langue maternelle** mother tongue • **langue vivante** modern language
langue-de-chat [lɑ̃gdəʃa] (*pl* **langues-de-chat**) *nf thin sweet finger-shaped biscuit*

languette [lɑ̃gɛt] *nf* **1.** *(de chaussures)* tongue **2.** *(d'une canette)* ring-pull
lanière [lanjɛr] *nf (de cuir)* strap
lanterne [lɑ̃tɛrn] *nf* **1.** lantern **2.** *AUTO (feu de position)* sidelight *(UK)*, parking light *(US)*
lapin [lapɛ̃] *nm* rabbit • **poser un lapin à qqn** *(fam)* to stand sb up
laque [lak] *nf* **1.** *(pour coiffer)* hair spray, lacquer **2.** *(peinture)* lacquer
laqué [lake] *adj m* ➤ **canard**
laquelle *pron rel* ➤ **lequel**
larcin [larsɛ̃] *nm (sout)* theft
lard [lar] *nm* bacon
lardon [lardɔ̃] *nm strip or cube of bacon*
large [larʒ] *adj* **1.** *(rivière, route)* wide **2.** *(vêtement)* big **3.** *(généreux)* generous **4.** *(tolérant)* open ◇ *nm* • **le large** the open sea • **prévoir large** *(temps)* to allow plenty of time • **2 mètres de large** 2 metres wide • **au large de** off (the coast of)
largement [larʒəmɑ̃] *adv (au minimum)* easily • **avoir largement le temps** to have ample time • **il y en a largement assez** there's more than enough
largeur [larʒœr] *nf* width
larme [larm] *nf* tear • **être en larmes** to be in tears
lasagne(s) [lazaɲ] *nfpl* lasagne
laser [lazɛr] *nm* laser
lasser [lase] *vt* to bore ◆ **se lasser de** *vp + prep* to grow tired of
latéral, e, aux [lateral, o] *adj (porte, rue)* side
latin [latɛ̃] *nm* Latin
latitude [latityd] *nf* latitude
latte [lat] *nf* slat
lauréat, e [lɔrea, at] *nm, f* prizewinner
laurier [lɔrje] *nm (arbuste)* laurel • **feuille de laurier** bay leaf
lavable [lavabl] *adj* washable
lavabo [lavabo] *nm* washbasin ◆ **lavabos** *nmpl (toilettes)* toilets
lavage [lavaʒ] *nm* washing
lavande [lavɑ̃d] *nf* lavender
lave-linge [lavlɛ̃ʒ] *nm inv* washing machine
laver [lave] *vt* **1.** to wash **2.** *(plaie)* to bathe **3.** *(tache)* to wash out ou off ◆ **se laver** *vp* to wash o.s. • **se laver les dents** to brush one's teeth • **se laver les mains** to wash one's hands
laverie [lavri] *nf* • **laverie (automatique)** launderette
lavette [lavɛt] *nf (tissu)* dishcloth
lave-vaisselle [lavvesɛl] *nm inv* dishwasher
lavoir [lavwar] *nm communal sink for washing clothes*
laxatif [laksatif] *nm* laxative
layette [lɛjɛt] *nf* layette
le, la [lə, la] *(pl* **les** [lɛ]) *art*
1. *(gén)* the • **le lac** the lake • **la fenêtre** the window • **l'homme** the man • **les enfants** the children • **j'adore le thé** I love tea • **l'amour** love
2. *(désigne le moment)* • **nous sommes le 3 août** it's the 3rd of August • **Bruxelles, le 9 juillet 1994** Brussels, 9 July 1994 • **le samedi** *(habituellement)* on Saturdays ; *(moment précis)* on Saturday
3. *(marque l'appartenance)* • **se laver les mains** to wash one's hands • **elle a les yeux bleus** she has (got) blue eyes

4. *(chaque)* • **c'est 40 euros la nuit** it's 40 euros a night • **quatre euros l'un** four euros each
◇ *pron*
1. *(personne)* him(*f* her), them *pl* ; *(chose, animal)* it, them *pl* • **je le /la/les connais bien** I know him/her/them well • **laissez-les nous** leave them to us
2. *(reprend un mot, une phrase)* • **je l'ai entendu dire** I've heard about it
lécher [leʃe] *vt* to lick
lèche-vitrines [lɛʃvitrin] *nm inv* • **faire du lèche-vitrines** to go window-shopping
leçon [ləsɔ̃] *nf* 1. lesson 2. *(devoirs)* homework • **faire la leçon à qqn** to lecture sb
lecteur, trice [lɛktœr, tris] *nm, f* reader ◇ *nm INFORM* reader • **lecteur de cassettes** cassette player • **lecteur de CD/DVD** CD/DVD player • **lecteur de disquette** disk drive • **lecteur MP3/WMA** MP3/WMA player • **lecteur de CD** CD player
lecture [lɛktyr] *nf* reading
légal, e, aux [legal, o] *adj* legal
légende [leʒɑ̃d] *nf* 1. *(conte)* legend 2. *(d'une photo)* caption 3. *(d'un schéma)* key
léger, ère [leʒe, ɛr] *adj* 1. light 2. *(café)* weak 3. *(cigarette)* mild 4. *(peu important)* slight • **à la légère** lightly ▼ **cuisine légère** low-fat foods
légèrement [leʒɛrmɑ̃] *adv (un peu)* slightly • **s'habiller légèrement** to wear light clothes
légèreté [leʒɛrte] *nf* 1. lightness 2. *(insouciance)* casualness
législation [leʒislasjɔ̃] *nf* legislation
légitime [leʒitim] *adj* legitimate • **légitime défense** self-defence
léguer [lege] *vt* 1. to bequeath 2. *(fig) (tradition, passion)* to pass on
légume [legym] *nm* vegetable ▼ **légumes secs** dried pulses
lendemain [lɑ̃dmɛ̃] *nm* • **le lendemain** the next day • **le lendemain matin** the next morning • **le lendemain de notre départ** the day after we left
lent, e [lɑ̃, lɑ̃t] *adj* slow
lentement [lɑ̃tmɑ̃] *adv* slowly
lenteur [lɑ̃tœr] *nf* slowness
lentille [lɑ̃tij] *nf* 1. *(légume)* lentil 2. *(verre de contact)* (contact) lens
léopard [leɔpar] *nm* leopard
lequel, laquelle [ləkɛl, lakɛl] (*mpl* **lesquels** [lekɛl], *fpl* **lesquelles** [lekɛl]) *pron* 1. *(sujet de personne)* who 2. *(sujet de chose)* which 3. *(complément de personne)* whom 4. *(complément de chose)* which 5. *(interrogatif)* which (one) • **par/pour lequel** *(personne)* by/for whom ; *(chose)* by/for which
les *art* ➤ **le**
léser [leze] *vt* to wrong
lésion [lezjɔ̃] *nf* injury
lesquelles *pron rel* ➤ **lequel**
lesquels *pron rel* ➤ **lequel**
lessive [lɛsiv] *nf* 1. *(poudre, liquide)* detergent 2. *(linge)* washing • **faire la lessive** to do the washing
lessiver [lɛsive] *vt* 1. to wash 2. *(fam) (fatiguer)* to wear out
lettre [lɛtr] *nf* letter • **en toutes lettres** in full
leucémie [løsemi] *nf* leukemia

leur [lœr] *adj* their ◇ *pron* (to) them ◆ **le leur, la leur** (*pl* **les leurs**) *pron* theirs
levant [ləvɑ̃] *adj m* ➤ **soleil**
levé, e [ləve] *adj (hors du lit)* up
levée [ləve] *nf (du courrier)* collection
lever [ləve] *vt* **1.** *(bras, yeux, doigt)* to raise **2.** *(relever)* to lift ◇ *nm* ● **au lever** when one gets up ● **le lever du jour** dawn ● **le lever du soleil** sunrise ◆ **se lever** *vp* **1.** *(personne)* to get up **2.** *(jour)* to break **3.** *(soleil)* to rise **4.** *(temps)* to clear
levier [ləvje] *nm* lever ● **levier de vitesse** gear lever (*UK*), gear shift (*US*)
lèvre [lɛvr] *nf* lip
levure [ləvyr] *nf* *CULIN* baking powder
lexique [lɛksik] *nm (dictionnaire)* glossary
lézard [lezar] *nm* lizard
lézarder [lezarde] ◆ **se lézarder** *vp* to crack
liaison [ljɛzɔ̃] *nf* **1.** *(aérienne, routière)* link **2.** *(amoureuse)* affair **3.** *(phonétique)* liaison ● **être en liaison avec** to be in contact with
liane [ljan] *nf* creeper
liasse [ljas] *nf* wad
Liban [libɑ̃] *nm* ● **le Liban** Lebanon
libéral, e, aux [liberal, o] *adj* liberal
libération [liberasjɔ̃] *nf* **1.** *(d'une ville)* liberation **2.** *(d'un prisonnier)* release
libérer [libere] *vt (prisonnier)* to release ◆ **se libérer** *vp* **1.** to free o.s. **2.** *(de ses occupations)* to get away
liberté [libɛrte] *nf* freedom ● **en liberté** *(animaux)* in the wild
libraire [librɛr] *nmf* bookseller
librairie [librɛri] *nf* bookshop
libre [libr] *adj* **1.** free **2.** *(ouvert, dégagé)* clear ● **libre de faire qqch** free to do sthg
librement [librəmɑ̃] *adv* freely
libre-service [librəsɛrvis] (*pl* **libres-services**) *nm* **1.** *(magasin)* self-service store **2.** *(restaurant)* self-service restaurant
licence [lisɑ̃s] *nf* **1.** licence **2.** *(diplôme)* degree **3.** *(sportive)* membership card
licenciement [lisɑ̃simɑ̃] *nm* **1.** *(pour faute)* dismissal **2.** *(économique)* redundancy
licencier [lisɑ̃sje] *vt (pour faute)* to dismiss ● **être licencié** *(économique)* to be made redundant
liège [ljɛʒ] *nm* cork
liégeois [ljeʒwa] *adj m* ➤ **café, chocolat**
lien [ljɛ̃] *nm* **1.** *(ruban, sangle)* tie **2.** *(relation)* link ● **lien hypertexte** *INFORM* hypertext link
lier [lje] *vt* **1.** *(attacher)* to tie up **2.** *(par contrat)* to bind **3.** *(phénomènes, idées)* to connect ● **lier conversation avec qqn** to strike up a conversation with sb ◆ **se lier** *vp* ● **se lier (d'amitié) avec qqn** to make friends with sb
lierre [ljɛr] *nm* ivy
lieu [ljø] (*pl* **-x**) *nm* place ● **avoir lieu** to take place ● **au lieu de** instead of
lièvre [ljɛvr] *nm* hare
ligne [liɲ] *nf* line ● **avoir la ligne** to be slim ● **aller à la ligne** to start a new paragraph ● **se mettre en ligne** to line up ● **ligne blanche** *(sur la route)* white line ● **(en) ligne droite** (in a) straight line ▼ **grandes lignes** *sign directing rail passengers to platforms for intercity trains*
ligoter [ligɔte] *vt* to tie up
lilas [lila] *nm* lilac
limace [limas] *nf* slug
limande [limɑ̃d] *nf* dab
lime [lim] *nf* file ● **lime à ongles** nail file

limer [lime] *vt* to file

limitation [limitasjɔ̃] *nf* restriction • **limitation de vitesse** speed limit

limite [limit] *nf* **1.** *(bord)* edge **2.** *(frontière)* border **3.** *(maximum ou minimum)* limit ◇ *adj (prix, vitesse)* maximum • **à la limite** if necessary

limité [limite] *adj* limited ▾ **prudence vitesse limitée** do not exceed the speed limit

limiter [limite] *vt* to limit ◆ **se limiter à** *vp + prep* **1.** *(se contenter de)* to limit o.s. to **2.** *(être restreint à)* to be limited to

limonade [limɔnad] *nf* lemonade

limpide [lɛ̃pid] *adj* (crystal) clear

lin [lɛ̃] *nm* linen

linge [lɛ̃ʒ] *nm* **1.** *(de maison)* linen **2.** *(lessive)* washing ▾ **linge de maison** household linen

lingerie [lɛ̃ʒri] *nf (sous-vêtements)* lingerie

lingot [lɛ̃go] *nm* • **lingot (d'or)** (gold) ingot

lino(léum) [lino, (leɔm)] *nm* lino(leum)

lion [ljɔ̃] *nm* lion ◆ **Lion** *nm (signe astrologique)* Leo

liqueur [likœr] *nf* liqueur

liquidation [likidasjɔ̃] *nf* ▾ **liquidation totale** stock clearance

liquide [likid] *adj & nm* liquid • **(argent) liquide** cash • **payer en liquide** to pay cash • **liquide de frein** brake fluid ▾ **liquide vaisselle** washing-up liquid (*UK*), dishwashing liquid (*US*)

liquider [likide] *vt (vendre)* to sell off

lire [lir] *vt & vi* to read

lisible [lizibl] *adj* legible

lisière [lizjɛr] *nf* edge

lisse [lis] *adj* smooth

liste [list] *nf* list • **liste d'attente** waiting list • **être sur liste rouge** to be ex-directory (*UK*), to have an unlisted number (*US*)

lit [li] *nm* bed • **aller au lit** to go to bed • **lit de camp** camp bed • **lit double, grand lit** double bed • **lit simple, lit à une place, petit lit** single bed • **lits jumeaux** twin beds • **lits superposés** bunk beds

litchi [litʃi] *nm* lychee

literie [litri] *nf* mattress and base

litière [litjɛr] *nf* litter

litige [litiʒ] *nm* dispute

litre [litr] *nm* litre

littéraire [literɛr] *adj* literary

littérature [literatyr] *nf* literature

littoral [litɔral] (*pl* **-aux**) *nm* coast

livide [livid] *adj* pallid

living(-room), **s** [liviɲ(rum)] *nm* living room

livraison [livrɛzɔ̃] *nf* delivery ▾ **livraison à domicile** we deliver ▾ **livraison des bagages** baggage reclaim

[1]**livre** [livr] *nm* book • **livre de français** French book

[2]**livre** [livr] *nf (demi-kilo, monnaie)* pound • **livre (sterling)** pound (sterling)

livrer [livre] *vt* **1.** *(marchandise)* to deliver **2.** *(trahir)* to hand over

livret [livrɛ] *nm* booklet • **livret (de caisse) d'épargne** savings book • **livret de famille** family record book • **livret scolaire** school report (book)

livreur, **euse** [livrœr, øz] *nm, f* delivery man (*f* delivery woman)

local, **e**, **aux** [lɔkal, o] *adj* local ◇ *nm* **1.** *(d'un club, commercial)* premises **2.** *(pour*

fête) place • **dans les locaux** on the premises
locataire [lɔkatɛr] *nmf* tenant
location [lɔkasjɔ̃] *nf* **1.** *(d'une maison)* renting **2.** *(d'un billet)* booking **3.** *(logement)* rented accommodation ▾ **location de voitures** *(UK)* car hire ; *(US)* car rental
locomotive [lɔkɔmɔtiv] *nf* locomotive
loge [lɔʒ] *nf* **1.** *(de concierge)* lodge **2.** *(d'acteur)* dressing room
logement [lɔʒmɑ̃] *nm* **1.** accommodation **2.** *(appartement)* flat *(UK)*, apartment *(US)* • **le logement** *(secteur)* housing
loger [lɔʒe] *vt (héberger)* to put up ◇ *vi* to live
logger [loge] • **se logger** to log on in
logiciel [lɔʒisjɛl] *nm* software
login *nm* login
logique [lɔʒik] *adj* logical ◇ *nf* logic
logiquement [lɔʒikmɑ̃] *adv* logically
logo [logo] *nm* logo
loi [lwa] *nf* law • **la loi** the law
loin [lwɛ̃] *adv* **1.** far away **2.** *(dans le temps)* far off • **au loin** in the distance • **de loin** from a distance ; *(fig) (nettement)* by far • **loin de** far (away) from • **loin de là** *(fig) (au contraire)* far from it
lointain, e [lwɛ̃tɛ̃, ɛn] *adj* distant ◇ *nm* • **dans le lointain** in the distance
Loire [lwar] *nf* • **la Loire** *(fleuve)* the (River) Loire
loisirs [lwazir] *nmpl* **1.** *(temps libre)* leisure *sg* **2.** *(activités)* leisure activities
Londonien, enne [lɔ̃dɔnjɛ̃, ɛn] *nm, f* Londoner
Londres [lɔ̃dr] *n* London
long, longue [lɔ̃, lɔ̃g] *adj* long • **ça fait 10 mètres de long** it's 10 metres long • **le long de** along • **de long en large** up and down • **à la longue** in the long run
longeole [lɔ̃ʒɔl] *nf smoked sausage from the Geneva region of Switzerland*
longer [lɔ̃ʒe] *vt* to follow
longitude [lɔ̃ʒityd] *nf* longitude
longtemps [lɔ̃tɑ̃] *adv* (for) a long time • **ça fait trop longtemps** it's been too long • **il y a longtemps** a long time ago
longue *adj f* ➤ **long**
longuement [lɔ̃gmɑ̃] *adv* for a long time
longueur [lɔ̃gœr] *nf* length • **à longueur de semaine/d'année** all week/year long • **longueur d'onde** wavelength
longue-vue [lɔ̃gvy] *(pl* **longues-vues***) nf* telescope
loquet [lɔkɛ] *nm* latch
lorraine [lɔrɛn] *adj f* ➤ **quiche**
lors [lɔr] ◆ **lors de** *prép (pendant)* during
lorsque [lɔrskə] *conj* when
losange [lɔzɑ̃ʒ] *nm* lozenge
lot [lo] *nm* **1.** *(de loterie)* prize **2.** *COMM (en offre spéciale)* (special offer) pack
loterie [lɔtri] *nf* lottery
lotion [losjɔ̃] *nf* lotion
lotissement [lɔtismɑ̃] *nm* housing development
loto [lɔto] *nm (national) the French national lottery* • **le loto sportif** ≃ the football pools *(UK)*, the soccer sweepstakes *(US)*

loto

The French national lottery, run by the company *Française des Jeux*, is played by between sixteen and twenty million people a week. There is also the *Super Loto* at

Christmas, St Valentine's etc, and the *Loto Sportif*, a sort of football pools.

lotte [lɔt] *nf* monkfish • **lotte à l'américaine** *monkfish tails cooked in a sauce of white wine, brandy, herbs and tomatoes*
louche [luʃ] *adj* shady ◇ *nf* ladle
loucher [luʃe] *vi* to squint
louer [lwe] *vt* to rent ▾ **à louer** to let
loup [lu] *nm* wolf
loupe [lup] *nf* magnifying glass
louper [lupe] *vt* **1.** (*fam*) *(examen)* to flunk **2.** *(train)* to miss
lourd, e [lur, lurd] *adj* **1.** heavy **2.** *(sans finesse)* unsubtle **3.** *(erreur)* serious **4.** *(orageux)* sultry ◇ *adv* • **peser lourd** to be heavy
lourdement [lurdəmɑ̃] *adv* **1.** heavily **2.** *(se tromper)* greatly
lourdeur [lurdœr] *nf* • **avoir des lourdeurs d'estomac** to feel bloated
Louvre [luvr] *nm* • **le Louvre** the Louvre

le Louvre

This former royal palace houses one of the greatest collections of paintings, sculptures, and antiquities in the world. A national museum since 1793, it was expanded to become the *Grand Louvre* in 1999. You enter it through the famous glass pyramid in the centre of its courtyard.

loyal, e, aux [lwajal, o] *adj* loyal
loyauté [lwajote] *nf* loyalty
loyer [lwaje] *nm* *(d'un appartement)* rent
lu, e [ly] *pp* ➤ **lire**
lubrifiant [lybrifjɑ̃] *nm* lubricant
lucarne [lykarn] *nf* skylight
lucide [lysid] *adj* **1.** *(conscient)* conscious **2.** *(sur soi-même)* lucid
lueur [lɥœr] *nf* **1.** light **2.** *(d'intelligence, de joie)* glimmer
luge [lyʒ] *nf* toboggan • **faire de la luge** to toboggan
lugubre [lygybr] *adj* **1.** *(ambiance)* gloomy **2.** *(bruit)* mournful
[1]**lui** [lɥi] *pron*
1. *(complément d'objet indirect)* (to) him/her/it • **je lui ai parlé** I spoke to him/her • **dites-le-lui tout de suite** tell him/her straightaway • **je lui ai serré la main** I shook his/her hand
2. *(après une préposition, un comparatif)* him/it • **j'en ai eu moins que lui** I had less than him
3. *(pour renforcer le sujet)* he • **et lui, qu'est-ce qu'il en pense ?** what does he think about it? • **c'est lui qui nous a renseignés** he was the one who informed us
4. *(dans des expressions)* • **c'est lui-même qui l'a dit** he said it himself • **il se contredit lui-même** he contradicts himself
[2]**lui** [lɥi] *pp* ➤ **luire**
luire [lɥir] *vi* to shine
luisant, e [lɥizɑ̃, ɑ̃t] *adj* shining ➤ **ver**
lumière [lymjɛr] *nf* light
luminaires *nmpl* lighting *sg*
lumineux, euse [lyminø, øz] *adj* **1.** bright **2.** *(teint, sourire)* radiant
luminosité [lyminozite] *nf* • **réglage de la luminosité** brightness adjustment
lunatique [lynatik] *adj* temperamental
lunch [lœnʃ] (*pl* **-s** OU **-es**) *nm* *(buffet)* buffet lunch

lundi [lœdi] *nm* Monday • **nous sommes ou c'est lundi** it's Saturday today • **lundi 13 septembre** Monday 13 September • **nous sommes partis lundi** we left on Monday • **lundi dernier** last Monday • **lundi prochain** next Monday • **lundi matin** on Monday morning • **le lundi** on Mondays • **à lundi !** see you Monday!

lune [lyn] *nf* moon • **lune de miel** honeymoon • **pleine lune** full moon

lunette [lynɛt] *nf (astronomique)* telescope • **lunette arrière** rear window ◆ **lunettes** *nfpl* glasses • **lunettes de soleil** sunglasses

lustre [lystr] *nm* chandelier

lutte [lyt] *nf* **1.** struggle, fight **2.** *SPORT* wrestling

lutter [lyte] *vi* to fight • **lutter contre** to fight (against)

luxation [lyksasjɔ̃] *nf* dislocation

luxe [lyks] *nm* luxury • **de (grand) luxe** luxury

Luxembourg [lyksɑ̃bur] *nm* • **le Luxembourg** Luxembourg

luxembourgeois, e [lyksɑ̃burʒwa, az] *adj* of/relating to Luxembourg

luxueux, euse [lyksɥø, øz] *adj* luxurious

lycée [lise] *nm* ≃ secondary school (*UK*) ≃ high school (*US*) • **lycée professionnel** ≃ technical college

lycée

Students attend a *lycée* for their final three years at school before taking their *baccalauréat*. *Lycées* provide three types of courses: *général*, i.e. literature, science, or economics and social studies; *technologique*, i.e. technology; and *professionnel*, i.e. vocational subjects. The first is considered the most prestigious.

lycéen, enne [liseɛ̃, ɛn] *nm, f* ≃ secondary school student (*UK*) ≃ high school student (*US*)

Lycra® [likra] *nm* Lycra®

Lyon [ljɔ̃] *n* Lyons

mM

m (*abr écrite de mètre*) m *(metre)*

M. (*abr écrite de Monsieur*) Mr *(Monsieur)*

m' *pron* ➤ **me**

ma *adj* ➤ **mon**

macadam [makadam] *nm* Tarmac®

macaron [makarɔ̃] *nm (gâteau)* macaroon

macaronis [makarɔni] *nmpl* macaroni *sg*

macédoine [masedwan] *nf* • **macédoine (de légumes)** (diced) mixed vegetables *pl* • **macédoine de fruits** fruit salad

macérer [masere] *vi CULIN* to steep

mâcher [maʃe] *vt* to chew

machin [maʃɛ̃] *nm (fam)* thingamajig

machinal, e, aux [maʃinal, o] *adj* mechanical

machine [maʃin] *nf* machine • **machine à coudre** sewing machine • **machine à laver** washing machine • **machine à sous** one-armed bandit

machiniste [maʃinist] *nm (d'autobus)* driver

mâchoire [maʃwar] *nf* jaw

maçon [masɔ̃] *nm* bricklayer

macro [makʀo] *nf* macro

macrovision [makʀovizjɔ̃] *nf* Macrovision

madame [madam] (*pl* **mesdames** [medam]) *nf* • **madame X** Mrs X • **bonjour madame/mesdames !** good morning (Madam/ladies)! • **Madame,** *(dans une lettre)* Dear Madam, • **Madame !** *(pour appeler le professeur)* Miss!

madeleine [madlɛn] *nf* madeleine *small sponge cake*

mademoiselle [madmwazɛl] (*pl* **mesdemoiselles** [medmwazɛl]) *nf* • **mademoiselle X** Miss X • **bonjour mademoiselle/mesdemoiselles !** good morning (Miss/ladies)! • **Mademoiselle,** *(dans une lettre)* Dear Madam, • **Mademoiselle !** *(pour appeler le professeur)* Miss!

madère [madɛr] *nm* ➤ **sauce**

maf(f)ia [mafja] *nf* mafia • **la Maf(f)ia** *(sicilienne)* the Mafia

magasin [magazɛ̃] *nm* shop (*UK*), store (*US*) • **en magasin** in stock

magazine [magazin] *nm* magazine

Maghreb [magrɛb] *nm* • **le Maghreb** North Africa, the Maghreb

Maghrébin, e [magrebɛ̃, in] *nm, f* North African

magicien, enne [maʒisjɛ̃, ɛn] *nm, f* magician

magie [maʒi] *nf* magic

magique [maʒik] *adj* magic

magistrat [maʒistra] *nm* magistrate

magnésium [maɲezjɔm] *nm* magnesium

magnétique [maɲetik] *adj* magnetic

magnétoscope [maɲetɔskɔp] *nm* videorecorder

magnifique [maɲifik] *adj* magnificent

magret [magrɛ] *nm* • **magret (de canard)** fillet of duck breast

mai [mɛ] *nm* May • **le premier mai** May Day • **en mai, au mois de mai** in May • **début mai** at the beginning of May • **fin mai** at the end of May • **le deux mai** the second of May

maigre [mɛgr] *adj* **1.** thin **2.** *(viande)* lean **3.** *(yaourt)* low-fat

maigrir [megrir] *vi* to lose weight

mail [mɛl] *nm* mail,

mailing list *nf* mailing list

maille [maj] *nf* **1.** *(d'un tricot)* stitch **2.** *(d'un filet)* mesh

maillon [majɔ̃] *nm* link

maillot [majo] *nm* **1.** *(de foot)* jersey **2.** *(de danse)* leotard • **maillot de bain** bathing costume • **maillot de corps** vest (*UK*), undershirt (*US*) • **maillot jaune** *(du Tour de France)* yellow jersey *(worn by the leading cyclist in the Tour de France)*

main [mɛ̃] *nf* hand • **se donner la main** to hold hands • **fait (à la) main** handmade • **prendre qqch en main** to take sthg in hand

main-d'œuvre [mɛ̃dœvr] (*pl* **mains-d'œuvre**) *nf* labour

main libre *nm* • **(kit) mains libres** hands-free (kit)

maintenant [mɛ̃tnɑ̃] *adv* **1.** now **2.** *(de nos jours)* nowadays
maintenir [mɛ̃tnir] *vt* **1.** to maintain **2.** *(soutenir)* to support ◆ **se maintenir** *vp (temps, tendance)* to remain
maintenu, e [mɛ̃tny] *pp* ➤ **maintenir**
maire [mɛr] *nmf* mayor
mairie [meri] *nf (bâtiment)* town hall (*UK*), city hall (*US*)
mais [mɛ] *conj* but ● **mais non !** of course not!
maïs [mais] *nm* maize (*UK*), corn (*US*)
maison [mɛzɔ̃] *nf* **1.** *(domicile)* house, home **2.** *(bâtiment)* house ◇ *adj inv* homemade ● **rester à la maison** to stay at home ● **rentrer à la maison** to go home ● **maison de campagne** house in the country ● **maison de la culture** ≃ community arts centre
maître, esse [mɛtr, mɛtrɛs] *nm, f (d'un animal)* master(*f* mistress) ● **maître/ maîtresse(d'école)** schoolteacher ● **maître d'hôtel** *(au restaurant)* head waiter ● **maître nageur** swimming instructor
maîtresse [mɛtrɛs] *nf (amie)* mistress, ➤ **maître**
maîtrise [metriz] *nf (diplôme)* ≃ master's degree
maîtriser [metrize] *vt* **1.** to master **2.** *(personne)* to overpower **3.** *(incendie)* to bring under control
majestueux, euse [maʒɛstɥø, øz] *adj* majestic
majeur, e [maʒœr] *adj (principal)* major ◇ *nm (doigt)* middle finger ● **être majeur** *(adulte)* to be of age ● **la majeure partie (de)** the majority (of)
majorette [maʒɔrɛt] *nf* majorette
majorité [maʒɔrite] *nf* majority ● **en majorité** in the majority ● **la majorité de** the majority of
majuscule [maʒyskyl] *nf* capital letter
mal [mal] (*pl* **maux** [mo]) *nm (contraire du bien)* evil ◇ *adv* badly ● **j'ai mal** it hurts ● **avoir mal au cœur** to feel sick ● **avoir mal aux dents** to have toothache ● **avoir mal au dos** to have backache ● **avoir mal à la gorge** to have a sore throat ● **avoir mal à la tête** to have a headache ● **avoir mal au ventre** to have (a) stomachache ● **ça fait mal** it hurts ● **faire mal à qqn** to hurt sb ● **se faire mal** to hurt o.s. ● **se donner du mal (pour faire qqch)** to make an effort (to do sthg) ● **mal de gorge** sore throat ● **mal de mer** seasickness ● **avoir le mal du pays** to feel homesick ● **maux de tête** headaches ● **pas mal** (*fam*) *(assez bon, assez beau)* not bad ● **pas mal de** (*fam*) *(beaucoup)* quite a lot of
malade [malad] *adj* **1.** ill, sick **2.** *(sur un bateau, en avion)* sick ◇ *nmf* sick person ● **malade mental** mentally ill person
maladie [maladi] *nf* illness ● **maladie de la vache folle** mad cow disease
maladresse [maladrɛs] *nf* **1.** clumsiness **2.** *(acte)* blunder
maladroit, e [maladrwa, at] *adj* clumsy
malaise [malɛz] *nm* **1.** *MÉD* faintness **2.** *(angoisse)* unease ● **avoir un malaise** to faint
malaxer [malakse] *vt* to knead
malchance [malʃɑ̃s] *nf* bad luck
mâle [mal] *adj & nm* male
malentendu [malɑ̃tɑ̃dy] *nm* misunderstanding
malfaiteur [malfɛtœr] *nm* criminal

malfamé, e [malfame] *adj* disreputable
malformation [malfɔrmasjɔ̃] *nf* malformation
malgré [malgre] *prép* in spite of • **malgré tout** despite everything
malheur [malœr] *nm* misfortune
malheureusement [malœrøzmɑ̃] *adv* unfortunately
malheureux, euse [malœrø, øz] *adj* unhappy
malhonnête [malɔnɛt] *adj* dishonest
Mali [mali] *nm* • **le Mali** Mali
malicieux, euse [malisjø, øz] *adj* mischievous
malin, igne [malɛ̃, iɲ] *adj (habile, intelligent)* crafty
malle [mal] *nf* trunk
mallette [malɛt] *nf* small suitcase
malmener [malməne] *vt* to manhandle
malnutrition [malnytrisjɔ̃] *nf* malnutrition
malpoli, e [malpɔli] *adj* rude
malsain, e [malsɛ̃, ɛn] *adj* unhealthy
maltraiter [maltrete] *vt* to mistreat
malveillant, e [malvɛjɑ̃, ɑ̃t] *adj* spiteful
maman [mamɑ̃] *nf* mum (*UK*), mom (*US*)
mamie [mami] *nf (fam)* granny
mammifère [mamifɛr] *nm* mammal
manager [manadʒɛr] *nm* manager
manche [mɑ̃ʃ] *nf* **1.** *(de vêtement)* sleeve **2.** *(de jeu)* round **3.** *(au tennis)* set ◇ *nm* handle • **à manches courtes/longues** short-/long-sleeved
Manche [mɑ̃ʃ] *nf* • **la Manche** the (English) Channel
manchette [mɑ̃ʃɛt] *nf (d'une manche)* cuff
mandarine [mɑ̃darin] *nf* mandarin
mandat [mɑ̃da] *nm (postal)* money order
manège [manɛʒ] *nm* **1.** *(attraction)* merry-go-round (*UK*), carousel (*US*) **2.** *(d'équitation)* riding school
manette [manɛt] *nf* lever • **manette de jeux** joystick
mangeoire [mɑ̃ʒwar] *nf* trough
manger [mɑ̃ʒe] *vt & vi* to eat • **donner à manger à qqn** to give sb something to eat ; *(bébé)* to feed sb
mangue [mɑ̃g] *nf* mango
maniable [manjabl] *adj* easy to use
maniaque [manjak] *adj* fussy
manie [mani] *nf* funny habit
manier [manje] *vt* to handle
manière [manjɛr] *nf* way • **de manière à faire qqch** in order to do sthg • **de manière à ce que** so (that) • **de toute manière** at any rate ◆ **manières** *nfpl (attitude)* manners • **faire des manières** to be difficult
maniéré, e [manjere] *adj* affected
manif [manif] *nf (fam)* demo
manifestant, e [manifɛstɑ̃, ɑ̃t] *nm, f* demonstrator
manifestation [manifɛstasjɔ̃] *nf* **1.** *(défilé)* demonstration **2.** *(culturelle)* event
manifester [manifɛste] *vt (exprimer)* to express ◇ *vi* to demonstrate ◆ **se manifester** *vp (apparaître)* to appear
manigancer [manigɑ̃se] *vt* to plot
manipulation [manipylasjɔ̃] *nf* **1.** handling **2.** *(tromperie)* manipulation
manipuler [manipyle] *vt* **1.** to handle **2.** *(fig) (personne)* to manipulate
manivelle [manivɛl] *nf* crank

mannequin [mankɛ̃] *nm* **1.** *(de défilé)* model **2.** *(dans une vitrine)* dummy
manœuvre [manœvr] *nf* manœuvre
manœuvrer [manœvre] *vt & vi* to manoeuvre
manoir [manwar] *nm* manor house
manquant, e [mɑ̃kɑ̃, ɑ̃t] *adj* missing
manque [mɑ̃k] *nm* • **le manque de** the lack of
manquer [mɑ̃ke] *vt* to miss ◇ *vi* **1.** *(échouer)* to fail **2.** *(élève, employé)* to be absent • **elle nous manque** we miss her • **il manque deux pages** there are two pages missing • **il me manque deux euros** I'm two euros short • **manquer de** *(argent, temps, café)* to be short of ; *(humour, confiance en soi)* to lack • **il a manqué (de) se faire écraser** he nearly got run over
mansardé, e [mɑ̃sarde] *adj* in the attic
manteau [mɑ̃to] (*pl* **-x**) *nm* coat
manucure [manykyr] *nmf* manicurist
manuel, elle [manɥɛl] *adj & nm* manual
manuscrit [manyskri] *nm* manuscript
mappemonde [mapmɔ̃d] *nf* **1.** *(carte)* map of the world **2.** *(globe)* globe
maquereau [makro] (*pl* **-x**) *nm* mackerel
maquette [makɛt] *nf* scale model
maquillage [makijaʒ] *nm* *(fard,etc)* make-up
maquiller [makije] ◆ **se maquiller** *vp* to make o.s. up
marais [marɛ] *nm* marsh • **le Marais** the Marais *(historic district of Paris)*
marathon [maratɔ̃] *nm* marathon
marbre [marbr] *nm* marble
marbré, e [marbre] *adj* marbled
marchand, e [marʃɑ̃, ɑ̃d] *nm, f* shopkeeper (*UK*), storekeeper (*US*) • **marchand ambulant** street pedlar • **marchand de fruits et légumes** ou **de primeurs** greengrocer • **marchand de journaux** newsagent
marchander [marʃɑ̃de] *vi* to haggle
marchandises [marʃɑ̃diz] *nfpl* merchandise *sg*
marche [marʃ] *nf* **1.** *(à pied)* walk **2.** *(d'escalier)* step **3.** *(fonctionnement)* operation • **bouton marche/arrêt** start/stop button • **marche arrière** reverse • **en marche** *(en fonctionnement)* running • **mettre qqch en marche** to start sthg up • **descendre d'un train en marche** to get off a train while it's still moving
marché [marʃe] *nm* **1.** market **2.** *(contrat)* deal • **faire son marché** to do one's shopping • **marché couvert** covered market • **marché aux puces** flea market • **bon marché** cheap • **par-dessus le marché** what's more
marchepied [marʃəpje] *nm* step
marcher [marʃe] *vi* **1.** to walk **2.** *(fonctionner)* to work **3.** *(bien fonctionner)* to go well • **faire marcher qqch** to operate sthg • **faire marcher qqn** (*fam*) to pull sb's leg
mardi [mardi] *nm* Tuesday • **mardi gras** Shrove Tuesday • **nous sommes** ou **c'est mardi** it's Tuesday today • **mardi 13 septembre** Tuesday 13 September • **nous sommes partis mardi** we left on Tuesday • **mardi dernier** last Tuesday • **mardi prochain** next Tuesday • **mardi matin** on Tuesday morning • **le mardi** on Tuesdays • **à mardi !** see you Tuesday!
mare [mar] *nf* pool

marécage [marekaʒ] *nm* marsh
marée [mare] *nf* tide • **(à) marée basse/haute** (at) low/high tide
margarine [margarin] *nf* margarine
marge [marʒ] *nf* margin
marginal, e, aux [marʒinal, o] *nm, f* dropout
marguerite [margərit] *nf* daisy
mari [mari] *nm* husband
mariage [marjaʒ] *nm* **1.** *(noce)* wedding **2.** *(institution)* marriage
marié, e [marje] *adj* married ◇ *nm, f* bridegroom(*f* bride) • **jeunes mariés** newlyweds
marier [marje] ◆ **se marier** *vp* to get married • **se marier avec qqn** to marry sb
marin, e [marɛ̃, in] *adj (courant, carte)* sea ◇ *nm* sailor
marine [marin] *adj inv* & *nm* navy (blue) ◇ *nf* navy
mariner [marine] *vi* to marinate
marinière [marinjɛr] *nf* ➤ **moule** [2]
marionnette [marjɔnɛt] *nf* puppet
maritime [maritim] *adj (ville)* seaside
marketing [markɛtiŋ] *nm* marketing
marmelade [marməlad] *nf* stewed fruit • **marmelade d'oranges** (orange)marmalade
marmite [marmit] *nf* (cooking) pot
marmonner [marmɔne] *vt* to mumble
Maroc [marɔk] *nm* • **le Maroc** Morocco
marocain, e [marɔkɛ̃, ɛn] *adj* Moroccan ◆ **Marocain, e** *nm, f* Moroccan
maroquinerie [marɔkinri] *nf* **1.** *(objets)* leather goods *pl* **2.** *(boutique)* leather shop (*UK*), leather store (*US*)
marque [mark] *nf* **1.** *(trace)* mark **2.** *(commerciale)* make **3.** *(nombre de points)* score
marqué, e [marke] *adj* **1.** *(différence, tendance)* marked **2.** *(ridé)* lined
marquer [marke] *vt* **1.** *(écrire)* to note (down) **2.** *(impressionner)* to mark **3.** *(point, but)* to score ◇ *vi (stylo)* to write
marqueur [markœr] *nm* marker (pen)
marquis, e [marki, iz] *nm, f* marquis(*f* marchioness)
marraine [marɛn] *nf* godmother
marrant, e [marɑ̃, ɑ̃t] *adj (fam)* funny
marre [mar] *adv* • **en avoir marre (de)** *(fam)* to be fed up (with)
marrer [mare] ◆ **se marrer** *vp* **1.** *(fam) (rire)* to laugh **2.** *(s'amuser)* to have a (good) laugh
marron [marɔ̃] *adj inv* brown ◇ *nm* **1.** *(fruit)* chestnut **2.** *(couleur)* brown • **marron glacé** marron glacé, crystallized chestnut
marronnier [marɔnje] *nm* chestnut tree
mars [mars] *nm* March • **en mars, au mois de mars** in March • **début mars** at the beginning of March • **fin mars** at the end of March • **le deux mars** the second of March
Marseille [marsɛj] *n* Marseilles
marteau [marto] (*pl* **-x**) *nm* hammer • **marteau piqueur** pneumatic drill
martiniquais, e [martinikɛ, ɛz] *adj* of Martinique
Martinique [martinik] *nf* • **la Martinique** Martinique
martyr, e [martir] *adj (enfant)* battered ◇ *nm, f* martyr

martyre [martir] *nm (douleur, peine)* agony
martyriser [martirize] *vt* to ill-treat
mascara [maskara] *nm* mascara
mascotte [maskɔt] *nf* mascot
masculin, **e** [maskylɛ̃, in] *adj & nm* masculine
masque [mask] *nm* mask
masquer [maske] *vt (cacher à la vue)* to conceal
massacre [masakr] *nm* massacre
massacrer [masakre] *vt* to massacre
massage [masaʒ] *nm* massage
masse [mas] *nf* **1.** *(bloc)* mass **2.** *(outil)* sledgehammer • **une masse** OU **des masses de** loads of • **en masse** en masse
masser [mase] *vt (dos, personne)* to massage ◆ **se masser** *vp (se grouper)* to assemble
masseur, **euse** [masœr, øz] *nm, f* masseur(*f* masseuse)
massif, **ive** [masif, iv] *adj* **1.** *(bois, or)* solid **2.** *(lourd)* massive ◇ *nm* **1.** *(d'arbustes, de fleurs)* clump **2.** *(montagneux)* massif • **le Massif central** the Massif Central *(upland region in southern central France)*
massivement [masivmɑ̃] *adv* en masse
massue [masy] *nf* club
mastic [mastik] *nm* putty
mastiquer [mastike] *vt (mâcher)* to chew
mat, **e** [mat] *adj* **1.** *(métal, photo)* matt **2.** *(peau)* olive ◇ *adj inv (aux échecs)* mate
mât [ma] *nm* mast
match [matʃ] *(pl* **-s** OU **-es**) *nm* match • **faire match nul** to draw
matelas [matla] *nm* mattress • **matelas pneumatique** airbed
matelassé, **e** [matlase] *adj* **1.** *(vêtement)* lined **2.** *(tissu)* quilted • **enveloppe matelassée** padded envelope
mater [mate] *vt* **1.** to put down **2.** *(fam) (regarder)* to eye up
matérialiser [materjalize] ◆ **se matérialiser** *vp* to materialize
matériaux [materjo] *nmpl* materials
matériel, **elle** [materjɛl] *adj* material ◇ *nm* **1.** equipment **2.** *INFORM* hardware • **matériel de camping** camping equipment
maternel, **elle** [matɛrnɛl] *adj* maternal
maternelle [matɛrnɛl] *nf* • **(école) maternelle** nursery school
maternité [matɛrnite] *nf (hôpital)* maternity hospital
mathématiques [matematik] *nfpl* mathematics
maths [mat] *nfpl (fam)* maths *(UK)*, math *(US)*
matière [matjɛr] *nf* **1.** *(matériau)* material **2.** *SCOL* subject • **matière première** raw material • **matières grasses** fats
Matignon [matiɲɔ̃] *n* • **(l'hôtel) Matignon** *building in Paris where the offices of the Prime Minister are based*

Matignon

This building in the *rue de Varenne* in Paris has been the official residence of the French prime minister since 1959. The word is also used to mean the prime minister or the government, in the same way as we use Number Ten or the White House in English.

matin [matɛ̃] *nm* morning • **le matin** *(tous les jours)* in the morning • **deux heures du matin** two in the morning
matinal, e, aux [matinal, o] *adj* • **être matinal** to be an early riser
matinée [matine] *nf* **1.** morning **2.** *(spectacle)* matinée
matraque [matrak] *nf* truncheon *(UK)*, nightstick *(US)*
maudire [modir] *vt* to curse
maudit, e [modi, it] *pp & 3ᵉ pers. du sg de l'ind. prés.* ➤ **maudire** ◇ *adj* damned
Maurice [mɔris] *n* ➤ **île**
maussade [mosad] *adj* **1.** *(humeur)* glum **2.** *(temps)* dismal
mauvais, e [movɛ, ɛz] *adj* **1.** bad **2.** *(faux)* wrong **3.** *(méchant)* nasty • **il fait mauvais** the weather's bad • **mauvais en** bad at
mauve [mov] *adj* mauve
maux *nmpl* ➤ **mal**
max. (*abr de maximum*) max.
maximum [maksimɔm] *nm* maximum • **au maximum** *(à la limite)* at the most
mayonnaise [majɔnɛz] *nf* mayonnaise
mazout [mazut] *nm* fuel oil
me [mə] *pron* **1.** *(objet direct)* me **2.** *(objet indirect)* (to) me **3.** *(réfléchi)* • **je me lève tôt** I get up early
mécanicien, enne [mekanisjɛ̃, ɛn] *nm, f* *(de garage)* mechanic
mécanique [mekanik] *adj* mechanical ◇ *nf* **1.** *(mécanisme)* mechanism **2.** *(automobile)* car mechanics *sg*
mécanisme [mekanism] *nm* mechanism
méchamment [meʃamɑ̃] *adv* nastily
méchanceté [meʃɑ̃ste] *nf* nastiness
méchant, e [meʃɑ̃, ɑ̃t] *adj* nasty
mèche [mɛʃ] *nf* **1.** *(de cheveux)* lock **2.** *(de lampe)* wick **3.** *(de perceuse)* bit **4.** *(d'explosif)* fuse
méchoui [meʃwi] *nm* *barbecue of a whole sheep roasted on a spit*
méconnaissable [mekɔnɛsabl] *adj* unrecognizable
mécontent, e [mekɔ̃tɑ̃, ɑ̃t] *adj* unhappy
médaille [medaj] *nf* **1.** *(récompense)* medal **2.** *(bijou)* medallion
médaillon [medajɔ̃] *nm* **1.** *(bijou)* locket **2.** *CULIN* medallion
médecin [mɛdsɛ̃] *nm* doctor • **mon médecin traitant** my (usual) doctor
médecine [mɛdsin] *nf* medicine
médias [medja] *nmpl* (mass) media
médiatique [medjatik] *adj* • **être médiatique** to look good on TV
médical, e, aux [medikal, o] *adj* medical
médicament [medikamɑ̃] *nm* medicine
médiéval, e, aux [medjeval, o] *adj* medieval
médiocre [medjɔkr] *adj* mediocre
médisant, e [medizɑ̃, ɑ̃t] *adj* spiteful
méditation [meditasjɔ̃] *nf* meditation
méditer [medite] *vt* to think about ◇ *vi* to meditate
Méditerranée [mediterane] *nf* • **la (mer) Méditerranée** the Mediterranean (Sea)
méditerranéen, enne [meditɛraneɛ̃, ɛn] *adj* Mediterranean
méduse [medyz] *nf* jellyfish

meeting [mitiŋ] *nm* **1.** *POL* (public) meeting **2.** *SPORT* meet
méfiance [mefjɑ̃s] *nf* suspicion
méfiant, e [mefjɑ̃, ɑ̃t] *adj* mistrustful
méfier [mefje] ◆ **se méfier** *vp* to be careful ● **se méfier de** to distrust
mégapixel *nm* megapixel
mégot [mego] *nm* cigarette butt
meilleur, e [mɛjœr] *adj* **1.** *(comparatif)* better **2.** *(superlatif)* best ◇ *nm, f* best
mél [mel] *nm* mail,
mélancolie [melɑ̃kɔli] *nf* melancholy
mélange [melɑ̃ʒ] *nm* mixture
mélanger [melɑ̃ʒe] *vt* **1.** to mix **2.** *(salade)* to toss **3.** *(cartes)* to shuffle **4.** *(confondre)* to mix up
Melba [mɛlba] *adj inv* ➤ **pêche**
mêlée [mele] *nf (au rugby)* scrum
mêler [mele] *vt (mélanger)* to mix ● **mêler qqn à qqch** to involve sb in sthg ◆ **se mêler** *vp* ● **se mêler à** *(foule, manifestation)* to join ● **se mêler de qqch** to interfere in sthg
mélodie [melɔdi] *nf* melody
melon [məlɔ̃] *nm* melon
membre [mɑ̃br] *nm* **1.** *(bras, jambe)* limb **2.** *(d'un club)* member
même [mɛm] *adj*
1. *(identique)* same ● **nous avons les mêmes places qu'à l'aller** we've got the same seats as on the way out
2. *(sert à renforcer)* ● **ce sont ses paroles mêmes** those are his very words
◇ *pron* ● **le/la même (que)** the same one (as)
◇ *adv*
1. *(sert à renforcer)* even ● **même les sandwichs sont chers ici** even the sandwiches are expensive here ● **il n'y a même pas de cinéma** there isn't even a cinema
2. *(exactement)* ● **c'est aujourd'hui même** it's this very day ● **ici même** right here
3. *(dans des expressions)* ● **coucher à même le sol** to sleep on the floor ● **être à même de faire qqch** to be able to do sthg ● **bon appétit ! - vous de même** enjoy your meal! - you too ● **faire de même** to do the same ● **de même que** *(et)* and
mémé [meme] *nf (fam)* granny
mémoire [memwar] *nf* memory ● **de mémoire** *(réciter, jouer)* from memory ● **mémoire cache** cache memory ● **mémoire morte** read-only memory ● **mémoire tampon** buffer memory ● **mémoire vive** random-access memory
menace [mənas] *nf* threat
menacer [mənase] *vt* to threaten ◇ *vi* ● **menacer de faire qqch** to threaten to do sthg
ménage [menaʒ] *nm* **1.** *(rangement)* housework **2.** *(famille)* couple ● **faire le ménage** to do the housework
[1]**ménager** [menaʒe] *vt (forces)* to conserve
[2]**ménager, ère** [menaʒe, ɛr] *adj (produit, équipement)* household ● **travaux ménagers** housework *sg*
ménagère [menaʒɛr] *nf (couverts)* canteen
ménagerie [menaʒri] *nf* menagerie
mendiant, e [mɑ̃djɑ̃, ɑ̃t] *nm, f* beggar ◇ *nm (gâteau) biscuit containing dried fruit and nuts*
mendier [mɑ̃dje] *vi* to beg
mener [məne] *vt* **1.** to lead **2.** *(accompagner)* to take ◇ *vi SPORT* to lead

menottes [mənɔt] *nfpl* handcuffs
mensonge [mɑ̃sɔ̃ʒ] *nm* lie
mensualité [mɑ̃sɥalite] *nf (versement)* monthly instalment
mensuel, elle [mɑ̃sɥɛl] *adj & nm* monthly
mensurations [mɑ̃syrasjɔ̃] *nfpl* measurements
mental, e, aux [mɑ̃tal, o] *adj* mental
mentalité [mɑ̃talite] *nf* mentality
menteur, euse [mɑ̃tœr, øz] *nm, f* liar
menthe [mɑ̃t] *nf* mint • **menthe à l'eau** mint cordial
mention [mɑ̃sjɔ̃] *nf (à un examen)* distinction ▾ **rayer les mentions inutiles** delete as appropriate
mentionner [mɑ̃sjɔne] *vt* to mention
mentir [mɑ̃tir] *vi* to lie
menton [mɑ̃tɔ̃] *nm* chin
menu, e [məny] *adj (très mince)* slender ◇ *adv (hacher)* finely ◇ *nm* **1.** menu **2.** *(à prix fixe)* set menu • **menu Démarrer** *INFORM* start menu • **menu déroulant** *INFORM* pull-down menu • **menu gastronomique** gourmet menu • **menu touristique** set menu ▾ **menu express** express menu
menuisier, ère [mənɥizje, ɛr] *nmf* carpenter
mépris [mepri] *nm* contempt
méprisant, e [meprizɑ̃, ɑ̃t] *adj* contemptuous
mépriser [meprize] *vt* to despise
mer [mɛr] *nf* sea • **en mer** at sea • **la mer du Nord** the North Sea
mercerie [mɛrsəri] *nf (boutique)* haberdasher's shop *(UK)*, notions store *(US)*
merci [mɛrsi] *interj* thank you! • **merci beaucoup** ! thank you very much! • **merci de...** thank you for...
mercredi [mɛrkrədi] *nm* Wednesday • **nous sommes** ou **c'est mercredi** it's Saturday today • **mercredi 13 septembre** Wednesday 13 September • **nous sommes partis mercredi** we left on Wednesday • **mercredi dernier** last Wednesday • **mercredi prochain** next Wednesday • **mercredi matin** on Wednesday morning • **le mercredi** on Wednesdays • **à mercredi** ! see you Wednesday!
merde [mɛrd] *interj (vulg)* shit! ◇ *nf (vulg)* shit
mère [mɛr] *nf* mother
merguez [mɛrgɛz] *nf spicy North African sausage*
méridional, e, aux [meridjɔnal, o] *adj (du Midi)* Southern (French)
meringue [mərɛ̃g] *nf* meringue
mérite [merit] *nm (qualité)* merit • **avoir du mérite** to deserve praise
mériter [merite] *vt* to deserve
merlan [mɛrlɑ̃] *nm* whiting
merle [mɛrl] *nm* blackbird
merlu [mɛrly] *nm* hake
merveille [mɛrvɛj] *nf* marvel
merveilleux, euse [mɛrvɛjø, øz] *adj* marvellous
mes *adj pl* ➤ **mon**
mésaventure [mezavɑ̃tyr] *nf* misfortune
mesdames *nfpl* ➤ **madame**
mesdemoiselles *nfpl* ➤ **mademoiselle**
mesquin, e [mɛskɛ̃, in] *adj* mean
message [mesaʒ] *nm* message

messager, ère [mesaʒe, ɛr] *nm, f* messenger

messagerie [mesaʒri] *nf* • **messagerie électronique** electronic mail

messe [mɛs] *nf* mass

messieurs *nmpl* ➤ **monsieur**

mesure [məzyr] *nf* **1.** measurement **2.** *(rythme)* time **3.** *(décision)* measure • **sur mesure** *(vêtement)* made-to-measure • **dans la mesure du possible** as far as possible • **(ne pas) être en mesure de faire qqch** (not) to be in a position to do sthg

mesuré, e [məzyre] *adj (modéré)* measured

mesurer [məzyre] *vt* to measure • **il mesure 1,80 mètre** he's 6 foot tall

met *3e pers. du sg de l'ind. prés.* ➤ **mettre**

métal [metal] (*pl* **-aux**) *nm* metal

métallique [metalik] *adj* **1.** *(pièce)* metal **2.** *(son)* metallic

météo [meteo] *nf* • **(bulletin) météo** weather forecast • **météo marine** shipping forecast

météorologique [meteɔrɔlɔʒik] *adj* meteorological

méthode [metɔd] *nf* **1.** method **2.** *(manuel)* handbook

méthodique [metɔdik] *adj* methodical

méticuleux, euse [metikylø, øz] *adj* meticulous

métier [metje] *nm* occupation, job

métis, isse [metis] *nm, f* person of mixed race

mètre [mɛtr] *nm* **1.** metre **2.** *(ruban)* tape measure

métro [metro] *nm* **1.** *(réseau)* underground (*UK*), subway (*US*) **2.** *(train)* train • **métro aérien** elevated railway

le métro

With three million journeys per day along more than 208 kilometres of track, the Paris underground, which operates from 5: 30 a.m. to 1 a.m., serves 301 stations. Its first line was opened in 1900 and its newest, the fourteenth, opened in 1998, is driverless and operated by computer.

métropole [metrɔpɔl] *nf* **1.** *(ville)* metropolis **2.** *(pays)* home country

metteur [metœr] *nm* • **metteur en scène** director

mettre [mɛtr] *vt*

1. *(placer, poser)* to put • **mettre qqch debout** to stand sthg up

2. *(vêtement)* to put on • **je ne mets plus ma robe noire** I don't wear my black dress any more

3. *(temps)* to take • **nous avons mis deux heures par l'autoroute** it took us two hours on the motorway

4. *(argent)* to spend • **combien voulez-vous y mettre ?** how much do you want to spend?

5. *(déclencher)* to switch on, to turn on • **mettre le chauffage** to put the heating on • **mettre le contact** to switch on the ignition

6. *(dans un état différent)* • **mettre qqn en colère** to make sb angry • **mettre qqch en marche** to start sthg (up)

7. *(écrire)* to write
◆ **se mettre** *vp*
1. *(se placer)* • **mets-toi sur cette chaise** sit on this chair • **se mettre debout** to stand up • **se mettre au lit** to get into bed • **où est-ce que ça se met ?** where does it go?
2. *(dans un état différent)* • **se mettre en colère** to get angry • **se mettre d'accord** to agree
3. *(vêtement, maquillage)* to put on • **elle s'est mis du maquillage** she put on some make-up
4. *(commencer)* • **se mettre à faire qqch** to start doing sthg • **se mettre au travail** to set to work • **s'y mettre** to get down to it
meuble [mœbl] *nm* piece of furniture • **meubles** furniture *sg*
meublé [mœble] *nm* furnished accommodation
meubler [mœble] *vt* to furnish
meugler [møgle] *vi* to moo
meule [møl] *nf (de foin)* haystack
meunière [mønjɛr] *nf* ➤ **sole**
meurt [mœr] *3e pers. du sg de l'ind. prés.* ➤ **mourir**
meurtre [mœrtr] *nm* murder
meurtrier, ère [mœrtrije, ɛr] *nm, f* murderer
meurtrière [mœrtrijɛr] *nf (d'un château)* arrow slit, ➤ **meurtrier**
meurtrir [mœrtrir] *vt* to bruise
meurtrissure [mœrtrisyr] *nf* bruise
meute [møt] *nf* pack
Mexique [mɛksik] *nm* • **le Mexique** Mexico
mezzanine [mɛdzanin] *nf (dans une pièce)* mezzanine
mi- [mi] *préf* half • **à la mi-mars** in mid-March • **à mi-chemin** halfway
miauler [mjole] *vi* to miaow
miche [miʃ] *nf* round loaf
micro [mikro] *nm* **1.** *(amplificateur)* mike **2.** *(micro-ordinateur)* micro
microbe [mikrɔb] *nm (maladie)* bug
micro-ondes [mikrɔɔ̃d] *nm inv* • **(four à) micro-ondes** microwave (oven)
micro-ordinateur [mikrɔɔrdinatœr] *(pl* **-s)** *nm* microcomputer
microprocesseur [mikrɔprɔsesœr] *nm* microprocessor
microscope [mikrɔskɔp] *nm* microscope
microscopique [mikrɔskɔpik] *adj* microscopic
midi [midi] *nm* midday, noon • **à midi** at midday, at noon ; *(à l'heure du déjeuner)* at lunchtime • **le Midi** the South of France
mie [mi] *nf* soft part (of loaf)
miel [mjɛl] *nm* honey
mien, la mienne [mjɛ̃, lamjɛn] *(mpl* **les miens** [lemjɛ̃], *fpl* **les miennes** [lemjɛn])
◆ **le mien** *pron* mine
miette [mjɛt] *nf* crumb • **en miettes** *(en morceaux)* in tiny pieces
mieux [mjø] *adv* better ◇ *adj* **1.** better **2.** *(plus joli)* nicer **3.** *(plus séduisant)* better-looking • **c'est ce qu'il fait le mieux** it's what he does best • **le mieux situé des deux hôtels** the better situated of the two hotels • **aller mieux** to be better • **ça vaut mieux** it's better • **de mieux en mieux** better and better • **c'est le mieux de tous** *(le plus beau)* it's the nicest of all

• **c'est le mieux** *(la meilleure chose à faire)* it's the best idea
mignon, onne [miɲɔ̃, ɔn] *adj* sweet
migraine [migrɛn] *nf* migraine
mijoter [miʒɔte] *vi* to simmer
milieu [miljø] (*pl* **-x**) *nm* **1.** middle **2.** *(naturel)* environment **3.** *(familial, social)* background • **au milieu (de)** in the middle (of)
militaire [militɛr] *adj* military ◇ *nm* soldier
militant, e [militɑ̃, ɑ̃t] *nm, f* militant
milk-shake [milkʃɛk] (*pl* **-s**) *nm* milkshake
mille [mil] *num* a thousand • **trois mille** three thousand • **mille neuf cent quatre-vingt-seize** nineteen ninety-six
mille-feuille [milfœj] (*pl* **-s**) *nm* mille-feuille (*UK*), napoleon (*US*) *dessert consisting of layers of thin sheets of puff pastry and confectioner's custard*
mille-pattes [milpat] *nm inv* millipede
milliard [miljar] *nm* thousand million (*UK*), billion (*US*)
milliardaire [miljardɛr] *nmf* multimillionaire
millier [milje] *nm* thousand • **des milliers de** thousands of
millilitre [mililitr] *nm* millilitre
millimètre [milimɛtr] *nm* millimetre
million [miljɔ̃] *nm* million
millionnaire [miljɔnɛr] *nmf* millionaire
mime [mim] *nm (acteur)* mime artist
mimer [mime] *vt* to mimic
mimosa [mimɔza] *nm* mimosa
min (*abr écrite de minute*) min.
min. (*abr de minimum*) min.
minable [minabl] *adj (fam) (logement, bar)* shabby
mince [mɛ̃s] *adj* **1.** *(personne)* slim **2.** *(tissu, tranche)* thin ◇ *interj* sugar! (*UK*), shoot! (*US*)
mine [min] *nf* **1.** *(de charbon)* mine **2.** *(de crayon)* lead **3.** *(visage)* look • **avoir bonne/mauvaise mine** to look well/ill • **faire mine de faire qqch** to pretend to do sthg
miner [mine] *vt* **1.** *(terrain)* to mine **2.** *(fig) (moral)* to undermine
minerai [minrɛ] *nm* ore
minéral, e, aux [mineral, o] *adj & nm* mineral
minéralogique [mineralɔʒik] *adj* ➤ **plaque**
mineur, e [minœr] *adj* **1.** *(enfant)* underage **2.** *(peu important)* minor ◇ *nm (ouvrier)* miner ◇ *nm, f (enfant)* minor
miniature [minjatyr] *adj & nf* miniature • **en miniature** in miniature
minibar [minibar] *nm* minibar
minijupe [miniʒyp] *nf* miniskirt
minimiser [minimize] *vt* to minimize
minimum [minimɔm] *adj & nm* minimum • **au minimum** at the least
ministère [ministɛr] *nm* department
ministre [ministr] *nmf* POL minister (*UK*), secretary (*US*)
minorité [minɔrite] *nf* minority
minuit [minɥi] *nm* midnight
minuscule [minyskyl] *adj* tiny
minute [minyt] *nf* minute
minuterie [minytri] *nf* time switch
minuteur [minytœr] *nm* timer
minutieux, euse [minysjø, øz] *adj* meticulous
mirabelle [mirabɛl] *nf* mirabelle plum

miracle [mirakl] *nm* miracle
mirage [miraʒ] *nm* mirage
miroir [mirwar] *nm* mirror
mis, e [mi, miz] *pp* ➤ **mettre**
mise [miz] *nf (enjeu)* stake • **mise à jour** update • **mise en scène** production
miser [mize] ♦ **miser sur** *v + prep* **1.** *(au jeu)* to bet on **2.** *(compter sur)* to count on
misérable [mizerabl] *adj* **1.** *(pauvre)* poor **2.** *(lamentable)* miserable
misère [mizɛr] *nf (pauvreté)* poverty
missile [misil] *nm* missile
mission [misjɔ̃] *nf* mission
mistral [mistral] *nm cold wind in south-east of France, blowing towards the Mediterranean*
mitaine [mitɛn] *nf* fingerless glove
mite [mit] *nf* (clothes) moth
mi-temps [mitɑ̃] *nf inv* **1.** *(moitié d'un match)* half **2.** *(pause)* half time • **travailler à mi-temps** to work part-time
mitigé, e [mitiʒe] *adj* mixed
mitoyen, enne [mitwajɛ̃, ɛn] *adj (maisons)* adjoining • **mur mitoyen** party wall
mitrailler [mitraje] *vt* **1.** to machinegun **2.** (*fam*) *(photographier)* to snap away at
mitraillette [mitrajɛt] *nf* submachine-gun
mitrailleuse [mitrajøz] *nf* machinegun
mixer [mikse] *vt* to mix
mixe(u)r [miksœr] *nm* (food) mixer
mixte [mikst] *adj* mixed
ml (*abr écrite de millilitre*) ml
Mlle (*abr écrite de mademoiselle*) Miss
mm (*abr écrite de millimètre*) mm
Mme (*abr écrite de madame*) Mrs
mobile [mɔbil] *adj* **1.** *(pièce)* moving **2.** *(cloison)* movable **3.** *(visage, regard)* animated ◇ *nm* **1.** *(d'un crime)* motive **2.** *(objet suspendu)* mobile **3.** *(téléphone portable)* mobile (*UK*), cell phone (*US*)
mobilier [mɔbilje] *nm* furniture
mobiliser [mɔbilize] *vt* to mobilize
Mobylette® [mɔbilɛt] *nf* moped
mocassin [mɔkasɛ̃] *nm* moccasin
moche [mɔʃ] *adj* **1.** (*fam*) *(laid)* ugly **2.** *(méchant)* rotten
mode [mɔd] *nf* fashion ◇ *nm* **1.** *(manière)* method **2.** *GRAMM* mood **3.** *INFORM* mode • **à la mode** fashionable • **mode d'emploi** instructions *pl* • **mode de vie** lifestyle
modèle [mɔdɛl] *nm* **1.** model **2.** *(de pull, de chaussures)* style • **modèle réduit** scale model
modeler [mɔdle] *vt* to shape
modélisme [mɔdelism] *nm* model-making
modem [mɔdɛm] *nm* modem • **port modem interne** internal modem port
modération [mɔderasjɔ̃] *nf* moderation ▼ **à consommer avec modération** *health warning on adverts for strong drink*
modéré, e [mɔdere] *adj* moderate
moderne [mɔdɛrn] *adj* modern
moderniser [mɔdɛrnize] *vt* to modernize
modeste [mɔdɛst] *adj* modest
modestie [mɔdɛsti] *nf* modesty
modification [mɔdifikasjɔ̃] *nf* modification
modifier [mɔdifje] *vt* to modify
modulation [mɔdylasjɔ̃] *nf* • **modulation de fréquence** frequency modulation
moelle [mwal] *nf* bone marrow • **moelle épinière** spinal cord

moelleux, euse [mwalø, øz] *adj* **1.** soft **2.** *(gâteau)* moist ▾ **moelleux au chocolat** chocolate cake
mœurs [mœr(s)] *nfpl (habitudes)* customs
mohair [mɔɛr] *nm* mohair
moi [mwa] *pron* **1.** *(objet direct, après prép ou comparaison)* me **2.** *(objet indirect)* (to) me **3.** *(pour insister)* • **moi, je crois que...** I think that... • **moi-même** myself
moindre [mwɛ̃dr] *adj* smaller • **le moindre...** *(le moins important)* the slightest... ; *(le moins grand)* the smallest...
moine [mwan] *nm* monk
moineau [mwano] (*pl* **-x**) *nm* sparrow
moins [mwɛ̃] *adv*
1. *(pour comparer)* less • **moins vieux (que)** younger (than) • **moins vite (que)** not as fast (as)
2. *(superlatif)* • **c'est la nourriture qui coûte le moins** the food costs the least • **la ville la moins intéressante que nous ayons visitée** the least interesting town we visited • **le moins possible** as little as possible
3. *(en quantité)* less • **ils ont accepté de gagner moins** they have agreed to earn less • **moins de viande** less meat • **moins de gens** fewer people • **moins de dix** fewer than ten
4. *(dans des expressions)* • **à moins de, à moins que : à moins d'un imprévu,...** unless anything unforeseen happens... • **à moins de rouler** ou **que nous roulions toute la nuit,...** unless we drive all night... • **au moins** at least • **de** ou **en moins** less • **j'ai deux ans de moins qu'elle** I'm two years younger than her • **de moins en moins** less and less • **moins tu y penseras, mieux ça ira** the less you think about it the better
◇ *prép*
1. *(pour indiquer l'heure)* • **trois heures moins le quart** quarter to three (*UK*), quarter of three (*US*)
2. *(pour soustraire, indiquer la température)* minus
mois [mwa] *nm* month • **au mois de juillet** in July
moisi, e [mwazi] *adj* mouldy ◇ *nm* mould • **sentir le moisi** to smell musty
moisir [mwazir] *vi* to go mouldy
moisissure [mwazisyr] *nf (moisi)* mould
moisson [mwasɔ̃] *nf* harvest
moissonner [mwasɔne] *vt* to harvest
moissonneuse [mwasɔnøz] *nf* harvester
moite [mwat] *adj* clammy
moitié [mwatje] *nf* half • **la moitié de** half (of) • **à moitié plein** half-full • **à moitié prix** half-price
moka [mɔka] *nm* **1.** *(gâteau)* coffee cake **2.** *(café)* mocha (coffee)
molaire [mɔlɛr] *nf* molar
molle *adj f* ➤ **mou**
mollet [mɔlɛ] *nm* calf
molletonné, e [mɔltɔne] *adj* lined
mollusque [mɔlysk] *nm* mollusc
môme [mom] *nmf (fam)* kid
moment [mɔmɑ̃] *nm* moment • **c'est le moment de...** it's time to... • **au moment où** just as • **du moment que** since • **en ce moment** at the moment • **par moments** at times • **pour le moment** for the moment
momentané, e [mɔmɑ̃tane] *adj* temporary

momie [mɔmi] *nf* mummy
mon, ma [mɔ̃, ma] (*pl* **mes** [me]) *adj* my
Monaco [mɔnako] *n* Monaco
monarchie [mɔnarʃi] *nf* monarchy
monastère [mɔnastɛr] *nm* monastery
monde [mɔ̃d] *nm* world • **il y a du monde** ou **beaucoup de monde** there are a lot of people • **tout le monde** everyone, everybody
mondial, e, aux [mɔ̃djal, o] *adj* world (*avant n*)
moniteur, trice [mɔnitœr, tris] *nm, f* **1.** (*de colonie*) leader **2.** (*d'auto-école*) instructor ◇ *nm* (*écran*) monitor
monnaie [mɔnɛ] *nf* **1.** (*argent*) money **2.** (*devise*) currency **3.** (*pièces*) change • **la monnaie de 50 euros** change for 50 euros • **faire de la monnaie** to get some change • **rendre la monnaie à qqn** to give sb change
monologue [mɔnɔlɔg] *nm* monologue
monopoliser [mɔnɔpɔlize] *vt* to monopolize
monospace [mɔnɔspas] *nm* people carrier, (*US*)minivan
monotone [mɔnɔtɔn] *adj* monotonous
monotonie [mɔnɔtɔni] *nf* monotony
monsieur [məsjø] (*pl* **messieurs** [mesjø]) *nm* gentleman • **monsieur X** Mr X • **bonjour, monsieur/messieurs !** good morning (sir/gentlemen)! • **Monsieur,** (*dans une lettre*) Dear Sir, • **Monsieur !** Sir!
monstre [mɔ̃str] *nm* **1.** monster **2.** (*personne très laide*) hideous person ◇ *adj* (*fam*) (*énorme*) enormous
monstrueux, euse [mɔ̃stryø, øz] *adj* **1.** (*très laid*) hideous **2.** (*moralement*) monstrous **3.** (*très grand, très gros*) huge
mont [mɔ̃] *nm* mountain • **le mont Blanc** Mont Blanc • **le Mont-Saint-Michel** Mont-Saint-Michel
montage [mɔ̃taʒ] *nm* assembly
montagne [mɔ̃taɲ] *nf* mountain • **à la montagne** in the mountains • **montagnes russes** roller coaster
montagneux, euse [mɔ̃taɲø, øz] *adj* mountainous
montant, e [mɔ̃tɑ̃, ɑ̃t] *adj* (*marée*) rising ◇ *nm* **1.** (*somme*) total **2.** (*d'une fenêtre, d'une échelle*) upright
montée [mɔ̃te] *nf* **1.** (*pente*) slope **2.** (*ascension*) climb **3.** (*des prix*) rise
monter [mɔ̃te] *vi* **1.** (*personne*) to go/come up **2.** (*route, avion, grimpeur*) to climb **3.** (*dans un train*) to get on **4.** (*dans une voiture*) to get in **5.** (*niveau, prix, température*) to rise ◇ *vt* **1.** (*escalier, côte*) to climb, to go/come up **2.** (*porter en haut*) to take/bring up **3.** (*son, chauffage*) to turn up **4.** (*meuble*) to assemble **5.** (*tente*) to put up **6.** (*société*) to set up **7.** (*cheval*) to ride **8.** CULIN to beat • **ça monte** (*route*) it's steep • **monter à bord (d'un avion)** to board (a plane) • **monter à cheval** to ride (horses)
montre [mɔ̃tr] *nf* watch
montrer [mɔ̃tre] *vt* to show • **montrer qqch à qqn** to show sb sthg • **montrer qqn/qqch du doigt** to point at sb/sthg
◆ **se montrer** *vp* (*apparaître*) to appear • **se montrer courageux** to be brave
monture [mɔ̃tyr] *nf* **1.** (*de lunettes*) frame **2.** (*cheval*) mount
monument [mɔnymɑ̃] *nm* monument • **monument aux morts** war memorial

moquer [mɔke] ◆ **se moquer de** *vp + prep* **1.** *(plaisanter)* to make fun of **2.** *(ignorer)* not to care about ● **je m'en moque** I don't care
moques [mɔk] *nfpl* (*Belg*) *sweet cake spiced with cloves, a speciality of Ghent*
moquette [mɔkɛt] *nf* carpet
moqueur, euse [mɔkœr, øz] *adj* mocking
moral, e, aux [mɔral, o] *adj* **1.** *(conduite, principes)* moral **2.** *(psychologique)* mental ◇ *nm* morale ● **avoir le moral** to be in good spirits
morale [mɔral] *nf* **1.** *(valeurs)* morals *pl* **2.** *(d'une histoire)* moral ● **faire la morale à qqn** to preach at sb
moralement [mɔralmɑ̃] *adv* **1.** *(psychologiquement)* mentally **2.** *(du point de vue de la morale)* morally
morceau [mɔrso] (*pl* **-x**) *nm* piece ● **morceau de sucre** lump of sugar ● **en mille morceaux** in a thousand pieces
mordiller [mɔrdije] *vt* to nibble
mordre [mɔrdr] *vt* to bite
morille [mɔrij] *nf type of mushroom, considered a delicacy*
mors [mɔr] *nm* bit
morse [mɔrs] *nm* **1.** *(animal)* walrus **2.** *(code)* Morse code
morsure [mɔrsyr] *nf* bite
mort, e [mɔr, mɔrt] *pp* ➤ **mourir** ◇ *adj* dead ◇ *nm, f* dead person ◇ *nf* death ● **être mort de peur** to be scared to death
mortel, elle [mɔrtɛl] *adj* **1.** *(qui peut mourir)* mortal **2.** *(qui tue)* fatal
morue [mɔry] *nf* cod
mosaïque [mɔzaik] *nf* mosaic
Moscou [mɔsku] *n* Moscow
mosquée [mɔske] *nf* mosque
mot [mo] *nm* **1.** word **2.** *(message)* note ● **mot à mot** word for word ● **mot de passe** password ● **mots croisés** crossword *sg*
motard [mɔtar] *nm* **1.** motorcyclist **2.** *(gendarme, policier)* motorcycle policeman
mot-clé [mokle] *nm* keyword
motel [mɔtɛl] *nm* motel
moteur [mɔtœr] *nm* **1.** engine, motor **2.** *INFORM* ● **moteur de recherche** search engine
motif [mɔtif] *nm* **1.** *(dessin)* pattern **2.** *(raison)* motive
motivation [mɔtivasjɔ̃] *nf* motivation
motivé, e [mɔtive] *adj* motivated
moto [mɔto] *nf* motorbike
motocross [mɔtɔkrɔs] *nm* motocross
motocycliste [mɔtɔsiklist] *nmf* motorcyclist
motte [mɔt] *nf* **1.** *(de terre)* clod **2.** *(de beurre)* pat **3.** *(de gazon)* sod
mou, molle [mu, mɔl] *adj* **1.** soft **2.** *(sans énergie)* lethargic
mouche [muʃ] *nf* fly
moucher [muʃe] ◆ **se moucher** *vp* to blow one's nose
moucheron [muʃrɔ̃] *nm* gnat
mouchoir [muʃwar] *nm* handkerchief ● **mouchoir en papier** (paper) tissue
moudre [mudr] *vt* to grind
moue [mu] *nf* pout ● **faire la moue** to pout
mouette [mwɛt] *nf* seagull
moufle [mufl] *nf* mitten
mouillé, e [muje] *adj* wet

mouiller [muje] *vt* to wet ◆ **se mouiller** *vp* to get wet

mouillette [mujɛt] *nf* strip of bread *(for dunking)*

moulant, e [mulɑ̃, ɑ̃t] *adj* tight-fitting

[1]**moule** [mul] *nm* mould ● **moule à gâteau** cake tin

[2]**moule** [mul] *nf* mussel ● **moules marinière** *mussels in white wine* ▼ **moules-frites** mussels and chips (*UK*) ou French fries

mouler [mule] *vt* **1.** *(statue)* to cast **2.** *(suj: vêtement)* to fit tightly

moulin [mulɛ̃] *nm (à farine)* mill ● **moulin à café** coffee grinder ● **moulin à poivre** pepper mill ● **moulin à vent** windmill

moulinet [mulinɛ] *nm (de canne à pêche)* reel

Moulinette® [mulinɛt] *nf* liquidizer

moulu, e [muly] *adj* ground

moulure [mulyr] *nf* moulding

mourant, e [murɑ̃, ɑ̃t] *adj* dying

mourir [murir] *vi* **1.** to die **2.** *(civilisation)* to die out **3.** *(son)* to die away ● **mourir de faim** to starve to death ; *(fig)* to be starving (hungry) ● **mourir d'envie de faire qqch** to be dying to do sthg

moussaka [musaka] *nf* moussaka

moussant, e [musɑ̃, ɑ̃t] *adj* ● **bain moussant** bubble bath

mousse [mus] *nf* **1.** *(bulles)* foam **2.** *(plante)* moss **3.** *CULIN* mousse ● **mousse à raser** shaving foam ● **mousse au chocolat** chocolate mousse

mousseline [muslin] *nf (tissu)* muslin ◇ *adj inv* ● **purée** ou **pommes mousseline** pureed potatoes ● **sauce mousseline** *light hollandaise sauce made with whipped cream*

mousser [muse] *vi* **1.** *(savon)* to lather **2.** *(boisson)* to foam

mousseux, euse [musø, øz] *adj (chocolat)* frothy ◇ *nm* ● **du (vin) mousseux** sparkling wine

moustache [mustaʃ] *nf* moustache ● **des moustaches** *(d'animal)* whiskers

moustachu, e [mustaʃy] *adj* with a moustache

moustiquaire [mustikɛr] *nf* mosquito net

moustique [mustik] *nm* mosquito

moutarde [mutard] *nf* mustard

mouton [mutɔ̃] *nm* **1.** sheep **2.** *CULIN* mutton

mouvants [muvɑ̃] *adj m pl* ➤ **sable**

mouvement [muvmɑ̃] *nm* movement

mouvementé, e [muvmɑ̃te] *adj* eventful

moyen, enne [mwajɛ̃, ɛn] *adj* **1.** average **2.** *(intermédiaire)* medium ◇ *nm* way ● **il n'y a pas moyen de faire qqch** there's no way of doing sthg ● **moyen de transport** means of transport ● **au moyen de qqch** by means of sthg ◆ **moyens** *nmpl* **1.** *(ressources)* means **2.** *(capacités)* ability *sg* ● **avoir les moyens de faire qqch** *(financièrement)* to be able to afford to do sthg ● **perdre ses moyens** to go to pieces

moyenne [mwajɛn] *nf* **1.** average **2.** *SCOL* pass mark (*UK*), passing grade (*US*) ● **en moyenne** on average

muer [mɥe] *vi* **1.** *(animal)* to moult **2.** *(voix)* to break

muet, muette [mɥɛ, mɥɛt] *adj* **1.** dumb **2.** *(cinéma)* silent

muguet [mygɛ] *nm* lily of the valley

le muguet

On May Day in France, people sell bunches of lily of the valley in the streets. You give someone a bunch to bring them good luck. Originally a symbol of the return of spring, the lily of the valley became associated with Labour Day in 1936.

mule [myl] *nf* mule
mulet [mylɛ] *nm* mule
multicolore [myltikɔlɔr] *adj* multicoloured
multiple [myltipl] *adj & nm* multiple
multiplication [myltiplikasjɔ̃] *nf* multiplication
multiplier [myltiplije] *vt* to multiply • **2 multiplié par 9** 2 multiplied by 9 • **se multiplier** *vp* to multiply
multipropriété [myltiprɔprijete] *nf* • **appartement en multipropriété** timeshare
multisession [myltisesjɔ̃] *nf* multisession • **CD multisession** multisession CD
multitude [myltityd] *nf* • **une multitude de** a multitude of
multizone *adj* multi-region
municipal, e, aux [mynisipal, o] *adj* municipal
municipalité [mynisipalite] *nf (mairie)* (town) council
munir [mynir] *vt* • **munir qqn/qqch de** to equip sb/sthg with • **se munir de** *vp + prep* to equip o.s. with
munitions [mynisjɔ̃] *nfpl* ammunition *sg*
mur [myr] *nm* wall • **mur du son** sound barrier
mûr, e [myr] *adj (fruit)* ripe
muraille [myraj] *nf* wall
mural, e, aux [myral, o] *adj (carte, peinture)* wall
mûre [myr] *nf* blackberry
murer [myre] *vt (fenêtre)* to wall up
mûrir [myrir] *vi (fruit)* to ripen
murmure [myrmyr] *nm* murmur
murmurer [myrmyre] *vi* to murmur
muscade [myskad] *nf* • **(noix) muscade** nutmeg
muscat [myska] *nm* **1.** *(raisin)* muscat grape **2.** *(vin) sweet white liqueur wine*
muscle [myskl] *nm* muscle
musclé, e [myskle] *adj* muscular
musculaire [myskylɛr] *adj* muscular
musculation [myskylasjɔ̃] *nf* bodybuilding (exercises)
museau [myzo] (*pl* **-x**) *nm* **1.** muzzle **2.** CULIN brawn (*UK*), headcheese (*US*)
musée [myze] *nm* **1.** museum **2.** *(d'art)* gallery
muselière [myzəljɛr] *nf* muzzle
musical, e, aux [myzikal, o] *adj* musical
music-hall [myzikol] (*pl* **-s**) *nm* music hall
musicien, enne [myzisjɛ̃, ɛn] *nm, f* musician
musique [myzik] *nf* music • **musique de chambre** chamber music • **musique classique** classical music • **musique de film** film music
musulman, e [myzylmɑ̃, an] *adj & nm, f* Muslim

mutation [mytasjɔ̃] *nf (d'un employé)* transfer
mutiler [mytile] *vt* to mutilate
mutuel, elle [mytɥɛl] *adj* mutual
mutuelle [mytɥɛl] *nf* mutual insurance company
mutuellement [mytɥɛlmɑ̃] *adv* mutually
myope [mjɔp] *adj* shortsighted
myosotis [mjozɔtis] *nm* forget-me-not
myrtille [mirtij] *nf* blueberry
mystère [mistɛr] *nm* mystery • **Mystère**® *(glace) vanilla ice cream filled with meringue and coated with almonds*
mystérieusement [misterjøzmɑ̃] *adv* mysteriously
mystérieux, euse [misterjø, øz] *adj* mysterious
mythe [mit] *nm* myth
mythologie [mitɔlɔʒi] *nf* mythology

N (*abr écrite de nord*) N
n° (*abr écrite de numéro*) no.
n' *adv* ➤ **ne**
nacre [nakr] *nf* mother-of-pearl
nage [naʒ] *nf* **1.** *(natation)* swimming **2.** *(façon de nager)* stroke • **en nage** dripping with sweat
nageoire [naʒwar] *nf* fin
nager [naʒe] *vt & vi* to swim
nageur, euse [naʒœr, øz] *nm, f* swimmer
naïf, naïve [naif, iv] *adj* naive
nain, e [nɛ̃, nɛn] *adj & nm, f* dwarf
naissance [nɛsɑ̃s] *nf* birth
naître [nɛtr] *vi* **1.** to be born **2.** *(sentiment)* to arise • **je suis né le... à...** I was born on... in...
naïve *adj f* ➤ **naïf**
naïveté [naivte] *nf* naivety
nappe [nap] *nf* **1.** *(linge)* tablecloth **2.** *(de pétrole)* layer **3.** *(de brouillard)* patch
nappé, e [nape] *adj* • **nappé de** coated with
napperon [naprɔ̃] *nm* tablemat
narine [narin] *nf* nostril
narrateur, trice [naratœr, tris] *nm, f* narrator
naseaux [nazo] *nmpl* nostrils
natal, e [natal] *adj* native
natalité [natalite] *nf* birth rate
natation [natasjɔ̃] *nf* swimming • **faire de la natation** to swim
natif, ive [natif, iv] *adj* • **je suis natif de...** I was born in...
nation [nasjɔ̃] *nf* nation
national, e, aux [nasjɔnal, o] *adj* national
nationale [nasjɔnal] *nf* • **(route) nationale** ≃ A road (*UK*), state highway (*US*)
nationaliser [nasjɔnalize] *vt* to nationalize
nationalité [nasjɔnalite] *nf* nationality
native *adj f* ➤ **natif**
natte [nat] *nf* **1.** *(tresse)* plait **2.** *(tapis)* mat
naturaliser [natyralize] *vt* to naturalize
nature [natyr] *nf* nature ◇ *adj inv* **1.** *(yaourt, omelette)* plain **2.** *(thé)* black • **nature morte** still life

naturel, **elle** [natyrɛl] *adj* natural ◇ *nm* **1.** *(caractère)* nature **2.** *(simplicité)* naturalness
naturellement [natyrɛlmɑ̃] *adv* **1.** naturally **2.** *(bien sûr)* of course
naturiste [natyrist] *nmf* naturist
naufrage [nofraʒ] *nm* shipwreck ● **faire naufrage** to be shipwrecked
nausée [noze] *nf* nausea ● **avoir la nausée** to feel sick
nautique [notik] *adj* *(carte)* nautical ● **sports nautiques** water sports
naval, **e** [naval] *adj* naval
navarin [navarɛ̃] *nm mutton and vegetable stew*
navet [navɛ] *nm* **1.** turnip **2.** *(fam)* *(mauvais film)* turkey
navette [navɛt] *nf* *(véhicule)* shuttle ● **faire la navette (entre)** to go back and forth (between) ▾ **navette hôtels** hotel shuttle ▾ **navette ADP** Paris airport shuttle
navigateur, **trice** [navigatœr, tris] *nm, f* **1.** navigator **2.** *INFORM* browser
navigation [navigasjɔ̃] *nf* **1.** navigation **2.** *INFORM* browsing ● **navigation de plaisance** yachting
naviguer [navige] *vi* **1.** *(suj: bateau)* to sail **2.** *(suj: marin)* to navigate **3.** *INFORM* to browse
navire [navir] *nm* ship
navré, **e** [navre] *adj* sorry
NB (*abr écrite de nota bene*) NB
ne [nə] *adv* ➤ **jamais, pas, personne, plus, que, rien**
né, **e** [ne] *pp* ➤ **naître**
néanmoins [neɑ̃mwɛ̃] *adv* nevertheless
néant [neɑ̃] *nm* ● **réduire qqch à néant** to reduce sthg to nothing ▾ **néant** *(sur un formulaire)* none
nécessaire [nesesɛr] *adj* necessary ◇ *nm* **1.** *(ce qui est indispensable)* bare necessities *pl* **2.** *(outils)* bag ● **il est nécessaire de faire qqch** it is necessary to do sthg ● **nécessaire de toilette** toilet bag
nécessité [nesesite] *nf* necessity
nécessiter [nesesite] *vt* to necessitate
nécessiteux, **euse** [nesesitø, øz] *nm, f* needy person
nectarine [nɛktarin] *nf* nectarine
néerlandais, **e** [neɛrlɑ̃dɛ, ɛz] *adj* Dutch ◇ *nm* *(langue)* Dutch ◆ **Néerlandais**, **e** *nm, f* Dutchman (*f* Dutchwoman)
nef [nɛf] *nf* nave
néfaste [nefast] *adj* harmful
négatif, **ive** [negatif, iv] *adj* & *nm* negative
négation [negasjɔ̃] *nf GRAMM* negative
négligeable [negliʒabl] *adj* **1.** *(quantité)* negligible **2.** *(détail)* trivial
négligent, **e** [negliʒɑ̃, ɑ̃t] *adj* negligent
négliger [negliʒe] *vt* to neglect
négociant [negɔsjɑ̃] *nm* ● **négociant en vins** wine merchant
négociations [negɔsjasjɔ̃] *nfpl* negotiations
négocier [negɔsje] *vt* & *vi* to negotiate
neige [nɛʒ] *nf* snow
neiger [neʒe] *v impers* ● **il neige** it's snowing
neigeux, **euse** [nɛʒø, øz] *adj* snowy
nem [nem] *nm* Vietnamese spring roll ▾ **nem (frit à la menthe fraîche)** Vietnamese spring roll (fried with fresh mint)

nénuphar [nenyfar] *nm* water lily
néon [neɔ̃] *nm (tube)* neon light
nerf [nɛr] *nm* nerve • **du nerf !** put a bit of effort into it! • **être à bout de nerfs** to be at the end of one's tether
nerveusement [nɛrvøzmɑ̃] *adv* nervously
nerveux, euse [nɛrvø, øz] *adj* nervous
nervosité [nɛrvozite] *nf* nervousness
n'est-ce pas [nɛspa] *adv* • **tu viens, n'est-ce pas ?** you're coming, aren't you? • **il aime le foot, n'est-ce pas ?** he likes football, doesn't he?
net [nɛt] *nm* Net
net, nette [nɛt] *adj* **1.** *(précis)* clear **2.** *(propre)* clean **3.** *(tendance, différence)* marked **4.** *(prix, salaire)* net ◇ *adv* • **s'arrêter net** to stop dead • **se casser net** to break clean off
netéconomie [nɛtekɔnɔmi] *nf* Intenet economy,
nettement [nɛtmɑ̃] *adv* **1.** *(clairement)* clearly **2.** *(beaucoup, très)* definitely
netteté [nɛtte] *nf* clearness
nettoyage [netwajaʒ] *nm* cleaning • **nettoyage à sec** dry cleaning
nettoyer [nɛtwaje] *vt* **1.** to clean **2.** *(tache)* to remove • **faire nettoyer un vêtement** *(à la teinturerie)* to have a garment dry-cleaned
neuf, neuve [nœf, nœv] *adj* new ◇ *num* nine • **remettre qqch à neuf** to do sthg up (like new) • **quoi de neuf ?** what's new? • **il a neuf ans** he's nine (years old) • **il est neuf heures** it's nine o'clock • **le neuf janvier** the ninth of January • **page neuf** page nine • **ils étaient neuf** there were nine of them • **le neuf de pique** the nine of spades • **(au) neuf rue Lepic** at/to nine, rue Lepic
neutre [nøtr] *adj* **1.** neutral **2.** *GRAMM* neuter
neuvième [nœvjɛm] *num* ninth • **le neuvième étage** ninth floor *(UK)*, tenth floor *(US)* • **le neuvième (arrondissement)** ninth arrondissement • **il est arrivé neuvième** he came ninth
neveu [nəvø] *(pl* **-x***) nm* nephew
nez [ne] *nm* nose • **se trouver nez à nez avec qqn** to find o.s. face to face with sb
NF *(abr de norme française)* ≃ BS *(UK)* ≃ US standard *(US)*
ni [ni] *conj* • **je n'aime ni la guitare ni le piano** I don't like either the guitar or the piano • **ni l'un ni l'autre ne sont français** neither of them is French • **elle n'est ni mince ni grosse** she's neither thin nor fat
niais, e [njɛ, njɛz] *adj* silly
niche [niʃ] *nf* **1.** *(à chien)* kennel **2.** *(dans un mur)* niche
niçoise [niswaz] *adj f* ➤ **salade**
nicotine [nikɔtin] *nf* nicotine
nid [ni] *nm* nest
nid-de-poule [nidpul] *(pl* **nids-de-poule***) nm* pothole
nièce [njɛs] *nf* niece
nier [nje] *vt* to deny • **nier avoir fait qqch** to deny having done sthg • **nier que** to deny that
Nil [nil] *nm* • **le Nil** the Nile
n'importe [nɛ̃pɔrt] *adv* ➤ **importer**
niveau [nivo] *(pl* **-x***) nm* level • **au niveau de** *(de la même qualité que)* at the level of • **arriver au niveau de** *(dans l'espace)* to come up to • **niveau d'huile** *AUTO* oil level • **niveau de vie** standard of living

noble [nɔbl] *adj* noble ◇ *nmf* nobleman (*f* noblewoman)

noblesse [nɔblɛs] *nf (nobles)* nobility

noce [nɔs] *nf* wedding • **noces d'or** golden wedding (anniversary)

nocif, ive [nɔsif, iv] *adj* noxious

nocturne [nɔktyrn] *adj* nocturnal ◇ *nf (d'un magasin)* late-night opening ▼ **nocturne du vendredi** Friday late-night opening

Noël [nɔɛl] *nm* Christmas ◇ *nf* • **la Noël** *(jour)* Christmas Day ; *(période)* Christmastime

Noël

Many of our Christmas traditions are the same in France. There, however, Christmas Dinner is traditionally eaten after Christmas Eve *Messe de Minuit* (Midnight Mass). It typically consists of *dinde aux marrons* (turkey with chestnuts), followed by a *bûche de Noël* (Yule log).

nœud [nø] *nm* **1.** knot **2.** *(ruban)* bow • **nœud papillon** bow tie

noir, e [nwar] *adj* **1.** black **2.** *(sombre)* dark ◇ *nm* **1.** black **2.** *(obscurité)* darkness • **il fait noir** it's dark • **dans le noir** in the dark ◆ **Noir, e** *nm, f* black

noircir [nwarsir] *vt* to blacken ◇ *vi* to darken

noisetier [nwaztje] *nm* hazel

noisette [nwazɛt] *nf* **1.** hazelnut **2.** *(morceau)* little bit ◇ *adj inv (yeux)* hazel

noix [nwa] *nf* **1.** walnut **2.** *(morceau)* little bit • **noix de cajou** cashew (nut) • **noix de coco** coconut

nom [nɔ̃] *nm* **1.** name **2.** *GRAMM* noun • **nom commun** common noun • **nom de famille** surname • **nom de jeune fille** maiden name • **nom propre** proper noun

nomade [nɔmad] *nmf* nomad

nombre [nɔ̃br] *nm* number • **un grand nombre de** a great number of

nombreux, euse [nɔ̃brø, øz] *adj* **1.** *(famille, groupe)* large **2.** *(personnes, objets)* many • **peu nombreux** *(groupe)* small ; *(personnes, objets)* few ▼ **carte famille nombreuse** discount card *(for families with three or more children)*

nombril [nɔ̃bril] *nm* navel

nommer [nɔme] *vt* **1.** *(appeler)* to name **2.** *(à un poste)* to appoint ◆ **se nommer** *vp* to be called

non [nɔ̃] *adv* no • **non ?** *(exprime la surprise)* no (really)? • **je crois que non** I don't think so • **je ne suis pas content - moi non plus** I'm not happy - neither am I • **je n'ai plus d'argent - moi non plus** I haven't got any more money - neither have I • **non seulement..., mais...** not only..., but...

nonante [nɔnɑ̃t] *num (Belg & Helv)* ninety

nonchalant, e [nɔ̃ʃalɑ̃, ɑ̃t] *adj* nonchalant

non-fumeur, euse [nɔ̃fymœr, øz] *nm, f* nonsmoker

nord [nɔr] *adj inv & nm* north • **au nord** in the north • **au nord de** north of

nord-est [nɔrɛst] *adj inv & nm* northeast • **au nord-est** in the northeast • **au nord-est de** northeast of

nordique [nɔrdik] *adj* **1.** Nordic **2.** *(Québec) (du nord canadien)* North Canadian

nord-ouest [nɔrwɛst] *adj inv & nm* northwest • **au nord-ouest** in the northwest • **au nord-ouest de** northwest of

normal, e, aux [nɔrmal, o] *adj* normal • **ce n'est pas normal** *(pas juste)* it's not on

normale [nɔrmal] *nf* • **la normale** *(la moyenne)* the norm

normalement [nɔrmalmɑ̃] *adv* normally

normand, e [nɔrmɑ̃, ɑ̃d] *adj* Norman

Normandie [nɔrmɑ̃di] *nf* • **la Normandie** Normandy

norme [nɔrm] *nf* standard

Norvège [nɔrvɛʒ] *nf* • **la Norvège** Norway

norvégien, enne [nɔrveʒjɛ̃, ɛn] *adj* Norwegian ◇ *nm (langue)* Norwegian ◆ **Norvégien, enne** *nm, f* Norwegian

nos *adj pl* ➤ **notre**

nostalgie [nɔstalʒi] *nf* nostalgia • **avoir la nostalgie de** to feel nostalgic about

notable [nɔtabl] *adj & nm* notable

notaire [nɔtɛr] *nm* lawyer

notamment [nɔtamɑ̃] *adv* in particular

note [nɔt] *nf* **1.** note **2.** *SCOL* mark **3.** *(facture)* bill *(UK)*, check *(US)* • **prendre des notes** to take notes

noter [nɔte] *vt* **1.** *(écrire)* to note (down) **2.** *(élève, devoir)* to mark *(UK)*, to grade *(US)* **3.** *(remarquer)* to note

notice [nɔtis] *nf (mode d'emploi)* instructions *pl*

notion [nɔsjɔ̃] *nf* notion • **avoir des notions de** to have a basic knowledge of

notoriété [nɔtɔrjete] *nf* fame

notre [nɔtr] (*pl* **nos** [no]) *adj* our

nôtre, la nôtre [notr] (*pl* **les nôtres**) ◆ **le nôtre** *pron* ours

nouer [nwe] *vt* **1.** *(lacet, cravate)* to tie **2.** *(cheveux)* to tie back

nougat [nuga] *nm* nougat

nougatine [nugatin] *nf hard sweet mixture of caramel and chopped almonds*

nouilles [nuj] *nfpl* **1.** *(type de pâtes)* noodles **2.** *(fam) (pâtes)* pasta *sg*

nourrice [nuris] *nf* childminder

nourrir [nurir] *vt* to feed ◆ **se nourrir** *vp* to eat • **se nourrir de** to eat

nourrissant, e [nurisɑ̃, ɑ̃t] *adj* nutritious

nourrisson [nurisɔ̃] *nm* baby

nourriture [nurityr] *nf* food

nous [nu] *pron pl* **1.** *(sujet)* we **2.** *(complément d'objet direct)* us **3.** *(complément d'objet indirect)* (to) us **4.** *(réciproque)* each other **5.** *(réfléchi)* • **nous nous sommes habillés** we got dressed • **nous-mêmes** ourselves

nouveau, nouvelle [nuvo, nuvɛl] (*mpl* **nouveaux** [nuvo]) *(nouvel* [nuvɛl] *devant voyelle ou h muet) adj* new ◇ *nm, f (dans une classe, un club)* new boy(*f* new girl) • **rien de nouveau** nothing new • **le nouvel an** New Year • **à** ou **de nouveau** again

nouveau-né, e, s [nuvone] *nm, f* newborn baby

nouveauté [nuvote] *nf COMM* new product

nouvel *adj m* ➤ **nouveau**
nouvelle [nuvɛl] *nf & adj f* **1.** *(information)* (piece of) news **2.** *(roman)* short story • **les nouvelles** *(à la radio, à la télé)* the news *sg* • **avoir des nouvelles de qqn** to hear from sb ➤ **nouveau**
Nouvelle-Calédonie [nuvɛlkaledɔni] *nf* • **la Nouvelle-Calédonie** New Caledonia
novembre [nɔvɑ̃br] *nm* November • **en novembre, au mois de novembre** in November • **début novembre** at the beginning of November • **fin novembre** at the end of November • **le deux novembre** the second of November
noyade [nwajad] *nf* drowning
noyau [nwajo] (*pl* **-x**) *nm* **1.** stone **2.** *(petit groupe)* small group
noyé, e [nwaje] *nm, f* drowned person
noyer [nwaje] *nm* walnut tree ◇ *vt* to drown ◆ **se noyer** *vp* to drown
nu, e [ny] *adj* **1.** *(personne)* naked **2.** *(jambes, pièce, arbre)* bare • **pieds nus** barefoot • **tout nu** stark naked • **visible à l'œil nu** visible to the naked eye • **nu-tête** bareheaded
nuage [nɥaʒ] *nm* cloud
nuageux, euse [nɥaʒø, øz] *adj* cloudy
nuance [nɥɑ̃s] *nf* **1.** *(teinte)* shade **2.** *(différence)* nuance
nucléaire [nykleɛr] *adj* nuclear
nudiste [nydist] *nmf* nudist
nui [nɥi] *pp* ➤ **nuire**
nuire [nɥir] ◆ **nuire à** *v + prep* to harm
nuisible [nɥizibl] *adj* harmful • **nuisible à** harmful to
nuit [nɥi] *nf* night • **cette nuit** *(dernière)* last night ; *(prochaine)* tonight • **la nuit** *(tous les jours)* at night • **bonne nuit !** good night! • **il fait nuit** it's dark • **une nuit blanche** a sleepless night • **de nuit** *(travail, poste)* night, at night
nul, nulle [nyl] *adj (mauvais, idiot)* hopeless • **être nul en qqch** to be hopeless at sthg • **nulle part** nowhere
numérique [nymerik] *adj* digital ➤ **appareil**
numériser [nymerize] *vt* to numerize, to digitize US/ to digitise UK
numéro [nymero] *nm* **1.** number **2.** *(d'une revue)* issue **3.** *(spectacle)* act • **numéro de compte** account number • **numéro d'immatriculation** registration number • **numéro de téléphone** telephone number • **numéro vert** ≃ freefone number (*UK*), 800 number (*US*)
numéroter [nymerɔte] *vt* to number • **place numérotée** *(au spectacle)* numbered seat
nu-pieds [nypje] *nm inv* sandal
nuque [nyk] *nf* nape
Nylon® [nilɔ̃] *nm* nylon

O (*abr écrite de ouest*) W
oasis [ɔazis] *nf* oasis
obéir [ɔbeir] *vi* to obey • **obéir à** to obey
obéissant, e [ɔbeisɑ̃, ɑ̃t] *adj* obedient
obèse [ɔbɛz] *adj* obese
objectif, ive [ɔbʒɛktif, iv] *adj* objective ◇ *nm* **1.** *(but)* objective **2.** *(d'appareil photo)* lens
objection [ɔbʒɛksjɔ̃] *nf* objection

objet [ɔbʒɛ] *nm* **1.** object **2.** *(sujet)* subject • **(bureau des) objets trouvés** lost property (office) *(UK)*, lost-and-found office *(US)* • **objets de valeur** valuables
obligation [ɔbligasjɔ̃] *nf* obligation
obligatoire [ɔbligatwar] *adj* compulsory
obligé, e [ɔbliʒe] *adj (fam) (inévitable)* • **c'est obligé** that's for sure • **être obligé de faire qqch** to be obliged to do sthg
obliger [ɔbliʒe] *vt* • **obliger qqn à faire qqch** to force sb to do sthg
oblique [ɔblik] *adj* oblique
oblitérer [ɔblitere] *vt (ticket)* to punch
obscène [ɔpsɛn] *adj* obscene
obscur, e [ɔpskyr] *adj* **1.** dark **2.** *(incompréhensible, peu connu)* obscure
obscurcir [ɔpskyrsir] ◆ **s'obscurcir** *vp* to grow dark
obscurité [ɔpskyrite] *nf* darkness
obséder [ɔpsede] *vt* to obsess
obsèques [ɔpsɛk] *nfpl (sout)* funeral *sg*
observateur, trice [ɔpsɛrvatœr, tris] *adj* observant
observation [ɔpsɛrvasjɔ̃] *nf* **1.** remark **2.** *(d'un phénomène)* observation
observatoire [ɔpsɛrvatwar] *nm* observatory
observer [ɔpsɛrve] *vt* to observe
obsession [ɔpsesjɔ̃] *nf* obsession
obstacle [ɔpstakl] *nm* **1.** obstacle **2.** *(en équitation)* fence
obstiné, e [ɔpstine] *adj* obstinate
obstiner [ɔpstine] ◆ **s'obstiner** *vp* to insist • **s'obstiner à faire qqch** to persist (stubbornly) in doing sthg
obstruer [ɔpstrye] *vt* to block
obtenir [ɔptənir] *vt* **1.** *(récompense, faveur)* to get, to obtain **2.** *(résultat)* to reach
obtenu, e [ɔptəny] *pp* ➤ **obtenir**
obturateur [ɔptyratœr] *nm (d'appareil photo)* shutter
obus [ɔby] *nm* shell
OC *(abr écrite de ondes courtes)* SW
occasion [ɔkazjɔ̃] *nf* **1.** *(chance)* chance **2.** *(bonne affaire)* bargain • **avoir l'occasion de faire qqch** to have the chance to do sthg • **à l'occasion de** on the occasion of • **d'occasion** second-hand
occasionnel, elle [ɔkazjɔnɛl] *adj* occasional
Occident [ɔksidɑ̃] *nm* • **l'Occident** *POL* the West
occidental, e, aux [ɔksidɑ̃tal, o] *adj* **1.** *(partie, région)* western **2.** *POL* Western
occupation [ɔkypasjɔ̃] *nf* occupation
occupé, e [ɔkype] *adj* **1.** busy **2.** *(place)* taken **3.** *(toilettes)* engaged **4.** *(ligne de téléphone)* engaged *(UK)*, busy *(US)* • **ça sonne occupé** the line's engaged *(UK)*, the line's busy *(US)*
occuper [ɔkype] *vt* **1.** to occupy **2.** *(poste, fonctions)* to hold • **ça l'occupe** it keeps him busy ◆ **s'occuper** *vp (se distraire)* to occupy o.s. • **s'occuper de** to take care of
occurrence [ɔkyrɑ̃s] ◆ **en l'occurrence** *adv* in this case
océan [ɔseɑ̃] *nm* ocean
Océanie [ɔseani] *nf* • **l'Océanie** Oceania
ocre [ɔkr] *adj inv* ochre
octane [ɔktan] *nm* • **indice d'octane** octane rating
octante [ɔktɑ̃t] *num (Belg)* eighty
octet [ɔktɛ] *nm* byte
octobre [ɔktɔbr] *nm* October • **en octobre, au mois de octobre** in October • **début octobre** at the beginning of October

• **fin octobre** at the end of October • **le deux octobre** the second of October
oculiste [ɔkylist] *nmf* ophthalmologist
odeur [ɔdœr] *nf* smell
odieux, euse [ɔdjø, øz] *adj* hateful
odorat [ɔdɔra] *nm* (sense of) smell
œil [œj] (*pl* **yeux** [jø]) *nm* eye • **à l'œil** (*fam*) for nothing • **avoir qqn à l'œil** (*fam*) to have one's eye on sb • **mon œil !** (*fam*) my foot!
œillet [œjɛ] *nm* **1.** carnation **2.** *(de chaussure)* eyelet
œsophage [ezɔfaʒ] *nm* oesophagus
œuf ([œf], *pl* [ø]) *nm* egg • **œuf à la coque** boiled egg • **œuf dur** hard-boiled egg • **œuf de Pâques** Easter egg • **œuf poché** poached egg • **œuf sur le plat** fried egg • **œufs brouillés** scrambled eggs • **œufs à la neige** *cold dessert of beaten egg whites served on custard*
œuvre [œvr] *nf* work • **mettre qqch en œuvre** to make use of sthg • **œuvre d'art** work of art
offenser [ɔfɑ̃se] *vt* to offend
offert, e [ɔfɛr, ɛrt] *pp* ➤ **offrir**
office [ɔfis] *nm* **1.** *(organisme)* office **2.** *(messe)* service • **faire office de** to act as • **office de tourisme** tourist office • **d'office** automatically
officiel, elle [ɔfisjɛl] *adj* official
officiellement [ɔfisjɛlmɑ̃] *adv* officially
officier [ɔfisje] *nm* officer
offre [ɔfr] *nf* offer • **offres d'emploi** situations vacant ▾ **offre spéciale** special offer
offrir [ɔfrir] *vt* • **offrir qqch à qqn** *(en cadeau)* to give sthg to sb ; *(mettre à sa disposition)* to offer sthg to sb • **offrir (à qqn) de faire qqch** to offer to do sthg (for sb) ♦ **s'offrir** *vp (cadeau, vacances)* to treat o.s. to
OGM (*abr de organisme génétiquement modifié*) *nm* GMO *(genetically modified organism)*
oie [wa] *nf* goose
oignon [ɔɲɔ̃] *nm* **1.** onion **2.** *(de fleur)* bulb • **petits oignons** pickling onions
oiseau [wazo] (*pl* **-x**) *nm* bird
OK [ɔkɛ] *interj* OK!
olive [ɔliv] *nf* olive • **olive noire** black olive • **olive verte** green olive
olivier [ɔlivje] *nm* olive tree
olympique [ɔlɛ̃pik] *adj* Olympic
omble [ɔ̃bl] *nm* • **omble chevalier** *fish found especially in Lake Geneva, with a light texture and flavour*
ombragé, e [ɔ̃braʒe] *adj* shady
ombre [ɔ̃br] *nf* **1.** *(forme)* shadow **2.** *(obscurité)* shade • **à l'ombre (de)** in the shade (of) • **ombres chinoises** shadow theatre • **ombre à paupières** eye shadow
ombrelle [ɔ̃brɛl] *nf* parasol
OMC (*abr de Organisation mondiale du commerce*) *nf* WTO *(World Trade Organization)*
omelette [ɔmlɛt] *nf* omelette • **omelette norvégienne** baked Alaska
omission [ɔmisjɔ̃] *nf* omission
omnibus [ɔmnibys] *nm* • **(train) omnibus** slow train (*UK*), local train (*US*)
omoplate [ɔmɔplat] *nf* shoulder blade
on [ɔ̃] *pron* **1.** *(quelqu'un)* somebody **2.** *(les gens)* people **3.** *(fam) (nous)* we • **on n'a pas le droit de fumer ici** you're not allowed to smoke here
oncle [ɔ̃kl] *nm* uncle

onctueux, euse [ɔ̃ktɥø, øz] *adj* creamy
onde [ɔ̃d] *nf TECH* wave • **grandes ondes** long wave *sg* • **ondes courtes/moyennes** short/medium wave *sg*
ondulé, e [ɔ̃dyle] *adj (cheveux)* wavy
ongle [ɔ̃gl] *nm* nail
ont [ɔ̃] *3e pers. du pl de l'ind. prés.* ➤ **avoir**
ONU [ɔny] *nf* (*abr de Organisation des Nations unies*) UN *(United Nations)*
onze [ɔ̃z] *num* eleven • **il a onze ans** he's eleven (years old) • **il est onze heures** it's eleven o'clock • **le onze janvier** the eleventh of January • **page onze** page eleven • **ils étaient onze** there were eleven of them • **(au) onze rue Lepic** at/to eleven, rue Lepic
onzième [ɔ̃zjɛm] *num* eleventh • **le onzième étage** eleventh floor (*UK*), twelfth floor (*US*) • **le onzième (arrondissement)** eleventh arrondissement • **il est arrivé onzième** he came eleventh
opaque [ɔpak] *adj* opaque
opéra [ɔpera] *nm* opera
opérateur, trice [ɔperatœr, tris] *nm, f (au téléphone)* operator
opération [ɔperasjɔ̃] *nf* **1.** *MATH* calculation **2.** *(chirurgicale)* operation **3.** *(financière, commerciale)* deal
opérer [ɔpere] *vt (malade)* to operate on ◇ *vi (médicament)* to take effect • **se faire opérer** to have an operation • **se faire opérer du cœur** to have heart surgery
opérette [ɔperɛt] *nf* operetta
ophtalmologiste [ɔftalmɔlɔʒist] *nmf* ophthalmologist
opinion [ɔpinjɔ̃] *nf* opinion • **l'opinion (publique)** public opinion
opportun, e [ɔpɔrtœ̃, yn] *adj* opportune
opportuniste [ɔpɔrtynist] *adj* opportunist
opposé, e [ɔpoze] *adj & nm* opposite • **opposé à** *(inverse)* opposite ; *(hostile à)* opposed to • **à l'opposé de** *(du côté opposé à)* opposite ; *(contrairement à)* unlike
opposer [ɔpoze] *vt* **1.** *(argument)* to put forward **2.** *(résistance)* to put up **3.** *(personnes, équipes)* to pit against each other ◆ **s'opposer** *vp (s'affronter)* to clash • **s'opposer à** to oppose
opposition [ɔpozisjɔ̃] *nf* **1.** *(différence)* contrast **2.** *(désapprobation)* opposition **3.** *POL* Opposition • **faire opposition (à un chèque)** to stop a cheque • **faire opposition sur une carte bancaire** to cancel a bank card
oppression [ɔpresjɔ̃] *nf* oppression
opprimer [ɔprime] *vt* to oppress
opticien, enne [ɔptisjɛ̃, ɛn] *nm, f* optician
optimisme [ɔptimism] *nm* optimism
optimiste [ɔptimist] *adj* optimistic ◇ *nmf* optimist
option [ɔpsjɔ̃] *nf* **1.** *SCOL* option **2.** *(accessoire)* optional extra
optionnel, elle [ɔpsjɔnɛl] *adj* optional
optique [ɔptik] *adj (nerf)* optic ◇ *nf (point de vue)* point of view
or [ɔr] *conj* but, now ◇ *nm* gold • **en or** gold
orage [ɔraʒ] *nm* storm
orageux, euse [ɔraʒø, øz] *adj* stormy
oral, e, aux [ɔral, o] *adj & nm* oral ▼ **voie orale** to be taken orally
orange [ɔrɑ̃ʒ] *adj inv, nm & nf* orange
orangeade [ɔrɑ̃ʒad] *nf* orange squash
oranger [ɔrɑ̃ʒe] *nm* orange tree ➤ **fleur**

Orangina® [ɔrɑ̃ʒina] *nm* Orangina®
orbite [ɔrbit] *nf* **1.** *(de planète)* orbit **2.** *(de l'œil)* (eye) socket
orchestre [ɔrkɛstr] *nm* **1.** orchestra **2.** *(au théâtre)* stalls *pl* *(UK)*, orchestra *(US)*
orchidée [ɔrkide] *nf* orchid
ordinaire [ɔrdinɛr] *adj* **1.** *(normal)* normal **2.** *(banal)* ordinary ◇ *nm (essence)* ≃ two-star petrol *(UK)* ≃ regular *(US)* ● **sortir de l'ordinaire** to be out of the ordinary ● **d'ordinaire** usually
ordinateur [ɔrdinatœr] *nm* computer ● **ordinateur de poche** palmtop ● **ordinateur portable** laptop
ordonnance [ɔrdɔnɑ̃s] *nf (médicale)* prescription ● **sur ordonnance** on prescription
ordonné, e [ɔrdɔne] *adj* tidy
ordonner [ɔrdɔne] *vt* **1.** *(commander)* to order **2.** *(ranger)* to put in order ● **ordonner à qqn de faire qqch** to order sb to do sthg
ordre [ɔrdr] *nm* **1.** order **2.** *(organisation)* tidiness ● **donner l'ordre de faire qqch** to give the order to do sthg ● **jusqu'à nouvel ordre** until further notice ● **en ordre** in order ● **mettre de l'ordre dans qqch** to tidy up sthg ● **dans l'ordre** in order ● **à l'ordre de** *(chèque)* payable to
ordures [ɔrdyr] *nfpl* rubbish *sg* *(UK)*, garbage *sg* *(US)*
oreille [ɔrɛj] *nf* ear
oreiller [ɔrɛje] *nm* pillow
oreillons [ɔrɛjɔ̃] *nmpl* mumps *sg*
organe [ɔrgan] *nm (du corps)* organ
organisateur, trice [ɔrganizatœr, tris] *nm, f* organizer
organisation [ɔrganizasjɔ̃] *nf* organization ● **organisation mondiale du commerce** World Trade Organization
organisé, e [ɔrganize] *adj* organized
organiser [ɔrganize] *vt* to organize ◆ **s'organiser** *vp* to get (o.s.) organized
organisme [ɔrganism] *nm* **1.** *(corps)* organism **2.** *(organisation)* body
orge [ɔrʒ] *nf* ➤ **sucre**
orgue [ɔrg] *nm* organ ● **orgue de Barbarie** barrel organ
orgueil [ɔrgœj] *nm* pride
orgueilleux, euse [ɔrgœjø, øz] *adj* proud
Orient [ɔrjɑ̃] *nm* ● **l'Orient** the Orient
oriental, e, aux [ɔrjɑ̃tal, o] *adj* **1.** *(de l'Orient)* oriental **2.** *(partie, région)* eastern
orientation [ɔrjɑ̃tasjɔ̃] *nf* **1.** *(direction)* direction **2.** *(d'une maison)* aspect **3.** *SCOL (conseil)* careers guidance
orienter [ɔrjɑ̃te] *vt* **1.** to direct **2.** *SCOL* to guide ◆ **s'orienter** *vp (se repérer)* to get one's bearings ● **s'orienter vers** *(se tourner vers)* to move towards ; *SCOL* to take
orifice [ɔrifis] *nm* orifice
originaire [ɔriʒinɛr] *adj* ● **être originaire de** to come from
original, e, aux [ɔriʒinal, o] *adj* **1.** original **2.** *(excentrique)* eccentric ◇ *nm, f* eccentric ◇ *nm (peinture, écrit)* original
originalité [ɔriʒinalite] *nf* **1.** originality **2.** *(excentricité)* eccentricity
origine [ɔriʒin] *nf* origin ● **être à l'origine de qqch** to be behind sthg ● **à l'origine** originally ● **d'origine** *(ancien)* original ● **pays d'origine** native country

ORL *nmf* (*abr de oto-rhino-laryngologiste*) ENT specialist *(Ear, Nose and Throat)*
ornement [ɔrnəmɑ̃] *nm* ornament
orner [ɔrne] *vt* to decorate • **orner qqch de** to decorate sthg with
ornière [ɔrnjɛr] *nf* rut
orphelin, e [ɔrfəlɛ̃, in] *nm, f* orphan
orphelinat [ɔrfəlina] *nm* orphanage
Orsay [ɔrsɛ] *n* • **le musée d'Orsay** *museum in Paris specializing in 19th-century art*
orteil [ɔrtɛj] *nm* toe • **gros orteil** big toe
orthographe [ɔrtɔgraf] *nf* spelling
orthophoniste [ɔrtɔfɔnist] *nmf* speech therapist
ortie [ɔrti] *nf* nettle
os ([ɔs], *pl* [o]) *nm* bone
osciller [ɔsile] *vi* **1.** *(se balancer)* to sway **2.** *(varier)* to vary
osé, e [oze] *adj* daring
oseille [ozɛj] *nf* sorrel
oser [oze] *vt* • **oser faire qqch** to dare (to) do sthg
osier [ozje] *nm* wicker
osselets [ɔslɛ] *nmpl (jeu)* jacks
otage [ɔtaʒ] *nm* hostage • **prendre qqn en otage** to take sb hostage
otarie [ɔtari] *nf* sea lion
ôter [ote] *vt* to take off • **ôter qqch à qqn** to take sthg away from sb • **ôter qqch de qqch** to take sthg off sthg • **3 ôté de 10 égale 7** 3 from 10 is 7
otite [ɔtit] *nf* ear infection
oto-rhino-laryngologiste [ɔtɔrinɔlarɛ̃gɔlɔʒist] (*pl* **-s**) *nmf* ear, nose and throat specialist
ou [u] *conj* or • **ou bien** or else • **ou... ou** either... or

où [u] *adv*
1. *(pour interroger)* where • **où habitez-vous ?** where do you live? • **d'où êtes-vous ?** where are you from? • **par où faut-il passer ?** how do you get there?
2. *(dans une interrogation indirecte)* where • **nous ne savons pas où dormir** we don't know where to sleep
◇ *pron*
1. *(spatial)* where • **le village où j'habite** the village where I live, the village I live in • **le pays d'où je viens** the country I come from • **la région où nous sommes allés** the region we went to • **la ville par où nous venons de passer** the town we've just gone through
2. *(temporel)* • **le jour où...** the day (that)... • **juste au moment où...** at the very moment (that)...
ouate [wat] *nf* cotton wool
oubli [ubli] *nm* oversight
oublier [ublije] *vt* **1.** to forget **2.** *(laisser quelque part)* to leave (behind) • **oublier de faire qqch** to forget to do sthg
oubliettes [ublijɛt] *nfpl* dungeon *sg*
ouest [wɛst] *adj inv* & *nm* west • **à l'ouest** in the west • **à l'ouest de** west of
ouf [uf] *interj* phew!
oui [wi] *adv* yes • **je pense que oui** I think so
ouïe [wi] *nf* hearing ◆ **ouïes** *nfpl (de poisson)* gills
ouragan [uragɑ̃] *nm* hurricane
ourlet [urlɛ] *nm* hem
ours [urs] *nm* bear • **ours en peluche** teddy bear
oursin [ursɛ̃] *nm* sea urchin
outil [uti] *nm* tool

outillage [utijaʒ] *nm* tools *pl*
outre [utr] *prép* as well as • **en outre** moreover • **outre mesure** unduly
outré, e [utre] *adj* indignant
outre-mer [utrəmɛr] *adv* overseas
ouvert, e [uvɛr, ɛrt] *pp* ➤ **ouvrir** ◇ *adj* open ▾ **ouvert le lundi** open on Mondays
ouvertement [uvɛrtəmɑ̃] *adv* openly
ouverture [uvɛrtyr] *nf* opening
ouvrable [uvrabl] *adj* ➤ **jour**
ouvrage [uvraʒ] *nm* work
ouvre-boîtes [uvrəbwat] *nm inv* tin opener
ouvre-bouteilles [uvrəbutɛj] *nm inv* bottle opener
ouvreur, euse [uvrœr, øz] *nm, f* usher (*f* usherette)
ouvrier, ère [uvrije, ɛr] *adj* working-class ◇ *nm, f* worker
ouvrir [uvrir] *vt* **1.** to open **2.** *(robinet)* to turn on ◇ *vi* to open ◆ **s'ouvrir** *vp* to open
ovale [ɔval] *adj* oval
oxyder [ɔkside] ◆ **s'oxyder** *vp* to rust
oxygène [ɔksiʒɛn] *nm* oxygen
oxygénée [ɔksiʒene] *adj f* ➤ **eau**
ozone [ozɔn] *nm* ozone

pP

pacifique [pasifik] *adj* peaceful • **l'océan Pacifique, le Pacifique** the Pacific (Ocean)
pack [pak] *nm (de bouteilles)* pack
PACS [paks] (*abr de Pacte civil de solidarité*) *nm* Civil Solidarity Pact *civil contract conferring marital rights on the contrating parties*
pacser [pakse] ◆ **se pacser** *vp* to register a civil partnership
pacte [pakt] *nm* pact
paella [paela] *nf* paella
pagayer [pageje] *vi* to paddle
page [paʒ] *nf* page • **page de garde** flyleaf • **les pages jaunes** the Yellow Pages
[1]**paie** [pɛ] *nf* = **paye**
[2]**paie** [pɛ] *1re et 3e pers. du sg de l'ind. prés.* ➤ **payer**
paiement [pɛmɑ̃] *nm* payment
paillasson [pajasɔ̃] *nm* doormat
paille [paj] *nf* straw
paillette [pajɛt] *nf* sequin
pain [pɛ̃] *nm* bread • **un pain** a loaf (of bread) • **pain au chocolat** *sweet flaky pastry with chocolate filling* • **pain complet** wholemeal bread (*UK*), wholewheat bread (*US*) • **pain doré** (*Québec*) French toast • **pain d'épice** ≃ gingerbread • **pain de mie** sandwich bread • **pain perdu** French toast • **(mini) pain aux raisins** *(small) sweet pastry containing raisins, rolled into a spiral shape* ▾ **pain industriel** factory-made bread

le pain

French bread isn't just all baguettes: there are more than thirty different types of bread of all shapes and sizes produced in France. The three main types are *pains de campagne* (farmhouse loaves), *pains fantaisie* (fancy breads), and *pains spéciaux* (speciality breads).

pair, e [pɛr] *adj MATH* even ◇ *nm* • **jeune fille au pair** au pair
paire [pɛr] *nf* pair
paisible [pezibl] *adj* **1.** *(endroit)* peaceful **2.** *(animal)* tame
paître [pɛtr] *vi* to graze
paix [pɛ] *nf* peace • **avoir la paix** to have peace and quiet
Pakistan [pakistɑ̃] *nm* • **le Pakistan** Pakistan
pakistanais, e [pakistanɛ, ɛz] *adj* Pakistani
palace [palas] *nm* luxury hotel
palais [palɛ] *nm* **1.** *(résidence)* palace **2.** *ANAT* palate • **Palais de justice** law courts
pâle [pal] *adj* pale
palette [palɛt] *nf* **1.** *(de peintre)* palette **2.** *(viande)* shoulder
palier [palje] *nm* landing
pâlir [palir] *vi* to turn pale
palissade [palisad] *nf* fence
palmarès [palmarɛs] *nm* **1.** *(de victoires)* record **2.** *(de chansons)* pop charts *pl*
palme [palm] *nf (de plongée)* flipper
palmé, e [palme] *adj (pattes)* webbed
palmier [palmje] *nm* **1.** *(arbre)* palm tree **2.** *(gâteau) large, heart-shaped, hard dry biscuit*
palourde [palurd] *nf* clam
palper [palpe] *vt* to feel
palpitant, e [palpitɑ̃, ɑ̃t] *adj* thrilling
palpiter [palpite] *vi* to pound
pamplemousse [pɑ̃pləmus] *nm* grapefruit
pan [pɑ̃] *nm (de chemise)* shirt tail • **pan de mur** wall
panaché [panaʃe] *nm* • **(demi) panaché** shandy
panaris [panari] *nm* finger infection
pan-bagnat [pɑ̃baɲa] *(pl* **pans-bagnats**) *nm roll filled with lettuce, tomatoes, anchovies and olives*
pancarte [pɑ̃kart] *nf* **1.** *(de manifestation)* placard **2.** *(de signalisation)* sign
pané, e [pane] *adj* in breadcrumbs, breaded
panier [panje] *nm* basket • **panier à provisions** shopping basket
panier-repas [panjerəpa] *(pl* **paniers-repas**) *nm* packed lunch
panique [panik] *nf* panic
paniquer [panike] *vt* & *vi* to panic
panne [pan] *nf* breakdown • **être en panne** to have broken down • **tomber en panne** to break down • **panne d'électricité** ou **de courant** power failure • **tomber en panne d'essence** ou **sèche** to run out of petrol ▼ **en panne** out of order
panneau [pano] *(pl* **-x**) *nm* **1.** *(d'indication)* sign **2.** *(de bois, de verre)* panel • **panneau d'affichage** notice board *(UK)*, bulletin board *(US)* • **panneau de signalisation** road sign
panoplie [panɔpli] *nf* **1.** *(déguisement)* outfit **2.** *(collection)* range
panorama [panɔrama] *nm* panorama
pansement [pɑ̃smɑ̃] *nm* bandage • **pansement adhésif** (sticking) plaster *(UK)*, Band-Aid® *(US)*

pantalon [pɑ̃talɔ̃] *nm* trousers *pl* (*UK*), pants *pl* (*US*), pair of trousers (*UK*), pair of pants (*US*)
panthère [pɑ̃tɛr] *nf* panther
pantin [pɑ̃tɛ̃] *nm* puppet
pantoufle [pɑ̃tufl] *nf* slipper
PAO (*abr de programmation assistée par ordinateur*) *nf* DTP
paon [pɑ̃] *nm* peacock
papa [papa] *nm* dad
pape [pap] *nm* pope
papet [papɛ] *nm* • **papet vaudois** *stew of leeks and potatoes plus sausage made from cabbage and pigs' liver, a speciality of the canton of Vaud in Switzerland*
papeterie [papɛtri] *nf (magasin)* stationer's
papi [papi] *nm* (*fam*) grandad
papier [papje] *nm* **1.** paper **2.** *(feuille)* piece of paper • **papier alu** aluminium (*UK*) ou aluminum (*US*) foil • **papier cadeau** gift wrap • **papier d'emballage** wrapping paper • **papier à en-tête** headed paper • **papier hygiénique** ou **toilette** toilet paper • **papier à lettres** writing paper • **papier peint** wallpaper • **papier de verre** sandpaper • **papiers (d'identité)** (identity) papers
papillon [papijɔ̃] *nm* butterfly • **(brasse) papillon** butterfly (stroke)
papillote [papijɔt] *nf* • **en papillote** CULIN *baked in foil or greaseproof paper*
papoter [papɔte] *vi* to chatter
paquebot [pakbo] *nm* liner
pâquerette [pakrɛt] *nf* daisy
Pâques [pak] *nm* Easter
paquet [pakɛ] *nm* **1.** *(colis)* parcel, package **2.** *(de cigarettes, de chewing-gum)* packet **3.** *(de cartes)* pack • **je vous fais un paquet-cadeau ?** shall I gift-wrap it for you?
par [par] *prép*
1. *(à travers)* through • **passer par** to go through • **regarder par la fenêtre** to look out of the window
2. *(indique le moyen)* by • **voyager par (le) train** to travel by train
3. *(introduit l'agent)* by • **le logiciel est protégé par un code** the software is code-protected
4. *(indique la cause)* by • **par accident** by accident • **faire qqch par amitié** to do sthg out of friendship
5. *(distributif)* per, a • **deux comprimés par jour** two tablets a day • **30 euros par personne** 30 euros per person • **un par un** one by one
6. *(dans des expressions)* • **par endroits** in places • **par moments** sometimes • **par-ci par-là** here and there
parabolique [parabɔlik] *adj* ➤ **antenne**
paracétamol [parasetamɔl] *nm* paracetamol
parachute [paraʃyt] *nm* parachute
parade [parad] *nf (défilé)* parade
paradis [paradi] *nm* paradise
paradoxal, e, aux [paradɔksal, o] *adj* paradoxical
paradoxe [paradɔks] *nm* paradox
parages [paraʒ] *nmpl* • **dans les parages** in the area
paragraphe [paragraf] *nm* paragraph
paraître [parɛtr] *vi* **1.** *(sembler)* to seem **2.** *(apparaître)* to appear **3.** *(livre)* to be published • **il paraît que** it would appear that

parallèle [paralɛl] *adj* & *nm* parallel • **parallèle à** parallel to
paralyser [paralize] *vt* to paralyse
paralysie [paralizi] *nf* paralysis
parapente [parapɑ̃t] *nm* paragliding
parapet [parapɛ] *nm* parapet
parapluie [paraplɥi] *nm* umbrella
parasite [parazit] *nm* parasite ♦ **parasites** *nmpl (perturbation)* interference *sg*
parasol [parasɔl] *nm* parasol
paratonnerre [paratɔnɛr] *nm* lightning conductor
paravent [paravɑ̃] *nm* screen
parc [park] *nm* **1.** park **2.** *(de bébé)* playpen • **parc d'attractions** amusement park • **parc automobile** total number of cars on the roads • **parc de stationnement** car park (*UK*), parking lot (*US*) • **parc zoologique** zoological gardens *pl*
parce que [parsk(ə)] *conj* because
parchemin [parʃəmɛ̃] *nm* parchment
parcmètre [parkmɛtr] *nm* parking meter
parcourir [parkurir] *vt* **1.** *(distance)* to cover **2.** *(lieu)* to go all over **3.** *(livre, article)* to glance through
parcours [parkur] *nm (itinéraire)* route • **parcours santé** *trail in the countryside where signs encourage people to do exercises for their health*
parcouru, e [parkury] *pp* ➤ **parcourir**
par-derrière [parderjɛr] *adv* **1.** *(passer)* round the back **2.** *(attaquer)* from behind ◇ *prép* round the back of
par-dessous [pardəsu] *adv* & *prép* underneath
pardessus [pardəsy] *nm* overcoat
par-dessus [pardəsy] *adv* over (the top) ◇ *prép* over (the top of)
par-devant [pardəvɑ̃] *adv* round the front ◇ *prép* round the front of
pardon [pardɔ̃] *nm* • **Pardon !** *(pour s'excuser)* (I'm) sorry! ; *(pour appeler)* excuse me! • **demander pardon à qqn** to apologize to sb

pardon

These pilgrimages are made in Brittany, generally in honour of local saints who are patrons of particular groups of people, professions or trades. Pilgrims march to the tombs of the saints carrying banners and crosses. After confession and mass, they celebrate with a *fête* or fair.

pardonner [pardɔne] *vt* to forgive • **pardonner (qqch) à qqn** to forgive sb (for sthg) • **pardonner à qqn d'avoir fait qqch** to forgive sb for doing sthg
pare-brise [parbriz] *nm inv* windscreen (*UK*), windshield (*US*)
pare-chocs [parʃɔk] *nm inv* bumper
pare-feu [parfø] *nm* firewall
pareil, eille [parɛj] *adj* the same ◇ *adv* (*fam*) the same (way) • **un culot pareil** such cheek • **pareil que** the same as
parent, e [parɑ̃, ɑ̃t] *nm, f (de la famille)* relative, relation • **mes parents** *(le père et la mère)* my parents
parenthèse [parɑ̃tɛz] *nf* **1.** bracket **2.** *(commentaire)* digression • **entre parenthèses** *(mot)* in brackets

parer [pare] *vt* **1.** *(éviter)* to ward off **2.** *(orner)* to adorn

paresse [parɛs] *nf* laziness

paresseux, euse [parɛsø, øz] *adj* lazy ◇ *nm, f* lazy person

parfait, e [parfɛ, ɛt] *adj* perfect ◇ *nm* CULIN *frozen dessert made from cream with fruit*

parfaitement [parfɛtmɑ̃] *adv* **1.** perfectly **2.** *(en réponse)* absolutely

parfois [parfwa] *adv* sometimes

parfum [parfœ̃] *nm* **1.** *(odeur)* scent **2.** *(pour femme)* perfume, scent **3.** *(pour homme)* aftershave **4.** *(goût)* flavour

parfumé, e [parfyme] *adj* sweet-smelling ● **être parfumé** *(personne)* to be wearing perfume

parfumer [parfyme] *vt* **1.** to perfume **2.** *(aliment)* to flavour ● **parfumé au citron** *(aliment)* lemon-flavoured ◆ **se parfumer** *vp* to put perfume on

parfumerie [parfymri] *nf* perfumery

pari [pari] *nm* bet ● **faire un pari** to have a bet

parier [parje] *vt & vi* to bet ● **je (te) parie que...** I bet (you) that... ● **parier sur** to bet on

Paris [pari] *n* Paris

paris-brest [paribrɛst] *nm inv choux pastry ring filled with hazelnut-flavoured cream and sprinkled with almonds*

parisien, enne [parizjɛ̃, ɛn] *adj* **1.** *(vie, société)* Parisian **2.** *(métro, banlieue, région)* Paris ◆ **Parisien, enne** *nm, f* Parisian

parka [parka] *nm ou nf* parka

parking [parkiŋ] *nm* car park (*UK*), parking lot (*US*)

parlante [parlɑ̃t] *adj f* ➤ **horloge**

parlement [parləmɑ̃] *nm* parliament

parler [parle] *vi* to talk, to speak ◇ *vt* *(langue)* to speak ● **parler à qqn de** to talk ou speak to sb about

Parmentier [parmɑ̃tje] *n* ➤ **hachis**

parmesan [parməzɑ̃] *nm* Parmesan (cheese)

parmi [parmi] *prép* among

parodie [parɔdi] *nf* parody

paroi [parwa] *nf* **1.** *(mur)* wall **2.** *(montagne)* cliff face **3.** *(d'un objet)* inside

paroisse [parwas] *nf* parish

parole [parɔl] *nf* word ● **adresser la parole à qqn** to speak to sb ● **couper la parole à qqn** to interrupt sb ● **prendre la parole** to speak ● **tenir (sa) parole** to keep one's word ◆ **paroles** *nfpl (d'une chanson)* lyrics

parquet [parkɛ] *nm (plancher)* wooden floor

parrain [parɛ̃] *nm* godfather

parrainer [parɛne] *vt* to sponsor

parsemer [parsəme] *vt* ● **parsemer qqch de qqch** to scatter sthg with sthg

part [par] *nf* **1.** *(de gâteau)* portion **2.** *(d'un héritage)* share ● **prendre part à** to take part in ● **à part** *(sauf)* apart from ● **de la part de** from ; *(remercier)* on behalf of ● **c'est de la part de qui ?** *(au téléphone)* who's calling? ● **d'une part..., d'autre part** on the one hand..., on the other hand ● **autre part** somewhere else ● **nulle part** nowhere ● **quelque part** somewhere

partage [partaʒ] *nm* sharing (out)

partager [partaʒe] *vt* to divide (up) ◆ **se partager** *vp* ● **se partager qqch** to share sthg out

partenaire [partənɛr] *nmf* partner
parterre [partɛr] *nm* **1.** *(de fleurs)* (flower) bed **2.** *(au théâtre)* stalls *pl (UK)*, orchestra *(US)*
parti [parti] *nm (politique)* party • **prendre parti pour** to decide in favour of • **tirer parti de qqch** to make (good) use of sthg • **parti pris** bias
partial, e, aux [parsjal, o] *adj* biased
participant, e [partisipɑ̃, ɑ̃t] *nm, f (à un jeu, un concours)* competitor
participation [partisipasjɔ̃] *nf* **1.** participation **2.** *(financière)* contribution
participer [partisipe] • **participer à** *v + prep* **1.** to take part in **2.** *(payer pour)* to contribute to
particularité [partikylarite] *nf* distinctive feature
particulier, ère [partikylje, ɛr] *adj* **1.** *(personnel)* private **2.** *(spécial)* special, particular **3.** *(peu ordinaire)* unusual • **en particulier** *(surtout)* in particular
particulièrement [partikyljɛrmɑ̃] *adv* particularly
partie [parti] *nf* **1.** part **2.** *(au jeu, en sport)* game • **en partie** partly • **faire partie de** to be part of
partiel, elle [parsjɛl] *adj* partial ◇ *nm (examen)* ≃ end-of-term exam *(UK)* ≃ midterm exam *(US)*
partiellement [parsjɛlmɑ̃] *adv* partially
partir [partir] *vi* **1.** to go, to leave **2.** *(moteur)* to start **3.** *(coup de feu)* to go off **4.** *(tache)* to come out • **être bien/mal parti** to get off to a good/bad start • **partir de** *(chemin)* to start from • **à partir de** from
partisan [partizɑ̃] *nm* supporter ◇ *adj* • **être partisan de qqch** to be in favour of sthg
partition [partisjɔ̃] *nf MUS* score
partout [partu] *adv* everywhere
paru, e [pary] *pp* ➤ **paraître**
parution [parysjɔ̃] *nf* publication
parvenir [parvənir] • **parvenir à** *v + prep* **1.** *(but)* to achieve **2.** *(personne, destination)* to reach • **parvenir à faire qqch** to manage to do sthg
parvenu, e [parvəny] *nm, f (péj)* upstart ◇ *pp* ➤ **parvenir**
parvis [parvi] *nm* square *(in front of a large building)*
[1]**pas** [pa] *adv*
1. *(avec "ne")* not • **je n'aime pas les épinards** I don't like spinach • **elle ne dort pas encore** she's not asleep yet • **je n'ai pas terminé** I haven't finished • **il n'y a pas de train pour Oxford aujourd'hui** there are no trains to Oxford today • **les passagers sont priés de ne pas fumer** passengers are requested not to smoke
2. *(sans "ne")* not • **tu viens ou pas ?** are you coming or not? • **elle a aimé l'exposition, moi pas** ou **pas moi** she liked the exhibition, but I didn't • **c'est un endroit pas très agréable** it's not a very nice place • **pas du tout** not at all
[2]**pas** [pa] *nm* **1.** step **2.** *(allure)* pace • **à deux pas de** very near • **pas à pas** step by step • **sur le pas de la porte** on the doorstep
Pas-de-Calais [padkalɛ] *nm* *"département" in the north of France, containing the port of Calais*

passable [pasabl] *adj* passable
passage [pasaʒ] *nm* **1.** *(de livre, de film)* passage **2.** *(chemin)* way • **être de passage** to be passing through • **passage (pour) piétons** pedestrian crossing • **passage à niveau** level crossing *(UK)*, grade crossing *(US)* • **passage protégé** *crossroads where priority is given to traffic on the main road* • **passage souterrain** subway ▾ **premier passage** *(d'un bus)* first bus ▾ **passage interdit** no entry
passager, ère [pasaʒe, ɛr] *adj* passing ◇ *nm, f* passenger • **passager clandestin** stowaway
passant, e [pasɑ̃, ɑ̃t] *nm, f* passer-by ◇ *nm* (belt) loop
passe [pas] *nf SPORT* pass
passé, e [pase] *adj* **1.** *(terminé)* past **2.** *(précédent)* last **3.** *(décoloré)* faded ◇ *nm* past
passe-partout [paspartu] *nm inv (clé)* skeleton key
passe-passe [paspas] *nm inv* • **tour de passe-passe** conjuring trick
passeport [paspɔr] *nm* passport
passer [pase] *vi*
1. *(aller, défiler)* to go by ou past • **passer par** *(lieu)* to pass through
2. *(faire une visite rapide)* to drop in • **passer voir qqn** to drop in on sb
3. *(facteur, autobus)* to come
4. *(se frayer un chemin)* to get past • **laisser passer qqn** to let sb past
5. *(à la télé, à la radio, au cinéma)* to be on • **ce film passe demain à la télé** the film's on TV tomorrow
6. *(s'écouler)* to pass • **comme le temps passe !** how time flies!
7. *(douleur)* to go away ; *(couleur)* to fade
8. *(à un niveau différent)* to move up • **je passe en 3e** *SCOL* I'm moving up into the fifth year • **passer en seconde** *(vitesse)* to change into second
9. *(dans des expressions)* • **passons !** *(pour changer de sujet)* let's move on! • **en passant** in passing
◇ *vt*
1. *(temps, vacances)* to spend • **nous avons passé l'après-midi à chercher un hôtel** we spent the afternoon looking for a hotel
2. *(obstacle, frontière)* to cross • **passer une rivière à la nage** to swim across a river ; *(douane)* to go through
3. *(examen)* to take ; *(visite médicale, entretien)* to have
4. *(vidéo, CD)* to play ; *(au cinéma, à la télé)* to show • **on passe un western au Rex** there's a western on at the Rex
5. *(vitesse)* to change into
6. *(mettre, faire passer)* to put • **passer le bras par la portière** to put one's arm out of the door • **passer l'aspirateur** to do the vacuuming
7. *(filtrer)* to strain
8. *(sauter)* • **passer son tour** to pass
9. *(donner, transmettre)* to pass on • **passer qqch à qqn** *(objet)* to pass sb sthg ; *(maladie)* to give sb sthg • **je vous le passe** *(au téléphone)* I'll put him on
◆ **passer pour** *v + prep* to be thought of as • **se faire passer pour** to pass o.s. off as
◆ **se passer** *vp*
1. *(arriver)* to happen • **qu'est-ce qui se passe ?** what's going on? • **se passer bien/mal** to go well/badly

2. *(crème, eau)* • **je vais me passer de l'huile solaire sur les jambes** I'm going to put suntan oil on my legs
◆ **se passer de** *vp + prep* to do without
passerelle [pasrɛl] *nf* 1. *(pont)* footbridge 2. *(d'embarquement)* gangway 3. *(sur un bateau)* bridge
passe-temps [pastɑ̃] *nm inv* pastime
passible [pasibl] *adj* • **passible de** liable to
passif, ive [pasif, iv] *adj & nm* passive
passion [pasjɔ̃] *nf* passion
passionnant, e [pasjɔnɑ̃, ɑ̃t] *adj* fascinating
passionné, e [pasjɔne] *adj* passionate • **passionné de musique** mad on music
passionner [pasjɔne] *vt* to grip ◆ **se passionner pour** *vp + prep* to have a passion for
passoire [paswar] *nf* 1. *(à thé)* strainer 2. *(à légumes)* colander
pastel [pastɛl] *adj inv* pastel
pastèque [pastɛk] *nf* watermelon
pasteurisé, e [pastœrize] *adj* pasteurized
pastille [pastij] *nf* pastille
pastis [pastis] *nm aniseed-flavoured aperitif*
patate [patat] *nf (fam) (pomme de terre)* spud • **patates pilées** (*Québec*) mashed potato
patauger [patoʒe] *vi* to splash about
patch *nm* patch
pâte [pat] *nf* 1. *(à pain)* dough 2. *(à tarte)* pastry 3. *(à gâteau)* mixture • **pâte d'amandes** almond paste • **pâte brisée** shortcrust pastry • **pâte feuilletée** puff pastry • **pâte de fruits** *jelly made from fruit paste* • **pâte à modeler** Plasticine® • **pâte sablée** shortcrust pastry ◆ **pâtes** *nfpl (nouilles)* pasta *sg*
pâté [pate] *nm* 1. *(charcuterie)* pâté 2. *(de sable)* sandpie 3. *(tache)* blot • **pâté de maisons** block (of houses) • **pâté chinois** (*Québec*) *shepherd's pie with a layer of sweetcorn*
pâtée [pate] *nf (pour chien)* food
paternel, elle [patɛrnɛl] *adj* paternal
pâteux, euse [patø, øz] *adj* chewy
patiemment [pasjamɑ̃] *adv* patiently
patience [pasjɑ̃s] *nf* patience
patient, e [pasjɑ̃, ɑ̃t] *adj & nm, f* patient
patienter [pasjɑ̃te] *vi* to wait
patin [patɛ̃] *nm* • **patins à glace** ice skates • **patins à roulettes** roller skates
patinage [patinaʒ] *nm* skating • **patinage artistique** figure skating
patiner [patine] *vi* 1. *(patineur)* to skate 2. *(voiture)* to skid 3. *(roue)* to spin
patineur, euse [patinœr, øz] *nm, f* skater
patinoire [patinwar] *nf* ice rink
pâtisserie [patisri] *nf* 1. *(gâteau)* pastry 2. *(magasin)* ≃ cake shop ▼ **pâtisserie industrielle** factory made cake
pâtissier, ère [patisje, ɛr] *nm, f* pastrycook
patois [patwa] *nm* dialect
patrie [patri] *nf* native country
patrimoine [patrimwan] *nm* 1. *(d'une famille)* inheritance 2. *(d'un pays)* heritage
patriote [patrijɔt] *nmf* patriot
patriotique [patrijɔtik] *adj* patriotic
patron, onne [patrɔ̃, ɔn] *nm, f* boss ◇ *nm (modèle de vêtement)* pattern
patrouille [patruj] *nf* patrol

patte [pat] *nf* **1.** *(jambe)* leg **2.** *(pied de chien, de chat)* paw **3.** *(pied d'oiseau)* foot **4.** *(de boutonnage)* loop **5.** *(de cheveux)* sideburn

pâturage [patyraʒ] *nm* pasture land

paume [pom] *nf* palm

paumer [pome] ◆ **se paumer** *vi* (*fam*) to get lost

paupière [popjɛr] *nf* eyelid

paupiette [popjɛt] *nf thin slice of meat rolled around a filling*

pause [poz] *nf* break ▾ **pause** *(sur un lecteur CD, un magnétoscope)* pause

pause-café [pozkafe] (*pl* **pauses-café**) *nf* coffee break

pauvre [povr] *adj* poor

pauvreté [povrəte] *nf* poverty

pavé, e [pave] *adj* cobbled ◇ *nm* **1.** *INFORM* keypad **2.** *(pierre)* paving stone ● **pavé numérique** *INFORM* numeric keypad ▾ **pavé de rumsteack** thick rump steak ▾ **pavé de cabilllaud** chunky cod steak

pavillon [pavijɔ̃] *nm (maison individuelle)* detached house

payant, e [pɛjɑ̃, ɑ̃t] *adj* **1.** *(spectacle)* with an admission charge **2.** *(hôte)* paying

paye [pɛj] *nf* pay

payer [peje] *vt* **1.** to pay **2.** *(achat)* to pay for ● **bien/mal payé** well/badly paid ● **payer qqch à qqn** (*fam*) *(offrir)* to buy sthg for sb, to treat sb to sthg ▾ **payez ici** pay here

pays [pei] *nm* country ● **les gens du pays** *(de la région)* the local people ● **de pays** *(jambon, fromage)* local ● **le pays de Galles** Wales

paysage [peizaʒ] *nm* landscape

paysan, anne [peizɑ̃, an] *nm, f* (small) farmer

Pays-Bas [peiba] *nmpl* ● **les Pays-Bas** the Netherlands

PC *nm* **1.** (*abr de Parti communiste*) CP *(Communist Party)* **2.** *(ordinateur)* PC *(Personal Computer)*

PCV *nm* ● **appeler en PCV** to make a reverse-charge call (*UK*), to call collect (*US*)

PDA *nm* PDA

PDF *nm* PDF

P-DG *nm* (*abr de président-directeur général*) ≃ MD *(managing director)* (*UK*) ≃ CEO *(chief executive officer)* (*US*)

péage [peaʒ] *nm* **1.** *(taxe)* toll **2.** *(lieu)* tollbooth

péage

Tolls are payable on 75% of the French road network which is privately run, principally the main motorways linking major cities. Tolls are also payable on major bridges and tunnels.

peau [po] (*pl* **-x**) *nf* skin ● **peau de chamois** chamois leather

pêche [pɛʃ] *nf* **1.** *(fruit)* peach **2.** *(activité)* fishing ● **pêche à la ligne** angling ● **pêche en mer** sea fishing ● **pêche Melba** peach Melba

péché [peʃe] *nm* sin

pêcher [peʃe] *vt (poisson)* to catch ◇ *vi* to go fishing ◇ *nm* peach tree

pêcheur, euse [pɛʃœr, øz] *nm, f* fisherman (*f* fisherwoman)

pédagogie [pedagɔʒi] *nf (qualité)* teaching ability
pédale [pedal] *nf* pedal
pédaler [pedale] *vi* to pedal
pédalier [pedalje] *nm* pedals and chain wheel assembly
Pédalo® [pedalo] *nm* pedal boat
pédant, e [pedɑ̃, ɑ̃t] *adj* pedantic
pédestre [pedɛstr] *adj* ➤ **randonnée**
pédiatre [pedjatr] *nmf* pediatrician
pédicure [pedikyr] *nmf* chiropodist (*UK*), podiatrist (*US*)
pedigree [pedigre] *nm* pedigree
peigne [pɛɲ] *nm* comb
peigner [peɲe] *vt* to comb ◆ **se peigner** *vp* to comb one's hair
peignoir [pɛɲwar] *nm* dressing gown (*UK*), robe (*US*) ● **peignoir de bain** bathrobe
peindre [pɛ̃dr] *vt* to paint ● **peindre qqch en blanc** to paint sthg white
peine [pɛn] *nf* **1.** *(tristesse)* sorrow **2.** *(effort)* difficulty **3.** *(de prison)* sentence ● **avoir de la peine** to be sad ● **avoir de la peine à faire qqch** to have difficulty doing sthg ● **faire de la peine à qqn** to upset sb ● **ce n'est pas la peine** it's not worth it ● **ce n'est pas la peine d'y aller** it's not worth going ● **valoir la peine** to be worth it ● **sous peine de** on pain of ● **peine de mort** death penalty ● **à peine** hardly
peiner [pene] *vt* to sadden ◇ *vi* to struggle
peint, e [pɛ̃, pɛ̃t] *pp* ➤ **peindre**
peintre [pɛ̃tr] *nm* painter
peinture [pɛ̃tyr] *nf* **1.** *(matière)* paint **2.** *(œuvre d'art)* painting **3.** *(art)* painting
pelage [pəlaʒ] *nm* coat
pêle-mêle [pɛlmɛl] *adv* higgledy-piggledy
peler [pəle] *vt & vi* to peel
pèlerinage [pɛlrinaʒ] *nm* pilgrimage
pelle [pɛl] *nf* **1.** shovel **2.** *(jouet d'enfant)* spade
pellicule [pelikyl] *nf* film ◆ **pellicules** *nfpl* dandruff *sg*
pelote [pəlɔt] *nf (de fil, de laine)* ball
peloton [plɔtɔ̃] *nm (de cyclistes)* pack
pelotonner [pəlɔtɔne] ◆ **se pelotonner** *vp* to curl up
pelouse [pəluz] *nf* lawn ▼ **pelouse interdite** keep off the grass
peluche [pəlyʃ] *nf (jouet)* soft toy ● **animal en peluche** cuddly animal
pelure [pəlyr] *nf* peel
pénaliser [penalize] *vt* to penalize
penalty [penalti] (*pl* **-s** OU **-ies**) *nm* SPORT penalty
penchant [pɑ̃ʃɑ̃] *nm* ● **avoir un penchant pour** to have a liking for
pencher [pɑ̃ʃe] *vt* **1.** *(tête)* to bend **2.** *(objet)* to tilt ● **pencher pour** to incline towards ◆ **se pencher** *vp* **1.** *(s'incliner)* to lean over **2.** *(se baisser)* to bend down ● **se pencher par la fenêtre** to lean out of the window
pendant [pɑ̃dɑ̃] *prép* during ● **pendant deux semaines** for two weeks ● **pendant que** while
pendentif [pɑ̃dɑ̃tif] *nm* pendant
penderie [pɑ̃dri] *nf* wardrobe (*UK*), closet (*US*)
pendre [pɑ̃dr] *vt & vi* to hang ◆ **se pendre** *vp (se tuer)* to hang o.s.
pendule [pɑ̃dyl] *nf* clock

pénétrer [penetre] *vi* • **pénétrer dans** *(entrer dans)* to enter ; *(s'incruster dans)* to penetrate
pénible [penibl] *adj* **1.** *(travail)* tough **2.** *(souvenir, sensation)* painful **3.** *(fam) (agaçant)* tiresome
péniche [peniʃ] *nf* barge
pénicilline [penisilin] *nf* penicillin
péninsule [penɛ̃syl] *nf* peninsula
pénis [penis] *nm* penis
pense-bête [pɑ̃sbɛt] (*pl* **-s**) *nm* reminder
pensée [pɑ̃se] *nf* **1.** thought **2.** *(esprit)* mind **3.** *(fleur)* pansy
penser [pɑ̃se] *vt & vi* to think • **qu'est-ce que tu en penses ?** what do you think (of it)? • **penser faire qqch** to plan to do sthg • **penser à** *(réfléchir à)* to think about ; *(se souvenir de)* to remember • **penser à faire qqch** to think of doing sthg
pensif, ive [pɑ̃sif, iv] *adj* thoughtful
pension [pɑ̃sjɔ̃] *nf* **1.** *(hôtel)* guest house **2.** *(allocation)* pension • **être en pension** *(élève)* to be at boarding school • **pension complète** full board • **pension de famille** family-run guest house
pensionnaire [pɑ̃sjɔnɛr] *nmf* **1.** *(élève)* boarder **2.** *(d'un hôtel)* resident ➤ **demi-pensionnaire**
pensionnat [pɑ̃sjɔna] *nm* boarding school
pente [pɑ̃t] *nf* slope • **en pente** sloping
Pentecôte [pɑ̃tkot] *nf* Whitsun
pénurie [penyri] *nf* shortage
pépé [pepe] *nm (fam)* grandad
pépin [pepɛ̃] *nm* **1.** pip **2.** *(fam) (ennui)* hitch
perçant, e [pɛrsɑ̃, ɑ̃t] *adj* **1.** *(cri)* piercing **2.** *(vue)* sharp
percepteur [pɛrsɛptœr] *nm* tax collector
perceptible [pɛrsɛptibl] *adj* perceptible
percer [pɛrse] *vt* **1.** to pierce **2.** *(avec une perceuse)* to drill a hole in **3.** *(trou, ouverture)* to make **4.** *(réussir)* to make it ◇ *vi (dent)* to come through
perceuse [pɛrsøz] *nf* drill
percevoir [pɛrsəvwar] *vt* **1.** to perceive **2.** *(argent)* to receive
perche [pɛrʃ] *nf (tige)* pole
percher [pɛʃe] ◆ **se percher** *vp* to perch
perchoir [pɛrʃwar] *nm* perch
perçu, e [pɛrsy] *pp* ➤ **percevoir**
percussions [pɛrkysjɔ̃] *nfpl* percussion *sg*
percutant, e [pɛrkytɑ̃, ɑ̃t] *adj (argument)* powerful
percuter [pɛrkyte] *vt* to crash into
perdant, e [pɛrdɑ̃, ɑ̃t] *nm, f* loser
perdre [pɛrdr] *vt* **1.** to lose **2.** *(temps)* to waste ◇ *vi* to lose • **perdre qqn de vue** *(ne plus voir)* to lose sight of sb ; *(ne plus avoir de nouvelles)* to lose touch with sb ◆ **se perdre** *vp* to get lost
perdreau [pɛrdro] (*pl* **-x**) *nm* young partridge
perdrix [pɛrdri] *nf* partridge
perdu, e [pɛrdy] *adj* **1.** *(village, coin)* out-of-the-way **2.** *(isolé)* remote
père [pɛr] *nm* father • **le père Noël** Father Christmas, Santa Claus
perfection [pɛrfɛksjɔ̃] *nf* perfection
perfectionné, e [pɛrfɛksjɔne] *adj* sophisticated
perfectionnement [pɛrfɛksjɔnmɑ̃] *nm* improvement

perfectionner [pɛrfɛksjɔne] *vt* to improve ◆ **se perfectionner** *vp* to improve
perforer [pɛrfɔre] *vt* to perforate
performance [pɛrfɔrmɑ̃s] *nf* performance ● **performances** *(d'un ordinateur, d'une voiture)* performance *sg*
perfusion [pɛrfyzjɔ̃] *nf* ● **être sous perfusion** to be on a drip
péril [peril] *nm* peril ● **en péril** in danger
périlleux, **euse** [perijø, øz] *adj* perilous
périmé, **e** [perime] *adj* out-of-date
périmètre [perimɛtr] *nm* perimeter
période [perjɔd] *nf* period
périodique [perjɔdik] *adj* periodic ◇ *nm* periodical
péripéties [peripesi] *nfpl* events
périphérique [periferik] *adj (quartier)* outlying ◇ *nm INFORM* peripheral ● **le (boulevard) périphérique** the Paris ring road (*UK*), the Paris beltway (*US*) ● **périphérique de sortie** *INFORM* output device
périr [perir] *vi* (*sout*) to perish
périssable [perisabl] *adj* perishable
perle [pɛrl] *nf* pearl
permanence [pɛrmanɑ̃s] *nf* **1.** *(bureau)* office **2.** *SCOL* free period ● **de permanence** on duty ● **en permanence** permanently
permanent, **e** [pɛrmanɑ̃, ɑ̃t] *adj* permanent
permanente [pɛrmanɑ̃t] *nf* perm
perméable [pɛrmeabl] *adj* permeable
permettre [pɛrmɛtr] *vt* to allow ● **permettre à qqn de faire qqch** to allow sb to do sthg ◆ **se permettre** *vp* ● **se permettre de faire qqch** to take the liberty of doing sthg ● **pouvoir se permettre qqch** *(financièrement)* to be able to afford sthg
permis, **e** [pɛrmi, iz] *pp* ➤ **permettre** ◇ *nm* licence ● **il n'est pas permis de fumer** smoking is not permitted ● **permis de conduire** driving licence (*UK*), driver's license (*US*) ● **permis de pêche** fishing permit
permission [pɛrmisjɔ̃] *nf* **1.** permission **2.** *MIL* leave ● **demander la permission de faire qqch** to ask permission to do sthg
perpendiculaire [pɛrpɑ̃dikylɛr] *adj* perpendicular
perpétuel, **elle** [pɛrpetɥɛl] *adj* perpetual
perplexe [pɛrplɛks] *adj* perplexed
perron [pɛrɔ̃] *nm* steps *pl (leading to building)*
perroquet [pɛrɔkɛ] *nm* parrot
perruche [peryʃ] *nf* budgerigar
perruque [peryk] *nf* wig
persécuter [pɛrsekyte] *vt* to persecute
persécution [pɛrsekysjɔ̃] *nf* persecution
persévérant, **e** [pɛrseverɑ̃, ɑ̃t] *adj* persistent
persévérer [pɛrsevere] *vi* to persevere
persienne [pɛrsjɛn] *nf* shutter
persil [pɛrsi] *nm* parsley
persillé, **e** [pɛrsije] *adj* sprinkled with chopped parsley
persistant, **e** [pɛrsistɑ̃, ɑ̃t] *adj* persistent
persister [pɛrsiste] *vi* to persist ● **persister à faire qqch** to persist in doing sthg
personnage [pɛrsɔnaʒ] *nm* **1.** character **2.** *(personnalité)* person
personnaliser [pɛrsɔnalize] *vt* **1.** to personalize **2.** *(voiture)* to customize

personnalité [pɛrsɔnalite] *nf* personality

personne [pɛrsɔn] *nf* person ◇ *pron* no one, nobody • **il n'y a personne** there is no one there • **je n'ai vu personne** I didn't see anyone • **en personne** in person • **par personne** per head • **personne âgée** elderly person

personnel, elle [pɛrsɔnɛl] *adj* personal ◇ *nm* staff

personnellement [pɛrsɔnɛlmɑ̃] *adv* personally

personnifier [pɛrsɔnifje] *vt* to personify

perspective [pɛrspɛktiv] *nf* **1.** perspective **2.** *(panorama)* view **3.** *(possibilité)* prospect

persuader [pɛrsɥade] *vt* to persuade • **persuader qqn de faire qqch** to persuade sb to do sthg

persuasif, ive [pɛrsɥazif, iv] *adj* persuasive

perte [pɛrt] *nf* **1.** loss **2.** *(gaspillage)* waste • **perte de temps** waste of time

perturbation [pɛrtyrbasjɔ̃] *nf* disturbance

perturber [pɛrtyrbe] *vt* **1.** *(plans, fête)* to disrupt **2.** *(troubler)* to disturb

pesant, e [pəsɑ̃, ɑ̃t] *adj* *(gros)* heavy

pesanteur [pəzɑ̃tœr] *nf* gravity

pèse-personne [pɛzpɛrsɔn] *nm inv* scales *pl*

peser [pəze] *vt & vi* to weigh • **peser lourd** to be heavy

pessimisme [pesimism] *nm* pessimism

pessimiste [pesimist] *adj* pessimistic ◇ *nmf* pessimist

peste [pɛst] *nf* plague

pester [pɛste] *vi* • **pester contre qqn/qqch** to curse sb/sthg

pétale [petal] *nm* petal

pétanque [petɑ̃k] *nf* ≃ bowls *sg*

pétard [petar] *nm* *(explosif)* firecracker

péter [pete] *vi* **1.** *(fam)* *(se casser)* to bust **2.** *(personne)* to fart

pétillant, e [petijɑ̃, ɑ̃t] *adj* sparkling

pétiller [petije] *vi* **1.** *(champagne)* to fizz **2.** *(yeux)* to sparkle

petit, e [p(ə)ti, it] *adj* **1.** small, little **2.** *(en durée)* short **3.** *(peu important)* small ◇ *nm, f* *(à l'école)* junior • **petit** *(d'un animal)* young • **petit ami** boyfriend • **petite amie** girlfriend • **petit déjeuner** breakfast • **petit pain** (bread) roll • **petit pois** (garden) pea • **petit pot** jar (of baby food) • **petit à petit** little by little

petit-beurre [p(ə)tibœr] (*pl* **petits-beurre**) *nm square dry biscuit made with butter*

petite-fille [p(ə)titfij] (*pl* **petites-filles**) *nf* granddaughter

petit-fils [p(ə)tifis] (*pl* **petits-fils**) *nm* grandson

petit-four [p(ə)tifur] (*pl* **petits-fours**) *nm* petit four *small sweet cake or savoury*

pétition [petisjɔ̃] *nf* petition

petits-enfants [p(ə)tizɑ̃fɑ̃] *nmpl* grandchildren

petit-suisse [p(ə)tisɥis] (*pl* **petits-suisses**) *nm thick fromage frais sold in small individual portions and eaten as a dessert*

pétrole [petrɔl] *nm* oil

pétrolier [petrɔlje] *nm* oil tanker

peu [pø] *adv*
1. *(avec un verbe)* not much ; *(avec un adjectif, un adverbe)* not very • **j'ai peu voyagé**

I haven't travelled much • **peu aimable** not very nice • **ils sont peu nombreux** there aren't many of them • **peu après** soon afterwards
2. *(avec un nom)* • **peu de** *(sel, temps)* not much, a little ; *(gens, vêtements)* not many, few
3. *(dans le temps)* • **avant peu** soon • **il y a peu** a short time ago
4. *(dans des expressions)* • **à peu près** about • **peu à peu** little by little
◇ *nm* • **un peu** a bit, a little • **un petit peu** a little bit • **un peu de** a little

peuple [pœpl] *nm* people

peupler [pœple] *vt* **1.** *(pays)* to populate **2.** *(rivière)* to stock **3.** *(habiter)* to inhabit

peuplier [pøplije] *nm* poplar

peur [pœr] *nf* fear • **avoir peur** to be afraid • **avoir peur de qqch** to be afraid of sthg • **avoir peur de faire qqch** to be afraid of doing sthg • **faire peur à qqn** to frighten sb

peureux, euse [pœrø, øz] *adj* timid

peut [pø] *3ᵉ pers. du sg de l'ind. prés.* ➤ **pouvoir**

peut-être [pøtɛtr] *adv* perhaps, maybe • **peut-être qu'il est parti** perhaps he's left

peux [pø] *1ʳᵉ et 2ᵉ pers. du sg de l'ind. prés.* ➤ **pouvoir**

phalange [falɑ̃ʒ] *nf* finger bone

pharaon [faraɔ̃] *nm* pharaoh

phare [far] *nm* **1.** *(de voiture)* headlight **2.** *(sur la côte)* lighthouse

pharmacie [farmasi] *nf* **1.** *(magasin)* chemist's (*UK*), drugstore (*US*) **2.** *(armoire)* medicine cabinet

pharmacien, enne [farmasjɛ̃, ɛn] *nm, f* chemist (*UK*), druggist (*US*)

phase [faz] *nf* phase

phénoménal, e, aux [fenɔmenal, o] *adj* phenomenal

phénomène [fenɔmɛn] *nm* phenomenon

philatélie [filateli] *nf* stamp-collecting

philosophe [filɔzɔf] *adj* philosophical ◇ *nmf* philosopher

philosophie [filɔzɔfi] *nf* philosophy

phonétique [fɔnetik] *adj* phonetic

phoque [fɔk] *nm* seal

photo [fɔto] *nf* **1.** photo **2.** *(art)* photography • **prendre qqn/qqch en photo** to take a photo of sb/sthg • **prendre une photo (de)** to take a photo (of)

photocopie [fɔtɔkɔpi] *nf* photocopy

photocopier [fɔtɔkɔpje] *vt* to photocopy

photocopieuse [fɔtɔkɔpjøz] *nf* photocopier

photographe [fɔtɔgraf] *nmf* **1.** *(artiste)* photographer **2.** *(commerçant) camera dealer and film developer*

photographie [fɔtɔgrafi] *nf* **1.** *(procédé, art)* photography **2.** *(image)* photograph

photographier [fɔtɔgrafje] *vt* to photograph

Photomaton® [fɔtɔmatɔ̃] *nm* photo booth

phrase [fraz] *nf* sentence

physionomie [fizjɔnɔmi] *nf (d'un visage)* physiognomy

physique [fizik] *adj* physical ◇ *nf* physics *sg* ◇ *nm (apparence)* physique

pianiste [pjanist] *nmf* pianist

piano [pjano] *nm* piano

pic [pik] *nm (montagne)* peak • **à pic** *(descendre)* vertically ; *(fig) (tomber, arriver)* at just the right moment • **couler à pic** to sink like a stone
pichet [piʃɛ] *nm* jug
pickpocket [pikpɔkɛt] *nm* pickpocket
picorer [pikɔre] *vt* to peck
picotement [pikɔtmɑ̃] *nm* prickling
picoter [pikɔte] *vt* to sting
pie [pi] *nf* magpie
pièce [pjɛs] *nf* **1.** *(argent)* coin **2.** *(salle)* room **3.** *(sur un vêtement)* patch **4.** *(morceau)* piece • **20 euros pièce** 20 euros each • **(maillot de bain) une pièce** one-piece (swimming costume) • **pièce d'identité** identity card • **pièce de monnaie** coin • **pièce montée** wedding cake • **pièce de rechange** spare part • **pièce (de théâtre)** play ▾ **pièces acceptées** coins accepted
pied [pje] *nm* foot • **à pied** on foot • **au pied de** at the foot of • **avoir pied** to be able to touch the bottom • **mettre sur pied** to get off the ground • **prendre son pied** *(fam)* to get one's kicks
piège [pjɛʒ] *nm* trap • **être pris au piège** to be trapped
piéger [pjeʒe] *vt* **1.** to trap **2.** *(voiture, valise)* to booby-trap
pierre [pjɛr] *nf* stone • **pierre précieuse** precious stone
piétiner [pjetine] *vt* to trample ◇ *vi (foule)* to mill around
piéton, onne [pjetɔ̃, ɔn] *nm, f* pedestrian ◇ *adj* = **piétonnier**
piétonnier, ère [pjetɔnje, ɛr] *adj* pedestrianized
pieu [pjø] *(pl* **-x***)* *nm* post
pieuvre [pjœvr] *nf* octopus
pigeon [piʒɔ̃] *nm* pigeon
pilaf [pilaf] *nm* ➤ **riz**
pile [pil] *nf* **1.** *(tas)* pile **2.** *(électrique)* battery ◇ *adv (arriver)* at just the right moment • **jouer qqch à pile ou face** to toss (up) for sthg • **pile ou face ?** heads or tails? • **s'arrêter pile** to stop dead • **trois heures pile** three o'clock on the dot
piler [pile] *vt* to crush ◇ *vi (fam) (freiner)* to brake hard
pilier [pilje] *nm* pillar
piller [pije] *vt* to loot
pilori [pilɔri] *nm* • **clouer qqn au pilori** to pillory sb
pilote [pilɔt] *nmf* **1.** *(d'avion)* pilot **2.** *(de voiture)* driver
piloter [pilɔte] *vt* **1.** *(avion)* to fly **2.** *(voiture)* to drive **3.** *(diriger)* to show around
pilotis [pilɔti] *nm* stilts *pl*
pilule [pilyl] *nf* pill • **prendre la pilule** to be on the pill
piment [pimɑ̃] *nm (condiment)* chilli • **piment doux** sweet pepper • **piment rouge** chilli (pepper)
pimenté, e [pimɑ̃te] *adj* spicy
pin [pɛ̃] *nm* pine
pin *nm INFORM* PIN
pince [pɛ̃s] *nf* **1.** *(outil)* pliers *pl* **2.** *(de crabe)* pincer **3.** *(de pantalon)* pleat • **pince à cheveux** hair clip • **pince à épiler** tweezers *pl* • **pince à linge** clothes peg
pinceau [pɛ̃so] *(pl* **-x***)* *nm* brush
pincée [pɛ̃se] *nf* pinch
pincer [pɛ̃se] *vt* **1.** *(serrer)* to pinch **2.** *(coincer)* to catch
pingouin [pɛ̃gwɛ̃] *nm* penguin
ping-pong [piŋpɔ̃g] *nm* table tennis

pin's [pins] *nm inv* badge
pintade [pɛ̃tad] *nf* guinea fowl
pinte [pɛ̃t] *nf* **1.** *(Helv) (café)* café **2.** *(de bière)* pint
pioche [pjɔʃ] *nf (outil)* pick
piocher [pjɔʃe] *vi (aux cartes, aux dominos)* to pick up
pion [pjɔ̃] *nm* **1.** *(aux échecs)* pawn **2.** *(aux dames)* piece
pionnier, ère [pjɔnje, ɛr] *nm, f* pioneer
pipe [pip] *nf* pipe
pipi [pipi] *nm (fam)* • **faire pipi** to have a wee
piquant, e [pikɑ̃, ɑ̃t] *adj (épicé)* spicy ◇ *nm (épine)* thorn
pique [pik] *nf (remarque)* spiteful remark ◇ *nm (aux cartes)* spades *pl*
pique-nique [piknik] *(pl* **-s***) nm* picnic
pique-niquer [piknike] *vi* to have a picnic
piquer [pike] *vt* **1.** *(suj: aiguille, pointe)* to prick **2.** *(suj: guêpe, ortie, fumée)* to sting **3.** *(suj: moustique)* to bite **4.** *(planter)* to stick ◇ *vi* **1.** *(insecte)* to sting **2.** *(épice)* to be hot
piquet [pikɛ] *nm* stake
piqueur [pikœr] *adj m* ➤ **marteau**
piqûre [pikyr] *nf* **1.** *(d'insecte)* sting **2.** *(de moustique)* bite **3.** *MÉD* injection
piratage [piratаʒ] *nm* **1.** *INFORM* hacking **2.** *(de vidéos, de cassettes)* pirating
pirate [pirat] *nm* pirate ◇ *adj (radio, cassette)* pirate • **pirate de l'air** hijacker
pirater [pirate] *vt* to pirate
pire [pir] *adj* **1.** *(comparatif)* worse **2.** *(superlatif)* worst ◇ *nm* • **le pire** the worst
pirouette [pirwɛt] *nf* pirouette
pis [pi] *nm (de vache)* udder
piscine [pisin] *nf* swimming pool
pissenlit [pisɑ̃li] *nm* dandelion
pisser [pise] *vi (vulg)* to piss
pistache [pistaʃ] *nf* pistachio (nut)
piste [pist] *nf* **1.** track, trail **2.** *(indice)* lead **3.** *(de cirque)* (circus) ring **4.** *(de ski)* run **5.** *(d'athlétisme)* track • **piste (d'atterrissage)** runway • **piste cyclable** cycle track ; *(sur la route)* cycle lane • **piste de danse** dance floor • **piste verte/bleue/rouge/noire** green/blue/red/black run *(in order of difficulty)*
pistolet [pistɔlɛ] *nm* gun
piston [pistɔ̃] *nm* **1.** *(de moteur)* piston **2.** *(aider)* • **donner un coup de piston à qqn** to pull strings for sb
pithiviers [pitivje] *nm puff pastry cake filled with almond cream*
pitié [pitje] *nf* pity • **avoir pitié de qqn** to feel pity for sb • **elle me fait pitié** I feel sorry for her
pitoyable [pitwajabl] *adj* pitiful
pitre [pitr] *nm* clown • **faire le pitre** to play the fool
pittoresque [pitɔrɛsk] *adj* picturesque
pivoter [pivɔte] *vi* **1.** *(personne)* to turn round **2.** *(fauteuil)* to swivel
pixel *nm* pixel
pixellisation [pikselizasjɔ̃] *nf* pixelation
pizza [pidza] *nf* pizza
pizzeria [pidzerja] *nf* pizzeria
placard [plakar] *nm* cupboard
placarder [plakarde] *vt (affiche)* to stick up
place [plas] *nf* **1.** *(endroit, dans un classement)* place **2.** *(de parking)* space **3.** *(siège)* seat **4.** *(d'une ville)* square **5.** *(espace)* room, space **6.** *(emploi)* job • **changer**

qqch de place to move sthg • **à la place de** instead of • **sur place** on the spot • **place assise** seat • **place debout** *(au concert)* standing ticket

placement [plasmɑ̃] *nm (financier)* investment

placer [plase] *vt* **1.** to place **2.** *(argent)* to invest ◆ **se placer** *vp* **1.** *(se mettre debout)* to stand **2.** *(s'asseoir)* to sit (down) **3.** *(se classer)* to come

plafond [plafɔ̃] *nm* ceiling

plafonnier [plafɔnje] *nm* ceiling light

plage [plaʒ] *nf* **1.** beach **2.** *(de CD)* track • **plage arrière** back shelf

plaie [plɛ] *nf* **1.** *(blessure)* wound **2.** *(personne ennuyeuse)* pain **3.** *(Bible)* plague

plaindre [plɛ̃dr] *vt* to feel sorry for ◆ **se plaindre** *vp* to complain • **se plaindre de** to complain about

plaine [plɛn] *nf* plain

plaint, e [plɛ̃, plɛ̃t] *pp* ➤ **plaindre**

plainte [plɛ̃t] *nf* **1.** *(gémissement)* moan **2.** *(en justice)* complaint • **porter plainte** to lodge a complaint

plaintif, ive [plɛ̃tif, iv] *adj* plaintive

plaire [plɛr] *vi* • **elle me plaît** I like her • **le film m'a beaucoup plu** I enjoyed the film a lot • **s'il vous/te plaît** please ◆ **se plaire** *vp* • **tu te plais ici ?** do you like it here?

plaisance [plɛzɑ̃s] *nf* ➤ **navigation, port**

plaisanter [plɛzɑ̃te] *vi* to joke

plaisanterie [plɛzɑ̃tri] *nf* joke

plaisir [plezir] *nm* pleasure • **votre lettre m'a fait très plaisir** I was delighted to receive your letter • **avec plaisir !** with pleasure!

plan [plɑ̃] *nm* **1.** plan **2.** *(carte)* map **3.** *(niveau)* level • **au premier/second plan** in the foreground/background • **gros plan** close-up • **plan d'eau** lake ▼ **plan du quartier** map of the district

planche [plɑ̃ʃ] *nf* plank • **faire la planche** to float • **planche à roulettes** skateboard • **planche à voile** sailboard • **faire de la planche à voile** to windsurf

plancher [plɑ̃ʃe] *nm* floor

planer [plane] *vi* to glide

planète [planɛt] *nf* planet

planeur [planœr] *nm* glider

planifier [planifje] *vt* to plan

planning [planiŋ] *nm* schedule

plantage [plɑ̃taʒ] *nm* crash

plantation [plɑ̃tasjɔ̃] *nf (exploitation agricole)* plantation • **plantations** *(plantes)* plants

plante [plɑ̃t] *nf* plant • **plante du pied** sole (of the foot) • **plante grasse** succulent (plant) • **plante verte** houseplant

planter [plɑ̃te] *vt* **1.** *(graines)* to plant **2.** *(enfoncer)* to drive in **3.** *INFORM* to crash

plaque [plak] *nf* **1.** sheet **2.** *(de chocolat)* bar **3.** *(de beurre)* pack **4.** *(sur un mur)* plaque **5.** *(tache)* patch • **plaque chauffante** hotplate • **plaque d'immatriculation** OU **minéralogique** numberplate *(UK)*, license plate *(US)*

plaqué, e [plake] *adj* • **plaqué or/argent** gold/silver-plated

plaquer [plake] *vt* **1.** *(aplatir)* to flatten **2.** *(au rugby)* to tackle

plaquette [plakɛt] *nf* **1.** *(de beurre)* pack **2.** *(de chocolat)* bar • **plaquette de frein** brake pad

plasma [plasma] *nm* • **écran (à) plasma** plasma screen

plastifié, e [plastifje] *adj* plastic-coated

plastique [plastik] *nm* plastic • **sac en plastique** plastic bag

plat, e [pla, plat] *adj* **1.** flat **2.** *(eau)* still ◇ *nm* **1.** dish **2.** *(de menu)* course • **à plat** *(pneu, batterie)* flat ; *(fam) (fatigué)* exhausted • **se mettre à plat ventre** to lie face down • **plat cuisiné** ready-cooked dish • **plat du jour** dish of the day • **plat de résistance** main course

platane [platan] *nm* plane tree

plateau [plato] *(pl* **-x**) *nm* **1.** *(de cuisine)* tray **2.** *(plaine)* plateau **3.** *(de télévision, de cinéma)* set • **plateau à fromages** cheese board • **plateau de fromages** cheese board

plate-bande [platbɑ̃d] *(pl* **plates-bandes**) *nf* flowerbed

plate-forme [platfɔrm] *(pl* **plates-formes**) *nf* platform

platine [platin] *nf* • **platine cassette** cassette deck • **platine laser** compact disc player

plâtre [platr] *nm* **1.** plaster **2.** *MÉD* plaster cast

plâtrer [platre] *vt MÉD* to put in plaster

plausible [plozibl] *adj* plausible

plébiscite [plebisit] *nm (Helv) (référendum)* referendum

plein, e [plɛ̃, plɛn] *adj* full ◇ *nm* • **faire le plein (d'essence)** to fill up • **plein de** full of ; *(fam) (beaucoup de)* lots of • **en plein air** in the open air • **en pleine forme** in good form • **en pleine nuit** in the middle of the night • **en plein milieu** bang in the middle • **pleins phares** with full beams on *(UK)*, high beams *(US)*

pleurer [plœre] *vi* to cry

pleureur [plœrœr] *adj m* ➤ **saule**

pleurnicher [plœrniʃe] *vi* to whine

pleut [plø] *3e pers. du sg de l'ind. prés.* ➤ **pleuvoir**

pleuvoir [pløvwar] *vi (insultes, coups, bombes)* to rain down ◇ *v impers* • **il pleut** it's raining • **il pleut à verse** it's pouring (down)

Plexiglas® [plɛksiglas] *nm* Plexiglass®

pli [pli] *nm* **1.** *(d'un papier, d'une carte)* fold **2.** *(d'une jupe)* pleat **3.** *(d'un pantalon)* crease **4.** *(aux cartes)* trick • **(faux) pli** crease

pliant, e [plijɑ̃, ɑ̃t] *adj* folding ◇ *nm* folding chair

plier [plije] *vt* **1.** to fold **2.** *(lit, tente)* to fold up **3.** *(courber)* to bend ◇ *vi (se courber)* to bend

plinthe [plɛ̃t] *nf (en bois)* skirting board

plissé, e [plise] *adj (jupe)* pleated

plisser [plise] *vt* **1.** *(papier)* to fold **2.** *(tissu)* to pleat **3.** *(yeux)* to screw up

plomb [plɔ̃] *nm* **1.** *(matière)* lead **2.** *(fusible)* fuse **3.** *(de pêche)* sinker **4.** *(de chasse)* shot

plombage [plɔ̃baʒ] *nm (d'une dent)* filling

plomberie [plɔ̃bri] *nf* plumbing

plombier [plɔ̃bje] *nm* plumber

plombières [plɔ̃bjɛr] *nf* tutti-frutti ice cream

plongeant, e [plɔ̃ʒɑ̃, ɑ̃t] *adj* **1.** *(décolleté)* plunging **2.** *(vue)* from above

plongée [plɔ̃ʒe] *nf* diving • **plongée sous-marine** scuba diving

plongeoir [plɔ̃ʒwar] *nm* diving board

plongeon [plɔ̃ʒɔ̃] *nm* dive

plonger [plɔ̃ʒe] *vi* to dive ◇ *vt* to plunge ◆ **se plonger dans** *vp + prep (activité)* to immerse o.s. in

plongeur, euse [plɔ̃ʒœr, øz] *nm, f (sous-marin)* diver

plu [ply] *pp* ➤ **plaire, pleuvoir**

plug-in [plœgin] *nm INFORM* plug-in

pluie [plɥi] *nf* rain

plumage [plymaʒ] *nm* plumage

plume [plym] *nf* **1.** feather **2.** *(pour écrire)* nib

plupart [plypar] *nf* • **la plupart (de)** most (of) • **la plupart du temps** most of the time

pluriel [plyrjel] *nm* plural

plus [ply(s)] *adv*

1. *(pour comparer)* more • **plus intéressant (que)** more interesting (than) • **plus souvent (que)** more often (than) • **plus court (que)** shorter (than)

2. *(superlatif)* • **c'est ce qui me plaît le plus ici** it's what I like best about this place • **l'hôtel le plus confortable où nous ayons logé** the most comfortable hotel we've stayed in • **le plus souvent** *(d'habitude)* usually • **le plus vite possible** as quickly as possible

3. *(davantage)* more • **je ne veux pas dépenser plus** I don't want to spend any more • **plus de** *(encore de)* more ; *(au-delà de)* more than

4. *(avec "ne")* • **il ne vient plus me voir** he doesn't come to see me any more, he no longer comes to see me • **je n'en veux plus, merci** I don't want any more, thank you

5. *(dans des expressions)* • **de** ou **en plus** *(d'autre part)* what's more • **trois de** ou **en plus** three more • **il a deux ans de plus que moi** he's two years older than me • **de plus en plus (de)** more and more • **en plus de** in addition to • **plus ou moins** more or less • **plus tu y penseras, pire ce sera** the more you think about it, the worse

◇ *prép* plus

plusieurs [plyzjœr] *adj & pron* several

plus-que-parfait [plyskəparfɛ] *nm GRAMM* pluperfect

plutôt [plyto] *adv* rather • **allons plutôt à la plage** let's go to the beach instead • **plutôt que (de) faire qqch** rather than do ou doing sthg

pluvieux, euse [plyvjø, øz] *adj* rainy

PMU *nm* **1.** *system for betting on horses* **2.** *(bar)* ≃ betting shop

PMU

This abbreviation of *Pari Mutuel Urbain* is the name by which the French betting authority in charge of horseracing is known. You can place bets at any of the 8,000 *Points PMU* or counters in bars, or by telephone, Minitel, or over the Internet.

pneu [pnø] *nm* tyre

pneumatique [pnømatik] *adj* ➤ **canot ;** ➤ **matelas**

pneumonie [pnømɔni] *nf* pneumonia

PO (*abr écrite de petites ondes*) MW *(medium wave)*

poche [pɔʃ] *nf* pocket • **de poche** *(livre, lampe)* pocket

poché, e [pɔʃe] *adj* • **avoir un œil poché** to have a black eye

pocher [pɔʃe] *vt CULIN* to poach

pochette [pɔʃɛt] *nf* **1.** *(de rangement)* wallet **2.** *(sac à main)* clutch bag **3.** *(mouchoir)* (pocket) handkerchief

podium [pɔdjɔm] *nm* podium

[1]**poêle** [pwal] *nm* stove • **poêle à mazout** oil-fired stove

[2]**poêle** [pwal] *nf* • **poêle (à frire)** frying pan

poème [pɔɛm] *nm* poem

poésie [pɔezi] *nf* **1.** *(art)* poetry **2.** *(poème)* poem

poète [pɔɛt] *nm* poet

poétique [pɔetik] *adj* poetic

poids [pwa] *nm* weight • **lancer le poids** *SPORT* to put the shot • **perdre/prendre du poids** to lose/put on weight • **poids lourd** *(camion)* heavy goods vehicle

poignard [pwaɲar] *nm* dagger

poignarder [pwaɲarde] *vt* to stab

poignée [pwaɲe] *nf* **1.** *(de porte, de valise)* handle **2.** *(de sable, de bonbons)* handful • **une poignée de** *(très peu de)* a handful of • **poignée de main** handshake

poignet [pwaɲɛ] *nm* **1.** wrist **2.** *(de vêtement)* cuff

poil [pwal] *nm* **1.** hair **2.** *(de pinceau, de brosse à dents)* bristle • **à poil** *(fam)* stark naked • **au poil** *(fam) (excellent)* great

poilu, e [pwaly] *adj* hairy

poinçonner [pwɛ̃sɔne] *vt* *(ticket)* to punch

poing [pwɛ̃] *nm* fist

point [pwɛ̃] *nm* **1.** *(petite tache)* dot, spot **2.** *(de ponctuation)* full stop *(UK)*, period *(US)* **3.** *(problème, dans une note, un score)* point **4.** *(de couture, de tricot)* stitch • **point de côté** stitch • **point de départ** starting point • **point d'exclamation** exclamation mark • **point faible** weak point • **point final** full stop *(UK)*, period *(US)* • **point d'interrogation** question mark • **(au) point mort** *AUTO* (in) neutral • **point de repère** *(concret)* landmark • **points cardinaux** points of the compass • **points de suspension** suspension points • **points (de suture)** stitches • **à point** *(steak)* medium • **au point** *(méthode)* perfected • **au point** ou **à tel point que** to such an extent that • **être sur le point de faire qqch** to be on the point of doing sthg ▼ **point rencontre** meeting point

point de vue [pwɛ̃dvy] (*pl* **points de vue**) *nm* **1.** *(endroit)* viewpoint **2.** *(opinion)* point of view

pointe [pwɛ̃t] *nf* **1.** *(extrémité)* point, tip **2.** *(clou)* panel pin • **sur la pointe des pieds** on tiptoe • **de pointe** *(technique)* state-of-the-art • **en pointe** *(tailler)* to a point ♦ **pointes** *nfpl* *(chaussons)* points

pointer [pwɛ̃te] *vt* *(diriger)* to point ◇ *vi* **1.** *(à l'entrée)* to clock in **2.** *(à la sortie)* to clock out

pointeur [pwɛ̃tœʀ] *nm* • **pointeur de la souris** mouse pointer

pointillé [pwɛ̃tije] *nm* **1.** *(ligne)* dotted line **2.** *(perforations)* perforated line

pointu, e [pwɛ̃ty] *adj* pointed

pointure [pwɛ̃tyr] *nf* (shoe) size

point-virgule [pwɛ̃virgyl] (*pl* **points-virgules**) *nm* semicolon
poire [pwar] *nf* pear • **poire Belle-Hélène** *pear served on vanilla ice cream and covered with chocolate sauce*
poireau [pwaro] (*pl* **-x**) *nm* leek
poirier [pwarje] *nm* pear tree
pois [pwa] *nm (rond)* spot • **à pois** spotted • **pois chiche** chickpea
poison [pwazɔ̃] *nm* poison
poisseux, euse [pwasø, øz] *adj* sticky
poisson [pwasɔ̃] *nm* fish • **poisson d'avril !** April Fool! • **faire un poisson d'avril à qqn** to play an April Fool's trick on sb • **poissons du lac** (*Helv*) *fish caught in Lake Geneva* • **poisson rouge** goldfish ▾ **plateau de poisson cru** raw fish platter ◆ **Poissons** *nmpl* Pisces *sg*
poissonnerie [pwasɔnri] *nf* fishmonger's (shop)
poissonnier, ère [pwasɔnje, ɛr] *nm, f* fishmonger
poitrine [pwatrin] *nf* **1.** *(buste)* chest **2.** *(seins)* bust **3.** *(de porc)* belly
poivre [pwavr] *nm* pepper
poivré, e [pwavre] *adj* peppery
poivrier [pwavrije] *nm (sur la table)* pepper pot
poivrière [pwavrijɛr] *nf* = **poivrier**
poivron [pwavrɔ̃] *nm* pepper
poivrot, e [pwavro] *nm, f* (*fam*) drunk
poker [pɔkɛr] *nm* poker
polaire [pɔlɛr] *adj* polar
Polaroid® [pɔlarɔid] *nm* Polaroid®
pôle [pol] *nm (géographique)* pole • **pôle Nord/Sud** North/South Pole
poli, e [pɔli] *adj* **1.** polite **2.** *(verre, bois)* polished
police [pɔlis] *nf* **1.** police *pl* **2.** *(de caractère)* font • **police d'assurance** insurance policy • **police secours** *emergency call-out service provided by the police*
policier, ère [pɔlisje, ɛr] *adj* **1.** *(roman, film)* detective **2.** *(enquête)* police ◇ *nm* police officer
poliment [pɔlimɑ̃] *adv* politely
politesse [pɔlitɛs] *nf* politeness
politicien, enne [pɔlitisjɛ̃, ɛn] *nm, f* politician
politique [pɔlitik] *adj* political ◇ *nf* **1.** *(activité)* politics *sg* **2.** *(extérieure, commerciale,etc)* policy
pollen [pɔlɛn] *nm* pollen
pollué, e [pɔlɥe] *adj* polluted
pollution [pɔlysjɔ̃] *nf* pollution
polo [pɔlo] *nm (vêtement)* polo shirt
polochon [pɔlɔʃɔ̃] *nm* bolster
Pologne [pɔlɔɲ] *nf* • **la Pologne** Poland
polycopié [pɔlikɔpje] *nm* photocopied notes *pl*
polyester [pɔliɛstɛr] *nm* polyester
Polynésie [pɔlinezi] *nf* • **la Polynésie** Polynesia • **la Polynésie française** French Polynesia
polystyrène [pɔlistirɛn] *nm* polystyrene
polyvalent, e [pɔlivalɑ̃, ɑ̃t] *adj* **1.** *(salle)* multi-purpose **2.** *(employé)* versatile
pommade [pɔmad] *nf* ointment
pomme [pɔm] *nf* **1.** apple **2.** *(de douche)* head **3.** *(d'arrosoir)* rose • **tomber dans les pommes** (*fam*) to pass out • **pomme de pin** pine cone • **pommes dauphine** *mashed potato coated in batter and deep-fried* • **pommes noisettes** *fried potato balls*
pomme de terre [pɔmdətɛr] (*pl* **pommes de terre**) *nf* potato

pommette [pɔmɛt] *nf* cheekbone
pommier [pɔmje] *nm* apple tree
pompe [pɔ̃p] *nf* pump • **pompe à essence** petrol pump (*UK*), gas pump (*US*) • **pompe à vélo** bicycle pump • **pompes funèbres** funeral director's *sg* (*UK*), mortician's *sg* (*US*)
pomper [pɔ̃pe] *vt* to pump
pompier [pɔ̃pje] *nm* fireman (*UK*), firefighter (*US*)
pompiste [pɔ̃pist] *nmf* forecourt attendant
pompon [pɔ̃pɔ̃] *nm* pompom
poncer [pɔ̃se] *vt* to sand down
ponctualité [pɔ̃ktɥalite] *nf* punctuality
ponctuation [pɔ̃ktɥasjɔ̃] *nf* punctuation
ponctuel, elle [pɔ̃ktɥɛl] *adj* **1.** *(à l'heure)* punctual **2.** *(limité)* specific
pondre [pɔ̃dr] *vt* to lay
poney [pɔnɛ] *nm* pony
pont [pɔ̃] *nm* **1.** bridge **2.** *(de bateau)* deck • **faire le pont** *to have the day off between a national holiday and a weekend*
pont-levis [pɔ̃ləvi] (*pl* **ponts-levis**) *nm* drawbridge
ponton [pɔ̃tɔ̃] *nm* pontoon
pop [pɔp] *adj inv* & *nf* pop
pop-corn [pɔpkɔrn] *nm inv* popcorn
populaire [pɔpylɛr] *adj* **1.** *(quartier, milieu)* working-class **2.** *(apprécié)* popular
population [pɔpylasjɔ̃] *nf* population
porc [pɔr] *nm* **1.** pig **2.** *CULIN* pork
porcelaine [pɔrsəlɛn] *nf (matériau)* porcelain
porche [pɔrʃ] *nm* porch
pore [pɔr] *nm* pore
poreux, euse [pɔrø, øz] *adj* porous
pornographique [pɔrnɔgrafik] *adj* pornographic
port [pɔr] *nm* port • **port de pêche** fishing port • **port de plaisance** sailing harbour ▼ **port payé** postage paid • **port USB** *INFORM* USB port • **port parallèle** *INFORM* parallel port • **port série** *INFORM* serial port • **port jeux** *INFORM* game port
portable [pɔrtabl] *adj* portable ◇ *nm* **1.** *(téléphone)* mobile (*UK*), cell phone (*US*) **2.** *(ordinateur)* laptop
portail [pɔrtaj] *nm* gate
portail [pɔʀtaj] *nm* portal
portant, e [pɔrtɑ̃, ɑ̃t] *adj* • **être bien/mal portant** to be in good/poor health • **à bout portant** point-blank
portatif, ive [pɔrtatif, iv] *adj* portable
porte [pɔrt] *nf* **1.** door **2.** *(d'un jardin, d'une ville)* gate • **mettre qqn à la porte** to throw sb out • **porte (d'embarquement)** gate • **porte d'entrée** front door
porte-avions [pɔrtavjɔ̃] *nm inv* aircraft carrier
porte-bagages [pɔrtbagaʒ] *nm inv (de vélo)* bike rack
porte-bébé [pɔrtbebe] (*pl* **-s**) *nm (harnais)* baby sling
porte-bonheur [pɔrtbɔnœr] *nm inv* lucky charm
porte-clefs [pɔrtəkle] *nm* = **porte-clés**
porte-clés [pɔrtəkle] *nm inv* key ring
portée [pɔrte] *nf* **1.** *(d'un son, d'une arme)* range **2.** *(d'une femelle)* litter **3.** *MUS* stave • **à la portée de qqn** *(intellectuelle)* within sb's understanding • **à portée de (la) main** within reach • **à portée de voix** within earshot • **hors de portée** out of reach

porte-fenêtre [pɔrtfənɛtr] (*pl* **portes-fenêtres**) *nf* French window (*UK*), French door (*US*)
portefeuille [pɔrtəfœj] *nm* wallet
porte-jarretelles [pɔrtʒartɛl] *nm inv* suspender belt (*UK*), garter belt (*US*)
portemanteau [pɔrtmɑ̃to] (*pl* **-x**) *nm* **1.** *(au mur)* coat rack **2.** *(sur pied)* coat stand
porte-monnaie [pɔrtmɔnɛ] *nm inv* purse
porte-parole [pɔrtparɔl] *nm inv* spokesman (*f* spokeswoman)
porter [pɔrte] *vt* **1.** *(tenir)* to carry **2.** *(vêtement, lunettes)* to wear **3.** *(nom, date, responsabilité)* to bear **4.** *(apporter)* to take ◇ *vi* **1.** *(son)* to carry **2.** *(remarque, menace)* to hit home ● **porter bonheur/malheur à qqn** to bring sb good luck/bad luck ● **porter sur** *(discussion)* to be about ◆ **se porter** *vp* ● **se porter bien/mal** to be well/unwell
porte-savon [pɔrtsavɔ̃] (*pl* **-s**) *nm* soap dish
porte-serviette [pɔrtsɛrvjɛt] (*pl* **-s**) *nm* towel rail
porteur, euse [pɔrtœr, øz] *nm, f* **1.** *(de bagages)* porter **2.** *(d'une maladie)* carrier
portier [pɔrtje] *nm* doorman
portière [pɔrtjɛr] *nf* door
portillon [pɔrtijɔ̃] *nm* barrier ● **portillon automatique** *TRANSP* automatic barrier
portion [pɔrsjɔ̃] *nf* **1.** portion **2.** *(que l'on se sert soi-même)* helping
portique [pɔrtik] *nm* *(de balançoire)* frame
porto [pɔrto] *nm* port
portrait [pɔrtrɛ] *nm* portrait
portuaire [pɔrtɥɛr] *adj* ● **ville portuaire** port
portugais, e [pɔrtygɛ, ɛz] *adj* Portuguese ◇ *nm (langue)* Portuguese ◆ **Portugais, e** *nm, f* Portuguese (person)
Portugal [pɔrtygal] *nm* ● **le Portugal** Portugal
pose [poz] *nf* **1.** *(de moquette)* laying **2.** *(de vitre)* fitting **3.** *(attitude)* pose ● **prendre la pose** to assume a pose
posé, e [poze] *adj (calme)* composed
poser [poze] *vt* **1.** to put **2.** *(rideaux, tapisserie)* to hang **3.** *(vitre)* to fit **4.** *(moquette)* to lay **5.** *(question)* to ask **6.** *(problème)* to pose ◇ *vi (pour une photo)* to pose ◆ **se poser** *vp (oiseau, avion)* to land
positif, ive [pozitif, iv] *adj* positive
position [pozisjɔ̃] *nf* position
posologie [pozɔlɔʒi] *nf* dosage
posséder [pɔsede] *vt* **1.** to possess **2.** *(maison, voiture)* to own
possessif, ive [pɔsesif, iv] *adj* possessive
possibilité [pɔsibilite] *nf* possibility ● **avoir la possibilité de faire qqch** to have the chance to do sthg ◆ **possibilités** *nfpl* **1.** *(financières)* means **2.** *(intellectuelles)* potential *sg*
possible [pɔsibl] *adj* possible ◇ *nm* ● **faire son possible (pour faire qqch)** to do one's utmost (to do sthg) ● **le plus de vêtements possible** as many clothes as possible ● **le plus d'argent possible** as much money as possible ● **dès que possible, le plus tôt possible** as soon as possible ● **si possible** if possible
postal, e, aux [pɔstal, o] *adj* **1.** *(service)* postal (*UK*), mail (*US*) **2.** *(wagon)* mail

[1]**poste** [pɔst] *nm* 1. *(emploi)* post 2. *(de ligne téléphonique)* extension • **poste (de police)** police station • **poste de radio** radio • **poste de télévision** television (set)

[2]**poste** [pɔst] *nf* 1. *(administration)* post (*UK*), mail (*US*) 2. *(bureau)* post office • **poste restante** poste restante (*UK*), general delivery (*US*)

[1]**poster** [pɔste] *vt (lettre)* to post (*UK*), to mail (*US*)

[2]**poster** [pɔstɛr] *nm* poster

postérieur, e [pɔsterjœr] *adj* 1. *(dans le temps)* later 2. *(partie, membres)* rear ◇ *nm* posterior

postier, ère [pɔstje, ɛr] *nm, f* post-office worker

postillonner [pɔstijɔne] *vi* to splutter

post-scriptum [pɔstskriptɔm] *nm inv* postscript

posture [pɔstyr] *nf* posture

pot [po] *nm* 1. *(de yaourt, de peinture)* pot 2. *(de confiture)* jar • **pot d'échappement** exhaust (pipe) • **pot de fleurs** flowerpot • **pot à lait** milk jug ▾ **petit pot (bébé)** jar of baby food

potable [pɔtabl] *adj* ➤ **eau**

potage [pɔtaʒ] *nm* soup

potager [pɔtaʒe] *nm* • **(jardin) potager** vegetable garden

pot-au-feu [pɔtofø] *nm inv boiled beef and vegetables*

pot-de-vin [podvɛ̃] (*pl* **pots-de-vin**) *nm* bribe

poteau [pɔto] (*pl* **-x**) *nm* post • **poteau indicateur** signpost

potée [pɔte] *nf stew of meat, usually pork, and vegetables*

potentiel, elle [pɔtɑ̃sjɛl] *adj & nm* potential

poterie [pɔtri] *nf* 1. *(art)* pottery 2. *(objet)* piece of pottery

potiron [pɔtirɔ̃] *nm* pumpkin

pot-pourri [popuri] (*pl* **pots-pourris**) *nm* potpourri

pou [pu] (*pl* **-x**) *nm* louse

poubelle [pubɛl] *nf* dustbin (*UK*), trashcan (*US*) • **mettre qqch à la poubelle** to put sthg in the dustbin (*UK*), to put sthg in the trash (*US*)

pouce [pus] *nm* thumb

pouding [pudiŋ] *nm sweet cake made from bread and candied fruit* • **pouding de cochon** *French-Canadian dish of meatloaf made from chopped pork and pigs' livers*

poudre [pudr] *nf* powder • **en poudre** *(lait, amandes)* powdered • **chocolat en poudre** chocolate powder

poudreux, euse [pudrø, øz] *adj* powdery

pouf [puf] *nm* pouffe

pouffer [pufe] *vi* • **pouffer (de rire)** to titter

poulailler [pulaje] *nm* henhouse

poulain [pulɛ̃] *nm* foal

poule [pul] *nf* 1. hen 2. CULIN fowl • **poule au pot** *chicken and vegetable stew*

poulet [pulɛ] *nm* chicken • **poulet basquaise** *sauteed chicken in a rich tomato, pepper and garlic sauce*

poulie [puli] *nf* pulley

pouls [pu] *nm* pulse • **prendre le pouls à qqn** to take sb's pulse

poumon [pumɔ̃] *nm* lung

poupée [pupe] *nf* doll

pour [pur] *prép*

1. *(exprime le but, la destination)* for • **c'est pour vous** it's for you • **faire qqch pour l'argent** to do sthg for money • **le vol pour Londres** the flight for London • **partir pour** to leave for

2. *(afin de)* • **pour faire qqch** in order to do sthg • **pour que** so that

3. *(en raison de)* for • **pour avoir fait qqch** for doing sthg

4. *(exprime la durée)* for • **on en a encore pour deux heures** it'll take another two hours

5. *(somme)* • **je voudrais pour cinq euros de bonbons** I'd like five euros' worth of sweets

6. *(pour donner son avis)* • **pour moi** as far as I'm concerned

7. *(à la place de)* for • **signe pour moi** sign for me

8. *(en faveur de)* for • **être pour qqch** to be in favour of sthg • **je suis pour !** I'm all for it!

pourboire [purbwar] *nm* tip

pourboire

In France it is usual to tip in cafés and restaurants, even when service is included. Although it isn't compulsory, if you don't tip, you risk a dirty look from your waiter or waitress. You also generally tip taxi-drivers, porters, tour guides, hairdressers, beauticians, delivery people etc.

pourcentage [pursɑ̃taʒ] *nm* percentage

pourquoi [purkwa] *adv* why • **c'est pourquoi...** that's why... • **pourquoi pas ?** why not?

pourra *3ᵉ pers. de l'ind. fut.* ➤ **pouvoir**

pourrir [purir] *vi* to rot

pourriture [purityr] *nf (partie moisie)* rotten part

poursuite [pursɥit] *nf* chase • **se lancer à la poursuite de qqn** to set off after sb ◆ **poursuites** *nfpl (juridique)* proceedings

poursuivi, e [pursɥivi] *pp* ➤ **poursuivre**

poursuivre [pursɥivr] *vt* **1.** *(voleur)* to chase **2.** *(criminel)* to prosecute **3.** *(voisin)* to sue **4.** *(continuer)* to continue ◆ **se poursuivre** *vp* to continue

pourtant [purtɑ̃] *adv* yet

pourvu [purvy] ◆ **pourvu que** *conj* **1.** *(condition)* provided (that) **2.** *(souhait)* let's hope (that)

pousse-pousse [puspus] *nm inv* (*Helv*) *(poussette)* pushchair

pousser [puse] *vt* **1.** to push **2.** *(déplacer)* to move **3.** *(cri)* to give **4.** *(exagérer)* to go too far ◇ *vi* **1.** to push **2.** *(plante)* to grow • **pousser qqn à faire qqch** to urge sb to do sthg • **faire pousser** *(plante, légumes)* to grow ▼ **poussez** push ◆ **se pousser** *vp* to move up

poussette [pusɛt] *nf* pushchair

poussière [pusjɛr] *nf* dust

poussiéreux, euse [pusjerø, øz] *adj* dusty

poussin [pusɛ̃] *nm* chick

poutine [putin] *nf* (*Québec*) *fried potato topped with grated cheese and brown sauce*

poutre [putr] *nf* beam

pouvoir [puvwar] *nm (influence)* power ◇ *vt* **1.** *(être capable de)* can, to be able **2.** *(être autorisé à)* ● **vous ne pouvez pas stationner ici** you can't park here **3.** *(exprime la possibilité)* ● **il peut faire très froid ici** it can get very cold here ● **attention, tu pourrais te blesser** careful, you might hurt yourself ● **le pouvoir** *(politique)* power ● **les pouvoirs publics** the authorities ● **pourriez-vous... ?** could you...? ● **je n'en peux plus** *(je suis fatigué)* I'm exhausted ; *(j'ai trop mangé)* I'm full up ● **je n'y peux rien** there's nothing I can do about it ◆ **se pouvoir** *vp* ● **il se peut que le vol soit annulé** the flight may ou might be cancelled ● **ça se pourrait (bien)** it's (quite) possible

prairie [preri] *nf* meadow

praline [pralin] *nf* **1.** praline, sugared almond **2.** *(Belg) (chocolat)* chocolate

praliné, e [praline] *adj hazelnut- or almond-flavoured*

pratiquant, e [pratikɑ̃, ɑ̃t] *adj RELIG* practising

pratique [pratik] *adj* **1.** *(commode)* handy **2.** *(concret)* practical

pratiquement [pratikmɑ̃] *adv* practically

pratiquer [pratike] *vt* **1.** ● **pratiquer un sport** to do some sport ● **pratiquer le golf** to play golf **2.** *(religion)* to practise *(UK)*, to practice *(US)*

pré [pre] *nm* meadow

préau [preo] *(pl* **-x***) nm (de récréation)* (covered) play area

précaire [prekɛr] *adj* precarious

précaution [prekosjɔ̃] *nf* precaution ● **prendre des précautions** to take precautions ● **avec précaution** carefully

précédent, e [presedɑ̃, ɑ̃t] *adj* previous

précéder [presede] *vt* to precede

précieux, euse [presjø, øz] *adj* precious

précipice [presipis] *nm* precipice

précipitation [presipitasjɔ̃] *nf* haste ◆ **précipitations** *nfpl (pluie)* precipitation *sg*

précipiter [presipite] *vt* **1.** *(pousser)* to push **2.** *(allure)* to quicken **3.** *(départ)* to bring forward ◆ **se précipiter** *vp* **1.** *(tomber)* to throw o.s. **2.** *(se dépêcher)* to rush ● **se précipiter dans/vers** to rush into/towards ● **se précipiter sur qqn** to jump on sb

précis, e [presi, iz] *adj* **1.** *(clair, rigoureux)* precise **2.** *(exact)* accurate ● **à cinq heures précises** at five o'clock sharp

préciser [presize] *vt* **1.** *(déterminer)* to specify **2.** *(clarifier)* to clarify ◆ **se préciser** *vp* to become clear

précision [presizjɔ̃] *nf* **1.** accuracy **2.** *(explication)* detail

précoce [prekɔs] *adj* **1.** *(enfant)* precocious **2.** *(printemps)* early

prédécesseur [predesesœr] *nm* predecessor

prédiction [prediksjɔ̃] *nf* prediction

prédire [predir] *vt* to predict

prédit, e [predi, it] *pp* ➤ **prédire**

préfabriqué, e [prefabrike] *adj* prefabricated

préface [prefas] *nf* preface

préfecture [prefɛktyr] *nf town where a préfet's office is situated, and the office itself*

préféré, e [prefere] *adj & nm, f* favourite
préférence [preferɑ̃s] *nf* preference • **de préférence** preferably
préférer [prefere] *vt* to prefer • **préférer faire qqch** to prefer to do sthg • **je préférerais qu'elle s'en aille** I'd rather she left
préfet [prefɛ] *nm senior local government official*
préhistoire [preistwar] *nf* prehistory
préhistorique [preistɔrik] *adj* prehistoric
préjugé [preʒyʒe] *nm* prejudice
prélèvement [prelɛvmɑ̃] *nm* **1.** *(d'argent)* deduction **2.** *(de sang)* sample
prélever [preləve] *vt* **1.** *(somme, part)* to deduct **2.** *(sang)* to take
prématuré, e [prematyre] *adj* premature ◇ *nm, f* premature baby
prémédité, e [premedite] *adj* premeditated
premier, ère [prəmje, ɛr] *adj & nm, f* first • **en premier** first • **le premier de l'an** New Year's Day • **Premier ministre** Prime Minister • **le premier étage** first floor *(UK)*, second floor *(US)* • **le premier (arrondissement)** first arrondissement • **il est arrivé premier** he came first
première [prəmjɛr] *nf* **1.** *SCOL* ≃ lower sixth *(UK)* ≃ eleventh grade *(US)* **2.** *(vitesse)* first (gear) **3.** *TRANSP* first class • **voyager en première (classe)** to travel first class
premièrement [prəmjɛrmɑ̃] *adv* firstly
prenais *1re et 2e pers. de l'ind. imparfait* ➤ **prendre**
prendre [prɑ̃dr] *vt*
1. *(saisir, emporter, enlever)* to take • **prendre qqch à qqn** to take sthg from sb
2. *(passager, auto-stoppeur)* to pick up • **passer prendre qqn** to pick sb up
3. *(repas, boisson)* to have • **qu'est-ce que vous prendrez ?** *(à boire)* what would you like to drink? • **prendre un verre** to have a drink
4. *(utiliser)* to take • **quelle route dois-je prendre ?** which route should I take? • **prendre l'avion** to fly • **prendre le train** to take the train
5. *(attraper, surprendre)* to catch • **se faire prendre** to get caught
6. *(air, ton)* to put on
7. *(considérer)* • **prendre qqn pour** *(par erreur)* to mistake sb for ; *(sciemment)* to take sb for
8. *(notes, photo, mesures)* to take
9. *(poids)* to put on
10. *(dans des expressions)* • **qu'est-ce qui te prend ?** what's the matter with you?
◇ *vi*
1. *(sauce, ciment)* to set
2. *(feu)* to catch
3. *(se diriger)* • **prenez à droite** turn right
◆ **se prendre** *vp* • **pour qui tu te prends ?** who do you think you are? • **s'en prendre à qqn** *(en paroles)* to take it out on sb • **s'y prendre mal** to go about things the wrong way
prenne *1re et 3e pers. du subj. prés.* ➤ **prendre**
prénom [prenɔ̃] *nm* first name
préoccupé, e [preɔkype] *adj* preoccupied
préoccuper [preɔkype] *vt* to preoccupy
◆ **se préoccuper de** *vp + prep* to think about

préparatifs [preparatif] *nmpl* preparations

préparation [preparasjɔ̃] *nf* preparation

préparer [prepare] *vt* **1.** to prepare **2.** *(affaires)* to get ready **3.** *(départ, examen)* to prepare for ◆ **se préparer** *vp* **1.** to get ready **2.** *(s'annoncer)* to be imminent ● **se préparer à faire qqch** to be about to do sthg

préposition [prepozisjɔ̃] *nf* preposition

près [prɛ] *adv* ● **de près** closely ● **tout près** very close, very near ● **près de** near (to) ; *(presque)* nearly

prescrire [prɛskrir] *vt* to prescribe

prescrit, e [prɛskri, it] *pp & 3ᵉ pers. du sg de l'ind. prés.* ➤ **prescrire**

présence [prezɑ̃s] *nf* presence ● **en présence de** in the presence of

présent, e [prezɑ̃, ɑ̃t] *adj & nm* present ● **à présent (que)** now (that)

présentateur, trice [prezɑ̃tatœr, tris] *nm, f* presenter

présentation [prezɑ̃tasjɔ̃] *nf* presentation ◆ **présentations** *nfpl* ● **faire les présentations** to make the introductions

présenter [prezɑ̃te] *vt* **1.** to present **2.** *(montrer)* to show ● **présenter qqn à qqn** to introduce sb to sb ◆ **se présenter** *vp* **1.** *(occasion, difficulté)* to arise **2.** *(à un rendez-vous)* to present o.s. **3.** *(dire son nom)* to introduce o.s. ● **se présenter bien/mal** to look good/bad

préservatif [prezɛrvatif] *nm* condom

préservation [prezɛrvasjɔ̃] *nf* preservation

préserver [prezɛrve] *vt* to protect ● **préserver qqn/qqch de** to protect sb/sthg from

président, e [prezidɑ̃, ɑ̃t] *nm, f (d'une assemblée, d'une société)* chairman *(f* chairwoman) ● **le président de la République** the French President

présider [prezide] *vt (assemblée)* to chair

presque [prɛsk] *adv* almost ● **presque pas de** hardly any

presqu'île [prɛskil] *nf* peninsula

pressant, e [prɛsɑ̃, ɑ̃t] *adj* pressing

presse [prɛs] *nf (journaux)* press ● **la presse à sensation** the tabloids *pl*

pressé, e [prese] *adj* **1.** in a hurry **2.** *(urgent)* urgent **3.** *(citron, orange)* freshly squeezed ● **être pressé de faire qqch** to be in a hurry to do sthg

presse-citron [prɛssitrɔ̃] *nm inv* lemon squeezer

pressentiment [presɑ̃timɑ̃] *nm* premonition

presser [prese] *vt* **1.** *(fruit)* to squeeze **2.** *(bouton)* to press **3.** *(faire se dépêcher)* to rush ◇ *vi* ● **le temps presse** there isn't much time ● **rien ne presse** there's no rush ◆ **se presser** *vp* to hurry

pressing [presiŋ] *nm* dry cleaner's

pression [prɛsjɔ̃] *nf* **1.** pressure **2.** *(bouton)* press stud (*UK*), snap fastener (*US*) ● **(bière) pression** draught beer

prestidigitateur, trice [prɛstidiʒitatœr, tris] *nm, f* conjurer

prestige [prɛstiʒ] *nm* prestige

prêt, e [prɛ, prɛt] *adj* ready ◇ *nm* FIN loan ● **être prêt à faire qqch** to be ready to do sthg

prêt-à-porter [prɛtapɔrte] *nm* ready-to-wear clothing

prétendre [pretɑ̃dr] *vt* ● **prétendre que** to claim (that)

prétentieux, euse [pretɑ̃sjø, øz] *adj* pretentious
prétention [pretɑ̃sjɔ̃] *nf* pretentiousness
prêter [prete] *vt* to lend • **prêter qqch à qqn** to lend sb sthg • **prêter attention à** to pay attention to
prétexte [pretɛkst] *nm* pretext • **sous prétexte que** under the pretext that
prêtre [prɛtr] *nm* priest
preuve [prœv] *nf* proof, evidence • **faire preuve de** to show • **faire ses preuves** *(méthode)* to prove successful ; *(employé)* to prove one's worth
prévenir [prevnir] *vt* **1.** *(avertir)* to warn **2.** *(empêcher)* to prevent
préventif, ive [prevɑ̃tif, iv] *adj* preventive
prévention [prevɑ̃sjɔ̃] *nf* prevention • **prévention routière** road safety body
prévenu, e [prevny] *pp* ➤ **prévenir**
prévisible [previzibl] *adj* foreseeable
prévision [previzjɔ̃] *nf* forecast • **en prévision de** in anticipation of • **prévisions météo(rologiques)** weather forecast *sg*
prévoir [prevwar] *vt* **1.** *(anticiper)* to anticipate, to expect **2.** *(organiser, envisager)* to plan • **comme prévu** as planned
prévoyant, e [prevwajɑ̃, ɑ̃t] *adj* • **être prévoyant** to think ahead
prévu, e [prevy] *pp* ➤ **prévoir**
prier [prije] *vi* to pray ◇ *vt RELIG* to pray to • **prier qqn de faire qqch** to ask sb to do sthg • **je vous/t'en prie** *(ne vous gênez/te gêne pas)* please do ; *(de rien)* don't mention it • **les passagers sont priés de ne pas fumer** passengers are kindly requested not to smoke
prière [prijɛr] *nf RELIG* prayer ▼ **prière de ne pas fumer** you are requested not to smoke
primaire [primɛr] *adj* **1.** *SCOL* primary **2.** *(péj) (raisonnement, personne)* limited
prime [prim] *nf* **1.** *(d'assurance)* premium **2.** *(de salaire)* bonus • **en prime** *(avec un achat)* as a free gift
primeurs [primœr] *nfpl* early produce *sg*
primevère [primvɛr] *nf* primrose
primitif, ive [primitif, iv] *adj* primitive
prince [prɛ̃s] *nm* prince
princesse [prɛ̃sɛs] *nf* princess
principal, e, aux [prɛ̃sipal, o] *adj* main ◇ *nmf (d'un collège)* headmaster (*f* headmistress) • **le principal** *(l'essentiel)* the main thing
principalement [prɛ̃sipalmɑ̃] *adv* mainly
principe [prɛ̃sip] *nm* principle • **en principe** in principle
printemps [prɛ̃tɑ̃] *nm* spring
priori = **a priori**
prioritaire [prijɔritɛr] *adj* • **être prioritaire** *(urgent)* to be a priority ; *(sur la route)* to have right of way
priorité [prijɔrite] *nf* **1.** priority **2.** *(sur la route)* right of way • **priorité à droite** right of way to traffic coming from the right • **laisser la priorité** to give way (*UK*), to yield (*US*) ▼ **vous n'avez pas la priorité** (*UK*) give way ; (*US*) yield
pris, e [pri, iz] *pp* ➤ **prendre**
prise [priz] *nf* **1.** *(à la pêche)* catch **2.** *(point d'appui)* hold • **prise (de courant)** *(dans le mur)* socket ; *(fiche)* plug • **prise multiple** adapter • **prise de sang** blood test • **prise audio** *INFORM* audio socket

prison [prizɔ̃] *nf* prison • **en prison** in prison
prisonnier, ère [prizɔnje, ɛr] *nm, f* prisoner
privé, e [prive] *adj* private • **en privé** in private
priver [prive] *vt* • **priver qqn de qqch** to deprive sb of sthg ♦ **se priver** *vp* to deprive o.s. • **se priver de qqch** to go without sthg
privilège [privilɛʒ] *nm* privilege
privilégié, e [privileʒje] *adj* privileged
prix [pri] *nm* **1.** price **2.** *(récompense)* prize • **à tout prix** at all costs ▼ **prix des places** ticket prices
probable [prɔbabl] *adj* probable
probablement [prɔbabləmɑ̃] *adv* probably
problème [prɔblɛm] *nm* problem
procédé [prɔsede] *nm* process
procès [prɔsɛ] *nm* trial
procession [prɔsesjɔ̃] *nf* procession
processus [prɔsesys] *nm* process
procès-verbal [prɔsɛvɛrbal] (*pl* **-aux**) *nm (contravention)* ticket
prochain, e [prɔʃɛ̃, ɛn] *adj* next • **la semaine prochaine** next week
proche [prɔʃ] *adj* near • **être proche de** *(lieu, but)* to be near (to) ; *(personne, ami)* to be close to • **le Proche-Orient** the Near East
procuration [prɔkyrasjɔ̃] *nf* mandate • **voter par procuration** to vote by proxy • **donner procuration à qqn** to give sb power of attorney
procurer [prɔkyre] ♦ **se procurer** *vp (marchandise)* to obtain
prodigieux, euse [prɔdiʒjø, øz] *adj* incredible
producteur, trice [prɔdyktœr, tris] *nm, f* producer
production [prɔdyksjɔ̃] *nf* production
produire [prɔdɥir] *vt* to produce ♦ **se produire** *vp (avoir lieu)* to happen
produit, e [prɔdɥi, it] *pp* ➤ **produire** ◇ *nm* product • **produits de beauté** beauty products • **produits laitiers** dairy products
prof [prɔf] *nmf (fam)* teacher
professeur [prɔfesœr] *nm* teacher • **professeur d'anglais/de piano** English/piano teacher
profession [prɔfesjɔ̃] *nf* occupation
professionnel, elle [prɔfesjɔnɛl] *adj & nm, f* professional
profil [prɔfil] *nm* profile • **de profil** in profile
profit [prɔfi] *nm* **1.** *(avantage)* benefit **2.** *(d'une entreprise)* profit • **tirer profit de qqch** to benefit from sthg
profitable [prɔfitabl] **1.** *(rentable)* profitable **2.** *(utile)* beneficial
profiter [prɔfite] ♦ **profiter de** *v + prep* to take advantage of
profiterole [prɔfitrɔl] *nf* profiterole • **profiteroles au chocolat** (chocolate) profiteroles
profond, e [prɔfɔ̃, ɔ̃d] *adj* deep
profondeur [prɔfɔ̃dœr] *nf* depth • **à 10 mètres de profondeur** 10 metres deep
programmateur [prɔgramatœr] *nm (d'un lave-linge)* programme selector
programme [prɔgram] *nm* **1.** programme **2.** *SCOL* syllabus **3.** *INFORM* program

programmer [prɔgrame] *vt* **1.** *(projet, activité)* to plan **2.** *(magnétoscope, four)* to set **3.** *INFORM* to program
programmeur, euse [prɔgramœr, øz] *nm, f INFORM* computer programmer
progrès [prɔgrɛ] *nm* progress ● **être en progrès** to be making (good) progress ● **faire des progrès** to make progress
progresser [prɔgrese] *vi* to make progress
progressif, ive [prɔgresif, iv] *adj* progressive
progressivement [prɔgresivmɑ̃] *adv* progressively
proie [prwa] *nf* prey
projecteur [prɔʒɛktœr] *nm* **1.** *(lumière)* floodlight **2.** *(de films, de diapositives)* projector
projection [prɔʒɛksjɔ̃] *nf (de films, de diapositives)* projection
projectionniste [prɔʒɛksjɔnist] *nmf* projectionist
projet [prɔʒɛ] *nm* plan
projeter [prɔʒte] *vt* **1.** *(film, diapositives)* to project **2.** *(lancer)* to throw **3.** *(envisager)* to plan ● **projeter de faire qqch** to plan to do sthg
prolongation [prɔlɔ̃gasjɔ̃] *nf* extension ◆ **prolongations** *nfpl SPORT* extra time *sg*
prolongement [prɔlɔ̃ʒmɑ̃] *nm* extension ● **être dans le prolongement de** *(dans l'espace)* to be a continuation of
prolonger [prɔlɔ̃ʒe] *vt* **1.** *(séjour)* to prolong **2.** *(route)* to extend ◆ **se prolonger** *vp* to go on
promenade [prɔmnad] *nf* **1.** *(à pied)* walk **2.** *(en vélo)* ride **3.** *(en voiture)* drive **4.** *(lieu)* promenade ● **faire une promenade** *(à pied)* to go for a walk ; *(en vélo)* to go for a (bike) ride ; *(en voiture)* to go for a drive
promener [prɔmne] *vt* **1.** *(à pied)* to take out for a walk **2.** *(en voiture)* to take out for a drive ◆ **se promener** *vp* **1.** *(à pied)* to go for a walk **2.** *(en vélo)* to go for a ride **3.** *(en voiture)* to go for a drive
promesse [prɔmɛs] *nf* promise
promettre [prɔmɛtr] *vt* ● **promettre qqch à qqn** to promise sb sthg ● **promettre à qqn de faire qqch** to promise sb to do sthg ● **c'est promis** it's a promise
promis, e [prɔmi, iz] *pp* ➤ **promettre**
promotion [prɔmɔsjɔ̃] *nf* promotion ● **en promotion** *(article)* on special offer
pronom [prɔnɔ̃] *nm* pronoun
prononcer [prɔnɔ̃se] *vt* **1.** *(mot)* to pronounce **2.** *(discours)* to deliver ◆ **se prononcer** *vp* **1.** *(mot)* to be pronounced **2.** *(s'exprimer)* ● **se prononcer sur qqch** to give one's opinion on sthg
prononciation [prɔnɔ̃sjasjɔ̃] *nf* pronunciation
pronostic [prɔnɔstik] *nm* forecast
propagande [prɔpagɑ̃d] *nf* propaganda
propager [prɔpaʒe] *vt* to spread ◆ **se propager** *vp* to spread
prophétie [prɔfesi] *nf* prophecy
propice [prɔpis] *adj* favourable
proportion [prɔpɔrsjɔ̃] *nf* proportion
proportionnel, elle [prɔpɔrsjɔnɛl] *adj* ● **proportionnel à** proportional to
propos [prɔpo] *nmpl* **1.** words **2.** ● **tenir des propos inacceptables, intolérables** to say unacceptable, unconscionable things ◇ *nm* ● **à propos,...** by the way,... ● **à propos de** about

proposer [prɔpoze] *vt* **1.** *(offrir)* to offer **2.** *(suggérer)* to propose ● **proposer à qqn de faire qqch** to suggest doing sthg to sb

proposition [prɔpozisjɔ̃] *nf* proposal

propre [prɔpr] *adj* **1.** clean **2.** *(sens)* proper **3.** *(à soi)* own ● **avec ma propre voiture** in my own car

proprement [prɔprəmɑ̃] *adv (découper, travailler)* neatly

propreté [prɔprəte] *nf* cleanness

propriétaire [prɔprijetɛr] *nmf* owner

propriété [prɔprijete] *nf* property ◇ *nfpl* properties ▼ **propriété privée** private property

prose [proz] *nf* prose

prospectus [prɔspɛktys] *nm* (advertising) leaflet

prospère [prɔspɛr] *adj* prosperous

prostituée [prɔstitɥe] *nf* prostitute

protection [prɔtɛksjɔ̃] *nf* protection

protège-cahier [prɔtɛʒkaje] (*pl* **-s**) *nm* exercise book cover

protéger [prɔteʒe] *vt* to protect ● **protéger qqn de** ou **contre qqch** to protect sb from ou against sthg ◆ **se protéger de** *vp + prep* **1.** to protect o.s. from **2.** *(pluie)* to shelter from

protestant, **e** [prɔtɛstɑ̃, ɑ̃t] *adj & nm, f* Protestant

protester [prɔtɛste] *vi* to protest

prothèse [prɔtɛz] *nf* prosthesis

protocole [pʀɔtɔkɔl] *nm* protocol

prototype [prɔtɔtip] *nm* prototype

prouesse [pruɛs] *nf* feat

prouver [pruve] *vt* to prove

provenance [prɔvnɑ̃s] *nf* origin ● **en provenance de** *(vol, train)* from

provençal, **e**, **aux** [prɔvɑ̃sal, o] *adj* of Provence

Provence [prɔvɑ̃s] *nf* ● **la Provence** Provence *(region in the southeast of France)*

provenir [prɔvnir] ◆ **provenir de** *v + prep* to come from

proverbe [prɔvɛrb] *nm* proverb

provider provider

province [prɔvɛ̃s] *nf (région)* province ● **la province** *(hors Paris)* the provinces *pl*

provincial, **e**, **aux** [prɔvɛ̃sjal, o] *adj (hors Paris)* provincial ◇ *nm* ● **le provincial** (*Québec*) *provincial government*

proviseur [prɔvizœr] *nm* ≃ headteacher (*UK*) ≃ principal (*US*)

provision [prɔvizjɔ̃] *nf (réserve)* ● **provision de qqch** supply of sthg

provisions [prɔvizjɔ̃] *nfpl* provisions ● **faire ses provisions** to buy some food

provisoire [prɔvizwar] *adj* temporary

provocant, **e** [prɔvɔkɑ̃, ɑ̃t] *adj* provocative

provoquer [prɔvɔke] *vt* **1.** *(occasionner)* to cause **2.** *(défier)* to provoke

proximité [prɔksimite] *nf* ● **à proximité (de)** near

prudemment [prydamɑ̃] *adv* carefully

prudence [prydɑ̃s] *nf* care ● **avec prudence** carefully

prudent, **e** [prydɑ̃, ɑ̃t] *adj* careful

prune [pryn] *nf* plum

pruneau [pryno] (*pl* **-x**) *nm* prune

PS *nm* **1.** (*abr de post-scriptum*) PS *(postscript)* **2.** (*abr de parti socialiste*) *French party to the left of the political spectrum*

psychanalyste [psikanalist] *nmf* psychoanalyst
psychiatre [psikjatr] *nmf* psychiatrist
psychologie [psikɔlɔʒi] *nf* **1.** psychology **2.** *(tact)* tactfulness
psychologique [psikɔlɔʒik] *adj* psychological
psychologue [psikɔlɔg] *nmf* psychologist
pu [py] *pp* ➤ **pouvoir**
[1]**pub** [pœb] *nm* pub
[2]**pub** [pyb] *nf (fam)* advert
public, ique [pyblik] *adj* & *nm* public • **en public** in public
publication [pyblikasjɔ̃] *nf* publication
publicitaire [pyblisitɛr] *adj (campagne, affiche)* advertising
publicité [pyblisite] *nf* **1.** *(activité, technique)* advertising **2.** *(annonce)* advert
publier [pyblije] *vt* to publish
puce [pys] *nf* **1.** flea **2.** *INFORM* (silicon) chip • **mettre la puce à l'oreille de qqn** to get sb thinking
pudding [pudiŋ] *nm* = **pouding**
pudique [pydik] *adj* **1.** *(décent)* modest **2.** *(discret)* discreet
puer [pɥe] *vi* to stink ◇ *vt* to stink of
puériculteur, trice [pɥerikyltœr, tris] *nm, f* nursery nurse
puéril, e [pɥeril] *adj* childish
puis [pɥi] *adv* then
puisque [pɥiskə] *conj* since
puissance [pɥisɑ̃s] *nf* power
puissant, e [pɥisɑ̃, ɑ̃t] *adj* powerful
puisse *1re et 3e pers. du subj. prés.* ➤ **pouvoir**
puits [pɥi] *nm* well
pull(-over) [pyl(ɔvɛr)] *(pl* **-s***)* *nm* sweater, jumper
pulpe [pylp] *nf* pulp
pulsation [pylsasjɔ̃] *nf* beat
pulvérisateur [pylverizatœr] *nm* spray
pulvériser [pylverize] *vt* **1.** *(projeter)* to spray **2.** *(détruire)* to smash
punaise [pynɛz] *nf* **1.** *(insecte)* bug **2.** *(clou)* drawing pin (*UK*), thumbtack (*US*)
[1]**punch** [pɔ̃ʃ] *nm (boisson)* punch
[2]**punch** [pœnʃ] *nm (fam) (énergie)* oomph
punir [pynir] *vt* to punish
punition [pynisjɔ̃] *nf* punishment
pupille [pypij] *nf (de l'œil)* pupil
pupitre [pypitr] *nm* **1.** *(bureau)* desk **2.** *(à musique)* stand
pur, e [pyr] *adj* **1.** pure **2.** *(alcool)* neat
purée [pyre] *nf* puree • **purée (de pommes de terre)** mashed potatoes *pl*
pureté [pyrte] *nf* purity
purger [pyrʒe] *vt* **1.** *MÉD* to purge **2.** *(radiateur)* to bleed **3.** *(tuyau)* to drain **4.** *(peine de prison)* to serve
purifier [pyrifje] *vt* to purify
pur-sang [pyrsɑ̃] *nm inv* thoroughbred
pus [py] *nm* pus
puzzle [pœzl] *nm* jigsaw (puzzle)
PV *nm abr de* **procès-verbal**
PVC *nm* PVC
pyjama [piʒama] *nm* pyjamas *pl*
pylône [pilon] *nm* pylon
pyramide [piramid] *nf* pyramid
Pyrénées [pirene] *nfpl* • **les Pyrénées** the Pyrenees
Pyrex® [pirɛks] *nm* Pyrex®

qQ

QI *nm* (*abr de quotient intellectuel*) IQ *(intelligence quotient)*

quadrillé, e [kadrije] *adj (papier)* squared

quadruple [k(w)adrypl] *nm* • **le quadruple du prix normal** four times the normal price

quai [kɛ] *nm* **1.** *(de port)* quay **2.** *(de gare)* platform

qualification [kalifikasjɔ̃] *nf (sport, expérience)* qualification

qualifié, e [kalifje] *adj (personnel, ouvrier)* skilled

qualifier [kalifje] *vt* • **qualifier qqn/qqch de** to describe sb/sthg as ◆ **se qualifier** *vp (équipe, sportif)* to qualify

qualité [kalite] *nf* quality • **de qualité** quality

quand [kɑ̃] *adv & conj (au moment où)* when • **quand tu le verras** when you see him • **jusqu'à quand restez-vous ?** how long are you staying for? • **quand même** *(malgré tout)* all the same • **quand même !** *(exprime l'indignation)* really! ; *(enfin)* at last!

quant [kɑ̃] ◆ **quant à** *prép* as for

quantité [kɑ̃tite] *nf* quantity • **une quantité** ou **des quantités de** *(beaucoup de)* a lot ou lots of

quarantaine [karɑ̃tɛn] *nf (isolement)* quarantine • **une quarantaine (de)** about forty • **avoir la quarantaine** to be in one's forties

quarante [karɑ̃t] *num* forty

quarantième [karɑ̃tjɛm] *num* fortieth

quart [kar] *nm* quarter • **cinq heures et quart** quarter past five *(UK)*, quarter after five *(US)* • **cinq heures moins le quart** quarter to five *(UK)*, quarter of five *(US)* • **un quart d'heure** a quarter of an hour

quartier [kartje] *nm* **1.** *(de pomme)* piece **2.** *(d'orange)* segment **3.** *(d'une ville)* area, district

le Quartier Latin

This area of Paris on the Left Bank of the Seine is traditionally associated with students and artists. It contains many important historical buildings such as the Sorbonne university. It is also famous for being at the centre of the student protests of May 1968.

quartz [kwarts] *nm* quartz • **montre à quartz** quartz watch

quasiment [kazimɑ̃] *adv* almost

quatorze [katɔrz] *num* fourteen

quatorzième [katɔrzjɛm] *num* fourteenth

quatre [katr] *num* four • **monter les escaliers quatre à quatre** to run up the stairs • **à quatre pattes** on all fours • **il a quatre ans** he's four (years old) • **il est quatre heures** it's four o'clock • **le quatre janvier** the fourth of January • **page quatre** page four • **ils étaient quatre** there were four of them • **le quatre de**

pique the four of spades • **(au) quatre rue Lepic** at/to four, rue Lepic

quatre-quarts [katkar] *nm inv cake made with equal weights of flour, butter, sugar and eggs*

quatre-quatre [kat(rə)katr] *nm inv* four-wheel drive

quatre-vingt [katrəvɛ̃] *num* = **quatre-vingts**

quatre-vingt-dix [katrəvɛ̃dis] *num* ninety

quatre-vingt-dixième [katrəvɛ̃dizjɛm] *num* ninetieth

quatre-vingtième [katrəvɛ̃tjɛm] *num* eightieth

quatre-vingts [katrəvɛ̃] *num* eighty

quatrième [katrijɛm] *num* fourth ◇ *nf* **1.** *SCOL* ≃ third year (*UK*) ≃ ninth grade (*US*) **2.** *(vitesse)* fourth (gear) • **le quatrième étage** fourth floor (*UK*), fifth floor (*US*) • **le quatrième (arrondissement)** fourth arrondissement • **il est arrivé quatrième** he came fourth

que [kə] *conj*
1. *(introduit une subordonnée)* that • **voulez-vous que je ferme la fenêtre ?** would you like me to close the window? • **je sais que tu es là** I know (that) you're there
2. *(dans une comparaison)* ➤ **aussi, autant, même, moins, plus**
3. *(exprime l'hypothèse)* • **que nous partions aujourd'hui ou demain...** whether we leave today or tomorrow...
4. *(remplace une autre conjonction)* • **comme il pleut et que je n'ai pas de parapluie...** since it's raining and I haven't got an umbrella...
5. *(exprime une restriction)* • **ne... que** only • **je n'ai qu'une sœur** I've only got one sister
◇ *pron rel*
1. *(désigne une personne)* that • **la personne que vous voyez là-bas** the person (that) you can see over there
2. *(désigne une chose)* that, which • **le train que nous prenons part dans 10 minutes** the train (that) we're catching leaves in 10 minutes • **les livres qu'il m'a prêtés** the books (that) he lent me
◇ *pron interr* what • **qu'a-t-il dit ?, qu'est-ce qu'il a dit ?** what did he say? • **je ne sais plus que faire** I don't know what to do any more
◇ *adv (dans une exclamation)* • **que c'est beau !, qu'est-ce que c'est beau !** it's really beautiful!

Québec [kebɛk] *nm* • **le Québec** Quebec

québécois, e [kebekwa, az] *adj* of Quebec ◆ **Québécois, e** *nm, f* Quebecker

quel, quelle [kɛl] *adj*
1. *(interrogatif:personne)* which • **quels amis comptez-vous aller voir ?** which friends are you planning to go and see? • **quelle est la vendeuse qui vous a servi ?** which shop assistant served you?
2. *(interrogatif:chose)* which, what • **quelle heure est-il ?** what time is it? • **quel est ton vin préféré ?** what's your favourite wine?
3. *(exclamatif)* • **quel beau temps !** what beautiful weather! • **quel dommage !** what a shame!

4. *(avec "que")* • **tous les Français, quels qu'ils soient** all French people, whoever they may be • **quel que soit le temps** whatever the weather

◇ *pron interr* which • **quel est le plus intéressant des deux musées ?** which of the two museums is the most interesting?

quelconque [kɛlkɔ̃k] *adj* **1.** *(banal)* mediocre **2.** *(n'importe quel)* • **un chiffre quelconque** any number

quelque [kɛlk(ə)] *adj* **1.** *(un peu de)* some **2.** *(avec "que")* whatever • **dans quelque temps** in a while • **quelque route que je prenne** whatever route I take ◆ **quelques** *adj* **1.** *(plusieurs)* some, a few **2.** *(dans des expressions)* • **50 euros et quelque** just over 50 euros • **il est midi et quelques** it's just gone midday • **j'ai quelques lettres à écrire** I have some letters to write • **aurais-tu quelques pièces pour le téléphone ?** have you got any change for the phone?

quelque chose [kɛlkəʃoz] *pron* **1.** something **2.** *(dans les questions, les négations)* anything • **il y a quelque chose de bizarre** there's something funny

quelquefois [kɛlkəfwa] *adv* sometimes

quelque part [kɛlkəpar] *adv* **1.** somewhere **2.** *(dans les questions, les négations)* anywhere

quelques-uns, quelques-unes [kɛlkəzœ̃, kɛlkəzyn] *pron* some

quelqu'un [kɛlkœ̃] *pron* **1.** someone, somebody **2.** *(dans les questions, les négations)* anyone, anybody

qu'en-dira-t-on [kɑ̃diratɔ̃] *nm inv* • **le qu'en-dira-t-on** tittle-tattle

quenelle [kənɛl] *nf minced fish or chicken mixed with egg and shaped into rolls*

qu'est-ce que [kɛskə] *pron interr* = **que**

qu'est-ce qui [kɛski] *pron interr* ➤ **que**

question [kɛstjɔ̃] *nf* question • **l'affaire en question** the matter in question • **dans ce chapitre, il est question de...** this chapter deals with • **il est question de faire qqch** there's some talk of doing sthg • **(il n'en est) pas question !** (it's) out of the question! • **remettre qqch en question** to question sthg

questionnaire [kɛstjɔnɛr] *nm* questionnaire

questionner [kɛstjɔne] *vt* to question

quête [kɛt] *nf* **1.** *(d'argent)* collection **2.** *(recherche)* • **en quête de** in search of • **faire la quête** to collect money

quêter [kete] *vi* to collect money

quetsche [kwɛtʃ] *nf dark red plum*

queue [kø] *nf* **1.** tail **2.** *(d'un train, d'un peloton)* rear **3.** *(file d'attente)* queue *(UK)*, line *(US)* • **faire la queue** to queue *(UK)*, to stand in line *(US)* • **à la queue leu leu** in single file • **faire une queue de poisson à qqn** to cut sb up

queue-de-cheval [kødʃəval] *(pl* **queues-de-cheval***)* *nf* ponytail

qui [ki] *pron rel*

1. *(sujet: personne)* who • **les passagers qui doivent changer d'avion** passengers who have to change planes

2. *(sujet: chose)* which, that • **la route qui mène à Calais** the road which ou that goes to Calais

3. *(complément d'objet direct)* who • **tu vois qui je veux dire ?** do you see who I mean? • **invite qui tu veux** invite whoever you like
4. *(complément d'objet indirect)* who, whom • **la personne à qui j'ai parlé** the person to who ou whom I spoke
5. *(quiconque)* • **qui que ce soit** whoever it may be
6. *(dans des expressions)* • **qui plus est,...** what's more,...
◇ *pron interr*
1. *(sujet)* who • **qui êtes-vous ?** who are you? • **je voudrais savoir qui sera là** I would like to know who's going to be there
2. *(complément d'objet direct)* who • **qui cherchez-vous ?, qui est-ce que vous cherchez ?** who are you looking for? • **dites-moi qui vous cherchez** tell me who you are looking for
3. *(complément d'objet indirect)* who, whom • **à qui dois-je m'adresser ?** who should I speak to?

quiche [kiʃ] *nf* • **quiche lorraine** quiche (lorraine)

quiconque [kikɔ̃k] *pron* **1.** *(dans une phrase négative)* anyone, anybody **2.** *(celui qui)* anyone who

quille [kij] *nf* **1.** *(de jeu)* skittle **2.** *(d'un bateau)* keel

quincaillerie [kɛ̃kajri] *nf (boutique)* hardware shop

quinte [kɛ̃t] *nf* • **quinte de toux** coughing fit

quintuple [kɛ̃typl] *nm* • **le quintuple du prix normal** five times the normal price

quinzaine [kɛ̃zɛn] *nf (deux semaines)* fortnight • **une quinzaine (de)** *(environ quinze)* about fifteen

quinze [kɛ̃z] *num* fifteen

quinzième [kɛ̃zjɛm] *num* fifteenth

quiproquo [kiprɔko] *nm* misunderstanding

quittance [kitɑ̃s] *nf* receipt

quitte [kit] *adj* • **être quitte (envers qqn)** to be quits (with sb) • **restons un peu, quitte à rentrer en taxi** let's stay a bit longer, even if it means getting a taxi home

quitter [kite] *vt* to leave • **ne quittez pas** *(au téléphone)* hold the line ◆ **se quitter** *vp* to part

quoi [kwa] *pron interr*
1. *(employé seul)* • **c'est quoi ?** *(fam)* what is it? • **quoi de neuf ?** what's new? • **quoi ?** *(pour faire répéter)* what?
2. *(complément d'objet direct)* what • **je ne sais pas quoi dire** I don't know what to say
3. *(après une préposition)* what • **à quoi penses-tu ?** what are you thinking about? • **à quoi bon ?** what's the point?
4. *(dans des expressions)* • **tu viens ou quoi ?** *(fam)* are you coming or what? • **quoi que** whatever • **quoi qu'il en soit,...** be that as it may,...
◇ *pron rel (après une préposition)* • **ce à quoi je pense** what I'm thinking about • **avoir de quoi manger/vivre** to have enough to eat/live on • **avez-vous de quoi écrire ?** have you got something to write with? • **merci - il n'y a pas de quoi** thank you - don't mention it

quoique [kwakə] *conj* although
quotidien, enne [kɔtidjɛ̃, ɛn] *adj & nm* daily
quotient [kɔsjɑ̃] *nm* quotient • **quotient intellectuel** intelligence quotient

rR

rabâcher [rabaʃe] *vt* (*fam*) to go over (and over)
rabais [rabɛ] *nm* discount
rabaisser [rabɛse] *vt* to belittle
rabat [raba] *nm* flap
rabat-joie [rabajwa] *nm inv* killjoy
rabattre [rabatr] *vt* **1.** *(replier)* to turn down **2.** *(gibier)* to drive ◆ **se rabattre** *vp* *(automobiliste)* to cut in • **se rabattre sur** *(choisir)* to fall back on
rabbin [rabɛ̃] *nm* rabbi
rabot [rabo] *nm* plane
raboter [rabɔte] *vt* to plane
rabougri, e [rabugri] *adj* **1.** *(personne)* shrivelled **2.** *(végétation)* stunted
raccommoder [rakɔmɔde] *vt* to mend
raccompagner [rakɔ̃paɲe] *vt* to take home
raccord [rakɔr] *nm (de tuyau, de papier peint)* join
raccourci [rakursi] *nm* short cut • **raccourci clavier** keyboard shortcut
raccourcir [rakursir] *vt* to shorten ◇ *vi* *(jours)* to grow shorter
raccrocher [rakrɔʃe] *vt* **1.** *(remorque)* to hitch up again **2.** *(tableau)* to hang back up ◇ *vi* **1.** *(au téléphone)* to hang up **2.** *(fam) (abandonner)* to retire

Finir une conversation téléphonique

On achève couramment une conversation formelle par *Thanks for calling* (merci pour votre appel) et par *Speak to you soon* (à bientôt) en privé ou par *Lots of love* quand vous dites au revoir à vos amis ou proches.

race [ras] *nf* **1.** *(humaine)* race **2.** *(animale)* breed • **de race** *(chien)* pedigree ; *(cheval)* thoroughbred
racheter [raʃte] *vt (acheter plus de)* to buy more • **racheter qqch à qqn** *(d'occasion)* to buy sthg from sb
racial, e, aux [rasjal, o] *adj* racial
racine [rasin] *nf* root • **racine carrée** square root
racisme [rasism] *nm* racism
raciste [rasist] *adj* racist
racket [rakɛt] *nm* racketeering
racketter [rakɛte] *vt* to extort money from
racler [rakle] *vt* to scrape ◆ **se racler** *vp* • **se racler la gorge** to clear one's throat
raclette [raklɛt] *nf (plat) melted Swiss cheese served with jacket potatoes*
racontars [rakɔ̃tar] *nmpl (fam)* gossip *sg*
raconter [rakɔ̃te] *vt* to tell • **raconter qqch à qqn** to tell sb sthg • **raconter à qqn que** to tell sb that
radar [radar] *nm* radar
radeau [rado] *(pl -x)* *nm* raft
radiateur [radjatœr] *nm* radiator

radiations [radjasjɔ̃] *nfpl* radiation *sg*
radical, e, aux [radikal, o] *adj* radical ◇ *nm (d'un mot)* stem
radieux, euse [radjø, øz] *adj* **1.** *(soleil)* bright **2.** *(sourire)* radiant
radin, e [radɛ̃, in] *adj (fam)* stingy
radio [radjo] *nf* **1.** *(appareil)* radio **2.** *(station)* radio station **3.** *MÉD* X-ray ● **à la radio** on the radio
radioactif, ive [radjɔaktif, iv] *adj* radioactive
radiocassette [radjɔkasɛt] *nf* radio cassette player
radiographie [radjɔgrafi] *nf* X-ray
radiologue [radjɔlɔg] *nmf* radiologist
radio-réveil [radjɔrevɛj] (*pl* **radios-réveils**) *nm* radio alarm
radis [radi] *nm* radish
radoter [radɔte] *vi* to ramble
radoucir [radusir] ◆ **se radoucir** *vp (temps)* to get milder
rafale [rafal] *nf* **1.** *(de vent)* gust **2.** *(de coups de feu)* burst
raffermir [rafɛrmir] *vt (muscle, peau)* to tone
raffiné, e [rafine] *adj* refined
raffinement [rafinmɑ̃] *nm* refinement
raffinerie [rafinri] *nf* refinery
raffoler [rafɔle] ◆ **raffoler de** *v + prep* to be mad about
rafler [rafle] *vt (fam) (emporter)* to swipe
rafraîchir [rafrɛʃir] *vt* **1.** *(atmosphère, pièce)* to cool **2.** *(boisson)* to chill **3.** *(coiffure)* to trim ◆ **se rafraîchir** *vp* **1.** *(boire)* to have a drink **2.** *(temps)* to get cooler
rafraîchissant, e [rafrɛʃisɑ̃, ɑ̃t] *adj* refreshing
rafraîchissement [rafrɛʃismɑ̃] *nm (boisson)* cold drink
rage [raʒ] *nf* **1.** *(maladie)* rabies **2.** *(colère)* rage ● **rage de dents** toothache
ragots [rago] *nmpl (fam)* gossip *sg*
ragoût [ragu] *nm* stew
raide [rɛd] *adj* **1.** *(cheveux)* straight **2.** *(corde)* taut **3.** *(personne, démarche)* stiff **4.** *(pente)* steep ◇ *adv* ● **tomber raide mort** to drop dead
raidir [rɛdir] *vt (muscles)* to tense ◆ **se raidir** *vp* to stiffen
raie [rɛ] *nf* **1.** stripe **2.** *(dans les cheveux)* parting (*UK*), part (*US*) **3.** *(poisson)* skate
rails [raj] *nmpl* tracks
rainure [rɛnyr] *nf* groove
raisin [rɛzɛ̃] *nm* grapes ● **raisins secs** raisins
raison [rɛzɔ̃] *nf* **1.** reason **2.** *(maîtrise)* ● **avoir raison de qqn/ qqch** to get the better of sb/sthg ● **à raison de** at the rate of ● **avoir raison (de faire qqch)** to be right (to do sthg) ● **en raison de** owing to
raisonnable [rɛzɔnabl] *adj* reasonable
raisonnement [rɛzɔnmɑ̃] *nm* reasoning
raisonner [rɛzɔne] *vi* to think ◇ *vt (calmer)* to reason with
rajeunir [raʒœnir] *vi* **1.** *(paraître plus jeune)* to look younger **2.** *(se sentir plus jeune)* to feel younger ◇ *vt* ● **rajeunir qqn** *(vêtement)* to make sb look younger ; *(événement)* to make sb feel younger
rajouter [raʒute] *vt* to add
ralenti [ralɑ̃ti] *nm* **1.** *(d'un moteur)* idling speed **2.** *(au cinéma)* slow motion ● **tourner au ralenti** *(fonctionner)* to tick over ● **au ralenti** *(au cinéma)* in slow motion

ralentir [ralɑ̃tir] *vt & vi* to slow down
râler [rale] *vi (fam)* to moan
rallonge [ralɔ̃ʒ] *nf* **1.** *(de table)* leaf **2.** *(électrique)* extension (lead)
rallonger [ralɔ̃ʒe] *vt* to lengthen ◇ *vi (jours)* to get longer
rallumer [ralyme] *vt* **1.** *(lampe)* to switch on again **2.** *(feu, cigarette)* to relight
rallye [rali] *nm (course automobile)* rally
RAM [ram] *nf inv* RAM
ramadan [ramadɑ̃] *nm* Ramadan
ramassage [ramasaʒ] *nm* ● **ramassage scolaire** school bus service
ramasser [ramase] *vt* **1.** *(objet tombé)* to pick up **2.** *(fleurs, champignons)* to pick
rambarde [rɑ̃bard] *nf* guardrail
rame [ram] *nf* **1.** *(aviron)* oar **2.** *(de métro)* train
ramener [ramne] *vt* **1.** *(raccompagner)* to take home **2.** *(amener de nouveau)* to take back
ramequin [ramkɛ̃] *nm* ramekin (mould)
ramer [rame] *vi* **1.** *(sport)* to row **2.** *(fam)* to slog one's guts out
ramollir [ramɔlir] *vt* to soften ◆ **se ramollir** *vp* to soften
ramoner [ramɔne] *vt* to sweep
rampe [rɑ̃p] *nf* **1.** *(d'escalier)* banister **2.** *(d'accès)* ramp
ramper [rɑ̃pe] *vi* to crawl
rampon [rɑ̃pɔ̃] *nm (Helv)* lamb's lettuce
rance [rɑ̃s] *adj* rancid
ranch [rɑ̃tʃ] *(pl* **-s** OU **-es**) *nm* ranch
rançon [rɑ̃sɔ̃] *nf* ransom
rancune [rɑ̃kyn] *nf* spite ● **sans rancune !** no hard feelings!
rancunier, ère [rɑ̃kynje, ɛr] *adj* spiteful
randonnée [rɑ̃dɔne] *nf* **1.** *(à pied)* hike **2.** *(à vélo)* ride ● **faire de la randonnée (pédestre)** to go hiking
rang [rɑ̃] *nm* **1.** *(rangée)* row **2.** *(place)* place ● **se mettre en rangs** to line up
rangé, e [rɑ̃ʒe] *adj (chambre)* tidy
rangée [rɑ̃ʒe] *nf* row
rangement [rɑ̃ʒmɑ̃] *nm (placard)* storage unit ● **faire du rangement** to tidy up
ranger [rɑ̃ʒe] *vt* **1.** *(chambre)* to tidy (up) **2.** *(objets)* to put away ◆ **se ranger** *vp (en voiture)* to park
ranimer [ranime] *vt* **1.** *(blessé)* to revive **2.** *(feu)* to rekindle
rap [rap] *nm* rap
rapace [rapas] *nm* bird of prey
rapatrier [rapatrije] *vt* to send home
râpe [rap] *nf* **1.** grater **2.** *(Helv) (fam) (avare)* skinflint
râper [rape] *vt (aliment)* to grate
rapetisser [raptise] *vi* to shrink
râpeux, euse [rapø, øz] *adj* rough
raphia [rafja] *nm* raffia
rapide [rapid] *adj* **1.** *(cheval, pas, voiture)* fast **2.** *(décision, guérison)* quick
rapidement [rapidmɑ̃] *adv* quickly
rapidité [rapidite] *nf* speed
rapiécer [rapjese] *vt* to patch up
rappel [rapɛl] *nm (de paiement)* reminder ▼ **rappel** *sign reminding drivers of speed limit or other traffic restriction*
rappeler [raple] *vt* to call back ● **rappeler qqch à qqn** to remind sb of sthg ◆ **se rappeler** *vp* to remember
rapport [rapɔr] *nm* **1.** *(compte-rendu)* report **2.** *(point commun)* connection ● **par rapport à** in comparison to ◆ **rapports** *nmpl (relation)* relationship *sg*

rapporter [rapɔrte] *vt* **1.** *(rendre)* to take back **2.** *(ramener)* to bring back **3.** *(suj: investissement)* to yield **4.** *(suj: travail)* to bring in ◇ *vi (être avantageux)* to be lucrative ◆ **se rapporter à** *vp + prep* to relate to
rapporteur, euse [rapɔrtœr, øz] *nm, f* telltale ◇ *nm MATH* protractor
rapprocher [raprɔʃe] *vt* to bring closer ◆ **se rapprocher** *vp* to approach ● **se rapprocher de** to approach ; *(affectivement)* to get closer to
raquette [rakɛt] *nf* **1.** *(de tennis)* racket **2.** *(de ping-pong)* bat **3.** *(pour la neige)* snowshoe
rare [rar] *adj* rare
rarement [rarmɑ̃] *adv* rarely
ras, e [ra, raz] *adj* **1.** *(très court)* short **2.** *(verre, cuillère)* full ◇ *adv* ● **(à) ras** *(couper)* short ● **au ras de** just above ● **à ras bord** to the brim ● **en avoir ras le bol** *(fam)* to be fed up
raser [raze] *vt* **1.** *(barbe)* to shave off **2.** *(personne)* to shave **3.** *(frôler)* to hug ◆ **se raser** *vp* to shave
rasoir [razwar] *nm* razor ● **rasoir électrique** (electric) shaver
rassasié, e [rasazje] *adj* full (up)
rassembler [rasɑ̃ble] *vt* to gather ◆ **se rassembler** *vp* **1.** *(manifestants)* to gather **2.** *(famille)* to get together
rasseoir [raswar] ◆ **se rasseoir** *vp* to sit down again
rassis, e [rasi, iz] *pp* ➤ **rasseoir** ◇ *adj (pain)* stale
rassurant, e [rasyrɑ̃, ɑ̃t] *adj* reassuring
rassurer [rasyre] *vt* to reassure
rat [ra] *nm* rat
ratatiné, e [ratatine] *adj* shrivelled
ratatouille [ratatuj] *nf* ratatouille
râteau [rato] (*pl* **-x**) *nm* rake
rater [rate] *vt* **1.** *(cible, train)* to miss **2.** *(examen)* to fail ◇ *vi (échouer)* to fail
ration [rasjɔ̃] *nf* ration
rationnel, elle [rasjɔnɛl] *adj* rational
ratisser [ratise] *vt (allée)* to rake
RATP *nf Paris public transport authority*
rattacher [rataʃe] *vt* ● **rattacher qqch à** *(relier)* to link sthg to
rattrapage [ratrapaʒ] *nm SCOL* remedial teaching
rattraper [ratrape] *vt* **1.** *(évadé)* to recapture **2.** *(objet)* to catch **3.** *(retard)* to make up ◆ **se rattraper** *vp* **1.** *(se retenir)* to catch o.s. **2.** *(d'une erreur)* to make up for it **3.** *(sur le temps perdu)* to catch up
rature [ratyr] *nf* crossing out
rauque [rok] *adj* hoarse
ravages [ravaʒ] *nmpl* ● **faire des ravages** *(dégâts)* to wreak havoc
ravaler [ravale] *vt (façade)* to restore
ravi, e [ravi] *adj* delighted
ravin [ravɛ̃] *nm* ravine
ravioli(s) [ravjɔli] *nmpl* ravioli *sg*
raviser [ravize] ◆ **se raviser** *vp* to change one's mind
ravissant, e [ravisɑ̃, ɑ̃t] *adj* gorgeous
ravisseur, euse [ravisœr, øz] *nm, f* kidnapper
ravitaillement [ravitajmɑ̃] *nm* **1.** supplying **2.** *(provisions)* food supplies
ravitailler [ravitaje] *vt* to supply ◆ **se ravitailler** *vp (avion)* to refuel
rayé, e [rɛje] *adj* **1.** *(tissu)* striped **2.** *(disque, verre)* scratched
rayer [rɛje] *vt* **1.** *(abîmer)* to scratch **2.** *(barrer)* to cross out

rayon [rεjɔ̃] *nm* **1.** *(de soleil, de lumière)* ray **2.** *(de grand magasin)* department **3.** *(de roue)* spoke **4.** *MATH* radius • **rayons X** X-rays

rayonnage [rεjɔnaʒ] *nm* shelves *pl*

rayonnement [rεjɔnmɑ̃] *nm* **1.** *(science physique)* ≃ radiation **2.** *(brillance, splendeur)* radiance

rayonner [rεjɔne] *vi* **1.** *(visage, personne)* to be radiant **2.** *(touriste, randonneur)* to tour around

rayure [rεjyr] *nf* **1.** *(sur un tissu)* stripe **2.** *(sur un disque, sur du verre)* scratch • **à rayures** striped

raz(-)de(-)marée [radmare] *nm inv* tidal wave

réacteur [reaktœr] *nm (d'avion)* jet engine

réaction [reaksjɔ̃] *nf* reaction

réagir [reaʒir] *vi* to react

réalisateur, trice [realizatœr, tris] *nm, f (de cinéma, de télévision)* director

réaliser [realize] *vt* **1.** *(projet, exploit)* to carry out **2.** *(rêve)* to fulfil **3.** *(film)* to direct **4.** *(comprendre)* to realize ◆ **se réaliser** *vp (rêve, souhait)* to come true

réaliste [realist] *adj* realistic

réalité [realite] *nf* reality • **réalité virtuelle** virtual reality • **en réalité** in reality

réanimation [reanimasjɔ̃] *nf (service)* intensive care

rebelle [rəbεl] *nmf* rebel ◇ *adj* **1.** *(personne)* rebellious **2.** *(troupes)* rebel **3.** *(mèche)* unruly

rebeller [rəbεle] ◆ **se rebeller** *vp* to rebel

rebondir [rəbɔ̃dir] *vi* to bounce

rebondissement [rəbɔ̃dismɑ̃] *nm* new development

rebord [rəbɔr] *nm (d'une fenêtre)* sill

reboucher [rəbuʃe] *vt* **1.** *(bouteille)* to recork **2.** *(trou)* to fill in

rebrousse-poil [rəbruspwal] ◆ **à rebrousse-poil** *adv* the wrong way

rebrousser [rəbruse] *vt* • **rebrousser chemin** to retrace one's steps

rébus [rebys] *nm game where pictures represent the syllables of words*

récalcitrant, e [rekalsitrɑ̃, ɑ̃t] *adj* recalcitrant

récapituler [rekapityle] *vt* to summarize

récemment [resamɑ̃] *adv* recently

recensement [rəsɑ̃smɑ̃] *nm (de la population)* census

récent, e [resɑ̃, ɑ̃t] *adj* recent

récépissé [resepise] *nm* receipt

récepteur [reseptœr] *nm* receiver

réception [resεpsjɔ̃] *nf* reception

Se présenter à la réception

Lorsque l'on se présente pour un entretien par exemple, on utilise la formule : *Hello, I'm Jenny Barton, I have an appointment with Mr Patrick Johnson* (Bonjour, je suis Jenny Barton et j'ai rendez-vous avec Mr Patrick Johnson).

Dans le cas où vous représentez seul une compagnie, il faut se présenter en disant : *Hello, I'm Jenny Barton from Robinson Associates, I have an appointment with...* (Bonjour, je suis Jenny Barton des Associés Robinson et j'ai rendez-vous avec...). En groupe, indiquer le nom de la société suffit. Dans un hôtel, vous indiquez directement le nom de la personne qui a réservé la chambre : *Hello, we've booked a room for two nights in the name of Barker* (Bonjour, nous avons une réservation pour deux nuits au nom de Barker).

réceptionniste [resɛpsjɔnist] *nmf* receptionist
recette [rəsɛt] *nf* **1.** *(de cuisine)* recipe **2.** *(argent gagné)* takings *pl*
receveur [rəsəvœr] *nm (des postes)* postmaster
recevoir [rəsəvwar] *vt* **1.** *(colis, lettre)* to receive **2.** *(balle, coup)* to get **3.** *(à dîner)* to entertain **4.** *(accueillir)* to welcome • **être reçu à un examen** to pass an exam
rechange [rəʃɑ̃ʒ] ◆ **de rechange** *adj* **1.** *(vêtement)* spare **2.** *(solution)* alternative
recharge [rəʃarʒ] *nf* refill
rechargeable [rəʃarʒabl] *adj* refillable
recharger [rəʃarʒe] *vt* **1.** *(briquet, stylo)* to refill **2.** *(arme)* to reload
réchaud [reʃo] *nm* (portable) stove • **réchaud à gaz** (portable) gas stove
réchauffer [reʃofe] *vt* to warm up ◆ **se réchauffer** *vp (temps)* to get warmer • **se réchauffer les mains** to warm one's hands
recherche [rəʃɛrʃ] *nf (scientifique)* research • **faire des recherches** *(pour un devoir)* to do some research • **faire de la recherche** to do research • **être à la recherche de** to be looking for
rechercher [rəʃɛrʃe] *vt* **1.** to search **2.** *INFORM* to look for
rechute [rəʃyt] *nf* relapse
rechuter [rəʃyte] *vi* to relapse
récif [resif] *nm* reef
récipient [resipjɑ̃] *nm* container
réciproque [resiprɔk] *adj* mutual
récit [resi] *nm* story
récital [resital] *nm* recital
récitation [resitasjɔ̃] *nf SCOL* recitation piece
réciter [resite] *vt* to recite
réclamation [reklamasjɔ̃] *nf* complaint • **faire une réclamation** to make a complaint
réclame [reklam] *nf (annonce)* advertisement
réclamer [reklame] *vt* to ask for
recoiffer [rəkwafe] ◆ **se recoiffer** *vp* to do one's hair again
recoin [rəkwɛ̃] *nm* corner
récolte [rekɔlt] *nf* harvest
récolter [rekɔlte] *vt* to harvest
recommandation [rəkɔmɑ̃dasjɔ̃] *nf* recommendation
recommandé, e [rəkɔmɑ̃de] *adj (lettre, paquet)* registered ◇ *nm* • **envoyer qqch en recommandé** to send sthg by registered post (*UK*), to send sthg by registered mail (*US*)
recommander [rəkɔmɑ̃de] *vt* to recommend ◆ **se recommander** *vp* (*Helv*) *(insister)* to insist
recommencer [rəkɔmɑ̃se] *vt & vi* to start again • **recommencer à faire qqch** to start to do sthg again

récompense [rekɔ̃pɑ̃s] *nf* reward
récompenser [rekɔ̃pɑ̃se] *vt* to reward
réconcilier [rekɔ̃silje] *vt* to reconcile ◆ **se réconcilier** *vp* to make up
reconduire [rəkɔ̃dɥir] *vt (raccompagner)* to take back
reconduit, e [rəkɔ̃dɥi, it] *pp & 3ᵉ pers. du sg de l'ind. prés.* ➤ **reconduire**
réconforter [rekɔ̃fɔrte] *vt* to comfort
reconnaissance [rəkɔnɛsɑ̃s] *nf (gratitude)* gratitude
reconnaissant, e [rəkɔnɛsɑ̃, ɑ̃t] *adj* grateful
reconnaître [rəkɔnɛtr] *vt* **1.** *(se rappeler)* to recognize **2.** *(admettre)* to admit
reconnu, e [rəkɔny] *pp* ➤ **reconnaître**
reconstituer [rəkɔ̃stitɥe] *vt (puzzle, objet cassé)* to piece together
reconstruire [rəkɔ̃strɥir] *vt* to rebuild
reconstruit, e [rəkɔ̃strɥi, it] *pp & 3ᵉ pers. du sg de l'ind. prés.* ➤ **reconstruire**
reconvertir [rəkɔ̃vɛrtir] ◆ **se reconvertir dans** *vp + prep (profession)* to go into
recopier [rəkɔpje] *vt* to copy out
record [rəkɔr] *nm* record
recoucher [rəkuʃe] ◆ **se recoucher** *vp* to go back to bed
recoudre [rəkudr] *vt* **1.** *(bouton)* to sew back on **2.** *(vêtement)* to sew up again
recourbé, e [rekurbe] *adj* curved
recours [rəkur] *nm* ● **avoir recours à** to have recourse to
recouvert, e [rəkuvɛr, ɛrt] *pp* ➤ **recouvrir**
recouvrir [rəkuvrir] *vt* to cover ● **recouvrir qqch de** to cover sthg with
récréation [rekreasjɔ̃] *nf SCOL* break (*UK*), recess (*US*)
recroqueviller [rəkrɔkvije] ◆ **se recroqueviller** *vp* to curl up
recruter [rəkryte] *vt* to recruit
rectangle [rɛktɑ̃gl] *nm* rectangle
rectangulaire [rɛktɑ̃gylɛr] *adj* rectangular
rectifier [rɛktifje] *vt* to correct
rectiligne [rɛktiliɲ] *adj* straight
recto [rɛkto] *nm* right side ● **recto verso** on both sides
reçu, e [rəsy] *pp* ➤ **recevoir** ◇ *nm* receipt
recueil [rəkœj] *nm* collection
recueillir [rəkœjir] *vt* **1.** *(rassembler)* to collect **2.** *(accueillir)* to take in ◆ **se recueillir** *vp* to meditate
recul [rəkyl] *nm (d'une arme)* recoil ● **prendre du recul** *(pour sauter)* to step back
reculer [rəkyle] *vt* **1.** to move back **2.** *(date)* to postpone ◇ *vi* to move back
reculons [rəkylɔ̃] ◆ **à reculons** *adv* backwards
récupérer [rekypere] *vt* **1.** *(reprendre)* to get back **2.** *(pour réutiliser)* to salvage **3.** *(heures, journées de travail)* to make up ◇ *vi* to recover
récurer [rekyre] *vt* to scour
recyclage [rəsiklaʒ] *nm* **1.** *(de déchets)* recycling **2.** *(professionnel)* retraining
recycler [rəsikle] *vt (déchets)* to recycle
rédaction [redaksjɔ̃] *nf SCOL* essay
redescendre [rədesɑ̃dr] *vi* **1.** to go/come down again **2.** *(avion)* to descend
redevance [rədəvɑ̃s] *nf* fee ● **redevance télé** TV licence fee (*UK*)
rediffusion [rədifyzjɔ̃] *nf (émission)* repeat
rédiger [rediʒe] *vt* to write

redimensionner [ʀədimɑ̃sjɔne] *vt* to resize

redire [rədir] *vt* to repeat

redonner [rədɔne] *vt* • **redonner qqch à qqn** *(rendre)* to give sb back sthg ; *(donner plus)* to give sb more sthg

redoubler [rəduble] *vt SCOL* to repeat ◇ *vi* **1.** *SCOL* to repeat a year **2.** *(pluie)* to intensify

redoutable [rədutabl] *adj* formidable

redouter [rədute] *vt* to fear

redressement [rədrɛsmɑ̃] *nm* **1.** *(d'une entreprise)* recovery **2.** *(fiscal)* adjustment

redresser [rədrɛse] *vt* **1.** *(tête, buste)* to lift **2.** *(parasol, étagère, barre)* to straighten ◇ *vi (conducteur)* to straighten up ◆ **se redresser** *vp (personne)* to sit/stand up straight

réduction [redyksjɔ̃] *nf* **1.** reduction **2.** *(copie)* (scale) model

réduire [redɥir] *vt* **1.** to reduce **2.** *INFORM* to minimize • **réduire qqch en miettes** to smash sthg to pieces • **réduire qqch en poudre** *(écraser)* to grind sthg

réduit, e [redɥi, it] *pp & 3e pers. du sg de l'ind. prés.* ➤ **réduire** ◇ *adj (chiffre, vitesse)* low ◇ *nm* cubbyhole

rééducation [reedykasjɔ̃] *nf MÉD* rehabilitation

réel, elle [reɛl] *adj* real

réellement [reɛlmɑ̃] *adv* really

réexpédier [reɛkspedje] *vt* **1.** *(rendre)* to send back **2.** *(faire suivre)* to forward

refaire [rəfɛr] *vt* **1.** *(faire à nouveau)* to do again **2.** *(remettre en état)* to repair

refait, e [rəfɛ, ɛt] *pp & 3e pers. du sg de l'ind. prés.* ➤ **refaire**

réfectoire [refɛktwar] *nm* refectory

référence [referɑ̃s] *nf* **1.** reference **2.** *(numéro)* reference number • **faire référence à** to refer to

référendum [referɛ̃dɔm] *nm* referendum

refermer [rəfɛrme] *vt* to close ◆ **se refermer** *vp* to close

réfléchi, e [refleʃi] *adj GRAMM* reflexive

réfléchir [refleʃir] *vt (lumière)* to reflect ◇ *vi* to think ◆ **se réfléchir** *vp* to be reflected

reflet [rəflɛ] *nm* **1.** *(dans un miroir)* reflection **2.** *(de cheveux)* tint

refléter [rəflete] *vt* to reflect ◆ **se refléter** *vp* to be reflected

réflexe [reflɛks] *nm* reflex

réflexion [reflɛksjɔ̃] *nf* **1.** *(pensée)* thought **2.** *(remarque, critique)* remark

réforme [refɔrm] *nf* reform

réformer [refɔrme] *vt* **1.** to reform **2.** *MIL* to discharge

refouler [rəfule] *vt* **1.** *(foule)* to drive back **2.** *(problème)* to repress **3.** *(sentiment, larmes)* to hold back ◇ *vi (fam) (sentir mauvais)* to stink

refrain [rəfrɛ̃] *nm* chorus

réfrigérateur [refriʒeratœr] *nm* refrigerator

refroidir [rəfrwadir] *vt* **1.** *(aliment)* to cool **2.** *(décourager)* to discourage ◇ *vi* to cool ◆ **se refroidir** *vp (temps)* to get colder

refroidissement [rəfrwadismɑ̃] *nm* **1.** *(de la température)* drop in temperature **2.** *(rhume)* chill

refuge [rəfyʒ] *nm* **1.** *(en montagne)* mountain lodge **2.** *(pour sans-abri)* refuge

réfugié, e [refyʒje] *nm, f* refugee

réfugier [refyʒje] ◆ **se réfugier** *vp* to take refuge
refus [rəfy] *nm* refusal
refuser [rəfyze] *vt* **1.** to refuse **2.** *(candidat)* to fail ● **refuser qqch à qqn** to refuse sb sthg ● **refuser de faire qqch** to refuse to do sthg
regagner [rəgaɲe] *vt* **1.** *(reprendre)* to regain **2.** *(rejoindre)* to return to
régaler [regale] ◆ **se régaler** *vp* **1.** *(en mangeant)* to have a great meal **2.** *(s'amuser)* to have a great time
regard [rəgar] *nm* look
regarder [rəgarde] *vt* **1.** to look at **2.** *(télévision, spectacle)* to watch **3.** *(concerner)* to concern ● **ça ne te regarde pas** it's none of your business
reggae [rege] *nm* reggae
régime [reʒim] *nm* **1.** diet **2.** *(d'un moteur)* speed **3.** *(de bananes)* bunch **4.** *POL* regime ● **être/se mettre au régime** to be/go on a diet
régiment [reʒimɑ̃] *nm* regiment
région [reʒjɔ̃] *nf* region

les régions

France is made up of twenty-two *Régions,* subdivided into 96 *départements.* Each region is run by a prefect and a regional council. The administrative power they were given under decentralization legislation was intended to create a better balance between Paris and the rest of France, *la province.*

régional, e, aux [reʒjɔnal, o] *adj* regional
registre [rəʒistr] *nm* register
réglable [reglabl] *adj* adjustable
réglage [reglaʒ] *nm* adjustment
règle [rɛgl] *nf* **1.** *(instrument)* ruler **2.** *(loi)* rule ● **être en règle** *(papiers)* to be in order ● **en règle générale** as a rule ● **règles du jeu** rules of the game ◆ **règles** *nfpl* period *sg*
règlement [rɛgləmɑ̃] *nm* **1.** *(lois)* regulations *pl* **2.** *(paiement)* payment
régler [regle] *vt* **1.** *(appareil, moteur)* to adjust **2.** *(payer)* to pay **3.** *(problème)* to sort out
réglisse [reglis] *nf* liquorice
règne [rɛɲ] *nm* reign
régner [reɲe] *vi* to reign
regret [rəgrɛ] *nm* regret
regrettable [rəgrɛtabl] *adj* regrettable
regretter [rəgrɛte] *vt* **1.** *(erreur, décision)* to regret **2.** *(personne)* to miss ● **regretter de faire qqch** to be sorry to do sthg ● **je regrette de lui avoir dit ça** I wish I hadn't told him ● **regretter que** to be sorry that
regrouper [rəgrupe] *vt* to regroup ◆ **se regrouper** *vp* to gather
régulier, ère [regylje, ɛr] *adj* **1.** *(constant)* steady **2.** *(fréquent, habituel)* regular **3.** *(légal)* legal
régulièrement [regyljɛrmɑ̃] *adv* **1.** *(de façon constante)* steadily **2.** *(souvent)* regularly
rein [rɛ̃] *nm* kidney ◆ **reins** *nmpl (dos)* back *sg*
reine [rɛn] *nf* queen
réinitialisation [ʀeinisjalizasjɔ̃] *nf* rebooting

reinscriptible *adj* • **CD réinscriptible** CD rewritable
rejeter [rəʒte] *vt* **1.** *(renvoyer)* to throw back **2.** *(refuser)* to reject
rejoindre [rəʒwɛ̃dr] *vt* **1.** *(personne, route)* to join **2.** *(lieu)* to return to
rejoint, e [rəʒwɛ̃, ɛ̃t] *pp & 3e pers. du sg de l'ind. prés.* ➤ **rejoindre**
réjouir [reʒwir] ◆ **se réjouir** *vp* to be delighted • **se réjouir de qqch** to be delighted about sthg
réjouissant, e [reʒwisɑ̃, ɑ̃t] *adj* joyful
relâcher [rəlaʃe] *vt (prisonnier)* to release ◆ **se relâcher** *vp* **1.** *(corde)* to go slack **2.** *(discipline)* to become lax
relais [rəlɛ] *nm* **1.** *(auberge)* inn **2.** *SPORT* relay • **prendre le relais (de qqn)** to take over (from sb) • **relais routier** roadside café *(UK)*, truck stop *(US)*
relancer [rəlɑ̃se] *vt* **1.** *(balle)* to throw back **2.** *(solliciter)* to pester
relatif, ive [rəlatif, iv] *adj* relative • **relatif à** relating to
relation [rəlasjɔ̃] *nf* **1.** relationship **2.** *(personne)* acquaintance • **être/entrer en relation (s) avec qqn** to be in/make contact with sb
relativement [rəlativmɑ̃] *adv* relatively
relaxation [rəlaksasjɔ̃] *nf* relaxation
relaxer [rəlakse] ◆ **se relaxer** *vp* to relax
relayer [rəleje] *vt* to take over from ◆ **se relayer** *vp* • **se relayer (pour faire qqch)** to take turns (in doing sthg)
relevé, e [rəlve] *adj (épicé)* spicy ◇ *nm* • **relevé de compte** bank statement
relever [rəlve] *vt* **1.** *(tête)* to lift **2.** *(col)* to turn up **3.** *(remettre debout)* to pick up **4.** *(remarquer)* to notice **5.** *(épicer)* to season ◆ **se relever** *vp* **1.** *(du lit)* to get up again **2.** *(après une chute)* to get up
relief [rəljɛf] *nm* relief • **en relief** *(carte)* relief
relier [rəlje] *vt* to connect
religieuse [rəliʒjøz] *nf (gâteau) choux pastry with a chocolate or coffee filling* ▾ **religieuse au chocolat** chocolate cream puff ➤ **religieux**
religieux, euse [rəliʒjø, øz] *adj* religious ◇ *nm, f* monk(*f* nun)
religion [rəliʒjɔ̃] *nf* religion
relire [rəlir] *vt* **1.** *(lire à nouveau)* to reread **2.** *(pour corriger)* to read over
reliure [rəljyr] *nf* binding
relu, e [rəly] *pp* ➤ **relire**
remanier [rəmanje] *vt* **1.** *(texte)* to revise **2.** *(équipe)* to reshuffle
remarquable [rəmarkabl] *adj* remarkable
remarque [rəmark] *nf* remark
remarquer [rəmarke] *vt (s'apercevoir de)* to notice • **faire remarquer qqch à qqn** to point sthg out to sb • **remarque,...** mind you,... • **se faire remarquer** to draw attention to o.s.
rembobiner [rɑ̃bɔbine] *vt* to rewind
rembourré, e [rɑ̃bure] *adj (fauteuil, veste)* padded
remboursement [rɑ̃bursəmɑ̃] *nm* refund
rembourser [rɑ̃burse] *vt* to pay back
remède [rəmɛd] *nm* cure
remédier [rəmedje] ◆ **remédier à** *v + prep* **1.** *(problème)* to solve **2.** *(situation)* to put right
remerciements [rəmɛrsimɑ̃] *nmpl* thanks

remercier [rəmɛrsje] *vt* **1.** *(dire merci)* to thank **2.** *(congédier)* to dismiss • **remercier qqn de** ou **pour qqch** to thank sb for sthg • **remercier qqn d'avoir fait qqch** to thank sb for having done sthg

remettre [rəmɛtr] *vt* **1.** *(reposer)* to put back **2.** *(vêtement)* to put back on **3.** *(retarder)* to put off • **remettre qqch à qqn** to hand sthg over to sb • **remettre qqch en état** to repair sthg ◆ **se remettre** *vp* to recover • **se remettre à qqch** to take sthg up again • **se remettre à faire qqch** to go back to doing sthg • **se remettre de qqch** to get over sthg

remis, e [rəmi, iz] *pp* ➤ **remettre**

remise [rəmiz] *nf* **1.** *(abri)* shed **2.** *(rabais)* discount • **faire une remise à qqn** to give sb a discount

remontant [rəmɔ̃tɑ̃] *nm* tonic

remontée [rəmɔ̃te] *nf* • **remontées mécaniques** ski lifts

remonte-pente [rəmɔ̃tpɑ̃t] (*pl* **-s**) *nm* ski tow

remonter [rəmɔ̃te] *vt* **1.** *(mettre plus haut)* to raise **2.** *(aux avoir) (manches, chaussettes)* to pull up **3.** *(côte, escalier)* to come/go back up **4.** *(moteur, pièces)* to put together again **5.** *(montre)* to wind up ◇ *vi* **1.** to come/go back up **2.** *(dans une voiture)* to get back in **3.** *(aux être) (augmenter)* to rise • **remonter à** *(dater de)* to go back to

remords [rəmɔr] *nm* remorse

remorque [rəmɔrk] *nf* trailer

remorquer [rəmɔrke] *vt* to tow

rémoulade [remulad] *nf* ➤ **céleri**

remous [rəmu] *nm* **1.** eddy **2.** *(derrière un bateau)* wash

remparts [rɑ̃par] *nmpl* ramparts

remplaçant, e [rɑ̃plasɑ̃, ɑ̃t] *nm, f* **1.** *(de sportif)* substitute **2.** *(d'enseignant)* supply teacher **3.** *(de médecin)* locum

remplacer [rɑ̃plase] *vt* **1.** *(changer)* to replace **2.** *(prendre la place de)* to take over from • **remplacer qqn/qqch par** to replace sb/sthg with

remplir [rɑ̃plir] *vt* **1.** to fill **2.** *(questionnaire)* to fill in • **remplir qqch de** to fill sthg with ◆ **se remplir (de)** *vp + prep* to fill (with)

remporter [rɑ̃pɔrte] *vt* **1.** *(reprendre)* to take back **2.** *(gagner)* to win

remuant, e [rəmɥɑ̃, ɑ̃t] *adj* restless

remue-ménage [rəmymenaʒ] *nm inv* confusion

remuer [rəmɥe] *vt* **1.** to move **2.** *(mélanger)* to stir **3.** *(salade)* to toss

rémunération [remynerasjɔ̃] *nf* remuneration

rémunérer [remynere] *vt* to pay

renard [rənar] *nm* fox

rencontre [rɑ̃kɔ̃tr] *nf* **1.** meeting **2.** *(sportive)* match • **aller à la rencontre de qqn** to go to meet sb

rencontrer [rɑ̃kɔ̃tre] *vt* to meet ◆ **se rencontrer** *vp* to meet

rendez-vous [rɑ̃devu] *nm* **1.** *(d'affaires)* appointment **2.** *(amoureux)* date **3.** *(lieu)* meeting place • **rendez-vous chez moi à 14 h** let's meet at my house at two o'clock • **avoir rendez-vous avec qqn** to have a meeting with sb • **donner rendez-vous à qqn** to arrange to meet sb • **prendre rendez-vous** to make an appointment

rendormir [rɑ̃dɔrmir] ◆ **se rendormir** *vp* to go back to sleep

rendre [rɑ̃dr] *vt* **1.** to give back **2.** *(sourire, coup)* to return **3.** *(faire devenir)* to make ◇ *vi (vomir)* to be sick ● **rendre visite à qqn** to visit sb ◆ **se rendre** *vp (armée, soldat)* to surrender ● **se rendre à** *(sout)* to go to ● **se rendre utile/malade** to make o.s. useful/ill

rênes [rɛn] *nfpl* reins

renfermé, e [rɑ̃fɛrme] *adj* withdrawn ◇ *nm* ● **sentir le renfermé** to smell musty

renfermer [rɑ̃fɛrme] *vt* to contain

renfoncement [rɑ̃fɔ̃smɑ̃] *nm* recess

renforcer [rɑ̃fɔrse] *vt* to reinforce

renforts [rɑ̃fɔr] *nmpl* reinforcements

renfrogné, e [rɑ̃frɔɲe] *adj* sullen

renier [rənje] *vt (idées)* to repudiate

renifler [rənifle] *vi* to sniff

renommé, e [rənɔme] *adj* famous

renommée [rənɔme] *nf* fame

renommer [ʀənɔme] *vt* to rename

renoncer [rənɔ̃se] ◆ **renoncer à** *v + prep* to give up ● **renoncer à faire qqch** to give up doing sthg

renouer [rənwe] *vt (relation, conversation)* to resume ◇ *vi* ● **renouer avec qqn** to get back together with sb

renouvelable [rənuvlabl] *adj* renewable

renouveler [rənuvle] *vt* **1.** *(changer)* to change **2.** *(recommencer, prolonger)* to renew ◆ **se renouveler** *vp (se reproduire)* to recur

rénovation [renɔvasjɔ̃] *nf* renovation

rénover [renɔve] *vt* to renovate

renseignement [rɑ̃sɛɲmɑ̃] *nm* ● **un renseignement** information ● **des renseignements** information *sg* ● **les renseignements** *(bureau)* enquiries ; *(téléphoniques)* directory enquiries *(UK)*, information *(US)*

renseigner [rɑ̃seɲe] *vt* ● **renseigner qqn (sur)** to give sb information (about) ◆ **se renseigner (sur)** *vp + prep* to find out (about)

rentable [rɑ̃tabl] *adj* profitable

rente [rɑ̃t] *nf (revenu)* income

rentrée [rɑ̃tre] *nf* ● **rentrée (d'argent)** income ● **rentrée (des classes)** start of the school year

rentrée

The *rentrée scolaire* or start of the new school year is usually at the beginning of September. Universities go back a month later. The term *rentrée* is also used for the general return to work in September after the holiday months of July and August.

rentrer [rɑ̃tre] *vi* **1.** *(aux être) (entrer)* to go/come in **2.** *(chez soi)* to go/come home **3.** *(être contenu)* to fit ◇ *vt* **1.** *(aux avoir) (faire pénétrer)* to fit **2.** *(dans la maison)* to bring/take in **3.** *(chemise)* to tuck in ● **rentrer dans** *(entrer dans)* to go/come into ; *(heurter)* to crash into ● **rentrer le ventre** to pull in one's stomach ◆ **se rentrer** *vp* ● **se rentrer dedans** *(fam) (voitures)* to smash into one another

renverser [rɑ̃vɛrse] *vt* **1.** *(liquide)* to spill **2.** *(piéton)* to knock over **3.** *(gouvernement)* to overthrow ◆ **se renverser** *vp* **1.** *(bouteille)* to fall over **2.** *(liquide)* to spill

renvoi [rɑ̃vwa] *nm* **1.** *INFORM* cross-reference **2.** *(d'un salarié)* dismissal **3.** *(d'un élève)* expulsion **4.** *(rot)* belch
renvoyer [rɑ̃vwaje] *vt* **1.** *(balle, lettre)* to return **2.** *(image, rayon)* to reflect **3.** *(salarié)* to dismiss **4.** *(élève)* to expel
réorganiser [reɔrganize] *vt* to reorganize
repaginer [ʀəpaʒine] *vt* to repaginate
répandre [repɑ̃dr] *vt* **1.** *(renverser)* to spill **2.** *(nouvelle)* to spread ◆ **se répandre** *vp* **1.** *(liquide)* to spill **2.** *(nouvelle, maladie)* to spread
répandu, e [repɑ̃dy] *adj (fréquent)* widespread
réparateur, trice [reparatœr, tris] *nm, f* repairer
réparation [reparasjɔ̃] *nf* repair ● **en réparation** under repair
réparer [repare] *vt* to repair ● **faire réparer qqch** to get sthg repaired
repartir [rəpartir] *vi* **1.** *(partir)* to set off again **2.** *(rentrer)* to return
répartir [repartir] *vt* to share out
répartition [repartisjɔ̃] *nf* distribution
repas [rəpa] *nm* meal
repassage [rəpasaʒ] *nm (de linge)* ironing
repasser [rəpase] *vt (linge)* to iron ◇ *vi (rendre visite)* to drop by again later
repêchage [rəpeʃaʒ] *nm (examen)* resit
repêcher [rəpeʃe] *vt* **1.** *(retirer de l'eau)* to fish out **2.** *(à un examen)* ● **être repêché** to pass a resit
repeindre [rəpɛ̃dr] *vt* to repaint
repeint, e [rəpɛ̃, ɛ̃t] *pp & 3ᵉ pers. du sg de l'ind. prés.* ➤ **repeindre**
répercussions [reperkysjɔ̃] *nfpl (conséquences)* repercussions
repère [rəper] *nm (marque)* mark
repérer [rəpere] *vt (remarquer)* to spot ◆ **se repérer** *vp* to get one's bearings
répertoire [repertwar] *nm* **1.** *(carnet)* notebook **2.** *(d'un acteur, d'un musicien)* repertoire **3.** *INFORM* directory
répéter [repete] *vt* **1.** to repeat **2.** *(rôle, œuvre)* to rehearse ◆ **se répéter** *vp (se reproduire)* to be repeated
répétitif, ive [repetitif, iv] *adj* **1.** *(fréquent)* common **2.** *(monotone)* repetitive
répétition [repetisjɔ̃] *nf* **1.** *(dans un texte)* repetition **2.** *(au théâtre)* rehearsal ● **répétition générale** dress rehearsal
replacer [rəplase] *vt* to replace
replier [rəplije] *vt* to fold up
réplique [replik] *nf* **1.** *(réponse)* reply **2.** *(copie)* replica
répliquer [replike] *vt* to reply ◇ *vi (avec insolence)* to answer back
répondeur [repɔ̃dœr] *nm* ● **répondeur (téléphonique)** answering machine
répondre [repɔ̃dr] *vi* to answer ◇ *vt* to answer ● **répondre à qqn** to answer sb ; *(avec insolence)* to answer sb back
réponse [repɔ̃s] *nf* answer
reportage [rəpɔrtaʒ] *nm* report
[1]**reporter** [rəpɔrter] *nm* reporter
[2]**reporter** [rəpɔrte] *vt* **1.** *(rapporter)* to take back **2.** *(date, réunion)* to postpone
repos [rəpo] *nm (détente)* rest ● **jour de repos** day off
reposant, e [rəpozɑ̃, ɑ̃t] *adj* relaxing
repose-poignets [ʀəpozpwaɲɛ] *nm inv* wrist rest

reposer [rəpoze] *vt (remettre)* to put back ◇ *vi (être enterré)* to be buried ◆ **se reposer** *vp* to rest
repousser [rəpuse] *vt* **1.** *(faire reculer)* to push back **2.** *(retarder)* to put back ◇ *vi* to grow back
reprendre [rəprɑ̃dr] *vt* **1.** *(objet)* to take back **2.** *(lecture, conversation)* to continue **3.** *(études, sport)* to take up again **4.** *(prisonnier)* to recapture ● **reprenez du dessert** have some more dessert ● **reprendre son souffle** to get one's breath back ◆ **se reprendre** *vp (se ressaisir)* to pull o.s. together
représailles [rəprezaj] *nfpl* reprisals
représentant, e [rəprezɑ̃tɑ̃, ɑ̃t] *nm, f (porte-parole)* representative ● **représentant (de commerce)** sales rep
représentatif, ive [rəprezɑ̃tatif, iv] *adj* representative
représentation [rəprezɑ̃tasjɔ̃] *nf* **1.** *(spectacle)* performance **2.** *(image)* representation
représenter [rəprezɑ̃te] *vt* to represent
répression [represjɔ̃] *nf* repression
réprimer [reprime] *vt (révolte)* to put down
repris, e [rəpri, iz] *pp* ● **ni repris, ni échangé** goods may not be returned or exchanged ➤ **reprendre**
reprise [rəpriz] *nf* **1.** *(couture)* mending **2.** *(économique)* recovery **3.** *(d'un appareil, d'une voiture)* part exchange ● **à plusieurs reprises** several times
repriser [rəprize] *vt* to mend
reproche [rəprɔʃ] *nm* reproach
reprocher [rəprɔʃe] *vt* ● **reprocher qqch à qqn** to reproach sb for sthg
reproduction [rəprɔdyksjɔ̃] *nf* reproduction
reproduire [rəprɔdɥir] *vt* to reproduce ◆ **se reproduire** *vp* **1.** *(avoir de nouveau lieu)* to recur **2.** *(animaux)* to reproduce
reproduit, e [rəprɔdɥi, it] *pp & 3e pers. du sg de l'ind. prés.* ➤ **reproduire**
reptile [rɛptil] *nm* reptile
république [repyblik] *nf* republic
répugnant, e [repyɲɑ̃, ɑ̃t] *adj* repulsive
réputation [repytasjɔ̃] *nf* reputation
réputé, e [repyte] *adj* well-known
requête [rəkɛt] *nf* query
requin [rəkɛ̃] *nm* shark
RER *nm Paris rail network*

Le RER

The *Réseau Express Régional,* the rail network linking Paris with its suburbs, consists of 5 lines, labelled A to E. You take Line A to get to *Disneyland Paris* and Line B serves Paris's two airports, Roissy-Charles de Gaulle and Orly.

rescapé, e [rɛskape] *nm, f* survivor
rescousse [rɛskus] *nf* ● **appeler qqn à la rescousse** to call on sb for help ● **aller à la rescousse de qqn** to go to sb's rescue
réseau [ʀezo] *(pl* **-x***)* *nm* network ● **réseau internet explorer** *INFORM* Internet Explorer network ● **réseau local** *INFORM* local network ● **réseau Wi-fi** Wi-Fi network
réservation [rezɛrvasjɔ̃] *nf* **1.** reservation, booking **2.** *TRANSP (ticket)* reservation
réserve [rezɛrv] *nf* reserve ● **en réserve** in reserve

réservé, e [rezɛrve] *adj* reserved
réserver [rezɛrve] *vt (billet, chambre)* to reserve, to book • **réserver qqch à qqn** to reserve sthg for sb ◆ **se réserver** *vp (pour un repas, le dessert)* to save o.s.
réservoir [rezɛrvwar] *nm (à essence)* tank
reset [ʀetsɛt] *nm* reset key
résidence [rezidɑ̃s] *nf* **1.** *(sout) (domicile)* residence **2.** *(immeuble)* apartment building • **résidence secondaire** second home
résider [rezide] *vi (sout) (habiter)* to reside
résigner [reziɲe] ◆ **se résigner à** *vp + prep* to resign o.s. to • **se résigner à faire qqch** to resign o.s. to doing sthg
résilier [rezilje] *vt* to cancel
résine [rezin] *nf* resin
résistance [rezistɑ̃s] *nf* **1.** resistance **2.** *(électrique)* element
résistant, e [rezistɑ̃, ɑ̃t] *adj* tough ◇ *nm, f* resistance fighter
résister [reziste] ◆ **résister à** *v + prep* **1.** *(lutter contre)* to resist **2.** *(supporter)* to withstand
résolu, e [rezɔly] *pp* ➤ **résoudre** ◇ *adj (décidé)* resolute
résolution [rezɔlysjɔ̃] *nf (décision)* resolution • **haute résolution** INFORM resolution
résonner [rezɔne] *vi (faire du bruit)* to echo
résoudre [rezudr] *vt* to solve
respect [rɛspɛ] *nm* respect • **avoir du respect pour qqn/ qqch** to have respect for sb/sthg
respecter [rɛspɛkte] *vt* to respect
respectif, ive [rɛspɛktif, iv] *adj* respective
respiration [rɛspirasjɔ̃] *nf* breathing
respirer [rɛspire] *vi & vt* to breathe
responsabilité [rɛspɔ̃sabilite] *nf* responsibility
responsable [rɛspɔ̃sabl] *adj* responsible ◇ *nmf* **1.** *(coupable)* person responsible **2.** *(d'une administration, d'un magasin)* person in charge • **être responsable de qqch** *(coupable de)* to be responsible for sthg ; *(chargé de)* to be in charge of sthg
resquiller [rɛskije] *vi* **1.** *(fam) (dans le bus)* to dodge the fare **2.** *(au spectacle)* to sneak in without paying
ressaisir [rəsezir] ◆ **se ressaisir** *vp* to pull o.s. together
ressemblant, e [rəsɑ̃blɑ̃, ɑ̃t] *adj* lifelike
ressembler [rəsɑ̃ble] ◆ **ressembler à** *v + prep* **1.** *(en apparence)* to look like **2.** *(par le caractère)* to be like ◆ **se ressembler** *vp* **1.** *(en apparence)* to look alike **2.** *(par le caractère)* to be alike
ressemeler [rəsəmle] *vt* to resole
ressentir [rəsɑ̃tir] *vt* to feel
resserrer [rəsere] *vt (ceinture, nœud)* to tighten ◆ **se resserrer** *vp (route)* to narrow
resservir [rəsɛrvir] *vt* to give another helping to ◇ *vi* to be used again ◆ **se resservir** *vp* • **se resservir (de)** *(plat)* to take another helping (of)
ressort [rəsɔr] *nm* spring
ressortir [rəsɔrtir] *vi* **1.** *(sortir à nouveau)* to go out again **2.** *(se détacher)* to stand out
ressortissant, e [rəsɔrtisɑ̃, ɑ̃t] *nm, f* national

ressources [rəsurs] *nfpl* resources
ressusciter [resysite] *vi* to come back to life
restant, e [rɛstɑ̃, ɑ̃t] *adj* ➤ **poste** ◇ *nm* rest
restaurant [rɛstɔrɑ̃] *nm* restaurant
restauration [rɛstɔrasjɔ̃] *nf* **1.** *(rénovation)* restoration **2.** *(gastronomie)* restaurant trade
restaurer [rɛstɔre] *vt (monument)* to restore
reste [rɛst] *nm* rest • **un reste de viande/de tissu** some left-over meat/material • **les restes** *(d'un repas)* the leftovers
rester [rɛste] *vi* **1.** *(dans un lieu)* to stay **2.** *(subsister)* to be left **3.** *(continuer à être)* to keep, to remain • **il n'en reste que deux** there are only two left
restituer [rɛstitɥe] *vt (rendre)* to return
resto [rɛsto] *nm (fam)* restaurant • **les Restos du cœur** *charity food distribution centres*
restreindre [rɛstrɛ̃dr] *vt* to restrict
restreint, e [rɛstrɛ̃, ɛ̃t] *pp & 3ᵉ pers. du sg de l'ind. prés.* ➤ **restreindre** ◇ *adj* limited
résultat [rezylta] *nm* result • **résultats** *(scolaires, d'une élection)* results
résumé [rezyme] *nm* summary • **en résumé** in short
résumer [rezyme] *vt* to summarize
rétablir [retablir] *vt (l'ordre, l'électricité)* to restore ◆ **se rétablir** *vp (guérir)* to recover
retard [rətar] *nm* **1.** delay **2.** *(d'un élève, d'un pays)* backwardness • **avoir du retard, être en retard** to be late • **avoir une heure de retard** to be an hour late • **être en retard sur qqch** to be behind sthg
retarder [rətarde] *vi* • **ma montre retarde (de cinq minutes)** my watch is (five minutes) slow
retenir [rətnir] *vt* **1.** *(empêcher de partir, de tomber)* to hold back **2.** *(empêcher d'agir)* to stop **3.** *(réserver)* to reserve, to book **4.** *(se souvenir de)* to remember • **retenir son souffle** to hold one's breath • **je retiens 1** *(dans une opération)* carry 1 ◆ **se retenir** *vp* • **se retenir (à qqch)** to hold on (to sthg) • **se retenir (de faire qqch)** to stop o.s. (from doing sthg)
retenu, e [rətny] *pp* ➤ **retenir**
retenue [rətny] *nf* **1.** *SCOL* detention **2.** *(dans une opération)* amount carried
réticent, e [retisɑ̃, ɑ̃t] *adj* reluctant
retirer [rətire] *vt* **1.** *(extraire)* to remove **2.** *(vêtement)* to take off **3.** *(argent)* to withdraw **4.** *(billet, colis, bagages)* to collect • **retirer qqch à qqn** to take sthg away from sb
retomber [rətɔ̃be] *vi* **1.** *(tomber à nouveau)* to fall over again **2.** *(après un saut)* to land **3.** *(pendre)* to hang down • **retomber malade** to fall ill again
retour [rətur] *nm* **1.** return **2.** *TRANSP* return journey • **être de retour** to be back • **au retour** *(sur le chemin)* on the way back
retourner [rəturne] *vt* **1.** *(mettre à l'envers)* to turn over **2.** *(vêtement, sac)* to turn inside out **3.** *(renvoyer)* to send back ◇ *vi* to go back, to return ◆ **se retourner** *vp* **1.** *(voiture, bateau)* to turn over **2.** *(tourner la tête)* to turn round
retrait [rətrɛ] *nm (d'argent)* withdrawal

retraite [rətrɛt] *nf* retirement • **être à la retraite** to be retired • **prendre sa retraite** to retire
retraité, e [rətrɛte] *nm, f* pensioner
retransmission [rətrɑ̃smisjɔ̃] *nf (à la radio)* broadcast
rétrécir [retresir] *vi (vêtement)* to shrink ◆ **se rétrécir** *vp (route)* to narrow
rétro [retro] *adj inv* old-fashioned ◇ *nm (fam) (rétroviseur)* (rearview) mirror
rétrograder [retrɔgrade] *vi (automobiliste)* to change down
rétrospective [retrɔspɛktiv] *nf* retrospective
retrousser [rətruse] *vt (manches)* to roll up
retrouvailles [rətruvaj] *nfpl* reunion *sg*
retrouver [rətruve] *vt* **1.** *(objet perdu)* to find **2.** *(personne perdue de vue)* to see again **3.** *(rejoindre)* to meet ◆ **se retrouver** *vp* **1.** *(se réunir)* to meet **2.** *(après une séparation)* to meet up again **3.** *(dans une situation, un lieu)* to find o.s.
rétroviseur [retrɔvizœr] *nm* rearview mirror
réunion [reynjɔ̃] *nf* meeting • **la Réunion** Réunion
réunionnais, e [reynjɔnɛ, ɛz] *adj* from Réunion
réunir [reynir] *vt* **1.** *(personnes)* to gather together **2.** *(informations, fonds)* to collect ◆ **se réunir** *vp* to meet
réussi, e [reysi] *adj* **1.** *(photo)* good **2.** *(soirée)* successful
réussir [reysir] *vt (plat, carrière)* to make a success of ◇ *vi* to succeed • **réussir (à) un examen** to pass an exam • **réussir à faire qqch** to succeed in doing sthg • **réussir à qqn** *(aliment, climat)* to agree with sb
réussite [reysit] *nf* **1.** success **2.** *(jeu)* patience *(UK)*, solitaire *(US)*
revanche [rəvɑ̃ʃ] *nf* **1.** revenge **2.** *(au jeu)* return game • **en revanche** on the other hand
rêve [rɛv] *nm* dream • **faire un rêve** to have a dream
réveil [revɛj] *nm (pendule)* alarm clock • **à mon réveil** when I woke up
réveiller [reveje] *vt* to wake up ◆ **se réveiller** *vp* **1.** to wake up **2.** *(douleur, souvenir)* to come back
réveillon [revɛjɔ̃] *nm* **1.** *(du 24 décembre) Christmas Eve supper and party* **2.** *(du 31 décembre) New Year's Eve supper and party*
réveillonner [revɛjɔne] *vi* **1.** *(le 24 décembre) to celebrate Christmas Eve with a supper or party* **2.** *(le 31 décembre) to celebrate New Year's Eve with a supper or party*
révélation [revelasjɔ̃] *nf* revelation
révéler [revele] *vt* to reveal ◆ **se révéler** *vp* **1.** *(s'avérer)* to prove to be **2.** *(apparaître)* to be revealed
revenant [rəvnɑ̃] *nm* ghost
revendication [rəvɑ̃dikasjɔ̃] *nf* claim
revendre [rəvɑ̃dr] *vt* to resell
revenir [rəvnir] *vi* to come back • **faire revenir qqch** CULIN to brown sthg • **revenir cher** to be expensive • **ça nous est revenu à 400 euros** it cost us 400 euros • **ça me revient maintenant** *(je me souviens)* I remember now • **ça revient au même** it comes to the same thing • **je n'en reviens pas** I can't get over it • **re-**

venir sur sa décision to go back on one's decision • revenir sur ses pas to retrace one's steps

revenu, e [rəvny] *pp* ➤ revenir ◇ *nm* income

rêver [rεve] *vi* 1. to dream 2. *(être distrait)* to daydream ◇ *vt* • **rêver que** to dream (that) • **rêver de** to dream about ; *(souhaiter)* to long for • **rêver de faire qqch** to be longing to do sthg

réverbère [reverbεr] *nm* street light

revers [rəvεr] *nm* 1. *(d'une pièce)* reverse side 2. *(de la main, d'un billet)* back 3. *(d'une veste)* lapel 4. *(d'un pantalon)* turn-up (*UK*), cuff (*US*) 5. *SPORT* backhand

réversible [reversibl] *adj* reversible

revêtement [rəvεtmɑ̃] *nm* 1. *(d'un mur, d'un sol)* covering 2. *(d'une route)* surface

rêveur, euse [rεvœr, øz] *adj* dreamy

réviser [revize] *vt* *(leçons)* to revise • **faire réviser sa voiture** to have one's car serviced

révision [revizjɔ̃] *nf* *(d'une voiture)* service ◆ **révisions** *nfpl SCOL* revision *sg*

revoir [rəvwar] *vt* 1. *(retrouver)* to see again 2. *(leçons)* to revise (*UK*), to review (*US*) ◆ **au revoir** *interj* goodbye!

révoltant, e [revɔltɑ̃, ɑ̃t] *adj* revolting

révolte [revɔlt] *nf* revolt

révolter [revɔlte] *vt* *(suj: spectacle, attitude)* to disgust ◆ **se révolter** *vp* to rebel

révolution [revɔlysjɔ̃] *nf* revolution • **la Révolution (française)** the French Revolution

révolutionnaire [revɔlysjɔnεr] *adj* & *nmf* revolutionary

revolver [revɔlvεr] *nm* revolver

revue [rəvy] *nf* 1. *(magazine)* magazine 2. *(spectacle)* revue • **passer qqch en revue** to review sthg

rez-de-chaussée [redʃose] *nm inv* ground floor (*UK*), first floor (*US*)

Rhin [rε̃] *nm* • **le Rhin** the Rhine

rhinocéros [rinɔserɔs] *nm* rhinoceros

Rhône [ron] *nm* • **le Rhône** *(fleuve)* the (River) Rhone

rhubarbe [rybarb] *nf* rhubarb

rhum [rɔm] *nm* rum

rhumatismes [rymatism] *nmpl* rheumatism *sg* • **avoir des rhumatismes** to have rheumatism

rhume [rym] *nm* cold • **avoir un rhume** to have a cold • **rhume des foins** hay fever

ri [ri] *pp* ➤ rire

ricaner [rikane] *vi* to snigger

riche [riʃ] *adj* rich ◇ *nmf* • **les riches** the rich • **riche en** rich in

richesse [riʃεs] *nf* wealth ◆ **richesses** *nfpl* 1. *(minières)* resources 2. *(archéologiques)* treasures

ricocher [rikɔʃe] *vi* to ricochet

ricochet [rikɔʃε] *nm* • **faire des ricochets** to skim pebbles

ride [rid] *nf* wrinkle

ridé, e [ride] *adj* wrinkled

rideau [rido] (*pl* -x) *nm* curtain

ridicule [ridikyl] *adj* ridiculous

rien [rjε̃] *pron* nothing • **ne... rien** nothing • **je ne fais rien le dimanche** I do nothing on Sundays, I don't do anything on Sundays • **ça ne fait rien** it doesn't matter • **de rien** don't mention it • **pour rien** for nothing • **rien**

d'intéressant nothing interesting • **rien du tout** nothing at all • **rien que** nothing but
rigide [riʒid] *adj* stiff
rigole [rigɔl] *nf* **1.** *(caniveau)* channel **2.** *(eau)* rivulet
rigoler [rigɔle] *vi* **1.** (*fam*) *(rire)* to laugh **2.** *(s'amuser)* to have a laugh **3.** *(plaisanter)* to joke
rigolo, ote [rigɔlo, ɔt] *adj* (*fam*) funny
rigoureux, euse [rigurø, øz] *adj* **1.** *(hiver)* harsh **2.** *(analyse, esprit)* rigorous
rigueur [rigœr] ◆ **à la rigueur** *adv* **1.** *(si nécessaire)* if necessary **2.** *(si on veut)* at a push
rillettes [rijɛt] *nfpl potted pork, duck or goose*
rime [rim] *nf* rhyme
rinçage [rɛ̃saʒ] *nm* rinse
rincer [rɛ̃se] *vt* to rinse
ring [riŋ] *nm* **1.** *(de boxe)* ring **2.** (*Belg*) *(route)* ring road
riposter [ripɔste] *vi* **1.** *(en paroles)* to answer back **2.** *(militairement)* to retaliate
rire [rir] *nm* laugh ◇ *vi* **1.** to laugh **2.** *(s'amuser)* to have fun • **rire aux éclats** to howl with laughter • **tu veux rire !** you're joking! • **pour rire** *(en plaisantant)* as a joke
ris [ri] *nmpl* • **ris de veau** calves' sweetbreads
risotto [rizɔto] *nm* risotto
risque [risk] *nm* risk
risqué, e [riske] *adj* risky
risquer [riske] *vt* **1.** to risk **2.** *(proposition, question)* to venture ◇ *vi* • **risquer de faire qqch** *(être en danger de)* to be in danger of doing sthg ; *(exprime la probabilité)* to be likely to do sthg
rissolé, e [risɔle] *adj* browned
rivage [rivaʒ] *nm* shore
rival, e, aux [rival, o] *adj & nm, f* rival
rivalité [rivalite] *nf* rivalry
rive [riv] *nf* bank • **la rive gauche** *(à Paris)* the south bank of the Seine *(traditionally associated with students and artists)* • **la rive droite** *(à Paris)* the north bank of the Seine *(generally considered more affluent)*
river [rive] *vt* **1.** *(un clou)* to clinch **2.** *(fixer)* to rivet • **avoir les yeux rivés sur qqch/ qqn** to have one's eyes riveted on sb/sthg
riverain, e [rivrɛ̃, ɛn] *nm, f* *(d'une rue)* resident ▼ **sauf riverains** residents only
rivière [rivjɛr] *nf* river
riz [ri] *nm* rice • **riz cantonais** fried rice • **riz au lait** rice pudding • **riz pilaf** pilaff • **riz sauvage** wild rice
RMI *nm* (*abr de revenu minimum d'insertion*) *minimum guaranteed benefit*
RN *abr de* **route nationale**
robe [rɔb] *nf* **1.** dress **2.** *(d'un cheval)* coat • **robe de chambre** dressing gown • **robe du soir** evening dress
robinet [rɔbinɛ] *nm* tap (*UK*), faucet (*US*)
robot [rɔbo] *nm* **1.** *(industriel)* robot **2.** *(ménager)* food processor
robuste [rɔbyst] *adj* sturdy
roc [rɔk] *nm* rock
rocade [rɔkad] *nf* ring road (*UK*), beltway (*US*)
roche [rɔʃ] *nf* rock

rocher [rɔʃe] *nm* 1. rock 2. *(au chocolat) chocolate covered with chopped hazelnuts*
rock [rɔk] *nm* rock
rodage [rɔdaʒ] *nm* running in
rôder [rode] *vi* 1. *(par ennui)* to hang about 2. *(pour attaquer)* to loiter
rœsti [røʃti] *nmpl* (*Helv*) *grated potato fried to form a sort of cake*
rognons [rɔɲɔ̃] *nmpl* kidneys
roi [rwa] *nm* king • **les Rois, la fête des Rois** Twelfth Night • **tirer les rois** to eat Kings' Cake on Twelfth Night
Roland-Garros [rɔlɑ̃garɔs] *n* • **(le tournoi de) Roland-Garros** the French Open
rôle [rol] *nm* role
roller [rɔlœr] *nm (sport)* rollerblading • **les rollers** *(patins)* Rollerblades® • **faire du roller** to go rollerblading, to rollerblade
ROM [rɔm] *nf* (*abr de read only memory*) ROM
romain, e [rɔmɛ̃, ɛn] *adj* Roman
roman, e [rɔmɑ̃, an] *adj (architecture, église)* Romanesque ◇ *nm* novel
romancier, ère [rɔmɑ̃sje, ɛr] *nm, f* novelist
romantique [rɔmɑ̃tik] *adj* romantic
romarin [rɔmarɛ̃] *nm* rosemary
rompre [rɔ̃pr] *vi (se séparer)* to break up
romsteck [rɔmstɛk] *nm* rump steak
ronces [rɔ̃s] *nfpl* brambles
rond, e [rɔ̃, rɔ̃d] *adj* 1. round 2. *(gros)* chubby ◇ *nm* circle • **en rond** in a circle
ronde [rɔ̃d] *nf* 1. *(de policiers)* patrol 2. *(danse)* • **faire la ronde** to dance round in a circle • **à la ronde (aux alentours)** around
rondelle [rɔ̃dɛl] *nf* 1. *(tranche)* slice 2. TECH washer
rond-point [rɔ̃pwɛ̃] (*pl* **ronds-points**) *nm* roundabout (*UK*), traffic circle (*US*)
ronfler [rɔ̃fle] *vi* to snore
ronger [rɔ̃ʒe] *vt* 1. *(os)* to gnaw at 2. *(suj: rouille)* to eat away at ◆ **se ronger** *vp* • **se ronger les ongles** to bite one's nails • **se ronger d'inquiétude** to worry o.s. sick
ronronner [rɔ̃rɔne] *vi* to purr
roquefort [rɔkfɔr] *nm* Roquefort *(strong blue cheese)*
rosace [rozas] *nf (vitrail)* rose window
rosbif [rɔzbif] *nm* roast beef
rose [roz] *adj* & *nm* pink ◇ *nf* rose
rosé, e [roze] *adj* 1. *(teinte)* rosy 2. *(vin)* rosé ◇ *nm (vin)* rosé
roseau [rozo] (*pl* **-x**) *nm* reed
rosée [roze] *nf* dew
rosier [rozje] *nm* rose bush
rossignol [rɔsiɲɔl] *nm* nightingale
Rossini [rɔsini] *n* ➤ **tournedos**
rot [ro] *nm* burp
roter [rote] *vi* to burp
rôti [roti] *nm* joint
rôtie [roti] *nf* (*Québec*) piece of toast
rotin [rɔtɛ̃] *nm* rattan
rôtir [rotir] *vt* & *vi* to roast
rôtissoire [rotiswar] *nf (électrique)* rotisserie
rotule [rɔtyl] *nf* kneecap
roucouler [rukule] *vi* to coo
roue [ru] *nf* wheel • **roue de secours** spare wheel • **grande roue** ferris wheel

rouge [ruʒ] *adj* **1.** red **2.** *(fer)* red-hot ◇ *nm* **1.** red **2.** *(vin)* red (wine) • **le feu est passé au rouge** the light has turned red • **rouge à lèvres** lipstick

rouge-gorge [ruʒgɔrʒ] (*pl* **rouges-gorges**) *nm* robin

rougeole [ruʒɔl] *nf* measles *sg*

rougeurs [ruʒœr] *nfpl* red blotches

rougir [ruʒir] *vi* **1.** *(de honte, d'émotion)* to blush **2.** *(de colère)* to turn red

rouille [ruj] *nf* **1.** rust **2.** *(sauce) garlic and red pepper sauce for fish soup*

rouillé, e [ruje] *adj* rusty

rouiller [ruje] *vi* to rust

roulant [rylɑ̃] *adj m* ➤ **fauteuil, tapis**

rouleau [rulo] (*pl* **-x**) *nm* **1.** *(de papier, de tissu)* roll **2.** *(pinceau, vague)* roller • **rouleau à pâtisserie** rolling pin • **rouleau de printemps** spring roll

roulement [rulmɑ̃] *nm (tour de rôle)* rota • **roulement à billes** ball bearings *pl* • **roulement de tambour** drum roll

rouler [rule] *vt* **1.** *(nappe, tapis)* to roll up **2.** *(voler)* to swindle ◇ *vi* **1.** *(balle, caillou)* to roll **2.** *(véhicule)* to go **3.** *(automobiliste, cycliste)* to drive • **rouler les r** to roll one's r's ▼ **roulez au pas** dead slow ◆ **se rouler** *vp (par terre, dans l'herbe)* to roll about

roulette [rulɛt] *nf (roue)* wheel • **la roulette** *(jeu)* roulette

roulotte [rulɔt] *nf* caravan

roumain, e [rumɛ̃, ɛn] *adj* Romanian

Roumanie [rumani] *nf* • **la Roumanie** Romania

rousse *adj f* ➤ **roux**

rousseur [rusœr] *nf* ➤ **tache**

roussi [rusi] *nm* • **ça sent le roussi** *(fig)* trouble's on its way

routard, e [rutar, ard] *nm, f* backpacker

route [rut] *nf* **1.** road **2.** *(itinéraire)* route • **mettre qqch en route** *(machine)* to start sthg up ; *(processus)* to get sthg under way • **se mettre en route** *(voyageur)* to set off ▼ **route barrée** road closed

routeur [ʀutœʀ] *nm* router

routier, ère [rutje, ɛr] *adj (carte, transports)* road ◇ *nm* **1.** *(camionneur)* lorry driver (*UK*), truck driver (*US*) **2.** *(restaurant)* transport café (*UK*), truck stop (*US*)

routine [rutin] *nf* routine

roux, rousse [ru, rus] *adj* **1.** *(cheveux)* red **2.** *(personne)* red-haired **3.** *(chat)* ginger ◇ *nm, f* redhead

royal, e, aux [rwajal, o] *adj* **1.** royal **2.** *(cadeau, pourboire)* generous

royaume [rwajom] *nm* kingdom

Royaume-Uni [rwajomyni] *nm* • **le Royaume-Uni** the United Kingdom

RTT (*abr de réduction du temps de travail*) *nf French 35 hour per week employment scheme* ◇ *adj* • **jours RTT** paid holidays (*UK*), paid vacation (*US*) ◇ *nm* • **j'ai pris un RTT** to take a day's holiday (*UK*) ou vacation (*US*)

ruade [ryad] *nf* kick

ruban [rybɑ̃] *nm* ribbon • **ruban adhésif** adhesive tape

rubéole [rybeɔl] *nf* German measles *sg*

rubis [rybi] *nm* ruby

rubrique [rybrik] *nf* **1.** *(catégorie)* heading **2.** *(de journal)* column

ruche [ryʃ] *nf* beehive

rude [ryd] *adj* **1.** *(climat, voix)* harsh **2.** *(travail)* tough
rudimentaire [rydimɑ̃tɛr] *adj* rudimentary
rue [ry] *nf* street
ruelle [rɥɛl] *nf* alley
ruer [rɥe] *vi* to kick ◆ **se ruer** *vp* ● **se ruer dans/sur** to rush into/at
rugby [rygbi] *nm* rugby
rugir [ryʒir] *vi* to roar
rugueux, euse [rygø, øz] *adj* rough
ruine [rɥin] *nf (financière)* ruin ● **en ruine** *(château)* ruined ● **tomber en ruine** to crumble ◆ **ruines** *nfpl* ruins
ruiné, e [rɥine] *adj* ruined
ruisseau [rɥiso] *(pl* **-x***)* *nm* stream
ruisseler [rɥisle] *vi* to stream ● **ruisseler de** *(sueur, larmes)* to stream with
rumeur [rymœr] *nf* **1.** *(nouvelle)* rumour **2.** *(bruit)* rumble
ruminer [rymine] *vi (vache)* to chew the cud
rupture [ryptyr] *nf* **1.** *(de relations diplomatiques)* breaking off **2.** *(d'une relation amoureuse)* break-up
rural, e, aux [ryral, o] *adj* rural
ruse [ryz] *nf* **1.** *(habileté)* cunning **2.** *(procédé)* trick
rusé, e [ryze] *adj* cunning
russe [rys] *adj* Russian ◇ *nm (langue)* Russian ◆ **Russe** *nmf* Russian
Russie [rysi] *nf* ● **la Russie** Russia
Rustine® [rystin] *nf rubber repair patch for bicycle tyres*
rustique [rystik] *adj* rustic
rythme [ritm] *nm* **1.** rhythm **2.** *(cardiaque)* rate **3.** *(de la marche)* pace

S

S *(abr écrite de sud)* S *(South)*
s' *pron* ➤ **se**
sa *adj* ➤ **son**
SA *nf (abr de société anonyme)* ≃ plc *(public limited company) (UK)* ≃ Inc. *(incorporated) (US)*
sable [sabl] *nm* sand ● **sables mouvants** quicksand *sg*
sablé, e [sable] *adj (biscuit)* shortbread ◇ *nm* shortbread biscuit *(UK)*, shortbread cookie *(US)*
sablier [sablije] *nm* hourglass
sablonneux, euse [sablɔnø, øz] *adj* sandy
sabot [sabo] *nm* **1.** *(de cheval, de vache)* hoof **2.** *(chaussure)* clog ● **sabot de Denver** wheel clamp *(UK)*, Denver boot *(US)*
sabre [sabr] *nm* sabre
sac [sak] *nm* **1.** bag **2.** *(de pommes de terre)* sack ● **sac de couchage** sleeping bag ● **sac à dos** rucksack ● **sac à main** handbag *(UK)*, purse *(US)*
saccadé, e [sakade] *adj* **1.** *(gestes)* jerky **2.** *(respiration)* uneven
saccager [sakaʒe] *vt* **1.** *(ville, cultures)* to destroy **2.** *(appartement)* to wreck
sachant [saʃɑ̃] *p prés* ➤ **savoir**
sache *1re et 3e pers. du sg du subj. prés.* ➤ **savoir**
sachet [saʃɛ] *nm* sachet ● **sachet de thé** teabag
sacoche [sakɔʃ] *nf* **1.** *(sac)* bag **2.** *(de vélo)* pannier

sac-poubelle [sakpubɛl] (*pl* **sacs-poubelle**) *nm* dustbin bag (*UK*), garbage bag (*US*)
sacre [sakr] *nm* **1.** *(de roi)* coronation **2.** *(d'évêque)* consecration
sacré, e [sakre] *adj* **1.** sacred **2.** *(fam) (maudit)* damn
sacrifice [sakrifis] *nm* sacrifice
sacrifier [sakrifje] *vt* to sacrifice ♦ **se sacrifier** *vp* to sacrifice o.s.
sadique [sadik] *adj* sadistic
safari [safari] *nm* safari
safran [safrɑ̃] *nm* saffron
sage [saʒ] *adj* **1.** *(avisé)* wise **2.** *(obéissant)* good, well-behaved
sage-femme [saʒfam] (*pl* **sages-femmes**) *nf* midwife
sagesse [saʒɛs] *nf (prudence, raison)* wisdom
Sagittaire [saʒitɛr] *nm* Sagittarius
saignant, e [sɛɲɑ̃, ɑ̃t] *adj (viande)* rare
saigner [seɲe] *vi* to bleed ● **saigner du nez** to have a nosebleed
saillant, e [sajɑ̃, ɑ̃t] *adj* **1.** *(par rapport à un mur)* projecting **2.** *(pommettes, veines)* prominent
sain, e [sɛ̃, sɛn] *adj* **1.** healthy **2.** *(mentalement)* sane ● **sain et sauf** safe and sound
saint, e [sɛ̃, sɛ̃t] *adj* holy ◇ *nm, f* saint ● **la Saint-François** Saint Francis' day
saint-honoré [sɛ̃tɔnɔre] *nm inv shortcrust or puff pastry cake topped with choux pastry balls and whipped cream*
Saint-Jacques [sɛ̃ʒak] *n* ➤ **coquille**
Saint-Michel [sɛ̃miʃɛl] *n* ➤ **mont**
Saint-Sylvestre [sɛ̃silvɛstr] *nf* ● **la Saint-Sylvestre** New Year's Eve
sais *1re et 2e pers. du sg de l'ind. prés.* ➤ **savoir**
saisir [sezir] *vt* **1.** *(objet, occasion)* to grab **2.** *(comprendre)* to understand **3.** *(juridique) (biens)* to seize **4.** INFORM *(écran)* to capture ; *(données)* to key in
saison [sɛzɔ̃] *nf* season ● **basse saison** low season ● **haute saison** high season
salade [salad] *nf* **1.** *(verte)* lettuce **2.** *(plat en vinaigrette)* salad ● **champignons en salade** mushroom salad ● **salade de fruits** fruit salad ● **salade mêlée** (*Helv*) mixed salad ● **salade mixte** mixed salad ● **salade niçoise** niçoise salad ▼ **salade César** Caesar salad ▼ **salade de crudités** crudités ▼ **salade du chef** chef's salad ▼ **salade paysanne** *salad with small onions and diced bacon*
saladier [saladje] *nm* salad bowl
salaire [salɛr] *nm* salary, wage
salami [salami] *nm* salami
salarié, e [salarje] *nm, f* (salaried) employee
sale [sal] *adj* **1.** dirty **2.** *(fam) (temps)* filthy **3.** *(fam) (journée, mentalité)* nasty
salé, e [sale] *adj* **1.** *(plat)* salted **2.** *(eau)* salty ◇ *nm* ● **petit salé aux lentilles** *salt pork served with lentils*
saler [sale] *vt* to salt
saleté [salte] *nf* **1.** *(état)* dirtiness **2.** *(crasse)* dirt **3.** *(chose sale)* disgusting thing
salière [saljɛr] *nf* saltcellar
salir [salir] *vt* to (make) dirty ♦ **se salir** *vp* to get dirty
salissant, e [salisɑ̃, ɑ̃t] *adj* that shows the dirt
salive [saliv] *nf* saliva

salle [sal] *nf* **1.** room **2.** *(d'hôpital)* ward **3.** *(de cinéma)* screen **4.** *(des fêtes, municipale)* hall • **salle d'attente** waiting room • **salle de bains** bathroom • **salle de classe** classroom • **salle d'embarquement** departure lounge • **salle à manger** dining room • **salle d'opération** operating theatre ▾ **salle climatisée** air-conditioned room ▾ **salle des fêtes** village hall

salon [salɔ̃] *nm* **1.** *(séjour)* living room **2.** *(exposition)* show • **salon de coiffure** hairdressing salon • **salon de thé** tearoom ▾ **salon de réception** reception room

salopette [salɔpɛt] *nf* **1.** *(d'ouvrier)* overalls *pl* **2.** *(en jean,etc)* dungarees *pl*

salsifis [salsifi] *nmpl* salsify *(root vegetable)*

saluer [salɥe] *vt* **1.** *(dire bonjour à)* to greet **2.** *(de la tête)* to nod to **3.** *(dire au revoir à)* to say goodbye to **4.** *MIL* to salute

salut [saly] *nm* **1.** *(pour dire bonjour)* greeting **2.** *(de la tête)* nod **3.** *(pour dire au revoir)* farewell **4.** *MIL* salute ◇ *interj* **1.** *(fam)* *(bonjour)* hi! **2.** *(au revoir)* bye!

salutaire [salytɛr] *adj* salutary • **un apport salutaire** a beneficial contribution

salutations [salytasjɔ̃] *nfpl* greetings

samaritain [samaritɛ̃] *nm* *(Helv)* *person qualified to give first aid*

samedi [samdi] *nm* Saturday • **nous sommes** ou **c'est samedi** it's Saturday today • **samedi 13 septembre** Saturday 13 September • **nous sommes partis samedi** we left on Saturday • **samedi dernier** last Saturday • **samedi prochain** next Saturday • **samedi matin** on Saturday morning • **le samedi** on Saturdays • **à samedi !** see you Saturday!

SAMU [samy] *nm French ambulance and emergency service*

sanction [sɑ̃ksjɔ̃] *nf* sanction

sanctionner [sɑ̃ksjɔne] *vt* to punish

sandale [sɑ̃dal] *nf* sandal

sandwich [sɑ̃dwitʃ] *nm* sandwich

sang [sɑ̃] *nm* blood • **en sang** bloody • **se faire du mauvais sang** to be worried

sang-froid [sɑ̃frwa] *nm inv* calm

sanglant, e [sɑ̃glɑ̃, ɑ̃t] *adj* bloody

sangle [sɑ̃gl] *nf* strap

sanglier [sɑ̃glije] *nm* boar

sanglot [sɑ̃glo] *nm* sob

sangloter [sɑ̃glɔte] *vi* to sob

sangria [sɑ̃grija] *nf* sangria

sanguin [sɑ̃gɛ̃] *adj m* ➤ **groupe**

sanguine [sɑ̃gin] *nf* *(orange)* blood orange

Sanisette® [sanizɛt] *nf* superloo

sanitaire [sanitɛr] *adj* *(d'hygiène)* sanitary ◆ **sanitaires** *nmpl* *(d'un camping)* toilets and showers

sans [sɑ̃] *prép* without • **sans faire qqch** without doing sthg • **sans que personne s'en rende compte** without anyone realizing

sans-abri [sɑ̃zabri] *nmf* homeless person

sans-gêne [sɑ̃ʒɛn] *adj inv* rude ◇ *nm inv* rudeness

sans-papiers [sɑ̃papje] *nmf* illegal immigrant worker

santé [sɑ̃te] *nf* health • **en bonne/mauvaise santé** in good/poor health • **(à ta) santé !** cheers!

saoul, e [su, sul] *adj* = **soûl**

saouler [sule] *vt* = **soûler**

saphir [safir] *nm* sapphire

sapin [sapɛ̃] *nm* fir • **sapin de Noël** Christmas tree

sardine [sardin] *nf* sardine

SARL *nf* (*abr de société à responsabilité limitée*) ≃ Ltd (*limited*) (*UK*) ≃ Inc. (*incorporated*) (*US*)

sarrasin [sarazɛ̃] *nm* (*graine*) buckwheat ▼ **galette de sarrasin** buckwheat pancake

satellite [satelit] *nm* satellite

satin [satɛ̃] *nm* satin

satiné, e [satine] *adj* (*tissu, peinture*) satin

satirique [satirik] *adj* satirical

satisfaction [satisfaksjɔ̃] *nf* satisfaction

satisfaire [satisfɛr] *vt* to satisfy ◆ **se satisfaire de** *vp + prep* to be satisfied with

satisfaisant, e [satisfəzɑ̃, ɑ̃t] *adj* satisfactory

satisfait, e [satisfɛ, ɛt] *pp & 3ᵉ pers. du sg de l'ind. prés.* ➤ **satisfaire** ◇ *adj* satisfied • **être satisfait de** to be satisfied with

saturé, e [satyre] *adj* saturated

sauce [sos] *nf* sauce • **en sauce** in a sauce • **sauce blanche** *white sauce made with chicken stock* • **sauce chasseur** *mushroom, shallot, white wine and tomato sauce* • **sauce madère** *vegetable, mushroom and Madeira sauce* • **sauce tartare** tartar sauce • **sauce tomate** tomato sauce ▼ **sauce au poivre** peppercorn sauce

saucer [sose] *vt* (*assiette*) to wipe clean

saucisse [sosis] *nf* sausage • **saucisse sèche** thin dry sausage

saucisson [sosisɔ̃] *nm* dry sausage

sauf, sauve [sof, sov] *adj* ➤ **sain** ◇ *prép* (*excepté*) except • **sauf erreur** unless there is some mistake

sauge [soʒ] *nf* sage

saugrenu, e [sogrəny] *adj* ridiculous

saule [sol] *nm* willow • **saule pleureur** weeping willow

saumon [somɔ̃] *nm* salmon ◇ *adj inv* • **(rose) saumon** salmon(-pink) • **saumon fumé** smoked salmon

sauna [sona] *nm* sauna

saupoudrer [sopudre] *vt* • **saupoudrer qqch de** to sprinkle sthg with

saur [sɔr] *adj m* ➤ **hareng**

saura *3ᵉ pers. du sg de l'ind. fut.* ➤ **savoir**

saut [so] *nm* jump • **faire un saut chez qqn** to pop round to see sb • **saut en hauteur** high jump • **saut en longueur** long jump • **saut périlleux** somersault • **saut de colonne** *INFORM* column break • **saut de page** *INFORM* page break

sauté, e [sote] *adj CULIN* sautéed ◇ *nm* • **sauté de veau** sautéed veal

saute-mouton [sotmutɔ̃] *nm inv* • **jouer à saute-mouton** to play leapfrog

sauter [sote] *vi* **1.** to jump **2.** (*exploser*) to blow up **3.** (*se défaire*) to come off **4.** (*plombs*) to blow ◇ *vt* **1.** (*obstacle*) to jump over **2.** (*passage, classe*) to skip • **sauter son tour** (*dans un jeu*) to pass • **faire sauter qqch** (*faire exploser*) to blow sthg up ; *CULIN* to sauté sthg

sauterelle [sotrɛl] *nf* grasshopper

sautiller [sotije] *vi* to hop

sauvage [sovaʒ] *adj* **1.** (*animal, plante*) wild **2.** (*tribu*) primitive **3.** (*cri, haine*) savage ◇ *nmf* **1.** (*barbare*) brute **2.** (*personne farouche*) recluse

sauvegarde [sovgard] *nf INFORM (-action)* saving ; *(-copie)* backup • **sauvegarde automatique** automatic backup
sauvegarder [sovgarde] *vt* **1.** *(protéger)* to safeguard **2.** *INFORM* to save
sauver [sove] *vt* to save • **sauver qqn/qqch de qqch** to save sb/sthg from sthg • **se sauver** *vp (s'échapper)* to run away
sauvetage [sovtaʒ] *nm* rescue
sauveteur [sovtœr] *nm* rescuer
SAV *abr de* **service après-vente**
savant, e [savɑ̃, ɑ̃t] *adj (cultivé)* scholarly ◇ *nm* scientist
savarin [savarɛ̃] *nm* ≃ rum baba
saveur [savœr] *nf* flavour
savoir [savwar] *vt* to know • **savoir faire qqch** to know how to do sthg • **savez-vous parler français ?** can you speak French? • **je n'en sais rien** I have no idea
savoir-faire [savwarfɛr] *nm inv* know-how
savoir-vivre [savwarvivr] *nm inv* good manners *pl*
savon [savɔ̃] *nm* **1.** soap **2.** *(bloc)* bar of soap
savonner [savɔne] *vt* to soap
savonnette [savɔnet] *nf* bar of soap
savourer [savure] *vt* to savour
savoureux, euse [savurø, øz] *adj (aliment)* tasty
savoyarde [savwajard] *adj f* ➤ **fondue**
saxophone [saksɔfɔn] *nm* saxophone
sbrinz [ʃbrints] *nm hard crumbly Swiss cheese made from cow's milk*
scandale [skɑ̃dal] *nm* **1.** *(affaire)* scandal **2.** *(fait choquant)* outrage • **faire du** ou **un scandale** to make a fuss • **faire scandale** to cause a stir
scandaleux, euse [skɑ̃dalø, øz] *adj* outrageous
scandinave [skɑ̃dinav] *adj* Scandinavian
Scandinavie [skɑ̃dinavi] *nf* • **la Scandinavie** Scandinavia
scanner *vt* to scan
scanner [skanɛr] *nm* **1.** *(appareil)* scanner **2.** *(test)* scan
scaphandre [skafɑ̃dr] *nm* diving suit
scarole [skarɔl] *nf* endive
sceller [sele] *vt (cimenter)* to cement
scénario [senarjo] *nm (de film)* screenplay
scène [sɛn] *nf* **1.** *(estrade)* stage **2.** *(événement, partie d'une pièce)* scene • **mettre qqch en scène** *(film, pièce de théâtre)* to direct sthg
sceptique [sɛptik] *adj* sceptical
schéma [ʃema] *nm* **1.** diagram **2.** *(résumé)* outline
schématique [ʃematik] *adj* **1.** *(sous forme de schéma)* diagrammatical **2.** *(trop simple)* simplistic
schublig [ʃublig] *nm (Helv) type of sausage*
sciatique [sjatik] *nf* sciatica
scie [si] *nf* saw
science [sjɑ̃s] *nf* science • **sciences naturelles** natural sciences
science-fiction [sjɑ̃sfiksjɔ̃] *nf* science fiction
scientifique [sjɑ̃tifik] *adj* scientific ◇ *nmf* scientist
scier [sje] *vt* to saw
scintiller [sɛ̃tije] *vi* to sparkle
sciure [sjyr] *nf* sawdust

scolaire [skɔlɛr] *adj (vacances, manuel)* school
scoop [skup] *nm* scoop
scooter [skutœr] *nm* scooter • **scooter des mers** jet ski
score [skɔr] *nm* score
Scorpion [skɔrpjɔ̃] *nm* Scorpio
Scotch® [skɔtʃ] *nm (adhésif)* ≃ Sellotape® (*UK*) Scotch®tape (*US*)
scotch [skɔtʃ] *nm (whisky)* Scotch
scout, e [skut] *nm, f* scout
scrupule [skrypyl] *nm* scruple
scruter [skryte] *vt* to scrutinize
scrutin [skrytɛ̃] *nm* ballot
sculpter [skylte] *vt* **1.** to sculpt **2.** *(bois)* to carve
sculpteur [skyltœr] *nm* sculptor
sculpture [skyltyr] *nf* sculpture
SDF *nmf (abr de sans domicile fixe)* homeless person
se [sə] *pron*
1. *(réfléchi : personne indéfinie)* oneself ; *(personne)* himself(*f* herself), themselves *pl* ; *(chose, animal)* itself, themselves *pl* • **elle se regarde dans le miroir** she's looking at herself in the mirror • **se faire mal** to hurt oneself
2. *(réciproque)* each other, one another • **se battre** to fight • **ils s'écrivent toutes les semaines** they write to each other every week
3. *(avec certains verbes, vide de sens)* • **se décider** to decide • **se mettre à faire qqch** to start doing sthg
4. *(passif)* • **ce produit se vend bien/partout** this product is selling well/is sold everywhere
5. *(à valeur de possessif)* • **se laver les mains** to wash one's hands • **se couper le doigt** to cut one's finger
séance [seɑ̃s] *nf* **1.** *(de rééducation, de gymnastique)* session **2.** *(de cinéma)* performance
seau [so] (*pl* **-x**) *nm* bucket • **seau à champagne** champagne bucket
sec, sèche [sɛk, sɛʃ] *adj* **1.** dry **2.** *(fruit, légume)* dried • **à sec** *(cours d'eau)* dried-up • **au sec** *(à l'abri de la pluie)* out of the rain • **fermer qqch d'un coup sec** to slam sthg shut
sécateur [sekatœr] *nm* secateurs *pl*
séchage [seʃaʒ] *nm* drying
sèche *adj f* ➤ **sec**
sèche-cheveux [sɛʃʃəvø] *nm inv* hairdryer
sèche-linge [sɛʃlɛ̃ʒ] *nm inv* tumbledryer
sèchement [sɛʃmɑ̃] *adv* drily
sécher [seʃe] *vt* to dry ◇ *vi* **1.** to dry **2.** (*fam*) *(à un examen)* to have a mental block • **sécher les cours** (*fam*) to play truant (*UK*), to play hooky (*US*)
sécheresse [sɛʃrɛs] *nf (manque de pluie)* drought
séchoir [seʃwar] *nm* • **séchoir (à cheveux)** hairdryer • **séchoir (à linge)** *(sur pied)* clothes dryer ; *(électrique)* tumbledryer
second, e [səgɔ̃, ɔ̃d] *adj* second • **il est arrivé second** he came as second
secondaire [səgɔ̃dɛr] *adj* secondary
seconde [səgɔ̃d] *nf* **1.** *(unité de temps)* second **2.** SCOL ≃ fifth form (*UK*) ≃ tenth grade (*US*) **3.** *(vitesse)* second (gear) • **voyager en seconde (classe)** to travel second class

secouer [səkwe] *vt* **1.** to shake **2.** *(bouleverser, inciter à agir)* to shake up

secourir [səkurir] *vt* **1.** *(d'un danger)* to rescue **2.** *(moralement)* to help

secouriste [səkurist] *nmf* first-aid worker

secours [səkur] *nm* help • **appeler au secours** to call for help • **au secours !** help! • **secours d'urgence** emergency aid • **premiers secours** first aid • **porter secours à qqn** to give sb assistance

secouru, e [səkury] *pp* ➤ **secourir**

secousse [səkus] *nf* jolt

secret, ète [səkrɛ, ɛt] *adj & nm* secret • **en secret** in secret

secrétaire [səkretɛr] *nmf* secretary ◇ *nm (meuble)* secretaire

secrétariat [səkretarja] *nm* **1.** *(bureau)* secretary's office **2.** *(métier)* secretarial work

secte [sɛkt] *nf* sect

secteur [sɛktœr] *nm* **1.** *(zone)* area **2.** *(électrique)* mains **3.** *(économique, industriel)* sector • **fonctionner sur secteur** to run off the mains

section [sɛksjɔ̃] *nf* **1.** section **2.** *(de ligne d'autobus)* fare stage

sectionner [sɛksjɔne] *vt* to cut

Sécu [seky] *nf (fam)* • **la Sécu** *French social security system*

sécurité [sekyrite] *nf* **1.** *(tranquillité)* safety **2.** *(ordre)* security • **en sécurité** safe • **mettre qqch en sécurité** to put sthg in a safe place • **la sécurité routière** *French organization providing traffic bulletins and safety information* • **la Sécurité sociale** *French social security system*

séduire [sedɥir] *vt* to attract

séduisant, e [sedɥizɑ̃, ɑ̃t] *adj* attractive

séduit, e [sedɥi, it] *pp & 3ᵉ pers. du sg de l'ind. prés.* ➤ **séduire**

segment [sɛgmɑ̃] *nm* segment

ségrégation [segregasjɔ̃] *nf* segregation

seigle [sɛgl] *nm* rye

seigneur [sɛɲœr] *nm (d'un château)* lord • **le Seigneur** the Lord

sein [sɛ̃] *nm* breast • **au sein de** within

Seine [sɛn] *nf* • **la Seine** *(fleuve)* the Seine

séisme [seism] *nm* earthquake

seize [sɛz] *num* sixteen

seizième [sɛzjɛm] *num* sixteenth

séjour [seʒur] *nm* stay • **(salle de) séjour** living room

séjourner [seʒurne] *vi* to stay

sel [sɛl] *nm* salt • **sels de bain** bath salts

sélection [selɛksjɔ̃] *nf* selection

sélectionner [selɛksjɔne] *vt* to select • **sélectionner tout** *INFORM* to select all

self-service [sɛlfsɛrvis] *(pl* **-s***) nm* **1.** *(restaurant)* self-service restaurant **2.** *(station-service)* self-service petrol station *(UK)*, self-service gas station *(US)*

selle [sɛl] *nf* saddle

seller [sele] *vt* to saddle

selon [səlɔ̃] *prép* **1.** *(de l'avis de, en accord avec)* according to **2.** *(en fonction de)* depending on • **selon que** depending on whether

semaine [səmɛn] *nf* week • **en semaine** during the week

semblable [sɑ̃blabl] *adj* similar • **semblable à** similar to

semblant [sɑ̃blɑ̃] *nm* • **faire semblant (de faire qqch)** to pretend (to do sthg) • **un semblant de** a semblance of

sembler [sɑ̃ble] *vi* to seem • **il semble que...** it seems that... • **il me semble que...** I think that...

semelle [səmɛl] *nf* sole

semer [səme] *vt* **1.** to sow **2.** *(se débarrasser de)* to shake off

semestre [səmɛstr] *nm* **1.** half-year **2.** *SCOL* semester

semi-remorque [səmirəmɔrk] (*pl* **-s**) *nm* articulated lorry (*UK*), semitrailer (*US*)

semoule [səmul] *nf* semolina

sénat [sena] *nm* senate

Sénégal [senegal] *nm* • **le Sénégal** Senegal

sens [sɑ̃s] *nm* **1.** *(direction)* direction **2.** *(signification)* meaning • **dans le sens inverse des aiguilles d'une montre** anticlockwise (*UK*), counterclockwise (*US*) • **en sens inverse** in the opposite direction • **avoir du bon sens** to have common sense • **sens giratoire** roundabout (*UK*), traffic circle (*US*) • **sens interdit** *(panneau)* no-entry sign ; *(rue)* one-way street • **sens unique** one-way street • **sens dessus dessous** upside-down ▾ **sens de la file** direction of the queue (*UK*) ou line (*US*)

sensation [sɑ̃sasjɔ̃] *nf* feeling, sensation • **faire sensation** to cause a stir

sensationnel, elle [sɑ̃sasjɔnɛl] *adj (formidable)* fantastic

sensible [sɑ̃sibl] *adj* **1.** sensitive **2.** *(perceptible)* noticeable • **sensible à** sensitive to

sensiblement [sɑ̃sibləmɑ̃] *adv* **1.** *(à peu près)* more or less **2.** *(de façon perceptible)* noticeably

sensuel, elle [sɑ̃sɥɛl] *adj* sensual

sentence [sɑ̃tɑ̃s] *nf (juridique)* sentence

sentier [sɑ̃tje] *nm* path

sentiment [sɑ̃timɑ̃] *nm* feeling

sentimental, e, aux [sɑ̃timɑ̃tal, o] *adj* sentimental

sentir [sɑ̃tir] *vt* **1.** *(odeur)* to smell **2.** *(goût)* to taste **3.** *(au toucher)* to feel **4.** *(avoir une odeur de)* to smell of • **sentir bon** to smell good • **sentir mauvais** to smell bad ◆ **se sentir** *vp* • **se sentir mal** to feel ill • **se sentir bizarre** to feel strange

séparation [separasjɔ̃] *nf* separation

séparément [separemɑ̃] *adv* separately

séparer [separe] *vt* **1.** to separate **2.** *(diviser)* to divide • **séparer qqn/qqch de** to separate sb/sthg from ◆ **se séparer** *vp* **1.** *(couple)* to split up **2.** *(se diviser)* to divide • **se séparer de qqn** *(conjoint)* to separate from sb ; *(employé)* to let sb go

sept [sɛt] *num* seven • **il a sept ans** he's seven (years old) • **il est sept heures** it's seven o'clock • **le sept janvier** the seventh of January • **page sept** page seven • **ils étaient sept** there were seven of them • **le sept de pique** the seven of spades • **(au) sept rue Lepic** at/to seven, rue Lepic

septante [sɛptɑ̃t] *num* (*Belg* & *Helv*) seventy

septembre [sɛptɑ̃br] *nm* September • **en septembre, au mois de septembre** in September • **début septembre** at the beginning of September • **fin septembre**

at the end of September • **le deux septembre** the second of September
septième [sɛtjɛm] *num* seventh • **le septième étage** seventh floor (*UK*), eighth floor (*US*) • **le septième (arrondissement)** seventh arrondissement • **il est arrivé septième** he came seventh
séquelles [sekɛl] *nfpl MÉD* aftereffects
séquence [sekɑ̃s] *nf* sequence
sera *3e pers. du sg de l'ind. fut.* ➤ **être**
séré [sere] *nm* (*Helv*) fromage frais
serein, e [sərɛ̃, ɛn] *adj* serene
sérénité [serenite] *nf* serenity
sergent [sɛrʒɑ̃] *nm* sergeant
série [seri] *nf* **1.** *(succession)* series **2.** *(ensemble)* set • **série (télévisée)** (television) series
sérieusement [serjøzmɑ̃] *adv* seriously
sérieux, euse [serjø, øz] *adj* serious ◇ *nm* • **travailler avec sérieux** to take one's work seriously • **garder son sérieux** to keep a straight face • **prendre qqch au sérieux** to take sthg seriously
seringue [sərɛ̃g] *nf* syringe
sermon [sɛrmɔ̃] *nm* **1.** *RELIG* sermon **2.** *(péj) (leçon)* lecture
séropositif, ive [serɔpozitif, iv] *adj* HIV-positive
serpent [sɛrpɑ̃] *nm* snake
serpentin [sɛrpɑ̃tɛ̃] *nm (de fête)* streamer
serpillière [sɛrpijɛr] *nf* floor cloth
serre [sɛr] *nf (à plantes)* greenhouse
serré, e [sere] *adj* **1.** *(vêtement)* tight **2.** *(spectateurs, passagers)* • **on est serré ici** it's packed in here
serrer [sere] *vt* **1.** *(comprimer)* to squeeze **2.** *(dans ses bras)* to hug **3.** *(dans une boîte, une valise)* to pack tightly **4.** *(poings, dents)* to clench **5.** *(nœud, vis)* to tighten • **ça me serre à la taille** it's tight around the waist • **serrer la main à qqn** to shake sb's hand ▾ **serrez à droite** keep right ◆ **se serrer** *vp* to squeeze up • **se serrer contre qqn** to huddle up against sb
serre-tête [sɛrtɛt] *nm inv* Alice band
serrure [seryr] *nf* lock
serrurier [seryrje] *nm* locksmith
sers *1re et 2e pers. du sg de l'ind. prés.* ➤ **servir**
serveur, euse [sɛrvœr, øz] *nm, f* **1.** *(de café, de restaurant)* waiter (*f* waitress) **2.** *INFORM* server • **serveur de courrier** mail server
serviable [sɛrvjabl] *adj* helpful
service [sɛrvis] *nm* **1.** *(manière de servir)* service **2.** *(faveur)* favour **3.** *(de vaisselle)* set **4.** *(département)* department **5.** *SPORT* service • **faire le service** to serve the food out • **rendre service à qqn** to be helpful to sb • **être de service** to be on duty • **premier/deuxième service** *(au restaurant)* first/second sitting • **service après-vente** after-sales service department • **service militaire** military service ▾ **service compris/non compris** service included/not included ▾ **service clientèle** customer services ▾ **en service** in service
serviette [sɛrvjɛt] *nf (cartable)* briefcase • **serviette hygiénique** sanitary towel (*UK*), sanitary napkin (*US*) • **serviette (de table)** table napkin • **serviette (de toilette)** towel ▾ **serviette en papier** paper napkin
servir [sɛrvir] *vt*
1. *(invité, client)* to serve

2. *(plat, boisson)* • **servir qqch à qqn** to serve sb sthg • **qu'est-ce que je vous sers ?** what would you like (to drink)? ▾ **servir frais** serve chilled
◇ *vi*
1. *(être utile)* to be of use • **servir à qqch** to be used for sthg • **servir à faire qqch** to be used for doing sthg • **ça ne sert à rien d'insister** there's no point in insisting
2. *(avec "de")* • **servir de qqch** *(objet)* to serve as sthg
3. *(au tennis)* to serve • **c'est à toi de servir** it's your serve ou service
4. *(aux cartes)* to deal
◆ **se servir** *vp (de la nourriture, de la boisson)* to help o.s.
◆ **se servir de** *vp + prep (objet)* to use
ses *adj pl* ➤ **son**
sésame [sezam] *nm (graines)* sesame seeds *pl*
set [sɛt] *nm SPORT* set • **set (de table)** table mat
seuil [sœj] *nm* threshold
seul, e [sœl] *adj* **1.** *(sans personne)* alone **2.** *(solitaire)* lonely **3.** *(unique)* only ◇ *nm, f* • **le seul** the only one • **un seul** only one • **pas un seul** not a single one • **(tout) seul** *(sans aide)* by oneself ; *(parler)* to one self
seulement [sœlmɑ̃] *adv* only • **non seulement... mais encore** ou **en plus** not only... but also • **si seulement...** if only...
sève [sɛv] *nf* sap
sévère [sevɛr] *adj* **1.** *(professeur, parent)* strict **2.** *(regard, aspect, échec)* severe **3.** *(punition)* harsh
sévérité [severite] *nf* severity
sévir [sevir] *vi* **1.** *(punir)* to punish **2.** *(épidémie, crise)* to rage
sexe [sɛks] *nm* **1.** *(mâle, femelle)* sex **2.** *ANAT* genitals *pl*
sexiste [sɛksist] *adj* sexist
sexuel, elle [sɛksɥɛl] *adj* sexual
Seychelles [sɛʃɛl] *nfpl* • **les Seychelles** the Seychelles
sgml *nm* SML
shampo(o)ing [ʃɑ̃pwɛ̃] *nm* shampoo
short [ʃɔrt] *nm* (pair of) shorts
show [ʃo] *nm (de variétés)* show
si [si] *conj*
1. *(exprime l'hypothèse)* if • **si tu veux, on y va** we'll go if you want • **ce serait bien si vous pouviez** it would be good if you could • **si c'est toi qui le dis, c'est que c'est vrai** since you told me, it must be true
2. *(dans une question)* • **(et) si on allait à la piscine ?** how about going to the swimming pool?
3. *(exprime un souhait)* if • **si seulement tu m'en avais parlé avant !** if only you had told me earlier!
4. *(dans une question indirecte)* if, whether • **dites-moi si vous venez** tell me if you are coming
◇ *adv*
1. *(tellement)* so • **une si jolie ville** such a pretty town • **si... que** so... that • **ce n'est pas si facile que ça** it's not as easy as that • **si bien que** with the result that
2. *(oui)* yes • **tu n'aimes pas le café ? - si** don't you like coffee? - yes, I do
SICAV [sikav] *nf inv (titre)* share in a unit trust
SIDA [sida] *nm* AIDS

siècle [sjɛkl] *nm* century • **au vingtième siècle** in the twentieth century
siège [sjɛʒ] *nm* **1.** seat **2.** *(d'une banque, d'une association)* head office
sien, **le sien**, **la sienne** [sjɛ̃, lasjɛn] *(mpl* **les siens** [lesjɛ̃], *fpl* **les siennes** [lesjɛn]) ♦ **le sien** *pron* **1.** *(d'homme)* his **2.** *(de femme)* hers **3.** *(de chose, d'animal)* its
sieste [sjɛst] *nf* nap • **faire la sieste** to have a nap
sifflement [sifləmɑ̃] *nm* whistling
siffler [sifle] *vi* to whistle ◇ *vt* **1.** *(air)* to whistle **2.** *(acteur)* to boo **3.** *(chien)* to whistle for **4.** *(femme)* to whistle at
sifflet [siflɛ] *nm* **1.** *(instrument)* whistle **2.** *(au spectacle)* boo
sigle [sigl] *nm* acronym
signal [siɲal] (*pl* **-aux**) *nm* **1.** *(geste, son)* signal **2.** *(feu, pancarte)* sign • **signal d'alarme** alarm signal ▼ **le signal sonore indique la fermeture des portes** the beeping sound indicates that the doors are closing
signalement [siɲalmɑ̃] *nm* description
signaler [siɲale] *vt* **1.** *(par un geste)* to signal **2.** *(par une pancarte)* to signpost **3.** *(faire remarquer)* to point out
signalisation [siɲalizasjɔ̃] *nf* **1.** *(feux, panneaux)* signs *pl* **2.** *(au sol)* road markings *pl*
signature [siɲatyr] *nf* signature
signe [siɲ] *nm* **1.** sign **2.** *(dessin)* symbol • **faire signe à qqn (de faire qqch)** to signal to sb (to do sthg) • **c'est bon/mauvais signe** it's a good/bad sign • **faire le signe de croix** to cross o.s. • **signe du zodiaque** sign of the zodiac
signer [siɲe] *vt & vi* to sign ♦ **se signer** *vp* to cross o.s.

Signer une lettre

Si l'on débute un courrier formel par *Dear Sir, Dear Madam* ou les deux, on conclut par *Yours faithfully* avec sa signature sur la ligne suivante. Dans les autres cas, on signe par *Yours sincerely* ou *Yours truly*.
Lorsque les lettres ne présentent pas de caractère officiel, on utilise *Best wishes* ou *Yours truly*. Pour des signatures plus amicales, on écrit *With love to you all, Love and best wishes, Looking forward to seeing you* et pour les proches et la famille *Love, Lots of love, With love from* ou *Much love*.
Quelle que soit la phrase de conclusion, elle se situe après un saut de ligne du côté gauche, avec la signature en–dessous.

significatif, **ive** [siɲifikatif, iv] *adj* significant
signification [siɲifikasjɔ̃] *nf* meaning
signifier [siɲifje] *vt* to mean
silence [silɑ̃s] *nm* silence • **en silence** in silence
silencieux, **euse** [silɑ̃sjø, øz] *adj* quiet
silhouette [silwɛt] *nf* **1.** *(forme)* silhouette **2.** *(corps)* figure
sillonner [sijɔne] *vt (parcourir)* • **sillonner une région** to travel all round a region
similaire [similɛr] *adj* similar

simple [sɛ̃pl] *adj* **1.** simple **2.** *(feuille, chambre)* single **3.** *(candide)* simple (-minded)
simplement [sɛ̃pləmɑ̃] *adv* simply
simplicité [sɛ̃plisite] *nf* simplicity
simplifier [sɛ̃plifje] *vt* to simplify
simuler [simyle] *vt* to feign
simultané, e [simyltane] *adj* simultaneous
simultanément [simyltanemɑ̃] *adv* simultaneously
sincère [sɛ̃sɛr] *adj* sincere
sincérité [sɛ̃serite] *nf* sincerity
singe [sɛ̃ʒ] *nm* monkey
singulier, ère [sɛ̃gylje] *adj* singular ◇ *nm* singular
sinistre [sinistr] *adj* sinister ◇ *nm* **1.** *(incendie)* fire **2.** *(inondation)* flood
sinistré, e [sinistre] *adj* disaster-stricken ◇ *nm, f* disaster victim
sinon [sinɔ̃] *conj* **1.** *(autrement)* otherwise **2.** *(si ce n'est)* if not
sinueux, euse [sinɥø, øz] *adj* winding
sinusite [sinyzit] *nf* sinusitis
sirène [sirɛn] *nf (d'alarme, de police)* siren
sirop [siro] *nm* CULIN syrup • **sirop d'érable** maple syrup • **sirop de fruits** fruit cordial • **sirop (pour la toux)** cough mixture
siroter [sirɔte] *vt* to sip
site [sit] *nm* **1.** *(paysage)* beauty spot **2.** *(emplacement)* site • **site touristique** tourist site • **site FTP/perso/professionnel** *INFORM* FTP/personal/business website
situation [sitɥasjɔ̃] *nf* **1.** *(circonstances)* situation **2.** *(emplacement)* location **3.** *(emploi)* job
situé, e [sitɥe] *adj* situated • **bien/mal situé** well/badly situated
situer [sitɥe] ◆ **se situer** *vp* to be situated
six [sis] *num & nm* six • **il a six ans** he's six (years old) • **il est six heures** it's six o'clock • **le six janvier** the sixth of January • **page six** page six • **ils étaient six** there were six of them • **le six de pique** the six of spades • **(au) six rue Lepic** at/to six, rue Lepic
sixième [sizjɛm] *num* sixth ◇ *nf* SCOL ≃ first form (*UK*) ≃ seventh grade (*US*) ◇ *nm (fraction)* sixth • **le sixième étage** sixth floor (*UK*), seventh floor (*US*) • **le sixième (arrondissement)** sixth arrondissement • **il est arrivé sixième** he came sixth
Skaï® [skaj] *nm* Leatherette®
skateboard [skɛtbɔrd] *nm* **1.** *(planche)* skateboard **2.** *(sport)* skateboarding
sketch [skɛtʃ] *nm* sketch
ski [ski] *nm* **1.** *(planche)* ski **2.** *(sport)* skiing • **faire du ski** to go skiing • **ski alpin** Alpine skiing • **ski de fond** cross-country skiing • **ski nautique** water skiing
skier [skje] *vi* to ski
skieur, euse [skjœr, øz] *nm, f* skier
slalom [slalɔm] *nm* slalom
slip [slip] *nm* **1.** *(sous-vêtement masculin)* pants (*UK*) *pl*, shorts (*US*) *pl* **2.** *(sous-vêtement féminin)* knickers *pl* • **slip de bain** *(d'homme)* swimming trunks *pl*
slogan [slɔgɑ̃] *nm* slogan
SMIC [smik] *nm guaranteed minimum wage*
smiley *nm* smiley

smoking [smɔkiŋ] *nm (costume)* dinner suit
SMS *nm* SMS • **envoyer un SMS** to send a text message
snack(-bar) [snak(bar)] *(pl -s) nm* snack bar
SNCF *nf French national railway company* ≃ BR *(UK)* ≃ Amtrak *(US)*
snob [snɔb] *adj* snobbish ◇ *nmf* snob
sobre [sɔbr] *adj* sober
sociable [sɔsjabl] *adj* sociable
social, e, aux [sɔsjal, o] *adj* social
socialisme [sɔsjalism] *nm* socialism
socialiste [sɔsjalist] *adj & nmf* socialist
société [sɔsjete] *nf* **1.** society **2.** *(entreprise)* company
socle [sɔkl] *nm* **1.** *(d'un ordinateur)* base **2.** *(d'une statue)* pedestal
socquette [sɔkɛt] *nf* ankle sock
soda [sɔda] *nm* fizzy drink, soda *(US)*
sœur [sœr] *nf* sister
sofa [sɔfa] *nm* sofa
software *nm* software
soi [swa] *pron* oneself • **en soi** *(par lui-même)* in itself • **cela va de soi** that goes without saying
soi-disant [swadizɑ̃] *adj inv* so-called ◇ *adv* supposedly
soie [swa] *nf* silk
soif [swaf] *nf* thirst • **avoir soif** to be thirsty • **ça donne soif** it makes you thirsty
soigner [swaɲe] *vt* **1.** *(malade, maladie)* to treat **2.** *(travail, présentation)* to take care over **3.** *(s'occuper de)* to look after, to take care of
soigneusement [swaɲøzmɑ̃] *adv* carefully
soigneux, euse [swaɲø, øz] *adj* careful
soin [swɛ̃] *nm* care • **prendre soin de qqch** to take care of sthg • **prendre soin de faire qqch** to take care to do sthg ◆ **soins** *nmpl (médicaux, de beauté)* care *sg* • **premiers soins** first aid *sg* ▾ **soins-beauté** beauty care ▾ **soins du visage** skin care *(for the face)* ▾ **soins du corps** body care
soir [swar] *nm* evening • **ce soir** tonight • **le soir** *(tous les jours)* in the evening
soirée [sware] *nf* **1.** evening **2.** *(réception)* party
sois [swa] *1re et 2e pers. du sg du subj. prés* ➤ **être**
[1]**soit** [swa] *3e pers. du sg du subj. prés.* ➤ **être**
[2]**soit** [swa(t)] *conj* • **soit... soit** either... or
soixante [swasɑ̃t] *num* sixty
soixante-dix [swasɑ̃tdis] *num* seventy
soixante-dixième [swasɑ̃tdizjɛm] *num* seventieth
soixantième [swasɑ̃tjɛm] *num* sixtieth
soja [sɔʒa] *nm* soya
sol [sɔl] *nm* **1.** *(d'une maison)* floor **2.** *(dehors)* ground **3.** *(terrain)* soil
solaire [sɔlɛr] *adj* solar
soldat [sɔlda] *nm* soldier
solde [sɔld] *nm (d'un compte bancaire)* balance • **en solde** in a sale ◆ **soldes** *nmpl* **1.** *(vente)* sales **2.** *(articles)* sale goods
soldé, e [sɔlde] *adj (article)* reduced
solder [sɔlde] *vt (compte)* to close ◆ **se solder** *vp* • **se solder par qqch** to end in sthg

sole [sɔl] *nf* sole • **sole meunière** *sole fried in butter and served with lemon juice and parsley*
soleil [sɔlɛj] *nm* sun • **il fait (du) soleil** it's sunny • **au soleil** in the sun • **soleil couchant** sunset • **soleil levant** sunrise
solennel, elle [sɔlanɛl] *adj (officiel)* solemn
solfège [sɔlfɛʒ] *nm* • **faire du solfège** to learn how to read music
solidaire [sɔlidɛr] *adj* • **être solidaire de qqn** to stand by sb
solidarité [sɔlidarite] *nf* solidarity
solide [sɔlid] *adj* **1.** *(matériau, construction)* solid **2.** *(personne)* sturdy
solidité [sɔlidite] *nf* solidity
soliste [sɔlist] *nmf* soloist
solitaire [sɔlitɛr] *adj* lonely ◇ *nmf* loner
solitude [sɔlityd] *nf* **1.** *(calme)* solitude **2.** *(abandon)* loneliness
solliciter [sɔlisite] *vt* **1.** *(suj: mendiant)* to beg **2.** *(entrevue, faveur)* to request
soluble [sɔlybl] *adj* **1.** *(café)* instant **2.** *(médicament)* soluble
solution [sɔlysjɔ̃] *nf* solution
sombre [sɔ̃br] *adj* **1.** dark **2.** *(visage, humeur, avenir)* gloomy
sommaire [sɔmɛr] *adj* **1.** *(explication, résumé)* brief **2.** *(repas, logement)* basic ◇ *nm* summary
somme [sɔm] *nf* sum ◇ *nm* • **faire un somme** to have a nap • **faire la somme de** to add up • **en somme** in short • **somme toute** all things considered
sommeil [sɔmɛj] *nm* sleep • **avoir sommeil** to be sleepy
sommelier, ère [sɔməlje, ɛr] *nm, f* wine waiter(*f* wine waitress)
sommes [sɔm] *1re pers. du pl de l'ind. prés.* ➤ **être**
sommet [sɔmɛ] *nm* **1.** top **2.** *(montagne)* peak
sommier [sɔmje] *nm* base
somnambule [sɔmnɑ̃byl] *nmf* sleepwalker ◇ *adj* • **être somnambule** to sleepwalk
somnifère [sɔmnifɛr] *nm* sleeping pill
somnoler [sɔmnɔle] *vi* to doze
somptueux, euse [sɔ̃ptɥø, øz] *adj* sumptuous
[1]**son, sa** [sɔ̃, sa] (*pl* **ses** [se]) *adj* **1.** *(d'homme)* his **2.** *(de femme)* her **3.** *(de chose, d'animal)* its
[2]**son** [sɔ̃] *nm* **1.** *(bruit)* sound **2.** *(de blé)* bran • **son et lumière** *historical play performed at night*
sondage [sɔ̃daʒ] *nm* survey
sonde [sɔ̃d] *nf MÉD* probe
songer [sɔ̃ʒe] *vi* • **songer à faire qqch** *(envisager de)* to think of doing sthg
songeur, euse [sɔ̃ʒœr, øz] *adj* thoughtful
sonner [sɔne] *vi* to ring ◇ *vt* **1.** *(cloche)* to ring **2.** *(horloge)* to strike
sonnerie [sɔnri] *nf* **1.** *(son)* ringing **2.** *(mécanisme de réveil)* alarm **3.** *(de porte)* bell
sonnette [sɔnɛt] *nf (de porte)* bell • **sonnette d'alarme** *(dans un train)* communication cord
sono [sɔno] *nf (fam)* sound system
sonore [sɔnɔr] *adj (voix, rire)* loud • **signal sonore** *(sur un répondeur)* beep
sonorité [sɔnɔrite] *nf* tone
sont [sɔ̃] *3e pers. du pl de l'ind. prés.* ➤ **être**

sophistiqué, e [sɔfistike] *adj* sophisticated
sorbet [sɔrbɛ] *nm* sorbet
Sorbonne [sɔrbɔn] *nf* • **la Sorbonne** the Sorbonne *(highly respected Paris university)*

La Sorbonne

This prestigious Parisian university was founded in 1257 by Robert de Sorbon, chaplain to King Louis IX. Today it comprises four universities: *Paris I Panthéon-Sorbonne, Paris III Sorbonne Nouvelle, Paris IV Paris-Sorbonne*, and *Paris V René-Descartes*. Its library, one of the finest in France, contains over 1.2 million books.

sorcier, ère [sɔrsje, ɛr] *nm, f* wizard (*f* witch)
sordide [sɔrdid] *adj* sordid
sort [sɔr] *nm* fate • **tirer au sort** to draw lots
sorte [sɔrt] *nf* sort, kind • **une sorte de** a sort of, a kind of • **de (telle) sorte que** *(afin que)* so that • **en quelque sorte** as it were
sortie [sɔrti] *nf* **1.** *(porte)* exit, way out **2.** *(excursion)* outing **3.** *(au cinéma, au restaurant)* evening out **4.** *(d'un livre)* publication **5.** *(d'un film)* release • **sortie de secours** emergency exit ▾ **sortie de véhicules** garage entrance
sortir [sɔrtir] *vi* **1.** *(aux; être)* *(aller dehors, au cinéma, au restaurant)* to go out **2.** *(venir dehors)* to come out **3.** *(livre, film)* to come out ◇ *vt* **1.** *(aux avoir)* *(chien)* to take out **2.** *(livre, film)* to bring out • **sortir de** *(aller)* to leave ; *(venir)* to come out of ; *(école, université)* to have studied at ◆ **s'en sortir** *vp* to pull through
SOS *nm* SOS • **SOS Médecins** *emergency medical service*
sosie [sɔzi] *nm* double
sou [su] *nm* • **ne plus avoir un sou** to be broke ◆ **sous** *nmpl* *(fam)* *(argent)* money *sg*
souche [suʃ] *nf* **1.** *(d'arbre)* stump **2.** *(de carnet)* stub
souci [susi] *nm* worry • **se faire du souci (pour)** to worry (about)
soucier [susje] ◆ **se soucier de** *vp + prep* to care about
soucieux, euse [susjø, øz] *adj* concerned
soucoupe [sukup] *nf* saucer • **soucoupe volante** flying saucer
soudain, e [sudɛ̃, ɛn] *adj* sudden ◇ *adv* suddenly
souder [sude] *vt* *TECH* to weld
soudure [sudyr] *nf* **1.** *(opération)* welding **2.** *(partie soudée)* weld
souffert [sufɛr] *pp* ➤ **souffrir**
souffle [sufl] *nm* **1.** *(respiration)* breathing **2.** *(d'une explosion)* blast • **un souffle d'air** ou **de vent** a gust of wind • **être à bout de souffle** to be out of breath
soufflé [sufle] *nm* soufflé ▾ **soufflé au fromage** cheese soufflé
souffler [sufle] *vt* **1.** *(fumée)* to blow **2.** *(bougie)* to blow out ◇ *vi* **1.** *(expirer)* to breathe out **2.** *(haleter)* to puff **3.** *(vent)* to blow • **souffler qqch à qqn** *(à un examen)* to whisper sthg to sb

soufflet [suflɛ] *nm* **1.** *(pour le feu)* bellows *pl* **2.** *(de train)* concertina vestibule
souffrance [sufrɑ̃s] *nf* suffering
souffrant, **e** [sufrɑ̃, ɑ̃t] *adj (sout)* unwell
souffrir [sufrir] *vi* to suffer ● **souffrir de** to suffer from
soufre [sufr] *nm* sulphur
souhait [swɛ] *nm* wish ● **à tes souhaits !** bless you!
souhaitable [swɛtabl] *adj* desirable
souhaiter [swete] *vt* ● **souhaiter que** to hope that ● **souhaiter faire qqch** to hope to do sthg ● **souhaiter bonne chance/bon anniversaire à qqn** to wish sb good luck/happy birthday
soûl, **e** [su, sul] *adj* drunk
soulagement [sulaʒmɑ̃] *nm* relief
soulager [sulaʒe] *vt* to relieve
soûler [sule] ◆ **se soûler** *vp* to get drunk
soulever [sulve] *vt* **1.** *(couvercle, jupe)* to lift **2.** *(enthousiasme, protestations)* to arouse **3.** *(problème)* to bring up ◆ **se soulever** *vp* **1.** *(se redresser)* to raise o.s. up **2.** *(se rebeller)* to rise up
soulier [sulje] *nm* shoe
souligner [suliɲe] *vt* **1.** to underline **2.** *(insister sur)* to emphasize
soumettre [sumɛtr] *vt* ● **soumettre qqn/qqch à** to subject sb/sthg to ● **soumettre qqch à qqn** *(idée, projet)* to submit sthg to sb ◆ **se soumettre à** *vp + prep (loi, obligation)* to abide by
soumis, **e** [sumi, iz] *pp* ➤ **soumettre** ◇ *adj* submissive
soupape [supap] *nf* valve
soupçon [supsɔ̃] *nm* suspicion ● **être au-dessus de tout soupçon** to be above suspicion
soupçonner [supsɔne] *vt* to suspect
soupçonneux, **euse** [supsɔnø, øz] *adj* suspicious
soupe [sup] *nf* soup ● **soupe à l'oignon** onion soup ● **soupe de légumes** vegetable soup ▼ **soupe au pistou** *Provençal vegetable soup with basil and garlic* ▼ **soupe minestrone** minestrone (soup)
souper [supe] *nm* **1.** *(dernier repas)* late supper **2.** *(dîner)* dinner ◇ *vi* **1.** *(très tard)* to have a late supper **2.** *(dîner)* to have dinner
soupeser [supəze] *vt* to feel the weight of
soupière [supjɛr] *nf* tureen
soupir [supir] *nm* sigh ● **pousser un soupir** to give a sigh
soupirer [supire] *vi* to sigh
souple [supl] *adj* **1.** *(matière)* flexible **2.** *(sportif)* supple
souplesse [suplɛs] *nf (d'un sportif)* suppleness
source [surs] *nf* **1.** *(d'eau)* spring **2.** *(de chaleur, de lumière)* source
sourcil [sursi] *nm* eyebrow
sourd, **e** [sur, surd] *adj* deaf
sourd-muet, **sourde-muette** [surmɥɛ, surdmɥɛt] *(mpl* **sourds-muets**, *fpl* **sourdes-muettes**) *nm, f* deaf and dumb person
souriant, **e** [surjɑ̃, ɑ̃t] *adj* smiling
sourire [surir] *nm* smile ◇ *vi* to smile
souris [suri] *nf* mouse ● **souris à molette** *INFORM* scroll wheel ou scroller mouse ● **souris optique** *INFORM* optical mouse

sournois, e [surnwa, az] *adj* sly
sous [su] *prép* under, underneath ● **sous enveloppe** in an envelope ● **sous la pluie** in the rain ● **sous peu** shortly
sous-bois [subwa] *nm* undergrowth
sous-développé, e, s [sudevlɔpe] *adj* underdeveloped
sous-entendre [suzɑ̃tɑ̃dr] *vt* to imply
sous-entendu [suzɑ̃tɑ̃dy] (*pl* **-s**) *nm* innuendo
sous-estimer [suzɛstime] *vt* to underestimate
sous-louer [sulwe] *vt* to sublet
sous-marin, e, s [sumarɛ̃] *adj* (*flore*) underwater ◇ *nm* **1.** submarine **2.** (*Québec*) (*sandwich*) *long filled roll* sub (*US*)
sous-préfecture [suprefɛktyr] (*pl* **-s**) *nf* *administrative area smaller than a "préfecture"*
sous-pull [supyl] (*pl* **-s**) *nm* *lightweight polo-neck sweater*
sous-répertoire [surepɛrtwar] *nm* subdirectory
sous-sol [susɔl] (*pl* **-s**) *nm* (*d'une maison*) basement
sous-titre [sutitr] (*pl* **-s**) *nm* subtitle
sous-titré, e, s [sutitre] *adj* subtitled
soustraction [sustraksjɔ̃] *nf* subtraction
soustraire [sustrɛr] *vt* MATH to subtract
sous-verre [suvɛr] *nm inv* *picture in a clip-frame*
sous-vêtements [suvɛtmɑ̃] *nmpl* underwear *sg*
soute [sut] *nf* (*d'un bateau*) hold ● **soute à bagages** (*d'un car*) luggage compartment ; (*d'un avion*) luggage hold
soutenir [sutnir] *vt* (*porter, défendre*) to support ● **soutenir que** to maintain (that)
souterrain, e [sutɛrɛ̃, ɛn] *adj* underground ◇ *nm* **1.** underground passage **2.** (*sous une rue*) subway (*UK*), underpass (*US*)
soutien [sutjɛ̃] *nm* **1.** support **2.** SCOL extra classes *pl*
soutien-gorge [sutjɛ̃gɔrʒ] (*pl* **soutiens-gorge**) *nm* bra
souvenir [suvnir] *nm* **1.** memory **2.** (*objet touristique*) souvenir ◆ **se souvenir de** *vp + prep* to remember
souvent [suvɑ̃] *adv* often
souvenu, e [suvny] *pp* ➤ **souvenir**
souverain, e [suvrɛ̃, ɛn] *nm, f* monarch
soviétique [sɔvjetik] *adj* Soviet
soyeux, euse [swajø, øz] *adj* silky
soyons [swajɔ̃] *1re pers. du pl du subj. prés.* ➤ **être**
SPA *nf* ≃ RSPCA (*UK*) ≃ SPCA (*US*)
spacieux, euse [spasjø, øz] *adj* spacious
spaghetti(s) [spageti] *nmpl* spaghetti *sg*
spam *nm* spam
sparadrap [sparadra] *nm* (sticking) plaster (*UK*), Band-Aid® (*US*)
spatial, e, aux [spasjal, o] *adj* (*recherche, vaisseau*) space
spatule [spatyl] *nf* (*de cuisine*) spatula
spätzli [ʃpetsli] *nmpl* (*Helv*) small dumplings
spécial, e, aux [spesjal, o] *adj* **1.** special **2.** (*bizarre*) odd
spécialisé, e [spesjalize] *adj* specialized
spécialiste [spesjalist] *nmf* specialist
spécialité [spesjalite] *nf* speciality
spécifique [spesifik] *adj* specific

spécimen [spesimɛn] *nm* specimen

spectacle [spɛktakl] *nm* **1.** *(au théâtre, au cinéma)* show **2.** *(vue)* sight

spectaculaire [spɛktakylɛr] *adj* spectacular

spectateur, trice [spɛktatœr, tris] *nm, f* spectator

speculo(o)s [spekylos] *nm* *(Belg)* *crunchy sweet biscuit flavoured with cinnamon*

speed [spid] *adj* • **il est très speed** he's really hyper

spéléologie [speleɔlɔʒi] *nf* potholing

sphère [sfɛr] *nf* sphere

spirale [spiral] *nf* spiral • **en spirale** spiral

spirituel, elle [spiritɥɛl] *adj* **1.** spiritual **2.** *(personne, remarque)* witty

spiritueux [spiritɥø] *nm* spirit

splendide [splɑ̃did] *adj* magnificent

sponsor [spɔ̃sɔr] *nm* sponsor

sponsoriser [spɔ̃sɔrize] *vt* to sponsor

spontané, e [spɔ̃tane] *adj* spontaneous

spontanéité [spɔ̃taneite] *nf* spontaneity

sport [spɔr] *nm* sport • **sports d'hiver** winter sports

sportif, ive [spɔrtif, iv] *adj* **1.** *(athlétique)* sporty **2.** *(épreuve, journal)* sports ◇ *nm, f* sportsman (*f* sportswoman)

spot [spɔt] *nm* *(projecteur, lampe)* spotlight • **spot publicitaire** commercial

sprint [sprint] *nm* sprint

spyware *nm* spyware

square [skwar] *nm* small public garden

squelette [skəlɛt] *nm* skeleton

St (*abr écrite de saint*) St *(Saint)*

stable [stabl] *adj* stable

stade [stad] *nm* **1.** *(de sport)* stadium **2.** *(période)* stage

stage [staʒ] *nm* **1.** *(en entreprise)* work placement **2.** *(d'informatique, de yoga)* intensive course • **faire un stage** to go on an intensive course

stagiaire [staʒjɛr] *nmf* trainee

stagner [stagne] *vi* to stagnate

stalactite [stalaktit] *nf* stalactite

stalagmite [stalagmit] *nf* stalagmite

stand [stɑ̃d] *nm* stand

standard [stɑ̃dar] *adj inv* standard ◇ *nm* *(téléphonique)* switchboard

standardiste [stɑ̃dardist] *nmf* switchboard operator

star [star] *nf* star

starter [startɛr] *nm* *(d'une voiture)* choke

station [stasjɔ̃] *nf* *(de métro, de radio)* station • **station de sports d'hiver** ou **de ski** ski resort • **station balnéaire** seaside resort • **station de taxis** taxi rank • **station thermale** spa

stationnement [stasjɔnmɑ̃] *nm* parking ▼ **stationnement payant** *sign indicating that drivers must pay to park in designated area* ▼ **stationnement gênant** restricted parking

stationner [stasjɔne] *vi* to park

station-service [stasjɔ̃sɛrvis] (*pl* **stations-service**) *nf* petrol station (*UK*), gas station (*US*)

statique [statik] *adj* ➤ **électricité**

statistiques [statistik] *nfpl* statistics

statue [staty] *nf* statue

statuette [statɥɛt] *nf* statuette

statut [staty] *nm* *(situation)* status

Ste (*abr écrite de sainte*) St *(Saint)*

Sté (*abr écrite de société*) Co. (*company*)
steak [stɛk] *nm* steak • **steak frites** steak and chips • **steak haché** beefburger • **steak tartare** beef tartare
sténo [steno] *nf (écriture)* shorthand
sténodactylo [stenɔdaktilo] *nf* shorthand typist
stéréo [stereo] *adj inv & nf* stereo
stérile [steril] *adj* sterile
stériliser [sterilize] *vt* to sterilize
sterling [stɛrliŋ] *adj* ➤ **livre** [2]
steward [stiwart] *nm (dans un avion)* (air) steward
stimuler [stimyle] *vt (encourager)* to encourage
stock [stɔk] *nm* stock • **en stock** in stock
stocker [stɔke] *vt* **1.** to stock **2.** *INFORM* to store
stop [stɔp] *nm* **1.** *(panneau)* stop sign **2.** *(phare)* brake light ◇ *interj* stop! • **faire du stop** to hitchhike
stopper [stɔpe] *vt & vi* to stop
store [stɔr] *nm* **1.** blind **2.** *(de magasin)* awning
strapontin [strapɔ̃tɛ̃] *nm* folding seat
stratégie [strateʒi] *nf* strategy
stress [strɛs] *nm* stress
stressé, e [strɛse] *adj* stressed
strict, e [strikt] *adj* strict
strictement [striktəmɑ̃] *adv* strictly
strident, e [stridɑ̃, ɑ̃t] *adj* shrill
strié, e [strije] *adj* with ridges
strophe [strɔf] *nf* verse
structure [stryktyr] *nf* structure
studieux, euse [stydjø, øz] *adj* studious
studio [stydjo] *nm* **1.** *(logement)* studio flat (*UK*), studio apartment (*US*) **2.** *(de cinéma, de photo)* studio
stupéfait, e [stypefɛ, ɛt] *adj* astounded
stupéfiant, e [stypefjɑ̃, ɑ̃t] *adj* astounding ◇ *nm* drug
stupide [stypid] *adj* stupid
stupidité [stypidite] *nf* **1.** stupidity **2.** *(parole)* stupid remark
style [stil] *nm* style • **meubles de style** period furniture *sg*
stylo [stilo] *nm* pen • **stylo (à) bille** ballpoint pen • **stylo (à) plume** fountain pen
stylo-feutre [stilofœtr] (*pl* **stylos-feutres**) *nm* felt-tip (pen)
su, e [sy] *pp* ➤ **savoir**
subir [sybir] *vt (attaque, opération, changement)* to undergo
subit, e [sybi, it] *adj* sudden
subjectif, ive [sybʒɛktif, iv] *adj* subjective
subjonctif [sybʒɔ̃ktif] *nm* subjunctive
sublime [syblim] *adj* sublime
submerger [sybmɛrʒe] *vt* **1.** *(suj: eau)* to flood **2.** *(suj: travail, responsabilités)* to overwhelm
subsister [sybziste] *vi (rester)* to remain
substance [sypstɑ̃s] *nf* substance
substituer [sypstitɥe] *vt* • **substituer qqch à qqch** to substitute sthg for sthg
subtil, e [syptil] *adj* subtle
subtilité [syptilite] *nf* subtlety
subvention [sybvɑ̃sjɔ̃] *nf* subsidy
succéder [syksede] ◆ **succéder à** *v + prep* **1.** *(suivre)* to follow **2.** *(dans un emploi)* to succeed ◆ **se succéder** *vp (événements, jours)* to follow one another

succès [syksɛ] *nm* success • **avoir du succès** to be successful

successeur [syksesœr] *nm* successor

successif, ive [syksesif, iv] *adj* successive

succession [syksesjɔ̃] *nf* succession

succulent, e [sykylɑ̃, ɑ̃t] *adj* delicious

succursale [sykyrsal] *nf* branch

sucer [syse] *vt* to suck

sucette [sysɛt] *nf* **1.** *(bonbon)* lollipop **2.** *(de bébé)* dummy (*UK*), pacifier (*US*)

sucre [sykr] *nm* sugar • **sucre en morceaux** sugar lumps *pl* • **un sucre d'orge** a stick of rock • **sucre en poudre** caster sugar • **sucre glace** icing sugar (*UK*), confectioner's ou powdered sugar (*US*)

sucré, e [sykre] *adj* **1.** *(yaourt, lait concentré)* sweetened **2.** *(fruit, café)* sweet

sucrer [sykre] *vt* to sweeten

sucreries [sykrəri] *nfpl* sweets (*UK*), candies (*US*)

sucrette® [sykrɛt] *nf* (artificial) sweetener

sucrier [sykrije] *nm* sugar bowl

sud [syd] *adj inv* & *nm* south • **au sud** in the south • **au sud de** south of

sud-africain, e, s [sydafrikɛ̃, ɛn] *adj* South African

sud-est [sydɛst] *adj inv* & *nm* southeast • **au sud-est** in the southeast • **au sud-est de** southeast of

sud-ouest [sydwɛst] *adj inv* & *nm* southwest • **au sud-ouest** in the southwest • **au sud-ouest de** southwest of

Suède [sɥɛd] *nf* • **la Suède** Sweden

suédois, e [sɥedwa, az] *adj* Swedish ◇ *nm (langue)* Swedish ◆ **Suédois, e** *nm, f* Swede

suer [sɥe] *vi* to sweat

sueur [sɥœr] *nf* sweat • **être en sueur** to be sweating • **avoir des sueurs froides** to be in a cold sweat

suffire [syfir] *vi* to be enough • **ça suffit !** that's enough! • **suffire à qqn** *(être assez)* to be enough for sb • **il (te) suffit de faire** all you have to do is

suffisamment [syfizamɑ̃] *adv* enough • **suffisamment de** enough

suffisant, e [syfizɑ̃, ɑ̃t] *adj* sufficient

suffocant, e [syfɔkɑ̃, ɑ̃t] *adj* oppressive

suffoquer [syfɔke] *vi* to suffocate

suggérer [sygʒere] *vt* to suggest • **suggérer à qqn de faire qqch** to suggest that sb should do sthg

suggestion [sygʒɛstjɔ̃] *nf* suggestion

suicide [sɥisid] *nm* suicide

suicider [sɥiside] ◆ **se suicider** *vp* to commit suicide

suie [sɥi] *nf* soot

suinter [sɥɛ̃te] *vi* **1.** *(murs)* to sweat **2.** *(liquide)* to ooze

[1]**suis** [sɥi] *1re pers. du sg de l'ind. prés.* ➤ **être**

[2]**suis** [sɥi] *1re et 2e pers. du sg de l'ind. prés.* ➤ **suivre**

suisse [sɥis] *adj* Swiss ◆ **Suisse** *nmf* Swiss (person) ◇ *nf* • **la Suisse** Switzerland • **les Suisses** the Swiss

suite [sɥit] *nf* **1.** *(série, succession)* series **2.** *(d'une histoire)* rest **3.** *(deuxième film)* sequel • **à la suite** *(en suivant)* one after the other • **à la suite de** *(à cause de)* following • **de suite** *(d'affilée)* in a row • **par**

suite de because of ◆ **suites** *nfpl* 1. *(conséquences)* consequences 2. *(d'une maladie)* aftereffects

suivant, e [sɥivɑ̃, ɑ̃t] *adj* next ◇ *nm, f* next (one) ◇ *prép (selon)* according to ● **au suivant !** next!

[1]**suivi, e** [sɥivi] *pp* ➤ **suivre**

[2]**suivi** *nm* 1. *(de personne)* monitoring 2. *(de dossier)* follow-up

suivre [sɥivr] *vt* to follow ● **suivi de** followed by ● **faire suivre** *(courrier)* to forward ▼ **à suivre** to be continued

sujet [syʒɛ] *nm* subject ● **au sujet de** about

super [sypɛr] *adj inv (fam) (formidable)* great ◇ *nm (carburant)* four-star (petrol)

super- [sypɛr] *préf (fam) (très)* really

superbe [sypɛrb] *adj* superb

supérette [syperɛt] *nf* mini-market

superficie [sypɛrfisi] *nf* area

superficiel, elle [sypɛrfisjɛl] *adj* superficial

superflu, e [sypɛrfly] *adj* superfluous

supérieur, e [syperjœr] *adj* 1. *(du dessus)* upper 2. *(qualité)* superior ◇ *nm, f (hiérarchique)* superior ● **supérieur à** *(plus élevé que)* higher than ; *(meilleur que)* better than

supériorité [syperjɔrite] *nf* superiority

supermarché [sypɛrmarʃe] *nm* supermarket

superposé, e [sypɛrpoze] *adj & pp* ● **lits superposés** bunk beds

superposer [sypɛrpoze] *vt* 1. *(objets)* to put on top of each other 2. *(images)* to superimpose

superstitieux, euse [sypɛrstisjø, øz] *adj* superstitious

superviser [sypɛrvize] *vt* to supervise

supplément [syplemɑ̃] *nm (argent)* supplement, extra charge ● **en supplément** extra

supplémentaire [syplemɑ̃tɛr] *adj* additional

supplice [syplis] *nm* torture

supplier [syplije] *vt* ● **supplier qqn de faire qqch** to beg sb to do sthg

support [sypɔr] *nm* support

supportable [sypɔrtabl] *adj* 1. *(douleur)* bearable 2. *(situation)* tolerable

[1]**supporter** [sypɔrte] *vt* 1. *(endurer)* to bear, to stand 2. *(tolérer)* to bear 3. *(soutenir)* to support

[2]**supporter** [sypɔrtɛr] *nm (d'une équipe)* supporter

supposer [sypoze] *vt* to suppose ● **à supposer que...** supposing (that)...

supposition [sypozisjɔ̃] *nf* supposition

suppositoire [sypozitwar] *nm* suppository

suppression [sypresjɔ̃] *nf* 1. removal 2. *(d'un mot)* deletion

supprimer [syprime] *vt* 1. to remove 2. *(train)* to cancel 3. *(mot)* to delete 4. *(tuer)* to do away with

suprême [syprɛm] *nm* ● **suprême de volaille** chicken supreme

sur [syr] *prép*

1. *(dessus)* on ● **sur la table** on (top of) the table

2. *(au-dessus de)* above, over ● **les nuages sont passés sur Paris** the clouds passed over Paris

3. *(indique la direction)* towards ● **tournez sur la droite** turn (to the) right

4. *(indique la distance)* for ▾ **travaux sur 10 kilomètres** roadworks for 10 kilometres
5. *(au sujet de)* on, about • **un dépliant sur l'Auvergne** a leaflet on ou about the Auvergne
6. *(dans une mesure)* by • **un mètre sur deux** one metre by two
7. *(dans une proportion)* out of • **9 sur 10** 9 out of 10 • **un jour sur deux** every other day

sûr, e [syr] *adj* **1.** *(certain)* certain, sure **2.** *(sans danger)* safe **3.** *(digne de confiance)* reliable • **être sûr de/que** to be sure of/that • **être sûr de soi** to be self-confident

surbooking [syrbukiŋ] *nm* overbooking

surcharger [syrʃarʒe] *vt* to overload

surchauffé, e [syrʃofe] *adj* overheated

surélever [syrɛlve] *vt* to raise

sûrement [syrmɑ̃] *adv (probablement)* probably • **sûrement pas!** certainly not!

surestimer [syrɛstime] *vt* to overestimate

sûreté [syrte] *nf* • **mettre qqch en sûreté** to put sthg in a safe place

surexcité, e [syreksite] *adj* overexcited

surf [sœrf] *nm* surfing

surface [syrfas] *nf* **1.** *(étendue)* surface area **2.** MATH surface

surfer *vi* INFORM to surf

surgelé, e [syrʒəle] *adj* frozen ◇ *nm* frozen meal • **des surgelés** frozen food *sg*

surgir [syrʒir] *vi* **1.** to appear suddenly **2.** *(difficultés)* to arise

sur-le-champ [syrləʃɑ̃] *adv* immediately

surlendemain [syrlɑ̃dmɛ̃] *nm* • **le surlendemain** two days later • **le surlendemain de son départ** two days after he left

surligneur [syrliɲœr] *nm* highlighter (pen)

surmené, e [syrməne] *adj* overworked

surmonter [syrmɔ̃te] *vt (difficulté, obstacle)* to overcome

surnaturel, elle [syrnatyrɛl] *adj* supernatural

surnom [syrnɔ̃] *nm* nickname

surnommer [syrnɔme] *vt* to nickname

surpasser [syrpase] *vt* to surpass ♦ **se surpasser** *vp* to excel o.s.

surplomber [syrplɔ̃be] *vt* to overhang

surplus [syrply] *nm* surplus

surprenant, e [syrprənɑ̃, ɑ̃t] *adj* surprising

surprendre [syrprɑ̃dr] *vt* to surprise

surpris, e [syrpri, iz] *pp* ➤ **surprendre** ◇ *adj* surprised • **être surpris de/que** to be surprised about/that

surprise [syrpriz] *nf* surprise • **faire une surprise à qqn** to give sb a surprise • **par surprise** by surprise

surréservation [syrrezɛrvasjɔ̃] *nf* = **surbooking**

sursaut [syrso] *nm* • **se réveiller en sursaut** to wake with a start

sursauter [syrsote] *vi* to start

surtaxe [syrtaks] *nf* surcharge

surtout [syrtu] *adv* **1.** *(avant tout)* above all **2.** *(plus particulièrement)* especially • **surtout, fais bien attention !** whatever you do, be careful! • **surtout que** especially as

survécu [syrveky] *pp* ➤ **survivre**

surveillance [syrvɛjɑ̃s] *nf* supervision • **être sous surveillance** to be under surveillance

surveillant, e [syrvɛjɑ̃, ɑ̃t] *nm, f* **1.** *SCOL* supervisor **2.** *(de prison)* prison guard

surveiller [syrveje] *vt* to watch ◆ **se surveiller** *vp (faire du régime)* to watch one's weight

survêtement [syrvɛtmɑ̃] *nm* tracksuit

survivant, e [syrvivɑ̃, ɑ̃t] *nm, f* survivor

survivre [syrvivr] *vi* to survive ● **survivre à** to survive

survoler [syrvɔle] *vt (lieu)* to fly over

susceptible [sysɛptibl] *adj (sensible)* touchy ● **le temps est susceptible de s'améliorer** the weather might improve

susciter [sysite] *vt* **1.** *(intérêt, colère)* to arouse **2.** *(difficulté, débat)* to create

suspect, e [syspɛ, ɛkt] *adj* **1.** *(comportement, individu)* suspicious **2.** *(aliment)* suspect ◇ *nm, f* suspect

suspecter [syspɛkte] *vt* to suspect

suspendre [syspɑ̃dr] *vt* **1.** *(accrocher)* to hang **2.** *(arrêter, démettre)* to suspend

suspense [syspɛns] *nm* suspense

suspension [syspɑ̃sjɔ̃] *nf* **1.** *(d'une voiture, d'un fonctionnaire)* suspension, suspension **2.** *(lampe)* (ceiling) light *(hanging type)*

suture [sytyr] *nf* ➤ **point**

SVP (*abr de s'il vous plaît*) pls *(please)*

sweat-shirt [switʃœrt] (*pl* **-s**) *nm* sweatshirt

syllabe [silab] *nf* syllable

symbole [sɛ̃bɔl] *nm* symbol

symbolique [sɛ̃bɔlik] *adj* symbolic

symboliser [sɛ̃bɔlize] *vt* to symbolize

symétrie [simetri] *nf* symmetry

symétrique [simetrik] *adj* symmetrical

sympa [sɛ̃pa] *adj (fam)* nice

sympathie [sɛ̃pati] *nf* ● **éprouver** ou **avoir de la sympathie pour qqn** to have a liking for sb

sympathique [sɛ̃patik] *adj* nice

sympathiser [sɛ̃patize] *vi* to get on well

symphonie [sɛ̃fɔni] *nf* symphony

symptôme [sɛ̃ptom] *nm* symptom

synagogue [sinagɔg] *nf* synagogue

synchronisé, e [sɛ̃krɔnize] *adj* synchronized

synchroniser [sɛ̃kʀɔnize] *vt* to synchronize

syncope [sɛ̃kɔp] *nf MÉD* blackout ● **faire une syncope** to faint

syndical, e, aux [sɛ̃dikal, o] *adj (mouvement, revendications)* (trade) union

syndicaliste [sɛ̃dikalist] *nmf* (trade) unionist

syndicat [sɛ̃dika] *nm* (trade) union ● **syndicat d'initiative** tourist office

syndiqué, e [sɛ̃dike] *adj* ● **être syndiqué** to belong to a (trade) union

synonyme [sinɔnim] *nm* synonym

synthèse [sɛ̃tɛz] *nf (d'un texte)* summary

synthétique [sɛ̃tetik] *adj (produit, fibre)* synthetic, man-made ◇ *nm (tissu)* synthetic ou man-made fabric

synthétiseur [sɛ̃tetizœr] *nm* synthesizer

systématique [sistematik] *adj* systematic

système [sistɛm] *nm* system ● **système d'exploitation** *INFORM* operating system

t' *pron* ➤ **te**

ta *adj* ➤ **ton** [1]

tabac [taba] *nm* **1.** tobacco **2.** *(magasin)* tobacconist's

tabac

The private company Altadis® produces or distributes all cigarettes, cigars, tobacco and matches sold in France. In addition to tobacco products, French tobacconists also sell lottery tickets, stamps, phonecards, underground tickets and travel cards, and, in the provinces, newspapers and magazines.

tabagie [tabaʒi] *nf (Québec) (bureau de tabac)* tobacconist's

table [tabl] *nf* table • **mettre la table** to set ou lay the table • **être à table** to be having a meal • **se mettre à table** to sit down to eat • **à table !** lunch/dinner etc is ready! • **table de chevet** ou **de nuit** bedside table • **table à langer** baby changing table • **table des matières** contents (page) • **table d'opération** operating table • **table d'orientation** viewpoint indicator • **table à repasser** ironing board

tableau [tablo] (*pl* **-x**) *nm* **1.** *(peinture)* painting **2.** *(panneau)* board **3.** *(grille)* table **4.** *INFORM* array • **tableau de bord** *(d'une voiture)* dashboard ; *(d'un avion)* instrument panel • **tableau (noir)** blackboard

tablette [tablɛt] *nf (étagère)* shelf • **tablette de chocolat** bar of chocolate

tableur [tablœʀ] *nm* spreadsheet

tablier [tablije] *nm* apron

taboulé [tabule] *nm* tabbouleh *Lebanese dish of couscous, tomatoes, onion, mint and lemon*

tabouret [taburɛ] *nm* stool

tache [taʃ] *nf* **1.** *(de couleur)* patch **2.** *(de graisse)* stain • **taches de rousseur** freckles

tâche [taʃ] *nf* task

tacher [taʃe] *vt* to stain

tâcher [taʃe] ◆ **tâcher de** *v + prep* to try to

tacheté, e [taʃte] *adj* spotted

taciturne [tasityrn] *adj* taciturn

tact [takt] *nm* tact

tactile [taktil] *adj* • **pavé tactile** touch pad

tactique [taktik] *nf* tactics *pl*

tag [tag] *nm name written with a spray can on walls, trainsetc*

tagine [taʒin] *nm North African stew, cooked in a special earthenware vessel*

taie [tɛ] *nf* • **taie d'oreiller** pillowcase

taille [taj] *nf* **1.** size **2.** *(hauteur)* height **3.** *(partie du corps)* waist

taille-crayon [tajkrɛjɔ̃] (*pl* **-s**) *nm* pencil sharpener

tailler [taje] *vt* **1.** *(arbre)* to prune **2.** *(tissu)* to cut out **3.** *(crayon)* to sharpen

tailleur [tajœr] *nm* **1.** *(couturier)* tailor **2.** *(vêtement)* (woman's) suit • **s'asseoir en tailleur** to sit cross-legged

taire [tɛr] ◆ **se taire** *vp* **1.** *(arrêter de parler)* to stop speaking **2.** *(rester silencieux)* to be silent • **tais-toi** ! be quiet!

talc [talk] *nm* talc

talent [talɑ̃] *nm* talent

talkie-walkie [tɔkiwɔki] (*pl* **talkies-walkies**) *nm* walkie-talkie

talon [talɔ̃] *nm* **1.** heel **2.** *(d'un chèque)* stub • **chaussures à talons hauts/plats** high-heeled/flat shoes

talus [taly] *nm* embankment

tambour [tɑ̃bur] *nm* drum

tambourin [tɑ̃burɛ̃] *nm* tambourine

tamis [tami] *nm* sieve

Tamise [tamiz] *nf* • **la Tamise** the Thames

tamisé, e [tamize] *adj (lumière)* soft

tamiser [tamize] *vt (farine, sable)* to sieve

tampon [tɑ̃pɔ̃] *nm* **1.** *(cachet)* stamp **2.** *(de tissu, de coton)* wad • **tampon (hygiénique)** tampon

tamponneuse [tɑ̃pɔnøz] *adj f* ➤ **auto**

tandem [tɑ̃dɛm] *nm* tandem

tandis [tɑ̃di] ◆ **tandis que** *conj* **1.** *(pendant que)* while **2.** *(alors que)* whereas

tango [tɑ̃go] *nm* tango

tanguer [tɑ̃ge] *vi* to pitch

tank [tɑ̃k] *nm* tank

tant [tɑ̃] *adv*
1. *(tellement)* so much • **il l'aime tant (que)** he loves her so much (that) • **tant de... (que)** *(travail, patience)* so much... (that) ; *(livres, gens)* so many... (that)
2. *(autant)* • **tant que** as much as
3. *(temporel)* • **tant que nous resterons ici** for as long as we're staying here
4. *(dans des expressions)* • **en tant que** as • **tant bien que mal** somehow or other • **tant mieux** so much the better • **tant mieux pour lui** good for him • **tant pis** too bad

tante [tɑ̃t] *nf* aunt

tantôt [tɑ̃to] *adv* • **tantôt..., tantôt** sometimes..., sometimes

taon [tɑ̃] *nm* horsefly

tapage [tapaʒ] *nm* din

tapas [tapas] *nfpl* tapas ▼ **bar à tapas** tapas bar

tape [tap] *nf* tap

tapenade [tapənad] *nf spread made from black olives, capers and crushed anchovies, moistened with olive oil*

taper [tape] *vt* **1.** to hit **2.** *(code)* to dial • **taper des pieds** to stamp one's feet • **taper sur** *(porte)* to hammer at ; *(dos)* to slap ; *(personne)* to hit

tapioca [tapjɔka] *nm* tapioca

tapis [tapi] *nm* carpet • **tapis roulant** moving pavement (*UK*), moving sidewalk (*US*) • **tapis de sol** groundsheet • **tapis de souris** *INFORM* mouse mat (*UK*) ou pad (*US*)

tapisser [tapise] *vt* **1.** *(mur, pièce)* to paper **2.** *(recouvrir)* to cover

tapisserie [tapisri] *nf* **1.** *(de laine)* tapestry **2.** *(papier peint)* wallpaper

tapoter [tapɔte] *vt* to tap

taquiner [takine] *vt* to tease

tarama [tarama] *nm* taramasalata

tard [tar] *adv* late • **plus tard** later • **à plus tard !** see you later! • **au plus tard** at the latest

tarder [tarde] *vi* ● **elle ne va pas tarder (à arriver)** she won't be long ● **tarder à faire qqch** *(personne)* to take a long time doing sthg

tarif [tarif] *nm (liste des prix)* price ● **tarif plein** full price ● **tarif réduit** concession ▾ **tarif matin** morning rate

tarir [tarir] *vi* to dry up

tarot [taro] *nm (jeu)* tarot

tartare [tartar] *adj* ➤ **sauce, steak**

tarte [tart] *nf* tart ● **tarte aux fraises** strawberry tart ● **tarte aux matons** (*Belg*) *tart made with curdled milk and almonds* ● **tarte Tatin** *apple tart cooked upside down with the pastry on top, then turned over before serving* ▾ **tarte aux pommes** apple tart

tartelette [tartəlɛt] *nf* tartlet

tartine [tartin] *nf* slice of bread ● **tartine de beurre** slice of bread and butter

tartiner [tartine] *vt* to spread ● **fromage à tartiner** cheese spread ● **pâte à tartiner** spread

tartre [tartr] *nm* **1.** *(sur les dents)* tartar **2.** *(calcaire)* scale

tas [ta] *nm* heap, pile ● **mettre qqch en tas** to pile sthg up ● **un** ou **des tas de** (*fam*) *(beaucoup de)* loads of

tasse [tas] *nf* cup ● **boire la tasse** to swallow a mouthful ● **tasse à café** coffee cup ● **tasse à thé** teacup

tasser [tase] *vt (serrer)* to cram ◆ **se tasser** *vp* **1.** *(s'affaisser)* to subside **2.** *(dans une voiture)* to cram

tâter [tate] *vt* to feel ◆ **se tâter** *vp (hésiter)* to be in two minds

tâtonner [tatɔne] *vi* to grope around

tâtons [tatɔ̃] ◆ **à tâtons** *adv* ● **avancer à tâtons** to feel one's way

tatouage [tatwaʒ] *nm (dessin)* tattoo

tatouer [tatwe] *vt* to tattoo

taupe [top] *nf* mole

taureau [tɔro] (*pl* **-x**) *nm* bull ◆ **Taureau** *nm* Taurus

taux [to] *nm* rate ● **taux de change** exchange rate

taverne [tavɛrn] *nf* (*Québec*) *(café)* tavern

taxe [taks] *nf* tax ● **toutes taxes comprises** inclusive of tax ● **hors taxe** exclusive of tax ● **taxe foncière** property tax

taxer [takse] *vt (produit)* to tax

taxi [taksi] *nm* taxi

Tchécoslovaquie [tʃekɔslɔvaki] *nf* ● **la Tchécoslovaquie** Czechoslovakia

te [tə] *pron* **1.** *(objet direct)* you **2.** *(objet indirect)* (to) you **3.** *(réfléchi)* ● **tu t'es bien amusé ?** did you have a good time?

technicien, enne [tɛknisjɛ̃, ɛn] *nm, f* technician

technique [tɛknik] *adj* technical ◇ *nf* technique

technologie [tɛknɔlɔʒi] *nf* technology ● **de haute technologie** high-tech

tee-shirt [tiʃœrt] (*pl* **-s**) *nm* tee shirt

teindre [tɛ̃dr] *vt* to dye ● **se faire teindre (les cheveux)** to have one's hair dyed

teint, e [tɛ̃, tɛ̃t] *pp & 3e pers. du sg de l'ind. prés.* ➤ **teindre** ◇ *nm* complexion

teinte [tɛ̃t] *nf* colour

teinter [tɛ̃te] *vt (bois, verre)* to stain

teinture [tɛ̃tyr] *nf (produit)* dye ● **teinture d'iode** tincture of iodine

teinturerie [tɛ̃tyrri] *nf* dry cleaner's

teinturier, ère [tẽtyrje, ɛr] *nm, f* dry cleaner

tel, telle [tɛl] *adj* such • **tel que** *(comparable à)* like ; *(pour donner un exemple)* such as • **il l'a mangé tel quel** he ate it as it was • **tel ou tel** any particular

tél. (*abr écrite de téléphone*) tel. *(telephone)*

télé [tele] *nf (fam)* telly • **à la télé** on the telly

télécabine [telekabin] *nf* cable car

Télécarte® [telekart] *nf* phonecard

téléchargement [teleʃaʀʒəmɑ̃] *nm* downloading

télécharger [teleʃaʀʒe] *vt* to download

télécommande [telekɔmɑ̃d] *nf* remote control

télécommunications [telekɔmynikasjɔ̃] *nfpl* telecommunications

télécopie [telekɔpi] *nf* fax

télécopieur [telekɔpjœr] *nm* fax (machine)

téléfilm [telefilm] *nm* TV film

télégramme [telegram] *nm* telegram • **télégramme téléphoné** *telegram phoned through to the addressee and then delivered as a written message*

téléguidé, e [telegide] *adj* **1.** *(missile)* guided **2.** *(jouet)* radio-controlled

téléobjectif [teleɔbʒɛktif] *nm* telephoto lens

téléphérique [teleferik] *nm* cable car

téléphone [telefɔn] *nm* (tele)phone • **au téléphone** on the (tele)phone • **téléphone portable** ou **mobile** mobile phone *(UK)*, cell phone *(US)* • **téléphone sans fil** cordless phone • **téléphone de voiture** car phone • **téléphone fixe** land line

téléphone

French telephone numbers consist of ten digits. The following prefixes are used:.
01: Paris and suburbs.
02: northwest France.
03: northeast France.
04: southeast France.
05: southwest France.
06: mobile phones.
To call France from abroad, dial 00 33 before the ten-digit number. Dial 12 for directory enquiries.

téléphoner [telefɔne] *vi* to (tele)phone • **téléphoner à qqn** to (tele)phone sb

téléphoner

En privé, on décroche en disant *Hello* (certaines personnes énoncent également leur numéro : *Hello, 842157*).
Dans un contexte professionnel en revanche, on indique son nom et prénom : *Hello, James Taylor.*
Lorsque que quelqu'un souhaite joindre une personne (*Can I speak to...* - pourrais-je parler à...) et qu'il s'agit de vous, vous pouvez répondre par *Speaking* (en Grande-Bretagne) ou *This is he / she* (c'est lui-même / elle-même - aux États-Unis) et de manière moins

officielle, simplement répondre par *it's me* (c'est moi). Lorsque que l'on souhaite joindre une autre personne en particulier, vous pouvez mentionner *Just a moment please* (un moment s'il vous plaît) avant de transférer l'appel.
Dans le cas où vous êtes occupé, il est d'usage de dire *I have someone with me right now, can I call you back ?* (je suis en rendez-vous actuellement, puis-je vous rappeler ?).

téléphonique [telefɔnik] *adj* ➤ **cabine, carte**
télescope [teleskɔp] *nm* telescope
télescopique [teleskɔpik] *adj* telescopic
télésiège [telesjɛʒ] *nm* chair lift
téléski [teleski] *nm* ski tow
téléspectateur, trice [telespɛktatœr, tris] *nm, f* (television) viewer
télétravail [teletravaj] (*pl* **-aux**) *nm* teleworking
télévisé, e [televize] *adj* televised
téléviseur [televizœr] *nm* television (set)
télévision [televizjɔ̃] *nf* television • **à la télévision** on television
télex [telɛks] *nm inv* telex
telle *adj f* ➤ **tel**
tellement [tɛlmɑ̃] *adv* **1.** *(tant)* so much **2.** *(si)* so • **tellement de** *(nourriture, patience)* so much ; *(objets, personnes)* so many • **pas tellement** not particularly
témoignage [temwaɲaʒ] *nm* testimony
témoigner [temwaɲe] *vi (en justice)* to testify
témoin [temwɛ̃] *nm* **1.** witness **2.** *SPORT* baton • **être témoin de** to be witness to
tempe [tɑ̃p] *nf* temple
tempérament [tɑ̃peramɑ̃] *nm* temperament
température [tɑ̃peratyr] *nf* temperature
tempête [tɑ̃pɛt] *nf* **1.** *(vent)* gale **2.** *(avec orage)* storm
temple [tɑ̃pl] *nm* **1.** *(grec, égyptien,etc)* temple **2.** *(protestant)* church
temporaire [tɑ̃pɔrɛr] *adj* temporary
temporairement [tɑ̃pɔrɛrmɑ̃] *adv* temporarily
temps [tɑ̃] *nm* **1.** *(durée, en musique)* time **2.** *(météo)* weather **3.** *GRAMM* tense • **avoir le temps de faire qqch** to have time to do sthg • **il est temps de/que** it is time to/that • **à temps** on time • **de temps en temps** from time to time • **en même temps** at the same time • **à temps complet/partiel** full-/part-time
tenailles [tənaj] *nfpl* pincers
tendance [tɑ̃dɑ̃s] *nf* trend • **avoir tendance à faire qqch** to have a tendency to do sthg, to tend to do sthg
tendeur [tɑ̃dœr] *nm (courroie)* luggage strap
tendinite [tɑ̃dinit] *nf* tendinitis
tendon [tɑ̃dɔ̃] *nm* tendon
tendre [tɑ̃dr] *adj* tender ◇ *vt* **1.** *(corde)* to pull taut **2.** *(bras)* to stretch out • **tendre qqch à qqn** to hold sthg out to sb • **tendre la main à qqn** to hold out one's hand to sb • **tendre l'oreille** to prick up one's ears • **tendre un piège à qqn** to set a trap for sb
tendresse [tɑ̃drɛs] *nf* tenderness

tendu, e [tɑ̃dy] *adj* **1.** *(personne)* tense **2.** *(rapports)* strained

tenir [tənir] *vt*
1. *(à la main, dans ses bras)* to hold • **tenir la main de qqn** to hold sb's hand
2. *(garder)* to keep • **tenir un plat au chaud** to keep food hot
3. *(promesse, engagement)* to keep
4. *(magasin, bar)* to run
5. *(dans des expressions)* • **tiens !/tenez !** *(en donnant)* here! • **tiens !** *(exprime la surprise)* hey!
◇ *vi*
1. *(construction)* to stay up • **tout ça tient avec de la colle** all this is held together with glue ; *(beau temps, relation)* to last
2. *(rester)* • **tenir debout** to stand (up)
3. *(résister)* • **tenir bon** to stand firm
4. *(être contenu)* to fit • **on tient à six dans cette voiture** you can fit six people in this car
◆ **tenir à** *v + prep (être attaché à)* to care about • **tenir à faire qqch** to insist on doing sthg • **tenir à ce que** to be anxious that
◆ **tenir de** *v + prep (ressembler à)* to take after • **elle tient de sa mère** she takes after her mother
◆ **se tenir** *vp*
1. *(avoir lieu)* to be held • **le festival se tient dans le château** the festival takes place in the castle
2. *(s'accrocher)* to hold on • **se tenir à** to hold on to
3. *(debout)* to stand ; *(assis)* to sit • **se tenir droit** *(debout)* to stand up straight ; *(assis)* to sit up straight • **se tenir tranquille** to keep still
4. *(se comporter)* • **bien/mal se tenir** to behave well/badly

tennis [tenis] *nm* tennis ◇ *nmpl (chaussures)* trainers • **tennis de table** table tennis

tension [tɑ̃sjɔ̃] *nf* **1.** *(dans une relation)* tension **2.** *MÉD* blood pressure **3.** *(électrique)* voltage • **avoir de la tension** to have high blood pressure

tentacule [tɑ̃takyl] *nm* tentacle

tentant, e [tɑ̃tɑ̃, ɑ̃t] *adj* tempting

tentation [tɑ̃tasjɔ̃] *nf* temptation

tentative [tɑ̃tativ] *nf* attempt

tente [tɑ̃t] *nf* tent

tenter [tɑ̃te] *vt* **1.** *(essayer)* to attempt, to try **2.** *(attirer)* to tempt • **tenter de faire qqch** to attempt to do sthg

tenu, e [təny] *pp* ➤ **tenir**

tenue [təny] *nf (vêtements)* clothes *pl* • **tenue de soirée** evening dress

ter [tɛr] *adv (dans une adresse)* b • **11 ter** 11b

Tergal® [tɛrgal] *nm* ≃ Terylene®

tergiverser [tɛʒiverse] *vi* to shilly-shally

terme [tɛrm] *nm* **1.** *(mot)* term **2.** *(fin)* end • **à court terme,...** in the short term,... • **à long terme,...** in the long term,...

terminaison [tɛrminɛzɔ̃] *nf GRAMM* ending

terminal [tɛrminal, o] (*pl* **-aux**) *nm* terminal

terminale [tɛrminal] *nf SCOL* ≃ upper sixth *(UK)*

terminer [tɛrmine] *vt* **1.** to finish, to end **2.** *(repas, travail)* to finish ◆ **se terminer** *vp* to end

terminus [tɛrminys] *nm* terminus

terne [tɛrn] *adj* dull
terrain [tɛrɛ̃] *nm* **1.** *(emplacement)* piece of land **2.** *(sol)* ground • **terrain de camping** campsite • **terrain de foot** football pitch • **terrain de jeux** playground • **terrain vague** piece of wasteland
terrasse [tɛras] *nf* **1.** terrace **2.** *(de café)* *tables outside a café*
terre [tɛr] *nf* **1.** *(sol)* ground **2.** *(matière)* soil **3.** *(argile)* clay **4.** *(propriété)* piece of land • **la Terre** (the) Earth • **par terre** on the ground
terre-plein [tɛrplɛ̃] (*pl* **-s**) *nm* raised area • **terre-plein central** central reservation
terrestre [tɛrɛstr] *adj (flore, animal)* land
terreur [tɛrœr] *nf* terror
terrible [tɛribl] *adj* terrible • **pas terrible** *(fam)* not brilliant
terrier [tɛrje] *nm* **1.** *(de lapin)* burrow **2.** *(de renard)* earth
terrifier [tɛrifje] *vt* to terrify
terrine [tɛrin] *nf* terrine
territoire [tɛritwar] *nm* territory
terroriser [tɛrɔrize] *vt* to terrorize
terroriste [tɛrɔrist] *nmf* terrorist
tes *adj pl* ➤ **ton** [1]
test [tɛst] *nm* test
testament [tɛstamɑ̃] *nm* will
tester [tɛste] *vt* to test
tétanos [tetanos] *nm* tetanus
tête [tɛt] *nf* **1.** head **2.** *(visage)* face **3.** *(partie avant)* front • **de tête** *(wagon)* front • **être en tête** to be in the lead • **faire la tête** to sulk • **en tête à tête** *(parler)* in private ; *(dîner)* alone together • **tête de veau** *(plat) dish made from the soft part of a calf's head*
tête-à-queue [tɛtakø] *nm inv* spin
téter [tete] *vi* to suckle
tétine [tetin] *nf* **1.** *(de biberon)* teat **2.** *(sucette)* dummy (*UK*), pacifier (*US*)
têtu, e [tety] *adj* stubborn
texte [tɛkst] *nm* text
textile [tɛkstil] *nm (tissu)* textile
texto® [tɛksto] *nm (fam) (télécommunications)* SMS message
TF1 *n French independent television company*
TGV *nm French high-speed train*
Thaïlande [tajlɑ̃d] *nf* • **la Thaïlande** Thailand
thé [te] *nm* tea • **thé au citron** lemon tea • **thé au lait** tea with milk • **thé nature** tea without milk
théâtral, e, aux [teatral, o] *adj* theatrical
théâtre [teatr] *nm* theatre
théière [tejɛr] *nf* teapot
thème [tɛm] *nm* **1.** theme **2.** *(traduction)* prose
théorie [teɔri] *nf* theory • **en théorie** in theory
théoriquement [teɔrikmɑ̃] *adv* theoretically
thermal, e, aux [tɛrmal, o] *adj (source)* thermal
thermomètre [tɛrmɔmɛtr] *nm* thermometer
Thermos® [tɛrmos] *nf* • **(bouteille) Thermos** Thermos®flask
thermostat [tɛrmɔsta] *nm* thermostat
thèse [tɛz] *nf* **1.** *(universitaire)* thesis **2.** *(de doctorat)* ≃ PhD **3.** *(idée)* theory
thon [tɔ̃] *nm* tuna
thym [tɛ̃] *nm* thyme

tibia [tibja] *nm* tibia

tic [tik] *nm* **1.** *(mouvement)* tic **2.** *(habitude)* mannerism

ticket [tikɛ] *nm* ticket • **ticket de caisse** (till) receipt • **ticket de métro** underground ticket

tiède [tjɛd] *adj* lukewarm

tien, la tienne [tjɛ̃, latjɛn] (*mpl* **les tiens** [letjɛ̃], *fpl* **les tiennes** [letjɛn]) ◆ **le tien** *pron* yours • **à la tienne!** cheers!

tiendra *3ᵉ pers. du sg de l'ind. fut.* ➤ **tenir**

tienne *1ʳᵉ et 3ᵉ pers. du sg du subj. prés.* ➤ **tenir, tien**

tiens *1ʳᵉ et 2ᵉ pers. du sg de l'ind. prés.* ➤ **tenir**

tiercé [tjɛrse] *nm system of betting involving the first three horses in a race*

tiers [tjɛr] *nm* third • **être assuré au tiers** to have third-party insurance • **tiers-monde** Third World

tige [tiʒ] *nf* **1.** *(de plante)* stem **2.** *(de métal)* rod **3.** *(de bois)* shaft

tigre [tigr] *nm* tiger

tilleul [tijœl] *nm* **1.** *(arbre)* lime (tree) **2.** *(tisane)* lime tea

tilsit [tilsit] *nm strong firm Swiss cheese with holes in it*

timbale [tɛ̃bal] *nf* **1.** *(gobelet)* (metal) cup **2.** *CULIN meat, fish etc in a sauce, cooked in a mould lined with pastry* **3.** *MUS* kettledrum

timbre(-poste) [tɛ̃br(əpɔst)] (*pl* **timbres(-poste)**) *nm* (postage) stamp

timbrer [tɛ̃bre] *vt* to put a stamp on

timide [timid] *adj* shy

timidité [timidite] *nf* shyness

tir [tir] *nm (sport)* shooting • **tir à l'arc** archery

tirage [tiraʒ] *nm (d'une loterie)* draw • **tirage au sort** drawing lots

tire-bouchon [tirbuʃɔ̃] (*pl* **-s**) *nm* corkscrew

tirelire [tirlir] *nf* moneybox

tirer [tire] *vt*

1. *(gén)* to pull ; *(tiroir)* to pull open ; *(rideau)* to draw ; *(caravane)* to tow

2. *(trait)* to draw

3. *(avec une arme)* to fire • **tirer un coup de feu** to fire a shot

4. *(sortir)* • **tirer qqch de** to take sthg out of • **tirer qqn de** *(situation)* to get sb out of • **tirer une conclusion de qqch** to draw a conclusion from sthg • **tirer la langue à qqn** to stick one's tongue out at sb

5. *(numéro, carte)* to draw

◇ *vi*

1. *(avec une arme)* to shoot • **tirer sur** to shoot at

2. *(vers soi, vers le bas,etc)* • **tirer sur qqch** to pull on sthg

3. *SPORT* to shoot

◆ **se tirer** *vp (fam) (s'en aller)* to push off

◆ **s'en tirer** *vp (se débrouiller)* to get by ; *(survivre)* to pull through

tiret [tirɛ] *nm* dash

tirette [tirɛt] *nf (Belg) (fermeture)* zip (*UK*), zipper (*US*)

tiroir [tirwar] *nm* drawer

tisane [tizan] *nf* herb tea

tisonnier [tizɔnje] *nm* poker

tisser [tise] *vt* to weave

tissu [tisy] *nm (toile)* cloth

titre [titr] *nm* **1.** title **2.** *(de journal)* headline • **titre de transport** ticket

toast [tost] *nm (pain)* piece of toast • **porter un toast à qqn** to drink (a toast) to sb
toboggan [tɔbɔgɑ̃] *nm* slide
toc [tɔk] *nm (imitation)* fake • **en toc** fake
toi [twa] *pron* you • **lève-toi** get up • **toi-même** yourself
toile [twal] *nf* **1.** *(tissu)* cloth **2.** *(tableau)* canvas • **toile d'araignée** spider's web • **en toile** *(vêtement)* linen
toilette [twalɛt] *nf (vêtements)* clothes *pl* • **faire sa toilette** to (have a) wash ♦ **toilettes** *nfpl* toilets
toit [twa] *nm* roof
tôle [tol] *nf* sheet metal • **tôle ondulée** corrugated iron
tolérant, e [tɔlerɑ̃, ɑ̃t] *adj* tolerant
tolérer [tɔlere] *vt* to tolerate
tomate [tɔmat] *nf* tomato • **tomates farcies** stuffed tomatoes
tombe [tɔ̃b] *nf* grave
tombée [tɔ̃be] *nf* • **à la tombée de la nuit** at nightfall
tomber [tɔ̃be] *vi* **1.** to fall **2.** *(date, fête)* to fall on • **ça tombe bien !** that's lucky! • **laisser tomber** to drop • **tomber amoureux de** to fall in love with • **tomber malade** to fall ill • **tomber en panne** to break down
tombola [tɔ̃bɔla] *nf* raffle
tome [tɔm] *nm* volume
tomme [tɔm] *nf* • **tomme vaudoise** *soft white cheese made from cow's milk*
[1]**ton, ta** [tɔ̃, ta] (*pl* **tes** [te]) *adj* your
[2]**ton** [tɔ̃] *nm* tone
tonalité [tɔnalite] *nf (au téléphone)* dialling tone
tondeuse [tɔ̃døz] *nf* • **tondeuse (à gazon)** lawnmower
tondre [tɔ̃dr] *vt* **1.** *(cheveux)* to clip **2.** *(gazon)* to mow
toner *nm* toner
tongs [tɔ̃g] *nfpl* flip-flops (*UK*), thongs (*US*)
tonne [tɔn] *nf* tonne
tonneau [tɔno] (*pl* **-x**) *nm (de vin)* cask • **faire des tonneaux** *(voiture)* to roll over
tonnerre [tɔnɛr] *nm* thunder • **coup de tonnerre** thunderclap
tonus [tɔnys] *nm* energy
torche [tɔrʃ] *nf (flamme)* torch • **torche électrique** (electric) torch
torchon [tɔrʃɔ̃] *nm* tea towel
tordre [tɔrdr] *vt* **1.** *(linge, cou)* to wring **2.** *(bras)* to twist **3.** *(plier)* to bend ♦ **se tordre** *vp* • **se tordre la cheville** to twist one's ankle • **se tordre de douleur** to be racked with pain • **se tordre de rire** to be doubled up with laughter
tornade [tɔrnad] *nf* tornado
torrent [tɔrɑ̃] *nm* torrent • **il pleut à torrents** it's pouring (down)
torsade [tɔrsad] *nf* • **pull à torsades** cable sweater
torse [tɔrs] *nm* trunk • **torse nu** bare-chested
tort [tɔr] *nm* • **avoir tort (de faire qqch)** to be wrong (to do sthg) • **causer** ou **faire du tort à qqn** to wrong sb • **donner tort à qqn** *(suj: personne)* to disagree with sb ; *(suj: événement)* to prove sb wrong • **être dans son tort, être en tort** *(automobiliste)* to be in the wrong • **à tort** *(accuser)* wrongly
torticolis [tɔrtikɔli] *nm* stiff neck

tortiller [tɔrtije] *vt* to twist ◆ **se tortiller** *vp* to squirm
tortue [tɔrty] *nf* tortoise
torture [tɔrtyr] *nf* torture
torturer [tɔrtyre] *vt* to torture
tôt [to] *adv* early ● **tôt ou tard** sooner or later ● **au plus tôt** at the earliest
total, e, aux [tɔtal, o] *adj & nm* total
totalement [tɔtalmɑ̃] *adv* totally
totalité [tɔtalite] *nf* ● **la totalité de** all (of) ● **en totalité** *(rembourser)* in full
touchant, e [tuʃɑ̃, ɑ̃t] *adj* touching
touche [tuʃ] *nf* **1.** *(de piano, d'ordinateur)* key **2.** *(de téléphone)* button **3.** *SPORT (ligne)* touchline ● **touche entrée** enter key ● **touche de contrôle** control key ● **touche de suppression** delete key ● **touche majuscule** shift key ● **touche escape** escape key ● **faire une touche** *(fam)* to score
toucher [tuʃe] *vt* **1.** to touch **2.** *(argent)* to get **3.** *(cheque)* to cash **4.** *(cible)* to hit ● **toucher à** to touch ◆ **se toucher** *vp (être en contact)* to be touching
touch pad *nm* touch pad
touffe [tuf] *nf* tuft
toujours [tuʒur] *adv* **1.** always **2.** *(dans l'avenir)* forever **3.** *(encore)* still ● **pour toujours** for good
toupie [tupi] *nf* (spinning) top
[1]**tour** [tur] *nm (mouvement sur soi-même)* turn ● **faire un tour** *(à pied)* to go for a walk ; *(en voiture)* to go for a drive ● **faire le tour de qqch** to go round sthg ● **jouer un tour à qqn** to play a trick on sb ● **c'est ton tour (de faire qqch)** it's your turn (to do sthg) ● **à tour de rôle** in turn ● **le Tour de France** the Tour de France ● **tour de magie** (magic) trick

Le Tour de France

First run in 1903, the gruelling 3,000 km cycle race is held annually in July, ending amid cheering crowds on the *Champs-Élysées* in Paris. Each stage is timed separately and the winner with the fastest time overall is given the famous yellow jersey, the *maillot jaune*.

[2]**tour** [tur] *nf* **1.** *(d'un château)* tower **2.** *(immeuble)* tower block (*UK*), high rise (*US*) ● **tour de contrôle** control tower ● **la tour Eiffel** the Eiffel Tower
tourbillon [turbijɔ̃] *nm* **1.** *(de vent)* whirlwind **2.** *(de sable)* swirl
tourisme [turism] *nm* tourism ● **faire du tourisme** to go sightseeing
touriste [turist] *nmf* tourist
touristique [turistik] *adj (dépliant, ville)* tourist
tourmenter [turmɑ̃te] *vt* to torment ◆ **se tourmenter** *vp* to worry o.s.
tournage [turnaʒ] *nm (d'un film)* shooting
tournant [turnɑ̃] *nm* bend
tournedos [turnədo] *nm* *tender fillet steak* ● **tournedos Rossini** *tender fillet steak served on fried bread and topped with foie gras*
tournée [turne] *nf* **1.** *(d'un chanteur)* tour **2.** *(du facteur, au bar)* round

tourner [turne] *vt* **1.** *(clé, page, tête)* to turn **2.** *(sauce, soupe)* to stir **3.** *(salade)* to toss **4.** *(regard)* to direct **5.** *(film)* to shoot ◇ *vi* **1.** *(roue, route)* to turn **2.** *(moteur, machine)* to run **3.** *(lait)* to go off **4.** *(acteur)* to act • **tournez à gauche/droite** turn left/right • **tourner autour de qqch** to go around sthg • **avoir la tête qui tourne** to feel dizzy • **mal tourner** *(affaire)* to turn out badly ◆ **se tourner** *vp* to turn round • **se tourner vers** to turn to

tournesol [turnəsɔl] *nm* sunflower

tournevis [turnəvis] *nm* screwdriver

tourniquet [turnikɛ] *nm* *(du métro)* turnstile

tournoi [turnwa] *nm* tournament

tournure [turnyr] *nf (expression)* turn of phrase

tourte [turt] *nf* pie

tourtière [turtjɛr] *nf (Québec) pie made from minced beef and onions*

tous *adj pl* ➤ **tout**

Toussaint [tusɛ̃] *nf* • **la Toussaint** All Saints' Day

la Toussaint

All Saints' Day on 1 November, is a public holiday in France. People traditionally visit cemeteries to lay flowers, usually chrysanthemums, on the graves of their loved ones.

tousser [tuse] *vi* to cough

tout, e [tu, tut] *(mpl* **tous** [tus], *fpl* **toutes** [tut]*) adj*

1. *(avec un substantif singulier)* all • **tout le vin** all the wine • **tout un gâteau** a whole cake • **toute la journée** the whole day, all day • **tout le monde** everyone, everybody • **tout le temps** all the time

2. *(avec un pronom démonstratif)* all • **tout ça** ou **cela** all that

3. *(avec un substantif pluriel)* all • **tous les gâteaux** all the cakes • **tous les Anglais** all English people • **tous les jours** every day • **toutes les deux** both • **toutes les trois** all three of us/them • **tous les deux ans** every two years

4. *(n'importe quel)* any • **à toute heure** at any time

◇ *pron*

1. *(la totalité)* everything • **je t'ai tout dit** I've told you everything • **c'est tout** that's all • **ce sera tout ?** *(dans un magasin)* is that everything? • **en tout** in all

2. *(au pluriel: tout le monde)* • **ils voulaient tous la voir** they all wanted to see her

◇ *adv*

1. *(très, complètement)* very • **tout près** very near • **ils étaient tout seuls** they were all alone • **tout en haut** right at the top

2. *(avec un gérondif)* • **tout en marchant** while walking

3. *(dans des expressions)* • **tout à coup** suddenly • **tout à fait** absolutely • **tout à l'heure** *(avant)* a little while ago ; *(après)* in a minute • **à tout à l'heure !** see you soon! • **tout de même** *(malgré tout)* anyway • **tout de suite** immediately, at once

◇ *nm* • **le tout** *(la totalité)* the lot • **le tout est de...** the main thing is to... • **pas du tout** not at all

toutefois [tutfwa] *adv* however

tout(-)terrain [tutɛrɛ̃] (*pl* **-s**) *adj* off-road

toux [tu] *nf* cough

toxique [tɔksik] *adj* toxic

TP *nmpl abr de* **travaux pratiques**

trac [trak] *nm* • **avoir le trac** *(acteur)* to get stage fright ; *(candidat)* to be nervous

tracasser [trakase] *vt* to worry ◆ **se tracasser** *vp* to worry

trace [tras] *nf* trace • **trace de pas** footprint

tracer [trase] *vt (dessiner)* to draw

tract [trakt] *nm* leaflet

tracteur [traktœr] *nm* tractor

tradition [tradisjɔ̃] *nf* tradition

traditionnel, elle [tradisjɔnɛl] *adj* traditional

traducteur, trice [tradyktœr, tris] *nm, f* translator

traduction [tradyksjɔ̃] *nf* translation

traduire [tradɥir] *vt* to translate

trafic [trafik] *nm* traffic

trafiquer [trafike] *vt* to doctor ◇ *vi* to be involved in trafficking

tragédie [traʒedi] *nf* tragedy

tragique [traʒik] *adj* tragic

trahir [trair] *vt* **1.** to betray **2.** *(secret)* to give away ◆ **se trahir** *vp* to give o.s. away

train [trɛ̃] *nm* train • **être en train de faire qqch** to be doing sthg • **train d'atterrissage** landing gear • **train de banlieue** commuter train • **train-couchettes** sleeper • **train rapide** express train ▾ **trains grandes lignes** mainline ou intercity *(UK)* trains ▾ **trains Île de france** Île de france trains

traîne [trɛn] *nf (d'une robe)* train • **être à la traîne** *(en retard)* to lag behind

traîneau [trɛno] (*pl* **-x**) *nm* sledge

traînée [trene] *nf (trace)* trail

traîner [trene] *vt* to drag ◇ *vi* **1.** *(par terre)* to trail **2.** *(prendre du temps)* to drag on **3.** *(s'attarder)* to dawdle **4.** *(être en désordre)* to lie around **5.** *(péj) (dans la rue, dans les bars)* to hang around ◆ **se traîner** *vp* **1.** *(par terre)* to crawl **2.** *(avancer lentement)* to be slow

train-train [trɛ̃trɛ̃] *nm inv* routine

traire [trɛr] *vt* to milk

trait [trɛ] *nm* **1.** line **2.** *(caractéristique)* trait • **d'un trait** *(boire)* in one go • **trait d'union** hyphen ◆ **traits** *nmpl (du visage)* features

traite [trɛt] *nf* • **d'une (seule) traite** in one go

traitement [trɛtmɑ̃] *nm MÉD* treatment • **traitement de texte** *(programme)* word-processing package

traiter [trete] *vt* **1.** to treat **2.** *(affaire, sujet)* to deal with • **traiter qqn d'imbécile** to call sb an idiot ◆ **traiter de** *v + prep (suj: livre, exposé)* to deal with

traiteur [trɛtœr] *nm* caterer

traître [trɛtr] *nm* traitor

trajectoire [traʒɛktwar] *nf (d'une balle)* trajectory

trajet [traʒɛ] *nm (voyage)* journey

trampoline [trɑ̃pɔlin] *nm* trampoline

tramway [tramwɛ] *nm* tram *(UK)*, streetcar *(US)*

tranchant, e [trɑ̃ʃɑ̃, ɑ̃t] *adj* **1.** *(couteau)* sharp **2.** *(ton)* curt

tranche [trɑ̃ʃ] *nf* **1.** *(morceau)* slice **2.** *(d'un livre)* edge **3.** *(d'âge, d'imposition)* bracket

tranchée [trɑ̃ʃe] *nf* trench

trancher [trɑ̃ʃe] *vt* to cut ◇ *vi (décider)* to decide

tranquille [trɑ̃kil] *adj* quiet • **laisser qqn/qqch tranquille** to leave sb/sthg alone • **restez tranquilles !** don't fidget! • **soyez tranquille** *(ne vous inquiétez pas)* don't worry

tranquillisant [trɑ̃kilizɑ̃] *nm* tranquillizer

tranquillité [trɑ̃kilite] *nf* peace • **en toute tranquillité** with complete peace of mind

transaction [trɑ̃zaksjɔ̃] *nf* transaction

transférer [trɑ̃sfere] *vt* to transfer • **transférer un message** to forward an e-mail

transfert [tʀɑ̃sfɛʀ] *nm* • **transfert de fichier** file transfer

transformateur [trɑ̃sfɔrmatœr] *nm* transformer

transformation [trɑ̃sfɔrmasjɔ̃] *nf* **1.** transformation **2.** *(aménagement)* alteration

transformer [trɑ̃sfɔrme] *vt* **1.** to transform **2.** *(vêtement)* to alter • **transformer qqch en qqch** to turn sthg into sthg ; *(bâtiment)* to convert sthg into sthg ◆ **se transformer** *vp* to change completely • **se transformer en qqch** to turn into sthg

transfusion [trɑ̃sfyzjɔ̃] *nf* • **transfusion (sanguine)** (blood) transfusion

transgénique [trɑ̃sʒenik] *adj* transgenic

transistor [trɑ̃zistɔr] *nm* transistor

transit [trɑ̃zit] *nm* • **passagers en transit** transit passengers • **transit intestinal** intestinal transit

transmettre [trɑ̃smɛtr] *vt* • **transmettre qqch à qqn** to pass sthg on to sb ◆ **se transmettre** *vp (maladie)* to be transmitted

transmis, e [trɑ̃smi, iz] *pp* ➤ **transmettre**

transmission [trɑ̃smisjɔ̃] *nf* transmission

transparent, e [trɑ̃sparɑ̃, ɑ̃t] *adj* **1.** *(eau)* transparent **2.** *(blouse)* see-through

transpercer [trɑ̃sperse] *vt* to pierce

transpiration [trɑ̃spirasjɔ̃] *nf* perspiration

transpirer [trɑ̃spire] *vi* to perspire

transplanter [trɑ̃splɑ̃te] *vt* to transplant

transport [trɑ̃spɔr] *nm* transport • **les transports (en commun)** public transport *sg*

transporter [trɑ̃spɔrte] *vt* **1.** *(à la main)* to carry **2.** *(en véhicule)* to transport

transversal, e, aux [trɑ̃svɛrsal, o] *adj* **1.** *(poutre)* cross **2.** *(ligne)* diagonal

trapèze [trapɛz] *nm (de cirque)* trapeze

trapéziste [trapezist] *nmf* trapeze artist

trappe [trap] *nf* trap door

travail [travaj] (*pl* **-aux**) *nm* **1.** *(activité, lieu)* work **2.** *(tâche, emploi)* job • **être sans travail** *(au chômage)* to be out of work ◆ **travaux** *nmpl* **1.** *(ménagers, agricoles)* work *sg* **2.** *(de construction)* building (work) *sg* • **travaux pratiques** practical work *sg* ▼ **travaux** *(sur la route)* roadworks

travailler [travaje] *vi* to work ◇ *vt* **1.** *(matière scolaire, passage musical)* to work on **2.** *(bois, pierre)* to work
traveller's check [travlœrʃɛk] *(pl* **-s***)* *nm* traveller's cheque
traveller's cheque [travlœrʃɛk] *(pl* **-s***)* *nm* = **traveller's check**
travers [travɛr] *nm* • **à travers** through • **de travers** crooked ; *(marcher)* sideways ; *(fig) (mal)* wrong • **j'ai avalé de travers** it went down the wrong way • **regarder qqn de travers** to give sb a funny look • **en travers (de)** across • **travers de porc** sparerib of pork
traversée [travɛrse] *nf* crossing
traverser [travɛrse] *vt* **1.** *(rue, rivière)* to cross **2.** *(transpercer)* to go through ◇ *vi* *(piéton)* to cross ▼ **piétons attention, traversez en deux temps** pedestrians should cross in two stages
traversin [travɛrsɛ̃] *nm* bolster
travestir [travɛstir] *vt* ◆ **se travestir** *vp* **1.** *(pour une fête)* to put on fancy dress **2.** *(pour un homme)* to put on drag
trébucher [trebyʃe] *vi* to stumble
trèfle [trɛfl] *nm* **1.** *(plante)* clover **2.** *(aux cartes)* clubs *pl* • **trèfle à quatre feuilles**
treize [trɛz] *num* thirteen
treizième [trɛzjɛm] *num* thirteenth
tremblement [trɑ̃bləmɑ̃] *nm* • **tremblement de terre** earthquake • **avoir des tremblements** to shiver
trembler [trɑ̃ble] *vi* to tremble • **trembler de peur/froid** to shiver with fear/cold
trémousser [tremuse] ◆ **se trémousser** *vp* to jig up and down
trempé, e [trɑ̃pe] *adj (mouillé)* soaked
tremper [trɑ̃pe] *vt (plonger)* to dip ◇ *vi* to soak • **faire tremper qqch** to soak sthg
tremplin [trɑ̃plɛ̃] *nm* **1.** *(de gymnastique)* springboard **2.** *(de piscine)* divingboard
trente [trɑ̃t] *num* thirty
trentième [trɑ̃tjɛm] *num* thirtieth
très [trɛ] *adv* very
trésor [trezɔr] *nm* treasure
tresse [trɛs] *nf* **1.** plait *(UK)*, braid *(US)* **2.** *(Helv) (pain) plait-shaped loaf*
tresser [trese] *vt* to plait *(UK)*, to braid *(US)*
tréteau [treto] *(pl* **-x***)* *nm* trestle
treuil [trœj] *nm* winch
trêve [trɛv] *nf* **1.** *(cessez le feu)* truce **2.** *(répit)* respite
tri [tri] *nm* • **faire un tri parmi** to choose from
triangle [trijɑ̃gl] *nm* triangle
triangulaire [trijɑ̃gylɛr] *adj* triangular
tribord [tribɔr] *nm* starboard • **à tribord** to starboard
tribu [triby] *nf* tribe
tribunal [tribynal] *(pl* **-aux***)* *nm* court ▼ **tribunal d'instance** ≃ magistrates' court *(UK)* ≃ county court *(US)*
tricher [triʃe] *vi* to cheat
tricheur, euse [triʃœr, øz] *nm, f* cheat
tricot [triko] *nm* **1.** *(ouvrage)* knitting **2.** *(pull)* jumper • **tricot de corps** vest *(UK)*, undershirt *(US)*
tricoter [trikɔte] *vt & vi* to knit
tricycle [trisikl] *nm* tricycle
trier [trije] *vt* **1.** INFORM to sort **2.** *(sélectionner)* to select **3.** *(classer)* to sort out
trimestre [trimɛstr] *nm* **1.** *(trois mois)* quarter **2.** SCOL term

trimestriel, elle [trimɛstrijɛl] *adj* quarterly

trinquer [trɛ̃ke] *vi (boire)* to clink glasses

triomphe [trijɔ̃f] *nm* triumph

triompher [trijɔ̃fe] *vi* to triumph ● **triompher de** to overcome

tripes [trip] *nfpl CULIN* tripe *sg*

triple [tripl] *adj* triple ◇ *nm* ● **le triple du prix normal** three times the normal price

tripler [triple] *vt & vi* to triple

tripoter [tripɔte] *vt (objet)* to fiddle with

triste [trist] *adj* **1.** sad **2.** *(couleur)* dull **3.** *(endroit)* gloomy

tristesse [tristɛs] *nf* sadness

troc [trɔk] *nm (échange)* swap

trognon [trɔɲɔ̃] *nm (de pomme, de poire)* core

trois [trwa] *num* three ● **il a trois ans** he's three (years old) ● **il est trois heures** it's three o'clock ● **le trois janvier** the third of January ● **page trois** page three ● **ils étaient trois** there were three of them ● **le trois de pique** the three of spades ● **(au) trois rue Lepic** at/to three, rue Lepic

troisième [trwazjɛm] *num* third ◇ *nf* **1.** *SCOL* ≃ fourth year **2.** *(vitesse)* third (gear) ● **le troisième étage** third floor (*UK*), fourth floor (*US*) ● **le troisième (arrondissement)** third arrondissement ● **il est arrivé troisième** he came third

trois-quarts [trwakar] *nm (manteau)* three-quarter length coat

trombe [trɔ̃b] *nf* ● **des trombes d'eau** a downpour ● **partir en trombe** to shoot off

trombone [trɔ̃bɔn] *nm* **1.** *(agrafe)* paper clip **2.** *MUS* trombone

trompe [trɔ̃p] *nf (d'éléphant)* trunk

tromper [trɔ̃pe] *vt* **1.** *(conjoint)* to be unfaithful to **2.** *(client)* to cheat ◆ **se tromper** *vp* to make a mistake ● **se tromper de jour** to get the wrong day

trompette [trɔ̃pɛt] *nf* trumpet

trompeur, euse [trɔ̃pœr, øz] *adj* deceptive

tronc [trɔ̃] *nm* ● **tronc (d'arbre)** (tree) trunk

tronçonneuse [trɔ̃sɔnøz] *nf* chain saw

trône [tron] *nm* throne

trop [tro] *adv* too ● **trop fatigué/lentement** too tired/slowly ● **trop manger** to eat too much ● **trop de** *(nourriture)* too much ; *(gens)* too many ● **20 euros de** ou **en trop** 20 euros too much ● **deux personnes de** ou **en trop** two people too many

trophée [trɔfe] *nm* trophy

tropical, e, aux [trɔpikal, o] *adj* tropical

trot [tro] *nm* trot ● **au trot** at a trot

trotter [trɔte] *vi* to trot

trotteuse [trɔtøz] *nf* second hand

trottinette [trɔtinɛt] *nf* child's scooter

trottoir [trɔtwar] *nm* pavement (*UK*), sidewalk (*US*)

trou [tru] *nm* hole ● **j'ai un trou de mémoire** my mind has gone blank

trouble [trubl] *adj* **1.** *(eau)* cloudy **2.** *(image)* blurred ◇ *adv* ● **voir trouble** to have blurred vision

trouer [true] *vt* to make a hole in

trouille [truj] *nf (fam)* ● **avoir la trouille** to be scared stiff

troupe [trup] *nf (de théâtre)* company

troupeau [trupo] (*pl* -x) *nm* **1.** *(de vaches)* herd **2.** *(de moutons)* flock

trousse [trus] *nf (d'écolier)* pencil case • **trousse de secours** first-aid kit • **trousse de toilette** sponge bag

trousseau [truso] (*pl* -x) *nm (de clefs)* bunch

trouver [truve] *vt* to find • **je trouve que** I think (that) ◆ **se trouver** *vp (se situer)* to be • **se trouver mal** to faint

truc [tryk] *nm* **1.** *(fam) (objet)* thing **2.** *(astuce)* trick

trucage [trykaʒ] *nm (au cinéma)* special effect

truffe [tryf] *nf* **1.** *(d'un animal)* muzzle **2.** *(champignon)* truffle • **truffe (en chocolat)** (chocolate) truffle

truite [trɥit] *nf* trout • **truite aux amandes** trout with almonds

truquage [trykaʒ] *nm* = **trucage**

T-shirt [tiʃœrt] *nm* = **tee-shirt**

TSVP (*abr écrite de tournez s'il vous plaît*) PTO *(please turn over)*

TTC *adj* (*abr de toutes taxes comprises*) inclusive of tax

[1]**tu** [ty] *pron* you

[2]**tu, e** [ty] *pp* ➤ **taire**

tuba [tyba] *nm (de plongeur)* snorkel

tube [tyb] *nm* **1.** tube **2.** *(fam) (musique)* hit

tuberculose [tybɛrkyloz] *nf* tuberculosis

tuer [tɥe] *vt* to kill ◆ **se tuer** *vp* **1.** *(se suicider)* to kill o.s. **2.** *(accidentellement)* to die

tue-tête [tytɛt] ◆ **à tue-tête** *adv* at the top of one's voice

tuile [tɥil] *nf* tile • **tuile aux amandes** *thin curved almond biscuit*

tulipe [tylip] *nf* tulip

tumeur [tymœr] *nf* tumour

tuner [tynɛr] *nm* tuner

tunique [tynik] *nf* tunic

Tunisie [tynizi] *nf* • **la Tunisie** Tunisia

tunisien, enne [tynizjɛ̃, ɛn] *adj* Tunisian ◆ **Tunisien, enne** *nm, f* Tunisian

tunnel [tynɛl] *nm* tunnel • **le tunnel sous la Manche** the Channel Tunnel

turbo [tyrbo] *adj inv & nf* turbo

turbot [tyrbo] *nm* turbot

turbulences [tyrbylɑ̃s] *nfpl (dans un avion)* turbulence *sg*

turbulent, e [tyrbylɑ̃, ɑ̃t] *adj* boisterous

turc, turque [tyrk] *adj* Turkish

Turquie [tyrki] *nf* • **la Turquie** Turkey

turquoise [tyrkwaz] *adj inv & nf* turquoise

tutoyer [tytwaje] *vt* • **tutoyer qqn** to use the "tu" form to sb

tutu [tyty] *nm* tutu

tuyau [tɥijo] (*pl* -x) *nm* pipe • **tuyau d'arrosage** hosepipe • **tuyau d'échappement** exhaust (pipe)

TV (*abr de télévision*) TV *(television)*

TVA *nf* (*abr de taxe sur la valeur ajoutée*) VAT *(value added tax)*

tweed [twid] *nm* tweed

tympan [tɛ̃pɑ̃] *nm ANAT* eardrum

type [tip] *nm* **1.** *(sorte)* type **2.** *(fam) (individu)* guy, bloke *(UK)*

typique [tipik] *adj* typical

U

UDF *nf French party to the right of the political spectrum*

UE (*abr de Union européenne*) *nf* EU *(European Union)*

ulcère [ylsɛr] *nm* ulcer

ULM *nm* microlight

ultérieur, e [ylterjœr] *adj* later

ultra- [yltra] *préf* ultra-

un, une [œ̃, yn] (*pl* **des** [de]) *art* a, an *(devant voyelle)* • **un homme** a man • **une femme** a woman • **une pomme** an apple • **des valises** suitcases ◇ *pron* one • **(l')un de mes amis/un des meilleurs** one of my friends/one of the best • **l'un l'autre** each other, one another • **l'un et l'autre** both (of them/us) • **l'un ou l'autre** either (of them/us) • **ni l'un ni l'autre** neither (of them/us) ◇ *num* one • **il a un an** he's one (year old) • **(au) un rue Lepic** (at/to) one, rue Lepic

unanime [ynanim] *adj* unanimous

unanimité [ynanimite] *nf* unanimity • **à l'unanimité** unanimously

Unetelle *nf* ➤ **Untel**

uni, e [yni] *adj* **1.** *(tissu, couleur)* plain **2.** *(famille, couple)* close

uniforme [ynifɔrm] *adj* **1.** uniform **2.** *(surface)* even ◇ *nm* uniform

union [ynjɔ̃] *nf* **1.** *(d'États)* union **2.** *(de syndicats)* confederation • **l'Union européenne** the European Union

unique [ynik] *adj* **1.** *(seul)* only **2.** *(exceptionnel)* unique • **monnaie unique** single currency

uniquement [ynikmɑ̃] *adv* only

unir [ynir] *vt* *(mots, idées)* to combine ◆ **s'unir** *vp* **1.** *(s'associer)* to join together **2.** *(pays)* to unite

unisson [ynisɔ̃] *nm* • **à l'unisson** in unison

unitaire [ynitɛr] *adj* *(prix, poids)* unit

unité [ynite] *nf* **1.** unit **2.** *(harmonie, ensemble)* unity • **vendu à l'unité** sold individually • **unité centrale** central processing unit • **unité centrale** central processing unit

univers [ynivɛr] *nm* universe

universel, elle [ynivɛrsɛl] *adj* universal

universitaire [ynivɛrsitɛr] *adj* *(diplôme, bibliothèque)* university

université [ynivɛrsite] *nf* university

Untel, Unetelle [œ̃tɛl, yntɛl] *nm, f* Mr so-and-so(*f* Mrs so-and-so)

urbain, e [yrbɛ̃, ɛn] *adj* urban

urbanisme [yrbanism] *nm* town planning

urgence [yrʒɑ̃s] *nf* **1.** urgency **2.** *MÉD* emergency • **d'urgence** *(vite)* immediately • **(service des) urgences** casualty (department)

urgent, e [yrʒɑ̃, ɑ̃t] *adj* urgent

urine [yrin] *nf* urine

uriner [yrine] *vi* to urinate

urinoir [yrinwar] *nm* urinal

urticaire [yrtikɛr] *nf* nettle rash

USA *nmpl* • **les USA** the USA

usage [yzaʒ] *nm* *(utilisation)* use • **d'usage** usual ▼ **usage externe** for external

use only ▾ **usage interne** for internal use only
usagé, e [yzaʒe] *adj (ticket)* used
usager [yzaʒe] *nm* user
USB • **clé USB** USB key
usé, e [yze] *adj* worn
user [yze] *vt* **1.** *(abîmer)* to wear out **2.** *(consommer)* to use ◆ **s'user** *vp* to wear out
usine [yzin] *nf* factory
ustensile [ystɑ̃sil] *nm* tool • **ustensile de cuisine** kitchen utensil
utile [ytil] *adj* useful
utilisateur, trice [ytilizatœr, tris] *nm, f* user
utilisation [ytilizasjɔ̃] *nf* use
utiliser [ytilize] *vt* to use
utilité [ytilite] *nf* • **être d'une grande utilité** to be of great use
UV *nmpl* (*abr de ultraviolets*) UV rays *(ultra-violet rays)*

va [va] *3ᵉ pers. du sg de l'ind. prés.* ➤ **aller**
vacances [vakɑ̃s] *nfpl* holiday *sg* (*UK*), vacation *sg* (*US*) • **être/partir en vacances** to be/go on holiday (*UK*), to be/go on vacation (*US*) • **prendre des vacances** to take a holiday (*UK*), to take a vacation (*US*) • **vacances scolaires** school holidays (*UK*), school break (*US*)
vacancier, ère [vakɑ̃sje, ɛr] *nm, f* holidaymaker (*UK*), vacationer (*US*)
vacarme [vakarm] *nm* racket
vaccin [vaksɛ̃] *nm* vaccine
vacciner [vaksine] *vt* • **vacciner qqn contre qqch** to vaccinate sb against sthg
vache [vaʃ] *nf* cow ◇ *adj (fam) (méchant)* mean
vachement [vaʃmɑ̃] *adv (fam)* dead (*UK*), real (*US*)
vacherin [vaʃrɛ̃] *nm* **1.** *(gâteau) meringue filled with ice cream and whipped cream* **2.** *(fromage) soft cheese made from cow's milk*
vague [vag] *adj (peu précis)* vague ◇ *nf* wave • **vague de chaleur** heat wave
vaguement [vagmɑ̃] *adv* vaguely
vaille *1ʳᵉ et 3ᵉ pers. du sg du subj. prés.* ➤ **valoir**
vain [vɛ̃] ◆ **en vain** *adv* in vain
vaincre [vɛ̃kr] *vt* **1.** *(ennemi)* to defeat **2.** *(peur, obstacle)* to overcome
vaincu, e [vɛ̃ky] *nm, f* **1.** *(équipe)* losing team **2.** *(sportif)* loser
vainqueur [vɛ̃kœr] *nm* **1.** *(d'un match)* winner **2.** *(d'une bataille)* victor
vais [vɛ] *1ʳᵉ pers. du sg de l'ind. prés.* ➤ **aller**
vaisseau [vɛso] (*pl* **-x**) *nm (veine)* vessel • **vaisseau spatial** spaceship
vaisselle [vɛsɛl] *nf (assiettes)* crockery • **faire la vaisselle** to wash up ▾ **vaisselle jetable** paper plates and cups
valable [valabl] *adj* valid
valait *3ᵉ pers. du sg de l'ind. imparfait* ➤ **valoir**
valent [val] *3ᵉ pers. du pl de l'ind. prés.* ➤ **valoir**
valet [valɛ] *nm (aux cartes)* jack

valeur [valœr] *nf* value • **sans valeur** worthless
valider [valide] *vt (ticket)* to validate
validité [validite] *nf* • **date limite de validité** expiry date
valise [valiz] *nf* case, suitcase • **faire ses valises** to pack
vallée [vale] *nf* valley
vallonné, e [valɔne] *adj* undulating
valoir [valwar] *vi* **1.** *(coûter, avoir comme qualité)* to be worth **2.** *(dans un magasin)* to cost ◇ *v impers* • **il vaut mieux faire qqch** it's best to do sthg • **il vaut mieux que tu restes** you had better stay • **ça vaut combien ?** how much is it? • **ça ne vaut pas la peine** ou **le coup** it's not worth it • **ça vaut la peine** ou **le coup d'y aller** it's worth going
valse [vals] *nf* waltz
valu [valy] *pp* ➤ **valoir**
vandale [vɑ̃dal] *nm* vandal
vandalisme [vɑ̃dalism] *nm* vandalism
vanille [vanij] *nf* vanilla
vaniteux, euse [vanitø, øz] *adj* vain
vanter [vɑ̃te] *vt (vanter)* to praise ◆ **se vanter** *vp* to boast
vapeur [vapœr] *nf* steam • **fer à vapeur** steam iron • **(à la) vapeur** *CULIN* steamed
vaporisateur [vapɔrizatœr] *nm* atomizer
varappe [varap] *nf* rock climbing
variable [varjabl] *adj* **1.** *(chiffre)* varying **2.** *(temps)* changeable
varicelle [varisɛl] *nf* chickenpox
varices [varis] *nfpl* varicose veins
varié, e [varje] *adj* **1.** *(travail)* varied **2.** *(paysage)* diverse ▼ **hors-d'œuvre variés** a selection of starters
variété [varjete] *nf* variety ◆ **variétés** *nfpl (musique)* easy listening *sg* ▼ **variétés françaises** French easy listening music ▼ **variétés internationales** international easy listening music
variole [varjɔl] *nf* smallpox
vas [va] *2e pers. du sg de l'ind. prés.* ➤ **aller**
vase [vaz] *nf* mud ◇ *nm* vase
vaseux, euse [vazø, øz] *adj* **1.** *(boueux)* muddy **2.** *(fam)* *(malade)* under the weather
vaste [vast] *adj* vast
vaudra *3e pers. du sg de l'ind. fut.* ➤ **valoir**
vaut [vo] *3e pers. du sg de l'ind. prés.* ➤ **valoir**
vautour [votur] *nm* vulture
veau [vo] *(pl* **-x***)* *nm* **1.** calf **2.** *CULIN* veal
vécu, e [veky] *pp* ➤ **vivre** ◇ *adj (histoire)* true
vedette [vədɛt] *nf* **1.** *(acteur, sportif)* star **2.** *(bateau)* launch
végétal, e, aux [veʒetal, o] *adj (huile, teinture)* vegetable ◇ *nm* plant
végétarien, enne [veʒetarjɛ̃, ɛn] *adj & nm, f* vegetarian
végétation [veʒetasjɔ̃] *nf* vegetation ◆ **végétations** *nfpl MÉD* adenoids
véhicule [veikyl] *nm* vehicle
veille [vɛj] *nf (jour précédent)* day before, eve • **la veille au soir** the evening before
veillée [veje] *nf (en colonie de vacances) evening entertainment where children stay up late*
veiller [veje] *vi (rester éveillé)* to stay up • **veillez à ne rien oublier** make sure you don't forget anything • **veiller à ce que** to see (to it) that • **veiller sur qqn** to look after sb

veilleur [vejœr] *nm* • **veilleur de nuit** night watchman

veilleuse [vejøz] *nf* **1.** *(lampe)* night light **2.** *(flamme)* pilot light

veine [vɛn] *nf ANAT* vein • **avoir de la veine** *(fam)* to be lucky

Velcro® [vɛlkro] *nm* Velcro®

vélo [velo] *nm* bicycle, bike • **faire du vélo** to cycle • **vélo de course** racing bike • **vélo tout terrain** mountain bike

vélomoteur [velɔmɔtœr] *nm* moped

velours [vəlur] *nm* velvet • **velours côtelé** corduroy

velouté [vəlute] *nm* • **velouté d'asperge** cream of asparagus soup

vendanges [vɑ̃dɑ̃ʒ] *nfpl* harvest *sg*

vendeur, euse [vɑ̃dœr, øz] *nm, f* **1.** *(de grand magasin)* sales assistant *(UK)*, sales clerk *(US)* **2.** *(sur un marché, ambulant)* salesman(*f* saleswoman)

vendre [vɑ̃dr] *vt* to sell • **vendre qqch à qqn** to sell sb sthg ▾ **à vendre** for sale

vendredi [vɑ̃drədi] *nm* Friday • **vendredi saint** Good Friday • **nous sommes** ou **c'est vendredi** it's Friday today • **vendredi 13 septembre** Friday 13 September • **nous sommes partis vendredi** we left on Friday • **vendredi dernier** last Friday • **vendredi prochain** next Friday • **vendredi matin** on Friday morning • **le vendredi** on Fridays • **à vendredi !** see you Friday!

vénéneux, euse [venenø, øz] *adj* poisonous

vengeance [vɑ̃ʒɑ̃s] *nf* revenge

venger [vɑ̃ʒe] • **se venger** *vp* to get one's revenge

venimeux, euse [vənimø, øz] *adj* poisonous

venin [vənɛ̃] *nm* venom

venir [vənir] *vi* to come • **venir de** to come from • **venir de faire qqch** to have just done sthg • **nous venons d'arriver** we've just arrived • **faire venir qqn** *(docteur, réparateur)* to send for sb

vent [vɑ̃] *nm* wind • **il y a** ou **il fait du vent** it's windy • **vent d'ouest** west wind

vente [vɑ̃t] *nf* sale • **être en vente** to be up for sale • **mettre qqch en vente** to put sthg for sale • **vente par correspondance** mail order • **vente aux enchères** auction

ventilateur [vɑ̃tilatœr] *nm* fan

ventouse [vɑ̃tuz] *nf (en caoutchouc)* suction pad

ventre [vɑ̃tr] *nm* stomach • **avoir du ventre** to have a bit of a paunch

[1]**venu, e** [vəny] *pp* ➤ **venir**

[2]**venue** *nf* arrival

ver [vɛr] *nm* **1.** *(de fruit)* maggot **2.** worm • **ver luisant** glow worm • **ver (de terre)** (earth)worm

véranda [verɑ̃da] *nf* **1.** *(pièce vitrée)* conservatory **2.** *(espace ouvert)* veranda(h) *(UK)*, porch *(US)*

verbe [vɛrb] *nm* verb

verdict [vɛrdikt] *nm* verdict

verdure [vɛrdyr] *nf* greenery

véreux, euse [verø, øz] *adj (fruit)* worm-eaten

verger [vɛrʒe] *nm* orchard

verglacé, e [vɛrglase] *adj* icy

verglas [vɛrgla] *nm* (black) ice

vérification [verifikasjɔ̃] *nf* checking

vérifier [verifje] *vt* to check

véritable [veritabl] *adj* real

vérité [verite] *nf* truth • **dire la vérité** to tell the truth

vermicelle [vɛrmisɛl] *nm* vermicelli

verni, e [vɛrni] *adj* **1.** *(chaussure)* patent-leather **2.** *(meuble)* varnished

vernis [vɛrni] *nm* varnish • **vernis à ongles** nail varnish

verra *3ᵉ pers. du sg de l'ind. fut.* ➤ **voir**

verre [vɛr] *nm* glass • **boire** OU **prendre un verre** to have a drink • **verre à pied** wine glass • **verre à vin** wine glass • **verres de contact** contact lenses

verrière [vɛrjɛr] *nf (toit)* glass roof

verrou [vɛru] *nm* bolt

verrouiller [vɛruje] *vt* **1.** *(porte)* to bolt **2.** *INFORM* to lock

verrue [vɛry] *nf* wart

vers [vɛr] *nm* line ◇ *prép* **1.** *(direction)* towards **2.** *(époque)* around

Versailles [vɛrsaj] *n* Versailles

Versailles

This former royal palace, situated to the southwest of Paris, was transformed by Louis XIV from a hunting lodge into one of the grandest and most magnificent royal residences in the world. It is set within a vast park containing elegant formal gardens with ornamental fountains and statues.

versant [vɛrsɑ̃] *nm* side

versatile [vɛrsatil] *adj* fickle

verse [vɛrs] ♦ **à verse** *adv* • **il pleut à verse** it's pouring down

Verseau [vɛrso] *nm* Aquarius

versement [vɛrsəmɑ̃] *nm* payment

verser [vɛrse] *vt* **1.** *(liquide)* to pour **2.** *(argent)* to pay ◇ *vi (fig)* • **verser dans qqch** to lapse into sthg

verseur [vɛrsœr] *adj m* ➤ **bec**

version [vɛrsjɔ̃] *nf* **1.** version **2.** *(traduction)* translation • **version française** version dubbed into French • **version originale** version in original language

verso [vɛrso] *nm* back

vert, e [vɛr, vɛrt] *adj* **1.** green **2.** *(fruit)* unripe **3.** *(vin)* young ◇ *nm* green

vertébrale [vɛrtebral] *adj f* ➤ **colonne**

vertèbre [vɛrtɛbr] *nf* vertebra

vertical, e, aux [vɛrtikal, o] *adj* vertical

vertige [vɛrtiʒ] *nm* • **avoir le vertige** to be dizzy

vessie [vesi] *nf* bladder

veste [vɛst] *nf* jacket

vestiaire [vɛstjɛr] *nm (d'un musée, d'un théâtre)* cloakroom

vestibule [vɛstibyl] *nm* hall

vestiges [vɛstiʒ] *nmpl* remains

veston [vɛstɔ̃] *nm* jacket

vêtements [vɛtmɑ̃] *nmpl* clothes

vétérinaire [veterinɛr] *nmf* vet

veuf, veuve [vœf, vœv] *adj* widowed ◇ *nm, f* widower (*f* widow)

veuille *3ᵉ pers. du sg du subj. prés.* ➤ **vouloir**

veuve *adj f & nf* ➤ **veuf**

veux [vø] *1ʳᵉ et 2ᵉ pers. du sg de l'ind. prés.* ➤ **vouloir**

vexant, e [vɛksɑ̃, ɑ̃t] *adj* hurtful

vexer [vɛkse] *vt* to offend ♦ **se vexer** *vp* to take offence

VF *abr de* **version française**

viaduc [vjadyk] *nm* viaduct

viande [vjɑ̃d] *nf* meat • **viande séchée des Grisons** *dried salt beef* ▾ **viande grillée** grilled (*UK*) ou broiled (*US*) meat
vibration [vibrasjɔ̃] *nf* vibration
vibrer [vibre] *vi* to vibrate
vibreur [vibʀœʀ] *nm* VibraCall®
vice [vis] *nm* vice
vice versa [vis(e)vɛrsa] *adv* vice versa
vicieux, euse [visjø, øz] *adj* (*pervers*) perverted
victime [viktim] *nf* **1.** victim **2.** (*d'un accident*) casualty • **être victime de** to be the victim of
victoire [viktwar] *nf* victory
vidange [vidɑ̃ʒ] *nf* (*d'une auto*) oil change
vide [vid] *adj* empty ◇ *nm* **1.** (*espace*) gap **2.** (*absence d'air*) vacuum • **sous vide** (*aliment*) vacuum-packed
vidéo [video] *adj inv* & *nf* video
vidéoconférence [videokɔ̃ferɑ̃s] *nf* = **visioconférence**
vide-ordures [vidɔrdyr] *nm inv* rubbish chute (*UK*), garbage chute (*US*)
vide-poches [vidpɔʃ] *nm inv* (*dans une voiture*) pocket
vider [vide] *vt* **1.** to empty **2.** (*poulet, poisson*) to gut ◆ **se vider** *vp* (*salle, baignoire*) to empty
videur [vidœr] *nm* (*de boîte de nuit*) bouncer
vie [vi] *nf* life • **en vie** alive
vieil *adj m* ➤ **vieux**
vieillard [vjɛjar] *nm* old man
vieille *adj f* ➤ **vieux**
vieillesse [vjejɛs] *nf* old age
vieillir [vjejir] *vi* **1.** to get old **2.** (*vin*) to age ◇ *vt* • **ça le vieillit** (*en apparence*) it makes him look old(er)
viendra *3e pers. du sg de l'ind. fut.* ➤ **venir**
viens *1re et 2e pers. du sg de l'ind. prés.* ➤ **venir**
vierge [vjɛrʒ] *adj* (*cassette, CD, DVD*) blank ◆ **Vierge** *nf* (*signe du zodiaque*) Virgo
Vietnam [vjɛtnam] *nm* • **le Vietnam** Vietnam
vieux, vieille [vjø, vjɛj] (*mpl* **vieux** [vjø]) (*vieil* [vjɛj]*devant voyelle ou h muet*) *adj* old • **vieux jeu** old-fashioned
vif, vive [vif, viv] *adj* **1.** (*geste*) sharp **2.** (*pas*) brisk **3.** (*regard, couleur*) bright **4.** (*esprit*) lively
vigile [viʒil] *nm* watchman
vigne [viɲ] *nf* **1.** (*plante*) vine **2.** (*terrain*) vineyard
vignette [viɲɛt] *nf* **1.** (*automobile*) tax disc **2.** (*de médicament*) price sticker *(for reimbursement of cost of medicine by the social security services)*
vignoble [viɲɔbl] *nm* vineyard
vigoureux, euse [vigurø, øz] *adj* sturdy
vigueur [vigœr] *nf* • **les prix en vigueur** current prices • **entrer en vigueur** to come into force
vilain, e [vilɛ̃, ɛn] *adj* **1.** (*méchant*) naughty **2.** (*laid*) ugly
villa [vila] *nf* villa
village [vilaʒ] *nm* village
ville [vil] *nf* **1.** (*petite, moyenne*) town **2.** (*importante*) city • **aller en ville** to go into town

Villette [vilɛt] *nf* • **(le parc de) la Villette** *cultural centre in the north of Paris, including a science museum*
vin [vɛ̃] *nm* wine • **vin blanc** white wine • **vin doux** sweet wine • **vin rosé** rosé wine • **vin rouge** red wine • **vin sec** dry wine • **vin de table** table wine ▾ **vin chaud** mulled wine

le vin

French wines are officially divided into four categories: wines labelled *Appellation d'Origine Contrôlée* (AOC) are of the highest quality; next in quality come those classed as *Vins De Qualité Supérieure* (VDQS); then *vins de pays*, local wines from an identifiable region ; and lastly *vins de table*, generic table wines.

vinaigre [vinɛgr] *nm* vinegar
vinaigrette [vinɛgrɛt] *nf* French dressing (*UK*), vinaigrette
vingt [vɛ̃] *num* twenty
vingtaine [vɛ̃tɛn] *nf* • **une vingtaine (de)** about twenty
vingtième [vɛ̃tjɛm] *num* twentieth
viol [vjɔl] *nm* rape
violemment [vjɔlamɑ̃] *adv* violently
violence [vjɔlɑ̃s] *nf* violence
violent, e [vjɔlɑ̃, ɑ̃t] *adj* violent
violer [vjɔle] *vt (personne)* to rape
violet, ette [vjɔlɛ, ɛt] *adj* & *nm* purple
violette [vjɔlɛt] *nf* violet
violon [vjɔlɔ̃] *nm* violin
violoncelle [vjɔlɔ̃sɛl] *nm* cello
violoniste [vjɔlɔnist] *nmf* violinist
vipère [vipɛr] *nf* viper
virage [viraʒ] *nm* **1.** *(sur la route)* bend **2.** *(en voiture, à ski)* turn
virement [virmɑ̃] *nm (sur un compte)* transfer
virer [vire] *vi* **1.** *(tourner)* to turn **2.** • **virer de bord** *NAUT* to veer ; *(voilier)* to tack ; *(fig)* to do a U-turn ◇ *vt (argent)* to transfer
virgule [virgyl] *nf* **1.** *(entre mots)* comma **2.** *(entre chiffres)* (decimal) point
viril, e [viril] *adj* virile
virtuelle [virtɥɛl] *adj f* ➤ **réalité**
virtuose [virtɥoz] *nmf* virtuoso
virus [virys] *nm* virus
vis [vis] *nf* screw
visa [viza] *nm (de séjour)* visa
visage [vizaʒ] *nm* face
vis-à-vis [vizavi] • **vis-à-vis de** *prép (envers)* towards
viser [vize] *vt* **1.** *(cible)* to aim at **2.** *(suj: loi)* to apply to **3.** *(suj: remarque)* to be aimed at
viseur [vizœr] *nm* **1.** *(de carabine)* sights *pl* **2.** *(d'appareil photo)* viewfinder
visibilité [vizibilite] *nf* visibility
visible [vizibl] *adj* visible
visière [vizjɛr] *nf (de casquette)* peak
visioconférence [vizjokɔ̃ferɑ̃s], **vidéoconférence** [videokɔ̃ferɑ̃s] *nf* videoconference
visioconférence [vizjokɔ̃feʀɑ̃s] *nf* videoconference
vision [vizjɔ̃] *nf (vue)* vision
visionneuse [vizjɔnøz] *nf* projector
visite [vizit] *nf* visit • **rendre visite à qqn** to visit sb • **visite guidée** guided tour • **visite médicale** medical

visiter [vizite] *vt* to visit • **faire visiter qqch à qqn** to show sb round sthg
visiteur, euse [vizitœr, øz] *nm, f* visitor
visqueux, euse [viskø, øz] *adj* sticky
visser [vise] *vt* **1.** *(vis)* to screw in **2.** *(couvercle)* to screw on
visuel, elle [vizɥɛl] *adj* visual
vital, e, aux [vital, o] *adj* vital
vitalité [vitalite] *nf* vitality
vitamine [vitamin] *nf* vitamin
vite [vit] *adv* fast, quickly
vitesse [vitɛs] *nf* **1.** speed **2.** *TECH (d'une voiture, d'un vélo)* gear • **à toute vitesse** at top speed
vitrail [vitraj] (*pl* **-aux**) *nm* stained-glass window
vitre [vitr] *nf* **1.** *(de fenêtre)* window pane **2.** *(de voiture)* window
vitré, e [vitre] *adj (porte)* glass
vitrine [vitrin] *nf* **1.** *(de magasin)* (shop) window **2.** *(meuble)* display cabinet • **en vitrine** in the window • **faire les vitrines** to window-shop
vivacité [vivasite] *nf* vivacity
vivant, e [vivɑ̃, ɑ̃t] *adj* **1.** *(en vie)* alive **2.** *(animé)* lively
vive [viv] *adj f* ➤ **vif** ◇ *interj* • **vive les vacances !** hurray for the holidays!
vivement [vivmɑ̃] *adv* quickly ◇ *interj* • **vivement demain!** roll on tomorrow!
vivifiant, e [vivifjɑ̃, ɑ̃t] *adj* invigorating
vivre [vivr] *vi* to live ◇ *vt (passer)* to experience
VO *abr de* **version originale**
vocabulaire [vɔkabylɛr] *nm* vocabulary
vocales [vɔkal] *adj f pl* ➤ **corde**
vodka [vɔdka] *nf* vodka
vœu [vø] (*pl* **-x**) *nm (souhait)* wish • **meilleurs vœux** best wishes
voici [vwasi] *prép* here is/are
voie [vwa] *nf* **1.** *(chemin)* road **2.** *(sur une route)* lane **3.** *(de gare)* platform • **être en voie d'amélioration** to be improving • **voie ferrée** railway track (*UK*), railroad track (*US*) • **voie sans issue** dead end ▾ **par voie orale** to be taken orally
voilà [vwala] *prép* there is/are
voile [vwal] *nm* veil ◇ *nf (de bateau)* sail • **faire de la voile** to go sailing
voilé, e [vwale] *adj* **1.** *(roue)* buckled **2.** *(femme)* veiled **3.** *(ciel)* overcast **4.** *(son)* muffled
voilier [vwalje] *nm* sailing boat (*UK*), sailboat (*US*)
voir [vwar] *vt* to see • **ça n'a rien à voir** that's got nothing to do with it • **voyons !** *(pour reprocher)* come on now! • **faire voir qqch à qqn** to show sb sthg
◆ **se voir** *vp* **1.** *(être visible)* to show **2.** *(se rencontrer)* to see one another
voirie [vwari] *nf* **1.** *(administration)* roads department **2.** *(enlèvement des ordures)* refuse (*UK*) ou garbage (*US*) collection **3.** *(dépôt d'ordures)* rubbish (*UK*) ou garbage (*US*) collection
voisin, e [vwazɛ̃, in] *adj* **1.** *(ville)* neighbouring **2.** *(maison)* next-door ◇ *nm, f* neighbour
voiture [vwatyr] *nf* **1.** car **2.** *(wagon)* carriage • **voiture de sport** sports car
voix [vwa] *nf* **1.** voice **2.** *(vote)* vote • **à voix basse** in a low voice • **à voix haute** in a loud voice
vol [vɔl] *nm* **1.** *(groupe d'oiseaux)* flock **2.** *(trajet en avion)* flight **3.** *(délit)* theft

• **attraper qqch au vol** to grab sthg • **à vol d'oiseau** as the crow flies • **en vol** *(dans un avion)* during the flight • **vol régulier** scheduled flight

volage [vɔlage] *adj* fickle

volaille [vɔlaj] *nf (oiseau)* fowl • **de la volaille** poultry

volant [vɔlɑ̃] *nm* **1.** *(de voiture)* steering wheel **2.** *(de nappe, de jupe)* flounce **3.** *(de badminton)* shuttlecock

volante [vɔlɑ̃t] *adj f* ➤ **soucoupe**

vol-au-vent [vɔlovɑ̃] *nm inv* vol-au-vent

volcan [vɔlkɑ̃] *nm* volcano

voler [vɔle] *vt* **1.** *(argent, objet)* to steal **2.** *(personne)* to rob ◇ *vi (oiseau, avion)* to fly

volet [vɔlɛ] *nm* **1.** *(de fenêtre)* shutter **2.** *(d'imprimé)* tear-off section

voleur, euse [vɔlœr, øz] *nm, f* thief • **au voleur !** stop thief!

volière [vɔljɛr] *nf* aviary

volley(-ball) [vɔlɛ(bol)] *nm* volleyball

volontaire [vɔlɔ̃tɛr] *adj (geste, engagement)* deliberate ◇ *nmf* volunteer

volontairement [vɔlɔ̃tɛrmɑ̃] *adv (exprès)* deliberately

volonté [vɔlɔ̃te] *nf* **1.** *(énergie)* will **2.** *(désir)* wish • **bonne volonté** goodwill • **mauvaise volonté** unwillingness ▾ **frites à volonté** unlimited chips *(UK)* OU French fries

volontiers [vɔlɔ̃tje] *adv* willingly • **volontiers !** *(à table)* yes, please!

volt [vɔlt] *nm* volt

volume [vɔlym] *nm* volume • **réglage du volume** volume adjustment

volumineux, euse [vɔlyminø, øz] *adj* bulky

vomir [vɔmir] *vi* to be sick ◇ *vt* to bring up

vont [vɔ̃] *3ᵉ pers. du pl de l'ind. prés.* ➤ **aller**

vos *adj pl* ➤ **votre**

vote [vɔt] *nm* vote

voter [vɔte] *vi* to vote

votre [vɔtr] (*pl* **vos** [vo]) *adj* your

vôtre, la vôtre [votr] (*pl* **les vôtres**) ◆ **le vôtre** *pron* yours • **à la vôtre !** your good health!

voudra *3ᵉ pers. du sg de l'ind. fut.* ➤ **vouloir**

vouloir [vulwar] *vt*

1. *(désirer)* to want • **voulez-vous boire quelque chose ?** would you like something to drink? • **je veux qu'il parte** I want him to go • **si tu veux** if you like • **sans le vouloir** unintentionally • **je voudrais...** I would like...

2. *(accepter)* • **tu prends un verre ? - oui, je veux bien** would you like a drink? - yes, I'd love one • **veuillez vous asseoir** please sit down

3. *(dans des expressions)* • **ne pas vouloir de qqn/qqch** not to want sb/sthg • **en vouloir à qqn** to have a grudge against sb • **vouloir dire** to mean

◆ **s'en vouloir** *vp* • **s'en vouloir (de faire qqch)** to be annoyed with o.s. (for doing sthg)

voulu, e [vuly] *pp* ➤ **vouloir**

vous [vu] *pron* **1.** you **2.** *(objet indirect)* (to) you **3.** *(réciproque)* each other **4.** *(réfléchi)* • **vous vous êtes lavés ?** have you washed? • **vous-même** yourself • **vous-mêmes** yourselves

vous

To be polite or show respect, you use the plural form *vous* instead of the singular *tu* even though you are addressing just one person. You use it with strangers, people at a higher level than you in an organization, teachers, older people, in-laws, etc.

voûte [vut] *nf* vault
voûté, e [vute] *adj (personne, dos)* hunched
vouvoyer [vuvwaje] *vt* • **vouvoyer qqn** to address sb as "vous"
voyage [vwajaʒ] *nm* **1.** *(déplacement)* journey **2.** *(trajet)* trip • **bon voyage** ! have a good trip! • **partir en voyage** to go away • **voyage de noces** honeymoon • **voyage organisé** package tour
voyager [vwajaʒe] *vi* to travel
voyageur, euse [vwajaʒœr, øz] *nm, f* traveller
voyant, e [vwajɑ̃, ɑ̃t] *adj (couleur, vêtement)* gaudy ◇ *nm* • **voyant lumineux** light
voyelle [vwajɛl] *nf* vowel
voyons [vwajɔ̃] *1re pers. du pl de l'ind. prés.* ➤ **voir**
voyou [vwaju] *nm* yob
vrac [vrak] *nm* • **en vrac** *(en désordre)* higgledy-piggledy ; *(thé)* loose
vrai, e [vrɛ] *adj* **1.** *(exact)* true **2.** *(véritable)* real • **à vrai dire** to tell the truth
vraiment [vrɛmɑ̃] *adv* really
vraisemblable [vrɛsɑ̃blabl] *adj* likely
VTT *abr de* **vélo tout terrain**
vu, e [vy] *pp* ➤ **voir** ◇ *prép* in view of ◇ *adj* • **être bien/mal vu (de qqn)** *(personne)* to be popular/unpopular (with sb) ; *(attitude)* to be acceptable/unacceptable (to sb) • **vu que** seeing as
vue [vy] *nf* **1.** *(sens)* eyesight **2.** *(panorama)* view **3.** *(vision, spectacle)* sight • **avec vue sur...** overlooking... • **connaître qqn de vue** to know sb by sight • **en vue de faire qqch** with a view to doing sthg • **à vue d'œil** visibly
vulgaire [vylgɛr] *adj* **1.** *(grossier)* vulgar **2.** *(quelconque)* plain

W

wagon [vagɔ̃] *nm* **1.** *(de passagers)* carriage *(UK)*, car *(US)* **2.** *(de marchandises)* wagon
wagon-lit [vagɔ̃li] *(pl* **wagons-lits***)* *nm* sleeping car
wagon-restaurant [vagɔ̃rɛstɔrɑ̃] *(pl* **wagons-restaurants***)* *nm* restaurant car
Walkman® [wɔkman] *nm* personal stereo, Walkman®
wallon, onne [walɔ̃, ɔn] *adj* Walloon ◆ **Wallon, onne** *nm, f* Walloon
Wap *nm* WAP
Washington [waʃiŋtɔn] *n* Washington D.C.
waters [watɛr] *nmpl* toilet *sg*

waterz(o)oi [waterzɔj] *nm (Belg) chicken or fish with vegetables, cooked in a cream sauce, a Flemish speciality*
watt [wat] *nm* watt
WAV *nm* WAV
W-C [vese] *nmpl* toilets
Web [wɛb] *nm* • **le Web** the Web, the web
webmaster [wɛbmastœʀ] *nm* webmaster
webmestre [wɛbmɛstʀ] *nm* webmaster
webmestre [wɛbmɛstr], **webmaster** [wɛbmastœr] *nm* webmaster
week-end [wikɛnd] (*pl* **-s**) *nm* weekend • **bon week-end !** have a nice weekend!
western [wɛstɛrn] *nm* western
whisky [wiski] *nm* whisky
Wi-Fi *nm* Wi-Fi
www *INFORM* www

xX

xérès [gzerɛs] *nm* sherry
xylophone [ksilɔfɔn] *nm* xylophone

yY

y [i] *adv*
1. *(indique le lieu)* there • **j'y vais demain** I'm going there tomorrow • **maintenant que j'y suis** now (that) I'm here
2. *(dedans)* in (it/them) • **mets-y du sel** put some salt in it
3. *(dessus)* on it/them • **va voir sur la table si les clefs y sont** go and see if the keys are on the table
◇ *pron* • **pensez-y** think about it • **n'y comptez pas** don't count on it ➤ **aller, avoir**
yacht [jot] *nm* yacht
yaourt [jaurt] *nm* yoghurt
yeux *n pl* ➤ **œil**
yoga [jɔga] *nm* yoga
yoghourt [jɔgurt] *nm* = **yaourt**
Yougoslavie [jugɔslavi] *nf* • **la Yougoslavie** Yugoslavia
youpi [jupi] *interj* yippee!
Yo-Yo® [jojo] *nm inv* yo-yo

zZ

zapper [zape] *vi* to channel-hop
zèbre [zɛbr] *nm* zebra
zélé, e [zele] *adj* zealous
zéro [zero] *nm* **1.** zero **2.** *SPORT* nil **3.** *SCOL* nought
zeste [zɛst] *nm* peel
zigzag [zigzag] *nm* zigzag • **en zigzag** *(route)* winding
zigzaguer [zigzage] *vi (route, voiture)* to zigzag
ZIP *nm* • **fichier zip** zip file
zipper [zipe] *vt* to zip
zizanie [zizani] *nf* ill-feeling • **semer la zizanie** to stir things up

zodiaque [zɔdjak] *nm* ➤ **signe**

zona [zɔna] *nm* shingles *(U)*

zone [zon] *nf* area • **zone bleue** restricted parking zone • **zone industrielle** industrial estate (*UK*), industrial park (*US*) • **zone euro** euro zone • **zone piétonne** ou **piétonnière** pedestrian precinct (*UK*), pedestrian zone (*US*)

zoo [zo(o)] *nm* zoo

zoologique [zɔɔlɔʒik] *adj* ➤ **parc**

zoom *nm* • **zoom numérique/optique** digital/optical zoom

zut [zyt] *interj* damn!

CONJUGAISON DES VERBES FRANÇAIS

avoir :
ind prés : j'ai, tu as, il a, nous avons, vous avez, ils ont • *imparfait :* j'avais, tu avais, il avait, nous avions, vous aviez, ils avaient • *ind futur :* j'aurai, tu auras, il aura, nous aurons, vous aurez, ils auront • *subj prés :* que j'aie, que tu aies, qu'il aie, que nous ayons, que vous ayez, qu'ils aient • *imp :* aie, ayons • *pprés :* ayant • *pp :* eu

être :
ind prés : je suis, tu es, il est, nous sommes, vous êtes, ils sont • *imparfait :* j'étais, tu étais, il était, nous étions, vous étiez, ils étaient • *ind fut :* je serai, tu seras, il sera, nous serons, vous serez, ils seront • *subj prés :* que je sois, que tu sois, qu'il soit, que nous soyons, que vous soyez, qu'ils soient • *imp :* sois, soyons • *pprés :* étant • *pp :* été

chanter :
ind prés : je chante, tu chantes, il chante, nous chantons, vous chantez, ils chantent • *imparfait :* je chantais, tu chantais, il chantait, nous chantions, vous chantiez, ils chantaient • *ind fut :* je chanterai, tu chanteras, il chantera, nous chanterons, vous chanterez, ils chanteront • *subj prés :* que je chante, que tu chantes, qu'il chante, que nous chantions, que vous chantiez, qu'ils chantent • *imp :* chante, chantons • *pprés :* chantant • *pp :* chanté

baisser :
ind prés : je baisse, nous baissons • *imparfait :* je baissais • *ind fut :* je baisserai • *subj prés :* que je baisse • *imp :* baisse, baissons • *pprés :* baissant • *pp :* baissé

pleurer :
ind prés : je pleure, nous pleurons • *imparfait :* je pleurais • *ind fut :* je pleurerai • *subj prés :* que je pleure • *imp :* pleure, pleurons • *pprés :* pleurant • *pp :* pleuré

jouer :
ind prés : je joue, nous jouons • *imparfait :* je jouais • *ind fut :* je jouerai • *subj prés :* que je joue • *imp :* joue, jouons • *pprés :* jouant • *pp :* joué

saluer :
ind prés : je salue, nous saluons • *imparfait :* je saluais • *ind fut :* je saluerai • *subj prés :* que je salue • *imp :* salue, saluons • *pprés :* saluant • *pp :* salué

arguer :
ind prés : j'argue, nous arguons • *imparfait :* j'arguais • *ind fut :* j'arguerai • *subj prés :* que j'argue • *imp :* argue, arguons • *pprés :* arguant • *pp :* argué

copier :
ind prés : je copie, nous copions • *imparfait :* je copiais • *ind fut :* je copierai • *subj prés :* que je copie • *imp :* copie, copions • *pprés :* copiant • *pp :* copié

prier :
ind prés : je prie, nous prions • *imparfait :* je priais • *ind fut :* je prierai • *subj prés :* que je prie • *imp :* prie, prions • *pprés :* priant • *pp :* prié

payer :
ind prés : je paie, nous payons, ils paient • *imparfait :* je payais • *ind fut :* je paierai • *subj prés :* que je paie • *imp :* paie, payons • *pprés :* payant • *pp :* payé

grasseyer :
ind prés : je grasseye, nous grasseyons • *imparfait :* je grasseyais • *ind fut :* je grasseyerai • *subj prés :* que je grasseye • *imp :* grasseye, grasseyons • *pprés :* grasseyant • *pp :* grasseyé

ployer :
ind prés : je ploie, nous ployons, ils ploient • *imparfait :* je ployais • *ind fut :* je ploierai • *subj prés :* que je ploie • *imp :* ploie, ployons • *pprés :* ployant • *pp :* ployé

essuyer :
ind prés : j'essuie, nous essuyons • *imparfait :* j'essuyais • *ind fut :* j'essuierai • *subj prés :* que j'essuie • *imp :* essuie, essuyons • *pprés :* essuyant • *pp :* essuyé

créer :
ind prés : je crée, nous créons • *imparfait :* je créais • *ind fut :* je créerai • *subj prés :* que je crée • *imp :* crée, créons • *pprés :* créant • *pp :* créé

avancer :
ind prés : j'avance, nous avançons, ils avancent • *imparfait :* j'avançais • *ind fut :* j'avancerai • *subj prés :* que j'avance • *imp :* avance, avançons • *pprés :* avançant • *pp :* avancé

manger :
ind prés : je mange, nous mangeons • *imparfait :* je mangeais • *ind fut :* je mangerai • *subj prés :* que je mange

• *imp :* mange, mangeons • *pprés :* mangeant • *pp :* mangé

céder :
ind prés : je cède, nous cédons, ils cèdent • *imparfait :* je cédais • *ind fut :* je céderai • *subj prés :* que je cède • *imp :* cède, cédons • *pprés :* cédant • *pp :* cédé

semer :
ind prés : je sème, nous semons • *imparfait :* je semais • *ind fut :* je sèmerai • *subj prés :* que je sème • *imp :* sème, semons • *pprés :* semant • *pp :* semé

rapiécer :
ind prés : je rapièce, nous rapiéçons, ils rapiècent • *imparfait :* je rapiéçais • *ind fut :* je rapiécerai • *subj prés :* que je rapièce • *imp :* rapièce, rapiéçons • *pprés :* rapiéçant • *pp :* rapiécé

acquiescer :
ind prés : j'acquiesce, nous acquiesçons, ils acquiescent • *imparfait :* j'acquiesçais • *ind fut :* j'acquiescerai • *subj prés :* que j'acquiesce • *imp :* acquiesce, acquiesçons • *pprés :* acquiesçant • *pp :* acquiescé

siéger :
ind prés : je siège, nous siégeons, ils siègent • *imparfait :* je siégeais • *ind fut :* je siégerai • *subj prés :* que je siège • *imp :* siège, siégeons • *pprés :* siégeant • *pp :* siégé

23. déneiger :
ind prés : je déneige, nous déneigeons • *imparfait :* je déneigeais • *ind fut :* je déneigerai • *subj prés :* que je déneige • *imp :* déneige, déneigeons • *pprés :* déneigeant • *pp :* déneigé

appeler :
ind prés : j'appelle, nous appelons, ils appellent • *imparfait :* j'appelais • *ind fut :* j'appellerai • *subj prés :* que j'appelle • *imp :* appelle, appelons • *pprés :* appelant • *pp :* appelé

peler :
ind prés : je pèle, nous pelons, ils pèlent • *imparfait :* je pelais • *ind fut :* je pèlerai • *subj prés :* que je pèle • *imp :* pèle, pelons • *pprés :* pelant • *pp :* pelé

interpeller :
ind prés : j'interpelle, nous interpellons • *imparfait :* j'interpellais • *ind fut :* j'interpellerai • *subj prés :* que j'interpelle • *imp :* interpelle, interpellons • *pprés :* interpellant • *pp :* interpellé

jeter :
ind prés : je jette,

nous jetons, ils jettent • *imparfait :* je jetais • *ind fut :* je jetterai • *subj prés :* que je jette • *imp :* jette, jetons • *pprés :* jetant • *pp :* jeté

acheter :
ind prés : j'achète, nous achetons, ils achètent • *imparfait :* j'achetais • *ind fut :* j'achèterai • *subj prés :* que j'achète • *imp :* achète, achetons • *pprés :* achetant • *pp :* acheté

dépecer :
ind prés : je dépèce, nous dépeçons, ils dépècent • *imparfait :* je dépeçais • *ind fut :* je dépècerai • *subj prés :* que je dépèce • *imp :* dépèce, dépeçons • *pprés :* dépeçant • *pp :* dépecé

envoyer :
ind prés : j'envoie, nous envoyons, ils envoient • *imparfait :* j'envoyais • *ind fut :* j'enverrai • *subj prés :* que j'envoie • *imp :* envoie, envoyons • *pprés :* envoyant • *pp :* envoyé

aller :
ind prés : je vais, nous allons, ils vont • *imparfait :* j'allais • *ind fut :* j'irai • *subj prés :* que j'aille • *imp :* va, allons • *pprés :* allant • *pp :* allé

finir :
ind prés : je finis, tu finis, il finit, nous finissons, vous finissez, ils finissent • *imparfait :* je finissais, tu finissais, il finissait, nous finissions, vous finissiez, ils finissaient • *ind fut :* je finirai, tu finiras, il finira, nous finirons, vous finirez, ils finiront • *subj prés :* que je finisse, que tu finisses, qu'il finisse, que nous finissions, que vous finissiez, qu'ils finissent • *imp :* finis, finissons • *pprés :* finissant • *pp :* fini

haïr :
ind prés : je hais, nous haïssons • *imparfait :* je haïssais • *ind fut :* je haïrai • *subj prés :* que je haïsse • *imp :* hais, haïssons • *pprés :* haïssant • *pp :* haï

ouvrir :
ind prés : j'ouvre, nous ouvrons • *imparfait :* j'ouvrais • *ind fut :* j'ouvrirai • *subj prés :* que j'ouvre • *imp :* ouvre, ouvrons • *pprés :* ouvrant • *pp :* ouvert

fuir :
ind prés : je fuis, nous fuyons, ils fuient • *imparfait :* je fuyais • *ind fut :* je fuirai • *subj prés :* que je fuie • *imp :* fuis, fuyons • *pprés :* fuyant • *pp :* fui

dormir :
ind prés : je dors, nous dormons • *imparfait :* je dormais • *ind fut :* je dormirai • *subj prés :* que je dorme • *imp :* dors, dormons • *pprés :* dormant • *pp :* dormi

mentir :
ind prés : je mens, nous mentons • *imparfait :* je mentais • *ind fut :* je mentirai • *subj prés :* que je mente • *imp :* mens, mentons • *pprés :* mentant • *pp :* menti

servir :
ind prés : je sers, nous servons • *imparfait :* je servais • *ind fut :* je servirai • *subj prés :* que je serve • *imp :* sers, servons • *pprés :* servant • *pp :* servi

acquérir :
ind prés : j'acquiers, nous acquérons, ils acquièrent • *imparfait :* j'acquérais • *ind fut :* j'acquerrai • *subj prés :* que j'acquière • *imp :* acquiers, acquérons • *pprés :* acquérant • *pp :* acquis

venir :
ind prés : je viens, nous venons, ils viennent • *imparfait :* je venais • *ind fut :* je viendrai • *subj prés :* que je vienne • *imp :* viens, venons • *pprés :* venant • *pp :* venu

cueillir :
ind prés : je cueille, nous cueillons • *imparfait :* je cueillais • *ind fut :* je cueillerai • *subj prés :* que je cueille • *imp :* cueille, cueillons • *pprés :* cueillant • *pp :* cueilli

mourir :
ind prés : je meurs, nous mourons, ils meurent • *imparfait :* je mourais • *ind fut :* je mourrai • *subj prés :* que je meure • *imp :* meurs, mourons • *pprés :* mourant • *pp :* mort

partir :
ind prés : je pars, nous partons • *imparfait :* je partais • *ind fut :* je partirai • *subj prés :* que je parte • *imp :* pars, partons • *pprés :* partant • *pp :* parti

revêtir :
ind prés : je revêts, nous revêtons • *imparfait :* je revêtais • *ind fut :* je revêtirai • *subj prés :* que je revête • *imp :* revêts, revêtons • *pprés :* revêtant • *pp :* revêtu

courir :
ind prés : je cours, nous courons • *imparfait :* je courais • *ind fut :* je courrai • *subj prés :* que je coure • *imp :* cours, courons • *pprés :* courant • *pp :* couru

faillir :
ind prés : je faillis, nous faillissons • *imparfait :* je faillissais • *ind fut :* je faillirai • *subj prés :* que je faillisse • *pprés :* faillissant • *pp :* failli

défaillir :
ind prés : je défaille, nous défaillons • *imparfait :* je défaillais • *ind fut :* je défaillirai • *subj prés :* que je défaille • *imp :* défaille, défaillons • *pprés :* défaillant • *pp :* défailli

bouillir :
ind prés : je bous, nous bouillons • *imparfait :* je bouillais • *ind fut :* je bouillirai • *subj prés :* que je bouille • *imp :* bous, bouillons • *pprés :* bouillant • *pp :* bouilli

gésir :
ind prés : je gis, nous gisons • *imparfait :* je gisais • *pprés :* gisant • *pp :* gît

saillir :
ind prés : il saille, ils saillent • *imparfait :* il saillait • *ind fut :* je saillerai • *subj prés :* qu'il saille, qu'ils saillent • *pprés :* saillant • *pp :* sailli

ouïr :
ind prés : j'ouïs, nous ouïssons • *imparfait :* j'ouïssais • *ind fut :* j'ouïrai • *subj prés :* que j'ouïsse • *imp :* ouïs, ouïssons • *pprés :* oyant • *pp :* ouï

recevoir :
ind prés : je reçois, nous recevons, ils reçoivent • *imparfait :* je recevais • *ind fut :* je recevrai • *subj prés :* que je reçoive • *imp :* reçois, recevons • *pprés :* recevant • *pp :* reçu

devoir :
ind prés : je dois, nous devons, ils doivent • *imparfait :* je devais • *ind fut :* je devrai • *subj prés :* que je doive • *pprés :* devant • *pp :* dû

mouvoir :
ind prés : je meus, nous mouvons, ils meuvent • *imparfait :* je mouvais • *ind fut :* je mouvrai • *subj prés :* que je meuve, que nous mouvions, qu'ils meuvent • *imp :* meus, mouvons • *pprés :* mouvant • *pp :* mû

émouvoir :
ind prés : j'émeus, nous émouvons, ils émeuvent • *imparfait :* j'émouvais • *ind fut :* j'émouvrai • *subj prés :* que j'émeuve • *imp :* émeus, émouvons • *pprés :* émouvant • *pp :* ému

promouvoir :
ind prés : je promeus, nous promouvons, ils promeuvent • *imparfait :*

je promouvais • *ind fut :* je promouvrai • *subj prés :* que je promeuve • *imp :* promeus, promouvons • *pprés :* promouvant • *pp :* promu

vouloir :
ind prés : je veux, nous voulons, ils veulent • *imparfait :* je voulais • *ind fut :* je voudrai • *subj prés :* que je veuille, que nous voulions, qu'ils veuillent • *imp :* veuille, veuillons • *pprés :* voulant • *pp :* voulu

pouvoir :
ind prés : je peux, nous pouvons, ils peuvent • *imparfait :* je pouvais • *ind fut :* je pourrai • *subj prés :* que je puisse • *pprés :* pouvant • *pp :* pu

savoir :
ind prés : je sais, nous savons, ils savent • *imparfait :* je savais • *ind fut :* je saurai • *subj prés :* que je sache • *imp :* sache, sachons • *pprés :* sachant • *pp :* su

valoir :
ind prés : je vaux, nous valons • *imparfait :* je valais • *ind fut :* je vaudrai • *subj prés :* que je vaille • *imp :* vaux, valons • *pprés :* valant • *pp :* valu

prévaloir :
ind prés : je prévaux, nous prévalons • *imparfait :* je prévalais • *ind fut :* je prévaudrai • *subj prés :* que je prévale • *imp :* prévaux, prévalons • *pprés :* prévalant • *pp :* prévalu

voir :
ind prés : je vois, nous voyons, ils voient • *imparfait :* je voyais • *ind fut :* je verrai • *subj prés :* que je voie • *imp :* vois, voyons • *pprés :* voyant • *pp :* vu

prévoir :
ind prés : je prévois, nous prévoyons, ils prévoient • *imparfait :* je prévoyais • *ind fut :* je prévoirai • *subj prés :* que je prévoie • *imp :* prévois, prévoyons • *pprés :* prévoyant • *pp :* prévu

pourvoir :
ind prés : je pourvois, nous pourvoyons, ils pourvoient • *imparfait :* je pourvoyais • *ind fut :* je pourvoirai • *subj prés :* que je pourvoie • *imp :* pourvois, pourvoyons • *pprés :* pourvoyant • *pp :* pourvu

asseoir :
ind prés : j'assieds, nous asseyons, ils assoient • *imparfait :* j'asseyais • *ind fut :* j'assiérai • *subj prés :* que j'asseye • *imp :* assieds, as-

seyons • *pprés* : asseyant • *pp* : assis

surseoir :
ind prés : je sursois, nous sursoyons, ils sursoient • *imparfait* : je sursoyais • *ind fut* : je surseoirai • *subj prés* : que je surseoie • *imp* : sursois, sursoyons • *pprés* : sursoyant • *pp* : sursis

seoir :
ind prés : il sied, ils siéent • *imparfait* : il seyait • *ind fut* : il siéra • *subj prés* : qu'il siée, qu'ils siéent • *pprés* : seyant

pleuvoir :
ind prés : il pleut • *imparfait* : il pleuvait • *ind fut* : il pleuvra • *subj prés* : qu'il pleuve • *pprés* : pleuvant • *pp* : plu

falloir :
ind prés : il faut • *imparfait* : il fallait • *ind fut* : il faudra • *subj prés* : qu'il faille • *pp* : fallu

échoir :
ind prés : il échoit, ils échoient • *imparfait* : il échoyait • *ind fut* : il échoira • *subj prés* : qu'il échoie • *pprés* : échéant • *pp* : échu

déchoir :
ind prés : je déchois, nous déchoyons, ils déchoient • *ind fut* : je déchoirai • *subj prés* : que je déchoie, qu'ils déchoient • *pp* : déchu

choir :
ind prés : je chois, ils choient • *ind fut* : je choirai • *pp* : chu

vendre :
ind prés : je vends, tu vends, il vend, nous vendons, vous vendez, ils vendent • *imparfait* : je vendais, tu vendais, il vendait, nous vendions, vous vendiez, ils vendaient • *ind fut* : je vendrai, tu vendras, il vendra, nous vendrons, vous vendrez, ils vendront • *subj prés* : que je vende, que tu vendes, qu'il vende, que nous vendions, que vous vendiez, qu'ils vendent • *imp* : vends, vendons • *pprés* : vendant • *pp* : vendu

répandre :
ind prés : je répands, nous répandons • *imparfait* : je répandais • *ind fut* : je répandrai • *subj prés* : que je répande • *imp* : répands, répandons • *pprés* : répandant • *pp* : répandu

répondre :
ind prés : je réponds, nous répondons • *imparfait* : je répondais • *ind fut* : je répondrai • *subj prés* : que je réponde • *imp* : réponds, répondons • *pprés* :

répondant • *pp* : répondu

mordre :
ind prés : je mords, nous mordons • *imparfait* : je mordais • *ind fut* : je mordrai • *subj prés* : que je morde • *imp* : mords, mordons • *pprés* : mordant • *pp* : mordu

perdre :
ind prés : je perds, nous perdons • *imparfait* : je perdais • *ind fut* : je perdrai • *subj prés* : que je perde • *imp* : perds, perdons • *pprés* : perdant • *pp* : perdu

rompre :
ind prés : je romps, nous rompons • *imparfait* : je rompais • *ind fut* : je romprai • *subj prés* : que je rompe • *imp* : romps, rompons • *pprés* : rompant • *pp* : rompu

prendre :
ind prés : je prends, nous prenons, ils prennent • *imparfait* : je prenais • *ind fut* : je prendrai • *subj prés* : que je prenne • *imp* : prends, prenons • *pprés* : prenant • *pp* : pris

craindre :
ind prés : je crains, nous craignons • *imparfait* : je craignais • *ind fut* : je craindrai • *subj prés* : que je craigne • *imp* : crains, craignons • *pprés* : craignant • *pp* : craint

peindre :
ind prés : je peins, nous peignons • *imparfait* : je peignais • *ind fut* : je peindrai • *subj prés* : que je peigne • *imp* : peins, peignons • *pprés* : peignant • *pp* : peint

joindre :
ind prés : je joins, nous joignons • *imparfait* : je joignais • *ind fut* : je joindrai • *subj prés* : que je joigne • *imp* : joins, joignons • *pprés* : joignant • *pp* : joint

battre :
ind prés : je bats, nous battons • *imparfait* : je battais • *ind fut* : je battrai • *subj prés* : que je batte • *imp* : bats, battons • *pprés* : battant • *pp* : battu

mettre :
ind prés : je mets, nous mettons • *imparfait* : je mettais • *ind fut* : je mettrai • *subj prés* : que je mette • *imp* : mets, mettons • *pprés* : mettant • *pp* : mis

moudre :
ind prés : je mouds, nous moulons • *imparfait* : je moulais • *ind fut* : je moudrai • *subj prés* : que je moule • *imp* : mouds, moulons

• *pprés :* moulant • *pp :* moulu

coudre :
ind prés : je couds, nous cousons • *imparfait :* il cousait • *ind fut :* je coudrai • *subj prés :* que je couse • *imp :* couds, cousons • *pprés :* cousant • *pp :* cousu

absoudre :
ind prés : j'absous, nous absolvons • *imparfait :* j'absolvais • *ind fut :* j'absoudrai • *subj prés :* que j'absolve • *imp :* absous, absolvons • *pprés :* absolvant • *pp :* absous

résoudre :
ind prés : je résous, nous résolvons • *imparfait :* je résolvais • *ind fut :* je résoudrai • *subj prés :* que je résolve • *imp :* résous, résolvons • *pprés :* résolvant • *pp :* résolu

suivre :
ind prés : je suis, nous suivons • *imparfait :* je suivais • *ind fut :* je suivrai • *subj prés :* que je suive • *imp :* suis, suivons • *pprés :* suivant • *pp :* suivi

vivre :
ind prés : je vis, nous vivons • *imparfait :* je vivais • *ind fut :* je vivrai • *subj prés :* que je vive, que nous vivions • *imp :* vis, vivons • *pprés :* vivant • *pp :* vécu

paraître :
ind prés : je parais, nous paraissons • *imparfait :* je paraissais • *ind fut :* je paraîtrai • *subj prés :* que je paraisse • *imp :* parais, paraissons • *pprés :* paraissant • *pp :* paru

naître :
ind prés : je nais, nous naissons • *imparfait :* je naissais • *ind fut :* je naîtrai • *subj prés :* que je naisse • *imp :* nais, naissons • *pprés :* naissant • *pp :* né

croître :
ind prés : je croîs, nous croissons • *imparfait :* il croissait • *ind fut :* je croîtrai • *subj prés :* que je croisse • *imp :* croîs, croissons • *pprés :* croissant • *pp :* crû

accroître :
ind prés : j'accrois, nous accroissons • *imparfait :* il accroissait • *ind fut :* j'accroîtrai • *subj prés :* que j'accroisse • *imp :* accrois, accroissons • *pprés :* accroissant • *pp :* accru

rire :
ind prés : je ris, nous rions • *imparfait :* je riais • *ind fut :* je rirai • *subj prés :* que je rie • *imp :* ris, rions • *pprés :* riant • *pp :* ri

conclure :

ind prés : je conclus, nous concluons • *imparfait :* je concluais • *ind fut :* je conclurai • *subj prés :* que je conclue • *imp :* conclus, concluons • *pprés :* concluant • *pp :* conclu

nuire :

ind prés : je nuis, nous nuisons • *imparfait :* je nuisais • *ind fut :* je nuirai • *subj prés :* que je nuise • *imp :* nuis, nuisons • *pprés :* nuisant • *pp :* nui

conduire :

ind prés : je conduis, nous conduisons • *imparfait :* je conduisais • *ind fut :* je conduirai • *subj prés :* que je conduise • *imp :* conduis, conduisons • *pprés :* conduisant • *pp :* conduit

écrire :

ind prés : j'écris, nous écrivons • *imparfait :* j'écrivais • *ind fut :* j'écrirai • *subj prés :* que j'écrive • *imp :* écris, écrivons • *pprés :* écrivant • *pp :* écrit

suffire :

ind prés : je suffis, nous suffisons • *imparfait :* je suffisais • *ind fut :* je suffirai • *subj prés :* que je suffise • *pprés :* suffisant • *pp :* suffi

confire :

ind prés : je confis, nous confisons • *imparfait :* je confisais • *ind fut :* je confirai • *subj prés :* que je confise • *imp :* confis, confisons • *pprés :* confisant • *pp :* confit

dire :

ind prés : je dis, nous disons • *imparfait :* je disais • *ind fut :* je dirai • *subj prés :* que je dise • *imp :* dis, disons • *pprés :* disant • *pp :* dit

contredire :

ind prés : je contredis, nous contredisons • *imparfait :* je contredisais • *ind fut :* je contredirai • *subj prés :* que je contredise • *imp :* contredis, contredisons • *pprés :* contredisant • *pp :* contredit

maudire :

ind prés : je maudis, nous maudissons • *imparfait :* je maudissais • *ind fut :* je maudirai • *subj prés :* que je maudisse • *imp :* maudis, maudissons • *pprés :* maudissant • *pp :* maudit

bruire :

ind prés : je bruis • *imparfait :* je bruyais • *ind fut :* je bruirai • *pp :* bruit

lire :

ind prés : je lis, nous lisons • *imparfait :* je lisais • *ind fut :*

je lirai • *subj prés :* que je lise, que nous lisions • *imp :* lis, lisons • *pprés :* lisant • *pp :* lu

croire :
ind prés : je crois, nous croyons, ils croient • *imparfait :* je croyais • *ind fut :* je croirai • *subj prés :* que je croie • *imp :* crois, croyons • *pprés :* croyant • *pp :* cru

boire :
ind prés : je bois, nous buvons, ils boivent • *imparfait :* je buvais • *ind fut :* je boirai • *subj prés :* que je boive • *imp :* bois, buvons • *pprés :* buvant • *pp :* bu

faire :
ind prés : je fais, nous faisons, ils font • *imparfait :* je faisais • *ind fut :* je ferai • *subj prés :* que je fasse • *imp :* fais, faisons, faites • *pprés :* faisant • *pp :* fait

plaire :
ind prés : je plais, nous plaisons • *imparfait :* je plaisais • *ind fut :* je plairai • *subj prés :* que je plaise • *imp :* plais, plaisons • *pprés :* plaisant • *pp :* plu

taire :
ind prés : je tais, nous taisons • *imparfait :* je taisais • *ind fut :* je tairai • *subj prés :* que je taise • *imp :* tais, taisons • *pprés :* taisant • *pp :* tu

extraire :
ind prés : j'extrais, nous extrayons, ils extraient • *imparfait :* j'extrayais • *ind fut :* j'extrairai • *subj prés :* que j'extraie • *imp :* extrais, extrayons • *pprés :* extrayant • *pp :* extrait

clore :
ind prés : je clos, nous closons • *ind fut :* je clorai • *subj prés :* que je close • *pprés :* closant • *pp :* clos

vaincre :
ind prés : je vaincs, nous vainquons • *imparfait :* je vainquais • *ind fut :* je vaincrai • *subj prés :* que je vainque • *imp :* vaincs, vainquons • *pprés :* vainquant • *pp :* vaincu

frire :
ind prés : je fris • *ind fut :* je frirai • *imp :* fris • *pp :* frit

foutre :
ind prés : je fous, nous foutons • *imparfait :* je foutais • *ind fut :* je foutrai • *subj prés :* que je foute • *imp :* fous, foutons • *pprés :* foutant • *pp :* foutu

ENGLISH IRREGULAR VERBS

infinitive	past tense	past participle
arise	arose	arisen
awake	awoke	awoken
be	was	been/were
bear	bore	born(e)
beat	beat	beaten
begin	began	begun
bend	bent	bent
bet	bet/betted	bet/betted
bid	bid	bid
bind	bound	bound
bite	bit	bitten
bleed	bled	bled
blow	blew	blown
break	broke	broken
breed	bred	bred
bring	brought	brought
build	built	built
burn	burnt/burned	burnt/burned
burst	burst	burst
buy	bought	bought
can	could	-
cast	cast	cast
catch	caught	caught
choose	chose	chosen
come	came	come

infinitive	past tense	past participle
cost	cost	cost
creep	crept	crept
cut	cut	cut
deal	dealt	dealt
dig	dug	dug
do	did	done
draw	drew	drawn
dream	dreamed/dreamt	dreamed/dreamt
drink	drank	drunk
drive	drove	driven
eat	ate	eaten
fall	fell	fallen
feed	fed	fed
feel	felt	felt
fight	fought	fought
find	found	found
fling	flung	flung
fly	flew	flown
forget	forgot	forgotten
freeze	froze	frozen
get	got	got
give	gave	given
go	went	gone
grind	ground	ground
grow	grew	grown

infinitive	past tense	past participle
hang	hung/hanged	hung/hanged
have	had	had
hear	heard	heard
hide	hid	hidden
hit	hit	hit
hold	held	held
hurt	hurt	hurt
keep	kept	kept
kneel	knelt/kneeled	knelt/kneeled
know	knew	known
lay	laid	laid
lead	led	led
lean	leant/leaned	leant/leaned
leap	leapt/leaped	leapt/leaped
learn	learnt/learned	learnt/learned
leave	left	left
lend	lent	lent
let	let	let
lie	lay	lain
light	lit/lighted	lit/lighted
lose	lost	lost
make	made	made
may	might	-
mean	meant	meant
meet	met	met

infinitive	past tense	past participle
mow	mowed	mown/mowed
pay	paid	paid
put	put	put
quit	quit/quitted	quit/quitted
read	read	read
rid	rid	rid
ride	rode	ridden
ring	rang	rung
rise	rose	risen
run	ran	run
saw	sawed	sawn
say	said	said
see	saw	seen
seek	sought	sought
sell	sold	sold
send	sent	sent
set	set	set
shake	shook	shaken
shall	should	-
shed	shed	shed
shine	shone	shone
shoot	shot	shot
show	showed	shown
shrink	shrank	shrunk
shut	shut	shut

infinitive	past tense	past participle
sing	sang	sung
sink	sank	sunk
sit	sat	sat
sleep	slept	slept
slide	slid	slid
sling	slung	slung
smell	smelt/smelled	smelt/smelled
sow	sowed	sown/sowed
speak	spoke	spoken
speed	sped/speeded	sped/speeded
spell	spelt/spelled	spelt/spelled
spend	spent	spent
spill	spilt/spilled	spilt/spilled
spin	spun	spun
spit	spat	spat
split	split	split
spoil	spoiled/spoilt	spoiled/spoilt
spread	spread	spread
spring	sprang	sprung
stand	stood	stood
steal	stole	stolen
stick	stuck	stuck
sting	stung	stung
stink	stank	stunk
strike	struck/stricken	struck

infinitive	past tense	past participle
swear	swore	sworn
sweep	swept	swept
swell	swelled	swollen/swelled
swim	swam	swum
swing	swung	swung
take	took	taken
teach	taught	taught
tear	tore	torn
tell	told	told
think	thought	thought
throw	threw	thrown
tread	trod	trodden
wake	woke/waked	woken/waked
wear	wore	worn
weave	wove/weaved	woven/weaved
weep	wept	wept
win	won	won
wind	wound	wound
wring	wrung	wrung
write	wrote	written

ENGLISH-FRENCH

ANGLAIS-FRANÇAIS

a A

a *(stressed* [eɪ], *unstressed* [ə]*) art*
1. *(gen)* un (une) • **a restaurant** un restaurant • **a chair** une chaise • **a friend** un ami • **an apple** une pomme
2. *(instead of the number one)* • **a month ago** il y a un mois • **a thousand** mille • **four and a half** quatre et demi
3. *(in prices, ratios)* • **three times a year** trois fois par an • **£2 a kilo** 2 livres le kilo

AA *n* (*UK*) (*abbr of Automobile Association*) ≃ ACF *(Automobile Club de France) m*

aback [ə'bæk] *adj* • **to be taken aback** être décontenancé(e)

abandon [ə'bændən] *vt* abandonner

abattoir ['æbətwɑːr] *n* (*UK*) abattoir *m*

abbey ['æbɪ] *n* abbaye *f*

abbreviation [əˌbriːvɪ'eɪʃn] *n* abréviation *f*

abdomen ['æbdəmən] *n* abdomen *m*

abide [ə'baɪd] *vt* • **I can't abide him** je ne peux pas le supporter ◆ **abide by** *vt insep* respecter

ability [ə'bɪlətɪ] *n (U)* capacité *f*

able ['eɪbl] *adj* compétent(e) • **to be able to do sthg** pouvoir faire qqch

abnormal [æb'nɔːml] *adj* anormal(e)

aboard [ə'bɔːd] *adv* à bord ◇ *prep* **1.** *(ship, plane)* à bord de **2.** *(train, bus)* dans

abode [ə'bəʊd] *n* (*fml*) demeure *f*

abolish [ə'bɒlɪʃ] *vt* abolir

aborigine [ˌæbə'rɪdʒənɪ] *n* aborigène *m ou f* (d'Australie)

abort [ə'bɔːt] *vt (call off)* abandonner

abortion [ə'bɔːʃn] *n* avortement *m* • **to have an abortion** se faire avorter

about [ə'baʊt] *adv*
1. *(approximately)* environ • **about 50** environ 50 • **at about six o'clock** vers 6 h
2. *(referring to place)* çà et là • **to walk about** se promener
3. *(on the point of)* • **to be about to do sthg** être sur le point de faire qqch • **it's about to rain** il va pleuvoir
◇ *prep*
1. *(concerning)* au sujet de • **a book about Scotland** un livre sur l'Écosse • **what's it about?** de quoi s'agit-il? • **what about a drink?** et si on prenait un verre?
2. *(referring to place)* • **about the town** dans la ville

above [ə'bʌv] *prep* au-dessus de ◇ *adv* **1.** *(higher)* au-dessus **2.** *(more)* plus • **above all** avant tout

abroad [ə'brɔːd] *adv* à l'étranger

abrupt [ə'brʌpt] *adj (sudden)* brusque

abscess ['æbses] *n* abcès *m*

absence ['æbsəns] *n (U)* absence *f*

absent ['æbsənt] *adj* absent(e)

absent-minded ['maɪndɪd] *adj* distrait(e)

absolute ['æbsəluːt] *adj* absolu(e)

absolutely *adv* ['æbsəluːtlɪ] vraiment ◇ *excl* [ˌæbsə'luːtlɪ] absolument!

absorb [əb'sɔːb] *vt* absorber

absorbed [əb'sɔːbd] *adj* • **to be absorbed in a book** être absorbé par un livre

absorbent [əb'sɔːbənt] *adj* absorbant(e)

abstain [əb'steɪn] *vi* s'abstenir • **to abstain from doing sthg** s'abstenir de faire qqch

absurd [əb'sɜːd] *adj* absurde

ABTA ['æbtə] *n association des agences de voyage britanniques*

abuse *n* [ə'bjuːs] **1.** *(U) (insults)* injures *fpl,* insultes *fpl* **2.** *(wrong use)* abus *m* **3.** *(U) (maltreatment)* mauvais traitements *mpl* ◇ *vt* [ə'bjuːz] **1.** *(insult)* injurier, insulter **2.** *(use wrongly)* abuser de **3.** *(maltreat)* maltraiter

abusive [ə'bjuːsɪv] *adj* injurieux(euse)

AC *abbr of* **alternating current**

academic [ˌækə'demɪk] *adj* **1.** *(of school)* scolaire **2.** *(of college, university)* universitaire ◇ *n* universitaire *m ou f*

academy [ə'kædəmɪ] *n* **1.** école *f* **2.** *(of music)* conservatoire *m* **3.** *(military)* académie *f*

accelerate [ək'seləreɪt] *vi* accélérer

accelerator [ək'seləreɪtər] *n* accélérateur *m*

accent ['æksent] *n* accent *m*

accept [ək'sept] *vt* accepter

acceptable [ək'septəbl] *adj* acceptable

access ['ækses] *n* accès *m*

access code *n* code *m* d'accès

accessible [ək'sesəbl] *adj* accessible

accessories [ək'sesərɪz] *npl* accessoires *mpl*

access road *n* voie *f* d'accès

accident ['æksɪdənt] *n* accident *m* • **by accident** par accident

accidental [ˌæksɪ'dentl] *adj* accidentel(elle)

accident insurance *n (U)* assurance *f* accidents

accident-prone *adj* prédisposé aux accidents

acclimatize [ə'klaɪmətaɪz] *vi* s'acclimater

accommodate [ə'kɒmədeɪt] *vt* loger

accommodation [əˌkɒmə'deɪʃn] *n (U)* logement *m*

accommodations [əˌkɒmə'deɪʃnz] *npl (US)* = **accommodation**

accompany [ə'kʌmpənɪ] *vt* accompagner

accomplish [ə'kʌmplɪʃ] *vt* accomplir

accord [ə'kɔːd] *n* • **of one's own accord** de soi-même

accordance [ə'kɔːdəns] *n* • **in accordance with** conformément à

according to *prep* selon

accordion [ə'kɔːdɪən] *n* accordéon *m*

account [ə'kaʊnt] *n* **1.** *(at bank, shop)* compte *m* **2.** *(report)* compte-rendu *m* • **to take sthg into account** prendre qqch en compte • **on no account** en aucun cas • **on account of** à cause de ◆ **account for** *vt insep* **1.** *(explain)* expliquer **2.** *(constitute)* représenter

accountant [ə'kaʊntənt] *n* comptable *m ou f*

account number *n* numéro *m* de compte

accumulate [ə'kjuːmjʊleɪt] *vt* accumuler

accurate ['ækjʊrət] *adj* exact(e)

accuse [ə'kjuːz] *vt* • **to accuse sb of murder** accuser qqn de meurtre

accused [ə'kjuːzd] *n* • **the accused** l'accusé *m*, -e *f*

ace [eɪs] *n* as *m*

ache [eɪk] *vi (person)* avoir mal ◇ *n* douleur *f* • **my head aches** j'ai mal à la tête

achieve [ə'tʃiːv] *vt* **1.** *(victory, success)* remporter **2.** *(aim)* atteindre **3.** *(result)* obtenir

acid ['æsɪd] *adj* acide ◇ *n* acide *m*

acid house *n MUS* house *f* (music)

acid rain *n (U)* pluies *fpl* acides

acknowledge [ək'nɒlɪdʒ] *vt* **1.** *(accept)* reconnaître **2.** *(letter)* accuser réception de

acne ['æknɪ] *n (U)* acné *f*

acorn ['eɪkɔːn] *n* gland *m*

acoustic [ə'kuːstɪk] *adj* acoustique

acquaintance [ə'kweɪntəns] *n (person)* connaissance *f*

acquire [ə'kwaɪəʳ] *vt* acquérir

acre ['eɪkəʳ] *n* = 4 046,9 m² ≃ demi-hectare *m*

acrobat ['ækrəbæt] *n* acrobate *m ou f*

across [ə'krɒs] *prep* **1.** *(from one side to the other of)* en travers de **2.** *(on other side of)* de l'autre côté de ◇ *adv* ● **to walk/drive across sthg** traverser qqch ● **10 miles across** 16 km de large ● **across from** en face de

acrylic [ə'krɪlɪk] *n* acrylique *m*

act [ækt] *vi* **1.** agir **2.** *(in play, film)* jouer ◇ *n* **1.** *(action, of play)* acte *m* **2.** *POL* loi *f* **3.** *(performance)* numéro *m* ● **to act as** *(serve as)* servir de

action ['ækʃn] *n* **1.** action *f* **2.** *(U) MIL* combat *m* ● **to take action** agir ● **to put a plan into action** mettre un plan à exécution ● **out of action** *(machine, person)* hors service

action movie *n* film *m* d'action

activate *vt* activer

activated *pp* activé

active ['æktɪv] *adj* actif(ive)

activity [æk'tɪvətɪ] *n* activité *f*

activity holiday *n (UK) vacances organisées pour enfants, avec activités sportives*

act of God *n* cas *m* de force majeure

actor ['æktəʳ] *n* acteur *m*, -trice *f*

actress ['æktrɪs] *n* actrice *f*

actual ['æktʃʊəl] *adj* **1.** *(real)* réel(elle) **2.** *(for emphasis)* même

actually ['æktʃʊəlɪ] *adv* **1.** *(really)* vraiment **2.** *(in fact)* en fait

acupuncture ['ækjʊpʌŋktʃəʳ] *n (U)* acupuncture *f*

acute [ə'kjuːt] *adj* **1.** aigu(ë) **2.** *(feeling)* vif (vive)

AD (*abbr of Anno Domini*) ap. J-C *(après Jésus Christ)*

ad [æd] *n* **1.** *(inf) (on TV)* pub *f* **2.** *(in newspaper)* petite annonce *f*

adapt [ə'dæpt] *vt* adapter ◇ *vi* s'adapter

adapter [ə'dæptəʳ] *n* **1.** *(for foreign plug)* adaptateur *m* **2.** *(for several plugs)* prise *f* multiple

add [æd] *vt* **1.** ajouter **2.** *(numbers, prices)* additionner ◆ **add up** *vt sep* additionner ◆ **add up to** *vt insep (total)* se monter à

adder ['ædəʳ] *n* vipère *f*

addict ['ædɪkt] *n* drogué *m*, -e *f* ◇ *adj* ● **to be addicted to sthg** être drogué à qqch

addiction [ə'dɪkʃn] *n* dépendance *f*

addition [ə'dɪʃn] *n* **1.** *(added thing)* ajout *m* **2.** *(U) (in maths)* addition *f* ● **in addition (to)** en plus (de)

additional [ə'dɪʃənl] *adj* supplémentaire

additive ['ædɪtɪv] *n* additif *m*

address [ə'dres] *n (on letter)* adresse *f* ◇ *vt* **1.** *(speak to)* s'adresser à **2.** *(letter)* adresser
address book *n* carnet *m* d'adresses
addressee [ˌædre'siː] *n* destinataire *m ou f*
adequate ['ædɪkwət] *adj* **1.** *(sufficient)* suffisant(e) **2.** *(satisfactory)* adéquat(e)
adhere [əd'hɪəʳ] *vi* ● **to adhere to** *(stick to)* adhérer à ; *(obey)* respecter
adhesive [əd'hiːsɪv] *adj* adhésif(ive) ◇ *n* adhésif *m*
adjacent [ə'dʒeɪsənt] *adj* **1.** *(room)* contigu(ë) **2.** *(street)* adjacent(e)
adjective ['ædʒɪktɪv] *n* adjectif *m*
adjoining [ə'dʒɔɪnɪŋ] *adj (rooms)* contigu(ë)
adjust [ə'dʒʌst] *vt* **1.** régler **2.** *(price)* ajuster ◇ *vi* ● **to adjust to** s'adapter à
adjustable [ə'dʒʌstəbl] *adj* réglable
adjustment [ə'dʒʌstmənt] *n* **1.** réglage **2.** *(to price)* ajustement *m*
administration [ədˌmɪnɪ'streɪʃn] *n* **1.** *(U)* administration *f* **2.** *(US)* *(government)* gouvernement *m*
administrator [əd'mɪnɪstreɪtəʳ] *n* administrateur *m*, -trice *f*
admiral ['ædmərəl] *n* amiral *m*
admire [əd'maɪəʳ] *vt* admirer
admission [əd'mɪʃn] *n* **1.** *(U)* *(permission to enter)* admission *f* **2.** *(U)* *(entrance cost)* entrée *f* **3.** *(confession)* aveu *m*
admission charge *n* entrée *f*
admit [əd'mɪt] *vt* admettre ● **to admit to a crime** admettre OR reconnaître un crime ▼ **admits one** *(on ticket)* valable pour une personne
adolescent [ˌædə'lesnt] *n* adolescent *m*, -e *f*
adopt [ə'dɒpt] *vt* adopter
adopted [ə'dɒptɪd] *adj* adopté(e)
adorable [ə'dɔːrəbl] *adj* adorable
adore [ə'dɔːʳ] *vt* adorer
adult ['ædʌlt] *n* adulte *m ou f* ◇ *adj* **1.** *(entertainment, films)* pour adultes **2.** *(animal)* adulte
adult education *n (U)* enseignement *m* pour adultes
adultery [ə'dʌltərɪ] *n (U)* adultère *m*
advance [əd'vɑːns] *n* avance *f* ◇ *adj (payment)* anticipé(e) ◇ *vt & vi* avancer ● **to give sb advance warning** prévenir qqn
advance booking *n* réservation à l'avance *f*
advanced [əd'vɑːnst] *adj* **1.** *(student)* avancé(e) **2.** *(level)* supérieur(e)
advantage [əd'vɑːntɪdʒ] *n* avantage *m* ● **to take advantage of** profiter de
adventure [əd'ventʃəʳ] *n* aventure *f*
adventurous [əd'ventʃərəs] *adj* aventureux(euse)
adverb ['ædvɜːb] *n* adverbe *m*
adverse ['ædvɜːs] *adj* défavorable
advert ['ædvɜːt] = **advertisement**
advertise ['ædvətaɪz] *vt (product, event)* faire de la publicité pour
advertisement [əd'vɜːtɪsmənt] *n* **1.** *(on TV, radio)* publicité *f* **2.** *(in newspaper)* annonce *f*
advice [əd'vaɪs] *n (U)* conseils *mpl* ● **a piece of advice** un conseil
advisable [əd'vaɪzəbl] *adj* conseillé(e)
advise [əd'vaɪz] *vt* conseiller ● **to advise sb to do sthg** conseiller à qqn de faire

qqch • **to advise sb against doing sthg** déconseiller à qqn de faire qqch
advocate *n* ['ædvəkət] *LAW* avocat *m*, -e *f* ◇ *vt* ['ædvəkeɪt] préconiser
aerial ['eərɪəl] *n* (*UK*) antenne *f*
aerobics [eə'rəʊbɪks] *n (U)* aérobic *m*
aerodynamic [ˌeərəʊdaɪ'næmɪk] *adj* aérodynamique
aeroplane ['eərəpleɪn] *n* avion *m*
aerosol ['eərəsɒl] *n* aérosol *m*
affair [ə'feər] *n* **1.** affaire *f* **2.** *(love affair)* liaison *f*
affect [ə'fekt] *vt (influence)* affecter
affection [ə'fekʃn] *n (U)* affection *f*
affectionate [ə'fekʃnət] *adj* affectueux(euse)
affluent ['æfluənt] *adj* riche
afford [ə'fɔːd] *vt* • **can you afford to go on holiday?** peux-tu te permettre de partir en vacances ? • **I can't afford it** je n'en ai pas les moyens • **I can't afford the time** je n'ai pas le temps
affordable [ə'fɔːdəbl] *adj* abordable
afloat [ə'fləʊt] *adj* à flot
afraid [ə'freɪd] *adj* • **to be afraid of** avoir peur de • **I'm afraid so** j'en ai bien peur • **I'm afraid not** j'ai bien peur que non
Africa ['æfrɪkə] *n* l'Afrique *f*
African ['æfrɪkən] *adj* africain(e) ◇ *n* Africain *m*, -e *f*

African American

Terme désignant les ressortissants américains d'origine africaine, qui pour la plupart descendent des esclaves victimes de la « traite des Noirs » (XVIe-XIXe siècle). Ce commerce s'achève avec la victoire des États nordistes à la fin de la guerre de Sécession, mais les « Noirs américains » ne sont considérés comme de véritables citoyens qu'avec le vote en 1964 du *Civil Rights Act* (Loi des droits civiques). Ils sont désormais pleinement intégrés dans la société américaine.

after ['ɑːftər] *prep* & *adv* après ◇ *conj* après que • **a quarter after ten** (*US*) dix heures et quart • **to be after** *(in search of)* chercher • **after all** après tout ♦ **afters** *npl* dessert *m*
aftercare ['ɑːftəkeər] *n (U)* postcure *f*
aftereffects ['ɑːftərɪˌfekts] *npl* suites *fpl*
afternoon [ˌɑːftə'nuːn] *n* après-midi *m inv* OR *f inv* • **good afternoon!** bonjour !
afternoon tea *n le thé de cinq heures*
aftershave ['ɑːftəʃeɪv] *n (U)* après-rasage *m*
aftersun ['ɑːftəsʌn] *n (U)* après-soleil *m*
afterwards ['ɑːftəwədz] *adv* après
again [ə'gen] *adv* encore, à nouveau • **again and again** à plusieurs reprises • **never... again** ne... plus jamais
against [ə'genst] *prep* contre • **against the law** contraire à la loi
age [eɪdʒ] *n* âge *m* • **to be under age** être mineur(e), mineur *m*, -e *f* • **I haven't seen him for ages** *(inf)* ça fait une éternité que je ne l'ai pas vu
aged [eɪdʒd] *adj* • **aged eight** âgé de huit ans
age group *n* tranche *f* d'âge
age limit *n* limite *f* d'âge

agency ['eɪdʒənsɪ] *n* agence *f*
agenda [ə'dʒendə] *n* ordre *m* du jour
agent ['eɪdʒənt] *n* agent *m*
aggression [ə'greʃn] *n (U)* violence *f*
aggressive [ə'gresɪv] *adj* agressif(ive)
agile [*(UK)*'ædʒaɪl, *(US)*'ædʒəl] *adj* agile
agility [ə'dʒɪlətɪ] *n (U)* agilité *f*
agitated ['ædʒɪteɪtɪd] *adj* agité(e)
ago [ə'gəʊ] *adv* ● **a month ago** il y a un mois ● **how long ago?** il y a combien de temps?
agonizing ['ægənaɪzɪŋ] *adj* déchirant(e)
agony ['ægənɪ] *n* **1.** *(U) (physical)* douleur *f* atroce **2.** *(mental)* angoisse *f*
agree [ə'griː] *vi* **1.** être d'accord **2.** *(correspond)* concorder ● **it doesn't agree with me** *(food)* ça ne me réussit pas ● **to agree to sthg** accepter qqch ● **to agree to do sthg** accepter de faire qqch ● **we agreed to meet at six o'clock** nous avons décidé de nous retrouver à 6 h ◆ **agree on** *vt insep (time, price)* se mettre d'accord sur
agreed [ə'griːd] *adj (price)* convenu(e) ● **to be agreed** *(person)* être d'accord
agreement [ə'griːmənt] *n* accord *m*
agriculture ['ægrɪkʌltʃəʳ] *n (U)* agriculture *f*
ahead [ə'hed] *adv (in front)* devant ● **go straight ahead** allez tout droit ● **the months ahead** les mois à venir ● **to be ahead** *(winning)* être en tête ● **ahead of** *(in front of)* devant ; *(in time)* avant ● **ahead of schedule** en avance
aid [eɪd] *n* aide *f* ◇ *vt* aider ● **in aid of** au profit de ● **with the aid of** à l'aide de
AIDS [eɪdz] *n (U)* SIDA *m*
ailment ['eɪlmənt] *n (fml)* mal *m*
aim [eɪm] *n (purpose)* but *m* ◇ *vt (gun, camera, hose)* braquer ◇ *vi* ● **to aim (at)** viser ● **to aim to do sthg** avoir pour but de faire qqch
air [eəʳ] *n* air *m* ◇ *vt (room)* aérer ◇ *adj (terminal, travel)* aérien(enne) ● **by air** par avion
airbed ['eəbed] *n* matelas *m* pneumatique
airborne ['eəbɔːn] *adj (plane)* en vol
air-conditioned [-kən'dɪʃnd] *adj* climatisé(e)
air-conditioning [-kən'dɪʃnɪŋ] *n (U)* climatisation *f*
aircraft ['eəkrɑːft] *(pl inv) n* avion *m*
aircraft carrier [-ˌkærɪəʳ] *n* porte-avions *m inv*
airfield ['eəfiːld] *n* aérodrome *m*
airforce ['eəfɔːs] *n* armée *f* de l'air
air freshener [-ˌfreʃnəʳ] *n* désodorisant *m*
airhostess ['eəˌhəʊstɪs] *n* hôtesse *f* de l'air
airing cupboard ['eərɪŋ-] *n (UK)* armoire *f* sèche-linge
airletter ['eəˌletəʳ] *n* aérogramme *m*
airline ['eəlaɪn] *n* compagnie *f* aérienne
airliner ['eəˌlaɪnəʳ] *n* avion *m* de ligne
airmail ['eəmeɪl] *n (U)* poste *f* aérienne ● **by airmail** par avion
airplane ['eərpleɪn] *n (US)* avion *m*
airport ['eəpɔːt] *n* aéroport *m*
air raid *n* raid *m* aérien
airsick ['eəsɪk] *adj* ● **to be airsick** avoir le mal de l'air
air steward *n* steward *m*
air stewardess *n* hôtesse *f* de l'air

air traffic control *n (U)* contrôle *m* aérien
airy ['eərɪ] *adj* aéré(e)
aisle [aɪl] *n* **1.** *(in plane)* couloir *m* **2.** *(in cinema, supermarket)* allée *f* **3.** *(in church)* bas-côté *m*
aisle seat *n* fauteuil *m* côté couloir
ajar [ə'dʒɑːʳ] *adj* entrebâillé(e)
alarm [ə'lɑːm] *n* alarme *f* ◇ *vt* alarmer
alarm clock *n* réveil *m*
alarmed [ə'lɑːmd] *adj* **1.** inquiet **2.** *(door, car)* protégé par une alarme
alarming [ə'lɑːmɪŋ] *adj* alarmant(e)
Albert Hall ['ælbət-] *n* • **the Albert Hall** l'Albert Hall
album ['ælbəm] *n* album *m*
alcohol ['ælkəhɒl] *n (U)* alcool *m*
alcohol-free *adj* sans alcool
alcoholic [ˌælkə'hɒlɪk] *adj (drink)* alcoolisé(e) ◇ *n* alcoolique *m ou f*
alcoholism ['ælkəhɒlɪzm] *n (U)* alcoolisme *m*
alcove ['ælkəʊv] *n* renfoncement *m*
ale [eɪl] *n* bière *f*
alert [ə'lɜːt] *adj* vigilant(e) ◇ *vt* alerter
A-level *n (UK)* ≃ baccalauréat *m*
algebra ['ældʒɪbrə] *n (U)* algèbre *f*
Algeria [æl'dʒɪərɪə] *n* l'Algérie *f*
alias ['eɪlɪəs] *adv* alias
alibi ['ælɪbaɪ] *n* alibi *m*
alien ['eɪlɪən] *n* **1.** *(foreigner)* étranger *m*, -ère *f* **2.** *(from outer space)* extraterrestre *m ou f*
alight [ə'laɪt] *adj (on fire)* en feu ◇ *vi (fml) (from train, bus)* • **to alight (from)** descendre (de)
align [ə'laɪn] *vt* aligner
alike [ə'laɪk] *adj* semblable ◇ *adv* de la même façon • **to look alike** se ressembler
alive [ə'laɪv] *adj (living)* vivant(e)
all [ɔːl] *adj*
1. *(with singular noun)* tout (toute) • **all the money** tout l'argent • **all the time** tout le temps • **all day** toute la journée
2. *(with plural noun)* tous (toutes) • **all the houses** toutes les maisons • **all trains stop at Tonbridge** tous les trains s'arrêtent à Tonbridge
◇ *adv*
1. *(completely)* complètement • **all alone** tout seul (toute seule)
2. *(in scores)* • **it's two all** ça fait deux partout
3. *(in phrases)* • **all but empty** presque vide • **all over** *(finished)* terminé(e)
◇ *pron*
1. *(everything)* tout • **is that all?** *(in shop)* ce sera tout ? • **all of the work** tout le travail • **the best of all** le meilleur de tous
2. *(everybody)* • **all of the guests** tous les invités • **all of us went** nous y sommes tous allés
3. *(in phrases)* • **can I help you at all?** puis-je vous aider en quoi que ce soit ? • **in all** en tout
Allah ['ælə] *n* Allah *m*
allege [ə'ledʒ] *vt* prétendre
allergic [ə'lɜːdʒɪk] *adj* • **to be allergic to** être allergique à
allergy ['ælədʒɪ] *n* allergie *f*
alleviate [ə'liːvɪeɪt] *vt (pain)* alléger
alley ['ælɪ] *n (narrow street)* ruelle *f*
alligator ['ælɪgeɪtəʳ] *n* alligator *m*

all-in *adj (UK) (inclusive)* tout compris
all-night *adj (bar, petrol station)* ouvert la nuit
allocate ['æləkeɪt] *vt* attribuer
allotment [ə'lɒtmənt] *n (UK) (for vegetables)* potager *m (loué par la commune à un particulier)*
allow [ə'laʊ] *vt* **1.** *(permit)* autoriser **2.** *(time, money)* prévoir • **to allow sb to do sthg** autoriser qqn à faire qqch • **to be allowed to do sthg** avoir le droit de faire qqch ◆ **allow for** *vt insep* tenir compte de
allowance [ə'laʊəns] *n* **1.** *(state benefit)* allocation *f* **2.** *(for expenses)* indemnité *f* **3.** *(US) (pocket money)* argent *m* de poche
all right *adj* pas mal *inv* ◇ *adv* **1.** *(satisfactorily)* bien **2.** *(yes, okay)* d'accord • **is everything all right?** est-ce que tout va bien ? • **is it all right if I smoke?** cela ne vous dérange pas si je fume ? • **are you all right?** ça va ? • **how are you? - I'm all right** comment vas-tu ? - bien
ally ['ælaɪ] *n* allié *m*, -e *f*
almond ['ɑːmənd] *n (nut)* amande *f*
almost ['ɔːlməʊst] *adv* presque • **we almost missed the train** nous avons failli rater le train
alone [ə'ləʊn] *adj & adv* seul(e) • **to leave sb alone** *(in peace)* laisser qqn tranquille • **to leave sthg alone** laisser qqch tranquille
along [ə'lɒŋ] *prep* le long de ◇ *adv* • **to walk along** se promener • **to bring sthg along** apporter qqch • **all along** *(knew, thought)* depuis le début • **along with** avec
alongside [əˌlɒŋ'saɪd] *prep* à côté de
aloof [ə'luːf] *adj* distant(e)
aloud [ə'laʊd] *adv* à haute voix, à voix haute
alphabet ['ælfəbet] *n* alphabet *m*
Alps [ælps] *npl* • **the Alps** les Alpes *fpl*
already [ɔːl'redɪ] *adv* déjà
also ['ɔːlsəʊ] *adv* aussi
altar ['ɔːltəʳ] *n* autel *m*
alter ['ɔːltəʳ] *vt* modifier
alteration [ˌɔːltə'reɪʃn] *n* **1.** *(to plan, timetable)* modification *f* **2.** *(to house)* aménagement *m*
alternate [*(UK)* ɔːl'tɜːnət, *(US)* 'ɔːltərnət] *adj* • **on alternate days** tous les deux jours, un jour sur deux
alternating current ['ɔːltəneɪtɪŋ-] *n* courant *m* alternatif
alternative [ɔːl'tɜːnətɪv] *adj* **1.** *(accommodation, route)* autre **2.** *(medicine, music, comedy)* alternatif(ive) ◇ *n* choix *m*
alternatively [ɔːl'tɜːnətɪvlɪ] *adv* ou bien
alternator ['ɔːltəneɪtəʳ] *n* alternateur *m*
although [ɔːl'ðəʊ] *conj* bien que *(+ subjunctive)*
altitude ['æltɪtjuːd] *n* altitude *f*
altogether [ˌɔːltə'geðəʳ] *adv* **1.** *(completely)* tout à fait **2.** *(in total)* en tout
aluminium [ˌæljʊ'mɪnɪəm] *n (UK)* aluminium *m*
aluminum [ə'luːmɪnəm] *(US)* = **aluminium**
always ['ɔːlweɪz] *adv* toujours
Alzheimer's disease ['ælts,haɪməz -] *n* maladie *f* d'Alzheimer
am [æm] ➤ **be**
a.m. *(abbr of ante meridiem)* • **at 2 a.m.** à 2 h du matin
amateur ['æmətəʳ] *n* amateur *m*
amazed [ə'meɪzd] *adj* stupéfait(e)

amazing [ə'meɪzɪŋ] *adj* extraordinaire
Amazon ['æməzn] *n (river)* • **the Amazon** l'Amazone *f*
ambassador [æm'bæsədəʳ] *n* ambassadeur *m*, -drice *f*
amber ['æmbəʳ] *adj* **1.** *(traffic lights)* orange *inv* **2.** *(jewellery)* d'ambre
ambiguous [æm'bɪgjʊəs] *adj* ambigu(ë)
ambition [æm'bɪʃn] *n (U)* ambition *f*
ambitious [æm'bɪʃəs] *adj (person)* ambitieux(euse)
ambulance ['æmbjʊləns] *n* ambulance *f*
ambush ['æmbʊʃ] *n* embuscade *f*
amenities [ə'mi:nətɪz] *npl* équipements *mpl*
America [ə'merɪkə] *n* l'Amérique *f*
American [ə'merɪkən] *adj* américain(e) ◇ *n (person)* Américain(e)
amiable ['eɪmɪəbl] *adj* aimable
ammunition [ˌæmjʊ'nɪʃn] *n (U)* munitions *fpl*
amnesia [æm'ni:zɪə] *n* amnésie *f*
among(st) [ə'mʌŋ(st)] *prep* **1.** parmi **2.** *(when sharing)* entre
amount [ə'maʊnt] *n* **1.** *(quantity)* quantité *f* **2.** *(sum)* montant *m* ◆ **amount to** *vt insep (total)* se monter à
amp [æmp] *n* ampère *m* • **a 13-amp plug** une prise 13 ampères
ample ['æmpl] *adj (time)* largement assez de
amplifier ['æmplɪfaɪəʳ] *n* amplificateur *m*
amputate ['æmpjʊteɪt] *vt* amputer
Amtrak ['æmtræk] *n société nationale de chemins de fer aux États-Unis*
amuse [ə'mju:z] *vt* **1.** *(make laugh)* amuser **2.** *(entertain)* occuper
amusement arcade [ə'mju:zmənt-] *n (UK)* galerie *f* de jeux
amusement park [ə'mju:zmənt-] *n* parc *m* d'attractions
amusements [ə'mju:zmənts] *npl* distractions *fpl*
amusing [ə'mju:zɪŋ] *adj* amusant(e)
an *(stressed* [æn], *unstressed* [ən]*)* ➤ **a**
anaemic [ə'ni:mɪk] *adj (UK) (person)* anémique
anaesthetic [ˌænɪs'θetɪk] *n (UK)* anesthésie *f*
analgesic [ˌænæl'dʒi:sɪk] *n* analgésique *m*
analogue *(UK)*, **analog** ['ænəlɒg] *adj* analogique *adj*
analyse *(UK)*, **-yze** *(US)* ['ænəlaɪz] *vt* analyser
analyst ['ænəlɪst] *n (psychoanalyst)* psychanalyste *m ou f*
analyze ['ænəlaɪz] *(US)* = **analyse**
anarchy ['ænəkɪ] *n (U)* anarchie *f*
anatomy [ə'nætəmɪ] *n (U)* anatomie *f*
ancestor ['ænsestəʳ] *n* ancêtre *m ou f*
anchor ['æŋkəʳ] *n* ancre *f*
anchovy ['æntʃəvɪ] *n* anchois *m*
ancient ['eɪnʃənt] *adj* ancien(enne)
and *(strong form* [ænd], *weak form* [ənd], [ən]*) conj* et • **more and more** de plus en plus • **and you?** et toi ? • **a hundred and one** cent un • **to try and do sthg** essayer de faire qqch • **to go and see** aller voir
Andes ['ændi:z] *npl* • **the Andes** les Andes *fpl*
anecdote ['ænɪkdəʊt] *n* anecdote *f*
anemic [ə'ni:mɪk] *(US)* = **anaemic**

anesthetic [ˌænɪs'θetɪk] *(US)* = **anaesthetic**
angel ['eɪndʒl] *n* ange *m*
anger ['æŋgəʳ] *n (U)* colère *f*
angina [æn'dʒaɪnə] *n (U)* angine *f* de poitrine
angle ['æŋgl] *n* angle *m* ● **at an angle** en biais
angler ['æŋgləʳ] *n* pêcheur *m* (à la ligne)
angling ['æŋglɪŋ] *n (U)* pêche *f* (à la ligne)
angry ['æŋgrɪ] *adj* **1.** en colère **2.** *(words)* violent(e) ● **to get angry (with sb)** se mettre en colère (contre qqn)
animal ['ænɪml] *n* animal *m*
aniseed ['ænɪsiːd] *n (U)* anis *m*
ankle ['æŋkl] *n* cheville *f*
annex ['æneks] *n (building)* annexe *f*
annihilate [ə'naɪəleɪt] *vt* anéantir
anniversary [ˌænɪ'vɜːsərɪ] *n* anniversaire *m (d'un événement)*
announce [ə'naʊns] *vt* annoncer
announcement [ə'naʊnsmənt] *n* annonce *f*
announcer [ə'naʊnsəʳ] *n (on TV, radio)* présentateur *m*, -trice *f*
annoy [ə'nɔɪ] *vt* agacer
annoyed [ə'nɔɪd] *adj* agacé(e) ● **to get annoyed (with)** s'énerver (contre)
annoying [ə'nɔɪɪŋ] *adj* agaçant(e)
annual ['ænjʊəl] *adj* annuel(elle)
anonymous [ə'nɒnɪməs] *adj* anonyme
anorak ['ænəræk] *n* anorak *m*
another [ə'nʌðəʳ] *adj & pron* un autre (une autre) ● **can I have another (one)?** puis-je en avoir un autre ? ● **to help one another** s'entraider ● **to talk to one another** se parler ● **one after another** l'un après l'autre (l'une après l'autre)
answer ['ɑːnsəʳ] *n* **1.** réponse *f* **2.** *(solution)* solution *f* ◇ *vt* répondre à ◇ *vi* répondre ● **to answer the door** aller ouvrir la porte ◆ **answer back** *vi* répondre
answering machine ['ɑːnsərɪŋ-] = **answerphone**
answerphone ['ɑːnsəfəʊn] *n* répondeur *m*
ant [ænt] *n* fourmi *f*
Antarctic [æn'tɑːktɪk] *n* ● **the Antarctic** l'Antarctique *m*
antenna [æn'tenə] *n (US) (aerial)* antenne *f*
anthem ['ænθəm] *n* hymne *m*
antibiotics [ˌæntɪbaɪ'ɒtɪks] *npl* antibiotiques *mpl*
anticipate [æn'tɪsɪpeɪt] *vt* **1.** *(expect)* s'attendre à **2.** *(guess correctly)* anticiper
anticlimax [æntɪ'klaɪmæks] *n* déception *f*
anticlockwise [ˌæntɪ'klɒkwaɪz] *adv (UK)* dans le sens inverse des aiguilles d'une montre
antidote ['æntɪdəʊt] *n* antidote *m*
antifreeze ['æntɪfriːz] *n (U)* antigel *m*
antihistamine [ˌæntɪ'hɪstəmɪn] *n (U)* antihistaminique *m*
antiperspirant [ˌæntɪ'pɜːspərənt] *n* déodorant *m*
antiquarian bookshop [ˌæntɪ'kweərɪən-] *n librairie spécialisée dans les livres anciens*
antique [æn'tiːk] *n* antiquité *f*
antique shop *n* magasin *m* d'antiquités
antiseptic [ˌæntɪ'septɪk] *n (U)* antiseptique *m*

antisocial [ˌæntɪ'səʊʃl] *adj* **1.** *(person)* sauvage **2.** *(behaviour)* antisocial(e)
antivirus software *n* antivirus *m*
antlers ['æntləz] *npl* bois *mpl*
anxiety [æŋ'zaɪətɪ] *n (U) (worry)* anxiété *f*
anxious ['æŋkʃəs] *adj* **1.** *(worried)* anxieux(euse) **2.** *(eager)* impatient(e)
any ['enɪ] *adj*
1. *(in questions)* du, de l' (de la), des *pl* • **is there any milk left?** est-ce qu'il reste du lait ? • **have you got any money?** as-tu de l'argent ? • **have you got any postcards?** avez-vous des cartes postales ?
2. *(in negatives)* de, d' • **I haven't got any money** je n'ai pas d'argent • **we don't have any rooms** nous n'avons plus de chambres libres
3. *(no matter which)* n'importe quel (n'importe quelle) • **any box will do** n'importe quelle boîte fera l'affaire • **take any one you like** prends celui qui te plaît
◇ *pron*
1. *(in questions)* en • **I'm looking for a hotel - are there any nearby?** je cherche un hôtel - est-ce qu'il y en a par ici ?
2. *(in negatives)* en • **I don't want any (of them)** je n'en veux aucun • **I don't want any (of it)** je n'en veux pas
3. *(no matter which one)* n'importe lequel (n'importe laquelle) • **you can sit at any of the tables** vous pouvez vous asseoir à n'importe quelle table
◇ *adv*
1. *(in questions)* • **is that any better?** est-ce que c'est mieux comme ça ? • **any other questions?** d'autres questions ?
2. *(in negatives)* • **he's not any better** il ne va pas mieux • **we can't wait any longer** nous ne pouvons plus attendre
anybody ['enɪˌbɒdɪ] = **anyone**
anyhow ['enɪhaʊ] *adv* **1.** *(carelessly)* n'importe comment **2.** *(in any case)* de toute façon **3.** *(in spite of that)* quand même
anyone ['enɪwʌn] *pron* **1.** *(any person)* n'importe qui **2.** *(in questions)* quelqu'un **3.** *(in negatives)* • **there wasn't anyone in** il n'y avait personne
anything ['enɪθɪŋ] *pron* **1.** *(no matter what)* n'importe quoi **2.** *(in questions)* quelque chose **3.** *(in negatives)* • **I don't want anything to eat** je ne veux rien manger • **have you anything bigger?** vous n'avez rien de plus grand ?
anyway ['enɪweɪ] *adv* **1.** de toute façon **2.** *(in spite of that)* quand même
anywhere ['enɪweəʳ] *adv* **1.** *(no matter where)* n'importe où **2.** *(in questions)* quelque part **3.** *(in negatives)* • **I can't find it anywhere** je ne le trouve nulle part • **anywhere else** ailleurs
apart [ə'pɑːt] *adv (separated)* • **the towns are 5 miles apart** les deux villes sont à 8 km l'une de l'autre • **to come apart** *(break)* se casser • **apart from** à part
apartheid [ə'pɑːtheɪt] *n (U)* apartheid *m*
apartment [ə'pɑːtmənt] *n* appartement *m*
apathetic [ˌæpə'θetɪk] *adj* apathique
ape [eɪp] *n* singe *m*
aperitif [əˌperə'tiːf] *n* apéritif *m*
aperture ['æpətʃəʳ] *n (of camera)* ouverture *f*

APEX ['eɪpeks] *n* **1.** • **APEX ticket** (*UK*) billet *m* APEX **2.** (*plane ticket*) billet *m* APEX **3.** (*UK*) (*train ticket*) *billet à tarif réduit sur longues distances et sur certains trains seulement, la réservation devant être effectuée à l'avance*
apiece [ə'piːs] *adv* chacun(e)
apologetic [əˌpɒlə'dʒetɪk] *adj* • **to be apologetic** s'excuser
apologize [ə'pɒlədʒaɪz] *vi* **1.** • **to apologize (to sb for sthg)** s'excuser (auprès de qqn de qqch) **2.** s'excuser • **to apologize to sb for one's behaviour** s'excuser auprès de qqn de son comportement
apology [ə'pɒlədʒɪ] *n* excuses *fpl*
apostrophe [ə'pɒstrəfɪ] *n* apostrophe *f*
appal [ə'pɔːl] *vt* (*UK*) horrifier
appall [ə'pɔːl] (*US*) = **appal**
appalling [ə'pɔːlɪŋ] *adj* épouvantable
apparatus [ˌæpə'reɪtəs] *n* appareil *m*
apparently [ə'pærəntlɪ] *adv* apparemment
appeal [ə'piːl] *n* **1.** LAW appel *m* **2.** (*fund-raising campaign*) collecte *f* ◇ *vi* LAW faire appel • **to appeal to sb for help** demander de l'aide à qqn • **it doesn't appeal to me** ça ne me dit rien
appear [ə'pɪəʳ] *vi* **1.** (*come into view*) apparaître **2.** (*seem*) sembler **3.** (*in play*) jouer **4.** (*before court*) comparaître • **to appear on TV** passer à la télé • **it appears that** il semble que
appearance [ə'pɪərəns] *n* **1.** (*U*) (*arrival*) apparition *f* **2.** (*look*) apparence *f*
appendices [ə'pendɪsiːz] *pl* ➤ **appendix**
appendicitis [əˌpendɪ'saɪtɪs] *n* appendicite *f*
appendix [ə'pendɪks] (*pl* **-dices**) *n* appendice *m*
appetite ['æpɪtaɪt] *n* appétit *m*
appetizer ['æpɪtaɪzəʳ] *n* amuse-gueule *m inv*
appetizing ['æpɪtaɪzɪŋ] *adj* appétissant(e)
applaud [ə'plɔːd] *vt* & *vi* applaudir
applause [ə'plɔːz] *n* (*U*) applaudissements *mpl*
apple ['æpl] *n* pomme *f*
apple charlotte [-'ʃɑːlət] *n* charlotte *f* aux pommes
apple crumble *n dessert consistant en une compote de pommes recouverte de pâte sablée*
apple juice *n* (*U*) jus *m* de pomme
apple pie *n tarte aux pommes recouverte d'une couche de pâte*
apple sauce *n* (*U*) *compote de pommes, accompagnement traditionnel du rôti de porc*
apple tart *n* tarte *f* aux pommes
apple turnover [-'tɜːnˌəʊvəʳ] *n* chausson *m* aux pommes
appliance [ə'plaɪəns] *n* appareil *m* • **electrical/domestic appliance** appareil électrique/ménager
applicable [ə'plɪkəbl] *adj* • **to be applicable (to)** s'appliquer (à) • **if applicable** s'il y a lieu
applicant ['æplɪkənt] *n* candidat *m*, -e *f*
application [ˌæplɪ'keɪʃn] *n* **1.** (*for job, membership*) demande *f* **2.** COMPUT application *f*
application form *n* formulaire *m*
applications program [ˌæplɪ'keɪʃns -] *n* COMPUT programme *m* d'application

to start an application *n* application *f*
apply [ə'plaɪ] *vt* appliquer ◇ *vi* • **to apply to sb** *(make request)* s'adresser à qqn • **to apply (to sb)** *(be applicable)* s'appliquer (à qqn) • **to apply the brakes** freiner • **to apply to the bank for a loan** faire une demande de prêt à la banque
appointment [ə'pɔɪntmənt] *n* rendez-vous *m* • **to have/make an appointment (with)** avoir/prendre rendez-vous (avec) • **by appointment** sur rendez-vous
appreciable [ə'priːʃəbl] *adj* appréciable
appreciate [ə'priːʃɪeɪt] *vt* **1.** *(be grateful for)* être reconnaissant de **2.** *(understand)* comprendre **3.** *(like, admire)* apprécier
apprehensive [ˌæprɪ'hensɪv] *adj* inquiet(iète)
apprentice [ə'prentɪs] *n* apprenti *m*, -e *f*
apprenticeship [ə'prentɪsʃɪp] *n* apprentissage *m*
approach [ə'prəʊtʃ] *n* **1.** *(road)* voie *f* d'accès **2.** *(of plane)* descente *f* **3.** *(to problem, situation)* approche *f* ◇ *vt* **1.** s'approcher de **2.** *(problem, situation)* aborder ◇ *vi* **1.** *(person, vehicle)* s'approcher **2.** *(event)* approcher
appropriate [ə'prəʊprɪət] *adj* approprié(e)
approval [ə'pruːvl] *n (U)* approbation *f*
approve [ə'pruːv] *vi* • **to approve of sb's behaviour** approuver le comportement de qqn
approximate [ə'prɒksɪmət] *adj* approximatif(ive)
approximately [ə'prɒksɪmətlɪ] *adv* environ, à peu près
apricot ['eɪprɪkɒt] *n* abricot *m*
April ['eɪprəl] *n* avril *m* • **at the beginning of April** début avril • **at the end of April** fin avril • **during April** en avril • **every April** tous les ans en avril • **in April** en avril • **last April** en avril (dernier) • **next April** en avril de l'année prochaine • **this April** en avril (prochain) • **2 April 1994** *(in letters etc)* le 2 avril 1994
April Fools' Day *n* le premier avril
apron ['eɪprən] *n (for cooking)* tablier *m*
apt [æpt] *adj (appropriate)* approprié(e) • **to be apt to do sthg** avoir tendance à faire qqch
aquarium [ə'kweərɪəm] (*pl* **-ria**) *n* aquarium *m*
aquarobics [ˌækwə'rəʊbɪks] *n* aquagym *f*
aqueduct ['ækwɪdʌkt] *n* aqueduc *m*
Arab ['ærəb] *adj* arabe ◇ *n (person)* Arabe *m ou f*
Arabic ['ærəbɪk] *adj* arabe ◇ *n (language)* arabe *m*
arbitrary ['ɑːbɪtrərɪ] *adj* arbitraire
arc [ɑːk] *n* arc *m*
arcade [ɑː'keɪd] *n* **1.** *(for shopping)* galerie *f* marchande **2.** *(of video games)* galerie *f* de jeux
arch [ɑːtʃ] *n* arc *m*
archaeology [ˌɑːkɪ'ɒlədʒɪ] *n (U)* archéologie *f*
archbishop [ˌɑːtʃ'bɪʃəp] *n* archevêque *m*
archery ['ɑːtʃərɪ] *n (U)* tir *m* à l'arc
archipelago [ˌɑːkɪ'peləgəʊ] *n* archipel *m*
architect ['ɑːkɪtekt] *n* architecte *m ou f*
architecture ['ɑːkɪtektʃər] *n (U)* architecture *f*

archive *n* archives *fpl*
Arctic ['ɑːktɪk] *n* • **the Arctic** l'Arctique *m*
are *(weak form* [əʳ], *strong form* [ɑːʳ]) ➤ **be**
area ['eərɪə] *n* **1.** *(region)* région *f* **2.** *(space, zone)* aire *f* **3.** *(surface size)* superficie *f* • **dining area** coin *m* de repas
area code *n* indicatif *m* de zone
arena [ə'riːnə] *n* **1.** *(at circus)* chapiteau *m* **2.** *(sportsground)* stade *m*
aren't [ɑːnt] = **are not**
Argentina [ˌɑːdʒən'tiːnə] *n* l'Argentine *f*
argue ['ɑːgjuː] *vi* **1.** *(quarrel)* se disputer **2.** *(maintain)* • **to argue (that)....** soutenir que.... • **to argue with one's partner about money** se disputer avec son conjoint/son partenaire pour des questions d'argent
argument ['ɑːgjumənt] *n* **1.** *(quarrel)* dispute *f* **2.** *(reason)* argument *m*
arid ['ærɪd] *adj* aride
arise [ə'raɪz] *(pt* **arose**, *pp* **arisen** [ə'rɪzn]) *vi* surgir • **to arise from** résulter de
aristocracy [ˌærɪ'stɒkrəsɪ] *n* aristocratie *f*
arithmetic [ə'rɪθmətɪk] *n (U)* arithmétique *f*
arm [ɑːm] *n* **1.** bras *m* **2.** *(of garment)* manche *f*
arm bands *npl (for swimming)* bouées *fpl (autour des bras)*
armchair ['ɑːmtʃeəʳ] *n* fauteuil *m*
armed [ɑːmd] *adj (person)* armé(e)
armed forces *npl* • **the armed forces** les forces *fpl* armées
armor ['ɑːmər] *(US)* = **armour**
armour ['ɑːməʳ] *n (UK)* armure *f*
armpit ['ɑːmpɪt] *n* aisselle *f*
arms [ɑːmz] *npl (weapons)* armes *fpl*
army ['ɑːmɪ] *n* armée *f*
A-road *n (UK)* ≃ (route) nationale *f*
aroma [ə'rəumə] *n* arôme *m*
aromatic [ˌærə'mætɪk] *adj* aromatique
arose [ə'rəuz] *pt* ➤ **arise**
around [ə'raund] *adv (present)* dans le coin ◇ *prep* **1.** autour de **2.** *(approximately)* environ • **to get around an obstacle** contourner un obstacle • **at around two o'clock in the morning** vers 2 h du matin • **around here** *(in the area)* par ici • **to look around** *(turn head)* regarder autour de soi ; *(in shop)* jeter un coup d'œil ; *(in city)* faire un tour • **to turn around** se retourner • **to walk around** se promener
arouse [ə'rauz] *vt (cause)* provoquer
arrange [ə'reɪndʒ] *vt* **1.** arranger **2.** *(meeting, event)* organiser • **to arrange to go to the cinema with a friend** convenir d'aller au cinéma avec un ami
arrangement [ə'reɪndʒmənt] *n* **1.** *(agreement)* arrangement *m* **2.** *(layout)* disposition *f* • **by arrangement** *(tour, service)* sur réservation • **to make arrangements to see an old friend** se débrouiller pour voir un vieil ami
arrest [ə'rest] *n* arrestation *f* ◇ *vt* arrêter • **under arrest** en état d'arrestation
arrival [ə'raɪvl] *n* arrivée *f* • **on arrival** à l'arrivée • **new arrival** *(person)* nouveau venu *m*, nouvelle venue *f*
arrive [ə'raɪv] *vi* arriver
arrogant ['ærəgənt] *adj* arrogant(e)
arrow ['ærəu] *n* flèche *f*
arson ['ɑːsn] *n (U)* incendie *m* criminel

art [ɑːt] *n (U)* art *m* ◆ **arts** *npl (humanities)* ≃ lettres *fpl* ● **the arts** *(fine arts)* l'art *m*
artefact ['ɑːtɪfækt] *n* objet *m* fabriqué
artery ['ɑːtərɪ] *n* artère *f*
art gallery *n* **1.** *(shop)* galerie *f* d'art **2.** *(museum)* musée *m* d'art
arthritis [ɑː'θraɪtɪs] *n (U)* arthrite *f*
artichoke ['ɑːtɪtʃəʊk] *n* artichaut *m*
article ['ɑːtɪkl] *n* article *m*
articulate [ɑː'tɪkjʊlət] *adj* **1.** *(personne)* qui s'exprime bien **2.** *(speech)* clair(e)
artificial [,ɑːtɪ'fɪʃl] *adj* artificiel(elle)
artist ['ɑːtɪst] *n* artiste *m ou f*
artistic [ɑː'tɪstɪk] *adj* **1.** *(design)* artistique **2.** *(person)* artiste
arts centre *n* centre *m* culturel
arty ['ɑːtɪ] *adj* (*pej*) qui se veut artiste
as *(unstressed* [əz], *stressed* [æz]*) adv (in comparisons)* ● **as... as** aussi... que ● **he's as tall as I am** il est aussi grand que moi ● **as many as** autant que ● **as much as** autant que ◇ *conj* **1.** comme **2.** *(referring to manner)* comme **3.** *(introducing a statement)* comme **4.** *(because)* comme **5.** *(in phrases)* ● **as for** quant à ● **as from** à partir de ● **as if** comme si ◇ *prep (referring to function, job)* comme ● **as the plane was coming in to land** comme l'avion s'apprêtait à atterrir ● **do as you like** faites comme tu veux ● **as expected,...** comme prévu ● **as you know...** comme tu sais.... ● **I work as a teacher** je suis professeur
asap (*abbr of as soon as possible*) dès que possible
ascent [ə'sent] *n (climb)* ascension *f*
ascribe [ə'skraɪb] *vt* ● **to ascribe her success to luck** attribuer son succès à la chance ● **to ascribe sthg to sb** *(quality)* attribuer qqch à qqn
ash [æʃ] *n* **1.** *(U) (from cigarette, fire)* cendre *f* **2.** *(tree)* frêne *m*
ashore [ə'ʃɔːʳ] *adv* à terre
ashtray ['æʃtreɪ] *n* cendrier *m*
Asia [(*UK*) 'eɪʃə, (*US*) 'eɪʒə] *n* l'Asie *f*
Asian [(*UK*) 'eɪʃn, (*US*) 'eɪʒn] *adj* asiatique ◇ *n* Asiatique *m ou f*
aside [ə'saɪd] *adv* de côté ● **to move aside** s'écarter
ask [ɑːsk] *vt* **1.** *(person)* demander à **2.** *(question)* poser **3.** *(request)* demander **4.** *(invite)* inviter ◇ *vi* ● **to ask about train times** se renseigner sur les horaires de train ● **I asked him his name** je lui ai demandé son nom ● **did you ask her about her new job?** tu lui as posé des questions sur son nouveau travail ? ● **she asked them to help** elle leur a demandé de l'aide ● **to ask one's boss for a rise** demander une augmentation à son patron ◆ **ask for** *vt insep* demander
asleep [ə'sliːp] *adj* endormi(e) ● **to fall asleep** s'endormir
asparagus [ə'spærəgəs] *n (U)* asperge *f*
asparagus tips *npl* pointes *fpl* d'asperge
aspect ['æspekt] *n* aspect *m*
aspirin ['æsprɪn] *n* aspirine *f*
ass [æs] *n (animal)* âne *m*
assassinate [ə'sæsɪneɪt] *vt* assassiner
assault [ə'sɔːlt] *n (on person)* agression *f* ◇ *vt* agresser
assemble [ə'sembl] *vt (bookcase, model)* monter ◇ *vi* se rassembler
assembly [ə'semblɪ] *n (at school) réunion quotidienne, avant le début des cours, des élèves d'un établissement*

assembly hall *n salle de réunion des élèves dans une école*
assembly point *n (at airport, in shopping centre)* point *m* de rassemblement
assert [ə'sɜːt] *vt* affirmer • **to assert o.s.** s'imposer
assess [ə'ses] *vt* évaluer
assessment [ə'sesmənt] *n* évaluation *f*
asset ['æset] *n (valuable person, thing)* atout *m*
assign [ə'saɪn] *vt* • **to assign a task to an employee** assigner une tâche à un employé • **to assign police officers to watch a building** *(designate)* désigner des policiers pour surveiller un immeuble
assignment [ə'saɪnmənt] *n* **1.** *(task)* mission *f* **2.** *SCH* devoir *m*
assist [ə'sɪst] *vt* assister, aider
assistance [ə'sɪstəns] *n (U)* aide *f* • **to be of assistance (to sb)** être utile (à qqn)
assistant [ə'sɪstənt] *n* assistant *m*, -e *f*
associate *n* [ə'səʊʃɪət] associé *m*, -e *f* ◇ *vt* [ə'səʊʃɪeɪt] • **to associate a product with a particular image** associer un produit à une image spécifique • **to be associated with** *(attitude, person)* être associé à
association [əˌsəʊsɪ'eɪʃn] *n* association *f*
assorted [ə'sɔːtɪd] *adj (sweets, chocolates)* assortis(ties)
assortment [ə'sɔːtmənt] *n* assortiment *m*
assume [ə'sjuːm] *vt* **1.** *(suppose)* supposer **2.** *(control, responsibility)* assumer
assurance [ə'ʃʊərəns] *n* assurance *f*
assure [ə'ʃʊəʳ] *vt* assurer • **to assure sb (that)....** assurer qqn que....
asterisk ['æstərɪsk] *n* astérisque *m*
asthma ['æsmə] *n (U)* asthme *m*
asthmatic [æs'mætɪk] *adj* asthmatique
astonished [ə'stɒnɪʃt] *adj* stupéfait(e)
astonishing [ə'stɒnɪʃɪŋ] *adj* stupéfiant(e)
astound [ə'staʊnd] *vt* stupéfier
astray [ə'streɪ] *adv* • **to go astray** s'égarer
astrology [ə'strɒlədʒɪ] *n (U)* astrologie *f*
astronomy [ə'strɒnəmɪ] *n (U)* astronomie *f*
asylum [ə'saɪləm] *n* asile *m*
at *(unstressed* [ət], *stressed* [æt]*) prep*
1. *(indicating place, position)* à • **at the supermarket** au supermarché • **at school** à l'école • **at the hotel** à l'hôtel • **at home** à la maison, chez moi/toi etc • **at my mother's** chez ma mère
2. *(indicating direction)* • **to throw stones at a dog** jeter des pierres à un chien • **to look at a painting** regarder un tableau • **to smile at a neighbour** sourire à un voisin
3. *(indicating time)* à • **at nine o'clock** à 9 h • **at night** la nuit
4. *(indicating rate, level, speed)* à • **it works out at £5 each** ça revient à 5 livres chacun • **at 60 km/h** à 60 km/h
5. *(indicating activity)* • **to be at lunch** être en train de déjeuner • **to be good/bad at sthg** être bon/mauvais en qqch
6. *(indicating cause)* de • **shocked at sthg** choqué par qqch • **angry at sb** fâché contre qqn • **delighted at sthg** ravi de qqch
ate [*(UK)* et *(US)* eɪt] *pt* ➤ **eat**

atheist ['eɪθɪɪst] *n* athée *m ou f*

athlete ['æθliːt] *n* athlète *m ou f*

athletics [æθ'letɪks] *n (U)* athlétisme *m*

Atlantic [ət'læntɪk] *n* • **the Atlantic (Ocean)** l'Atlantique *m*, l'océan Atlantique *m*

atlas ['ætləs] *n* atlas *m*

atmosphere ['ætməsfɪəʳ] *n* atmosphère *f*

atom ['ætəm] *n* atome *m*

A to Z *n (UK) (map)* plan *m* de ville

atrocious [ə'trəʊʃəs] *adj (very bad)* atroce

at' sign *n* arobase *m*

attach [ə'tætʃ] *vt* attacher • **to attach a padlock to a bicycle** attacher un cadenas à un vélo

attachment [ə'tætʃmənt] *n* **1.** *(device)* accessoire *m* **2.** *COMPUT* pièce *f* jointe

attack [ə'tæk] *n* **1.** attaque *f* **2.** *(fit, bout)* crise *f* ◇ *vt* attaquer

attacker [ə'tækəʳ] *n* agresseur *m*

attain [ə'teɪn] *vt (fml)* atteindre

attempt [ə'tempt] *n* tentative *f* ◇ *vt* tenter • **to attempt to do sthg** tenter de faire qqch

attend [ə'tend] *vt* **1.** *(meeting, mass)* assister à **2.** *(school)* aller à ◆ **attend to** *vt insep (deal with)* s'occuper de

attendance [ə'tendəns] *n* **1.** *(people at concert, match)* spectateurs *mpl* **2.** *(U) (at school)* présence *f*

attendant [ə'tendənt] *n* **1.** *(at museum)* gardien *m*, -enne *f* **2.** *(at petrol station)* pompiste *m ou f* **3.** *(at public toilets, cloakroom)* préposé *m*, -e *f*

attention [ə'tenʃn] *n (U)* attention *f* • **to pay attention (to)** prêter attention (à)

attic ['ætɪk] *n* grenier *m*

attitude ['ætɪtjuːd] *n* attitude *f*

attorney [ə'tɜːnɪ] *n (US)* avocat *m*, -e *f*

attract [ə'trækt] *vt* attirer

attraction [ə'trækʃn] *n* **1.** *(U) (liking)* attirance *f* **2.** *(attractive feature)* attrait *m* **3.** *(of town, resort)* attraction *f*

attractive [ə'træktɪv] *adj* séduisant(e)

attribute [ə'trɪbjuːt] *vt* • **to attribute his success to hard work** attribuer son succès à un travail acharné

aubergine ['əʊbəʒiːn] *n (UK)* aubergine *f*

auburn ['ɔːbən] *adj* auburn *inv*

auction ['ɔːkʃn] *n* vente *f* aux enchères

audience ['ɔːdɪəns] *n* **1.** *(of play, concert, film)* public *m* **2.** *(of TV)* téléspectateurs *mpl* **3.** *(of radio)* auditeurs *mpl*

audio ['ɔːdɪəʊ] *adj* audio *inv*

audio socket *n* prise *f* audio

audio-visual [-'vɪʒʊəl] *adj* audiovisuel(elle)

auditorium [,ɔːdɪ'tɔːrɪəm] *n* salle *f*

August ['ɔːgəst] *n* août *m* • **at the beginning of August** début août • **at the end of August** fin août • **during August** en août • **every August** tous les ans en août • **in August** en août • **last August** en août (dernier) • **next August** en août de l'année prochaine • **this August** en août (prochain) • **2 August 1994** *(in letters etc)* le 2 août 1994

aunt [ɑːnt] *n* tante *f*

au pair [,əʊ'peəʳ] *n* jeune fille *f* au pair

aural ['ɔːrəl] *adj* auditif(ive)

Australia [ɒ'streɪlɪə] *n* l'Australie *f*
Australian [ɒ'streɪlɪən] *adj* australien(enne) ◇ *n* Australien(enne)
Austria ['ɒstrɪə] *n* l'Autriche *f*
Austrian ['ɒstrɪən] *adj* autrichien(enne) ◇ *n* Autrichien(enne)
authentic [ɔː'θentɪk] *adj* authentique
author ['ɔːθəʳ] *n* auteur *m*
authority [ɔː'θɒrətɪ] *n (U)* autorité *f* • **the authorities** les autorités
authorization [,ɔːθəraɪ'zeɪʃn] *n (U)* autorisation *f*
authorize ['ɔːθəraɪz] *vt* autoriser • **to authorize one's son to act on one's behalf** autoriser son fils à agir en son nom
autobiography [,ɔːtəbaɪ'ɒgrəfɪ] *n* autobiographie *f*
autocorrect *n* correction *f* automatique
autograph ['ɔːtəgrɑːf] *n* autographe *m*
automatic [,ɔːtə'mætɪk] *adj* **1.** *(machine)* automatique **2.** *(fine)* systématique ◇ *n (car)* voiture *f* à boîte automatique
automatically [,ɔːtə'mætɪklɪ] *adv* automatiquement
automobile ['ɔːtəməbiːl] *n (US)* voiture *f*
autumn ['ɔːtəm] *n* automne *m* • **in (the) autumn** en automne
auxiliary (verb) [ɔːg'zɪljərɪ-] *n* auxiliaire *m*
available [ə'veɪləbl] *adj* disponible
avalanche ['ævəlɑːnʃ] *n* avalanche *f*
Ave. *(abbr of avenue)* av. *(avenue)*
avenue ['ævənjuː] *n* avenue *f*
average ['ævərɪdʒ] *adj* moyen(enne) ◇ *n* moyenne *f* • **on average** en moyenne
aversion [ə'vɜːʃn] *n* aversion *f*
aviation [,eɪvɪ'eɪʃn] *n (U)* aviation *f*
avid ['ævɪd] *adj* avide
avocado [,ævə'kɑːdəʊ] *n (fruit)* avocat *m*
avoid [ə'vɔɪd] *vt* éviter • **to avoid doing sthg** éviter de faire qqch
await [ə'weɪt] *vt* attendre
awake [ə'weɪk] (*pt* **awoke**, *pp* **awoken**) *adj* réveillé(e) ◇ *vi* se réveiller
award [ə'wɔːd] *n (prize)* prix *m* ◇ *vt* • **to award a student a prize** décerner un prix à un étudiant • **to award an accident victim compensation** accorder une compensation à une victime d'accident
aware [ə'weəʳ] *adj* conscient(e) • **to be aware of** être conscient de
away [ə'weɪ] *adv (not at home, in office)* absent(e) • **to put one's things away** ranger ses affaires • **to look away** détourner les yeux • **to turn away** se détourner • **to walk/drive away** s'éloigner • **to take a knife away from an attacker** enlever son couteau à un agresseur • **far away** loin • **it's 10 miles away (from here)** c'est à une quinzaine de kilomètres (d'ici) • **it's two weeks away** c'est dans deux semaines
awesome ['ɔːsəm] *adj* **1.** *(impressive)* impressionnant(e) **2.** *(inf) (excellent)* génial(e)
awful ['ɔːfəl] *adj* affreux(euse) • **I feel awful** je ne me sens vraiment pas bien • **an awful lot of** énormément de
awfully ['ɔːflɪ] *adv (very)* terriblement
awkward ['ɔːkwəd] *adj* **1.** *(uncomfortable)* inconfortable **2.** *(movement)* maladroit(e) **3.** *(shape, size)* peu pratique **4.** *(embarrassing)* embarrassant(e) **5.** *(question, task)* difficile

awning ['ɔːnɪŋ] *n* auvent *m*
awoke [ə'wəʊk] *pt* ➤ **awake**
awoken [ə'wəʊkən] *pp* ➤ **awake**
axe [æks] *n* hache *f*
axle ['æksl] *n* essieu *m*

*b*B

BA (*abbr of Bachelor of Arts*) *(titulaire d'une) licence de lettres*
babble ['bæbl] *vi* marmonner
baby ['beɪbɪ] *n* bébé *m* • **to have a baby** avoir un enfant • **baby sweetcorn** jeunes épis *mpl* de maïs
baby carriage *n* (*US*) landau *m*
baby food *n* (*U*) aliments *mpl* pour bébé
baby-sit *vi* faire du baby-sitting
baby wipe *n* lingette *f*
back [bæk] *adv* en arrière ◇ *n* **1.** dos *m* **2.** *(of chair)* dossier *m* **3.** *(of room)* fond *m* **4.** *(of car)* arrière *m* ◇ *adj (wheels)* arrière *inv* ◇ *vi (car, driver)* faire marche arrière ◇ *vt (support)* soutenir • **to arrive back** rentrer • **to give sthg back** rendre qqch • **to put sthg back** remettre qqch • **to stand back** reculer • **at the back of** derrière • **in back of** (*US*) derrière • **back to front** devant derrière ◆ **back up** *vt sep (support)* appuyer ◇ *vi (car, driver)* faire marche arrière
backache ['bækeɪk] *n* (*U*) mal *m* au dos
backbone ['bækbəʊn] *n* colonne *f* vertébrale
back door *n* porte *f* de derrière
backfire [ˌbæk'faɪər] *vi (car)* pétarader
background ['bækgraʊnd] *n* **1.** *(in picture, on stage)* arrière-plan *m* **2.** *(to situation)* contexte *m* **3.** *(of person)* milieu *m*
backlog ['bæklɒg] *n* accumulation *f*
backpack ['bækpæk] *n* sac *m* à dos
backpacker ['bækpækər] *n* routard *m*, -e *f*
back seat *n* siège *m* arrière
backside [ˌbæk'saɪd] *n* (*inf*) fesses *fpl*
backslash ['bækslæʃ] *n* antislash *m*
back street *n* ruelle *f*
backstroke ['bækstrəʊk] *n* (*U*) dos *m* crawlé
backup ['bækʌp] *n* sauvegarde *f*
backup copy *n* copie *f* de sauvegarde
backwards ['bækwədz] *adv* **1.** *(move, look)* en arrière **2.** *(the wrong way round)* à l'envers
bacon ['beɪkən] *n* (*U*) bacon *m* • **bacon and eggs** œufs *mpl* frits au bacon
bacteria [bæk'tɪərɪə] *npl* bactéries *fpl*
bad [bæd] (*comp* **worse**, *superl* **worst**) *adj* **1.** mauvais(e) **2.** *(serious)* grave **3.** *(naughty)* méchant(e) **4.** *(rotten, off)* pourri(e) • **to have a bad back** avoir mal au dos • **to have a bad cold** avoir un gros rhume • **to go bad** *(milk, yoghurt)* tourner • **not bad** pas mauvais, pas mal
badge [bædʒ] *n* badge *m*
badger ['bædʒər] *n* blaireau *m*
badly ['bædlɪ] (*comp* **worse**, *superl* **worst**) *adv* **1.** mal **2.** *(seriously)* gravement • **to badly need sthg** avoir sérieusement besoin de qqch

badly paid [peɪd] *adj* mal payé(e)
badminton ['bædmɪntən] *n (U)* badminton *m*
bad-tempered ['tempəd] *adj* **1.** *(by nature)* qui a mauvais caractère **2.** *(in a bad mood)* de mauvaise humeur
bag [bæg] *n* **1.** sac *m* **2.** *(piece of luggage)* bagage *m* • **a bag of crisps** un paquet de chips
bagel ['beɪgəl] *n petit pain en couronne*
baggage ['bægɪdʒ] *n (U)* bagages *mpl*
baggage allowance *n* franchise *f* de bagages
baggage reclaim *n (UK)* livraison *f* des bagages
baggy ['bægɪ] *adj* ample
bagpipes ['bægpaɪps] *npl* cornemuse *f*
bail [beɪl] *n (U)* caution *f*
bait [beɪt] *n (U)* appât *m*
bake [beɪk] *vt* faire cuire (au four) ◇ *n* CULIN gratin *m*
baked [beɪkt] *adj* cuit au four
baked Alaska [ə'læskə] *n* omelette *f* norvégienne
baked beans *npl* haricots *mpl* blancs à la tomate
baked potato *n* pomme de terre *f* en robe de chambre
baker ['beɪkə^r] *n* boulanger(ère) • **baker's** *(shop)* boulangerie *f*
Bakewell tart ['beɪkwel-] *n gâteau constitué d'une couche de confiture prise entre deux couches de génoise à l'amande, avec un glaçage décoré de vagues*
balance ['bæləns] *n* **1.** *(of person)* équilibre *m* **2.** *(of bank account)* solde *m* **3.** *(remainder)* reste *m* ◇ *vt (object)* maintenir en équilibre
balcony ['bælkənɪ] *n* balcon *m*
bald [bɔ:ld] *adj* chauve
bale [beɪl] *n (of cloth, hay)* balle *f*
ball [bɔ:l] *n* **1.** SPORT balle *f* **2.** *(in football, rugby)* ballon *m* **3.** *(in snooker, pool)* boule *f* **4.** *(of wool, string)* pelote *f* **5.** *(of paper)* boule *f* **6.** *(dance)* bal *m* • **on the ball** *(fig)* vif (vive)
ballad ['bæləd] *n* ballade *f*
ballerina [ˌbælə'ri:nə] *n* ballerine *f*
ballet ['bæleɪ] *n* **1.** *(U) (dancing)* danse *f* (classique) **2.** *(work)* ballet *m*
ballet dancer *n* danseur classique
balloon [bə'lu:n] *n* ballon *m*
ballot ['bælət] *n* scrutin *m*
ballpoint pen ['bɔ:lpɔɪnt-] *n* stylo *m* (à) bille
ballroom ['bɔ:lrʊm] *n* salle *f* de bal
ballroom dancing *n (U)* danse *f* de salon
bamboo [bæm'bu:] *n (U)* bambou *m*
bamboo shoots *npl* pousses *fpl* de bambou
ban [bæn] *n* interdiction *f* ◇ *vt* interdire • **to ban sb from driving** interdire à qqn de conduire
banana [bə'nɑ:nə] *n* banane *f*
banana split *n* banana split *m*
band [bænd] *n* **1.** *(musical group)* groupe *m* **2.** *(strip of paper, rubber)* bande *f*
bandage ['bændɪdʒ] *n* bandage *m*, bande *f* ◇ *vt* mettre un bandage sur
B and B *abbr of* **bed and breakfast**
bandstand ['bændstænd] *n* kiosque *m* à musique
bang [bæŋ] *n* **1.** *(of gun)* détonation *f* **2.** *(of door)* claquement *m* ◇ *vt* **1.** cogner

2. *(door)* claquer • **to bang one's head** se cogner la tête

banger ['bæŋəʳ] *n* *(UK)* *(inf)* *(sausage)* saucisse *f* • **bangers and mash** saucisses-purée

bangle ['bæŋgl] *n* bracelet *m*

bangs [bæŋz] *npl* *(US)* frange *f*

banister ['bænɪstəʳ] *n* rampe *f*

banjo ['bændʒəʊ] *n* banjo *m*

bank [bæŋk] *n* **1.** *(for money)* banque *f* **2.** *(of river, lake)* berge *f* **3.** *(slope)* talus *m*

bank holiday

Au Royaume-Uni, ce jour férié, qui coïncide avec les jours de fermeture des banques, est traditionnellement célébré un lundi. Bien que cela ne soit pas vraiment légal, la plupart des Britanniques prennent un jour de congé à cette date sauf s'ils travaillent dans les services publics (police, pompiers, ambulances, personnel de santé, etc.). Par rapport aux autres pays européens, ils ont peu de jours fériés (huit jours en moyenne).

bank account *n* compte *m* bancaire

bank book *n* livret *m* d'épargne

bank charges *npl* frais *mpl* bancaires

bank clerk *n* employé *m* de banque

bank draft *n* traite *f* bancaire

banker ['bæŋkəʳ] *n* banquier *m*

banker's card *n carte à présenter, en guise de garantie, par le titulaire d'un compte lorsqu'il paye par chèque*

bank holiday *n* *(UK)* jour *m* férié

bank manager *n* directeur *m*, -trice *f* d'agence bancaire

bank note *n* billet *m* de banque

bankrupt ['bæŋkrʌpt] *adj* en faillite

bank statement *n* relevé *m* de compte

banner ['bænəʳ] *n* **1.** *(flag)* banderole *f* **2.** *COMPUT* bandeau *m*

bannister ['bænɪstəʳ] = **banister**

banquet ['bæŋkwɪt] *n* **1.** banquet *m* **2.** *(at Indian restaurant etc) menu pour plusieurs personnes*

bap [bæp] *n* *(UK)* petit pain *m*

baptize [*(UK)* bæp'taɪz, *(US)* 'bæptaɪz] *vt* baptiser

bar [bɑːʳ] *n* **1.** *(pub, in hotel)* bar *m* **2.** *(counter in pub)* comptoir *m* **3.** *(of metal, wood)* barre *f* **4.** *(of chocolate)* tablette *f* ◇ *vt (obstruct)* barrer • **a bar of soap** une savonnette

barbecue ['bɑːbɪkjuː] *n* barbecue *m* ◇ *vt* faire griller au barbecue

barbecue sauce *n* *(U)* *sauce épicée servant à relever viandes et poissons*

barbed wire [bɑːbd-] *n* *(U)* fil *m* de fer barbelé

barber ['bɑːbəʳ] *n* coiffeur *m* (pour hommes) • **barber's** *(shop)* salon *m* de coiffure (pour hommes)

bar code *n* code-barres *m*

bare [beəʳ] *adj* **1.** *(feet, head, arms)* nu(e) **2.** *(room, cupboard)* vide • **the bare minimum** le strict minimum

barefoot [,beə'fʊt] *adv* pieds nus

barely ['beəlɪ] *adv* à peine

bargain ['bɑːgɪn] *n* affaire *f* ◇ *vi (haggle)* marchander ◆ **bargain for** *vt insep* s'attendre à

bargain basement *n sous-sol d'un magasin où sont regroupés les soldes*
barge [bɑːdʒ] *n* péniche *f* ◆ **barge in** *vi* faire irruption ● **to barge in on sb** interrompre qqn
bark [bɑːk] *n (U) (of tree)* écorce *f* ◇ *vi* aboyer
barley ['bɑːlɪ] *n (U)* orge *f*
barmaid ['bɑːmeɪd] *n* serveuse *f*
barman ['bɑːmən] (*pl* **-men**) *n* barman *m*, serveur *m*
bar meal *n repas léger servi dans un bar ou un pub*
barn [bɑːn] *n* grange *f*
barometer [bə'rɒmɪtəʳ] *n* baromètre *m*
baron ['bærən] *n* baron *m*
baroque [bə'rɒk] *adj* baroque
barracks ['bærəks] *npl* caserne *f*
barrage ['bærɑːʒ] *n (of questions, criticism)* avalanche *f*
barrel ['bærəl] *n* **1.** *(of beer, wine)* tonneau *m* **2.** *(of oil)* baril *m* **3.** *(of gun)* canon *m*
barren ['bærən] *adj (land, soil)* stérile
barricade [ˌbærɪ'keɪd] *n* barricade *f*
barrier ['bærɪəʳ] *n* barrière *f*
barrister ['bærɪstəʳ] *n (UK)* avocat(e)
bartender ['bɑːtendəʳ] *n (US)* barman *m*, serveur *m*
barter ['bɑːtəʳ] *vi* faire du troc
base [beɪs] *n* **1.** *(of lamp, pillar, mountain)* pied *m* **2.** MIL base *f* ◇ *vt* ● **to base sthg on** fonder qqch sur ● **to be based** *(located)* être installé(e)
baseball ['beɪsbɔːl] *n (U)* base-ball *m*
baseball cap *n* casquette *f*
basement ['beɪsmənt] *n* sous-sol *m*
bases ['beɪsiːz] *pl* ➤ **basis**
bash [bæʃ] *vt (inf)* ● **to bash one's head** se cogner la tête
basic ['beɪsɪk] *adj* **1.** *(fundamental)* de base **2.** *(accommodation, meal)* rudimentaire ◆ **basics** *npl* ● **the basics** les bases
basically ['beɪsɪklɪ] *adv* **1.** en fait **2.** *(fundamentally)* au fond
basil ['bæzl] *n (U)* basilic *m*
basin ['beɪsn] *n* **1.** *(washbasin)* lavabo *m* **2.** *(bowl)* cuvette *f*
basis ['beɪsɪs] (*pl* **-ses**) *n* base *f* ● **on a weekly basis** une fois par semaine ● **on the basis of** *(according to)* d'après
basket ['bɑːskɪt] *n* **1.** corbeille *f* **2.** *(with handle)* panier *m*
basketball ['bɑːskɪtbɔːl] *n (U) (game)* basket(-ball) *m*
basmati rice [bəz'mæti-] *n (U)* riz *m* basmati
[1]**bass** [beɪs] *n (singer)* basse *f* ◇ *adj* ● **a bass guitar** une basse
[2]**bass** [bæs] *n* **1.** *(freshwater fish)* perche *f* **2.** *(sea fish)* bar *m*
bassoon [bə'suːn] *n* basson *m*
bastard ['bɑːstəd] *n (vulg)* salaud *m*
bat [bæt] *n* **1.** *(in cricket, baseball)* batte *f* **2.** *(in table tennis)* raquette *f* **3.** *(animal)* chauve-souris *f*
batch [bætʃ] *n* **1.** *(of papers, letters)* liasse *f* **2.** *(of people)* groupe *m*
bath [bɑːθ] *n* **1.** bain *m* **2.** *(tub)* baignoire *f* ◇ *vt* donner un bain à ● **to have a bath** *(UK)* prendre un bain ◆ **baths** *npl (UK) (public swimming pool)* piscine *f*
bathe [beɪð] *vi* **1.** *(UK) (swim)* se baigner **2.** *(US) (have bath)* prendre un bain
bathing ['beɪðɪŋ] *n (U) (UK)* baignade *f*
bathrobe ['bɑːθrəʊb] *n* peignoir *m*

bathroom ['bɑːθrʊm] *n* **1.** salle *f* de bains **2.** (*US*) (*toilet*) toilettes *fpl*
bathroom cabinet *n* armoire *f* à pharmacie
bathtub ['bɑːθtʌb] *n* baignoire *f*
baton ['bætən] *n* **1.** (*of conductor*) baguette *f* **2.** (*truncheon*) matraque *f*
batter ['bætəʳ] *n* (*U*) pâte *f* ◇ *vt* (*wife, child*) battre
battered ['bætəd] *adj CULIN cuit dans un enrobage de pâte à frire*
battery ['bætərɪ] *n* **1.** (*for radio, torch etc*) pile *f* **2.** (*for car*) batterie *f*
battery charger [ˌtʃɑːdʒəʳ] *n* chargeur *m*
battery life *n* autonomie *f*
lithium-ion battery *n* batterie *f*
battle ['bætl] *n* **1.** bataille *f* **2.** (*struggle*) lutte *f*
battlefield ['bætlfiːld] *n* champ *m* de bataille
battlements ['bætlmənts] *npl* remparts *mpl*
battleship ['bætlʃɪp] *n* cuirassé *m*
bay [beɪ] *n* **1.** (*on coast*) baie *f* **2.** (*for parking*) place *f* (de stationnement)
bay leaf *n* feuille *f* de laurier
bay window *n* fenêtre *f* en saillie
B & B *abbr of* **bed and breakfast**
BC (*abbr of before Christ*) av. J-C (*avant Jésus-Christ*)
be [biː] (*pt* **was, were**, *pp* **been** [biːn]) *vi* **1.** (*exist*) être • **there is/are** il y a • **are there any shops near here?** y a-t-il des magasins près d'ici ? **2.** (*referring to location*) être • **the hotel is near the airport** l'hôtel est OR se trouve près de l'aéroport **3.** (*referring to movement*) aller • **has the postman been?** est-ce que le facteur est passé ? • **have you ever been to Ireland?** êtes-vous déjà allé en Irlande ? • **I'll be there in ten minutes** j'y serai dans dix minutes **4.** (*occur*) être • **my birthday is in November** mon anniversaire est en novembre **5.** (*identifying, describing*) être • **he's a doctor** il est médecin • **I'm British** je suis britannique • **I'm hot/cold** j'ai chaud/froid **6.** (*referring to health*) aller • **how are you?** comment allez-vous ? • **I'm fine** je vais bien, ça va • **she's ill** elle est malade **7.** (*referring to age*) • **how old are you?** quel âge as-tu ? • **I'm 14 (years old)** j'ai 14 ans **8.** (*referring to cost*) coûter, faire • **how much is it?** (*item*) combien ça coûte ? ; (*meal, shopping*) ça fait combien ? • **it's £10** (*item*) ça coûte 10 livres ; (*meal, shopping*) ça fait 10 livres **9.** (*referring to time, dates*) être • **what time is it?** quelle heure est-il ? • **it's ten o'clock** il est dix heures **10.** (*referring to measurement*) faire • **it's 2 m wide** ça fait 2 m de large • **I'm 6 feet tall** je mesure 1 mètre 80 **11.** (*referring to weather*) faire • **it's hot/cold** il fait chaud/froid • **it's going to be nice today** il va faire beau aujourd'hui • **it's sunny/windy** il y a du soleil/du vent
◇ *aux vb* **1.** (*forming continuous tense*) • **I'm learning French** j'apprends le français • **we've been visiting the museum** nous avons

visité le musée • **I was eating when...** j'étais en train de manger quand....
2. *(forming passive)* être • **the flight was delayed** le vol a été retardé
3. *(with infinitive to express order)* • **all rooms are to be vacated by 10 a.m.** toutes les chambres doivent être libérées avant 10 h
4. *(with infinitive to express future tense)* • **the race is to start at noon** le départ de la course est prévu pour midi
5. *(in tag questions)* • **it's Monday today, isn't it?** c'est lundi aujourd'hui, n'est-ce pas ?

beach [biːtʃ] *n* plage *f*

bead [biːd] *n (of glass, wood etc)* perle *f*

beak [biːk] *n* bec *m*

beaker ['biːkəʳ] *n* gobelet *m*

beam [biːm] *n* **1.** *(of light)* rayon *m* **2.** *(of wood, concrete)* poutre *f* ◇ *vi (smile)* faire un sourire radieux

bean [biːn] *n* **1.** haricot *m* **2.** *(of coffee)* grain *m*

beanbag *n (chair)* sacco *m*

bean curd [kɜːd] *n (U)* pâte *f* de soja

beansprouts ['biːnspraʊts] *npl* germes *mpl* de soja

bear [beəʳ] (*pt* **bore**, *pp* **borne**) *n (animal)* ours *m* ◇ *vt* supporter • **to bear left/right** se diriger vers la gauche/la droite

bearable ['beərəbl] *adj* supportable

beard [bɪəd] *n* barbe *f*

bearer ['beərəʳ] *n* **1.** *(of cheque)* porteur *m* **2.** *(of passport)* titulaire *m ou f*

bearing ['beərɪŋ] *n (U) (relevance)* rapport *m* • **to get one's bearings** se repérer

beast [biːst] *n* bête *f*

beat [biːt] (*pt* **beat**, *pp* **beaten** ['biːtn]) *n* **1.** *(of heart, pulse)* battement *m* **2.** *MUS* rythme *m* ◇ *vt* battre ◆ **beat down** *vi* **1.** *(sun)* taper **2.** *(rain)* tomber à verse ◇ *vt sep* • **I beat him down to £20** je lui ai fait baisser son prix à 20 livres ◆ **beat up** *vt sep* tabasser

beautiful ['bjuːtɪfʊl] *adj* beau (belle)

beauty ['bjuːtɪ] *n (U)* beauté *f*

beauty parlor *(US)* = **beauty parlour**

beauty parlour *n* salon *m* de beauté

beauty spot *n (place)* site *m* touristique

beaver ['biːvəʳ] *n* castor *m*

became [bɪ'keɪm] *pt* ➤ **become**

because [bɪ'kɒz] *conj* parce que • **because of** à cause de

beckon ['bekən] *vi* • **to beckon (to)** faire signe (à)

become [bɪ'kʌm] (*pt* **became**, *pp* **become**) *vi* devenir • **what became of him?** qu'est-il devenu ?

bed [bed] *n* **1.** lit *m* **2.** *(of sea)* fond *m* • **in bed** au lit • **to get out of bed** se lever • **to go to bed** aller au lit, se coucher • **to go to bed with sb** coucher avec qqn • **to make the bed** faire le lit

bed and breakfast *n (UK)* ≃ chambre *f* d'hôte *(avec petit déjeuner)*

bed and breakfast

Établissements privés typiquement britanniques (même s'ils existent aussi aux États-Unis, au Canada, en Australie et en Nouvelle-Zélande), reconnaissables à leurs enseignes *B&B*. Grandes demeures comportant des chambres avec sanitaires ou des pavillons dotés de simples logements, les *B&B* proposent tous des prix raisonnables, incluant le petit déjeuner, généralement servi jusqu'à 9 heures (avec toasts, céréales, ou petit déjeuner complet avec œufs au bacon, etc.). Certains *B&B* abritent également un bar et proposent des repas le soir.

bedclothes ['bedkləʊðz] *npl* draps *mpl* et couvertures

bedding ['bedɪŋ] *n (U)* draps *mpl* et couvertures

bed linen *n (U)* draps *mpl* (et taies d'oreiller)

bedroom ['bedrʊm] *n* chambre *f*

bedside table ['bedsaɪd-] *n* table *f* de nuit OR de chevet

bedsit ['bed,sɪt] *n (UK)* chambre *f* meublée

bedspread ['bedspred] *n* dessus-de-lit *m inv*, couvre-lit *m*

bedtime ['bedtaɪm] *n (U)* heure *f* du coucher

bee [bi:] *n* abeille *f*

beech [bi:tʃ] *n* hêtre *m*

beef [bi:f] *n (U)* bœuf *m* • **beef Wellington** *morceau de bœuf enveloppé de pâte feuilletée et servi en tranches*

beefburger ['bi:f,bɜ:gər] *n (UK)* hamburger *m*

beehive ['bi:haɪv] *n* ruche *f*

been [bi:n] *pp* ➤ **be**

beer [bɪər] *n* bière *f*

beer garden *n jardin d'un pub, où l'on peut prendre des consommations*

beer mat *n* dessous-de-verre *m*

beetle ['bi:tl] *n* scarabée *m*

beetroot ['bi:tru:t] *n (UK)* betterave *f*

before [bɪ'fɔ:r] *adv* avant ◇ *prep* **1.** avant **2.** *(fml) (in front of)* devant ◇ *conj* • **before it gets too late** avant qu'il ne soit trop tard • **before doing sthg** avant de faire qqch • **the day before** la veille • **the week before last** il y a deux semaines

beforehand [bɪ'fɔ:hænd] *adv* à l'avance

befriend [bɪ'frend] *vt* prendre en amitié

beg [beg] *vi* mendier ◇ *vt* • **to beg sb to help** implorer de l'aide à qqn • **to beg for money** mendier de l'argent

began [bɪ'gæn] *pt* ➤ **begin**

beggar ['begər] *n* mendiant *m*, -e *f*

begin [bɪ'gɪn] *(pt* **began**, *pp* **begun***) vt & vi* commencer • **to begin doing** OR **to do sthg** commencer à faire qqch • **to begin by doing sthg** commencer par faire qqch • **to begin with** pour commencer

beginner [bɪ'gɪnər] *n* débutant *m*, -e *f*

beginning [bɪ'gɪnɪŋ] *n* début *m*

begun [bɪ'gʌn] *pp* ➤ **begin**

behalf [bɪ'hɑ:f] *n* • **on behalf of** au nom de

behave [bɪ'heɪv] *vi* se comporter, se conduire • **to behave (o.s.)** *(be good)* se tenir bien

behavior [bɪ'heɪvjər] *(US)* = **behaviour**

behaviour [bɪ'heɪvjər] *n (U)* comportement *m*

behind [bɪ'haɪnd] *adv* **1.** derrière **2.** *(late)* en retard ◇ *prep* derrière ◇ *n (inf)* derrière *m* • **to leave sthg behind** oublier qqch

• **to stay behind** rester

beige [beɪʒ] *adj* beige

being ['biːɪŋ] *n* être *m* • **to come into being** naître

belated [bɪ'leɪtɪd] *adj* tardif(ive)

belch [beltʃ] *vi* roter

Belgian ['beldʒən] *adj* belge ◇ *n* Belge *m ou f*

Belgium ['beldʒəm] *n* la Belgique

belief [bɪ'liːf] *n* 1. *(faith)* croyance *f* 2. *(opinion)* opinion *f*

believe [bɪ'liːv] *vt* croire ◇ *vi* • **to believe in** *(God)* croire en • **to believe in always telling the truth** être convaincu qu'il faut toujours dire la vérité

believer [bɪ'liːvər] *n* croyant *m*, -e *f*

bell [bel] *n* 1. *(of church)* cloche *f* 2. *(of phone)* sonnerie *f* 3. *(of door)* sonnette *f*

bellboy ['belbɔɪ] *n* chasseur *m*

bellow ['beləʊ] *vi* meugler

belly ['belɪ] *n* *(inf)* ventre *m*

belly button *n* *(inf)* nombril *m*

belong [bɪ'lɒŋ] *vi (be in right place)* être à sa place • **to belong to** *(property)* appartenir à ; *(to club, party)* faire partie de

belongings [bɪ'lɒŋɪŋz] *npl* affaires *fpl*

below [bɪ'ləʊ] *adv* 1. en bas, en dessous 2. *(downstairs)* au-dessous 3. *(in text)* ci-dessous ◇ *prep* au-dessous de

belt [belt] *n* 1. *(for clothes)* ceinture *f* 2. TECH courroie *f*

bench [bentʃ] *n* banc *m*

bend [bend] *(pt & pp* **bent***)* *n* 1. *(in road)* tournant *m* 2. *(in river, pipe)* coude *m* ◇ *vt* plier ◇ *vi (road, river, pipe)* faire un coude ◆ **bend down** *vi* s'incliner ◆ **bend over** *vi* se pencher

beneath [bɪ'niːθ] *adv* en dessous, en bas ◇ *prep* sous

beneficial [ˌbenɪ'fɪʃl] *adj* bénéfique

benefit ['benɪfɪt] *n* 1. *(advantage)* avantage *m* 2. *(U) (money)* allocation *f* ◇ *vi* • **to benefit from** profiter de • **for the benefit of** dans l'intérêt de

benign [bɪ'naɪn] *adj* MED bénin(igne)

bent [bent] *pt & pp* ➤ **bend**

bereaved [bɪ'riːvd] *adj* en deuil

beret ['bereɪ] *n* béret *m*

Bermuda shorts [bə'mjuːdə-] *npl* bermuda *m*

berry ['berɪ] *n* baie *f*

berserk [bə'zɜːk] *adj* • **to go berserk** devenir fou (folle)

berth [bɜːθ] *n* 1. *(for ship)* mouillage *m* 2. *(in ship, train)* couchette *f*

beside [bɪ'saɪd] *prep (next to)* à côté de • **that's beside the point** ça n'a rien à voir

besides [bɪ'saɪdz] *adv* en plus ◇ *prep* en plus de

best [best] *adj* meilleur(e) ◇ *adv* le mieux ◇ *n* • **the best** le meilleur (la meilleure) • **a pint of best** *(UK) (beer)* ≃ un demi-litre de bière brune • **the best thing to do is...** la meilleure chose à faire est... • **to make the best of things** faire contre mauvaise fortune bon cœur • **to do one's best** faire de son mieux ▾ **best before...** à consommer avant... • **at best** au mieux • **all the best!** *(at end of letter)* amicalement ; *(spoken)* bonne continuation !

best man *n* garçon *m* d'honneur

best man

Nom donné au témoin d'un futur jeune marié, auquel incombent diverses responsabilités. Il organise son « enterrement de vie de garçon » dans le cercle de ses amis proches (soirée festive dans un pub ou week-end branché), doit remettre les alliances au prêtre lors de la cérémonie de mariage et, après le traditionnel discours du père de la mariée lors de la réception qui s'ensuit, fait une allocution retraçant les souvenirs cocasses ou embarrassants de la vie du jeune marié.

best-seller [↓'seləʳ] *n (book)* best-seller *m*

bet [bet] *(pt & pp* **bet**) *n* pari *m* ◇ *vt* parier ◇ *vi* ● **to bet (on)** parier (sur), miser (sur) ● **I bet (that) you can't do it** je parie que tu ne peux pas le faire

betray [bɪ'treɪ] *vt* trahir

better ['betəʳ] *adj* meilleur(e) ◇ *adv* mieux ● **you had better...** tu ferais mieux de... ● **to get better** *(in health)* aller mieux ; *(improve)* s'améliorer

betting ['betɪŋ] *n (U)* paris *mpl*

betting shop *n* (*UK*) ≃ PMU *m*

between [bɪ'twiːn] *prep* entre ◇ *adv (in time)* entre-temps ● **in between** *(in space)* entre ; *(in time)* entre-temps

beverage ['bevərɪdʒ] *n* (*fml*) boisson *f*

beware [bɪ'weəʳ] *vi* ● **to beware of** se méfier de ▼ **beware of the dog** attention, chien méchant

bewildered [bɪ'wɪldəd] *adj* perplexe

beyond [bɪ'jɒnd] *adv* au-delà ◇ *prep* au-delà de ● **beyond reach** hors de portée

biased ['baɪəst] *adj* partial(e)

bib [bɪb] *n (for baby)* bavoir *m*

bible ['baɪbl] *n* bible *f*

biceps ['baɪseps] *n* biceps *m*

bicycle ['baɪsɪkl] *n* vélo *m*

bicycle path *n* piste *f* cyclable

bicycle pump *n* pompe *f* à vélo

bid [bɪd] (*pt & pp* **bid**) *n* **1.** *(at auction)* enchère *f* **2.** *(attempt)* tentative *f* ◇ *vt (money)* faire une offre de ◇ *vi* ● **to bid (for)** faire une offre (pour)

bidet ['biːdeɪ] *n* bidet *m*

big [bɪg] *adj* **1.** grand(e) **2.** *(problem, book)* gros (grosse) ● **my big brother** mon grand frère ● **how big is it?** quelle taille cela fait-il ?

Big Ben

Symbole de Londres, ce nom désigne à la fois la Tour des Chambres du Parlement londonien, ainsi que l'imposante cloche de sa célèbre horloge. Le 31 décembre, la nouvelle année débute traditionnellement par le tintement particulier de son carillon, tout comme les bulletins d'informations quotidiens de certaines télévisions et radios britanniques. Les quatre côtés de l'horloge s'illuminent également lorsque se tient une session parlementaire.

bike [baɪk] *n* **1.** (*inf*) (*bicycle*) vélo *m* **2.** (*motorcycle*) moto *f* **3.** (*moped*) Mobylette® *f*
biking ['baɪkɪŋ] *n* • **to go biking** faire du vélo
bikini [bɪ'kiːnɪ] *n* bikini *m*
bikini bottom *n* bas *m* de maillot de bain
bikini top *n* haut *m* de maillot de bain
bilingual [baɪ'lɪŋgwəl] *adj* bilingue
bill [bɪl] *n* **1.** (*for hotel room*) note *f* **2.** (*in restaurant*) addition *f* **3.** (*for electricity etc*) facture *f* **4.** (*US*) (*bank note*) billet *m* (de banque) **5.** (*at cinema, theatre*) programme *m* **6.** *POL* projet *m* de loi • **can I have the bill please?** l'addition, s'il vous plaît !
billboard ['bɪlbɔːd] *n* panneau *m* d'affichage
billfold ['bɪlfəʊld] *n* (*US*) portefeuille *m*
billiards ['bɪljədz] *n* (*U*) billard *m*
billion ['bɪljən] *n* **1.** (*thousand million*) milliard *m* **2.** (*UK*) (*million million*) billion *m*
bin [bɪn] *n* **1.** (*rubbish bin*) poubelle *f* **2.** (*wastepaper bin*) corbeille *f* à papier **3.** (*for bread*) huche *f* **4.** (*on plane*) compartiment *m* à bagages
binary ['baɪnərɪ] *adj* binaire *adj*
bind [baɪnd] (*pt & pp* **bound**) *vt* (*tie up*) attacher
binding ['baɪndɪŋ] *n* **1.** (*for book*) reliure *f* **2.** (*for ski*) fixation *f*
bingo ['bɪŋgəʊ] *n* (*U*) ≃ loto *m*
binoculars [bɪ'nɒkjʊləz] *npl* jumelles *fpl*
biodegradable [,baɪəʊdɪ'greɪdəbl] *adj* biodégradable
biography [baɪ'ɒgrəfɪ] *n* biographie *f*
biological [,baɪə'lɒdʒɪkl] *adj* biologique
biology [baɪ'ɒlədʒɪ] *n* (*U*) biologie *f*
biotechnology [,baɪəʊtek'nɒlədʒɪ] *n* biotechnologie *f*
birch [bɜːtʃ] *n* bouleau *m*
bird [bɜːd] *n* **1.** oiseau *m* **2.** (*UK*) (*inf*) (*woman*) nana *f*
bird-watching [-,wɒtʃɪŋ] *n* (*U*) ornithologie *f*
Biro® ['baɪərəʊ] *n* stylo *m* (à) bille
birth [bɜːθ] *n* naissance *f* • **by birth** de naissance • **to give birth to** donner naissance à
birth certificate *n* extrait *m* de naissance
birth control *n* (*U*) contraception *f*
birthday ['bɜːθdeɪ] *n* anniversaire *m* • **Happy birthday!** joyeux anniversaire !
birthday card *n* carte *f* d'anniversaire
birthday party *n* fête *f* d'anniversaire
birthplace ['bɜːθpleɪs] *n* lieu *m* de naissance
biscuit ['bɪskɪt] *n* **1.** (*UK*) biscuit *m* **2.** (*US*) (*scone*) *petit gâteau de pâte non levée que l'on mange avec de la confiture ou un plat salé*
bishop ['bɪʃəp] *n* **1.** *RELIG* évêque *m* **2.** (*in chess*) fou *m*
bistro ['biːstrəʊ] *n* bistrot *m*
bit [bɪt] *pt* ➤ **bite** ◇ *n* **1.** (*piece*) morceau *m*, bout *m* **2.** (*of drill*) mèche *f* **3.** (*of bridle*) mors *m* **4.** *COMPUT* bit *m* • **a bit of money** un peu d'argent • **to do a bit of walking** marcher un peu • **a bit** un peu • **not a bit** pas du tout • **bit by bit** petit à petit
bitch [bɪtʃ] *n* **1.** (*vulg*) (*woman*) salope *f* **2.** (*dog*) chienne *f*
bite [baɪt] (*pt* **bit**, *pp* **bitten** ['bɪtn]) *n* **1.** (*when eating*) bouchée *f* **2.** (*from insect*)

piqûre *f* **3.** *(from dog, snake)* morsure *f* ◇ *vt* **1.** mordre **2.** *(subj: insect)* piquer ● **to have a bite to eat** manger un morceau

bitter ['bɪtəʳ] *adj* **1.** amer(ère) **2.** *(weather, wind)* glacial(e) **3.** *(argument, conflict)* violent(e) ◇ *n (U) (UK) (beer)* ≃ bière *f* brune

bitter lemon *n (U)* Schweppes® *m* au citron

bizarre [bɪ'zɑːʳ] *adj* bizarre

black [blæk] *adj* **1.** noir(e) **2.** *(tea)* nature *inv* ◇ *n* **1.** noir *m* **2.** *(person)* Noir *m*, -e *f*
◆ **black out** *vi* perdre connaissance

black and white *adj* noir et blanc *inv*

blackberry ['blækbrɪ] *n* mûre *f*

blackbird ['blækbɜːd] *n* merle *m*

blackboard ['blækbɔːd] *n* tableau *m* (noir)

black cherry *n* cerise *f* noire

blackcurrant [,blæk'kʌrənt] *n* cassis *m*

black eye *n* œil *m* au beurre noir

Black Forest gâteau *n* forêt-noire *f*

black ice *n (U)* verglas *m*

blackmail ['blækmeɪl] *n (U)* chantage *m* ◇ *vt* faire chanter

blackout ['blækaʊt] *n (power cut)* coupure *f* de courant

black pepper *n (U)* poivre *m* noir

black pudding *n (UK)* boudin *m* noir

blacksmith ['blæksmɪθ] *n* **1.** *(for horses)* maréchal-ferrant *m* **2.** *(for tools)* forgeron *m*

bladder ['blædəʳ] *n* vessie *f*

blade [bleɪd] *n* **1.** *(of knife, saw)* lame *f* **2.** *(of propeller, oar)* pale *f* **3.** *(of grass)* brin *m*

blame [bleɪm] *n (U)* responsabilité *f*, faute *f* ◇ *vt* rejeter la responsabilité sur ● **to blame sb for the failure of a plan** reprocher à qqn d'avoir fait échouer un plan ● **to blame the bombings on extremists** attribuer aux extrémistes la responsabilité des attentats

bland [blænd] *adj (food)* fade

blank [blæŋk] *adj* **1.** *(space, page)* blanc (blanche) **2.** *(cassette)* vierge **3.** *(expression)* vide ◇ *n (empty space)* blanc *m*

blank check *(US)* = **blank cheque**

blank cheque *n* chèque *m* en blanc

blanket ['blæŋkɪt] *n* couverture *f*

blast [blɑːst] *n* **1.** *(explosion)* explosion *f* **2.** *(of air, wind)* souffle *m* ◇ *excl (inf)* zut ! ● **at full blast** à fond

blaze [bleɪz] *n (fire)* incendie *m* ◇ *vi* **1.** *(fire)* flamber **2.** *(sun, light)* resplendir

blazer ['bleɪzəʳ] *n* blazer *m*

bleach [bliːtʃ] *n (U)* eau *m* de Javel ◇ *vt* **1.** *(hair)* décolorer **2.** *(clothes)* blanchir à l'eau de Javel

bleak [bliːk] *adj* triste

bleed [bliːd] *(pt & pp* **bled** [bled]*) vi* saigner

blend [blend] *n (of coffee, whisky)* mélange *m* ◇ *vt* mélanger

blender ['blendəʳ] *n* mixer *m*

bless [bles] *vt* bénir ● **bless you!** *(said after sneeze)* à tes/vos souhaits !

blessing ['blesɪŋ] *n* bénédiction *f*

blew [bluː] *pt* ➤ **blow**

blind [blaɪnd] *adj* aveugle ◇ *n (for window)* store *m* ◇ *npl* ● **the blind** les aveugles *mpl*

blind corner *n* virage *m* sans visibilité

blindfold ['blaɪndfəʊld] *n* bandeau *m* ◇ *vt* bander les yeux à

blind spot *n AUT* angle *m* mort

blink [blɪŋk] *vi* cligner des yeux
blinkers ['blɪŋkəz] *npl (UK)* œillères *fpl*
bliss [blɪs] *n (U)* bonheur *m* absolu
blister ['blɪstər] *n* ampoule *f*
blizzard ['blɪzəd] *n* tempête *f* de neige
bloated ['bləʊtɪd] *adj* ballonné(e)
blob [blɒb] *n (of cream, paint)* goutte *f*
block [blɒk] *n* **1.** *(of stone, wood, ice)* bloc *m* **2.** *(building)* immeuble *m* **3.** *(in town, city)* pâté *m* de maison ◇ *vt* bloquer • **to have a blocked(-up) nose** avoir le nez bouché ◆ **block up** *vt sep* boucher
blockage ['blɒkɪdʒ] *n* obstruction *f*
block capitals *npl* capitales *fpl*
block of flats *n (UK)* immeuble *m*
blog *n* blogue *m*
bloke [bləʊk] *n (UK) (inf)* type *m*
blond [blɒnd] *adj* blond(e) ◇ *n* blond *m*
blonde [blɒnd] *adj* blond(e) ◇ *n* blonde *f*
blood [blʌd] *n (U)* sang *m*
blood donor *n* donneur *m* de sang, donneuse de sang *f*
blood group *n* groupe *m* sanguin
blood poisoning *n (U)* septicémie *f*
blood pressure *n* tension *f* (artérielle) • **to have high blood pressure** avoir de la tension • **to have low blood pressure** faire de l'hypotension
bloodshot ['blʌdʃɒt] *adj* injecté de sang
blood test *n* analyse *f* de sang
blood transfusion *n* transfusion *f* (sanguine)
bloody ['blʌdɪ] *adj* **1.** ensanglanté(e) **2.** *(UK) (vulg) (damn)* foutu(e) ◇ *adv (UK) (vulg)* vachement
Bloody Mary [-'meərɪ] *n* bloody mary *m inv*
bloom [blu:m] *n* fleur *f* ◇ *vi* fleurir • **in bloom** en fleur
blossom ['blɒsəm] *n (U)* fleurs *fpl*
blot [blɒt] *n* tache *f*
blotch [blɒtʃ] *n* tache *f*
blotting paper ['blɒtɪŋ-] *n (U)* papier *m* buvard
blouse [blaʊz] *n* chemisier *m*
blow [bləʊ] (*pt* **blew**, *pp* **blown**) *vt* **1.** *(subj: wind)* faire s'envoler **2.** *(whistle, trumpet)* souffler dans **3.** *(bubbles)* faire ◇ *vi* **1.** souffler **2.** *(fuse)* sauter ◇ *n (hit)* coup *m* • **to blow one's nose** se moucher ◆ **blow up** *vt sep* **1.** *(cause to explode)* faire exploser **2.** *(inflate)* gonfler ◇ *vi (explode)* exploser
blow-dry *n* brushing *m* ◇ *vt* faire un brushing à
blown [bləʊn] *pp* ➤ **blow**
BLT *n sandwich au bacon, à la laitue et à la tomate*
blue [blu:] *adj* **1.** bleu(e) **2.** *(film)* porno *inv* ◇ *n* bleu *m* ◆ **blues** *n MUS* blues *m*
bluebell ['blu:bel] *n* jacinthe *f* des bois
blueberry ['blu:bərɪ] *n* myrtille *f*
bluebottle ['blu:ˌbɒtl] *n* mouche *f* bleue
blue cheese *n (U)* bleu *m*
bluff [blʌf] *n (cliff)* falaise *f* ◇ *vi* bluffer
blunder ['blʌndər] *n* gaffe *f*
blunt [blʌnt] *adj* **1.** *(knife)* émoussé(e) **2.** *(pencil)* mal taillé(e) **3.** *(fig) (person)* brusque
blurred [blɜ:d] *adj* **1.** *(vision)* trouble **2.** *(photo)* flou(e)
blush [blʌʃ] *vi* rougir
blusher ['blʌʃər] *n (U)* blush *m*
blustery ['blʌstərɪ] *adj* venteux(euse)

board [bɔːd] *n* **1.** *(plank)* planche *f* **2.** *(notice board)* panneau *m* **3.** *(for games)* plateau *m* **4.** *(blackboard)* tableau *m* **5.** *(of company)* conseil *m* **6.** *(hardboard)* contreplaqué *m* ◇ *vt (plane, ship, bus)* monter dans • **board and lodging** pension *f* • **full board** pension complète • **half board** demi-pension • **on board** à bord • **on board sthg** *(plane, ship)* à bord de qch ; *(bus)* dans qch
board game *n* jeu *m* de société
boarding ['bɔːdɪŋ] *n (U)* embarquement *m*
boarding card *n* carte *f* d'embarquement
boardinghouse ['bɔːdɪŋhaus] *(pl* [-hauzɪz]*)* *n* pension *f* de famille
boarding school *n* pensionnat *m*, internat *m*
board of directors *n* conseil *m* d'administration
boast [bəust] *vi* • **to boast (about sthg)** se vanter (de qqch)
boat [bəut] *n* **1.** *(large)* bateau *m* **2.** *(small)* canot *m* • **by boat** en bateau
bob [bɒb] *n (hairstyle)* coupe *f* au carré
bobby pin ['bɒbɪ-] *n (US)* épingle *f* à cheveux
bodice ['bɒdɪs] *n* corsage *m*
body ['bɒdɪ] *n* **1.** corps *m* **2.** *(of car)* carrosserie *f* **3.** *(organization)* organisme *m*
bodyguard ['bɒdɪgɑːd] *n* garde *m* du corps
body piercing *n* piercing *m*
bodywork ['bɒdɪwɜːk] *n (U)* carrosserie *f*
bog [bɒg] *n* marécage *m*
bogus ['bəugəs] *adj* faux (fausse)
boil [bɔɪl] *vt* **1.** *(water)* faire bouillir **2.** *(kettle)* mettre à chauffer **3.** *(food)* faire cuire à l'eau ◇ *vi* bouillir ◇ *n (on skin)* furoncle *m*
boiled egg [bɔɪld-] *n* œuf *m* à la coque
boiled potatoes [bɔɪld-] *npl* pommes de terre *fpl* à l'eau
boiler ['bɔɪlə^r] *n* chaudière *f*
boiling (hot) ['bɔɪlɪŋ-] *adj* **1.** *(inf)* *(water)* bouillant(e) **2.** *(weather)* très chaud(e) • **I'm boiling hot** je crève de chaud
bold [bəuld] *adj (brave)* audacieux(euse)
bollard ['bɒlɑːd] *n (UK) (on road)* borne *f*
bolt [bəult] *n* **1.** *(on door, window)* verrou *m* **2.** *(screw)* boulon *m* ◇ *vt (door, window)* fermer au verrou
bomb [bɒm] *n* bombe *f* ◇ *vt* bombarder
bombard [bɒm'bɑːd] *vt* bombarder
bomb scare *n* alerte *f* à la bombe
bomb shelter *n* abri *m (antiaérien)*
bond [bɒnd] *n (tie, connection)* lien *m*
bone [bəun] *n* **1.** *(of person, animal)* os *m* **2.** *(of fish)* arête *f*
boned [bəund] *adj* **1.** *(chicken)* désossé(e) **2.** *(fish)* sans arêtes
boneless ['bəunləs] *adj (chicken, pork)* désossé(e)
bonfire ['bɒn,faɪə^r] *n* feu *m*
bonnet ['bɒnɪt] *n (UK) (of car)* capot *m*
bonus ['bəunəs] *(pl* **-es***)* *n* **1.** *(extra money)* prime *f* **2.** *(additional advantage)* plus *m*
bony ['bəunɪ] *adj* **1.** *(hand, face)* maigre, osseux(euse) **2.** *(fish)* plein(e) d'arêtes **3.** *(chicken)* plein(e)d'os
boo [buː] *vi* siffler
boogie ['buːgɪ] *vi (inf)* guincher

book [bʊk] *n* **1.** livre *m* **2.** *(of stamps, tickets)* carnet *m* **3.** *(of matches)* pochette *f* ◇ *vt (reserve)* réserver ◆ **book in** *vi (at hotel)* se faire enregistrer

bookable ['bʊkəbl] *adj (seats, flight)* qu'on peut réserver

bookcase ['bʊkkeɪs] *n* bibliothèque *f*

booking ['bʊkɪŋ] *n (reservation)* réservation *f*

booking office *n (UK)* bureau *m* de location

bookkeeping ['bʊk,kiːpɪŋ] *n (U)* comptabilité *f*

booklet ['bʊklɪt] *n* brochure *f*

bookmaker's ['bʊk,meɪkəz] *n (shop)* ≃ PMU *m*

bookmark ['bʊkmɑːk] *n* marque-page *m*

bookshelf ['bʊkʃelf] (*pl* **-shelves**) *n* **1.** *(shelf)* étagère *f*, rayon *m* **2.** *(bookcase)* bibliothèque *f*

bookshop ['bʊkʃɒp] *n* librairie *f*

bookstall ['bʊkstɔːl] *n* kiosque *m* à journaux

bookstore ['bʊkstɔːʳ] = **bookshop**

book token *n (UK)* bon *m* d'achat de livres

boom [buːm] *n (sudden growth)* boom *m* ◇ *vi (voice, guns)* tonner

boost [buːst] *vt* **1.** *(profits, production)* augmenter **2.** *(confidence)* renforcer ● **to boost sb's spirits** remonter le moral à qqn

booster ['buːstəʳ] *n (injection)* rappel *m*

boot [buːt] *n* **1.** *(shoe)* botte *f* **2.** *(for walking, sport)* chaussure *f* **3.** *(UK) (of car)* coffre *m*

booth [buːð] *n* **1.** *(for telephone)* cabine *f* **2.** *(at fairground)* stand *m*

booze [buːz] *n (U) (inf)* alcool *m* ◇ *vi (inf)* picoler

bop [bɒp] *n (inf) (dance)* ● **to have a bop** guincher

border ['bɔːdəʳ] *n* **1.** *(of country)* frontière *f* **2.** *(edge)* bord *m* ● **the Borders** *région du sud-est de l'Écosse*

borders and shading *n* bordure *f*

bore [bɔːʳ] *pt* ➤ **bear** ◇ *n* **1.** *(inf) (boring person)* raseur *m*, -euse *f* **2.** *(boring thing)* corvée *f* ◇ *vt* **1.** *(person)* ennuyer **2.** *(hole)* creuser

bored [bɔːd] *adj* ● **to be bored** s'ennuyer

boredom ['bɔːdəm] *n (U)* ennui *m*

boring ['bɔːrɪŋ] *adj* ennuyeux(euse)

born [bɔːn] *adj* ● **to be born** naître

borne [bɔːn] *pp* ➤ **bear**

borough ['bʌrə] *n* municipalité *f*

borrow ['bɒrəʊ] *vt* emprunter ● **to borrow money from a friend** emprunter de l'argent à un ami

bosom ['bʊzəm] *n* poitrine *f*

boss [bɒs] *n* chef *m ou f* ◆ **boss around** *vt sep* donner des ordres à

bossy ['bɒsɪ] *adj* autoritaire

botanical garden [bə'tænɪkl-] *n* jardin *m* botanique

both [bəʊθ] *adj & pron* les deux ◇ *adv* ● **both... and...** à la fois... et... ● **both of them** tous les deux ● **both of us** nous deux, tous les deux

bother ['bɒðəʳ] *vt* **1.** *(worry)* inquiéter **2.** *(annoy)* déranger **3.** *(pester)* embêter ◇ *n (trouble)* ennui *m* ◇ *vi* ● **don't bother!** ne te dérange pas ! ● **I can't be bothered** *(UK) (inf)* je n'ai pas envie ● **it's no bother!** ça ne me dérange pas !

bottle ['bɒtl] *n* **1.** bouteille *f* **2.** *(for baby)* biberon *m*
bottle bank *n* (*UK*) *conteneur pour le verre usagé*
bottled ['bɒtld] *adj (beer, water)* en bouteille • **bottled beer** bière en bouteille • **bottled water** eau en bouteille
bottle opener [-ˌəʊpnər] *n* ouvre-bouteilles *m inv*, décapsuleur *m*
bottom ['bɒtəm] *adj* **1.** *(lowest)* du bas **2.** *(last)* dernier(ière) **3.** *(worst)* plus mauvais(e) ◇ *n* **1.** *(of sea, bag, glass)* fond *m* **2.** *(of page, hill, stairs)* bas *m* **3.** *(of street, garden)* bout *m* **4.** *(buttocks)* derrière *m* • **bottom floor** rez-de-chaussée *m inv* • **bottom gear** première *f*
bought [bɔːt] *pt & pp* ➤ **buy**
boulder ['bəʊldər] *n* rocher *m*
bounce [baʊns] *vi* **1.** *(rebound)* rebondir **2.** *(jump)* bondir • **his cheque bounced** il a fait un chèque sans provision
bouncer ['baʊnsər] *n* (*inf*) videur *m*
bouncy ['baʊnsɪ] *adj* **1.** *(person)* dynamique **2.** *(ball)* qui rebondit
bound [baʊnd] *pt & pp* ➤ **bind** ◇ *vi* bondir ◇ *adj* • **we're bound to be late** nous allons être en retard, c'est sûr • **it's bound to rain** il va certainement pleuvoir • **to be bound for** être en route pour ; *(plane)* être à destination de • **out of bounds** interdit(e)
boundary ['baʊndrɪ] *n* frontière *f*
bouquet [bʊ'keɪ] *n* bouquet *m*
bourbon ['bɜːbən] *n* bourbon *m*
bout [baʊt] *n* **1.** *(of illness)* accès *m* **2.** *(of activity)* période *f*
boutique [buː'tiːk] *n* boutique *f*
[1]**bow** [baʊ] *n* **1.** *(of head)* salut *m* **2.** *(of ship)* proue *f* ◇ *vi* incliner la tête
[2]**bow** [bəʊ] *n* **1.** *(knot)* nœud *m* **2.** *(weapon)* arc *m* **3.** *MUS* archet *m*
bowels ['baʊəlz] *npl ANAT* intestins *mpl*
bowl [bəʊl] *n* **1.** *(container)* bol *m* **2.** *(for fruit, salad)* saladier *m* **3.** *(for washing up, of toilet)* cuvette *f* ◆ **bowls** *npl* boules *fpl (sur gazon)*
bowling alley ['bəʊlɪŋ-] *n* bowling *m*
bowling green ['bəʊlɪŋ-] *n* terrain *m* de boules *(sur gazon)*
bow tie [ˌbəʊ-] *n* nœud *m* papillon
box [bɒks] *n* **1.** boîte *f* **2.** *(on form)* case *f* **3.** *(in theatre)* loge *f* ◇ *vi* boxer • **a box of chocolates** une boîte de chocolats
boxer ['bɒksər] *n* boxeur *m*
boxer shorts *npl* caleçon *m*
boxing ['bɒksɪŋ] *n* (*U*) boxe *f*
Boxing Day *n le 26 décembre*

Boxing Day

Au Royaume-Uni, le 26 décembre est un jour férié au cours duquel l'on rend visite à ses proches. Ce terme remonte au XIXe siècle : on offrait alors des « boîtes de Noël » contenant des friandises ou des boissons aux employés ou commerçants ayant rendu des services durant l'année. Aujourd'hui, il est d'usage d'offrir une somme d'argent ou un petit cadeau au personnel distribuant le lait ou les journaux.

boxing gloves *npl* gants *mpl* de boxe
boxing ring *n* ring *m*

box office *n* bureau *m* de location
boy [bɔɪ] *n* garçon *m* ◇ *excl* (*inf*) ● **(oh) boy!** la vache !
boycott ['bɔɪkɒt] *vt* boycotter
boyfriend ['bɔɪfrend] *n* copain *m*
boy scout *n* scout *m*
BR *abbr of* **British Rail**
bra [brɑː] *n* soutien-gorge *m*
brace [breɪs] *n* (*UK*) *(for teeth)* appareil *m* (dentaire) ◆ **braces** *npl* **1.** (*UK*) bretelles *fpl* **2.** (*US*) *(for teeth)* appareil *m* (dentaire)
bracelet ['breɪslɪt] *n* bracelet *m*
bracken ['brækn] *n (U)* fougère *f*
bracket ['brækɪt] *n* **1.** *(written symbol)* parenthèse *f* **2.** *(support)* équerre *f*
brag [bræg] *vi* se vanter
braid [breɪd] *n* **1.** *(hairstyle)* natte *f*, tresse *f* **2.** *(U) (on clothes)* galon *m*
brain [breɪn] *n* cerveau *m*
brainy ['breɪnɪ] *adj* (*inf*) futé(e)
braised [breɪzd] *adj* braisé(e)
brake [breɪk] *n* frein *m* ◇ *vi* freiner
brake block *n* patin *m* de frein
brake fluid *n (U)* liquide *m* de freins
brake light *n* stop *m*
brake pad *n* plaquette *f* de frein
brake pedal *n* pédale *f* de frein
bran [bræn] *n (U)* son *m*
branch [brɑːntʃ] *n* **1.** branche *f* **2.** *(of company)* filiale *f* **3.** *(of bank)* agence *f* ◆ **branch off** *vi* bifurquer
branch line *n* ligne *f* secondaire
brand [brænd] *n* marque *f* ◇ *vt* ● **to brand sb (as)** étiqueter qqn (comme)
brand-new *adj* tout neuf (toute neuve)
brandy ['brændɪ] *n* cognac *m*
brash [bræʃ] *adj* (*pej*) effronté(e)
brass [brɑːs] *n (U)* laiton *m*
brass band *n* fanfare *f*
brasserie ['bræsərɪ] *n* brasserie *f*
brassiere [(*UK*) 'bræsɪəʳ, (*US*) brə'zɪr] *n* soutien-gorge *m*
brat [bræt] *n* (*inf*) sale gosse *m ou f*
brave [breɪv] *adj* courageux(euse)
bravery ['breɪvərɪ] *n (U)* courage *m*
bravo [ˌbrɑː'vəʊ] *excl* bravo !
brawl [brɔːl] *n* bagarre *f*
Brazil [brə'zɪl] *n* le Brésil
Brazil nut *n* noix *f* du Brésil
breach [briːtʃ] *vt (contract)* rompre
bread [bred] *n (U)* pain *m* ● **bread and butter** pain *m* beurré
bread bin *n* (*UK*) huche *f* à pain
breadboard ['bredbɔːd] *n* planche *f* à pain
bread box (*US*) = **bread bin**
breadcrumbs ['bredkrʌmz] *npl* chapelure *f*
breaded ['bredɪd] *adj* pané(e)
bread knife *n* couteau *m* à pain
bread roll *n* petit pain *m*
breadth [bretθ] *n* largeur *f*
break [breɪk] (*pt* **broke**, *pp* **broken**) *n* **1.** *(interruption)* interruption *f* **2.** *(rest, pause)* pause *f* **3.** *(U) SCH* récréation *f* ◇ *vt* **1.** casser **2.** *(rule, law)* ne pas respecter **3.** *(promise)* manquer à **4.** *(a record)* battre **5.** *(news)* annoncer ◇ *vi* **1.** se casser **2.** *(voice)* se briser ● **without a break** sans interruption ● **a lucky break** un coup de bol ● **to break one's journey** faire étape ● **to break one's leg** se casser une jambe ◆ **break down** *vi (car, machine)* tomber en panne ◇ *vt sep (door, barrier)* enfoncer ◆ **break in** *vi* entrer par effraction

◆ **break off** *vt* **1.** *(detach)* détacher **2.** *(holiday)* interrompre ◇ *vi (stop suddenly)* s'interrompre ◆ **break out** *vi (fire, war, panic)* éclater ● **to break out in a rash** se couvrir de boutons ◆ **break up** *vi* **1.** *(with spouse, partner)* rompre **2.** *(meeting, marriage)* prendre fin **3.** *(school)* finir

breakage ['breɪkɪdʒ] *n* casse *f*

breakdown ['breɪkdaʊn] *n* **1.** *(of car)* panne *f* **2.** *(in communications, negotiations)* rupture *f* **3.** *(mental)* dépression *f*

breakdown truck *n (UK)* dépanneuse *f*

breakfast ['brekfəst] *n* petit déjeuner *m* ● **to have breakfast** prendre le petit déjeuner ● **to have cereal for breakfast** prendre des céréales au petit déjeuner

breakfast cereal *n* céréales *fpl*

break-in *n* cambriolage *m*

breakwater ['breɪk,wɔːtər] *n* digue *f*

breast [brest] *n* **1.** sein *m* **2.** *(of chicken, duck)* blanc *m*

breastbone ['brestbəʊn] *n* sternum *m*

breast-feed *vt* allaiter

breaststroke ['breststrəʊk] *n (U)* brasse *f*

breath [breθ] *n* **1.** *(U)* haleine *f* **2.** *(air inhaled)* inspiration *f* ● **out of breath** hors d'haleine ● **to go for a breath of fresh air** aller prendre l'air

Breathalyser® ['breθəlaɪzər] *n (UK)* ≃ Alcootest® *m*

Breathalyzer® ['breθəlaɪzər] *(US)* = **Breathalyser**®

breathe [briːð] *vi* respirer ◆ **breathe in** *vi* inspirer ◆ **breathe out** *vi* expirer

breathtaking ['breθ,teɪkɪŋ] *adj* à couper le souffle

breed [briːd] *(pt & pp* **bred** [bred]*) n* espèce *f* ◇ *vt (animals)* élever ◇ *vi* se reproduire

breeze [briːz] *n* brise *f*

breezy ['briːzɪ] *adj (weather, day)* venteux(euse)

brew [bruː] *vt* **1.** *(beer)* brasser **2.** *(tea, coffee)* faire ◇ *vi* **1.** *(tea)* infuser **2.** *(coffee)* se faire

brewery ['brʊərɪ] *n* brasserie *f (usine)*

bribe [braɪb] *n* pot-de-vin *m* ◇ *vt* acheter

bric-a-brac ['brɪkəbræk] *n (U)* bric-à-brac *m inv*

brick [brɪk] *n* brique *f*

bricklayer ['brɪk,leɪər] *n* maçon *m*

brickwork ['brɪkwɜːk] *n (U)* maçonnerie *f (en briques)*

bride [braɪd] *n* mariée *f*

bridegroom ['braɪdgrʊm] *n* marié *m*

bridesmaid ['braɪdzmeɪd] *n* demoiselle *f* d'honneur

bridge [brɪdʒ] *n* **1.** pont *m* **2.** *(of ship)* passerelle *f* **3.** *(U) (card game)* bridge *m*

bridle ['braɪdl] *n* bride *f*

bridle path *n* piste *f* cavalière

brief [briːf] *adj* bref(ève) ◇ *vt* mettre au courant ● **in brief** en bref ◆ **briefs** *npl* **1.** *(for men)* slip *m* **2.** *(UK) (for women)* culotte *f*

briefcase ['briːfkeɪs] *n* serviette *f*

briefly ['briːflɪ] *adv* brièvement

brigade [brɪ'geɪd] *n* brigade *f*

bright [braɪt] *adj* **1.** *(light, sun, colour)* vif (vive) **2.** *(weather, room)* clair(e) **3.** *(clever)* intelligent(e) **4.** *(lively, cheerful)* gai(e)

brightness ['braɪtnɪs] *n* luminosité *f*

brilliant ['brɪljənt] *adj* **1.** *(colour, light, sunshine)* éclatant(e) **2.** *(idea, person)* brillant(e) **3.** *(inf) (wonderful)* génial(e)
brim [brɪm] *n* bord *m* ● **it's full to the brim** c'est plein à ras bord
brine [braɪn] *n (U)* saumure *f*
bring [brɪŋ] *(pt & pp* **brought***)* *vt* **1.** apporter **2.** *(person)* amener ◆ **bring along** *vt sep* **1.** *(object)* apporter **2.** *(person)* amener ◆ **bring back** *vt sep* rapporter ◆ **bring in** *vt sep* **1.** *(introduce)* introduire **2.** *(earn)* rapporter ◆ **bring out** *vt sep (new product)* sortir ◆ **bring up** *vt sep* **1.** *(child)* élever **2.** *(subject)* mentionner **3.** *(food)* rendre, vomir
brink [brɪŋk] *n* ● **on the brink of** au bord de
brisk [brɪsk] *adj* **1.** *(quick)* vif (vive) **2.** *(person)* énergique **3.** *(wind)* frais (fraîche)
bristle ['brɪsl] *n* poil *m*
Britain ['brɪtn] *n* la Grande-Bretagne
British ['brɪtɪʃ] *adj* britannique ◇ *npl* ● **the British** les Britanniques *mpl*
British Rail *n (U)* ≃ la SNCF
British Telecom [-'telɪkɒm] *n (U)* ≃ France Télécom
Briton ['brɪtn] *n* Britannique *m ou f*
Brittany *n* la Bretagne
brittle ['brɪtl] *adj* cassant(e)
broad [brɔːd] *adj* **1.** large **2.** *(description, outline)* général(e) **3.** *(accent)* fort(e)
B road *n (UK)* ≃ route *f* départementale
broad bean *n* fève *f*
broadcast ['brɔːdkɑːst] *(pt & pp* **broadcast***)* *n* émission *f* ◇ *vt* diffuser
broadly ['brɔːdlɪ] *adv (in general)* en gros ● **broadly speaking** en gros
broadsheet ['brɔːdʃiːt] *n (UK)* journal *m* de qualité

broadsheet

Journaux britanniques de grand format (appelés *broadside* aux États-Unis), dont le contenu journalistique est synonyme de qualité, par opposition à la futilité de la presse à sensation des *tabloids* (magazines de petit format consacrés aux scandales touchant des personnalités ou des stars). Cependant, la majorité de ces quotidiens (*The Independent, The Times*) ont aujourd'hui adopté ce format réduit, plus pratique pour les usagers des transports en commun, ce qui a eu pour effet d'augmenter considérablement les ventes.

broccoli ['brɒkəlɪ] *n (U)* brocoli *m*
brochure ['brəʊʃə^r] *n* brochure *f*
broiled [brɔɪld] *adj (US)* grillé(e)
broke [brəʊk] *pt* ➤ **break** ◇ *adj (inf)* fauché(e)
broken ['brəʊkn] *pp* ➤ **break** ◇ *adj* **1.** cassé(e) **2.** *(English, French)* hésitant(e)
bronchitis [brɒŋ'kaɪtɪs] *n (U)* bronchite *f*
bronze [brɒnz] *n (U)* bronze *m*
brooch [brəʊtʃ] *n* broche *f*
brook [brʊk] *n* ruisseau *m*
broom [bruːm] *n* balai *m*
broomstick ['bruːmstɪk] *n* manche *m* à balai
broth [brɒθ] *n (U)* bouillon *m* épais
brother ['brʌðə^r] *n* frère *m*

brother-in-law *n* beau-frère *m*
brought [brɔːt] *pt & pp* ➤ **bring**
brow [braʊ] *n* **1.** *(forehead)* front *m* **2.** *(eyebrow)* sourcil *m*
brown [braʊn] *adj* **1.** brun(e) **2.** *(paint, eyes)* marron *inv* **3.** *(tanned)* bronzé(e) ◇ *n* **1.** brun *m* **2.** *(paint, eyes)* marron *m*
brown bread *n (U)* pain *m* complet
brownie ['braʊnɪ] *n* CULIN *petit gâteau au chocolat et aux noix*
Brownie ['braʊnɪ] *n* ≃ jeannette *f*
brown rice *n (U)* riz *m* complet
brown sauce *n (U)* (UK) *sauce épicée servant de condiment*
brown sugar *n (U)* sucre *m* roux
browse [braʊz] *vi (in shop)* regarder ◇ *vi* COMPUT naviguer ◇ *vt (file, document)* parcourir • **to browse through** *(book, paper)* feuilleter • **to browse a site** naviguer sur un site
browser ['braʊzər] *n* **1.** COMPUT navigateur *m*, browser *m* **2.** *(in shop)* ▼ **browsers welcome** entrée libre
browsing *n* navigation *f*
bruise [bruːz] *n* bleu *m*
brunch [brʌntʃ] *n* brunch *m*
brunette [bruː'net] *n* brune *f*
brush [brʌʃ] *n* **1.** brosse *f* **2.** *(for painting)* pinceau *m* ◇ *vt* **1.** *(clothes)* brosser **2.** *(floor)* balayer • **to brush one's hair** se brosser les cheveux • **to brush one's teeth** se brosser les dents
Brussels ['brʌslz] *n* Bruxelles
Brussels sprouts *npl* choux *mpl* de Bruxelles
brutal ['bruːtl] *adj* brutal(e)
BSc *n* (*abbr of Bachelor of Science*) *(titulaire d'une) licence de sciences*
BT *abbr of* **British Telecom**
bubble ['bʌbl] *n* bulle *f*
bubble bath *n (U)* bain *m* moussant
bubble gum *n (U) chewing-gum avec lequel on peut faire des bulles*
bubbly ['bʌblɪ] *n (inf)* champ *m*
buck [bʌk] *n* **1.** (US) *(inf) (dollar)* dollar *m* **2.** *(male animal)* mâle *m*
bucket ['bʌkɪt] *n* seau *m*
Buckingham Palace ['bʌkɪŋəm-] *n* le palais de Buckingham

Buckingham Palace

Résidence officielle londonienne de la famille royale britannique, érigée en 1703 par le duc de Buckingham et rachetée en 1761 par le roi George III. L'édifice a été largement modifié (apports néoclassiques de l'architecte John Nash) et reste une découverte incontournable pour les touristes. Les appartements royaux (*State Rooms*) sont ouverts au public en août et septembre ; les visiteurs assistent surtout à la célèbre « relève de la garde », qui se tient tous les deux jours à 11 h 30 devant le palais.

buckle ['bʌkl] *n* boucle *f* ◇ *vt (fasten)* boucler ◇ *vi* **1.** *(metal)* plier **2.** *(wheel)* se voiler
Buck's Fizz *n* (UK) *cocktail à base de champagne et de jus d'orange*
bud [bʌd] *n* bourgeon *m* ◇ *vi* bourgeonner
Buddhist ['bʊdɪst] *n* bouddhiste *m ou f*

buddy ['bʌdɪ] *n* (*inf*) pote *m*
budge [bʌdʒ] *vi* bouger
budgerigar ['bʌdʒərɪgɑːʳ] *n* perruche *f*
budget ['bʌdʒɪt] *adj* (*holiday, travel*) économique ◇ *n* budget *m* ◆ **budget for** *vt insep* ● **to budget for doing sthg** prévoir de faire qqch
budgie ['bʌdʒɪ] *n* (*inf*) perruche *f*
buff [bʌf] *n* (*U*) (*inf*) fana *m ou f*
buffer memory *n* mémoire *f* tampon
buffalo ['bʌfələʊ] *n* buffle *m*
buffalo wings *npl* (*US*) *ailes de poulet frites et épicées*
buffer ['bʌfəʳ] *n* (*on train*) tampon *m*
buffet [(*UK*) 'bʊfeɪ, (*US*) bə'feɪ] *n* buffet *m*
buffet car ['bʊfeɪ-] *n* wagon-restaurant *m*
bug [bʌg] *n* **1.** (*insect*) insecte *m* **2.** (*inf*) (*mild illness*) microbe *m* **3.** *COMPUT* bogue *m* (*Québec*) ◇ *vt* (*inf*) (*annoy*) embêter
buggy ['bʌgɪ] *n* **1.** (*UK*) (*pushchair*) poussette *f* **2.** (*US*) (*pram*) landau *m*
bugle ['bjuːgl] *n* clairon *m*
build [bɪld] (*pt & pp* **built**) *n* carrure *f* ◇ *vt* construire ◆ **build up** *vi* augmenter ◇ *vt sep* ● **to build up speed** accélérer
builder ['bɪldəʳ] *n* entrepreneur *m* (*en bâtiment*)
building ['bɪldɪŋ] *n* bâtiment *m*
building site *n* chantier *m*
building society *n* (*UK*) *société d'investissements et de prêts immobiliers*
built [bɪlt] *pt & pp* ➤ **build**
built-in *adj* encastré(e)
built-up area *n* agglomération *f*
bulb [bʌlb] *n* **1.** (*for lamp*) ampoule *f* **2.** (*of plant*) bulbe *m*
Bulgaria [bʌl'geərɪə] *n* la Bulgarie
bulge [bʌldʒ] *vi* être gonflé
bulk [bʌlk] *n* ● **the bulk of** la majeure partie de ● **in bulk** en gros
bulky ['bʌlkɪ] *adj* volumineux(euse)
bull [bʊl] *n* taureau *m*
bulldog ['bʊldɒg] *n* bouledogue *m*
bulldozer ['bʊldəʊzəʳ] *n* bulldozer *m*
bullet ['bʊlɪt] *n* balle *f*
bulletin ['bʊlətɪn] *n* bulletin *m*
bullfight ['bʊlfaɪt] *n* corrida *f*
bull's-eye *n* centre *m* (de la cible)
bully ['bʊlɪ] *n enfant qui maltraite ses camarades* ◇ *vt* tyranniser
bum [bʌm] *n* **1.** (*UK*) (*inf*) (*bottom*) derrière *m* **2.** (*US*) (*inf*) (*tramp*) clodo *m*
bum bag *n* (*UK*) banane *f* (*sac*)
bumblebee ['bʌmblbiː] *n* bourdon *m*
bump [bʌmp] *n* **1.** (*lump*) bosse *f* **2.** (*sound*) bruit *m* sourd **3.** (*minor accident*) choc *m* ◇ *vt* (*head, leg*) cogner ◆ **bump into** *vt insep* **1.** (*hit*) rentrer dans **2.** (*meet*) tomber sur
bumper ['bʌmpəʳ] *n* **1.** (*on car*) pare-chocs *m inv* **2.** (*US*) (*on train*) tampon *m*
bumpy ['bʌmpɪ] *adj* (*road*) cahoteux(euse) ● **the flight was bumpy** il y a eu des turbulences pendant le vol
bun [bʌn] *n* **1.** (*cake*) petit gâteau *m* **2.** (*bread roll*) petit pain *m* rond **3.** (*hairstyle*) chignon *m*
bunch [bʌntʃ] *n* **1.** (*of people*) bande *f* **2.** (*of flowers*) bouquet *m* **3.** (*of grapes*) grappe *f* **4.** (*of bananas*) régime *m* **5.** (*of keys*) trousseau *m*
bundle ['bʌndl] *n* paquet *m*
bung [bʌŋ] *n* bonde *f*
bungalow ['bʌŋgələʊ] *n* bungalow *m*
bunion ['bʌnjən] *n* oignon *m* (*au pied*)

bunk [bʌŋk] *n (berth)* couchette *f*
bunk beds *npl* lits *mpl* superposés
bunker ['bʌŋkəʳ] *n* **1.** bunker *m* **2.** *(for coal)* coffre *m*
bunny ['bʌnɪ] *n (inf)* lapin *m*
buoy [(*UK*) bɔɪ, (*US*) 'buːɪ] *n* bouée *f*
buoyant ['bɔɪənt] *adj* qui flotte bien
BUPA ['buːpə] *n (U) organisme britannique d'assurance maladie privée*
burden ['bɜːdn] *n* charge *f*
bureaucracy [bjʊə'rɒkrəsɪ] *n* bureaucratie *f*
bureau de change [ˌbjʊərəʊdə'ʃɒndʒ] *n* bureau *m* de change
burger ['bɜːgəʳ] *n* **1.** steak *m* haché **2.** *(made with nuts, vegetables etc)* croquette *f*
burglar ['bɜːgləʳ] *n* cambrioleur *m*, -euse *f*
burglar alarm *n* système *m* d'alarme
burglarize ['bɜːgləraɪz] (*US*) = **burgle**
burglary ['bɜːglərɪ] *n* cambriolage *m*
burgle ['bɜːgl] *vt* cambrioler
Burgundy *n* la Bourgogne
burial ['berɪəl] *n* enterrement *m*
burn [bɜːn] (*pt & pp* **burnt** OU **burned**) *n* brûlure *f* ◇ *vt & vi* **1.** brûler **2.** *COMPUT* graver ◆ **burn down** *vt sep* incendier ◇ *vi* brûler complètement
burning (hot) ['bɜːnɪŋ-] *adj* brûlant(e)
Burns' Night [bɜːnz-] *n fête célébrée en l'honneur du poète écossais Robert Burns, le 25 janvier*
burnt [bɜːnt] *pt & pp* ➤ **burn**
burp [bɜːp] *vi* roter
burrow ['bʌrəʊ] *n* terrier *m*
burst [bɜːst] (*pt & pp* **burst**) *n* salve *f* ◇ *vt* faire éclater ◇ *vi* éclater ● **he burst into the room** il a fait irruption dans la pièce ● **to burst into tears** éclater en sanglots ● **to burst open** s'ouvrir brusquement
bury ['berɪ] *vt* enterrer
bus [bʌs] *n* bus *m*, autobus *m* ● **by bus** en bus
bus conductor [-ˌkən'dʌktəʳ] *n* receveur *m*, -euse *f*
bus driver *n* conducteur *m*, -trice *f* d'autobus
bush [bʊʃ] *n* buisson *m*
business ['bɪznɪs] *n* **1.** *(U)* affaires *fpl* **2.** *(shop, firm, affair)* affaire *f* ● **mind your own business!** occupe-toi de tes affaires ! ▼ **business as usual** le magasin reste ouvert

giving your business details in writing

Your name.
Your position in the company.
The department you work in.
The company address (as on an envelope): street number, then street name; next line, the postcode preceded by F and then the town or city: F-75000 PARIS.
Your e-mail address.
Your telephone number preceded by a hash sign.
Companies also sometimes give a Cedex number. This is a special postcode for businesses for express delivery of mail.

business card *n* carte *f* de visite
business class *n (U)* classe *f* affaires

business hours *npl* **1.** *(of office)* heures *fpl* de bureau **2.** *(of shop)* heures *fpl* d'ouverture
businessman ['bɪznɪsmæn] (*pl* **-men**) *n* homme *m* d'affaires
business studies *npl* études *fpl* de commerce
businesswoman ['bɪznɪs,wʊmən] (*pl* **-women**) *n* femme *f* d'affaires
busker ['bʌskəʳ] *n* (*UK*) musicien *m*, -ienne *f* qui fait la manche
bus lane *n* couloir *m* de bus
bus pass *n* carte *f* d'abonnement (de bus)
bus shelter *n* Abribus® *m*
bus station *n* gare *f* routière
bus stop *n* arrêt *m* de bus
bust [bʌst] *n (of woman)* poitrine *f* ◇ *adj* • **to go bust** *(inf)* faire faillite
bustle ['bʌsl] *n (U) (activity)* agitation *f*
bus tour *n* voyage *m* en autocar
busy ['bɪzɪ] *adj* **1.** occupé(e) **2.** *(day, schedule)* chargé(e) **3.** *(street, office)* animé(e) • **to be busy doing sthg** être occupé à faire qqch
busy signal *n* (*US*) tonalité *f* occupé
but [bʌt] *conj* mais ◇ *prep* sauf • **the last but one** l'avant-dernier *m*, -ière *f* • **but for** sans
butcher ['bʊtʃəʳ] *n* boucher *m*, -ère *f* • **butcher's** *(shop)* boucherie *f*
butt [bʌt] *n* **1.** *(of rifle)* crosse *f* **2.** *(of cigarette, cigar)* mégot *m*
butter ['bʌtəʳ] *n (U)* beurre *m* ◇ *vt* beurrer
butter bean *n* haricot *m* beurre
buttercup ['bʌtəkʌp] *n* bouton-d'or *m*
butterfly ['bʌtəflaɪ] *n* papillon *m*
butterscotch ['bʌtəskɒtʃ] *n (U) caramel dur au beurre*
buttocks ['bʌtəks] *npl* fesses *fpl*
button ['bʌtn] *n* **1.** bouton *m* **2.** (*US*) *(badge)* badge *m*
buttonhole ['bʌtnhəʊl] *n (hole)* boutonnière *f*
button mushroom *n* champignon *m* de Paris
buttress ['bʌtrɪs] *n* contrefort *m*
buy [baɪ] (*pt & pp* **bought**) *vt* acheter ◇ *n* • **a good buy** une bonne affaire • **to buy a bike for one's son, to buy one's son a bike** acheter un vélo à son fils
buzz [bʌz] *vi* bourdonner ◇ *n* (*inf*) *(phone call)* • **to give sb a buzz** passer un coup de fil à qqn
buzzer ['bʌzəʳ] *n* sonnerie *f*
by [baɪ] *prep*
1. *(expressing cause, agent)* par • **he was hit by a car** il s'est fait renverser par une voiture • **a book by A.R. Scott** un livre de A.R. Scott
2. *(expressing method, means)* par • **by car/bus** en voiture/bus • **to pay by credit card** payer par carte de crédit • **to win by cheating** gagner en trichant
3. *(near to, beside)* près de • **by the sea** au bord de la mer
4. *(past)* • **a car went by the house** une voiture est passée devant la maison
5. *(via)* par • **exit by the door on the left** sortez par la porte de gauche
6. *(with time)* • **be there by nine** soyez-y pour neuf heures • **by day** le jour • **by now** déjà
7. *(expressing quantity)* • **they're sold by the dozen** ils sont vendus à la douzaine

• **prices fell by 20%** les prix ont baissé de 20% • **paid by the hour** payé à l'heure
8. *(expressing meaning)* • **what do you mean by that?** qu'entendez-vous par là ?
9. *(in sums, measurements)* par • **divide/multiply twenty by two** divisez/multipliez vingt par deux • **two metres by five** deux mètres sur cinq
10. *(according to)* selon • **by law** selon la loi • **it's fine by me** ça me va
11. *(expressing gradual process)* • **one by one** un par un • **day by day** de jour en jour
12. *(in phrases)* • **by mistake** par erreur • **by oneself** *(alone)* seul ; *(unaided)* tout seul • **by profession** de métier
◇ *adv (past)* • **to go by** passer

bye(-bye) [baɪ(baɪ)] *excl (inf)* salut !
bypass ['baɪpɑːs] *n* rocade *f*
byte [baɪt] *n* octet *m*

C

C **1.** *(abbr of Celsius, centigrade)* C **2.** *(abbr of cold)* F
cab [kæb] *n* **1.** *(taxi)* taxi *m* **2.** *(of lorry)* cabine *f*
cabaret ['kæbəreɪ] *n* spectacle *m* de cabaret
cabbage ['kæbɪdʒ] *n* chou *m*
cabin ['kæbɪn] *n* **1.** cabine *f* **2.** *(wooden house)* cabane *f*
cabin crew *n* équipage *m*
cabinet ['kæbɪnɪt] *n* **1.** *(cupboard)* meuble *m* (de rangement) **2.** *POL* cabinet *m*
cable ['keɪbl] *n* câble *m*
cable car *n* téléphérique *m*
cable television *n (U)* télévision *f* par câble
cache [kæʃ] *n* cache *m*
cache memory ['kæʃ,memərɪ] *n* mémoire *f* cache
cactus ['kæktəs] *(pl* **-tuses** OU **-ti)** *n* cactus *m*
Caesar salad [,siːzə-] *n salade de laitue, anchois, croûtons et parmesan*
cafe ['kæfeɪ] *n* café *m*
cafeteria [,kæfɪ'tɪərɪə] *n* cafétéria *f*
caffeine ['kæfiːn] *n (U)* caféine *f*
cage [keɪdʒ] *n* cage *f*
cagoule [kə'guːl] *n (UK)* K-way® *m inv*
Cajun ['keɪdʒən] *adj* cajun

Cajun

Issu du mot *Acadien*, ce terme désigne les descendants des Français de l'ancienne *Acadie* – colonie fondée en 1604 et actuelle province canadienne de la Nouvelle-Écosse – qui furent chassés par les Anglais en 1755. Désormais installée dans les régions marécageuses du sud de la Louisiane aux États-Unis, la communauté cajun se démarque par un dialecte hérité du vieux français, un folklore musical particulièrement riche et des spécialités culinaires épicées, très appréciées par les Américains.

cake [keɪk] *n* **1.** gâteau *m* **2.** *(of soap)* pain *m*

calculate ['kælkjʊleɪt] *vt* **1.** calculer **2.** *(risks, effect)* évaluer
calculator ['kælkjʊleɪtəʳ] *n* calculatrice *f*
calendar ['kælɪndəʳ] *n* calendrier *m*
calf [kɑːf] *(pl* **calves***)* *n* **1.** *(of cow)* veau *m* **2.** *(part of leg)* mollet *m*
call [kɔːl] *n* **1.** *(visit)* visite *f* **2.** *(phone call)* coup *m* de fil **3.** *(of bird)* cri *m* **4.** *(at airport)* appel *m* ◇ *vt* **1.** appeler **2.** *(summon)* convoquer **3.** *(meeting)* convoquer ◇ *vi* **1.** *(visit)* passer **2.** *(phone)* appeler • **to call sb a liar** traiter qqn de menteur • **to be called** s'appeler • **what is he called?** comment s'appelle-t-il ? • **on call** *(nurse, doctor)* de garde • **to pay sb a call** rendre visite à qqn • **this train calls at...** ce train desservira les gares de... • **who's calling?** qui est à l'appareil ? ◆ **call back** *vt sep* rappeler ◇ *vi* **1.** *(phone again)* rappeler **2.** *(visit again)* repasser ◆ **call for** *vt insep* **1.** *(come to fetch)* passer prendre **2.** *(demand)* demander **3.** *(require)* exiger ◆ **call on** *vt insep (visit)* passer voir • **to call on the government to take action** demander instamment au gouvernement d'intervenir ◆ **call out** *vt sep* **1.** *(name, winner)* annoncer **2.** *(doctor, fire brigade)* appeler ◇ *vi* crier ◆ **call up** *vt sep* appeler
call box *n* cabine *f* téléphonique
caller ['kɔːləʳ] *n* **1.** *(visitor)* visiteur *m*, -euse *f* **2.** *(on phone) personne qui passe un appel téléphonique*
calm [kɑːm] *adj* calme ◇ *vt* calmer ◆ **calm down** *vt sep* calmer ◇ *vi* se calmer
Calor gas® ['kælə-] *n (U) (UK)* butane *m*
calorie ['kælərɪ] *n* calorie *f*
calves [kɑːvz] *pl* ➤ **calf**

camcorder ['kæm,kɔːdəʳ] *n* Caméscope® *m*
came [keɪm] *pt* ➤ **come**
camel ['kæml] *n* chameau *m*
camembert ['kæməmbeəʳ] *n (U)* camembert *m*
camera ['kæmərə] *n* **1.** appareil *m* photo **2.** *(for filming)* caméra *f*
cameraman ['kæmərəmæn] *(pl* **-men***)* *n* cameraman *m*
camera shop *n* photographe *m*
camisole ['kæmɪsəʊl] *n* caraco *m*
camp [kæmp] *n* camp *m* ◇ *vi* camper
campaign [kæm'peɪn] *n* campagne *f* ◇ *vi* • **to campaign (for/against)** faire campagne (pour/contre)
camp bed *n (UK)* lit *m* de camp
camper ['kæmpəʳ] *n* **1.** *(person)* campeur *m*, -euse *f* **2.** *(van)* camping-car *m*
camping ['kæmpɪŋ] *n (U)* • **to go camping** faire du camping
camping stove *n* Camping-Gaz® *m inv*
campsite ['kæmpsaɪt] *n* camping *m*
campus ['kæmpəs] *(pl* **-es***)* *n* campus *m*
[1]**can** [kæn] *n* **1.** *(of food)* boîte *f* **2.** *(of drink)* can(n)ette *f* **3.** *(of oil, paint)* bidon *m*
[2]**can** *(weak form* [kən], *strong form* [kæn], *conditional and preterit form* could*)* *aux vb* **1.** pouvoir **2.** *(know how to)* savoir **3.** *(be allowed to)* pouvoir **4.** *(in polite requests)* pouvoir **5.** *(expressing occasional occurrence)* pouvoir **6.** *(expressing possibility)* pouvoir • **can you help me?** tu peux m'aider ? • **I can see you** je te vois • **can you drive?** tu sais conduire ? • **I can speak French** je parle (le) français • **you can't smoke here** il est interdit de fumer ici • **can you tell me the time?**

pourriez-vous me donner l'heure ? • **can I speak to the manager?** puis-je parler au directeur ? • **it can get cold at night** il arrive qu'il fasse froid la nuit • **they could be lost** il se peut qu'ils se soient perdus

Canada ['kænədə] *n* le Canada

Canadian [kə'neɪdɪən] *adj* canadien(ienne) ◇ *n* Canadien *m*, -ienne *f*

canal [kə'næl] *n* canal *m*

canapé ['kænəpeɪ] *n* canapé *m* *(pour l'apéritif)*

cancel ['kænsl] *vt* **1.** annuler **2.** *(cheque)* faire opposition à

cancellation [,kænsə'leɪʃn] *n* annulation *f*

cancer ['kænsəʳ] *n (U)* cancer *m*

Cancer ['kænsəʳ] *n* Cancer *m*

candidate ['kændɪdət] *n* candidat *m*, -e *f*

candle ['kændl] *n* bougie *f*

candlelit dinner ['kændllɪt-] *n* dîner *m* aux chandelles

candy ['kændɪ] *n* (*US*) **1.** *(U) (confectionery)* confiserie *f* **2.** *(sweet)* bonbon *m*

candyfloss ['kændɪflɒs] *n (U)* (*UK*) barbe *f* à papa

cane [keɪn] *n* **1.** *(for walking)* canne *f* **2.** *(for punishment)* verge *f* **3.** *(U) (for furniture, baskets)* rotin *m*

canister ['kænɪstəʳ] *n* **1.** *(for tea)* boîte *f* **2.** *(for gas)* bombe *f*

cannabis ['kænəbɪs] *n (U)* cannabis *m*

canned [kænd] *adj* **1.** *(food)* en boîte **2.** *(drink)* en can(n)ette

cannon ['kænən] *n* canon *m*

cannot ['kænɒt] = **can not**

canoe [kə'nuː] *n* canoë *m*

canoeing [kə'nuːɪŋ] *n (U)* • **to go canoeing** faire du canoë

canopy ['kænəpɪ] *n (over bed etc)* baldaquin *m*

can't [kɑːnt] = **cannot**

cantaloup(e) ['kæntəluːp] *n* cantaloup *m*

canteen [kæn'tiːn] *n* cantine *f*

canvas ['kænvəs] *n (U) (for tent, bag)* toile *f*

cap [kæp] *n* **1.** *(hat)* casquette *f* **2.** *(of pen)* capuchon *m* **3.** *(of bottle)* capsule *f* **4.** *(for camera)* cache *m* **5.** *(contraceptive)* diaphragme *m*

capable ['keɪpəbl] *adj (competent)* capable • **to be capable of doing sthg** être capable de faire qqch

capacity [kə'pæsɪtɪ] *n* capacité *f*

cape [keɪp] *n* **1.** *(of land)* cap *m* **2.** *(cloak)* cape *f*

capers ['keɪpəz] *npl* câpres *fpl*

capital ['kæpɪtl] *n* **1.** *(of country)* capitale *f* **2.** *(U) (money)* capital *m* **3.** *(letter)* majuscule *f*

capital punishment *n (U)* peine *f* capitale

cappuccino [,kæpʊ'tʃiːnəʊ] *n* cappuccino *m*

capsicum ['kæpsɪkəm] *n* **1.** *(sweet)* poivron *m* **2.** *(hot)* piment *m*

capsize [kæp'saɪz] *vi* chavirer

capsule ['kæpsjuːl] *n (for medicine)* gélule *f*

captain ['kæptɪn] *n* **1.** capitaine *m* **2.** *(of plane)* commandant *m*

caption ['kæpʃn] *n* légende *f*

capture ['kæptʃəʳ] *vt* **1.** capturer **2.** *(town, castle)* s'emparer de

car [kɑːʳ] *n* voiture *f*

carafe [kə'ræf] *n* carafe *f*

caramel ['kærəmel] *n* caramel *m*
carat ['kærət] *n* carat *m* • **24-carat gold** de l'or 24 carats
caravan ['kærəvæn] *n* (*UK*) caravane *f*
caravanning ['kærəvænɪŋ] *n* (*U*) (*UK*) • **to go caravanning** faire du caravaning
caravan site *n* (*UK*) camping *m* pour caravanes
carbohydrates [ˌkɑːbəʊ'haɪdreɪt] *npl* (*in foods*) glucides *mpl*
carbon ['kɑːbən] *n* (*U*) carbone *m*
carbon copy *n* carbone *m*
carbon dioxide [-daɪ'ɒksaɪd] *n* (*U*) gaz *m* carbonique
carbon monoxide [-mɒ'nɒksaɪd] *n* (*U*) oxyde *m* de carbone
car boot sale *n* (*UK*) *brocante en plein air où les coffres des voitures servent d'étal*
carburetor [ˌkɑːbə'retər] (*US*) = **carburettor**
carburettor [ˌkɑːbə'retər] *n* (*UK*) carburateur *m*
car crash *n* accident *m* de voiture OR de la route
card [kɑːd] *n* **1.** carte *f* **2.** (*for filing, notes*) fiche *f* **3.** (*U*) (*cardboard*) carton *m*
cardboard ['kɑːdbɔːd] *n* (*U*) carton *m*
car deck *n* pont *m* des voitures
cardiac arrest [ˌkɑːdɪæk-] *n* arrêt *m* cardiaque
cardigan ['kɑːdɪgən] *n* cardigan *m*
cardphone ['kɑːdfəʊn] *n* (*UK*) téléphone *m* à carte
care [keər] *n* (*U*) **1.** (*attention*) soin *m* **2.** (*treatment*) soins *mpl* ◇ *vi* • **I don't care** ça m'est égal • **to take care of** s'occuper de • **would you care to...?** (*fml*) voudriez-vous...? • **to take care to do sthg** prendre soin de faire qqch • **to take care not to do sthg** prendre garde de ne pas faire qqch • **take care!** *expression affectueuse que l'on utilise lorsqu'on quitte quelqu'un* • **with care** avec soin • **to care about** (*think important*) se soucier de ; (*person*) aimer
career [kə'rɪər] *n* carrière *f*
carefree ['keəfriː] *adj* insouciant(e)
careful ['keəfʊl] *adj* **1.** (*cautious*) prudent(e) **2.** (*thorough*) soigneux(euse) • **be careful!** (fais) attention !
carefully ['keəflɪ] *adv* **1.** (*cautiously*) prudemment **2.** (*thoroughly*) soigneusement
careless ['keələs] *adj* **1.** (*inattentive*) négligent(e) **2.** (*unconcerned*) insouciant(e)
caretaker ['keəˌteɪkər] *n* (*UK*) gardien *m*, -ienne *f*
car ferry *n* ferry *m*
cargo ['kɑːgəʊ] (*pl* **-es** OU **-s**) *n* cargaison *f*
car hire *n* (*UK*) location *f* de voitures
Caribbean [(*UK*) ˌkærɪ'biːən, (*US*) kə'rɪbɪən] *n* • **the Caribbean** (*area*) les Caraïbes *fpl*
caring ['keərɪŋ] *adj* attentionné(e)
carnation [kɑː'neɪʃn] *n* œillet *m*
carnival ['kɑːnɪvl] *n* carnaval *m*
carousel [ˌkærə'sel] *n* **1.** (*for luggage*) tapis *m* roulant **2.** (*US*) (*merry-go-round*) manège *m*
carp [kɑːp] *n* carpe *f*
car park *n* (*UK*) parking *m*
carpenter ['kɑːpəntər] *n* **1.** (*on building site*) charpentier *m* **2.** (*for furniture*) menuisier *m*

carpentry ['kɑːpəntrɪ] *n* (U) **1.** (on building site) charpenterie *f* **2.** (furniture) menuiserie *f*
carpet ['kɑːpɪt] *n* **1.** (fitted) moquette *f* **2.** (rug) tapis *m*
car rental *n* (US) location *f* de voitures
carriage ['kærɪdʒ] *n* **1.** (UK) (of train) wagon *m* **2.** (horse-drawn) calèche *f*
carriageway ['kærɪdʒweɪ] *n* (UK) chaussée *f*
carrier (bag) ['kærɪəʳ-] *n* (UK) sac *m* (en plastique)
carrot ['kærət] *n* carotte *f*
carrot cake *n gâteau à la carotte*
carry ['kærɪ] *vt* **1.** porter **2.** (transport) transporter **3.** (disease) être porteur de **4.** (cash, passport, map) avoir sur soi ◇ *vi* porter ◆ **carry on** *vi* continuer ◇ *vt insep* **1.** (continue) continuer **2.** (conduct) réaliser ● **to carry on doing sthg** continuer à faire qqch ◆ **carry out** *vt sep* **1.** (work, repairs) effectuer **2.** (plan) réaliser **3.** (promise) tenir **4.** (order) exécuter
carrycot ['kærɪkɒt] *n* (UK) couffin *m*
carryout ['kærɪaʊt] *n* (US & Scot) repas *m* à emporter
carsick ['kɑːˌsɪk] *adj* malade (en voiture)
cart [kɑːt] *n* **1.** (for transport) charrette *f* **2.** (US) (in supermarket) caddie *m* **3.** (inf) (video game cartridge) cartouche *f*
carton ['kɑːtn] *n* **1.** (of milk, juice) carton *m* **2.** (of yoghurt) pot *m*
cartoon [kɑː'tuːn] *n* **1.** (drawing) dessin *m* humoristique **2.** (film) dessin *m* animé
cartridge ['kɑːtrɪdʒ] *n* cartouche *f*
carve [kɑːv] *vt* **1.** (wood, stone) sculpter **2.** (meat) découper
carvery ['kɑːvərɪ] *n* (UK) *restaurant où l'on mange, en aussi grande quantité que l'on veut, de la viande découpée à table*
car wash *n* station *f* de lavage de voitures
case [keɪs] *n* **1.** (UK) (suitcase) valise *f* **2.** (for glasses, camera) étui *m* **3.** (for jewellery) écrin *m* **4.** (instance, patient) cas *m* **5.** LAW (trial) affaire *f* ● **in any case** de toute façon ● **in case** au cas où ● **in case of** en cas de ● **(just) in case** au cas où ● **in that case** dans ce cas
cash [kæʃ] *n* (U) **1.** (coins, notes) argent *m* liquide **2.** (money in general) argent *m* ◇ *vt* ● **to cash a cheque** encaisser un chèque ● **to pay cash** payer comptant OR en espèces
cash desk *n* caisse *f*
cash dispenser [-ˌdɪ'spensəʳ] *n* (UK) distributeur *m* (automatique) de billets
cashew (nut) ['kæʃuː-] *n* noix *f* de cajou
cashier [kæ'ʃɪəʳ] *n* caissier *m*, -ière *f*
cashless ['kæʃlɪs] *adj* sans argent ● **cashless pay system** système *m* de paiement électronique ● **cashless society** société *f* de l'argent virtuel
cashmere [kæʃ'mɪəʳ] *n* (U) cachemire *m*
cashpoint ['kæʃpɔɪnt] *n* (UK) distributeur *m* (automatique) de billets
cash register *n* caisse *f* enregistreuse
casino [kə'siːnəʊ] (*pl* **-s**) *n* casino *m*
cask [kɑːsk] *n* tonneau *m*
cask-conditioned [-ˌkən'dɪʃnd] *adj se dit de la 'real ale', dont la fermentation se fait en fûts*
casserole ['kæsərəʊl] *n* (stew) ragoût *m* ● **casserole (dish)** cocotte *f*

cassette [kæ'set] *n* cassette *f*
cassette recorder *n* magnétophone *m*
cast [kɑːst] (*pt & pp* **cast**) *n* **1.** *(actors)* distribution *f* **2.** *(for broken bone)* plâtre *m* ◇ *vt (shadow, light, look)* jeter • **to cast one's vote** voter • **to cast doubt on** jeter le doute sur ♦ **cast off** *vi* larguer les amarres
caster ['kɑːstər] *n (wheel)* roulette *f*
caster sugar *n (U) (UK)* sucre *m* en poudre
castle ['kɑːsl] *n* **1.** château *m* **2.** *(in chess)* tour *f*
casual ['kæʒʊəl] *adj* **1.** *(relaxed)* désinvolte **2.** *(offhand)* sans-gêne *inv* **3.** *(clothes)* décontracté(e) • **casual work** travail temporaire
casualty ['kæʒjʊəltɪ] *n* **1.** *(injured)* blessé *m*, -e *f* **2.** *(dead)* mort *m*, -e *f* • **casualty (department)** *(UK)* urgences *fpl*
cat [kæt] *n* chat *m*
catalog ['kætəlɒg] *(US)* = **catalogue**
catalogue ['kætəlɒg] *n* catalogue *m*
catapult ['kætəpʌlt] *n* lance-pierres *m inv*
cataract ['kætərækt] *n (in eye)* cataracte *f*
catarrh [kə'tɑːr] *n (U)* catarrhe *m*
catastrophe [kə'tæstrəfɪ] *n* catastrophe *f*
catch [kætʃ] (*pt & pp* **caught**) *vt* **1.** attraper **2.** *(falling object)* rattraper **3.** *(surprise)* surprendre **4.** *(hear)* saisir **5.** *(attention)* attirer ◇ *vi (become hooked)* s'accrocher ◇ *n* **1.** *(of window, door)* loquet *m* **2.** *(snag)* hic *m* ♦ **catch up** *vt sep* rattraper ◇ *vi* rattraper son retard • **to catch up with sb** rattraper qqn
catching ['kætʃɪŋ] *adj (inf)* contagieux(ieuse)
category ['kætəgərɪ] *n* catégorie *f*
cater ['keɪtər] ♦ **cater for** *vt insep* **1.** *(UK) (needs, tastes)* satisfaire **2.** *(anticipate)* prévoir
caterpillar ['kætəpɪlər] *n* chenille *f*
cathedral [kə'θiːdrəl] *n* cathédrale *f*
Catholic ['kæθlɪk] *adj* catholique ◇ *n* catholique *m ou f*
Catseyes® ['kætsaɪz] *npl (UK)* catadioptres *mpl*
cattle ['kætl] *npl* bétail *m*
caught [kɔːt] *pt & pp* ➤ **catch**
cauliflower ['kɒlɪˌflaʊər] *n* chou-fleur *m*
cauliflower cheese *n (U)* chou-fleur *m* au gratin
cause [kɔːz] *n* **1.** cause *f* **2.** *(U) (justification)* motif *m* ◇ *vt* causer • **to cause sb to make a mistake** faire faire une erreur à qqn
causeway ['kɔːzweɪ] *n* chaussée *f (aménagée sur l'eau)*
caustic soda [ˌkɔːstɪk-] *n (U)* soude *f* caustique
caution ['kɔːʃn] *n* **1.** *(U) (care)* précaution *f* **2.** *(warning)* avertissement *m*
cautious ['kɔːʃəs] *adj* prudent(e)
cave [keɪv] *n* caverne *f* ♦ **cave in** *vi* s'effondrer
caviar(e) ['kævɪɑːr] *n (U)* caviar *m*
cavity ['kævətɪ] *n (in tooth)* cavité *f*
CD *n (abbr of compact disc)* CD *m*
CDI *n (abbr of compact disc interactive)* CD-I *m inv*
CD player *n* lecteur *m* laser OR de CD
CD-ROM [ˌsiːdiː'rɒm] *n* Cédérom *m*

CDW *n* (*abbr of collision damage waiver*) franchise *f*
cease [siːs] *vt & vi* (*fml*) cesser
ceasefire ['siːs,faɪəʳ] *n* cessez-le-feu *m inv*
ceilidh ['keɪlɪ] *n bal folklorique écossais ou irlandais*
ceiling ['siːlɪŋ] *n* plafond *m*
celebrate ['selɪbreɪt] *vt* **1.** fêter **2.** *(Mass)* célébrer ◇ *vi* faire la fête
celebration [,selɪ'breɪʃn] *n (event)* fête *f* ◆ **celebrations** *npl (festivities)* cérémonies *fpl*
celebrity [sɪ'lebrətɪ] *n (person)* célébrité *f*
celeriac [sɪ'lerɪæk] *n (U)* céleri-rave *m*
celery ['selərɪ] *n (U)* céleri *m*
cell [sel] *n* cellule *f*
cellar ['seləʳ] *n* cave *f*
cello ['tʃeləʊ] *n* violoncelle *m*
Cellophane® ['seləfeɪn] *n (U)* Cellophane® *f*
cell phone mast (*US*) *n* antenne-relais *f*
Celsius ['selsɪəs] *adj* Celsius
cement [sɪ'ment] *n (U)* ciment *m*
cement mixer *n* bétonnière *f*
cemetery ['semɪtrɪ] *n* cimetière *m*
cent [sent] *n* cent *m*
center ['sentəʳ] (*US*) = **centre**
centigrade ['sentɪgreɪd] *adj* centigrade
centimeter (*US*) = **centimetre**
centimetre ['sentɪ,miːtəʳ] *n* (*UK*) centimètre *m*
centipede ['sentɪpiːd] *n* mille-pattes *m inv*
central ['sentrəl] *adj* central(e)
central heating *n (U)* chauffage *m* central
central locking [-'lɒkɪŋ] *n (U)* verrouillage *m* centralisé
central processing unit *n* processeur *m*, unité centrale (de traitement)
central reservation *n* (*UK*) terre-plein *m* central
centre ['sentəʳ] *n* (*UK*) centre *m* ◇ *adj* (*UK*) central(e) ● **the centre of attention** le centre d'attention
century ['sentʃʊrɪ] *n* siècle *m*
ceramic [sɪ'ræmɪk] *adj* en céramique ◆ **ceramics** *npl (objects)* céramiques *fpl*
cereal ['sɪərɪəl] *n* céréales *fpl*
ceremony ['serɪmənɪ] *n* cérémonie *f*
certain ['sɜːtn] *adj* certain(e) ● **we're certain to be late** nous allons être en retard, c'est sûr ● **to be certain of sthg** être certain de qqch ● **to make certain (that)** s'assurer que
certainly ['sɜːtnlɪ] *adv* **1.** *(without doubt)* vraiment **2.** *(of course)* bien sûr, certainement
certificate [sə'tɪfɪkət] *n* certificat *m*
certify ['sɜːtɪfaɪ] *vt (declare true)* certifier
chain [tʃeɪn] *n* **1.** chaîne *f* **2.** *(of islands)* chapelet *m* ◇ *vt* ● **to chain a bike to a lamppost** attacher un vélo à un réverbère (avec une chaîne)
chain store *n* grand magasin *m (à succursales multiples)*
chair [tʃeəʳ] *n* **1.** chaise *f* **2.** *(armchair)* fauteuil *m*
chair lift *n* télésiège *m*
chairman ['tʃeəmən] (*pl* **-men**) *n* président *m*, -e *f*

chairperson ['tʃeə,pɜːsn] *n* président *m*, -e *f*
chairwoman ['tʃeə,wʊmən] (*pl* **-women**) *n* présidente *f*
chalet ['ʃæleɪ] *n* **1.** chalet *m* **2.** *(at holiday camp)* bungalow *m*
chalk [tʃɔːk] *n* craie *f* • **a piece of chalk** une craie
chalkboard ['tʃɔːkbɔːd] *n* (*US*) tableau *m* (noir)
challenge ['tʃælɪndʒ] *n* défi *m* ◇ *vt (question)* remettre en question • **to challenge sb to a fight** défier qqn à se battre
chamber ['tʃeɪmbəʳ] *n* chambre *f*
chambermaid ['tʃeɪmbəmeɪd] *n* femme *f* de chambre
champagne [,ʃæm'peɪn] *n* (*U*) champagne *m*
champion ['tʃæmpjən] *n* champion *m*, -ionne *f*
championship ['tʃæmpjənʃɪp] *n* championnat *m*
chance [tʃɑːns] *n* **1.** *(U) (luck)* hasard *m* **2.** *(possibility)* chance *f* **3.** *(opportunity)* occasion *f* ◇ *vt* • **to chance it** *(inf)* tenter le coup • **to take a chance** prendre un risque • **by chance** par hasard • **on the off chance** à tout hasard
Chancellor of the Exchequer [,tʃɑːnsələrəvðəɪks'tʃekəʳ] *n* (*UK*) ≃ ministre *m* des Finances
chandelier [,ʃændə'lɪəʳ] *n* lustre *m*
change [tʃeɪndʒ] *n* **1.** changement *m* **2.** *(U) (money)* monnaie *f* ◇ *vt* **1.** changer **2.** *(switch)* changer de **3.** *(exchange)* échanger ◇ *vi* **1.** changer **2.** *(change clothes)* se changer • **a change of clothes** des vêtements de rechange • **do you have change for a pound?** avez-vous la monnaie d'une livre ? • **for a change** pour changer • **to get changed** se changer • **to change money** changer de l'argent • **to change a nappy** changer une couche • **to change trains/planes** changer de train/d'avion • **to change a wheel** changer une roue • **all change!** *(on train)* tout le monde descend !
changeable ['tʃeɪndʒəbl] *adj (weather)* variable
change machine *n* monnayeur *m*
changing room ['tʃeɪndʒɪŋ-] *n* **1.** *(for sport)* vestiaire *m* **2.** (*UK*) *(in shop)* cabine *f* d'essayage
channel ['tʃænl] *n* **1.** *(on TV)* chaîne *f* **2.** *(on radio)* station *f* **3.** *(in sea)* chenal *m* **4.** *(for irrigation)* canal *m* • **the (English) Channel** la Manche
Channel Islands *npl* • **the Channel Islands** les îles *fpl* Anglo-Normandes
Channel Tunnel *n* • **the Channel Tunnel** le tunnel sous la Manche
chant [tʃɑːnt] *vt* **1.** *RELIG* chanter **2.** *(words, slogan)* scander
chaos ['keɪɒs] *n* (*U*) chaos *m*
chaotic [keɪ'ɒtɪk] *adj* chaotique
chap [tʃæp] *n* (*UK*) (*inf*) type *m*
chapel ['tʃæpl] *n* chapelle *f*
chapped [tʃæpt] *adj* gercé(e)
chapter ['tʃæptəʳ] *n* chapitre *m*
character ['kærəktəʳ] *n* **1.** caractère *m* **2.** *(in film, book, play)* personnage *m* **3.** (*inf*) *(person, individual)* individu *m*
characteristic [,kærəktə'rɪstɪk] *adj* caractéristique ◇ *n* caractéristique *f*
charcoal ['tʃɑːkəʊl] *n* (*U*) *(for barbecue)* charbon *m* de bois

charge [tʃɑːdʒ] *n* **1.** *(cost)* frais *mpl* **2.** LAW chef *m* d'accusation ◇ *vt* **1.** *(money, customer)* faire payer **2.** LAW inculper **3.** *(battery)* recharger ◇ *vi* **1.** *(ask money)* faire payer **2.** *(rush)* se précipiter • **to be in charge (of)** être responsable (de) • **to take charge** prendre les choses en main • **to take charge of** prendre en charge • **free of charge** gratuitement • **extra charge** supplément *m* • **there is no charge for service** le service est gratuit
char-grilled ['tʃɑːgrɪld] *adj* grillé(e)
charity ['tʃærətɪ] *n* association *f* caritative • **to give to charity** donner aux œuvres
charity shop *n* (UK) *magasin aux employés bénévoles, dont les bénéfices sont versés à une œuvre*
charm [tʃɑːm] *n* (U) *(attractiveness)* charme *m* ◇ *vt* charmer
charming ['tʃɑːmɪŋ] *adj* charmant(e)
chart [tʃɑːt] *n* **1.** *(diagram)* graphique *m* **2.** *(map)* carte *f* • **the charts** le hit-parade
chartered accountant [ˌtʃɑːtəd-] *n* expert-comptable *m*
charter flight ['tʃɑːtə-] *n* vol *m* charter
chase [tʃeɪs] *n* poursuite *f* ◇ *vt* poursuivre
chat [tʃæt] *n* **1.** conversation *f* **2.** COMPUT clavardage *m* (Québec), chat *m* ◇ *vi* **1.** causer, bavarder **2.** COMPUT (t)chatter, clavarder (Québec) • **to have a chat (with)** bavarder (avec) ◆ **chat up** *vt sep* (UK) *(inf)* baratiner
château ['ʃætəʊ] *n* château *m*
chatline ['tʃætlaɪn] *n* **1.** *(gen)* réseau *m* téléphonique (payant) **2.** *(for sexual encounters)* téléphone *m* rose
chat room *n* COMPUT forum *m* de discussion
chat show *n* (UK) talk-show *m*
chatty ['tʃætɪ] *adj* bavard(e)
chauffeur ['ʃəʊfər] *n* chauffeur *m*
cheap [tʃiːp] *adj* bon marché *inv*
cheap day return *n* (UK) *billet aller-retour dans la journée, sur certains trains seulement*
cheaply ['tʃiːplɪ] *adv* à bon marché
cheat [tʃiːt] *n* tricheur *m*, -euse *f* ◇ *vi* tricher ◇ *vt* escroquer • **to cheat sb out of their inheritance** escroquer l'héritage de qqn
Chechnya ['tʃetʃnɪə] *n* Tchétchénie *f*
check [tʃek] *n* **1.** *(inspection)* contrôle *m* **2.** (US) = **cheque** **3.** (US) *(bill)* addition *f* **4.** (US) *(tick)* ≃ croix *f* ◇ *vt* **1.** *(inspect)* contrôler **2.** *(verify)* vérifier ◇ *vi* vérifier • **to check for sthg** vérifier qqch ◆ **check in** *vt sep (luggage)* enregistrer ◇ *vi* **1.** *(at hotel)* se présenter à la réception **2.** *(at airport)* se présenter à l'enregistrement ◆ **check off** *vt sep* cocher ◆ **check out** *vi* **1.** *(pay hotel bill)* régler sa note **2.** *(leave hotel)* quitter l'hôtel ◆ **check up** *vi* • **to check up on sthg** vérifier qqch • **to check up on sb** se renseigner sur qqn
checkbook (US) = **chequebook**
check card (US) = **cheque card**
checked [tʃekt] *adj* à carreaux
checkers ['tʃekəz] *n* (U) (US) jeu *m* de dames
check-in desk *n* comptoir *m* d'enregistrement
checkout ['tʃekaʊt] *n* caisse *f*
checkpoint ['tʃekpɔɪnt] *n* poste *m* de contrôle

checkroom ['tʃekrum] *n* (*US*) consigne *f*
checkup ['tʃekʌp] *n* bilan *m* de santé
cheddar (cheese) ['tʃedər-] *n (U) variété très commune de fromage de vache*
cheek [tʃi:k] *n* joue *f* • **what a cheek!** (*UK*) quel culot !
cheeky ['tʃi:kɪ] *adj* (*UK*) culotté(e)
cheer [tʃɪər] *n* acclamation *f* ◇ *vi* applaudir et crier
cheerful ['tʃɪəful] *adj* gai(e)
cheerio [ˌtʃɪərɪ'əʊ] *excl* (*UK*) (*inf*) salut !
cheers [tʃɪəz] *excl* **1.** *(when drinking)* à la tienne/vôtre ! **2.** (*UK*) (*inf*) *(thank you)* merci !
cheese [tʃi:z] *n* fromage *m* • **a piece of cheese** un morceau de fromage
cheeseboard ['tʃi:zbɔ:d] *n* plateau *m* de fromages
cheeseburger ['tʃi:zˌbɜ:gər] *n* cheeseburger *m*
cheesecake ['tʃi:zkeɪk] *n gâteau au fromage blanc*
chef [ʃef] *n* chef *m* (cuisinier)
chef's special *n* spécialité *f* du chef
chemical ['kemɪkl] *adj* chimique ◇ *n* produit *m* chimique
chemist ['kemɪst] *n* **1.** (*UK*) *(pharmacist)* pharmacien *m*, -ienne *f* **2.** *(scientist)* chimiste *m ou f* • **chemist's** (*UK*) *(shop)* pharmacie *f*
chemistry ['kemɪstrɪ] *n (U)* chimie *f*
cheque [tʃek] *n* (*UK*) chèque *m* • **to pay by cheque** payer par chèque
chequebook ['tʃekbuk] *n* (*UK*) chéquier *m*, carnet *m* de chèques
cheque card *n* (*UK*) *carte à présenter, en guise de garantie, par le titulaire d'un compte lorsqu'il paye par chèque*
cherry ['tʃerɪ] *n* cerise *f*
chess [tʃes] *n (U)* échecs *mpl*
chest [tʃest] *n* **1.** poitrine *f* **2.** *(box)* coffre *m*
chestnut ['tʃesnʌt] *n* châtaigne *f* ◇ *adj (colour)* châtain *inv*
chest of drawers *n* commode *f*
chew [tʃu:] *vt* mâcher ◇ *n* (*UK*) *(sweet)* bonbon *m* mou
chewing gum ['tʃu:ɪŋ-] *n (U)* chewing-gum *m*
chic [ʃi:k] *adj* chic
chicken ['tʃɪkɪn] *n* poulet *m*
chicken breast *n* blanc *m* de poulet
chicken Kiev [-'ki:ev] *n (U) blancs de poulet farcis de beurre à l'ail et enrobés de chapelure*
chickenpox ['tʃɪkɪnpɒks] *n (U)* varicelle *f*
chickpea ['tʃɪkpi:] *n* pois *m* chiche
chicory ['tʃɪkərɪ] *n (U)* endive *f*
chief [tʃi:f] *adj* **1.** *(highest-ranking)* en chef **2.** *(main)* principal(e) ◇ *n* chef *m*
chiefly ['tʃi:flɪ] *adv* **1.** *(mainly)* principalement **2.** *(especially)* surtout
child [tʃaɪld] (*pl* **children**) *n* enfant *m ou f*
child abuse *n (U)* maltraitance *f* (à enfant)
child benefit *n (U)* (*UK*) allocations *fpl* familiales
childhood ['tʃaɪldhud] *n* enfance *f*
childish ['tʃaɪldɪʃ] *adj* (*pej*) puéril(e)
childminder ['tʃaɪldˌmaɪndər] *n* (*UK*) nourrice *f*
children ['tʃɪldrən] *pl* ➤ **child**

childrenswear ['tʃɪldrənzweəʳ] *n* (*U*) vêtements *mpl* pour enfant
child seat *n* (*in car*) siège *m* auto
Chile ['tʃɪlɪ] *n* le Chili
chili (*US*) = **chilli**
chili con carne (*US*) = **chilli con carne**
chill [tʃɪl] *n* (*illness*) coup *m* de froid ◇ *vt* mettre au frais ● **there's a chill in the air** il fait un peu frais
chilled [tʃɪld] *adj* frais (fraîche) ▼ **serve chilled** servir frais
chilli ['tʃɪlɪ] (*pl* **-ies**) *n* (*UK*) **1.** (*vegetable*) piment *m* **2.** (*dish*) chili *m* con carne
chilli con carne ['tʃɪlɪkɒn'kɑːnɪ] *n* (*U*) (*UK*) chili *m* con carne
chilly ['tʃɪlɪ] *adj* froid(e)
chimney ['tʃɪmnɪ] *n* cheminée *f*
chimneypot ['tʃɪmnɪpɒt] *n* tuyau *m* de cheminée
chimpanzee [ˌtʃɪmpən'ziː] *n* chimpanzé *m*
chin [tʃɪn] *n* menton *m*
china ['tʃaɪnə] *n* (*U*) (*material*) porcelaine *f*
China ['tʃaɪnə] *n* la Chine
Chinese [ˌtʃaɪ'niːz] *adj* chinois(e) ◇ *n* (*language*) chinois *m* ◇ *npl* ● **the Chinese** les Chinois *mpl* ● **a Chinese restaurant** un restaurant chinois
chip [tʃɪp] *n* **1.** (*small piece*) éclat *m* **2.** (*mark*) ébréchure *f* **3.** (*counter*) jeton *m* **4.** COMPUT puce *f* ◇ *vt* ébrécher ◆ **chips** *npl* **1.** (*UK*) (*French fries*) frites *fpl* **2.** (*US*) (*crisps*) chips *fpl*
chiropodist [kɪ'rɒpədɪst] *n* pédicure *m ou f*
chisel ['tʃɪzl] *n* ciseau *m*
chives [tʃaɪvz] *npl* ciboulette *f*
chlorine ['klɔːriːn] *n* (*U*) chlore *m*
choc-ice ['tʃɒkaɪs] *n* (*UK*) Esquimau® *m*
chocolate ['tʃɒkələt] *n* chocolat *m* ◇ *adj* au chocolat ● **a bar of chocolate** une barre de chocolat
chocolate biscuit *n* (*UK*) biscuit *m* au chocolat
choice [tʃɔɪs] *n* choix *m* ◇ *adj* (*meat, ingredients*) de choix ● **the topping of your choice** la garniture de votre choix
choir ['kwaɪəʳ] *n* chœur *m*
choke [tʃəʊk] *n* AUT starter *m* ◇ *vt* **1.** (*strangle*) étrangler **2.** (*block*) boucher ◇ *vi* s'étrangler
cholera ['kɒlərə] *n* (*U*) choléra *m*
choose [tʃuːz] (*pt* **chose**, *pp* **chosen**) *vt* & *vi* choisir ● **to choose to do sthg** choisir de faire qqch
chop [tʃɒp] *n* (*of meat*) côtelette *f* ◇ *vt* couper ◆ **chop down** *vt sep* abattre ◆ **chop up** *vt sep* couper en morceaux
chopper ['tʃɒpəʳ] *n* (*inf*) (*helicopter*) hélico *m*
chopping board ['tʃɒpɪŋ-] *n* (*UK*) planche *f* à découper
choppy ['tʃɒpɪ] *adj* agité(e)
chopsticks ['tʃɒpstɪks] *npl* baguettes *fpl*
chop suey [ˌtʃɒp'suːɪ] *n* (*U*) chop suey *m* (*émincé de porc ou de poulet avec riz, légumes et germes de soja*)
chord [kɔːd] *n* accord *m*
chore [tʃɔːʳ] *n* corvée *f*
chorus ['kɔːrəs] *n* **1.** (*part of song*) refrain *m* **2.** (*singers*) troupe *f*
chose [tʃəʊz] *pt* ➤ **choose**
chosen ['tʃəʊzn] *pp* ➤ **choose**
choux pastry [ʃuː-] *n* pâte *f* à choux

chowder ['tʃaʊdəʳ] *n soupe de poisson ou de fruits de mer*
chow mein [,tʃaʊ'meɪn] *n (U)* chow mein *m (nouilles frites avec légumes, viande ou fruits de mer)*
Christ [kraɪst] *n* le Christ
christen ['krɪsn] *vt (baby)* baptiser
Christian ['krɪstʃən] *adj* chrétien(ienne) ◇ *n* chrétien *m*, -ienne *f*
Christian name *n* prénom *m*
Christmas ['krɪsməs] *n* Noël *m* ● **Happy** Christmas! joyeux Noël !
Christmas card *n* carte *f* de vœux
Christmas carol [-'kærəl] *n* chant *m* de Noël
Christmas Day *n* le jour de Noël
Christmas Eve *n* la veille de Noël
Christmas pudding *n pudding traditionnel de Noël*
Christmas tree *n* sapin *m* de Noël
chrome [krəʊm] *n (U)* chrome *m*
chuck [tʃʌk] *vt (inf)* **1.** *(throw)* balancer **2.** *(UK) (boyfriend, girlfriend)* plaquer
◆ **chuck away** *vt sep (inf)* balancer
chunk [tʃʌŋk] *n* gros morceau *m*
church [tʃɜːtʃ] *n* église *f* ● **to go to church** aller à l'église
churchyard ['tʃɜːtʃjɑːd] *n* cimetière *m*
chute [ʃuːt] *n* toboggan *m*
chutney ['tʃʌtnɪ] *n* chutney *m*
cider ['saɪdəʳ] *n* cidre *m*
cigar [sɪ'gɑːʳ] *n* cigare *m*
cigarette [,sɪgə'ret] *n* cigarette *f*
cigarette lighter *n* briquet *m*
cinema ['sɪnəmə] *n* cinéma *m*
cinnamon ['sɪnəmən] *n (U)* cannelle *f*
circle ['sɜːkl] *n* **1.** cercle *m* **2.** *(in theatre)* balcon *m* ◇ *vt* **1.** *(draw circle around)* encercler **2.** *(move round)* tourner autour de ◇ *vi (plane)* tourner en rond
circuit ['sɜːkɪt] *n* **1.** *(track)* circuit *m* **2.** *(lap)* tour *m*
circular ['sɜːkjʊləʳ] *adj* circulaire ◇ *n* circulaire *f*
circulation [,sɜːkjʊ'leɪʃn] *n* **1.** *(U) (of blood)* circulation *f* **2.** *(of newspaper, magazine)* tirage *m*
circumstances ['sɜːkəmstənsɪz] *npl* circonstances *fpl* ● **in** OR **under the circumstances** étant donné les circonstances
circus ['sɜːkəs] *n* cirque *m*
cistern ['sɪstən] *n (of toilet)* réservoir *m*
citizen ['sɪtɪzn] *n* **1.** *(of country)* citoyen *m*, -enne *f* **2.** *(of town)* habitant *m*, -e *f*
city ['sɪtɪ] *n* ville *f* ● **the City** *(UK)* la City
city centre *n (UK)* centre-ville *m*
city hall *n (US)* mairie *f*
civilian [sɪ'vɪljən] *n* civil *m*, -e *f*
civilized ['sɪvɪlaɪzd] *adj* civilisé(e)
civil rights [,sɪvl-] *npl* droits *mpl* civiques
civil servant [,sɪvl-] *n* fonctionnaire *m ou f*
civil service [,sɪvl-] *n* fonction *f* publique
civil war [,sɪvl-] *n* guerre *f* civile
cl *(abbr of centilitre)* cl *(centilitre)*
claim [kleɪm] *n* **1.** *(assertion)* affirmation *f* **2.** *(demand)* revendication *f* **3.** *(for insurance)* demande *f* d'indemnité ◇ *vt* **1.** *(allege)* prétendre **2.** *(benefit, responsibility)* revendiquer ◇ *vi (on insurance)* faire une demande d'indemnité
claimant ['kleɪmənt] *n (of benefit)* demandeur *m*, -euse *f*

claim form *n* formulaire *m* de déclaration de sinistre
clam [klæm] *n* palourde *f*
clamp [klæmp] *n* (*UK*) *(for car)* sabot *m* de Denver ◇ *vt* (*UK*) *(car)* poser un sabot (de Denver) à
clap [klæp] *vi* applaudir
claret ['klærət] *n* bordeaux *m* rouge
clarinet [,klærə'net] *n* clarinette *f*
clash [klæʃ] *n* **1.** *(noise)* fracas *m* **2.** *(confrontation)* affrontement *m* ◇ *vi* **1.** *(colours)* jurer **2.** *(events, dates)* tomber en même temps
clasp [klɑ:sp] *n* *(fastener)* fermoir *m* ◇ *vt* serrer
class [klɑ:s] *n* **1.** classe *f* **2.** *(teaching period)* cours *m* ◇ *vt* ● **to class cocaine as a hard drug** classer la cocaïne comme drogue dure
classic ['klæsɪk] *adj* classique ◇ *n* classique *m*
classical ['klæsɪkl] *adj* classique
classical music *n* (*U*) musique *f* classique
classification [,klæsɪfɪ'keɪʃn] *n* **1.** (*U*) classification *f* **2.** *(category)* catégorie *f*
classified ads [,klæsɪfaɪd-] *npl* petites annonces *fpl*
classroom ['klɑ:srʊm] *n* salle *f* de classe
claustrophobic [,klɔ:strə'fəʊbɪk] *adj* **1.** *(person)* claustrophobe **2.** *(place)* étouffant(e)
claw [klɔ:] *n* **1.** *(of bird, cat, dog)* griffe *f* **2.** *(of crab, lobster)* pince *f*
clay [kleɪ] *n* (*U*) argile *f*
clean [kli:n] *vt* nettoyer ◇ *adj* **1.** propre **2.** *(unused)* vierge ● **I have a clean driving licence** je n'ai jamais eu de contraventions graves ● **to clean one's teeth** se laver les dents
cleaner ['kli:nəʳ] *n* **1.** *(woman)* femme *f* de ménage **2.** *(man)* agent *m* d'entretien **3.** *(substance)* produit *m* d'entretien
cleanse [klenz] *vt* nettoyer
cleanser ['klenzəʳ] *n* **1.** *(for skin)* démaquillant *m* **2.** *(detergent)* détergent *m*
clear [klɪəʳ] *adj* **1.** clair(e) **2.** *(glass)* transparent(e) **3.** *(easy to see)* net (nette) **4.** *(easy to hear)* distinct(e) **5.** *(road, path)* dégagé(e) ◇ *vt* **1.** *(road, path)* dégager **2.** *(jump over)* franchir **3.** *(declare not guilty)* innocenter **4.** *(authorize)* autoriser **5.** *(cheque)* compenser ◇ *vi* *(weather, fog)* se lever ● **to be clear (about sthg)** être sûr (de qqch) ● **to clear one's throat** s'éclaircir la voix ● **to clear the table** débarrasser la table ● **clear soup** bouillon *m* ◆ **clear up** *vt sep* **1.** *(room, toys)* ranger **2.** *(problem, confusion)* éclaircir ◇ *vi* **1.** *(weather)* s'éclaircir **2.** *(tidy up)* ranger
clearance ['klɪərəns] *n* (*U*) **1.** *(authorization)* autorisation *f* **2.** *(free distance)* espace *m* **3.** *(for takeoff)* autorisation de décollage
clearing ['klɪərɪŋ] *n* clairière *f*
clearly ['klɪəlɪ] *adv* **1.** clairement **2.** *(obviously)* manifestement
clearway ['klɪəweɪ] *n* (*UK*) route *f* à stationnement interdit
clementine ['kleməntaɪn] *n* clémentine *f*
clerk [(*UK*) klɑ:k, (*US*) klɜ:rk] *n* **1.** *(in office)* employé *m*, -e *f* (de bureau) **2.** (*US*) *(in shop)* vendeur *m*, -euse *f*

clever ['klevəʳ] *adj* **1.** *(intelligent)* intelligent(e) **2.** *(skilful)* adroit(e) **3.** *(idea, device)* ingénieux(ieuse)

click [klɪk] *n* déclic *m* ◇ *vi* faire un déclic

clickable *adj* cliquable

client ['klaɪənt] *n* client *m*, -e *f*

cliff [klɪf] *n* falaise *f*

climate ['klaɪmɪt] *n* climat *m*

climax ['klaɪmæks] *n* apogée *m*

climb [klaɪm] *vt* **1.** *(steps)* monter **2.** *(hill)* grimper **3.** *(tree, ladder)* grimper à ◇ *vi* **1.** grimper **2.** *(plane)* prendre de l'altitude ◆ **climb down** *vt insep* descendre de ◇ *vi* descendre ◆ **climb up** *vt insep* **1.** *(steps)* monter **2.** *(hill)* grimper **3.** *(tree, ladder)* grimper à

climber ['klaɪməʳ] *n* **1.** *(mountaineer)* alpiniste *m ou f* **2.** *(rock climber)* varappeur *m*, -euse *f*

climbing ['klaɪmɪŋ] *n* **1.** *(mountaineering)* alpinisme *m* **2.** *(rock climbing)* varappe *f* • **to go climbing** *(mountaineering)* faire de l'alpinisme ; *(rock climbing)* faire de la varappe

climbing frame *n* (*UK*) cage *f* à poules

clingfilm ['klɪŋfɪlm] *n* *(U)* (*UK*) film *m* alimentaire

clinic ['klɪnɪk] *n* clinique *f*

clip [klɪp] *n* **1.** *(fastener)* pince *f* **2.** *(for paper)* trombone *m* **3.** *(of film, programme)* extrait *m* ◇ *vt* **1.** *(fasten)* attacher **2.** *(cut)* couper

cloak [kləʊk] *n* cape *f*

cloakroom ['kləʊkrʊm] *n* **1.** *(for coats)* vestiaire *m* **2.** (*UK*) *(toilet)* toilettes *fpl*

clock [klɒk] *n* **1.** *(small)* pendule *f* **2.** *(large)* horloge *f* **3.** *(mileometer)* compteur *m* • **round the clock** 24 heures sur 24

clockwise ['klɒkwaɪz] *adv* dans le sens des aiguilles d'une montre

clog [klɒg] *n* sabot *m* ◇ *vt* boucher

[1]**close** [kləʊs] *adj* **1.** proche **2.** *(contact, link)* étroit(e) **3.** *(examination)* approfondi(e) **4.** *(race, contest)* serré(e) ◇ *adv* près • **close by** tout près • **close to** *(near)* près de ; *(on the verge of)* au bord de

[2]**close** [kləʊz] *vt* fermer ◇ *vi* **1.** *(door, eyes)* se fermer **2.** *(shop, office)* fermer **3.** *(deadline, offer, meeting)* prendre fin ◆ **close down** *vt sep & vi* fermer

closed [kləʊzd] *adj* fermé(e)

closely ['kləʊslɪ] *adv* **1.** *(related)* étroitement **2.** *(follow, examine)* de près

closet ['klɒzɪt] *n* (*US*) placard *m*

close-up ['kləʊs-] *n* gros plan *m*

closing time ['kləʊzɪŋ-] *n* *(U)* heure *f* de fermeture

clot [klɒt] *n* *(of blood)* caillot *m*

cloth [klɒθ] *n* **1.** *(U)* *(fabric)* tissu *m* **2.** *(piece of cloth)* chiffon *m*

clothes [kləʊðz] *npl* vêtements *mpl*

clothesline ['kləʊðzlaɪn] *n* corde *f* à linge

clothes peg *n* (*UK*) pince *f* à linge

clothespin ['kləʊðzpɪn] (*US*) = **clothes peg**

clothes shop *n* (*UK*) magasin *m* de vêtements

clothing ['kləʊðɪŋ] *n* *(U)* vêtements *mpl*

clotted cream [ˌklɒtɪd-] *n* *(U)* *crème fraîche très épaisse, typique du sud-ouest de l'Angleterre*

cloud [klaʊd] *n* nuage *m*

cloudy ['klaʊdɪ] *adj* **1.** nuageux(euse) **2.** *(liquid)* trouble

clove [kləʊv] *n (of garlic)* gousse *f* ◆ **cloves** *npl (spice)* clous *mpl* de girofle
clown [klaʊn] *n* clown *m*
club [klʌb] *n* **1.** *(organization)* club *m* **2.** *(nightclub)* boîte *f* (de nuit) **3.** *(stick)* massue *f* ◆ **clubs** *npl (in cards)* trèfle *m*
clubbing ['klʌbɪŋ] *n (U)* ● **to go clubbing** *(inf)* aller en boîte
club class *n (U)* classe *f* club
club sandwich *n sandwich à deux ou plusieurs étages*
club soda *n (US)* eau *f* de Seltz
clue [klu:] *n* **1.** *(information)* indice *m* **2.** *(in crossword)* définition *f* ● **I haven't got a clue!** aucune idée!
clumsy ['klʌmzɪ] *adj (person)* maladroit(e)
clutch [klʌtʃ] *n* embrayage *m* ◇ *vt* agripper
cm (*abbr of centimetre*) cm *(centimètre)*
c/o (*abbr of care of*) a/s *(aux soins de)*
Co. (*abbr of company*) Cie *(compagnie)*
coach [kəʊtʃ] *n* **1.** (*UK*) *(bus)* car *m*, autocar *m* **2.** (*UK*) *(of train)* voiture *f* **3.** SPORT entraîneur *m*, -euse *f*
coach party *n* (*UK*) groupe *m* d'excursionnistes en car
coach station *n* (*UK*) gare *f* routière
coach trip *n* (*UK*) excursion *f* en car
coal [kəʊl] *n (U)* charbon *m*
coal mine *n* mine *f* de charbon
coarse [kɔ:s] *adj* grossier(ière)
coast [kəʊst] *n* côte *f*
coaster ['kəʊstəʳ] *n (for glass)* dessous *m* de verre
coastguard ['kəʊstgɑ:d] *n* **1.** *(person)* garde-côte *m* **2.** *(organization)* gendarmerie *f* maritime
coastline ['kəʊstlaɪn] *n* littoral *m*
coat [kəʊt] *n* **1.** manteau *m* **2.** *(of animal)* pelage *m* ◇ *vt* ● **to coat sthg (with)** recouvrir qqch (de)
coat hanger *n* cintre *m*
coating ['kəʊtɪŋ] *n* **1.** *(on surface)* couche *f* **2.** *(on food)* enrobage *m*
cobbled street ['kɒbld-] *n* rue *f* pavée
cobbles ['kɒblz] *npl* pavés *mpl*
cobweb ['kɒbweb] *n* toile *f* d'araignée
Coca-Cola® [,kəʊkə'kəʊlə] *n* Coca-Cola® *m inv*
cocaine [kəʊ'keɪn] *n (U)* cocaïne *f*
cock [kɒk] *n (male chicken)* coq *m*
cock-a-leekie [,kɒkə'li:kɪ] *n potage typiquement écossais aux poireaux et au poulet*
cockerel ['kɒkrəl] *n* jeune coq *m*
cockles ['kɒklz] *npl* coques *fpl*
cockpit ['kɒkpɪt] *n* cockpit *m*
cockroach ['kɒkrəʊtʃ] *n* cafard *m*
cocktail ['kɒkteɪl] *n* cocktail *m*
cocktail party *n* cocktail *m*
cock-up *n* (*UK*) *(inf)* ● **to make a cock-up of sthg** faire foirer qqch
cocoa ['kəʊkəʊ] *n (drink)* cacao *m*
coconut ['kəʊkənʌt] *n* noix *f* de coco
cod [kɒd] *(pl inv) n (U)* morue *f*
code [kəʊd] *n* **1.** code *m* **2.** *(dialling code)* indicatif *m*
cod-liver oil *n (U)* huile *f* de foie de morue
coeducational [,kəʊedju:'keɪʃənl] *adj* mixte
coffee ['kɒfɪ] *n* café *m* ● **black/white coffee** café noir/au lait ● **ground/instant coffee** café moulu/soluble ● **a cup of coffee** ● **two coffees, please**

coffee bar *n* cafétéria *f*
coffee break *n* pause-café *f*
coffeepot ['kɒfɪpɒt] *n* cafetière *f*
coffee shop *n* **1.** *(cafe)* café *m* **2.** *(in store etc)* cafétéria *f*
coffee table *n* table *f* basse
coffin ['kɒfɪn] *n* cercueil *m*
cog(wheel) ['kɒg(wiːl)] *n* roue *f* dentée
coil [kɔɪl] *n* **1.** *(of rope)* rouleau *m* **2.** *(UK) (contraceptive)* stérilet *m* ◇ *vt* enrouler
coin [kɔɪn] *n* pièce *f* (de monnaie)
coinbox ['kɔɪnbɒks] *n (UK)* cabine *f* (téléphonique) à pièces
coincide [ˌkəʊɪn'saɪd] *vi* • **to coincide (with)** coïncider (avec)
coincidence [kəʊ'ɪnsɪdəns] *n* coïncidence *f*
Coke® [kəʊk] *n* Coca® *m inv*
colander ['kʌləndəʳ] *n* passoire *f*
cold [kəʊld] *adj* froid(e) ◇ *n* **1.** *(illness)* rhume *m (U)* **2.** *(low temperature)* froid *m* • **to be cold** *(person)* avoir froid • **to get cold** *(food, water, weather)* se refroidir • **to catch (a) cold** attraper un rhume
cold cuts *(US)* = **cold meats**
cold meats *npl* viandes *fpl* froides
coleslaw ['kəʊlslɔː] *n (U) salade de chou et de carottes râpés à la mayonnaise*
colic ['kɒlɪk] *n (U)* colique *f*
collaborate [kə'læbəreɪt] *vi* collaborer
collapse [kə'læps] *vi* s'effondrer
collar ['kɒləʳ] *n* **1.** *(of shirt, coat)* col *m* **2.** *(of dog, cat)* collier *m*
collarbone ['kɒləbəʊn] *n* clavicule *f*
colleague ['kɒliːg] *n* collègue *m ou f*
collect [kə'lekt] *vt* **1.** *(gather)* ramasser **2.** *(information)* recueillir **3.** *(as a hobby)* collectionner **4.** *(go and get)* aller chercher **5.** *(money)* collecter ◇ *vi (dust, leaves, crowd)* s'amasser ◇ *adv (US)* • **to call (sb) collect** appeler (qqn) en PCV
collection [kə'lekʃn] *n* **1.** *(of stamps, coins)* collection *f* **2.** *(of stories, poems)* recueil *m* **3.** *(of money)* collecte *f* **4.** *(of mail)* levée *f*
collector [kə'lektəʳ] *n (as a hobby)* collectionneur *m*, -euse *f*
college ['kɒlɪdʒ] *n* **1.** *(school)* école *f* d'enseignement supérieur **2.** *(UK) (of university) organisation indépendante d'étudiants et de professeurs au sein d'une université* **3.** *(US) (university)* université *f*
collide [kə'laɪd] *vi* • **to collide (with)** entrer en collision (avec)
collision [kə'lɪʒn] *n* collision *f*
cologne [kə'ləʊn] *n* eau *f* de Cologne
colon ['kəʊlən] *n GRAM* deux-points *m*
colonel ['kɜːnl] *n* colonel *m*
colony ['kɒlənɪ] *n* colonie *f*
color ['kʌlər] *(US)* = **colour**
colorful *(US)* = **colourful**
colouring *(US)* = **colouring**
colour ['kʌləʳ] *(UK) n* couleur *f* ◇ *adj (photograph, film)* en couleur ◇ *vt (hair, food)* colorer ◆ **colour in** *vt sep* colorier
colour-blind *adj (UK)* daltonien(ienne)
colourful ['kʌləfʊl] *adj (UK)* coloré(e)
colouring ['kʌlərɪŋ] *n (UK)* **1.** *(of food)* colorant *m* **2.** *(U) (complexion)* teint *m*
colouring book *n (UK)* album *m* de coloriages
colour supplement *n (UK)* supplément *m* en couleur
colour television *n (UK)* télévision *f* couleur

column ['kɒləm] *n* **1.** colonne *f* **2.** *(newspaper article)* rubrique *f*

column break saut *m* (de colonne)

coma ['kəʊmə] *n* coma *m*

comb [kəʊm] *n* peigne *m* ◇ *vt* • **to comb one's hair** se peigner

combination [ˌkɒmbɪ'neɪʃn] *n* combinaison *f*

combine [kəm'baɪn] *vt* • **to combine sthg (with)** combiner qqch (avec)

combine harvester ['kɒmbaɪn-'hɑːvɪstər] *n* moissonneuse-batteuse *f*

come [kʌm] (*pt* **came**, *pp* **come**) *vi* **1.** *(move)* venir • **we came by taxi** nous sommes venus en taxi • **come and see!** venez voir ! • **come here!** viens ici ! **2.** *(arrive)* arriver • **they still haven't come** ils ne sont toujours pas arrivés • **to come home** rentrer chez soi ▼ **coming soon** prochainement **3.** *(in order)* • **to come first** *(in sequence)* venir en premier ; *(in competition)* se classer premier • **to come last** *(in sequence)* venir en dernier ; *(in competition)* se classer dernier **4.** *(reach)* • **to come down to** arriver à • **to come up to** arriver à **5.** *(become)* • **to come undone** se défaire • **to come true** se réaliser **6.** *(be sold)* être vendu • **they come in packs of six** ils sont vendus par paquets de six

◆ **come across** *vt insep* tomber sur

◆ **come along** *vi (progress)* avancer ; *(arrive)* arriver • **come along!** allez !

◆ **come apart** *vi* tomber en morceaux

◆ **come around** *vi (visit)* passer ; *(US) (regain consciousness)* reprendre connaissance

◆ **come back** *vi* revenir

◆ **come down** *vi (price)* baisser

◆ **come down with** *vt insep (illness)* attraper

◆ **come from** *vt insep* venir de

◆ **come in** *vi (enter)* entrer ; *(arrive)* arriver ; *(tide)* monter • **come in!** entrez !

◆ **come off** *vi (button, top)* tomber ; *(succeed)* réussir

◆ **come on** *vi (progress)* progresser • **come on!** allez !

◆ **come out** *vi* sortir ; *(stain)* partir ; *(sun, moon)* paraître

◆ **come over** *vi (visit)* venir (en visite)

◆ **come round** *vi (UK) (visit)* passer ; *(regain consciousness)* reprendre connaissance

◆ **come to** *vt insep (subj: bill)* s'élever à

◆ **come up** *vi (go upstairs)* monter ; *(be mentioned)* être soulevé ; *(happen, arise)* se présenter ; *(sun, moon)* se lever

◆ **come up with** *vt insep (idea)* avoir

comedian [kə'miːdjən] *n* comique *m ou f*

comedy ['kɒmədɪ] *n* **1.** *(TV programme, film, play)* comédie *f* **2.** *(U) (humour)* humour *m*

comfort ['kʌmfət] *n (U)* **1.** confort *m* **2.** *(consolation)* réconfort *m* ◇ *vt* réconforter

comfortable ['kʌmftəbl] *adj* **1.** *(chair, shoes, hotel)* confortable **2.** *(person)* à l'aise • **to be comfortable** *(after operation, illness)* aller bien

comic ['kɒmɪk] *adj* comique ◇ *n* **1.** *(person)* comique *m ou f* **2.** *(magazine)* bande *f* dessinée

comical ['kɒmɪkl] *adj* comique

comic strip *n* bande *f* dessinée

comma ['kɒmə] *n* virgule *f*

command [kə'mɑːnd] *n* **1.** *(order)* ordre *m* **2.** *(U)* *(mastery)* maîtrise *f* ◇ *vt* **1.** *(order)* commander à **2.** *(be in charge of)* commander

commander [kə'mɑːndər] *n* **1.** *(army officer)* commandant *m* **2.** *(UK)* *(in navy)* capitaine *m* de frégate

commemorate [kə'meməreɪt] *vt* commémorer

commence [kə'mens] *vi* *(fml)* débuter

comment ['kɒment] *n* commentaire *m* ◇ *vi* faire des commentaires

commentary ['kɒməntrɪ] *n* *(on TV, radio)* commentaire *m*

commentator ['kɒmənteɪtər] *n* *(on TV, radio)* commentateur *m*, -trice *f*

commerce ['kɒmɜːs] *n* *(U)* commerce *m*

commercial [kə'mɜːʃl] *adj* commercial(e) ◇ *n* publicité *f*

commercial break *n* page *f* de publicité

commission [kə'mɪʃn] *n* commission *f*

commit [kə'mɪt] *vt* *(crime, sin)* commettre • **to commit o.s. (to doing sthg)** s'engager (à faire qqch) • **to commit suicide** se suicider

committee [kə'mɪtɪ] *n* comité *m*

commodity [kə'mɒdətɪ] *n* marchandise *f*

common ['kɒmən] *adj* commun(e) ◇ *n* *(UK)* *(land)* terrain *m* communal • **in common** *(shared)* en commun

commonly ['kɒmənlɪ] *adv* *(generally)* communément

Common Market *n* Marché *m* commun

common room *n* **1.** *(for students)* salle *f* commune **2.** *(for teachers)* salle *f* des professeurs

common sense *n* *(U)* bon sens *m*

Commonwealth ['kɒmənwelθ] *n* • **the Commonwealth** le Commonwealth

communal ['kɒmjʊnl] *adj* *(bathroom, kitchen)* commun(e)

communicate [kə'mjuːnɪkeɪt] *vi* • **to communicate (with)** communiquer (avec)

communication [kə,mjuːnɪ'keɪʃn] *n* *(U)* communication *f*

communication cord *n* *(UK)* sonnette *f* d'alarme

communist ['kɒmjʊnɪst] *n* communiste *m ou f*

community [kə'mjuːnətɪ] *n* communauté *f*

community center *(US)* = **community centre**

community centre *n* *(UK)* ≃ foyer *m* municipal

commute [kə'mjuːt] *vi* *faire chaque jour la navette entre son domicile et son travail*

compact *adj* [kəm'pækt] compact(e) ◇ *n* ['kɒmpækt] **1.** *(for make-up)* poudrier *m* **2.** *(US)* *(car)* petite voiture *f*

compact disc [,kɒmpækt-] *n* Compact-Disc® *m*, compact *m*

compact disc player *n* lecteur *m* CD

company ['kʌmpənɪ] *n* **1.** *(business)* société *f* *(U)* **2.** *(companionship)* compagnie

f **3.** *(U) (guests)* visite *f* • **to keep sb company** tenir compagnie à qqn
company car *n* voiture *f* de fonction
comparatively [kəm'pærətɪvlɪ] *adv (relatively)* relativement
compare [kəm'peəʳ] *vt* • **to compare sthg (with)** comparer qqch (à OR avec) • **compared with** par rapport à
comparison [kəm'pærɪsn] *n* comparaison *f* • **in comparison with** par rapport à
compartment [kəm'pɑːtmənt] *n* compartiment *m*
compass ['kʌmpəs] *n (magnetic)* boussole *f* • **(a pair of) compasses** un compas
compatibility [kəm,pætə'bɪlətɪ] *n* compatibilité *f*
compatible [kəm'pætəbl] *adj* compatible
compensate ['kɒmpenseɪt] *vt* compenser ◇ *vi* • **to compensate (for sthg)** compenser (qqch) • **to compensate sb for the damage** dédommager qqn du préjudice subi
compensation [,kɒmpen'seɪʃn] *n (U) (money)* dédommagement *m*
compete [kəm'piːt] *vi* • **to compete in** participer à • **to compete with ten other teams for the cup** rivaliser avec dix autres équipes pour remporter la coupe
competent ['kɒmpɪtənt] *adj* compétent(e)
competition [,kɒmpɪ'tɪʃn] *n* **1.** compétition *f* **2.** *(contest)* concours *m* **3.** *(U) (between firms)* concurrence *f* • **the competition** *(rivals)* la concurrence
competitive [kəm'petətɪv] *adj* **1.** *(price)* compétitif(ive) **2.** *(person)* qui a l'esprit de compétition
competitor [kəm'petɪtəʳ] *n* concurrent *m*, -e *f*
complain [kəm'pleɪn] *vi* • **to complain (about)** se plaindre (de)
complaint [kəm'pleɪnt] *n* **1.** *(statement)* plainte *f* **2.** *(in shop)* réclamation *f* **3.** *(illness)* maladie *f*
complement ['kɒmplɪ,ment] *vt* compléter
complete [kəm'pliːt] *adj* **1.** complet(ète) **2.** *(finished)* achevé(e) ◇ *vt* **1.** *(finish)* achever **2.** *(a form)* remplir **3.** *(make whole)* compléter • **complete with** équipé(e)de
completely [kəm'pliːtlɪ] *adv* complètement
complex ['kɒmpleks] *adj* complexe ◇ *n (buildings, mental)* complexe *m*
complexion [kəm'plekʃn] *n (of skin)* teint *m*
complicated ['kɒmplɪkeɪtɪd] *adj* compliqué(e)
compliment *(n* ['kɒmplɪmənt], *vb* ['kɒmplɪment]*)* *n* compliment *m* ◇ *vt* **1.** *(on dress)* faire des compliments à **2.** *(on attitude)* féliciter
complimentary [,kɒmplɪ'mentərɪ] *adj* **1.** *(seat, ticket)* gratuit(e) **2.** *(words, person)* élogieux(ieuse)
compose [kəm'pəʊz] *vt* **1.** composer **2.** *(letter)* écrire • **to be composed of** se composer de
composed [kəm'pəʊzd] *adj* calme
composer [kəm'pəʊzəʳ] *n* compositeur *m*, -trice *f*
composition [,kɒmpə'zɪʃn] *n (essay)* composition *f*
compound ['kɒmpaʊnd] *n* composé *m*

comprehensive [ˌkɒmprɪˈhensɪv] *adj* **1.** complet(ète) **2.** *(insurance)* tous risques
comprehensive (school) *n* *(UK)* *établissement public d'enseignement secondaire*
compress *vt* compresser
compressed air [kəmˈprest-] *n* *(U)* air *m* comprimé
compression [kəmˈpreʃn] *n* compression *f*
comprise [kəmˈpraɪz] *vt* comprendre
compromise [ˈkɒmprəmaɪz] *n* compromis *m*
compulsory [kəmˈpʌlsərɪ] *adj* obligatoire
computer [kəmˈpjuːtəʳ] *n* ordinateur *m*
computer game *n* jeu *m* électronique
computer-generated [-ˈdʒenəreɪtɪd] *adj* créé(e) par ordinateur
computer-literate *adj* qui a des compétences en informatique
computerized [kəmˈpjuːtəraɪzd] *adj* informatisé(e)
computer operator *n* opérateur *m*, -trice *f* de saisie
computer programmer [-ˈprəʊgræməʳ] *n* programmeur *m*, -euse *f*
computer scientist *n* informaticien *m*, -enne *f*
computing [kəmˈpjuːtɪŋ] *n* *(U)* informatique *f*
con [kɒn] *n* *(inf)* *(trick)* arnaque *f* ● **all mod cons** *(UK)* tout confort
conceal [kənˈsiːl] *vt* dissimuler
conceited [kənˈsiːtɪd] *adj* *(pej)* suffisant(e)
concentrate [ˈkɒnsəntreɪt] *vi* se concentrer ◇ *vt* ● **to be concentrated** *(in one place)* être concentré ● **to concentrate on sthg** se concentrer sur qqch
concentrated [ˈkɒnsəntreɪtɪd] *adj* *(juice, soup, baby food)* concentré(e)
concentration [ˌkɒnsənˈtreɪʃn] *n* concentration *f*
concern [kənˈsɜːn] *vt* **1.** *(be about)* traiter de **2.** *(worry)* inquiéter **3.** *(involve)* concerner ◇ *n* **1.** *(worry)* inquiétude *f* **2.** *(interest)* intérêt *m* **3.** *COMM* affaire *f* ● **it's no concern of yours** ça ne te regarde pas ● **to be concerned about** s'inquiéter pour ● **to be concerned with** *(be about)* traiter de ● **to concern o.s. with sthg** se préoccuper de qqch ● **as far as I'm concerned** en ce qui me concerne
concerned [kənˈsɜːnd] *adj* *(worried)* inquiet(iète)
concerning [kənˈsɜːnɪŋ] *prep* concernant
concert [ˈkɒnsət] *n* concert *m*
concession [kənˈseʃn] *n* *(reduced price)* tarif *m* réduit
concise [kənˈsaɪs] *adj* concis(e)
conclude [kənˈkluːd] *vt* *(fml)* conclure ◇ *vi* *(fml)* *(end)* se conclure
conclusion [kənˈkluːʒn] *n* conclusion *f*
concrete [ˈkɒŋkriːt] *adj* **1.** *(building)* en béton **2.** *(path)* cimenté(e) **3.** *(idea, plan)* concret(ète) ◇ *n* béton *m*
concussion [kənˈkʌʃn] *n* commotion *f* cérébrale
condensation [ˌkɒndenˈseɪʃn] *n* *(U)* condensation *f*
condensed milk [kənˈdenst-] *n* *(U)* lait *m* condensé
condition [kənˈdɪʃn] *n* **1.** *(state)* état *m* **2.** *(proviso)* condition *f* **3.** *(illness)* maladie

f • **to be out of condition** ne pas être en forme • **on condition that** à condition que *(+ subjunctive)* ◆ **conditions** *npl (circumstances)* conditions *fpl* • **driving conditions** conditions atmosphériques
conditioner [kən'dɪʃnəʳ] *n* **1.** *(for hair)* après-shampo(o)ing *m inv* **2.** *(for clothes)* assouplissant *m*
condo ['kɒndəʊ] (*US*) (*inf*) = **condominium**
condom ['kɒndəm] *n* préservatif *m*
condominium [ˌkɒndə'mɪnɪəm] *n* (*US*) **1.** *(flat)* appartement *m* dans un immeuble en copropriété **2.** *(block of flats)* immeuble *m* en copropriété
conduct *vt* [kən'dʌkt] **1.** *(investigation, business)* mener **2.** *MUS* diriger ◇ *n* ['kɒndʌkt] *(U)* (*fml*) *(behaviour)* conduite *f* • **to conduct o.s.** (*fml*) se conduire
conductor [kən'dʌktəʳ] *n* **1.** *MUS* chef *m* d'orchestre **2.** *(on bus)* receveur *m*, -euse *f* **3.** (*US*) *(on train)* chef *m* de train
cone [kəʊn] *n* **1.** *(shape)* cône *m* **2.** *(for ice cream)* cornet *m (biscuit)* **3.** (*UK*) *(on roads)* cône de signalisation
confectioner's [kən'fekʃnəz] *n (shop)* confiserie *f*
confectionery [kən'fekʃnərɪ] *n (U)* confiserie *f*
conference ['kɒnfərəns] *n* conférence *f*
confess [kən'fes] *vi* • **to confess (to)** avouer
confession [kən'feʃn] *n* **1.** *(admission)* aveu *m* **2.** *RELIG* confession *f*
confidence ['kɒnfɪdəns] *n (U)* **1.** *(self-assurance)* confiance *f* en soi, assurance *f* **2.** *(trust)* confiance • **to have confidence in** avoir confiance en
confident ['kɒnfɪdənt] *adj* **1.** *(self-assured)* sûr(e)de soi **2.** *(certain)* certain(e)
configuration [kənˌfɪgə'reɪʃn] *n* configuration *f*
configure [kən'fɪgə] *vt* configurer
confined [kən'faɪnd] *adj (space)* réduit(e)
confirm [kən'fɜːm] *vt* confirmer
confirmation [ˌkɒnfə'meɪʃn] *n* confirmation *f*
conflict *n* ['kɒnflɪkt] conflit *m* ◇ *vi* [kən'flɪkt] • **to conflict (with)** être en contradiction (avec)
conform [kən'fɔːm] *vi* se plier à la règle • **to conform to** se conformer à
confuse [kən'fjuːz] *vt (person)* dérouter • **to confuse kindness with weakness** confondre la gentillesse avec la faiblesse
confused [kən'fjuːzd] *adj* **1.** *(person)* dérouté(e) **2.** *(situation)* confus(e)
confusing [kən'fjuːzɪŋ] *adj* déroutant(e)
confusion [kən'fjuːʒn] *n (U)* confusion *f*
congested [kən'dʒestɪd] *adj (street)* encombré(e)
congestion [kən'dʒestʃn] *n (U) (traffic)* encombrements *mpl*
congratulate [kən'grætʃʊleɪt] *vt* féliciter • **to congratulate the team on its success** féliciter l'équipe de son succès
congratulations [kənˌgrætʃʊ'leɪʃənz] *excl* félicitations !
congregate ['kɒŋgrɪgeɪt] *vi* se rassembler

Congress ['kɒŋgres] *n* *(US)* le Congrès

Congress

Parlement américain siégeant au Capitole de Washington (D.C.), créé en 1789 par l'article 1 de la Constitution. Le Congrès est composé du Sénat (cent représentants, avec deux sénateurs par État, qui ratifient les traités, corroborent les décisions du Président et peuvent destituer ce dernier par la procédure de l'*impeachment*) et de la Chambre des représentants (435 membres, répartis parmi les États en fonction de leur population, qui votent les lois du budget de l'État fédéral). Toute nouvelle loi doit être approuvée par les deux chambres puisqu'elles ont un pouvoir égal en matière de législation.

conifer ['kɒnɪfəʳ] *n* conifère *m*

conjunction [kən'dʒʌŋkʃn] *n* GRAM conjonction *f*

conjurer ['kʌndʒərəʳ] *n* prestidigitateur *m*, -trice *f*

connect [kə'nekt] *vt* **1.** relier **2.** *(telephone, machine)* brancher **3.** *(caller on phone)* mettre en communication ◇ *vi* • **to connect with** *(train, plane)* assurer la correspondance avec • **to connect one event with another** *(associate)* associer un événement à un autre

connecting flight [kə'nektɪŋ-] *n* correspondance *f*

connection [kə'nekʃn] *n* **1.** *(link)* rapport *m* **2.** *(train, plane)* correspondance *f* **3.** COMPUT branchement *m*, connexion *f* • **it's a bad connection** *(on phone)* la communication est mauvaise • **a loose connection** *(in machine)* un faux contact • **in connection with** au sujet de

conquer ['kɒŋkəʳ] *vt* *(country)* conquérir

conscience ['kɒnʃəns] *n* conscience *f*

conscientious [ˌkɒnʃɪ'enʃəs] *adj* consciencieux(ieuse)

conscious ['kɒnʃəs] *adj* **1.** *(awake)* conscient(e) **2.** *(deliberate)* délibéré(e) • **to be conscious of** *(aware)* être conscient de

consent [kən'sent] *n* accord *m*

consequence ['kɒnsɪkwəns] *n* *(result)* conséquence *f*

consequently ['kɒnsɪkwəntlɪ] *adv* par conséquent

conservation [ˌkɒnsə'veɪʃn] *n* *(U)* protection *f* de l'environnement

conservative [kən'sɜːvətɪv] *adj* conservateur(trice) ◆ **Conservative** *adj* conservateur(trice) ◇ *n* conservateur *m*, -trice *f*

conservatory [kən'sɜːvətrɪ] *n* *(of house)* véranda *f*

consider [kən'sɪdəʳ] *vt* **1.** *(think about)* étudier **2.** *(take into account)* tenir compte de **3.** *(judge)* considérer • **to consider doing sthg** envisager de faire qqch

considerable [kən'sɪdrəbl] *adj* considérable

consideration [kənˌsɪdə'reɪʃn] *n* **1.** *(U)* *(careful thought)* attention *f* **2.** *(factor)* considération *f* • **to take sthg into consideration** tenir compte de qqch

considering [kən'sɪdərɪŋ] *prep* étant donné

consist [kən'sɪst] ◆ **consist in** *vt insep* consister en ● **to consist in doing sthg** consister à faire qqch ◆ **consist of** *vt insep* se composer de

consistent [kən'sɪstənt] *adj* **1.** *(coherent)* cohérent(e) **2.** *(worker, performance)* régulier(ière)

consolation [ˌkɒnsə'leɪʃn] *n* consolation *f*

console ['kɒnsəʊl] *n* console *f*

consonant ['kɒnsənənt] *n* consonne *f*

conspicuous [kən'spɪkjʊəs] *adj* qui attire l'attention

constable ['kʌnstəbl] *n* (*UK*) agent *m* de police

constant ['kɒnstənt] *adj* constant(e)

constantly ['kɒnstəntlɪ] *adv* constamment

constipated ['kɒnstɪpeɪtɪd] *adj* constipé(e)

constitution [ˌkɒnstɪ'tjuːʃn] *n* constitution *f*

construct [kən'strʌkt] *vt* construire

construction [kən'strʌkʃn] *n* construction *f* ● **under construction** en construction

consul ['kɒnsəl] *n* consul *m*

consulate ['kɒnsjʊlət] *n* consulat *m*

consult [kən'sʌlt] *vt* consulter

consultant [kən'sʌltənt] *n* (*UK*) *(doctor)* spécialiste *m ou f*

consumable hardware *n* consommable *m*

consume [kən'sjuːm] *vt* consommer

consumer [kən'sjuːmə^r] *n* consommateur *m*, -trice *f*

contact ['kɒntækt] *n* contact *m* ◇ *vt* contacter ● **in contact with** en contact avec

contact lens *n* verre *m* de contact, lentille *f*

contagious [kən'teɪdʒəs] *adj* contagieux(ieuse)

contain [kən'teɪn] *vt* contenir

container [kən'teɪnə^r] *n* *(box etc)* récipient *m*

contaminate [kən'tæmɪneɪt] *vt* contaminer

contemporary [kən'tempərərɪ] *adj* contemporain(e) ◇ *n* contemporain *m*, -e *f*

contend [kən'tend] ◆ **contend with** *vt insep* faire face à

content *adj* [kən'tent] satisfait(e) ◇ *n* ['kɒntent] *(of vitamins, fibre etc)* teneur *f* ◆ **contents** *npl* **1.** *(things inside)* contenu *m* **2.** *(at beginning of book)* table *f* des matières

contest *n* ['kɒntest] **1.** *(competition)* concours *m* **2.** *(struggle)* lutte *f* ◇ *vt* [kən'test] **1.** *(election, match)* disputer **2.** *(decision, will)* contester

context ['kɒntekst] *n* contexte *m*

continent ['kɒntɪnənt] *n* continent *m* ● **the Continent** (*UK*) l'Europe *f* continentale

continental [ˌkɒntɪ'nentl] *adj* (*UK*) *(European)* d'Europe continentale

continental breakfast *n* petit déjeuner *m* à la française

continental quilt *n* (*UK*) couette *f*

continual [kən'tɪnjʊəl] *adj* continuel(elle)

continually [kən'tɪnjʊəlɪ] *adv* continuellement

continue [kən'tɪnju:] *vt* **1.** continuer **2.** *(start again)* poursuivre, reprendre ◇ *vi* **1.** continuer **2.** *(start again)* poursuivre, reprendre • **to continue doing sthg** continuer à faire qqch • **to continue with sthg** poursuivre qqch

continuous [kən'tɪnjʊəs] *adj* **1.** *(uninterrupted)* continuel(elle) **2.** *(unbroken)* continu(e)

continuously [kən'tɪnjʊəslɪ] *adv* continuellement

contraception [ˌkɒntrə'sepʃn] *n (U)* contraception *f*

contraceptive [ˌkɒntrə'septɪv] *n* contraceptif *m*

contract *n* ['kɒntrækt] contrat *m* ◇ *vt* [kən'trækt] *(fml) (illness)* contracter

contradict [ˌkɒntrə'dɪkt] *vt* contredire

contraflow ['kɒntrəfləʊ] *n (UK) système temporaire de circulation à contre-sens sur une autoroute*

contrary ['kɒntrərɪ] *n* • **on the contrary** au contraire

contrast *n* ['kɒntrɑ:st] contraste *m* ◇ *vt* [kən'trɑ:st] mettre en contraste • **in contrast to** par contraste avec

contribute [kən'trɪbju:t] *vt (help, money)* apporter ◇ *vi* • **to contribute to** contribuer à

contribution [ˌkɒntrɪ'bju:ʃn] *n* contribution *f*

control [kən'trəʊl] *n* **1.** *(U) (power)* contrôle *m* **2.** *(U) (over emotions)* maîtrise *f* de soi **3.** *(operating device)* bouton *m* de réglage ◇ *vt* contrôler • **to be in control** contrôler la situation • **out of control** impossible à maîtriser • **everything's under control** tout va bien • **to keep under control** *(dog, child)* tenir ◆ **controls** *npl* **1.** *(of TV, video)* télécommande *f* **2.** *(of plane)* commandes *fpl*

control tower *n* tour *f* de contrôle

controversial [ˌkɒntrə'vɜ:ʃl] *adj* controversé(e)

convenience [kən'vi:njəns] *n (U)* commodité *f* • **at your convenience** quand cela vous conviendra

convenient [kən'vi:njənt] *adj* **1.** *(suitable)* commode **2.** *(well-situated)* bien situé(e) • **would two thirty be convenient?** est-ce que 14 h 30 vous conviendrait ?

convent ['kɒnvənt] *n* couvent *m*

conventional [kən'venʃənl] *adj* conventionnel(elle)

conversation [ˌkɒnvə'seɪʃn] *n* conversation *f*

conversion [kən'vɜ:ʃn] *n* **1.** *(change)* transformation *f* **2.** *(of currency)* conversion *f* **3.** *(to building)* aménagement *m*

convert [kən'vɜ:t] *vt* **1.** *(change)* transformer **2.** *(currency, person)* convertir • **to convert sthg into** transformer qqch en

converted [kən'vɜ:tɪd] *adj (barn, loft)* aménagé(e)

convertible [kən'vɜ:təbl] *n* (voiture) décapotable *f*

convey [kən'veɪ] *vt* **1.** *(fml) (transport)* transporter **2.** *(idea, impression)* transmettre

convict *n* ['kɒnvɪkt] détenu *m*, -e *f* ◇ *vt* [kən'vɪkt] • **to convict sb (of)** déclarer qqn coupable (de)

convince [kən'vɪns] *vt* convaincre, persuader • **to convince sb of one's innocence** convaincre OR persuader qqn que qqch est vrai • **to convince sb to do sthg** convaincre OR persuader qqn de faire qqch

convoy ['kɒnvɔɪ] *n* convoi *m*

cook [kʊk] *n* cuisinier *m*, -ière *f* ◇ *vt* **1.** *(meal)* préparer **2.** *(food)* cuire ◇ *vi* **1.** *(person)* faire la cuisine, cuisiner **2.** *(food)* cuire

cookbook ['kʊk,bʊk] = **cookery book**

cooker ['kʊkəʳ] *n* (*UK*) cuisinière *f*

cookery ['kʊkərɪ] *n (U)* cuisine *f*

cookery book *n* (*UK*) livre *m* de cuisine

cookie ['kʊkɪ] *n* **1.** (*US*) biscuit *m* **2.** *COMPUT* cookie *m*, mouchard *m*

cooking ['kʊkɪŋ] *n (U)* cuisine *f*

cooking apple *n* pomme *f* à cuire

cooking oil *n* huile *f* (alimentaire)

cool [ku:l] *adj* **1.** *(temperature)* frais (fraîche) **2.** *(calm)* calme **3.** *(unfriendly)* froid(e) **4.** *(inf) (great)* génial(e) ◇ *vt* refroidir ♦ **cool down** *vi* **1.** *(food, liquid)* refroidir **2.** *(after exercise)* se rafraîchir **3.** *(become calmer)* se calmer

cooperate [kəʊ'ɒpəreɪt] *vi* coopérer

cooperation [kəʊ,ɒpə'reɪʃn] *n (U)* coopération *f*

cooperative [kəʊ'ɒpərətɪv] *adj* coopératif(ive)

coordinates [kəʊ'ɔ:dɪnəts] *npl (clothes)* coordonnés *mpl*

cope [kəʊp] *vi* se débrouiller • **to cope with** *(problem)* faire face à ; *(situation)* se sortir de

copilot ['kəʊ,paɪlət] *n* copilote *m*

copper ['kɒpəʳ] *n* **1.** *(U) (metal)* cuivre *m* **2.** (*UK*) *(inf) (coins)* petite monnaie *f*

copy ['kɒpɪ] *n* **1.** copie *f* **2.** *(of newspaper, book)* exemplaire *m* ◇ *vt* **1.** copier **2.** *(photocopy)* photocopier

copy and paste copier-coller *m inv*

cord(uroy) ['kɔ:d(ərɔɪ)] *n (U)* velours *m* côtelé

core [kɔ:ʳ] *n (of fruit)* trognon *m*

coriander [,kɒrɪ'ændəʳ] *n (U)* (*UK*) coriandre *f*

cork [kɔ:k] *n (in bottle)* bouchon *m*

corkscrew ['kɔ:kskru:] *n* tire-bouchon *m*

corn [kɔ:n] *n* **1.** *(U)* (*UK*) *(crop)* céréales *fpl* **2.** *(U)* (*US*) *(maize)* maïs *m* **3.** *(on foot)* cor *m*

corned beef [,kɔ:nd-] *n (U)* corned-beef *m inv*

corner ['kɔ:nəʳ] *n* **1.** coin *m* **2.** *(bend in road)* virage *m* **3.** *(in football)* corner *m* • **it's just around the corner** c'est tout près

corner shop *n* (*UK*) magasin *m* de quartier

cornet ['kɔ:nɪt] *n* (*UK*) *(ice-cream cone)* cornet *m (biscuit)*

cornflakes ['kɔ:nfleɪks] *npl* corn flakes *mpl*

corn-on-the-cob *n* épi *m* de maïs

Cornwall ['kɔ:nwɔ:l] *n* Cornouailles *f*

corporal ['kɔ:pərəl] *n* caporal *m*

corpse [kɔ:ps] *n* cadavre *m*, corps *m*

correct [kə'rekt] *adj* **1.** *(accurate)* correct(e), exact(e) **2.** *(most suitable)* bon (bonne) ◇ *vt* corriger

correction [kə'rekʃn] *n* correction *f*

correspond [ˌkɒrɪ'spɒnd] *vi* • **to correspond (to)** *(match)* correspondre (à) • **to correspond (with)** *(exchange letters)* correspondre (avec)
corresponding [ˌkɒrɪ'spɒndɪŋ] *adj* correspondant(e)
corridor ['kɒrɪdɔːʳ] *n* couloir *m*
corrugated iron ['kɒrəgeɪtɪd-] *n (U)* tôle *f* ondulée
corrupt [kə'rʌpt] *adj* **1.** *(dishonest)* corrompu(e) **2.** *(morally wicked)* dépravé(e)
cosmetics [kɒz'metɪks] *npl* produits *mpl* de beauté
cost [kɒst] *(pt & pp* **cost**) *n* coût *m* ◇ *vt* coûter • **how much does it cost?** combien est-ce que ça coûte ?
costly ['kɒstlɪ] *adj (expensive)* coûteux(euse)
costume ['kɒstjuːm] *n* costume *m*
cosy ['kəʊzɪ] *adj (UK) (room, house)* douillet(ette)
cot [kɒt] *n* **1.** *(UK) (for baby)* lit *m* d'enfant **2.** *(US) (camp bed)* lit *m* de camp
cottage ['kɒtɪdʒ] *n* petite maison *f* (à la campagne)
cottage cheese *n (U) fromage frais granuleux*
cottage pie *n (UK)* hachis *m* Parmentier
cotton ['kɒtn] *adj* en coton ◇ *n (U)* **1.** *(cloth)* coton *m* **2.** *(thread)* fil *m* de coton
cotton candy *n (U) (US)* barbe *f* à papa
cotton wool *n (U) (UK)* coton *m* (hydrophile)
couch [kaʊtʃ] *n* **1.** canapé *m* **2.** *(at doctor's)* lit *m*
couchette [kuː'ʃet] *n* couchette *f*
cough [kɒf] *n* toux *f* ◇ *vi* tousser • **to have a cough** tousser
cough mixture *n (UK)* sirop *m* pour la toux
could [kʊd] *pt* ➤ **can**
couldn't ['kʊdnt] = **could not**
could've ['kʊdəv] = **could have**
council ['kaʊnsl] *n* **1.** conseil *m* **2.** *(of town)* ≃ conseil municipal **3.** *(of county)* ≃ conseil régional
council house *n (UK)* ≃ HLM *m inv* OR *f inv*
councilor *(US)* = **councillor**
councillor ['kaʊnsələʳ] *n (UK)* **1.** *(of town)* ≃ conseiller *m* municipal, conseillère municipale **2.** *(of county)* ≃ conseiller *m* régional, conseillère régionale
council tax *n (UK)* ≃ impôts *mpl* locaux
count [kaʊnt] *vt & vi* compter ◇ *n (nobleman)* comte *m* ♦ **count on** *vt insep* **1.** *(rely on)* compter sur **2.** *(expect)* s'attendre à
counter ['kaʊntəʳ] *n* **1.** *(in shop)* comptoir *m* **2.** *(in bank)* guichet *m* **3.** *(in board game)* pion *m*
counterclockwise [ˌkaʊntə'klɒkwaɪz] *adv (US)* dans le sens inverse des aiguilles d'une montre
counterfoil ['kaʊntəfɔɪl] *n* talon *m*
countess ['kaʊntɪs] *n* comtesse *f*
country ['kʌntrɪ] *n* **1.** pays *m* **2.** *(countryside)* campagne *f* ◇ *adj* **1.** *(pub)* de campagne **2.** *(people)* de la campagne
country and western *n (U)* musique *f* country
country house *n* manoir *m*
country road *n* route *f* de campagne

countryside ['kʌntrɪsaɪd] *n (U)* campagne *f*
county ['kaʊntɪ] *n* comté *m*
couple ['kʌpl] *n* couple *m* • **a couple (of)** *(two)* deux ; *(a few)* deux ou trois
coupon ['ku:pɒn] *n* coupon *m*
courage ['kʌrɪdʒ] *n (U)* courage *m*
courgette [kɔ:'ʒet] *n (UK)* courgette *f*
courier ['kʊrɪə^r] *n* **1.** *(for holidaymakers)* accompagnateur *m*, -trice *f* **2.** *(for delivering letters)* coursier *m*, -ière *f*
course [kɔ:s] *n* **1.** *(of meal)* plat *m* **2.** *(at college, of classes)* cours *mpl* **3.** *(of injections)* série *f* **4.** *(of river)* cours *m* **5.** *(of ship, plane)* route *f* **6.** *(for golf)* terrain *m* • **a course of treatment** un traitement • **of course** bien sûr • **of course not** bien sûr que non • **in the course of** au cours de
court [kɔ:t] *n* **1.** LAW *(building, room)* tribunal *m* **2.** *(for tennis)* court *m* **3.** *(for basketball, badminton)* terrain *m* **4.** *(for squash)* salle *f* **5.** *(of king, queen)* cour *f*
courtesy bus ['kɜ:tɪsɪ-] *n* navette *f* gratuite
court shoes *npl (UK)* escarpins *mpl*
courtyard ['kɔ:tjɑ:d] *n* cour *f*
cousin ['kʌzn] *n* cousin *m*, -e *f*
cover ['kʌvə^r] *n* **1.** *(for furniture, car)* housse *f* **2.** *(lid)* couvercle *m* **3.** *(of magazine, blanket, insurance)* couverture *f* ◇ *vt* couvrir • **to be covered in** être couvert de • **to cover the body with a blanket** recouvrir le corps d'une couverture • **to take cover** s'abriter ◆ **cover up** *vt sep* **1.** *(put cover on)* couvrir **2.** *(facts, truth)* cacher
cover charge *n* couvert *m*
cover note *n (UK)* attestation *f* provisoire d'assurance
cow [kaʊ] *n (animal)* vache *f*
coward ['kaʊəd] *n* lâche *m ou f*
cowboy ['kaʊbɔɪ] *n* cow-boy *m*
CPU (*abbr of central processing unit*) *abbr of* **central processing unit**
crab [kræb] *n* crabe *m*
crack [kræk] *n* **1.** *(in cup, glass)* fêlure *f* **2.** *(in wood, wall)* fissure *f* **3.** *(gap)* fente *f* ◇ *vt* **1.** *(cup, glass)* fêler **2.** *(wood, wall)* fissurer **3.** *(nut, egg)* casser **4.** *(inf) (joke)* faire **5.** *(whip)* faire claquer ◇ *vi* **1.** *(cup, glass)* se fêler **2.** *(wood, wall)* se fissurer
cracker ['krækə^r] *n* **1.** *(biscuit)* biscuit *m* salé **2.** *(UK) (for Christmas) papillote contenant un pétard et une surprise, traditionnelle au moment des fêtes*
cradle ['kreɪdl] *n* berceau *m*
craft [krɑ:ft] *n* **1.** *(skill)* art *m* **2.** *(trade)* artisanat *m* **3.** *(boat: pl inv)* embarcation *f*
craftsman ['krɑ:ftsmən] (*pl* **-men**) *n* artisan *m*
cram [kræm] *vt* • **to cram sthg into** entasser qqch dans • **to be crammed with** être bourré de
cramp [kræmp] *n (U)* crampe *f* • **stomach cramps** crampes d'estomac
cranberry ['krænbərɪ] *n* airelle *f*
cranberry sauce *n (U)* sauce *f* aux airelles
crane [kreɪn] *n (machine)* grue *f*
crap [kræp] *adj (vulg)* de merde, merdique ◇ *n (vulg)* merde *f* • **to have a crap** chier
crash [kræʃ] *n* **1.** *(accident)* accident *m* **2.** COMPUT plantage *m* **3.** *(noise)* fracas *m* ◇ *vi* **1.** *(plane)* s'écraser **2.** *(car)* avoir un

accident **3.** *COMPUT* planter ◇ *vt* ● **to crash one's car** avoir un accident de voiture ◆ **crash into** *vt insep* rentrer dans
crash helmet *n* casque *m*
crash landing *n* atterrissage *m* forcé
crate [kreɪt] *n* cageot *m*
crawl [krɔːl] *vi* **1.** *(baby, person)* marcher à quatre pattes **2.** *(insect)* ramper **3.** *(traffic)* avancer au pas ◇ *n (swimming stroke)* crawl *m*
crawler lane ['krɔːlər-] *n* (*UK*) file *f* pour véhicules lents
crayfish ['kreɪfɪʃ] (*pl inv*) *n* écrevisse *f*
crayon ['kreɪɒn] *n* crayon *m* de couleur
craze [kreɪz] *n* mode *f*
crazy ['kreɪzɪ] *adj* fou (folle) ● **to be crazy about** être fou de
crazy golf *n (U)* (*UK*) golf *m* miniature
cream [kriːm] *n (U)* crème *f* ◇ *adj (in colour)* blanc cassé *inv*
cream cake *n* (*UK*) gâteau *m* à la crème
cream cheese *n (U)* fromage *m* frais
cream sherry *n* xérès *m* doux
cream tea *n* (*UK*) *goûter se composant de thé et de scones servis avec de la crème et de la confiture*
creamy ['kriːmɪ] *adj* **1.** *(food)* à la crème **2.** *(texture)* crémeux(euse)
crease [kriːs] *n* pli *m*
creased [kriːst] *adj* froissé(e)
create [kriː'eɪt] *vt* **1.** créer **2.** *(interest)* susciter
creative [kriː'eɪtɪv] *adj* créatif(ive)
creature ['kriːtʃər] *n* être *m*
crèche [kreʃ] *n* (*UK*) crèche *f*, garderie *f*
credit ['kredɪt] *n* **1.** *(U)* *(praise)* mérite *m* **2.** *(U)* *(money)* crédit *m* **3.** *(at school, university)* unité *f* de valeur ● **to be in credit** *(account)* être approvisionné ◆ **credits** *npl (of film)* générique *m*
credit card *n* carte *f* de crédit ● **to pay by credit card** payer par carte de crédit ▼ **all major credit cards accepted** on accepte les cartes de crédit
creek [kriːk] *n* **1.** *(inlet)* crique *f* **2.** (*US*) *(river)* ruisseau *m*
creep [kriːp] (*pt & pp* **crept**) *vi (person)* se glisser ◇ *n (inf) (groveller)* lèche-bottes *m inv* OR *f inv*
cremate [krɪ'meɪt] *vt* incinérer
crematorium [ˌkremə'tɔːrɪəm] *n* crématorium *m*
crept [krept] *pt & pp* ➤ **creep**
cress [kres] *n* cresson *m*
crest [krest] *n* **1.** *(of hill, wave)* crête *f* **2.** *(emblem)* blason *m*
crew [kruː] *n* équipage *m*
crew neck *n* encolure *f* ras du cou
crib [krɪb] *n* (*US*) lit *m* d'enfant
cricket ['krɪkɪt] *n* **1.** *(U)* *(game)* cricket *m* **2.** *(insect)* grillon *m*
crime [kraɪm] *n* **1.** *(offence)* délit *m* *(U)* **2.** *(U)* *(illegal activity)* criminalité *f*
criminal ['krɪmɪnl] *adj* criminel(elle) ◇ *n* criminel *m*, -elle *f*
cripple ['krɪpl] *n* infirme *m ou f* ◇ *vt (subj: disease, accident)* estropier
crisis ['kraɪsɪs] (*pl* **crises** ['kraɪsiːz]) *n* crise *f*
crisp [krɪsp] *adj* **1.** *(bacon, pastry)* croustillant(e) **2.** *(fruit, vegetable)* croquant(e) ◆ **crisps** *npl* (*UK*) chips *fpl*
crispy ['krɪspɪ] *adj* **1.** *(bacon, pastry)* croustillant(e) **2.** *(fruit, vegetable)* croquant(e)
critic ['krɪtɪk] *n* critique *m ou f*

critical ['krɪtɪkl] *adj* critique
criticize ['krɪtɪsaɪz] *vt* critiquer
crockery ['krɒkərɪ] *n (U)* vaisselle *f*
crocodile ['krɒkədaɪl] *n* crocodile *m*
crocus ['krəʊkəs] (*pl* **-es**) *n* crocus *m*
crooked ['krʊkɪd] *adj (bent, twisted)* tordu(e)
crop [krɒp] *n* **1.** *(kind of plant)* culture *f* **2.** *(harvest)* récolte *f* ◆ **crop up** *vi* se présenter
cross [krɒs] *adj* fâché(e) ◇ *vt* **1.** *(road, river, ocean)* traverser **2.** *(arms, legs)* croiser **3.** (*UK*) *(cheque)* barrer ◇ *vi (intersect)* se croiser ◇ *n* croix *f* ● **a cross between** *(animals)* un croisement entre ; *(things)* un mélange de ◆ **cross out** *vt sep* barrer ◆ **cross over** *vt insep (road)* traverser
crossbar ['krɒsbɑːʳ] *n* **1.** *(of bicycle)* barre *f* **2.** *(of goal)* barre transversale
cross-Channel ferry *n* ferry *m* transmanche
cross-country (running) *n* cross *m*
crossing ['krɒsɪŋ] *n* **1.** *(on road)* passage *m* clouté **2.** *(sea journey)* traversée *f*
cross-reference *n* renvoi *m*
crossroads ['krɒsrəʊdz] (*pl inv*) *n* croisement *m*, carrefour *m*
crosswalk ['krɒswɔːk] *n* (*US*) passage *m* clouté
crossword (puzzle) ['krɒswɜːd-] *n* mots croisés *mpl*
crotch [krɒtʃ] *n* entrejambe *m*
crouton ['kruːtɒn] *n* croûton *m*
crow [krəʊ] *n* corbeau *m*
crowbar ['krəʊbɑːʳ] *n* pied-de-biche *m*
crowd [kraʊd] *n* **1.** foule *f* **2.** *(at match)* public *m*
crowded ['kraʊdɪd] *adj* **1.** *(bus)* bondé(e) **2.** *(street)* plein(e)de monde
crown [kraʊn] *n* **1.** couronne *f* **2.** *(of head)* sommet *m*
Crown Jewels *npl* joyaux *mpl* de la couronne
crucial ['kruːʃl] *adj* crucial(e)
crude [kruːd] *adj* grossier(ière)
cruel [krʊəl] *adj* cruel(elle)
cruelty ['krʊəltɪ] *n (U)* cruauté *f*
cruet (set) ['kruːɪt-] *n* service *m* à condiments
cruise [kruːz] *n* croisière *f* ◇ *vi* **1.** *(car)* rouler **2.** *(plane)* voler **3.** *(ship)* croiser
cruiser ['kruːzəʳ] *n* bateau *m* de croisière
crumb [krʌm] *n* miette *f*
crumble ['krʌmbl] *n* (*UK*) *dessert composé d'une couche de fruits cuits recouverts de pâte sablée* ◇ *vi* **1.** *(building)* s'écrouler **2.** *(cliff)* s'effriter
crumpet ['krʌmpɪt] *n* (*UK*) *petite crêpe épaisse qui se mange généralement chaude et beurrée*
crunchy ['krʌntʃɪ] *adj* croquant(e)
crush [krʌʃ] *n (drink)* jus *m* de fruit ◇ *vt* **1.** écraser **2.** *(ice)* piler
crust [krʌst] *n* croûte *f*
crusty ['krʌstɪ] *adj* croustillant(e)
crutch [krʌtʃ] *n* **1.** *(stick)* béquille *f* **2.** (*UK*) *(between legs)* = **crotch**
cry [kraɪ] *n* cri *m* ◇ *vi* **1.** pleurer **2.** *(shout)* crier ◆ **cry out** *vi (in pain, horror)* pousser un cri
crystal ['krɪstl] *n* cristal *m*
cub [kʌb] *n (animal)* petit *m*
Cub [kʌb] *n* ≃ louveteau *m*
cube [kjuːb] *n* **1.** *(shape)* cube *m* **2.** *(of sugar)* morceau *m*

cubicle ['kju:bɪkl] *n* cabine *f*
Cub Scout = **Cub**
cuckoo ['kʊku:] *n* coucou *m*
cucumber ['kju:kʌmbəʳ] *n* concombre *m*
cuddle ['kʌdl] *n* câlin *m*
cuddly toy ['kʌdlɪ-] *n (UK)* jouet *m* en peluche
cue [kju:] *n (in snooker, pool)* queue *f* (de billard)
cuff [kʌf] *n* **1.** *(of sleeve)* poignet *m* **2.** *(US) (of trousers)* revers *m*
cuff links *npl* boutons *mpl* de manchette
cuisine [kwɪ'zi:n] *n* cuisine *f*
cul-de-sac ['kʌldəsæk] *n* impasse *f*
cult [kʌlt] *n* RELIG culte *m* ◇ *adj* culte
cultivate ['kʌltɪveɪt] *vt* cultiver
cultivated ['kʌltɪveɪtɪd] *adj* cultivé(e)
cultural ['kʌltʃərəl] *adj* culturel(elle)
culture ['kʌltʃəʳ] *n* culture *f*
cumbersome ['kʌmbəsəm] *adj* encombrant(e)
cumin ['kju:mɪn] *n (U)* cumin *m*
cunning ['kʌnɪŋ] *adj* malin(igne)
cup [kʌp] *n* **1.** tasse *f* **2.** *(trophy, competition)* coupe *f* **3.** *(of bra)* bonnet *m*
cupboard ['kʌbəd] *n* placard *m*
curator [ˌkjʊə'reɪtəʳ] *n* conservateur *m*, -trice *f*
curb [kɜ:b] *(US)* = **kerb**
curd cheese [ˌkɜ:d-] *n (U)* fromage *m* blanc battu
cure [kjʊəʳ] *n* remède *m* ◇ *vt* **1.** *(illness, person)* guérir **2.** *(with salt)* saler **3.** *(with smoke)* fumer **4.** *(by drying)* sécher
curious ['kjʊərɪəs] *adj* curieux(ieuse)
curl [kɜ:l] *n (of hair)* boucle *f* ◇ *vt (hair)* friser
curler ['kɜ:ləʳ] *n* bigoudi *m*
curly ['kɜ:lɪ] *adj* frisé(e)
currant ['kʌrənt] *n* raisin *m* sec
currency ['kʌrənsɪ] *n* **1.** *(cash)* monnaie *f* **2.** *(foreign)* devise *f*
current ['kʌrənt] *adj* actuel(elle) ◇ *n* courant *m*
current account *n (UK)* compte *m* courant
current affairs *npl* l'actualité *f*
currently ['kʌrəntlɪ] *adv* actuellement
curriculum [kə'rɪkjələm] *n* programme *m* (d'enseignement)
curriculum vitae [-'vi:taɪ] *n (UK)* curriculum vitae *m inv*
curried ['kʌrɪd] *adj* au curry
curry ['kʌrɪ] *n* curry *m*
curse [kɜ:s] *vi* jurer
cursor ['kɜ:səʳ] *n* curseur *m*
curtain ['kɜ:tn] *n* rideau *m*
curve [kɜ:v] *n* courbe *f* ◇ *vi* faire une courbe
curved [kɜ:vd] *adj* courbe
cushion ['kʊʃn] *n* coussin *m*
custard ['kʌstəd] *n (U)* crème *f* anglaise *(épaisse)*
custom ['kʌstəm] *n (tradition)* coutume *f*
▾ **thank you for your custom** merci de votre visite
customary ['kʌstəmrɪ] *adj* habituel(elle)
customer ['kʌstəməʳ] *n (of shop)* client *m*, -e *f*
customer services *n (U) (department)* service *m* clients
customs ['kʌstəmz] *n* douane *f* ● **to go through customs** passer à la douane
customs duty *n (U)* droit *m* de douane

customs officer *n* douanier *m*, -ière *f*

cut [kʌt] (*pt & pp* **cut**) *n* **1.** *(in skin)* coupure *f* **2.** *(in cloth)* accroc *m* **3.** *(reduction)* réduction *f* **4.** *(piece of meat)* morceau *m* **5.** *(hairstyle, of clothes)* coupe *f* ◇ *vi* couper ◇ *vt* **1.** couper **2.** *(reduce)* réduire ● **to cut one's hand** se couper à la main ● **cut and blow-dry** coupe-brushing *f* ● **to cut o.s.** se couper ● **to have one's hair cut** se faire couper les cheveux ● **to cut the grass** tondre la pelouse ● **to cut sthg open** ouvrir qqch ◆ **cut back** *vi* ● **to cut back (on)** faire des économies (sur) ◆ **cut down** *vt sep (tree)* abattre ◆ **cut down on** *vt insep* réduire ◆ **cut off** *vt sep* couper ● **I've been cut off** *(on phone)* j'ai été coupé ● **to be cut off** *(isolated)* être isolé ◆ **cut out** *vt sep (newspaper article, photo)* découper ◇ *vi (engine)* caler ● **to cut out smoking** arrêter de fumer ● **cut it out!** *(inf)* ça suffit ! ◆ **cut up** *vt sep* couper

cute [kju:t] *adj* mignon(onne)

cut-glass *adj* en cristal taillé

cutlery ['kʌtlərɪ] *n (U)* couverts *mpl*

cutlet ['kʌtlɪt] *n* **1.** *(of meat)* côtelette *f* **2.** *(of nuts, vegetables)* croquette *f*

cut-price *adj* à prix réduit

cutting ['kʌtɪŋ] *n (UK) (from newspaper)* coupure *f* de presse

CV *n (UK) (abbr of curriculum vitae)* CV *m*

cwt *abbr of* **hundredweight**

cybercrime ['saɪbəkraɪm] *n* cybercrime *m*

cybernaut ['saɪbəˌnɔ:t] *n* cybernaute *m ou f*

cyberpet ['saɪbəˌpet] *n* animal *m* virtuel

cybersex ['saɪbəˌseks] *n* cybersexe *m*

cybersurfer ['saɪbəˌsɜ:fəʳ] *n* cybernaute *m ou f*

cycle ['saɪkl] *n* **1.** *(bicycle)* vélo *m* **2.** *(series)* cycle *m* ◇ *vi* aller en vélo

cycle hire *n* location *f* de vélos

cycle lane *n* piste *f* cyclable *(sur la route)*

cycle path *n* piste *f* cyclable

cycling ['saɪklɪŋ] *n (U)* cyclisme *m* ● **to go cycling** faire du vélo

cycling shorts *npl* cycliste *m*

cyclist ['saɪklɪst] *n* cycliste *m ou f*

cylinder ['sɪlɪndəʳ] *n* **1.** *(container)* bouteille *f* **2.** *(in engine)* cylindre *m*

cynical ['sɪnɪkl] *adj* cynique

Czech [tʃek] *adj* tchèque ◇ *n* **1.** *(person)* Tchèque *m ou f* **2.** *(language)* tchèque *m*

Czechoslovakia [ˌtʃekəslə-'vækɪə] *n* la Tchécoslovaquie

Czech Republic *n* ● **the Czech Republic** la République tchèque

dD

dab [dæb] *vt (wound)* tamponner

dad [dæd] *n (inf)* papa *m*

daddy ['dædɪ] *n (inf)* papa *m*

daddy longlegs [-'lɒŋlegz] *(pl inv) n* faucheux *m*

daffodil ['dæfədɪl] *n* jonquille *f*

daft [dɑ:ft] *adj (UK) (inf)* idiot(e)

daily ['deɪlɪ] *adj* quotidien(ienne) ◇ *adv* quotidiennement ◇ *n* • **a daily (newspaper)** un quotidien

dairy ['deərɪ] *n* **1.** *(on farm)* laiterie *f* **2.** *(shop)* crémerie *f*

dairy product *n* produit *m* laitier

daisy ['deɪzɪ] *n* pâquerette *f*

dam [dæm] *n* barrage *m*

damage ['dæmɪdʒ] *n (U)* **1.** dégâts *mpl* **2.** *(fig) (to reputation)* tort *m* ◇ *vt* **1.** abîmer **2.** *(fig) (reputation)* nuire à **3.** *(fig) (chances)* compromettre

damn [dæm] *excl (inf)* zut! ◇ *adj (inf)* sacré(e) • **I don't give a damn** je m'en fiche pas mal

damp [dæmp] *adj* humide ◇ *n (U)* humidité *f*

damson ['dæmzn] *n petite prune acide*

dance [dɑːns] *n* **1.** danse *f* **2.** *(social event)* bal *m* ◇ *vi* danser • **to have a dance** danser

dance floor *n (in club)* piste *f* de danse

dancer ['dɑːnsəʳ] *n* danseur *m*, -euse *f*

dancing ['dɑːnsɪŋ] *n (U)* danse *f* • **to go dancing** aller danser

dandelion ['dændɪlaɪən] *n* pissenlit *m*

dandruff ['dændrʌf] *n (U)* pellicules *fpl*

Dane [deɪn] *n* Danois *m*, -e *f*

danger ['deɪndʒəʳ] *n* danger *m* • **in danger** en danger

dangerous ['deɪndʒərəs] *adj* dangereux(euse)

Danish ['deɪnɪʃ] *adj* danois(e) ◇ *n (language)* danois *m*

Danish pastry *n feuilleté glacé sur le dessus, fourré généralement à la confiture de pommes ou de cerises*

dare [deəʳ] *vt* • **to dare to do sthg** oser faire qqch • **I dare you to dive in** je te défie de plonger • **how dare you!** comment oses-tu !

daring ['deərɪŋ] *adj* audacieux(ieuse)

dark [dɑːk] *adj* **1.** *(room, night)* sombre **2.** *(colour, skin)* foncé(e) **3.** *(person)* brun(e) **4.** *(skin)* foncé(e) ◇ *n (U)* • **after dark** après la tombée de la nuit • **the dark** le noir

dark chocolate *n (U)* chocolat *m* noir

dark glasses *npl* lunettes *fpl* noires

darkness ['dɑːknɪs] *n (U)* obscurité *f*

darling ['dɑːlɪŋ] *n* chéri *m*, -e *f*

dart [dɑːt] *n* fléchette *f* ♦ **darts** *n (game)* fléchettes *fpl*

dartboard ['dɑːtbɔːd] *n* cible *f* (de jeu de fléchettes)

dash [dæʃ] *n* **1.** *(of liquid)* goutte *f* **2.** *(in writing)* tiret *m* ◇ *vi* se précipiter

dashboard ['dæʃbɔːd] *n* tableau *m* de bord

data ['deɪtə] *n (U)* données *fpl*

database ['deɪtəbeɪs] *n* base *f* de données

data protection *n* protection *f* de l'information

date [deɪt] *n* **1.** *(day)* date *f* **2.** *(meeting)* rendez-vous *m* **3.** *(US) (person)* petit ami *m*, petite amie *f* **4.** *(fruit)* datte *f* ◇ *vt* **1.** *(cheque, letter)* dater **2.** *(person)* sortir avec ◇ *vi (become unfashionable)* dater • **what's the date?** quel jour sommes-nous ? • **to have a date with sb** avoir rendez-vous avec qqn

date of birth *n* date *f* de naissance

daughter ['dɔːtəʳ] *n* fille *f*

daughter-in-law *n* belle-fille *f*

dawn [dɔːn] *n* aube *f*

day [deɪ] *n* **1.** *(of week)* jour *m* **2.** *(period, working day)* journée *f* • **what day is it today?** quel jour sommes-nous ? • **what a lovely day!** quelle belle journée ! • **to have a day off** avoir un jour de congé • **to have a day out** aller passer une journée quelque part • **by day** *(travel)* de jour • **the day after tomorrow** après-demain • **the day before** la veille • **the day before yesterday** avant-hier • **the following day** le jour suivant • **have a nice day!** bonne journée !

daylight ['deɪlaɪt] *n (U)* jour *m*

day return *n (UK) (railway ticket) aller-retour valable pour une journée*

dayshift ['deɪʃɪft] *n* • **to be on dayshift** travailler de jour

daytime ['deɪtaɪm] *n (U)* journée *f*

day-to-day *adj (everyday)* quotidien(ienne)

day trip *n* excursion *f (d'une journée)*

dazzle ['dæzl] *vt* éblouir

DC *abbr of* **direct current**

dead [ded] *adj* **1.** mort(e) **2.** *(telephone line)* coupé(e) ◇ *adv (inf) (very)* super • **dead in the middle** en plein milieu • **dead on time** pile à l'heure • **it's dead ahead** c'est droit devant ▼ **dead slow** roulez au pas

dead end *n (street)* impasse *f*, cul-de-sac *m*

deadline ['dedlaɪn] *n* date *f* limite

deaf [def] *adj* sourd(e) ◇ *npl* • **the deaf** les sourds *mpl*

deal [diːl] *(pt & pp* **dealt**) *n (agreement)* marché *m*, affaire *f* ◇ *vt (cards)* donner • **a good/bad deal** une bonne/mauvaise affaire • **a great deal of** beaucoup de • **it's a deal!** marché conclu ! ◆ **deal in** *vt insep* faire le commerce de ◆ **deal with** *vt insep* **1.** *(handle)* s'occuper de **2.** *(be about)* traiter de

dealer ['diːlər] *n* **1.** *COMM* marchand *m*, -e *f* **2.** *(in drugs)* dealer *m*

dealt [delt] *pt & pp* ➤ **deal**

dear [dɪər] *adj* cher (chère) ◇ *n* • **my dear** *(to friend)* mon cher ; *(to lover)* mon chéri • **Dear Sir** cher Monsieur • **Dear Madam** chère Madame • **Dear John** cher John • **oh dear!** mon Dieu !

death [deθ] *n* mort *f*

debate [dɪ'beɪt] *n* débat *m* ◇ *vt (wonder)* se demander

debit ['debɪt] *n* débit *m* ◇ *vt (account)* débiter

debit card *n* carte *f* de paiement à débit immédiat

debt [det] *n* dette *f* • **to be in debt** être endetté

debug *vt* déboguer

decaff ['diːkæf] *n (inf)* déca *m*

decaffeinated [dɪ'kæfɪneɪtɪd] *adj* décaféiné(e)

decanter [dɪ'kæntər] *n* carafe *f*

decay [dɪ'keɪ] *n (U)* **1.** *(of building)* délabrement *m* **2.** *(of wood)* pourrissement *m* **3.** *(of tooth)* carie *f* ◇ *vi (rot)* pourrir

deceive [dɪ'siːv] *vt* tromper

decelerate [ˌdiː'seləreɪt] *vi* ralentir

December [dɪ'sembər] *n* décembre *m* • **at the beginning of December** début décembre • **at the end of December** fin décembre • **during December** en décembre • **every December** tous les ans en décembre • **in December** en décembre

• **last December** en décembre (dernier) • **next December** en décembre de l'année prochaine • **this December** en décembre (prochain) • **2 December 1994** *(in letters etc)* le 2 décembre 1994

decent ['di:snt] *adj* **1.** *(meal, holiday)* vrai(e) **2.** *(price, salary)* correct(e) **3.** *(respectable)* décent(e) **4.** *(kind)* gentil(ille)

decide [dɪ'saɪd] *vt* décider ◇ *vi* (se) décider • **to decide to do sthg** décider de faire qqch ◆ **decide on** *vt insep* se décider pour

decimal ['desɪml] *adj* décimal(e)

decimal point *n* virgule *f*

decision [dɪ'sɪʒn] *n* décision *f* • **to make a decision** prendre une décision

decisive [dɪ'saɪsɪv] *adj* **1.** *(person)* décidé(e) **2.** *(event, factor)* décisif(ive)

deck [dek] *n* **1.** *(of ship)* pont *m* **2.** *(of bus)* étage *m* **3.** *(of cards)* jeu *m* (de cartes)

deckchair ['dektʃeəʳ] *n* chaise *f* longue

declare [dɪ'kleəʳ] *vt* déclarer • **to declare that** déclarer que ▾ **nothing to declare** rien à déclarer

decline [dɪ'klaɪn] *n* déclin *m* ◇ *vi* **1.** *(get worse)* décliner **2.** *(refuse)* refuser

decompress [,di:kəm'pres] *vt* décompresser

decorate ['dekəreɪt] *vt* décorer

decoration [,dekə'reɪʃn] *n* décoration *f*

decorator ['dekəreɪtəʳ] *n* décorateur *m*, -trice *f*

decrease *n* ['di:kri:s] diminution *f* ◇ *vi* [di:'kri:s] diminuer

dedicated ['dedɪkeɪtɪd] *adj (committed)* dévoué(e)

deduce [dɪ'dju:s] *vt* déduire, conclure

deduct [dɪ'dʌkt] *vt* déduire

deduction [dɪ'dʌkʃn] *n* déduction *f*

deep [di:p] *adj* profond(e) ◇ *adv* profond • **the swimming pool is 2 m deep** la piscine fait 2 m de profondeur

deep end *n (of swimming pool)* *côté le plus profond*

deep freeze *n* congélateur *m*

deep-fried [-'fraɪd] *adj* frit(e)

deep-pan *adj (pizza)* à pâte épaisse

deer [dɪəʳ] *(pl inv)* *n* cerf *m*

defeat [dɪ'fi:t] *n* défaite *f* ◇ *vt* battre

defect ['di:fekt] *n* défaut *m*

defective [dɪ'fektɪv] *adj* défectueux(euse)

defence [dɪ'fens] *n* (*UK*) défense *f*

defend [dɪ'fend] *vt* défendre

defense [dɪ'fens] (*US*) = **defence**

deficiency [dɪ'fɪʃnsɪ] *n (lack)* manque *m*

deficit ['defɪsɪt] *n* déficit *m*

define [dɪ'faɪn] *vt* définir

definite ['defɪnɪt] *adj* **1.** *(clear)* net (nette) **2.** *(certain)* certain(e)

definite article *n* article *m* défini

definitely ['defɪnɪtlɪ] *adv (certainly)* sans aucun doute • **I'll definitely come** je viens, c'est sûr

definition [defɪ'nɪʃn] *n* définition *f*

deflate [dɪ'fleɪt] *vt (tyre)* dégonfler

deflect [dɪ'flekt] *vt (ball)* dévier

defogger [,di:'fɒgər] *n* (*US*) dispositif *m* antibuée

deformed [dɪ'fɔ:md] *adj* difforme

defragment *vt* défragmenter

defragmenting *n* défragmentation *f*

defrost [,di:'frɒst] *vt* **1.** *(food)* décongeler **2.** *(fridge)* dégivrer **3.** (*US*) *(demist)* désembuer

degree [dɪ'griː] *n* **1.** *(unit of measurement)* degré *m* **2.** *(qualification)* ≃ licence *f* **3.** *(amount)* • **a degree of difficulty** une certaine difficulté • **to have a degree in sthg** ≃ avoir une licence de qqch
dehydrated [ˌdiːhaɪ'dreɪtɪd] *adj* déshydraté(e)
de-ice [diː'aɪs] *vt* dégivrer
de-icer [diː'aɪsəʳ] *n* dégivreur *m*
dejected [dɪ'dʒektɪd] *adj* découragé(e)
delay [dɪ'leɪ] *n* retard *m* ◇ *vt* retarder ◇ *vi* tarder • **without delay** sans délai
delayed [dɪ'leɪd] *adj* retardé(e)
delegate *n* ['delɪgət] délégué *m*, -e *f* ◇ *vt* ['delɪgeɪt] *(person)* déléguer
delete [dɪ'liːt] *vt* effacer, supprimer
deli ['delɪ] *(inf) n* = **delicatessen**
deliberate [dɪ'lɪbərət] *adj (intentional)* délibéré(e)
deliberately [dɪ'lɪbərətlɪ] *adv (intentionally)* délibérément
delicacy ['delɪkəsɪ] *n (food)* mets *m* fin
delicate ['delɪkət] *adj* délicat(e)
delicatessen [ˌdelɪkə'tesn] *n* épicerie *f* fine
delicious [dɪ'lɪʃəs] *adj* délicieux(ieuse)
delight [dɪ'laɪt] *n (U) (feeling)* plaisir *m* ◇ *vt* enchanter • **to take (a) delight in doing sthg** prendre plaisir à faire qqch
delighted [dɪ'laɪtɪd] *adj* ravi(e)
delightful [dɪ'laɪtfʊl] *adj* charmant(e)
deliver [dɪ'lɪvəʳ] *vt* **1.** *(goods)* livrer **2.** *(letters, newspaper)* distribuer **3.** *(speech, lecture)* faire **4.** *(baby)* mettre au monde
delivery [dɪ'lɪvərɪ] *n* **1.** *(of goods)* livraison *f* **2.** *(of letters)* distribution *f* **3.** *(birth)* accouchement *m*
delude [dɪ'luːd] *vt* tromper
de luxe [də'lʌks] *adj* de luxe
demand [dɪ'mɑːnd] *n* **1.** *(request)* revendication *f* **2.** *(U)* COMM demande *f* **3.** *(requirement)* exigence *f* ◇ *vt* exiger • **to demand to do sthg** exiger de faire qqch • **in demand** demandé
demanding [dɪ'mɑːndɪŋ] *adj* astreignant(e)
demerara sugar [deməˈreərə-] *n (U) (UK)* cassonade *f*
demist [ˌdiː'mɪst] *vt (UK)* désembuer
demister [ˌdiː'mɪstəʳ] *n (UK)* dispositif *m* antibuée
democracy [dɪ'mɒkrəsɪ] *n* démocratie *f*
Democrat ['deməkræt] *n (US)* démocrate *m ou f*
democratic [demə'krætɪk] *adj* démocratique
demolish [dɪ'mɒlɪʃ] *vt* démolir
demonstrate ['demənstreɪt] *vt* **1.** *(prove)* démontrer **2.** *(machine, appliance)* faire une démonstration de ◇ *vi* manifester
demonstration [demən'streɪʃn] *n* **1.** *(protest)* manifestation *f* **2.** *(proof, of machine)* démonstration *f*
denial [dɪ'naɪəl] *n* démenti *m*
denim ['denɪm] *n (U)* denim *m*
◆ **denims** *npl* jean *m*
denim jacket *n* veste *f* en jean
Denmark ['denmɑːk] *n* le Danemark
dense [dens] *adj* dense
dent [dent] *n* bosse *f*
dental ['dentl] *adj* dentaire
dental floss [-flɒs] *n (U)* fil *m* dentaire
dental surgeon *n* chirurgien-dentiste *m*
dental surgery *n (UK) (place)* cabinet *m* dentaire

dentist ['dentɪst] *n* dentiste *m* • **to go to the dentist's** aller chez le dentiste
dentures ['dentʃəz] *npl* dentier *m*
deny [dɪ'naɪ] *vt* **1.** nier **2.** *(refuse)* refuser
deodorant [diː'əʊdərənt] *n* déodorant *m*
depart [dɪ'pɑːt] *vi* partir
department [dɪ'pɑːtmənt] *n* **1.** *(of business)* service *m* **2.** *(of government)* ministère *m* **3.** *(of shop)* rayon *m* **4.** *(of school, university)* département *m*
department store *n* grand magasin *m*
departure [dɪ'pɑːtʃər] *n* départ *m* ▼ **departures** *(at airport)* départs
departure lounge *n* salle *f* d'embarquement
depend [dɪ'pend] *vi* • **it depends** ça dépend ◆ **depend on** *vt insep* dépendre de • **depending on** selon
dependable [dɪ'pendəbl] *adj* fiable
deplorable [dɪ'plɔːrəbl] *adj* déplorable
deport [dɪ'pɔːt] *vt* expulser
deposit [dɪ'pɒzɪt] *n* **1.** *(in bank, substance)* dépôt *m* **2.** *(part-payment)* acompte *m* **3.** *(against damage)* caution *f* **4.** *(on bottle)* consigne *f* ◇ *vt* déposer
deposit account *n* *(UK)* compte *m* sur livret
depot ['diːpəʊ] *n* *(US)* *(for buses, trains)* gare *f*
depressed [dɪ'prest] *adj* déprimé(e)
depressing [dɪ'presɪŋ] *adj* déprimant(e)
depression [dɪ'preʃn] *n* dépression *f*
deprive [dɪ'praɪv] *vt* • **to deprive sb of a right** priver qqn d'un droit
depth [depθ] *n* profondeur *f* • **to be out of one's depth** *(when swimming)* ne pas avoir pied ; *(fig)* perdre pied • **depth of field** *(in photography)* profondeur de champ
deputy ['depjʊtɪ] *adj* adjoint(e)
derailleur [də'reɪljər] *n* dérailleur *m*
derailment [dɪ'reɪlmənt] *n* déraillement *m*
derelict ['derəlɪkt] *adj* abandonné(e)
derv [dɜːv] *n* *(U)* *(UK)* gas-oil *m*
descend [dɪ'send] *vt* & *vi* descendre
descendant [dɪ'sendənt] *n* descendant *m*, -e *f*
descent [dɪ'sent] *n* descente *f*
describe [dɪ'skraɪb] *vt* décrire
description [dɪ'skrɪpʃn] *n* description *f*
desert *n* ['dezət] désert *m* ◇ *vt* [dɪ'zɜːt] abandonner
deserted [dɪ'zɜːtɪd] *adj* désert(e)
deserve [dɪ'zɜːv] *vt* mériter
design [dɪ'zaɪn] *n* **1.** *(pattern, art)* dessin *m* **2.** *(of machine, building)* conception *f* ◇ *vt* **1.** *(building, dress)* dessiner **2.** *(machine)* concevoir • **to be designed for** être conçu pour
designer [dɪ'zaɪnər] *n* **1.** *(of clothes)* couturier *m*, -ière *f* **2.** *(of building)* architecte *m* ou *f* **3.** *(of product)* designer *m* ◇ *adj* *(clothes, sunglasses)* de marque
desirable [dɪ'zaɪərəbl] *adj* souhaitable
desire [dɪ'zaɪər] *n* désir *m* ◇ *vt* désirer • **it leaves a lot to be desired** ça laisse à désirer
desk [desk] *n* **1.** *(in home, office)* bureau *m* **2.** *(in school)* table *f* **3.** *(at airport)* comptoir *m* **4.** *(at hotel)* réception *f*
desktop ['desktɒp] *n* bureau *m*
desktop publishing ['deskˌtɒp-] *n* publication *f* assistée par ordinateur
despair [dɪ'speər] *n* *(U)* désespoir *m*

despatch [dɪ'spætʃ] = **dispatch**
desperate ['desprət] *adj* désespéré(e) • **to be desperate for sthg** avoir absolument besoin de qqch
despicable [dɪ'spɪkəbl] *adj* méprisable
despise [dɪ'spaɪz] *vt* mépriser
despite [dɪ'spaɪt] *prep* malgré
dessert [dɪ'zɜːt] *n* dessert *m*
dessertspoon [dɪ'zɜːtspuːn] *n* **1.** cuillère *f* à dessert **2.** *(spoonful)* cuillerée *f* à dessert
destination [ˌdestɪ'neɪʃn] *n* destination *f*
destroy [dɪ'strɔɪ] *vt* détruire
destruction [dɪ'strʌkʃn] *n* destruction *f*
detach [dɪ'tætʃ] *vt* détacher
detached house [dɪ'tætʃt-] *n* maison *f* individuelle
detail ['diːteɪl] *n (U)* détail *m* • **in detail** en détail ♦ **details** *npl (facts)* renseignements *mpl*
detailed ['diːteɪld] *adj* détaillé(e)
detect [dɪ'tekt] *vt* détecter
detective [dɪ'tektɪv] *n* détective *m* • **a detective story** une histoire policière
detention [dɪ'tenʃn] *n SCH* retenue *f*
detergent [dɪ'tɜːdʒənt] *n* détergent *m*
deteriorate [dɪ'tɪərɪəreɪt] *vi* se détériorer
determination [dɪˌtɜːmɪ'neɪʃn] *n (U)* détermination *f*
determine [dɪ'tɜːmɪn] *vt* déterminer
determined [dɪ'tɜːmɪnd] *adj* déterminé(e) • **to be determined to do sthg** être déterminé à faire qqch
deterrent [dɪ'terənt] *n* moyen *m* de dissuasion
detest [dɪ'test] *vt* détester
detour ['diːˌtʊər] *n* détour *m*
detrain [ˌdiː'treɪn] *vi (fml)* descendre (du train)
deuce [djuːs] *n (in tennis)* égalité *f*
devastate ['devəsteɪt] *vt* dévaster
develop [dɪ'veləp] *vt* **1.** développer **2.** *(land)* exploiter **3.** *(machine, method)* mettre au point **4.** *(illness, habit)* contracter ◇ *vi* se développer
developing country [dɪ'veləpɪŋ-] *n* pays *m* en voie de développement
development [dɪ'veləpmənt] *n (U)* développement *m* • **a housing development** *(US)* une cité
device [dɪ'vaɪs] *n* appareil *m*
devil ['devl] *n* diable *m* • **what the devil...?** *(inf)* que diable...?
devise [dɪ'vaɪz] *vt* concevoir
devolution [ˌdiːvə'luːʃn] *n POL* décentralisation *f*
devoted [dɪ'vəʊtɪd] *adj* dévoué(e)
dew [djuː] *n (U)* rosée *f*
diabetes [ˌdaɪə'biːtiːz] *n (U)* diabète *m*
diabetic [ˌdaɪə'betɪk] *adj* **1.** *(person)* diabétique **2.** *(chocolate)* pour diabétiques ◇ *n* diabétique *m ou f*
diagnosis [ˌdaɪəg'nəʊsɪs] *(pl* **-oses***)* *n* diagnostic *m*
diagonal [daɪ'ægənl] *adj* diagonal(e)
diagram ['daɪəgræm] *n* diagramme *m*
dial ['daɪəl] *n* cadran *m* ◇ *vt* composer
dialling code ['daɪəlɪŋ-] *n (UK)* indicatif *m*
dialling tone ['daɪəlɪŋ-] *n (UK)* tonalité *f*
dial tone *(US)* = **dialling tone**
diameter [daɪ'æmɪtər] *n* diamètre *m*

diamond ['daɪəmənd] *n (gem)* diamant *m* ◆ **diamonds** *npl (in cards)* carreau *m*
diaper ['daɪpəʳ] *n (US)* couche *f*
diarrhea (*US*) = **diarrhoea**
diarrhoea [ˌdaɪə'rɪə] *n (U) (UK)* diarrhée *f*
diary ['daɪərɪ] *n* **1.** *(for appointments)* agenda *m* **2.** *(journal)* journal *m*
dice [daɪs] *(pl inv) n* dé *m*
diced [daɪst] *adj (food)* coupé(e) en dés
dictate [dɪk'teɪt] *vt* dicter
dictation [dɪk'teɪʃn] *n* dictée *f*
dictator [dɪk'teɪtəʳ] *n* dictateur *m*
dictionary ['dɪkʃənrɪ] *n* dictionnaire *m*
did [dɪd] *pt* ➤ **do**
die [daɪ] (*pt & pp* **died**, OU **dying** ['daɪɪŋ]) *vi* mourir ● **to be dying for sthg** *(inf)* avoir une envie folle de qqch ● **to be dying to do sthg** *(inf)* mourir d'envie de faire qqch ◆ **die away** *vi* **1.** *(sound)* s'éteindre **2.** *(wind)* tomber ◆ **die out** *vi* disparaître
diesel ['di:zl] *n (U)* diesel *m*
diet ['daɪət] *n* **1.** *(for slimming, health)* régime *m* **2.** *(food eaten)* alimentation *f* ◇ *vi* faire (un) régime ◇ *adj* de régime
diet Coke® *n* Coca® *m inv* light
differ ['dɪfəʳ] *vi (disagree)* être en désaccord ● **to differ (from)** *(be dissimilar)* différer (de)
difference ['dɪfrəns] *n* différence *f* ● **it makes no difference** ça ne change rien ● **a difference of opinion** une divergence d'opinion
different ['dɪfrənt] *adj* différent(e) ● **to be different (from)** être différent (de) ● **a different route** un autre itinéraire
differently ['dɪfrəntlɪ] *adv* différemment
difficult ['dɪfɪkəlt] *adj* difficile
difficulty ['dɪfɪkəltɪ] *n* difficulté *f*
dig [dɪg] (*pt & pp* **dug**) *vt* **1.** *(hole, tunnel)* creuser **2.** *(garden, land)* retourner ◇ *vi* creuser ◆ **dig out** *vt sep* **1.** *(rescue)* dégager **2.** *(find)* dénicher ◆ **dig up** *vt sep (from ground)* déterrer
digest [dɪ'dʒest] *vt* digérer
digestion [dɪ'dʒestʃn] *n (U)* digestion *f*
digestive (biscuit) [dɪ'dʒestɪv-] *n (UK)* *biscuit à la farine complète*
digit ['dɪdʒɪt] *n* **1.** *(figure)* chiffre *m* **2.** *(finger, toe)* doigt *m*
digital ['dɪdʒɪtl] *adj* numérique
digitise (*UK*), **digitize** (*US*) *vt* numériser
dill [dɪl] *n* aneth *m*
dilute [daɪ'lu:t] *vt* diluer
dim [dɪm] *adj* **1.** *(light)* faible **2.** *(room)* sombre **3.** *(inf) (stupid)* borné(e) ◇ *vt* *(light)* baisser
dime [daɪm] *n (US)* pièce *f* de dix cents
dimensions [dɪ'menʃnz] *npl* dimensions *fpl*
din [dɪn] *n (U)* vacarme *m*
dine [daɪn] *vi* dîner ◆ **dine out** *vi* dîner dehors
diner ['daɪnəʳ] *n* **1.** *(US) (restaurant)* ≃ relais *m* routier **2.** *(person)* dîneur *m*, -euse *f*
dinghy ['dɪŋgɪ] *n* **1.** *(with sail)* dériveur *m* **2.** *(with oars)* canot *m*
dingy ['dɪndʒɪ] *adj* miteux(euse)
dining car ['daɪnɪŋ-] *n* wagon-restaurant *m*
dining hall ['daɪnɪŋ-] *n* réfectoire *m*

dining room ['daɪnɪŋ-] *n* salle *f* à manger

dinner ['dɪnəʳ] *n* **1.** *(at lunchtime)* déjeuner *m* **2.** *(in evening)* dîner *m* • **to have dinner** *(at lunchtime)* déjeuner ; *(in evening)* dîner

dinner jacket *n* veste *f* de smoking

dinner party *n* dîner *m*

dinner set *n* service *m* de table

dinner suit *n* smoking *m*

dinnertime ['dɪnətaɪm] *n (U)* **1.** *(at lunchtime)* heure *f* du déjeuner **2.** *(in evening)* heure *f* du dîner

dinosaur ['daɪnəsɔːʳ] *n* dinosaure *m*

dip [dɪp] *n* **1.** *(in road, land)* déclivité *f* **2.** *(food) mélange crémeux, souvent à base de mayonnaise, dans lequel on trempe des chips ou des légumes crus* ◇ *vt (into liquid)* tremper ◇ *vi (road, land)* descendre • **to have a dip** *(swim)* se baigner • **to dip one's headlights** *(UK)* se mettre en codes

diploma [dɪ'pləʊmə] *n* diplôme *m*

dipstick ['dɪpstɪk] *n* jauge *f* (de niveau d'huile)

direct [dɪ'rekt] *adj* direct(e) ◇ *adv* directement ◇ *vt* **1.** *(aim, control)* diriger **2.** *(a question)* adresser **3.** *(film, play, TV programme)* mettre en scène • **can you direct me to the railway station?** pourriez-vous m'indiquer le chemin de la gare ?

direct current *n* courant *m* continu

direction [dɪ'rekʃn] *n (of movement)* direction *f* • **to ask for directions** demander son chemin ◆ **directions** *npl (instructions)* instructions *fpl*

directly [dɪ'rektlɪ] *adv* **1.** *(exactly)* exactement **2.** *(soon)* immédiatement

director [dɪ'rektəʳ] *n* **1.** *(of company)* directeur *m*, -trice *f* **2.** *(of film, play, TV programme)* metteur *m* en scène **3.** *(organizer)* organisateur *m*, -trice *f*

directory [dɪ'rektərɪ] *n* **1.** *(of telephone numbers)* annuaire *m* **2.** *COMPUT* répertoire *m*

directory enquiries *n (UK)* renseignements *mpl* (téléphoniques)

dirt [dɜːt] *n (U)* **1.** crasse *f* **2.** *(earth)* terre *f*

dirty ['dɜːtɪ] *adj* **1.** sale **2.** *(joke)* cochon(onne)

disability [ˌdɪsə'bɪlətɪ] *n* handicap *m*

disabled [dɪs'eɪbld] *adj* handicapé(e) ◇ *npl* • **the disabled** les handicapés *mpl* ▼ **disabled toilet** toilettes handicapés

disadvantage [ˌdɪsəd'vɑːntɪdʒ] *n* inconvénient *m*

disagree [ˌdɪsə'griː] *vi* ne pas être d'accord • **to disagree with sb (about)** ne pas être d'accord avec qqn (sur) • **those mussels disagreed with me** ces moules ne m'ont pas réussi

disagreement [ˌdɪsə'griːmənt] *n* **1.** *(argument)* désaccord *m* **2.** *(U) (dissimilarity)* différence *f*

disappear [ˌdɪsə'pɪəʳ] *vi* disparaître

disappearance [ˌdɪsə'pɪərəns] *n* disparition *f*

disappoint [ˌdɪsə'pɔɪnt] *vt* décevoir

disappointed [ˌdɪsə'pɔɪntɪd] *adj* déçu(e)

disappointing [ˌdɪsə'pɔɪntɪŋ] *adj* décevant(e)

disappointment [ˌdɪsə'pɔɪntmənt] *n* déception *f*

disapprove [ˌdɪsə'pruːv] *vi* • **to disapprove of** désapprouver
disarmament [dɪs'ɑːməmənt] *n (U)* désarmement *m*
disaster [dɪ'zɑːstə^r] *n* désastre *m*
disastrous [dɪ'zɑːstrəs] *adj* désastreux(euse)
disc [dɪsk] *n* **1.** (*UK*) disque *m* **2.** (*CD*) CD *m* • **to slip a disc** se déplacer une vertèbre
discard [dɪ'skɑːd] *vt* jeter
discharge [dɪs'tʃɑːdʒ] *vt* **1.** *(prisoner)* libérer **2.** *(patient)* laisser sortir **3.** *(smoke, gas)* émettre **4.** *(liquid)* laisser s'écouler
discipline ['dɪsɪplɪn] *n (U)* discipline *f*
disc jockey *n* disc-jockey *m*
disco ['dɪskəʊ] *n* **1.** *(place)* boîte *f* (de nuit) **2.** *(event)* soirée *f* dansante *(où l'on passe des disques)*
discoloured [dɪs'kʌləd] *adj* décoloré(e)
discomfort [dɪs'kʌmfət] *n* gêne *f*
disconnect [ˌdɪskə'nekt] *vt* **1.** *(device, pipe)* débrancher **2.** *(telephone, gas supply)* couper
discontinued [ˌdɪskən'tɪnjuːd] *adj* *(product)* qui ne se fait plus
discotheque ['dɪskəʊtek] *n* **1.** *(place)* discothèque *f* **2.** *(event)* soirée *f* dansante *(où l'on passe des disques)*
discount ['dɪskaʊnt] *n* remise *f* ◇ *vt* *(product)* faire une remise sur
discover [dɪ'skʌvə^r] *vt* découvrir
discovery [dɪ'skʌvərɪ] *n* découverte *f*
discreet [dɪ'skriːt] *adj* discret(ète)
discrepancy [dɪ'skrepənsɪ] *n* divergence *f*
discriminate [dɪ'skrɪmɪneɪt] *vi* • **to discriminate against sb** faire de la discrimination envers qqn
discrimination [dɪˌskrɪmɪ'neɪʃn] *n (U)* discrimination *f*
discuss [dɪ'skʌs] *vt* discuter de
discussion [dɪ'skʌʃn] *n* discussion *f*
disease [dɪ'ziːz] *n* maladie *f*
disembark [ˌdɪsɪm'bɑːk] *vi* débarquer
disgrace [dɪs'greɪs] *n (U) (shame)* honte *f* • **it's a disgrace!** c'est une honte !
disgraceful [dɪs'greɪsfʊl] *adj* honteux(euse)
disguise [dɪs'gaɪz] *n* déguisement *m* ◇ *vt* déguiser • **in disguise** déguisé
disgust [dɪs'gʌst] *n (U)* dégoût *m* ◇ *vt* dégoûter
disgusting [dɪs'gʌstɪŋ] *adj* dégoûtant(e)
dish [dɪʃ] *n* **1.** plat *m* **2.** (*US*) *(plate)* assiette *f* • **to do the dishes** faire la vaisselle ▾ **dish of the day** plat du jour ◆ **dish up** *vt sep* servir
dishcloth ['dɪʃklɒθ] *n* lavette *f*
disheveled [dɪ'ʃevəld] (*US*) = **dishevelled**
dishevelled [dɪ'ʃevəld] *adj* (*UK*) **1.** *(hair)* ébouriffé(e) **2.** *(person)* débraillé(e)
dishonest [dɪs'ɒnɪst] *adj* malhonnête
dish towel *n* (*US*) torchon *m*
dishwasher ['dɪʃˌwɒʃə^r] *n (machine)* lave-vaisselle *m inv*
disinfectant [ˌdɪsɪn'fektənt] *n* désinfectant *m*
disintegrate [dɪs'ɪntɪgreɪt] *vi* se désintégrer
disk [dɪsk] *n* **1.** (*US*) = **disc 2.** *(hard disk)* disque *m* **3.** *(floppy disk)* disquette *f*
disk drive *n* lecteur *m* (de disquettes)

dislike [dɪs'laɪk] *n (U)* aversion *f* ◇ *vt* ne pas aimer • **to take a dislike to sb/sthg** prendre qqn/qqch en grippe
dislocate ['dɪsləkeɪt] *vt* • **to dislocate one's shoulder** se déboîter l'épaule
dismal ['dɪzml] *adj* **1.** *(weather, place)* lugubre **2.** *(terrible)* très mauvais(e)
dismantle [dɪs'mæntl] *vt* démonter
dismay [dɪs'meɪ] *n (U)* consternation *f*
dismiss [dɪs'mɪs] *vt* **1.** *(not consider)* écarter **2.** *(from job)* congédier **3.** *(from classroom)* laisser sortir
disobedient [ˌdɪsə'biːdjənt] *adj* désobéissant(e)
disobey [ˌdɪsə'beɪ] *vt* désobéir à
disorder [dɪs'ɔːdəʳ] *n* **1.** *(U) (confusion)* désordre *m (U)* **2.** *(U) (violence)* troubles *mpl* **3.** *(illness)* trouble *m*
disorganized [dɪs'ɔːgənaɪzd] *adj* désorganisé(e)
dispatch [dɪ'spætʃ] *vt* envoyer
dispense [dɪ'spens] ◆ **dispense with** *vt insep* se passer de
dispenser [dɪ'spensəʳ] *n* distributeur *m*
dispensing chemist [dɪ'spensɪŋ-] *n (UK)* pharmacie *f*
disperse [dɪ'spɜːs] *vt* disperser ◇ *vi* se disperser
display [dɪ'spleɪ] *n* **1.** *(of goods)* étalage *m* **2.** *(public event)* spectacle *m* **3.** *(readout)* affichage *m* **4.** COMPUT affichage *m* ◇ *vt* **1.** *(goods)* exposer **2.** *(feeling, quality)* faire preuve de **3.** *(information)* afficher • **on display** exposé
displeased [dɪs'pliːzd] *adj* mécontent(e)
disposable [dɪ'spəʊzəbl] *adj* jetable
disposable camera *n* appareil *m* (jetable)
dispute [dɪ'spjuːt] *n* **1.** *(argument)* dispute *f* **2.** *(industrial)* conflit *m* ◇ *vt* **1.** *(debate)* débattre (de) **2.** *(question)* contester
disqualify [ˌdɪs'kwɒlɪfaɪ] *vt* disqualifier • **he is disqualified from driving** *(UK)* on lui a retiré son permis de conduire
disregard [ˌdɪsrɪ'gɑːd] *vt* ne pas tenir compte de, ignorer
disrupt [dɪs'rʌpt] *vt* perturber
disruption [dɪs'rʌpʃn] *n* perturbation *f*
dissatisfied [ˌdɪs'sætɪsfaɪd] *adj* mécontent(e)
dissolve [dɪ'zɒlv] *vt* dissoudre ◇ *vi* se dissoudre
dissuade [dɪ'sweɪd] *vt* • **to dissuade sb from doing sthg** dissuader qqn de faire qqch
distance ['dɪstəns] *n* distance *f* • **from a distance** de loin • **in the distance** au loin
distant ['dɪstənt] *adj* **1.** lointain(e) **2.** *(reserved)* distant(e)
distilled water [dɪ'stɪld-] *n (U)* eau *f* distillée
distillery [dɪ'stɪlərɪ] *n* distillerie *f*
distinct [dɪ'stɪŋkt] *adj* **1.** *(separate)* distinct(e) **2.** *(noticeable)* net (nette)
distinction [dɪ'stɪŋkʃn] *n* **1.** *(difference)* distinction *f* **2.** *(mark for work)* mention *f* très bien
distinctive [dɪ'stɪŋktɪv] *adj* distinctif(ive)
distinguish [dɪ'stɪŋgwɪʃ] *vt* distinguer • **to distinguish one thing from another** distinguer une chose d'une autre
distorted [dɪ'stɔːtɪd] *adj* déformé(e)
distract [dɪ'strækt] *vt* distraire

distraction [dɪ'strækʃn] *n* distraction *f*
distress [dɪ'stres] *n (U)* **1.** *(pain)* souffrance *f* **2.** *(anxiety)* angoisse *f*
distressing [dɪ'stresɪŋ] *adj* pénible
distribute [dɪ'strɪbjuːt] *vt* **1.** *(hand out)* distribuer **2.** *(spread evenly)* répartir
distributor [dɪ'strɪbjʊtəʳ] *n* distributeur *m*
district ['dɪstrɪkt] *n* **1.** région *f* **2.** *(of town)* quartier *m*
district attorney *n (US)* ≃ procureur *m* de la République
disturb [dɪ'stɜːb] *vt* **1.** *(interrupt, move)* déranger **2.** *(worry)* inquiéter ▾ **do not disturb** ne pas déranger
disturbance [dɪ'stɜːbəns] *n (violence)* troubles *mpl*
ditch [dɪtʃ] *n* fossé *m*
ditto ['dɪtəʊ] *adv* idem
divan [dɪ'væn] *n* divan *m*
dive [daɪv] (*(US) pt* **-d** OU **dove**) (*(UK) pt* **-d**) *n* plongeon *m* ◇ *vi* plonger
diver ['daɪvəʳ] *n* plongeur *m*, -euse *f*
diversion [daɪ'vɜːʃn] *n* **1.** *(of traffic)* déviation *f* **2.** *(amusement)* distraction *f*
divert [daɪ'vɜːt] *vt* détourner
divide [dɪ'vaɪd] *vt* **1.** diviser **2.** *(share out)* partager ◆ **divide up** *vt sep* **1.** diviser **2.** *(share out)* partager
diving ['daɪvɪŋ] *n (U)* **1.** *(from diving-board, rock)* plongeon *m* **2.** *(under sea)* plongée *f* (sous-marine) ● **to go diving** faire de la plongée
divingboard ['daɪvɪŋbɔːd] *n* plongeoir *m*
division [dɪ'vɪʒn] *n* **1.** division *f* **2.** *COMM* service *m*
divorce [dɪ'vɔːs] *n* divorce *m* ◇ *vt* divorcer de OR d'avec
divorced [dɪ'vɔːst] *adj* divorcé(e)
DIY *(U) (UK) abbr of* **do-it-yourself**
dizzy ['dɪzɪ] *adj* ● **to feel dizzy** avoir la tête qui tourne
DJ *n (abbr of disc jockey)* DJ *(disc-jockey) m*
do [duː] (*pt* **did**, *pp* **done**, *pl* **dos**) *aux vb*
1. *(in negatives)* ● **don't do that!** ne fais pas ça ! ● **she didn't listen** elle n'a pas écouté
2. *(in questions)* ● **did he like it?** est-ce qu'il a aimé ? ● **how do you do it?** comment fais-tu ça ?
3. *(referring to previous verb)* ● **I eat more than you do** je mange plus que toi ● **you made a mistake - no I didn't!** tu t'es trompé - non, ce n'est pas vrai ! ● **so do I** moi aussi
4. *(in question tags)* ● **so, you like Scotland, do you?** alors, tu aimes bien l'Écosse ? ● **the train leaves at five o'clock, doesn't it?** le train part à cinq heures, n'est-ce pas ?
5. *(for emphasis)* ● **I do like this bedroom** j'aime vraiment cette chambre ● **do come in!** entrez donc !
◇ *vt*
1. *(perform)* faire ● **to do one's homework** faire ses devoirs ● **what is she doing?** qu'est-ce qu'elle fait ? ● **what can I do for you?** je peux vous aider ?
2. *(clean, brush etc)* ● **to do one's hair** se coiffer ● **to do one's make-up** se maquiller ● **to do one's teeth** se laver les dents
3. *(cause)* faire ● **to do damage** faire des dégâts ● **the rest will do you good** le repos te fera du bien

4. *(have as job)* • **what do you do?** qu'est-ce que vous faites dans la vie ?
5. *(provide, offer)* faire • **we do pizzas for under £4** nos pizzas sont à moins de 4 livres
6. *(study)* faire
7. *(subj: vehicle)* • **the car was doing 50 mph** la voiture faisait du 80 à l'heure
8. *(inf)* *(visit)* faire • **we're doing Scotland next week** on fait l'Écosse la semaine prochaine
◇ *vi*
1. *(behave, act)* faire • **do as I say** fais ce que je te dis
2. *(progress, get on)* • **to do well** *(business)* marcher bien • **I'm not doing very well** ça ne marche pas très bien
3. *(be sufficient)* aller, être suffisant • **will £5 do?** 5 livres, ça ira ?
4. *(in phrases)* • **how do you do?** *(greeting)* enchanté ! ; *(answer)* de même ! • **how are you doing?** comment ça va ? • **what has that got to do with it?** qu'est-ce que ça a à voir ?
◇ *n (party)* fête *f*, soirée *f* • **the dos and don'ts** les choses à faire et à ne pas faire
◆ **do out of** *vt sep* *(inf)* • **to do sb out of £10** entuber qqn de 10 livres
◆ **do up** *vt sep* *(coat, shirt)* boutonner ; *(shoes, laces)* attacher ; *(zip)* remonter ; *(decorate)* refaire
◆ **do with** *vt insep* *(need)* • **I could do with a drink** un verre ne serait pas de refus
◆ **do without** *vt insep* se passer de

dock [dɒk] *n* **1.** *(for ships)* dock *m* **2.** LAW banc *m* des accusés ◇ *vi* arriver à quai

doctor ['dɒktəʳ] *n* **1.** *(of medicine)* docteur *m*, médecin *m* **2.** *(academic)* docteur *m* • **to go to the doctor's** aller chez le docteur OR le médecin

document ['dɒkjʊmənt] *n* document *m*

documentary [,dɒkjʊ'mentərɪ] *n* documentaire *m*

Dodgems® ['dɒdʒəmz] *npl* *(UK)* autos *fpl* tamponneuses

dodgy ['dɒdʒɪ] *adj* *(UK)* *(inf)* **1.** *(plan)* douteux(euse) **2.** *(machine)* pas très fiable

does *(weak form* [dəz], *strong form* [dʌz]*)* ➤ **do**

doesn't ['dʌznt] = **does not**

dog [dɒg] *n* chien *m*

dog food *n* *(U)* nourriture *f* pour chien

doggy bag ['dɒgɪ-] *n sachet servant aux clients d'un restaurant à emporter les restes de leur repas*

do-it-yourself *n* *(U)* bricolage *m*

dole [dəʊl] *n* • **to be on the dole** *(UK)* être au chômage

doll [dɒl] *n* poupée *f*

dollar ['dɒləʳ] *n* dollar *m*

dolphin ['dɒlfɪn] *n* dauphin *m*

dome [dəʊm] *n* dôme *m*

domestic [də'mestɪk] *adj* **1.** *(of house)* ménager(ère) **2.** *(of family)* familial(e) **3.** *(of country)* intérieur(e)

domestic appliance *n* appareil *m* ménager

domestic flight *n* vol *m* intérieur

domestic science *n* *(U)* enseignement *m* ménager

dominate ['dɒmɪneɪt] *vt* dominer

dominoes ['dɒmɪnəʊz] *n* *(U)* dominos *mpl*

donate [də'neɪt] *vt* donner

donation [də'neɪʃn] *n* don *m*

done [dʌn] *pp* ➤ **do** ◇ *adj* **1.** *(finished)* fini(e) **2.** *(cooked)* cuit(e)
donkey ['dɒŋkɪ] *n* âne *m*
don't [dəʊnt] = **do not**
door [dɔːʳ] *n* **1.** porte *f* **2.** *(of vehicle)* portière *f*
doorbell ['dɔːbel] *n* sonnette *f*
doorknob ['dɔːnɒb] *n* bouton *m* de porte
doorman ['dɔːmən] (*pl* **-men**) *n* portier *m*
doormat ['dɔːmæt] *n* paillasson *m*
doormen ['dɔːmən] *pl* ➤ **doorman**
doorstep ['dɔːstep] *n* **1.** pas *m* de la porte **2.** (*UK*) *(piece of bread)* tranche *f* de pain épaisse
doorway ['dɔːweɪ] *n* embrasure *f* de la porte
dope [dəʊp] *n* *(U)* (*inf*) **1.** *(any drug)* dope *f* **2.** *(marijuana)* herbe *f*
dormitory ['dɔːmətrɪ] *n* dortoir *m*
Dormobile® ['dɔːmə,biːl] *n* (*UK*) camping-car *m*
dosage ['dəʊsɪdʒ] *n* dosage *m*
dose [dəʊs] *n* dose *f*
dot [dɒt] *n* point *m* • **on the dot** (*fig*) (à l'heure) pile
dotted line ['dɒtɪd-] *n* ligne *f* pointillée
double ['dʌbl] *adv* deux fois ◇ *n* **1.** double *m* **2.** *(alcohol)* double dose *f* ◇ *vt & vi* doubler ◇ *adj* double • **double three, two, eight** trente-trois, vingt-huit • **double "l"** deux " l " • **to bend sthg double** plier qqch en deux • **a double whisky** un double whisky ♦ **doubles** *n* double *m*
double bed *n* grand lit *m*
double-breasted [-'brestɪd] *adj* croisé(e)
double click *n* double-clic *m*
double-click *vi* double-cliquer
double cream *n* *(U)* (*UK*) crème *f* fraîche épaisse
double-decker (bus) [↓'dekəʳ-] *n* autobus *m* à impériale
double doors *npl* porte *f* à deux battants
double-glazing [↓'gleɪzɪŋ] *n* (*UK*) double vitrage *m*
double room *n* chambre *f* double
doubt [daʊt] *n* doute *m* ◇ *vt* douter de • **I doubt it** j'en doute • **I doubt she'll be there** je doute qu'elle soit là • **in doubt** incertain • **no doubt** sans aucun doute
doubtful ['daʊtfʊl] *adj* *(uncertain)* incertain(e) • **it's doubtful that...** il est peu probable que... *(+ subjunctive)*
dough [dəʊ] *n* *(U)* pâte *f*
doughnut ['dəʊnʌt] *n* beignet *m*
[1]**dove** [dʌv] *n* *(bird)* colombe *f*
[2]**dove** [dəʊv] *pt* (*US*) ➤ **dive**
Dover ['dəʊvəʳ] *n* Douvres
Dover sole *n* sole *f*
down [daʊn] *adv*
1. *(towards the bottom)* vers le bas • **down here** ici en bas • **down there** là en bas • **to fall down** tomber • **to go down** descendre
2. *(along)* • **I'm going down to the shops** je vais jusqu'aux magasins
3. *(downstairs)* • **I'll come down later** je descendrai plus tard
4. *(southwards)* • **we're going down to London** nous descendons à Londres
5. *(in writing)* • **to write sthg down** écrire OR noter qqch
◇ *prep*

1. *(towards the bottom of)* • **they ran down the hill** ils ont descendu la colline en courant
2. *(along)* le long de • **I was walking down the street** je descendais la rue
◇ *adj (inf) (depressed)* cafardeux(euse)
◇ *n (feathers)* duvet *m*
◆ **downs** *npl (UK)* collines *fpl*

downhill [ˌdaʊn'hɪl] *adv* • **to go downhill** descendre

downloading [ˌdaʊn'ləʊdɪŋ] *n* téléchargement *m*

download *vt* télécharger

Downing Street ['daʊnɪŋ-] *n* Downing Street

Downing Street

Le numéro 10 de cette rue de Westminster, à Londres, est la résidence officielle du Premier ministre, où se tiennent les réunions protocolaires du Conseil des ministres et où sont reçus les dignitaires étrangers (l'expression est également utilisée par les médias pour faire référence au gouvernement britannique). Tony Blair est le premier chef d'État à avoir choisi de résider au numéro 11 de la même rue, résidence habituelle du ministre des Finances, pour des raisons de confort familial.

downpour ['daʊnpɔːr] *n* grosse averse *f*

downstairs [ˌdaʊn'steəz] *adj (room)* du bas ◇ *adv* en bas • **to go downstairs** descendre

downtown [ˌdaʊn'taʊn] *adj (US)* **1.** *(hotel)* du centre-ville **2.** *(train)* en direction du centre-ville ◇ *adv (US)* en ville • **downtown New York** *(US)* le centre de New York

down under *adv (UK) (inf) (in Australia)* en Australie

downwards ['daʊnwədz] *adv* vers le bas

doz. *abbr of* **dozen**

doze [dəʊz] *vi* sommeiller

dozen ['dʌzn] *n* douzaine *f* • **a dozen eggs** une douzaine d'œufs

Dr (*abbr of Doctor*) Dr *(docteur)*

drab [dræb] *adj* terne

draft [drɑːft] *n* **1.** *(early version)* brouillon *m* **2.** *(money order)* traite *f* **3.** *(US)* = **draught**

drafty *(US)* = **draughty**

drag [dræg] *vt (pull along)* tirer ◇ *vi (along ground)* traîner (par terre) • **what a drag!** *(inf)* quelle barbe ! ◆ **drag on** *vi* s'éterniser

dragonfly ['drægnflaɪ] *n* libellule *f*

drain [dreɪn] *n* **1.** *(sewer)* égout *m* **2.** *(in street)* bouche *f* d'égout ◇ *vt* **1.** *(field)* drainer **2.** *(tank)* vidanger ◇ *vi (vegetables, washing-up)* s'égoutter

draining board ['dreɪnɪŋ-] *n (UK)* égouttoir *m*

drainpipe ['dreɪnpaɪp] *n* tuyau *m* d'écoulement

drama ['drɑːmə] *n* **1.** *(play)* pièce *f* de théâtre **2.** *(U) (art)* théâtre *m* **3.** *(U) (excitement)* drame *m*

dramatic [drə'mætɪk] *adj (impressive)* spectaculaire

drank [dræŋk] *pt* ➤ **drink**

drapes [dreɪps] *npl (US)* rideaux *mpl*

drastic ['dræstɪk] *adj* **1.** radical(e) **2.** *(improvement)* spectaculaire

drastically ['dræstɪklɪ] *adv* radicalement

draught [drɑːft] *n* (*UK*) *(of air)* courant *m* d'air

draught beer *n* (*UK*) bière *f* (à la) pression

draughts [drɑːfts] *n (U)* (*UK*) dames *fpl*

draughty ['drɑːftɪ] *adj* (*UK*) plein(e) de courants d'air

draw [drɔː] (*pt* **drew**, *pp* **drawn**) *vt* **1.** *(with pen, pencil)* dessiner **2.** *(line)* tracer **3.** *(pull)* tirer **4.** *(attract)* attirer **5.** *(conclusion)* tirer **6.** *(comparison)* établir ◇ *vi* **1.** dessiner **2.** (*UK*) *SPORT* faire match nul ◇ *n* **1.** (*UK*) *SPORT (result)* match *m* nul **2.** *(lottery)* tirage *m* ● **to draw the curtains** *(open)* ouvrir les rideaux ; *(close)* tirer les rideaux ◆ **draw out** *vt sep (money)* retirer ◆ **draw up** *vt sep (list, plan)* établir ◇ *vi (car, bus)* s'arrêter

drawback ['drɔːbæk] *n* inconvénient *m*

drawer [drɔːʳ] *n* tiroir *m*

drawing ['drɔːɪŋ] *n* dessin *m*

drawing pin *n* (*UK*) punaise *f*

drawing room *n* salon *m*

drawn [drɔːn] *pp* ➤ **draw**

dreadful ['dredfʊl] *adj* épouvantable

dream [driːm] *n* rêve *m* ◇ *vt* **1.** *(when asleep)* rêver **2.** *(imagine)* imaginer ◇ *vi* ● **to dream (of)** rêver (de) ● **a dream house** une maison de rêve

dress [dres] *n* **1.** robe *f* **2.** *(U) (clothes)* tenue *f* ◇ *vt* **1.** habiller **2.** *(wound)* panser **3.** *(salad)* assaisonner ◇ *vi* s'habiller ● **to be dressed in** être vêtu de ● **to get dressed** s'habiller ◆ **dress up** *vi* s'habiller (élégamment)

dress circle *n* premier balcon *m*

dresser ['dresəʳ] *n* **1.** (*UK*) *(for crockery)* buffet *m* **2.** (*US*) *(chest of drawers)* commode *f*

dressing ['dresɪŋ] *n* **1.** *(for salad)* assaisonnement *m* **2.** *(for wound)* pansement *m*

dressing gown *n* robe *f* de chambre

dressing room *n* **1.** *SPORT* vestiaire *m* **2.** *(in theatre)* loge *f*

dressing table *n* coiffeuse *f*

dressmaker ['dres,meɪkəʳ] *n* couturier *m*, -ière *f*

dress rehearsal *n* répétition *f* générale

drew [druː] *pt* ➤ **draw**

dribble ['drɪbl] *vi* **1.** *(liquid)* tomber goutte à goutte **2.** *(baby)* baver

drier ['draɪəʳ] = **dryer**

drift [drɪft] *n (of snow)* congère *f* ◇ *vi* **1.** *(in wind)* s'amonceler **2.** *(in water)* dériver

drill [drɪl] *n* **1.** *(electric tool)* perceuse *f* **2.** *(manual tool)* chignole *f* **3.** *(of dentist)* roulette *f* ◇ *vt (hole)* percer

drink [drɪŋk] (*pt* **drank**, *pp* **drunk**) *n* **1.** boisson *f* **2.** *(alcoholic)* verre *m* ◇ *vt & vi* boire ● **would you like a drink?** voulez-vous quelque chose à boire ? ● **to have a drink** *(alcoholic)* prendre un verre

drinkable ['drɪŋkəbl] *adj* **1.** *(safe to drink)* potable **2.** *(wine)* buvable

drinking water ['drɪŋkɪŋ-] *n (U)* eau *f* potable

drip [drɪp] *n* **1.** *(drop)* goutte *f* **2.** *MED* goutte-à-goutte *m inv* ◇ *vi* **1.** goutter **2.** *(tap)* fuir

drip-dry *adj* qui ne se repasse pas
dripping (wet) ['drɪpɪŋ-] *adj* trempé(e)
drive [draɪv] (*pt* **drove,** *pp* **driven** ['drɪvn]) *n* **1.** *(journey)* trajet *m* (en voiture) **2.** *(in front of house)* allée *f* ◇ *vt* **1.** *(car, bus, train, passenger)* conduire **2.** *(operate, power)* faire marcher ◇ *vi* **1.** *(drive car)* conduire **2.** *(travel in car)* aller en voiture • **to go for a drive** faire un tour en voiture • **to drive sb to do sthg** pousser qqn à faire qqch • **to drive sb mad** rendre qqn fou
drivel ['drɪvl] *n (U)* bêtises *fpl*
driver ['draɪvəʳ] *n* **1.** conducteur *m*, -trice *f* **2.** *COMPUT* pilote *m*
driver's license (*US*) = **driving licence**
driveshaft ['draɪvʃɑːft] *n* arbre *m* de transmission
driveway ['draɪvweɪ] *n* allée *f*
driving lesson ['draɪvɪŋ-] *n* leçon *f* de conduite
driving licence ['draɪvɪŋ-] *n* (*UK*) permis *m* de conduire
driving test ['draɪvɪŋ-] *n* examen *m* du permis de conduire
drizzle ['drɪzl] *n (U)* bruine *f*
drop [drɒp] *n* **1.** *(of liquid)* goutte *f* **2.** *(distance down)* dénivellation *f* **3.** *(decrease)* chute *f* ◇ *vt* **1.** laisser tomber **2.** *(reduce)* baisser **3.** *(from vehicle)* déposer ◇ *vi* **1.** *(fall)* tomber **2.** *(decrease)* chuter • **to drop a hint that** laisser entendre que • **to drop sb a line** écrire un mot à qqn ◆ **drop in** *vi (inf)* passer ◆ **drop off** *vt sep (from vehicle)* déposer ◇ *vi* **1.** *(fall asleep)* s'endormir **2.** *(fall off)* tomber ◆ **drop out** *vi (of college, race)* abandonner
drought [draʊt] *n* sécheresse *f*
drove [drəʊv] *pt* ➤ **drive**
drown [draʊn] *vi* se noyer
drug [drʌg] *n* **1.** *MED* médicament *m* **2.** *(illegal)* drogue *f* ◇ *vt* droguer
drug addict *n* drogué *m*, -e *f*
druggist ['drʌgɪst] *n* (*US*) pharmacien *m*, -ienne *f*
drum [drʌm] *n* **1.** *MUS* tambour *m* **2.** *(container)* bidon *m*
drummer ['drʌməʳ] *n* **1.** joueur *m*, -euse *f* de tambour **2.** *(in band)* batteur *m*, -euse *f*
drumstick ['drʌmstɪk] *n (of chicken)* pilon *m*
drunk [drʌŋk] *pp* ➤ **drink** ◇ *adj* saoul(e), soûl(e) ◇ *n* ivrogne *m ou f* • **to get drunk** se saouler, se soûler
dry [draɪ] *adj* **1.** sec (sèche) **2.** *(day)* sans pluie ◇ *vt* **1.** *(hands, clothes)* sécher **2.** *(washing-up)* essuyer ◇ *vi* sécher • **to dry o.s.** se sécher • **to dry one's hair** se sécher les cheveux ◆ **dry up** *vi* **1.** *(become dry)* s'assécher **2.** *(dry the dishes)* essuyer la vaisselle
dry-clean *vt* nettoyer à sec
dry cleaner's *n* pressing *m*
dryer ['draɪəʳ] *n* **1.** *(for clothes)* séchoir *m* **2.** *(for hair)* séchoir *m* à cheveux, sèche-cheveux *m inv*
dry-roasted peanuts [↓'rəʊstɪd-] *npl* cacahuètes *fpl* grillées à sec
DSS *n ministère britannique de la Sécurité sociale*
DTP *n* (*abbr of desktop publishing*) PAO *(publication assistée par ordinateur) f*
dual-band *adj* bibande *adj*
dual carriageway ['djuːəl-] *n* (*UK*) route *f* à quatre voies

dubbed [dʌbd] *adj (film)* doublé(e)
dubious ['dju:bjəs] *adj (suspect)* douteux(euse)
duchess ['dʌtʃɪs] *n* duchesse *f*
duck [dʌk] *n* canard *m* ◇ *vi* se baisser
due [dju:] *adj* **1.** *(expected)* attendu(e) **2.** *(money, bill)* dû (due) ● **the train is due to leave at eight o'clock** le départ du train est prévu pour huit heures ● **in due course** en temps voulu ● **due to** en raison de
duet [dju:'et] *n* duo *m*
duffel bag ['dʌfl-] *n* sac *m* marin
duffel coat ['dʌfl-] *n* duffel-coat *m*
dug [dʌg] *pt & pp* ➤ **dig**
duke [dju:k] *n* duc *m*
dull [dʌl] *adj* **1.** *(boring)* ennuyeux(euse) **2.** *(not bright)* terne **3.** *(weather)* maussade **4.** *(pain)* sourd(e)
dumb [dʌm] *adj* **1.** *(inf) (stupid)* idiot(e) **2.** *(unable to speak)* muet(ette)
dummy ['dʌmɪ] *n* **1.** *(UK) (of baby)* tétine *f* **2.** *(for clothes)* mannequin *m*
dump [dʌmp] *n* **1.** *(for rubbish)* dépotoir *m* **2.** *(inf) (town)* trou *m* **3.** *(inf) (room, flat)* taudis *m* ◇ *vt* **1.** *(drop carelessly)* laisser tomber **2.** *(get rid of)* se débarrasser de
dumpling ['dʌmplɪŋ] *n boulette de pâte cuite à la vapeur et servie avec les ragoûts*
dune [dju:n] *n* dune *f*
dungarees [,dʌŋgə'ri:z] *npl* **1.** *(UK) (for work)* bleu *m* (de travail) **2.** *(UK) (fashion item)* salopette *f* **3.** *(US) (jeans)* jean *m*
dungeon ['dʌndʒən] *n* cachot *m*
duplicate ['dju:plɪkət] *n* double *m*
during ['djʊərɪŋ] *prep* pendant, durant
dusk [dʌsk] *n (U)* crépuscule *m*
dust [dʌst] *n (U)* poussière *f* ◇ *vt* épousseter
dustbin ['dʌstbɪn] *n (UK)* poubelle *f*
dustcart ['dʌstkɑ:t] *n (UK)* camion *m* des éboueurs
duster ['dʌstəʳ] *n* chiffon *m* (à poussière)
dustman ['dʌstmən] *(pl* **-men**) *n (UK)* éboueur *m*
dustpan ['dʌstpæn] *n* pelle *f*
dusty ['dʌstɪ] *adj* poussiéreux(euse)
Dutch [dʌtʃ] *adj* hollandais(e), néerlandais(e) ◇ *n (U) (language)* néerlandais *m* ◇ *npl* ● **the Dutch** les Hollandais *mpl*
Dutchman ['dʌtʃmən] *(pl* **-men**) *n* Hollandais *m*
Dutchwoman ['dʌtʃ,wʊmən] *(pl* **-women**) *n* Hollandaise *f*
duty ['dju:tɪ] *n* **1.** *(moral obligation)* devoir *m* **2.** *(tax)* droit *m* ● **to be on duty** être de service ● **to be off duty** ne pas être de service ◆ **duties** *npl (job)* fonctions *fpl*
duty chemist's *n* pharmacie *f* de garde
duty-free *adj* détaxé(e) ◇ *n* articles *mpl* détaxés
duty-free shop *n* boutique *f* hors taxe
duvet ['du:veɪ] *n (UK)* couette *f*
DVD (*abbr of Digital Video or Versatile Disc*) *n* DVD *m*
DVD-ROM (*abbr of Digital Video or Versatile Disc read only memory*) *n* DVD-ROM *m*
dwarf [dwɔ:f] *(pl* **dwarves** [dwɔ:vz]) *n* nain *m*, naine *f*
dwelling ['dwelɪŋ] *n (fml)* logement *m*
dye [daɪ] *n* teinture *f* ◇ *vt* teindre
dying ['daɪɪŋ] *cont* ➤ **die**

dynamite ['daɪnəmaɪt] *n (U)* dynamite *f*

dynamo ['daɪnəməʊ] *(pl* **-s**) *n (on bike)* dynamo *f*

dyslexic [dɪs'leksɪk] *adj* dyslexique

eE

E *(abbr of east)* E *(Est)*

E111 *n* (*UK*) formulaire *m* E111

each [iːtʃ] *adj* chaque ◇ *pron* chacun *m*, -e *f* ● **each one** chacun ● **each of them** chacun d'entre eux ● **to know each other** se connaître ● **one each** un chacun ● **one of each** un de chaque

eager ['iːgəʳ] *adj* enthousiaste ● **to be eager to do sthg** vouloir à tout prix faire qqch

eagle ['iːgl] *n* aigle *m*

ear [ɪəʳ] *n* **1.** oreille *f* **2.** *(of corn)* épi *m*

earache ['ɪəreɪk] *n* ● **to have earache** avoir mal aux oreilles

earl [ɜːl] *n* comte *m*

early ['ɜːlɪ] *adv* **1.** de bonne heure, tôt **2.** *(before usual or arranged time)* tôt ◇ *adj* en avance ● **in early June** au début du mois de juin ● **at the earliest** au plus tôt ● **early on** tôt ● **to have an early night** se coucher tôt

earn [ɜːn] *vt* **1.** *(money)* gagner **2.** *(praise)* s'attirer **3.** *(success)* remporter ● **to earn a living** gagner sa vie

earnings ['ɜːnɪŋz] *npl* revenus *mpl*

earphones ['ɪəfəʊnz] *npl* écouteurs *mpl*

earplugs ['ɪəplʌgz] *npl (wax)* boules *fpl* Quiès®

earrings ['ɪərɪŋz] *npl* boucles *fpl* d'oreille

earth [ɜːθ] *n* terre *f* ◇ *vt* (*UK*) *(appliance)* relier à la terre ● **how on earth...?** comment diable...?

earthenware ['ɜːθnweəʳ] *adj* en terre cuite

earthquake ['ɜːθkweɪk] *n* tremblement *m* de terre

ease [iːz] *n (U)* facilité *f* ◇ *vt* **1.** *(pain)* soulager **2.** *(problem)* arranger ● **at ease** à l'aise ● **with ease** facilement ◆ **ease off** *vi (pain, rain)* diminuer

easily ['iːzɪlɪ] *adv* **1.** facilement **2.** *(by far)* de loin

east [iːst] *n* est *m* ◇ *adv* **1.** *(fly, walk)* vers l'est **2.** *(be situated)* à l'est ● **in the east of England** à OR dans l'est de l'Angleterre ● **the East** *(Asia)* l'Orient *m*

eastbound ['iːstbaʊnd] *adj* en direction de l'est

Easter ['iːstəʳ] *n* Pâques *m*

eastern ['iːstən] *adj* oriental(e), est *inv* ◆ **Eastern** *adj (Asian)* oriental(e)

Eastern Europe *n* l'Europe *f* de l'Est

eastwards ['iːstwədz] *adv* vers l'est

easy ['iːzɪ] *adj* facile ● **to take it easy** ne pas s'en faire

easygoing [ˌiːzɪ'gəʊɪŋ] *adj* facile à vivre

eat [iːt] (*pt* **ate** [(*UK*) et (*US*) eɪt], *pp* **eaten** ['iːtn]) *vt* & *vi* manger ◆ **eat out** *vi* manger dehors

eating apple ['iːtɪŋ-] *n* pomme *f* à couteau

ebony ['ebənɪ] *n (U)* ébène *f*

e-business *n* **1.** *(company)* cyberentreprise *f* **2.** *(U)* *(trade)* cybercommerce *m*, commerce *m* électronique
EC *n* (*abbr of European Community*) CE *(Communauté Européenne) f*
e-cash *n* argent *m* virtuel OR électronique
ECB (*abbr of European Central Bank*) *n* BCE *(Banque centrale européenne) f*
eccentric [ɪk'sentrɪk] *adj* excentrique
echo ['ekəʊ] (*pl* **-es**) *n* écho *m* ◇ *vi* résonner
eco-friendly *adj* qui respecte l'environnement
ecological [ˌiːkə'lɒdʒɪkl] *adj* écologique
ecology [ɪ'kɒlədʒɪ] *n* *(U)* écologie *f*
e-commerce *n* *(U)* commerce *m* électronique, cybercommerce *m*
economic [ˌiːkə'nɒmɪk] *adj* économique ◆ **economics** *n* économie *f*
economical [ˌiːkə'nɒmɪkl] *adj* **1.** *(car, system)* économique **2.** *(person)* économe
economize [ɪ'kɒnəmaɪz] *vi* faire des économies
economy [ɪ'kɒnəmɪ] *n* économie *f*
economy class *n* classe *f* touriste
economy size *adj* taille économique *inv*
ecstasy ['ekstəsɪ] *n* *(U)* **1.** *(great joy)* extase *f* **2.** *(drug)* ecstasy *f*
ECU ['ekjuː] *n* ÉCU *m*
eczema ['eksɪmə] *n* *(U)* eczéma *m*
edge [edʒ] *n* **1.** bord *m* **2.** *(of knife)* tranchant *m*
edible ['edɪbl] *adj* comestible
Edinburgh ['edɪnbrə] *n* Édimbourg
Edinburgh Festival *n* • **the Edinburgh Festival** le festival d'Édimbourg
edition [ɪ'dɪʃn] *n* **1.** *(of book, newspaper)* édition *f* **2.** *(of TV programme)* diffusion *f*
editor ['edɪtər] *n* **1.** *(of newspaper, magazine)* rédacteur *m*, -trice *f* en chef **2.** *(of film)* monteur *m*, -euse *f*
editorial [ˌedɪ'tɔːrɪəl] *n* éditorial *m*
educate ['edʒʊkeɪt] *vt* instruire
education [ˌedʒʊ'keɪʃn] *n* *(U)* éducation *f*

US Education

Aux États-Unis, l'école élémentaire débute à l'âge de cinq ans, avec six classes (degrés un à six), puis dès douze ans les élèves intègrent la *Junior High School* (école secondaire junior – degrés sept et huit), avant d'entrer en *High School* (école secondaire – degrés neuf à douze). La fin du cursus scolaire, ou *graduation* (équivalent français du baccalauréat), donne lieu à une importante cérémonie à laquelle assistent parents et amis. Les bacheliers poursuivent ensuite leurs études dans des *Graduate schools* (établissements supérieurs publics ou privés).

eel [iːl] *n* anguille *f*
effect [ɪ'fekt] *n* effet *m* • **to put sthg into effect** mettre qqch en application • **to take effect** prendre effet
effective [ɪ'fektɪv] *adj* **1.** efficace **2.** *(law, system)* en vigueur
effectively [ɪ'fektɪvlɪ] *adv* **1.** *(successfully)* efficacement **2.** *(in fact)* effectivement

efficient [ɪ'fɪʃənt] *adj* efficace

effort ['efət] *n (U)* effort *m* • **to make an effort to do sthg** faire un effort pour faire qqch • **it's not worth the effort** ça ne vaut pas la peine

EFTPOS ['eftpɒs] (*abbr of electronic funds transfer at point of sale*) *n transfert électronique de fonds au point de vente*

e.g. *adv* p. ex.

egg [eg] *n* œuf *m*

egg cup *n* coquetier *m*

egg mayonnaise *n* œuf *m* mayonnaise

eggplant ['egplɑːnt] *n (US)* aubergine *f*

egg white *n* blanc *m* d'œuf

egg yolk *n* jaune *m* d'œuf

Egypt ['iːdʒɪpt] *n* l'Égypte *f*

eiderdown ['aɪdədaʊn] *n (UK)* édredon *m*

eight [eɪt] *num* huit • **to be eight (years old)** avoir huit ans • **it's eight (o'clock)** il est huit heures • **a hundred and eight** cent huit • **eight Hill St** 8 Hill St • **it's minus eight (degrees)** il fait moins huit

eighteen [ˌeɪ'tiːn] *num* dix-huit • **to be eighteen (years old)** avoir dix-huit ans • **a hundred and eighteen** cent dix-huit • **eighteen Hill St** 18 Hill St • **it's minus eighteen (degrees)** il fait moins dix-huit (degrés)

eighteenth [ˌeɪ'tiːnθ] *num adj & adv* dix-huitième ◇ *num pron* dix-huitième *m ou f* ◇ *num n (fraction)* dix-huitième *m* • **the eighteenth (of September)** le dix-huit (septembre)

eighth [eɪtθ] *num adj & adv* huitième ◇ *num pron* huitième *m ou f* ◇ *num n (fraction)* huitième *m* • **the eighth (of September)** le huit (septembre)

eightieth ['eɪtɪɪθ] *num adj & adv* quatre-vingtième ◇ *num pron* quatre-vingtième *m ou f* ◇ *num n (fraction)* quatre-vingtième *m*

eighty ['eɪtɪ] *num* quatre-vingt(s) • **to be eighty (years old)** avoir quatre-vingts ans • **a hundred and eighty** cent quatre-vingts • **eighty Hill St** 80 Hill St • **it's minus eighty (degrees Farenheit)** il fait moins quatre-vingts (degrés Farenheit)

Eire ['eərə] *n* l'Eire *f*, l'Irlande *f*

Eisteddfod [aɪ'stedfəd] *n festival culturel gallois*

1 **either** ['aɪðəʳ, 'iːðəʳ] *adj* • **either book will do** n'importe lequel des deux livres fera l'affaire

2 **either** *pron* • **I'll take either (of them)** je prendrai n'importe lequel • **I don't like either (of them)** je n'aime ni l'un ni l'autre

3 **either** *adv* • **I can't either** je ne peux pas non plus • **either... or** soit... soit, ou... ou • **on either side** des deux côtés

eject [ɪ'dʒekt] *vt (cassette)* éjecter

elaborate [ɪ'læbrət] *adj* compliqué(e)

elastic [ɪ'læstɪk] *n (U)* élastique *m*

elastic band *n (UK)* élastique *m*

elbow ['elbəʊ] *n (of person)* coude *m*

elder ['eldəʳ] *adj* aîné(e)

elderly ['eldəlɪ] *adj* âgé(e) ◇ *npl* • **the elderly** les personnes *fpl* âgées

eldest ['eldɪst] *adj* aîné(e)

elect [ɪ'lekt] *vt* élire • **to elect to do sthg** *(fml) (choose)* choisir de faire qqch

élection [ɪ'lekʃn] *n* élection *f*

Election

Les élections présidentielles américaines, dont les dates sont fixées par la Constitution, ont lieu tous les quatre ans. Le Président est élu par de grands électeurs, eux-mêmes élus au suffrage universel. Il n'a pas le droit de renouveler plus d'une fois son mandat. Les élections générales britanniques sont organisées tous les cinq ans mais le Premier ministre peut les provoquer à tout moment de la législature. L'abstention est autorisée en Grande-Bretagne comme aux Etats-Unis.

electric [ɪ'lektrɪk] *adj* électrique
electrical goods [ɪ'lektrɪkl-] *npl* appareils *mpl* électriques
electric blanket *n* couverture *f* chauffante
electric drill *n* perceuse *f* électrique
electric fence *n* clôture *f* électrifiée
electrician [ˌɪlek'trɪʃn] *n* électricien *m*, -ienne *f*
electricity [ˌɪlek'trɪsətɪ] *n (U)* électricité *f*
electric shock *n* décharge *f* électrique
electrocute [ɪ'lektrəkju:t] *vt* électrocuter
electronic [ˌɪlek'trɒnɪk] *adj* électronique
electronic directory *n* annuaire *m*
electronic mail *n* messagerie *f* (électronique)
electronic mailbox *n* boîte *f*
elegant ['elɪgənt] *adj* élégant(e)
element ['elɪmənt] *n* **1.** élément *m* **2.** *(amount)* part *f* **3.** *(of fire, kettle)* résistance *f* • **the elements** *(weather)* les éléments
elementary [ˌelɪ'mentərɪ] *adj* élémentaire
elephant ['elɪfənt] *n* éléphant *m*
elevator ['elɪveɪtər] *n (US)* ascenseur *m*
eleven [ɪ'levn] *num* onze • **to be eleven (years old)** avoir onze ans • **it's eleven (o'clock)** il est onze heures • **a hundred and eleven** cent onze • **eleven Hill St** 11 Hill St • **it's minus eleven (degrees)** il fait moins onze
eleventh [ɪ'levnθ] *num adj & adv* onzième ◇ *num pron* onzième *m ou f* ◇ *num n (fraction)* onzième *m* • **the eleventh (of September)** le onze (septembre)
eligible ['elɪdʒəbl] *adj* admissible
eliminate [ɪ'lɪmɪneɪt] *vt* éliminer
Elizabethan [ɪˌlɪzə'bi:θn] *adj* élisabéthain(e) *(deuxième moitié du XVIᵉ siècle)*
elm [elm] *n* orme *m*
else [els] *adv* • **I don't want anything else** je ne veux rien d'autre • **anything else?** désirez-vous autre chose ? • **everyone else** tous les autres • **nobody else** personne d'autre • **nothing else** rien d'autre • **somebody else** quelqu'un d'autre • **something else** autre chose • **somewhere else** ailleurs • **what else?** quoi d'autre ? • **what else is there to do?** qu'est-ce qu'il y a d'autre à faire ? • **who else?** qui d'autre ? • **or else** sinon

elsewhere [els'weəʳ] *adv* ailleurs

e-mail *n* courriel *m*, courrier *m* électronique, mail *m*, e-mail *m* ◇ *vt* • **to e-mail sb** envoyer un e-mail à qqn • **I'll e-mail the details to you** je vous enverrai les détails par e-mail

starting an e-mail

You can start a formal e-mail as you would a letter.
Usually, you simply put *Bonjour* when you don't know the person you're e-mailing.
With friends or close colleagues, you usually put *Cher* or *Bonjour* followed by the person's first name.
If you want to be a little more formal, you put *Cher* followed by the person's first name and surname.
All of these ways of starting an e-mail must be followed by a comma.
Between friends and in very informal situations, you will find *Salut,* and in fact anything is possible, from *Ave* to *Hi*. In a reply, you often don't use any of the above opening formulas at all. This is especially the case in e-mails between friends, relatives, and close colleagues at work, particularly when there is a series of messages back and forth, to avoid having to use an opening formula every time.

ending an e-mail

This is generally quite informal. You can end in the same way as you would in a letter, but the usual way of ending is *Cordialement*, or more informally *À bientôt* or the very informal *A+*.
With a friend, you generally end *Bises* or *Bisous* or *Grosses bises*, or really whatever you feel like.
Punctuation is optional and there are no fixed rules.

e-mail address *n* adresse *f* électronique, adresse *f* e-mail

embankment [ɪm'bæŋkmənt] *n* **1.** *(next to river)* berge *f* **2.** *(next to road, railway)* talus *m*

embark [ɪm'bɑːk] *vi (board ship)* embarquer

embarkation card [ˌembɑː'keɪʃn-] *n* carte *f* d'embarquement

embarrass [ɪm'bærəs] *vt* embarrasser

embarrassed [ɪm'bærəst] *adj* embarrassé(e)

embarrassing [ɪm'bærəsɪŋ] *adj* embarrassant(e)

embarrassment [ɪm'bærəsmənt] *n (U)* embarras *m*

embassy ['embəsɪ] *n* ambassade *f*

emblem ['embləm] *n* emblème *m*

embrace [ɪm'breɪs] *vt* serrer dans ses bras

embroidered [ɪm'brɔɪdəd] *adj* brodé(e)

embroidery [ɪm'brɔɪdərɪ] *n (U)* broderie *f*

emerald ['emərəld] *n* émeraude *f*

emerge [ɪ'mɜːdʒ] *vi* émerger

emergency [ɪ'mɜːdʒənsɪ] *n* urgence *f* ◇ *adj* d'urgence • **in an emergency** en cas d'urgence

emergency exit *n* sortie *f* de secours

emergency landing *n* atterrissage *m* forcé

emergency services *npl* services *mpl* d'urgence

emigrate ['emɪgreɪt] *vi* émigrer

emit [ɪ'mɪt] *vt* émettre

emoticon [ɪ'məʊtɪkɒn] *n* emoticon *m*

emotion [ɪ'məʊʃn] *n* **1.** *(U) (strength of feeling)* émotion *f* **2.** *(particular feeling)* sentiment *m*

emotional [ɪ'məʊʃənl] *adj* **1.** *(situation)* émouvant(e) **2.** *(person)* émotif(ive)

emphasis ['emfəsɪs] (*pl* **-ases**) *n* accent *m*

emphasize ['emfəsaɪz] *vt* souligner

empire ['empaɪəʳ] *n* empire *m*

employ [ɪm'plɔɪ] *vt* employer

employed [ɪm'plɔɪd] *adj* employé(e)

employee [ɪm'plɔɪiː] *n* employé *m*, -e *f*

employer [ɪm'plɔɪəʳ] *n* employeur *m*, -euse *f*

employment [ɪm'plɔɪmənt] *n (U)* emploi *m*

employment agency *n* agence *f* de placement

empty ['emptɪ] *adj* **1.** vide **2.** *(threat, promise)* vain(e) ◇ *vt* vider

EMU (*abbr of Economic and Monetary Union*) *n* UEM *(Union Economique et Monétaire) f*

emulsion (paint) [ɪ'mʌlʃn-] *n* émulsion *f*

enable [ɪ'neɪbl] *vt* • **to enable sb to do sthg** permettre à qqn de faire qqch

enamel [ɪ'næml] *n (U)* émail *m*

enclose [ɪn'kləʊz] *vt* **1.** *(surround)* entourer **2.** *(with letter)* joindre

enclosed [ɪn'kləʊzd] *adj (space)* clos(e)

encounter [ɪn'kaʊntəʳ] *vt* rencontrer

encourage [ɪn'kʌrɪdʒ] *vt* encourager • **to encourage sb to do sthg** encourager qqn à faire qqch

encouragement [ɪn'kʌrɪdʒmənt] *n (U)* encouragement *m*

encrypt [en'krɪpt] *vt* **1.** *COMPUT* crypter **2.** *TV* coder

encryption [en'krɪpʃn] *n (U)* **1.** *COMPUT* cryptage *m* **2.** *TV* codage *m*, encodage *m*

encyclopedia [ɪnˌsaɪklə'piːdjə] *n* encyclopédie *f*

end [end] *n* **1.** *(furthest point)* bout *m* **2.** *(of book, list, year, holiday)* fin *f* **3.** *(purpose)* but *m* ◇ *vt* **1.** *(story, evening, holiday)* finir, terminer **2.** *(war, practice)* mettre fin à ◇ *vi* finir, se terminer • **at the end of April** (à la) fin avril • **to come to an end** se terminer • **to put an end to sthg** mettre fin à qqch • **for days on end** (pendant) des journées entières • **in the end** finalement • **to make ends meet** arriver à joindre les deux bouts ♦ **end up** *vi* finir • **to end up doing sthg** finir par faire qqch

endangered species [ɪn'deɪndʒəd-] *n* espèce *f* en voie de disparition

ending ['endɪŋ] *n* **1.** *(of story, film, book)* fin *f* **2.** *GRAM* terminaison *f*

ending a letter

The usual way of ending a formal letter is *Veuillez agréer* (followed by whatever formula you

used to start the letter, ie *Madame, Messieurs,* etc) *mes salutations distinguées* or *l'expression de mes salutations distinguées.*
This is always followed by a full stop.
The commonest way of ending an informal letter is *Cordialement* followed by a comma; a less informal way is *Salutations distinguées* followed by a full stop.
With friends or relatives you can say: *Amitiés, Amicalement* or more affectionately: *Je t'embrasse, À bientôt.*
A very informal way of ending a letter to a friend is: *Grosses bises.*
You put your signature on the left of the page.

endive ['endaɪv] *n* **1.** *(curly)* frisée *f* **2.** *(chicory)* endive *f*
endless ['endlɪs] *adj* sans fin
endorsement [ɪn'dɔːsmənt] *n* *(UK)* *(of driving licence) contravention indiquée sur le permis de conduire*
endurance [ɪn'djʊərəns] *n* *(U)* endurance *f*
endure [ɪn'djʊər] *vt* endurer
enemy ['enɪmɪ] *n* ennemi *m*, -e *f*
energy ['enədʒɪ] *n* *(U)* énergie *f*
enforce [ɪn'fɔːs] *vt* *(law)* appliquer
engaged [ɪn'geɪdʒd] *adj* **1.** *(to be married)* fiancé(e) **2.** *(UK)* *(phone)* occupé(e) **3.** *(toilet)* occupé(e) • **to get engaged** se fiancer
engaged tone *n* *(UK)* tonalité *f* occupé
engagement [ɪn'geɪdʒmənt] *n* **1.** *(to marry)* fiançailles *fpl* **2.** *(appointment)* rendez-vous *m*
engagement ring *n* bague *f* de fiançailles
engine ['endʒɪn] *n* **1.** *(of vehicle)* moteur *m* **2.** *(of train)* locomotive *f*
engineer [ˌendʒɪ'nɪər] *n* ingénieur *m*
engineering [ˌendʒɪ'nɪərɪŋ] *n* *(U)* ingénierie *f*
engineering works *npl* *(on railway line)* travaux *mpl*
England ['ɪŋglənd] *n* l'Angleterre *f*
English ['ɪŋglɪʃ] *adj* anglais(e) ◇ *n* *(U)* *(language)* anglais *m* ◇ *npl* • **the English** les Anglais *mpl*
English breakfast *n petit déjeuner anglais traditionnel composé de bacon, d'œufs, de saucisses et de toasts, accompagnés de thé ou de café*
English Channel *n* • **the English Channel** la Manche
Englishman ['ɪŋglɪʃmən] *(pl* **-men***)* *n* Anglais *m*
Englishwoman ['ɪŋglɪʃˌwʊmən] *(pl* **-women***)* *n* Anglaise *f*
engrave [ɪn'greɪv] *vt* graver
engraving [ɪn'greɪvɪŋ] *n* gravure *f*
enjoy [ɪn'dʒɔɪ] *vt* aimer • **to enjoy doing sthg** aimer faire qqch • **to enjoy o.s.** s'amuser • **enjoy your meal!** bon appétit !
enjoyable [ɪn'dʒɔɪəbl] *adj* agréable
enjoyment [ɪn'dʒɔɪmənt] *n* *(U)* plaisir *m*
enlargement [ɪn'lɑːdʒmənt] *n* *(of photo)* agrandissement *m*
enormous [ɪ'nɔːməs] *adj* énorme

enough [ɪ'nʌf] *adj* assez de ◇ *pron & adv* assez ● **enough time** assez de temps ● **is that enough?** ça suffit ? ● **it's not big enough** ça n'est pas assez gros ● **to have had enough (of)** en avoir assez (de)
enquire [ɪn'kwaɪəʳ] *vi* se renseigner
enquiry [ɪn'kwaɪərɪ] *n (investigation)* enquête *f* ● **to make an enquiry** demander un renseignement ▼ **Enquiries** Renseignements
enquiry desk *n* accueil *m*
enrol [ɪn'rəʊl] *vi (UK)* s'inscrire
enroll [ɪn'rəʊl] *(US)* = **enrol**
en suite bathroom [ɒn'swiːt-] *n* salle *f* de bains particulière
ensure [ɪn'ʃʊəʳ] *vt* assurer
entail [ɪn'teɪl] *vt* entraîner
enter ['entəʳ] *vt* **1.** entrer dans **2.** *(college)* entrer à **3.** *(competition)* s'inscrire à **4.** *(on form)* inscrire ◇ *vi* **1.** entrer **2.** *(in competition)* s'inscrire
enter key *n* touche entrée
enterprise ['entəpraɪz] *n* entreprise *f*
entertain [ˌentə'teɪn] *vt (amuse)* divertir
entertainer [ˌentə'teɪnəʳ] *n* fantaisiste *m ou f*
entertaining [ˌentə'teɪnɪŋ] *adj* amusant(e)
entertainment [ˌentə'teɪnmənt] *n (U)* divertissement *m*
enthusiasm [ɪn'θjuːzɪæzm] *n (U)* enthousiasme *m*
enthusiast [ɪn'θjuːzɪæst] *n* passionné *m*, -e *f*
enthusiastic [ɪnˌθjuːzɪ'æstɪk] *adj* enthousiaste
entire [ɪn'taɪəʳ] *adj* entier(ière)
entirely [ɪn'taɪəlɪ] *adv* entièrement
entitle [ɪn'taɪtl] *vt* ● **to entitle sb to do sthg** autoriser qqn à faire qqch ● **this ticket entitles you to a free drink** ce ticket vous donne droit à une consommation gratuite
entrance ['entrəns] *n* entrée *f*
entrance fee *n* entrée *f*
entry ['entrɪ] *n* **1.** entrée *f* **2.** *(in competition)* objet *m* soumis ▼ **no entry** *(sign on door)* entrée interdite ; *(road sign)* sens interdit
envelope ['envələʊp] *n* enveloppe *f*

addressing an envelope

In France, no punctuation is used in writing the address.
If the envelope contains a formal letter, you write *Monsieur* or *Madame* followed by the person's surname.
If you are writing to a company, you give its name in its full form. With friends or relatives, you put their first name and surname.
The name of the town should be written in capitals and without accents.
Boulevard and *Avenue* are sometimes abbreviated, but *rue* is only very rarely. Abbreviations are usually written in small letters: *bd (Boulevard)* and *av (Avenue).*

envious ['envɪəs] *adj* envieux(ieuse)
environment [ɪn'vaɪərənmənt] *n* milieu *m*, cadre *m* ● **the environment** l'environnement *m*

environmental [ɪn,vaɪərən'mentl] *adj* de l'environnement
environmentally friendly [ɪn,vaɪərən'mentəlɪ-] *adj* qui préserve l'environnement
envy ['envɪ] *vt* envier
epic ['epɪk] *n* épopée *f*
epidemic [,epɪ'demɪk] *n* épidémie *f*
epileptic [,epɪ'leptɪk] *adj* épileptique • **epileptic fit** crise *f* d'épilepsie
episode ['epɪsəʊd] *n* épisode *m*
equal ['iːkwəl] *adj* égal(e) ◇ *vt* égaler • **to be equal to** être égal à
equality [ɪ'kwɒlətɪ] *n (U)* égalité *f*
equalize ['iːkwəlaɪz] *vi* égaliser
equally ['iːkwəlɪ] *adv* **1.** *(pay, treat)* pareil **2.** *(share)* en parts égales **3.** *(at the same time)* en même temps • **they're equally good** ils sont aussi bons l'un que l'autre
equation [ɪ'kweɪʒn] *n* équation *f*
equator [ɪ'kweɪtər] *n* • **the equator** l'équateur *m*
equip [ɪ'kwɪp] *vt* • **to equip troops with new weapons** équiper les troupes de nouvelles armes
equipment [ɪ'kwɪpmənt] *n (U)* équipement *m*
equipped [ɪ'kwɪpt] *adj* • **to be equipped with** être équipé(e)de
equivalent [ɪ'kwɪvələnt] *adj* équivalent(e) ◇ *n* équivalent *m*
erase [ɪ'reɪz] *vt (letter, word)* effacer, gommer
eraser [ɪ'reɪzər] *n* gomme *f*
erect [ɪ'rekt] *adj (person, posture)* droit(e) ◇ *vt* **1.** *(tent)* monter **2.** *(monument)* élever
ERM (*abbr of Exchange Rate Mechanism*) *n* mécanisme *m* de change (du SME)
erotic [ɪ'rɒtɪk] *adj* érotique
errand ['erənd] *n* course *f*
erratic [ɪ'rætɪk] *adj* irrégulier(ière)
error ['erər] *n* erreur *f*
escalator ['eskəleɪtər] *n* Escalator® *m*
escalope ['eskəlɒp] *n* escalope *f* panée
escape [ɪ'skeɪp] *n* fuite *f* ◇ *vi* s'échapper • **to escape from** *(from prison)* s'échapper de ; *(from danger)* échapper à
escort *n* ['eskɔːt] *(guard)* escorte *f* ◇ *vt* [ɪ'skɔːt] escorter
espadrilles ['espə,drɪlz] *npl* espadrilles *fpl*
especially [ɪ'speʃəlɪ] *adv* **1.** *(in particular)* surtout **2.** *(on purpose)* exprès **3.** *(very)* particulièrement
esplanade [,esplə'neɪd] *n* esplanade *f*
essay ['eseɪ] *n (at school, university)* dissertation *f*
essential [ɪ'senʃl] *adj (indispensable)* essentiel(ielle) ◆ **essentials** *npl* • **the essentials** l'essentiel • **the bare essentials** le strict minimum
essentially [ɪ'senʃəlɪ] *adv* essentiellement
establish [ɪ'stæblɪʃ] *vt* établir
establishment [ɪ'stæblɪʃmənt] *n* établissement *m*
estate [ɪ'steɪt] *n* **1.** *(land in country)* propriété *f* **2.** *(UK) (for housing)* lotissement *m* **3.** *(UK) (car)* = **estate car**
estate agent *n (UK)* agent *m* immobilier
estate car *n (UK)* break *m*

estimate *n* ['estɪmət] **1.** *(guess)* estimation *f* **2.** *(from builder, plumber)* devis *m* ◇ *vt* ['estɪmeɪt] estimer
estuary ['estjʊərɪ] *n* estuaire *m*
Ethernet cable *n* câble *m*
ethnic minority ['eθnɪk-] *n* minorité *f* ethnique
e-trade *n* *(U)* cybercommerce *m*, commerce *m* électronique
EU (*abbr of European Union*) *n* UE *(Union Européenne) f* ● **EU policy** la politique de l'Union Européenne
euro *n* euro *m*
euro area *n* zone *f* euro
eurocent *n* centime *m* (d'euro)
Eurocheque ['jʊərəʊ,tʃek] *n* eurochèque *m*
Europe ['jʊərəp] *n* l'Europe *f*
European [,jʊərə'pɪən] *adj* européen(enne) ◇ *n* Européen *m*, -enne *f*
European Central Bank *n* Banque *f* centrale européenne
European Commission *n* Commission *f* des communautés européennes
European Community *n* Communauté *f* européenne
European Union *n* Union *f* européenne
Eurostar® ['jʊərəʊstɑːʳ] *n* Eurostar® *m*
euro zone *n* zone *f* euro
evacuate [ɪ'vækjʊeɪt] *vt* évacuer
evade [ɪ'veɪd] *vt* **1.** *(person)* échapper à **2.** *(issue, responsibility)* éviter
evaporated milk [ɪ'væpəreɪtɪd-] *n* *(U)* lait *m* condensé (non sucré)
eve [iːv] *n* ● **on the eve of** à la veille de
even ['iːvn] *adj* **1.** *(uniform, flat)* régulier(ière) **2.** *(equal)* égal(e) **3.** *(number)* pair(e) ◇ *adv* **1.** même **2.** *(in comparisons)* encore ● **even bigger** encore plus grand ● **to break even** rentrer dans ses frais ● **even so** quand même ● **even though** même si
evening ['iːvnɪŋ] *n* **1.** soir *m* **2.** *(event, period)* soirée *f* ● **good evening!** bonsoir ! ● **in the evening** le soir
evening classes *npl* cours *mpl* du soir
evening dress *n* **1.** *(U)* *(formal clothes)* tenue *f* de soirée **2.** *(of woman)* robe *f* du soir
evening meal *n* repas *m* du soir
event [ɪ'vent] *n* **1.** événement *m* **2.** *SPORT* épreuve *f* ● **in the event of** (*fml*) dans l'éventualité de
eventual [ɪ'ventʃʊəl] *adj* final(e)
eventually [ɪ'ventʃʊəlɪ] *adv* finalement
ever ['evəʳ] *adv* jamais ● **have you ever been to Wales?** êtes-vous déjà allé au pays de Galles ? ● **he was ever so angry** (*UK*) il était vraiment en colère ● **for ever** *(eternally)* pour toujours ; *(for a long time)* un temps fou ● **hardly ever** pratiquement jamais ● **ever since** *(since then)* depuis ; *(starting from)* depuis ; *(since the time that)* depuis que
every ['evrɪ] *adj* chaque ● **every day** tous les jours, chaque jour ● **every other day** un jour sur deux ● **one in every ten** un sur dix ● **we make every effort...** nous faisons tout notre possible... ● **every so often** de temps en temps
everybody ['evrɪ,bɒdɪ] = **everyone**
everyday ['evrɪdeɪ] *adj* quotidien(ienne)
everyone ['evrɪwʌn] *pron* tout le monde
everyplace ['evrɪ,pleɪs] (*US*) = **everywhere**

everything ['evrɪθɪŋ] *pron* tout
everywhere ['evrɪweəʳ] *adv* partout
evidence ['evɪdəns] *n (U)* preuve *f*
evident ['evɪdənt] *adj* évident(e)
evidently ['evɪdəntlɪ] *adv* manifestement
evil ['iːvl] *adj* mauvais(e) ◇ *n (U)* mal *m*
ex [eks] *n (inf) (wife, husband, partner)* ex *m ou f*
exact [ɪg'zækt] *adj* exact(e) ▼ **exact fare ready please** faites l'appoint
exactly [ɪg'zæktli] *adv & excl* exactement
exaggerate [ɪg'zædʒəreɪt] *vt & vi* exagérer
exaggeration [ɪg,zædʒə'reɪʃn] *n* exagération *f*
exam [ɪg'zæm] *n* examen *m* ● **to take an exam** passer un examen
examination [ɪg,zæmɪ'neɪʃn] *n* examen *m*
examine [ɪg'zæmɪn] *vt* examiner
example [ɪg'zɑːmpl] *n* exemple *m* ● **for example** par exemple
exceed [ɪk'siːd] *vt* dépasser
excellent ['eksələnt] *adj* excellent(e)
except [ɪk'sept] *prep & conj* sauf, à part ● **except for** sauf, à part ▼ **except for access** sauf riverains ▼ **except for loading** sauf livraisons
exception [ɪk'sepʃn] *n* exception *f*
exceptional [ɪk'sepʃnəl] *adj* exceptionnel(elle)
excerpt ['eksɜːpt] *n* extrait *m*
excess [ɪk'ses] *(before noun* ['ekses]*) adj* excédentaire ◇ *n* excès *m*
excess baggage *n* excédent *m* de bagages
excess fare *n (UK)* supplément *m*
excessive [ɪk'sesɪv] *adj* excessif(ive)
exchange [ɪks'tʃeɪndʒ] *n* **1.** *(of telephones)* central *m* téléphonique **2.** *(of students)* échange *m* scolaire ◇ *vt* échanger ● **to exchange pounds for euros** échanger des livres contre des euros ● **to be on an exchange** prendre part à un échange scolaire
exchange rate *n* taux *m* de change
Exchange Rate Mechanism *n* mécanisme *m* de change (du SME)
excited [ɪk'saɪtɪd] *adj* excité(e)
excitement [ɪk'saɪtmənt] *n* **1.** *(U)* excitation *f* **2.** *(exciting thing)* animation *f*
exciting [ɪk'saɪtɪŋ] *adj* passionnant(e)
exclamation mark [,eksklə'meɪʃn-] *n* point *m* d'exclamation
exclamation point [,eksklə'meɪʃn-] *(US)* = **exclamation mark**
exclude [ɪk'skluːd] *vt* exclure
excluding [ɪk'skluːdɪŋ] *prep* sauf, à l'exception de
exclusive [ɪk'skluːsɪv] *adj* **1.** *(high-class)* chic **2.** *(sole)* exclusif(ive) ◇ *n* exclusivité *f* ● **exclusive of VAT** TVA non comprise
excursion [ɪk'skɜːʃn] *n* excursion *f*
excuse *n* [ɪk'skjuːs] excuse *f* ◇ *vt* [ɪk'skjuːz] **1.** *(forgive)* excuser **2.** *(let off)* dispenser ● **excuse me!** excusez-moi !
ex-directory *adj (UK)* sur la liste rouge
execute ['eksɪkjuːt] *vt (kill)* exécuter
executive [ɪg'zekjutɪv] *adj (room)* pour cadres ◇ *n (person)* cadre *m*
exempt [ɪg'zempt] *adj* ● **exempt from** exempt(e) de
exemption [ɪg'zempʃn] *n* exemption *f*

exercise ['eksəsaɪz] *n* exercice *m* ◇ *vi* faire de l'exercice • **to do exercises** faire des exercices
exercise book *n* cahier *m*
exert [ɪg'zɜːt] *vt* exercer
exhaust [ɪg'zɔːst] *vt* épuiser ◇ *n* • **exhaust (pipe)** pot *m* d'échappement
exhausted [ɪg'zɔːstɪd] *adj* épuisé(e)
exhibit [ɪg'zɪbɪt] *n (in museum, gallery)* objet *m* exposé ◇ *vt* exposer
exhibition [,eksɪ'bɪʃn] *n (of art)* exposition *f*
exist [ɪg'zɪst] *vi* exister
existence [ɪg'zɪstəns] *n* existence *f* • **to be in existence** exister
existing [ɪg'zɪstɪŋ] *adj* existant(e)
exit ['eksɪt] *n* sortie *f* ◇ *vi* sortir
exotic [ɪg'zɒtɪk] *adj* exotique
expand [ɪk'spænd] *vi* se développer
expect [ɪk'spekt] *vt* **1.** s'attendre à **2.** *(await)* attendre • **to expect to do sthg** compter faire qqch • **I expect you to get to work on time** *(require)* j'attends de vous que vous arriviez à l'heure au travail • **to be expecting** *(be pregnant)* être enceinte
expedition [,ekspɪ'dɪʃn] *n* expédition *f*
expel [ɪk'spel] *vt (from school)* renvoyer
expense [ɪk'spens] *n (U)* dépense *f* • **at the expense of** *(fig)* aux dépens de ♦ **expenses** *npl (of business trip)* frais *mpl*
expensive [ɪk'spensɪv] *adj* cher (chère)
experience [ɪk'spɪərɪəns] *n* expérience *f* ◇ *vt* connaître
experienced [ɪk'spɪərɪənst] *adj* expérimenté(e)
experiment [ɪk'sperɪmənt] *n* expérience *f* ◇ *vi* expérimenter
expert ['ekspɜːt] *adj (advice)* d'expert ◇ *n* expert *m*
expiration date [,ekspɪ'reɪʃn-] *(US)* = **expiry date**
expire [ɪk'spaɪəʳ] *vi* expirer
expiry date [ɪk'spaɪərɪ-] *n (UK)* date *f* d'expiration
explain [ɪk'spleɪn] *vt* expliquer
explanation [,eksplə'neɪʃn] *n* explication *f*
explode [ɪk'spləʊd] *vi* exploser
exploit [ɪk'splɔɪt] *vt* exploiter
explore [ɪk'splɔːʳ] *vt (place)* explorer
explosion [ɪk'spləʊʒn] *n* explosion *f*
explosive [ɪk'spləʊsɪv] *n* explosif *m*
export *n* ['ekspɔːt] exportation *f* ◇ *vt* [ɪk'spɔːt] exporter
exposed [ɪk'spəʊzd] *adj (place)* exposé(e)
exposure [ɪk'spəʊʒəʳ] *n* **1.** *(photograph)* pose *f* **2.** *(U) MED* exposition *f* au froid **3.** *(U) (to heat, radiation)* exposition *f*
express [ɪk'spres] *adj* **1.** *(letter, delivery)* exprès **2.** *(train)* express ◇ *n (train)* express *m* ◇ *vt* exprimer ◇ *adv* en exprès
expression [ɪk'spreʃn] *n* expression *f*
expresso [ɪk'spresəʊ] *n* expresso *m*
expressway [ɪk'spresweɪ] *n (US)* autoroute *f*
extend [ɪk'stend] *vt* **1.** prolonger **2.** *(hand)* tendre ◇ *vi* s'étendre
extension [ɪk'stenʃn] *n* **1.** *(of building)* annexe *f* **2.** *(for phone)* poste *m* **3.** *(for permit, essay)* prolongation *f*
extension cord *(US)* = **extension lead**
extension lead *(UK)* *n* rallonge *f*

extensive [ɪk'stensɪv] *adj* **1.** *(damage)* important(e) **2.** *(area)* vaste **3.** *(selection)* large
extent [ɪk'stent] *n (of damage, knowledge)* étendue *f* • **to a certain extent** jusqu'à un certain point • **to what extent...?** dans quelle mesure...?
exterior [ɪk'stɪərɪə^r] *adj* extérieur(e) ◇ *n* extérieur *m*
external [ɪk'stɜːnl] *adj* externe
extinct [ɪk'stɪŋkt] *adj* **1.** *(species)* disparu(e) **2.** *(volcano)* éteint(e)
extinction [ɪk'stɪŋkʃn] *n (U)* extinction *f*
extinguish [ɪk'stɪŋgwɪʃ] *vt* éteindre
extinguisher [ɪk'stɪŋgwɪʃə^r] *n* extincteur *m*
extortionate [ɪk'stɔːʃnət] *adj* exorbitant(e)
extra ['ekstrə] *adj* supplémentaire ◇ *n* **1.** *(bonus)* plus *m* **2.** *(optional thing)* option *f* ◇ *adv (especially)* encore plus • **to pay extra** payer un supplément • **extra charge** supplément *m* • **extra large** XL ♦ **extras** *npl (in price)* suppléments *mpl*
extract *n* ['ekstrækt] extrait *m* ◇ *vt* [ɪk'strækt] extraire
extractor fan [ɪk'stræktə-] *n (UK)* ventilateur *m*
extraordinary [ɪk'strɔːdnrɪ] *adj* extraordinaire
extravagant [ɪk'strævəgənt] *adj* **1.** *(wasteful)* dépensier(ière) **2.** *(expensive)* coûteux(euse)
extreme [ɪk'striːm] *adj* extrême ◇ *n* extrême *m*
extremely [ɪk'striːmlɪ] *adv* extrêmement
extrovert ['ekstrəvɜːt] *n* extraverti *m*, -e *f*
eye [aɪ] *n* **1.** œil *m* **2.** *(of needle)* chas *m* ◇ *vt* lorgner • **to keep an eye on** surveiller
eyebrow ['aɪbraʊ] *n* sourcil *m*
eye drops *npl* gouttes *fpl* pour les yeux
eyeglasses ['aɪglɑːsɪz] *npl (US) (fml)* lunettes *fpl*
eyelash ['aɪlæʃ] *n* cil *m*
eyelid ['aɪlɪd] *n* paupière *f*
eyeliner ['aɪ,laɪnə^r] *n* eye-liner *m*
eye shadow *n* ombre *f* à paupières
eyesight ['aɪsaɪt] *n (U)* vue *f*
eye test *n* examen *m* des yeux
eyewitness [,aɪ'wɪtnɪs] *n* témoin *m* oculaire

F *(abbr of Fahrenheit)* F
fabric ['fæbrɪk] *n* tissu *m*
fabulous ['fæbjʊləs] *adj* fabuleux(euse)
facade [fə'sɑːd] *n* façade *f*
face [feɪs] *n* **1.** visage *m* **2.** *(expression)* mine *f* **3.** *(of cliff, mountain)* face *f* **4.** *(of clock, watch)* cadran *m* ◇ *vt* **1.** faire face à **2.** *(facts)* regarder en face • **to be faced with** être confronté à ♦ **face up to** *vt insep* faire face à
facecloth ['feɪsklɒθ] *n* ≃ gant *m* de toilette
facial ['feɪʃl] *n* soins *mpl* du visage

facilitate [fə'sılıteıt] *vt* (*fml*) faciliter
facilities [fə'sılıtız] *npl* équipements *mpl*
facsimile [fæk'sımılı] *n* (*fax*) fax *m*
fact [fækt] *n* fait *m* • **in fact** en fait
factor ['fæktəʳ] *n* **1.** facteur *m* **2.** (*of suntan lotion*) indice *m* (de protection) • **factor ten suntan lotion** crème solaire indice dix
factory ['fæktərı] *n* usine *f*
faculty ['fækltı] *n* (*at university*) faculté *f*
FA Cup *n championnat anglais de football dont la finale se joue à Wembley*
fade [feıd] *vi* **1.** (*light, sound*) baisser **2.** (*flower*) faner **3.** (*jeans, wallpaper*) se décolorer
faded ['feıdıd] *adj* (*jeans*) délavé(e)
fag [fæg] *n* (*UK*) (*inf*) (*cigarette*) clope *f*
Fahrenheit ['færənhaıt] *adj* Fahrenheit *inv*
fail [feıl] *vt* (*exam*) rater, échouer à ◇ *vi* **1.** échouer **2.** (*engine*) tomber en panne • **to fail to do sthg** (*not do*) ne pas faire qqch
failing ['feılıŋ] *n* défaut *m* ◇ *prep* • **failing that** à défaut
failure ['feıljəʳ] *n* **1.** échec *m* **2.** (*person*) raté *m*, -e *f* **3.** (*act of neglecting*) manquement *m*
faint [feınt] *vi* s'évanouir ◇ *adj* **1.** (*sound*) faible **2.** (*colour*) pâle **3.** (*outline*) vague • **to feel faint** se sentir mal • **I haven't the faintest idea** je n'en ai pas la moindre idée
fair [feəʳ] *n* **1.** (*funfair*) fête *f* foraine **2.** (*trade fair*) foire *f* ◇ *adj* **1.** (*just*) juste **2.** (*quite good*) assez bon (bonne) **3.** (*skin*) clair(e) **4.** (*person, hair*) blond(e) **5.** (*weather*) beau (belle) • **a fair number of** un nombre assez important de • **fair enough!** d'accord !
fairground ['feəgraund] *n* champ *m* de foire
fair-haired [-'heəd] *adj* blond(e)
fairly ['feəlı] *adv* (*quite*) assez
fairy ['feərı] *n* fée *f*
fairy tale *n* conte *m* de fées
faith [feıθ] *n* **1.** (*U*) (*confidence*) confiance *f* **2.** (*religious*) foi *f*
faithfully ['feıθfulı] *adv* • **Yours faithfully** ≃ veuillez agréer mes salutations distinguées
fake [feık] *n* (*painting etc*) faux *m* ◇ *vt* imiter
fall [fɔːl] (*pt* **fell**, *pp* **fallen** ['fɔːln]) *vi* **1.** tomber **2.** (*decrease*) chuter ◇ *n* **1.** chute *f* **2.** (*US*) (*autumn*) automne *m* • **to fall asleep** s'endormir • **to fall ill** tomber malade • **to fall in love** tomber amoureux
◆ **falls** *npl* (*waterfall*) chutes *fpl* ◆ **fall behind** *vi* (*with work, rent*) être en retard ◆ **fall down** *vi* tomber ◆ **fall off** *vi* tomber ◆ **fall out** *vi* **1.** (*hair, teeth*) tomber **2.** (*argue*) se brouiller ◆ **fall over** *vi* tomber ◆ **fall through** *vi* échouer
false [fɔːls] *adj* faux (fausse)
false alarm *n* fausse alerte *f*
false teeth *npl* dentier *m*
fame [feım] *n* (*U*) renommée *f*
familiar [fə'mıljəʳ] *adj* familier(ière) • **to be familiar with** (*know*) connaître
family ['fæmlı] *n* famille *f* ◇ *adj* **1.** (*size*) familial(e) **2.** (*film*) tous publics **3.** (*holiday*) en famille
family planning clinic [-'plænıŋ-] *n* centre *m* de planning familial

family room *n* (*UK*) **1.** *(at hotel)* chambre *f* familiale **2.** *(at pub, airport) salle réservée aux familles avec de jeunes enfants*
famine ['fæmɪn] *n* famine *f*
famished ['fæmɪʃt] *adj* (*inf*) affamé(e)
famous ['feɪməs] *adj* réputé(e)
fan [fæn] *n* **1.** *(held in hand)* éventail *m* **2.** *(electric)* ventilateur *m* **3.** *(enthusiast)* fana *m ou f* **4.** *(supporter)* fan *m ou f*
fan belt *n* courroie *f* de ventilateur
fancy ['fænsɪ] *adj (elaborate)* recherché(e) ◇ *vt* (*UK*) (*inf*) *(feel like)* avoir envie de • **I fancy him** (*UK*) il me plaît • **fancy (that)!** ça alors !
fancy dress *n (U)* déguisement *m*
fan heater *n* radiateur *m* soufflant
fanlight ['fænlaɪt] *n* imposte *f*
fantastic [fæn'tæstɪk] *adj* fantastique
fantasy ['fæntəsɪ] *n (dream)* fantasme *m*
FAQ [fak, ɛfeɪ'kju:] (*abbr of frequently asked questions*) *n* COMPUT FAQ *f*, foire *f* aux questions
far [fɑ:ʳ] (*comp* **further** OU **farther**, *superl* **furthest** OU**farthest**) *adv* **1.** loin **2.** *(in degree)* bien, beaucoup ◇ *adj (end, side)* autre • **how far is it to Paris?** à combien sommes-nous de Paris ? • **as far as** *(place)* jusqu'à • **as far as I'm concerned** en ce qui me concerne • **as far as I know** pour autant que je sache • **far better** beaucoup mieux • **by far** de loin • **so far** *(until now)* jusqu'ici • **to go too far** *(behave unacceptably)* aller trop loin
farce [fɑ:s] *n (ridiculous situation)* farce *f*
fare [feəʳ] *n* **1.** *(on bus, train etc)* tarif *m* **2.** *(U)* (*fml*) *(food)* nourriture *f* ◇ *vi* se débrouiller
Far East *n* • **the Far East** l'Extrême-Orient *m*
fare stage *n* (*UK*) section *f*
farm [fɑ:m] *n* ferme *f*
farmer ['fɑ:məʳ] *n* fermier *m*, -ière *f*
farmhouse ['fɑ:mhaʊs] (*pl* [-haʊzɪz]) *n* ferme *f*
farming ['fɑ:mɪŋ] *n (U)* agriculture *f*
farmland ['fɑ:mlænd] *n (U)* terres *fpl* cultivées
farmyard ['fɑ:mjɑ:d] *n* cour *f* de ferme
farther ['fɑ:ðəʳ] *compar* ➤ **far**
farthest ['fɑ:ðəst] *superl* ➤ **far**
fascinating ['fæsɪneɪtɪŋ] *adj* fascinant(e)
fascination [,fæsɪ'neɪʃn] *n (U)* fascination *f*
fashion ['fæʃn] *n* **1.** *(trend, style)* mode *f* **2.** *(manner)* manière *f* • **to be in fashion** être à la mode • **to be out of fashion** être démodé
fashionable ['fæʃnəbl] *adj* à la mode
fashion show *n* défilé *m* de mode
fast [fɑ:st] *adv* **1.** *(quickly)* vite **2.** *(securely)* solidement ◇ *adj* rapide • **to be fast** *(clock)* avancer • **fast asleep** profondément endormi • **a fast train** un (train) rapide
fasten ['fɑ:sn] *vt* **1.** attacher **2.** *(coat, door)* fermer
fastener ['fɑ:snəʳ] *n* **1.** *(on jewellery)* fermoir *m* **2.** *(zip)* fermeture *f* Éclair®
3. *(press stud)* bouton-pression *m*
fast food *n (U)* fast-food *m*
fat [fæt] *adj* **1.** *(person)* gros (grosse) **2.** *(meat)* gras (grasse) ◇ *n* **1.** *(U) (on body)* graisse *f* **2.** *(U) (on meat)* gras *m*

3. *(for cooking)* matière *f* grasse 4. *(chemical substance)* lipide *m*

fatal ['feɪtl] *adj (accident, disease)* mortel(elle)

fat-free *adj* sans matières grasses

father ['fɑːðəʳ] *n* père *m*

Father Christmas *n (UK)* le père Noël

father-in-law *n* beau-père *m*

fattening ['fætnɪŋ] *adj* qui fait grossir

fatty ['fætɪ] *adj* gras (grasse)

faucet ['fɔːsɪt] *n (US)* robinet *m*

fault ['fɔːlt] *n* 1. *(U) (responsibility)* faute *f* 2. *(defect)* défaut *m* • **it's your fault** c'est de ta faute

faulty ['fɔːltɪ] *adj* défectueux(euse)

favor ['feɪvər] *(US)* = **favour**

favour ['feɪvəʳ] *n (UK) (kind act)* faveur *f* ◇ *vt (prefer)* préférer • **to be in favour of** être en faveur de • **to do sb a favour** rendre un service à qqn

favorable *(US)* = **favourable**

favourable ['feɪvrəbl] *adj (UK)* favorable

favorite *(US)* = **favourite**

favourite ['feɪvrɪt] *adj (UK)* préféré(e) ◇ *n (UK)* préféré *m*, -e *f*

fawn [fɔːn] *adj* fauve

fax [fæks] *n* fax *m* ◇ *vt* 1. *(document)* faxer 2. *(person)* envoyer un fax à

fear [fɪəʳ] *n* peur *f* ◇ *vt (be afraid of)* avoir peur de • **for fear of** de peur de

feast [fiːst] *n (meal)* festin *m*

feather ['feðəʳ] *n* plume *f*

feature ['fiːtʃəʳ] *n* 1. *(characteristic)* caractéristique *f* 2. *(of face)* trait *m* 3. *(in newspaper)* article *m* de fond 4. *(on radio, TV)* reportage *m* ◇ *vt (subj: film)* ▾ **featuring...** avec...

feature film *n* long métrage *m*

Feb. *(abbr of February)* fév.

February ['februəri] *n* février *m* • **at the beginning of February** début février • **at the end of February** fin février • **during February** en février • **every February** tous les ans en février • **in February** en février • **last February** en février (dernier) • **next February** en février de l'année prochaine • **this February** en février (prochain) • **2 February 1994** *(in letters etc)* le 2 février 1994

fed [fed] *pt & pp* ➤ **feed**

fed up *adj* • **to be fed up** avoir le cafard • **to be fed up with** en avoir assez de

fee [fiː] *n* 1. *(to doctor)* honoraires *mpl* 2. *(for membership)* cotisation *f*

feeble ['fiːbəl] *adj* faible

feed [fiːd] *(pt & pp* **fed**) *vt* 1. nourrir 2. *(insert)* insérer

feel [fiːl] *(pt & pp* **felt**) *vt* 1. *(touch)* toucher 2. *(experience)* sentir 3. *(think)* penser ◇ *n (touch)* toucher *m* ◇ *vi* se sentir • **it feels cold** il fait froid • **it feels strange** ça fait drôle • **to feel hot/cold** avoir chaud/froid • **to feel like sthg** *(fancy)* avoir envie de qqch • **to feel up to doing sthg** se sentir le courage de faire qqch

feeling ['fiːlɪŋ] *n* 1. *(emotion)* sentiment *m* 2. *(sensation)* sensation *f* 3. *(belief)* opinion *f* • **to hurt sb's feelings** blesser qqn

feet [fiːt] *pl* ➤ **foot**

fell [fel] *pt* ➤ **fall** ◇ *vt (tree)* abattre

fellow ['feləʊ] *n (man)* homme *m* ◇ *adj* • **fellow students** camarades *mpl* de classe

felt [felt] *pt & pp* ➤ **feel** ◇ *n (U)* feutre *m*

felt-tip pen *n* (stylo-)feutre *m*
female ['fi:meɪl] *adj* **1.** féminin(e) **2.** *(animal)* femelle ◇ *n (animal)* femelle *f*
feminine ['femɪnɪn] *adj* féminin(e)
feminist ['femɪnɪst] *n* féministe *m ou f*
fence [fens] *n* barrière *f*
fencing ['fensɪŋ] *n (U) SPORT* escrime *f*
fend [fend] *vi* • **to fend for o.s.** se débrouiller tout seul
fender ['fendəʳ] *n* **1.** *(for fireplace)* pare-feu *m inv* **2.** *(US) (on car)* aile *f*
fennel ['fenl] *n (U)* fenouil *m*
fern [fɜ:n] *n* fougère *f*
ferocious [fə'rəʊʃəs] *adj* féroce
ferry ['ferɪ] *n* ferry *m*
fertile ['fɜ:taɪl] *adj (land)* fertile
fertilizer ['fɜ:tɪlaɪzəʳ] *n* engrais *m*
festival ['festəvl] *n* **1.** *(of music, arts etc)* festival *m* **2.** *(holiday)* fête *f*
feta cheese ['fetə-] *n (U)* feta *f*
fetch [fetʃ] *vt* **1.** *(object)* apporter **2.** *(go and get)* aller chercher **3.** *(be sold for)* rapporter
fete [feɪt] *n* fête *f*
fever ['fi:vəʳ] *n* fièvre *f* • **to have a fever** avoir de la fièvre
feverish ['fi:vərɪʃ] *adj* fiévreux(euse)
few [fju:] *adj* peu de ◇ *pron* peu • **the first few times** les premières fois • **a few** quelques, quelques-uns • **quite a few of them** pas mal d'entre eux
fewer ['fju:əʳ] *adj* moins de ◇ *pron* • **fewer than ten items** moins de dix articles
fiancé [fɪ'ɒnseɪ] *n* fiancé *m*
fiancée [fɪ'ɒnseɪ] *n* fiancée *f*
fib [fɪb] *n (inf)* bobard *m*
fiber ['faɪbər] *(US)* = **fibre**
fibre ['faɪbəʳ] *n (UK)* **1.** fibre *f (U)* **2.** *(in food)* fibres *fpl*
fiberglass *(US)* = **fibreglass**
fibreglass ['faɪbəglɑ:s] *n (U) (UK)* fibre *f* de verre
fickle ['fɪkl] *adj* capricieux(ieuse)
fiction ['fɪkʃn] *n (U)* fiction *f*
fiddle ['fɪdl] *n (violin)* violon *m* ◇ *vi* • **to fiddle with sthg** tripoter qqch
fidget ['fɪdʒɪt] *vi* remuer
field [fi:ld] *n* **1.** champ *m* **2.** *(for sport)* terrain *m* **3.** *(subject)* domaine *m*
field glasses *npl* jumelles *fpl*
fierce [fɪəs] *adj* **1.** féroce **2.** *(storm)* violent(e) **3.** *(heat)* torride
fifteen [fɪf'ti:n] *num adj & n* quinze • **to be fifteen (years old)** avoir quinze ans • **a hundred and fifteen** cent quinze • **fifteen Hill St** 15 Hill St • **it's minus fifteen (degrees)** il fait moins quinze
fifteenth [ˌfɪf'ti:nθ] *num adj & adv* quinzième ◇ *num pron* quinzième *m ou f* ◇ *num n (fraction)* quinzième *m* • **the fifteenth (of September)** le quinze(septembre)
fifth [fɪfθ] *num adj & adv* cinquième ◇ *num pron* cinquième *m ou f* ◇ *num n (fraction)* cinquième *m* • **the fifth (of September)** le cinq (septembre)
fiftieth ['fɪftɪəθ] *num adj & adv* cinquantième ◇ *num pron* cinquantième *m ou f* ◇ *num n (fraction)* cinquantième *m*
fifty ['fɪftɪ] *num adj & n* cinquante • **to be fifty (years old)** avoir cinquante ans • **a hundred and fifty** cent cinquante • **fifty Hill St** 50 Hill St • **it's minus fifty (degrees Fahrenheit)** il fait moins cinquante

fig [fɪg] *n* figue *f*
fight [faɪt] (*pt & pp* **fought**) *n* **1.** bagarre *f* **2.** *(argument)* dispute *f* **3.** *(struggle)* lutte *f* ◇ *vt* **1.** se battre avec OR contre **2.** *(combat)* combattre ◇ *vi* **1.** se battre **2.** *(quarrel)* se disputer **3.** *(struggle)* lutter • **to have a fight with sb** se battre avec qqn ◆ **fight back** *vi* riposter ◆ **fight off** *vt sep* **1.** *(attacker)* repousser **2.** *(illness)* lutter contre
fighting ['faɪtɪŋ] *n* *(U)* **1.** bagarre *f* **2.** *(military)* combats *mpl*
figure [*(UK)*'fɪgəʳ, *(US)*'fɪgjər] *n* **1.** *(digit, statistic)* chiffre *m* **2.** *(number)* nombre *m* **3.** *(of person)* silhouette *f* **4.** *(diagram)* figure *f* ◆ **figure out** *vt sep* comprendre
file [faɪl] *n* **1.** dossier *m* **2.** COMPUT fichier *m* **3.** *(tool)* lime *f* ◇ *vt* **1.** *(complaint, petition)* déposer **2.** *(nails)* limer • **in single file** en file indienne
file format format *m* de fichier
file transfer *n* transfert *m*
filing cabinet ['faɪlɪŋ-] *n* classeur *m* *(meuble)*
fill [fɪl] *vt* **1.** remplir **2.** *(tooth)* plomber • **to fill sthg with** remplir qqch de ◆ **fill in** *vt sep* *(form)* remplir ◆ **fill out** *vt sep* = **fill in** ◆ **fill up** *vt sep* remplir • **fill her up!** *(with petrol)* le plein !
filled roll ['fɪld-] *n* petit pain *m* garni
fillet ['fɪlɪt] *n* filet *m*
fillet steak *n* filet *m* de bœuf
filling ['fɪlɪŋ] *n* **1.** *(of cake, sandwich)* garniture *f* **2.** *(in tooth)* plombage *m* ◇ *adj* nourrissant(e)
filling station *n* station-service *f*
film [fɪlm] *n* **1.** *(at cinema)* film *m* **2.** *(for camera)* pellicule *f* ◇ *vt* filmer
film star *n* vedette *f* de cinéma
filter ['fɪltəʳ] *n* filtre *m*
filthy ['fɪlθɪ] *adj* dégoûtant(e)
fin [fɪn] *n* **1.** *(of fish)* nageoire *f* **2.** *(US)* *(of swimmer)* palme *f*
final ['faɪnl] *adj* **1.** *(last)* dernier(ière) **2.** *(decision, offer)* final(e) ◇ *n* finale *f*
finalist ['faɪnəlɪst] *n* finaliste *m ou f*
finally ['faɪnəlɪ] *adv* enfin
finance *n* ['faɪnæns] *(U)* **1.** *(money)* financement *m* **2.** *(profession)* finance *f* ◇ *vt* [faɪ'næns] financer ◆ **finances** *npl* finances *fpl*
financial [fɪ'nænʃl] *adj* financier(ière)
find [faɪnd] (*pt & pp* **found**) *vt* **1.** trouver **2.** *(find out)* découvrir ◇ *n* trouvaille *f* • **to find the time to do sthg** trouver le temps de faire qqch ◆ **find out** *vt sep* *(fact, truth)* découvrir ◇ *vi* • **to find out about sthg** *(learn)* apprendre qqch ; *(get information)* se renseigner sur qqch
fine [faɪn] *adv* **1.** *(thinly)* fin **2.** *(well)* très bien ◇ *n* amende *f* ◇ *vt* donner une amende à ◇ *adj* **1.** *(good)* excellent(e) **2.** *(weather, day)* beau (belle) **3.** *(satisfactory)* bien **4.** *(thin)* fin(e) • **to be fine** *(in health)* aller bien
fine art *n* *(U)* beaux-arts *mpl*
finger ['fɪŋgəʳ] *n* doigt *m*
fingernail ['fɪŋgəneɪl] *n* ongle *m* (de la main)
fingertip ['fɪŋgətɪp] *n* bout *m* du doigt
finish ['fɪnɪʃ] *n* **1.** fin *f* **2.** *(of race)* arrivée *f* **3.** *(on furniture)* fini *m* ◇ *vt* finir, terminer ◇ *vi* **1.** finir, se terminer **2.** *(in race)* finir • **to finish doing sthg** finir de faire qqch ◆ **finish off** *vt sep* finir, terminer ◆ **finish up** *vi* finir, terminer • **to finish up doing sthg** finir par faire qqch

Finland ['fɪnlənd] *n* la Finlande
Finn [fɪn] *n* Finlandais *m*, -e *f*
Finnan haddock ['fɪnən-] *n* (*Scot*) type de haddock écossais
Finnish ['fɪnɪʃ] *adj* finlandais(e) ◇ *n* (*U*) *(language)* finnois *m*
fir [fɜːʳ] *n* sapin *m*
fire ['faɪəʳ] *n* **1.** feu *m* **2.** *(out of control)* incendie *m* **3.** *(device)* appareil *m* de chauffage ◇ *vt* **1.** *(gun)* décharger **2.** *(bullet)* tirer **3.** *(from job)* renvoyer • **on fire** en feu • **to catch fire** prendre feu • **to make a fire** faire du feu
fire alarm *n* alarme *f* d'incendie
fire brigade *n* (*UK*) pompiers *mpl*
fire department (*US*) = **fire brigade**
fire engine *n* voiture *f* de pompiers
fire escape *n* escalier *m* de secours
fire exit *n* issue *f* de secours
fire extinguisher *n* extincteur *m*
fire hazard *n* • **to be a fire hazard** présenter un risque d'incendie
fireman ['faɪəmən] (*pl* **-men**) *n* pompier *m*
fireplace ['faɪəpleɪs] *n* cheminée *f*
fire regulations *npl* consignes *fpl* d'incendie
fire station *n* caserne *f* de pompiers
firewall ['faɪəwɔːl] *n* pare-feu *m*, firewall *m*
firewood ['faɪəwʊd] *n* (*U*) bois *m* de chauffage
firework display ['faɪəwɜːk-] *n* feu *m* d'artifice
fireworks ['faɪəwɜːks] *npl* *(rockets etc)* feux *mpl* d'artifice
firm [fɜːm] *adj* **1.** ferme **2.** *(structure)* solide ◇ *n* société *f*
first [fɜːst] *adj* premier(ière) ◇ *adv* **1.** *(in order)* en premier **2.** *(at the start)* premièrement, d'abord **3.** *(for the first time)* pour la première fois ◇ *pron* premier *m*, -ière *f* ◇ *n* *(event)* première *f* • **first (gear)** première *f* • **first thing (in the morning)** à la première heure • **for the first time** pour la première fois • **the first of January** le premier janvier • **at first** au début • **first of all** premièrement, tout d'abord
first aid *n* (*U*) premiers secours *mpl*
first-aid kit *n* trousse *f* de premiers secours
first class *n* (*U*) **1.** *(mail)* tarif *m* normal **2.** *(on train, plane, ship)* première classe *f*
first-class *adj* **1.** *(stamp)* au tarif normal **2.** *(ticket)* de première classe **3.** *(very good)* excellent(e)
first floor *n* **1.** (*UK*) premier étage *m* **2.** (*US*) rez-de-chaussée *m inv*
firstly ['fɜːstlɪ] *adv* premièrement
First Minister *n* *(in Scottish Parliament)* président *m* du Parlement écossais
First Secretary *n* *(in Welsh Assembly)* président *m* de l'Assemblée galloise
First World War *n* • **the First World War** (*UK*) la Première Guerre mondiale
fish [fɪʃ] (*pl inv*) *n* poisson *m* ◇ *vi* pêcher
fish and chips *n* (*U*) poisson *m* frit et frites
fishcake ['fɪʃkeɪk] *n* croquette *f* de poisson
fisherman ['fɪʃəmən] (*pl* **-men**) *n* pêcheur *m*
fish farm *n* établissement *m* piscicole
fish fingers *npl* (*UK*) bâtonnets *mpl* de poisson pané

fishing ['fɪʃɪŋ] *n (U)* pêche *f* • **to go fishing** aller à la pêche
fishing boat *n* bâteau *m* de pêche
fishing rod *n* canne *f* à pêche
fishmonger's ['fɪʃ,mʌŋgəz] *n (UK) (shop)* poissonnerie *f*
fish sticks *(US)* = **fish fingers**
fish supper *n (Scot)* poisson *m* frit et frites
fist [fɪst] *n* poing *m*
fit [fɪt] *adj (healthy)* en forme ◇ *vt* **1.** *(subj: clothes, shoes)* aller à **2.** *(a lock, kitchen, bath)* installer **3.** *(insert)* insérer ◇ *vi* aller ◇ *n* **1.** *(of coughing, anger)* crise *f* **2.** *(epileptic)* crise *f* d'épilepsie • **it's a good fit** *(clothes)* c'est la bonne taille • **to be fit for sthg** *(suitable)* être bon pour qqch • **fit to eat** comestible • **it doesn't fit** *(jacket, skirt)* ça ne va pas ; *(object)* ça ne rentre pas • **to get fit** se remettre en forme • **to keep fit** garder la forme ◆ **fit in** *vt sep (find time to do)* caser ◇ *vi (belong)* s'intégrer
fitness ['fɪtnɪs] *n (U) (health)* forme *f*
fitted carpet [,fɪtəd-] *n (UK)* moquette *f*
fitted sheet [,fɪtəd-] *n (UK)* drap-housse *m*
fitting room ['fɪtɪŋ-] *n* cabine *f* d'essayage
five [faɪv] *num* cinq • **to be five (years old)** avoir cinq ans • **it's five (o'clock)** il est cinq heures • **a hundred and five** cent cinq • **five Hill St** 5 Hill St • **it's minus five (degrees)** il fait moins cinq
fiver ['faɪvər] *n (UK) (inf)* **1.** cinq livres *fpl* **2.** *(note)* billet *m* de cinq livres
fix [fɪks] *vt* **1.** *(attach, decide on)* fixer **2.** *(mend)* réparer **3.** *(drink, food)* préparer **4.** *(arrange)* arranger ◆ **fix up** *vt sep* • **to fix sb up with a lift home** faire raccompagner qqn chez lui
fixture ['fɪkstʃər] *n SPORT* rencontre *f* • **fixtures and fittings** équipements *mpl*
fizzy ['fɪzɪ] *adj* pétillant(e)
flag [flæg] *n* drapeau *m*
flake [fleɪk] *n (of snow)* flocon *m* ◇ *vi* s'écailler
flame [fleɪm] *n* flamme *f*
flammable ['flæməbl] *adj* inflammable
flan [flæn] *n* tarte *f*
flannel ['flænl] *n* **1.** *(U) (material)* flanelle *f* **2.** *(UK) (for face)* ≃ gant *m* de toilette ◆ **flannels** *npl* pantalon *m* de flanelle
flap [flæp] *n* rabat *m* ◇ *vt (wings)* battre de
flapjack ['flæpdʒæk] *n* **1.** *(UK) pavé à l'avoine* **2.** *(US)* crêpe *f* épaisse
flare [fleər] *n (signal)* signal *m* lumineux
flared [fleəd] *adj* **1.** *(trousers)* à pattes d'éléphant **2.** *(skirt)* évasé(e)
flash [flæʃ] *n* **1.** *(of light)* éclair *m* **2.** *(for camera)* flash *m* ◇ *vi (lamp)* clignoter • **a flash of lightning** un éclair • **to flash one's headlights** faire un appel de phares
flashlight ['flæʃlaɪt] *n (US)* lampe *f* électrique, torche *f*
flask [flɑːsk] *n* **1.** *(Thermos)* Thermos® *f* **2.** *(hip flask)* flasque *f*
flat [flæt] *adj* **1.** plat(e) **2.** *(surface)* plan(e) **3.** *(battery)* à plat **4.** *(drink)* éventé(e) **5.** *(rate, fee)* fixe ◇ *adv* à plat ◇ *n (UK) (apartment)* appartement *m* • **a flat (tyre)** un pneu à plat • **flat out** *(run)* à fond ; *(work)* d'arrache-pied
flat rate *n* forfait *m* de base
flatter ['flætər] *vt* flatter
flavor ['fleɪvər] *(US)* = **flavour**

flavour ['fleɪvəʳ] *n* **1.** *(U)* *(UK)* goût *m* **2.** *(of ice cream)* parfum *m*
flavored *(US)* = **flavoured**
flavoured ['fleɪvəd] *adj* *(UK)* aromatisé(e)
flavoring *(US)* = **flavouring**
flavouring ['fleɪvərɪŋ] *n* *(UK)* arôme *m*
flaw [flɔː] *n* défaut *m*
flea [fliː] *n* puce *f*
flea market *n* marché *m* aux puces
fleece [fliːs] *n* **1.** *(of sheep)* toison *m* **2.** *(U)* *(material)* fourrure *f* polaire **3.** *(UK)* *(garment)* polaire *f*, gilet *m* en polaire
fleet [fliːt] *n* flotte *f*
Fleet Street *n rue de Londres dont le nom est utilisé pour désigner la presse britannique*

Fleet Street

Fleet Street vient du nom de la rivière londonienne : la *Fleet*. L'expression fait directement référence au cœur géographique de l'industrie de la presse outre-Manche, et plus généralement au milieu journalistique. En effet, à partir du XVIᵉ siècle et jusqu'au milieu des années 1980, la rue fut investie par des centaines de journaux nationaux et régionaux. Mais avec l'impression numérique et les bouleversements qu'elle entraîna, la majorité des publications se délocalisèrent dans le quartier des *Docklands*.

Flemish ['flemɪʃ] *adj* flamand(e) ◇ *n* *(U)* *(language)* flamand *m*
flesh [fleʃ] *n* *(U)* chair *f*
flew [fluː] *pt* ➤ **fly**
flex [fleks] *n* *(UK)* cordon *m* électrique
flexible ['fleksəbl] *adj* flexible
flick [flɪk] *vt* **1.** *(a switch)* appuyer sur **2.** *(with finger)* donner une chiquenaude à ◆ **flick through** *vt insep* feuilleter
flies [flaɪz] *npl* *(UK)* *(of trousers)* braguette *f*
flight [flaɪt] *n* vol *m* ● **a flight (of stairs)** une volée de marches
flight attendant *n* **1.** *(female)* hôtesse *f* de l'air **2.** *(male)* steward *m*
flimsy ['flɪmzɪ] *adj* **1.** *(object)* fragile **2.** *(clothes)* léger(ère)
fling [flɪŋ] (*pt & pp* **flung**) *vt* jeter
flint [flɪnt] *n* *(of lighter)* pierre *f*
flip-flop [flɪp-] *n* *(shoe)* tong *f*
flipper ['flɪpəʳ] *n* *(of swimmer)* palme *f*
flirt [flɜːt] *vi* ● **to flirt (with sb)** flirter (avec qqn)
float [fləʊt] *n* **1.** *(for swimming)* planche *f* **2.** *(for fishing)* bouchon *m* **3.** *(in procession)* char *m* **4.** *(US)* *(drink)* *soda avec une boule de glace* ◇ *vi* flotter
flock [flɒk] *n* **1.** *(of sheep)* troupeau *m* **2.** *(of birds)* vol *m* ◇ *vi* *(people)* affluer
flood [flʌd] *n* inondation *f* ◇ *vt* inonder ◇ *vi* déborder
floodlight ['flʌdlaɪt] *n* projecteur *m*
floor [flɔːʳ] *n* **1.** *(of room)* plancher *m*, sol *m* **2.** *(storey)* étage *m* **3.** *(of nightclub)* piste *f*
floorboard ['flɔːbɔːd] *n* latte *f* (de plancher)
floor show *n* spectacle *m* de cabaret
flop [flɒp] *n* *(inf)* *(failure)* fiasco *m*
floppy disk ['flɒpɪ-] *n* disquette *f*

floral ['flɔːrəl] *adj (pattern)* à fleurs
Florida Keys ['flɒrɪdə-] *npl îles au large de la Floride*
florist's ['flɒrɪsts] *n (shop)* fleuriste *m*
flour ['flaʊəʳ] *n (U)* farine *f*
flow [fləʊ] *n* courant *m* ◇ *vi* couler
flower ['flaʊəʳ] *n* fleur *f*
flowerbed ['flaʊəbed] *n* parterre *m* de fleurs
flowerpot ['flaʊəpɒt] *n* pot *m* de fleurs
flown [fləʊn] *pp* ➤ **fly**
fl oz *abbr of* **fluid ounce**
flu [fluː] *n (U)* grippe *f*
fluent ['fluːənt] *adj* • **to be fluent in French, to speak fluent French** parler couramment français
fluff [flʌf] *n (U) (on clothes)* peluches *fpl*
fluid ounce ['fluːɪd-] *n* = 0,03 litre
flume [fluːm] *n* toboggan *m*
flung [flʌŋ] *pt & pp* ➤ **fling**
flunk [flʌŋk] *vt (US) (inf) (exam)* rater
fluorescent [flʊə'resənt] *adj* fluorescent(e)
flush [flʌʃ] *vt* • **to flush the toilet** tirer la chasse d'eau
flute [fluːt] *n* flûte *f*
fly [flaɪ] (*pt* **flew**, *pp* **flown**) *n* **1.** *(insect)* mouche *f* **2.** *(of trousers)* braguette *f* ◇ *vt* **1.** *(plane, helicopter)* piloter **2.** *(airline)* voyager avec **3.** *(transport)* transporter (par avion) ◇ *vi* **1.** voler **2.** *(passenger)* voyager en avion **3.** *(pilot a plane)* piloter **4.** *(flag)* flotter
fly-drive *n (UK)* formule *f* avion plus voiture
flying ['flaɪɪŋ] *n (U)* voyages *mpl* en avion
flyover ['flaɪ,əʊvəʳ] *n (UK)* saut-de-mouton *m*
flypaper ['flaɪ,peɪpəʳ] *n (U)* papier *m* tue-mouches
flysheet ['flaɪʃiːt] *n* auvent *m*
FM *n* FM *f*
foal [fəʊl] *n* poulain *m*
foam [fəʊm] *n (U)* mousse *f*
focus ['fəʊkəs] *n (of camera)* mise *f* au point ◇ *vi (with camera, binoculars)* faire la mise au point • **in focus** net • **out of focus** flou
fog [fɒg] *n (U)* brouillard *m*
fogbound ['fɒgbaʊnd] *adj* bloqué(e) par le brouillard
foggy ['fɒgɪ] *adj* brumeux(euse)
fog lamp *(UK)* = **fog light**
fog light *n* feu *m* de brouillard
foil [fɔɪl] *n (U) (thin metal)* papier *m* aluminium
fold [fəʊld] *n* pli *m* ◇ *vt* **1.** plier **2.** *(wrap)* envelopper • **to fold one's arms** (se) croiser les bras ◆ **fold up** *vi (chair, bed, bicycle)* se plier
folder ['fəʊldəʳ] *n* **1.** chemise *f* (cartonnée) **2.** COMPUT dossier *m*
foliage ['fəʊlɪɪdʒ] *n (U)* feuillage *m*
folk [fəʊk] *npl (people)* gens *mpl* ◇ *n* • **folk (music)** *(U)* folk *m* ◆ **folks** *npl (inf) (relatives)* famille *f*
follow ['fɒləʊ] *vt & vi* suivre • **followed by** *(in time)* suivi par OR de • **as follows** comme suit ◆ **follow on** *vi (come later)* suivre
following ['fɒləʊɪŋ] *adj* suivant(e) ◇ *prep* après

follow on call *n appel téléphonique permettant d'utiliser la monnaie restant d'un précédent appel*
fond [fɒnd] *adj* • **to be fond of** aimer beaucoup
fondue ['fɒndu:] *n* **1.** *(with cheese)* fondue *f* (savoyarde) **2.** *(with meat)* fondue bourguignonne
font [fɒnt] *n (printing)* police *f*
food [fu:d] *n* **1.** *(U)* nourriture *f* **2.** *(type of food)* aliment *m*
food poisoning [-ˌpɔɪznɪŋ] *n (U)* intoxication *f* alimentaire
food processor [-ˌprəʊsesəʳ] *n* robot *m* ménager
foodstuffs ['fu:dstʌfs] *npl* denrées *fpl* alimentaires
fool [fu:l] *n* **1.** *(idiot)* idiot *m*, -e *f* **2.** *(pudding)* mousse *f* ◇ *vt* tromper
foolish ['fu:lɪʃ] *adj* idiot(e), bête
foot [fʊt] *(pl* **feet***)* *n* **1.** pied *m* **2.** *(of animal)* patte *f* **3.** *(measurement)* = 30,48 cm, pied • **by foot** à pied • **on foot** à pied
football ['fʊtbɔ:l] *n* **1.** *(UK) (soccer)* football *m* **2.** *(US) (American football)* football *m* américain **3.** *(ball)* ballon *m* de football
footballer ['fʊtbɔ:ləʳ] *n (UK)* footballeur *m*, -euse *f*
football pitch *n (UK)* terrain *m* de football
footbridge ['fʊtbrɪdʒ] *n* passerelle *f*
footpath ['fʊtpɑ:θ] *(pl* [-pɑ:ðz]*)* *n* sentier *m*
footprint ['fʊtprɪnt] *n* empreinte *f* de pas
footstep ['fʊtstep] *n* pas *m*
footwear ['fʊtweəʳ] *n (U)* chaussures *fpl*
for [fɔ:ʳ] *prep*
1. *(expressing purpose, reason, destination)* pour • **this book is for you** ce livre est pour toi • **a ticket for Manchester** un billet pour Manchester • **a town famous for its wine** une ville réputée pour son vin • **what did you do that for?** pourquoi as-tu fait ça ? • **what's it for?** ça sert à quoi ? • **to go for a walk** aller se promener ▾ **for sale** à vendre
2. *(during)* pendant • **I've lived here for ten years** j'habite ici depuis dix ans, ça fait dix ans que j'habite ici • **we talked for hours** on a parlé pendant des heures
3. *(by, before)* pour • **I'll do it for tomorrow** je le ferai pour demain
4. *(on the occasion of)* pour • **I got socks for Christmas** on m'a offert des chaussettes pour Noël • **what's for dinner?** qu'est-ce qu'il y a pour OR à dîner ?
5. *(on behalf of)* pour • **I'd do anything for you** je ferais n'importe quoi pour toi
6. *(with time and space)* pour • **there's no room for your suitcase** il n'y a pas de place pour ta valise • **it's time for dinner** c'est l'heure du dîner • **have you got time for a drink?** tu as le temps de prendre un verre ?
7. *(expressing distance)* pendant, sur ▾ **road works for 20 miles** travaux sur 32 kilomètres
8. *(expressing price)* • **I bought it for five pounds** je l'ai payé cinq livres
9. *(expressing meaning)* • **what's the French for "boy"?** comment dit-on « boy » en français ?
10. *(with regard to)* pour • **it's warm for November** il fait chaud pour novembre

• **it's easy for you** c'est facile pour toi • **it's too far for us to walk** c'est trop loin pour y aller à pied

forbid [fə'bɪd] (*pt* **-bade**, *pp* **-bidden**) *vt* interdire, défendre • **I forbid you to go there** je t'interdis d'aller là-bas

forbidden [fə'bɪdn] *adj* interdit(e), défendu(e)

force [fɔːs] *n (U)* force *f* ◇ *vt* **1.** *(push)* mettre de force **2.** *(lock, door)* forcer • **to force sb to do sthg** forcer qqn à faire qqch • **to force one's way through** se frayer un chemin • **the forces** les forces armées

ford [fɔːd] *n* gué *m*

forecast ['fɔːkɑːst] *n* prévision *f*

forecourt ['fɔːkɔːt] *n* devant *m*

forefinger ['fɔː,fɪŋgəʳ] *n* index *m*

foreground ['fɔːgraʊnd] *n* premier plan *m*

forehead ['fɔːhed] *n* front *m*

foreign ['fɒrən] *adj* **1.** étranger(ère) **2.** *(travel, visit)* à l'étranger

foreign currency *n* devises *fpl* (étrangères)

foreigner ['fɒrənəʳ] *n* étranger *m*, -ère *f*

foreign exchange *n (U)* change *m*

Foreign Secretary *n* (*UK*) ministre *m* des Affaires étrangères

foreman ['fɔːmən] (*pl* **-men**) *n (of workers)* contremaître *m*

forename ['fɔːneɪm] *n* (*fml*) prénom *m*

foresee [fɔː'siː] (*pt* **-saw**, *pp* **-seen**) *vt* prévoir

forest ['fɒrɪst] *n* forêt *f*

forever [fə'revəʳ] *adv* **1.** *(eternally)* (pour) toujours **2.** *(continually)* continuellement

forgave [fə'geɪv] *pt* ➤ **forgive**

forge [fɔːdʒ] *vt (copy)* contrefaire

forgery ['fɔːdʒərɪ] *n* contrefaçon *f*

forget [fə'get] (*pt* **-got**, *pp* **-gotten**) *vt* & *vi* oublier • **to forget about sthg** oublier qqch • **to forget how to do sthg** oublier comment faire qqch • **to forget to do sthg** oublier de faire qqch • **forget it!** laisse tomber !

forgetful [fə'getfʊl] *adj* distrait(e)

forgive [fə'gɪv] (*pt* **-gave**, *pp* **-given**) *vt* pardonner

forgot [fə'gɒt] *pt* ➤ **forget**

forgotten [fə'gɒtn] *pp* ➤ **forget**

fork [fɔːk] *n* **1.** *(for eating with)* fourchette *f* **2.** *(for gardening)* fourche *f* **3.** *(of road, path)* embranchement *m* ♦ **forks** *npl (of bike, motorbike)* fourche *f*

form [fɔːm] *n* **1.** *(type, shape)* forme *f* **2.** *(piece of paper)* formulaire *m* **3.** (*UK*) *SCH* classe *f* ◇ *vt* former ◇ *vi* se former • **off form** pas en forme • **on form** en forme • **to form part of** faire partie de

formal ['fɔːml] *adj* **1.** *(occasion)* officiel(ielle) **2.** *(language, word)* soutenu(e) **3.** *(person)* solennel(elle) • **formal dress** tenue *f* de soirée

formality [fɔː'mælətɪ] *n* formalité *f* • **it's just a formality** ça n'est qu'une formalité

format ['fɔːmæt] *n* format *m*

former ['fɔːməʳ] *adj* **1.** *(previous)* précédent(e) **2.** *(first)* premier(ière) ◇ *pron* • **the former** celui-là (celle-là), le premier (la première)

formerly ['fɔːməlɪ] *adv* autrefois

formula ['fɔːmjʊlə] (*pl* **-as** OU **-ae**) *n* formule *f*

fort [fɔːt] *n* fort *m*

forthcoming [fɔːθ'kʌmɪŋ] *adj (future)* à venir
fortieth ['fɔːtɪɪθ] *num adj & adv* quarantième ◇ *num pron* quarantième *m ou f* ◇ *num n (fraction)* quarantième *m*
fortnight ['fɔːtnaɪt] *n (UK)* quinzaine *f*, quinze jours *mpl*
fortunate ['fɔːtʃnət] *adj* chanceux(euse)
fortunately ['fɔːtʃnətlɪ] *adv* heureusement
fortune ['fɔːtʃuːn] *n* **1.** *(money)* fortune *f* **2.** *(U) (luck)* chance *f* • **it costs a fortune** *(inf)* ça coûte une fortune
forty ['fɔːtɪ] *num adj & n* quarante • **to be forty (years old)** avoir quarante ans • **a hundred and forty** cent quarante • **forty Hill St** 40 Hill St • **it's minus forty (degrees Fahrenheit)** il fait moins quarante
forum ['fɔːrəm] *n* forum *m*
forward ['fɔːwəd] *adv* en avant ◇ *n SPORT* avant *m* ◇ *vt* **1.** *(letter) COMPUT* faire suivre **2.** *(goods)* expédier • **to look forward to sthg** attendre qqch avec impatience • **I'm looking forward to seeing you** il me tarde de vous voir
forwarding address ['fɔːwədɪŋ-] *n* adresse *f* de réexpédition
fought [fɔːt] *pt & pp* ➤ **fight**
foul [faʊl] *adj (unpleasant)* infect(e) ◇ *n* faute *f*
found [faʊnd] *pt & pp* ➤ **find** ◇ *vt* fonder
foundation (cream) [faʊn'deɪʃn-] *n* fond de teint *m*
foundations [faʊn'deɪʃnz] *npl* fondations *fpl*
fountain ['faʊntɪn] *n* fontaine *f*
fountain pen *n* stylo *m* (à) plume
four [fɔːʳ] *num* quatre • **to be four (years old)** avoir quatre ans • **it's four (o'clock)** il est quatre heures • **a hundred and four** cent quatre • **four Hill St** 4 Hill St • **it's minus four (degrees)** il fait moins quatre
four-star (petrol) *n (U) (UK)* super *m*
fourteen [ˌfɔː'tiːn] *num adj & n* quatorze • **to be fourteen (years old)** avoir quatorze ans • **a hundred and fourteen** cent quatorze • **fourteen Hill St** 14 Hill St • **it's minus fourteen (degrees)** il fait moins quatorze
fourteenth [ˌfɔː'tiːnθ] *num adj & adv* quatorzième ◇ *num pron* quatorzième *m ou f* ◇ *num n (fraction)* quatorzième *m* • **the fourteenth (of September)** le quatorze (septembre)
fourth [fɔːθ] *num adj & adv* quatrième ◇ *num pron* quatrième *m ou f* ◇ *num n (fraction)* quatrième *m* • **the fourth (of September)** le quatre (septembre)

Fourth of July

Fête nationale américaine célébrée le 4 juillet, également appelée *Independence Day* (jour de l'Indépendance), en commémoration de la signature en 1776 à Philadelphie (Pennsylvanie), de la Déclaration d'indépendance américaine par le Congrès continental. Galvanisé par l'esprit patriotique, cet anniversaire donne lieu à des festivités hautes en couleur (feux d'artifice, grandes parades, concerts en plein air, etc.) et est suivi d'un week-end de trois jours durant lequel les Américains en profitent pour voyager.

four-wheel drive *n* quatre-quatre *m inv*
fowl [faʊl] (*pl inv*) *n* volaille *f*
fox [fɒks] *n* renard *m*
foyer ['fɔɪeɪ] *n* hall *m*
fraction ['frækʃn] *n* fraction *f*
fracture ['fræktʃəʳ] *n* fracture *f* ◇ *vt* fracturer
fragile ['frædʒaɪl] *adj* fragile
fragment ['frægmənt] *n* fragment *m*
fragrance ['freɪgrəns] *n* parfum *m*
frail [freɪl] *adj* fragile
frame [freɪm] *n* **1.** *(of window, door)* encadrement *m* **2.** *(of bicycle, bed, for photo)* cadre *m* **3.** *(of glasses)* monture *f* **4.** *(of tent)* armature *f* ◇ *vt (photo, picture)* encadrer
France [frɑːns] *n* la France
frank [fræŋk] *adj* franc (franche)
frankfurter ['fræŋkfɜːtəʳ] *n* saucisse *f* de Francfort
frankly ['fræŋklɪ] *adv* franchement
frantic ['fræntɪk] *adj* **1.** *(person)* fou (folle) **2.** *(activity, pace)* frénétique
fraud [frɔːd] *n (U) (crime)* fraude *f*
freak [friːk] *adj* insolite ◇ *n (inf) (fanatic)* fana *m ou f*
freckles ['freklz] *npl* taches *fpl* de rousseur
free [friː] *adj* **1.** libre **2.** *(costing nothing)* gratuit(e) ◇ *vt (prisoner)* libérer ◇ *adv (without paying)* gratuitement • **free of charge** gratuitement • **to be free to do sthg** être libre de faire qqch
freedom ['friːdəm] *n (U)* liberté *f*
freefone ['friːfəʊn] *n (U) (UK)* ≃ numéro *m* vert
free gift *n* cadeau *m*
free house *n (UK) pub non lié à une brasserie particulière*
free kick *n* coup franc *m*
freelance ['friːlɑːns] *adj* indépendant(e), free-lance *inv*
freely ['friːlɪ] *adv* librement • **freely available** facile à se procurer
free period *n SCH* heure *f* libre
freepost ['friːpəʊst] *n (U) (UK)* port *m* payé
free-range *adj* **1.** *(chicken)* fermier(ière) **2.** *(eggs)* de ferme
free time *n (U)* temps *m* libre
freeway ['friːweɪ] *n (US)* autoroute *f*
freeze [friːz] (*pt* **froze**, *pp* **frozen**) *vt* **1.** *(food)* congeler **2.** *(prices)* geler ◇ *vi* geler ◇ *impers vb* • **it's freezing** il gèle
freezer ['friːzəʳ] *n* **1.** *(deep freeze)* congélateur *m* **2.** *(part of fridge)* freezer *m*
freezing ['friːzɪŋ] *adj* **1.** *(temperature, water)* glacial(e) **2.** *(person, hands)* gelé(e)
freezing point *n* • **below freezing point** au-dessous de zéro
freight [freɪt] *n (U)* fret *m*
French [frentʃ] *adj* français(e) ◇ *n (U) (language)* français *m* ◇ *npl* • **the French** les Français *mpl*
French bean *n* haricot *m* vert
French bread *n (U)* baguette *f*
French dressing *n (U)* **1.** *(in UK)* vinaigrette *f* **2.** *(in US) assaisonnement pour salade à base de mayonnaise et de ketchup*
French fries *npl* frites *fpl*
Frenchman ['frentʃmən] (*pl* **-men**) *n* Français *m*

French toast *n (U)* pain *m* perdu
French windows *npl* porte-fenêtre *f*
Frenchwoman ['frentʃ,wʊmən] *(pl* **-women)** *n* Française *f*
frequency ['fri:kwənsɪ] *n* fréquence *f*
frequent ['fri:kwənt] *adj* fréquent(e)
frequently ['fri:kwəntlɪ] *adv* fréquemment
fresh [freʃ] *adj* **1.** *(food, flowers, weather)* frais (fraîche) **2.** *(refreshing)* rafraîchissant(e) **3.** *(water)* doux (douce) **4.** *(recent)* récent(e) **5.** *(new)* nouveau(elle) ● **to get some fresh air** prendre l'air
fresh cream *n (U)* crème *f* fraîche
freshen ['freʃn] ◆ **freshen up** *vi* se rafraîchir
freshly ['freʃlɪ] *adv* fraîchement
fresh orange (juice) *n* jus *m* d'orange
Fri. (*written abbr of Friday*) ven. *(vendredi)*
Friday ['fraɪdɪ] *n* vendredi ● **it's Friday** on est vendredi ● **Friday morning** vendredi matin ● **on Friday** vendredi ● **on Fridays** le vendredi ● **last Friday** vendredi dernier ● **this Friday** vendredi ● **next Friday** vendredi prochain ● **Friday week** (*UK*), **a week on Friday** (*UK*)**a week from Friday** (*US*) vendredi en huit
fridge [frɪdʒ] *n* réfrigérateur *m*
fried egg [fraɪd-] *n* œuf *m* sur le plat
fried rice [fraɪd-] *n (U)* riz *m* cantonais
friend [frend] *n* ami *m*, -e *f* ● **to be friends with sb** être ami avec qqn ● **to make friends with sb** se lier d'amitié avec qqn
friendly ['frendlɪ] *adj* aimable ● **to be friendly with sb** être ami avec qqn
friendship ['frendʃɪp] *n* amitié *f*
fries [fraɪz] = **French fries**
fright [fraɪt] *n (U)* peur *f* ● **to give sb a fright** faire peur à qqn
frighten ['fraɪtn] *vt* faire peur à
frightened ['fraɪtnd] *adj (scared)* effrayé(e) ● **to be frightened (that)...** *(worried)* avoir peur que... *(+ subjunctive)* ● **to be frightened of** avoir peur de
frightening ['fraɪtnɪŋ] *adj* effrayant(e)
frightful ['fraɪtfʊl] *adj (very bad)* horrible
frilly ['frɪlɪ] *adj* à volants
fringe [frɪndʒ] *n* frange *f*
frisk [frɪsk] *vt* fouiller
fritter ['frɪtə^r] *n* beignet *m*
fro [frəʊ] *adv* ➤ **to**
frog [frɒg] *n* grenouille *f*
from [frɒm] *prep*
1. *(expressing origin, source)* de ● **the train from Manchester** le train en provenance de Manchester ● **I'm from England** je suis anglais ● **I bought it from a supermarket** je l'ai acheté dans un supermarché
2. *(expressing removal, deduction)* de ● **away from home** loin de chez soi ● **the policeman took the knife(away) from the man** le policier retira son couteau à l'homme ● **10 % will be deducted from the total** 10 % seront retranchés du total
3. *(expressing distance)* de ● **five miles from London** à huit kilomètres de Londres ● **it's not far from here** ce n'est pas loin (d'ici)
4. *(expressing position)* de ● **from here you can see the valley** d'ici on voit la vallée
5. *(expressing starting time)* à partir de ● **from next year** à partir de l'année prochaine ● **open from nine to five** ouvert de neuf heures à dix-sept heures

6. *(expressing change)* de • **the price has gone up from £1 to £2** le prix est passé d'une livre à deux livres
7. *(expressing range)* de • **it could take from two to six months** ça peut prendre de deux à six mois • **tickets are from £10** les billets les moins chers commencent à 10 livres
8. *(as a result of)* de • **I'm tired from walking** je suis fatigué d'avoir marché
9. *(expressing protection)* de • **sheltered from the wind** à l'abri du vent
10. *(in comparisons)* • **different from** différent de

fromage frais [ˌfrɒmɑːʒ'freɪ] *n (U)* fromage *m* blanc

front [frʌnt] *adj* **1.** *(row, part)* de devant **2.** *(wheel)* avant *inv* ◇ *n* **1.** *(of dress, queue)* devant *m* **2.** *(of car, train, plane)* avant *m* **3.** *(of building)* façade *f* **4.** *(of weather)* front *m* **5.** *(by the sea)* front *m* de mer • **in front** *(further forward)* devant ; *(in vehicle)* à l'avant • **in front of** devant

front door *n* porte *f* d'entrée

frontier [frʌn'tɪəʳ] *n* frontière *f*

front page *n* une *f*

front seat *n* siège *m* avant

frost [frɒst] *n* **1.** *(U)* *(on ground)* givre *m* **2.** *(cold weather)* gelée *f*

frosty ['frɒstɪ] *adj (morning, weather)* glacial(e)

froth [frɒθ] *n (U)* **1.** *(on beer)* mousse *f* **2.** *(on sea)* écume *f*

frown [fraʊn] *n* froncement *m* de sourcils ◇ *vi* froncer les sourcils

froze [frəʊz] *pt* ➤ **freeze**

frozen [frəʊzn] *pp* ➤ **freeze** ◇ *adj* **1.** gelé(e) **2.** *(food)* surgelé(e)

fruit [fruːt] *n* **1.** *(U)* *(food)* fruits *mpl* **2.** *(variety, single fruit)* fruit *m* • **a piece of fruit** un fruit • **fruits of the forest** fruits des bois

fruit cake *n* cake *m*

fruiterer ['fruːtərəʳ] *n (UK)* marchand *m*, -e *f* de fruits

fruit juice *n* jus *m* de fruit

fruit machine *n (UK)* machine *f* à sous

fruit salad *n* salade *f* de fruits

frustrating [frʌ'streɪtɪŋ] *adj* frustrant(e)

frustration [frʌ'streɪʃn] *n (U)* frustration *f*

fry [fraɪ] *vt* (faire) frire

frying pan ['fraɪɪŋ-] *n* poêle *f* (à frire)

ft *abbr of* **foot, feet**

fudge [fʌdʒ] *n (U)* caramel *m*

fuel [fjʊəl] *n* **1.** *(petrol)* carburant *m* **2.** *(coal, gas)* combustible *m*

fuel pump *n* pompe *f* d'alimentation

fulfil [fʊl'fɪl] *vt (UK)* **1.** remplir **2.** *(promise)* tenir **3.** *(instructions)* obéir à

fulfill [fʊl'fɪl] *(US)* = **fulfil**

full [fʊl] *adj* **1.** plein(e) **2.** *(hotel, train, name)* complet(ète) **3.** *(maximum)* maximum **4.** *(week)* chargé(e) **5.** *(flavour)* riche ◇ *adv (directly)* en plein • **I'm full (up)** je n'en peux plus • **at full speed** à toute vitesse • **in full** *(pay)* intégralement ; *(write)* en toutes lettres

full board *n (U) (UK)* pension *f* complète

full-cream milk *n (U) (UK)* lait *m* entier

full-length *adj (skirt, dress)* long (longue)

full moon *n* pleine lune *f*

full stop *n* *(UK)* point *m*
full-time *adj* & *adv* à temps plein
fully ['fʊlɪ] *adv* **1.** entièrement **2.** *(understand)* tout à fait • **fully booked** complet
fully-licensed *adj habilité à vendre tous types d'alcools*
fumble ['fʌmbl] *vi* **1.** *(search clumsily)* farfouiller **2.** *(in the dark)* tâtonner
fun [fʌn] *n* *(U)* • **it's good fun** c'est très amusant • **for fun** pour le plaisir • **to have fun** s'amuser • **to make fun of** se moquer de
function ['fʌŋkʃn] *n* **1.** *(role)* COMPUT fonction *f* **2.** *(formal event)* réception *f* ◇ *vi* fonctionner
fund [fʌnd] *n* *(of money)* fonds *m* ◇ *vt* financer ◆ **funds** *npl* fonds *mpl*
fundamental [ˌfʌndə'mentl] *adj* fondamental(e)
funeral ['fju:nərəl] *n* enterrement *m*
funfair ['fʌnfeəʳ] *n* fête *f* foraine
funky ['fʌŋkɪ] *adj* *(inf)* funky *inv*
funnel ['fʌnl] *n* **1.** *(for pouring)* entonnoir *m* **2.** *(on ship)* cheminée *f*
funny ['fʌnɪ] *adj* **1.** *(amusing)* drôle **2.** *(strange)* bizarre • **to feel funny** *(ill)* ne pas être dans son assiette
fur [fɜ:ʳ] *n* fourrure *f*
fur coat *n* manteau *m* de fourrure
furious ['fjʊərɪəs] *adj* furieux(ieuse)
furnished ['fɜ:nɪʃt] *adj* meublé(e)
furnishings ['fɜ:nɪʃɪŋz] *npl* mobilier *m*
furniture ['fɜ:nɪtʃəʳ] *n* *(U)* meubles *mpl* • **a piece of furniture** un meuble
furry ['fɜ:rɪ] *adj* **1.** *(animal)* à fourrure **2.** *(toy)* en peluche **3.** *(material)* pelucheux(euse)
further ['fɜ:ðəʳ] *compar* ➤ **far** ◇ *adv* **1.** plus loin **2.** *(more)* plus ◇ *adj* *(additional)* autre • **until further notice** jusqu'à nouvel ordre
furthermore [ˌfɜ:ðə'mɔ:ʳ] *adv* de plus
furthest ['fɜ:ðɪst] *superl* ➤ **far** ◇ *adj* le plus éloigné (la plus éloignée) ◇ *adv* le plus loin
fuse [fju:z] *n* **1.** *(of plug)* fusible *m* **2.** *(on bomb)* détonateur *m* ◇ *vi* • **the plug has fused** les plombs ont sauté
fuse box *n* boîte *f* à fusibles
fuss [fʌs] *n* histoires *fpl*
fussy ['fʌsɪ] *adj* *(person)* difficile
future ['fju:tʃəʳ] *n* **1.** avenir *m* **2.** GRAM futur *m* ◇ *adj* futur(e) • **in future** à l'avenir

g G

g *(abbr of gram)* g *(gramme)*
gable ['geɪbl] *n* pignon *m*
gadget ['gædʒɪt] *n* gadget *m*
Gaelic ['geɪlɪk] *n* *(U)* gaélique *m*
gag [gæg] *n* *(inf)* *(joke)* histoire *f* drôle
gain [geɪn] *vt* **1.** gagner **2.** *(weight, speed, confidence)* prendre **3.** *(subj: clock, watch)* avancer de ◇ *vi* *(benefit)* y gagner ◇ *n* gain *m*
gale [geɪl] *n* grand vent *m*
gallery ['gælərɪ] *n* **1.** *(public)* musée *m* **2.** *(private, at theatre)* galerie *f*

gallon ['gælən] *n* **1.** (*UK*) = 4,546 l, gallon *m* **2.** (*US*) = 3,79 l, gallon
gallop ['gæləp] *vi* galoper
gamble ['gæmbl] *n* coup *m* de poker ◇ *vi* *(bet money)* jouer
gambling ['gæmblıŋ] *n* (*U*) jeu *m*
game [geım] *n* **1.** jeu *m* **2.** *(of football, tennis, cricket)* match *m* **3.** *(of chess, cards, snooker)* partie *f* **4.** (*U*) *(wild animals, meat)* gibier *m* ◆ **games** *n* (*U*) (*UK*) *SCH* sport *m* ◇ *npl (sporting event)* jeux *mpl*
game port *n* port *m* jeu
game show *n* jeu *m* télévisé
gammon ['gæmən] *n* (*U*) (*UK*) *jambon cuit, salé ou fumé*
gang [gæŋ] *n* **1.** *(of criminals)* gang *m* **2.** *(of friends)* bande *f*
gangster ['gæŋstər] *n* gangster *m*
gangway ['gæŋweı] *n* **1.** *(for ship)* passerelle *f* **2.** (*UK*) *(in bus, aeroplane)* couloir *m* **3.** (*UK*) *(in theatre)* allée *f*
gaol [dʒeıl] (*UK*) = **jail**
gap [gæp] *n* **1.** *(space)* espace *m* **2.** *(crack)* interstice *m* **3.** *(of time)* intervalle *m* **4.** *(difference)* fossé *m*
gap year *n* (*UK*) *année d'interruption volontaire des études, avant l'entrée à l'université*
garage ['gærɑːʒ, 'gærıdʒ] *n* **1.** garage *m* **2.** *(for petrol)* station-service *f*
garbage ['gɑːbıdʒ] *n* (*U*) (*US*) *(refuse)* ordures *fpl*
garbage can *n* (*US*) poubelle *f*
garbage truck *n* (*US*) camion-poubelle *m*
garden ['gɑːdn] *n* jardin *m* ◇ *vi* faire du jardinage ◆ **gardens** *npl (public park)* jardin *m* public
garden center (*US*) = **garden centre**
garden centre *n* (*UK*) jardinerie *f*
gardener ['gɑːdnər] *n* jardinier *m*, -ière *f*
gardening ['gɑːdnıŋ] *n* (*U*) jardinage *m*
garden peas *npl* petits pois *mpl*
garlic ['gɑːlık] *n* (*U*) ail *m*
garlic bread *n* (*U*) *pain aillé et beurré servi chaud*
garlic butter *n* (*U*) beurre *m* d'ail
garment ['gɑːmənt] *n* (*fml*) vêtement *m*
garnish ['gɑːnıʃ] *n* **1.** *(for decoration)* garniture *f* **2.** *(sauce) sauce servant à relever un plat* ◇ *vt* garnir
gas [gæs] *n* **1.** gaz *m inv* **2.** (*US*) *(petrol)* essence *f*
gas cooker *n* (*UK*) cuisinière *f* à gaz
gas cylinder *n* bouteille *f* de gaz
gas fire *n* radiateur *m* à gaz
gasket ['gæskıt] *n* joint *m* (d'étanchéité)
gas mask *n* masque *m* à gaz
gasoline ['gæsəliːn] *n* (*U*) (*US*) essence *f*
gasp [gɑːsp] *vi (in shock)* avoir le souffle coupé
gas pedal *n* (*US*) accélérateur *m*
gas station *n* (*US*) station-service *f*
gas stove = **gas cooker**
gas tank *n* (*US*) réservoir *m* (à essence)
gasworks ['gæswɜːks] (*pl inv*) *n* usine *f* à gaz
gate [geıt] *n* **1.** *(to garden, at airport)* porte *f* **2.** *(to building)* portail *m* **3.** *(to field)* barrière *f*
gâteau ['gætəu] (*pl* **-x**) *n* (*UK*) *gros gâteau à la crème*
gateway ['geıtweı] *n* *(entrance)* portail *m*

gather ['gæðəʳ] *vt* **1.** *(belongings)* ramasser **2.** *(information)* recueillir **3.** *(speed)* prendre **4.** *(understand)* déduire ◇ *vi* se rassembler

gaudy ['gɔːdɪ] *adj* voyant(e)

gauge [geɪdʒ] *n* **1.** jauge *f* **2.** *(of railway track)* écartement *m* ◇ *vt (calculate)* évaluer

gauze [gɔːz] *n (U)* gaze *f*

gave [geɪv] *pt* ➤ **give**

gay [geɪ] *adj (homosexual)* homosexuel(elle)

gaze [geɪz] *vi* ● **to gaze at** regarder fixement

GB (*abbr of Great Britain*) GB *(Grande-Bretagne)*

GCSE *n* (*abbr of General Certificate of Secondary Education*) *examen de fin de premier cycle*

gear [gɪəʳ] *n* **1.** *(wheel)* roue *f* dentée **2.** *(speed)* vitesse *f* **3.** *(U) (belongings)* affaires *fpl* **4.** *(U) (equipment)* équipement *m* **5.** *(U) (clothes)* tenue *f* ● **in gear** en prise

gearbox ['gɪəbɒks] *n* boîte *f* de vitesses

gear lever *n (UK)* levier *m* de vitesse

gear shift *(US)* = **gear lever**

gear stick *(UK)* = **gear lever**

geek ['giːk] *n (inf)* débile *m ou f* ● **a movie /computer geek** un dingue de cinéma /d'informatique

geese [giːs] *pl* ➤ **goose**

gel [dʒel] *n* gel *m*

gelatine [ˌdʒelə'tiːn] *n (U)* gélatine *f*

gem [dʒem] *n* pierre *f* précieuse

Gemini ['dʒemɪnaɪ] *n* Gémeaux *mpl*

gender ['dʒendəʳ] *n* genre *m*

general ['dʒenərəl] *adj* général(e) ◇ *n* général *m* ● **in general** en général

general anaesthetic *n (UK)* anesthésie *f* générale

general anesthetic *(US)* = **general anaesthetic**

general election *n* élections *fpl* législatives

generally ['dʒenərəlɪ] *adv* généralement

general practitioner [-præk'tɪʃənəʳ] *n* (médecin) généraliste *m*

general store *n (US)* bazar *m*

generate ['dʒenəreɪt] *vt* **1.** *(cause)* susciter **2.** *(electricity)* produire

generation [ˌdʒenə'reɪʃn] *n* génération *f*

generator ['dʒenəreɪtəʳ] *n* générateur *m*

generosity [ˌdʒenə'rɒsətɪ] *n (U)* générosité *f*

generous ['dʒenərəs] *adj* généreux(euse)

genetically [dʒɪ'netɪklɪ] *adv* génétiquement ● **genetically modified** génétiquement modifié(e) ● **genetically modified organism** organisme *m* génétiquement modifié

genetic code *n* code *m* génétique

genitals ['dʒenɪtlz] *npl* parties *fpl* génitales

genius ['dʒiːnjəs] *n* génie *m*

gentle ['dʒentl] *adj* **1.** doux (douce) **2.** *(movement, breeze)* léger(ère)

gentleman ['dʒentlmən] (*pl* **-men**) *n* **1.** monsieur *m* **2.** *(with good manners)* gentleman *m* ▾ **gentlemen** *(men's toilets)* messieurs

gently ['dʒentlɪ] *adv (carefully)* doucement

gents [dʒents] *n* (*UK*) toilettes *fpl* pour hommes

genuine ['dʒenjʊɪn] *adj* **1.** (*authentic*) authentique **2.** (*sincere*) sincère

geographical [dʒɪə'græfɪkl] *adj* géographique

geography [dʒɪ'ɒgrəfɪ] *n* (*U*) géographie *f*

geology [dʒɪ'ɒlədʒɪ] *n* (*U*) géologie *f*

geometry [dʒɪ'ɒmətrɪ] *n* (*U*) géométrie *f*

Georgian ['dʒɔːdʒən] *adj* (*architecture etc*) georgien(ienne) *(du règne des rois George I-IV, 1714-1830)*

geranium [dʒɪ'reɪnjəm] *n* géranium *m*

German ['dʒɜːmən] *adj* allemand(e) ◇ *n* **1.** (*person*) Allemand *m*, -e *f* (*U*) **2.** (*language*) allemand *m*

German measles *n* (*U*) rubéole *f*

Germany ['dʒɜːmənɪ] *n* l'Allemagne *f*

germs [dʒɜːmz] *npl* germes *mpl*

gesture ['dʒestʃəʳ] *n* (*movement*) geste *m*

get [get] (*pt & pp* **got** (*US*) *pp* **gotten**) *vt*
1. (*obtain*) obtenir ; (*buy*) acheter ● **she got a job** elle a trouvé un travail
2. (*receive*) recevoir ● **I got a book for Christmas** on m'a offert OR j'ai eu un livre pour Noël
3. (*train, plane, bus etc*) prendre
4. (*fetch*) aller chercher ● **could you get me the manager?** (*in shop*) pourriez-vous m'appeler le directeur ? ; (*on phone*) pourriez-vous me passer le directeur ?
5. (*illness*) attraper ● **I've got a cold** j'ai un rhume
6. (*cause to become*) ● **to get sthg done** faire faire qqch ● **can I get my car repaired here?** est-ce que je peux faire réparer ma voiture ici ?
7. (*ask, tell*) ● **I'll get him to call you** je m'assurerai qu'il t'appelle
8. (*move*) ● **I can't get it through the door** je n'arrive pas à le faire passer par la porte
9. (*understand*) comprendre, saisir
10. (*time, chance*) avoir ● **we didn't get the chance to see everything** nous n'avons pas pu tout voir
11. (*idea, feeling*) avoir
12. (*phone*) répondre à
13. (*in phrases*) ● **you get a lot of rain here in winter** il pleut beaucoup ici en hiver
◇ *vi*
1. (*become*) ● **to get lost** se perdre ● **get lost!** (*inf*) fiche le camp ! ● **to get ready** se préparer ● **it's getting late** il se fait tard
2. (*into particular state, position*) ● **to get into trouble** s'attirer des ennuis ● **how do you get to Luton from here?** comment va-t-on à Luton ? ● **to get into the car** monter dans la voiture
3. (*arrive*) arriver ● **when does the train get here?** à quelle heure arrive le train ?
4. (*in phrases*) ● **to get to do sthg** avoir l'occasion de faire qqch
◇ *aux vb* ● **to get delayed** être retardé ● **to get killed** se faire tuer
◆ **get back** *vi* (*return*) rentrer
◆ **get in** *vi* (*arrive*) arriver ; (*enter*) entrer
◆ **get off** *vi* (*leave train, bus*) descendre ; (*depart*) partir
◆ **get on** *vi* (*enter train, bus*) monter ; (*in relationship*) s'entendre ; (*progress*) ● **how are you getting on?** comment tu t'en sors ?

◆ **get out** *vi (of car, bus, train)* descendre
◆ **get through** *vi (on phone)* obtenir la communication
◆ **get up** *vi* se lever
get-together *n (inf)* réunion *f*
ghastly ['gɑːstlɪ] *adj (inf)* affreux(euse)
gherkin ['gɜːkɪn] *n* cornichon *m*
ghetto blaster ['getəʊ,blɑːstəʳ] *n (inf) grand radiocassette portatif*
ghost [gəʊst] *n* fantôme *m*
giant ['dʒaɪənt] *adj* géant(e) ◇ *n (in stories)* géant *m*, -e *f*
giblets ['dʒɪblɪts] *npl* abats *mpl* de volaille
giddy ['gɪdɪ] *adj* ● **to feel giddy** avoir la tête qui tourne
gift [gɪft] *n* **1.** cadeau *m* **2.** *(talent)* don *m*
gifted ['gɪftɪd] *adj* doué(e)
gift shop *n* boutique *f* de cadeaux
gift voucher *n (UK)* chèque-cadeau *m*
gig [gɪg] *n (inf) (concert)* concert *m*
gigantic [dʒaɪ'gæntɪk] *adj* gigantesque
giggle ['gɪgl] *vi* glousser
gill [dʒɪl] *n (measurement)* = 0,142 l, quart *m* de pinte
gimmick ['gɪmɪk] *n* astuce *f*
gin [dʒɪn] *n* gin *m* ● **gin and tonic** gin tonic
ginger ['dʒɪndʒəʳ] *n (U)* gingembre *m* ◇ *adj (colour)* roux (rousse)
ginger ale *n boisson gazeuse non alcoolisée au gingembre, souvent utilisée en cocktail*
ginger beer *n boisson gazeuse non alcoolisée au gingembre*
gingerbread ['dʒɪndʒəbred] *n (U)* pain *m* d'épice
gipsy ['dʒɪpsɪ] *n (U)* gitan *m*, -e *f*
giraffe [dʒɪ'rɑːf] *n* girafe *f*
girdle ['gɜːdl] *n* gaine *f*
girl [gɜːl] *n* fille *f*
girlfriend ['gɜːlfrend] *n* copine *f*, amie *f*
girl guide *n (UK)* éclaireuse *f*
girl scout *(US)* = **girl guide**
giro ['dʒaɪrəʊ] *n (U) (UK) (system)* virement *m* bancaire
give [gɪv] *(pt* **gave**, *pp* **given** ['gɪvn]) *vt* **1.** donner **2.** *(a smile, a speech)* faire **3.** *(a look)* jeter **4.** *(speech)* faire **5.** *(attention, time)* consacrer ● **to give sb a sweet** donner un bonbon à qqn ● **to give sb a present** offrir un cadeau à qqn ● **to give sb a message** transmettre un message à qqn ● **to give sthg a push** pousser qqch ● **to give sb a kiss** embrasser qqn ● **give or take a few days** à quelques jours près ▼ **give way** cédez le passage ◆ **give away** *vt sep* **1.** *(get rid of)* donner **2.** *(reveal)* révéler ◆ **give back** *vt sep* rendre ◆ **give in** *vi* céder ◆ **give off** *vt insep* **1.** *(smell)* exhaler **2.** *(gas)* émettre ◆ **give out** *vt sep (distribute)* distribuer ◆ **give up** *vt sep* **1.** *(cigarettes, chocolate)* renoncer à **2.** *(seat)* laisser ◇ *vi (admit defeat)* abandonner ● **to give up smoking** arrêter de fumer
glacier ['glæsjəʳ] *n* glacier *m*
glad [glæd] *adj* content(e) ● **to be glad to do sthg** faire qqch volontiers OR avec plaisir
gladly ['glædlɪ] *adv (willingly)* volontiers, avec plaisir
glamorous ['glæmərəs] *adj* **1.** *(woman)* séduisant(e) **2.** *(job, place)* prestigieux(ieuse)
glance [glɑːns] *n* coup *m* d'œil ◇ *vi* ● **to glance at** jeter un coup d'œil à

gland [glænd] *n* glande *f*
glandular fever ['glændjʊlə-] *n (U)* (*UK*) mononucléose *f* (infectieuse)
glare [gleəʳ] *vi* **1.** *(person)* jeter un regard noir **2.** *(sun, light)* être éblouissant(e)
glass [glɑːs] *n (U)* verre *m* ◇ *adj* **1.** en verre **2.** *(door)* vitré(e) ◆ **glasses** *npl* lunettes *fpl*
glassware ['glɑːsweəʳ] *n (U)* verrerie *f*
glen [glen] *n (Scot)* vallée *f*
glider ['glaɪdəʳ] *n* planeur *m*
glimpse [glɪmps] *vt* apercevoir
glitter ['glɪtəʳ] *vi* scintiller
globalization [ˌgləʊbəlaɪ'zeɪʃn] *n* mondialisation *f*
global warming [ˌgləʊbl'wɔːmɪŋ] *n (U)* réchauffement *m* de la planète
globe [gləʊb] *n (with map)* globe *m* (terrestre) ● **the globe** *(Earth)* le globe
gloomy ['gluːmɪ] *adj* **1.** *(room, day)* lugubre **2.** *(person)* triste
glorious ['glɔːrɪəs] *adj* **1.** *(weather, sight)* splendide **2.** *(victory, history)* glorieux(ieuse)
glory ['glɔːrɪ] *n (U)* gloire *f*
gloss [glɒs] *n (U) (shine)* brillant *m*, lustre *m* ● **gloss (paint)** peinture *f* brillante
glossary ['glɒsərɪ] *n* glossaire *m*
glossy ['glɒsɪ] *adj (magazine)* sur papier glacé
glove [glʌv] *n* gant *m*
glove compartment *n* boîte *f* à gants
glow [gləʊ] *n* lueur *f* ◇ *vi* briller
glucose ['gluːkəʊs] *n (U)* glucose *m*
glue [gluː] *n (U)* colle *f* ◇ *vt* coller
GM (*abbr of genetically modified*) *adj* génétiquement modifié(e)
gnat [næt] *n* moustique *m*
gnaw [nɔː] *vt* ronger
GNVQ (*abbr of general national vocational qualification*) *n (UK) diplôme sanctionnant deux années d'études professionnelles à la fin du secondaire* ≃ baccalauréat *m* professionnel
go [gəʊ] (*pt* **went**, *pp* **gone**, *pl* **goes**) *vi*
1. *(move, travel)* aller ● **to go for a walk** aller se promener ● **to go and do sthg** aller faire qqch ● **to go home** rentrer chez soi ● **to go to Spain** aller en Espagne ● **to go by bus** prendre le bus ● **to go swimming** aller nager
2. *(leave)* partir, s'en aller ● **when does the bus go?** quand part le bus ? ● **go away!** allez-vous-en !
3. *(become)* devenir ● **she went pale** elle a pâli ● **the milk has gone sour** le lait a tourné
4. *(expressing future tense)* ● **to be going to do sthg** aller faire qqch
5. *(function)* marcher ● **the car won't go** la voiture ne veut pas démarrer
6. *(stop working)* tomber en panne ● **the fuse has gone** les plombs ont sauté
7. *(break)* se casser
8. *(time)* passer
9. *(progress)* aller, se passer ● **to go well** aller bien, bien se passer
10. *(bell, alarm)* se déclencher
11. *(match)* aller bien ensemble ● **to go with** aller (bien) avec ● **red wine doesn't go with fish** le vin rouge ne va pas bien avec le poisson
12. *(be sold)* se vendre ▼ **everything must go** tout doit disparaître
13. *(fit)* rentrer

14. *(lead)* aller • **where does this path go?** où va ce chemin ?
15. *(belong)* aller
16. *(in phrases)* • **to let go of sthg** *(drop)* lâcher qqch • **to go** *(US)* *(to take away)* à emporter • **there are two weeks to go** il reste deux semaines
◇ *n*
1. *(turn)* tour *m* • **it's your go** c'est ton tour, c'est à toi
2. *(attempt)* coup *m* • **to have a go at sthg** essayer qqch ▼ **50p a go** *(for game)* 50p la partie
◆ **go ahead** *vi* *(begin)* y aller ; *(take place)* avoir lieu
◆ **go around** *vi* *(revolve)* tourner
◆ **go back** *vi* *(return)* retourner
◆ **go down** *vi* *(decrease)* baisser ; *(sun)* se coucher ; *(tyre)* se dégonfler
◆ **go down with** *vt insep* *(inf)* *(illness)* attraper
◆ **go in** *vi* entrer
◆ **go off** *vi* *(alarm, bell)* se déclencher ; *(food)* se gâter ; *(milk)* tourner ; *(light, heating)* s'éteindre
◆ **go on** *vi* *(happen)* se passer ; *(light, heating)* s'allumer ; *(continue)* • **to go on doing sthg** continuer à faire qqch • **go on!** allez !
◆ **go out** *vi* *(leave house)* sortir ; *(light, fire, cigarette)* s'éteindre ; *(have relationship)* • **to go out with sb** sortir avec qqn • **to go out for a meal** dîner dehors
◆ **go over** *vt insep* *(check)* vérifier
◆ **go round** *vi* *(UK)* = **go around**
◆ **go through** *vt insep* *(experience)* vivre ; *(spend)* dépenser ; *(search)* fouiller
◆ **go up** *vi* *(increase)* augmenter
◆ **go without** *vt insep* se passer de
goal [gəʊl] *n* **1.** but *m* **2.** *(posts)* buts *mpl*
goalkeeper ['gəʊlˌkiːpəʳ] *n* gardien *m* (de but)
goalpost ['gəʊlpəʊst] *n* poteau *m* (de but)
goat [gəʊt] *n* chèvre *f*
gob [gɒb] *n* *(UK)* *(inf)* *(mouth)* gueule *f*
go-cart *(US)* = **go-kart**
god [gɒd] *n* dieu *m* ◆ **God** *n* Dieu *m*
goddaughter ['gɒdˌdɔːtəʳ] *n* filleule *f*
godfather ['gɒdˌfɑːðəʳ] *n* parrain *m*
godmother ['gɒdˌmʌðəʳ] *n* marraine *f*
gods [gɒdz] *npl* • **the gods** *(UK)* *(inf)* *(in theatre)* le poulailler
godson ['gɒdsʌn] *n* filleul *m*
goes [gəʊz] ➤ **go**
goggles ['gɒglz] *npl* **1.** *(for swimming)* lunettes *fpl* de natation **2.** *(for skiing)* lunettes *fpl* de ski
going ['gəʊɪŋ] *adj* *(available)* disponible • **the going rate** le tarif en vigueur
go-kart [kɑːt] *n* *(UK)* kart *m*
gold [gəʊld] *n* *(U)* or *m* ◇ *adj* en or
goldfish ['gəʊldfɪʃ] *(pl inv)* *n* poisson *m* rouge
gold-plated [-'pleɪtɪd] *adj* plaqué(e)or
golf [gɒlf] *n* *(U)* golf *m*
golf ball *n* balle *f* de golf
golf club *n* club *m* de golf
golf course *n* terrain *m* de golf
golfer ['gɒlfəʳ] *n* joueur *m*, -euse *f* de golf
gone [gɒn] *pp* ➤ **go** ◇ *prep* *(UK)* *(past)* • **it's gone ten** il est dix heures passées
good [gʊd] *(comp* **better**, *superl* **best***)* *adj* **1.** bon (bonne) **2.** *(kind)* gentil(ille) **3.** *(well-behaved)* sage ◇ *n* *(U)* bien *m*

• **the weather is good** il fait beau • **to have a good time** s'amuser • **to be good at sthg** être bon en qqch • **a good ten minutes** dix bonnes minutes • **in good time** à temps • **to make good sthg** *(damage)* payer qqch ; *(loss)* compenser qqch • **for good** pour de bon • **for the good of** pour le bien de • **a walk will do you good** une promenade te fera du bien • **it's no good** *(there's no point)* ça ne sert à rien • **good afternoon!** bonjour ! • **good evening!** bonsoir ! • **good morning!** bonjour ! • **good night!** bonne nuit ! ◆ **goods** *npl* marchandises *fpl*

goodbye [ˌgʊd'baɪ] *excl* au revoir !

Good Friday *n* le Vendredi saint

good-looking [-'lʊkɪŋ] *adj* beau (belle)

goods train [gʊdz-] *n* (*UK*) train *m* de marchandises

goose [gu:s] (*pl* **geese**) *n* oie *f*

gooseberry ['gʊzbərɪ] *n* groseille *f* à maquereau

gorge [gɔ:dʒ] *n* gorge *f*

gorgeous ['gɔ:dʒəs] *adj* **1.** *(good-looking)* magnifique, superbe **2.** *(day, countryside)* splendide **3.** *(meal)* délicieux(ieuse)

gorilla [gə'rɪlə] *n* gorille *m*

gossip ['gɒsɪp] *vi* **1.** *(about someone)* cancaner **2.** *(chat)* bavarder ◇ *n (U) (about someone)* commérages *mpl* • **to have a gossip** *(chat)* bavarder

gossip column *n* échos *mpl*

got [gɒt] *pt & pp* ➤ **get**

gotten ['gɒtn] *pp* (*US*) ➤ **get**

goujons ['gu:dʒɒnz] *npl fines lamelles de poisson enrobées de pâte à crêpe et frites*

goulash ['gu:læʃ] *n* goulasch *m*

gourmet ['gʊəmeɪ] *n* gourmet *m* ◇ *adj (food, restaurant)* gastronomique

govern ['gʌvən] *vt* **1.** *(country)* gouverner **2.** *(city)* administrer

government ['gʌvnmənt] *n* gouvernement *m*

gown [gaʊn] *n (dress)* robe *f*

GP *abbr of* **general practitioner**

grab [græb] *vt* **1.** saisir **2.** *(person)* attraper

graceful ['greɪsfʊl] *adj* gracieux(ieuse)

grade [greɪd] *n* **1.** *(quality)* qualité *f* **2.** *(in exam)* note *f* **3.** (*US*) *(year at school)* année *f*

gradient ['greɪdjənt] *n* pente *f*

gradual ['grædʒʊəl] *adj* graduel(elle), progressif(ive)

gradually ['grædʒʊəlɪ] *adv* graduellement, progressivement

graduate *n* ['grædʒʊət] **1.** *(from university)* ≃ licencié *m*, licenciée **2.** (*US*) *(from high school)* ≃ bachelier *m*, bachelière ◇ *vi* ['grædʒʊeɪt] **1.** *(from university)* ≃ obtenir sa licence **2.** (*US*) *(from high school)* ≃ obtenir son baccalauréat

graduate school *n* (*US*) troisième *m* cycle d'université

graduation [ˌgrædʒʊ'eɪʃn] *n (U)* remise *f* des diplômes

graffiti [grə'fi:tɪ] *n (U)* graffiti *mpl*

grain [greɪn] *n* **1.** grain *m* **2.** *(U) (crop)* céréales *fpl*

gram [græm] *n* gramme *m*

grammar ['græmə^r] *n (U)* grammaire *f*

grammar school *n (in UK) école secondaire publique, plus sélective et plus traditionnelle que les autres*

gramme [græm] = **gram**

gramophone ['græməfəʊn] *n* gramophone *m*
gran [græn] *n* (*UK*) (*inf*) mamie *f*
grand [grænd] *adj (impressive)* grandiose ◇ *n* (*inf*) **1.** *(£1,000)* mille livres *fpl* **2.** *($1,000)* mille dollars *mpl*
grandchild ['græntʃaɪld] (*pl* **-children**) *n* **1.** *(boy)* petit-fils *m* **2.** *(girl)* petite-fille *f* • **grandchildren** petits-enfants *mpl*
granddad ['grændæd] *n* (*inf*) papi *m*
granddaughter ['græn,dɔːtər] *n* petite-fille *f*
grandfather ['grænd,fɑːðər] *n* grand-père *m*
grandma ['grænmɑː] *n* (*inf*) mamie *f*
grandmother ['græn,mʌðər] *n* grand-mère *f*
grandpa ['grænpɑː] *n* (*inf*) papi *m*
grandparents ['græn,peərənts] *npl* grands-parents *mpl*
grandson ['grænsʌn] *n* petit-fils *m*
granite ['grænɪt] *n (U)* granit *m*
granny ['grænɪ] *n* (*inf*) mamie *f*
grant [grɑːnt] *n* **1.** *POL* subvention *f* **2.** *(for university)* bourse *f* ◇ *vt* (*fml*) *(give)* accorder • **to take sthg for granted** considérer qqch comme un fait acquis • **he takes her for granted** il ne se rend pas compte de tout ce qu'elle fait pour lui
grape [greɪp] *n* raisin *m*
grapefruit ['greɪpfruːt] *n* pamplemousse *m*
grapefruit juice *n* jus *m* de pamplemousse
graph [grɑːf] *n* graphique *m*
graphics card ['græfɪks-] *n* carte *f* graphique
graph paper *n (U)* papier *m* millimétré
grasp [grɑːsp] *vt* saisir
grass [grɑːs] *n (U)* herbe *f* ▾ **keep off the grass** pelouse interdite
grasshopper ['grɑːs,hɒpər] *n* sauterelle *f*
grate [greɪt] *n* grille *f* de foyer
grated ['greɪtɪd] *adj* râpé(e)
grateful ['greɪtfʊl] *adj* reconnaissant(e)
grater ['greɪtər] *n* râpe *f*
gratitude ['grætɪtjuːd] *n (U)* gratitude *f*
gratuity [grə'tjuːɪtɪ] *n* (*fml*) pourboire *m*
[1]**grave** [greɪv] *adj* **1.** *(mistake, news)* grave **2.** *(concern)* sérieux(ieuse) ◇ *n* tombe *f*
[2]**grave** [grɑːv] *adj (accent)* grave
gravel ['grævl] *n (U)* **1.** gravier *m* **2.** *(smaller)* gravillon *m*
graveyard ['greɪvjɑːd] *n* cimetière *m*
gravity ['grævətɪ] *n (U)* gravité *f*
gravy ['greɪvɪ] *n (U)* jus *m* de viande
gray [greɪ] (*US*) = **grey**
graze [greɪz] *vt (injure)* égratigner
grease [griːs] *n (U)* graisse *f*
greaseproof paper ['griːspruːf-] *n (U)* papier *m* sulfurisé
greasy ['griːsɪ] *adj* **1.** *(tools, clothes)* graisseux(euse) **2.** *(food, skin, hair)* gras (grasse)
great [greɪt] *adj* **1.** grand(e) **2.** *(very good)* super *inv*, génial(e) • **(that's) great!** (c'est) super OR génial !
Great Britain *n* la Grande-Bretagne
great-grandfather *n* arrière-grand-père *m*
great-grandmother *n* arrière-grand-mère *f*

greatly ['greɪtlɪ] *adv* **1.** *(a lot)* beaucoup **2.** *(very)* très
Greece [gri:s] *n* la Grèce
greed [gri:d] *n (U)* **1.** *(for food)* gloutonnerie *f* **2.** *(for money)* avidité *f*
greedy ['gri:dɪ] *adj* **1.** *(for food)* glouton(onne) **2.** *(for money)* avide
Greek [gri:k] *adj* grec (grecque) ◇ *n* **1.** *(person)* Grec *m*, Grecque *f (U)* **2.** *(language)* grec *m*
Greek salad *n salade composée de laitue, tomates, concombre, feta et olives noires*
green [gri:n] *adj* **1.** vert(e) **2.** *(person, product)* écolo **3.** *(inf) (inexperienced)* jeune ◇ *n* **1.** *(colour)* vert *m* **2.** *(in village)* terrain *m* communal **3.** *(on golf course)* green *m* ◆ **greens** *npl (vegetables)* légumes *mpl* verts
green beans *npl* haricots *mpl* verts
green card *n* **1.** *(UK) (for car)* carte *f* verte **2.** *(US) (work permit)* carte *f* de séjour

green card

Document administratif exigé de la part de tout citoyen étranger désireux de vivre et de travailler aux États-Unis (la « carte verte » n'arbore plus cette couleur aujourd'hui). Son obtention, longue et compliquée, concerne : les proches directs des citoyens américains (notamment les époux), les personnes ayant obtenu une offre d'emploi permanent (après parrainage de leur employeur), les réfugiés politiques résidant depuis plus d'un an aux États-Unis et souhaitant changer de statut et les personnes souhaitant investir aux États-Unis.

green channel *n dans un port ou un aéroport, sortie réservée aux voyageurs n'ayant rien à déclarer*
greengage ['gri:ngeɪdʒ] *n* reine-claude *f*
greengrocer's ['gri:n,grəʊsəz] *n (UK) (shop)* magasin *m* de fruits et de légumes
greenhouse ['gri:nhaʊs] *(pl* [-haʊzɪz]*)* *n* serre *f*
greenhouse effect *n* effet *m* de serre
green light *n* feu *m* vert
green pepper *n* poivron *m* vert
Greens [gri:nz] *npl* ● **the Greens** les écologistes *mpl*
green salad *n* salade *f* verte
greet [gri:t] *vt* saluer
greeting ['gri:tɪŋ] *n* salut *m*
grenade [grə'neɪd] *n* grenade *f*
grew [gru:] *pt* ➤ **grow**
grey [greɪ] *adj* gris(e) ◇ *n* gris *m* ● **to go grey** grisonner
greyhound ['greɪhaʊnd] *n* lévrier *m*
grid [grɪd] *n* **1.** *(grating)* grille *f* **2.** *(on map etc)* quadrillage *m*
grief [gri:f] *n (U)* chagrin *m* ● **to come to grief** *(person)* échouer
grieve [gri:v] *vi* être en deuil
grill [grɪl] *n* **1.** *(on cooker, over fire)* gril *m* **2.** *(part of restaurant)* grill *m* ◇ *vt* (faire) griller
grille [grɪl] *n AUT* calandre *f*
grilled [grɪld] *adj* grillé(e)
grim [grɪm] *adj* **1.** *(expression)* sévère **2.** *(place, news)* sinistre
grimace ['grɪməs] *n* grimace *f*

grimy ['graɪmɪ] *adj* crasseux(euse)
grin [grɪn] *n* grand sourire *m* ◇ *vi* faire un grand sourire
grind [graɪnd] (*pt & pp* **ground**) *vt* *(pepper, coffee)* moudre
grip [grɪp] *n* **1.** *(hold)* prise *f* *(U)* **2.** *(of tyres)* adhérence *f* **3.** *(handle)* poignée *f* **4.** *(bag)* sac *m* de voyage ◇ *vt (hold)* saisir
gristle ['grɪsl] *n* *(U)* nerfs *mpl*
groan [grəʊn] *n (of pain)* gémissement *m* ◇ *vi* **1.** *(in pain)* gémir **2.** *(complain)* ronchonner
groceries ['grəʊsərɪz] *npl* épicerie *f*
grocer's ['grəʊsəz] *n* *(UK)* *(shop)* épicerie *f*
grocery ['grəʊsərɪ] *n* *(shop)* épicerie *f*
groin [grɔɪn] *n* aine *f*
groove [gru:v] *n* rainure *f*
groovy ['gru:vɪ] *adj* *(inf)* **1.** *(excellent)* super, génial(e) **2.** *(fashionable)* branché(e)
grope [grəʊp] *vi* tâtonner
gross [grəʊs] *adj (weight, income)* brut(e)
grossly ['grəʊslɪ] *adv (extremely)* extrêmement
grotty ['grɒtɪ] *adj* *(UK)* *(inf)* minable
ground [graʊnd] *pt & pp* ➤ **grind** ◇ *n* **1.** *(U)* *(surface of earth)* sol *m* **2.** *(U)* *(soil)* terre *f* **3.** SPORT terrain *m* ◇ *adj (coffee)* moulu(e) ◇ *vt* ● **to be grounded** *(plane)* être interdit de vol ; *(US)* *(electrical connection)* être relié à la terre ● **on the ground** par terre ♦ **grounds** *npl* **1.** *(of building)* terrain *m* **2.** *(of coffee)* marc *m* **3.** *(reason)* motif *m*
ground floor *n* *(UK)* rez-de-chaussée *m*
groundsheet ['graʊndʃi:t] *n* *(UK)* tapis *m* de sol
group [gru:p] *n* groupe *m*
grouse [graʊs] *(pl inv)* *n (bird)* grouse *f*
grovel ['grɒvl] *vi* ramper
grow [grəʊ] (*pt* **grew**, *pp* **grown**) *vi* **1.** *(person, animal)* grandir **2.** *(plant)* pousser **3.** *(increase)* augmenter **4.** *(become)* devenir ◇ *vt* **1.** *(plant, crop)* cultiver **2.** *(beard)* laisser pousser ● **to grow old** vieillir ♦ **grow up** *vi* grandir
growl [graʊl] *vi (dog)* grogner
grown [grəʊn] *pp* ➤ **grow**
grown-up *adj* adulte ◇ *n* adulte *m ou f*, grande personne *f*
growth [grəʊθ] *n* **1.** *(increase)* augmentation *f* **2.** MED grosseur *f*
grub [grʌb] *n* *(U)* *(inf)* *(food)* bouffe *f*
grubby ['grʌbɪ] *adj* *(inf)* pas net (nette)
grudge [grʌdʒ] *n* ● **to bear sb a grudge** en vouloir à qqn ◇ *vt* ● **she grudges him his success** elle lui envie son succès
grueling ['grʊəlɪŋ] *(US)* = **gruelling**
gruelling ['grʊəlɪŋ] *adj* *(UK)* exténuant(e)
gruesome ['gru:səm] *adj* macabre
grumble ['grʌmbl] *vi (complain)* grommeler
grumpy ['grʌmpɪ] *adj* *(inf)* grognon(onne)
grunge [grʌndʒ] *n* **1.** *(inf)* *(dirt)* crasse *f* **2.** *(music, fashion)* grunge *m*
grunt [grʌnt] *vi* **1.** *(pig)* grogner **2.** *(person)* pousser un grognement
guarantee [ˌgærən'ti:] *n* garantie *f* ◇ *vt* garantir
guard [gɑ:d] *n* **1.** *(of prisoner)* gardien *m*, -ienne *f* **2.** *(of politician, palace)* garde *m* **3.** *(UK)* *(on train)* chef *m* de train **4.** *(protective cover)* protection *f* ◇ *vt (watch over)*

garder • **to be on one's guard** être sur ses gardes
guess [ges] *vt & vi* (essayer de) deviner ◇ *n* • **to have a guess at sthg** (essayer de) deviner qqch • **I guess (so)** je suppose (que oui)
guest [gest] *n* **1.** invité *m*, -e *f* **2.** *(in hotel)* client *m*, -e *f*
guesthouse ['gesthaʊs] *(pl* [-haʊzɪz]*) n* pension *f* de famille
guestroom ['gestrʊm] *n* chambre *f* d'amis
guidance ['gaɪdəns] *n (U)* conseils *mpl*
guide [gaɪd] *n* **1.** *(for tourists)* guide *m ou f* **2.** *(guidebook)* guide *m* (touristique) ◇ *vt* conduire ♦ **Guide** *n (UK)* ≃ éclaireuse *f*
guidebook ['gaɪdbʊk] *n* guide *m* (touristique)
guide dog *n (UK)* chien *m* d'aveugle
guided tour ['gaɪdɪd-] *n* visite *f* guidée
guidelines ['gaɪdlaɪnz] *npl* lignes *fpl* directrices
guilt [gɪlt] *n (U)* culpabilité *f*
guilty ['gɪltɪ] *adj* coupable
guinea pig ['gɪnɪ-] *n* cochon *m* d'Inde
guitar [gɪ'tɑːʳ] *n* guitare *f*
guitarist [gɪ'tɑːrɪst] *n* guitariste *m ou f*
gulf [gʌlf] *n (of sea)* golfe *m*
Gulf War *n* • **the Gulf War** la guerre du Golfe
gull [gʌl] *n* mouette *f*
gullible ['gʌləbl] *adj* crédule
gulp [gʌlp] *n* goulée *f*
gum [gʌm] *n* **1.** *(U) (chewing gum)* chewing-gum *m* **2.** *(U) (bubble gum) chewing-gum avec lequel on peut faire des bulles* **3.** *(adhesive)* gomme *f* ♦ **gums** *npl (in mouth)* gencives *fpl*
gun [gʌn] *n* **1.** *(pistol)* revolver *m* **2.** *(rifle)* fusil *m* **3.** *(cannon)* canon *m*
gunfire ['gʌnfaɪəʳ] *n (U)* coups *mpl* de feu
gunshot ['gʌnʃɒt] *n* coup *m* de feu
gust [gʌst] *n* rafale *f*
gut [gʌt] *n (inf) (stomach)* estomac *m* ♦ **guts** *npl (inf)* **1.** *(intestines)* boyaux *mpl* **2.** *(courage)* cran *m*
gutter ['gʌtəʳ] *n* **1.** *(beside road)* rigole *f* **2.** *(of house)* gouttière *f*
guy [gaɪ] *n (inf) (man)* type *m* ♦ **guys** *npl (inf) (people)* • **you guys** vous
Guy Fawkes Night [-'fɔːks-] *n le 5 novembre*

Guy Fawkes Night

Fête populaire anglaise, célébrée chaque année le 5 novembre, commémorant la *Conspiration des poudres* de 1605 – un complot dont fit partie le catholique Guy Fawkes – qui visait à assassiner le roi Jacques Ier en faisant exploser le Parlement londonien. Aujourd'hui, les enfants confectionnent de petites effigies de Fawkes (les *guys*) et les font brûler le soir venu dans d'immenses feux de joie (les *bonfires*), la célébration étant également accompagnée de nombreux feux d'artifice.

guy rope *n* corde *f* de tente
gym [dʒɪm] *n* **1.** gymnase *m* **2.** *(school lesson)* gym *f*
gymnast ['dʒɪmnæst] *n* gymnaste *m ou f*

gymnastics [dʒɪm'næstɪks] *n (U)* gymnastique *f*
gym shoes *npl* tennis *mpl* en toile
gynecologist *(US)* = **gynaecologist**
gynaecologist [ˌgaɪnə'kɒlədʒɪst] *n (UK)* gynécologue *m ou f*
gypsy ['dʒɪpsɪ] = **gipsy**

hH

H 1. (*abbr of hot*) C *(chaud)* **2.** (*abbr of hospital*) H *(hôpital)*
habit ['hæbɪt] *n* habitude *f*
hacksaw ['hæksɔː] *n* scie *f* à métaux
had [hæd] *pt & pp* ➤ **have**
haddock ['hædək] *(pl inv) n* églefin *m*
hadn't ['hædnt] = **had not**
haemophiliac [ˌhiːmə'fɪlɪæk] *n (UK)* hémophile *m*
haemorrhage ['hemərɪdʒ] *n (UK)* hémorragie *f*
haggis ['hægɪs] *n plat typique écossais consistant en une panse de brebis farcie, le plus souvent accompagné de pommes de terre et de navets en purée*
haggle ['hægl] *vi* marchander
hail [heɪl] *n (U)* grêle *f* ◇ *impers vb* grêler
hailstone ['heɪlstəʊn] *n* grêlon *m*
hair [heəʳ] *n* **1.** *(U) (on head)* cheveux *mpl* **2.** *(U) (on skin)* poils *mpl* **3.** *(individual hair on head)* cheveu *m* **4.** *(individual hair on skin, of animal)* poil *m* • **to have one's hair cut** se faire couper les cheveux
hairband ['heəbænd] *n* bandeau *m*
hairbrush ['heəbrʌʃ] *n* brosse *f* à cheveux
hairclip ['heəklɪp] *n* barrette *f*
haircut ['heəkʌt] *n (style)* coupe *f* (de cheveux) • **to have a haircut** se faire couper les cheveux
hairdo ['heəduː] *(pl* **-s***) n (inf)* coiffure *f*
hairdresser ['heəˌdresəʳ] *n* coiffeur *m*, -euse *f* • **hairdresser's** *(salon)* salon *m* de coiffure • **to go to the hairdresser's** aller chez le coiffeur
hairdryer ['heəˌdraɪəʳ] *n* sèche-cheveux *m inv*
hair gel *n (U)* gel *m* coiffant
hairgrip ['heəgrɪp] *n (UK)* épingle *f* à cheveux
hairnet ['heənet] *n* résille *f*
hairpin bend ['heəpɪn-] *n (UK)* virage *m* en épingle à cheveux
hairpin curve *(US)* = **hairpin bend**
hair remover [-rɪˌmuːvəʳ] *n (U)* crème *f* dépilatoire
hair rollers [-'rəʊləz] *npl* bigoudis *mpl*
hair slide *n (UK)* barrette *f*
hairspray ['heəspreɪ] *n (U)* laque *f*
hairstyle ['heəstaɪl] *n* coiffure *f*
hairy ['heərɪ] *adj* poilu(e)
half [*(UK)*hɑːf, *(US)*hæf] *(pl* **halves***) n* **1.** moitié *f* **2.** *(of match)* mi-temps *f inv* **3.** *(UK) (half pint)* ≃ demi *m* **4.** *(child's ticket)* demi-tarif *m* ◇ *adv* à moitié ◇ *adj* • **half a day** une demi-journée • **half of them** la moitié d'entre eux • **four and a half** quatre et demi • **half past seven** sept heures et demie • **half as big as** moitié moins grand que • **an hour and a half** une heure et demie • **half an hour** une

demi-heure • **half a dozen** une demi-douzaine
half board *n (U) (UK)* demi-pension *f*
half-day *n* demi-journée *f*
half fare *n* demi-tarif *m*
half portion *n* demi-portion *f*
half-price *adj* à moitié prix
half term *n (UK)* vacances *fpl* de mi-trimestre
half time *n (U)* mi-temps *f inv*
halfway [hɑːf'weɪ] *adv* **1.** *(in space)* à mi-chemin **2.** *(in time)* à la moitié
halibut ['hælɪbət] *(pl inv) n* flétan *m*
hall [hɔːl] *n* **1.** *(of house)* entrée *f* **2.** *(building, large room)* salle *f* **3.** *(country house)* manoir *m*
hallmark ['hɔːlmɑːk] *n (on silver, gold)* poinçon *m*
hallo [hə'ləʊ] *(UK)* = **hello**
hall of residence *n (UK)* résidence *f* universitaire
Halloween [ˌhæləʊ'iːn] *n* Halloween *f*

Halloween

Aux États-Unis comme au Royaume-Uni, cette fête d'origine préchrétienne a lieu le 31 octobre, la veille de la Toussaint (la légende raconte que l'esprit des morts revient hanter cette nuit-là les vivants). Les enfants se déguisent en sorcières, fantômes, ou autres personnages de l'au-delà, et font du porte à porte pour obtenir des friandises (*treats*) ou jouent des tours aux récalcitrants (*tricks*) en faisant exploser des pétards devant leurs portes. Aujourd'hui, les adultes célèbrent aussi cette fête et organisent des soirées sur le même thème.

halt [hɔːlt] *vi* s'arrêter ◇ *n* • **to come to a halt** s'arrêter
halve [*(UK)*hɑːv, *(US)*hæv] *vt* **1.** *(reduce)* réduire de moitié **2.** *(cut)* couper en deux
halves [*(UK)*hɑːvz, *(US)*hævz] *pl* ➤ **half**
ham [hæm] *n (U) (meat)* jambon *m*
hamburger ['hæmbɜːgəʳ] *n* **1.** steak *m* haché **2.** *(U) (US) (mince)* viande *f* hachée
hamlet ['hæmlɪt] *n* hameau *m*
hammer ['hæməʳ] *n* marteau *m* ◇ *vt (nail)* enfoncer à coups de marteau
hammock ['hæmək] *n* hamac *m*
hamper ['hæmpəʳ] *n* panier *m*
hamster ['hæmstəʳ] *n* hamster *m*
hamstring ['hæmstrɪŋ] *n* tendon *m* du jarret
hand [hænd] *n* **1.** main *f* **2.** *(of clock, watch, dial)* aiguille *f* • **to give sb a hand** donner un coup de main à qqn • **to get out of hand** échapper à tout contrôle • **by hand** à la main • **in hand** *(time)* devant soi • **on the one hand** d'un côté • **on the other hand** d'un autre côté ◆ **hand in** *vt sep* remettre ◆ **hand out** *vt sep* distribuer ◆ **hand over** *vt sep (give)* remettre
handbag ['hændbæg] *n* sac *m* à main
handbasin ['hændbeɪsn] *n (UK)* lavabo *m*
handbook ['hændbʊk] *n* guide *m*
handbrake ['hændbreɪk] *n (UK)* frein *m* à main
hand cream *n* crème *f* pour les mains

handcuffs ['hændkʌfs] *npl* menottes *fpl*
handful ['hændful] *n* poignée *f*
handicap ['hændɪkæp] *n* handicap *m*
handicapped ['hændɪkæpt] *adj* handicapé(e) ◇ *npl* • **the handicapped** les handicapés *mpl*
handkerchief ['hæŋkətʃɪf] (*pl* **-chiefs** OU **-chieves**) *n* mouchoir *m*
handle ['hændl] *n* **1.** *(of door, window, suitcase)* poignée *f* **2.** *(of knife, pan)* manche *m* **3.** *(of cup)* anse *f* ◇ *vt* **1.** *(touch)* manipuler **2.** *(deal with)* s'occuper de **3.** *(crisis)* faire face à ▾ **handle with care** fragile
handlebars ['hændlbɑːz] *npl* guidon *m*
hand luggage *n (U)* bagages *mpl* à main
handmade [ˌhænd'meɪd] *adj* fait à la main
handout ['hændaʊt] *n (leaflet)* prospectus *m*
handrail ['hændreɪl] *n* rampe *f*
handset ['hændset] *n* combiné *m* ▾ **please replace the handset** raccrochez
hands-free kit *n* (kit) main libre *m*
handshake ['hændʃeɪk] *n* poignée *f* de main
handsome ['hænsəm] *adj* beau (belle)
handstand ['hændstænd] *n* équilibre *m* sur les mains
handwriting ['hændˌraɪtɪŋ] *n (U)* écriture *f*
handy ['hændɪ] *adj* **1.** *(useful)* pratique **2.** *(person)* adroit(e) **3.** *(near)* tout près • **to come in handy** *(inf)* être utile
[1]**hang** [hæŋ] (*pt & pp* **hung** OU **hanged** *(sense 2)*) *vt* **1.** *(gen)* suspendre, accrocher **2.** *(execute)* pendre ◇ *vi* pendre ◆ **hang about** *vi (UK) (inf)* traîner ◆ **hang around** *vi (inf)* = **hang about** ◆ **hang down** *vi* pendre ◆ **hang on** *vi (inf) (wait)* attendre ◆ **hang out** *vt sep (washing)* étendre ◇ *vi (inf)* traîner ◆ **hang up** *vi (on phone)* raccrocher
[2]**hang** [hæŋ] *n* • **to get the hang of sthg** *(inf)* attraper le coup pour faire qqch
hangar ['hæŋəʳ] *n* hangar *m* (à avions)
hanger ['hæŋəʳ] *n* cintre *m*
hang gliding *n (U)* deltaplane *m*
hangover ['hæŋˌəʊvəʳ] *n* gueule *f* de bois
hankie ['hæŋkɪ] *n (inf)* mouchoir *m*
happen ['hæpən] *vi* arriver • **I happened to be there** je me trouvais là par hasard
happily ['hæpɪlɪ] *adv (luckily)* heureusement
happiness ['hæpɪnɪs] *n (U)* bonheur *m*
happy ['hæpɪ] *adj* heureux(euse) • **to be happy about sthg** être content de qqch • **to be happy to do sthg** *(willing)* être heureux de faire qqch • **to be happy with sthg** être content de qqch
happy hour *n (inf) période, généralement en début de soirée, où les boissons sont moins chères*
harassment ['hærəsmənt] *n (U)* harcèlement *m*
harbor ['hɑːbər] *(US)* = **harbour**
harbour ['hɑːbəʳ] *n (UK)* port *m*
hard [hɑːd] *adj* **1.** dur(e) **2.** *(winter)* rude **3.** *(water)* calcaire ◇ *adv* **1.** *(listen)* avec attention **2.** *(work)* dur **3.** *(hit, rain)* fort • **to try hard** faire de son mieux
hardback ['hɑːdbæk] *n* livre *m* relié
hardboard ['hɑːdbɔːd] *n (U)* panneau *m* de fibres
hard-boiled egg [-bɔɪld-] *n* œuf *m* dur

hard disk *n* disque *m* dur
hardly ['hɑːdlɪ] *adv* à peine • **hardly ever** presque jamais
hardship ['hɑːdʃɪp] *n* **1.** *(U) (conditions)* épreuves *fpl* **2.** *(difficult circumstance)* épreuve *f*
hard shoulder *n* (*UK*) bande *f* d'arrêt d'urgence
hard up *adj* (*inf*) fauché(e)
hardware ['hɑːdweəʳ] *n* *(U)* **1.** *(tools, equipment)* quincaillerie *f* **2.** COMPUT hardware *m*
hardwearing [ˌhɑːd'weərɪŋ] *adj* (*UK*) résistant(e)
hardworking [ˌhɑːd'wɜːkɪŋ] *adj* travailleur(euse)
hare [heəʳ] *n* lièvre *m*
harm [hɑːm] *n (U)* mal *m* ◇ *vt* **1.** *(person)* faire du mal à **2.** *(chances, reputation)* nuire à **3.** *(fabric)* endommager
harmful ['hɑːmfʊl] *adj* nuisible
harmless ['hɑːmlɪs] *adj* inoffensif(ive)
harmonica [hɑː'mɒnɪkə] *n* harmonica *m*
harmony ['hɑːmənɪ] *n* harmonie *f*
harness ['hɑːnɪs] *n* harnais *m*
harp [hɑːp] *n* harpe *f*
harsh [hɑːʃ] *adj* **1.** *(severe)* rude **2.** *(cruel)* dur(e) **3.** *(sound, voice)* discordant(e)
harvest ['hɑːvɪst] *n* **1.** *(time of year, crops)* récolte *f* **2.** *(of wheat)* moisson *f* **3.** *(of grapes)* vendanges *fpl*
has *(weak form* [həz], *strong form* [hæz]*)* ➤ **have**
hash browns [hæʃ-] *npl* croquettes *fpl* de pommes de terre
hasn't ['hæznt] = **has not**
hassle ['hæsl] *n* (*inf*) embêtement *m*
hastily ['heɪstɪlɪ] *adv* sans réfléchir
hasty ['heɪstɪ] *adj* hâtif(ive)
hat [hæt] *n* chapeau *m*
hatch [hætʃ] *n (for food)* passe-plat *m inv* ◇ *vi (egg)* éclore
hatchback ['hætʃˌbæk] *n (car)* cinq portes *f*
hatchet ['hætʃɪt] *n* hachette *f*
hate [heɪt] *n (U)* haine *f* ◇ *vt* détester • **to hate doing sthg** détester faire qqch
hatred ['heɪtrɪd] *n (U)* haine *f*
haul [hɔːl] *vt* traîner ◇ *n* • **a long haul** un long trajet
haunted ['hɔːntɪd] *adj* hanté(e)
have [hæv] *(pt & pp* **had***) aux vb*
1. *(to form perfect tenses)* avoir/être • **I have finished** j'ai terminé • **have you been there? - No, I haven't** tu y es allé ? - Non • **we had already left** nous étions déjà partis
2. *(must)* • **to have (got) to do sthg** devoir faire qqch • **I have to go** je dois y aller, il faut que j'y aille • **do you have to pay?** est-ce que c'est payant ?
◇ *vt*
1. *(possess)* • **to have (got)** avoir • **do you have** OR **have you got a double room?** avez-vous une chambre double ? • **she has (got) brown hair** elle a les cheveux bruns, elle est brune
2. *(experience)* avoir • **to have a cold** avoir un rhume, être enrhumé • **we had a great time** on s'est beaucoup amusés
3. *(replacing other verbs)* • **to have breakfast** prendre le petit déjeuner • **to have lunch** déjeuner • **to have a drink** boire OR prendre un verre • **to have a shower** prendre une douche • **to have a swim**

nager • **to have a walk** faire une promenade
4. *(feel)* avoir • **I have no doubt about it** je n'ai aucun doute là-dessus
5. *(cause to be)* • **to have sthg done** faire faire qqch • **to have one's hair cut** se faire couper les cheveux
6. *(be treated in a certain way)* • **I've had my wallet stolen** on m'a volé mon portefeuille

haversack ['hævəsæk] *n* (*UK*) sac *m* à dos

havoc ['hævək] *n (U)* chaos *m*

hawk [hɔːk] *n* faucon *m*

hawker ['hɔːkər] *n* démarcheur *m*, -euse *f*

hay [heɪ] *n (U)* foin *m*

hay fever *n (U)* rhume *m* des foins

haystack ['heɪˌstæk] *n* meule *f* de foin

hazard ['hæzəd] *n* risque *m*

hazard lights = **hazard warning lights**

hazardous ['hæzədəs] *adj* dangereux(euse)

hazard warning lights *npl* (*UK*) feux *mpl* de détresse

haze [heɪz] *n* brume *f*

hazel ['heɪzl] *adj* noisette *inv*

hazelnut ['heɪzlˌnʌt] *n* noisette *f*

hazy ['heɪzɪ] *adj (misty)* brumeux(euse)

he [hiː] *pron* il • **he's tall** il est grand

head [hed] *n* **1.** tête *f* **2.** *(of page)* haut *m* **3.** *(of table)* bout *m* **4.** *(of company, department)* chef *m* **5.** (*UK*) *(head teacher)* directeur *m* (d'école) **6.** *(of beer)* mousse *f* ◇ *vt* **1.** *(list)* être en tête de **2.** *(organization)* être à la tête de ◇ *vi* se diriger • **£10 a head** 10 livres par personne • **heads or tails?** pile ou face ? ◆ **head for** *vt insep* se diriger vers

headache ['hedeɪk] *n (pain)* mal *m* de tête • **to have a headache** avoir mal à la tête

header and footer *n* en-tête et pied de page *m*

heading ['hedɪŋ] *n* titre *m*

headlamp ['hedlæmp] (*UK*) = **headlight**

headlight ['hedlaɪt] *n* phare *m*

headline ['hedlaɪn] *n* **1.** *(in newspaper)* gros titre *m* **2.** *(on TV, radio)* titre *m*

headmaster [ˌhed'mɑːstər] *n* (*UK*) directeur *m* (d'école)

headmistress [ˌhed'mɪstrɪs] *n* (*UK*) directrice *f* (d'école)

head of state *n* chef *m* d'État

headphones ['hedfəunz] *npl* casque *m* (à écouteurs)

headquarters [ˌhed'kwɔːtəz] *npl* siège *m*

headrest ['hedrest] *n* appui-tête *m*

headroom ['hedrum] *n (U)* hauteur *f*

headscarf ['hedskɑːf] (*pl* **-scarves**) *n* foulard *m*

head start *n* longueur *f* d'avance

head teacher *n* directeur *m* (d'école)

head waiter *n* maître *m* d'hôtel

heal [hiːl] *vt* **1.** *(person)* guérir **2.** *(wound)* cicatriser ◇ *vi* cicatriser

health [helθ] *n (U)* santé *f* • **to be in good health** être en bonne santé • **to be in poor health** être en mauvaise santé • **your (very) good health!** à la vôtre !

health center (*US*) = **health centre**

health centre *n* (*UK*) centre *m* médico-social

health food *n* produits *mpl* diététiques

health food shop *n* magasin *m* de produits diététiques
health insurance *n* assurance *f* maladie
healthy ['helθɪ] *adj* **1.** *(person)* en bonne santé **2.** *(skin, food)* sain(e)
heap [hi:p] *n* tas *m* • **heaps of** *(inf) (people, objects)* des tas de ; *(time, money)* plein de
hear [hɪəʳ] *(pt & pp* **heard** [hɜ:d]) *vt* **1.** entendre **2.** *(news)* apprendre ◇ *vi* entendre • **to hear about sthg** entendre parler de qqch • **to hear from sb** avoir des nouvelles de qqn • **to have heard of** avoir entendu parler de
hearing ['hɪərɪŋ] *n* **1.** *(U) (sense)* ouïe *f* **2.** *(at court)* audience *f* • **to be hard of hearing** être dur d'oreille
hearing aid *n* audiophone *m*
heart [hɑ:t] *n* cœur *m* • **to know sthg (off) by heart** savoir OR connaître qqch par cœur • **to lose heart** perdre courage ◆ **hearts** *npl (in cards)* cœur *m*
heart attack *n* crise *f* cardiaque
heartbeat ['hɑ:tbi:t] *n* battement *m* de cœur
heartburn ['hɑ:tbɜ:n] *n (U)* brûlures *fpl* d'estomac
heart condition *n* • **to have a heart condition** être cardiaque
hearth [hɑ:θ] *n* foyer *m*
hearty ['hɑ:tɪ] *adj (meal)* copieux(ieuse)
heat [hi:t] *n* **1.** *(U)* chaleur *f* **2.** *(of oven)* température *f* ◆ **heat up** *vt sep* réchauffer
heater ['hi:təʳ] *n* **1.** *(for room)* appareil *m* de chauffage **2.** *(for water)* chauffe-eau *m inv*
heath [hi:θ] *n* lande *f*
heather ['heðəʳ] *n (U)* bruyère *f*
heating ['hi:tɪŋ] *n (U)* chauffage *m*
heat wave *n* canicule *f*
heave [hi:v] *vt* **1.** *(push)* pousser avec effort **2.** *(pull)* tirer avec effort
Heaven ['hevn] *n (U)* le paradis
heavily ['hevɪlɪ] *adv* **1.** *(smoke, drink)* beaucoup **2.** *(rain)* à verse
heavy ['hevɪ] *adj* **1.** lourd(e) **2.** *(rain)* battant(e) • **how heavy is it?** ça pèse combien ? • **to be a heavy smoker** être un grand fumeur
heavy cream *n (US)* crème *f* fraîche épaisse
heavy goods vehicle *n (UK)* poids lourd *m*
heavy industry *n (U)* industrie *f* lourde
heavy metal *n (U)* MUS heavy metal *m*
heckle ['hekl] *vt* interrompre bruyamment
hectic ['hektɪk] *adj* mouvementé(e)
hedge [hedʒ] *n* haie *f*
hedgehog ['hedʒhɒg] *n* hérisson *m*
heel [hi:l] *n* talon *m*
hefty ['heftɪ] *adj* **1.** *(person)* costaud **2.** *(fine)* gros (grosse)
height [haɪt] *n* **1.** hauteur *f* **2.** *(of person)* taille *f* • **at the height of the season** en pleine saison • **what height is it?** ça fait quelle hauteur ?
heir [eəʳ] *n* héritier *m*
heiress ['eərɪs] *n* héritière *f*
held [held] *pt & pp* ➤ **hold**
helicopter ['helɪkɒptəʳ] *n* hélicoptère *m*
he'll [hi:l] = **he will**
hell [hel] *n (U)* enfer *m*
hello [hə'ləʊ] *excl* **1.** *(as greeting)* bonjour ! **2.** *(on phone)* allô ! **3.** *(to attract attention)* ohé !

helmet ['helmɪt] *n* casque *m*
help [help] *n (U)* aide *f* ◇ *vt* aider ◇ *vi* être utile ◇ *excl* à l'aide !, au secours ! ● **I can't help it** je ne peux pas m'en empêcher ● **let me help you (to) carry that** je vais vous aider à porter cela ● **help yourself (to some more)** (res)servez-vous ● **can I help you?** *(in shop)* je peux vous aider ?
◆ **help out** *vi* aider
help desk *n* service *m* d'assistance technique, help-desk *m*
helper ['helpəʳ] *n* **1.** *(assistant)* aide *m ou f* **2.** (*US*) *(cleaning woman)* femme *f* de ménage **3.** (*US*) *(cleaning man)* agent *m* d'entretien
helpful ['helpful] *adj* **1.** *(person)* serviable **2.** *(useful)* utile
helping ['helpɪŋ] *n* portion *f*
helpless ['helplɪs] *adj* impuissant(e)
hem [hem] *n* ourlet *m*
hemophiliac (*US*) = **haemophiliac**
hemorrhage (*US*) = **haemorrhage**
hen [hen] *n* poule *f*
hepatitis [ˌhepə'taɪtɪs] *n (U)* hépatite *f*
her [hɜːʳ] *adj* son, sa *f*, ses *pl* ◇ *pron* **1.** la **2.** *(after prep)* elle ● **I know her** je la connais ● **it's her** c'est elle ● **send it to her** envoie-le lui ● **tell her** dis-(le) lui ● **he's worse than her** il est pire qu'elle
herb [hɜːb] *n* herbe *f* ● **herbs** fines herbes *fpl*
herbal tea ['hɜːbl-] *n* tisane *f*
herd [hɜːd] *n* troupeau *m*
here [hɪəʳ] *adv* ici ● **here's your book** voici ton livre ● **here you are** voilà
heritage ['herɪtɪdʒ] *n (U)* patrimoine *m*
heritage centre *n* (*UK*) ecomusée *m*
hernia ['hɜːnjə] *n* hernie *f*
hero ['hɪərəʊ] (*pl* **-es**) *n* héros *m*
heroin ['herəʊɪn] *n (U)* héroïne *f*
heroine ['herəʊɪn] *n* héroïne *f*
heron ['herən] *n* héron *m*
herring ['herɪŋ] *n* hareng *m*
hers [hɜːz] *pron* le sien (la sienne) ● **these shoes are hers** ces chaussures sont à elle ● **a friend of hers** un ami à elle
herself [hɜː'self] *pron* **1.** *(reflexive)* se **2.** *(after prep)* elle ● **she did it herself** elle l'a fait elle-même
hesitant ['hezɪtənt] *adj* hésitant(e)
hesitate ['hezɪteɪt] *vi* hésiter
hesitation [ˌhezɪ'teɪʃn] *n* hésitation *f*
heterosexual [ˌhetərəʊ'sekʃʊəl] *adj* hétérosexuel(elle) ◇ *n* hétérosexuel *m*, -elle *f*
hey [heɪ] *excl* (*inf*) hé !
HGV (*UK*) *abbr of* **heavy goods vehicle**
hi [haɪ] *excl* (*inf*) salut !
hiccup ['hɪkʌp] *n* ● **to have (the) hiccups** avoir le hoquet
hide [haɪd] (*pt* **hid** [hɪd], *pp* **hidden** [hɪdn]) *vt* cacher ◇ *vi* se cacher ◇ *n (of animal)* peau *f*
hideous ['hɪdɪəs] *adj* **1.** *(ugly)* hideux(euse) **2.** *(unpleasant)* atroce
hi-fi ['haɪfaɪ] *n* chaîne *f* (hi-fi)
high [haɪ] *adj* **1.** haut(e) **2.** *(number, temperature, standard)* élevé(e) **3.** *(speed)* grand(e) **4.** *(risk)* important(e) **5.** *(winds)* fort(e) **6.** *(good)* bon (bonne) **7.** *(sound, voice)* aigu(ë) **8.** (*inf*) *(from drugs)* défoncé(e) ◇ *n (weather front)* anticyclone *m* ◇ *adv* haut ● **how high is it?** ça fait combien de haut ? ● **it's 10 metres high** ça fait 10 mètres de haut OR de hauteur
high chair *n* chaise *f* haute

high-class *adj* de luxe
Higher ['haɪəʳ] *n examen de fin d'études secondaires en Écosse*
higher education *n* enseignement *m* supérieur
high heels *npl* talons *mpl* hauts
high jump *n* saut *m* en hauteur
Highland Games ['haɪlənd-] *npl* jeux *mpl* écossais
Highlands ['haɪləndz] *npl* • **the Highlands** les Highlands *fpl (région montagneuse du nord de l'Écosse)*
highlight ['haɪlaɪt] *n (best part)* temps *m* fort ◇ *vt (emphasize)* mettre en relief ◆ **highlights** *npl* **1.** *(of football match etc)* temps *mpl* forts **2.** *(in hair)* mèches *fpl*
highly ['haɪlɪ] *adv* **1.** *(extremely)* extrêmement **2.** *(very well)* très bien • **to think highly of sb** penser du bien de qqn
high-pitched [-'pɪtʃt] *adj* aigu(ë)
high-rise *adj* • **high-rise block of flats** tour *f*
high school *n établissement d'enseignement sécondaire*
high season *n (U)* haute saison *f*
high-speed train *n* (train) rapide *m*
high street *n (UK)* rue *f* principale
high tide *n (U)* marée *f* haute
highway ['haɪweɪ] *n* **1.** *(US) (between towns)* autoroute *f* **2.** *(UK) (any main road)* route *f*
Highway Code *n (UK)* code *m* de la route
hijack ['haɪdʒæk] *vt* détourner
hijacker ['haɪdʒækəʳ] *n (of plane)* pirate *m* de l'air
hike [haɪk] *n* randonnée *f* ◇ *vi* faire une randonnée
hiking ['haɪkɪŋ] *n (U)* • **to go hiking** faire de la randonnée
hilarious [hɪ'leərɪəs] *adj* hilarant(e)
hill [hɪl] *n* colline *f*
hillwalking ['hɪlwɔːkɪŋ] *n (U)* randonnée *f*
hilly ['hɪlɪ] *adj* vallonné(e)
him [hɪm] *pron* **1.** le **2.** *(after prep)* lui • **I know him** je le connais • **it's him** c'est lui • **send it to him** envoie-le lui • **tell him** dis-(le) lui • **she's worse than him** elle est pire que lui
himself [hɪm'self] *pron* **1.** *(reflexive)* se **2.** *(after prep)* lui • **he did it himself** il l'a fait lui-même
hinder ['hɪndəʳ] *vt* gêner
Hindu ['hɪnduː] *(pl* **-s***) adj* hindou(e) ◇ *n (person)* hindou *m*, -e *f*
hinge [hɪndʒ] *n* **1.** charnière *f* **2.** *(of door)* gond *m*
hint [hɪnt] *n* **1.** *(indirect suggestion)* allusion *f* **2.** *(piece of advice)* conseil *m* **3.** *(slight amount)* soupçon *m* ◇ *vi* • **to hint at sthg** faire allusion à qqch
hip [hɪp] *n* hanche *f*
hippopotamus [ˌhɪpə'pɒtəməs] *n* hippopotame *m*
hippy ['hɪpɪ] *n* hippie *m ou f*
hire ['haɪəʳ] *vt* louer • **for hire** *(boats)* à louer ; *(taxi)* libre ◆ **hire out** *vt sep* louer
hire car *n (UK)* voiture *f* de location
hire purchase *n (U) (UK)* achat *m* à crédit
his [hɪz] *adj* son, sa *f*, ses *pl* ◇ *pron* le sien (la sienne) • **these shoes are his** ces chaussures sont à lui • **a friend of his** un ami à lui
historical [hɪ'stɒrɪkəl] *adj* historique

history ['hɪstərɪ] *n* **1.** *(U)* histoire *f* **2.** *(record)* antécédents *mpl*
hit [hɪt] *(pt & pp* **hit**) *vt* **1.** frapper **2.** *(collide with)* heurter **3.** *(bang)* cogner **4.** *(a target)* atteindre ◇ *n* **1.** *(record, play, film)* succès *m* **2.** *COMPUT* visite *f* (d'un site Internet)
hit-and-run *adj (accident)* avec délit de fuite
hitch [hɪtʃ] *n (problem)* problème *m* ◇ *vi* faire du stop ◇ *vt* ● **to hitch a lift** se faire prendre en stop
hitchhike ['hɪtʃhaɪk] *vi* faire du stop
hitchhiker ['hɪtʃhaɪkə^r] *n* auto-stoppeur *m*, -euse *f*
hive [haɪv] *n (of bees)* ruche *f*
HIV-positive *adj* séropositif(ive)
hoarding ['hɔːdɪŋ] *n* (*UK*) *(for adverts)* panneau *m* publicitaire
hoarse [hɔːs] *adj* enroué(e)
hoax [həʊks] *n* canular *m*
hob [hɒb] *n* (*UK*) plaque *f* (chauffante)
hobby ['hɒbɪ] *n* passe-temps *m inv*
hock [hɒk] *n (wine) vin blanc sec allemand*
hockey ['hɒkɪ] *n (U)* **1.** (*UK*) *(on grass)* hockey *m* sur gazon *(U)* **2.** (*US*) *(ice hockey)* hockey *m* (sur glace)
hoe [həʊ] *n* binette *f*
Hogmanay ['hɒgmənei] *n la Saint-Sylvestre en Écosse*

Hogmanay

Nom donné au Nouvel An écossais, dont la principale coutume est le *first-footing* (première foulée), qui consiste à rendre visite à ses amis et voisins à l'issue des douze coups de minuit pour leur souhaiter la bonne année. Chacun se présente avec de la nourriture préparée pour la circonstance, puis les festivités se poursuivent en privé ou dans des pubs réputés pour leur ambiance débridée.

hold [həʊld] *(pt & pp* **held**) *vt* **1.** tenir **2.** *(organize)* organiser **3.** *(contain)* contenir **4.** *(possess)* avoir ◇ *vi* **1.** *(weather, offer)* se maintenir **2.** *(on telephone)* patienter ◇ *n* **1.** *(grip)* prise *f* **2.** *(of ship, aircraft)* cale *f* ● **to hold sb prisoner** retenir qqn prisonnier ● **hold the line, please** ne quittez pas, je vous prie ◆ **hold back** *vt sep* **1.** *(restrain)* retenir **2.** *(keep secret)* cacher ◆ **hold on** *vi (wait)* patienter ● **to hold on to sthg** *(grip)* s'accrocher à qqch ◆ **hold out** *vt sep (hand)* tendre ◆ **hold up** *vt sep (delay)* retarder
holdall ['həʊldɔːl] *n* (*UK*) fourre-tout *m inv*
holder ['həʊldə^r] *n (of passport, licence)* titulaire *m ou f*
holdup ['həʊldʌp] *n (delay)* retard *m*
hole [həʊl] *n* trou *m*
holiday ['hɒlɪdeɪ] *n* **1.** (*UK*) *(period of time)* vacances *fpl* **2.** *(day)* jour *m* férié ◇ *vi* (*UK*) passer les vacances ● **to be on holiday** être en vacances ● **to go on holiday** partir en vacances

holidays

Les jours saints ne sont pas des fêtes nationales en Angleterre, à l'exception du Vendredi saint et du jour de Noël, mais le 1er de l'An, la Saint-Patrick (Irlande du Nord), le lundi de Pâques, le 1er mai, les congés de printemps et d'été et le lendemain de Noël (*Boxing Day*) sont des jours fériés. Aux États-Unis, la plupart des congés sont dédiés à des personnages célèbres (Martin Luther King, Christophe Colomb, les présidents Lincoln et Washington), aux victimes de guerre (*Memorial Day, Veterans' Day*), ou commémorent la fête nationale (*Independence Day*), la fête du travail (*Labor Day*) ou *Thanksgiving*.

holidaymaker ['hɒlɪdɪˌmeɪkəʳ] *n (UK)* vacancier *m*, -ière *f*

holiday pay *n (U) (UK)* congés *mpl* payés

Holland ['hɒlənd] *n* la Hollande

hollow ['hɒləʊ] *adj* creux (creuse)

holly ['hɒlɪ] *n (U)* houx *m*

Hollywood ['hɒlɪwʊd] *n* Hollywood *m*

holy ['həʊlɪ] *adj* saint(e)

home [həʊm] *n* **1.** maison *f* **2.** *(own country)* pays *m* natal **3.** *(own town)* ville *f* natale **4.** *(for old people)* maison *f* de retraite ◇ *adv* à la maison, chez soi ◇ *adj* **1.** *(not foreign)* national(e) **2.** *(cooking, life)* familial(e) • **at home** *(in one's house)* à la maison, chez soi • **to make o.s. at home** faire comme chez soi • **to go home** rentrer chez soi • **home address** adresse *f* personnelle • **home number** numéro *m* personnel

home economics *n (U)* économie *f* domestique

home help *n (UK)* aide *f* ménagère

homeless ['həʊmlɪs] *npl* • **the homeless** les sans-abri *mpl*

homemade [ˌhəʊm'meɪd] *adj (food)* fait à la maison

homeopathic [ˌhəʊmɪəʊ'pæθɪk] *adj* homéopathique

Home Secretary *n ministre de l'Intérieur britannique*

homesick ['həʊmsɪk] *adj* qui a le mal du pays

homework ['həʊmwɜːk] *n (U)* devoirs *mpl*

homosexual [ˌhɒmə'sekʃʊəl] *adj* homosexuel(elle) ◇ *n* homosexuel *m*, -elle *f*

honest ['ɒnɪst] *adj* honnête

honestly ['ɒnɪstlɪ] *adv* honnêtement

honey ['hʌnɪ] *n (U)* miel *m*

honeymoon ['hʌnɪmuːn] *n* lune *f* de miel

honor ['ɒnər] *(US)* = **honour**

honour ['ɒnəʳ] *n (U) (UK)* honneur *m*

honorable *(US)* = **honourable**

honourable ['ɒnrəbl] *adj (UK)* honorable

hood [hʊd] *n* **1.** *(of jacket, coat)* capuche *f* **2.** *(on convertible car)* capote *f* **3.** *(US) (car bonnet)* capot *m*

hoof [huːf] *n* sabot *m*

hook [hʊk] *n* **1.** crochet *m* **2.** *(for fishing)* hameçon *m* • **off the hook** *(telephone)* décroché

hooligan ['huːlɪgən] *n* vandale *m*

hoop [huːp] *n* cerceau *m*

hoot [huːt] *vi (driver)* klaxonner

Hoover® ['huːvəʳ] *n* aspirateur *m*

hop [hɒp] *vi* sauter
hope [həʊp] *n* espoir *m* ◇ *vt* espérer • **to hope for sthg** espérer qqch • **to hope to do sthg** espérer faire qqch • **I hope so** je l'espère
hopeful ['həʊpfʊl] *adj (optimistic)* plein d'espoir
hopefully ['həʊpfəlɪ] *adv (with luck)* avec un peu de chance
hopeless ['həʊplɪs] *adj* **1.** *(inf) (useless)* nul (nulle) **2.** *(without any hope)* désespéré(e)
hops [hɒps] *npl* houblon *m*
horizon [hə'raɪzn] *n* horizon *m*
horizontal [ˌhɒrɪ'zɒntl] *adj* horizontal(e)
horn [hɔːn] *n* **1.** *(of car)* Klaxon® *m* **2.** *(on animal)* corne *f*
horoscope ['hɒrəskəʊp] *n* horoscope *m*
horrible ['hɒrəbl] *adj* horrible
horrid ['hɒrɪd] *adj* affreux(euse)
horrific [hɒ'rɪfɪk] *adj* horrible
hors d'œuvre *n* hors-d'œuvre *m inv*
horse [hɔːs] *n* cheval *m*
horseback ['hɔːsbæk] *n* • **on horseback** à cheval
horseback riding *(US)* = **horse riding**
horse chestnut *n* marron *m* d'Inde
horse-drawn carriage *n* voiture *f* à chevaux
horsepower ['hɔːsˌpaʊəʳ] *n (U)* cheval-vapeur *m*
horse racing *n (U)* courses *fpl* (de chevaux)
horseradish (sauce) ['hɔːsˌrædɪʃ-] *n (U) sauce piquante au raifort accompagnant traditionnellement le rosbif*
horse riding *n (U) (UK)* équitation *f*
horseshoe ['hɔːsʃuː] *n* fer *m* à cheval
hose [həʊz] *n* tuyau *m*
hosepipe ['həʊzpaɪp] *n* tuyau *m*
hosiery ['həʊzɪərɪ] *n (U)* bonneterie *f*
hospitable [hɒ'spɪtəbl] *adj* accueillant(e)
hospital ['hɒspɪtl] *n* hôpital *m* • **in hospital** *(UK)*, **in the hospital** *(US)* à l'hôpital
hospitality [ˌhɒspɪ'tælətɪ] *n (U)* hospitalité *f*
host [həʊst] *n* **1.** *(of party, event)* hôte *m (qui reçoit)* **2.** *(of show, TV programme)* animateur *m*, -trice *f*
hostage ['hɒstɪdʒ] *n* otage *m*
hostel ['hɒstl] *n (youth hostel)* auberge *f* de jeunesse
hostess ['həʊstes] *n* hôtesse *f*
host family *n* famille *f* d'accueil
hostile [*(UK)*'hɒstaɪl, *(US)*'hɒstl] *adj* hostile
hostility [hɒ'stɪlətɪ] *n (U)* hostilité *f*
hot [hɒt] *adj* **1.** chaud(e) **2.** *(spicy)* épicé(e) • **to be hot** *(person)* avoir chaud • **it's hot** *(weather)* il fait chaud
hot chocolate *n* chocolat *m* chaud
hot-cross bun *n petite brioche aux raisins et aux épices que l'on mange à Pâques*
hot dog *n* hot dog *m*
hotel [həʊ'tel] *n* hôtel *m*
hot line *n ligne directe ouverte vingt-quatre heures sur vingt-quatre*
hotplate ['hɒtpleɪt] *n* plaque *f* chauffante

hotpot ['hɒtpɒt] *n (UK) ragoût de viande garni de pommes de terre en lamelles*
hot-water bottle *n* bouillotte *f*
hour ['aʊəʳ] *n* heure *f* • **I've been waiting for hours** ça fait des heures que j'attends
hourly ['aʊəlɪ] *adv* toutes les heures ◇ *adj* • **hourly flights** un vol toute les heures
house *n* [haʊs] *(pl* ['haʊzɪz]*)* **1.** maison *f* **2.** *SCH au sein d'un lycée, groupe d'élèves affrontant d'autres « houses », notamment dans des compétitions sportives* **3.** *(U) MUS* = **house music** ◇ *vt* [haʊz] *(person)* loger
household ['haʊshəʊld] *n* ménage *m*
housekeeping ['haʊsˌki:pɪŋ] *n (U)* ménage *m*
house music *n (U)* house music *f*
House of Commons *n (UK)* Chambre *f* des communes
House of Lords *n (UK)* Chambre *f* des lords
Houses of Parliament *npl* Parlement *m* britannique

Houses of Parliament

Le Parlement britannique du palais de Westminster se compose de la Chambre des communes et de la Chambre des lords. La première, qui compte 659 membres élus au suffrage universel direct pour cinq ans, joue un rôle majeur dans l'édiction des lois relatives à la fiscalité et aux dépenses du gouvernement. La seconde est la plus haute instance judiciaire du royaume (à l'exception de l'Écosse qui possède son propre système) et se compose de « pairs héréditaires », ayant hérité de leur titre, de « pairs à vie », nommés par la reine, et d'évêques ; elle dispose d'un droit de veto suspensif en cas de conflit sur le vote d'une loi et peut retarder l'adoption d'un texte budgétaire.

housewife ['haʊswaɪf] *(pl* **-wives**) *n* femme *f* au foyer
house wine *n* ≃ vin *m* en pichet
housework ['haʊswɜ:k] *n (U)* ménage *m*
housing ['haʊzɪŋ] *n (U)* logement *m*
housing estate *n (UK)* cité *f*
housing project *(US)* = **housing estate**
hovercraft ['hɒvəkrɑ:ft] *n* hovercraft *m*
hoverport ['hɒvəpɔ:t] *n* hoverport *m*
how [haʊ] *adv*
1. *(asking about way or manner)* comment • **how do you get there?** comment y va-t-on ? • **tell me how to do it** dis-moi comment faire
2. *(asking about health, quality)* comment • **how are you?** comment allez-vous ? • **how are you doing?** comment ça va ? • **how are things?** comment ça va ? • **how do you do?** enchanté (de faire votre connaissance) • **how is your room?** comment est ta chambre ?
3. *(asking about degree, amount)* • **how far is it?** c'est loin ? • **how long have you been waiting?** ça fait combien de temps que vous attendez ? • **how many...?**

combien de...? • **how much is it?** combien est-ce que ça coûte ? • **how old are you?** quel âge as-tu ?
4. *(in phrases)* • **how about a drink?** si on prenait un verre ? • **how lovely!** que c'est joli !

however [haʊ'evər] *adv* cependant • **however hard I try** malgré tous mes efforts

howl [haʊl] *vi* hurler

HP *(UK)* *(inf)* *abbr of* **hire purchase**

HQ *n* (*abbr of headquarters*) QG *(Quartier Général)* *m*

hub airport [hʌb-] *n* aéroport *m* important

hubcap ['hʌbkæp] *n* enjoliveur *m*

hug [hʌg] *vt* serrer dans ses bras ◇ *n* • **to give sb a hug** serrer qqn dans ses bras

huge [hjuːdʒ] *adj* énorme

hull [hʌl] *n* coque *f*

hum [hʌm] *vi* **1.** *(machine)* vrombir **2.** *(bee)* bourdonner **3.** *(person)* chantonner

human ['hjuːmən] *adj* humain(e) ◇ *n* • **human (being)** (être) humain *m*

humanities [hjuː'mænətɪz] *npl* lettres *fpl* et sciences humaines

human rights *npl* droits *mpl* de l'homme

humble ['hʌmbl] *adj* humble

humid ['hjuːmɪd] *adj* humide

humidity [hjuː'mɪdətɪ] *n (U)* humidité *f*

humiliating [hjuː'mɪlɪeɪtɪŋ] *adj* humiliant(e)

humiliation [hjuːˌmɪlɪ'eɪʃn] *n* humiliation *f*

hummus ['hʊməs] *n (U)* houmous *m*

humor ['hjuːmər] *(US)* = **humour**

humorous ['hjuːmərəs] *adj* humoristique

humour ['hjuːmər] *n (U)* *(UK)* humour *m* • **a sense of humour** le sens de l'humour

hump [hʌmp] *n* bosse *f*

humpbacked bridge ['hʌmpbækt-] *n* *(UK)* pont *m* en dos d'âne

hunch [hʌntʃ] *n* intuition *f*

hundred ['hʌndrəd] *num adj & n* cent • **a hundred** cent • **a hundred and six** cent six • **to be a hundred (years old)** avoir cent ans • **a hundred Hill St** 100 Hill St • **it's minus a hundred (degrees Fahrenheit)** il fait moins cent

hundredth ['hʌndrətθ] *num adj & adv* centième ◇ *num pron* centième *m ou f* ◇ *num n (fraction)* centième *m*

hundredweight ['hʌndrədweɪt] *n* **1.** *(in UK)* = 50,8 kg **2.** *(in US)* = 45,4 kg

hung [hʌŋ] *pt & pp* ➤ **hang**

Hungarian [hʌŋ'geərɪən] *adj* hongrois(e) ◇ *n* **1.** *(person)* Hongrois *m*, -e *f* *(U)* **2.** *(language)* hongrois *m*

Hungary ['hʌŋgərɪ] *n* la Hongrie

hunger ['hʌŋgər] *n (U)* faim *f*

hungry ['hʌŋgrɪ] *adj* • **to be hungry** avoir faim

hunt [hʌnt] *n* *(UK)* *(for foxes)* chasse *f* au renard ◇ *vt & vi* chasser • **to hunt (for sthg)** *(search)* chercher partout (qqch)

hunting ['hʌntɪŋ] *n (U)* **1.** *(for wild animals)* chasse *f* **2.** *(UK)* *(for foxes)* chasse *f* au renard

hurdle ['hɜ:dl] *n SPORT* haie *f*

hurl [hɜ:l] *vt* lancer violemment

hurricane ['hʌrɪkən] *n* ouragan *m*

hurry ['hʌrɪ] *vt (person)* presser ◇ *vi* se dépêcher ◇ *n* ● **to be in a hurry** être pressé ● **to do sthg in a hurry** faire qqch à la hâte ◆ **hurry up** *vi* se dépêcher

hurt [hɜ:t] *(pt & pp* **hurt***) vt* **1.** faire mal à **2.** *(emotionally)* blesser ◇ *vi* faire mal ● **to hurt o.s.** se faire mal ● **my head hurts** j'ai mal à la tête ● **to hurt one's leg** se blesser à la jambe

husband ['hʌzbənd] *n* mari *m*

hustle ['hʌsl] *n* ● **hustle and bustle** *(U)* agitation *f*

hut [hʌt] *n* hutte *f*

hyacinth ['haɪəsɪnθ] *n* jacinthe *f*

hydrofoil ['haɪdrəfɔɪl] *n* hydrofoil *m*

hygiene ['haɪdʒi:n] *n (U)* hygiène *f*

hygienic [haɪ'dʒi:nɪk] *adj* hygiénique

hymn [hɪm] *n* hymne *m*

hyperlink ['haɪpəlɪŋk] *n* lien *m* hypertexte, hyperlien *m*

hypermarket ['haɪpə,mɑ:kɪt] *n* hypermarché *m*

hypertext ['haɪpətekst] *n* hypertexte *m*

hyphen ['haɪfn] *n* trait *m* d'union

hypocrite ['hɪpəkrɪt] *n* hypocrite *m ou f*

hypodermic needle [,haɪpə'dɜ:mɪk-] *n* aiguille *f* hypodermique

hysterical [hɪs'terɪkl] *adj* **1.** *(person)* hystérique **2.** *(inf) (very funny)* tordant(e)

I

I [aɪ] *pron* **1.** je, j' **2.** *(stressed)* moi ● **my friend and I** mon ami et moi

IAP *(abbr of Internet Adress Provider) n* FAI *m (fournisseur d'accès à Internet)*

ice [aɪs] *n (U)* **1.** glace *f* **2.** *(on road)* verglas *m*

iceberg ['aɪsbɜ:g] *n* iceberg *m*

iceberg lettuce *n* laitue *f* iceberg

icebox ['aɪsbɒks] *n (US) (fridge)* réfrigérateur *m*

ice-cold *adj* glacé(e)

ice cream *n* crème *f* glacée, glace *f*

ice cube *n* glaçon *m*

ice hockey *n (U)* hockey *m* sur glace

Iceland ['aɪslənd] *n* l'Islande *f*

ice lolly *n (UK)* sucette *f* glacée

ice rink *n* patinoire *f*

ice skates *npl* patins *mpl* à glace

ice-skating *n (U)* patinage *m* (sur glace) ● **to go ice-skating** faire du patinage

icicle ['aɪsɪkl] *n* glaçon *m*

icing ['aɪsɪŋ] *n (U)* glaçage *m*

icing sugar *n (U) (UK)* sucre *m* glace

icon ['aɪkɒn] *n* icône *f*

icy ['aɪsɪ] *adj* **1.** *(covered with ice)* recouvert(e)de glace **2.** *(road)* verglacé(e) **3.** *(very cold)* glacé(e)

I'd [aɪd] = **I would, I had**

ID *(U) abbr of* **identification**

ID card *n* carte *f* d'identité

IDD code *n international et indicatif du pays*
idea [aɪ'dɪə] *n* idée *f* • **I've no idea** je n'en ai aucune idée
ideal [aɪ'dɪəl] *adj* idéal(e) ◇ *n* idéal *m*
ideally [aɪ'dɪəlɪ] *adv* **1.** idéalement **2.** *(in an ideal situation)* dans l'idéal
identical [aɪ'dentɪkl] *adj* identique
identification [aɪˌdentɪfɪ'keɪʃn] *n (U) (document)* pièce *f* d'identité
identify [aɪ'dentɪfaɪ] *vt* identifier
identity [aɪ'dentətɪ] *n (U)* identité *f*
idiom ['ɪdɪəm] *n* expression *f* idiomatique
idiot ['ɪdɪət] *n* idiot *m*, -e *f*
idle ['aɪdl] *adj* **1.** *(lazy)* paresseux(euse) **2.** *(not working)* désœuvré(e) ◇ *vi (engine)* tourner au ralenti
idol ['aɪdl] *n (person)* idole *f*
idyllic [ɪ'dɪlɪk] *adj* idyllique
i.e. (*abbr of id est*) c.-à-d. *(c'est-à-dire)*
if [ɪf] *conj* si • **if I were you** si j'étais toi • **if not** *(otherwise)* sinon
ignition [ɪg'nɪʃn] *n AUT* allumage *m*
ignorant ['ɪgnərənt] *adj* **1.** ignorant(e) **2.** *(pej) (stupid)* idiot(e)
ignore [ɪg'nɔːʳ] *vt* ignorer
ill [ɪl] *adj* **1.** malade **2.** *(bad)* mauvais(e) • **ill luck** malchance *f*
I'll [aɪl] = **I will, I shall**
illegal [ɪ'liːgl] *adj* illégal(e)
illegible [ɪ'ledʒəbl] *adj* illisible
illegitimate [ˌɪlɪ'dʒɪtɪmət] *adj* illégitime
illiterate [ɪ'lɪtərət] *adj* illettré(e)
illness ['ɪlnɪs] *n* maladie *f*
illuminate [ɪ'luːmɪneɪt] *vt* illuminer
illusion [ɪ'luːʒn] *n* illusion *f*
illustration [ˌɪlə'streɪʃn] *n* illustration *f*
I'm [aɪm] = **I am**
image ['ɪmɪdʒ] *n* image *f*
imaginary [ɪ'mædʒɪnrɪ] *adj* imaginaire
imagination [ɪˌmædʒɪ'neɪʃn] *n (U)* imagination *f*
imagine [ɪ'mædʒɪn] *vt* imaginer
imitate ['ɪmɪteɪt] *vt* imiter
imitation [ˌɪmɪ'teɪʃn] *n* imitation *f* ◇ *adj* • **imitation leather** Skaï® *m*
immaculate [ɪ'mækjʊlət] *adj* impeccable
immature [ˌɪmə'tjʊəʳ] *adj* immature
immediate [ɪ'miːdjət] *adj* immédiat(e)
immediately [ɪ'miːdjətlɪ] *adv (at once)* immédiatement ◇ *conj (UK)* dès que
immense [ɪ'mens] *adj* immense
immersion heater [ɪ'mɜːʃn-] *n* chauffe-eau *m inv* électrique
immigrant ['ɪmɪgrənt] *n* immigré *m*, -e *f*
immigration [ˌɪmɪ'greɪʃn] *n (U)* immigration *f*
imminent ['ɪmɪnənt] *adj* imminent(e)
immune [ɪ'mjuːn] *adj* • **to be immune to** *MED* être immunisé(e) contre
immunity [ɪ'mjuːnətɪ] *n (U) MED* immunité *f*
immunize ['ɪmjuːnaɪz] *vt* immuniser
impact ['ɪmpækt] *n* impact *m*
impair [ɪm'peəʳ] *vt* affaiblir
impatient [ɪm'peɪʃnt] *adj* impatient(e) • **to be impatient to do sthg** être impatient de faire qqch
imperative [ɪm'perətɪv] *n GRAM* impératif *m*
imperfect [ɪm'pɜːfɪkt] *n GRAM* imparfait *m*
impersonate [ɪm'pɜːsəneɪt] *vt (for amusement)* imiter

impertinent [ɪm'pɜːtɪnənt] *adj* impertinent(e)
implement *n* ['ɪmplɪmənt] outil *m* ◇ *vt* ['ɪmplɪment] mettre en œuvre
implication [ˌɪmplɪ'keɪʃn] *n* implication *f*
imply [ɪm'plaɪ] *vt* sous-entendre
impolite [ˌɪmpə'laɪt] *adj* impoli(e)
import *n* ['ɪmpɔːt] importation *f* ◇ *vt* [ɪm'pɔːt] importer
importance [ɪm'pɔːtns] *n (U)* importance *f*
important [ɪm'pɔːtnt] *adj* important(e)
impose [ɪm'pəʊz] *vt* imposer • **to impose sthg on** imposer qqch à
impossible [ɪm'pɒsəbl] *adj* impossible
impractical [ɪm'præktɪkl] *adj* irréaliste
impress [ɪm'pres] *vt* impressionner
impression [ɪm'preʃn] *n* impression *f*
impressive [ɪm'presɪv] *adj* impressionnant(e)
improbable [ɪm'prɒbəbl] *adj* improbable
improper [ɪm'prɒpəʳ] *adj* **1.** *(incorrect)* mauvais(e) **2.** *(illegal)* abusif(ive) **3.** *(rude)* déplacé(e)
improve [ɪm'pruːv] *vt* améliorer ◇ *vi* s'améliorer ◆ **improve on** *vt insep* améliorer
improvement [ɪm'pruːvmənt] *n* amélioration *f*
improvise ['ɪmprəvaɪz] *vi* improviser
impulse ['ɪmpʌls] *n* impulsion *f* • **on impulse** sur un coup de tête
impulsive [ɪm'pʌlsɪv] *adj* impulsif(ive)
in [ɪn] *prep*
1. *(expressing place, position)* dans • **it comes in a box** c'est présenté dans une boîte • **in the street** dans la rue • **in hospital** *(UK)*, **in the hospital** *(US)* à l'hôpital • **in Scotland** en Écosse • **in Sheffield** à Sheffield • **in the rain** sous la pluie • **in the middle** au milieu
2. *(participating in)* dans • **who's in the play?** qui joue dans la pièce ?
3. *(expressing arrangement)* • **in a row/circle** en rang/cercle • **they come in packs of three** ils sont vendus par paquets de trois
4. *(during)* • **in April** en avril • **in summer** en été • **in the morning** le matin • **ten o'clock in the morning** dix heures du matin • **in 1994** en 1994
5. *(within)* en • **she did it in ten minutes** elle l'a fait en dix minutes
6. *(after)* dans • **it'll be ready in an hour** ce sera prêt dans une heure
7. *(expressing means)* • **to write in ink** écrire à l'encre • **in writing** par écrit • **they were talking in English** ils parlaient (en) anglais
8. *(wearing)* en
9. *(expressing state)* en • **in ruins** en ruine • **in a hurry** pressé • **to be in pain** souffrir
10. *(with regard to)* de • **a rise in prices** une hausse des prix • **to be 50 metres in length** faire 50 mètres de long
11. *(with numbers)* • **one in ten** un sur dix
12. *(expressing age)* • **she's in her twenties** elle a une vingtaine d'années
13. *(with colours)* • **it comes in green or blue** nous l'avons en vert ou en bleu
14. *(with superlatives)* de • **the best in the world** le meilleur du monde
◇ *adv*
1. *(inside)* dedans • **you can go in now** vous pouvez entrer maintenant

2. *(at home, work)* là • **she's not in** elle n'est pas là
3. *(train, bus, plane)* • **the train's not in yet** le train n'est pas encore arrivé
4. *(tide)* • **the tide is in** la marée est haute ◇ *adj (inf) (fashionable)* à la mode
inability [ˌɪnə'bɪlətɪ] *n* • **inability to do sthg** incapacité *f* à faire qqch
inaccessible [ˌɪnək'sesəbl] *adj* inaccessible
inaccurate [ɪn'ækjʊrət] *adj* inexact(e)
inadequate [ɪn'ædɪkwət] *adj (insufficient)* insuffisant(e)
inappropriate [ɪnə'prəuprɪət] *adj* inapproprié(e)
inauguration [ɪˌnɔːgjʊ'reɪʃn] *n* inauguration *f*
incapable [ɪn'keɪpəbl] *adj* • **to be incapable of doing sthg** être incapable de faire qqch
incense ['ɪnsens] *n (U)* encens *m*
incentive [ɪn'sentɪv] *n* motivation *f*
inch [ɪntʃ] *n* = 2,5 cm, pouce *m*
incident ['ɪnsɪdənt] *n* incident *m*
incidentally [ˌɪnsɪ'dentəlɪ] *adv* à propos
incline ['ɪnklaɪn] *n* pente *f*
inclined [ɪn'klaɪnd] *adj* incliné(e) • **to be inclined to do sthg** avoir tendance à faire qqch
include [ɪn'kluːd] *vt* inclure
included [ɪn'kluːdɪd] *adj (in price)* compris(e) • **to be included in sthg** être compris dans qqch
including [ɪn'kluːdɪŋ] *prep* y compris
inclusive [ɪn'kluːsɪv] *adj* • **from the 8th to the 16th inclusive** du 8 au 16 inclus • **inclusive of VAT** TVA comprise
income ['ɪŋkʌm] *n* revenu *m*
income support *n (UK) allocation supplémentaire pour les faibles revenus*
income tax *n* impôt *m* sur le revenu
incoming ['ɪnˌkʌmɪŋ] *adj* 1. *(train, plane)* à l'arrivée 2. *(phone call)* de l'extérieur
incompetent [ɪn'kɒmpɪtənt] *adj* incompétent(e)
incomplete [ˌɪnkəm'pliːt] *adj* incomplet(ète)
inconsiderate [ˌɪnkən'sɪdərət] *adj* qui manque de prévenance
inconsistent [ˌɪnkən'sɪstənt] *adj* incohérent(e)
incontinent [ɪn'kɒntɪnənt] *adj* incontinent(e)
inconvenient [ˌɪnkən'viːnjənt] *adj* 1. *(place)* mal situé(e) 2. *(time)* • **it's inconvenient** ça tombe mal
incorporate [ɪn'kɔːpəreɪt] *vt* incorporer
incorrect [ˌɪnkə'rekt] *adj* incorrect(e)
increase *n* ['ɪnkriːs] augmentation *f* ◇ *vt & vi* [ɪn'kriːs] augmenter • **an increase in sthg** une augmentation de qqch
increasingly [ɪn'kriːsɪŋlɪ] *adv* de plus en plus
incredible [ɪn'kredəbl] *adj* incroyable
incredibly [ɪn'kredəblɪ] *adv (very)* incroyablement
incur [ɪn'kɜːʳ] *vt* 1. *(expenses)* engager 2. *(fine)* recevoir
indecisive [ˌɪndɪ'saɪsɪv] *adj* indécis(e)
indeed [ɪn'diːd] *adv* 1. *(for emphasis)* en effet 2. *(certainly)* certainement • **very big indeed** vraiment très grand
indefinite [ɪn'defɪnɪt] *adj* 1. *(time, number)* indéterminé(e) 2. *(answer, opinion)* vague

indefinitely [ɪn'defɪnətlɪ] *adv (closed, delayed)* indéfiniment
independence [ˌɪndɪ'pendəns] *n (U)* indépendance *f*
independent [ˌɪndɪ'pendənt] *adj* indépendant(e)
independently [ˌɪndɪ'pendəntlɪ] *adv* indépendamment
independent school *n* (*UK*) école *f* privée
index ['ɪndeks] *n* **1.** *(of book)* index *m* **2.** *(in library)* fichier *m*
index finger *n* index *m*
India ['ɪndjə] *n* l'Inde *f*
Indian ['ɪndjən] *adj* indien(ienne) ◇ *n* Indien *m*, -ienne *f* ● **an Indian restaurant** un restaurant indien
Indian Ocean *n* l'océan *m* Indien
indicate ['ɪndɪkeɪt] *vi* (*UK*) *AUT* mettre son clignotant ◇ *vt* indiquer
indicator ['ɪndɪkeɪtər] *n* (*UK*) *AUT* clignotant *m*
indifferent [ɪn'dɪfrənt] *adj* indifférent(e)
indigestion [ˌɪndɪ'dʒestʃn] *n (U)* indigestion *f*
indigo ['ɪndɪgəʊ] *adj* indigo *inv*
indirect [ˌɪndɪ'rekt] *adj* indirect(e)
individual [ˌɪndɪ'vɪdʒʊəl] *adj* individuel(elle) ◇ *n* individu *m*
individually [ˌɪndɪ'vɪdʒʊəlɪ] *adv* individuellement
Indonesia [ˌɪndə'ni:zjə] *n* l'Indonésie *f*
indoor ['ɪndɔ:r] *adj* **1.** *(swimming pool)* couvert(e) **2.** *(sports)* en salle
indoors [ˌɪn'dɔ:z] *adv* à l'intérieur
indulge [ɪn'dʌldʒ] *vi* ● **to indulge in** se permettre
industrial [ɪn'dʌstrɪəl] *adj* industriel(ielle)
industrial estate *n* (*UK*) zone *f* industrielle
industry ['ɪndəstrɪ] *n* industrie *f*
inedible [ɪn'edɪbl] *adj* **1.** *(unpleasant)* immangeable **2.** *(unsafe)* non comestible
inefficient [ˌɪnɪ'fɪʃnt] *adj* inefficace
inequality [ˌɪnɪ'kwɒlətɪ] *n* inégalité *f*
inevitable [ɪn'evɪtəbl] *adj* inévitable
inevitably [ɪn'evɪtəblɪ] *adv* inévitablement
inexpensive [ˌɪnɪk'spensɪv] *adj* bon marché *inv*
infamous ['ɪnfəməs] *adj* notoire
infant ['ɪnfənt] *n* **1.** *(baby)* nourrisson *m* **2.** *(young child)* jeune enfant *m*
infant school *n* (*UK*) maternelle *f (de 5 à 7 ans)*
infatuated [ɪn'fætjʊeɪtɪd] *adj* ● **to be infatuated with** être entiché(e)de
infected [ɪn'fektɪd] *adj* infecté(e)
infectious [ɪn'fekʃəs] *adj* infectieux(ieuse)
inferior [ɪn'fɪərɪər] *adj* inférieur(e)
infinite ['ɪnfɪnət] *adj* infini(e)
infinitely ['ɪnfɪnətlɪ] *adv* infiniment
infinitive [ɪn'fɪnɪtɪv] *n* infinitif *m*
infinity [ɪn'fɪnətɪ] *n (U)* infini *m*
infirmary [ɪn'fɜ:mərɪ] *n (hospital)* hôpital *m*
inflamed [ɪn'fleɪmd] *adj MED* enflammé(e)
inflammation [ˌɪnflə'meɪʃn] *n MED* inflammation *f*
inflatable [ɪn'fleɪtəbl] *adj* gonflable
inflate [ɪn'fleɪt] *vt* gonfler

inflation [ɪn'fleɪʃn] *n (U) (of prices)* inflation *f*
inflict [ɪn'flɪkt] *vt* infliger
in-flight *adj* en vol
influence ['ɪnflʊəns] *vt* influencer ◇ *n* • **influence (on)** influence *f* (sur)
inform [ɪn'fɔːm] *vt* informer
informal [ɪn'fɔːml] *adj (occasion, dress)* simple
information [ˌɪnfə'meɪʃn] *n (U)* informations *fpl*, renseignements *mpl* • **a piece of information** une information
information desk *n* bureau *m* des renseignements
information highway, information superhighway *n* autoroute *f* de l'information
information office *n* bureau *m* des renseignements
information superhighway = **information highway**
informative [ɪn'fɔːmətɪv] *adj* instructif(ive)
infrared [ˌɪnfrə'red] *n* infrarouge *m*
infuriating [ɪn'fjʊərɪeɪtɪŋ] *adj* exaspérant(e)
ingenious [ɪn'dʒiːnjəs] *adj* ingénieux(ieuse)
ingredient [ɪn'griːdjənt] *n* ingrédient *m*
inhabit [ɪn'hæbɪt] *vt* habiter
inhabitant [ɪn'hæbɪtənt] *n* habitant *m*, -e *f*
inhale [ɪn'heɪl] *vi* inspirer
inhaler [ɪn'heɪləʳ] *n* inhalateur *m*
inherit [ɪn'herɪt] *vt* hériter (de)
inhibition [ˌɪnhɪ'bɪʃn] *n* inhibition *f*
initial [ɪ'nɪʃl] *adj* initial(e) ◇ *vt* parapher • **initials** *npl* initiales *fpl*
initialization *n* initialisation *f*
initialize *vt* initialiser
initially [ɪ'nɪʃəlɪ] *adv* initialement
initiative [ɪ'nɪʃətɪv] *n (U)* initiative *f*
injection [ɪn'dʒekʃn] *n* injection *f*
injure ['ɪndʒəʳ] *vt* blesser • **to injure one's arm** se blesser au bras • **to injure o.s.** se blesser
injured ['ɪndʒəd] *adj* blessé(e)
injury ['ɪndʒərɪ] *n* blessure *f*
ink [ɪŋk] *n* encre *f*
inkjet *adj* à jet d'encre
inland *adj* ['ɪnlənd] intérieur(e) ◇ *adv* [ɪn'lænd] vers l'intérieur des terres
Inland Revenue *n (UK)* ≃ fisc *m*
inn [ɪn] *n* auberge *f*
inner ['ɪnəʳ] *adj* intérieur(e)
inner city *n quartiers proches du centre, généralement synonymes de problèmes sociaux*
inner tube *n* chambre *f* à air
innocence ['ɪnəsəns] *n (U)* innocence *f*
innocent ['ɪnəsənt] *adj* innocent(e)
inoculate [ɪ'nɒkjʊleɪt] *vt* vacciner • **to inoculate sb against smallpox** vacciner qqn contre la variole
inoculation [ɪˌnɒkjʊ'leɪʃn] *n* vaccination *f*
input ['ɪnpʊt] *vt COMPUT* entrer
inquire [ɪn'kwaɪəʳ] = **enquire**
inquiry [ɪn'kwaɪərɪ] = **enquiry**
insane [ɪn'seɪn] *adj* fou (folle)
insect ['ɪnsekt] *n* insecte *m*
insect repellent [-rə'pelənt] *n* produit *m* anti-insectes
insensitive [ɪn'sensətɪv] *adj* insensible
insert [ɪn'sɜːt] *vt* introduire, insérer
insertion [ɪn'sɜːʃn] *n* insertion *f*

inside [ɪn'saɪd] *prep* à l'intérieur de, dans ◇ *adv* à l'intérieur ◇ *adj (internal)* intérieur(e) ◇ *n* • **the inside** *(interior)* l'intérieur *m* ; *AUT (in UK)* la gauche ; *AUT (in Europe, US)* la droite • **to go inside** entrer • **inside out** *(clothes)* à l'envers
inside lane *n* **1.** *AUT (in UK)* voie *f* de gauche **2.** *AUT (in Europe, US)* voie *f* de droite
inside leg *n* (*UK*) hauteur *f* à l'entrejambe
insight ['ɪnsaɪt] *n (glimpse)* aperçu *m*
insignificant [,ɪnsɪg'nɪfɪkənt] *adj* insignifiant(e)
insinuate [ɪn'sɪnjʊeɪt] *vt* insinuer
insist [ɪn'sɪst] *vi* insister • **to insist on doing sthg** tenir à faire qqch
insole ['ɪnsəʊl] *n* semelle *f* intérieure
insolent ['ɪnsələnt] *adj* insolent(e)
insomnia [ɪn'sɒmnɪə] *n (U)* insomnie *f*
inspect [ɪn'spekt] *vt* **1.** *(object)* inspecter **2.** *(ticket, passport)* contrôler
inspection [ɪn'spekʃn] *n* **1.** *(of object)* inspection *f* **2.** *(of ticket, passport)* contrôle *m*
inspector [ɪn'spektəʳ] *n* **1.** *(on bus, train)* contrôleur *m*, -euse *f* **2.** *(in police force)* inspecteur *m*, -trice *f*
inspiration [,ɪnspə'reɪʃn] *n (U)* inspiration *f*
instal [ɪn'stɔːl] (*US*) = **install**
install [ɪn'stɔːl] *vt* installer
installation [,ɪnstə'leɪʃn] *n* installation *f*
installment [ɪn'stɔːlmənt] (*US*) = **instalment**
instalment [ɪn'stɔːlmənt] *n* (*UK*) **1.** *(payment)* acompte *m* **2.** *(episode)* épisode *m*
instance ['ɪnstəns] *n* exemple *m* • **for instance** par exemple
instant ['ɪnstənt] *adj* **1.** *(results, success)* immédiat(e) **2.** *(food)* instantané(e) ◇ *n (moment)* instant *m*
instant coffee *n* café *m* instantané OR soluble
instead [ɪn'sted] *adv* plutôt • **instead of** au lieu de • **instead of sb** à la place de qqn
instep ['ɪnstep] *n* cou-de-pied *m*
instinct ['ɪnstɪŋkt] *n* instinct *m*
institute ['ɪnstɪtjuːt] *n* institut *m*
institution [,ɪnstɪ'tjuːʃn] *n* institution *f*
instructions [ɪn'strʌkʃnz] *npl (for use)* mode *m* d'emploi
instructor [ɪn'strʌktəʳ] *n* moniteur *m*, -trice *f*
instrument ['ɪnstrʊmənt] *n* instrument *m*
insufficient [,ɪnsə'fɪʃnt] *adj* insuffisant(e)
insulating tape ['ɪnsjʊleɪtɪŋ-] *n (U)* (*UK*) chatterton *m*
insulation [,ɪnsjʊ'leɪʃn] *n (U) (material)* isolant *m*
insulin ['ɪnsjʊlɪn] *n (U)* insuline *f*
insult *n* ['ɪnsʌlt] insulte *f* ◇ *vt* [ɪn'sʌlt] insulter
insurance [ɪn'ʃʊərəns] *n (U)* assurance *f*
insurance certificate *n* attestation *f* d'assurance
insurance company *n* compagnie *f* d'assurance
insurance policy *n* police *f* d'assurance
insure [ɪn'ʃʊəʳ] *vt* assurer

insured [ɪn'ʃʊəd] *adj* • **to be insured** être assuré(e)
intact [ɪn'tækt] *adj* intact(e)
intellectual [,ɪntə'lektjʊəl] *adj* intellectuel(elle) ◇ *n* intellectuel *m*, -elle *f*
intelligence [ɪn'telɪdʒəns] *n (U)* intelligence *f*
intelligent [ɪn'telɪdʒənt] *adj* intelligent(e)
intend [ɪn'tend] *vt* • **to intend to do sthg** avoir l'intention de faire qqch • **to be intended to do sthg** être destiné à faire qqch
intense [ɪn'tens] *adj* intense
intensity [ɪn'tensətɪ] *n (U)* intensité *f*
intensive [ɪn'tensɪv] *adj* intensif(ive)
intensive care *n (U)* réanimation *f*
intent [ɪn'tent] *adj* • **to be intent on doing sthg** être déterminé(e)à faire qqch
intention [ɪn'tenʃn] *n* intention *f*
intentional [ɪn'tenʃənl] *adj* intentionnel(elle)
intentionally [ɪn'tenʃənəlɪ] *adv* intentionnellement
interactive [,ɪntər'æktɪv] *adj* interactif *adj*
interchange ['ɪntətʃeɪndʒ] *n (on motorway)* échangeur *m*
Intercity® [,ɪntə'sɪtɪ] *n système de trains rapides reliant les grandes villes en Grande-Bretagne*
intercom ['ɪntəkɒm] *n* Interphone® *m*
interface *n* interface *f*
interest ['ɪntrəst] *n* **1.** intérêt *m* **2.** *(pastime)* centre *m* d'intérêt ◇ *vt* intéresser • **to take an interest in sthg** s'intéresser à qqch
interested ['ɪntrəstɪd] *adj* intéressé(e) • **to be interested in sthg** être intéressé par qqch
interesting ['ɪntrəstɪŋ] *adj* intéressant(e)
interest rate *n* taux *m* d'intérêt
interfere [,ɪntə'fɪər] *vi (meddle)* se mêler des affaires d'autrui • **to interfere with sthg** *(damage)* toucher à qqch
interference [,ɪntə'fɪərəns] *n (U) (on TV, radio)* parasites *mpl*
interior [ɪn'tɪərɪər] *adj* intérieur(e) ◇ *n* intérieur *m*
intermediate [,ɪntə'mi:djət] *adj* intermédiaire
intermission [,ɪntə'mɪʃn] *n (at cinema, theatre)* entracte *m*
internal [ɪn'tɜ:nl] *adj* **1.** *(not foreign)* intérieur(e) **2.** *(on the inside)* interne
internal flight *n* vol *m* intérieur
international [,ɪntə'næʃənl] *adj* international(e)
international flight *n* vol *m* international
internet, Internet *n* internet
internet café, Internet café *n* cybercafé *m*
Internet economy *n* netéconomie *f*
Internet Service Provider *n* fournisseur *m* d'accès
interpret [ɪn'tɜ:prɪt] *vi* servir d'interprète
interpreter [ɪn'tɜ:prɪtər] *n* interprète *m ou f*
interrogate [ɪn'terəgeɪt] *vt* interroger
interrupt [,ɪntə'rʌpt] *vt* interrompre
intersection [,ɪntə'sekʃn] *n (of roads)* carrefour *m*, intersection *f*

interval ['ɪntəvl] *n* **1.** intervalle *m* **2.** (*UK*) *(at cinema, theatre)* entracte *m*
intervene [ˌɪntə'viːn] *vi* **1.** *(person)* intervenir **2.** *(event)* avoir lieu
interview ['ɪntəvjuː] *n* **1.** *(on TV, in magazine)* interview *f* **2.** *(for job)* entretien *m* ◇ *vt* **1.** *(on TV, in magazine)* interviewer **2.** *(for job)* faire passer un entretien à
interviewer ['ɪntəvjuːəʳ] *n* *(on TV, in magazine)* intervieweur *m*, -euse *f*
intestine [ɪn'testɪn] *n* intestin *m*
intimate ['ɪntɪmət] *adj* intime
intimidate [ɪn'tɪmɪdeɪt] *vt* intimider
into ['ɪntʊ] *prep* **1.** *(inside)* dans **2.** *(against)* dans, contre **3.** *(concerning)* sur ● **4 into 20 goes 5 (times)** 20 divisé par 4 égale 5 ● **to translate into French** traduire en français ● **to change into sthg** se transformer en qqch ● **to be into sthg** (*inf*) *(like)* être un fan de qqch
intolerable [ɪn'tɒlrəbl] *adj* intolérable
intranet, Intranet ['ɪntrənɛt] *n* intranet *m*
intransitive [ɪn'trænzətɪv] *adj* intransitif(ive)
intricate ['ɪntrɪkət] *adj* compliqué(e)
intriguing [ɪn'triːgɪŋ] *adj* fascinant(e)
introduce [ˌɪntrə'djuːs] *vt* présenter ● **I'd like to introduce you to Fred** j'aimerais vous présenter Fred
introduction [ˌɪntrə'dʌkʃn] *n* **1.** *(to book, programme)* introduction *f* **2.** *(to person)* présentation *f*
introverted ['ɪntrəˌvɜːtɪd] *adj* introverti(e)
intruder [ɪn'truːdəʳ] *n* intrus *m*, -e *f*
intuition [ˌɪntjuː'ɪʃn] *n* intuition *f*
invade [ɪn'veɪd] *vt* envahir
invalid *adj* [ɪn'vælɪd] *(ticket, cheque)* non valable ◇ *n* ['ɪnvəlɪd] invalide *m ou f*
invaluable [ɪn'væljʊəbl] *adj* inestimable
invariably [ɪn'veərɪəblɪ] *adv* invariablement
invasion [ɪn'veɪʒn] *n* invasion *f*
invent [ɪn'vent] *vt* inventer
invention [ɪn'venʃn] *n* invention *f*
inventory ['ɪnventrɪ] *n* **1.** *(list)* inventaire *m* **2.** (*US*) *(stock)* stock *m*
inverted commas [ɪn'vɜːtɪd-] *npl* (*UK*) guillemets *mpl*
invest [ɪn'vest] *vt* investir ◇ *vi* ● **to invest in sthg** investir dans qqch
investigate [ɪn'vestɪgeɪt] *vt* enquêter sur
investigation [ɪnˌvestɪ'geɪʃn] *n* enquête *f*
investment [ɪn'vestmənt] *n* *(of money)* investissement *m*
invisible [ɪn'vɪzɪbl] *adj* invisible
invitation [ˌɪnvɪ'teɪʃn] *n* invitation *f*
invite [ɪn'vaɪt] *vt* inviter ● **to invite sb to do sthg** *(ask)* inviter qqn à faire qqch ● **to invite sb round** inviter qqn chez soi
invoice ['ɪnvɔɪs] *n* facture *f*
involve [ɪn'vɒlv] *vt* *(entail)* impliquer ● **what does it involve?** en quoi est-ce que cela consiste ? ● **to be involved in a scheme** prendre part à un projet ● **to be involved in an accident** être impliqué dans un accident
involved [ɪn'vɒlvd] *adj* ● **what's involved?** qu'est-ce que cela implique ?
inwards ['ɪnwədz] *adv* vers l'intérieur
IOU (*abbr of I owe you*) *n* reconnaissance *f* de dette
IP address *n* adresse IP *f*

IQ (*abbr of Intelligence Quotient*) *n* QI *m*
Iran [ɪ'rɑːn] *n* l'Iran *m*
Iraq [ɪ'rɑːk] *n* l'Iraq *m*
Ireland ['aɪələnd] *n* l'Irlande *f*
iris ['aɪərɪs] (*pl* **-es**) *n* (*flower*) iris *m*
Irish ['aɪrɪʃ] *adj* irlandais(e) ◇ *n* (*language*) irlandais *m* ◇ *npl* • **the Irish** les Irlandais *mpl*
Irish coffee *n* irish-coffee *m*
Irishman ['aɪrɪʃmən] (*pl* **-men**) *n* Irlandais *m*
Irish stew *n ragoût de mouton aux pommes de terre et aux oignons*
Irishwoman ['aɪrɪʃˌwʊmən] (*pl* **-women**) *n* Irlandaise *f*
iron ['aɪən] *n* **1.** (*U*) fer *m* **2.** (*for clothes*) fer *m* à repasser ◇ *vt* repasser
ironic [aɪ'rɒnɪk] *adj* ironique
ironing board ['aɪənɪŋ-] *n* planche *f* à repasser
ironmonger's ['aɪənˌmʌŋgəz] *n* (*UK*) quincaillier *m*
irrelevant [ɪ'reləvənt] *adj* hors de propos
irresistible [ˌɪrɪ'zɪstəbl] *adj* irrésistible
irrespective [ˌɪrɪ'spektɪv] ◆ **irrespective of** *prep* indépendamment de
irresponsible [ˌɪrɪ'spɒnsəbl] *adj* irresponsable
irrigation [ˌɪrɪ'geɪʃn] *n* (*U*) irrigation *f*
irritable ['ɪrɪtəbl] *adj* irritable
irritate ['ɪrɪteɪt] *vt* irriter
irritating ['ɪrɪteɪtɪŋ] *adj* irritant(e)
IRS (*abbr of Internal Revenue Service*) *n* (*US*) ≃ fisc *m*
is [ɪz] ➤ **be**
Islam ['ɪzlɑːm] *n* (*U*) l'islam *m*
island ['aɪlənd] *n* **1.** île *f* **2.** (*in road*) refuge *m*
isle [aɪl] *n* île *f*
isolated ['aɪsəleɪtɪd] *adj* isolé(e)
ISP *n abbr of* **Internet Service Provider**
Israel ['ɪzreɪəl] *n* Israël *m*
issue ['ɪʃuː] *n* **1.** (*problem, subject*) problème *m* **2.** (*of newspaper, magazine*) numéro *m* ◇ *vt* **1.** (*statement*) faire **2.** (*passport, document*) délivrer **3.** (*stamps, bank notes*) émettre
it [ɪt] *pron*
1. (*referring to specific thing: subject*) il (elle) ; (*direct object*) le (la), l' ; (*indirect object*) lui • **it's big** il est grand • **she missed it** elle l'a manqué • **give it to me** donne-le moi • **tell me about it** parlez-m'en • **we went to it** nous y sommes allés
2. (*nonspecific*) ce, c' • **it's nice here** c'est joli ici • **it's me** c'est moi • **who is it?** qui est-ce ?
3. (*used impersonally*) • **it's hot** il fait chaud • **it's six o'clock** il est six heures • **it's Sunday** nous sommes dimanche
Italian [ɪ'tæljən] *adj* italien(ienne) ◇ *n* **1.** (*person*) Italien *m*, -ienne *f* **2.** (*language*) italien *m* • **an Italian restaurant** un restaurant italien
Italy ['ɪtəlɪ] *n* l'Italie *f*
itch [ɪtʃ] *vi* • **my arm itches** mon bras me démange
item ['aɪtəm] *n* **1.** (*object*) article *m*, objet *m* **2.** (*of news, on agenda*) question *f*, point *m*
itemized bill ['aɪtəmaɪzd-] *n* facture *f* détaillée
its [ɪts] *adj* son (sa), ses *pl*
it's [ɪts] = **it is, it has**

itself [ɪt'self] *pron* **1.** *(reflexive)* se **2.** *(after prep)* lui (elle) • **the house itself is fine** la maison elle-même n'a rien
I've [aɪv] = **I have**
ivory ['aɪvərɪ] *n (U)* ivoire *m*
ivy ['aɪvɪ] *n (U)* lierre *m*

Ivy League

Expression désignant les plus prestigieuses universités privées de la côte est des États-Unis : en tête, Harvard, puis Yale, Princeton, Columbia, Dartmouth, Cornell, Brown et Pennsylvanie. Particulièrement sélectives, synonymes d'excellence académique et d'élitisme, elles accueillent des étudiants, des professeurs et des chercheurs brillants. Elles reçoivent également des dotations financières très consistantes et bénéficient d'importants fonds de recherche de la part du gouvernement fédéral.

jab [dʒæb] *n (UK) (inf) (injection)* piqûre *f*
jack [dʒæk] *n* **1.** *(for car)* cric *m* **2.** *(playing card)* valet *m*
jacket ['dʒækɪt] *n* **1.** *(garment)* veste *f* **2.** *(of book)* jaquette *f* **3.** *(US) (of record)* pochette *f* **4.** *(of potato)* peau *f*
jacket potato *n (UK)* pomme de terre *f* en robe des champs
jack-knife *vi* se mettre en travers de la route
Jacuzzi® [dʒə'ku:zɪ] *n* Jacuzzi® *m*
jade [dʒeɪd] *n (U)* jade *m*
jail [dʒeɪl] *n* prison *f*
jam [dʒæm] *n* **1.** *(food)* confiture *f* **2.** *(of traffic)* embouteillage *m* **3.** *(inf) (difficult situation)* pétrin *m* ◇ *vt (pack tightly)* entasser ◇ *vi (get stuck)* se coincer • **the roads are jammed** les routes sont bouchées
jam-packed [↓'pækt] *adj (inf)* bourré(e)à craquer
Jan. [dʒæn] *(abbr of January)* janv. *(janvier)*
janitor ['dʒænɪtər] *n (US & Scot)* concierge *m ou f*
January ['dʒænjʊərɪ] *n* janvier *m* • **at the beginning of January** début janvier • **at the end of January** fin janvier • **during January** en janvier • **every January** tous les ans en janvier • **in January** en janvier • **last January** en janvier (dernier) • **next January** en janvier de l'année prochaine • **this January** en janvier (prochain) • **2 January 1994** *(in letters etc)* le 2 janvier 1994
Japan [dʒə'pæn] *n* le Japon
Japanese [,dʒæpə'ni:z] *adj* japonais(e) ◇ *n (language)* japonais *m* ◇ *npl* • **the Japanese** les Japonais *mpl*
jar [dʒɑ:r] *n* pot *m*
javelin ['dʒævlɪn] *n* javelot *m*
jaw [dʒɔ:] *n* mâchoire *f*
jazz [dʒæz] *n (U)* jazz *m*
jealous ['dʒeləs] *adj* jaloux(ouse)
jeans [dʒi:nz] *npl* jean *m*

Jeep® [dʒiːp] *n* Jeep® *f*
Jello® ['dʒeləʊ] *n (U) (US)* gelée *f*
jelly ['dʒelɪ] *n (UK)* gelée *f*
jellyfish ['dʒelɪfɪʃ] *(pl inv) n* méduse *f*
jeopardize ['dʒepədaɪz] *vt* mettre en danger
jerk [dʒɜːk] *n* **1.** *(movement)* secousse *f* **2.** *(inf) (idiot)* abruti *m*, -e *f*
jersey ['dʒɜːzɪ] *(pl* **-s***) n (UK) (garment)* pull *m*
jet [dʒet] *n* **1.** jet *m* **2.** *(for gas)* brûleur *m*
jetfoil ['dʒetfɔɪl] *n* hydroglisseur *m*
jet lag *n* décalage *m* horaire
jet-ski *n* scooter *m* des mers
jetty ['dʒetɪ] *n* jetée *f*
Jew [dʒuː] *n* Juif *m*, -ive *f*
jewel ['dʒuːəl] *n* joyau *m*, pierre *f* précieuse ◆ **jewels** *npl (jewellery)* bijoux *mpl*
jeweler's ['dʒuːələz] *(US)* = **jeweller's**
jeweller's ['dʒuːələz] *n (UK)* bijouterie *f*
jewellery ['dʒuːəlrɪ] *n (U) (UK)* bijoux *mpl*
jewelry ['dʒuːəlrɪ] *(US)* = **jewellery**
Jewish ['dʒuːɪʃ] *adj* juif(ive)
jigsaw (puzzle) ['dʒɪgsɔː-] *n* puzzle *m*
jingle ['dʒɪŋgl] *n (of advert)* jingle *m*
job [dʒɒb] *n* **1.** *(regular work)* emploi *m* **2.** *(task, function)* travail *m* ● **to lose one's job** perdre son travail
job centre *n (UK)* agence *f* pour l'emploi
jockey ['dʒɒkɪ] *(pl* **-s***) n* jockey *m*
jog [dʒɒg] *vt* pousser ◇ *vi* courir, faire du jogging ◇ *n* ● **to go for a jog** faire du jogging
jogging ['dʒɒgɪŋ] *n (U)* jogging *m* ● **to go jogging** faire du jogging
join [dʒɔɪn] *vt* **1.** *(club, organization)* adhérer à **2.** *(fasten together)* joindre **3.** *(other people)* rejoindre **4.** *(connect)* relier **5.** *(participate in)* participer à ● **to join a queue** faire la queue ◆ **join in** *vt insep* participer à ◇ *vi* participer
joint [dʒɔɪnt] *adj* commun(e) ◇ *n* **1.** *(of body)* articulation *f* **2.** *(of meat)* rôti *m* **3.** *(in structure)* joint *m*
joke [dʒəʊk] *n* plaisanterie *f* ◇ *vi* plaisanter
joker ['dʒəʊkə^r] *n (playing card)* joker *m*
jolly ['dʒɒlɪ] *adj (cheerful)* gai(e) ◇ *adv (UK) (inf) (very)* drôlement
jolt [dʒəʊlt] *n* secousse *f*
jot [dʒɒt] ◆ **jot down** *vt sep* noter
journal ['dʒɜːnl] *n* **1.** *(professional magazine)* revue *f* **2.** *(diary)* journal *m* (intime)
journalist ['dʒɜːnəlɪst] *n* journaliste *m ou f*
journey ['dʒɜːnɪ] *(pl* **-s***) n* voyage *m*
joy [dʒɔɪ] *n (U)* joie *f*
joypad ['dʒɔɪpæd] *n (of video game) boîtier de commandes de jeu vidéo*
joyrider ['dʒɔɪraɪdə^r] *n personne qui vole une voiture pour aller faire un tour*
joystick ['dʒɔɪstɪk] *n (of video game)* manette *f* (de jeux)
judge [dʒʌdʒ] *n* juge *m* ◇ *vt* **1.** *(competition)* arbitrer **2.** *(evaluate)* juger
judg(e)ment ['dʒʌdʒmənt] *n* jugement *m*
judo ['dʒuːdəʊ] *n (U)* judo *m*
jug [dʒʌg] *n* **1.** *(for water)* carafe *f* **2.** *(for milk)* pot *m*
juggernaut ['dʒʌgənɔːt] *n (UK)* poids *m* lourd
juggle ['dʒʌgl] *vi* jongler
juice [dʒuːs] *n* jus *m* ● **(fruit) juice** jus *m* de fruit

juicy ['dʒuːsɪ] *adj (food)* juteux(euse)
jukebox ['dʒuːkbɒks] *n* juke-box *m inv*
Jul. *(abbr of July)* juill. *(juillet)*
July [dʒuː'laɪ] *n* juillet *m* • **at the beginning of July** début juillet • **at the end of July** fin juillet • **during July** en juillet • **every July** tous les ans en juillet • **in July** en juillet • **last July** en juillet (dernier) • **next July** en juillet de l'année prochaine • **this July** en juillet (prochain) • **2 July 1994** *(in letters etc)* le 2 juillet 1994
jumble sale ['dʒʌmbl-] *n (UK)* vente *f* de charité
jumbo ['dʒʌmbəʊ] *adj (inf) (big)* énorme
jumbo jet *n* jumbo-jet *m*
jump [dʒʌmp] *n* **1.** bond *m* **2.** *COMPUT* saut *m* ◇ *vi* **1.** sauter **2.** *(with fright)* sursauter **3.** *(increase)* faire un bond ◇ *vt (US) (train, bus)* prendre sans payer • **to jump the queue** *(UK)* ne pas attendre son tour
jumper ['dʒʌmpər] *n* **1.** *(UK) (pullover)* pull-over *m* **2.** *(US) (dress)* robe *f* chasuble
jump leads *npl (UK)* câbles *mpl* de démarrage
junction ['dʒʌŋkʃn] *n* embranchement *m*
June [dʒuːn] *n* juin *m* • **at the beginning of June** début juin • **at the end of June** fin juin • **during June** en juin • **every June** tous les ans en juin • **in June** en juin • **last June** en juin (dernier) • **next June** en juin de l'année prochaine • **this June** en juin (prochain) • **2 June 1994** *(in letters etc)* le 2 juin 1994
jungle ['dʒʌŋgl] *n* jungle *f*
junior ['dʒuːnjər] *adj* **1.** *(of lower rank)* subalterne **2.** *(after name)* junior ◇ *n (younger person)* cadet *m*, -ette *f*
junior school *n (UK)* école *f* primaire
junk [dʒʌŋk] *n (U) (inf) (unwanted things)* bric-à-brac *m inv*
junk food *n (U) (inf)* cochonneries *fpl*
junkie ['dʒʌŋkɪ] *n (inf)* drogué *m*, -e *f*
junk shop *n* magasin *m* de brocante
jury ['dʒʊərɪ] *n* jury *m*
just [dʒʌst] *adj & adv* juste • **I'm just coming** j'arrive tout de suite • **we were just leaving** nous étions sur le point de partir • **to be just about to do sthg** être sur le point de faire qqch • **to have just done sthg** venir de faire qqch • **just as good (as)** tout aussi bien (que) • **just about** *(almost)* pratiquement, presque • **only just** tout juste • **just a minute!** une minute !
justice ['dʒʌstɪs] *n (U)* justice *f*
justify ['dʒʌstɪfaɪ] *vt* justifier
jut [dʒʌt] ◆ **jut out** *vi* faire saillie
juvenile ['dʒuːvənaɪl] *adj* **1.** *(young)* juvénile **2.** *(childish)* enfantin(e)

kK

kangaroo [ˌkæŋgə'ruː] *n* kangourou *m*
karaoke *n* karaoké *m*
karate [kə'rɑːtɪ] *n (U)* karaté *m*
kebab [kɪ'bæb] *n (UK)* • **(shish) kebab** brochette *f* de viande • **(doner) kebab** ≃ sandwich *m* grec *(viande de mouton servie en tranches fines dans du pita, avec salade et sauce)*

keel [kiːl] *n* quille *f*
keen [kiːn] *adj* **1.** *(enthusiastic)* passionné(e) **2.** *(hearing)* fin(e) **3.** *(eyesight)* perçant(e) ● **to be keen on** *(UK)* aimer beaucoup ● **to be keen to do sthg** *(UK)* tenir à faire qqch
keep [kiːp] *(pt & pp* **kept***)* *vt* **1.** garder **2.** *(promise, record, diary)* tenir **3.** *(delay)* retarder ◇ *vi* **1.** *(food)* se conserver **2.** *(remain)* rester ● **to keep (on) doing sthg** *(continuously)* continuer à faire qqch ; *(repeatedly)* ne pas arrêter de faire qqch ● **to keep sb from doing sthg** empêcher qqn de faire qqch ● **keep back!** n'approchez pas ! ● **to keep clear (of)** ne pas s'approcher (de) ▼ **keep in lane!** conservez votre file ▼ **keep left** serrez à gauche ▼ **keep off the grass!** pelouse interdite ▼ **keep out!** entrée interdite ▼ **keep your distance!** gardez vos distances ◆ **keep up** *vt sep* **1.** *(maintain)* maintenir **2.** *(continue)* continuer ◇ *vi* ● **to keep up (with)** suivre
keep-fit *n (U) (UK)* gymnastique *f*
kennel ['kenl] *n* niche *f*
kept [kept] *pt & pp* ➤ **keep**
kerb [kɜːb] *n (UK)* bordure *f* du trottoir
kerosene ['kerəsiːn] *n (U) (US)* kérosène *m*
ketchup ['ketʃəp] *n (U)* ketchup *m*
kettle ['ketl] *n* bouilloire *f* ● **to put the kettle on** *(UK)* mettre la bouilloire à chauffer
key [kiː] *n* **1.** clé *f*, clef *f* **2.** *(of piano, typewriter) COMPUT* touche *f* **3.** *(of map)* légende *f* ◇ *adj* clé, clef
keyboard ['kiːbɔːd] *n* clavier *m*
keyboard shortcut *n* raccourci *m* clavier
keyhole ['kiːhəʊl] *n* serrure *f*
keypad ['kiːpæd] *n* pavé *m* numérique
key ring *n* porte-clefs *m inv*, porte-clés *m inv*
kg *(abbr of kilogram)* kg *(kilogramme)*
kick [kɪk] *n (of foot)* coup *m* de pied ◇ *vt* **1.** *(ball)* donner un coup de pied dans **2.** *(person)* donner un coup de pied à
kickoff ['kɪkɒf] *n* coup *m* d'envoi
kid [kɪd] *n (inf)* gamin *m*, -e *f* ◇ *vi (joke)* blaguer
kidnap ['kɪdnæp] *vt* kidnapper
kidnaper ['kɪdnæpər] *(US)* = **kidnapper**
kidnapper ['kɪdnæpəʳ] *n (UK)* kidnappeur *m*, -euse *f*
kidney ['kɪdnɪ] *(pl* **-s***)* *n* **1.** *(organ)* rein *m* **2.** *(food)* rognon *m*
kidney bean *n* haricot *m* rouge
kill [kɪl] *vt* tuer ● **my feet are killing me!** mes pieds me font souffrir le martyre !
killer ['kɪləʳ] *n* tueur *m*, -euse *f*
kilo ['kiːləʊ] *(pl* **-s***)* *n* kilo *m*
kilogram ['kɪləˌɡræm] *n* kilogramme *m*
kilometer *(US)* = **kilometre**
kilometre ['kɪləˌmiːtəʳ] *n (UK)* kilomètre *m*
kilt [kɪlt] *n* kilt *m*
kind [kaɪnd] *adj* gentil(ille) ◇ *n* genre *m* ● **kind of** *(inf)* plutôt
kindergarten ['kɪndəˌɡɑːtn] *n* jardin *m* d'enfants
kindly ['kaɪndlɪ] *adv* ● **would you kindly...?** auriez-vous l'amabilité de...?
kindness ['kaɪndnɪs] *n (U)* gentillesse *f*
king [kɪŋ] *n* roi *m*
kingfisher ['kɪŋˌfɪʃəʳ] *n* martin-pêcheur *m*

king prawn *n* gamba *f*
king-size bed *n* ≃ lit *m* de plus de 160 cm
kiosk ['kiːɒsk] *n* **1.** *(for newspapers etc)* kiosque *m* **2.** *(UK) (phone box)* cabine *f* (téléphonique)
kipper ['kɪpəʳ] *n* hareng *m* saur
kiss [kɪs] *n* baiser *m* ◇ *vt* embrasser
kiss of life *n* bouche-à-bouche *m inv*
kit [kɪt] *n* **1.** *(set)* trousse *f* **2.** *(U) (UK) (clothes)* tenue *f* **3.** *(for assembly)* kit *m*
kitchen ['kɪtʃɪn] *n* cuisine *f*
kitchen unit *n* élément *m* (de cuisine)
kite [kaɪt] *n (toy)* cerf-volant *m*
kitten ['kɪtn] *n* chaton *m*
kitty ['kɪtɪ] *n (of money)* cagnotte *f*
kiwi fruit ['kiːwiː-] *n* kiwi *m*
Kleenex® ['kliːneks] *n* Kleenex® *m*
km (*abbr of kilometre*) km *(kilomètre)*
km/h (*abbr of kilometres per hour*) km/h *(kilomètre par heure)*
knack [næk] *n* • **to have the knack of doing sthg** avoir le chic pour faire qqch
knackered ['nækəd] *adj (UK) (inf)* crevé(e)
knapsack ['næpsæk] *n* sac *m* à dos
knee [niː] *n* genou *m*
kneecap ['niːkæp] *n* rotule *f*
kneel [niːl] (*pt & pp* **knelt** [nelt]) *vi* **1.** *(be on one's knees)* être à genoux **2.** *(go down on one's knees)* s'agenouiller
knew [njuː] *pt* ➤ **know**
knickers ['nɪkəz] *npl (UK) (underwear)* culotte *f*
knife [naɪf] (*pl* **knives**) *n* couteau *m*
knight [naɪt] *n* **1.** *(in history)* chevalier *m* **2.** *(in chess)* cavalier *m*
knit [nɪt] *vt* tricoter
knitted ['nɪtɪd] *adj* tricoté(e)
knitting ['nɪtɪŋ] *n (U)* tricot *m*
knitting needle *n* aiguille *f* à tricoter
knitwear ['nɪtweəʳ] *n (U)* lainages *mpl*
knives [naɪvz] *pl* ➤ **knife**
knob [nɒb] *n* bouton *m*
knock [nɒk] *n (at door)* coup *m* ◇ *vt (hit)* cogner ◇ *vi (at door etc)* frapper ◆ **knock down** *vt sep* **1.** *(UK) (pedestrian)* renverser **2.** *(building)* démolir **3.** *(price)* baisser ◆ **knock out** *vt sep* **1.** *(make unconscious)* assommer **2.** *(of competition)* éliminer ◆ **knock over** *vt sep (UK)* renverser
knocker ['nɒkəʳ] *n (on door)* heurtoir *m*
knot [nɒt] *n* nœud *m*
know [nəʊ] (*pt* **knew**, *pp* **known**) *vt* **1.** savoir **2.** *(person, place)* connaître • **to get to know sb** faire connaissance avec qqn • **to know about sthg** *(understand)* s'y connaître en qqch ; *(have heard)* être au courant de qqch • **to know how to do sthg** savoir (comment) faire qqch • **to know of** connaître • **to be known as** être appelé • **to let sb know sthg** informer qqn de qqch • **you know** *(for emphasis)* tu sais
knowledge ['nɒlɪdʒ] *n (U)* connaissance *f* • **to my knowledge** pour autant que je sache
known [nəʊn] *pp* ➤ **know**
knuckle ['nʌkl] *n* **1.** *(of hand)* articulation *f* du doigt **2.** *(of pork)* jarret *m*
Koran [kɒ'rɑːn] *n* • **the Koran** le Coran
Kosovar [kɔsɔvaʳ] *n* kosovar *m ou f*
Kosovo [kɔsɔvɔ] *n* Kosovo *m*

L

l (*abbr of litre*) l *(litre)*
L (*abbr of learner*) *en Grande-Bretagne, lettre apposée à l'arrière d'une voiture et signalant que le conducteur est en conduite accompagnée*
lab [læb] *n* (*inf*) labo *m*
label ['leɪbl] *n* étiquette *f*
labor ['leɪbər] (*US*) = **labour**
Labor Day *n fête du travail américaine (premier lundi de septembre)*

Labor Day

Jour férié américain institutionnalisé en 1894, la « fête du Travail » (l'équivalent du 1er mai en France) est célébrée chaque année le premier lundi de septembre en l'honneur de tous les salariés. Ce jour de congé marque à la fois la fin de l'été – les stations balnéaires étant particulièrement fréquentées durant ce dernier long week-end – ainsi que la rentrée scolaire – la plupart des écoles rouvrant leurs portes la semaine suivante.

laboratory [(*UK*)lə'bɒrətrɪ, (*US*)'læbrə,tɔːrɪ] *n* laboratoire *m*
laborer (*US*) = **labourer**
labor-saving (*US*) = **labour-saving**
labour ['leɪbər] *n (U)* (*UK*) travail *m* • **in labour** *MED* en travail
labourer ['leɪbərər] *n* (*UK*) ouvrier *m*, -ière *f*
Labour Party *n* (*UK*) parti *m* travailliste
labour-saving *adj* (*UK*) qui fait gagner du temps
lace [leɪs] *n* **1.** *(U)* *(material)* dentelle *f* **2.** *(for shoe)* lacet *m*
lace-ups *npl* chaussures *fpl* à lacets
lack [læk] *n* manque *m* ◇ *vt* manquer de ◇ *vi* • **to be lacking** faire défaut
lacquer ['lækər] *n (U)* laque *f*
lad [læd] *n* (*UK*) (*inf*) *(boy)* gars *m*
ladder ['lædər] *n* **1.** échelle *f* **2.** (*UK*) *(in tights)* maille *f* filée
ladies ['leɪdɪz] *n* (*UK*) *(toilet)* toilettes *fpl* pour dames
ladies room (*US*) = **ladies**
ladieswear ['leɪdɪz,weər] *n (U)* *(fml)* vêtements *mpl* pour femme
ladle ['leɪdl] *n* louche *f*
lady ['leɪdɪ] *n* dame *f*
ladybird ['leɪdɪbɜːd] *n* (*UK*) coccinelle *f*
ladybug (*US*) = **ladybird**
lag [læg] *vi* traîner • **to lag behind** traîner
lager ['lɑːgər] *n* bière *f* blonde
lagoon [lə'guːn] *n* lagune *f*
laid [leɪd] *pt & pp* ➤ **lay**
lain [leɪn] *pp* ➤ **lie**
lake [leɪk] *n* lac *m*
Lake District *n* • **the Lake District** la région des lacs *(au nord-ouest de l'Angleterre)*
lamb [læm] *n* agneau *m*
lamb chop *n* côtelette *f* d'agneau
lame [leɪm] *adj* boiteux(euse)

lamp [læmp] *n* **1.** lampe *f* **2.** *(in street)* réverbère *m*
lamppost ['læmppəust] *n* réverbère *m*
lampshade ['læmpʃeɪd] *n* abat-jour *m inv*
land [lænd] *n* **1.** *(U)* terre *f* **2.** *(nation)* pays *m* ◇ *vi* **1.** atterrir **2.** *(passengers)* débarquer
landing ['lændɪŋ] *n* **1.** *(of plane)* atterrissage *m* **2.** *(on stairs)* palier *m*
landlady ['lænd,leɪdɪ] *n* **1.** *(of house)* propriétaire *f* **2.** *(UK) (of pub)* patronne *f*
land line *n (téléphone)* fixe *m*
landlord ['lændlɔːd] *n* **1.** *(of house)* propriétaire *m* **2.** *(UK) (of pub)* patron *m*
landmark ['lændmɑːk] *n* point *m* de repère
landscape ['lændskeɪp] *n* paysage *m*
landslide ['lændslaɪd] *n* glissement *m* de terrain
lane [leɪn] *n* **1.** *(in town)* ruelle *f* **2.** *(in country)* chemin *m* **3.** *(on road, motorway)* file *f*, voie *f* ▼ **get in lane** *panneau indiquant aux automobilistes de se placer dans la file appropriée*
language ['læŋgwɪdʒ] *n* **1.** *(of a people, country)* langue *f* **2.** *(system, words)* langage *m*
lap [læp] *n* **1.** *(of person)* genoux *mpl* **2.** *(of race)* tour *m* (de piste)
lapel [lə'pel] *n* revers *m*
lapse [læps] *vi* **1.** *(passport)* être périmé(e) **2.** *(membership)* prendre fin
laptop ['læptɒp] ordinateur *m*
lard [lɑːd] *n (U)* saindoux *m*
larder ['lɑːdər] *n (UK)* garde-manger *m inv*
large [lɑːdʒ] *adj* **1.** grand(e) **2.** *(person, problem, sum)* gros (grosse)
largely ['lɑːdʒlɪ] *adv* en grande partie
large-scale *adj* à grande échelle
lark [lɑːk] *n* alouette *f*
laryngitis [,lærɪn'dʒaɪtɪs] *n (U)* laryngite *f*
lasagne [lə'zænjə] *n (U)* lasagne(s) *fpl*
laser ['leɪzər] *n* laser *m*
lass [læs] *n (UK) (inf) (girl)* nana *f*
last [lɑːst] *adj* dernier(ière) ◇ *adv* **1.** *(most recently)* pour la dernière fois **2.** *(at the end)* en dernier ◇ *pron* • **the last to come** le dernier arrivé • **the last but one** l'avant-dernier • **the day before last** avant-hier • **last year** l'année dernière • **the last year** la dernière année • **at last** enfin
lastly ['lɑːstlɪ] *adv* enfin
last-minute *adj* de dernière minute
latch [lætʃ] *n* loquet *m* • **the door is on the latch** la porte n'est pas fermée à clef
late [leɪt] *adj* **1.** *(not on time)* en retard **2.** *(after usual time)* tardif(ive) ◇ *adv* **1.** *(not on time)* en retard **2.** *(after usual time)* tard • **in the late afternoon** en fin d'après-midi • **in late June** fin juin • **my late wife** feue ma femme
lately ['leɪtlɪ] *adv* dernièrement
late-night *adj (chemist, supermarket)* ouvert(e)tard
later ['leɪtər] *adj (train)* qui part plus tard ◇ *adv* • **later (on)** plus tard, ensuite • **at a later date** plus tard
latest ['leɪtɪst] *adj* • **the latest** *(in series)* le plus récent (la plus récente) • **the latest fashion** la dernière mode • **at the latest** au plus tard

lather ['lɑːðəʳ] *n* mousse *f*
Latin ['lætɪn] *n (U) (language)* latin *m*
Latin America *n* l'Amérique *f* latine
Latin American *adj* latino-américain(e) ◇ *n* Latino-Américain *m*, -e *f*
latitude ['lætɪtjuːd] *n* latitude *f*
latter ['lætəʳ] *n* • **the latter** ce dernier (cette dernière), celui-ci (celle-ci)
laugh [lɑːf] *n* rire *m* ◇ *vi* rire • **to have a laugh** *(UK) (inf) (have fun)* s'éclater, rigoler ♦ **laugh at** *vt insep* se moquer de
laughter ['lɑːftəʳ] *n (U)* rires *mpl*
launch [lɔːntʃ] *vt* **1.** *(boat)* mettre à la mer **2.** *(new product)* lancer
laund(e)rette [lɔːn'dret] *n* laverie *f* automatique
laundry ['lɔːndrɪ] *n* **1.** *(U) (washing)* lessive *f* **2.** *(shop)* blanchisserie *f*
lavatory ['lævətrɪ] *n* toilettes *fpl*
lavender ['lævəndəʳ] *n (U)* lavande *f*
lavish ['lævɪʃ] *adj* **1.** *(meal)* abondant(e) **2.** *(decoration)* somptueux(euse)
law [lɔː] *n* **1.** loi *f* **2.** *(U) (study)* droit *m* • **to be against the law** être illégal
lawn [lɔːn] *n* pelouse *f*, gazon *m*
lawnmower ['lɔːn,məʊəʳ] *n* tondeuse *f* (à gazon)
lawyer ['lɔːjəʳ] *n* **1.** *(in court)* avocat *m*, -e *f* **2.** *(solicitor)* notaire *m*
laxative ['læksətɪv] *n* laxatif *m*
lay [leɪ] *(pt & pp* **laid**) *pt* ➤ **lie** ◇ *vt* **1.** *(place)* mettre, poser **2.** *(egg)* pondre • **to lay the table** *(UK)* mettre la table ♦ **lay off** *vt sep (worker)* licencier ♦ **lay on** *vt sep (UK)* **1.** *(transport, entertainment)* organiser **2.** *(food)* fournir ♦ **lay out** *vt sep (display)* disposer
lay-by *(pl* **lay-bys**) *n (UK)* aire *f* de stationnement
layer ['leɪəʳ] *n* couche *f*
layman ['leɪmən] *(pl* **-men**) *n* profane *m*
layout ['leɪaʊt] *n (of building, streets)* disposition *f*
lazy ['leɪzɪ] *adj* paresseux(euse)
lb *abbr of* **pound**
[1]**lead** [liːd] *(pt & pp* **led**) *vt* **1.** *(take)* conduire **2.** *(team, company)* diriger **3.** *(race, demonstration)* être en tête de ◇ *vi (be winning)* mener ◇ *n* **1.** *(UK) (for dog)* laisse *f* **2.** *(UK) (cable)* cordon *m* • **to lead sb to do sthg** amener qqn à faire qqch • **to lead to** mener à • **to lead the way** montrer le chemin • **to be in the lead** *(in race, match)* être en tête
[2]**lead** [led] *n* **1.** *(U) (metal)* plomb *m* **2.** *(for pencil)* mine *f* ◇ *adj* en plomb
leaded gas *(US)* = **leaded petrol**
leaded petrol ['ledɪd-] *n (U) (UK)* essence *f* au plomb
leader ['liːdəʳ] *n* **1.** *(person in charge)* chef *m* **2.** *(in race)* premier *m*, -ière *f*
leadership ['liːdəʃɪp] *n (U) (position)* direction *f*
lead-free [led-] *adj* sans plomb
leading ['liːdɪŋ] *adj (most important)* principal(e)
lead singer [liːd-] *n* chanteur *m*, -euse *f*
leaf [liːf] *(pl* **leaves**) *n* feuille *f*
leaflet ['liːflɪt] *n* dépliant *m*
league [liːg] *n* ligue *f*
leak [liːk] *n* fuite *f* ◇ *vi* fuir
lean [liːn] *(pt & pp* **leant** [lent] OU **-ed**) *adj* **1.** *(meat)* maigre **2.** *(person, animal)* mince ◇ *vi* **1.** *(person)* se pencher **2.** *(object)* être penché ◇ *vt* • **to lean a ladder**

against a wall appuyer une échelle contre un mur • to lean on s'appuyer sur • to lean forward se pencher en avant • to lean over se pencher
leap [li:p] (*pt & pp* leapt [lept] OU -ed) *vi (jump)* sauter, bondir
leap year *n* année *f* bissextile
learn [lɜ:n] (*pt & pp* learnt OU -ed) *vt* apprendre • to learn (how) to do sthg apprendre à faire qqch • to learn about sthg apprendre qqch
learner (driver) ['lɜ:nər-] *n* conducteur *m* débutant, conductrice débutante *f (qui n'a pas encore son permis)*
learnt [lɜ:nt] *pt & pp* ➤ learn
lease [li:s] *n* bail *m* ◇ *vt* louer • to lease a house from sb louer une maison à qqn *(à un propriétaire)* • to lease a house to sb louer une maison à qqn *(à un locataire)*
leash [li:ʃ] *n* (*US*) laisse *f*
least [li:st] *adv (with verb)* le moins ◇ *adj* le moins de ◇ *pron* • (the) least le moins • at least au moins • the least expensive le moins cher (la moins chère)
leather ['leðər] *n (U)* cuir *m* ♦ leathers *npl (of motorcyclist)* tenue *f* de motard
leave [li:v] (*pt & pp* left) *vt* 1. laisser 2. *(place, person, job)* quitter ◇ *vi* partir ◇ *n (U) (time off work)* congé *m* • to leave a message laisser un message ➤ left ♦ leave behind *vt sep* laisser ♦ leave out *vt sep* omettre
leaves [li:vz] *pl* ➤ leaf
Lebanon ['lebənən] *n* le Liban
lecture ['lektʃər] *n* 1. *(at university)* cours *m* (magistral) 2. *(at conference)* exposé *m*
lecturer ['lektʃərər] *n* conférencier *m*, -ière *f*
lecture hall = lecture theatre
lecture theatre *n* (*UK*) amphithéâtre *m*
led [led] *pt & pp* ➤ lead
ledge [ledʒ] *n* rebord *m*
leek [li:k] *n* poireau *m*
left [left] *pt & pp* ➤ leave ◇ *adj (not right)* gauche ◇ *adv* à gauche ◇ *n* gauche *f* • on the left *(direction)* à gauche • there are none left il n'en reste plus
left click *n* clic *m* gauche
left-hand *adj* 1. *(lane)* de gauche 2. *(side)* gauche
left-hand drive *n* conduite *f* à gauche
left-handed [-'hændɪd] *adj (person)* gaucher(ère)
left-luggage locker *n* (*UK*) consigne *f* automatique
left-luggage office *n* (*UK*) consigne *f*
left-wing *adj* de gauche
leg [leg] *n* 1. *(of person, trousers)* jambe *f* 2. *(of animal)* patte *f* 3. *(of table, chair)* pied *m* • leg of lamb gigot *m* d'agneau
legal ['li:gl] *adj* 1. *(procedure, language)* juridique 2. *(lawful)* légal(e)
legal aid *n (U)* assistance *f* judiciaire
legalize ['li:gəlaɪz] *vt* légaliser
legal system *n* système *m* judiciaire
legend ['ledʒənd] *n* légende *f*
leggings ['legɪŋz] *npl* caleçon *m*
legible ['ledʒɪbl] *adj* lisible
legislation [,ledʒɪs'leɪʃn] *n (U)* législation *f*
legitimate [lɪ'dʒɪtɪmət] *adj* légitime
leisure [(*UK*)'leʒər (*US*)'li:ʒər] *n (U)* loisir *m*
leisure centre *n* (*UK*) centre *m* de loisirs

leisure pool *n piscine avec toboggans, vagues, etc*
lemon ['lemən] *n* citron *m*
lemonade [ˌleməˈneɪd] *n* limonade *f*
lemon curd [-kɜːd] *n (U) (UK)* crème *f* au citron
lemon juice *n (U)* jus *m* de citron
lemon sole *n* limande-sole *f*
lemon tea *n* thé *m* au citron
lend [lend] *(pt & pp* **lent***) vt* prêter ● **can you lend me some money?** peux-tu me prêter de l'argent ?
length [leŋθ] *n* **1.** longueur *f* **2.** *(in time)* durée *f*
lengthen ['leŋθən] *vt* allonger
lens [lenz] *n* **1.** *(of camera)* objectif *m* **2.** *(of glasses)* verre *m* **3.** *(contact lens)* lentille *f*
lent [lent] *pt & pp* ➤ **lend**
Lent [lent] *n (U)* le carême
lentils ['lentlz] *npl* lentilles *fpl*
leopard ['lepəd] *n* léopard *m*
leopard-skin *adj* léopard *inv*
leotard ['liːətɑːd] *n* justaucorps *m*
leper ['lepər] *n* lépreux *m*, -euse *f*
lesbian ['lezbɪən] *adj* lesbien(ienne) ◇ *n* lesbienne *f*
less [les] *adj* moins de ◇ *adv & prep* moins ● **less than 20** moins de 20
lesson ['lesn] *n (class)* leçon *f*
let [let] *(pt & pp* **let***) vt* **1.** *(allow)* laisser **2.** *(UK) (rent out)* louer ● **to let sb do sthg** laisser qqn faire qqch ● **to let go of sthg** lâcher qqch ● **let me have the newspaper** donne-moi le journal ● **I'll let you know my decision** je vous ferai connaître ma décision ● **let's go!** allons-y ! ▼ **to let** *(UK) (for rent)* à louer ◆ **let in** *vt sep (allow to enter)* faire entrer ◆ **let off** *vt sep (UK) (excuse)* ● **will you let me off the washing up?** tu veux bien me dispenser de faire la vaisselle ? ● **can you let me off at the station?** pouvez-vous me déposer à la gare ? ◆ **let out** *vt sep (allow to go out)* laisser sortir
letdown ['letdaʊn] *n (inf)* déception *f*
lethargic [ləˈθɑːdʒɪk] *adj* léthargique
letter ['letər] *n* lettre *f*

starting a letter

You start a letter with *Monsieur* or *Madame*, when you don't know the person you're writing to, but know their name and sex.
You write *Madame, Monsieur* when you don't know the name or sex of the person you're writing to.
You use the plural *Messieurs* (or *Mesdames, Messieurs*) when writing to a company.
Cher Monsieur or *Chère Madame* is a little less formal.
You put *Cher* or *Chère* followed by the person's first name when you know the person.
Mon cher or *Ma chère* followed by the person's first name is only used with friends and relatives.
Monsieur or *Madame* is never followed by the person's surname.
All of these ways of starting a letter must be followed by a comma.

letterbox ['letəbɒks] *n (UK)* boîte *f* à OR aux lettres

lettuce ['letɪs] *n* laitue *f*
leukemia (*US*) = **leukaemia**
leukaemia [luː'kiːmɪə] *n* (*UK*) leucémie *f*
level ['levl] *adj* **1.** *(horizontal)* horizontal(e) **2.** *(flat)* plat(e) ◇ *n* niveau *m* • **to be level with** être au même niveau que
level crossing *n* (*UK*) passage *m* à niveau
lever [(*UK*)'liːvəʳ, (*US*)'levər] *n* levier *m*
liability [,laɪə'bɪlətɪ] *n* responsabilité *f*
liable ['laɪəbl] *adj* • **to be liable to do sthg** *(likely)* risquer de faire qqch • **to be liable for sthg** *(responsible)* être responsable de qqch
liaise [lɪ'eɪz] *vi* • **to liaise with** assurer la liaison avec
liar ['laɪəʳ] *n* menteur *m*, -euse *f*
liberal ['lɪbərəl] *adj* libéral(e)
Liberal Democrat Party *n parti centriste britannique*
liberate ['lɪbəreɪt] *vt* libérer
liberty ['lɪbətɪ] *n (U)* liberté *f*
librarian [laɪ'breərɪən] *n* bibliothécaire *m ou f*
library ['laɪbrərɪ] *n* bibliothèque *f*
Libya ['lɪbɪə] *n* la Libye
lice [laɪs] *npl* poux *mpl*
licence ['laɪsəns] *n* (*UK*) **1.** *(official document)* permis *m*, autorisation *f* **2.** *(for television)* redevance *f* ◇ *vt* (*US*) = **license**
license ['laɪsəns] *vt* autoriser ◇ *n* (*US*) = **licence**
licensed ['laɪsənst] *adj* (*UK*) *(restaurant, bar)* autorisé(e)à vendre des boissons alcoolisées
licensing hours ['laɪsənsɪŋ-] *npl* (*UK*) *heures d'ouverture des pubs*
lick [lɪk] *vt* lécher
lid [lɪd] *n* couvercle *m*
lie [laɪ] *n* mensonge *m* ◇ *vi*(*pt* **lay** OU **lied**, *pp* **lain** OU **lied**, OU **lying**) **1.** *(pt & pp lied) (tell lie)* mentir **2.** *(pt lay, pp lain) (be horizontal)* être allongé ; *(lie down)* s'allonger ; *(be situated)* se trouver • **to tell lies** mentir, dire des mensonges • **to lie about sthg** mentir sur qqch ♦ **lie down** *vi (on bed, floor)* s'allonger
lieutenant [(*UK*)lef'tenənt (*US*)luː'tenənt] *n* lieutenant *m*
life [laɪf] (*pl* **lives**) *n* vie *f*
life assurance *n (U)* (*UK*) assurance-vie *f*
life belt *n* bouée *f* de sauvetage
lifeboat ['laɪfbəʊt] *n* canot *m* de sauvetage
lifeguard ['laɪfgɑːd] *n* maître *m* nageur
life jacket *n* gilet *m* de sauvetage
lifelike ['laɪflaɪk] *adj* ressemblant(e)
life preserver [↓prɪ'zɜːvər] *n* (*US*) **1.** *(life belt)* bouée *f* de sauvetage **2.** *(life jacket)* gilet *m* de sauvetage
life-size *adj* grandeur nature *inv*
lifespan ['laɪfspæn] *n* espérance *f* de vie
lifestyle ['laɪfstaɪl] *n* mode *m* de vie
lift [lɪft] *n* (*UK*) *(elevator)* ascenseur *m* ◇ *vt (raise)* soulever ◇ *vi* se lever • **to give sb a lift** emmener qqn (en voiture) • **to lift one's head** lever la tête ♦ **lift up** *vt sep* soulever
light [laɪt] (*pt & pp* **lit** OU **-ed**) *adj* **1.** léger(ère) **2.** *(not dark)* clair(e) **3.** *(traffic)* fluide ◇ *n* **1.** *(U)* lumière *f* **2.** *(of car, bike)* feu *m* **3.** *(headlight)* phare *m* **4.** *(cigarette)* (cigarette) légère *f* ◇ *vt* **1.** *(fire, cigarette)* allumer **2.** *(room, stage)* éclairer • **have**

you got a light? *(for cigarette)* avez-vous du feu ? • **to set light to sthg** mettre le feu à qqch ♦ **lights** *npl (traffic lights)* feu *m* (de signalisation) ♦ **light up** *vt sep (house, road)* éclairer ◇ *vi (inf) (light a cigarette)* allumer une cigarette
light bulb *n* ampoule *f*
lighter ['laɪtəʳ] *n (for cigarettes)* briquet *m*
light-hearted [-'hɑːtɪd] *adj* gai(e)
lighthouse ['laɪthaʊs] *(pl* [-haʊzɪz]*)* *n* phare *m*
lighting ['laɪtɪŋ] *n (U)* éclairage *m*
light meter *n* posemètre *m*
lightning ['laɪtnɪŋ] *n (U)* foudre *f* • **flash of lightning** éclair *m*
lightweight ['laɪtweɪt] *adj (clothes, object)* léger(ère)
like [laɪk] *vt* aimer ◇ *prep* comme • **it's not like him** ça ne lui ressemble pas • **to like doing sthg** aimer faire qqch • **what's it like?** c'est comment ? • **he looks like his father** il ressemble à son père • **I'd like to sit down** j'aimerais m'asseoir • **I'd like a double room** je voudrais une chambre double
likelihood ['laɪklɪhʊd] *n (U)* probabilité *f*
likely ['laɪklɪ] *adj* probable
likeness ['laɪknɪs] *n* ressemblance *f*
likewise ['laɪkwaɪz] *adv* de même
lilac ['laɪlək] *adj* lilas
Lilo® ['laɪləʊ] *(pl* **-s***)* *n (UK)* matelas *m* pneumatique
lily ['lɪlɪ] *n* lis *m*
lily of the valley *n* muguet *m*
limb [lɪm] *n* membre *m*
lime [laɪm] *n (fruit)* citron *m* vert • **lime (juice)** jus *m* de citron vert
limestone ['laɪmstəʊn] *n (U)* calcaire *m*
limit ['lɪmɪt] *n* limite *f* ◇ *vt* limiter
limited ['lɪmɪtɪd] *adj* **1.** *(restricted)* limité(e) **2.** *(UK) (in company name)* ≃ SARL
limp [lɪmp] *adj* mou (molle) ◇ *vi* boiter
line [laɪn] *n* **1.** ligne *f* **2.** *(row)* rangée *f* **3.** *(of vehicles, people)* file *f* **4.** *(US) (queue)* queue *f* **5.** *(of poem, song)* vers *m* **6.** *(rope, string)* corde *f* **7.** *(railway track)* voie *f* **8.** *(of business, work)* domaine *m* **9.** *(type of product)* gamme *f* ◇ *vt (coat, drawers)* doubler • **in line** *(aligned)* aligné • **it's a bad line** *(on phone)* la communication est mauvaise • **the line is engaged** la ligne est occupée • **to drop sb a line** *(inf)* écrire un mot à qqn • **to stand in line** *(US)* faire la queue ♦ **line up** *vt sep (arrange)* aligner ◇ *vi* s'aligner
lined [laɪnd] *adj (paper)* réglé(e)
linen ['lɪnɪn] *n (U)* **1.** *(cloth)* lin *m* **2.** *(tablecloths, sheets)* linge *m* (de maison)
liner ['laɪnəʳ] *n (ship)* paquebot *m*
linesman ['laɪnzmən] *(pl* **-men***)* *n* juge *m* de touche
linger ['lɪŋgəʳ] *vi* s'attarder
lingerie ['lænʒərɪ] *n (U)* lingerie *f*
lining ['laɪnɪŋ] *n* **1.** *(of coat, jacket)* doublure *f* **2.** *(of brake)* garniture *f*
link [lɪŋk] *n (connection)* lien *m* ◇ *vt* relier • **rail link** liaison *f* ferroviaire • **road link** liaison routière
lino ['laɪnəʊ] *n (U) (UK)* lino *m*
lion ['laɪən] *n* lion *m*
lioness ['laɪənes] *n* lionne *f*
lip [lɪp] *n* lèvre *f*
lip salve [-sælv] *n (U)* pommade *f* pour les lèvres
lipstick ['lɪpstɪk] *n (U)* rouge *m* à lèvres

liqueur [lɪ'kjʊəʳ] *n* liqueur *f*
liquid ['lɪkwɪd] *n* liquide *m*
liquor ['lɪkər] *n (U) (US)* alcool *m*
liquorice ['lɪkərɪs] *n (U)* réglisse *f*
lisp [lɪsp] *n* • **to have a lisp** zézayer
list [lɪst] *n* liste *f* ◇ *vt* faire la liste de
listen ['lɪsn] *vi* • **to listen (to)** écouter
listener ['lɪsnəʳ] *n (to radio)* auditeur *m*, -trice *f*
lit [lɪt] *pt & pp* ➤ **light**
liter ['li:tər] *(US)* = **litre**
literally ['lɪtərəlɪ] *adv* littéralement
literary ['lɪtərərɪ] *adj* littéraire
literature ['lɪtrətʃəʳ] *n (U)* **1.** littérature *f* **2.** *(printed information)* documentation *f*
litre ['li:təʳ] *n (UK)* litre *m*
litter ['lɪtəʳ] *n (U) (rubbish)* détritus *mpl*
litterbin ['lɪtəbɪn] *n (UK)* poubelle *f*
little ['lɪtl] *adj* **1.** petit(e) **2.** *(not much)* peu de ◇ *pron & adv* peu • **as little as possible** aussi peu que possible • **little by little** petit à petit, peu à peu • **a little** un peu
little finger *n* petit doigt *m*
[1]**live** [lɪv] *vi* **1.** *(have home)* habiter **2.** *(be alive, survive)* vivre • **I live in Luton** j'habite (à) Luton • **to live with sb** vivre avec qqn ◆ **live together** *vi* vivre ensemble
[2]**live** [laɪv] *adj* **1.** *(alive)* vivant(e) **2.** *(performance)* live *inv* **3.** *(programme)* en direct **4.** *(wire)* sous tension ◇ *adv* en direct
lively ['laɪvlɪ] *adj* **1.** *(person)* vif (vive) **2.** *(place, atmosphere)* animé(e)
liver ['lɪvəʳ] *n* foie *m*
lives [laɪvz] *pl* ➤ **life**
living ['lɪvɪŋ] *adj* vivant(e) ◇ *n* • **to earn a living** gagner sa vie • **what do you do for a living?** que faites-vous dans la vie ?
living room *n* salle *f* de séjour
lizard ['lɪzəd] *n* lézard *m*
load [ləʊd] *n* chargement *m* ◇ *vt* charger • **loads of** *(inf)* des tonnes de
loaf [ləʊf] *(pl* **loaves***)* *n* • **a loaf (of bread)** un pain
loan [ləʊn] *n* **1.** *(money given)* prêt *m* **2.** *(money borrowed)* emprunt *m* ◇ *vt* prêter
loathe [ləʊð] *vt* détester
loaves [ləʊvz] *pl* ➤ **loaf**
lobby ['lɒbɪ] *n (hall)* hall *m*
lobster ['lɒbstəʳ] *n (U)* homard *m*
local ['ləʊkl] *adj* local(e) ◇ *n* **1.** *(UK) (inf) (pub)* bistrot *m* du coin **2.** *(US) (inf) (train)* omnibus *m* **3.** *(US) (inf) (bus)* bus *m* local • **the locals** les gens *mpl* du coin
local anesthetic *(US)* = **local anaesthetic**
local anaesthetic *n (U) (UK)* anesthésie *f* locale
local call *n* communication *f* locale
local government *n (U)* l'administration *f* locale
local network *n* réseau *m*
locate [*(UK)*ləʊ'keɪt *(US)*'ləʊkeɪt] *vt (find)* localiser • **to be located** se situer
location [ləʊ'keɪʃn] *n* emplacement *m*
loch [lɒk] *n (Scot)* lac *m*
lock [lɒk] *n* **1.** *(on door, drawer)* serrure *f* **2.** *(for bike)* antivol *m* **3.** *(on canal)* écluse *f* ◇ *vt* **1.** *(door, window, car)* verrouiller, fermer à clef **2.** *(keep safely)* enfermer ◇ *vi (become stuck)* se bloquer ◆ **lock in** *vt sep* enfermer ◆ **lock out** *vt sep* enfermer dehors ◆ **lock up** *vt sep (imprison)* enfermer ◇ *vi* fermer à clef
locker ['lɒkəʳ] *n* casier *m*

locker room *n* vestiaire *m*
locket ['lɒkɪt] *n* médaillon *m*
locomotive [,ləʊkə'məʊtɪv] *n* locomotive *f*
locum ['ləʊkəm] *n (doctor)* remplaçant *m*, -e *f*
locust ['ləʊkəst] *n* criquet *m*
lodge [lɒdʒ] *n (in mountains)* chalet *m* ◇ *vi* **1.** *(stay)* loger **2.** *(get stuck)* se loger
lodger ['lɒdʒəʳ] *n (UK)* locataire *m ou f*
lodgings ['lɒdʒɪŋz] *npl* chambre *f* meublée
loft [lɒft] *n* grenier *m*
log [lɒg] *n (piece of wood)* bûche *f* ◆ **log on** *vi COMPUT* ouvrir une session ◆ **log off** *vi COMPUT* fermer une session, déconnecter
logic ['lɒdʒɪk] *n (U)* logique *f*
logical ['lɒdʒɪkl] *adj* logique
login *n* login *m*
log-in name *n* identifiant *m*
logo ['ləʊgəʊ] *(pl* **-s***)* *n* logo *m*
loin [lɔɪn] *n (U)* filet *m*
loiter ['lɔɪtəʳ] *vi* traîner
lollipop ['lɒlɪpɒp] *n* sucette *f*
lolly ['lɒlɪ] *n (UK)* **1.** *(inf) (lollipop)* sucette *f* **2.** *(ice lolly)* Esquimau® *m*
London ['lʌndən] *n* Londres
Londoner ['lʌndənəʳ] *n* Londonien *m*, -ienne *f*
lonely ['ləʊnlɪ] *adj* **1.** *(person)* solitaire **2.** *(place)* isolé(e)
long [lɒŋ] *adj* long (longue) ◇ *adv* longtemps ● **will you be long?** en as-tu pour longtemps ? ● **it's 2 metres long** cela fait 2 mètres de long ● **it's two hours long** ça dure deux heures ● **how long is it?** *(in length)* ça fait combien de long ? ; *(journey, film)* ça dure combien ? ● **a long time** longtemps ● **all day long** toute la journée ● **as long as** du moment que, tant que ● **for long** longtemps ● **no longer** ne... plus ● **I can't wait any longer** je ne peux plus attendre ● **so long!** *(inf)* salut ! ◆ **long for** *vt insep* attendre avec impatience
long-distance *adj (phone call)* interurbain(e)
long drink *n* long drink *m*
long-haul *adj* long-courrier
longitude ['lɒndʒɪtju:d] *n* longitude *f*
long jump *n* saut *m* en longueur
long-life *adj (UK)* **1.** *(milk, fruit juice)* longue conservation *inv* **2.** *(battery)* longue durée *inv*
longsighted [,lɒŋ'saɪtɪd] *adj (UK)* hypermétrope
long-term *adj* à long terme
long wave *n (U)* grandes ondes *fpl*
longwearing [,lɒŋ'weərɪŋ] *adj (US)* résistant(e)
loo [lu:] *(pl* **-s***)* *n (UK) (inf)* cabinets *mpl*
look [lʊk] *n* **1.** *(glance)* regard *m* **2.** *(appearance)* apparence *f*, air *m* ◇ *vi* **1.** regarder **2.** *(seem)* avoir l'air ● **to look onto** *(building, room)* donner sur ● **to have a look** regarder ● **(good) looks** beauté *f* ● **I'm just looking** *(in shop)* je regarde ● **look out!** attention! ◆ **look after** *vt insep* s'occuper de ◆ **look around** *vt insep* faire le tour de ◇ *vi* regarder ◆ **look at** *vt insep* regarder ◆ **look for** *vt insep* chercher ◆ **look forward to** *vt insep* attendre avec impatience ◆ **look out for** *vt insep* essayer de repérer ◆ **look round** *vt insep*

& vi (UK) = **look around** ◆ **look up** *vt sep (in dictionary, phone book)* chercher
loony ['lu:nɪ] *n (inf)* cinglé *m*, -e *f*
loop [lu:p] *n* boucle *f*
loose [lu:s] *adj* **1.** *(joint, screw)* lâche **2.** *(tooth)* qui bouge **3.** *(sheets of paper)* volant(e) **4.** *(sweets)* en vrac **5.** *(clothes)* ample ● **to let sb/sthg loose** lâcher qqn/qqch
loosen ['lu:sn] *vt* desserrer
lop-sided [-'saɪdɪd] *adj* de travers
lord [lɔ:d] *n* lord *m*
lorry ['lɒrɪ] *n (UK)* camion *m*
lorry driver *n (UK)* camionneur *m*
lose [lu:z] (*pt & pp* **lost**) *vt* **1.** perdre **2.** *(subj: watch, clock)* retarder de ◇ *vi* perdre ● **to lose weight** perdre du poids
loser ['lu:zəʳ] *n (in contest)* perdant *m*, -e *f*
loss [lɒs] *n* perte *f*
lost [lɒst] *pt & pp* ➤ **lose** ◇ *adj* perdu(e) ● **to get lost** *(lose way)* se perdre
lost-and-found office (US) = **lost property office**
lost property office *n (UK)* bureau *m* des objets trouvés
lot [lɒt] *n* **1.** *(group)* paquet *m* **2.** *(at auction)* lot *m* **3.** *(US) (car park)* parking *m* ● **the lot** *(everything)* tout ● **a lot (of)** beaucoup (de) ● **lots (of)** beaucoup (de)
lotion ['ləʊʃn] *n* lotion *f*
lottery ['lɒtərɪ] *n* loterie *f*
loud [laʊd] *adj* **1.** *(voice, music, noise)* fort(e) **2.** *(colour, clothes)* voyant(e)
loudspeaker [ˌlaʊd'spi:kəʳ] *n* haut-parleur *m*
lounge [laʊndʒ] *n* **1.** *(in house)* salon *m* **2.** *(at airport)* salle *f* d'attente
lounge bar *n (UK) salon dans un pub, plus confortable et plus cher que le « public bar »*
lousy ['laʊzɪ] *adj (inf) (poor-quality)* minable
lout [laʊt] *n* brute *f*
love [lʌv] *n (U)* **1.** amour *m* **2.** *(in tennis)* zéro *m* ◇ *vt* **1.** aimer **2.** *(sport, food, film etc)* aimer beaucoup ● **to love doing sthg** adorer faire qqch ● **to be in love (with)** être amoureux (de) ● **(with) love from** *(in letter)* affectueusement
love affair *n* liaison *f*
lovely ['lʌvlɪ] *adj* **1.** *(very beautiful)* adorable **2.** *(very nice)* très agréable
lover ['lʌvəʳ] *n* **1.** *(sexual partner)* amant *m*, maîtresse *f* **2.** *(enthusiast)* amoureux *m*, -euse *f*
loving ['lʌvɪŋ] *adj* aimant(e)
low [ləʊ] *adj* **1.** bas (basse) **2.** *(level, speed, income)* faible **3.** *(standard, quality, opinion)* mauvais(e) **4.** *(depressed)* déprimé(e) ◇ *n (area of low pressure)* dépression *f* ● **we're low on petrol** nous sommes à court d'essence
low-alcohol *adj* à faible teneur en alcool
low-calorie *adj* basses calories
low-cut *adj* décolleté(e)
lower ['ləʊəʳ] *adj* inférieur(e) ◇ *vt* abaisser, baisser
lower sixth *n (UK)* ≃ première *f*
low-fat *adj (crisps, yoghurt)* allégé(e)
low tide *n* marée *f* basse
loyal ['lɔɪəl] *adj* loyal(e)
loyalty ['lɔɪəltɪ] *n (U)* loyauté *f*
lozenge ['lɒzɪndʒ] *n (sweet)* pastille *f*
LP *n* 33 tours *m*

L-plate *n* (*UK*) *plaque signalant que le conducteur du véhicule est en conduite accompagnée*
Ltd (*abbr of limited*) (*UK*) ≃ SARL *(société à responsabilité limitée)*
lubricate ['lu:brɪkeɪt] *vt* lubrifier
luck [lʌk] *n* (*U*) chance *f* • **bad luck** malchance *f* • **good luck!** bonne chance ! • **with luck** avec un peu de chance
luckily ['lʌkɪlɪ] *adv* heureusement
lucky ['lʌkɪ] *adj* **1.** (*person*) chanceux(euse) **2.** (*event, situation, escape*) heureux(euse) **3.** (*number, colour*) porte-bonheur *inv* • **to be lucky** avoir de la chance
ludicrous ['lu:dɪkrəs] *adj* ridicule
lug [lʌg] *vt* (*inf*) traîner
luggage ['lʌgɪdʒ] *n* (*U*) bagages *mpl*
luggage compartment *n* compartiment *m* à bagages
luggage locker *n* casier *m* de consigne automatique
luggage rack *n* (*on train*) filet *m* à bagages
lukewarm ['lu:kwɔ:m] *adj* tiède
lull [lʌl] *n* **1.** (*in storm*) accalmie *f* **2.** (*in conversation*) pause *f*
lullaby ['lʌləbaɪ] *n* berceuse *f*
lumbago [lʌm'beɪgəʊ] *n* (*U*) lumbago *m*
lumber ['lʌmbər] *n* (*U*) (*US*) (*timber*) bois *m*
luminous ['lu:mɪnəs] *adj* lumineux(euse)
lump [lʌmp] *n* **1.** (*of mud, butter*) motte *f* **2.** (*of sugar, coal*) morceau *m* **3.** (*on body*) bosse *f* **4.** MED grosseur *f*
lump sum *n* somme *f* globale
lumpy ['lʌmpɪ] *adj* **1.** (*sauce*) grumeleux(euse) **2.** (*mattress*) défoncé(e)
lunatic ['lu:nətɪk] *n* fou *m*, folle *f*
lunch [lʌntʃ] *n* déjeuner *m* • **to have lunch** déjeuner
luncheon ['lʌntʃən] *n* (*fml*) déjeuner *m*
luncheon meat *n* (*U*) *sorte de mortadelle*
lunch hour *n* heure *f* du déjeuner
lunchtime ['lʌntʃtaɪm] *n* (*U*) heure *f* du déjeuner
lung [lʌŋ] *n* poumon *m*
lunge [lʌndʒ] *vi* • **to lunge at** se précipiter sur
lurch [lɜ:tʃ] *vi* **1.** (*person*) tituber **2.** (*car*) faire une embardée
lure [ljʊər] *vt* attirer
lurk [lɜ:k] *vi* (*person*) se cacher
lush [lʌʃ] *adj* luxuriant(e)
lust [lʌst] *n* (*U*) désir *m*
Luxembourg ['lʌksəmbɜ:g] *n* le Luxembourg
luxurious [lʌg'ʒʊərɪəs] *adj* luxueux(euse)
luxury ['lʌkʃərɪ] *adj* de luxe ◇ *n* luxe *m*
lying ['laɪɪŋ] *cont* ➤ **lie**
lyrics ['lɪrɪks] *npl* paroles *fpl*

mM

m 1. (*abbr of metre*) m *(mètre)* **2.** *abbr of* **mile**
M 1. (*UK*) (*abbr of motorway*) ≃ A *(autoroute)* **2.** (*abbr of medium*) M *(medium)*

MA *n* (*abbr of Master of Arts*) *(titulaire d'une) maîtrise de lettres*
mac [mæk] *n* (*UK*) (*inf*) (*coat*) imper *m*
macaroni [,mækə'rəunɪ] *n* (*U*) macaronis *mpl*
macaroni and cheese (*US*) = **macaroni cheese**
macaroni cheese *n* (*U*) (*UK*) macaronis *mpl* au gratin
machine [mə'ʃiːn] *n* machine *f*
machinegun [mə'ʃiːngʌn] *n* mitrailleuse *f*
machinery [mə'ʃiːnərɪ] *n* (*U*) machinerie *f*
machine-washable *adj* lavable en machine
mackerel ['mækrəl] (*pl inv*) *n* maquereau *m*
mackintosh ['mækɪntɒʃ] *n* (*UK*) imperméable *m*
macro ['mækrəu] *n* macro *f*
mad [mæd] *adj* **1.** fou (folle) **2.** (*angry*) furieux(ieuse) ● **to be mad about** (*inf*) être fou de ● **like mad** comme un fou
Madam ['mædəm] *n* (*form of address*) Madame
mad cow disease *n* (*inf*) maladie *f* de la vache folle
made [meɪd] *pt & pp* ➤ **make**
madeira [mə'dɪərə] *n* (*U*) madère *m*
made-to-measure *adj* sur mesure *inv*
madness ['mædnɪs] *n* (*U*) folie *f*
magazine [,mægə'ziːn] *n* magazine *m*, revue *f*
maggot ['mægət] *n* asticot *m*
magic ['mædʒɪk] *n* (*U*) magie *f*
magician [mə'dʒɪʃn] *n* (*conjurer*) magicien *m*, -ienne *f*
magistrate ['mædʒɪstreɪt] *n* magistrat *m*
magnet ['mægnɪt] *n* aimant *m*
magnetic [mæg'netɪk] *adj* magnétique
magnificent [mæg'nɪfɪsənt] *adj* **1.** (*very good*) excellent(e) **2.** (*very beautiful*) magnifique
magnifying glass ['mægnɪfaɪɪŋ-] *n* loupe *f*
mahogany [mə'hɒgənɪ] *n* (*U*) acajou *m*
maid [meɪd] *n* domestique *f*
maiden name ['meɪdn-] *n* nom *m* de jeune fille
mail [meɪl] *n* (*U*) **1.** (*letters*) courrier *m* **2.** (*system*) poste *f* ◇ *vt* (*US*) **1.** (*parcel, goods*) envoyer par la poste **2.** (*letter*) poster
mailbox ['meɪlbɒks] *n* (*US*) boîte *f* aux OR à lettres
mailman ['meɪlmən] (*pl* **-men**) *n* (*US*) facteur *m*
mail order *n* (*U*) vente *f* par correspondance
mail server serveur mail
main [meɪn] *adj* principal(e)
main course *n* plat *m* principal
main deck *n* (*on ship*) pont *m* principal
mainland ['meɪnlənd] *n* ● **the mainland** le continent
main line *n* (*of railway*) grande ligne *f*
mainly ['meɪnlɪ] *adv* principalement
main road *n* grande route *f*
mains [meɪnz] *npl* ● **the mains** (*UK*) le secteur
mains power cable *n* alimentation *f*
main street *n* (*US*) rue *f* principale
maintain [meɪn'teɪn] *vt* **1.** (*keep*) maintenir **2.** (*car, house*) entretenir

maintenance ['meɪntənəns] *n (U)* **1.** *(of car, machine)* entretien *m* **2.** *(money)* pension *f* alimentaire

maisonette [,meɪzə'net] *n (UK)* duplex *m*

maize [meɪz] *n (U) (UK)* maïs *m*

major ['meɪdʒəʳ] *adj* **1.** *(important)* majeur(e) **2.** *(most important)* principal(e) ◇ *n MIL* commandant *m* ◇ *vi (US)* • **to major in** se spécialiser en

majority [mə'dʒɒrətɪ] *n* majorité *f*

major road *n* route *f* principale

make [meɪk] *(pt & pp* **made***) vt*
1. *(produce)* faire ; *(manufacture)* fabriquer • **to be made of** être en • **to make lunch/supper** préparer le déjeuner/le dîner • **made in Japan** fabriqué en Japon
2. *(perform, do)* faire ; *(decision)* prendre • **to make a mistake** faire une erreur, se tromper • **to make a phone call** passer un coup de fil
3. *(cause to be)* rendre • **to make sthg better** améliorer qqch • **to make sb happy** rendre qqn heureux
4. *(cause to do, force)* faire • **to make sb do sthg** faire faire qqch à qqn • **it made her laugh** ça l'a fait rire
5. *(amount to, total)* faire • **that makes £5** ça fait 5 livres
6. *(calculate)* • **I make it £4** d'après mes calculs, ça fait 4 livres • **I make it seven o'clock** il est sept heures (à ma montre)
7. *(money)* gagner ; *(profit)* faire
8. *(inf) (arrive in time for)* • **we didn't make the 10 o'clock train** nous n'avons pas réussi à avoir le train de 10 heures
9. *(friend, enemy)* se faire
10. *(have qualities for)* faire • **this would make a lovely bedroom** ça ferait une très jolie chambre
11. *(bed)* faire
12. *(in phrases)* • **to make do** se débrouiller • **to make good** *(damage)* compenser • **to make it** *(arrive in time)* arriver à temps ; *(be able to go)* se libérer
◇ *n (of product)* marque *f*
♦ **make out** *vt sep (cheque, receipt)* établir ; *(see, hear)* distinguer
♦ **make up** *vt sep (invent)* inventer ; *(comprise)* composer, constituer ; *(difference)* apporter
♦ **make up for** *vt insep* compenser

makeover ['meɪkəʊvəʳ] *n* transformation *f*

makeshift ['meɪkʃɪft] *adj* de fortune

make-up *n (U) (cosmetics)* maquillage *m*

malaria [mə'leərɪə] *n (U)* malaria *f*

Malaysia [mə'leɪzɪə] *n* la Malaysia

male [meɪl] *adj* mâle ◇ *n* mâle *m*

malfunction [mæl'fʌŋkʃn] *vi (fml)* mal fonctionner

malignant [mə'lɪgnənt] *adj (disease, tumour)* malin(igne)

mall [mɔːl] *n (shopping centre)* centre *m* commercial

mallet ['mælɪt] *n* maillet *m*

malt [mɔːlt] *n (U)* malt *m*

maltreat [,mæl'triːt] *vt* maltraiter

malt whiskey *(US)* = **malt whisky**

malt whisky *n (UK)* whisky *m* au malt

mammal ['mæml] *n* mammifère *m*

man [mæn] *(pl* **men***) n* homme *m* ◇ *vt (phones, office)* assurer la permanence de

manage ['mænɪdʒ] *vt* **1.** *(company, business)* diriger **2.** *(task)* arriver à faire ◇ *vi* *(cope)* y arriver, se débrouiller • **can you manage Friday?** est-ce que vendredi vous irait ? • **to manage to do sthg** réussir à faire qqch

management ['mænɪdʒmənt] *n (U)* direction *f*

manager ['mænɪdʒər] *n* **1.** *(of business, bank, shop)* directeur *m*, -trice *f* **2.** *(of sports team)* manager *m*

manageress [,mænɪdʒə'res] *n (of business, bank, shop)* directrice *f*

managing director ['mænɪdʒɪŋ-] *n* directeur *m* général, directrice générale *f*

mandarin ['mændərɪn] *n* mandarine *f*

mane [meɪn] *n* crinière *f*

maneuver [mə'nuːvər] *(US)* = **manœuvre**

mangetout [,mɒnʒ'tuː] *n (UK)* mangetout *m inv*

mangle ['mæŋgl] *vt* déchiqueter

mango ['mæŋgəʊ] *(pl* **-es** OU **-s)** *n* mangue *f*

Manhattan [mæn'hætən] *n* Manhattan *m*

manhole ['mænhəʊl] *n* regard *m*

maniac ['meɪnɪæk] *n (inf)* fou *m*, folle *f*

manicure ['mænɪkjʊər] *n* soins *mpl* des mains

manifold ['mænɪfəʊld] *n AUT* tubulure *f*

manipulate [mə'nɪpjʊləɪt] *vt* manipuler

mankind [,mæn'kaɪnd] *n (U)* hommes *mpl*, humanité *f*

manly ['mænlɪ] *adj* viril(e)

man-made *adj (synthetic)* synthétique

manner ['mænər] *n (way)* manière *f* ◆ **manners** *npl* manières *fpl*

manoeuvre [mə'nuːvər] *n (UK)* manœuvre *f* ◇ *vt (UK)* manœuvrer

manor ['mænər] *n* manoir *m*

mansion ['mænʃn] *n* manoir *m*

manslaughter ['mæn,slɔːtər] *n* homicide *m* involontaire

mantelpiece ['mæntlpiːs] *n* cheminée *f*

manual ['mænjʊəl] *adj* manuel(elle) ◇ *n (book)* manuel *m*

manufacture [,mænjʊ'fæktʃər] *n (U)* fabrication *f* ◇ *vt* fabriquer

manufacturer [,mænjʊ'fæktʃərər] *n* fabricant *m*, -e *f*

manure [mə'njʊər] *n (U)* fumier *m*

many ['menɪ] *(comp* **more**, *superl* **most)** *adj* beaucoup de ◇ *pron* beaucoup • **there aren't as many people this year** il n'y a pas autant de gens cette année • **I don't have many** je n'en ai pas beaucoup • **how many?** combien ? • **how many beds are there?** combien y a-t-il de lits ? • **so many** tant de • **too many** trop de • **there are too many people** il y a trop de monde

map [mæp] *n* carte *f*

maple syrup *n* sirop *m* d'érable

Mar. *abbr of* **March**

marathon ['mærəθn] *n* marathon *m*

marble ['mɑːbl] *n* **1.** *(U) (stone)* marbre *m* **2.** *(glass ball)* bille *f*

march [mɑːtʃ] *n (demonstration)* marche *f* ◇ *vi (walk quickly)* marcher d'un pas vif

March [mɑːtʃ] *n* mars *m* • **at the beginning of March** début mars • **at the end of March** fin mars • **during March** en mars • **every March** tous les ans en mars • **in March** en mars • **last March** en mars (dernier) • **next March** en mars de l'année prochaine • **this March** en mars (prochain) • **2 March 1994** *(in letters etc)* le 2 mars 1994

mare [meəʳ] *n* jument *f*

margarine [ˌmɑːdʒəˈriːn] *n (U)* margarine *f*

margin [ˈmɑːdʒɪn] *n* marge *f*

marina [məˈriːnə] *n* marina *f*

marinated [ˈmærɪneɪtɪd] *adj* mariné(e)

marital status [ˈmærɪtl-] *n (U)* situation *f* de famille

mark [mɑːk] *n* **1.** marque *f* **2.** *SCH* note *f* ◇ *vt* **1.** marquer **2.** *(correct)* noter • **(gas) mark five** *(UK)* thermostat cinq

marker pen [ˈmɑːkə-] *n* marqueur *m*

market [ˈmɑːkɪt] *n* marché *m*

marketing [ˈmɑːkɪtɪŋ] *n (U)* marketing *m*

marketplace [ˈmɑːkɪtpleɪs] *n (place)* place *f* du marché

markings [ˈmɑːkɪŋz] *npl (on road)* signalisation *f* horizontale

marmalade [ˈmɑːməleɪd] *n (U)* confiture *f* d'oranges

marquee [mɑːˈkiː] *n* grande tente *f*

marriage [ˈmærɪdʒ] *n* mariage *m*

married [ˈmærɪd] *adj* marié(e) • **to get married** se marier

marrow [ˈmærəʊ] *n (UK) (vegetable)* courge *f*

marry [ˈmærɪ] *vt* épouser ◇ *vi* se marier

marsh [mɑːʃ] *n* marais *m*

martial arts [ˌmɑːʃl-] *npl* arts *mpl* martiaux

marvellous [ˈmɑːvələs] *adj (UK)* merveilleux(euse)

marvelous [ˈmɑːvələs] *(US)* = **marvellous**

marzipan [ˈmɑːzɪpæn] *n (U)* pâte *f* d'amandes

mascara [mæsˈkɑːrə] *n (U)* mascara *m*

masculine [ˈmæskjʊlɪn] *adj* masculin(e)

mashed potatoes [mæʃt-] *npl* purée *f* (de pommes de terre)

mask [mɑːsk] *n* masque *m*

masonry [ˈmeɪsnrɪ] *n (U)* maçonnerie *f*

mass [mæs] *n* **1.** *(large amount)* masse *f* **2.** *RELIG* messe *f* • **masses (of)** *(inf) (lots)* des tonnes (de)

massacre [ˈmæsəkəʳ] *n* massacre *m*

massage [*(UK)*ˈmæsɑːʒ, *(US)*məˈsɑːʒ] *n* massage *m* ◇ *vt* masser

masseur [mæˈsɜːʳ] *n* masseur *m*

masseuse [mæˈsɜːz] *n* masseuse *f*

massive [ˈmæsɪv] *adj* massif(ive)

mast [mɑːst] *n* mât *m*

master [ˈmɑːstəʳ] *n* maître *m* ◇ *vt (skill, language)* maîtriser

masterpiece [ˈmɑːstəpiːs] *n* chef-d'œuvre *m*

mat [mæt] *n* **1.** *(small rug)* carpette *f* **2.** *(on table)* set *m* de table

match [mætʃ] *n* **1.** *(for lighting)* allumette *f* **2.** *(game)* match *m* ◇ *vt* **1.** *(in colour, design)* aller avec **2.** *(be the same as)* correspondre à **3.** *(be as good as)* égaler ◇ *vi (in colour, design)* aller ensemble

matchbox [ˈmætʃbɒks] *n* boîte *f* d'allumettes

matching [ˈmætʃɪŋ] *adj* assorti(e)

mate [meɪt] *n (UK) (inf)* **1.** *(friend)* pote *m* **2.** *(form of address)* mon vieux ◇ *vi* s'accoupler

material [mə'tɪərɪəl] *n* **1.** matériau *m* *(U)* **2.** *(cloth)* tissu *m* ◆ **materials** *npl* *(equipment)* matériel *m*

maternity leave [mə'tɜːnətɪ-] *n (U)* congé *m* de maternité

maternity ward [mə'tɜːnətɪ-] *n* maternité *f*

math [mæθ] *(U) (US)* = **maths**

mathematics [ˌmæθə'mætɪks] *n (U)* mathématiques *fpl*

maths [mæθs] *n (U) (UK)* maths *fpl*

matinée ['mætɪneɪ] *n* matinée *f*

matte [mæt] *adj* mat(e)

matter ['mætər] *n* **1.** *(issue, situation)* affaire *f* **2.** *(U) (physical material)* matière *f* ◇ *vi* importer ● **it doesn't matter** ça ne fait rien ● **no matter what happens** quoi qu'il arrive ● **there's something the matter with my car** ma voiture a quelque chose qui cloche ● **what's the matter?** qu'est-ce qui se passe ? ● **as a matter of course** naturellement ● **as a matter of fact** en fait

mattress ['mætrɪs] *n* matelas *m*

mature [mə'tjʊər] *adj* **1.** *(person, behaviour)* mûr(e) **2.** *(cheese)* fait(e) **3.** *(wine)* arrivé(e)à maturité

mauve [məʊv] *adj* mauve

max. [mæks] (*abbr of maximum*) max. *(maximum)*

maximum ['mæksɪməm] *adj* maximum ◇ *n* maximum *m*

may [meɪ] *aux vb*
1. *(expressing possibility)* ● **it may be done as follows** on peut procéder comme suit ● **it may rain** il se peut qu'il pleuve ● **they may have got lost** ils se sont peut-être perdus
2. *(expressing permission)* pouvoir ● **may I smoke?** est-ce que je peux fumer ? ● **you may sit, if you wish** vous pouvez vous asseoir, si vous voulez
3. *(when conceding a point)* ● **it may be a long walk, but it's worth it** ça fait peut-être loin à pied, mais ça vaut le coup

May [meɪ] *n* mai *m* ● **at the beginning of May** début mai ● **at the end of May** fin mai ● **during May** en mai ● **every May** tous les ans en mai ● **in May** en mai ● **last May** en mai (dernier) ● **next May** en mai de l'année prochaine ● **this May** en mai (prochain) ● **2 May 1994** *(in letters etc)* le 2 mai 1994

maybe ['meɪbiː] *adv* peut-être

mayonnaise [ˌmeɪə'neɪz] *n (U)* mayonnaise *f*

mayor [meər] *n* maire *m*

mayoress ['meərɪs] *n* **1.** *(female mayor)* femme *f* maire **2.** *(mayor's wife)* femme *f* du maire

maze [meɪz] *n* labyrinthe *m*

me [miː] *pron* **1.** me **2.** *(after prep)* moi ● **she knows me** elle me connaît ● **it's me** c'est moi ● **send it to me** envoie-le-moi ● **tell me** dis-moi ● **he's worse than me** il est pire que moi

meadow ['medəʊ] *n* pré *m*

meal [miːl] *n* repas *m*

mealtime ['miːltaɪm] *n* heure *f* du repas

mean [miːn] (*pt & pp* **meant**) *adj (miserly, unkind)* mesquin(e) ◇ *vt* **1.** *(signify, matter)* signifier **2.** *(intend, subj: word)* vouloir dire ● **I don't mean it** je ne le pense pas vraiment • **to mean to do sthg** avoir l'intention de faire qqch • **to be meant to do sthg** être censé faire qqch • **it's meant to be good** il paraît que c'est bon

meaning ['miːnɪŋ] *n (of word, phrase)* sens *m*

meaningless ['miːnɪŋlɪs] *adj* qui n'a aucun sens

means [miːnz] *(pl inv) n* moyen *m* ◇ *npl (money)* moyens *mpl* • **by all means!** bien sûr ! • **by means of** au moyen de

meant [ment] *pt & pp* ➤ **mean**

meantime ['miːn,taɪm] ♦ **in the meantime** *adv* pendant ce temps, entre-temps

meanwhile ['miːn,waɪl] *adv* **1.** *(at the same time)* pendant ce temps **2.** *(in the time between)* en attendant

measles ['miːzlz] *n (U)* rougeole *f*

measure ['meʒəʳ] *vt* mesurer ◇ *n* **1.** mesure *f* **2.** *(of alcohol)* dose *f* • **the room measures 10 m²** la pièce fait 10 m²

measurement ['meʒəmənt] *n* mesure *f*

meat [miːt] *n* viande *f* • **red meat** viande rouge • **white meat** viande blanche

meatball ['miːtbɔːl] *n* boulette *f* de viande

mechanic [mɪ'kænɪk] *n* mécanicien *m*, -ienne *f*

mechanical [mɪ'kænɪkl] *adj (device)* mécanique

mechanism ['mekənɪzm] *n* mécanisme *m*

medal ['medl] *n* médaille *f*

media ['miːdjə] *n* OR *npl* • **the media** les médias *mpl*

Medicaid ['medɪkeɪd] *n (US) assistance médicale aux personnes sans ressources*

Medicaid / Medicare

En 1965, deux programmes d'assurances santé sont instaurés aux États-Unis : le *Medicaid*, une aide médicale entièrement subventionnée par le gouvernement, destinée aux plus démunis (enfants, invalides et personnes âgées), et le *Medicare*, une « sécurité sociale » américaine destinée aux assurés de plus de 65 ans, financée par leurs cotisations et leurs primes mensuelles, même s'ils doivent aujourd'hui compléter eux-mêmes près de 30% de leurs frais médicaux.

medical ['medɪkl] *adj* médical(e) ◇ *n* visite *f* médicale

Medicare ['medɪkeəʳ] *n (US) programme fédéral d'assistance médicale pour personnes âgées*

medication [,medɪ'keɪʃn] *n (U)* médicaments *mpl*

medicine ['medsɪn] *n* **1.** *(substance)* médicament *m* **2.** *(U) (science)* médecine *f*

medicine cabinet *n* armoire *f* à pharmacie

medieval [,medɪ'iːvl] *adj* médiéval(e)

mediocre [,miːdɪ'əʊkəʳ] *adj* médiocre

Mediterranean [,medɪtə'reɪnjən] *n* • **the Mediterranean** *(region)* les pays *mpl* méditerranéens • **the Mediterranean (Sea)** la (mer) Méditerranée

medium ['miːdjəm] *adj* **1.** moyen(enne) **2.** *(wine)* demi-sec
medium-dry *adj* demi-sec
medium-sized [-saɪzd] *adj* de taille moyenne
medley ['medlɪ] *n* • **medley of seafood** plateau *m* de fruits de mer
meet [miːt] (*pt & pp* **met**) *vt* **1.** rencontrer **2.** *(by arrangement)* retrouver **3.** *(go to collect)* aller chercher **4.** *(need, requirement)* répondre à **5.** *(cost, expenses)* prendre en charge ◇ *vi* **1.** se rencontrer **2.** *(by arrangement)* se retrouver **3.** *(intersect)* se croiser ◆ **meet up** *vi* se retrouver ◆ **meet with** *vt insep* **1.** *(problems, resistance)* rencontrer **2.** (*US*) *(by arrangement)* retrouver
meeting ['miːtɪŋ] *n (for business)* réunion *f*
meeting point *n (at airport, station)* point *m* rencontre
melody ['melədɪ] *n* mélodie *f*
melon ['melən] *n* melon *m*
melt [melt] *vi* fondre
member ['membəʳ] *n* membre *m*
Member of Congress [-'kɒŋgres] *n* membre *m* du Congrès
Member of Parliament *n* ≃ député *m*
Member of the Scottish Parliament *n* membre *m* du Parlement écossais
membership ['membəʃɪp] *n* **1.** *(U)* adhésion *f* **2.** *(members)* membres *mpl*
memorial [mɪ'mɔːrɪəl] *n* mémorial *m*
memorize ['meməraɪz] *vt* mémoriser
memory ['memərɪ] *n* **1.** mémoire *f* **2.** *(thing remembered)* souvenir *m*
memory card *n* carte *f* mémoire
memory module *n* barrette *f*
men [men] *pl* ➤ **man**
menacing ['menəsɪŋ] *adj* menaçant(e)
mend [mend] *vt* réparer
menopause ['menəpɔːz] *n* ménopause *f*
men's room *n* (*US*) toilettes *fpl* (pour hommes)
menstruate ['menstrʊeɪt] *vi* avoir ses règles
menswear ['menzweəʳ] *n (U)* vêtements *mpl* pour hommes
mental ['mentl] *adj* mental(e)
mental hospital *n* hôpital *m* psychiatrique
mentally handicapped ['mentəlɪ-] *adj* handicapé(e)mental(e) ◇ *npl* • **the mentally handicapped** les handicapés *mpl* mentaux
mentally ill ['mentəlɪ-] *adj* malade *(mentalement)*
mention ['menʃn] *vt* mentionner • **don't mention it!** de rien!
menu ['menjuː] *n* menu *m* • **children's menu** menu enfant
merchandise ['mɜːtʃəndaɪz] *n (U)* marchandises *fpl*
merchant marine [ˌmɜːtʃəntmə'riːn] (*US*) = **merchant navy**
merchant navy [ˌmɜːtʃənt-] *n* (*UK*) marine *f* marchande
mercury ['mɜːkjʊrɪ] *n (U)* mercure *m*
mercy ['mɜːsɪ] *n (U)* pitié *f*
mere [mɪəʳ] *adj* simple • **it costs a mere £5** ça ne coûte que 5 livres
merely ['mɪəlɪ] *adv* seulement
merge [mɜːdʒ] *vi (rivers, roads)* se rejoindre ▾ **merge** (*US*) *panneau indiquant aux automobilistes débouchant d'une*

bretelle d'accès qu'ils doivent rejoindre la file de droite
merger ['mɜːdʒəʳ] *n* fusion *f*
meringue [mə'ræŋ] *n* **1.** *(egg white)* meringue *f* **2.** *(cake) petit gâteau meringué*
merit ['merɪt] *n* **1.** *(U)* mérite *m* **2.** *(in exam)* ≃ mention *f* bien
merry ['merɪ] *adj* gai(e) • **Merry Christmas!** joyeux Noël !
merry-go-round *n* manège *m*
mess [mes] *n* **1.** *(untidiness)* désordre *m* **2.** *(difficult situation)* pétrin *m* • **in a mess** *(untidy)* en désordre ◆ **mess about** *vi* *(UK)* *(inf)* = **mess around** ◆ **mess around** *vi* *(inf)* **1.** *(have fun)* s'amuser **2.** *(behave foolishly)* faire l'imbécile • **to mess around with sthg** *(interfere)* tripoter qqch ◆ **mess up** *vt sep* *(inf)* *(ruin, spoil)* ficher en l'air
message ['mesɪdʒ] *n* message *m*
messenger ['mesɪndʒəʳ] *n* messager *m*, -ère *f*
messy ['mesɪ] *adj* en désordre
met [met] *pt & pp* ➤ **meet**
metal ['metl] *adj* en métal ◇ *n* métal *m*
metalwork ['metəlwɜːk] *n* *(U)* *(craft)* ferronnerie *f*
meter ['miːtəʳ] *n* **1.** *(device)* compteur *m* **2.** *(US)* = **metre**
method ['meθəd] *n* méthode *f*
methodical [mɪ'θɒdɪkl] *adj* méthodique
meticulous [mɪ'tɪkjʊləs] *adj* méticuleux(euse)
metre ['miːtəʳ] *n* *(UK)* mètre *m*
metric ['metrɪk] *adj* métrique
mews [mjuːz] *(pl inv)* *n* *(UK)* *ruelle bordée d'anciennes écuries, souvent transformées en appartements de standing*
Mexican ['meksɪkn] *adj* mexicain(e) ◇ *n* Mexicain *m*, -e *f*
Mexico ['meksɪkəʊ] *n* le Mexique
mg (*abbr of milligram*) mg *(milligramme)*
miaow [miː'aʊ] *vi* *(UK)* miauler
mice [maɪs] *pl* ➤ **mouse**
microchip ['maɪkrəʊtʃɪp] *n* puce *f*
microphone ['mɪkrəfəʊn] *n* microphone *m*, micro *m*
microscope ['maɪkrəskəʊp] *n* microscope *m*
microwave (oven) ['maɪkrəweɪv-] *n* four *m* à micro-ondes, micro-ondes *m inv*
midday [,mɪd'deɪ] *n* *(U)* midi *m*
middle ['mɪdl] *n* milieu *m* ◇ *adj* *(central)* du milieu • **in the middle of the road** au milieu de la route • **in the middle of April** à la mi-avril • **to be in the middle of doing sthg** être en train de faire qqch
middle-aged *adj* d'âge moyen
middle-class *adj* bourgeois(e)
Middle East *n* • **the Middle East** le Moyen-Orient
middle name *n* deuxième prénom *m*
middle school *n* *(in UK) école pour enfants de 8 à 13 ans*
midge [mɪdʒ] *n* moucheron *m*
midget ['mɪdʒɪt] *n* nain *m*, naine *f*
Midlands ['mɪdləndz] *npl* • **the Midlands** *les comtés du centre de l'Angleterre*
midnight ['mɪdnaɪt] *n* *(U)* **1.** *(twelve o'clock)* minuit *m* **2.** *(middle of the night)* milieu *m* de la nuit
midsummer ['mɪd'sʌməʳ] *n* *(U)* • **in midsummer** en plein été

midway [ˌmɪd'weɪ] *adv* **1.** *(in space)* à mi-chemin **2.** *(in time)* au milieu
midweek *adj* ['mɪdwiːk] de milieu de semaine ◇ *adv* [mɪd'wiːk] en milieu de semaine
midwife ['mɪdwaɪf] (*pl* **-wives**) *n* sage-femme *f*
midwinter ['mɪd'wɪntəʳ] *n (U)* • **in midwinter** en plein hiver
might [maɪt] *aux vb*
1. *(expressing possibility)* • **they might still come** il se peut encore qu'ils viennent • **they might have been killed** ils seraient peut-être morts
2. (*fml*) *(expressing permission)* pouvoir • **might I have a few words?** puis-je vous parler un instant ?
3. *(when conceding a point)* • **it might be expensive, but it's good quality** c'est peut-être cher, mais c'est de la bonne qualité
4. *(would)* • **I hoped you might come too** j'espérais que vous viendriez aussi
migraine ['miːgreɪn, 'maɪgreɪn] *n* migraine *f*
mild [maɪld] *adj* **1.** doux (douce) **2.** *(pain, illness)* léger(ère) ◇ *n (U) (UK) (beer) bière moins riche en houblon et plus foncée que la « bitter »*
mile [maɪl] *n* = 1,609 km, mile *m* • **it's miles away** c'est à des kilomètres
mileage ['maɪlɪdʒ] *n (U)* ≃ kilométrage *m*
mileometer [maɪ'lɒmɪtəʳ] *n* (*UK*) ≃ compteur *m* (kilométrique)
military ['mɪlɪtrɪ] *adj* militaire
milk [mɪlk] *n (U)* lait *m* ◇ *vt (cow)* traire
milk chocolate *n (U)* chocolat *m* au lait
milkman ['mɪlkmən] (*pl* **-men**) *n* laitier *m*
milk shake *n* milk-shake *m*
milky ['mɪlkɪ] *adj (tea, coffee)* avec beaucoup de lait
mill [mɪl] *n* **1.** moulin *m* **2.** *(factory)* usine *f*
millennium [mɪ'lenɪəm] (*pl* **millennia** [mɪ'lenɪə]) *n* millénaire *m*
milligram ['mɪlɪgræm] *n* milligramme *m*
milliliter (*US*) = **millilitre**
millilitre ['mɪlɪˌliːtəʳ] *n* (*UK*) millilitre *m*
millimeter (*US*) = **millimetre**
millimetre ['mɪlɪˌmiːtəʳ] *n* (*UK*) millimètre *m*
million ['mɪljən] *n* million *m* • **millions of** (*fig*) des millions de
millionaire [ˌmɪljə'neəʳ] *n* millionnaire *m ou f*
mime [maɪm] *vi* faire du mime
min. [mɪn] **1.** (*abbr of minute*) min., mn *(minute)* **2.** (*abbr of minimum*) min. *(minimum)*
mince [mɪns] *n (U)* (*UK*) viande *f* hachée
mincemeat ['mɪnsmiːt] *n* **1.** *(U) (sweet filling) mélange de fruits secs et d'épices utilisé en pâtisserie* **2.** *(mince)* viande *f* hachée
mince pie *n tartelette de Noël, fourrée avec un mélange de fruits secs et d'épices*
mind [maɪnd] *n* **1.** esprit *m* **2.** *(memory)* mémoire *f* ◇ *vt* **1.** *(be careful of)* faire attention à **2.** *(look after)* garder ◇ *vi* • **I don't mind** ça m'est égal • **it slipped my mind** ça m'est sorti de l'esprit • **to my mind** à mon avis • **to bear sthg in mind** garder qqch en tête • **to change one's**

mind changer d'avis • **to have sthg in mind** avoir qqch en tête • **to have sthg on one's mind** être préoccupé par qqch • **to make one's mind up** se décider • **do you mind waiting?** est-ce que ça vous gêne d'attendre ? • **do you mind if...?** est-ce que ça vous dérange si...? • **I wouldn't mind a drink** je boirais bien quelque chose ▼ **mind the gap!** *(UK) (on underground) annonce indiquant aux usagers du métro de faire attention à l'espace entre le quai et la rame* • **never mind!** *(don't worry)* ça ne fait rien !

[1]**mine** [maɪn] *pron* le mien (la mienne) • **these shoes are mine** ces chaussures sont à moi • **a friend of mine** un ami à moi

[2]**mine** [maɪn] *n (bomb, for coal etc)* mine *f*

miner ['maɪnəʳ] *n* mineur *m*

mineral ['mɪnərəl] *n* minéral *m*

mineral water *n* eau *f* minérale

minestrone [,mɪnɪ'strəʊnɪ] *n (U)* minestrone *m*

mingle ['mɪŋgl] *vi* se mélanger

miniature ['mɪnətʃəʳ] *adj* miniature ◇ *n (bottle)* bouteille *f* miniature

minibar ['mɪnɪbɑːʳ] *n* minibar *m*

minibus ['mɪnɪbʌs] *(pl* **-es***) n* minibus *m*

minicab ['mɪnɪkæb] *n (UK)* radio-taxi *m*

minimal ['mɪnɪml] *adj* minimal(e)

minimize ['mɪnɪ,maɪz] *vt* réduire

minimum ['mɪnɪməm] *adj* minimum ◇ *n* minimum *m*

miniskirt ['mɪnɪskɜːt] *n* minijupe *f*

minister ['mɪnɪstəʳ] *n* **1.** *(in government)* ministre *m* **2.** *(in church)* pasteur *m*

ministry ['mɪnɪstrɪ] *n (of government)* ministère *m*

minor ['maɪnəʳ] *adj* mineur(e) ◇ *n (fml)* mineur *m*, -e *f*

minority [maɪ'nɒrətɪ] *n* minorité *f*

minor road *n* route *f* secondaire

mint [mɪnt] *n* **1.** *(sweet)* bonbon *m* à la menthe **2.** *(U) (plant)* menthe *f*

minus ['maɪnəs] *prep* moins • **it's minus 10 (degrees C)** il fait moins 10 (degrés Celsius)

minuscule ['mɪnəskjuːl] *adj* minuscule

[1]**minute** ['mɪnɪt] *n* minute *f* • **any minute** d'une minute à l'autre • **just a minute!** (une) minute !

[2]**minute** [maɪ'njuːt] *adj* minuscule

minute steak [,mɪnɪt-] *n* entrecôte *f* minute

miracle ['mɪrəkl] *n* miracle *m*

miraculous [mɪ'rækjʊləs] *adj* miraculeux(euse)

mirror ['mɪrəʳ] *n* **1.** miroir *m*, glace *f* **2.** *(on car)* rétroviseur *m*

misbehave [,mɪsbɪ'heɪv] *vi (person)* se conduire mal

miscarriage [,mɪs'kærɪdʒ] *n* fausse couche *f*

miscellaneous [,mɪsə'leɪnjəs] *adj* divers(es)

mischievous ['mɪstʃɪvəs] *adj* espiègle

misconduct [,mɪs'kɒndʌkt] *n (U)* mauvaise conduite *f*

miser ['maɪzəʳ] *n* avare *m ou f*

miserable ['mɪzrəbl] *adj* **1.** *(unhappy)* malheureux(euse) **2.** *(place, news)* sinistre **3.** *(weather)* épouvantable **4.** *(amount)* misérable

misery ['mɪzərɪ] *n (U)* **1.** *(unhappiness)* malheur *m* **2.** *(poor conditions)* misère *f*
misfire [,mɪs'faɪəʳ] *vi (car)* avoir des ratés
misfortune [mɪs'fɔːtʃuːn] *n (U) (bad luck)* malchance *f*
mishap ['mɪshæp] *n* mésaventure *f*
misjudge [,mɪs'dʒʌdʒ] *vt* mal juger
mislay [,mɪs'leɪ] *(pt & pp* **-laid***) vt* égarer
mislead [,mɪs'liːd] *(pt & pp* **-led***) vt* tromper
miss [mɪs] *vt* **1.** rater **2.** *(regret absence of)* regretter ◇ *vi* manquer son but • **I miss him** il me manque ◆ **miss out** *vt sep* **1.** *(UK) (by accident)* oublier **2.** *(UK) (deliberately)* omettre ◇ *vi insep* rater quelque chose
Miss [mɪs] *n* Mademoiselle
missile [*(UK)*'mɪsaɪl *(US)*'mɪsl] *n* **1.** *(weapon)* missile *m* **2.** *(thing thrown)* projectile *m*
missing ['mɪsɪŋ] *adj (lost)* manquant(e) • **there are two missing** il en manque deux
missing person *n* personne *f* disparue
mission ['mɪʃn] *n* mission *f*
missionary ['mɪʃənrɪ] *n* missionnaire *m ou f*
mist [mɪst] *n* brume *f*
mistake [mɪ'steɪk] *(pt* **-took,** *pp* **-taken***) n* erreur *f* ◇ *vt (misunderstand)* mal comprendre • **by mistake** par erreur • **to make a mistake** faire une erreur • **I mistook him for his brother** je l'ai pris pour son frère
Mister ['mɪstəʳ] *n* Monsieur
mistook [mɪ'stʊk] *pt* ➤ **mistake**
mistress ['mɪstrɪs] *n* maîtresse *f*
mistrust [,mɪs'trʌst] *vt* se méfier de
misty ['mɪstɪ] *adj* brumeux(euse)
misunderstanding [,mɪsʌndə'stændɪŋ] *n* **1.** *(misinterpretation)* malentendu *m* **2.** *(quarrel)* discussion *f*
misuse [,mɪs'juːs] *n (U)* usage *m* abusif
mitten ['mɪtn] *n* **1.** moufle *f* **2.** *(without fingers)* mitaine *f*
mix [mɪks] *vt* **1.** mélanger **2.** *(drink)* préparer ◇ *n (for cake, sauce)* préparation *f* • **to mix the butter with the flour** mélanger le beurre avec la farine ◆ **mix up** *vt sep* **1.** *(confuse)* confondre **2.** *(put into disorder)* mélanger
mixed [mɪkst] *adj (school)* mixte
mixed grill *n (UK)* mixed grill *m*
mixed salad *n* salade *f* mixte
mixed vegetables *npl* légumes *mpl* variés
mixer ['mɪksəʳ] *n* **1.** *(for food)* mixe(u)r *m* **2.** *(drink) boisson accompagnant les alcools dans la préparation des cocktails*
mixture ['mɪkstʃəʳ] *n* mélange *m*
mix-up *n (inf)* confusion *f*
ml *(abbr of* **millilitre***)* ml *(millilitre)*
mm *(abbr of* **millimetre***)* mm *(millimètre)*
moan [məʊn] *vi* **1.** *(in pain, grief)* gémir **2.** *(inf) (complain)* rouspéter
moat [məʊt] *n* douves *fpl*
mobile ['məʊbaɪl] *adj* mobile ◇ *n (UK)* téléphone *m* mobile
mobile phone *n (UK)* téléphone *m* mobile
mobile phone mast *(UK) n* antenne-relais *f*

mock [mɒk] *adj* faux (fausse) ◇ *vt* se moquer de ◇ *n* (*UK*) *(exam)* examen *m* blanc
mode [məʊd] *n* mode *m*
model ['mɒdl] *n* **1.** modèle *m* **2.** *(small copy)* modèle *m* réduit **3.** *(fashion model)* mannequin *m*
modem ['məʊdem] *n* modem *m*
moderate ['mɒdərət] *adj* modéré(e)
modern ['mɒdən] *adj* moderne
modernized ['mɒdənaɪzd] *adj* modernisé(e)
modern languages *npl* langues *fpl* vivantes
modest ['mɒdɪst] *adj* modeste
modify ['mɒdɪfaɪ] *vt* modifier
mohair ['məʊheəʳ] *n (U)* mohair *m*
moist [mɔɪst] *adj* **1.** moite **2.** *(cake)* moelleux(euse)
moisture ['mɔɪstʃəʳ] *n (U)* humidité *f*
moisturizer ['mɔɪstʃəraɪzəʳ] *n* crème *f* hydratante
molar ['məʊləʳ] *n* molaire *f*
mold [məʊld] (*US*) = **mould**
moldy (*US*) = **mouldy**
mole [məʊl] *n* **1.** *(animal)* taupe *f* **2.** *(spot)* grain *m* de beauté
molest [mə'lest] *vt* **1.** *(child)* abuser de **2.** *(woman)* agresser
mom [mɒm] *n* (*US*) (*inf*) maman *f*
moment ['məʊmənt] *n* moment *m* • **at the moment** en ce moment • **for the moment** pour le moment
Mon. *abbr of* **Monday**
monarchy ['mɒnəkɪ] *n* • **the monarchy** *(royal family)* la famille royale
monastery ['mɒnəstrɪ] *n* monastère *m*
Monday ['mʌndɪ] *n* lundi *m* • **it's Monday** on est lundi • **Monday morning** lundi matin • **on Monday** lundi • **on Mondays** le lundi • **last Monday** lundi dernier • **this Monday** lundi • **next Monday** lundi prochain • **Monday week** (*UK*), **a week on Monday** (*UK*) **a week from Monday** (*US*) lundi en huit
money ['mʌnɪ] *n (U)* argent *m*
money belt *n* ceinture *f* portefeuille
money order *n* mandat *m*
mongrel ['mʌŋgrəl] *n* bâtard *m*
monitor ['mɒnɪtəʳ] *n (computer screen)* moniteur *m* ◇ *vt (check, observe)* contrôler
monk [mʌŋk] *n* moine *m*
monkey ['mʌŋkɪ] (*pl* **monkeys**) *n* singe *m*
monkfish ['mʌŋkfɪʃ] *n (U)* lotte *f*
monopoly [mə'nɒpəlɪ] *n* monopole *m*
monorail ['mɒnəʊreɪl] *n* monorail *m*
monotonous [mə'nɒtənəs] *adj* monotone
monsoon [mɒn'su:n] *n* mousson *f*
monster ['mɒnstəʳ] *n* monstre *m*
month [mʌnθ] *n* mois *m* • **every month** tous les mois • **in a month's time** dans un mois
monthly ['mʌnθlɪ] *adj* mensuel(elle) ◇ *adv* tous les mois
monument ['mɒnjʊmənt] *n* monument *m*
mood [mu:d] *n* humeur *f* • **to be in a (bad) mood** être de mauvaise humeur • **to be in a good mood** être de bonne humeur
moody ['mu:dɪ] *adj* **1.** *(bad-tempered)* de mauvaise humeur **2.** *(changeable)* lunatique
moon [mu:n] *n* lune *f*

moonlight ['mu:nlaɪt] *n (U)* clair *m* de lune
moor [mɔ:ʳ] *n (UK)* lande *f* ◇ *vt* amarrer
moose [mu:s] *(pl inv) n* orignal *m*
mop [mɒp] *n (for floor)* balai *m* à franges ◇ *vt (floor)* laver ◆ **mop up** *vt sep (clean up)* éponger
moped ['məʊped] *n* Mobylette® *f*
moral ['mɒrəl] *adj* moral(e) ◇ *n (lesson)* morale *f*
morality [mə'rælɪtɪ] *n (U)* moralité *f*
more [mɔ:ʳ] *adj*
1. *(a larger amount of)* plus de, davantage de • **there are more tourists than usual** il y a plus de touristes que d'habitude
2. *(additional)* encore de • **are there any more cakes?** est-ce qu'il y a encore des gâteaux ? • **I'd like two more bottles** je voudrais deux autres bouteilles • **there's no more wine** il n'y a plus de vin
3. *(in phrases)* • **more and more** de plus en plus de
◇ *adv*
1. *(in comparatives)* plus • **it's more difficult than before** c'est plus difficile qu'avant • **speak more clearly** parlez plus clairement
2. *(to a greater degree)* plus • **we ought to go to the cinema more** nous devrions aller plus souvent au cinéma
3. *(in phrases)* • **not... any more** ne... plus • **I don't go there any more** je n'y vais plus • **once more** encore une fois, une fois de plus • **more or less** plus ou moins • **we'd be more than happy to help** nous serions enchantés de vous aider
◇ *pron*
1. *(a larger amount)* plus, davantage • **I've got more than you** j'en ai plus que toi • **more than 20 types of pizza** plus de 20 sortes de pizza
2. *(an additional amount)* encore • **is there any more?** est-ce qu'il y en a encore ? • **there's no more** il n'y en a plus
moreover [mɔ:'rəʊvəʳ] *adv (fml)* de plus
morning ['mɔ:nɪŋ] *n* **1.** matin *m* **2.** *(period)* matinée *f* • **two o'clock in the morning** deux heures du matin • **good morning!** bonjour ! • **in the morning** *(early in the day)* le matin ; *(tomorrow morning)* demain matin
morning-after pill *n* pilule *f* du lendemain
morning sickness *n (U)* nausées *fpl* matinales
Morocco [mə'rɒkəʊ] *n* le Maroc
moron ['mɔ:rɒn] *n (inf) (idiot)* abruti *m*, -e *f*
Morse (code) [mɔ:s-] *n* morse *m*
mortgage ['mɔ:gɪdʒ] *n* prêt *m* immobilier
mosaic [mə'zeɪɪk] *n* mosaïque *f*
Moslem ['mɒzləm] = **Muslim**
mosque [mɒsk] *n* mosquée *f*
mosquito [mə'ski:təʊ] *(pl* **-es***) n* moustique *m*
mosquito net *n* moustiquaire *f*
moss [mɒs] *n (U)* mousse *f*
most [məʊst] *adj*
1. *(the majority of)* la plupart de • **most people agree** la plupart des gens sont d'accord
2. *(the largest amount of)* le plus de • **I drank (the) most beer** c'est moi qui ai bu le plus de bière

◇ *adv*
1. *(in superlatives)* le plus (la plus) • **the most expensive hotel in town** l'hôtel le plus cher de la ville
2. *(to the greatest degree)* le plus • **I like this one most** c'est celui-ci que j'aime le plus
3. *(fml) (very)* très • **they were most welcoming** ils étaient très accueillants
◇ *pron*
1. *(the majority)* la plupart • **most of the villages** la plupart des villages • **most of the journey** la plus grande partie du voyage
2. *(the largest amount)* le plus • **she earns (the) most** c'est elle qui gagne le plus
3. *(in phrases)* • **at most** au plus, au maximum • **to make the most of sthg** profiter de qqch au maximum

mostly ['məʊstlɪ] *adv* principalement

MOT *n (UK) (test)* ≃ contrôle *m* technique *(annuel)*

motel [məʊ'tel] *n* motel *m*

moth [mɒθ] *n* **1.** papillon *m* de nuit **2.** *(in clothes)* mite *f*

mother ['mʌðəʳ] *n* mère *f*

motherboard ['mʌðəbɔːd] *n* carte *f* mère

mother-in-law *n* belle-mère *f*

mother-of-pearl *n (U)* nacre *f*

motif [məʊ'tiːf] *n* motif *m*

motion ['məʊʃn] *n* mouvement *m* ◇ *vi* • **to motion to sb** faire signe à qqn

motionless ['məʊʃənlɪs] *adj* immobile

motivate ['məʊtɪveɪt] *vt* motiver

motive ['məʊtɪv] *n* motif *m*

motor ['məʊtəʳ] *n* moteur *m*

Motorail® ['məʊtəreɪl] *n* train *m* auto-couchette(s)

motorbike ['məʊtəbaɪk] *n (UK)* moto *f*

motorboat ['məʊtəbəʊt] *n* canot *m* à moteur

motorcar ['məʊtəkɑːʳ] *n (UK)* automobile *f*

motorcycle ['məʊtəˌsaɪkl] *n* motocyclette *f*

motorcyclist ['məʊtəˌsaɪklɪst] *n* motocycliste *m ou f*

motorist ['məʊtərɪst] *n* automobiliste *m ou f*

motor racing *n (U)* course *f* automobile

motorway ['məʊtəweɪ] *n (UK)* autoroute *f*

motto ['mɒtəʊ] *(pl* **-s***)* *n* devise *f*

mould [məʊld] *n (UK)* **1.** *(shape)* moule *m* **2.** *(U) (substance)* moisissure *f* ◇ *vt (UK)* mouler

mouldy ['məʊldɪ] *adj (UK)* moisi(e)

mound [maʊnd] *n* **1.** *(hill)* butte *f* **2.** *(pile)* tas *m*

mount [maʊnt] *n* **1.** *(for photo)* support *m* **2.** *(mountain)* mont *m* ◇ *vt* monter ◇ *vi (increase)* augmenter

mountain ['maʊntɪn] *n* montagne *f*

mountain bike *n* VTT *m*

mountaineer [ˌmaʊntɪ'nɪəʳ] *n* alpiniste *m ou f*

mountaineering [ˌmaʊntɪ'nɪərɪŋ] *n (U)* • **to go mountaineering** faire de l'alpinisme

mountainous ['maʊntɪnəs] *adj* montagneux(euse)

Mount Rushmore [↓'rʌʃmɔːʳ] *n* le mont Rushmore

mourning ['mɔːnɪŋ] *n (U)* • **to be in mourning** être en deuil
mouse [maʊs] (*pl* **mice**) *n* souris *f*
mouse mat (*UK*) *n* tapis *m* souris
mouse pad (*US*) *n* tapis *m* souris
mouse pointer *n* pointeur *m* (de la souris)
moussaka [muː'sɑːkə] *n* moussaka *f*
mousse [muːs] *n* mousse *f*
moustache [mə'stɑːʃ] *n* (*UK*) moustache *f*
mouth [maʊθ] *n* **1.** bouche *f* **2.** *(of animal)* gueule *f* **3.** *(of cave, tunnel)* entrée *f* **4.** *(of river)* embouchure *f*
mouthful ['maʊθfʊl] *n* **1.** *(of food)* bouchée *f* **2.** *(of drink)* gorgée *f*
mouthorgan ['maʊθ,ɔːgən] *n* harmonica *m*
mouthpiece ['maʊθpiːs] *n* **1.** *(of telephone)* microphone *m* **2.** *(of musical instrument)* embouchure *f*
mouthwash ['maʊθwɒʃ] *n* bain *m* de bouche
move [muːv] *n* **1.** *(change of house)* déménagement *m* **2.** *(movement)* mouvement *m* **3.** *(in games)* coup *m* **4.** *(turn to play)* tour *m* **5.** *(course of action)* démarche *f* ◇ *vt* **1.** *(shift)* déplacer **2.** *(arm, head)* bouger **3.** *(emotionally)* émouvoir ◇ *vi* **1.** *(shift)* bouger **2.** *(person)* se déplacer • **to move (house)** déménager • **to make a move** *(leave)* partir, y aller ♦ **move along** *vi* se déplacer ♦ **move in** *vi (to house)* emménager ♦ **move off** *vi (train, car)* partir ♦ **move on** *vi (after stopping)* repartir ♦ **move out** *vi (from house)* déménager ♦ **move over** *vi* se pousser ♦ **move up** *vi* se pousser
movement ['muːvmənt] *n* mouvement *m*
movie ['muːvɪ] *n* film *m*
movie theater *n* (*US*) cinéma *m*
moving ['muːvɪŋ] *adj (emotionally)* émouvant(e)
mow [məʊ] *vt* • **to mow the lawn** tondre la pelouse
mozzarella [,mɒtsə'relə] *n (U)* mozzarelle *f*
MP *n* (*UK*) (*abbr of Member of Parliament*) ≃ député *m*
mph (*abbr of miles per hour*) *miles à l'heure*
Mr (*written abbr of Mister*) M. *(Monsieur)*
Mrs ['mɪsɪz] Mme *(Madame)*
Ms [mɪz] *titre que les femmes peuvent utiliser au lieu de madame ou mademoiselle pour éviter la distinction entre femmes mariées et célibataires*
MSc *n* (*abbr of Master of Science*) *(titulaire d'une) maîtrise de sciences*
MSP *n* (*UK*) *written abbr of* **Member of the Scottish Parliament**
much [mʌtʃ] (*comp* **more**, *superl* **most**) *adj* beaucoup de • **I haven't got much money** je n'ai pas beaucoup d'argent • **as much food as you can eat** autant de nourriture que tu peux en avaler • **how much time is left?** combien de temps reste-t-il ? • **they have so much money** ils ont tant d'argent • **we have too much work** nous avons trop de travail
◇ *adv*
1. *(to a great extent)* beaucoup, bien • **it's much better** c'est bien OR beaucoup

mieux • **I like it very much** j'aime beaucoup ça • **it's not much good** *(inf)* ce n'est pas terrible • **thank you very much** merci beaucoup
2. *(often)* beaucoup, souvent • **we don't go there much** nous n'y allons pas souvent
◇ *pron* beaucoup • **I haven't got much** je n'en ai pas beaucoup • **as much as you like** autant que tu voudras • **how much is it?** c'est combien ?
muck [mʌk] *n (U) (dirt)* boue *f* ◆ **muck about** *vi (UK) (inf)* **1.** *(have fun)* s'amuser **2.** *(behave foolishly)* faire l'imbécile ◆ **muck up** *vt sep (inf)* saloper
mud [mʌd] *n (U)* boue *f*
muddle ['mʌdl] *n* • **to be in a muddle** *(confused)* ne plus s'y retrouver ; *(in a mess)* être en désordre
muddy ['mʌdɪ] *adj* boueux(euse)
mudguard ['mʌdgɑ:d] *n* garde-boue *m inv*
muesli ['mju:zlɪ] *n (U)* muesli *m*
muffin ['mʌfɪn] *n* **1.** *(UK) (roll) petit pain rond* **2.** *(cake) sorte de grosse madeleine ronde*
muffler ['mʌflə^r^] *n (US) (silencer)* silencieux *m*
mug [mʌg] *n (cup)* grande tasse *f* ◇ *vt (attack)* agresser
mugging ['mʌgɪŋ] *n* agression *f*
muggy ['mʌgɪ] *adj* lourd(e)
mule [mju:l] *n* mule *f*
multicoloured ['mʌltɪˌkʌləd] *adj* multicolore
multiple ['mʌltɪpl] *adj* multiple
multiplex cinema ['mʌltɪpleks-] *n* cinéma *m* multisalles
multiplication [ˌmʌltɪplɪ'keɪʃn] *n (U)* multiplication *f*
multiply ['mʌltɪplaɪ] *vt* multiplier ◇ *vi* se multiplier
multi-region *adj* multizone
multistorey (car park) [ˌmʌltɪ'stɔ:rɪ-] *n (UK)* parking *m* à plusieurs niveaux
multivitamin [(*UK*)'mʌltɪvɪtəmɪn, (*US*)'mʌltɪvaɪtəmɪn] *n* multivitamine *f*
mum [mʌm] *n (UK) (inf)* maman *f*
mummy ['mʌmɪ] *n (UK) (inf) (mother)* maman *f*
mumps [mʌmps] *n (U)* oreillons *mpl*
munch [mʌntʃ] *vt* mâcher
municipal [mju:'nɪsɪpl] *adj* municipal(e)
mural ['mju:ərəl] *n* peinture *f* murale
murder ['mɜ:də^r^] *n* meurtre *m* ◇ *vt* assassiner
murderer ['mɜ:dərə^r^] *n* meurtrier *m*, -ière *f*
muscle ['mʌsl] *n* muscle *m*
museum [mju:'zi:əm] *n* musée *m*
mushroom ['mʌʃrʊm] *n* champignon *m*
music ['mju:zɪk] *n (U)* musique *f*
musical ['mju:zɪkl] *adj* **1.** musical(e) **2.** *(person)* musicien(ienne) ◇ *n* comédie *f* musicale
musical instrument *n* instrument *m* de musique
musician [mju:'zɪʃn] *n* musicien *m*, -ienne *f*
Muslim ['mʊzlɪm] *adj* musulman(e) ◇ *n* musulman *m*, -e *f*
mussels ['mʌslz] *npl* moules *fpl*
must [mʌst] *aux vb* devoir ◇ *n (inf)* • **it's a must** c'est un must • **I must go** je dois y aller, il faut que j'y aille • **the room**

must be vacated by ten la chambre doit être libérée avant dix heures • **you must have seen it** tu l'as sûrement vu • **you must see that film** il faut que tu voies ce film • **you must be joking!** tu plaisantes !
mustache ['mʌstæʃ] *(US)* = **moustache**
mustard ['mʌstəd] *n (U)* moutarde *f*
mustn't ['mʌsənt] = **must not**
mutter ['mʌtər] *vt* marmonner
mutton ['mʌtn] *n (U)* mouton *m*
mutual ['mjuːtʃʊəl] *adj* **1.** *(feeling)* mutuel(elle) **2.** *(friend, interest)* commun(e)
muzzle ['mʌzl] *n (for dog)* muselière *f*
my [maɪ] *adj* mon (ma), mes *pl*
myself [maɪ'self] *pron* **1.** *(reflexive)* me **2.** *(after prep)* moi • **I washed myself** je me suis lavé • **I did it myself** je l'ai fait moi-même
mysterious [mɪ'stɪərɪəs] *adj* mystérieux(ieuse)
mystery ['mɪstərɪ] *n* mystère *m*
myth [mɪθ] *n* mythe *m*

nN

N (*abbr of North*) N *(Nord)*
nag [næg] *vt* harceler
nail [neɪl] *n* **1.** *(of finger, toe)* ongle *m* **2.** *(metal)* clou *m* ◇ *vt (fasten)* clouer
nailbrush ['neɪlbrʌʃ] *n* brosse *f* à ongles
nail file *n* lime *f* à ongles
nail scissors *npl* ciseaux *mpl* à ongles
nail varnish *n (U) (UK)* vernis *m* à ongles
nail varnish remover [-rə'muːvər] *n (U) (UK)* dissolvant *m*
naive [naɪ'iːv] *adj* naïf(ïve)
naked ['neɪkɪd] *adj (person)* nu(e)
name [neɪm] *n* nom *m* ◇ *vt* **1.** nommer **2.** *(date, price)* fixer • **first name** prénom *m* • **last name** nom de famille • **what's your name?** comment vous appelez-vous ? • **my name is...** je m'appelle...
namely ['neɪmlɪ] *adv* c'est-à-dire
nan bread [næn-] *n pain indien en forme de grande galette ovale, servi tiède*
nanny ['nænɪ] *n* **1.** *(childminder)* nurse *f* **2.** *(UK) (inf) (grandmother)* mamie *f*
nap [næp] *n* • **to have a nap** faire un petit somme
napkin ['næpkɪn] *n* serviette *f* (de table)
nappy ['næpɪ] *n (UK)* couche *f*
nappy liner *n (UK)* protège-couches *m inv*
narcotic [nɑː'kɒtɪk] *n* stupéfiant *m*
narrow ['nærəʊ] *adj* étroit(e) ◇ *vi* se rétrécir
narrow-minded [-'maɪndɪd] *adj* borné(e)
nasty ['nɑːstɪ] *adj* méchant(e), mauvais(e)
nation ['neɪʃn] *n* nation *f*
national ['næʃənl] *adj* national(e) ◇ *n (person)* ressortissant *m*, -e *f*
national anthem *n* hymne *m* national
National Health Service *n (UK)* ≃ Sécurité *f* sociale

National Health Service

Depuis 1948, en Grande-Bretagne, le « Service national de santé » anglais, dont la principale vocation est de répondre aux besoins de chacun quels que soient ses moyens financiers, dispense des soins médicaux à tout citoyen britannique. Les consultations médicales et les soins hospitaliers sont gratuits pour les enfants et les personnes âgées ; les assurés n'entrant pas dans cette catégorie doivent simplement s'acquitter d'une contribution personnelle pour les ordonnances et les consultations de spécialistes (dentistes, opticiens, etc.).

National Insurance *n (U) (UK)* cotisations *fpl* sociales

National Insurance

L'Assurance nationale anglaise est basée sur un système de cotisations obligatoires à la fois pour les employés et les employeurs, dont le montant est proportionnel aux revenus annuels (excepté pour les travailleurs indépendants qui payent des contributions plus élevées). Pour pouvoir travailler légalement au Royaume-Uni, il est indispensable d'avoir un numéro d'immatriculation individuel (l'équivalent français du numéro de Sécurité sociale), qui donne droit aux allocations, aux remboursements des frais de santé et aux cotisations pour les pensions de retraite.

nationality [ˌnæʃəˈnælətɪ] *n* nationalité *f*

National Lottery *n* Loto *m* britannique

national park *n* parc *m* national

nationwide [ˈneɪʃənwaɪd] *adj* national(e)

native [ˈneɪtɪv] *adj* local(e) ◇ *n* natif *m*, -ive *f* ● **to be a native speaker of English** être anglophone ● **my native country** mon pays natal

Native American

Ce terme désigne les premiers habitants des États-Unis avant la colonisation. Christophe Colomb lui-même pensait avoir accosté en Inde après avoir rencontré ces autochtones, que l'on surnomme couramment aujourd'hui les « Indiens d'Amérique ». Longtemps confinée dans des zones spécifiques, leur communauté fait désormais partie intégrante de la société américaine, même si beaucoup d' « Indiens » ont choisi de demeurer dans leurs anciennes réserves afin de perpétuer librement leur culture et leur mode de vie particuliers.

NATO [ˈneɪtəʊ] *n* OTAN *f*

natural [ˈnætʃrəl] *adj* naturel(elle)

natural gas *n (U)* gaz *m* naturel

naturally [ˈnætʃrəlɪ] *adv (of course)* naturellement

natural yoghurt *n* yaourt *m* nature

nature [ˈneɪtʃəʳ] *n* nature *f*

nature reserve *n* réserve *f* naturelle

naughty ['nɔːtɪ] *adj* *(child)* vilain(e)
nausea ['nɔːzɪə] *n* *(U)* nausée *f*
navigate ['nævɪgeɪt] *vi* **1.** naviguer **2.** *(in car)* lire la carte
navy ['neɪvɪ] *n* marine *f* ◇ *adj* ● **navy (blue)** (bleu) marine *inv*
NB (*abbr of nota bene*) NB
near [nɪəʳ] *adv* près ◇ *adj* proche ◇ *prep* ● **near (to)** près de ● **in the near future** dans un proche avenir
nearby [nɪə'baɪ] *adv* tout près, à proximité ◇ *adj* proche
nearly ['nɪəlɪ] *adv* presque ● **I nearly fell over** j'ai failli tomber
neat [niːt] *adj* **1.** *(room)* rangé(e) **2.** *(writing, work)* soigné(e) **3.** *(whisky etc)* pur(e)
neatly ['niːtlɪ] *adv* soigneusement
necessarily [,nesə'serɪlɪ, (*UK*)'nesəsrəlɪ] *adv* ● **not necessarily** pas forcément
necessary ['nesəsrɪ] *adj* nécessaire ● **it is necessary to do sthg** il faut faire qqch
necessity [nɪ'sesətɪ] *n* nécessité *f* ◆ **necessities** *npl* strict minimum *m*
neck [nek] *n* **1.** cou *m* **2.** *(of garment)* encolure *f*
necklace ['neklɪs] *n* collier *m*
nectarine ['nektərɪn] *n* nectarine *f*
need [niːd] *n* besoin *m* ◇ *vt* avoir besoin de ● **to need to do sthg** avoir besoin de faire qqch ● **we need to be back by ten** il faut que nous soyons rentrés pour dix heures
needle ['niːdl] *n* **1.** aiguille *f* **2.** *(for record player)* pointe *f*
needlework ['niːdlwɜːk] *n* couture *f*
needn't ['niːdənt] = **need not**
needy ['niːdɪ] *adj* dans le besoin
negative ['negətɪv] *adj* négatif(ive) ◇ *n* **1.** *(in photography)* négatif *m* **2.** *GRAM* négation *f*
neglect [nɪ'glekt] *vt* négliger
negligence ['neglɪdʒəns] *n* *(U)* négligence *f*
negotiations [nɪ,gəʊʃɪ'eɪʃnz] *npl* négociations *fpl*
negro ['niːgrəʊ] (*pl* **-es**) *n* nègre *m*, négresse *f*
neighbor (*US*) = **neighbour**
neighbour ['neɪbəʳ] *n* (*UK*) voisin *m*, -e *f*
neighborhood (*US*) = **neighbourhood**
neighbourhood ['neɪbəhʊd] *n* (*UK*) voisinage *m*
neighboring (*US*) = **neighbouring**
neighbouring ['neɪbərɪŋ] *adj* (*UK*) voisin(e)
neither ['naɪðəʳ] *adj* ● **neither bag is big enough** aucun des deux sacs n'est assez grand ◇ *pron* ● **neither of us** aucun de nous deux ◇ *conj* ● **neither do I** moi non plus ● **neither... nor...** ni... ni...
neon light ['niːɒn-] *n* néon *m*
nephew ['nefjuː] *n* neveu *m*
nerve [nɜːv] *n* **1.** nerf *m* **2.** *(U)* *(courage)* cran *m* ● **what a nerve!** quel culot !
nervous ['nɜːvəs] *adj* nerveux(euse)
nervous breakdown *n* dépression *f* nerveuse
nest [nest] *n* nid *m*
net [net] *n* filet *m* ◇ *adj* net (nette)
netball ['netbɔːl] *n* *(U)* *sport féminin proche du basket-ball*
Netherlands ['neðələndz] *npl* ● **the Netherlands** les Pays-Bas *mpl*
netiquette ['netiket] *n* nétiquette *f*
net surfer *n* internaute *m ou f*

nettle ['netl] *n* ortie *f*
network ['netwɜːk] *n* réseau *m*
neurotic [ˌnjʊə'rɒtɪk] *adj* névrosé(e)
neutral ['njuːtrəl] *adj* neutre ◇ *n AUT* ● **in neutral** au point mort
never ['nevəʳ] *adv* (ne...) jamais ● **she's never late** elle n'est jamais en retard ● **never mind!** ça ne fait rien !
nevertheless [ˌnevəðə'les] *adv* cependant, pourtant
new [njuː] *adj* **1.** nouveau(elle) **2.** *(brand new)* neuf (neuve)
New Age traveller *n* (*UK*) voyageur *m* New Age
newly ['njuːlɪ] *adv* récemment
new potatoes *npl* pommes de terre *fpl* nouvelles
news [njuːz] *n* **1.** *(information)* nouvelle *f*, nouvelles *fpl* **2.** *(on TV, radio)* informations *fpl* ● **a piece of news** une nouvelle
newsagent ['njuːzeɪdʒənt] *n* (*UK*) marchand *m* de journaux
newspaper ['njuːzˌpeɪpəʳ] *n* journal *m*
New Year *n* le nouvel an ● **Happy New Year!** bonne année !
New Year's Day *n* le jour de l'an
New Year's Eve *n* la Saint-Sylvestre
New Zealand [↓'ziːlənd] *n* la Nouvelle-Zélande
next [nekst] *adj* **1.** prochain(e) **2.** *(room, house)* d'à côté ◇ *adv* **1.** ensuite, après **2.** *(on next occasion)* la prochaine fois ● **when does the next bus leave?** quand part le prochain bus ? ● **the week after next** dans deux semaines ● **the next week** la semaine suivante ● **next to** *(by the side of)* à côté de
next door *adv* à côté
next of kin [-kɪn] *n* plus proche parent *m*
NHS (*UK*) *abbr of* **National Health Service**
nib [nɪb] *n* plume *f*
nibble ['nɪbl] *vt* grignoter
nice [naɪs] *adj* **1.** *(pleasant)* bon (bonne) **2.** *(pretty)* joli(e) **3.** *(kind)* gentil(ille) ● **to have a nice time** se plaire ● **nice to see you!** (je suis) content de te voir !
nickel ['nɪkl] *n* **1.** *(U)* *(metal)* nickel *m* **2.** (*US*) *(coin)* pièce *f* de cinq cents
nickname ['nɪkneɪm] *n* surnom *m*
niece [niːs] *n* nièce *f*
night [naɪt] *n* **1.** nuit *f* **2.** *(evening)* soir *m* ● **at night** la nuit ; *(in evening)* le soir
nightclub ['naɪtklʌb] *n* boîte *f* (de nuit)
nightdress ['naɪtdres] *n* chemise *f* de nuit
nightie ['naɪtɪ] *n* (*inf*) chemise *f* de nuit
nightlife ['naɪtlaɪf] *n* vie *f* nocturne
nightly ['naɪtlɪ] *adv* **1.** toutes les nuits **2.** *(every evening)* tous les soirs
nightmare ['naɪtmeəʳ] *n* cauchemar *m*
night safe *n* (*UK*) coffre *m* de nuit
night school *n* cours *mpl* du soir
nightshift ['naɪtʃɪft] *n* ● **to be on nightshift** travailler de nuit
nil [nɪl] *n* zéro *m*
Nile [naɪl] *n* ● **the Nile** le Nil
nine [naɪn] *num adj* & *n* neuf ● **to be nine (years old)** avoir neuf ans ● **it's nine (o'clock)** il est neuf heures ● **a hundred and nine** cent neuf ● **nine Hill St** 9 Hill St ● **it's minus nine (degrees)** il fait moins neuf
nineteen [ˌnaɪn'tiːn] *num adj* & *n* dix-neuf ● **to be nineteen (years old)** avoir

dix-neuf ans • **a hundred and nineteen** cent dix-neuf • **nineteen Hill St** 19 Hill St • **it's minus nineteen (degrees)** il fait moins dix-neuf • **nineteen ninety-five** mille neuf cent quatre-vingt-quinze

nineteenth [ˌnaɪnˈtiːnθ] *num pron* dix-neuvième *m ou f* ◇ *num n (fraction)* dix-neuvième *m* • **the nineteenth (of September)** le dix-neuf (septembre)

ninetieth [ˈnaɪntɪəθ] *num pron* quatre-vingt-dixième *m ou f* ◇ *num n (fraction)* quatre-vingt-dixième *m*

ninety [ˈnaɪntɪ] *num adj & n* quatre-vingt-dix • **to be ninety (years old)** avoir quatre-vingt-dix ans • **a hundred and ninety** cent quatre-vingt-dix • **ninety Hill St** 90 Hill St • **it's minus ninety (degrees)** il fait moins quatre-vingt-dix

ninth [naɪnθ] *num pron* neuvième *m ou f* ◇ *num n (fraction)* neuvième *m* • **the ninth (of September)** le neuf (septembre)

nip [nɪp] *vt (pinch)* pincer

nipple [ˈnɪpl] *n* **1.** mamelon *m* **2.** *(US) (of bottle)* tétine *f*

nitrogen [ˈnaɪtrədʒən] *n (U)* azote *m*

no [nəʊ] *adv* non ◇ *adj* pas de, aucun(e) • **I've got no money left** je n'ai plus d'argent

noble [ˈnəʊbl] *adj* noble

nobody [ˈnəʊbədɪ] *pron* personne • **there's nobody in** il n'y a personne

nod [nɒd] *vi (in agreement)* faire signe que oui

noise [nɔɪz] *n* bruit *m*

noisy [ˈnɔɪzɪ] *adj* bruyant(e)

nominate [ˈnɒmɪneɪt] *vt* nommer

nonalcoholic [ˌnɒnælkəˈhɒlɪk] *adj* non alcoolisé(e)

none [nʌn] *pron* aucun *m*, -e *f* • **none of us** aucun d'entre nous

nonetheless [ˌnʌnðəˈles] *adv* néanmoins

nonfiction [ˌnɒnˈfɪkʃn] *n (U)* ouvrages *mpl* non romanesques

non-iron *adj* ▾ **non-iron** repassage interdit

nonsense [ˈnɒnsəns] *n (U)* bêtises *fpl*

nonsmoker *n* non-fumeur *m*, -euse *f*

nonstick [ˌnɒnˈstɪk] *adj (saucepan)* anti-adhésif(ive)

nonstop [ˌnɒnˈstɒp] *adj* **1.** *(flight)* direct **2.** *(talking, arguing)* continuel(elle) ◇ *adv* **1.** *(fly, travel)* sans escale **2.** *(rain)* sans arrêt

noodles [ˈnuːdlz] *npl* nouilles *fpl*

noon [nuːn] *n (U)* midi *m*

no one = **nobody**

nor [nɔːʳ] *conj* ni • **nor do I** moi non plus

normal [ˈnɔːml] *adj* normal(e)

normally [ˈnɔːməlɪ] *adv* normalement

north [nɔːθ] *n* nord *m* ◇ *adv* **1.** *(fly, walk)* vers le nord **2.** *(be situated)* au nord • **in the north of England** au OR dans le nord de l'Angleterre

North America *n* l'Amérique *f* du Nord

northbound [ˈnɔːθbaʊnd] *adj* en direction du nord

northeast [ˌnɔːθˈiːst] *n* nord-est *m*

northern [ˈnɔːðən] *adj* du nord

Northern Ireland *n* l'Irlande *f* du Nord

North Pole *n* pôle *m* Nord
North Sea *n* mer *f* du Nord
northwards ['nɔːθwədz] *adv* vers le nord
northwest [ˌnɔːθ'west] *n* nord-ouest *m*
Norway ['nɔːweɪ] *n* la Norvège
Norwegian [nɔː'wiːdʒən] *adj* norvégien(ienne) ◇ *n* **1.** *(person)* Norvégien *m*, -ienne *f* **2.** *(language)* norvégien *m*
nose [nəʊz] *n* nez *m*
nosebleed ['nəʊzbliːd] *n* • **to have a nosebleed** saigner du nez
nostril ['nɒstrəl] *n* narine *f*
nosy ['nəʊzɪ] *adj* (trop) curieux(ieuse)
not [nɒt] *adv* ne... pas • **she's not there** elle n'est pas là • **not yet** pas encore • **not at all** *(pleased, interested)* pas du tout ; *(in reply to thanks)* je vous en prie
notably ['nəʊtəblɪ] *adv (in particular)* notamment
note [nəʊt] *n* **1.** *(message)* mot *m* **2.** *(in music, comment)* note *f* **3.** *(UK) (bank note)* billet *m* ◇ *vt* **1.** *(notice)* remarquer **2.** *(write down)* noter • **to take notes** prendre des notes
notebook ['nəʊtbʊk] *n* calepin *m*, carnet *m*
noted ['nəʊtɪd] *adj* célèbre, réputé(e)
notepaper ['nəʊtpeɪpəʳ] *n (U)* papier *m* à lettres
nothing ['nʌθɪŋ] *pron* rien • **he did nothing** il n'a rien fait • **nothing new/interesting** rien de nouveau/d'intéressant • **for nothing** pour rien
notice ['nəʊtɪs] *vt* remarquer ◇ *n* avis *m* • **to take notice of** faire OR prêter attention à • **to hand in one's notice** donner sa démission
noticeable ['nəʊtɪsəbl] *adj* perceptible
notice board *n (UK)* panneau *m* d'affichage
notion ['nəʊʃn] *n* notion *f*
notorious [nəʊ'tɔːrɪəs] *adj* notoire
nougat ['nuːgɑː] *n (U)* nougat *m*
nought [nɔːt] *n* zéro *m*
noun [naʊn] *n* nom *m*
nourishment ['nʌrɪʃmənt] *n (U)* nourriture *f*
novel ['nɒvl] *n* roman *m* ◇ *adj* original(e)
novelist ['nɒvəlɪst] *n* romancier *m*, -ière *f*
November [nə'vembəʳ] *n* novembre *m* • **at the beginning of November** début novembre • **at the end of November** fin novembre • **during November** en novembre • **every November** tous les ans en novembre • **in November** en novembre • **last November** en novembre (dernier) • **next November** en novembre de l'année prochaine • **this November** en novembre (prochain) • **2 November 1994** *(in letters etc)* le 2 novembre 1994
now [naʊ] *adv (at this time)* maintenant ◇ *conj* • **now (that)** maintenant que • **just now** en ce moment • **right now** *(at the moment)* en ce moment ; *(immediately)* tout de suite • **by now** déjà, maintenant • **from now on** dorénavant, à partir de maintenant
nowadays ['naʊədeɪz] *adv* de nos jours
nowhere ['nəʊweəʳ] *adv* nulle part
nozzle ['nɒzl] *n* embout *m*
nuclear ['njuːklɪəʳ] *adj* **1.** nucléaire **2.** *(bomb)* atomique

nude [nju:d] *adj* nu(e)
nudge [nʌdʒ] *vt* pousser du coude
nuisance ['nju:sns] *n* • **it's a real nuisance!** c'est vraiment embêtant ! • **he's such a nuisance!** il est vraiment casse-pieds !
numb [nʌm] *adj* engourdi(e)
number ['nʌmbəʳ] *n* **1.** *(numeral)* chiffre *m* **2.** *(of telephone, house)* numéro *m* **3.** *(quantity)* nombre *m* ◇ *vt* numéroter
numberplate ['nʌmbəpleɪt] *n* *(UK)* plaque *f* d'immatriculation
numeral ['nju:mərəl] *n* chiffre *m*
numeric keypad *n* pavé *m*
numerous ['nju:mərəs] *adj* nombreux(euses)
nun [nʌn] *n* religieuse *f*
nurse [nɜ:s] *n* infirmier *m*, -ère *f* ◇ *vt* *(look after)* soigner • **male nurse** infirmier *m*
nursery ['nɜ:sərɪ] *n* **1.** *(in house)* nursery *f* **2.** *(for plants)* pépinière *f*
nursery (school) *n* école *f* maternelle
nursery slope *n* *(UK)* piste *f* pour débutants ≃ piste verte
nursing ['nɜ:sɪŋ] *n* *(U)* métier *m* d'infirmier
nut [nʌt] *n* **1.** *(to eat)* fruit *m* sec *(noix, noisette etc)* **2.** *(of metal)* écrou *m*
nutcrackers ['nʌtˌkrækəz] *npl* casse-noix *m inv*
nutmeg ['nʌtmeg] *n* *(U)* noix *f* de muscade
NVQ (*abbr of National Vocational Qualification*) *n* *(UK)* *examen sanctionnant une formation professionnelle*
nylon ['naɪlɒn] *n* *(U)* Nylon® *m* ◇ *adj* en Nylon®

O

o' [ə] *abbr of* **of**
O *n (zero)* zéro *m*
oak [əʊk] *n* chêne *m* ◇ *adj* en chêne
OAP *(UK)* *abbr of* **old age pensioner**
oar [ɔ:ʳ] *n* rame *f*
oatcake ['əʊtkeɪk] *n* galette *f* d'avoine
oath [əʊθ] *n* *(promise)* serment *m*
oatmeal ['əʊtmi:l] *n* *(U)* flocons *mpl* d'avoine
oats [əʊts] *npl* avoine *f*
obedient [ə'bi:djənt] *adj* obéissant(e)
obey [ə'beɪ] *vt* obéir à
object *n* ['ɒbdʒɪkt] **1.** *(thing)* objet *m* **2.** *(purpose)* but *m* **3.** GRAM complément *m* d'objet ◇ *vi* [ɒb'dʒekt] • **to object (to)** protester (contre)
objection [əb'dʒekʃn] *n* objection *f*
objective [əb'dʒektɪv] *n* objectif *m*
obligation [ˌɒblɪ'geɪʃn] *n* obligation *f*
obligatory [ə'blɪgətrɪ] *adj* obligatoire
oblige [ə'blaɪdʒ] *vt* • **to oblige sb to do sthg** obliger qqn à faire qqch
oblique [ə'bli:k] *adj* oblique
oblong ['ɒblɒŋ] *adj* rectangulaire ◇ *n* rectangle *m*
obnoxious [əb'nɒkʃəs] *adj* **1.** *(person)* odieux(ieuse) **2.** *(smell)* infect(e)
oboe ['əʊbəʊ] *n* hautbois *m*
obscene [əb'si:n] *adj* obscène
obscure [əb'skjʊəʳ] *adj* obscur(e)
observant [əb'zɜ:vnt] *adj* observateur(trice)

observation [ˌɒbzəˈveɪʃn] *n (U)* observation *f*

observatory [əbˈzɜːvətrɪ] *n* observatoire *m*

observe [əbˈzɜːv] *vt (watch, see)* observer

obsessed [əbˈsest] *adj* obsédé(e)

obsession [əbˈseʃn] *n* obsession *f*

obsolete [ˈɒbsəliːt] *adj* obsolète

obstacle [ˈɒbstəkl] *n* obstacle *m*

obstinate [ˈɒbstənət] *adj* obstiné(e)

obstruct [əbˈstrʌkt] *vt* obstruer

obstruction [əbˈstrʌkʃn] *n* obstacle *m*

obtain [əbˈteɪn] *vt* obtenir

obtainable [əbˈteɪnəbl] *adj* que l'on peut obtenir

obvious [ˈɒbvɪəs] *adj* évident(e)

obviously [ˈɒbvɪəslɪ] *adv* **1.** *(of course)* évidemment **2.** *(clearly)* manifestement

occasion [əˈkeɪʒn] *n* **1.** *(instance, opportunity)* occasion *f* **2.** *(important event)* événement *m*

occasional [əˈkeɪʒənl] *adj* occasionnel(elle)

occasionally [əˈkeɪʒnəlɪ] *adv* occasionnellement

occupant [ˈɒkjʊpənt] *n* occupant *m*, -e *f*

occupation [ˌɒkjʊˈpeɪʃn] *n* **1.** *(job)* profession *f* **2.** *(pastime)* occupation *f*

occupied [ˈɒkjʊpaɪd] *adj (toilet)* occupé(e)

occupy [ˈɒkjʊpaɪ] *vt* occuper

occur [əˈkɜːʳ] *vi* **1.** *(happen)* arriver, avoir lieu **2.** *(exist)* exister

occurrence [əˈkʌrəns] *n* événement *m*

ocean [ˈəʊʃn] *n* océan *m* • **the ocean** *(US) (sea)* la mer

o'clock [əˈklɒk] *adv* • **three o'clock** trois heures

Oct. *(abbr of October)* oct. *(octobre)*

October [ɒkˈtəʊbəʳ] *n* octobre *m* • **at the beginning of October** début octobre • **at the end of October** fin octobre • **during October** en octobre • **every October** tous les ans en octobre • **in October** en octobre • **last October** en octobre (dernier) • **next October** en octobre de l'année prochaine • **this October** en octobre (prochain) • **2 October 1994** *(in letters etc)* le 2 octobre 1994

octopus [ˈɒktəpəs] *n* pieuvre *f*

odd [ɒd] *adj* **1.** *(strange)* étrange, bizarre **2.** *(number)* impair(e) **3.** *(not matching)* dépareillé(e) • **I have the odd cigarette** je fume de temps en temps • **60 odd miles** environ 60 miles • **some odd bits of paper** quelques bouts de papier • **odd jobs** petits boulots *mpl*

odds [ɒdz] *npl* **1.** *(in betting)* cote *f* **2.** *(chances)* chances *fpl* • **odds and ends** objets *mpl* divers

odor [ˈəʊdər] *(US)* = **odour**

odour [ˈəʊdəʳ] *n (UK)* odeur *f*

of [ɒv] *prep*

1. *(gen)* de • **the handle of the door** la poignée de la porte • **a group of schoolchildren** un groupe d'écoliers • **a love of art** la passion de l'art

2. *(expressing amount)* de • **a piece of cake** un morceau de gâteau • **a fall of 20%** une baisse de 20% • **a town of 50,000 people** une ville de 50 000 habitants

3. *(made from)* en • **a house of stone** une maison en pierre • **it's made of wood** c'est en bois

4. *(referring to time)* • **the summer of 1969** l'été 1969 • **the 26th of August** le 26 août
5. *(indicating cause)* de • **he died of cancer** il est mort d'un cancer
6. *(on the part of)* • **that's very kind of you** c'est très aimable à vous OR de votre part
7. *(US) (in telling the time)* • **it's ten of four** il est quatre heures moins dix

off [ɒf] *adv*
1. *(away)* • **to drive off** démarrer • **to get off** *(from bus, train, plane)* descendre • **we're off to Austria next week** nous partons pour l'Autriche la semaine prochaine
2. *(expressing removal)* • **to cut a piece off** couper un morceau • **to take the lid off** ôter le couvercle
3. *(so as to stop working)* • **to turn the TV off** éteindre la télévision • **to turn the tap off** fermer le robinet • **to turn the engine off** couper le moteur
4. *(expressing distance or time away)* • **it's 10 miles off** c'est à 16 kilomètres • **it's two months off** c'est dans deux mois • **it's a long way off** c'est loin
5. *(not at work)* en congé • **I'm taking a week off** je prends une semaine de congé
◇ *prep*
1. *(away from)* de • **to get off the bus** descendre du bus • **off the coast** au large de la côte • **just off the main road** tout près de la grand-route
2. *(indicating removal)* de • **take the lid off the jar** enlève le couvercle du pot • **they've taken £20 off the price** ils ont retranché 20 livres du prix normal
3. *(absent from)* • **to be off work** ne pas travailler
4. *(inf) (from)* à • **I bought it off her** je le lui ai acheté
5. *(inf) (no longer liking)* • **I'm off my food** je n'ai pas d'appétit
◇ *adj*
1. *(UK) (meat, cheese)* avarié(e) ; *(milk)* tourné(e) ; *(beer)* éventé(e)
2. *(not working)* éteint(e) ; *(engine)* coupé(e)
3. *(cancelled)* annulé(e)
4. *(not available)* pas disponible • **the soup's off** il n'y a plus de soupe

offence [ə'fens] *n (UK) (crime)* délit *m* • **to cause sb offence** *(upset)* offenser qqn

offend [ə'fend] *vt (upset)* offenser

offender [ə'fendəʳ] *n (criminal)* délinquant *m*, -e *f*

offense [ə'fens] *(US)* = **offence**

offensive [ə'fensɪv] *adj* **1.** *(language, behaviour)* choquant(e) **2.** *(person)* très déplaisant(e)

offer ['ɒfəʳ] *n* offre *f* ◇ *vt* offrir • **on offer** *(at reduced price)* en promotion • **to offer to do sthg** offrir OR proposer de faire qqch • **he offered her a drink** il lui a offert un verre

office ['ɒfɪs] *n (room)* bureau *m*

office automation *adj* bureautique *adj* ◇ *n* bureautique *f*

office block *n (UK)* immeuble *m* de bureaux

office equipment *n* bureautique

officer ['ɒfɪsəʳ] *n* **1.** *(MIL)* officier *m* **2.** *(policeman)* agent *m*

official [əˈfɪʃl] *adj* officiel(ielle) ◇ *n* fonctionnaire *m ou f*
officially [əˈfɪʃəlɪ] *adv* officiellement
off-licence *n* (*UK*) *magasin autorisé à vendre des boissons alcoolisées à emporter*
off-peak *adj (train, ticket)* ≃ de période bleue
off sales *npl* (*UK*) *vente à emporter de boissons alcoolisées*
off-season *n* basse saison *f*
offshore [ˈɒfʃɔːr] *adj (breeze)* de terre
off side *n* **1.** *(for right-hand drive)* côté *m* droit **2.** *(for left-hand drive)* côté gauche
off-the-peg *adj* (*UK*) de prêt-à-porter
often [ˈɒfn, ˈɒftn] *adv* souvent • **how often do you go to the cinema?** tu vas souvent au cinéma ? • **how often do the buses run?** quelle est la fréquence des bus ? • **every so often** de temps en temps
oh [əʊ] *excl* oh!
oil [ɔɪl] *n* **1.** huile *f* **2.** *(fuel)* pétrole *m* **3.** *(for heating)* mazout *m*
oilcan [ˈɔɪlkæn] *n* burette *f* (d'huile)
oil filter *n* filtre *m* à huile
oil rig *n* plate-forme *f* pétrolière
oily [ˈɔɪlɪ] *adj* **1.** *(cloth, hands)* graisseux(euse) **2.** *(food)* gras (grasse)
ointment [ˈɔɪntmənt] *n* pommade *f*
OK [ˌəʊˈkeɪ] *adj* (*inf*) *(of average quality)* pas mal *inv* ◇ *adv* **1.** (*inf*) *(expressing agreement)* d'accord **2.** *(satisfactorily, well)* bien • **is everything OK?** est-ce que tout va bien ? • **are you OK?** ça va ?
okay [ˌəʊˈkeɪ] = OK
old [əʊld] *adj* **1.** vieux (vieille) **2.** *(former)* ancien(ienne) • **how old are you?** quel âge as-tu ? • **I'm 36 years old** j'ai 36 ans • **to get old** vieillir
old age *n* vieillesse *f*
old age pensioner *n* (*UK*) retraité *m*, -e *f*
O level *n* (*UK*) *examen actuellement remplacé par le " GCSE "*
olive [ˈɒlɪv] *n* olive *f*
olive oil *n* huile *f* d'olive
Olympic Games [əˈlɪmpɪk-] *npl* jeux *mpl* Olympiques
omelette [ˈɒmlɪt] *n* omelette *f* • **mushroom omelette** omelette aux champignons
ominous [ˈɒmɪnəs] *adj* inquiétant(e)
omit [əˈmɪt] *vt* omettre
on [ɒn] *prep*
1. *(expressing position, location)* sur • **it's on the table** il est sur la table • **on my right** à OR sur ma droite • **on the right** à droite • **we stayed on a farm** nous avons séjourné dans une ferme • **a hotel on the boulevard Saint-Michel** un hôtel (sur le) boulevard Saint-Michel • **the exhaust on the car** l'échappement de la voiture
2. *(with forms of transport)* • **on the train/plane** dans le train/l'avion • **to get on a bus** monter dans un bus
3. *(expressing means, method)* • **on foot** à pied • **on TV/the radio** à la télé/la radio • **on the piano** au piano
4. *(using)* • **it runs on unleaded petrol** elle marche à l'essence sans plomb • **to be on medication** être sous traitement
5. *(about)* sur • **a book on Germany** un livre sur l'Allemagne
6. *(expressing time)* • **on arrival** à mon/leur arrivée • **on Tuesday** mardi • **on 25th August** le 25 août

7. *(with regard to)* • **to spend time on sthg** consacrer du temps à qqch • **the effect on Britain** l'effet sur la Grande-Bretagne
8. *(describing activity, state)* en • **on holiday** en vacances • **on offer** en réclame • **on sale** en vente
9. *(in phrases)* • **do you have any money on you?** *(inf)* tu as de l'argent sur toi ? • **the drinks are on me** c'est ma tournée
◇ *adv*
1. *(in place, covering)* • **to have a coat on** porter un manteau • **put the lid on** mets le couvercle • **to put one's clothes on** s'habiller, mettre ses vêtements
2. *(film, play, programme)* • **the news is on** il y a les informations à la télé • **what's on at the cinema?** qu'est-ce qui passe au cinéma ?
3. *(with transport)* • **to get on** monter
4. *(functioning)* • **to turn the TV on** allumer la télévision • **to turn the tap on** ouvrir le robinet • **to turn the engine on** mettre le moteur en marche
5. *(taking place)* • **how long is the festival on?** combien de temps dure le festival ?
6. *(further forward)* • **to drive on** continuer à rouler
7. *(in phrases)* • **to have a lot on** être très occupé
◇ *adj (TV, radio, light)* allumé(e) ; *(tap)* ouvert(e) ; *(engine)* en marche

once [wʌns] *adv* **1.** *(one time)* une fois **2.** *(in the past)* jadis ◇ *conj* une fois que, dès que • **at once** *(immediately)* immédiatement ; *(at the same time)* en même temps • **for once** pour une fois • **once more** une fois de plus

oncoming ['ɒnˌkʌmɪŋ] *adj (traffic)* venant en sens inverse

one [wʌn] *num (the number 1)* un ◇ *adj (only)* seul(e) ◇ *pron* **1.** *(object, person)* un (une) **2.** *(fml) (you)* on • **thirty-one** trente et un • **one fifth** un cinquième • **I like that one** j'aime bien celui-là • **I'll take this one** je prends celui-ci • **which one?** lequel ? • **the one I told you about** celui dont je t'ai parlé • **one of my friends** un de mes amis • **one day** *(in past, future)* un jour • **to be one (year old)** avoir un an • **it's one (o'clock)** il est une heure • **a hundred and one** cent un • **one Hill St** 1 Hill St • **it's minus one (degree)** il fait moins un

one-piece (swimsuit) *n* maillot *m* de bain une pièce

oneself [wʌn'self] *pron* **1.** *(reflexive)* se **2.** *(after prep)* soi

one-way *adj* **1.** *(street)* à sens unique **2.** *(ticket)* aller *inv*

onion ['ʌnjən] *n* oignon *m*

onion bhaji [-'bɑːdʒɪ] *n* beignet *m* à l'oignon *(spécialité indienne généralement servie en hors-d'œuvre)*

onion rings *npl rondelles d'oignon en beignets*

only ['əʊnlɪ] *adj* seul(e) ◇ *adv* seulement, ne... que • **an only child** un enfant unique • **the only one** le seul (la seule) • **I only want one** je n'en veux qu'un • **we've only just arrived** nous venons juste d'arriver • **there's only just enough** il y en a tout juste assez • **not only** non seulement ▼ **members only** réservé aux membres

onto ['ɒntu:] *prep (with verbs of movement)* sur • **to get onto sb** *(telephone)* contacter qqn
onward ['ɒnwəd] *adv* = **onwards** ◇ *adj* • **the onward journey** la fin du parcours
onwards ['ɒnwədz] *adv (forwards)* en avant • **from now onwards** à partir de maintenant, dorénavant • **from October onwards** à partir d'octobre
opal ['əupl] *n* opale *f*
opaque [əu'peɪk] *adj* opaque
open ['əupn] *adj* **1.** ouvert(e) **2.** *(space)* dégagé(e) **3.** *(honest)* franc (franche) ◇ *vt* ouvrir ◇ *vi* **1.** *(door, window, lock)* s'ouvrir **2.** *(shop, office, bank)* ouvrir **3.** *(start)* commencer • **are you open at the weekend?** *(shop)* êtes-vous ouverts le week-end ? • **wide open** grand ouvert • **in the open (air)** en plein air ◆ **open onto** *vt insep* donner sur ◆ **open up** *vi* ouvrir
open-air *adj* en plein air
opening ['əupnɪŋ] *n* **1.** *(gap)* ouverture *f* **2.** *(beginning)* début *m* **3.** *(opportunity)* occasion *f*
opening hours *npl* heures *fpl* d'ouverture
open-minded [↓'maɪndɪd] *adj* tolérant(e)
open-plan *adj* paysagé(e)
open sandwich *n (UK)* canapé *m*
Open University *n (UK)* • **the Open University** centre *m* national d'enseignement à distance
opera ['ɒpərə] *n* opéra *m*
opera house *n* opéra *m*
operate ['ɒpəreɪt] *vt (machine)* faire fonctionner ◇ *vi (work)* fonctionner • **to operate on sb** opérer qqn
operating room ['ɒpəreɪtɪŋ-] *(US)* = **operating theatre**
operating theatre ['ɒpəreɪtɪŋ-] *n (UK)* salle *f* d'opération
operation [,ɒpə'reɪʃn] *n* opération *f* • **to be in operation** *(law, system)* être appliqué • **to have an operation** se faire opérer
operator ['ɒpəreɪtəʳ] *n (on phone)* opérateur *m*, -trice *f*
opinion [ə'pɪnjən] *n* opinion *f* • **in my opinion** à mon avis
opponent [ə'pəunənt] *n* adversaire *m ou f*
opportunity [,ɒpə'tju:nətɪ] *n* occasion *f*
oppose [ə'pəuz] *vt* s'opposer à
opposed [ə'pəuzd] *adj* • **to be opposed to sthg** être opposé(e)à qqch
opposite ['ɒpəzɪt] *adj* **1.** opposé(e) **2.** *(building)* d'en face ◇ *prep* en face de ◇ *n* • **the opposite (of)** le contraire (de)
opposition [,ɒpə'zɪʃn] *n (U)* **1.** *(objections)* opposition *f* **2.** *SPORT* adversaire *m ou f*
opt [ɒpt] *vt* • **to opt to do sthg** choisir de faire qqch
optical mouse *n* souris *f* optique
optician's [ɒp'tɪʃns] *n (shop)* opticien *m*
optimist ['ɒptɪmɪst] *n* optimiste *m ou f*
optimistic [,ɒptɪ'mɪstɪk] *adj* optimiste
option ['ɒpʃn] *n* **1.** *(alternative)* choix *m* **2.** *(optional extra)* option *f*
optional ['ɒpʃənl] *adj* optionnel(elle)
or [ɔ:ʳ] *conj* **1.** ou **2.** *(after negative)* ni
oral ['ɔ:rəl] *adj* oral(e) ◇ *n (exam)* oral *m*
orange ['ɒrɪndʒ] *adj* orange *inv* ◇ *n* **1.** *(fruit)* orange *f* **2.** *(colour)* orange *m*
orange juice *n* jus *m* d'orange

orange squash *n* (*UK*) orangeade *f*
orbit ['ɔ:bɪt] *n* orbite *f*
orbital (motorway) ['ɔ:bɪtl-] *n* (*UK*) rocade *f*
orchard ['ɔ:tʃəd] *n* verger *m*
orchestra ['ɔ:kɪstrə] *n* orchestre *m*
ordeal [ɔ:'di:l] *n* épreuve *f*
order ['ɔ:dəʳ] *n* **1.** *(U)* ordre *m* **2.** *(in restaurant, for goods)* commande *f* ◇ *vt* **1.** *(command)* ordonner **2.** *(food, taxi, goods)* commander ◇ *vi* *(in restaurant)* commander ● **in order to do sthg** de façon à OR afin de faire qqch ● **out of order** *(not working)* en panne ● **in working order** en état de marche ● **to order sb to do sthg** ordonner à qqn de faire qqch
order form *n* bon *m* de commande
ordinary ['ɔ:dənrɪ] *adj* ordinaire
ore [ɔ:ʳ] *n* minerai *m*
oregano [(*UK*) ˌɒrɪ'gɑ:nəʊ, (*US*) ə'regənəʊ] *n* *(U)* origan *m*
organ ['ɔ:gən] *n* **1.** *MUS* orgue *m* **2.** *(in body)* organe *m*
organic [ɔ:'gænɪk] *adj* *(food)* biologique
organization [ˌɔ:gənaɪ'zeɪʃn] *n* organisation *f*
organize ['ɔ:gənaɪz] *vt* organiser
organizer ['ɔ:gənaɪzəʳ] *n* **1.** *(person)* organisateur *m*, -trice *f* **2.** *(diary)* organiseur *m*
orient ['ɔrɪ'ənt] = **orientate**
oriental [ˌɔ:rɪ'entl] *adj* oriental(e)
orientate ['ɔ:rɪenteɪt] *vt* (*UK*) ● **to orientate o.s.** s'orienter
origin ['ɒrɪdʒɪn] *n* origine *f*
original [ə'rɪdʒənl] *adj* **1.** *(first)* d'origine **2.** *(novel)* original(e)
originally [ə'rɪdʒənəlɪ] *adv* *(formerly)* à l'origine
originate [ə'rɪdʒəneɪt] *vi* ● **to originate from** venir de
ornament ['ɔ:nəmənt] *n* *(object)* bibelot *m*
ornamental [ˌɔ:nə'mentl] *adj* décoratif(ive)
ornate [ɔ:'neɪt] *adj* orné(e)
orphan ['ɔ:fn] *n* orphelin *m*, -e *f*
orthodox ['ɔ:θədɒks] *adj* orthodoxe
ostentatious [ˌɒstən'teɪʃəs] *adj* ostentatoire
ostrich ['ɒstrɪtʃ] *n* autruche *f*
other ['ʌðəʳ] *adj* autre ◇ *pron* autre *m ou f* ◇ *adv* ● **other than** à part ● **the other (one)** l'autre ● **the other day** l'autre jour ● **one after the other** l'un après l'autre
otherwise ['ʌðəwaɪz] *adv* **1.** *(or else)* autrement, sinon **2.** *(apart from that)* à part ça **3.** *(differently)* autrement
otter ['ɒtəʳ] *n* loutre *f*
ought [ɔ:t] *aux vb* devoir ● **you ought to have gone** tu aurais dû y aller ● **you ought to see a doctor** tu devrais voir un médecin ● **the car ought to be ready by Friday** la voiture devrait être prête vendredi
ounce [aʊns] *n* *(unit of measurement)* = 28,35 g, once *f*
our ['aʊəʳ] *adj* notre, nos *pl*
ours ['aʊəz] *pron* le nôtre (la nôtre) ● **this is ours** c'est à nous ● **a friend of ours** un ami à nous
ourselves [aʊə'selvz] *pron* *(reflexive, after prep)* nous ● **we did it ourselves** nous l'avons fait nous-mêmes
out [aʊt] *adj* *(light, cigarette)* éteint(e)

◇ *adv*
1. *(outside)* dehors ● **to get out (of)** sortir (de) ● **to go out (of)** sortir (de) ● **it's cold out** il fait froid dehors
2. *(not at home, work)* dehors ● **to be out** être sorti ● **to go out** sortir
3. *(so as to be extinguished)* ● **to turn the light out** éteindre la lumière ● **put your cigarette out** éteignez votre cigarette
4. *(expressing removal)* ● **to fall out** tomber ● **he took his wallet out (of his pocket)** il sortit son portefeuille(de sa poche) ● **to take money out (of an account)** retirer de l'argent(d'un compte)
5. *(outwards)* ● **to stick out** dépasser
6. *(expressing distribution)* ● **to hand exercise books out** distribuer des cahiers
7. *(wrong)* faux (fausse) ● **the bill's £10 out** il y a une erreur de 10 livres dans l'addition
8. *(in phrases)* ● **stay out of the sun** évitez le soleil ● **made out of wood** en bois ● **five out of ten women** cinq femmes sur dix ● **I'm out of cigarettes** je n'ai plus de cigarettes

outback ['autbæk] *n* ● **the outback** l'arrière-pays *m (en Australie)*

outboard (motor) ['autbɔːd-] *n* moteur *m* hors-bord

outbreak ['autbreɪk] *n (of disease)* épidémie *f*

outburst ['autbɜːst] *n* explosion *f*

outcome ['autkʌm] *n* résultat *m*

outcrop ['autkrɒp] *n* affleurement *m*

outdated [,aut'deɪtɪd] *adj* démodé(e)

outdo [,aut'duː] *vt* surpasser

outdoor ['autdɔːʳ] *adj* **1.** *(swimming pool)* en plein air **2.** *(activities)* de plein air

outdoors [aut'dɔːz] *adv* en plein air, dehors ● **to go outdoors** sortir

outer ['autəʳ] *adj* extérieur(e)

outer space *n (U)* l'espace *m*

outfit ['autfɪt] *n (clothes)* tenue *f*

outing ['autɪŋ] *n* sortie *f*

outlet ['autlet] *n (pipe)* sortie *f* ▼ **no outlet** *(US)* voie sans issue

outline ['autlaɪn] *n* **1.** *(shape)* contour *m* **2.** *(description)* grandes lignes *fpl*

outlook ['autlʊk] *n* **1.** *(for future)* perspective *f* **2.** *(of weather)* prévision *f* **3.** *(attitude)* conception *f*

out-of-date *adj* **1.** *(old-fashioned)* démodé(e) **2.** *(passport, licence)* périmé(e)

outpatients' (department) ['aut,peɪʃnts-] *n* service *m* des consultations externes

output ['autput] *n* **1.** *(of factory)* production *f* **2.** COMPUT *(printout)* sortie *f* papier

output device *n* périphérique *m*

outrage ['autreɪdʒ] *n* atrocité *f*

outrageous [aut'reɪdʒəs] *adj* scandaleux(euse)

outright [,aut'raɪt] *adv* **1.** *(tell, deny)* franchement **2.** *(own)* complètement

outside *adv* [,aut'saɪd] dehors ◇ *prep* ['autsaɪd] **1.** en dehors de **2.** *(door)* de l'autre côté de **3.** *(in front of)* devant ◇ *adj* ['autsaɪd] extérieur(e) ◇ *n* ['autsaɪd] ● **the outside** *(of building, car, container)* l'extérieur *m* ; AUT *(in UK)* la droite ; AUT *(in Europe, US)* la gauche ● **an outside line** une ligne extérieure ● **outside of** *(US)* en dehors de

outside lane *n* **1.** AUT *(in UK)* voie *f* de droite **2.** AUT *(in Europe, US)* voie *f* de gauche

outsize ['aʊtsaɪz] *adj (clothes)* grande taille *inv*

outskirts ['aʊtskɜːts] *npl (of town)* périphérie *f*, banlieue *f*

outstanding [ˌaʊt'stændɪŋ] *adj* **1.** *(remarkable)* remarquable **2.** *(problem)* à régler **3.** *(debt)* impayé(e)

outward ['aʊtwəd] *adj* **1.** *(journey)* aller *inv* **2.** *(external)* extérieur(e)

outwards ['aʊtwədz] *adv* vers l'extérieur

oval ['əʊvl] *adj* ovale

ovation [əʊ'veɪʃn] *n* ovation *f*

oven ['ʌvn] *n* four *m*

oven glove *n (UK)* gant *m* de cuisine

ovenproof ['ʌvnpruːf] *adj* qui va au four

oven-ready *adj* prêt(e)à mettre au four

over ['əʊvəʳ] *prep*
1. *(above)* au-dessus de • **a bridge over the river** un pont sur la rivière
2. *(across)* par-dessus • **to walk over sthg** traverser qqch (à pied) • **it's just over the road** c'est juste de l'autre côté de la route • **a view over the square** une vue sur la place
3. *(covering)* sur • **put a plaster over the wound** mettez un pansement sur la plaie
4. *(more than)* plus de • **it cost over £1,000** ça a coûté plus de 1 000 livres
5. *(during)* pendant • **over the past two years** ces deux dernières années
6. *(with regard to)* sur • **an argument over the price** une dispute au sujet du prix
◇ *adv*
1. *(downwards)* • **to fall over** tomber • **to lean over** se pencher
2. *(referring to position, movement)* • **to fly over to Canada** aller au Canada en avion • **over here** ici • **over there** là-bas
3. *(round to other side)* • **to turn the paper over** retourner le papier
4. *(more)* • **children aged 12 and over** les enfants de 12 ans et plus OR au-dessus
5. *(remaining)* • **how many are there (left) over?** combien en reste-t-il ?
6. *(to one's house)* chez soi • **to come over** venir à la maison • **to invite sb over for dinner** inviter qqn à dîner (chez soi)
7. *(in phrases)* • **all over** *(finished)* fini(e), terminé(e) • **all over the world/country** dans le monde/pays entier
◇ *adj (finished)* • **to be over** être fini(e), être terminé(e)

overall *adv* [ˌəʊvər'ɔːl] *(in general)* en général ◇ *n* ['əʊvərɔːl] **1.** *(UK) (coat)* blouse *f* **2.** *(US) (boiler suit)* bleu *m* de travail • **how much does it cost overall?** combien est-ce que ça coûte en tout ? ♦ **overalls** *npl* **1.** *(UK) (boiler suit)* bleu *m* de travail **2.** *(US) (dungarees)* salopette *f*

overboard ['əʊvəbɔːd] *adv* par-dessus bord

overbooked [ˌəʊvə'bʊkt] *adj* surréservé(e)

overcame [ˌəʊvə'keɪm] *pt* ➤ **overcome**

overcast [ˌəʊvə'kɑːst] *adj* couvert(e)

overcharge [ˌəʊvə'tʃɑːdʒ] *vt (customer)* faire payer trop cher à

overcoat ['əʊvəkəʊt] *n* pardessus *m*

overcome [ˌəʊvə'kʌm] *(pt* **-came**, *pp* **-come**) *vt* vaincre

overcooked [ˌəʊvə'kʊkt] *adj* trop cuit(e)

overcrowded [,əʊvə'kraʊdɪd] *adj* bondé(e)
overdo [,əʊvə'du:] (*pt* **-did**, *pp* **-done**) *vt (exaggerate)* exagérer • **to overdo it** se surmener
overdone [,əʊvə'dʌn] *pp* ➤ **overdo** ◇ *adj (food)* trop cuit(e)
overdose ['əʊvədəʊs] *n* overdose *f*
overdraft ['əʊvədrɑ:ft] *n* découvert *m*
overdue [,əʊvə'dju:] *adj* en retard
over easy *adj* (*US*) *(egg)* cuit(e)des deux côtés
overexposed [,əʊvərɪk'spəʊzd] *adj (photograph)* surexposé(e)
overflow *vi* [,əʊvə'fləʊ] déborder ◇ *n* ['əʊvəfləʊ] *(pipe)* trop-plein *m*
overgrown [,əʊvə'grəʊn] *adj (garden, path)* envahi(e)par les mauvaises herbes
overhaul [,əʊvə'hɔ:l] *n* révision *f*
overhead *adj* ['əʊvəhed] aérien(ienne) ◇ *adv* [,əʊvə'hed] au-dessus
overhead locker *n (on plane)* compartiment *m* à bagages
overhear [,əʊvə'hɪər] (*pt & pp* **-heard**) *vt* entendre par hasard
overheat [,əʊvə'hi:t] *vi* surchauffer
overland ['əʊvəlænd] *adv* par voie de terre
overlap [,əʊvə'læp] *vi* se chevaucher
overleaf [,əʊvə'li:f] *adv* au verso, au dos
overload [,əʊvə'ləʊd] *vt* surcharger
overlook *vt* [,əʊvə'lʊk] **1.** *(subj: building, room)* donner sur **2.** *(miss)* oublier ◇ *n* ['əʊvəlʊk] • **(scenic) overlook** (*US*) point *m* de vue
overnight *adv* [,əʊvə'naɪt] **1.** *(during the night)* pendant la nuit **2.** *(until next day)* pour la nuit ◇ *adj* ['əʊvənaɪt] *(train, journey)* de nuit
overnight bag *n* sac *m* de voyage
overpass ['əʊvəpɑ:s] *n* (*US*) saut-de-mouton *m*
overpowering [,əʊvə'paʊərɪŋ] *adj* **1.** *(heat)* accablant(e) **2.** *(smell)* suffocant(e)
oversaw [,əʊvə'sɔ:] *pt* ➤ **oversee**
overseas *adv* [,əʊvə'si:z] à l'étranger ◇ *adj* ['əʊvəsi:z] **1.** étranger(ère) **2.** *(holiday)* à l'étranger
oversee [,əʊvə'si:] (*pt* **-saw**, *pp* **-seen**) *vt (supervise)* superviser
overshoot [,əʊvə'ʃu:t] (*pt & pp* **-shot**) *vt (turning, motorway exit)* manquer
oversight ['əʊvəsaɪt] *n* oubli *m*
oversleep [,əʊvə'sli:p] (*pt & pp* **-slept**) *vi* ne pas se réveiller à temps
overtake [,əʊvə'teɪk] (*pt* **-took**, *pp* **-taken**) *vt & vi* (*UK*) doubler ▼ **no overtaking** (*UK*) dépassement interdit
overtime ['əʊvətaɪm] *n (U)* heures *fpl* supplémentaires
overtook [,əʊvə'tʊk] *pt* ➤ **overtake**
overture ['əʊvə,tjʊər] *n* ouverture *f*
overturn [,əʊvə'tɜ:n] *vi* se retourner
overweight [,əʊvə'weɪt] *adj* trop gros (grosse)
overwhelm [,əʊvə'welm] *vt* **1.** *(with joy)* combler **2.** *(with sadness)* accabler
owe [əʊ] *vt* devoir • **you owe me £50** tu me dois 50 £ • **owing to** en raison de
owl [aʊl] *n* chouette *f*
own [əʊn] *adj* propre ◇ *vt* avoir, posséder ◇ *pron* • **a room of my own** une chambre pour moi tout seul • **on my own** (tout) seul • **to get one's own back** prendre sa

revanche ◆ **own up** *vi* ● **to own up (to sthg)** avouer (qqch)
owner ['əʊnər] *n* propriétaire *m ou f*
ownership ['əʊnəʃɪp] *n (U)* propriété *f*
ox [ɒks] *(pl* **oxen** ['ɒksən]) *n* bœuf *m*
Oxbridge ['ɒksbrɪdʒ] *n désignation collective des universités d'Oxford et de Cambridge*

Oxbridge

Terme combiné désignant les universités anglaises d'Oxford et de Cambridge, qui, depuis leur création au XIIIe siècle, sont les plus prestigieuses au Royaume-Uni. Elles sont synonymes d'excellence et d'élitisme pour les professeurs, les chercheurs et les étudiants issus d'écoles publiques ou privées, ayant été reçus aux concours d'admission particulièrement sélectifs. Ces derniers suivent leur scolarité dans des établissements anciens ou récents et ont accès à de nombreux sports et loisirs. Depuis 1829, les deux facultés se confrontent annuellement lors d'une compétition d'aviron largement médiatisée.

oxtail soup ['ɒksteɪl-] *n (U)* soupe *f* à la queue de bœuf
oxygen ['ɒksɪdʒən] *n (U)* oxygène *m*
oyster ['ɔɪstər] *n* huître *f*
oz *abbr of* **ounce**
ozone-friendly ['əʊzəʊn-] *adj* qui préserve la couche d'ozone

pP

p 1. *(abbr of page)* p. *(page)* **2.** *abbr of* **penny, pence**
pace [peɪs] *n* **1.** *(speed)* vitesse *f*, allure *f* **2.** *(step)* pas *m*
pacemaker ['peɪs,meɪkər] *n (for heart)* pacemaker *m*
Pacific [pə'sɪfɪk] *n* ● **the Pacific (Ocean)** le Pacifique, l'océan Pacifique *m*
pacifier ['pæsɪfaɪər] *n (US) (for baby)* tétine *f*
pacifist ['pæsɪfɪst] *n* pacifiste *m ou f*
pack [pæk] *n* **1.** *(packet)* paquet *m* **2.** *(UK) (of cards)* paquet, jeu *m* **3.** *(rucksack)* sac *m* à dos ◇ *vt* **1.** emballer **2.** *(suitcase, bag)* faire ◇ *vi (for journey)* faire ses valises ● **a pack of lies** un tissu de mensonges ● **they packed all their possessions into the van** ils ont entassé toutes leurs affaires dans la camionnette ● **to pack one's bags** faire ses valises ◆ **pack up** *vi* **1.** *(pack suitcase)* faire sa valise **2.** *(tidy up)* ranger **3.** *(UK) (inf) (machine, car)* tomber en rade
package ['pækɪdʒ] *n* **1.** *(parcel)* paquet *m* **2.** COMPUT progiciel *m* ◇ *vt* emballer
package holiday *n (UK) voyage à prix forfaitaire incluant transport et hébergement*
package tour *n* voyage *m* organisé
packaging ['pækɪdʒɪŋ] *n (U) (material)* emballage *m*
packed [pækt] *adj (crowded)* bondé(e)

packed lunch *n* (*UK*) panier-repas *m*
packet ['pækɪt] *n* paquet *m* • **it cost a packet** (*UK*) (*inf*) ça a coûté un paquet
packing ['pækɪŋ] *n* (*U*) (*material*) emballage *m* • **to do one's packing** (*for journey*) faire ses valises
pad [pæd] *n* **1.** (*of paper*) bloc *m* **2.** (*of cloth, cotton wool*) tampon *m* • **knee pad** genouillère *f*
padded ['pædɪd] *adj* (*jacket, seat*) rembourré(e)
padded envelope *n* enveloppe *f* matelassée
paddle ['pædl] *n* (*pole*) pagaie *f* ◇ *vi* **1.** (*UK*) (*wade*) barboter **2.** (*in canoe*) pagayer
paddling pool ['pædlɪŋ-] *n* (*UK*) pataugeoire *f*
paddock ['pædək] *n* (*at racecourse*) paddock *m*
padlock ['pædlɒk] *n* cadenas *m*
page [peɪdʒ] *n* page *f* ◇ *vt* (*call*) appeler (par haut-parleur) ▼ **paging Mr Hill** on demande M. Hill
page break saut *m*
paid [peɪd] *pt & pp* ➤ **pay** ◇ *adj* (*holiday, work*) payé(e)
pain [peɪn] *n* douleur *f* • **to be in pain** (*physical*) souffrir • **he's such a pain!** (*inf*) il est vraiment pénible ! ♦ **pains** *npl* (*trouble*) peine *f*
painful ['peɪnfʊl] *adj* douloureux(euse)
painkiller ['peɪn,kɪləʳ] *n* analgésique *m*
paint [peɪnt] *n* (*U*) peinture *f* ◇ *vt & vi* peindre • **to paint one's nails** se mettre du vernis à ongles
paintbrush ['peɪntbrʌʃ] *n* pinceau *m*
painter ['peɪntəʳ] *n* peintre *m*
painting ['peɪntɪŋ] *n* peinture *f*
pair [peəʳ] *n* (*of two things*) paire *f* • **in pairs** par deux • **a pair of pliers** une pince • **a pair of scissors** une paire de ciseaux • **a pair of shorts** un short • **a pair of tights** un collant • **a pair of trousers** un pantalon
pajamas [pə'dʒɑːməz] (*US*) = **pyjamas**
Pakistan [(*UK*),pɑːkɪ'stɑːn, (*US*),pækɪ'stæn] *n* le Pakistan
Pakistani [(*UK*),pɑːkɪ'stɑːnɪ, (*US*),pækɪ'stænɪ] *adj* pakistanais(e) ◇ *n* (*person*) Pakistanais *m*, -e *f*
pakora [pə'kɔːrə] *npl petits beignets de légumes épicés (spécialité indienne généralement servie en hors-d'œuvre avec une sauce elle-même épicée)*
pal [pæl] *n* (*inf*) pote *m*
palace ['pælɪs] *n* palais *m*
palatable ['pælətəbl] *adj* (*food, drink*) bon (bonne)
palate ['pælət] *n* palais *m*
pale [peɪl] *adj* pâle
pale ale *n* bière *f* blonde légère
palm [pɑːm] *n* (*of hand*) paume *f* • **palm (tree)** palmier *m*
palmtop ['pɑːmtɒp] ordinateur *m*
palpitations [,pælpɪ'teɪʃnz] *npl* palpitations *fpl*
pamphlet ['pæmflɪt] *n* brochure *f*
pan [pæn] *n* **1.** (*saucepan*) casserole *f* **2.** (*frying pan*) poêle *f*
pancake ['pænkeɪk] *n* crêpe *f*
pancake roll *n* (*UK*) rouleau *m* de printemps
panda ['pændə] *n* panda *m*
panda car *n* (*UK*) voiture *f* de patrouille

pane [peɪn] *n* 1. *(large)* vitre *f* 2. *(small)* carreau *m*
panel ['pænl] *n* 1. *(of wood)* panneau *m* 2. *(group of experts)* comité *m* 3. *(on TV, radio)* invités *mpl*
paneling ['pænəlɪŋ] *(US)* = **panelling**
panelling ['pænəlɪŋ] *n (U) (UK)* lambris *m*
panic ['pænɪk] *(pt & pp* **-ked**, OU **-king**) *n* panique *f* ◇ *vi* paniquer
panniers ['pænɪəz] *npl (for bicycle)* sacoches *fpl*
panoramic [,pænə'ræmɪk] *adj* panoramique
pant [pænt] *vi* haleter
panties ['pæntɪz] *npl (inf)* culotte *f*
pantomime ['pæntəmaɪm] *n (UK) spectacle de Noël*
pantry ['pæntrɪ] *n* garde-manger *m inv*
pants [pænts] *npl* 1. *(UK) (underwear)* slip *m* 2. *(US) (trousers)* pantalon *m*
panty hose ['pæntɪ-] *npl (US)* collant *m*
papadum ['pæpədəm] *n galette indienne très fine et croustillante*
paper ['peɪpəʳ] *n* 1. *(U) (material)* papier *m* 2. *(newspaper)* journal *m* 3. *(exam)* épreuve *f* ◇ *adj* 1. en papier 2. *(cup, plate)* en carton ◇ *vt* tapisser • **a piece of paper** *(sheet)* une feuille de papier ; *(scrap)* un bout de papier ◆ **papers** *npl (documents)* papiers *mpl*
paperback ['peɪpəbæk] *n* livre *m* de poche
paper bag *n* sac *m* en papier
paperboy ['peɪpəbɔɪ] *n* livreur *m* de journaux
paper clip *n* trombone *m*
papergirl ['peɪpəgɜːl] *n* livreuse *f* de journaux
paper handkerchief *n* mouchoir *m* en papier
paper shop *n (UK)* marchand *m* de journaux
paperweight ['peɪpəweɪt] *n* presse-papiers *m inv*
paprika ['pæprɪkə] *n (U)* paprika *m*
par [pɑːʳ] *n (in golf)* par *m*
paracetamol [,pærə'siːtəmɒl] *n (UK)* paracétamol *m*
parachute ['pærəʃuːt] *n* parachute *m*
parade [pə'reɪd] *n* 1. *(procession)* parade *f* 2. *(UK) (of shops)* rangée *f* de magasins
paradise ['pærədaɪs] *n* paradis *m*
paraffin ['pærəfɪn] *n (U)* paraffine *f*
paragraph ['pærəgrɑːf] *n* paragraphe *m*
parallel ['pærəlel] *adj* • **parallel (to)** parallèle (à)
paralysed ['pærəlaɪzd] *adj (UK)* paralysé(e)
paralyzed ['pærəlaɪzd] *(US)* = **paralysed**
paramedic [,pærə'medɪk] *n* aide-soignant *m*, -e *f*
paranoid ['pærənɔɪd] *adj* paranoïaque
parasite ['pærəsaɪt] *n* parasite *m*
parasol ['pærəsɒl] *n* 1. *(above table, on beach)* parasol *m* 2. *(hand-held)* ombrelle *f*
parcel ['pɑːsl] *n (UK)* paquet *m*
parcel post *n (U)* • **to send sthg by parcel post** envoyer qqch par colis postal
pardon ['pɑːdn] *excl* • **pardon?** pardon ? • **pardon (me)!** pardon !, excusez-moi ! • **I beg your pardon!** *(apologizing)* je vous demande pardon ! • **I beg your pardon?**

(asking for repetition) je vous demande pardon ?
parent ['peərənt] *n* **1.** *(father)* père *m* **2.** *(mother)* mère *f* • **parents** parents *mpl*
parish ['pærɪʃ] *n* **1.** *(of church)* paroisse *f* **2.** *(village area)* commune *f*
park [pɑːk] *n* parc *m* ◇ *vt (vehicle)* garer ◇ *vi* se garer
park and ride *n système de contrôle de la circulation qui consiste à se garer à l'extérieur des grandes villes, puis à utiliser des navettes pour aller au centre*
parking ['pɑːkɪŋ] *n (U)* stationnement *m* ▼ **no parking** stationnement interdit, défense de stationner
parking brake *n (US)* frein *m* à main
parking lot *n (US)* parking *m*
parking meter *n* parcmètre *m*
parking space *n* place *f* de parking
parking ticket *n* contravention *f (pour stationnement interdit)*
parkway ['pɑːkweɪ] *n (US) voie principale dont le terre-plein central est planté d'arbres, de fleurs, etc*
parliament ['pɑːləmənt] *n* parlement *m*
Parmesan (cheese) [pɑːmɪ'zæn-] *n (U)* parmesan *m*
parrot ['pærət] *n* perroquet *m*
parsley ['pɑːslɪ] *n (U)* persil *m*
parsnip ['pɑːsnɪp] *n* panais *m*
parson ['pɑːsn] *n* pasteur *m*
part [pɑːt] *n* **1.** partie *f* **2.** *(of machine, car)* pièce *f* **3.** *(in play, film)* rôle *m* **4.** *(US) (in hair)* raie *f* ◇ *adv (partly)* en partie ◇ *vi (couple)* se séparer • **in this part of France** dans cette partie de la France • **to form part of sthg** faire partie de qqch • **to play a part in sthg** jouer un rôle dans qqch • **to take part in sthg** prendre part à qqch • **for my part** pour ma part • **for the most part** dans l'ensemble • **in these parts** dans cette région
partial ['pɑːʃl] *adj* partiel(ielle) • **to be partial to sthg** avoir un faible pour qqch
participant [pɑː'tɪsɪpənt] *n* participant *m*, -e *f*
participate [pɑː'tɪsɪpeɪt] *vi* • **to participate (in)** participer (à)
particular [pə'tɪkjʊlər] *adj* **1.** particulier(ière) **2.** *(fussy)* difficile • **in particular** en particulier • **nothing in particular** rien de particulier ◆ **particulars** *npl (details)* coordonnées *fpl*
particularly [pə'tɪkjʊləlɪ] *adv* particulièrement
parting ['pɑːtɪŋ] *n (UK) (in hair)* raie *f*
partition [pɑː'tɪʃn] *n (wall)* cloison *f*
partly ['pɑːtlɪ] *adv* en partie
partner ['pɑːtnər] *n* **1.** *(husband, wife)* conjoint *m*, -e *f* **2.** *(lover)* compagnon *m*, compagne *f* **3.** *(in game, dance)* partenaire *m ou f* **4.** COMM associé *m*, -e *f*
partnership ['pɑːtnəʃɪp] *n* association *f*
partridge ['pɑːtrɪdʒ] *n* perdrix *f*
part-time *adj & adv* à temps partiel
party ['pɑːtɪ] *n* **1.** *(for fun)* fête *f* **2.** POL parti *m* **3.** *(group of people)* groupe *m* • **to have a party** organiser une fête
pass [pɑːs] *vt* **1.** passer **2.** *(move past)* passer devant **3.** *(person in street)* croiser **4.** *(test, exam)* réussir **5.** *(overtake)* dépasser, doubler **6.** *(law)* voter ◇ *vi* **1.** passer **2.** *(overtake)* dépasser, doubler **3.** *(in test, exam)* réussir ◇ *n* **1.** *(document)* laissez-passer *m inv* **2.** *(in mountain)* col *m* **3.** *(in exam)* mention *f* passable **4.** SPORT passe *f*

• **please pass me the salt** passe-moi le sel, s'il te plaît ♦ **pass by** *vt insep (building, window etc)* passer devant ◇ *vi* passer ♦ **pass on** *vt sep (message)* faire passer ♦ **pass out** *vi (faint)* s'évanouir ♦ **pass up** *vt sep (opportunity)* laisser passer

passable ['pɑːsəbl] *adj* **1.** *(road)* praticable **2.** *(satisfactory)* passable

passage ['pæsɪdʒ] *n* **1.** passage *m* **2.** *(sea journey)* traversée *f*

passageway ['pæsɪdʒweɪ] *n* passage *m*

passenger ['pæsɪndʒəʳ] *n* passager *m*, -ère *f*

passerby [,pɑːsə'baɪ] *n* passant *m*, -e *f*

passing place ['pɑːsɪŋ-] *n* aire *f* de croisement

passion ['pæʃn] *n* passion *f*

passionate ['pæʃənət] *adj* passionné(e)

passive ['pæsɪv] *n GRAM* passif *m*

passport ['pɑːspɔːt] *n* passeport *m*

passport control *n (U)* contrôle *m* des passeports

passport photo *n* photo *f* d'identité

password ['pɑːswɜːd] *n* mot *m* de passe

past [pɑːst] *adj* **1.** *(earlier, finished)* passé(e) **2.** *(last)* dernier(ière) **3.** *(former)* ancien(ienne) ◇ *prep* **1.** *(further than)* après **2.** *(in front of)* devant ◇ *n (former time)* passé *m* ◇ *adv* • **to go past** passer devant • **past (tense)** *GRAM* passé *m* • **the past month** le mois dernier • **the past few days** ces derniers jours • **twenty past four** quatre heures vingt • **she walked past the window** elle est passée devant la fenêtre • **in the past** autrefois

pasta ['pæstə] *n (U)* pâtes *fpl*

paste [peɪst] *n* **1.** *(spread)* pâte *f* **2.** *(glue)* colle *f* ◇ *vt* coller

pastel ['pæstl] *n* pastel *m*

pasteurized ['pɑːstʃəraɪzd] *adj* pasteurisé(e)

pastille ['pæstɪl] *n* pastille *f*

pastime ['pɑːstaɪm] *n* passe-temps *m inv*

pastry ['peɪstrɪ] *n* **1.** *(U) (for pie)* pâte *f* **2.** *(cake)* pâtisserie *f*

pasture ['pɑːstʃəʳ] *n* pâturage *m*

pasty ['pæstɪ] *n (UK)* friand *m*

pat [pæt] *vt* tapoter

patch [pætʃ] *n* **1.** *(for clothes)* pièce *f* **2.** *(of colour, damp)* tache *f* **3.** *MED COMPUT* patch *m* **4.** *(for skin)* pansement *m* **5.** *(for eye)* bandeau *m* • **a bad patch** *(fig)* une mauvaise passe

pâté ['pæteɪ] *n* pâté *m*

patent [*(UK)* 'peɪtənt, *(US)* 'pætənt] *n* brevet *m*

path [pɑːθ] *n* **1.** *(in country)* sentier *m* **2.** *(in garden, park)* allée *f*

pathetic [pə'θetɪk] *adj (pej) (useless)* minable

patience ['peɪʃns] *n* **1.** *(quality)* patience *f* **2.** *(UK) (card game)* patience *f*, réussite *f*

patient ['peɪʃnt] *adj* patient(e) ◇ *n* patient *m*, -e *f*

patio ['pætɪəʊ] *n* patio *m*

patriotic [*(UK)* ,pætrɪ'ɒtɪk, *(US)* ,peɪtrɪ'ɒtɪk] *adj* **1.** *(person)* patriote **2.** *(song)* patriotique

patrol [pə'trəʊl] *vt* patrouiller dans ◇ *n (group)* patrouille *f*

patrol car *n* voiture *f* de patrouille

patron ['peɪtrən] *n (fml) (customer)* client *m*, -e *f* ▼ **patrons only** réservé aux clients

patronizing [*(UK)* 'pætrənaɪzɪŋ, *(US)* 'peɪtrənaɪzɪŋ] *adj* condescendant(e)

pattern ['pætn] *n* **1.** dessin *m* **2.** *(for sewing)* patron *m*
patterned ['pætənd] *adj* à motifs
pause [pɔːz] *n* pause *f* ◇ *vi* faire une pause
pavement ['peɪvmənt] *n* **1.** *(UK) (beside road)* trottoir *m* **2.** *(US) (roadway)* chaussée *f*
pavilion [pə'vɪljən] *n* pavillon *m*
paving stone ['peɪvɪŋ-] *n* pavé *m*
paw [pɔː] *n* patte *f*
pawn [pɔːn] *vt* mettre en gage ◇ *n (in chess)* pion *m*
pay [peɪ] *(pt & pp* **paid***) vt & vi* payer ◇ *n (salary)* paie *f* • **I paid £30 for these shoes** j'ai payé ces chaussures 30 livres • **have you paid the waiter for the drinks?** tu as réglé les boissons au serveur ? • **to pay money into an account** verser de l'argent sur un compte • **to pay attention (to)** faire attention (à) • **to pay sb a visit** rendre visite à qqn • **to pay by credit card** payer OR régler par carte de crédit ◆ **pay back** *vt sep* rembourser ◆ **pay for** *vt insep (purchase)* payer ◆ **pay in** *vt sep (cheque, money)* déposer sur un compte ◆ **pay out** *vt sep (money)* verser ◆ **pay up** *vi* payer
payable ['peɪəbl] *adj* payable • **payable to** *(cheque)* à l'ordre de
payment ['peɪmənt] *n* paiement *m*
pay-per-view *n TV système de télévison à la carte* OR *à la séance* ◇ *adj* à la carte, à la séance
payphone ['peɪfəun] *n* téléphone *m* public
pay television, pay TV *n* télévison *f* à la carte OR à la séance
PC *n* **1.** (*abbr of personal computer*) PC *m* **2.** (*UK*) *abbr of* **police constable** ◇ *adj abbr of* **politically correct**
PDA (*abbr of Personal Digital Assistant*) *n* PDA *m*
PDF (*abbr of Portable Document Format*) *n* PDF *m*
PE *n (U)* (*abbr of physical education*) EPS *(éducation physique et sportive) f*
pea [piː] *n* petit pois *m*
peace [piːs] *n (U)* **1.** *(no anxiety)* tranquillité *f* **2.** *(no war)* paix *f* • **to leave sb in peace** laisser qqn tranquille • **peace and quiet** tranquillité
peaceful ['piːsful] *adj* **1.** *(place, day)* tranquille **2.** *(demonstration)* pacifique
peach [piːtʃ] *n* pêche *f*
peach melba [-'melbə] *n* pêche *f* Melba
peacock ['piːkɒk] *n* paon *m*
peak [piːk] *n* **1.** *(of mountain)* sommet *m* **2.** *(of hat)* visière *f* **3.** *(fig) (highest point)* point *m* culminant
peak hours *npl* **1.** *(of traffic)* heures *fpl* de pointe **2.** *(for telephone, electricity)* période *f* de pointe
peak rate *n* tarif *m* normal
peanut ['piːnʌt] *n* cacah(o)uète *f*
peanut butter *n (U)* beurre *m* de cacah(o)uète
pear [peəʳ] *n* poire *f*
pearl [pɜːl] *n* perle *f*
peasant ['peznt] *n* paysan *m*, -anne *f*
pebble ['pebl] *n* galet *m*
pecan pie ['piːkæn-] *n* tarte *f* aux noix de pécan
peck [pek] *vi* picorer

peculiar [pɪ'kjuːljəʳ] *adj (strange)* bizarre • **to be peculiar to** *(exclusive)* être propre à
peculiarity [pɪˌkjuːlɪ'ærətɪ] *n (special feature)* particularité *f*
pedal ['pedl] *n* pédale *f* ◇ *vi* pédaler
pedal bin *n (UK)* poubelle *f* à pédale
pedalo ['pedələʊ] *n (UK)* pédalo *m*
pedestrian [pɪ'destrɪən] *n* piéton *m*
pedestrian crossing *n (UK)* passage *m* clouté, passage *m* (pour) piétons
pedestrianized [pɪ'destrɪənaɪzd] *adj* piétonnier(ière)
pedestrian precinct *n (UK)* zone *f* piétonnière
pedestrian zone *(US)* = **pedestrian precinct**
pee [piː] *vi (inf)* faire pipi ◇ *n* • **to have a pee** *(inf)* faire pipi
peel [piːl] *n (U)* **1.** *(of banana)* peau *f* **2.** *(of apple, onion)* pelure *f* **3.** *(of orange, lemon)* écorce *f* ◇ *vt (fruit, vegetables)* éplucher, peler ◇ *vi* **1.** *(paint)* s'écailler **2.** *(skin)* peler
peep [piːp] *n* • **to have a peep** jeter un coup d'œil
peer [pɪəʳ] *vi* regarder attentivement
peg [peg] *n* **1.** *(for tent)* piquet *m* **2.** *(hook)* patère *f* **3.** *(UK) (for washing)* pince *f* à linge
pelican crossing ['pelɪkən-] *n (UK) passage clouté où l'arrêt des véhicules peut être commandé par les piétons en appuyant sur un bouton*
pelvis ['pelvɪs] *n* bassin *m*
pen [pen] *n* **1.** *(ballpoint pen)* stylo *m* (à) bille **2.** *(fountain pen)* stylo *m* (à) plume **3.** *(for animals)* enclos *m*
penalty ['penltɪ] *n* **1.** *(fine)* amende *f* **2.** *(in football)* penalty *m*
pence [pens] *npl* pence *mpl* • **it costs 20 pence** ça coûte 20 pence
pencil ['pensl] *n* crayon *m*
pencil case *n* trousse *f*
pencil sharpener *n* taille-crayon *m*
pendant ['pendənt] *n (on necklace)* pendentif *m*
pending ['pendɪŋ] *prep (fml)* en attendant
penetrate ['penɪtreɪt] *vt* pénétrer dans
penfriend ['penfrend] *n (UK)* correspondant *m*, -e *f*
penguin ['peŋgwɪn] *n* pingouin *m*
penicillin [ˌpenɪ'sɪlɪn] *n (U)* pénicilline *f*
peninsula [pə'nɪnsjʊlə] *n* péninsule *f*
penis ['piːnɪs] *n* pénis *m*
penknife ['pennaɪf] *(pl* **-knives)** *n* canif *m*
penny ['penɪ] *(pl* **pennies)** *n* **1.** *(in UK)* penny *m* **2.** *(in US)* cent *m*
pension ['penʃn] *n* **1.** *(for retired people)* retraite *f* **2.** *(for disabled people)* pension *f*
pensioner ['penʃənəʳ] *n* retraité *m*, -e *f*
penthouse ['penthaʊs] *(pl* [-haʊzɪz]) *n appartement de luxe au dernier étage d'un immeuble*
penultimate [pe'nʌltɪmət] *adj* avant-dernier(ière)
people ['piːpl] *npl* **1.** personnes *fpl* **2.** *(in general)* gens *mpl* ◇ *n (nation)* peuple *m* • **the people** *(citizens)* la population • **French people** les Français *mpl*
people carrier *n (UK)* monospace *m*
pepper ['pepəʳ] *n* **1.** *(U) (spice)* poivre *m* **2.** *(sweet vegetable)* poivron *m* **3.** *(hot vegetable)* piment *m*

peppercorn ['pepəkɔːn] *n* grain *m* de poivre
peppermint ['pepəmɪnt] *adj* à la menthe ◇ *n (sweet)* bonbon *m* à la menthe
pepper pot *n* (*UK*) poivrière *f*
pepper steak *n* steak *m* au poivre
Pepsi® ['pepsɪ] *n* Pepsi® *m*
per [pɜːʳ] *prep* par ● **80p per kilo** 80 pence le kilo ● **per person** par personne ● **three times per week** trois fois par semaine ● **£20 per night** 20 livres la nuit
perceive [pə'siːv] *vt* percevoir
per cent *adv* pour cent
percentage [pə'sentɪdʒ] *n* pourcentage *m*
perch [pɜːtʃ] *n* perchoir *m*
percolator ['pɜːkəleɪtəʳ] *n* cafetière *f* à pression
perfect *adj* ['pɜːfɪkt] parfait(e) ◇ *vt* [pə'fekt] perfectionner ◇ *n* ['pɜːfɪkt] ● **the perfect (tense)** le parfait
perfection [pə'fekʃn] *n* ● **to do sthg to perfection** faire qqch à la perfection
perfectly ['pɜːfɪktlɪ] *adv* parfaitement
perform [pə'fɔːm] *vt* **1.** *(task, operation)* exécuter **2.** *(play)* jouer **3.** *(concert)* donner ◇ *vi* **1.** *(actor, band)* jouer **2.** *(singer)* chanter
performance [pə'fɔːməns] *n* **1.** *(of play)* représentation *f* **2.** *(of film)* séance *f* **3.** *(by actor, musician)* interprétation *f* **4.** *(of car)* performances *fpl*
performer [pə'fɔːməʳ] *n* artiste *m ou f*
perfume ['pɜːfjuːm] *n* parfum *m*
perhaps [pə'hæps] *adv* peut-être
perimeter [pərɪmɪtəʳ] *n* périmètre *m*
period ['pɪərɪəd] *n* **1.** *(of time)* période *f* **2.** *SCH* heure *f* **3.** *(menstruation)* règles *fpl* **4.** *(of history)* époque *f* **5.** (*US*) *(full stop)* point *m* ◇ *adj (costume, furniture)* d'époque ● **sunny periods** éclaircies *fpl*
periodic [ˌpɪərɪ'ɒdɪk] *adj* périodique
period pains *npl* règles *fpl* douloureuses
periphery [pə'rɪfərɪ] *n* périphérie *f*
perishable ['perɪʃəbl] *adj* périssable
perk [pɜːk] *n* avantage *m* en nature
perm [pɜːm] *n* permanente *f* ◇ *vt* ● **to have one's hair permed** se faire faire une permanente
permanent ['pɜːmənənt] *adj* permanent(e)
permanent address *n* adresse *f* permanente
permanently ['pɜːmənəntlɪ] *adv* en permanence
permissible [pə'mɪsəbl] *adj* (*fml*) autorisé(e)
permission [pə'mɪʃn] *n (U)* permission *f*, autorisation *f*
permit *vt* [pə'mɪt] *(allow)* permettre, autoriser ◇ *n* ['pɜːmɪt] permis *m* ● **to permit sb to do sthg** permettre à qqn de faire qqch, autoriser qqn à faire qqch ▼ **permit holders only** *panneau ou inscription sur la chaussée indiquant qu'un parking n'est accessible que sur permis spécial*
perpendicular [ˌpɜːpən'dɪkjʊləʳ] *adj* perpendiculaire
persevere [ˌpɜːsɪ'vɪəʳ] *vi* persévérer
persist [pə'sɪst] *vi* persister ● **to persist in doing sthg** persister à faire qqch
persistent [pə'sɪstənt] *adj* **1.** persistant(e) **2.** *(person)* obstiné(e)
person ['pɜːsn] (*pl* **people**) *n* personne *f* ● **she's an interesting person** c'est

quelqu'un d'intéressant • **in person** en personne

personal ['pɜːsənl] *adj* **1.** personnel(elle) **2.** *(life)* privé(e) **3.** *(rude)* désobligeant(e) **4.** *(question)* indiscret(ète) • **a personal friend** un ami intime

personal assistant *n* secrétaire *m* particulier, secrétaire particulière *f*

personal belongings *npl* objets *mpl* personnels

personal computer *n* PC *m*

personality [ˌpɜːsəˈnælətɪ] *n* personnalité *f*

personalize ['pɜːsənəlaɪz] *vt* personnaliser

personally ['pɜːsnəlɪ] *adv* personnellement

personal property *n (U)* objets *mpl* personnels

personal stereo *n* baladeur *m*, Walkman® *m*

personnel [ˌpɜːsəˈnel] *npl* personnel *m*

perspective [pəˈspektɪv] *n* **1.** *(of drawing)* perspective *f* **2.** *(opinion)* point *m* de vue

Perspex® ['pɜːspeks] *n (UK)* ≃ Plexiglas® *m*

perspiration [ˌpɜːspəˈreɪʃn] *n (U)* transpiration *f*

persuade [pəˈsweɪd] *vt* • **to persuade sb (to do sthg)** persuader qqn (de faire qqch) • **to persuade sb that...** persuader qqn que...

persuasive [pəˈsweɪsɪv] *adj* persuasif(ive)

pervert ['pɜːvɜːt] *n* pervers *m*, -e *f*

pessimist ['pesɪmɪst] *n* pessimiste *m ou f*

pessimistic [ˌpesɪˈmɪstɪk] *adj* pessimiste

pest [pest] *n* **1.** *(insect, animal)* nuisible *m* **2.** *(inf) (person)* casse-pieds *m inv* OR *f inv*

pester ['pestəʳ] *vt* harceler

pesticide ['pestɪsaɪd] *n* pesticide *m*

pet [pet] *n* animal *m* (domestique) • **the teacher's pet** le chouchou du professeur

petal ['petl] *n* pétale *m*

pet food *n (U)* nourriture *f* pour animaux (domestiques)

petition [pɪˈtɪʃn] *n (letter)* pétition *f*

petrified ['petrɪfaɪd] *adj (frightened)* pétrifié(e) de peur

petrol ['petrəl] *n (U) (UK)* essence *f*

petrol can *n (UK)* bidon *m* à essence

petrol cap *n (UK)* bouchon *m* du réservoir d'essence

petrol gauge *n (UK)* jauge *f* à essence

petrol pump *n (UK)* pompe *f* à essence

petrol station *n (UK)* station-service *f*

petrol tank *n (UK)* réservoir *m* d'essence

pet shop *n* animalerie *f*

petticoat ['petɪkəʊt] *n* jupon *m*

petty ['petɪ] *adj (pej) (person, rule)* mesquin(e)

petty cash *n (U)* caisse *f* des dépenses courantes

pew [pjuː] *n* banc *m* (d'église)

pewter ['pjuːtəʳ] *adj* en étain

PG (*abbr of parental guidance*) *sigle indiquant qu'un film peut être vu par des enfants sous contrôle de leurs parents*

pharmacist ['fɑːməsɪst] *n* pharmacien *m*, -ienne *f*

pharmacy ['fɑːməsɪ] *n (shop)* pharmacie *f*

phase [feɪz] *n* phase *f*

PhD *n* doctorat *m* de troisième cycle

pheasant ['feznt] *n* faisan *m*

phenomena [fɪ'nɒmɪnə] *pl* ➤ **phenomenon**

phenomenal [fɪ'nɒmɪnl] *adj* phénoménal(e)

phenomenon [fɪ'nɒmɪnən] (*pl* **-mena**) *n* phénomène *m*

Philippines ['fɪlɪpiːnz] *npl* • **the Philippines** les Philippines *fpl*

philosophy [fɪ'lɒsəfɪ] *n* philosophie *f*

phlegm [flem] *n* (*U*) glaire *f*

phone [fəʊn] *n* téléphone *m* ◇ *vt* téléphoner à ◇ *vi* téléphoner • **to be on the phone** (*talking*) être au téléphone ; (*UK*) (*connected*) avoir le téléphone ◆ **phone up** *vt sep* téléphoner à ◇ *vi* téléphoner

phone book *n* annuaire *m* (téléphonique)

phone booth *n* cabine *f* téléphonique

phone box *n* (*UK*) cabine *f* téléphonique

phone call *n* coup *m* de téléphone

phonecard ['fəʊnkɑːd] *n* Télécarte® *f*

phone number *n* numéro *m* de téléphone

photo ['fəʊtəʊ] *n* photo *f* • **to take a photo of the family** prendre la famille en photo

photo album *n* album *m* (de) photos

photocopier [ˌfəʊtəʊ'kɒpɪəʳ] *n* photocopieuse *f*

photocopy ['fəʊtəʊˌkɒpɪ] *n* photocopie *f* ◇ *vt* photocopier

photograph ['fəʊtəgrɑːf] *n* photographie *f* ◇ *vt* photographier

photographer [fə'tɒgrəfəʳ] *n* photographe *m ou f*

photography [fə'tɒgrəfɪ] *n* (*U*) photographie *f*

phrase [freɪz] *n* expression *f*

phrasebook ['freɪzbʊk] *n* guide *m* de conversation

physical ['fɪzɪkl] *adj* physique ◇ *n* visite *f* médicale

physical education *n* (*U*) éducation *f* physique

physically handicapped ['fɪzɪklɪ-] *adj* handicapé(e) physique

physics ['fɪzɪks] *n* (*U*) physique *f*

physiotherapy [ˌfɪzɪəʊ'θerəpɪ] *n* (*U*) (*UK*) kinésithérapie *f*

pianist ['pɪənɪst] *n* pianiste *m ou f*

piano [pɪ'ænəʊ] (*pl* **-s**) *n* piano *m*

pick [pɪk] *vt* **1.** (*select*) choisir **2.** (*fruit, flowers*) cueillir ◇ *n* (*pickaxe*) pioche *f* • **to pick a fight** chercher la bagarre • **to pick one's nose** se mettre les doigts dans le nez • **to take one's pick** faire son choix ◆ **pick on** *vt insep* s'en prendre à ◆ **pick out** *vt sep* **1.** (*select*) choisir **2.** (*see*) repérer ◆ **pick up** *vt sep* **1.** (*fallen object*) ramasser **2.** (*fallen person*) relever **3.** (*collect*) passer prendre **4.** (*skill, language*) apprendre **5.** (*hitchhiker*) prendre **6.** (*collect in car*) aller chercher **7.** (*inf*) (*woman, man*) draguer ◇ *vi* (*improve*) reprendre

pickax (*US*) = **pickaxe**

pickaxe ['pɪkæks] *n* (*UK*) pioche *f*

pickle ['pɪkl] *n* **1.** (*U*) (*UK*) (*food*) pickles *mpl* **2.** (*US*) (*gherkin*) cornichon *m*

pickled onion ['pɪkld-] *n* oignon *m* au vinaigre

pickpocket ['pɪkˌpɒkɪt] *n* pickpocket *m*

pick-up (truck) *n* pick-up *m inv*

picnic ['pɪknɪk] *n* pique-nique *m*

picnic area *n* aire *f* de pique-nique
picture ['pɪktʃəʳ] *n* **1.** *(painting)* tableau *m* **2.** *(drawing)* dessin *m* **3.** *(photograph)* photo *f* **4.** *(in book, on TV)* image *f* **5.** *(film)* film *m* ◆ **pictures** *npl* ● **the pictures** *(UK)* le cinéma
picture frame *n* cadre *m*
picturesque [,pɪktʃə'resk] *adj* pittoresque
pie [paɪ] *n* **1.** *(savoury)* tourte *f* **2.** *(sweet)* tarte *f*
piece [piːs] *n* **1.** morceau *m* **2.** *(component, in chess)* pièce *f* ● **a piece of furniture** un meuble ● **a 20p piece** une pièce de 20 pence ● **a piece of advice** un conseil ● **to fall to pieces** tomber en morceaux ● **in one piece** *(intact)* intact ; *(unharmed)* sain et sauf
pier [pɪəʳ] *n* jetée *f*
pierce [pɪəs] *vt* percer ● **to have one's ears pierced** se faire percer les oreilles
pig [pɪg] *n* **1.** cochon *m*, porc *m* **2.** *(inf) (greedy person)* goinfre *m ou f*
pigeon ['pɪdʒɪn] *n* pigeon *m*
pigeonhole ['pɪdʒɪnhəʊl] *n* casier *m*
pigskin ['pɪgskɪn] *adj* peau *f* de porc
pigtail ['pɪgteɪl] *n* natte *f*
pike [paɪk] *n* *(fish)* brochet *m*
pilau rice ['pɪlaʊ-] *n (U)* riz *m* pilaf
pilchard ['pɪltʃəd] *n* pilchard *m*
pile [paɪl] *n* **1.** *(heap)* tas *m* **2.** *(neat stack)* pile *f* ◇ *vt* **1.** entasser **2.** *(neatly)* empiler ● **piles of** *(inf) (a lot)* des tas de ◆ **pile up** *vt sep* **1.** entasser **2.** *(neatly)* empiler ◇ *vi* *(accumulate)* s'entasser
piles [paɪlz] *npl MED* hémorroïdes *fpl*
pileup ['paɪlʌp] *n* carambolage *m*
pill [pɪl] *n* pilule *f*
pillar ['pɪləʳ] *n* pilier *m*
pillar box *n (UK)* boîte *f* aux lettres
pillion ['pɪljən] *n* ● **to ride pillion** monter derrière
pillow ['pɪləʊ] *n* **1.** *(for bed)* oreiller *m* **2.** *(US) (on chair, sofa)* coussin *m*
pillowcase ['pɪləʊkeɪs] *n* taie *f* d'oreiller
pilot ['paɪlət] *n* pilote *m*
pilot light *n* veilleuse *f*
pimple ['pɪmpl] *n* bouton *m*
pin [pɪn] *n* **1.** *(for sewing)* épingle *f* **2.** *(drawing pin)* punaise *f* **3.** *(safety pin)* épingle *f* de nourrice **4.** *(US) (brooch)* broche *f* **5.** *(US) (badge)* badge *m* ◇ *vt* épingler ● **a two-pin plug** une prise à deux fiches ● **to have pins and needles** avoir des fourmis
pinafore ['pɪnəfɔːʳ] *n (UK)* **1.** *(apron)* tablier *m* **2.** *(dress)* robe *f* chasuble
pinball ['pɪnbɔːl] *n (U)* flipper *m*
pincers ['pɪnsəz] *npl (tool)* tenailles *fpl*
pinch [pɪntʃ] *vt* **1.** *(squeeze)* pincer **2.** *(UK) (inf) (steal)* piquer ◇ *n (of salt)* pincée *f*
pine [paɪn] *n* pin *m* ◇ *adj* en pin
pineapple ['paɪnæpl] *n* ananas *m*
pink [pɪŋk] *adj* rose ◇ *n* rose *m*
pinkie ['pɪŋkɪ] *n (inf)* petit doigt *m*
PIN number *n* code *m* confidentiel
pint [paɪnt] *n* **1.** *(in UK)* = 0,568 l ≃ demi-litre *m* **2.** *(in US)* = 0,473 l ≃ demi-litre *m* ● **a pint (of beer)** *(UK) un verre de bière de 0,568 l*
pip [pɪp] *n (UK)* pépin *m*
pipe [paɪp] *n* **1.** *(for smoking)* pipe *f* **2.** *(for gas, water)* tuyau *m*
pipe cleaner *n* cure-pipe *m*

pipeline ['paɪplaɪn] *n* **1.** *(for gas)* gazoduc *m* **2.** *(for oil)* oléoduc *m*
pipe tobacco *n (U)* tabac *m* pour pipe
pirate ['paɪrət] *n* pirate *m*
Pisces ['paɪsiːz] *n* Poissons *mpl*
piss [pɪs] *vi (vulg)* pisser ◇ *n* • **to have a piss** *(vulg)* pisser • **it's pissing down** *(vulg)* il pleut comme vache qui pisse
pissed [pɪst] *adj* **1.** (*UK*) *(vulg) (drunk)* bourré(e) **2.** (*US*) *(vulg) (angry)* en rogne
pissed off *adj (vulg)* • **to be pissed off** en avoir ras le bol
pistachio [pɪ'stɑːʃɪəʊ] *n* pistache *f* ◇ *adj (flavour)* à la pistache
pistol ['pɪstl] *n* pistolet *m*
piston ['pɪstən] *n* piston *m*
pit [pɪt] *n* **1.** *(hole)* trou *m* **2.** *(coalmine)* mine *f* **3.** *(for orchestra)* fosse *f* **4.** (*US*) *(in fruit)* noyau *m*
pita (bread) (*US*) = **pitta (bread)**
pitch [pɪtʃ] *n* (*UK*) SPORT terrain *m* ◇ *vt (throw)* jeter • **to pitch a tent** monter une tente
pitcher ['pɪtʃəʳ] *n* **1.** (*UK*) *(large jug)* cruche *f* **2.** (*US*) *(small jug)* pot *m*
pitfall ['pɪtfɔːl] *n* piège *m*
pith [pɪθ] *n (U) (of orange)* peau *f* blanche
pitta (bread) ['pɪtə-] *n* (*UK*) (pain *m*) pita *m*
pitted ['pɪtɪd] *adj (olives)* dénoyauté(e)
pity ['pɪtɪ] *n (U) (compassion)* pitié *f* • **to have pity on sb** avoir pitié de qqn • **it's a pity (that)...** c'est dommage que... • **what a pity!** quel dommage !
pivot ['pɪvət] *n* pivot *m*
pixel ['pɪksl] *n* pixel *m*
pixelation *n* pixellisation *f*
pizza ['piːtsə] *n* pizza *f*
pizzeria [,piːtsə'riːə] *n* pizzeria *f*
Pl. (*abbr of Place*) Pl. *(Place)*
placard ['plækɑːd] *n* placard *m*
place [pleɪs] *n* **1.** *(location)* endroit *m* **2.** *(house)* maison *f* **3.** *(flat)* appartement *m* **4.** *(seat, position, in race, list)* place *f* **5.** *(at table)* couvert *m* ◇ *vt* **1.** *(put)* placer **2.** *(an order)* passer • **at my place** *(house, flat)* chez moi • **in the first place** premièrement • **to take place** avoir lieu • **to take sb's place** *(replace)* prendre la place de qqn • **all over the place** partout • **in place of** au lieu de • **to place a bet** parier
place mat *n* set *m* (de table)
placement ['pleɪsmənt] *n* (*UK*) *(work experience)* stage *m* (en entreprise)
place of birth *n* lieu *m* de naissance
plague [pleɪg] *n* peste *f*
plaice [pleɪs] *n* carrelet *m*
plain [pleɪn] *adj* **1.** *(not decorated)* uni(e) **2.** *(simple)* simple **3.** *(yoghurt)* nature *inv* **4.** *(clear)* clair(e) **5.** *(paper)* non réglé(e) **6.** (*pej*) *(not attractive)* quelconque ◇ *n* plaine *f*
plain chocolate *n (U)* (*UK*) chocolat *m* à croquer
plainly ['pleɪnlɪ] *adv* **1.** *(obviously)* manifestement **2.** *(distinctly)* clairement
plait [plæt] *n* (*UK*) natte *f* ◇ *vt* (*UK*) tresser
plan [plæn] *n* **1.** plan *m*, projet *m* **2.** *(drawing)* plan ◇ *vt (organize)* organiser • **have you any plans for tonight?** as-tu quelque chose de prévu pour ce soir ? • **according to plan** comme prévu • **to plan to do sthg, to plan on doing sthg** avoir l'intention de faire qqch

plane [pleɪn] *n* **1.** *(aeroplane)* avion *m* **2.** *(tool)* rabot *m*
planet ['plænɪt] *n* planète *f*
plank [plæŋk] *n* planche *f*
plant [plɑːnt] *n* **1.** plante *f* **2.** *(factory)* usine *f* ◇ *vt* planter ▼ **heavy plant crossing** sortie d'engins
plantation [plæn'teɪʃn] *n* plantation *f*
plaque [plɑːk] *n* **1.** *(plate)* plaque *f* *(U)* **2.** *(on teeth)* plaque *f* dentaire
plasma screen *n* écran *m* à plasma
plaster ['plɑːstəʳ] *n* **1.** *(UK)* *(for cut)* pansement *m* **2.** *(U)* *(for walls)* plâtre *m* ● **in plaster** *(arm, leg)* dans le plâtre
plaster cast *n* plâtre *m*
plastic ['plæstɪk] *n* *(U)* plastique *m* ◇ *adj* en plastique
plastic bag *n* sac *m* (en) plastique
Plasticine® ['plæstɪsiːn] *n* *(U)* *(UK)* pâte *f* à modeler
plate [pleɪt] *n* **1.** assiette *f* **2.** *(for serving food)* plat *m* **3.** *(of metal, glass)* plaque *f*
plateau ['plætəʊ] *n* plateau *m*
plate-glass *adj* fait(e) d'une seule vitre
platform ['plætfɔːm] *n* **1.** *(at railway station)* quai *m* **2.** *(raised structure)* plate-forme *f*
platinum ['plætɪnəm] *n* *(U)* platine *m*
platter ['plætəʳ] *n* *(of food)* plateau *m*
play [pleɪ] *vt* **1.** *(sport, game)* jouer à **2.** *(musical instrument)* jouer de **3.** *(piece of music, role)* jouer **4.** *(opponent)* jouer contre **5.** *(CD, tape, record)* passer ◇ *vi* jouer ◇ *n* **1.** *(in theatre)* pièce *f* (de théâtre) **2.** *(on TV)* dramatique *f* **3.** *(button on CD, tape recorder)* bouton *m* de mise en marche ◆ **play back** *vt sep* repasser ◆ **play up** *vi* *(machine, car)* faire des siennes
player ['pleɪəʳ] *n* joueur *m*, -euse *f* ● **piano player** pianiste *m ou f*
playful ['pleɪfʊl] *adj* joueur(euse)
playground ['pleɪɡraʊnd] *n* **1.** *(in school)* cour *f* de récréation **2.** *(in park etc)* aire *f* de jeux
playgroup ['pleɪɡruːp] *n* *(UK)* jardin *m* d'enfants
playing card ['pleɪɪŋ-] *n* carte *f* à jouer
playing field ['pleɪɪŋ-] *n* terrain *m* de sport
playroom ['pleɪrʊm] *n* salle *f* de jeux
playschool ['pleɪskuːl] *(UK)* = **playgroup**
playtime ['pleɪtaɪm] *n* récréation *f*
playwright ['pleɪraɪt] *n* auteur *m* dramatique
PLC, plc *(UK)* *(abbr of public limited company)* ≃ SARL *(société à responsabilité limitée)*
pleasant ['pleznt] *adj* agréable
please [pliːz] *adv* s'il te/vous plaît ◇ *vt* faire plaisir à ● **yes please!** oui, s'il te/vous plaît ! ● **whatever you please** ce que vous voulez ▼ **please shut the door** veuillez fermer la porte
pleased [pliːzd] *adj* content(e) ● **to be pleased with** être content de ● **pleased to meet you!** enchanté(e) !
pleasure ['pleʒəʳ] *n* *(U)* plaisir *m* ● **with pleasure** avec plaisir, volontiers ● **it's a pleasure!** je vous en prie !
pleat [pliːt] *n* pli *m*
pleated ['pliːtɪd] *adj* plissé(e)
plentiful ['plentɪfʊl] *adj* abondant(e)

plenty ['plentɪ] *pron* • **there's plenty** il y en a largement assez • **plenty of** beaucoup de

pliers ['plaɪəz] *npl* pince *f*

plimsoll ['plɪmsəl] *n* (*UK*) tennis *m* *(chaussure)*

plonk [plɒŋk] *n* (*UK*) (*inf*) (*wine*) pinard *m*

plot [plɒt] *n* **1.** (*scheme*) complot *m* **2.** (*of story, film, play*) intrigue *f* **3.** (*of land*) parcelle *f* de terrain

plough [plaʊ] *n* (*UK*) charrue *f* ◇ *vt* (*UK*) labourer

ploughman's (lunch) ['plaʊmənz-] *n* (*UK*) *assiette composée de fromage et de pickles accompagnés de pain, généralement servie dans les pubs*

plow [plaʊ] (*US*) = **plough**

ploy [plɔɪ] *n* ruse *f*

pluck [plʌk] *vt* **1.** (*eyebrows*) épiler **2.** (*chicken*) plumer

plug [plʌg] *n* **1.** (*electrical*) prise *f* (de courant) **2.** (*for bath, sink*) bonde *f* ♦ **plug in** *vt sep* brancher

plughole ['plʌghəʊl] *n* (*UK*) bonde *f*

plug-in *n* plug-in *m*

plum [plʌm] *n* prune *f*

plumber ['plʌməʳ] *n* plombier *m*

plumbing ['plʌmɪŋ] *n* (*U*) (*pipes*) plomberie *f*

plump [plʌmp] *adj* dodu(e)

plunge [plʌndʒ] *vi* **1.** (*fall, dive*) plonger **2.** (*decrease*) dégringoler

plunge pool *n* petite piscine *f*

plunger ['plʌndʒəʳ] *n* (*for unblocking pipe*) déboucheoir *m* à ventouse

pluperfect (tense) [ˌpluː'pɜːfɪkt-] *n* • **the pluperfect tense** le plus-que-parfait

plural ['plʊərəl] *n* pluriel *m* • **in the plural** au pluriel

plus [plʌs] *prep* plus ◇ *adj* • **30 plus** 30 ou plus

plush [plʌʃ] *adj* luxueux(euse)

plywood ['plaɪwʊd] *n* (*U*) contreplaqué *m*

p.m. (*abbr of post meridiem*) • **3 p.m.** 15 h

PMS (*abbr of premenstrual syndrome*) = **PMT**

PMT *n* (*U*) (*UK*) (*abbr of premenstrual tension*) syndrome *m* prémenstruel

pneumatic drill [njuː'mætɪk-] *n* (*UK*) marteau *m* piqueur

pneumonia [njuː'məʊnjə] *n* (*U*) pneumonie *f*

poached egg [pəʊtʃt-] *n* œuf *m* poché

poached salmon [pəʊtʃt-] *n* (*U*) saumon *m* poché

poacher ['pəʊtʃəʳ] *n* braconnier *m*

PO Box *n* (*abbr of Post Office Box*) BP *(boîte postale) f*

pocket ['pɒkɪt] *n* **1.** poche *f* **2.** (*on car door*) vide-poche *m* ◇ *adj* (*camera, calculator*) de poche

pocketbook ['pɒkɪtbʊk] *n* **1.** (*notebook*) carnet *m* **2.** (*US*) (*handbag*) sac *m* à main

pocket money *n* (*U*) (*UK*) argent *m* de poche

podiatrist [pə'daɪətrɪst] *n* (*US*) pédicure *m ou f*

poem ['pəʊɪm] *n* poème *m*

poet ['pəʊɪt] *n* poète *m*

poetry ['pəʊɪtrɪ] *n* (*U*) poésie *f*

point [pɔɪnt] *n* **1.** point *m* **2.** *(tip)* pointe *f* **3.** *(place)* endroit *m* **4.** *(moment)* moment *m* **5.** *(purpose)* but *m* **6.** (*UK*) *(for plug)* prise *f* ◇ *vi* • **to point to** *(with finger)* montrer du doigt ; *(arrow, sign)* pointer vers • **five point seven** cinq virgule sept • **what's the point?** à quoi bon ? • **there's no point** ça ne sert à rien • **to be on the point of doing sthg** être sur le point de faire qqch
◆ **points** *npl* (*UK*) *(on railway)* aiguillage *m*
◆ **point out** *vt sep* **1.** *(object, person)* montrer **2.** *(fact, mistake)* signaler

pointed ['pɔɪntɪd] *adj* *(in shape)* pointu(e)

pointless ['pɔɪntlɪs] *adj* inutile

point of view *n* point *m* de vue

poison ['pɔɪzn] *n* poison *m* ◇ *vt* empoisonner

poisoning ['pɔɪznɪŋ] *n* *(U)* empoisonnement *m*

poisonous ['pɔɪznəs] *adj* **1.** *(food, gas, substance)* toxique **2.** *(snake, spider)* venimeux(euse) **3.** *(plant, mushroom)* vénéneux(euse)

poke [pəʊk] *vt* pousser

poker ['pəʊkər] *n* *(U)* *(card game)* poker *m*

Poland ['pəʊlənd] *n* la Pologne

polar bear ['pəʊlə-] *n* ours *m* blanc OR polaire

Polaroid® ['pəʊlərɔɪd] *n* Polaroid® *m*

pole [pəʊl] *n* poteau *m*

Pole [pəʊl] *n* *(person)* Polonais *m*, -e *f*

police [pə'liːs] *npl* • **the police** la police

police car *n* voiture *f* de police

police force *n* police *f*

policeman [pə'liːsmən] (*pl* **-men**) *n* policier *m*

police officer *n* policier *m*

police station *n* poste *m* de police, commissariat *m*

policewoman [pə'liːsˌwʊmən] (*pl* **-women**) *n* femme *f* policier

policy ['pɒləsɪ] *n* **1.** *(approach, attitude)* politique *f* **2.** *(for insurance)* police *f*

policy-holder *n* assuré *m*, -e *f*

polio ['pəʊlɪəʊ] *n* *(U)* polio *f*

polish ['pɒlɪʃ] *n* **1.** *(U)* *(for shoes)* cirage *m* **2.** *(for floor, furniture)* cire *f* ◇ *vt* cirer

Polish ['pəʊlɪʃ] *adj* polonais(e) ◇ *n* *(language)* polonais *m* ◇ *npl* • **the Polish** les Polonais *mpl*

polite [pə'laɪt] *adj* poli(e)

political [pə'lɪtɪkl] *adj* politique

politician [ˌpɒlɪ'tɪʃn] *n* homme *m* politique, femme *f* politique

politics ['pɒlətɪks] *n* *(U)* politique *f*

poll [pəʊl] *n* *(survey)* sondage *m* • **the polls** *(election)* les élections

pollen ['pɒlən] *n* *(U)* pollen *m*

Poll Tax *n* (*UK*) ≃ impôts *mpl* locaux

pollute [pə'luːt] *vt* polluer

pollution [pə'luːʃn] *n* *(U)* pollution *f*

polo neck ['pəʊləʊ-] *n* (*UK*) *(jumper)* pull *m* à col roulé

polyester [ˌpɒlɪ'estər] *n* *(U)* polyester *m*

polystyrene [ˌpɒlɪ'staɪriːn] *n* *(U)* polystyrène *m*

polytechnic [ˌpɒlɪ'teknɪk] *n en Grande-Bretagne, établissement supérieur ; depuis 1993, la plupart ont acquis le statut d'université*

polythene bag ['pɒlɪθiːn-] *n* (*UK*) sac *m* (en) plastique

pomegranate ['pɒmɪˌgrænɪt] *n* grenade *f*

pompous ['pɒmpəs] *adj* prétentieux(ieuse)
pond [pɒnd] *n* **1.** mare *f* **2.** *(in park)* bassin *m*
pontoon [pɒn'tu:n] *n* *(UK)* *(card game)* vingt-et-un *m inv*
pony ['pəʊnɪ] *n* poney *m*
ponytail ['pəʊnɪteɪl] *n* queue-de-cheval *f*
pony-trekking [-ˌtrekɪŋ] *n* *(U)* *(UK)* randonnée *f* à dos de poney
poodle ['pu:dl] *n* caniche *m*
pool [pu:l] *n* **1.** *(for swimming)* piscine *f* **2.** *(of water, blood, milk)* flaque *f* **3.** *(small pond)* mare *f* **4.** *(U)* *(game)* billard *m* américain ♦ **pools** *npl* *(UK)* ● **the pools** ≃ le loto sportif
poor [pɔ:ʳ] *adj* **1.** pauvre **2.** *(bad)* mauvais(e) ◇ *npl* ● **the poor** les pauvres *mpl*
poorly ['pɔ:lɪ] *adj* *(UK)* *(ill)* malade ◇ *adv* mal
pop [pɒp] *n* *(U)* *(music)* pop *f* ◇ *vt* *(inf)* *(put)* mettre ◇ *vi* *(balloon)* éclater ● **my ears popped** mes oreilles se sont débouchées ♦ **pop in** *vi* *(UK)* *(visit)* faire un saut
popcorn ['pɒpkɔ:n] *n* *(U)* pop-corn *m inv*
Pope [pəʊp] *n* ● **the Pope** le pape
pop group *n* groupe *m* pop
poplar (tree) ['pɒpləʳ-] *n* peuplier *m*
pop music *n* *(U)* pop *f*
popper ['pɒpəʳ] *n* *(UK)* bouton-pression *m*
poppy ['pɒpɪ] *n* coquelicot *m*
Popsicle® ['pɒpsɪkl] *n* *(US)* sucette *f* glacée
pop socks *npl* mi-bas *mpl*
pop star *n* pop star *f*
popular ['pɒpjʊləʳ] *adj* populaire
popularity [ˌpɒpjʊ'lærətɪ] *n* *(U)* popularité *f*
populated ['pɒpjʊleɪtɪd] *adj* peuplé(e)
population [ˌpɒpjʊ'leɪʃn] *n* population *f*
porcelain ['pɔ:səlɪn] *n* *(U)* porcelaine *f*
porch [pɔ:tʃ] *n* **1.** *(UK)* *(entrance)* porche *m* **2.** *(US)* *(outside house)* véranda *f*
pork [pɔ:k] *n* *(U)* porc *m*
pork chop *n* côte *f* de porc
pork pie *n* *(UK)* *petit pâté de porc en croûte*
pornographic [ˌpɔ:nə'græfɪk] *adj* pornographique
porridge ['pɒrɪdʒ] *n* *(U)* *(UK)* porridge *m*
port [pɔ:t] *n* **1.** port *m* **2.** *(drink)* porto *m*
portable ['pɔ:təbl] *adj* portable
portal ['pɔ:tl] *n* portail *m*
porter ['pɔ:təʳ] *n* **1.** *(at hotel, museum)* portier *m* **2.** *(at station, airport)* porteur *m*
porthole ['pɔ:thəʊl] *n* hublot *m*
portion ['pɔ:ʃn] *n* portion *f*
portrait ['pɔ:treɪt] *n* portrait *m*
Portugal ['pɔ:tʃʊgl] *n* le Portugal
Portuguese [ˌpɔ:tʃʊ'gi:z] *adj* portugais(e) ◇ *n* *(language)* portugais *m* ◇ *npl* ● **the Portuguese** les Portugais *mpl*
pose [pəʊz] *vt* **1.** *(problem)* poser **2.** *(threat)* représenter ◇ *vi* *(for photo)* poser
posh [pɒʃ] *adj* *(inf)* chic
position [pə'zɪʃn] *n* **1.** position *f* **2.** *(place, situation, job)* situation *f* ▼ **position closed** *(in bank, post office etc)* guichet fermé
positive ['pɒzətɪv] *adj* **1.** positif(ive) **2.** *(certain, sure)* certain(e)

possess [pə'zes] *vt* posséder
possession [pə'zeʃn] *n* possession *f*
possessive [pə'zesɪv] *adj* possessif(ive)
possibility [,pɒsə'bɪlətɪ] *n* possibilité *f*
possible ['pɒsəbl] *adj* possible • **it's possible that we may be late** il se peut que nous soyons en retard • **would it be possible...?** serait-il possible...? • **as much as possible** autant que possible • **if possible** si possible
possibly ['pɒsəblɪ] *adv (perhaps)* peut-être
post [pəust] *n* **1.** *(U)* *(UK)* *(system)* poste *f* **2.** *(U)* *(UK)* *(letters and parcels, delivery)* courrier *m* **3.** *(pole)* poteau *m* **4.** *(fml)* *(job)* poste *m* ◇ *vt* **1.** *(UK)* *(letter, parcel)* poster **2.** COMPUT *(message, question, advertisement)* envoyer sur Internet • **by post** *(UK)* par la poste
postage ['pəustɪdʒ] *n* *(U)* affranchissement *m* • **postage and packing** *(UK)* frais de port et d'emballage • **postage paid** port payé
postage stamp *n* *(fml)* timbre-poste *m*
postal order ['pəustl-] *n* *(UK)* mandat *m* postal
postbox ['pəustbɒks] *n* *(UK)* boîte *f* aux OR à lettres
postcard ['pəustkɑːd] *n* carte *f* postale
postcode ['pəustkəud] *n* *(UK)* code *m* postal
poster ['pəustəʳ] *n* **1.** poster *m* **2.** *(for advertising)* affiche *f*
poste restante [,pəustres'tɑːnt] *n* *(U)* *(UK)* poste *f* restante
post-free *adv* *(UK)* en port payé
postgraduate [,pəust'grædʒuət] *n* étudiant *m*, -e *f* de troisième cycle
Post-it (note)® *n* Post-it® *m*
postman ['pəustmən] (*pl* **-men**) *n* *(UK)* facteur *m*
postmark ['pəustmɑːk] *n* cachet *m* de la poste
post office *n (building)* bureau *m* de poste • **the Post Office** *(UK)* la poste
postpone [,pəust'pəun] *vt* reporter
posture ['pɒstʃəʳ] *n* posture *f*
postwoman ['pəust,wumən] (*pl* **-women**) *n* *(UK)* factrice *f*
pot [pɒt] *n* **1.** *(for cooking)* marmite *f* **2.** *(for jam, paint)* pot *m* **3.** *(for coffee)* cafetière *f* **4.** *(for tea)* théière *f* **5.** *(U)* *(inf)* *(cannabis)* herbe *f* • **a pot of tea for two** du thé pour deux personnes
potato [pə'teɪtəu] (*pl* **-es**) *n* pomme *f* de terre
potato salad *n* *(U)* salade *f* de pommes de terre
potential [pə'tenʃl] *adj* potentiel(ielle) ◇ *n* *(U)* possibilités *fpl*
pothole ['pɒthəul] *n* *(in road)* nid-de-poule *m*
pot plant *n* *(UK)* plante *f* d'appartement
pot scrubber [-'skrʌbəʳ] *n* *(UK)* tampon *m* à récurer
potted ['pɒtɪd] *adj* **1.** *(meat, fish)* en terrine **2.** *(plant)* en pot
pottery ['pɒtərɪ] *n* *(U)* **1.** *(clay objects)* poteries *fpl* **2.** *(craft)* poterie *f*
potty ['pɒtɪ] *n* pot *m* (de chambre)
pouch [pautʃ] *n* *(for money)* bourse *f*
poultry ['pəultrɪ] *n* & *npl* *(U)* *(meat, animals)* volaille *f*
pound [paund] *n* **1.** *(unit of money)* livre *f* **2.** *(unit of weight)* ≃ livre *f* = 453,6 grammes ◇ *vi* *(heart)* battre fort

pour [pɔːʳ] *vt* verser ◇ *vi (flow)* couler à flot ● **it's pouring (with rain)** il pleut à verse ◆ **pour out** *vt sep (drink)* verser
poverty ['pɒvətɪ] *n (U)* pauvreté *f*
powder ['paʊdəʳ] *n* poudre *f*
power ['paʊəʳ] *n (U)* **1.** pouvoir *m* **2.** *(strength, force)* puissance *f* **3.** *(energy)* énergie *f* **4.** *(electricity)* courant *m* ◇ *vt* faire marcher ● **to be in power** être au pouvoir
power cut *n (UK)* coupure *f* de courant
power failure *n (US)* panne *f* de courant
powerful ['paʊəfʊl] *adj* puissant(e)
power point *n (UK)* prise *f* de courant
power station *n (UK)* centrale *f* électrique
power steering *n (U)* direction *f* assistée
practical ['præktɪkl] *adj* pratique
practically ['præktɪklɪ] *adv* pratiquement
practice ['præktɪs] *n* **1.** *(U) (training)* entraînement *m* **2.** *(of doctor)* cabinet *m* **3.** *(of lawyer)* étude *f* **4.** *(regular activity, custom)* pratique *f* ◇ *vt (US)* = **practise** ● **to be out of practice** manquer d'entraînement
practise ['præktɪs] *vt (UK)* **1.** *(sport, technique)* s'entraîner à **2.** *(music)* s'exercer à ◇ *vi* **1.** *(train)* s'entraîner **2.** *(musician)* s'exercer **3.** *(doctor, lawyer)* exercer ◇ *n (US)* = **practice**
praise [preɪz] *n (U)* éloge *m* ◇ *vt* louer
pram [præm] *n (UK)* landau *m*
prank [præŋk] *n* farce *f*
prawn [prɔːn] *n* crevette *f* (rose)
prawn cocktail *n (UK) hors-d'œuvre froid à base de crevettes et de mayonnaise au ketchup*
prawn cracker *n beignet de crevette*
pray [preɪ] *vi* prier ● **to pray for good weather** prier pour qu'il fasse beau
prayer [preəʳ] *n* prière *f*
precarious [prɪ'keərɪəs] *adj* précaire
precaution [prɪ'kɔːʃn] *n* précaution *f*
precede [prɪ'siːd] *vt (fml)* précéder
preceding [prɪ'siːdɪŋ] *adj* précédent(e)
precinct ['priːsɪŋkt] *n* **1.** *(UK) (for shopping)* quartier *m* **2.** *(US) (area of town)* circonscription *f* administrative
precious ['preʃəs] *adj* précieux(ieuse)
precious stone *n* pierre *f* précieuse
precipice ['presɪpɪs] *n* précipice *m*
precise [prɪ'saɪs] *adj* précis(e)
precisely [prɪ'saɪslɪ] *adv* précisément
predecessor ['priːdɪsesəʳ] *n* prédécesseur *m*
predicament [prɪ'dɪkəmənt] *n* situation *f* difficile
predict [prɪ'dɪkt] *vt* prédire
predictable [prɪ'dɪktəbl] *adj* prévisible
prediction [prɪ'dɪkʃn] *n* prédiction *f*
preface ['prefɪs] *n* préface *f*
prefect ['priːfekt] *n (UK) (at school) élève choisi parmi les plus âgés pour prendre en charge la discipline*
prefer [prɪ'fɜːʳ] *vt* ● **to prefer sthg (to)** préférer qqch (à) ● **to prefer to do sthg** préférer faire qqch
preferable ['prefrəbl] *adj* préférable
preferably ['prefrəblɪ] *adv* de préférence
preference ['prefərəns] *n* préférence *f*
prefix ['priːfɪks] *n* préfixe *m*

pregnancy ['pregnənsɪ] *n* grossesse *f*
pregnant ['pregnənt] *adj* enceinte
prejudice ['predʒʊdɪs] *n (U)* préjugé *m*
prejudiced ['predʒʊdɪst] *adj* plein(e)de préjugés
preliminary [prɪ'lɪmɪnərɪ] *adj* préliminaire
premature ['preməˌtjʊər] *adj* prématuré(e)
premier ['premjər] *adj* le plus prestigieux (la plus prestigieuse) ◇ *n (UK)* Premier ministre *m*
premiere ['premɪeər] *n* première *f*
premises ['premɪsɪz] *npl* locaux *mpl*
premium ['pri:mjəm] *n (for insurance)* prime *f*
premium-quality *adj (meat)* de première qualité
preoccupied [pri:'ɒkjʊpaɪd] *adj* préoccupé(e)
prepacked [ˌpri:'pækt] *adj* préemballé(e)
prepaid ['pri:peɪd] *adj (envelope)* prétimbré(e)
preparation [ˌprepə'reɪʃn] *n (U)* préparation *f* ◆ **preparations** *npl (arrangements)* préparatifs *mpl*
preparatory school [prɪ'pærətrɪ-] *n* **1.** *(in UK)* école *f* primaire privée **2.** *(in US) école privée qui prépare à l'enseignement supérieur*
prepare [prɪ'peər] *vt* préparer ◇ *vi* se préparer
prepared [prɪ'peəd] *adj* prêt(e) ● **to be prepared to do sthg** être prêt à faire qqch
preposition [ˌprepə'zɪʃn] *n* préposition *f*
prep school [prep-] = **preparatory school**
prescribe [prɪ'skraɪb] *vt* prescrire
prescription [prɪ'skrɪpʃn] *n* **1.** *(paper)* ordonnance *f* **2.** *(medicine)* médicaments *mpl*
presence ['prezns] *n (U)* présence *f* ● **in sb's presence** en présence de qqn
present *adj* ['preznt] **1.** *(in attendance)* présent(e) **2.** *(current)* actuel(elle) ◇ *n* ['preznt] *(gift)* cadeau *m* ◇ *vt* [prɪ'zent] **1.** présenter **2.** *(give)* remettre **3.** *(problem)* poser ● **the present (tense)** *GRAM* le présent ● **at present** actuellement ● **the present** le présent ● **may I present you to the mayor?** permettez-moi de vous présenter au maire
presentable [prɪ'zentəbl] *adj* présentable
presentation [ˌprezn'teɪʃn] *n* **1.** présentation *f* **2.** *(ceremony)* remise *f*
presenter [prɪ'zentər] *n (UK)* présentateur *m*, -trice *f*
presently ['prezəntlɪ] *adv* **1.** *(soon)* bientôt **2.** *(now)* actuellement
preservation [ˌprezə'veɪʃn] *n (U)* conservation *f*
preservative [prɪ'zɜ:vətɪv] *n* conservateur *m*
preserve [prɪ'zɜ:v] *n (jam)* confiture *f* ◇ *vt* **1.** conserver **2.** *(peace, dignity)* préserver
president ['prezɪdənt] *n* président *m*
press [pres] *vt* **1.** *(push)* presser, appuyer sur **2.** *(iron)* repasser ◇ *n* ● **the press** la presse ● **to press sb to do sthg** presser qqn de faire qqch

press conference *n* conférence *f* de presse
press-stud *n* (*UK*) bouton-pression *m*
press-up *n* (*UK*) pompe *f*
pressure ['preʃəʳ] *n* (*U*) pression *f*
pressure cooker *n* Cocotte-Minute® *f*
prestigious [pre'stɪdʒəs] *adj* prestigieux(ieuse)
presumably [prɪ'zju:məblɪ] *adv* vraisemblablement
presume [prɪ'zju:m] *vt* (*assume*) supposer
pretend [prɪ'tend] *vt* • **to pretend to do sthg** faire semblant de faire qqch
pretentious [prɪ'tenʃəs] *adj* prétentieux(ieuse)
pretty ['prɪtɪ] *adj* (*attractive*) joli(e) ◇ *adv* (*inf*) **1.** (*quite*) assez **2.** (*very*) très
prevent [prɪ'vent] *vt* empêcher • **they prevented him from leaving** ils l'ont empêché de partir
prevention [prɪ'venʃn] *n* (*U*) prévention *f*
preview ['pri:vju:] *n* **1.** (*of film*) avant-première *f* **2.** (*short description*) aperçu *m*
previous ['pri:vjəs] *adj* **1.** (*earlier*) antérieur(e) **2.** (*preceding*) précédent(e)
previously ['pri:vjəslɪ] *adv* auparavant
price [praɪs] *n* prix *m* ◇ *vt* • **to be priced at** coûter
priceless ['praɪslɪs] *adj* **1.** (*expensive*) hors de prix **2.** (*valuable*) inestimable
price list *n* tarif *m*
pricey ['praɪsɪ] *adj* (*inf*) chérot *inv*
prick [prɪk] *vt* piquer
prickly ['prɪklɪ] *adj* (*plant, bush*) épineux(euse)
prickly heat *n* (*U*) boutons *mpl* de chaleur
pride [praɪd] *n* **1.** (*U*) (*satisfaction*) fierté *f* **2.** (*self-respect, arrogance*) orgueil *m* ◇ *vt* • **to pride o.s. on sthg** être fier de qqch
priest [pri:st] *n* prêtre *m*
primarily ['praɪmərɪlɪ] *adv* principalement
primary school ['praɪmərɪ-] *n* école *f* primaire
prime [praɪm] *adj* **1.** (*chief*) principal(e) **2.** (*beef, cut*) de premier choix • **prime quality** qualité supérieure
prime minister *n* Premier ministre *m*
primitive ['prɪmɪtɪv] *adj* primitif(ive)
primrose ['prɪmrəʊz] *n* primevère *f*
prince [prɪns] *n* prince *m*
Prince of Wales *n* Prince *m* de Galles
princess [prɪn'ses] *n* princesse *f*
principal ['prɪnsəpl] *adj* principal(e) ◇ *n* **1.** (*US*) (*of school*) directeur *m*, -trice *f* **2.** (*UK*) (*of university*) doyen *m*, -enne *f*
principle ['prɪnsəpl] *n* principe *m* • **in principle** en principe
print [prɪnt] *n* **1.** (*U*) (*words*) caractères *mpl* **2.** (*photo*) tirage *m* **3.** (*of painting*) reproduction *f* **4.** (*mark*) empreinte *f* ◇ *vt* **1.** (*book, newspaper*) imprimer **2.** (*publish*) publier **3.** (*write*) écrire (en caractères d'imprimerie) **4.** (*photo*) tirer • **out of print** épuisé ◆ **print out** *vt sep* imprimer
printed matter ['prɪntɪd-] *n* (*U*) imprimés *mpl*
printer ['prɪntəʳ] *n* **1.** (*machine*) imprimante *f* **2.** (*person*) imprimeur *m*
printout ['prɪntaʊt] *n* sortie *f* papier
print preview *n* aperçu *m*

prior ['praɪəʳ] *adj (previous)* précédent(e) • **prior to** *(fml)* avant
priority [praɪ'ɒrətɪ] *n* priorité *f* • **to have priority over** avoir la priorité sur
prison ['prɪzn] *n* prison *f*
prisoner ['prɪznəʳ] *n* prisonnier *m*, -ière *f*
prisoner of war *n* prisonnier *m* de guerre
prison officer *n* gardien *m* de prison
privacy [(*UK*) 'prɪvəsɪ, (*US*) 'praɪəsɪ] *n* (*U*) intimité *f*
private ['praɪvɪt] *adj* **1.** privé(e) **2.** *(bathroom, lesson)* particulier(ière) **3.** *(confidential)* confidentiel(ielle) **4.** *(place)* tranquille ◇ *n* MIL (simple) soldat *m* • **in private** en privé
private health care *n (U)* assurance-maladie *f* privée
private property *n (U)* propriété *f* privée
private school *n* école *f* privée

private education

Au Royaume-Uni, les écoles privées (appelées « écoles publiques », même si elles ne bénéficient d'aucune subvention gouvernementale) offrent une alternative aux parents fortunés souhaitant inscrire leurs enfants dans ces institutions élitistes réputées pour leur excellent niveau. Mixtes ou non, la plupart de ces établissements accueillent traditionnellement des pensionnaires et proposent également des programmes adaptés aux élèves en difficulté.

privilege ['prɪvɪlɪdʒ] *n* privilège *m* • **it's a privilege!** c'est un honneur !
prize [praɪz] *n* prix *m*
prize-giving [-,gɪvɪŋ] *n* (*UK*) remise *f* des prix
pro [prəʊ] (*pl* **-s**) *n (inf) (professional)* pro *m ou f* ◆ **pros** *npl* • **the pros and cons** le pour et le contre
probability [,prɒbə'bɪlətɪ] *n* probabilité *f*
probable ['prɒbəbl] *adj* probable
probably ['prɒbəblɪ] *adv* probablement
probation officer [prə'beɪʃn-] *n* ≃ agent *m* de probation
problem ['prɒbləm] *n* problème *m* • **no problem!** *(inf)* pas de problème !
procedure [prə'si:dʒəʳ] *n* procédure *f*
proceed [prə'si:d] *vi (fml)* **1.** *(continue)* continuer **2.** *(act)* procéder **3.** *(advance)* avancer ▼ **proceed with caution** ralentir
proceeds ['prəʊsi:dz] *npl* recette *f*
process ['prəʊses] *n* **1.** *(series of events)* processus *m* **2.** *(method)* procédé *m* • **to be in the process of doing sthg** être en train de faire qqch
processed cheese ['prəʊsest-] *n* **1.** *(for spreading)* fromage *m* à tartiner **2.** *(in slices)* fromage en tranches
procession [prə'seʃn] *n* procession *f*
prod [prɒd] *vt (poke)* pousser
produce *vt* [prə'dju:s] **1.** produire **2.** *(cause)* provoquer ◇ *n* ['prɒdju:s] *(U)* produits *mpl* (alimentaires)
producer [prə'dju:səʳ] *n* producteur *m*, -trice *f*
product ['prɒdʌkt] *n* produit *m*
production [prə'dʌkʃn] *n* production *f*

productivity [ˌprɒdʌk'tɪvətɪ] *n (U)* productivité *f*
profession [prə'feʃn] *n* profession *f*
professional [prə'feʃənl] *adj* professionnel(elle) ◇ *n* professionnel *m*, -elle *f*
professor [prə'fesəʳ] *n* **1.** *(in UK)* professeur *m* (d'université) **2.** *(in US)* ≃ maître *m* de conférences
profile ['prəʊfaɪl] *n* **1.** *(silhouette, outline)* profil *m* **2.** *(description)* portrait *m*
profit ['prɒfɪt] *n* profit *m* ◇ *vi* • **to profit (from)** profiter (de)
profitable ['prɒfɪtəbl] *adj* profitable
profiteroles [prə'fɪtərəʊlz] *npl* profiteroles *fpl*
profound [prə'faʊnd] *adj* profond(e)
program ['prəʊgræm] *n* **1.** *COMPUT* programme *m* **2.** *(US)* = **programme** ◇ *vt COMPUT* programmer
programme ['prəʊgræm] *n (UK)* **1.** *(of events, booklet)* programme *m* **2.** *(on TV, radio)* émission *f*
progress *n* ['prəʊgres] *(U)* **1.** *(improvement)* progrès *m* **2.** *(forward movement)* progression *f* ◇ *vi* [prə'gres] **1.** *(work, talks, student)* progresser **2.** *(day, meeting)* avancer • **to make progress** *(improve)* faire des progrès ; *(in journey)* avancer • **in progress** en progrès
progressive [prə'gresɪv] *adj (forward-looking)* progressiste
prohibit [prə'hɪbɪt] *vt* interdire ▼ **smoking strictly prohibited** défense absolue de fumer
project ['prɒdʒekt] *n* projet *m*
projector [prə'dʒektəʳ] *n* projecteur *m*
prolong [prə'lɒŋ] *vt* prolonger
prom [prɒm] *n (US) (dance)* bal *m* (d'étudiants)
promenade [ˌprɒmə'nɑːd] *n (by the sea)* promenade *f*
prominent ['prɒmɪnənt] *adj* **1.** *(person)* important(e) **2.** *(teeth, chin)* proéminent(e)
promise ['prɒmɪs] *n* promesse *f* ◇ *vt & vi* promettre • **to show promise** promettre • **I promise (that) I'll come** je promets que je viendrai • **you promised me a lift home** tu as promis de me raccompagner • **to promise to do sthg** promettre de faire qqch
promising ['prɒmɪsɪŋ] *adj* prometteur(euse)
promote [prə'məʊt] *vt* promouvoir
promotion [prə'məʊʃn] *n* promotion *f*
prompt [prɒmpt] *adj* rapide ◇ *adv* • **at six o'clock prompt** à six heures pile
prone [prəʊn] *adj* • **to be prone to sthg** être sujet à qqch • **to be prone to do sthg** avoir tendance à faire qqch
prong [prɒŋ] *n (of fork)* dent *f*
pronoun ['prəʊnaʊn] *n* pronom *m*
pronounce [prə'naʊns] *vt* prononcer
pronunciation [prəˌnʌnsɪ'eɪʃn] *n* prononciation *f*
proof [pruːf] *n (U) (evidence)* preuve *f* • **12% proof** 12 degrés
prop [prɒp] ♦ **prop up** *vt sep* soutenir
propeller [prə'peləʳ] *n* hélice *f*
proper ['prɒpəʳ] *adj* **1.** *(suitable)* adéquat(e) **2.** *(correct)* bon (bonne) **3.** *(behaviour)* correct(e)
properly ['prɒpəlɪ] *adv* correctement
property ['prɒpətɪ] *n (U)* propriété *f*

proportion [prə'pɔːʃn] *n* **1.** *(part, amount)* partie *f* **2.** *(ratio, in art)* proportion *f*
proposal [prə'pəʊzl] *n* proposition *f*
propose [prə'pəʊz] *vt* proposer ◇ *vi* ● **to propose to sb** demander qqn en mariage
proposition [,prɒpə'zɪʃn] *n* proposition *f*
proprietor [prə'praɪətər] *n* *(fml)* propriétaire *f*
prose [prəʊz] *n* **1.** *(U)* *(not poetry)* prose *f* **2.** *SCH* thème *m*
prosecution [,prɒsɪ'kjuːʃn] *n* *LAW* *(charge)* accusation *f*
prospect ['prɒspekt] *n* *(possibility)* possibilité *f* ● **I don't relish the prospect** cette perspective ne m'enchante guère ◆ **prospects** *npl* *(for the future)* perspectives *fpl*
prospectus [prə'spektəs] (*pl* **-es**) *n* prospectus *m*
prosperous ['prɒspərəs] *adj* prospère
prostitute ['prɒstɪtjuːt] *n* prostitué *m*, -e *f*
protect [prə'tekt] *vt* protéger ● **to protect sb from harm** mettre qqn à l'abri du danger ● **a plan to protect the country against attack** un plan pour protéger le pays contre des attentats
protection [prə'tekʃn] *n* *(U)* protection *f*
protection factor *n* *(of suntan lotion)* indice *m* de protection
protective [prə'tektɪv] *adj* protecteur(trice)
protein ['prəʊtiːn] *n* protéines *fpl*
protest *n* ['prəʊtest] **1.** *(complaint)* protestation *f* **2.** *(demonstration)* manifestation *f* ◇ *vt* [prə'test] *(US)* *(protest against)* protester contre ◇ *vi* ● **to protest (against)** protester (contre)
Protestant ['prɒtɪstənt] *n* protestant *m*, -e *f*
protester [prə'testər] *n* manifestant *m*, -e *f*
protractor [prə'træktər] *n* rapporteur *m*
protrude [prə'truːd] *vi* dépasser
proud [praʊd] *adj* fier (fière) ● **to be proud of** être fier de
prove [pruːv] (*pp* **-d** OU **proven** [pruːvn]) *vt* **1.** prouver **2.** *(turn out to be)* se révéler
proverb ['prɒvɜːb] *n* proverbe *m*
provide [prə'vaɪd] *vt* fournir ● **to provide sb with information** fournir des informations à qqn ◆ **provide for** *vt insep* *(person)* subvenir aux besoins de
provided (that) [prə'vaɪdɪd-] *conj* pourvu que
providing (that) [prə'vaɪdɪŋ-] = **provided (that)**
province ['prɒvɪns] *n* province *f*
provisional [prə'vɪʒənl] *adj* provisoire
provisions [prə'vɪʒnz] *npl* provisions *fpl*
provocative [prə'vɒkətɪv] *adj* provocant(e)
provoke [prə'vəʊk] *vt* provoquer
prowl [praʊl] *vi* rôder
prune [pruːn] *n* pruneau *m* ◇ *vt* *(tree, bush)* tailler
PS (*abbr of postscript*) PS *(postscriptum)*
psychiatrist [saɪ'kaɪətrɪst] *n* psychiatre *m ou f*
psychic ['saɪkɪk] *adj* doué(e)de seconde vue

psychological [ˌsaɪkəˈlɒdʒɪkl] *adj* psychologique

psychologist [saɪˈkɒlədʒɪst] *n* psychologue *m ou f*

psychology [saɪˈkɒlədʒɪ] *n (U)* psychologie *f*

psychotherapist [ˌsaɪkəʊˈθerəpɪst] *n* psychothérapeute *m ou f*

pt *abbr of* **pint**

PTO (*abbr of please turn over*) TSVP (*tournez s'il vous plaît*)

pub [pʌb] *n* (*UK*) pub *m*

pub

Anciennement appelés *public houses* (maisons publiques), ces bars britanniques accueillent une clientèle qui veut prendre un verre, écouter un concert, jouer aux fléchettes ou au billard. On y sert de la bière locale (la *real ale*, une bière pression brassée selon des méthodes traditionnelles), des bières étrangères, de nombreuses boissons alcoolisées ou non (les commandes et règlements se font au bar), accompagnées de petits en-cas. Aujourd'hui, de nouveaux *gastropubs* proposent des repas complets.

puberty [ˈpjuːbətɪ] *n (U)* puberté *f*

public [ˈpʌblɪk] *adj* public(ique) ◇ *n* • **the public** le public • **in public** en public

publican [ˈpʌblɪkən] *n* (*UK*) patron *m*, -onne *f* de pub

publication [ˌpʌblɪˈkeɪʃn] *n* publication *f*

public bar *n* (*UK*) bar *m (salle moins confortable et moins chère que le « lounge bar » ou le « saloon bar »)*

public convenience *n* (*UK*) toilettes *fpl* publiques

public footpath *n* (*UK*) sentier *m* public

public holiday *n* jour *m* férié

public house *n* (*UK*) (*fml*) pub *m*

publicity [pʌbˈlɪsɪtɪ] *n (U)* publicité *f*

public school *n* **1.** *(in UK)* école *f* privée **2.** *(in US)* école *f* publique

public telephone *n* téléphone *m* public

public transport *n (U)* (*UK*) transports *mpl* en commun

public transportation (*US*) = **public transport**

publish [ˈpʌblɪʃ] *vt* publier

publisher [ˈpʌblɪʃəʳ] *n* **1.** *(person)* éditeur *m*, -trice *f* **2.** *(company)* maison *f* d'édition

publishing [ˈpʌblɪʃɪŋ] *n (U) (industry)* édition *f*

pub lunch *n* (*UK*) *repas de midi servi dans un pub*

pudding [ˈpʊdɪŋ] *n* **1.** *(sweet dish)* pudding *m* **2.** (*UK*) *(course)* dessert *m*

puddle [ˈpʌdl] *n* flaque *f*

puff [pʌf] *vi (breathe heavily)* souffler ◇ *n (of air, smoke)* bouffée *f* • **to puff at** *(cigarette, pipe)* tirer sur

puff pastry *n (U)* pâte *f* à choux

pull [pʊl] *vt* **1.** tirer **2.** *(trigger)* appuyer sur ◇ *vi* tirer ◇ *n* • **to give sthg a pull** tirer sur qqch • **to pull a face** faire une grimace • **to pull a muscle** se froisser un muscle ▾ **pull** *(on door)* tirez ◆ **pull apart**

vt sep **1.** *(book)* mettre en pièces **2.** *(machine)* démonter ◆ **pull down** *vt sep* **1.** *(blind)* baisser **2.** *(demolish)* démolir ◆ **pull in** *vi* **1.** *(train)* entrer en gare **2.** *(car)* se ranger ◆ **pull out** *vt sep (tooth, cork, plug)* enlever ◇ *vi* **1.** *(train)* partir **2.** *(car)* déboîter **3.** *(withdraw)* se retirer ◆ **pull over** *vi (car)* se ranger ◆ **pull up** *vt sep (socks, trousers, sleeve)* remonter ◇ *vi (stop)* s'arrêter

pull-down menu *n* menu *m* déroulant

pulley ['pʊlɪ] (*pl* **-s**) *n* poulie *f*

pull-out *n* (*US*) *(beside road)* aire *f* de stationnement

pullover ['pʊlˌəʊvəʳ] *n* pull(-over) *m*

pulpit ['pʊlpɪt] *n* chaire *f*

pulse [pʌls] *n MED* pouls *m*

pump [pʌmp] *n* pompe *f* ◆ **pumps** *npl* (*UK*) *(sports shoes)* tennis *mpl* ◆ **pump up** *vt sep* gonfler

pumpkin ['pʌmpkɪn] *n* potiron *m*

pun [pʌn] *n* jeu *m* de mots

punch [pʌntʃ] *n* **1.** *(blow)* coup *m* de poing **2.** *(U) (drink)* punch *m* ◇ *vt* **1.** *(hit)* donner un coup de poing à **2.** *(ticket)* poinçonner

Punch and Judy show [-'dʒu:dɪ-] *n* ≃ guignol *m*

punctual ['pʌŋktʃʊəl] *adj* ponctuel(elle)

punctuation [ˌpʌŋktʃʊ'eɪʃn] *n* *(U)* ponctuation *f*

puncture ['pʌŋktʃəʳ] *n* crevaison *f* ◇ *vt* crever

punish ['pʌnɪʃ] *vt* punir ● **to punish sb for a crime** punir qqn pour un crime

punishment ['pʌnɪʃmənt] *n* punition *f*

punk [pʌŋk] *n* **1.** *(person)* punk *m ou f* **2.** *(U) (music)* punk *m*

punnet ['pʌnɪt] *n* (*UK*) barquette *f*

pupil ['pju:pl] *n* **1.** *(student)* élève *m ou f* **2.** *(of eye)* pupille *f*

puppet ['pʌpɪt] *n* marionnette *f*

puppy ['pʌpɪ] *n* chiot *m*

purchase ['pɜ:tʃəs] *vt* (*fml*) acheter ◇ *n* (*fml*) achat *m*

pure [pjʊəʳ] *adj* pur(e)

puree ['pjʊəreɪ] *n* purée *f*

purely ['pjʊəlɪ] *adv* purement

purity ['pjʊərətɪ] *n (U)* pureté *f*

purple ['pɜ:pl] *adj* violet(ette)

purpose ['pɜ:pəs] *n* **1.** *(reason)* motif *m* **2.** *(use)* usage *m* ● **on purpose** exprès

purr [pɜ:ʳ] *vi* ronronner

purse [pɜ:s] *n* **1.** (*UK*) *(for money)* porte-monnaie *m inv* **2.** (*US*) *(handbag)* sac *m* à main

pursue [pə'sju:] *vt* poursuivre

pus [pʌs] *n (U)* pus *m*

push [pʊʃ] *vt* **1.** *(shove)* pousser **2.** *(button)* appuyer sur, presser **3.** *(product)* promouvoir ◇ *vi* pousser ◇ *n* ● **to give a car a push** pousser une voiture ● **to push sb into doing sthg** pousser qqn à faire qqch ▼ **push** *(on door)* poussez ◆ **push in** *vi* (*UK*) *(in queue)* se faufiler ◆ **push off** *vi* (*UK*) (*inf*) *(go away)* dégager

push-button telephone *n* téléphone *m* à touches

pushchair ['pʊʃtʃeəʳ] *n* (*UK*) poussette *f*

pushed [pʊʃt] *adj* (*inf*) ● **to be pushed (for time)** être pressé(e)

push-ups *npl* (*US*) pompes *fpl*

put [pʊt] (*pt & pp* **put**) *vt* **1.** *(place)* poser, mettre **2.** *(responsibility)* rejeter **3.** *(ex-*

press) exprimer **4.** *(write)* mettre, écrire **5.** *(a question)* poser **6.** *(estimate)* estimer ● **to put a child to bed** mettre un enfant au lit ● **to put money into an account** mettre de l'argent sur un compte ◆ **put aside** *vt sep (money)* mettre de côté ◆ **put away** *vt sep (tidy up)* ranger ◆ **put back** *vt sep* **1.** *(replace)* remettre **2.** *(postpone)* repousser **3.** *(clock, watch)* retarder ◆ **put down** *vt sep* **1.** *(on floor, table)* poser **2.** *(passenger)* déposer **3.** *(animal)* piquer **4.** *(deposit)* verser ◆ **put forward** *vt sep* avancer ◆ **put in** *vt sep* **1.** *(insert)* introduire **2.** *(install)* installer **3.** *(in container, bags)* mettre dedans ◆ **put off** *vt sep* **1.** *(postpone)* reporter **2.** *(distract)* distraire **3.** *(repel)* dégoûter **4.** *(passenger)* déposer ◆ **put on** *vt sep* **1.** *(clothes, make-up, CD)* mettre **2.** *(weight)* prendre **3.** *(television, light, radio)* allumer **4.** *(play, show)* monter ● **to put on weight** grossir ● **to put the kettle on** (*UK*) mettre la bouilloire à chauffer ◆ **put out** *vt sep* **1.** *(cigarette, fire, light)* éteindre **2.** *(publish)* publier **3.** *(arm, leg)* étendre **4.** *(hand)* tendre **5.** *(inconvenience)* déranger ● **to put one's back out** se déplacer une vertèbre ◆ **put together** *vt sep* **1.** *(assemble)* monter **2.** *(combine)* réunir ◆ **put up** *vt sep* **1.** *(building)* construire **2.** *(statue)* ériger **3.** *(tent)* monter **4.** *(umbrella)* ouvrir **5.** *(a notice)* afficher **6.** *(price, rate)* augmenter **7.** *(provide with accommodation)* loger ◇ *vi (in hotel)* descendre ◆ **put up with** *vt insep* supporter

putter ['pʌtər] *n (club)* putter *m*

putting green ['pʌtɪŋ-] *n* green *m*

putty ['pʌtɪ] *n (U)* mastic *m*

puzzle ['pʌzl] *n* **1.** *(game)* casse-tête *m inv* **2.** *(jigsaw)* puzzle *m* **3.** *(mystery)* énigme *f* ◇ *vt* rendre perplexe

puzzling ['pʌzlɪŋ] *adj* déconcertant(e)

pyjamas [pə'dʒɑːməz] *npl* (*UK*) pyjama *m*

pylon ['paɪlən] *n* pylône *m*

pyramid ['pɪrəmɪd] *n* pyramide *f*

Pyrenees [,pɪrə'niːz] *npl* ● **the Pyrenees** les Pyrénées *fpl*

Pyrex® ['paɪreks] *n (U)* Pyrex® *m*

qQ

quail [kweɪl] *n (U)* caille *f*

quail's eggs *npl* œufs *mpl* de caille

quaint [kweɪnt] *adj* pittoresque

qualification [,kwɒlɪfɪ'keɪʃn] *n* **1.** *(diploma)* diplôme *m* **2.** *(ability)* qualification *f*

qualified ['kwɒlɪfaɪd] *adj* qualifié(e)

qualify ['kwɒlɪfaɪ] *vi* **1.** *(for competition)* se qualifier **2.** *(pass exam)* obtenir un diplôme

quality ['kwɒlətɪ] *n* qualité *f* ◇ *adj* de qualité

quarantine ['kwɒrəntiːn] *n (U)* quarantaine *f*

quarrel ['kwɒrəl] *n* dispute *f* ◇ *vi* se disputer

quarry ['kwɒrɪ] *n* carrière *f*

quart [kwɔːt] *n* **1.** *(in UK)* = 1,136 litres ≃ litre *m* **2.** *(in US)* = 0,946 litre ≃ litre

quarter ['kwɔːtər] *n* **1.** *(fraction)* quart *m* **2.** (*US*) *(coin)* pièce *f* de 25 cents **3.** (*UK*)

(4 ounces) = 0,1134 kg ≃ quart **4.** *(three months)* trimestre *m* **5.** *(part of town)* quartier *m* • **(a) quarter to five** (*UK*) cinq heures moins le quart • **(a) quarter of five** (*US*) cinq heures moins le quart • **(a) quarter past five** (*UK*) cinq heures et quart • **(a) quarter after five** (*US*) cinq heures et quart • **(a) quarter of an hour** un quart d'heure

quarterpounder [ˌkwɔːtəˈpaʊndəʳ] *n* gros hamburger *m*

quartet [kwɔːˈtet] *n (group)* quatuor *m*

quartz [kwɔːts] *adj (watch)* à quartz

quay [kiː] *n* quai *m*

queasy [ˈkwiːzɪ] *adj* (*inf*) • **to feel queasy** avoir mal au cœur

queen [kwiːn] *n* **1.** reine *f* **2.** *(in cards)* dame *f*

queer [kwɪəʳ] *adj* **1.** *(strange)* bizarre **2.** (*inf*) *(ill)* patraque **3.** (*inf & pej*) *(homosexual)* homo

quench [kwentʃ] *vt* • **to quench one's thirst** étancher sa soif

query [ˈkwɪərɪ] *n* **1.** question *f* **2.** COMPUT requête *f*

question [ˈkwestʃn] *n* question *f* ◇ *vt (person)* interroger • **it's out of the question** c'est hors de question

question mark *n* point *m* d'interrogation

questionnaire [ˌkwestʃəˈneəʳ] *n* questionnaire *m*

queue [kjuː] *n* (*UK*) queue *f* ◇ *vi* (*UK*) faire la queue ♦ **queue up** *vi* (*UK*) faire la queue

quiche [kiːʃ] *n* quiche *f*

quick [kwɪk] *adj* rapide ◇ *adv* rapidement, vite

quickly [ˈkwɪklɪ] *adv* rapidement, vite

quid [kwɪd] (*pl inv*) *n* (*UK*) (*inf*) *(pound)* livre *f*

quiet [ˈkwaɪət] *adj* **1.** silencieux(ieuse) **2.** *(calm, peaceful)* tranquille ◇ *n* (*U*) calme *m* • **in a quiet voice** à voix basse • **keep quiet!** chut !, taisez-vous ! • **to keep quiet** *(not say anything)* se taire • **to keep quiet about sthg** ne pas parler de qqch

quieten [ˈkwaɪətn] ♦ **quieten down** *vi* se calmer

quietly [ˈkwaɪətlɪ] *adv* **1.** silencieusement **2.** *(calmly)* tranquillement

quilt [kwɪlt] *n* **1.** (*UK*) *(duvet)* couette *f* **2.** *(eiderdown)* édredon *m*

quince [kwɪns] *n* coing *m*

quirk [kwɜːk] *n* bizarrerie *f*

quit [kwɪt] (*pt & pp* **quit**) *vi* **1.** *(resign)* démissionner **2.** *(give up)* abandonner ◇ *vt (school, job)* quitter • **to quit doing sthg** arrêter de faire qqch

quite [kwaɪt] *adv* **1.** *(fairly)* assez **2.** *(completely)* tout à fait • **not quite** pas tout à fait • **quite a lot (of)** pas mal (de)

quiz [kwɪz] (*pl* **-zes**) *n* jeu *m (basé sur des questions de culture générale)*

quota [ˈkwəʊtə] *n* quota *m*

quotation [kwəʊˈteɪʃn] *n* **1.** *(phrase)* citation *f* **2.** *(estimate)* devis *m*

quotation marks *npl* guillemets *mpl*

quote [kwəʊt] *vt* **1.** *(phrase, writer)* citer **2.** *(price)* indiquer ◇ *n* **1.** *(phrase)* citation *f* **2.** *(estimate)* devis *m*

rR

rabbit ['ræbɪt] *n* lapin *m*
rabies ['reɪbi:z] *n (U)* rage *f*
RAC (*abbr of Royal Automobile Club*) *n (UK)* ≃ ACF *m (Automobile Club de France)*
race [reɪs] *n* **1.** *(competition)* course *f* **2.** *(ethnic group)* race *f* ◇ *vi* **1.** *(compete)* faire la course **2.** *(go fast)* aller à toute vitesse **3.** *(engine)* s'emballer ◇ *vt* faire la course avec
racecourse ['reɪskɔ:s] *n (UK)* champ *m* de courses
racehorse ['reɪshɔ:s] *n* cheval *m* de course
racetrack ['reɪstræk] *n (US) (for horses)* champ *m* de courses
racial ['reɪʃl] *adj* racial(e)
racing ['reɪsɪŋ] *n* ● **(horse) racing** *(U)* courses *fpl* (de chevaux)
racing car *n* voiture *f* de course
racism ['reɪsɪzm] *n (U)* racisme *m*
racist ['reɪsɪst] *n* raciste *m ou f*
rack [ræk] *n* **1.** *(for bottles)* casier *m* **2.** *(for coats)* portemanteau *m* **3.** *(for plates)* égouttoir *m* **4.** *(on car)* galerie *f* **5.** *(on train)* filet *m* à bagages ● **(luggage) rack** *(on car)* galerie *f* ; *(on bike)* porte-bagages *m inv* ● **rack of lamb** carré *m* d'agneau
racket ['rækɪt] *n* **1.** raquette *f* **2.** *(inf) (noise)* raffut *m*
racquet ['rækɪt] *n* raquette *f*
radar ['reɪdɑ:ʳ] *n* radar *m*
radiation [ˌreɪdɪ'eɪʃn] *n (U)* radiations *fpl*
radiator ['reɪdɪeɪtəʳ] *n* radiateur *m*
radical ['rædɪkl] *adj* radical(e)
radii ['reɪdɪaɪ] *pl* ➤ **radius**
radio ['reɪdɪəʊ] (*pl* **-s**) *n* radio *f* ◇ *vt (person)* appeler par radio ● **on the radio** à la radio
radioactive [ˌreɪdɪəʊ'æktɪv] *adj* radioactif(ive)
radio alarm *n* radio-réveil *m*
radish ['rædɪʃ] *n* radis *m*
radius ['reɪdɪəs] (*pl* **radii**) *n* rayon *m*
raffle ['ræfl] *n* tombola *f*
raft [rɑ:ft] *n* **1.** *(of wood)* radeau *m* **2.** *(inflatable)* canot *m* pneumatique
rafter ['rɑ:ftəʳ] *n* chevron *m*
rag [ræg] *n (old cloth)* chiffon *m*
rage [reɪdʒ] *n* rage *f*
raid [reɪd] *n* **1.** *(attack)* raid *m* **2.** *(by police)* descente *f* **3.** *(robbery)* hold-up *m inv* ◇ *vt* **1.** *(subj: police)* faire une descente dans **2.** *(subj: thieves)* faire un hold-up dans
rail [reɪl] *n* **1.** *(bar)* barre *f* **2.** *(for curtain)* tringle *f* **3.** *(on stairs)* rampe *f* **4.** *(for train, tram)* rail *m* ◇ *adj* **1.** *(transport, network)* ferroviaire **2.** *(travel)* en train ● **by rail** en train
railcard ['reɪlkɑ:d] *n (UK) carte de réduction des chemins de fer pour jeunes et retraités*
railings ['reɪlɪŋz] *npl* grille *f*
railroad ['reɪlrəʊd] *(US)* = **railway**
railway ['reɪlweɪ] *n (UK)* **1.** *(system)* chemin *m* de fer **2.** *(track)* voie *f* ferrée
railway line *n (UK)* **1.** *(route)* ligne *f* de chemin de fer **2.** *(track)* voie *f* ferrée

railway station *n* (*UK*) gare *f*
rain [reɪn] *n* (*U*) pluie *f* ◇ *impers vb* pleuvoir ● **it's raining** il pleut
rainbow ['reɪnbəʊ] *n* arc-en-ciel *m*
raincoat ['reɪnkəʊt] *n* imperméable *m*
raindrop ['reɪndrɒp] *n* goutte *f* de pluie
rainfall ['reɪnfɔːl] *n* (*U*) précipitations *fpl*
rainy ['reɪnɪ] *adj* pluvieux(ieuse)
raise [reɪz] *vt* **1.** (*lift*) lever **2.** (*increase*) augmenter **3.** (*money*) collecter **4.** (*child, animals*) élever **5.** (*question, subject*) soulever ◇ *n* (*US*) (*pay increase*) augmentation *f*
raisin ['reɪzn] *n* raisin *m* sec
rake [reɪk] *n* râteau *m*
rally ['rælɪ] *n* **1.** (*public meeting*) rassemblement *m* **2.** (*motor race*) rallye *m* **3.** (*in tennis, badminton, squash*) échange *m*
ram [ræm] *n* (*sheep*) bélier *m* ◇ *vt* percuter
Ramadan [,ræmə'dæn] *n* Ramadan *m*
ramble ['ræmbl] *n* randonnée *f*
ramp [ræmp] *n* **1.** (*slope*) rampe *f* **2.** (*in road*) ralentisseur *m* **3.** (*US*) (*to freeway*) bretelle *f* d'accès ▼ **ramp** (*UK*) (*bump*) *panneau annonçant une dénivellation due à des travaux*
ramparts ['ræmpɑːts] *npl* remparts *mpl*
ran [ræn] *pt* ➤ **run**
ranch [rɑːntʃ] *n* ranch *m*
ranch dressing *n* (*US*) *sauce mayonnaise liquide légèrement épicée*
rancid ['rænsɪd] *adj* rance
random ['rændəm] *adj* (*choice, number*) aléatoire ◇ *n* ● **at random** au hasard
rang [ræŋ] *pt* ➤ **ring**
range [reɪndʒ] *n* **1.** (*of radio, telescope*) portée *f* **2.** (*of prices, temperatures, ages*) éventail *m* **3.** (*of goods, services*) gamme *f* **4.** (*of hills, mountains*) chaîne *f* **5.** (*for shooting*) champ *m* de tir **6.** (*US*) (*cooker*) fourneau *m* ◇ *vi* (*vary*) varier
ranger ['reɪndʒəʳ] *n* (*of park, forest*) garde *m* forestier
rank [ræŋk] *n* grade *m* ◇ *adj* (*smell, taste*) ignoble
ransom ['rænsəm] *n* rançon *f*
rap [ræp] *n* (*U*) (*music*) rap *m*
rape [reɪp] *n* viol *m* ◇ *vt* violer
rapid ['ræpɪd] *adj* rapide ◆ **rapids** *npl* rapides *mpl*
rapidly ['ræpɪdlɪ] *adv* rapidement
rapist ['reɪpɪst] *n* violeur *m*
rare [reəʳ] *adj* **1.** rare **2.** (*meat*) saignant(e)
rarely ['reəlɪ] *adv* rarement
rash [ræʃ] *n* éruption *f* cutanée ◇ *adj* imprudent(e)
rasher ['ræʃəʳ] *n* tranche *f*
raspberry ['rɑːzbərɪ] *n* framboise *f*
rat [ræt] *n* rat *m*
ratatouille [rætə'tuːɪ] *n* ratatouille *f*
rate [reɪt] *n* **1.** (*level*) taux *m* **2.** (*charge*) tarif *m* **3.** (*speed*) *COMPUT* vitesse *f*, débit *m* ◇ *vt* **1.** (*consider*) considérer **2.** (*deserve*) mériter ● **rate of exchange** taux de change ● **at any rate** en tout cas ● **at this rate** à ce rythme-là
rather ['rɑːðəʳ] *adv* plutôt ● **I'd rather stay in** je préférerais ne pas sortir ● **I'd rather not** j'aimerais mieux pas ● **would you rather...?** préférerais-tu...? ● **rather a lot of** pas mal de ● **rather than** plutôt que
ratio ['reɪʃɪəʊ] (*pl* **-s**) *n* rapport *m*

ration ['ræʃn] *n (share)* ration *f* ◆ **rations** *npl (food)* vivres *mpl*
rational ['ræʃnl] *adj* rationnel(elle)
rattle ['rætl] *n (of baby)* hochet *m* ◇ *vi* faire du bruit
rave [reɪv] *n (UK)* rave *f*
raven ['reɪvn] *n* corbeau *m*
ravioli [ˌrævɪ'əʊlɪ] *n (U)* ravioli(s) *mpl*
raw [rɔː] *adj* **1.** cru(e) **2.** *(sugar)* non raffiné(e) **3.** *(silk)* sauvage
raw material *n* matière *f* première
ray [reɪ] *n* rayon *m*
razor ['reɪzəʳ] *n* rasoir *m*
razor blade *n* lame *f* de rasoir
Rd (*abbr of Road*) Rte *(route)*
re [riː] *prep* concernant
RE *n (U)* (*abbr of religious education*) instruction *f* religieuse
reach [riːtʃ] *vt* **1.** atteindre **2.** *(contact)* joindre **3.** *(agreement, decision)* parvenir à ◇ *n* ● **out of reach** hors de portée ● **within reach of the beach** à proximité de la plage ◆ **reach out** *vi* ● **to reach out (for)** tendre le bras (vers)
react [rɪ'ækt] *vi* réagir
reaction [rɪ'ækʃn] *n* réaction *f*
read [riːd] (*pt & pp* **read** [red]) *vt* **1.** lire **2.** *(subj: sign, note)* dire **3.** *(subj: meter, gauge)* indiquer ◇ *vi* lire ● **to read about sthg** apprendre qqch dans les journaux ◆ **read out** *vt sep* lire à haute voix
reader ['riːdəʳ] *n* lecteur *m*, -trice *f*
readily ['redɪlɪ] *adv* **1.** *(willingly)* volontiers **2.** *(easily)* facilement
reading ['riːdɪŋ] *n* **1.** *(U) (of books, papers)* lecture *f* **2.** *(of meter, gauge)* données *fpl*
reading matter *n (U)* lecture *f*
ready ['redɪ] *adj* prêt(e) ● **to be ready for sthg** *(prepared)* être prêt pour qqch ● **to be ready to do sthg** être prêt à faire qqch ● **to get ready** se préparer ● **to get sthg ready** préparer qqch
ready cash *n (U)* liquide *m*
ready-cooked [-kʊkt] *adj* précuit(e)
ready-to-wear *adj* de prêt à porter
real ['rɪəl] *adj* **1.** vrai(e) **2.** *(world)* réel(elle) ◇ *adv (US) (inf)* vraiment, très
real ale *n (UK) bière rousse de fabrication traditionnelle, fermentée en fûts*
real estate *n (U) (US)* immobilier *m*
realistic [ˌrɪə'lɪstɪk] *adj* réaliste
reality [rɪ'ælətɪ] *n (U)* réalité *f* ● **in reality** en réalité
realize ['rɪəlaɪz] *vt* **1.** *(become aware of)* se rendre compte de **2.** *(know)* savoir **3.** *(ambition, goal)* réaliser
really ['rɪəlɪ] *adv* vraiment ● **not really** pas vraiment
realtor ['rɪəltər] *n (US)* agent *m* immobilier
rear [rɪəʳ] *adj* arrière *inv* ◇ *n (back)* arrière *m*
rearrange [ˌriːə'reɪndʒ] *vt* **1.** *(room, furniture)* réarranger **2.** *(meeting)* déplacer
rearview mirror ['rɪəvjuː-] *n* rétroviseur *m*
rear-wheel drive *n* traction *f* arrière
reason ['riːzn] *n* raison *f* ● **for some reason** pour une raison ou pour une autre
reasonable ['riːznəbl] *adj* raisonnable
reasonably ['riːznəblɪ] *adv (quite)* assez
reasoning ['riːznɪŋ] *n (U)* raisonnement *m*
reassure [ˌriːə'ʃɔːʳ] *vt* rassurer
reassuring [ˌriːə'ʃɔːrɪŋ] *adj* rassurant(e)

rebate ['ri:beɪt] *n* rabais *m*
rebel *n* ['rebl] rebelle *m ou f* ◇ *vi* [rɪ'bel] se rebeller
rebooting *n* réinitialisation *f*
rebound [rɪ'baʊnd] *vi (ball etc)* rebondir
rebuild [,ri:'bɪld] *(pt & pp* **rebuilt** [,ri:'bɪlt]) *vt* reconstruire
rebuke [rɪ'bju:k] *vt* réprimander
recall [rɪ'kɔ:l] *vt (remember)* se souvenir de
receipt [rɪ'si:t] *n* reçu *m* • **on receipt of** à réception de
receive [rɪ'si:v] *vt* recevoir
receiver [rɪ'si:vəʳ] *n (of phone)* combiné *m*
recent ['ri:snt] *adj* récent(e)
recently ['ri:sntlɪ] *adv* récemment
receptacle [rɪ'septəkl] *n (fml)* récipient *m*
reception [rɪ'sepʃn] *n* **1.** *(U)* réception *f* **2.** *(welcome)* accueil *m*

reporting to reception

If you are on your own when you report to reception, you give your first name and surname, or your surname preceded by *Monsieur* or *Madame*, and then you say what company you have come from and who it is you are supposed to meet: *Je suis de Ballard, j'ai rendez-vous avec Monsieur (ou Madame) Martin.* or *Pourriez-vous, s'il vous plaît, avertir Monsieur (ou Madame) Martin que je suis arrivé(e) ?*
In a hotel, you just state your name: *J'ai réservé une chambre au nom de Monsieur Lepic.*

reception desk *n* réception *f*
receptionist [rɪ'sepʃənɪst] *n* réceptionniste *m ou f*
recess ['ri:ses] *n* **1.** *(in wall)* renfoncement *m (U)* **2.** *(US) SCH* récréation *f*
recession [rɪ'seʃn] *n* récession *f*
recipe ['resɪpɪ] *n* recette *f*
recite [rɪ'saɪt] *vt* **1.** *(poem)* réciter **2.** *(list)* énumérer
reckless ['reklɪs] *adj* imprudent(e)
reckon ['rekn] *vt (inf) (think)* penser
◆ **reckon on** *vt insep* compter sur
◆ **reckon with** *vt insep (expect)* s'attendre à
reclaim [rɪ'kleɪm] *vt (baggage)* récupérer
reclining seat [rɪ'klaɪnɪŋ-] *n* siège *m* inclinable
recognition [,rekəg'nɪʃn] *n (U)* reconnaissance *f*
recognize ['rekəgnaɪz] *vt* reconnaître
recollect [,rekə'lekt] *vt* se rappeler
recommend [,rekə'mend] *vt* recommander • **to recommend sb to do sthg** recommander à qqn de faire qqch
recommendation [,rekəmen'deɪʃn] *n* recommandation *f*
reconsider [,ri:kən'sɪdəʳ] *vt* reconsidérer
reconstruct [,ri:kən'strʌkt] *vt* reconstruire
record *n* ['rekɔ:d] **1.** *MUS* disque *m* **2.** *(best performance, highest level)* record *m* **3.** *(account)* rapport *m* ◇ *vt* [rɪ'kɔ:d] enregistrer
recorded delivery [rɪ'kɔ:dɪd-] *n (U) (UK)* • **to send sthg (by) recorded delivery** envoyer qqch en recommandé
recorder [rɪ'kɔ:dəʳ] *n* **1.** *(tape recorder)* magnétophone *m* **2.** *(instrument)* flûte *f* à bec

recording [rɪ'kɔːdɪŋ] *n* enregistrement *m*
record player *n* tourne-disque *m*
record shop *n* disquaire *m*
recover [rɪ'kʌvəʳ] *vt* & *vi* récupérer
recovery [rɪ'kʌvərɪ] *n* *(from illness)* guérison *f*
recovery vehicle *n* (*UK*) dépanneuse *f*
recreation [ˌrekrɪ'eɪʃn] *n* (*U*) récréation *f*
recreation ground *n* (*UK*) terrain *m* de jeux
recruit [rɪ'kruːt] *n* recrue *f* ◇ *vt* recruter
rectangle ['rekˌtæŋgl] *n* rectangle *m*
rectangular [rek'tæŋgjʊləʳ] *adj* rectangulaire
recycle [ˌriː'saɪkl] *vt* recycler
red [red] *adj* **1.** rouge **2.** *(hair)* roux (rousse) ◇ *n* *(colour)* rouge *m* ● **in the red** *(bank account)* à découvert
red cabbage *n* chou *m* rouge
Red Cross *n* Croix-Rouge *f*
redcurrant ['redkʌrənt] *n* groseille *f*
redecorate [ˌriː'dekəreɪt] *vt* refaire
redhead ['redhed] *n* rouquin *m*, -e *f*
red-hot *adj* *(metal)* chauffé(e)à blanc
redial [riː'daɪəl] *vi* recomposer le numéro
redirect [ˌriːdɪ'rekt] *vt* **1.** *(letter)* réexpédier **2.** *(traffic, plane)* dérouter
red pepper *n* poivron *m* rouge
reduce [rɪ'djuːs] *vt* **1.** réduire **2.** *(make cheaper)* solder ◇ *vi* (*US*) *(slim)* maigrir
reduced price [rɪ'djuːst-] *n* prix *m* réduit
reduction [rɪ'dʌkʃn] *n* réduction *f*
redundancy [rɪ'dʌndənsɪ] *n* (*UK*) licenciement *m*
redundant [rɪ'dʌndənt] *adj* (*UK*) ● **to be made redundant** être licencié(e)
red wine *n* vin *m* rouge
reed [riːd] *n* *(plant)* roseau *m*
reef [riːf] *n* écueil *m*
reek [riːk] *vi* puer
reel [riːl] *n* **1.** *(of thread)* bobine *f* **2.** *(on fishing rod)* moulinet *m*
refectory [rɪ'fektərɪ] *n* réfectoire *m*
refer [rɪ'fɜːʳ] ◆ **refer to** *vt insep* **1.** faire référence à **2.** *(consult)* se référer à
referee [ˌrefə'riː] *n* *SPORT* arbitre *m*
reference ['refrəns] *n* **1.** *(mention)* allusion *f* **2.** *(letter for job)* référence *f* ◇ *adj* *(book)* de référence ● **with reference to** suite à
referendum [ˌrefə'rendəm] *n* référendum *m*
refill *n* ['riːfɪl] **1.** *(for pen)* recharge *f* **2.** (*inf*) *(drink)* autre verre *m* ◇ *vt* [ˌriː'fɪl] remplir
refinery [rɪ'faɪnərɪ] *n* raffinerie *f*
reflect [rɪ'flekt] *vt* & *vi* réfléchir
reflection [rɪ'flekʃn] *n* *(image)* reflet *m*
reflector [rɪ'flektəʳ] *n* réflecteur *m*
reflex ['riːfleks] *n* réflexe *m*
reflexive [rɪ'fleksɪv] *adj* réfléchi(e)
reform [rɪ'fɔːm] *n* réforme *f* ◇ *vt* réformer
refresh [rɪ'freʃ] *vt* rafraîchir
refreshing [rɪ'freʃɪŋ] *adj* **1.** rafraîchissant(e) **2.** *(change)* agréable
refreshments [rɪ'freʃmənts] *npl* rafraîchissements *mpl*
refrigerator [rɪ'frɪdʒəreɪtəʳ] *n* réfrigérateur *m*
refugee [ˌrefjʊ'dʒiː] *n* réfugié *m*, -e *f*

refund *n* ['ri:fʌnd] remboursement *m* ◇ *vt* [rɪ'fʌnd] rembourser
refundable [rɪ'fʌndəbl] *adj* remboursable
refusal [rɪ'fju:zl] *n* refus *m*
[1]**refuse** [rɪ'fju:z] *vt* & *vi* refuser ● **to refuse to do sthg** refuser de faire qqch
[2]**refuse** ['refju:s] *n (U) (fml)* ordures *fpl*
refuse collection ['refju:s-] *n (fml)* ramassage *m* des ordures
regard [rɪ'gɑ:d] *vt (consider)* considérer ◇ *n* ● **with regard to** concernant ● **as regards** en ce qui concerne ◆ **regards** *npl (in greetings)* amitiés *fpl* ● **give them my regards** transmettez-leur mes amitiés
regarding [rɪ'gɑ:dɪŋ] *prep* concernant
regardless [rɪ'gɑ:dlɪs] *adv* quand même ● **regardless of** sans tenir compte de
reggae ['regeɪ] *n (U)* reggae *m*
regiment ['redʒɪmənt] *n* régiment *m*
region ['ri:dʒən] *n* région *f* ● **in the region of** environ
regional ['ri:dʒənl] *adj* régional(e)
register ['redʒɪstəʳ] *n (official list)* registre *m* ◇ *vt* **1.** *(record officially)* enregistrer **2.** *(subj: machine, gauge)* indiquer ◇ *vi* **1.** *(at hotel)* se présenter à la réception **2.** *(put one's name down)* s'inscrire
registered ['redʒɪstəd] *adj (letter, parcel)* recommandé(e)
registration [,redʒɪ'streɪʃn] *n (U) (for course, at conference)* inscription *f*
registration (number) *n (of car)* numéro *m* d'immatriculation
registry office ['redʒɪstrɪ-] *n (UK)* bureau *m* de l'état civil
regret [rɪ'gret] *n* regret *m* ◇ *vt* regretter ● **to regret doing sthg** regretter d'avoir fait qqch ● **we regret any inconvenience caused** nous vous prions de nous excuser pour la gêne occasionnée
regrettable [rɪ'gretəbl] *adj* regrettable
regular ['regjʊləʳ] *adj* **1.** régulier(ière) **2.** *(normal, in size)* normal(e) ◇ *n (customer)* habitué *m*, -e *f*
regularly ['regjʊləlɪ] *adv* régulièrement
regulate ['regjʊleɪt] *vt* régler
regulation [,regjʊ'leɪʃn] *n (rule)* réglementation *f*
rehearsal [rɪ'hɜ:sl] *n* répétition *f*
rehearse [rɪ'hɜ:s] *vt* répéter
reign [reɪn] *n* règne *m* ◇ *vi (monarch)* régner
reimburse [,ri:ɪm'bɜ:s] *vt (fml)* rembourser
reindeer ['reɪn,dɪəʳ] *(pl inv) n* renne *m*
reinforce [,ri:ɪn'fɔ:s] *vt* renforcer
reinforcements [,ri:ɪn'fɔ:smənts] *npl* renforts *mpl*
reins [reɪnz] *npl* **1.** *(for horse)* rênes *mpl* **2.** *(UK) (for child)* harnais *m*
reject [rɪ'dʒekt] *vt* **1.** *(proposal, request)* rejeter **2.** *(applicant, coin)* refuser
rejection [rɪ'dʒekʃn] *n* **1.** *(of proposal, request)* rejet *m* **2.** *(of applicant)* refus *m*
rejoin [,ri:'dʒɔɪn] *vt (motorway)* rejoindre
relapse [rɪ'læps] *n* rechute *f*
relate [rɪ'leɪt] *vt (connect)* lier ◇ *vi* ● **to relate to** *(be connected with)* être lié à ; *(concern)* concerner
related [rɪ'leɪtɪd] *adj* **1.** *(of same family)* apparenté(e) **2.** *(connected)* lié(e)
relation [rɪ'leɪʃn] *n* **1.** *(member of family)* parent *m*, -e *f* **2.** *(connection)* lien *m*, rapport *m* ● **in relation to** au sujet de ◆ **relations** *npl* rapports *mpl*

relationship [rɪ'leɪʃnʃɪp] *n* **1.** relations *fpl* **2.** *(connection)* relation *f*
relative ['relətɪv] *adj* relatif(ive) ◇ *n* parent *m*, -e *f*
relatively ['relətɪvlɪ] *adv* relativement
relax [rɪ'læks] *vi* se détendre
relaxation [,riːlæk'seɪʃn] *n (U)* détente *f*
relaxed [rɪ'lækst] *adj* détendu(e)
relaxing [rɪ'læksɪŋ] *adj* reposant(e)
relay ['riːleɪ] *n (race)* relais *m*
release [rɪ'liːs] *vt* **1.** *(set free)* relâcher **2.** *(let go of)* lâcher **3.** *(record, film)* sortir **4.** *(brake, catch)* desserrer ◇ *n (record, film)* nouveauté *f*
relegate ['relɪgeɪt] *vt* • **to be relegated** *SPORT* être relégué à la division inférieure
relevant ['reləvənt] *adj* **1.** *(connected)* en rapport **2.** *(important)* important(e) **3.** *(appropriate)* approprié(e)
reliable [rɪ'laɪəbl] *adj (person, machine)* fiable
relic ['relɪk] *n* relique *f*
relief [rɪ'liːf] *n (U)* **1.** *(gladness)* soulagement *m* **2.** *(aid)* assistance *f*
relief road *n* (*UK*) itinéraire *m* de délestage
relieve [rɪ'liːv] *vt (pain, headache)* soulager
relieved [rɪ'liːvd] *adj* soulagé(e)
religion [rɪ'lɪdʒn] *n* religion *f*
religious [rɪ'lɪdʒəs] *adj* religieux(ieuse)
relish ['relɪʃ] *n (sauce)* condiment *m*
reluctant [rɪ'lʌktənt] *adj* réticent(e)
rely [rɪ'laɪ] ◆ **rely on** *vt insep* **1.** *(trust)* compter sur **2.** *(depend on)* dépendre de
remain [rɪ'meɪn] *vi* rester ◆ **remains** *npl* restes *mpl*
remainder [rɪ'meɪndə^r] *n* reste *m*
remaining [rɪ'meɪnɪŋ] *adj* restant(e) • **to be remaining** rester
remark [rɪ'mɑːk] *n* remarque *f* ◇ *vt* faire remarquer
remarkable [rɪ'mɑːkəbl] *adj* remarquable
remedy ['remədɪ] *n* remède *m*
remember [rɪ'membə^r] *vt* **1.** se rappeler, se souvenir de **2.** *(not forget)* ne pas oublier ◇ *vi* se souvenir • **to remember doing sthg** se rappeler avoir fait qqch • **to remember to do sthg** penser à faire qqch
remind [rɪ'maɪnd] *vt* • **to remind sb of sthg** rappeler qqch à qqn • **to remind sb to do sthg** rappeler à qqn de faire qqch
reminder [rɪ'maɪndə^r] *n* rappel *m*
remittance [rɪ'mɪtns] *n* (*fml*) versement *m*
remnant ['remnənt] *n* reste *m*
remote [rɪ'məʊt] *adj* **1.** *(isolated)* éloigné(e) **2.** *(chance)* faible
remote control *n* télécommande *f*
removal [rɪ'muːvl] *n* enlèvement *m*
removal van *n* (*UK*) camion *m* de déménagement
remove [rɪ'muːv] *vt* enlever
rename [,riː'neɪm] *vt* renommer
renew [rɪ'njuː] *vt* **1.** *(licence, membership)* renouveler **2.** *(library book)* prolonger l'emprunt de
renovate ['renəveɪt] *vt* rénover
renowned [rɪ'naʊnd] *adj* renommé(e)
rent [rent] *n* loyer *m* ◇ *vt* louer
rental ['rentl] *n* location *f*

repaginate *vt* repaginer
repaid [riː'peɪd] *pt & pp* ➤ **repay**
repair [rɪ'peəʳ] *vt* réparer ◇ *n* ● **in good repair** en bon état ◆ **repairs** *npl* réparations *mpl*
repair kit *n (for bicycle)* trousse *f* à outils
repay [riː'peɪ] (*pt & pp* **repaid**) *vt* **1.** *(money)* rembourser **2.** *(favour, kindness)* rendre
repayment [riː'peɪmənt] *n* remboursement *m*
repeat [rɪ'piːt] *vt* répéter ◇ *n (on TV, radio)* rediffusion *f*
repetition [ˌrepɪ'tɪʃn] *n* répétition *f*
repetitive [rɪ'petɪtɪv] *adj* répétitif(ive)
replace [rɪ'pleɪs] *vt* **1.** remplacer **2.** *(put back)* replacer
replacement [rɪ'pleɪsmənt] *n* remplacement *m*
replay ['riːpleɪ] *n* **1.** *(rematch)* match *m* rejoué **2.** *(on TV)* ralenti *m*
reply [rɪ'plaɪ] *n* réponse *f* ◇ *vt & vi* répondre
report [rɪ'pɔːt] *n* **1.** *(account)* rapport *m* **2.** *(in newspaper, on TV, radio)* reportage *m* **3.** (*UK*) *SCH* bulletin *m* ◇ *vt* **1.** *(announce)* annoncer **2.** *(theft, disappearance)* signaler **3.** *(person)* dénoncer ◇ *vi* **1.** *(give account)* faire un rapport **2.** *(for newspaper, TV, radio)* faire un reportage ● **to report to sb** *(go to)* se présenter à qqn
report card *n* (*US & Scot*) bulletin *m* scolaire
reporter [rɪ'pɔːtəʳ] *n* reporter *m*
represent [ˌreprɪ'zent] *vt* représenter
representative [ˌreprɪ'zentətɪv] *n* représentant *m*, -e *f*
repress [rɪ'pres] *vt* réprimer
reprieve [rɪ'priːv] *n (delay)* sursis *m*
reprimand ['reprɪmɑːnd] *vt* réprimander
reproach [rɪ'prəʊtʃ] *vt* ● **to reproach sb for sthg** reprocher qqch à qqn
reproduction [ˌriːprə'dʌkʃn] *n* reproduction *f*
reptile ['reptaɪl] *n* reptile *m*
republic [rɪ'pʌblɪk] *n* république *f*
Republican [rɪ'pʌblɪkən] *n* républicain *m*, -e *f* ◇ *adj* républicain(e)
repulsive [rɪ'pʌlsɪv] *adj* repoussant(e)
reputable ['repjʊtəbl] *adj* qui a bonne réputation
reputation [ˌrepjʊ'teɪʃn] *n* réputation *f*
reputedly [rɪ'pjuːtɪdlɪ] *adv* à ce qu'on dit
request [rɪ'kwest] *n* demande *f* ◇ *vt* demander ● **to request sb to do sthg** demander à qqn de faire qqch ● **available on request** disponible sur demande
request stop *n* (*UK*) arrêt *m* facultatif
require [rɪ'kwaɪəʳ] *vt* **1.** *(subj: person)* avoir besoin de **2.** *(subj: situation)* exiger ● **to be required to do sthg** être tenu de faire qqch
requirement [rɪ'kwaɪəmənt] *n* besoin *m*
resat [ˌriː'sæt] *pt & pp* ➤ **resit**
rescue ['reskjuː] *vt* secourir
research [ˌrɪ'sɜːtʃ] *n (U)* **1.** *(scientific)* recherche *f* **2.** *(studying)* recherches *fpl*
resemblance [rɪ'zembləns] *n* ressemblance *f*
resemble [rɪ'zembl] *vt* ressembler à
resent [rɪ'zent] *vt* ne pas apprécier
reservation [ˌrezə'veɪʃn] *n* **1.** *(booking)* réservation *f* **2.** *(doubt)* réserve *f* ● **to make a reservation** réserver

reserve [rɪ'zɜːv] *n* **1.** *SPORT* remplaçant *m*, -e *f* **2.** (*UK*) *(for wildlife)* réserve *f* ◇ *vt* réserver
reserved [rɪ'zɜːvd] *adj* réservé(e)
reservoir ['rezəvwɑːʳ] *n* réservoir *m*
reset [ˌriː'set] (*pt & pp* **reset**) *vt* **1.** *(meter, device)* remettre à zéro **2.** *(watch)* remettre à l'heure
reside [rɪ'zaɪd] *vi (fml) (live)* résider
residence ['rezɪdəns] *n (fml)* résidence *f* ● **place of residence** domicile *m*
residence permit *n* permis *m* de séjour
resident ['rezɪdənt] *n* **1.** *(of country)* résident *m*, -e *f* **2.** *(of hotel)* pensionnaire *m ou f* **3.** *(of area, house)* habitant *m*, -e *f* ▼ **residents only** *(for parking)* réservé aux résidents
residential [ˌrezɪ'denʃl] *adj (area)* résidentiel(ielle)
residue ['rezɪdjuː] *n* restes *mpl*
resign [rɪ'zaɪn] *vi* démissionner ◇ *vt* ● **to resign o.s. to sthg** se résigner à qqch
resignation [ˌrezɪg'neɪʃn] *n (from job)* démission *f*
resilient [rɪ'zɪlɪənt] *adj* résistant(e)
resist [rɪ'zɪst] *vt* résister à ● **I can't resist cream cakes** je ne peux pas résister aux gâteaux à la crème ● **to resist doing sthg** résister à l'envie de faire qqch
resistance [rɪ'zɪstəns] *n (U)* résistance *f*
resit [ˌriː'sɪt] (*pt & pp* **resat**) *vt* (*UK*) *(exam)* repasser
resize *vt* redimensionner
resolution [ˌrezə'luːʃn] *n* résolution *f*
resolve [rɪ'zɒlv] *vt* résoudre
resort [rɪ'zɔːt] *n (for holidays)* station *f* ● **as a last resort** en dernier recours ◆ **resort to** *vt insep* recourir à ● **to resort to doing sthg** en venir à faire qqch
resource [rɪ'sɔːs] *n* ressource *f*
resourceful [rɪ'sɔːsfʊl] *adj* ingénieux(ieuse)
respect [rɪ'spekt] *n* **1.** *(U)* respect *m* **2.** *(aspect)* égard *m* ◇ *vt* respecter ● **in some respects** à certains égards ● **with respect to** en ce qui concerne
respectable [rɪ'spektəbl] *adj* respectable
respective [rɪ'spektɪv] *adj* respectif(ive)
respond [rɪ'spɒnd] *vi* répondre
response [rɪ'spɒns] *n* réponse *f*
responsibility [rɪˌspɒnsə'bɪlətɪ] *n* responsabilité *f*
responsible [rɪ'spɒnsəbl] *adj* responsable ● **to be responsible for** *(accountable)* être responsable de
rest [rest] *n* **1.** *(U) (relaxation)* repos *m* **2.** *(support)* appui *m* ◇ *vi (relax)* se reposer ● **the rest** *(remainder)* le restant, le reste ● **to have a rest** se reposer ● **to rest against** reposer contre
restaurant ['restərɒnt] *n* restaurant *m*
restaurant car *n* (*UK*) wagon-restaurant *m*
restful ['restfʊl] *adj* reposant(e)
restless ['restlɪs] *adj* **1.** *(bored, impatient)* impatient(e) **2.** *(fidgety)* agité(e)
restore [rɪ'stɔːʳ] *vt* restaurer
restrain [rɪ'streɪn] *vt* retenir
restrict [rɪ'strɪkt] *vt* restreindre
restricted [rɪ'strɪktɪd] *adj* restreint(e)
restriction [rɪ'strɪkʃn] *n* limitation *f*
rest room *n* (*US*) toilettes *fpl*

result [rɪ'zʌlt] *n* résultat *m* ◇ *vi* • **to result in** aboutir à • **as a result of** à cause de
resume [rɪ'zju:m] *vi* reprendre
résumé ['rezju:meɪ] *n* **1.** *(summary)* résumé *m* **2.** *(US) (curriculum vitae)* curriculum vitae *m inv*
retail ['ri:teɪl] *n (U)* détail *m* ◇ *vt (sell)* vendre au détail ◇ *vi* • **to retail at** se vendre (à)
retailer ['ri:teɪlə^r] *n* détaillant *m*, -e *f*
retail price *n* prix *m* de détail
retain [rɪ'teɪn] *vt (fml)* conserver
retaliate [rɪ'tælɪeɪt] *vi* riposter
retire [rɪ'taɪə^r] *vi (stop working)* prendre sa retraite
retired [rɪ'taɪəd] *adj* retraité(e)
retirement [rɪ'taɪəmənt] *n* retraite *f*
retreat [rɪ'tri:t] *vi* se retirer ◇ *n (place)* retraite *f*
retrieve [rɪ'tri:v] *vt* récupérer
return [rɪ'tɜ:n] *n* **1.** retour *m* **2.** *(UK) (ticket)* aller-retour *m* ◇ *vt* **1.** *(put back)* remettre **2.** *(give back)* rendre **3.** *(ball, serve)* renvoyer ◇ *vi* **1.** revenir **2.** *(go back)* retourner ◇ *adj (journey)* de retour • **the police returned the wallet to its owner** *(give back)* la police rendit le portefeuille à son propriétaire • **by return of post** *(UK)* par retour du courrier • **many happy returns!** bon anniversaire ! • **in return (for)** en échange (de)
return flight *n* vol *m* retour
return ticket *n (UK)* billet *m* aller-retour
reunite [ˌri:ju:'naɪt] *vt* réunir
reveal [rɪ'vi:l] *vt* révéler
revelation [ˌrevə'leɪʃn] *n* révélation *f*
revenge [rɪ'vendʒ] *n (U)* vengeance *f*
reverse [rɪ'vɜ:s] *adj* inverse ◇ *n* **1.** *(U) AUT* marche *f* arrière **2.** *(of document)* verso *m* **3.** *(of coin)* revers *m* ◇ *vt* **1.** *(car)* mettre en marche arrière **2.** *(decision)* annuler ◇ *vi (car, driver)* faire marche arrière • **the reverse** *(opposite)* l'inverse • **in reverse order** en ordre inverse • **to reverse the charges** *(UK)* téléphoner en PCV
reverse-charge call *n (UK)* appel *m* en PCV
review [rɪ'vju:] *n* **1.** *(of book, record, film)* critique *f* **2.** *(examination)* examen *m* ◇ *vt (US) (for exam)* réviser
revise [rɪ'vaɪz] *vt & vi* réviser
revision [rɪ'vɪʒn] *n (U) (UK) (for exam)* révision *f*
revive [rɪ'vaɪv] *vt* **1.** *(person)* ranimer **2.** *(economy, custom)* relancer
revolt [rɪ'vəʊlt] *n* révolte *f*
revolting [rɪ'vəʊltɪŋ] *adj* dégoûtant(e)
revolution [ˌrevə'lu:ʃn] *n* révolution *f*
revolutionary [revə'lu:ʃnərɪ] *adj* révolutionnaire
revolver [rɪ'vɒlvə^r] *n* revolver *m*
revolving door [rɪ'vɒlvɪŋ-] *n* porte *f* à tambour
revue [rɪ'vju:] *n* revue *f*
reward [rɪ'wɔ:d] *n* récompense *f* ◇ *vt* récompenser
rewind [ˌri:'waɪnd] *(pt & pp* **rewound***)* *vt* rembobiner
rewritable *adj* reinscriptible
rheumatism ['ru:mətɪzm] *n (U)* rhumatisme *m*
rhinoceros [raɪ'nɒsərəs] *(pl* **-es***)* *n* rhinocéros *m*
rhubarb ['ru:bɑ:b] *n (U)* rhubarbe *f*

rhyme [raɪm] *n (poem)* poème *m* ◇ *vi* rimer
rhythm ['rɪðm] *n* rythme *m*
rib [rɪb] *n* côte *f*
ribbon ['rɪbən] *n* ruban *m*
rice [raɪs] *n (U)* riz *m*
rice pudding *n (U)* riz *m* au lait
rich [rɪtʃ] *adj* riche ◇ *npl* • **the rich** les riches *mpl* • **to be rich in sthg** être riche en qqch
ricotta cheese [rɪ'kɒtə-] *n (U)* ricotta *f*
rid [rɪd] *vt* • **to get rid of** se débarrasser de
ridden ['rɪdn] *pp* ➤ **ride**
riddle ['rɪdl] *n* **1.** *(puzzle)* devinette *f* **2.** *(mystery)* énigme *f*
ride [raɪd] (*pt* **rode**, *pp* **ridden**) *n* promenade *f* ◇ *vt (horse)* monter ◇ *vi* **1.** *(on bike)* aller en OR à vélo **2.** *(on horse)* aller à cheval **3.** *(on bus)* aller en bus • **can you ride a bike?** est-ce que tu sais faire du vélo ? • **to ride horses** monter à cheval • **can you ride (a horse)?** est-ce que tu sais monter à cheval ? • **to go for a ride** *(in car)* faire un tour en voiture
rider ['raɪdəʳ] *n* **1.** *(on horse)* cavalier *m*, -ière *f* **2.** *(on bike)* cycliste *m ou f* **3.** *(on motorbike)* motard *m*, -e *f*
ridge [rɪdʒ] *n* **1.** *(of mountain)* crête *f* **2.** *(raised surface)* arête *f*
ridiculous [rɪ'dɪkjʊləs] *adj* ridicule
riding ['raɪdɪŋ] *n (U)* équitation *f*
riding school *n* école *f* d'équitation
rifle ['raɪfl] *n* carabine *f*
rig [rɪg] *n* **1.** *(oilrig at sea)* plate-forme *f* pétrolière **2.** *(on land)* derrick *m* ◇ *vt (fix)* truquer
right [raɪt] *adj*
1. *(correct)* bon (bonne) • **to be right** avoir raison • **to be right to do sthg** avoir raison de faire qqch • **have you got the right time?** avez-vous l'heure exacte ? • **is this the right way?** est-ce que c'est la bonne route ? • **that's right!** c'est exact !
2. *(fair)* juste • **that's not right!** ce n'est pas juste !
3. *(on the right)* droit(e) • **the right side of the road** le côté droit de la route
◇ *n*
1. *(side)* • **the right** la droite
2. *(entitlement)* droit *m* • **to have the right to do sthg** avoir le droit de faire qqch
◇ *adv*
1. *(towards the right)* à droite
2. *(correctly)* bien, comme il faut • **am I pronouncing it right?** est-ce que je le prononce bien ?
3. *(for emphasis)* • **right here** ici même • **right at the top** tout en haut • **I'll be right back** je reviens tout de suite • **right away** immédiatement
right angle *n* angle *m* droit
right click *n* clic *m* droit
right-hand *adj* **1.** *(side)* droit(e) **2.** *(lane)* de droite
right-hand drive *n* conduite *f* à droite
right-handed [↓'hændɪd] *adj* **1.** *(person)* droitier(ière) **2.** *(implement)* pour droitiers
rightly ['raɪtlɪ] *adv* **1.** *(correctly)* correctement **2.** *(justly)* à juste titre
right of access *n* droit *m* d'accès
right of way *n* **1.** *(U)* AUT priorité *f* **2.** *(path)* chemin *m* public
right-wing *adj* de droite
rigid ['rɪdʒɪd] *adj* rigide

rim [rɪm] *n* **1.** *(of cup)* bord *m* **2.** *(of glasses)* monture *f* **3.** *(of wheel)* jante *f*

rind [raɪnd] *n* **1.** *(of fruit)* peau *f* **2.** *(of bacon)* couenne *f* **3.** *(of cheese)* croûte *f*

ring [rɪŋ] (*pt* **rang**, *pp* **rung**) *n* **1.** *(for finger, curtain)* anneau *m* **2.** *(with gem)* bague *f* **3.** *(circle)* cercle *m* **4.** *(sound)* sonnerie *f* **5.** *(on cooker)* brûleur *m* **6.** *(electric)* plaque *f* **7.** *(for boxing)* ring *m* **8.** *(in circus)* piste *f* ◇ *vt* **1.** (*UK*) *(make phone call to)* appeler **2.** *(church bell)* sonner ◇ *vi* **1.** *(bell, telephone)* sonner **2.** (*UK*) *(make phone call)* appeler • **to give sb a ring** (*UK*) *(phone call)* appeler • **to ring the bell** *(of house, office)* sonner ◆ **ring back** *vt sep & vi* (*UK*) rappeler ◆ **ring off** *vi* (*UK*) raccrocher ◆ **ring up** *vt sep & vi* (*UK*) appeler

ringing tone ['rɪŋɪŋ-] *n* sonnerie *f*

ring road *n* (*UK*) boulevard *m* périphérique

ring tone ['rɪŋɪŋ-] *n* sonnerie *f*

rink [rɪŋk] *n* patinoire *f*

rinse [rɪns] *vt* rincer ◆ **rinse out** *vt sep* rincer

riot ['raɪət] *n* émeute *f*

rip [rɪp] *n* déchirure *f* ◇ *vt* déchirer ◇ *vi* se déchirer ◆ **rip up** *vt sep* déchirer

ripe [raɪp] *adj* **1.** mûr(e) **2.** *(cheese)* à point

ripen ['raɪpn] *vi* mûrir

rip-off *n* (*inf*) arnaque *f*

rise [raɪz] (*pt* **rose**, *pp* **risen** ['rɪzn]) *vi* **1.** *(move upwards)* s'élever **2.** *(sun, moon, stand up)* se lever **3.** *(increase)* augmenter ◇ *n* **1.** *(increase)* augmentation *f* **2.** (*UK*) *(pay increase)* augmentation (de salaire) **3.** *(slope)* montée *f*, côte *f*

risk [rɪsk] *n* risque *m* ◇ *vt* risquer • **to take a risk** prendre un risque • **at your own risk** à vos risques et périls • **to risk doing sthg** prendre le risque de faire qqch • **to risk it** tenter le coup

risky ['rɪskɪ] *adj* risqué(e)

risotto [rɪ'zɒtəʊ] (*pl* **-s**) *n* risotto *m*

ritual ['rɪtʃʊəl] *n* rituel *m*

rival ['raɪvl] *adj* rival(e) ◇ *n* rival *m*, -e *f*

river ['rɪvəʳ] *n* **1.** rivière *f* **2.** *(flowing into sea)* fleuve *m*

river bank *n* berge *f*

riverside ['rɪvəsaɪd] *n* berge *f*

Riviera [,rɪvɪ'eərə] *n* • **the (French) Riviera** la Côte d'Azur

roach [rəʊtʃ] *n* (*US*) *(cockroach)* cafard *m*

road [rəʊd] *n* **1.** route *f* **2.** *(in town)* rue *f* • **by road** par la route

road book *n* guide *m* routier

road map *n* carte *f* routière

road safety *n* (*U*) sécurité *f* routière

roadside ['rəʊdsaɪd] *n* • **the roadside** le bord de la route

road sign *n* panneau *m* routier

road tax *n* (*UK*) ≃ vignette *f*

roadway ['rəʊdweɪ] *n* chaussée *f*

roadwork (*U*) (*US*) = **roadworks**

roadworks *npl* (*UK*) travaux *mpl*

roam [rəʊm] *vi* errer

roar [rɔːʳ] *n* **1.** *(of aeroplane)* grondement *m* **2.** *(of crowd)* hurlements *mpl* ◇ *vi* **1.** *(lion)* rugir **2.** *(person)* hurler

roast [rəʊst] *n* rôti *m* ◇ *vt* faire rôtir ◇ *adj* rôti(e) • **roast beef** rosbif *m* • **roast chicken** poulet *m* rôti • **roast lamb** rôti d'agneau • **roast pork** rôti de porc • **roast potatoes** pommes de terre *fpl* au four

rob [rɒb] *vt* **1.** *(house, bank)* cambrioler **2.** *(person)* voler • **they robbed him of his wallet** ils lui ont volé son portefeuille
robber ['rɒbər] *n* voleur *m*, -euse *f*
robbery ['rɒbərɪ] *n* vol *m*
robe [rəʊb] *n* *(US)* *(bathrobe)* peignoir *m*
robin ['rɒbɪn] *n* rouge-gorge *m*
robot ['rəʊbɒt] *n* robot *m*
rock [rɒk] *n* **1.** *(boulder)* rocher *m* **2.** *(US)* *(stone)* pierre *f* **3.** *(U)* *(substance)* roche *f* **4.** *(U)* *(music)* rock *m* **5.** *(UK)* *(sweet)* sucre *m* d'orge ◇ *vt* *(baby, boat)* bercer • **on the rocks** *(drink)* avec des glaçons
rock climbing *n* *(U)* varappe *f* • **to go rock climbing** faire de la varappe
rocket ['rɒkɪt] *n* **1.** *(missile)* roquette *f* **2.** *(space rocket, firework)* fusée *f*
rocking chair ['rɒkɪŋ-] *n* rocking-chair *m*
rock 'n' roll [ˌrɒkən'rəʊl] *n* *(U)* rock *m*
rocky ['rɒkɪ] *adj* rocheux(euse)
rod [rɒd] *n* **1.** *(pole)* barre *f* **2.** *(for fishing)* canne *f*
rode [rəʊd] *pt* ➤ **ride**
roe [rəʊ] *n* *(U)* œufs *mpl* de poisson
role [rəʊl] *n* rôle *m*
roll [rəʊl] *n* **1.** *(of bread)* petit pain *m* **2.** *(of film, paper)* rouleau *m* ◇ *vi* rouler ◇ *vt* **1.** faire rouler **2.** *(cigarette)* rouler ◆ **roll over** *vi* se retourner ◆ **roll up** *vt sep* **1.** *(map, carpet)* rouler **2.** *(sleeves, trousers)* remonter
Rollerblades® ['rəʊləbleɪd] *npl* rollers *mpl*, patins *mpl* en ligne
rollerblading ['rəʊləbleɪdɪŋ] *n* *(U)* roller *m* • **to go rollerblading** faire du roller
roller coaster ['rəʊləˌkəʊstər] *n* montagnes *fpl* russes
roller skate ['rəʊlə-] *n* patin *m* à roulettes
roller-skating ['rəʊlə-] *n* *(U)* patin *m* à roulettes • **to go roller-skating** faire du patin à roulettes
rolling pin ['rəʊlɪŋ-] *n* rouleau *m* à pâtisserie
Roman ['rəʊmən] *adj* romain(e) ◇ *n* Romain *m*, -e *f*
Roman Catholic *n* catholique *m ou f*
romance [rəʊ'mæns] *n* **1.** *(U)* *(love)* amour *m* **2.** *(love affair)* liaison *f* **3.** *(novel)* roman *m* d'amour
Romania [ru:'meɪnjə] *n* la Roumanie
romantic [rəʊ'mæntɪk] *adj* romantique
romper suit ['rɒmpə-] *n* *(UK)* barboteuse *f*
roof [ru:f] *n* **1.** toit *m* **2.** *(of cave, tunnel)* plafond *m*
roof rack *n* *(UK)* galerie *f*
room [ru:m, rʊm] *n* **1.** *(in building)* pièce *f* **2.** *(larger)* salle *f* **3.** *(bedroom, in hotel)* chambre *f* **4.** *(U)* *(space)* place *f*
room number *n* numéro *m* de chambre
room service *n* *(U)* service *m* dans les chambres
room temperature *n* *(U)* température *f* ambiante
roomy ['ru:mɪ] *adj* spacieux(ieuse)
root [ru:t] *n* racine *f*
rope [rəʊp] *n* corde *f* ◇ *vt* attacher avec une corde
rose [rəʊz] *pt* ➤ **rise** ◇ *n* *(flower)* rose *f*
rosé ['rəʊzeɪ] *n* rosé *m*
rosemary ['rəʊzmərɪ] *n* *(U)* romarin *m*
rot [rɒt] *vi* pourrir
rota ['rəʊtə] *n* roulement *m*
rotate [rəʊ'teɪt] *vi* tourner

rotten ['rɒtn] *adj* pourri(e) • **I feel rotten** *(ill)* je ne me sens pas bien du tout

rouge [ruːʒ] *n (U)* rouge *m* (à joues)

rough [rʌf] *adj* **1.** *(surface, skin, cloth)* rugueux(euse) **2.** *(road, ground)* accidenté(e) **3.** *(sea, crossing)* agité(e) **4.** *(person)* dur(e) **5.** *(approximate)* approximatif(ive) **6.** *(conditions)* rude **7.** *(area, town)* mal fréquenté(e) **8.** *(wine)* ordinaire ◇ *n (on golf course)* rough *m* • **to have a rough time** en baver

roughly ['rʌflɪ] *adv* **1.** *(approximately)* à peu près **2.** *(push, handle)* rudement

roulade [ruː'lɑːd] *n* roulade *f*

roulette [ruː'let] *n (U)* roulette *f*

round [raʊnd] *adj* rond(e)

round [raʊnd] *n*

1. *(of drinks)* tournée *f*

2. *(UK) (of sandwiches) ensemble de sandwiches au pain de mie*

3. *(of toast)* tranche *f*

4. *(of competition)* manche *f*

5. *(in golf)* partie *f* ; *(in boxing)* round *m*

6. *(of policeman, postman, milkman)* tournée *f*

◇ *adv (UK)*

1. *(in a circle)* • **to go round** tourner • **to spin round** pivoter

2. *(surrounding)* • **all (the way) round** tout autour

3. *(near)* • **round about** aux alentours

4. *(to someone's house)* • **to ask some friends round** inviter des amis (chez soi) • **we went round to her place** nous sommes allés chez elle

5. *(continuously)* • **all year round** toute l'année

◇ *prep (UK)*

1. *(surrounding, circling)* autour de • **we walked round the lake** nous avons fait le tour du lac à pied • **to go round the corner** tourner au coin

2. *(visiting)* • **to go round a museum** visiter un musée • **to show guests round the house** faire visiter la maison à des invités

3. *(approximately)* environ • **round (about) 100** environ 100 • **round ten o'clock** vers dix heures

4. *(near)* aux alentours de • **round here** par ici

5. *(in phrases)* • **it's just round the corner** *(nearby)* c'est tout près • **round the clock** 24 heures sur 24

◆ **round off** *vt sep (meal, day)* terminer

roundabout ['raʊndəbaʊt] *n (UK)* **1.** *(in road)* rond-point *m* **2.** *(in playground)* tourniquet *m* **3.** *(at fairground)* manège *m*

rounders ['raʊndəz] *n (U) (UK) sport proche du base-ball, pratiqué par les enfants*

round trip *n* aller-retour *m*

route [ruːt, (US) raʊt] *n* **1.** *(way)* route *f* **2.** *(of bus, train, plane)* trajet *m* ◇ *vt (change course of)* détourner

router ['ruːtə, (US) 'raʊtər] *n* routeur *m*

routine [ruː'tiːn] *n* **1.** *(usual behaviour)* habitudes *fpl* **2.** *(pej) (drudgery)* routine *f* ◇ *adj* de routine

¹row [rəʊ] *n* rangée *f* ◇ *vt (boat)* faire avancer à la rame ◇ *vi* ramer • **in a row** *(in succession)* à la file, de suite

²row [raʊ] *n* **1.** *(argument)* dispute *f* **2.** *(inf) (noise)* raffut *m* • **to have a row** se disputer

rowboat ['rəʊbəʊt] *(US)* = **rowing boat**

rowdy ['raʊdɪ] *adj* chahuteur(euse)
rowing ['rəʊɪŋ] *n* (*U*) aviron *m*
rowing boat *n* (*UK*) canot *m* à rames
royal ['rɔɪəl] *adj* royal(e)
royal family *n* famille *f* royale
royalty ['rɔɪəltɪ] *n* famille *f* royale
RRP (*abbr of recommended retail price*) prix *m* conseillé
rub [rʌb] *vt & vi* frotter • **to rub one's eyes/arm** se frotter les yeux/le bras • **my shoes are rubbing** mes chaussures me font mal ◆ **rub in** *vt sep* (*lotion, oil*) faire pénétrer en frottant ◆ **rub out** *vt sep* effacer
rubber ['rʌbəʳ] *adj* en caoutchouc ◇ *n* **1.** (*U*) (*material*) caoutchouc *m* **2.** (*UK*) (*eraser*) gomme *f* **3.** (*US*) (*inf*) (*condom*) capote *f*
rubber band *n* élastique *m*
rubber gloves *npl* gants *mpl* en caoutchouc
rubber ring *n* bouée *f*
rubbish ['rʌbɪʃ] *n* (*U*) (*UK*) **1.** (*refuse*) ordures *fpl* **2.** (*inf*) (*worthless thing*) camelote *f* **3.** (*inf*) (*nonsense*) idioties *fpl*
rubbish bin *n* (*UK*) poubelle *f*
rubbish dump *n* (*UK*) décharge *f*
rubble ['rʌbl] *n* (*U*) décombres *mpl*
ruby ['ru:bɪ] *n* rubis *m*
rucksack ['rʌksæk] *n* sac *m* à dos
rudder ['rʌdəʳ] *n* gouvernail *m*
rude [ru:d] *adj* **1.** grossier(ière) **2.** (*picture*) obscène
rug [rʌg] *n* **1.** carpette *f* **2.** (*UK*) (*blanket*) couverture *f*
rugby ['rʌgbɪ] *n* (*U*) rugby *m*
ruin ['ru:ɪn] *vt* gâcher ◆ **ruins** *npl* (*of building*) ruines *fpl*
ruined ['ru:ɪnd] *adj* **1.** (*building*) en ruines **2.** (*meal, holiday*) gâché(e) **3.** (*clothes*) abîmé(e)
rule [ru:l] *n* règle *f* ◇ *vt* (*country*) diriger • **to be the rule** (*normal*) être la règle • **against the rules** contre les règles • **as a rule** en règle générale ◆ **rule out** *vt sep* exclure
ruler ['ru:ləʳ] *n* **1.** (*of country*) dirigeant *m*, -e *f* **2.** (*for measuring*) règle *f*
rum [rʌm] *n* rhum *m*
rumor ['ru:mər] (*US*) = **rumour**
rumour ['ru:məʳ] *n* (*UK*) rumeur *f*
rump steak [,rʌmp-] *n* rumsteck *m*
run [rʌn] (*pt* **ran**, *pp* **run**) *vi*
1. (*on foot*) courir
2. (*train, bus*) circuler • **the bus runs every hour** il y a un bus toutes les heures • **the train is running an hour late** le train a une heure de retard
3. (*operate*) marcher, fonctionner • **to run on diesel** marcher au diesel
4. (*liquid, tap, nose*) couler
5. (*river*) couler • **to run through** (*river, road*) traverser • **the path runs along the coast** le sentier longe la côte
6. (*play*) se jouer ▼ **now running at the Palladium** actuellement au Palladium
7. (*colour, dye, clothes*) déteindre
◇ *vt*
1. (*on foot*) courir
2. (*compete in*) • **to run a race** participer à une course
3. (*business, hotel*) gérer
4. (*bus, train*) • **they run a shuttle bus service** ils assurent une navette
5. (*take in car*) conduire • **I'll run you home** je vais te ramener (en voiture)

6. *(bath, water)* faire couler
◇ *n*
1. *(on foot)* course *f* ● **to go for a run** courir
2. *(in car)* tour *m* ● **to go for a run** aller faire un tour (en voiture)
3. *(for skiing)* piste *f*
4. (*US*) *(in tights)* maille *f* filée
5. *(in phrases)* ● **in the long run** à la longue
◆ **run away** *vi* s'enfuir
◆ **run down** *vt sep (run over)* écraser ; *(criticize)* critiquer
◇ *vi (battery)* se décharger
◆ **run into** *vt insep (meet)* tomber sur ; *(hit)* rentrer dans ; *(problem, difficulty)* se heurter à
◆ **run out** *vi (supply)* s'épuiser
◆ **run out of** *vt insep* manquer de
◆ **run over** *vt sep (hit)* écraser
runaway ['rʌnəweɪ] *n* fugitif *m*, -ive *f*
rung [rʌŋ] *pp* ➤ **ring** ◇ *n (of ladder)* barreau *m*
runner ['rʌnəʳ] *n* **1.** *(person)* coureur *m*, -euse *f* **2.** *(for door, drawer)* glissière *f* **3.** *(for sledge)* patin *m*
runner bean *n* haricot *m* à rames
runner-up (*pl* **runners-up**) *n* second *m*, -e *f*
running ['rʌnɪŋ] *n (U)* **1.** SPORT course *f* **2.** *(management)* gestion *f* ◇ *adj* ● **three days running** trois jours d'affilée OR de suite ● **to go running** courir
running water *n (U)* eau *f* courante
runny ['rʌnɪ] *adj* **1.** *(omelette)* baveux(euse) **2.** *(sauce)* liquide **3.** *(nose, eye)* qui coule
runway ['rʌnweɪ] *n* piste *f*
rural ['rʊərəl] *adj* rural(e)
rush [rʌʃ] *n* **1.** *(hurry)* précipitation *f* **2.** *(of crowd)* ruée *f* ◇ *vi* se précipiter ◇ *vt* **1.** *(meal, work)* expédier **2.** *(goods)* envoyer d'urgence **3.** *(injured person)* transporter d'urgence ● **to be in a rush** être pressé ● **there's no rush!** rien ne presse ! ● **don't rush me!** ne me bouscule pas !
rush hour *n* heure *f* de pointe
Russia ['rʌʃə] *n* la Russie
Russian ['rʌʃn] *adj* russe ◇ *n* **1.** *(person)* Russe *m ou f* **2.** *(language)* russe *m*
rust [rʌst] *n* rouille *f* ◇ *vi* rouiller
rustic ['rʌstɪk] *adj* rustique
rustle ['rʌsl] *vi* bruire
rustproof ['rʌstpru:f] *adj* inoxydable
rusty ['rʌstɪ] *adj* rouillé(e)
RV *n (US)* (*abbr of recreational vehicle*) mobile home *m*
rye [raɪ] *n (U)* seigle *m*
rye bread *n (U)* pain *m* de seigle

S

S (*abbr of south, small*) S *(Sud, small)*
saccharin ['sækərɪn] *n (U)* saccharine *f*
sachet ['sæʃeɪ] *n* sachet *m*
sack [sæk] *n (bag)* sac *m* ◇ *vt* (*UK*) (*inf*) virer ● **to get the sack** (*UK*) (*inf*) se faire virer
sacrifice ['sækrɪfaɪs] *n* sacrifice *m*
sad [sæd] *adj* triste
saddle ['sædl] *n* selle *f*
saddlebag ['sædlbæg] *n* sacoche *f*

sadly ['sædlɪ] *adv* **1.** *(unfortunately)* malheureusement **2.** *(unhappily)* tristement
sadness ['sædnɪs] *n (U)* tristesse *f*
s.a.e. *n* (*UK*) (*abbr of stamped addressed envelope*) *enveloppe timbrée avec adresse pour la réponse*
safari park [sə'fɑːrɪ-] *n* parc *m* animalier
safe [seɪf] *adj* **1.** *(activity, sport)* sans danger **2.** *(vehicle, structure)* sûr(e) **3.** *(after accident)* sain et sauf (saine et sauve) **4.** *(in safe place)* en sécurité ◇ *n (for money, valuables)* coffre-fort *m* ● **a safe place** un endroit sûr ● **(have a) safe journey!** bon voyage ! ● **safe and sound** sain et sauf
safe-deposit box (*US*) = **safety-deposit box**
safely ['seɪflɪ] *adv* **1.** *(not dangerously)* sans danger **2.** *(arrive)* sans encombre **3.** *(out of harm)* en lieu sûr
safety ['seɪftɪ] *n (U)* sécurité *f*
safety belt *n* ceinture *f* de sécurité
safety-deposit box *n* (*UK*) coffre *m*
safety pin *n* épingle *f* de nourrice
sag [sæg] *vi* s'affaisser
sage [seɪdʒ] *n (U) (herb)* sauge *f*
Sagittarius [ˌsædʒɪ'teərɪəs] *n* Sagittaire *m*
said [sed] *pt & pp* ➤ **say**
sail [seɪl] *n* voile *f* ◇ *vi* **1.** naviguer **2.** *(depart)* prendre la mer ◇ *vt* ● **to sail a boat** piloter un bateau ● **to set sail** prendre la mer
sailboat ['seɪlbəʊt] (*US*) = **sailing boat**
sailing ['seɪlɪŋ] *n* **1.** *(U)* voile *f* **2.** *(departure)* départ *m* ● **to go sailing** faire de la voile
sailing boat *n* (*UK*) voilier *m*
sailor ['seɪlə[r]] *n* marin *m*
saint [seɪnt] *n* saint *m*, -e *f*
Saint Patrick's Day [-'pætrɪks-] *n* la Saint-Patrick

St Patrick's Day

La fête de la Saint-Patrick, patron des Irlandais, est célébrée annuellement le 17 mars en Irlande et dans les communautés irlandaises américaines et britanniques. Elle commémore la mort en 461 de cet évêque atypique qui utilisait le symbole du trèfle à trois feuilles dans ses prêches pour expliquer le mystère de la Sainte Trinité. Lors des grandes parades organisées pour l'occasion, les Irlandais s'habillent en vert (couleur nationale) et dégustent la célèbre bière brune *Guinness*, en s'adonnant aux danses et chants folkloriques.

sake [seɪk] *n* ● **for my/their sake** pour moi/eux ● **for God's sake!** bon sang !
salad ['sæləd] *n* salade *f*
salad bar *n* **1.** *dans un restaurant, buffet de salades en self-service* **2.** *(restaurant) restaurant spécialisé dans les salades*
salad bowl *n* saladier *m*
salad cream *n (U)* (*UK*) *mayonnaise liquide utilisée en assaisonnement pour salades*
salad dressing *n* vinaigrette *f*
salami [sə'lɑːmɪ] *n* salami *m*
salary ['sælərɪ] *n* salaire *m*

sale [seɪl] *n* **1.** *(selling)* vente *f* **2.** *(at reduced prices)* soldes *mpl* ● **on sale** en vente ▼ **for sale** à vendre ◆ **sales** *npl COMM* ventes *fpl* ● **the sales** *(at reduced prices)* les soldes
sales assistant ['seɪlz-] *n* (*UK*) vendeur *m*, -euse *f*
salesclerk ['seɪlzklɜːrk] (*US*) = **sales assistant**
salesman ['seɪlzmən] (*pl* **-men**) *n* **1.** *(in shop)* vendeur *m* **2.** *(rep)* représentant *m*
sales rep(resentative) *n* représentant *m*, -e *f*
saleswoman ['seɪlz,wʊmən] (*pl* **-women**) *n* **1.** *(in shop)* vendeuse *f* **2.** *(rep)* représentante *f*
saliva [sə'laɪvə] *n (U)* salive *f*
salmon ['sæmən] (*pl inv*) *n* saumon *m*
salon ['sælɒn] *n (hairdresser's)* salon *m* de coiffure
saloon [sə'luːn] *n* **1.** (*UK*) *(car)* berline *f* **2.** (*US*) *(bar)* saloon *m* ● **saloon (bar)** (*UK*) salon *m (salle de pub, généralement plus confortable et plus chère que le « public bar »)*
salopettes [,sælə'pets] *npl* combinaison *f* de ski
salt [sɔːlt, sɒlt] *n (U)* sel *m*
saltcellar ['sɔːlt,selər] *n* (*UK*) salière *f*
salted peanuts ['sɔːltɪd-] *npl* cacahuètes *fpl* salées
salt shaker [-,ʃeɪkər] (*US*) = **saltcellar**
salty ['sɔːltɪ] *adj* salé(e)
salute [sə'luːt] *n* salut *m* ◇ *vi* saluer
same [seɪm] *adj* même ◇ *pron* ● **the same** *(unchanged)* le même (la même) ; *(in comparisons)* la même chose, pareil ● **they dress the same** ils s'habillent de la même façon ● **I'll have the same as her** je prendrai la même chose qu'elle ● **you've got the same book as me** tu as le même livre que moi ● **it's all the same to me** ça m'est égal
samosa [sə'məʊsə] *n sorte de beignet triangulaire garni de légumes et/ou de viande épicés (spécialité indienne)*
sample ['sɑːmpl] *n* échantillon *m* ◇ *vt (food, drink)* goûter
sanctions ['sæŋkʃnz] *npl POL* sanctions *fpl*
sanctuary ['sæŋktʃʊərɪ] *n (for birds, animals)* réserve *f*
sand [sænd] *n (U)* sable *m* ◇ *vt (wood)* poncer ◆ **sands** *npl (beach)* plage *f*
sandal ['sændl] *n* sandale *f*
sandcastle ['sænd,kɑːsl] *n* château *m* de sable
sandpaper ['sænd,peɪpər] *n (U)* papier *m* de verre
sandwich ['sænwɪdʒ] *n* sandwich *m*
sandwich bar *n* (*UK*) ≃ snack(-bar) *m*
sandy ['sændɪ] *adj* **1.** *(beach)* de sable **2.** *(hair)* blond(e)
sang [sæŋ] *pt* ➤ **sing**
sanitary ['sænɪtrɪ] *adj* **1.** sanitaire **2.** *(hygienic)* hygiénique
sanitary napkin (*US*) = **sanitary towel**
sanitary towel *n* (*UK*) serviette *f* hygiénique
sank [sæŋk] *pt* ➤ **sink**
sapphire ['sæfaɪər] *n* saphir *m*
sarcastic [sɑː'kæstɪk] *adj* sarcastique
sardine [sɑː'diːn] *n* sardine *f*
SASE *n* (*US*) (*abbr of self-addressed stamped envelope*) *enveloppe timbrée avec adresse pour la réponse*

sat [sæt] *pt & pp* ➤ **sit**
Sat. (*abbr of Saturday*) sam. (*samedi*)
satchel ['sætʃəl] *n* cartable *m*
satellite ['sætəlaɪt] *n* satellite *m*
satellite dish *n* antenne *f* parabolique
satellite TV *n* télé *f* par satellite
satin ['sætɪn] *n* (*U*) satin *m*
satisfaction [ˌsætɪs'fækʃn] *n* (*U*) satisfaction *f*
satisfactory [ˌsætɪs'fæktərɪ] *adj* satisfaisant(e)
satisfied ['sætɪsfaɪd] *adj* satisfait(e)
satisfy ['sætɪsfaɪ] *vt* satisfaire
satsuma [ˌsæt'suːmə] *n* (*UK*) mandarine *f*
saturate ['sætʃəreɪt] *vt* tremper
Saturday ['sætədɪ] *n* samedi *m* • **it's Saturday** on est samedi • **Saturday morning** samedi matin • **on Saturday** samedi • **on Saturdays** le samedi • **last Saturday** samedi dernier • **this Saturday** samedi • **next Saturday** samedi prochain • **Saturday week** (*UK*), **a week on Saturday** (*UK*)**a week from Saturday** (*US*) samedi en huit
sauce [sɔːs] *n* sauce *f*
saucepan ['sɔːspən] *n* casserole *f*
saucer ['sɔːsəʳ] *n* soucoupe *f*
Saudi Arabia [ˌsaudɪə'reɪbjə] *n* l'Arabie *f* Saoudite
sauna ['sɔːnə] *n* sauna *m*
sausage ['sɒsɪdʒ] *n* saucisse *f*
sausage roll *n* (*UK*) friand *m* à la saucisse
sauté [(*UK*) 'səuteɪ, (*US*) səu'teɪ] *adj* sauté(e)
savage ['sævɪdʒ] *adj* féroce
save [seɪv] *vt* **1.** (*rescue*) sauver **2.** (*money*) économiser **3.** (*time, space*) gagner **4.** (*reserve*) garder **5.** *SPORT* arrêter **6.** *COMPUT* sauvegarder ◇ *n SPORT* arrêt *m*
◆ **save up** *vi* économiser • **to save up for a holiday** économiser pour des vacances
saver ['seɪvəʳ] *n* (*UK*) (*ticket*) billet *m* à tarif réduit
savings ['seɪvɪŋz] *npl* économies *fpl*
savings and loan association *n* (*US*) *société d'investissements et de prêts immobiliers*
savings bank *n* caisse *f* d'épargne
savory ['seɪvərɪ] (*US*) = **savoury**
savoury ['seɪvərɪ] *adj* (*UK*) (*not sweet*) salé(e)
[1]**saw** [sɔː] *pt* ➤ **see**
[2]**saw** [sɔː] ((*UK*) *pt* **-ed**, *pp* **sawn** (*US*) *pt & pp* **-ed**) *n* (*tool*) scie *f* ◇ *vt* scier
sawdust ['sɔːdʌst] *n* (*U*) sciure *f*
sawn [sɔːn] *pp* ➤ **saw**
saxophone ['sæksəfəun] *n* saxophone *m*
say [seɪ] (*pt & pp* **said**) *vt* **1.** dire **2.** (*subj: clock, sign, meter*) indiquer ◇ *n* • **to have a say in sthg** avoir son mot à dire dans qqch • **could you say that again?** tu pourrais répéter ça ? • **say we met at nine?** disons qu'on se retrouve à neuf heures ? • **what did you say?** qu'avez-vous dit ?

saying an address or telephone number

You give an address by stating the street number, the street name, and then the postcode and the

town.
You say a telephone number in pairs of numbers: 01 44 39 70 51. Initial zeros are said separately: *zéro un ; quarante-quatre ; trente-neuf ; soixante-dix ; cinquante et un.* French people will often also give you the door code you'll need to get into their building, then the number on the entry phone and the floor.

saying ['seɪɪŋ] *n* dicton *m*
scab [skæb] *n* croûte *f*
scaffolding ['skæfəldɪŋ] *n (U)* échafaudage *m*
scald [skɔːld] *vt* ébouillanter
scale [skeɪl] *n* **1.** échelle *f* **2.** *MUS* gamme *f* **3.** *(of fish, snake)* écaille *f* **4.** *(U) (in kettle)* tartre *m* ◆ **scales** *npl (for weighing)* balance *f*
scallion ['skæljən] *n* (*US*) oignon *m* blanc
scallop ['skɒləp] *n* coquille *f* Saint-Jacques
scalp [skælp] *n* cuir *m* chevelu
scampi ['skæmpɪ] *n (U)* (*UK*) scampi *mpl*
scan [skæn] *vt* **1.** *(consult quickly)* parcourir **2.** *COMPUT* scanner ◇ *n MED COMPUT* scanner *m*, scanneur *m*
scandal ['skændl] *n* **1.** *(disgrace)* scandale *m* **2.** *(U) (gossip)* ragots *mpl*
Scandinavia [ˌskændɪ'neɪvjə] *n* la Scandinavie
scar [skɑːʳ] *n* cicatrice *f*
scarce ['skeəs] *adj* rare
scarcely ['skeəslɪ] *adv (hardly)* à peine
scare [skeəʳ] *vt* effrayer
scarecrow ['skeəkrəʊ] *n* épouvantail *m*
scared ['skeəd] *adj* effrayé(e)
scarf ['skɑːf] (*pl* **scarves**) *n* **1.** écharpe *f* **2.** *(silk, cotton)* foulard *m*
scarlet ['skɑːlət] *adj* écarlate
scarves [skɑːvz] *pl* ➤ **scarf**
scary ['skeərɪ] *adj* (*inf*) effrayant(e)
scatter ['skætəʳ] *vt* éparpiller ◇ *vi* s'éparpiller
scene [siːn] *n* **1.** *(in play, film, book)* scène *f* **2.** *(of crime, accident)* lieux *mpl* **3.** *(view)* vue *f* ● **the music scene** le monde de la musique ● **to make a scene** faire une scène
scenery ['siːnərɪ] *n (U)* **1.** *(countryside)* paysage *m* **2.** *(in theatre)* décor *m*
scenic ['siːnɪk] *adj* pittoresque
scent [sent] *n* **1.** odeur *f* **2.** *(perfume)* parfum *m*
sceptical ['skeptɪkl] *adj* (*UK*) sceptique
schedule [(*UK*) 'ʃedjuːl, (*US*) 'skedʒʊl] *n* **1.** *(of work, things to do)* planning *m* **2.** (*US*) *(timetable)* horaire *m* **3.** *(of prices)* barème *m* ◇ *vt (plan)* planifier ● **according to schedule** comme prévu ● **behind schedule** en retard ● **on schedule** *(at expected time)* à l'heure (prévue) ; *(on expected day)* à la date prévue, en retard
scheduled flight [(*UK*) 'ʃedjuːld-, (*US*) 'skedʒʊld-] *n* vol *m* régulier
scheme [skiːm] *n* **1.** (*UK*) *(plan)* plan *m* **2.** *(pej) (dishonest plan)* combine *f*
scholarship ['skɒləʃɪp] *n (award)* bourse *f* d'études
school [skuːl] *n* **1.** école *f* **2.** *(university department)* faculté *f* **3.** (*US*) (*inf*) *(university)* université *f* ◇ *adj (age, holiday, report)* scolaire ● **at school** à l'école

school year

En Grande-Bretagne, l'année scolaire du système public varie suivant les régions mais se divise généralement en trois périodes : de début septembre aux fêtes de Noël, du Nouvel An à la mi-avril et de fin avril à juillet. Les écoliers bénéficient de six semaines de congés d'été et de deux semaines pour Noël et Pâques. Aux États-Unis, l'année comprend deux cycles : les écoliers ont une semaine de congés entre Noël et le jour de l'An, ainsi qu'une semaine à Pâques, avant d'achever l'année scolaire la troisième semaine de juin.

schoolbag ['sku:lbæg] *n* cartable *m*

schoolbook ['sku:lbʊk] *n* manuel *m* scolaire

schoolboy ['sku:lbɔɪ] *n* écolier *m*

school bus *n* car *m* de ramassage scolaire

schoolchild ['sku:ltʃaɪld] (*pl* **-children**) *n* élève *m ou f*

schoolgirl ['sku:lgɜ:l] *n* écolière *f*

schoolmaster ['sku:l,mɑ:stər] *n* (*UK*) maître *m* d'école, instituteur *m*

schoolmistress ['sku:l,mɪstrɪs] *n* (*UK*) maîtresse *f* d'école, institutrice *f*

schoolteacher ['sku:l,ti:tʃər] *n* **1.** (*primary*) instituteur *m*, -trice *f* **2.** (*secondary*) professeur *m*

school uniform *n* uniforme *m* scolaire

science ['saɪəns] *n* **1.** science *f* **2.** (*U*) *SCH* sciences *fpl*

science fiction *n* (*U*) science-fiction *f*

scientific [,saɪən'tɪfɪk] *adj* scientifique

scientist ['saɪəntɪst] *n* scientifique *m ou f*

scissors ['sɪzəz] *npl* • **(a pair of) scissors** (une paire de) ciseaux *mpl*

scold [skəʊld] *vt* gronder

scone [skɒn] *n petit gâteau rond, souvent aux raisins secs, que l'on mange avec du beurre et de la confiture*

scoop [sku:p] *n* **1.** (*for ice cream*) cuillère *f* à glace **2.** (*of ice cream*) boule *f* **3.** (*in media*) scoop *m*

scooter ['sku:tər] *n* (*motor vehicle*) scooter *m*

scope [skəʊp] *n* (*U*) **1.** (*possibility*) possibilités *fpl* **2.** (*range*) étendue *f*

scorch [skɔ:tʃ] *vt* brûler

score [skɔ:r] *n* score *m* ◇ *vt* **1.** *SPORT* marquer **2.** (*in test*) obtenir ◇ *vi SPORT* marquer

scorn [skɔ:n] *n* (*U*) mépris *m*

Scorpio ['skɔ:pɪəʊ] *n* Scorpion *m*

scorpion ['skɔ:pjən] *n* scorpion *m*

Scot [skɒt] *n* Écossais *m*, -e *f*

scotch [skɒtʃ] *n* scotch *m*

Scotch broth *n* (*U*) *potage à base de mouton, de légumes et d'orge*

Scotch tape® *n* (*U*) (*US*) Scotch® *m*

Scotland ['skɒtlənd] *n* l'Écosse *f*

Scotsman ['skɒtsmən] (*pl* **-men**) *n* Écossais *m*

Scotswoman ['skɒtswʊmən] (*pl* **-women**) *n* Écossaise *f*

Scottish ['skɒtɪʃ] *adj* écossais(e)

Scottish Parliament *n* Parlement *m* écossais

Scottish Parliament

C'est, depuis l'Acte d'union de 1707, le premier Parlement écossais : il voit le jour après la décentralisation approuvée par referendum en 1998. Il bénéficie d'un pouvoir législatif autonome dans des domaines tels que l'éducation, la santé ou les prisons, et compte 129 membres élus au suffrage universel direct, les *MSPs*. Il siège près du palais de Holyrood au centre de la capitale Édimbourg, dans un nouveau bâtiment très *design*, dont le coût et les délais de construction ont défrayé la chronique.

scout [skaʊt] *n (boy scout)* scout *m*
scowl [skaʊl] *vi* se renfrogner
scrambled eggs [ˌskræmbld-] *npl* œufs *mpl* brouillés
scrap [skræp] *n* **1.** *(of paper, cloth)* bout *m* **2.** *(U) (old metal)* ferraille *f*
scrapbook ['skræpbʊk] *n* album *m (pour coupures de journaux, collages, etc)*
scrape [skreɪp] *vt* **1.** *(rub)* gratter **2.** *(scratch)* érafler
scrap paper *n (U) (UK)* brouillon *m*
scratch [skrætʃ] *n* éraflure *f* ◇ *vt* **1.** érafler **2.** *(rub)* gratter • **to be up to scratch** être à la hauteur • **to start from scratch** partir de zéro
scratch paper *(US)* = **scrap paper**
scream [skri:m] *n* cri *m* perçant ◇ *vi (person)* hurler
screen [skri:n] *n* **1.** écran *m* **2.** *(hall in cinema)* salle *f* ◇ *vt* **1.** *(film)* projeter **2.** *(TV programme)* diffuser
screening ['skri:nɪŋ] *n* **1.** *(of film)* projection *f* **2.** *COMPUT* filtrage *m*
screenshot ['skri:nʃɒt] *n* capture *f* d'écran
screen wash *n (U)* liquide *m* lave-glace
screw [skru:] *n* vis *f* ◇ *vt* visser
screwdriver ['skru:ˌdraɪvəʳ] *n* tournevis *m*
scribble ['skrɪbl] *vi* gribouiller
script [skrɪpt] *n (of play, film)* script *m*
scroll [skrəʊl] *vi* faire défiler
scroll bar *n* barre *f* de défilement
scroller mouse *n* souris *f* à molette
scrolling ['skrəʊlɪŋ] *n* défilement *m*
scrub [skrʌb] *vt* brosser
scruffy ['skrʌfɪ] *adj* peu soigné(e)
scrumpy ['skrʌmpɪ] *n (U) cidre à fort degré d'alcool typique du sud-ouest de l'Angleterre*
scuba diving ['sku:bə-] *n (U)* plongée *f* (sous-marine)
sculptor ['skʌlptəʳ] *n* sculpteur *m*
sculpture ['skʌlptʃəʳ] *n* sculpture *f*
sea [si:] *n* mer *f* • **by sea** par mer • **by the sea** au bord de la mer
seafood ['si:fu:d] *n (U)* poissons *mpl* et crustacés
seafront ['si:frʌnt] *n* front *m* de mer
seagull ['si:gʌl] *n* mouette *f*
seal [si:l] *n* **1.** *(animal)* phoque *m* **2.** *(on bottle, container)* joint *m* d'étanchéité **3.** *(official mark)* cachet *m* ◇ *vt* **1.** *(envelope)* cacheter **2.** *(container)* fermer

seam [siːm] *n (in clothes)* couture *f*
search [sɜːtʃ] *n* recherche *f* ◇ *vt* fouiller, rechercher ◇ *vi* ● **to search for** chercher
search engine *n COMPUT* moteur *m* de recherche
seashell ['siːʃel] *n* coquillage *m*
seashore ['siːʃɔːʳ] *n* rivage *m*
seasick ['siːsɪk] *adj* ● **to be seasick** avoir le mal de mer
seaside ['siːsaɪd] *n* ● **the seaside** le bord de mer
seaside resort *n* station *f* balnéaire
season ['siːzn] *n* saison *f* ◇ *vt (food)* assaisonner ● **in season** *(fruit, vegetables)* de saison ; *(holiday)* en saison haute ● **out of season** hors saison
seasoning ['siːznɪŋ] *n (U)* assaisonnement *m*
season ticket *n* abonnement *m*
seat [siːt] *n* **1.** siège *m* **2.** *(in theatre, cinema)* fauteuil *m* **3.** *(ticket, place)* place *f* ◇ *vt (subj: building, vehicle)* contenir ▼ **please wait to be seated** veuillez patienter et attendre que l'on vous installe
seat belt *n* ceinture *f* de sécurité
seaweed ['siːwiːd] *n (U)* algues *fpl*
secluded [sɪ'kluːdɪd] *adj* retiré(e)
second ['sekənd] *n* seconde *f* ◇ *num* second(e), deuxième ● **second gear** seconde *f* ● **the second (of September)** le deux (septembre) ◆ **seconds** *npl* **1.** *(goods)* articles *mpl* de second choix **2.** *(inf) (of food)* rab *m*
secondary school ['sekəndrɪ-] *n école secondaire comprenant collège et lycée*
second-class *adj* **1.** *(ticket)* de seconde (classe) **2.** *(stamp)* tarif lent **3.** *(inferior)* de qualité inférieure
second-hand *adj* d'occasion
Second World War *n* ● **the Second World War** *(UK)* la Seconde Guerre mondiale
secret ['siːkrɪt] *adj* secret(ète) ◇ *n* secret *m*
secretary [*(UK)* 'sekrətrɪ, *(US)* 'sekrəˌterɪ] *n* secrétaire *m ou f*
Secretary of State *n* **1.** *(US)* ministre *m* des Affaires étrangères **2.** *(UK)* ministre *m*
section ['sekʃn] *n* section *f*
sector ['sektəʳ] *n* secteur *m*
secure [sɪ'kjʊəʳ] *adj* **1.** *(safe)* en sécurité **2.** *(place, building)* sûr(e) **3.** *(firmly fixed)* qui tient bien **4.** *(free from worry)* sécurisé(e) ◇ *vt* **1.** *(fix)* attacher **2.** *(fml) (obtain)* obtenir
security [sɪ'kjʊərətɪ] *n (U)* sécurité *f*
security guard *n* garde *m*
sedative ['sedətɪv] *n* sédatif *m*
seduce [sɪ'djuːs] *vt* séduire
see [siː] *(pt* **saw**, *pp* **seen**) *vt* **1.** voir **2.** *(accompany)* raccompagner ◇ *vi* voir ● **I see** *(understand)* je vois ● **to see if one can do sthg** voir si on peut faire qqch ● **to see to sthg** *(deal with)* s'occuper de qqch ; *(repair)* réparer qqch ● **see you later!** à plus tard ! ● **see you (soon)!** à bientôt ! ● **see p 14** voir p. 14 ◆ **see off** *vt sep (say goodbye to)* dire au revoir à
seed [siːd] *n* graine *f*
seedy ['siːdɪ] *adj* miteux(euse)
seeing (as) ['siːɪŋ-] *conj* vu que
seek [siːk] *(pt & pp* **sought**) *vt (fml)* **1.** *(look for)* rechercher **2.** *(request)* demander

seem [siːm] *vi* sembler ◇ *impers vb* • **it seems (that)...** il semble que... • **she seems nice** elle a l'air sympathique
seen [siːn] *pp* ➤ **see**
seesaw ['siːsɔː] *n* bascule *f*
segment ['segmənt] *n (of fruit)* quartier *m*
seize [siːz] *vt* saisir ◆ **seize up** *vi* **1.** *(machine)* se gripper **2.** *(leg)* s'ankyloser **3.** *(back)* se bloquer
seldom ['seldəm] *adv* rarement
select [sɪ'lekt] *vt* sélectionner, choisir ◇ *adj* sélect(e)
selection [sɪ'lekʃn] *n* choix *m*
self-assured [ˌselfə'ʃʊəd] *adj* sûr(e) de soi
self-catering [ˌself'keɪtərɪŋ] *adj (UK) (flat)* indépendant(e) *(avec cuisine)* • **a self-catering holiday** *(UK)* des vacances *fpl* en location
self-confident [ˌself-] *adj* sûr(e) de soi
self-conscious [ˌself-] *adj* mal à l'aise
self-contained [ˌselfkən'teɪnd] *adj (flat)* indépendant(e)
self-defence [ˌself-] *n (U) (UK)* autodéfense *f*
self-defense *(US)* = **self-defence**
self-employed [ˌself-] *adj* indépendant(e)
selfish ['selfɪʃ] *adj* égoïste
self-raising flour [ˌself'reɪzɪŋ-] *n (U) (UK)* farine *f* à gâteaux
self-rising flour [ˌself'raɪzɪŋ-] *(US)* = **self-raising flour**
self-service [ˌself-] *adj* en self-service
sell [sel] *(pt & pp* **sold***) vt* vendre ◇ *vi* se vendre • **it sells for £20** ça se vend 20 livres • **he sold me the car for £2,000** il m'a vendu la voiture pour 2 000 livres
sell-by date *n (UK)* date *f* limite de vente
seller ['selə^r] *n (person)* vendeur *m*, -euse *f*
Sellotape® ['seləteɪp] *n (U) (UK)* ≃ Scotch® *m*
semester [sɪ'mestə^r] *n* semestre *m*
semicircle ['semɪˌsɜːkl] *n* demi-cercle *m*
semicolon [ˌsemɪ'kəʊlən] *n* point-virgule *m*
semidetached [ˌsemɪdɪ'tætʃt] *adj (houses)* jumeaux(elles)
semifinal [ˌsemɪ'faɪnl] *n* demi-finale *f*
seminar ['semɪnɑː^r] *n* séminaire *m*
semolina [ˌsemə'liːnə] *n (U)* semoule *f*
send [send] *(pt & pp* **sent***) vt* envoyer • **to send a letter to sb** envoyer une lettre à qqn ◆ **send back** *vt sep* renvoyer ◆ **send off** *vt sep* **1.** *(letter, parcel)* expédier **2.** *(UK) SPORT* expulser ◇ *vi* • **to send off for sthg** commander qqch par correspondance
sender ['sendə^r] *n* expéditeur *m*, -trice *f*
senile ['siːnaɪl] *adj* sénile
senior ['siːnjə^r] *adj* **1.** *(high-ranking)* haut placé(e) **2.** *(higher-ranking)* plus haut placé(e) ◇ *n* **1.** *(UK) SCH* grand *m*, -e *f* **2.** *(US) SCH* ≃ élève *m ou f* de terminale
senior citizen *n* personne *f* âgée
sensation [sen'seɪʃn] *n* sensation *f*
sensational [sen'seɪʃənl] *adj* sensationnel(elle)
sense [sens] *n* **1.** sens *m* **2.** *(U) (common sense)* bon sens **3.** *(U) (usefulness)* utilité *f* ◇ *vt* sentir • **there's no sense in waiting** ça ne sert à rien d'attendre • **to make**

sense avoir un sens • **sense of direction** sens de l'orientation • **sense of humour** sens de l'humour
sensible ['sensəbl] *adj* **1.** *(person)* sensé(e) **2.** *(clothes, shoes)* pratique
sensitive ['sensɪtɪv] *adj* sensible
sent [sent] *pt* ➤ **send**
sentence ['sentəns] *n* **1.** *GRAM* phrase *f* **2.** *(for crime)* sentence *f* ◇ *vt* condamner
sentimental [ˌsentɪ'mentl] *adj* sentimental(e)
Sep. (*abbr of September*) sept. *(septembre)*
separate *adj* ['seprət] **1.** séparé(e) **2.** *(different)* distinct(e) ◇ *vt* ['sepəreɪt] séparer ◇ *vi* se séparer ◆ **separates** *npl* coordonnés *mpl*
separately ['seprətlɪ] *adv* séparément
separation [ˌsepə'reɪʃn] *n* séparation *f*
September [sep'tembər] *n* septembre *m* • **at the beginning of September** début septembre • **at the end of September** fin septembre • **during September** en septembre • **every September** tous les ans en septembre • **in September** en septembre • **last September** en septembre (dernier) • **next September** en septembre de l'année prochaine • **this September** en septembre (prochain) • **2 September 1994** *(in letters etc)* le 2 septembre 1994
septic ['septɪk] *adj* infecté(e)
septic tank *n* fosse *f* septique
sequel ['siːkwəl] *n (to book, film)* suite *f*
sequence ['siːkwəns] *n* **1.** *(series)* suite *f* **2.** *(order)* ordre *m*
sequin ['siːkwɪn] *n* paillette *f*
sergeant ['sɑːdʒənt] *n* **1.** *(in police force)* brigadier *m* **2.** *(in army)* sergent *m*
serial ['sɪərɪəl] *n* feuilleton *m*
serial port *n* port *m* série
series ['sɪəriːz] *(pl inv) n* série *f*
serious ['sɪərɪəs] *adj* **1.** sérieux(ieuse) **2.** *(illness, injury)* grave
seriously ['sɪərɪəslɪ] *adv* **1.** sérieusement **2.** *(wounded, damaged)* gravement
sermon ['sɜːmən] *n* sermon *m*
servant ['sɜːvənt] *n* domestique *m ou f*
serve [sɜːv] *vt & vi* servir ◇ *n SPORT* service *m* • **to serve as** *(be used for)* servir de • **the town is served by two airports** la ville est desservie par deux aéroports • **it serves you right** (c'est) bien fait pour toi ▼ **serves two** *(on packaging, menu)* pour deux personnes
server ['sɜːvər] *n* serveur *m*
service ['sɜːvɪs] *n* **1.** service *m* **2.** *(of car)* révision *f* ◇ *vt (car)* réviser • **to be of service to sb** *(fml)* être utile à qqn ▼ **out of service** hors service ▼ **service included** service compris ▼ **service not included** service non compris ◆ **services** *npl* *(UK)* *(on motorway)* aire *f* de service
service area *n* *(UK)* aire *f* de service
service charge *n* service *m*
service department *n* atelier *m* de réparation
service provider *n COMPUT* fournisseur *m* d'accès, provider *m*
service station *n* station-service *f*
serviette [ˌsɜːvɪ'et] *n* *(UK)* serviette *f* (de table)
serving ['sɜːvɪŋ] *n (helping)* part *f*
serving spoon *n* cuillère *f* de service

sesame seeds ['sesəmɪ-] *npl* graines *fpl* de sésame
session ['seʃn] *n* séance *f*
set [set] (*pt & pp* **set**) *adj*
1. *(price, time)* fixe ● **a set lunch** un menu
2. *(text, book)* au programme
3. *(situated)* situé(e)
◇ *n*
1. *(of keys, tools)* jeu *m* ● **a chess set** un jeu d'échecs
2. *(TV)* ● **a (TV) set** un poste (de télé), une télé
3. *(in tennis)* set *m*
4. *(UK)* *SCH* groupe *m* de niveau
5. *(of play)* décor *m*
6. *(at hairdresser's)* ● **a shampoo and set** un shampo(o)ing et mise en plis
◇ *vt*
1. *(put)* poser ● **to set the table** mettre la table OR le couvert
2. *(cause to be)* ● **to set a machine going** mettre une machine en marche ● **to set fire to sthg** mettre le feu à qqch
3. *(clock, alarm, controls)* régler ● **set the alarm for 7 a.m.** mets le réveil à (sonner pour) 7 h
4. *(price, time)* fixer
5. *(a record)* établir
6. *(homework, essay)* donner
7. *(play, film, story)* ● **to be set** se passer, se dérouler
◇ *vi*
1. *(sun)* se coucher
2. *(glue, jelly)* prendre
◆ **set down** *vt sep (UK) (passengers)* déposer
◆ **set off** *vt sep (alarm)* déclencher
◇ *vi (on journey)* se mettre en route
◆ **set out** *vt sep (arrange)* disposer
◇ *vi (on journey)* se mettre en route
◆ **set up** *vt sep (barrier)* mettre en place ; *(equipment)* installer
set meal *n* menu *m*
set menu *n* menu *m*
settee [se'ti:] *n (UK)* canapé *m*
setting ['setɪŋ] *n* **1.** *(on machine)* réglage *m* **2.** *(surroundings)* décor *m*
settle ['setl] *vt* **1.** régler **2.** *(stomach, nerves)* calmer ◇ *vi* **1.** *(start to live)* s'installer **2.** *(come to rest)* se poser **3.** *(sediment, dust)* se déposer ◆ **settle down** *vi* **1.** *(calm down)* se calmer **2.** *(sit comfortably)* s'installer ◆ **settle up** *vi (pay bill)* régler
settlement ['setlmənt] *n* **1.** *(agreement)* accord *m* **2.** *(place)* colonie *f*
set-top box *n* boîtier *m* électronique
seven ['sevn] *num adj & n* sept ● **to be seven (years old)** avoir sept ans ● **it's seven (o'clock)** il est sept heures ● **a hundred and seven** cent sept ● **seven Hill St** 7 Hill St ● **it's minus seven (degrees)** il fait moins sept
seventeen [,sevn'ti:n] *num adj & n* dix-sept ● **to be seventeen (years old)** avoir dix-sept ans ● **a hundred and seventeen** cent dix-sept ● **seventeen Hill St** 17 Hill St ● **it's minus seventeen (degrees)** il fait moins dix-sept
seventeenth [,sevn'ti:nθ] *num adj & adv* dix-septième ◇ *num pron* dix-septième *m ou f* ◇ *num n (fraction)* dix-septième *m* ● **the seventeenth (of September)** le dix-sept (septembre)
seventh ['sevnθ] *num adj & adv* septième ◇ *num pron* septième *m ou f* ◇ *num n*

(fraction) septième *m* • **the seventh (of September)** le sept (septembre)
seventieth ['sevntjəθ] *num adj & adv* soixante-dixième ◇ *num pron* soixante-dixième *m ou f* ◇ *num n (fraction)* soixante-dixième *m*
seventy ['sevntɪ] *num adj & n* soixante-dix • **to be seventy (years old)** avoir soixante-dix ans • **a hundred and seventy** cent soixante-dix • **seventy Hill St** 70 Hill St • **it's minus seventy (degrees)** il fait moins soixante-dix
several ['sevrəl] *adj & pron* plusieurs
severe [sɪ'vɪəʳ] *adj* **1.** *(conditions, illness)* grave **2.** *(person, punishment)* sévère **3.** *(pain)* aigu(uë)
sew [səʊ] *(pp* **sewn***) vt & vi* coudre
sewage ['su:ɪdʒ] *n (U)* eaux *fpl* usées
sewing ['səʊɪŋ] *n (U)* couture *f*
sewing machine *n* machine *f* à coudre
sewn [səʊn] *pp* ➤ **sew**
sex [seks] *n* **1.** *(gender)* sexe *m* **2.** *(U) (sexual intercourse)* rapports *mpl* sexuels • **to have sex with sb** coucher avec qqn
sexist ['seksɪst] *n* sexiste *m ou f*
sexual ['sekʃʊəl] *adj* sexuel(elle)
sexy ['seksɪ] *adj* sexy *inv*
shabby ['ʃæbɪ] *adj* **1.** *(clothes, room)* miteux(euse) **2.** *(person)* pauvrement vêtu(e)
shade [ʃeɪd] *n* **1.** *(U) (shadow)* ombre *f* **2.** *(lampshade)* abat-jour *m inv* **3.** *(of colour)* teinte *f* ◇ *vt (protect)* abriter ◆ **shades** *npl (inf) (sunglasses)* lunettes *fpl* noires OR de soleil
shadow ['ʃædəʊ] *n* ombre *f*
shady ['ʃeɪdɪ] *adj* **1.** *(place)* ombragé(e) **2.** *(inf) (person, deal)* louche
shaft [ʃɑ:ft] *n* **1.** *(of machine)* axe *m* **2.** *(of lift)* cage *f*
shake [ʃeɪk] *(pt* **shook**, *pp* **shaken** ['ʃeɪkn]) *vt* secouer ◇ *vi* trembler • **to shake hands (with sb)** échanger une poignée de mains (avec qqn) • **to shake one's head** secouer la tête
shall *(weak form* [ʃəl], *strong form* [ʃæl]) *aux vb*
1. *(expressing future)* • **I shall be ready soon** je serai bientôt prêt
2. *(in questions)* • **shall I buy some wine?** j'achète du vin ? • **shall we listen to the radio?** si on écoutait la radio ? • **where shall we go?** où est-ce qu'on va ?
3. *(fml) (expressing order)* • **payment shall be made within a week** le paiement devra être effectué sous huitaine
shallot [ʃə'lɒt] *n* échalote *f*
shallow ['ʃæləʊ] *adj* peu profond(e)
shallow end *n (of swimming pool) côté le moins profond*
shambles ['ʃæmblz] *n* désordre *m*
shame [ʃeɪm] *n (U)* honte *f* • **it's a shame** c'est dommage • **what a shame!** quel dommage !
shampoo [ʃæm'pu:] *(pl* **-s***) n* shampo(o)ing *m*
shandy ['ʃændɪ] *n* panaché *m*
shape [ʃeɪp] *n* forme *f* • **to be in good shape** être en forme • **to be in bad shape** ne pas être en forme
share [ʃeəʳ] *n* **1.** *(part)* part *f* **2.** *(in company)* action *f* ◇ *vt* partager ◆ **share out** *vt sep* partager
shark [ʃɑ:k] *n* requin *m*
sharp [ʃɑ:p] *adj* **1.** *(knife, razor)* aiguisé(e) **2.** *(pointed)* pointu(e) **3.** *(clear)* net (net-

te) **4.** *(quick, intelligent)* vif (vive) **5.** *(rise, change, bend)* brusque **6.** *(painful)* aigu(uë) **7.** *(food, taste)* acide ◇ *adv* ● **at ten o'clock sharp** à dix heures pile

sharpen ['ʃɑ:pn] *vt* **1.** *(pencil)* tailler **2.** *(knife)* aiguiser

shatter ['ʃætər] *vt (break)* briser ◇ *vi* se fracasser

shattered ['ʃætəd] *adj (UK) (inf) (tired)* crevé(e)

shave [ʃeɪv] *vt* raser ◇ *vi* se raser ◇ *n* ● **to have a shave** se raser ● **to shave one's legs** se raser les jambes

shaver ['ʃeɪvər] *n* rasoir *m* électrique

shaver point *n (UK)* prise *f* pour rasoirs

shaving brush ['ʃeɪvɪŋ-] *n* blaireau *m*

shaving cream ['ʃeɪvɪŋ-] *n* crème *f* à raser

shaving foam ['ʃeɪvɪŋ-] *n* mousse *f* à raser

shawl [ʃɔ:l] *n* châle *m*

she [ʃi:] *pron* elle ● **she's tall** elle est grande

sheaf [ʃi:f] (*pl* **sheaves**) *n (of paper, notes)* liasse *f*

shears [ʃɪəz] *npl* sécateur *m*

sheaves [ʃi:vz] *pl* ➤ **sheaf**

shed [ʃed] (*pt & pp* **shed**) *n* remise *f* ◇ *vt (tears, blood)* verser

she'd *(weak form* [ʃɪd], *strong form* [ʃi:d]*)* = **she had, she would**

sheep [ʃi:p] *(pl inv) n* mouton *m*

sheepdog ['ʃi:pdɒg] *n* chien *m* de berger

sheepskin ['ʃi:pskɪn] *adj* en peau de mouton

sheer [ʃɪər] *adj* **1.** *(pure, utter)* pur(e) **2.** *(cliff)* abrupt(e) **3.** *(stockings)* fin(e)

sheet [ʃi:t] *n* **1.** *(for bed)* drap *m* **2.** *(of paper)* feuille *f* **3.** *(of glass, metal, wood)* plaque *f*

shelf [ʃelf] (*pl* **shelves**) *n* **1.** étagère *f* **2.** *(in shop)* rayon *m*

shell [ʃel] *n* **1.** *(of egg, nut)* coquille *f* **2.** *(on beach)* coquillage *m* **3.** *(of animal)* carapace *f* **4.** *(bomb)* obus *m*

she'll [ʃi:l] = **she will, she shall**

shellfish ['ʃelfɪʃ] *n (U) (food)* fruits *mpl* de mer

shell suit *n (UK)* survêtement *m (en synthétique froissé)*

shelter ['ʃeltər] *n* abri *m* ◇ *vt* abriter ◇ *vi* s'abriter ● **to take shelter** s'abriter

sheltered ['ʃeltəd] *adj* abrité(e)

shelves [ʃelvz] *pl* ➤ **shelf**

shepherd ['ʃepəd] *n* berger *m*

shepherd's pie ['ʃepədz-] *n* ≃ hachis *m* Parmentier

sheriff ['ʃerɪf] *n (in US)* shérif *m*

sherry ['ʃerɪ] *n* xérès *m*

she's [ʃi:z] = **she is, she has**

shield [ʃi:ld] *n* bouclier *m* ◇ *vt* protéger

shift [ʃɪft] *n* **1.** *(change)* changement *m* **2.** *(period of work)* équipe *f* ◇ *vt* déplacer ◇ *vi* **1.** *(move)* se déplacer **2.** *(change)* changer

shift key *n* touche majuscule

shin [ʃɪn] *n* tibia *m*

shine [ʃaɪn] (*pt & pp* **shone**) *vi* briller ◇ *vt* **1.** *(shoes)* astiquer **2.** *(torch)* braquer

shiny ['ʃaɪnɪ] *adj* brillant(e)

ship [ʃɪp] *n* **1.** bateau *m* **2.** *(larger)* navire *m* ● **by ship** par bateau

shipwreck ['ʃɪprek] *n* **1.** *(accident)* naufrage *m* **2.** *(wrecked ship)* épave *f*

shirt [ʃɜ:t] *n* chemise *f*

shit [ʃɪt] *n (U) (vulg)* merde *f*
shiver ['ʃɪvəʳ] *vi* frissonner
shock [ʃɒk] *n* choc *m* ◇ *vt* **1.** *(surprise)* stupéfier **2.** *(horrify)* choquer • **to be in shock** MED être en état de choc
shock absorber [-əbˌzɔːbəʳ] *n* amortisseur *m*
shocking ['ʃɒkɪŋ] *adj (very bad)* épouvantable
shoe [ʃuː] *n* chaussure *f*
shoelace ['ʃuːleɪs] *n* lacet *m*
shoe polish *n (U)* cirage *m*
shoe repairer's [-rɪˌpeərəz] *n* cordonnerie *f*
shoe shop *n* magasin *m* de chaussures
shone [ʃɒn] *pt & pp* ➤ **shine**
shook [ʃʊk] *pt* ➤ **shake**
shoot [ʃuːt] *(pt & pp* **shot**) *vt* **1.** *(kill)* tuer **2.** *(injure)* blesser **3.** *(gun)* tirer un coup de **4.** *(arrow)* décocher **5.** *(film)* tourner ◇ *n (of plant)* pousse *f* ◇ *vi* tirer • **to shoot past** passer en trombe
shop [ʃɒp] *n* **1.** magasin *m* **2.** *(small)* boutique *f* ◇ *vi* faire les courses
shop assistant *n (UK)* vendeur *m*, -euse *f*
shop floor *n* atelier *m*
shopkeeper ['ʃɒpˌkiːpəʳ] *n (UK)* commerçant *m*, -e *f*
shoplifter ['ʃɒpˌlɪftəʳ] *n* voleur *m*, -euse *f* à l'étalage
shopper ['ʃɒpəʳ] *n* acheteur *m*, -euse *f*
shopping ['ʃɒpɪŋ] *n (U)* **1.** *(activity)* courses *fpl* **2.** *(UK) (purchases)* achats *mpl* • **to do the shopping** faire les courses • **to go shopping** aller faire des courses
shopping bag *n* sac *m* à provisions
shopping basket *n* panier *m* à provisions
shopping center *(US)* = **shopping centre**
shopping centre *n (UK)* centre *m* commercial
shopping list *n* liste *f* des courses
shopping mall *n* centre *m* commercial
shop steward *n* délégué *m* syndical, déléguée syndicale *f*
shop window *n (UK)* vitrine *f*
shore [ʃɔːʳ] *n* rivage *m* • **on shore** à terre
short [ʃɔːt] *adj* **1.** court(e) **2.** *(not tall)* petit(e) ◇ *adv (cut)* court ◇ *n* **1.** *(UK) (drink)* alcool *m* fort **2.** *(film)* court-métrage *m* • **to be short of time** manquer de temps • **to be short of breath** être hors d'haleine • **Liz is short for Elizabeth** Liz est un diminutif de Elizabeth • **in short** (en) bref ◆ **shorts** *npl* **1.** *(short trousers)* short *m* **2.** *(US) (underpants)* caleçon *m*
shortage ['ʃɔːtɪdʒ] *n* manque *m*
shortbread ['ʃɔːtbred] *n (U)* ≃ sablé *m* au beurre
short-circuit *vi* se mettre en court-circuit
shortcrust pastry ['ʃɔːtkrʌst-] *n (U) (UK)* pâte *f* brisée
short cut *n* raccourci *m*
shorten ['ʃɔːtn] *vt* **1.** *(in time)* écourter **2.** *(in length)* raccourcir
shorthand ['ʃɔːthænd] *n (U)* sténographie *f*
shortly ['ʃɔːtlɪ] *adv (soon)* bientôt • **shortly before** peu avant
shortsighted [ˌʃɔːt'saɪtɪd] *adj* myope
short-sleeved [-ˌsliːvd] *adj* à manches courtes

short-stay car park *n* (*UK*) parking *m* courte durée

short story *n* nouvelle *f*

short wave *n* (*U*) ondes *fpl* courtes

shot [ʃɒt] *pt & pp* ➤ **shoot** ◇ *n* **1.** *(of gun)* coup *m* de feu **2.** *(in football)* tir *m* **3.** *(in tennis, golf etc)* coup *m* **4.** *(photo)* photo *f* **5.** *(in film)* plan *m* **6.** (*inf*) *(attempt)* essai *m* **7.** *(drink)* petit verre *m*

shotgun [ˈʃɒtgʌn] *n* fusil *m* de chasse

should [ʃʊd] *aux vb*

1. *(expressing desirability)* • **we should leave now** nous devrions OR il faudrait partir maintenant

2. *(asking for advice)* • **should I go too?** est-ce que je dois y aller aussi ?

3. *(expressing probability)* • **she should be home soon** elle devrait être bientôt rentrée

4. *(ought to)* • **they should have won the match** ils auraient dû gagner le match

5. (*fml*) *(in conditionals)* • **should you need anything, call reception** si vous avez besoin de quoi que ce soit, appelez la réception

6. (*fml*) *(expressing wish)* • **I should like to come with you** j'aimerais bien venir avec vous

shoulder [ˈʃəʊldəʳ] *n* **1.** épaule *f* **2.** (*US*) *(of road)* bande *f* d'arrêt d'urgence

shoulder pad *n* épaulette *f*

shouldn't [ˈʃʊdnt] = **should not**

should've [ˈʃʊdəv] = **should have**

shout [ʃaʊt] *n* cri *m* ◇ *vt & vi* crier ◆ **shout out** *vt sep* crier

shove [ʃʌv] *vt* **1.** *(push)* pousser **2.** *(put carelessly)* flanquer

shovel [ˈʃʌvl] *n* pelle *f*

show [ʃəʊ] (*pp* **-ed** OU **shown**) *n* **1.** *(on TV, radio)* émission *f* **2.** *(at theatre)* spectacle *m* **3.** *(exhibition)* exposition *f* ◇ *vt* **1.** montrer **2.** *(accompany)* accompagner **3.** *(film, TV programme)* passer ◇ *vi* **1.** *(be visible)* se voir **2.** *(film)* passer, être à l'affiche • **I showed my ticket to the inspector** j'ai montré mon ticket au contrôleur • **to show sb how to do sthg** montrer à qqn comment faire qqch ◆ **show off** *vi* faire l'intéressant ◆ **show up** *vi* **1.** *(come along)* arriver **2.** *(be visible)* se voir

shower [ˈʃaʊəʳ] *n* **1.** *(for washing)* douche *f* **2.** *(of rain)* averse *f* ◇ *vi* prendre une douche • **to take a shower, to have a shower** (*UK*) prendre une douche

shower gel *n* gel *m* douche

shower unit *n* cabine *f* de douche

showing [ˈʃəʊɪŋ] *n* *(of film)* séance *f*

shown [ʃəʊn] *pp* ➤ **show**

showroom [ˈʃəʊrʊm] *n* salle *f* d'exposition

shrank [ʃræŋk] *pt* ➤ **shrink**

shrimp [ʃrɪmp] *n* crevette *f*

shrine [ʃraɪn] *n* lieu *m* saint

shrink [ʃrɪŋk] (*pt* **shrank**, *pp* **shrunk**) *n* (*inf*) *(psychoanalyst)* psy *m ou f* ◇ *vi* *(clothes)* rapetisser

shrub [ʃrʌb] *n* arbuste *m*

shrug [ʃrʌg] *n* haussement *m* d'épaules ◇ *vi* hausser les épaules

shrunk [ʃrʌŋk] *pp* ➤ **shrink**

shuffle [ˈʃʌfl] *vt* *(cards)* battre ◇ *vi* *(cards)* battre les cartes

shut [ʃʌt] (*pt & pp* **shut**) *adj* fermé(e) ◇ *vt* fermer ◇ *vi* **1.** *(door, mouth, eyes)* se fermer **2.** *(shop, restaurant)* fermer ◆ **shut**

down *vt sep* fermer ◆ **shut up** *vi* (*inf*) (*stop talking*) la fermer
shutter ['ʃʌtəʳ] *n* **1.** (*on window*) volet *m* **2.** (*on camera*) obturateur *m*
shuttle ['ʃʌtl] *n* navette *f*
shuttlecock ['ʃʌtlkɒk] *n* (*UK*) volant *m*
shy [ʃaɪ] *adj* timide
sick [sɪk] *adj* malade ● **to be sick** (*vomit*) vomir ● **to feel sick** avoir mal au cœur ● **to be sick of** (*fed up with*) en avoir assez de
sick bag *n sachet mis à la disposition des passagers malades sur les avions et les bateaux*
sickness ['sɪknɪs] *n* maladie *f*
sick pay *n* (*U*) indemnité *f* de maladie
side [saɪd] *n* **1.** côté *m* **2.** (*of hill*) versant *m* **3.** (*of road, river, pitch*) bord *m* **4.** (*of tape, record*) face *f* **5.** (*team*) camp *m* **6.** (*UK*) (*TV channel*) chaîne *f* **7.** (*page of writing*) page *f* ◇ *adj* (*door, pocket*) latéral(e) ● **at the side of** à côté de ; (*river, road*) au bord de ● **on the other side** de l'autre côté ● **on this side** de ce côté ● **side by side** côte à côte
sideboard ['saɪdbɔːd] *n* buffet *m*
sidecar ['saɪdkɑːʳ] *n* side-car *m*
side dish *n* garniture *f*
side effect *n* effet *m* secondaire
sidelight ['saɪdlaɪt] *n* (*UK*) (*of car*) feu *m* de position
side order *n* portion *f*
side salad *n salade servie en garniture*
side street *n* petite rue *f*
sidewalk ['saɪdwɔːk] *n* (*US*) trottoir *m*
sideways ['saɪdweɪz] *adv* de côté
sieve [sɪv] *n* **1.** passoire *f* **2.** (*for flour*) tamis *m*
sigh [saɪ] *n* soupir *m* ◇ *vi* soupirer
sight [saɪt] *n* **1.** (*U*) (*eyesight*) vision *f*, vue *f* **2.** (*thing seen*) spectacle *m* ● **at first sight** à première vue ● **to catch sight of** apercevoir ● **in sight** en vue ● **to lose sight of** perdre de vue ● **out of sight** hors de vue ◆ **sights** *npl* (*of city, country*) attractions *fpl* touristiques
sightseeing ['saɪtˌsiːɪŋ] *n* (*U*) ● **to go sightseeing** faire du tourisme
sign [saɪn] *n* **1.** (*next to road, in shop, station*) panneau *m* **2.** (*symbol, indication*) signe *m* **3.** (*signal*) signal *m* ◇ *vt* & *vi* signer ● **there's no sign of her** il n'y a aucune trace d'elle ◆ **sign in** *vi* (*at hotel, club*) signer le registre
signal ['sɪgnl] *n* **1.** signal *m* **2.** (*US*) (*traffic lights*) feux *mpl* de signalisation ◇ *vi* **1.** (*in car*) mettre son clignotant **2.** (*on bike*) tendre le bras
signature ['sɪgnətʃəʳ] *n* signature *f*
significant [sɪg'nɪfɪkənt] *adj* significatif(ive)
signpost ['saɪnpəʊst] *n* poteau *m* indicateur
Sikh [siːk] *n* Sikh *m ou f*
silence ['saɪləns] *n* silence *m*
silencer ['saɪlənsəʳ] *n* (*UK*) *AUT* silencieux *m*
silent ['saɪlənt] *adj* silencieux(ieuse)
Silicon Valley *n* Silicon Valley *f*
silk [sɪlk] *n* soie *f*
sill [sɪl] *n* rebord *m*
silly ['sɪlɪ] *adj* idiot(e)
silver ['sɪlvəʳ] *n* (*U*) **1.** argent *m* **2.** (*coins*) monnaie *f* ◇ *adj* en argent
silver foil *n* (*U*) (*UK*) papier *m* aluminium

silver-plated [-'pleɪtɪd] *adj* plaqué(e) argent
SIM card *n* carte *f* SIM
similar ['sɪmɪlər] *adj* similaire • **to be similar to** être semblable à
similarity [ˌsɪmɪ'lærətɪ] *n* similitude *f*
simmer ['sɪmər] *vi* mijoter
simple ['sɪmpl] *adj* simple
simplify ['sɪmplɪfaɪ] *vt* simplifier
simply ['sɪmplɪ] *adv* simplement
simulate ['sɪmjʊleɪt] *vt* simuler
simultaneous [(*UK*) ˌsɪməl'teɪnjəs, (*US*) ˌsaɪməl'teɪnjəs] *adj* simultané(e)
simultaneously [(*UK*) ˌsɪməl'teɪnjəslɪ, (*US*) ˌsaɪməl'teɪnjəslɪ] *adv* simultanément
sin [sɪn] *n* péché *m* ◇ *vi* pécher
since [sɪns] *adv & prep* depuis ◇ *conj* **1.** *(in time)* depuis que **2.** *(as)* puisque • **since we've been here** depuis que nous sommes ici • **ever since then** depuis lors • **ever since he found out** depuis qu'il a appris
sincere [sɪn'sɪər] *adj* sincère
sincerely [sɪn'sɪəlɪ] *adv* sincèrement • **Yours sincerely** veuillez agréer, Monsieur/Madame, mes sentiments les meilleurs
sing [sɪŋ] (*pt* **sang**, *pp* **sung**) *vt & vi* chanter
singer ['sɪŋər] *n* chanteur *m*, -euse *f*
single ['sɪŋgl] *adj* **1.** *(just one)* seul(e) **2.** *(not married)* célibataire ◇ *n* **1.** (*UK*) *(ticket)* aller *m* simple **2.** *(CD)* single *m* • **every single** chaque ♦ **singles** *n SPORT* simple *m* ◇ *adj (bar, club)* pour célibataires
single bed *n* petit lit *m*, lit *m* à une place
single cream *n (U)* (*UK*) crème *f* fraîche liquide
single currency *n* monnaie *f* unique
single parent *n* père *m* OR mère *f* célibataire
single room *n* chambre *f* simple
single track road *n* route *f* très étroite
singular ['sɪŋgjʊlər] *n* singulier *m* • **in the singular** au singulier
sinister ['sɪnɪstər] *adj* sinistre
sink [sɪŋk] (*pt* **sank**, *pp* **sunk**) *n* **1.** *(in kitchen)* évier *m* **2.** *(washbasin)* lavabo *m* ◇ *vi* **1.** *(in water)* couler **2.** *(decrease)* décroître
sink unit *n* bloc-évier *m*
sinuses ['saɪnəsɪz] *npl* sinus *mpl*
sip [sɪp] *n* petite gorgée *f* ◇ *vt* siroter
siphon ['saɪfn] *n* siphon *m* ◇ *vt* siphonner
sir [sɜːr] *n* Monsieur • **Dear Sir** Cher Monsieur • **Sir Richard Blair** (*UK*) sir Richard Blair
siren ['saɪərən] *n* sirène *f*
sirloin steak [ˌsɜːlɔɪn-] *n* bifteck *m* d'aloyau
sister ['sɪstər] *n* **1.** sœur *f* **2.** (*UK*) *(nurse)* infirmière *f* en chef
sister-in-law *n* belle-sœur *f*
sit [sɪt] (*pt & pp* **sat**) *vi* **1.** s'asseoir **2.** *(be situated)* être situé ◇ *vt* **1.** asseoir **2.** (*UK*) *(exam)* passer • **to be sitting** être assis ♦ **sit down** *vi* s'asseoir • **to be sitting down** être assis ♦ **sit up** *vi* **1.** *(after lying down)* se redresser **2.** *(stay up late)* veiller
site [saɪt] *n* **1.** site *m* **2.** *(building site)* chantier *m*
sitting room ['sɪtɪŋ-] *n* (*UK*) salon *m*
situated ['sɪtjʊeɪtɪd] *adj* • **to be situated** être situé(e)

situation [ˌsɪtjʊ'eɪʃn] *n* situation *f* ▼ **situations vacant** (*UK*) offres d'emploi

six [sɪks] *num adj & n* six • **to be six (years old)** avoir six ans • **it's six (o'clock)** il est six heures • **a hundred and six** cent six • **six Hill St** 6 Hill St • **it's minus six (degrees)** il fait moins six

sixteen [sɪks'ti:n] *num adj & n* seize • **to be sixteen (years old)** avoir seize ans • **a hundred and sixteen** cent seize • **sixteen Hill St** 16 Hill St • **it's minus sixteen (degrees)** il fait moins seize

sixteenth [sɪks'ti:nθ] *num adj & adv* seizième ◇ *num pron* seizième *m ou f* ◇ *num n (fraction)* seizième *m* • **the sixteenth (of September)** le seize (septembre)

sixth [sɪksθ] *num adj & adv* sixième ◇ *num pron* sixième *m ou f* ◇ *num n (fraction)* sixième *m* • **the sixth (of September)** le six (septembre)

sixth form *n* (*UK*) ≃ terminale *f*

sixth-form college *n* (*UK*) *établissement préparant aux " A levels "*

sixtieth ['sɪkstɪəθ] *num adj & adv* soixantième ◇ *num pron* soixantième *m ou f* ◇ *num n (fraction)* soixantième *m*

sixty ['sɪkstɪ] *num adj & n* soixante • **to be sixty (years old)** avoir soixante ans • **a hundred and sixty** cent soixante • **sixty Hill St** 60 Hill St • **it's minus sixty (degrees)** il fait moins soixante

size [saɪz] *n* **1.** taille *f* **2.** *(of shoes)* pointure *f* • **what size do you take?** quelle taille/pointure faites-vous ? • **what size is this?** c'est quelle taille ?

sizeable ['saɪzəbl] *adj* assez important(e)

skate [skeɪt] *n* **1.** patin *m* **2.** *(fish)* raie *f* ◇ *vi* patiner

skateboard ['skeɪtbɔ:d] *n* skateboard *m*

skater ['skeɪtə^r] *n* patineur *m*, -euse *f*

skating ['skeɪtɪŋ] *n (U)* • **to go skating** *(ice-skating)* faire du patin (à glace) ; *(roller-skating)* faire du patin (à roulettes)

skeleton ['skelɪtn] *n* squelette *m*

skeptical ['skeptɪkl] (*US*) = **sceptical**

sketch [sketʃ] *n* **1.** *(drawing)* croquis *m* **2.** *(humorous)* sketch *m* ◇ *vt* dessiner

skewer ['skjʊə^r] *n* brochette *f*

ski [ski:] (*pt & pp* **skied**, OU **skiing**) *n* ski *m* ◇ *vi* skier

ski boots *npl* chaussures *fpl* de ski

skid [skɪd] *n* dérapage *m* ◇ *vi* déraper

skier ['ski:ə^r] *n* skieur *m*, -ieuse *f*

skiing ['ski:ɪŋ] *n (U)* ski *m* • **to go skiing** faire du ski • **to go on a skiing holiday** partir aux sports d'hiver

skilful ['skɪlfʊl] *adj* (*UK*) adroit(e)

ski lift *n* remonte-pente *m*

skill [skɪl] *n* **1.** *(U) (ability)* adresse *f* **2.** *(technique)* technique *f*

skilled [skɪld] *adj* **1.** *(worker, job)* qualifié(e) **2.** *(driver, chef)* expérimenté(e)

skillful ['skɪlfʊl] (*US*) = **skilful**

skimmed milk ['skɪmd-] *n (U)* lait *m* écrémé

skin [skɪn] *n* peau *f*

skin freshener [-ˌfreʃnə^r] *n (U)* lotion *f* rafraîchissante

skinny ['skɪnɪ] *adj* maigre

skip [skɪp] *vi* **1.** *(with rope)* sauter à la corde **2.** *(jump)* sauter ◇ *vt (omit)* sauter ◇ *n* (*UK*) *(container)* benne *f*

ski pants *npl* fuseau *m*, pantalon *m* de ski

ski pass *n* forfait *m*
ski pole *n* bâton *m* de ski
skipping rope ['skɪpɪŋ-] *n* (*UK*) corde *f* à sauter
skirt [skɜːt] *n* jupe *f*
ski slope *n* piste *f* de ski
ski tow *n* téléski *m*
skittles ['skɪtlz] *n* (*UK*) quilles *fpl*
skull [skʌl] *n* crâne *m*
sky [skaɪ] *n* ciel *m*
skylight ['skaɪlaɪt] *n* lucarne *f*
skyscraper ['skaɪˌskreɪpəʳ] *n* gratte-ciel *m inv*
slab [slæb] *n* dalle *f*
slack [slæk] *adj* **1.** *(rope)* lâche **2.** *(careless)* négligent(e) **3.** *(not busy)* calme
slacks [slæks] *npl* pantalon *m*
slam [slæm] *vt & vi* claquer
slander ['slɑːndəʳ] *n (U)* calomnie *f*
slang [slæŋ] *n* argot *m*
slant [slɑːnt] *n* inclinaison *f* ◇ *vi* pencher
slap [slæp] *n (smack)* claque *f* ◇ *vt (person on face)* gifler
slash [slæʃ] *vt* **1.** *(cut)* entailler **2.** *(fig) (prices)* casser ◇ *n (written symbol)* barre *f* oblique
slate [sleɪt] *n* ardoise *f*
slaughter ['slɔːtəʳ] *vt* **1.** *(animal)* abattre **2.** *(people)* massacrer **3.** *(fig) (defeat)* battre à plates coutures
slave [sleɪv] *n* esclave *m ou f*
sled [sled] (*US*) = **sledge**
sledge [sledʒ] *n* (*UK*) **1.** *(for fun, sport)* luge *f* **2.** *(for transport)* traîneau *m*
sleep [sliːp] *(pt & pp* **slept**) *n* **1.** *(U)* sommeil *m* **2.** *(nap)* somme *m* ◇ *vi* dormir ◇ *vt* • **the house sleeps six** la maison permet de coucher six personnes • **did you sleep well?** as-tu bien dormi ? • **I couldn't get to sleep** je n'arrivais pas à m'endormir • **to go to sleep** s'endormir • **to sleep with sb** coucher avec qqn
sleeper ['sliːpəʳ] *n* **1.** *(train)* train-couchettes *m* **2.** *(sleeping car)* wagon-lit *m* **3.** (*UK*) *(on railway track)* traverse *f* **4.** (*UK*) *(earring)* clou *m*
sleeping bag ['sliːpɪŋ-] *n* sac *m* de couchage
sleeping car ['sliːpɪŋ-] *n* wagon-lit *m*
sleeping pill ['sliːpɪŋ-] *n* somnifère *m*
sleeping policeman ['sliːpɪŋ-] *n* (*UK*) ralentisseur *m*
sleep mode *n* COMPUT mode *m* veille
sleepy ['sliːpɪ] *adj* • **to be sleepy** avoir sommeil
sleet [sliːt] *n (U)* neige *f* fondue ◇ *impers vb* • **it's sleeting** il tombe de la neige fondue
sleeve [sliːv] *n* **1.** manche *f* **2.** *(of record)* pochette *f*
sleeveless ['sliːvlɪs] *adj* sans manches
slept [slept] *pt & pp* ➤ **sleep**
S level (*abbr of Special level*) *n (in UK) examen optionnel de niveau supérieur au A level, sanctionnant la fin des études secondaires*
slice [slaɪs] *n* **1.** *(of bread, meat)* tranche *f* **2.** *(of cake, pizza)* part *f* ◇ *vt* **1.** *(bread, meat)* couper en tranches **2.** *(cake)* découper **3.** *(vegetables)* couper en rondelles
sliced bread [ˌslaɪst-] *n (U)* pain *m* en tranches
slide [slaɪd] *(pt & pp* **slid** [slɪd]) *n* **1.** *(in playground)* toboggan *m* **2.** *(of photograph)*

diapositive *f* **3.** (*UK*) *(hair slide)* barrette *f* ◇ *vi (slip)* glisser
sliding door [ˌslaɪdɪŋ-] *n* porte *f* coulissante
slight [slaɪt] *adj* léger(ère) ● **the slightest** le moindre ● **not in the slightest** pas le moins du monde
slightly ['slaɪtlɪ] *adv* légèrement
slim [slɪm] *adj* mince ◇ *vi* maigrir
slimming ['slɪmɪŋ] *n (U)* amaigrissement *m*
sling [slɪŋ] (*pt & pp* **slung**) *n* écharpe *f* ◇ *vt* (*inf*) *(throw)* balancer
slip [slɪp] *vi* glisser ◇ *n* **1.** *(mistake)* erreur *f* **2.** *(form)* coupon *m* **3.** *(petticoat)* jupon *m* **4.** *(from shoulders)* combinaison *f* ◆ **slip up** *vi (make a mistake)* faire une erreur
slipper ['slɪpəʳ] *n* chausson *m*
slippery ['slɪpərɪ] *adj* glissant(e)
slip road *n* (*UK*) bretelle *f* d'accès
slit [slɪt] *n* fente *f*
slob [slɒb] *n* (*inf*) **1.** *(dirty)* crado *m ou f* **2.** *(lazy)* flemmard *m*, -e *f*
slogan ['sləugən] *n* slogan *m*
slope [sləup] *n* **1.** *(incline)* pente *f* **2.** *(hill)* côte *f* **3.** *(for skiing)* piste *f* ◇ *vi* être en pente
sloping ['sləupɪŋ] *adj* en pente
slot [slɒt] *n* **1.** *(for coin)* fente *f* **2.** *(groove)* rainure *f*
slot machine *n* **1.** (*UK*) *(vending machine)* distributeur *m* **2.** *(for gambling)* machine *f* à sous
Slovakia [slə'vækɪə] *n* la Slovaquie
slow [sləu] *adv* lentement ◇ *adj* **1.** lent(e) **2.** *(business)* calme **3.** *(clock, watch)* ● **to be slow** retarder ▼ **slow** *(sign on road)* ralentir ● **a slow train** un omnibus ◆ **slow down** *vt sep & vi* ralentir
slowly ['sləulɪ] *adv* lentement
slug [slʌg] *n (animal)* limace *f*
slum [slʌm] *n (building)* taudis *m* ◆ **slums** *npl (district)* quartiers *mpl* défavorisés
slung [slʌŋ] *pt & pp* ➤ **sling**
slush [slʌʃ] *n* neige *f* fondue
sly [slaɪ] *adj* **1.** *(cunning)* malin(igne) **2.** *(deceitful)* sournois(e)
smack [smæk] *n (slap)* claque *f* ◇ *vt* donner une claque à
small [smɔːl] *adj* petit(e)
small change *n (U)* petite monnaie *f*
smallpox ['smɔːlpɒks] *n (U)* variole *f*
smart [smɑːt] *adj* **1.** (*UK*) *(elegant)* élégant(e) **2.** *(clever)* intelligent(e) **3.** (*UK*) *(posh)* chic
smart card *n* carte *f* à puce
smash [smæʃ] *n* **1.** SPORT smash *m* **2.** (*inf*) *(car crash)* accident *m* ◇ *vt (plate, window)* fracasser ◇ *vi (plate, vase etc)* se fracasser
smashing ['smæʃɪŋ] *adj* (*UK*) (*inf*) génial(e)
smear test ['smɪə-] *n* (*UK*) frottis *m*
smell [smel] (*pt & pp* **-ed** OU **smelt**) *n* odeur *f* ◇ *vt* sentir ◇ *vi* **1.** *(have odour)* sentir **2.** *(have bad odour)* puer ● **it smells of lavender/burning** ça sent la lavande/le brûlé
smelly ['smelɪ] *adj* qui pue
smelt [smelt] *pt & pp* ➤ **smell**
smile [smaɪl] *n* sourire *m* ◇ *vi* sourire
smiley ['smaɪlɪ] *n* smiley *m*
smoke [sməuk] *n (U)* fumée *f* ◇ *vt & vi* fumer ● **to have a smoke** fumer une cigarette

smoked [sməʊkt] *adj* fumé(e)
smoked salmon *n (U)* saumon *m* fumé
smoker ['sməʊkəʳ] *n* fumeur *m*, -euse *f*
smoking ['sməʊkɪŋ] *n (U)* ▾ **no smoking** défense de fumer
smoking area *n* zone *f* fumeurs
smoking compartment *n* compartiment *m* fumeurs
smoky ['sməʊkɪ] *adj (room)* enfumé(e)
smooth [smu:ð] *adj* **1.** *(surface, skin, road)* lisse **2.** *(takeoff, landing)* en douceur **3.** *(life)* calme **4.** *(journey)* sans incidents **5.** *(mixture, liquid)* onctueux(euse) **6.** *(wine, beer)* mœlleux(euse) **7.** *(pej) (suave)* doucereux(euse) ◆ **smooth down** *vt sep* lisser
smother ['smʌðəʳ] *vt (cover)* couvrir
smudge [smʌdʒ] *n* tache *f*
smuggle ['smʌgl] *vt* passer clandestinement
snack [snæk] *n* casse-croûte *m inv*
snack bar *n* snack-bar *m*
snail [sneɪl] *n* escargot *m*
snake [sneɪk] *n (animal)* serpent *m*
snap [snæp] *vt (break)* casser net ◇ *vi (break)* se casser net ◇ *n* **1.** *(UK) (inf) (photo)* photo *f* **2.** *(card game)* ≃ bataille *f*
snare [sneəʳ] *n (trap)* piège *m*
snatch [snætʃ] *vt* **1.** *(grab)* saisir **2.** *(steal)* voler
sneakers ['sni:kəz] *npl (US)* tennis *mpl*
sneeze [sni:z] *n* éternuement *m* ◇ *vi* éternuer
sniff [snɪf] *vt & vi* renifler
snip [snɪp] *vt* couper
snob [snɒb] *n* snob *m ou f*
snog [snɒg] *vi (UK) (inf)* s'embrasser
snooker ['snu:kəʳ] *n sorte de billard joué avec 22 boules*
snooze [snu:z] *n* petit somme *m*
snore [snɔ:ʳ] *vi* ronfler
snorkel ['snɔ:kl] *n* tuba *m*
snout [snaʊt] *n* museau *m*
snow [snəʊ] *n (U)* neige *f* ◇ *impers vb* ● **it's snowing** il neige
snowball ['snəʊbɔ:l] *n* boule *f* de neige
snowboard ['snəʊ,bɔ:d] *n* surf *m* des neiges
snowboarding ['snəʊ,bɔ:dɪŋ] *n (U)* surf *m* (des neiges)
snowdrift ['snəʊdrɪft] *n* congère *f*
snowflake ['snəʊfleɪk] *n* flocon *m* de neige
snowman ['snəʊmæn] *(pl* **-men**) *n* bonhomme *m* de neige
snowplow *(US)* = **snowplough**
snowplough ['snəʊplaʊ] *n (UK)* chasse-neige *m inv*
snowstorm ['snəʊstɔ:m] *n* tempête *f* de neige
snug [snʌg] *adj* **1.** *(person)* au chaud **2.** *(place)* douillet(ette)
so [səʊ] *adv*
1. *(emphasizing degree)* si, tellement ● **it's so difficult (that...)** c'est si difficile (que)...
2. *(referring back)* ● **I don't think so** je ne crois pas ● **I'm afraid so** j'en ai bien peur ● **if so** si c'est le cas
3. *(also)* ● **so do I** moi aussi
4. *(in this way)* comme ça, ainsi
5. *(expressing agreement)* ● **so there is** en effet

6. *(in phrases)* • **or so** environ • **so as** afin de, pour *(+ infinitive)* • **so that** afin OR pour que *(+ subjunctive)*
◇ *conj*
1. *(therefore)* donc, alors • **it might rain, so take an umbrella** il se pourrait qu'il pleuve, alors prends un parapluie
2. *(summarizing)* alors • **so what have you been up to?** alors, qu'est-ce que tu deviens ?
3. *(in phrases)* • **so what?** *(inf)* et alors ?, et après ? • **so there!** *(inf)* na!
soak [səʊk] *vt* 1. *(leave in water)* faire tremper 2. *(make very wet)* tremper ◇ *vi* • **to soak through sthg** s'infiltrer dans qqch ♦ **soak up** *vt sep* absorber
soaked [səʊkt] *adj* trempé(e)
soaking ['səʊkɪŋ] *adj (very wet)* trempé(e)
soap [səʊp] *n* savon *m*
soap opera *n* soap opera *m*
soap powder *n* lessive *f* en poudre
sob [sɒb] *n* sanglot *m* ◇ *vi* sangloter
sober ['səʊbəʳ] *adj (not drunk)* à jeun
soccer ['sɒkəʳ] *n (U)* football *m*
sociable ['səʊʃəbl] *adj* sociable
social ['səʊʃl] *adj* social(e)
social club *n* club *m*
socialist ['səʊʃəlɪst] *adj* socialiste ◇ *n* socialiste *m ou f*
social life *n* vie *f* sociale
social security *n (U)* aide *f* sociale
social worker *n* assistant *m* social, assistante sociale *f*
society [sə'saɪətɪ] *n* société *f*
sociology [,səʊsɪ'ɒlədʒɪ] *n (U)* sociologie *f*
sock [sɒk] *n* chaussette *f*
socket ['sɒkɪt] *n* 1. *(for plug)* prise *f* 2. *(for light bulb)* douille *f*
sod [sɒd] *n (UK) (vulg)* con *m*, conne *f*
soda ['səʊdə] *n* 1. *(U) (soda water)* eau *f* de Seltz *(U)* 2. *(US) (fizzy drink)* soda *m*
soda water *n (U)* eau *f* de Seltz
sofa ['səʊfə] *n* sofa *m*, canapé *m*
sofa bed *n* canapé-lit *m*
soft [sɒft] *adj* 1. *(bed, food)* mou (molle) 2. *(skin, fabric, voice)* doux (douce) 3. *(touch, sound)* léger(ère)
soft cheese *n* fromage *m* à pâte molle
soft drink *n* boisson *f* non alcoolisée
software ['sɒftweəʳ] *n (U)* logiciel *m*
software developer *n* développeur *m*
soil [sɔɪl] *n (U) (earth)* sol *m*
solarium [sə'leərɪəm] *n* solarium *m*
solar panel ['səʊlə-] *n* panneau *m* solaire
sold [səʊld] *pt & pp* ➤ **sell**
soldier ['səʊldʒəʳ] *n* soldat *m*
sold out *adj* 1. *(product)* épuisé(e) 2. *(concert, play)* complet(ète)
sole [səʊl] *adj* 1. *(only)* unique 2. *(exclusive)* exclusif(ive) ◇ *n* 1. *(of shoe)* semelle *f* 2. *(of foot)* plante *f* 3. *(fish: pl inv)* sole *f*
solemn ['sɒləm] *adj* solennel(elle)
solicitor [sə'lɪsɪtəʳ] *n (UK)* notaire *m*
solid ['sɒlɪd] *adj* 1. solide 2. *(not hollow)* plein(e) 3. *(gold, silver, oak)* massif(ive)
solo ['səʊləʊ] *(pl* **-s***)* *n* solo *m* ▼ **solo m/cs** *(traffic sign)* *signalisation sur chaussée indiquant qu'un parking est réservé aux deux-roues*
soluble ['sɒljʊbl] *adj* soluble
solution [sə'lu:ʃn] *n* solution *f*
solve [sɒlv] *vt* résoudre
some [sʌm] *adj*

1. *(certain amount of)* • **some meat** de la viande • **some milk** du lait • **some money** de l'argent • **I had some difficulty getting here** j'ai eu quelque mal à arriver jusqu'ici
2. *(certain number of)* des • **some sweets** des bonbons • **I've known him for some years** je le connais depuis pas mal d'années
3. *(not all)* certains (certaines) • **some jobs are better paid than others** certains emplois sont mieux payés que d'autres
4. *(in imprecise statements)* quelconque • **she married some Italian** elle a épousé un Italien quelconque
◇ *pron*
1. *(certain amount)* • **can I have some?** je peux en prendre ? • **some of the money** une partie de l'argent
2. *(certain number)* certains (certaines) • **can I have some?** je peux en prendre ? • **some (of them) left early** quelques-uns (d'entre eux) sont partis tôt
◇ *adv (approximately)* environ • **there were some 7,000 people there** il y avait environ 7 000 personnes

somebody ['sʌmbədɪ] = **someone**

somehow ['sʌmhaʊ] *adv* **1.** *(some way or other)* d'une manière ou d'une autre **2.** *(for some reason)* pour une raison ou pour une autre

someone ['sʌmwʌn] *pron* quelqu'un

someplace ['sʌmpleɪs] *(US)* = **somewhere**

somersault ['sʌməsɔ:lt] *n* saut *m* périlleux

something ['sʌmθɪŋ] *pron* quelque chose • **it's really something!** c'est vraiment quelque chose ! • **or something** *(inf)* ou quelque chose comme ça • **something like** *(approximately)* quelque chose comme

sometime ['sʌmtaɪm] *adv* • **sometime in May** en mai

sometimes ['sʌmtaɪmz] *adv* quelquefois, parfois

somewhere ['sʌmweə^r] *adv* **1.** quelque part **2.** *(approximately)* environ

son [sʌn] *n* fils *m*

song [sɒŋ] *n* chanson *f*

son-in-law *n* gendre *m*

soon [su:n] *adv* **1.** bientôt **2.** *(early)* tôt • **how soon can you do it?** pour quand pouvez-vous le faire ? • **as soon as I know** dès que je le saurai • **as soon as possible** dès que possible • **soon after** peu après • **sooner or later** tôt ou tard

soot [sʊt] *n (U)* suie *f*

soothe [su:ð] *vt* calmer

sophisticated [sə'fɪstɪkeɪtɪd] *adj* sophistiqué(e)

sorbet ['sɔ:beɪ] *n* sorbet *m*

sore [sɔ:^r] *adj* **1.** *(painful)* douloureux(euse) **2.** *(US) (inf) (angry)* fâché(e) ◇ *n* plaie *f* • **to have a sore throat** avoir mal à la gorge

sorry ['sɒrɪ] *adj* désolé(e) • **I'm sorry!** désolé ! • **I'm sorry I'm late** je suis désolé d'être en retard • **sorry?** *(asking for repetition)* pardon ? • **to feel sorry for sb** plaindre qqn • **to be sorry about sthg** être désolé de qqch

sort [sɔ:t] *n* sorte *f* ◇ *vt* trier • **sort of** plutôt ◆ **sort out** *vt sep* **1.** *(classify)* trier **2.** *(resolve)* résoudre

so-so *adj (inf)* quelconque ◇ *adv (inf)* couci-couça
soufflé ['su:fleɪ] *n* soufflé *m*
sought [sɔ:t] *pt & pp* ➤ **seek**
soul [səʊl] *n* **1.** *(spirit)* âme *f (U)* **2.** *(music)* soul *f*
sound [saʊnd] *n* **1.** bruit *m* **2.** *(volume)* son *m* ◇ *vi* **1.** *(alarm, bell)* retentir **2.** *(seem to be)* avoir l'air, sembler ◇ *adj* **1.** *(in good condition)* solide **2.** *(reliable)* valable ◇ *vt* • **to sound one's horn** klaxonner • **the engine sounds odd** le moteur fait un drôle de bruit • **you sound cheerful** tu as l'air content • **to sound like** *(make a noise like)* ressembler à ; *(seem to be)* sembler être
soundcard ['saʊndka:d] *n COMPUT* carte *f* son
soundproof ['saʊndpru:f] *adj* insonorisé(e)
soup [su:p] *n* soupe *f*
soup spoon *n* cuillère *f* à soupe
sour ['saʊəʳ] *adj* aigre • **to go sour** tourner
source [sɔ:s] *n* source *f*
sour cream *n (U)* crème *f* aigre
south [saʊθ] *n* sud *m* ◇ *adj* du sud ◇ *adv* **1.** *(fly, walk)* vers le sud **2.** *(be situated)* au sud • **in the south of England** dans le sud de l'Angleterre
South Africa *n* l'Afrique *f* du Sud
South America *n* l'Amérique *f* du Sud
southbound ['saʊθbaʊnd] *adj* en direction du sud
southeast [,saʊθ'i:st] *n* sud-est *m*
southern ['sʌðən] *adj* méridional(e), du sud
South Pole *n* pôle *m* Sud
southwards ['saʊθwədz] *adv* vers le sud
southwest [,saʊθ'west] *n* sud-ouest *m*
souvenir [,su:və'nɪəʳ] *n* souvenir *m (objet)*
Soviet Union [,səʊvɪət-] *n* • **the Soviet Union** l'Union *f* soviétique
[1]**sow** [səʊ] *(pp* **sown** [səʊn]*) vt (seeds)* semer
[2]**sow** [saʊ] *n (pig)* truie *f*
soya ['sɔɪə] *n (U)* soja *m*
soya bean *n* graine *f* de soja
soy sauce [,sɔɪ-] *n (U)* sauce *f* au soja
spa [spɑ:] *n* station *f* thermale
space [speɪs] *n* **1.** *(U) (room, empty place)* place *f* **2.** *(gap, in astronomy etc)* espace *m* **3.** *(period)* intervalle *m* ◇ *vt* espacer
space bar *n* barre *f* d'espace(ment)
spaceship ['speɪsʃɪp] *n* vaisseau *m* spatial
space shuttle *n* navette *f* spatiale
spacious ['speɪʃəs] *adj* spacieux(ieuse)
spade [speɪd] *n (tool)* pelle *f* ◆ **spades** *npl (in cards)* pique *m*
spaghetti [spə'getɪ] *n (U)* spaghetti(s) *mpl*
Spain [speɪn] *n* l'Espagne *f*
spam *n* spam *m*
span [spæn] *pt* ➤ **spin** ◇ *n (of time)* durée *f*
Spaniard ['spænjəd] *n* Espagnol *m*, -e *f*
spaniel ['spænjəl] *n* épagneul *m*
Spanish ['spænɪʃ] *adj* espagnol(e) ◇ *n (language)* espagnol *m*
spank [spæŋk] *vt* donner une fessée à
spanner ['spænəʳ] *n (UK)* clef *f*
spare [speəʳ] *adj* **1.** *(kept in reserve)* de réserve **2.** *(clothes)* de rechange **3.** *(not in use)* disponible ◇ *n* **1.** *(spare part)* pièce *f*

de rechange **2.** *(spare wheel)* roue *f* de secours ◇ *vt* • **I can spare you half an hour** je peux vous accorder une demi-heure • **can you spare me £5?** tu n'aurais pas 5 livres (à me donner)? • **with ten minutes to spare** avec dix minutes d'avance
spare part *n* pièce *f* de rechange
spare ribs *npl* travers *m* de porc
spare room *n* chambre *f* d'amis
spare time *n (U)* temps *m* libre
spare wheel *n* roue *f* de secours
spark [spɑ:k] *n* étincelle *f*
sparkling ['spɑ:klɪŋ-] *adj (mineral water, soft drink)* pétillant(e)
sparkling wine *n* mousseux *m*
spark plug *n* bougie *f*
sparrow ['spærəʊ] *n* moineau *m*
spat [spæt] *pt & pp* ➤ **spit**
speak [spi:k] (*pt* **spoke**, *pp* **spoken**) *vt* **1.** *(language)* parler **2.** *(say)* dire ◇ *vi* parler • **who's speaking?** *(on phone)* qui est à l'appareil ? • **can I speak to Sarah? - speaking!** *(on phone)* pourrais-je parler à Sarah ? - c'est elle-même ! • **speak to the boss about the problem** parlez de ce problème au responsable ◆ **speak up** *vi (more loudly)* parler plus fort
speaker ['spi:kəʳ] *n* **1.** *(in public)* orateur *m*, -trice *f* **2.** *(loudspeaker)* haut-parleur *m* **3.** *(of stereo)* enceinte *f* • **an English speaker** un anglophone
spear [spɪəʳ] *n* lance *f*
special ['speʃl] *adj* spécial(e) ◇ *n (dish)* spécialité *f* ▼ **today's special** plat du jour
special delivery *n service postal garantissant la distribution du courrier sous 24 heures*
special effects *npl* effets *mpl* spéciaux
specialist ['speʃəlɪst] *n (doctor)* spécialiste *m ou f*
speciality [,speʃɪ'ælətɪ] *n (UK)* spécialité *f*
specialize ['speʃəlaɪz] *vi* • **to specialize (in)** se spécialiser (en)
specially ['speʃəlɪ] *adv* spécialement
special offer *n* offre *f* spéciale
special school *n* établissement *m* scolaire spécialisé
specialty ['speʃltɪ] *(US)* = **speciality**
species ['spi:ʃi:z] *n* espèce *f*
specific [spə'sɪfɪk] *adj* **1.** *(particular)* spécifique **2.** *(exact)* précis(e)
specifications [,spesɪfɪ'keɪʃnz] *npl (of machine, building etc)* cahier *m* des charges
specimen ['spesɪmən] *n* **1.** *MED* échantillon *m* **2.** *(example)* spécimen *m*
specs [speks] *npl (inf)* lunettes *fpl*
spectacle ['spektəkl] *n* spectacle *m*
spectacles ['spektəklz] *npl (fml)* lunettes *fpl*
spectacular [spek'tækjʊləʳ] *adj* spectaculaire
spectator [spek'teɪtəʳ] *n* spectateur *m*, -trice *f*
sped [sped] *pt & pp* ➤ **speed**
speech [spi:tʃ] *n* **1.** *(U) (ability to speak)* parole *f* **2.** *(U) (manner of speaking)* élocution *f* **3.** *(talk)* discours *m*
speech impediment [↓ɪm,pedɪmənt] *n* défaut *m* d'élocution
speed [spi:d] (*pt & pp* **-ed** OU **sped**) *n* vitesse *f* ◇ *vi* **1.** *(move quickly)* aller à toute vitesse **2.** *(drive too fast)* faire un excès de vitesse ▼ **reduce speed now** ralentir
◆ **speed up** *vi* accélérer

speedboat ['spi:dbəʊt] *n* hors-bord *m inv*

speed bump *n* dos-d'âne *m inv*

speeding ['spi:dɪŋ] *n (U)* excès *m* de vitesse

speed limit *n* limite *f* de vitesse

speedometer [spɪ'dɒmɪtə^r] *n* compteur *m* (de vitesse)

spell [spel] ((*UK*) *pt & pp* **-ed** OU **spelt** (*US*) *pt & pp* **-ed**) *vt* **1.** *(word, name)* orthographier **2.** *(out loud)* épeler **3.** *(subj: letters)* donner ◇ *n* **1.** *(period)* période *f* **2.** *(magic)* sort *m* ● **how do you spell that?** comment ça s'écrit ? ● **sunny spells** éclaircies *fpl*

spell-check *vt (text, file, document)* vérifier l'orthographe de ◇ *n* vérification *f* orthographique

spell-checker [-tʃekə^r] *n* correcteur *m* OR vérificateur *m* orthographique

spelling ['spelɪŋ] *n* orthographe *f*

spelt [spelt] *pt & pp (UK)* ➤ **spell**

spend [spend] (*pt & pp* **spent** [spent]) *vt* **1.** *(money)* dépenser **2.** *(time)* passer

sphere [sfɪə^r] *n* sphère *f*

spice [spaɪs] *n* épice *f* ◇ *vt* épicer

spicy ['spaɪsɪ] *adj* épicé(e)

spider ['spaɪdə^r] *n* araignée *f*

spider's web *n* toile *f* d'araignée

spike [spaɪk] *n* pointe *f*

spill [spɪl] ((*UK*) *pt & pp* **-ed** OU **spilt** (*US*) *pt & pp* **-ed**) *vt* renverser ◇ *vi* se renverser

spin [spɪn] (*pt* **span** OU **spun**, *pp* **spun**) *vt* **1.** *(wheel)* faire tourner **2.** *(washing)* essorer ◇ *n (U) (on ball)* effet *m* ● **to go for a spin** *(inf) (in car)* faire un tour

spinach ['spɪnɪdʒ] *n (U)* épinards *mpl*

spine [spaɪn] *n* **1.** colonne *f* vertébrale **2.** *(of book)* dos *m*

spinster ['spɪnstə^r] *n* célibataire *f*

spiral ['spaɪərəl] *n* spirale *f*

spiral staircase *n* escalier *m* en colimaçon

spire ['spaɪə^r] *n* flèche *f*

spirit ['spɪrɪt] *n* **1.** *(soul, mood)* esprit *m* **2.** *(U) (energy)* entrain *m* **3.** *(U) (courage)* courage *m* ◆ **spirits** *npl (alcohol)* spiritueux *mpl*

spit [spɪt] ((*UK*) *pt & pp* **spat** (*US*) *pt & pp* **spit**) *vi* **1.** *(person)* cracher **2.** *(fire, food)* grésiller ◇ *n* **1.** *(U) (saliva)* crachat *m* **2.** *(for cooking)* broche *f* ◇ *impers vb* ● **it's spitting** (*UK*) il pleuvine

spite [spaɪt] ◆ **in spite of** *prep* en dépit de, malgré

spiteful ['spaɪtfʊl] *adj* malveillant(e)

splash [splæʃ] *n (sound)* plouf *m* ◇ *vt* éclabousser

splendid ['splendɪd] *adj* **1.** *(beautiful)* splendide **2.** *(very good)* excellent(e)

splint [splɪnt] *n* attelle *f*

splinter ['splɪntə^r] *n* **1.** *(of wood)* écharde *f* **2.** *(of glass)* éclat *m*

split [splɪt] (*pt & pp* **split**) *n* **1.** *(tear)* déchirure *f* **2.** *(crack, in skirt)* fente *f* ◇ *vt* **1.** *(wood, stone)* fendre **2.** *(tear)* déchirer **3.** *(bill, cost, profits, work)* partager ◇ *vi* **1.** *(wood, stone)* se fendre **2.** *(tear)* se déchirer ◆ **split up** *vi (group, couple)* se séparer

spoil [spɔɪl] (*pt & pp* **-ed** OU **spoilt**) *vt* **1.** *(ruin)* gâcher **2.** *(child)* gâter

spoke [spəʊk] *pt* ➤ **speak** ◇ *n (of wheel)* rayon *m*

spoken ['spəʊkn] *pp* ➤ **speak**

spokesman ['spəʊksmən] (*pl* **-men**) *n* porte-parole *m inv*
spokeswoman ['spəʊks,wʊmən] (*pl* **-women**) *n* porte-parole *m inv*
sponge [spʌndʒ] *n (for cleaning, washing)* éponge *f*
sponge bag *n* (*UK*) trousse *f* de toilette
sponge cake *n* génoise *f*
sponsor ['spɒnsər] *n (of event, TV programme)* sponsor *m*
sponsored walk [,spɒnsəd-] *n marche destinée à rassembler des fonds*
spontaneous [spɒn'teɪnjəs] *adj* spontané(e)
spoon [spu:n] *n* cuillère *f*
spoonful ['spu:nfʊl] *n* cuillerée *f*
sport [spɔ:t] *n* sport *m*
sport jacket (*US*) = **sports jacket**
sports car [spɔ:ts-] *n* voiture *f* de sport
sports centre [spɔ:ts-] *n* (*UK*) centre *m* sportif
sports jacket [spɔ:ts-] *n* (*UK*) veste *f* sport
sportsman ['spɔ:tsmən] (*pl* **-men**) *n* sportif *m*
sports shop [spɔ:ts-] *n* magasin *m* de sport
sportswoman ['spɔ:ts,wʊmən] (*pl* **-women**) *n* sportive *f*
spot [spɒt] *n* **1.** *(dot)* tache *f* **2.** (*UK*) *(on skin)* bouton *m* **3.** *(place)* endroit *m* ◇ *vt* repérer ● **on the spot** *(at once)* immédiatement ; *(at the scene)* sur place
spotless ['spɒtlɪs] *adj* impeccable
spotlight ['spɒtlaɪt] *n* spot *m*
spotty ['spɒtɪ] *adj* (*UK*) boutonneux(euse)
spouse [spaʊs] *n (fml)* époux *m*, épouse *f*
spout [spaʊt] *n* bec *m* (verseur)
sprain [spreɪn] *vt* fouler
sprang [spræŋ] *pt* ➤ **spring**
spray [spreɪ] *n* **1.** *(for aerosol, perfume)* vaporisateur *m* **2.** *(droplets)* gouttelettes *fpl* ◇ *vt* **1.** *(surface)* asperger **2.** *(car)* peindre à la bombe **3.** *(crops)* pulvériser **4.** *(paint, water etc)* vaporiser
spread [spred] (*pt & pp* **spread**) *vt* **1.** étaler **2.** *(legs, fingers, arms)* écarter **3.** *(news, disease)* propager ◇ *vi* se propager ◇ *n (food)* pâte *f* à tartiner ◆ **spread out** *vi (disperse)* se disperser
spreadsheet ['spredʃi:t] *n* tableur *m*
spring [sprɪŋ] (*pt* **sprang**, *pp* **sprung**) *n* **1.** *(season)* printemps *m* **2.** *(coil)* ressort *m* **3.** *(in ground)* source *f* ◇ *vi (leap)* sauter ● **in (the) spring** au printemps
springboard ['sprɪŋbɔ:d] *n* tremplin *m*
spring-cleaning [-'kli:nɪŋ] *n (U)* (*UK*) nettoyage *m* de printemps
spring onion *n* (*UK*) oignon *m* blanc
spring roll *n* rouleau *m* de printemps
sprinkle ['sprɪŋkl] *vt* ● **to sprinkle sthg with sugar** saupoudrer qqch de sucre ● **to sprinkle sthg with water** asperger qqch d'eau
sprinkler ['sprɪŋklər] *n* **1.** *(for fire)* sprinkler *m* **2.** *(for grass)* arroseur *m*
sprint [sprɪnt] *n (race)* sprint *m* ◇ *vi (run fast)* sprinter
Sprinter® ['sprɪntər] *n* (*UK*) *(train) train couvrant de faibles distances*
sprout [spraʊt] *n* (*UK*) *(vegetable)* chou *m* de Bruxelles
spruce [spru:s] *n* épicéa *m*

sprung [sprʌŋ] *pp* ➤ **spring** ◇ *adj (mattress)* à ressorts
spud [spʌd] *n (UK) (inf)* patate *f*
spun [spʌn] *pt & pp* ➤ **spin**
spur [spɜːʳ] *n (for horse rider)* éperon *m* • **on the spur of the moment** sur un coup de tête
spurt [spɜːt] *vi* jaillir
spy [spaɪ] *n* espion *m*, -ionne *f*
spyware *n* spyware *m*
squall [skwɔːl] *n* bourrasque *f*
squalor ['skwɒləʳ] *n (U)* conditions *fpl* sordides
square [skweəʳ] *adj (in shape)* carré(e) ◇ *n* **1.** *(shape)* carré *m* **2.** *(in town)* place *f* **3.** *(on chessboard)* case *f* • **2 square metres** 2 mètres carrés • **it's 2 metres square** ça fait 2 mètres sur 2 • **we're (all) square now** *(UK) (not owing money)* nous sommes quittes maintenant
squash [skwɒʃ] *n* **1.** *(U) (game)* squash *m* **2.** *(UK) (orange drink)* orangeade *f* **3.** *(UK) (lemon drink)* citronnade *f* **4.** *(US) (vegetable)* courge *f* ◇ *vt* écraser
squat [skwɒt] *adj* trapu(e) ◇ *vi (crouch)* s'accroupir
squeak [skwiːk] *vi* couiner
squeeze [skwiːz] *vt* presser ◆ **squeeze in** *vi* se caser
squid [skwɪd] *n (U)* calamar *m*
squint [skwɪnt] *vi* plisser les yeux ◇ *n* • **to have a squint** loucher
squirrel [*(UK)*'skwɪrəl *(US)*'skwɜːrəl] *n* écureuil *m*
squirt [skwɜːt] *vi* gicler
St 1. *(abbr of Street)* r *(rue)* **2.** *(abbr of Saint)* St *(Saint)* (Ste)
stab [stæb] *vt* poignarder

stable ['steɪbl] *adj* stable ◇ *n* écurie *f*
stack [stæk] *n (pile)* tas *m* • **stacks of** *(inf) (lots)* des tas de
stadium ['steɪdjəm] *n* stade *m*
staff [stɑːf] *n (workers)* personnel *m*
stage [steɪdʒ] *n* **1.** *(phase)* stade *m* **2.** *(in theatre)* scène *f*
stagger ['stægəʳ] *vt (arrange in stages)* échelonner ◇ *vi* tituber
stagnant ['stægnənt] *adj* stagnant(e)
stain [steɪn] *n* tache *f* ◇ *vt* tacher
stained glass [ˌsteɪnd-] *n (U)* vitrail *m*
stainless steel ['steɪnlɪs-] *n* acier *m* inoxydable
staircase ['steəkeɪs] *n* escalier *m*
stairs [steəz] *npl* escaliers *mpl*, escalier *m*
stairwell ['steəwel] *n* cage *f* d'escalier
stake [steɪk] *n* **1.** *(share)* intérêt *m* **2.** *(in gambling)* mise *f*, enjeu *m* **3.** *(post)* poteau *m* • **at stake** en jeu
stale [steɪl] *adj* rassis(e)
stalk [stɔːk] *n* **1.** *(of flower, plant)* tige *f* **2.** *(of fruit, leaf)* queue *f*
stall [stɔːl] *n* **1.** *(in market)* étal *m* **2.** *(at exhibition)* stand *m* ◇ *vi (car, engine)* caler ◆ **stalls** *npl (UK) (in theatre)* orchestre *m*
stamina ['stæmɪnə] *n (U)* résistance *f*
stammer ['stæməʳ] *vi* bégayer
stamp [stæmp] *n* **1.** *(for letter)* timbre *m* **2.** *(in passport, on document)* cachet *m* ◇ *vt (passport, document)* tamponner ◇ *vi* • **to stamp on sthg** marcher sur qqch
stamp-collecting [-kəˌlektɪŋ] *n (U)* philatélie *f*
stamp machine *n* distributeur *m* de timbres
stand [stænd] *(pt & pp* **stood**) *vi* **1.** *(be on feet)* se tenir debout **2.** *(be situated)* se

trouver **3.** *(get to one's feet)* se lever ◇ *vt* **1.** *(place)* poser **2.** *(bear)* supporter ◇ *n* **1.** *(stall)* stand *m* **2.** *(for umbrellas)* porte-parapluies *m inv* **3.** *(for coats)* portemanteau *m* **4.** *(at sports stadium)* tribune *f* **5.** *(for bike, motorbike)* béquille *f* • **to be standing** être debout • **to stand sb a drink** offrir un verre à qqn ▼ **no standing** *(US)* *AUT* arrêt interdit ◆ **stand back** *vi* reculer ◆ **stand for** *vt insep* **1.** *(mean)* représenter **2.** *(tolerate)* supporter ◆ **stand in** *vi* • **to stand in for sb** remplacer qqn ◆ **stand out** *vi* se détacher ◆ **stand up** *vi* **1.** *(be on feet)* être debout **2.** *(get to one's feet)* se lever ◇ *vt sep* *(inf)* *(boyfriend, girlfriend etc)* poser un lapin à ◆ **stand up for** *vt insep* défendre

standard ['stændəd] *adj* *(normal)* standard, normal(e) ◇ *n* **1.** *(level)* niveau *m* **2.** *(point of comparison)* norme *f* • **up to standard** de bonne qualité ◆ **standards** *npl* *(principles)* principes *mpl*

standard-class *adj* *(UK)* *(on train)* au tarif normal

standby ['stændbaı] *adj* *(ticket)* stand-by *inv*

stank [stæŋk] *pt* ➤ **stink**

staple ['steıpl] *n* *(for paper)* agrafe *f*

stapler ['steıpləʳ] *n* agrafeuse *f*

star [stɑːʳ] *n* **1.** étoile *f* **2.** *(famous person)* star *f* ◇ *vt* *(subj: film, play etc)* ▼ **starring...** avec... ◆ **stars** *npl* *(UK)* *(inf)* *(horoscope)* horoscope *m*

starboard ['stɑːbəd] *adj* de tribord

starch ['stɑːtʃ] *n* *(U)* amidon *m*

stare [steəʳ] *vi* • **to stare (at)** regarder fixement

starfish ['stɑːfıʃ] *(pl inv)* *n* étoile *f* de mer

starling ['stɑːlıŋ] *n* étourneau *m*

Stars and Stripes *n* • **the Stars and Stripes** la bannière étoilée

Stars and Stripes

Terme officiel donné au drapeau américain, également surnommé *Star-Spangled Banner* (bannière étoilée), tout comme l'hymne national. Sa conception graphique se compose de treize lignes horizontales rouges et blanches, représentant les anciennes colonies britanniques, et d'un rectangle bleu situé dans le coin supérieur gauche, composé de cinquante étoiles blanches symbolisant les États d'Amérique. Par fierté patriotique, il n'est pas rare de voir ce dernier flotter sur les voitures ou façades des maisons américaines, même en dehors des jours de célébrations nationales.

start [stɑːt] *n* **1.** début *m* **2.** *(starting place)* départ *m* ◇ *vt* **1.** commencer **2.** *(car, engine)* faire démarrer **3.** *(business, club)* monter ◇ *vi* **1.** commencer **2.** *(car, engine)* démarrer **3.** *(begin journey)* partir • **prices start at** OR **from £5** les premiers prix sont à 5 livres • **to start doing sthg** OR **to do sthg** commencer à faire qqch • **to start with** *(in the first place)* d'abord ; *(when ordering meal)* en entrée ◆ **start out** *vi* *(on journey)* partir • **to start out as** débuter comme ◆ **start up** *vt sep* **1.** *(car, engine)* mettre en marche **2.** *(business, shop)* monter

starter ['stɑːtər] *n* **1.** *(UK) (of meal)* entrée *f* **2.** *(of car)* démarreur *m* • **for starters** *(in meal)* en entrée
start menu *n* menu *m* de démarrage
starter motor *n* démarreur *m*
starting point ['stɑːtɪŋ-] *n* point *m* de départ
startle ['stɑːtl] *vt* faire sursauter
start-up *n (U)* **1.** *(launch)* création *f* (d'entreprise) **2.** *(new company)* start-up *f* • **start-up costs** frais *mpl* de création d'une entreprise
starvation [stɑː'veɪʃn] *n (U)* faim *f*
starve [stɑːv] *vi (have no food)* être affamé • **I'm starving!** je meurs de faim !
state [steɪt] *n* état *m* ◇ *vt* **1.** *(declare)* déclarer **2.** *(specify)* indiquer • **the State** l'État • **the States** *(inf)* les États-Unis *mpl*

state-funded education

Expression désignant les deux systèmes d'écoles secondaires britanniques financés par l'État, qui diffèrent en Écosse et au Pays de Galles. De cinq à onze ans, les écoliers fréquentent les écoles primaires, puis les *comprehensive schools*, établissements généraux qui dispensent la même éducation pour tous. Dès onze ans, les élèves peuvent passer un examen pour intégrer une *grammar school*, institution plus traditionnelle et plus sélective qui a pour vocation de préparer aux études supérieures.

statement ['steɪtmənt] *n* **1.** *(declaration)* déclaration *f* **2.** *(from bank)* relevé *m* (de compte)
state school *n* école *f* publique
statesman ['steɪtsmən] *(pl* **-men)** *n* homme *m* d'État
static ['stætɪk] *n (U) (on radio, TV)* parasites *mpl*
station ['steɪʃn] *n* **1.** *(for trains)* gare *f* **2.** *(for underground, on radio)* station *f* **3.** *(for buses)* gare *f* routière
stationary ['steɪʃnərɪ] *adj* à l'arrêt
stationer's ['steɪʃnəz] *n (UK) (shop)* papeterie *f*
stationery ['steɪʃnərɪ] *n (U)* papeterie *f*
station wagon *n (US)* break *m*
statistics [stə'tɪstɪks] *npl* statistiques *fpl*
statue ['stætʃuː] *n* statue *f*
Statue of Liberty *n* • **the Statue of Liberty** la Statue de la Liberté

Statue of Liberty

En 1886, le gouvernement français offre une œuvre du sculpteur Frédéric-Auguste Bartholdi aux États-Unis : la « statue de la Liberté », effigie d'une femme drapée brandissant une torche et portant un recueil de lois et symbole du rêve américain pour tout immigrant pénétrant dans le port de New York. Aujourd'hui, des milliers de touristes empruntent le ferry pour *Liberty Island* et gravissent les 354 marches conduisant à la couronne qui surplombe cette statue gigantesque.

status ['steɪtəs] *n (U)* **1.** statut *m* **2.** *(prestige)* prestige *m*
stay [steɪ] *n (time spent)* séjour *m* ◇ *vi* **1.** *(remain)* rester **2.** *(as guest, in hotel)* séjourner **3.** *(Scot) (reside)* habiter • **to stay the night** passer la nuit ◆ **stay away** *vi* **1.** *(not attend)* ne pas aller **2.** *(not go near)* ne pas s'approcher ◆ **stay in** *vi* ne pas sortir ◆ **stay out** *vi (from home)* rester dehors ◆ **stay up** *vi* veiller
STD code *n (UK)* indicatif *m*
steady ['stedɪ] *adj* **1.** stable **2.** *(gradual)* régulier(ière) ◇ *vt* stabiliser
steak [steɪk] *n* **1.** steak *m* **2.** *(of fish)* darne *f*
steak and kidney pie *n (UK) tourte à la viande de bœuf et aux rognons*
steakhouse ['steɪkhaʊs] *(pl* [-haʊzɪz]*) n* grill *m*
steal [stiːl] *(pt* **stole**, *pp* **stolen**) *vt* voler • **to steal sthg from sb** voler qqch à qqn
steam [stiːm] *n (U)* vapeur *f* ◇ *vt (food)* faire cuire à la vapeur
steamboat ['stiːmbəʊt] *n* bateau *m* à vapeur
steam engine *n* locomotive *f* à vapeur
steam iron *n* fer *m* à vapeur
steel [stiːl] *n (U)* acier *m* ◇ *adj* en acier
steep [stiːp] *adj* **1.** *(hill, path)* raide **2.** *(increase, drop)* fort(e)
steeple ['stiːpl] *n* clocher *m*
steer ['stɪəʳ] *vt (car, boat)* manœuvrer
steering ['stɪərɪŋ] *n (U)* direction *f*
steering wheel *n* volant *m*
stem [stem] *n* **1.** *(of plant)* tige *f* **2.** *(of glass)* pied *m*
step [step] *n* **1.** *(of stairs, of stepladder)* marche *f* **2.** *(of train)* marche-pied *m* **3.** *(pace)* pas *m* **4.** *(measure)* mesure *f* **5.** *(stage)* étape *f* ◇ *vi* • **to step on sthg** marcher sur qqch ▼ **mind the step** attention à la marche ◆ **steps** *npl (stairs)* escalier *m*, escaliers *mpl* ◆ **step aside** *vi (move aside)* s'écarter ◆ **step back** *vi (move back)* reculer
step aerobics *n (U)* step *m*
stepbrother ['step,brʌðəʳ] *n* demi-frère *m*
stepdaughter ['step,dɔːtəʳ] *n* belle-fille *f*
stepfather ['step,fɑːðəʳ] *n* beau-père *m*
stepladder ['step,lædəʳ] *n* escabeau *m*
stepmother ['step,mʌðəʳ] *n* belle-mère *f*
stepsister ['step,sɪstəʳ] *n* demi-sœur *f*
stepson ['stepsʌn] *n* beau-fils *m*
stereo ['sterɪəʊ] *(pl* **-s**) *adj* stéréo *inv* ◇ *n* **1.** *(hi-fi)* chaîne *f* stéréo **2.** *(U) (stereo sound)* stéréo *f*
sterile ['steraɪl] *adj* stérile
sterilize ['sterəlaɪz] *vt* stériliser
sterling ['stɜːlɪŋ] *adj (pound)* sterling *inv* ◇ *n (U)* livres *fpl* sterling
sterling silver *n (U)* argent *m* fin
stern [stɜːn] *adj (strict)* sévère ◇ *n (of boat)* poupe *f*
stew [stjuː] *n* ragoût *m*
steward ['stjʊəd] *n* **1.** *(on plane, ship)* steward *m* **2.** *(at public event)* membre *m* du service d'ordre
stewardess ['stjʊədɪs] *n* hôtesse *f* de l'air
stewed [stjuːd] *adj (fruit)* cuit(e)
stick [stɪk] *(pt & pp* **stuck**) *n* **1.** bâton *m* **2.** *(for sport)* crosse *f* **3.** *(of celery)* branche *f* **4.** *(walking stick)* canne *f* ◇ *vt* **1.** *(glue)*

coller **2.** *(push, insert)* mettre **3.** *(inf) (put)* mettre ◇ *vi* **1.** coller **2.** *(jam)* se coincer ◆ **stick out** *vi* ressortir ◆ **stick to** *vt insep* **1.** *(decision)* s'en tenir à **2.** *(promise)* tenir ◆ **stick up** *vt sep (poster, notice)* afficher ◇ *vi* dépasser ◆ **stick up for** *vt insep (inf)* défendre

sticker ['stɪkəʳ] *n* autocollant *m*

sticking plaster ['stɪkɪŋ-] *n (UK)* sparadrap *m*

stick shift *n (US) (car)* voiture *f* à vitesses manuelles

sticky ['stɪkɪ] *adj* **1.** *(substance, hands, sweets)* poisseux(euse) **2.** *(label, tape)* adhésif(ive) **3.** *(weather)* humide

stiff [stɪf] *adj* **1.** *(cardboard, material)* rigide **2.** *(brush, door, lock)* dur(e) **3.** *(back, neck)* raide ◇ *adv* ● **to be bored stiff** *(inf)* s'ennuyer à mourir ● **to feel stiff** avoir des courbatures

stile [staɪl] *n* échalier *m*

stiletto heels [stɪ'letəʊ-] *npl* talons *mpl* aiguilles

still [stɪl] *adv* **1.** *(up to now, then)* toujours, encore **2.** *(possibly, with comparisons)* encore **3.** *(despite that)* pourtant ◇ *adj* **1.** *(motionless)* immobile **2.** *(quiet, calm)* calme **3.** *(not fizzy)* non gazeux(euse) **4.** *(UK) (water)* plat(e) ● **we've still got ten minutes** il nous reste encore dix minutes ● **still more** encore plus ● **to stand still** ne pas bouger

Stilton ['stɪltn] *n (U)* stilton *m (fromage bleu à saveur forte)*

stimulate ['stɪmjʊleɪt] *vt* stimuler

sting [stɪŋ] *(pt & pp* **stung**) *vt & vi* piquer

stingy ['stɪndʒɪ] *adj (inf)* radin(e)

stink [stɪŋk] *(pt* **stank** OU **stunk**, *pp* **stunk**) *vi* puer

stipulate ['stɪpjʊleɪt] *vt* stipuler

stir [stɜːʳ] *vt* remuer

stir-fry *n* sauté *m* ◇ *vt* faire sauter

stirrup ['stɪrəp] *n* étrier *m*

stitch [stɪtʃ] *n* **1.** *(in sewing)* point *m* **2.** *(in knitting)* maille *f* ● **to have a stitch** *(stomach pain)* avoir un point de côté ◆ **stitches** *npl (for wound)* points *mpl* de suture

stock [stɒk] *n* **1.** *(of shop, supply)* stock *m* **2.** FIN valeurs *fpl* **3.** *(in cooking)* bouillon *m* ◇ *vt (have in stock)* avoir en stock ● **in stock** en stock ● **out of stock** épuisé

stock cube *n* bouillon *m* cube

Stock Exchange *n* Bourse *f*

stocking ['stɒkɪŋ] *n* bas *m*

stock market *n* Bourse *f*

stodgy ['stɒdʒɪ] *adj (food)* lourd(e)

stole [stəʊl] *pt* ➤ **steal**

stolen ['stəʊln] *pp* ➤ **steal**

stomach ['stʌmək] *n* **1.** *(organ)* estomac *m* **2.** *(belly)* ventre *m*

stomachache ['stʌməkeɪk] *n* mal *m* au ventre

stomach upset [-'ʌpset] *n* embarras *m* gastrique

stone [stəʊn] *n* **1.** pierre *f* **2.** *(in fruit)* noyau *m* **3.** *(measurement: pl inv)* = 6,350 kg ◇ *adj* de OR en pierre

stonewashed ['stəʊnwɒʃt] *adj* délavé(e)

stood [stʊd] *pt & pp* ➤ **stand**

stool [stuːl] *n (for sitting on)* tabouret *m*

stop [stɒp] *n* arrêt *m* ◇ *vt* arrêter ◇ *vi* **1.** s'arrêter **2.** *(stay)* rester ● **to stop doing sthg** arrêter de faire qqch ● **to stop sb from doing sthg** empêcher qqn de faire

qqch ● **to stop sthg from happening** empêcher qqch d'arriver ● **to put a stop to sthg** mettre un terme à qqch ▼ **stop** *(road sign)* stop ▼ **stopping at...** *(train)* dessert les gares de... ◆ **stop off** *vi* s'arrêter
stopover ['stɒp,əʊvəʳ] *n* halte *f*
stopper ['stɒpəʳ] *n* bouchon *m*
stopwatch ['stɒpwɒtʃ] *n* chronomètre *m*
storage ['stɔːrɪdʒ] *n (U)* rangement *m*
store [stɔːʳ] *n* **1.** *(shop)* magasin *m* **2.** *(supply)* réserve *f* ◇ *vt* **1.** entreposer, stocker **2.** *COMPUT* ● **to store (under)** enregistrer (sous)
storehouse [ˈstɔːhaʊs] *(pl* [-haʊzɪz]*) n* entrepôt *m*
storeroom ['stɔːrʊm] *n* **1.** *(in house)* débarras *m* **2.** *(in shop)* réserve *f*
storey ['stɔːrɪ] *(pl* **-s**) *n (UK)* étage *m*
stork [stɔːk] *n* cigogne *f*
storm [stɔːm] *n* orage *m*
stormy ['stɔːmɪ] *adj (weather)* orageux(euse)
story ['stɔːrɪ] *n* **1.** histoire *f* **2.** *(news item)* article *m* **3.** *(US)* = **storey**
stout [staʊt] *adj (fat)* corpulent(e) ◇ *n (drink)* stout *m (bière brune)*
stove [stəʊv] *n* cuisinière *f*
straight [streɪt] *adj* **1.** droit(e) **2.** *(hair)* raide **3.** *(consecutive)* consécutif(ive) **4.** *(drink)* sec (sèche) ◇ *adv* **1.** droit **2.** *(without delay)* tout de suite ● **straight ahead** droit devant ● **straight away** immédiatement
straightforward [,streɪt'fɔːwəd] *adj (easy)* facile
strain [streɪn] *n* **1.** *(force)* force *f* **2.** *(nervous stress)* stress *m* **3.** *(tension)* tension *f* **4.** *(injury)* foulure *f* ◇ *vt* **1.** *(eyes)* fatiguer **2.** *(food, tea)* passer ● **to strain one's back** se faire un tour de reins
strainer ['streɪnəʳ] *n* passoire *f*
strait [streɪt] *n* détroit *m*
strange [streɪndʒ] *adj* **1.** *(unusual)* étrange **2.** *(unfamiliar)* inconnu(e)
stranger ['streɪndʒəʳ] *n* **1.** *(unfamiliar person)* inconnu *m*, -e *f* **2.** *(person from different place)* étranger *m*, -ère *f*
strangle ['stræŋgl] *vt* étrangler
strap [stræp] *n* **1.** *(of bag)* bandoulière *f* **2.** *(of watch)* bracelet *m* **3.** *(of dress)* bretelle *f* **4.** *(of camera)* courroie *f*
strapless ['stræplɪs] *adj* sans bretelles
strategy ['strætɪdʒɪ] *n* stratégie *f*
Stratford-upon-Avon [,strætfədəpɒn'eɪvn] *n* Stratford-upon-Avon
straw [strɔː] *n* paille *f*
strawberry ['strɔːbərɪ] *n* fraise *f*
stray [streɪ] *adj (animal)* errant(e) ◇ *vi* errer
streak [striːk] *n* **1.** *(of paint, mud)* traînée *f* **2.** *(period)* période *f*
stream [striːm] *n* **1.** *(river)* ruisseau *m* **2.** *(of traffic, people, blood)* flot *m*
street [striːt] *n* rue *f*
streetcar ['striːtkɑːʳ] *n (US)* tramway *m*
street light *n* réverbère *m*
street plan *n* plan *m* de ville
strength [streŋθ] *n* **1.** *(U)* force *f* **2.** *(U) (of structure)* solidité *f* **3.** *(U) (influence)* puissance *f* **4.** *(strong point)* point *m* fort
strengthen ['streŋθn] *vt* renforcer
stress [stres] *n* **1.** *(tension)* stress *m* **2.** *(on word, syllable)* accent *m* ◇ *vt* **1.** *(emphasize)* souligner **2.** *(word, syllable)* accentuer

stretch [stretʃ] *n* **1.** *(of land, water)* étendue *f* **2.** *(of time)* période *f* ◇ *vt* étirer ◇ *vi* **1.** *(land, sea)* s'étendre **2.** *(person, animal)* s'étirer ● **to stretch one's legs** *(fig)* se dégourdir les jambes ◆ **stretch out** *vt sep* *(hand)* tendre ◇ *vi (lie down)* s'étendre

stretcher ['stretʃəʳ] *n* civière *f*

strict [strɪkt] *adj* strict(e)

strictly ['strɪktlɪ] *adv* strictement ● **strictly speaking** à proprement parler

stride [straɪd] *n* enjambée *f*

strike [straɪk] *(pt & pp* **struck**) *n (of employees)* grève *f* ◇ *vt* **1.** *(fml) (hit)* frapper **2.** *(fml) (collide with)* percuter **3.** *(a match)* gratter ◇ *vi* **1.** *(refuse to work)* faire grève **2.** *(happen suddenly)* frapper ● **the clock struck eight** la pendule sonna huit heures

striking ['straɪkɪŋ] *adj* **1.** *(noticeable)* frappant(e) **2.** *(attractive)* d'une beauté frappante

string [strɪŋ] *n* **1.** *(U)* ficelle *f* **2.** *(of pearls, beads)* collier *m* **3.** *(of musical instrument, tennis racket)* corde *f* **4.** *(series)* suite *f* ● **a piece of string** un bout de ficelle

strip [strɪp] *n* bande *f* ◇ *vt* **1.** *(paint)* décaper **2.** *(wallpaper)* décoller ◇ *vi (undress)* se déshabiller

stripe [straɪp] *n* rayure *f*

striped [straɪpt] *adj* rayé(e)

strip-search *vt* fouiller *(en déshabillant)*

strip show *n* strip-tease *m*

stroke [strəʊk] *n* **1.** MED attaque *f* **2.** *(in tennis, golf)* coup *m* **3.** *(swimming style)* nage *f* ◇ *vt* caresser ● **a stroke of luck** un coup de chance

stroll [strəʊl] *n* petite promenade *f*

stroller ['strəʊləʳ] *n (US) (pushchair)* poussette *f*

strong [strɒŋ] *adj* **1.** fort(e) **2.** *(structure, bridge, chair)* solide **3.** *(influential)* puissant(e) **4.** *(effect, incentive)* puissant(e)

struck [strʌk] *pt & pp* ➤ **strike**

structure ['strʌktʃəʳ] *n* **1.** structure *f* **2.** *(building)* construction *f*

struggle ['strʌgl] *vi* **1.** *(fight)* lutter **2.** *(in order to get free)* se débattre ◇ *n* ● **to have a struggle to do sthg** avoir du mal à faire qqch ● **to struggle to do sthg** s'efforcer de faire qqch

stub [stʌb] *n* **1.** *(of cigarette)* mégot *m* **2.** *(of cheque, ticket)* talon *m*

stubble ['stʌbl] *n (U) (on face)* barbe *f* de plusieurs jours

stubborn ['stʌbən] *adj (person)* têtu(e)

stuck [stʌk] *pt & pp* ➤ **stick** ◇ *adj* bloqué(e)

stud [stʌd] *n* **1.** *(on boots)* crampon *m* **2.** *(fastener)* bouton-pression *m* **3.** *(earring)* clou *m*

student ['stju:dnt] *n* **1.** *(at university, college)* étudiant *m*, -e *f* **2.** *(at school)* élève *m ou f*

student card *n* carte *f* d'étudiant

students' union [ˌstju:dnts-] *n (UK) (place)* bureau *m* des étudiants

student union = **students' union**

studio ['stju:dɪəʊ] *(pl* **-s**) *n* studio *m*

studio apartment *(US)* = **studio flat**

studio flat *n (UK)* studio *m*

study ['stʌdɪ] *n* **1.** *(U)* étude *f* **2.** *(room)* bureau *m* ◇ *vt & vi* étudier

stuff [stʌf] *n (U) (inf)* **1.** *(substance)* truc *m* **2.** *(things, possessions)* affaires *fpl* ◇ *vt* **1.** *(put roughly)* fourrer **2.** *(fill)* bourrer

stuffed [stʌft] *adj* **1.** *(food)* farci(e) **2.** *(inf)* *(full up)* gavé(e) **3.** *(dead animal)* empaillé(e)
stuffing ['stʌfɪŋ] *n (U)* **1.** *(food)* farce *f* **2.** *(of pillow, cushion)* rembourrage *m*
stuffy ['stʌfɪ] *adj (room, atmosphere)* étouffant(e)
stumble ['stʌmbl] *vi* trébucher
stump [stʌmp] *n (of tree)* souche *f*
stun [stʌn] *vt* stupéfier
stung [stʌŋ] *pt & pp* ➤ **sting**
stunk [stʌŋk] *pt & pp* ➤ **stink**
stunning ['stʌnɪŋ] *adj* **1.** *(very beautiful)* superbe **2.** *(very surprising)* stupéfiant(e)
stupid ['stju:pɪd] *adj* **1.** *(foolish)* stupide **2.** *(inf)* *(annoying)* fichu(e)
sturdy ['stɜ:dɪ] *adj* solide
stutter ['stʌtər] *vi* bégayer
sty [staɪ] *n* porcherie *f*
style [staɪl] *n* **1.** style *m* **2.** *(design)* modèle *m* ◇ *vt (hair)* coiffer
style sheet *n* feuille *f* de style
stylish ['staɪlɪʃ] *adj* élégant(e)
stylist ['staɪlɪst] *n (hairdresser)* coiffeur *m*, -euse *f*
sub [sʌb] *n* *(inf)* **1.** *(substitute)* remplaçant *m*, -e *f* **2.** *(UK)* *(subscription)* cotisation *f*
subdirectory *n* sous-répertoire *m*
subdued [səb'dju:d] *adj* **1.** *(person)* abattu(e) **2.** *(lighting, colour)* doux (douce)
subject *n* ['sʌbdʒekt] **1.** sujet *m* **2.** *(at school, university)* matière *f* ◇ *vt* [səb'dʒekt] • **to subject sb to abuse** soumettre qqn à de mauvais traitements ▾ **subject to availability** dans la limite des stocks disponibles • **they are subject to an additional charge** un supplément sera exigé
subjunctive [səb'dʒʌŋktɪv] *n* subjonctif *m*
submarine [ˌsʌbmə'ri:n] *n* sous-marin *m*
submenu ['sʌbˌmenju:] *n COMPUT* sous-menu *m*
submit [səb'mɪt] *vt* soumettre ◇ *vi (give in)* se soumettre
subordinate [sə'bɔ:dɪnət] *adj* subordonné(e)
subscribe [səb'skraɪb] *vi* s'abonner
subscription [səb'skrɪpʃn] *n* **1.** *(to magazine)* abonnement *m* **2.** *(to club)* cotisation *f*
subsequent ['sʌbsɪkwənt] *adj* ultérieur(e)
subside [səb'saɪd] *vi* **1.** *(ground)* s'affaisser **2.** *(noise, feeling)* disparaître
substance ['sʌbstəns] *n* substance *f*
substantial [səb'stænʃl] *adj* substantiel(ielle)
substitute ['sʌbstɪtju:t] *n* **1.** *(replacement)* substitut *m* **2.** *SPORT* remplaçant *m*, -e *f*
subtitles ['sʌbˌtaɪtlz] *npl* sous-titres *mpl*
subtle ['sʌtl] *adj* subtil(e)
subtract [səb'trækt] *vt* soustraire
subtraction [səb'trækʃn] *n (U)* soustraction *f*
suburb ['sʌbɜ:b] *n* banlieue *f* • **the suburbs** la banlieue
subway ['sʌbweɪ] *n* **1.** *(UK)* *(for pedestrians)* souterrain *m* **2.** *(US)* *(underground railway)* métro *m*
succeed [sək'si:d] *vi (be successful)* réussir ◇ *vt (follow)* succéder à • **to succeed in doing sthg** réussir à faire qqch
success [sək'ses] *n* succès *m*, réussite *f*

successful [sək'sesful] *adj* **1.** *(plan, attempt)* réussi(e) **2.** *(film, book etc)* à succès **3.** *(businessman, politician)* qui a réussi **4.** *(actor)* qui a du succès • **to be successful** *(person)* réussir

succulent ['sʌkjulənt] *adj* succulent(e)

such [sʌtʃ] *adj* tel (telle) ◇ *adv* • **such a lot** tellement • **it's such a lovely day!** c'est une si belle journée ! • **such good luck** une telle chance, une chance pareille • **such a thing should never have happened** une telle chose n'aurait jamais dû se produire • **such as** tel que

suck [sʌk] *vt* **1.** sucer **2.** *(nipple)* téter

sudden ['sʌdn] *adj* soudain(e) • **all of a sudden** tout à coup

suddenly ['sʌdnlɪ] *adv* soudain, tout à coup

sue [su:] *vt* poursuivre en justice

suede [sweɪd] *n (U)* daim *m*

suffer ['sʌfəʳ] *vt (defeat, injury)* subir ◇ *vi* • **to suffer (from)** souffrir (de)

suffering ['sʌfrɪŋ] *n* souffrance *f*

sufficient [sə'fɪʃnt] *adj (fml)* suffisant(e)

sufficiently [sə'fɪʃntlɪ] *adv (fml)* suffisamment

suffix ['sʌfɪks] *n* suffixe *m*

suffocate ['sʌfəkeɪt] *vi* suffoquer

sugar ['ʃʊgəʳ] *n* sucre *m* • **a lump of sugar** un morceau de sucre • **how many sugars?** combien de sucres ?

suggest [sə'dʒest] *vt* suggérer • **to suggest doing sthg** proposer de faire qqch

suggestion [sə'dʒestʃn] *n* **1.** suggestion *f* **2.** *(hint)* trace *f*

suicide ['suɪsaɪd] *n* suicide *m* • **to commit suicide** se suicider

suit [su:t] *n* **1.** *(man's clothes)* costume *m* **2.** *(woman's clothes)* tailleur *m* **3.** *(in cards)* couleur *f* **4.** LAW procès *m* ◇ *vt* **1.** *(subj: clothes, colour, shoes)* aller bien à **2.** *(be convenient, appropriate for)* convenir à • **to be suited to** être adapté à • **pink doesn't suit me** le rose ne me va pas

suitable ['su:təbl] *adj* adapté(e) • **to be suitable for** être adapté à

suitcase ['su:tkeɪs] *n* valise *f*

suite [swi:t] *n* **1.** *(set of rooms)* suite *f* **2.** *(furniture)* ensemble *m* canapé-fauteuils

sulk [sʌlk] *vi* bouder

sultana [səl'tɑ:nə] *n* raisin *m* de Smyrne

sultry ['sʌltrɪ] *adj (weather, climate)* lourd(e)

sum [sʌm] *n* **1.** *(in maths)* opération *f* **2.** *(of money)* somme *f* ◆ **sum up** *vt sep* résumer

summarize ['sʌməraɪz] *vt* résumer

summary ['sʌmərɪ] *n* résumé *m*

summer ['sʌməʳ] *n* été *m* • **in (the) summer** en été, l'été • **summer holidays** *(UK)*, **summer vacation** *(US)* vacances *fpl* d'été, grandes vacances

summertime ['sʌmətaɪm] *n (U)* été *m*

summit ['sʌmɪt] *n* sommet *m*

summon ['sʌmən] *vt* convoquer

sumptuous ['sʌmptʃuəs] *adj* somptueux(euse)

sun [sʌn] *n* soleil *m* ◇ *vt* • **to sun o.s.** prendre un bain de soleil • **to catch the sun** prendre un coup de soleil • **in the sun** au soleil • **out of the sun** à l'abri du soleil

Sun. (*abbr of Sunday*) dim. *(dimanche)*

sunbathe ['sʌnbeɪð] *vi* prendre un bain de soleil
sunbed ['sʌnbed] *n* lit *m* à ultra-violets
sun block *n* écran *m* total
sunburn ['sʌnbɜːn] *n (U)* coup *m* de soleil
sunburnt ['sʌnbɜːnt] *adj* brûlé(e) par le soleil
sundae ['sʌndeɪ] *n* coupe *f* glacée à la Chantilly
Sunday ['sʌndɪ] *n* dimanche *m* • **it's Sunday** on est dimanche • **Sunday morning** dimanche matin • **on Sunday** dimanche • **on Sundays** le dimanche • **last Sunday** dimanche dernier • **this Sunday** dimanche • **next Sunday** dimanche prochain • **Sunday week** (*UK*), **a week on Sunday** (*UK*) **a week from Sunday** (*US*) dimanche en huit
Sunday school *n* catéchisme *m*
sundress ['sʌndres] *n* robe *f* bain de soleil
sundries ['sʌndrɪz] *npl (on bill)* divers *mpl*
sunflower ['sʌnˌflaʊəʳ] *n* tournesol *m*
sunflower oil *n (U)* huile *f* de tournesol
sung [sʌŋ] *pt* ➤ **sing**
sunglasses ['sʌnˌglɑːsɪz] *npl* lunettes *fpl* de soleil
sunhat ['sʌnhæt] *n* chapeau *m* de soleil
sunk [sʌŋk] *pp* ➤ **sink**
sunlight ['sʌnlaɪt] *n (U)* lumière *f* du soleil
sun lounger [-ˌlaʊndʒəʳ] *n* (*UK*) chaise *f* longue
sunny ['sʌnɪ] *adj* ensoleillé(e) • **it's sunny** il y a du soleil
sunrise ['sʌnraɪz] *n* lever *m* de soleil
sunroof ['sʌnruːf] *n* toit *m* ouvrant
sunscreen ['sʌnskriːn] *n* écran *m* OR filtre *m* solaire
sunset ['sʌnset] *n* coucher *m* de soleil
sunshine ['sʌnʃaɪn] *n (U)* soleil *m* • **in the sunshine** au soleil
sunstroke ['sʌnstrəʊk] *n (U)* insolation *f*
suntan ['sʌntæn] *n* bronzage *m*
suntan cream *n* crème *f* solaire
suntan lotion *n* lait *m* solaire
super ['suːpəʳ] *adj* super *inv* ◇ *n (petrol)* super *m*
superb [suː'pɜːb] *adj* superbe
Super Bowl *n* (*US*) • **the Super Bowl** le Super Bowl

Super Bowl

Dernier match de la saison de football américain, organisé par la Ligue nationale de football début février. Depuis la première rencontre en 1967 entre les équipes de Green Bay et de Kansas City, l'événement attire des millions de spectateurs venus assister à la confrontation entre les champions de la *National Football Conference* et l'*American Football Conference*. Les annonceurs payent le prix fort pour diffuser leurs publicités durant les mi-temps.

superbug ['suːpəbʌg] *n germe résistant aux traitements antibiotiques*
superficial [ˌsuːpə'fɪʃl] *adj* superficiel(ielle)

superfluous [suːˈpɜːfluəs] *adj* superflu(e)
Superglue® [ˈsuːpəgluː] *n* colle *f* forte
superhighway [ˈsuːpəˌhaɪweɪ] *n* (*US*) autoroute *f*
superior [suːˈpɪərɪəʳ] *adj* supérieur(e) ◇ *n* supérieur *m*, -e *f*
supermarket [ˈsuːpəˌmɑːkɪt] *n* supermarché *m*
supernatural [ˌsuːpəˈnætʃrəl] *adj* surnaturel(elle)
Super Saver® *n* (*UK*) (*rail ticket*) *billet de train à tarif réduit, sous certaines conditions*
superstitious [ˌsuːpəˈstɪʃəs] *adj* superstitieux(ieuse)
superstore [ˈsuːpəstɔːʳ] *n* hypermarché *m*
supervise [ˈsuːpəvaɪz] *vt* surveiller
supervisor [ˈsuːpəvaɪzəʳ] *n* (*of workers*) chef *m* d'équipe
supper [ˈsʌpəʳ] *n* **1.** (*evening meal*) dîner *m* **2.** (*UK*) (*late-night meal*) souper *m* • **to have supper** dîner
supple [ˈsʌpl] *adj* souple
supplement *n* [ˈsʌplɪmənt] **1.** supplément *m* **2.** (*of diet*) complément *m* ◇ *vt* [ˈsʌplɪment] compléter
supplementary [ˌsʌplɪˈmentərɪ] *adj* supplémentaire
supply [səˈplaɪ] *n* **1.** (*store*) réserve *f* **2.** (*U*) (*providing*) fourniture *f* **3.** (*of gas, electricity*) alimentation *f* ◇ *vt* fournir • **to supply sb with information** fournir des informations à qqn • **to supply sb with electricity** alimenter qqn en électricité ◆ **supplies** *npl* provisions *fpl*
support [səˈpɔːt] *n* **1.** (*aid, encouragement*) soutien *m* **2.** (*object*) support *m* ◇ *vt* **1.** (*aid, encourage*) soutenir **2.** (*team, object*) supporter **3.** (*financially*) subvenir aux besoins de
supporter [səˈpɔːtəʳ] *n* **1.** SPORT supporter *m* **2.** (*of cause, political party*) partisan *m*
suppose [səˈpəʊz] *vt* **1.** (*assume*) supposer **2.** (*think*) penser ◇ *conj* = **supposing** • **I suppose so** je suppose que oui • **to be supposed to do sthg** être censé faire qqch
supposing [səˈpəʊzɪŋ] *conj* à supposer que
supreme [sʊˈpriːm] *adj* suprême
surcharge [ˈsɜːtʃɑːdʒ] *n* surcharge *f*
sure [ʃʊəʳ] *adv* **1.** (*inf*) (*yes*) bien sûr **2.** (*US*) (*inf*) (*certainly*) vraiment ◇ *adj* sûr(e), certain(e) • **they are sure to win** il est certain qu'ils vont gagner • **to be sure of o.s.** être sûr de soi • **to make sure (that)...** s'assurer que... • **for sure** c'est certain
surely [ˈʃʊəlɪ] *adv* sûrement
surf [sɜːf] *n* (*U*) écume *f* ◇ *vi* surfer
surface [ˈsɜːfɪs] *n* surface *f*
surface area *n* surface *f*
surface mail *n* (*U*) courrier *m* par voie de terre
surfboard [ˈsɜːfbɔːd] *n* surf *m*
surfing [ˈsɜːfɪŋ] *n* (*U*) surf *m* • **to go surfing** faire du surf
surgeon [ˈsɜːdʒən] *n* chirurgien *m*, -ienne *f*
surgery [ˈsɜːdʒərɪ] *n* **1.** (*U*) (*treatment*) chirurgie *f* **2.** (*UK*) (*building*) cabinet *m* médical **3.** (*UK*) (*period*) consultations *fpl*

surname ['sɜːneɪm] *n* nom *m* (de famille)
surplus ['sɜːpləs] *n* surplus *m*
surprise [sə'praɪz] *n* surprise *f* ◇ *vt* surprendre
surprised [sə'praɪzd] *adj* surpris(e)
surprising [sə'praɪzɪŋ] *adj* surprenant(e)
surrender [sə'rendəʳ] *vi* se rendre ◇ *vt* (*fml*) (*hand over*) remettre
surround [sə'raʊnd] *vt* **1.** entourer **2.** (*encircle*) encercler
surrounding [sə'raʊndɪŋ] *adj* environnant(e) ◆ **surroundings** *npl* environs *mpl*
survey ['sɜːveɪ] *n* **1.** (*investigation*) enquête *f* **2.** (*poll*) sondage *m* **3.** (*of land*) levé *m* **4.** (*UK*) (*of house*) expertise *f*
surveyor [sə'veɪəʳ] *n* **1.** (*UK*) (*of houses*) expert *m* **2.** (*of land*) géomètre *m*
survival [sə'vaɪvl] *n* survie *f*
survive [sə'vaɪv] *vi* survivre ◇ *vt* survivre à
survivor [sə'vaɪvəʳ] *n* survivant *m*, -e *f*
suspect *vt* [sə'spekt] **1.** (*believe*) soupçonner **2.** (*mistrust*) douter de ◇ *n* ['sʌspekt] suspect *m*, -e *f* ◇ *adj* ['sʌspekt] suspect(e) • **to suspect sb of murder** soupçonner qqn de meurtre
suspend [sə'spend] *vt* **1.** suspendre **2.** (*from school*) exclure
suspender belt [sə'spendə-] *n* (*UK*) porte-jarretelles *m inv*
suspenders [sə'spendəz] *npl* **1.** (*UK*) (*for stockings*) jarretelles *fpl* **2.** (*US*) (*for trousers*) bretelles *fpl*
suspense [sə'spens] *n* (*U*) suspense *m*
suspension [sə'spenʃn] *n* **1.** suspension *f* **2.** (*from school*) renvoi *m* temporaire
suspicion [sə'spɪʃn] *n* soupçon *m*
suspicious [sə'spɪʃəs] *adj* (*behaviour, situation*) suspect(e) • **to be suspicious (of)** (*distrustful*) se méfier (de)
swallow ['swɒləʊ] *n* (*bird*) hirondelle *f* ◇ *vt* & *vi* avaler
swam [swæm] *pt* ➤ **swim**
swamp [swɒmp] *n* marécage *m*
swan [swɒn] *n* cygne *m*
swap [swɒp] *vt* échanger • **I swapped my CD for one of hers** j'ai échangé mon CD contre l'un des siens
swarm [swɔːm] *n* (*of bees*) essaim *m*
swear [sweəʳ] (*pt* **swore**, *pp* **sworn**) *vt* & *vi* jurer • **to swear to do sthg** jurer de faire qqch
swearword ['sweəwɜːd] *n* gros mot *m*
sweat [swet] *n* (*U*) transpiration *f*, sueur *f* ◇ *vi* transpirer, suer
sweater ['swetəʳ] *n* pull *m*
sweat pants *n* (*US*) pantalon *m* de jogging OR survêtement
sweatshirt ['swetʃɜːt] *n* sweat-shirt *m*
swede [swiːd] *n* (*UK*) rutabaga *m*
Swede [swiːd] *n* Suédois *m*, -e *f*
Sweden ['swiːdn] *n* la Suède
Swedish ['swiːdɪʃ] *adj* suédois(e) ◇ *n* (*U*) (*language*) suédois *m* ◇ *npl* • **the Swedish** les Suédois *mpl*
sweep [swiːp] (*pt & pp* **swept**) *vt* (*with broom*) balayer
sweet [swiːt] *adj* **1.** (*food, drink*) sucré(e) **2.** (*smell*) doux (douce) **3.** (*person, nature*) gentil(ille) ◇ *n* (*UK*) **1.** (*candy*) bonbon *m* **2.** (*dessert*) dessert *m*
sweet-and-sour *adj* aigre-doux (aigre-douce)
sweet corn *n* (*U*) maïs *m* doux

sweetener ['swiːtnəʳ] *n (for drink)* édulcorant *m*
sweet potato *n* patate *f* douce
sweet shop *n (UK)* confiserie *f*
swell [swel] (*pp* **swollen**) *vi* enfler
swelling ['swelɪŋ] *n* enflure *f*
swept [swept] *pt & pp* ➤ **sweep**
swerve [swɜːv] *vi (vehicle)* faire une embardée
swig [swɪg] *n (inf)* lampée *f*
swim [swɪm] (*pt* **swam**, *pp* **swum**) *vi* nager ◇ *n* • **to go for a swim** aller nager
swimmer ['swɪməʳ] *n* nageur *m*, -euse *f*
swimming ['swɪmɪŋ] *n (U)* natation *f* • **to go swimming** nager, faire de la natation
swimming baths *npl (UK)* piscine *f*
swimming cap *n* bonnet *m* de bain
swimming costume *n (UK)* maillot *m* de bain
swimming pool *n* piscine *f*
swimming trunks *npl (UK)* slip *m* de bain
swimsuit ['swɪmsuːt] *n* maillot *m* de bain
swindle ['swɪndl] *n* escroquerie *f*
swing [swɪŋ] (*pt & pp* **swung**) *n (for children)* balançoire *f* ◇ *vt (from side to side)* balancer ◇ *vi (from side to side)* se balancer
swipe [swaɪp] *vt (credit card etc)* passer dans un lecteur de cartes
Swiss [swɪs] *adj* suisse ◇ *n (person)* Suisse *m ou f* ◇ *npl* • **the Swiss** les Suisses *mpl*
Swiss cheese *n* gruyère *m*
swiss roll *n (UK)* gâteau *m* roulé
switch [swɪtʃ] *n* **1.** *(for light, power)* interrupteur *m* **2.** *(for television, radio)* bouton *m* ◇ *vi* changer ◇ *vt (exchange)* échanger • **to switch places** changer de place ◆ **switch off** *vt sep* **1.** *(light, radio)* éteindre **2.** *(engine)* couper ◆ **switch on** *vt sep* **1.** *(light, radio)* allumer **2.** *(engine)* mettre en marche
Switch® *n (UK) système de paiement non différé par carte bancaire*
switchboard ['swɪtʃbɔːd] *n* standard *m*
Switzerland ['swɪtsələnd] *n* la Suisse
swivel ['swɪvl] *vi* pivoter
swollen ['swəʊln] *pp* ➤ **swell** ◇ *adj (ankle, arm etc)* enflé(e)
swop [swɒp] *(UK)* = **swap**
sword [sɔːd] *n* épée *f*
swordfish ['sɔːdfɪʃ] (*pl inv*) *n* espadon *m*
swore [swɔːʳ] *pt* ➤ **swear**
sworn [swɔːn] *pp* ➤ **swear**
swum [swʌm] *pp* ➤ **swim**
swung [swʌŋ] *pt & pp* ➤ **swing**
syllable ['sɪləbl] *n* syllabe *f*
syllabus ['sɪləbəs] *n* programme *m*
symbol ['sɪmbl] *n* symbole *m*
sympathetic [ˌsɪmpə'θetɪk] *adj (understanding)* compréhensif(ive)
sympathize ['sɪmpəθaɪz] *vi* **1.** *(feel sorry)* compatir **2.** *(understand)* comprendre • **to sympathize with sb** *(feel sorry for)* plaindre qqn ; *(understand)* comprendre qqn
sympathy ['sɪmpəθɪ] *n (U) (understanding)* compréhension *f*
symphony ['simfənɪ] *n* symphonie *f*
symptom ['sɪmptəm] *n* symptôme *m*
synagogue ['sɪnəgɒg] *n* synagogue *f*
synchronize *vt* synchroniser
synthesizer ['sɪnθəsaɪzəʳ] *n* synthétiseur *m*
synthetic [sɪn'θetɪk] *adj* synthétique

syringe [sɪ'rɪndʒ] *n* seringue *f*
syrup ['sɪrəp] *n* sirop *m*
system ['sɪstəm] *n* **1.** système *m* **2.** *(for gas, heating etc)* installation *f* **3.** *(hi-fi)* chaîne *f*

ta [tɑː] *excl* *(UK)* *(inf)* merci!
tab [tæb] *n* **1.** *(of cloth, paper etc)* étiquette *f* **2.** *(bill)* addition *f*, note *f* • **put it on my tab** mettez-le sur ma note
table ['teɪbl] *n* **1.** table *f* **2.** *(of figures etc)* tableau *m*
tablecloth ['teɪblklɒθ] *n* nappe *f*
tablemat ['teɪblmæt] *n* *(UK)* dessous-de-plat *m inv*
tablespoon ['teɪblspuːn] *n* cuillère *f* à soupe
tablet ['tæblɪt] *n* **1.** *(pill)* cachet *m* **2.** *(of chocolate)* tablette *f* • **a tablet of soap** une savonnette
table tennis *n* *(U)* ping-pong *m*
table wine *n* vin *m* de table
tabloid ['tæblɔɪd] *n* tabloïd(e) *m*

tabloid

Nom donné aux journaux britanniques de petit format, moins onéreux que les quotidiens traditionnels (les *broadsheets*, de taille double). Très lucrative, cette forme de presse à sensation est cependant particulièrement dépréciée par rapport au journalisme d'information : elle ne traite en effet que des scandales impliquant des stars et personnalités, et est régulièrement poursuivie en justice dans le cadre de procès pour propos fallacieux et atteinte à la vie privée.

tack [tæk] *n* *(nail)* clou *m*
tackle ['tækl] *n* **1.** *(in football)* tacle *m* **2.** *(in rugby)* plaquage *m* **3.** *(U)* *(for fishing)* matériel *m* ◇ *vt* **1.** *(in football)* tacler **2.** *(in rugby)* plaquer **3.** *(deal with)* s'attaquer à
tacky ['tækɪ] *adj* *(inf)* ringard(e)
taco ['tækəʊ] *(pl* **-s***)* *n crêpe de maïs farcie, très fine et croustillante (spécialité mexicaine)*
tact [tækt] *n* *(U)* tact *m*
tactful ['tæktfʊl] *adj* plein(e)de tact
tactics ['tæktɪks] *npl* tactique *f*
tag [tæg] *n* **1.** *(label)* étiquette *f* **2.** *COMPUT* balise *f*
tagliatelle [ˌtæglјə'telɪ] *n* *(U)* tagliatelles *fpl*
tail [teɪl] *n* queue *f* • **tails** *n* *(U)* *(of coin)* pile *f* ◇ *npl* *(formal dress)* queue-de-pie *f*
tailgate ['teɪlgeɪt] *n* *(of car)* hayon *m*
tailor ['teɪlər] *n* tailleur *m*
Taiwan [ˌtaɪ'wɑːn] *n* Taïwan
take [teɪk] *(pt* **took**, *pp* **taken***)* *vt*
1. *(gen)* prendre • **to take a bath/shower** prendre un bain/une douche • **to take an exam** passer un examen • **to take a walk** faire une promenade
2. *(carry)* emporter

3. *(drive)* emmener
4. *(time)* prendre ; *(patience, work)* demander • **how long will it take?** combien de temps ça va prendre ?
5. *(size in clothes, shoes)* faire • **what size do you take?** *(clothes)* quelle taille faites-vous ? ; *(shoes)* quelle pointure faites-vous ?
6. *(subtract)* ôter
7. *(accept)* accepter • **do you take traveller's cheques?** acceptez-vous les traveller's checks ? • **to take sb's advice** suivre les conseils de qqn
8. *(contain)* contenir
9. *(tolerate)* supporter
10. *(assume)* • **I take it that...** je suppose que...
11. *(rent)* louer
◆ **take apart** *vt sep (dismantle)* démonter
◆ **take away** *vt sep (remove)* enlever ; *(subtract)* ôter
◆ **take back** *vt sep (something borrowed)* rapporter ; *(person)* ramener ; *(statement)* retirer
◆ **take down** *vt sep (picture, decorations)* enlever
◆ **take in** *vt sep (include)* englober ; *(understand)* comprendre ; *(deceive)* tromper ; *(clothes)* reprendre
◆ **take off** *vi (plane)* décoller
◇ *vt sep (remove)* enlever, ôter ; *(as holiday)* • **to take a week off** prendre une semaine de congé
◆ **take out** *vt sep* sortir ; *(loan, insurance policy)* souscrire ; *(go out with)* emmener
◆ **take over** *vi* prendre le relais
◆ **take up** *vt sep (begin)* se mettre à ; *(use up)* prendre ; *(trousers, dress)* raccourcir

takeaway ['teɪkəˌweɪ] *n (UK)* **1.** *(shop)* *magasin qui vend des plats à emporter* **2.** *(food)* plat *m* à emporter
taken ['teɪkn] *pp* ➤ **take**
takeoff ['teɪkɒf] *n (of plane)* décollage *m*
takeout ['teɪkaʊt] *(US)* = **takeaway**
takings ['teɪkɪŋz] *npl* recette *f*
talcum powder ['tælkəm-] *n* talc *m*
tale [teɪl] *n* **1.** *(story)* conte *m* **2.** *(account)* récit *m*
talent ['tælənt] *n* talent *m*
talk [tɔːk] *n* **1.** *(conversation)* conversation *f* **2.** *(speech)* exposé *m* ◇ *vi* parler • **to talk to sb** parler à qqn • **have you talked to her about the matter?** est-ce que tu lui as parlé de l'affaire ? • **to talk with sb** parler avec qqn ◆ **talks** *npl* négociations *fpl*
talkative ['tɔːkətɪv] *adj* bavard(e)
tall [tɔːl] *adj* grand(e) • **how tall are you?** combien mesures-tu ? • **I'm five and a half feet tall** je fais 1,65 mètres, je mesure 1,65 mètres
tame [teɪm] *adj (animal)* apprivoisé(e)
tampon ['tæmpɒn] *n* tampon *m*
tan [tæn] *n (suntan)* bronzage *m* ◇ *vi* bronzer ◇ *adj* **1.** *(colour)* brun clair **2.** *(US)* bronzé(e)
tangerine [ˌtændʒə'riːn] *n* mandarine *f*
tank [tæŋk] *n* **1.** *(container)* réservoir *m* **2.** *(vehicle)* tank *m*
tanker ['tæŋkəʳ] *n (truck)* camion-citerne *m*
tanned [tænd] *adj (UK)* bronzé(e)
tap [tæp] *n (UK) (for water)* robinet *m* ◇ *vt (hit)* tapoter
tape [teɪp] *n* **1.** *(cassette, video)* cassette *f* **2.** *(in cassette)* bande *f* **3.** *(U)* *(adhesive*

material) ruban *m* adhésif **4.** *(strip of material)* ruban *m* ◇ *vt* **1.** *(record)* enregistrer **2.** *(stick)* scotcher
tape measure *n* mètre *m* (ruban)
tape recorder *n* magnétophone *m*
tapestry ['tæpɪstrɪ] *n* tapisserie *f*
tap water *n (U)* eau *f* du robinet
tar [tɑːʳ] *n (U)* **1.** *(for roads)* goudron *m* **2.** *(in cigarettes)* goudrons *mpl*
target ['tɑːgɪt] *n* cible *f*
tariff ['tærɪf] *n* **1.** (*UK*) *(price list)* tarif *m* **2.** (*UK*) *(menu)* menu *m* **3.** *(at customs)* tarif *m* douanier
tarmac ['tɑːmæk] *n (at airport)* piste *f* ◆ **Tarmac**® *n (U) (on road)* macadam *m*
tarpaulin [tɑː'pɔːlɪn] *n* bâche *f*
tart [tɑːt] *n* tarte *f*
tartan ['tɑːtn] *n* tartan *m*
tartare sauce [ˌtɑːtə-] *n (U)* (*UK*) sauce *f* tartare
tartar sauce = **tartare sauce**
task [tɑːsk] *n* tâche *f*
taskbar *n* barre *f*
taste [teɪst] *n* goût *m* ◇ *vt* **1.** *(sample)* goûter **2.** *(detect)* sentir ◇ *vi* • **to taste of sthg** avoir un goût de qqch • **it tastes bad** ça a mauvais goût • **it tastes good** ça a bon goût • **to have a taste of sthg** *(food, drink)* goûter (à) qqch ; *(fig) (experience)* avoir un aperçu de qqch
tasteful ['teɪstfʊl] *adj* de bon goût
tasteless ['teɪstlɪs] *adj* **1.** *(food)* insipide **2.** *(comment, decoration)* de mauvais goût
tasty ['teɪstɪ] *adj* délicieux(ieuse)
tattoo [tə'tuː] *(pl* **-s**) *n* **1.** *(on skin)* tatouage *m* **2.** *(military display)* défilé *m* (militaire)
taught [tɔːt] *pt* & *pp* ➤ **teach**
Taurus ['tɔːrəs] *n* Taureau *m*
taut [tɔːt] *adj* tendu(e)
tax [tæks] *n* **1.** *(on income)* impôts *mpl* **2.** *(on import, goods)* taxe *f* ◇ *vt* **1.** *(goods)* taxer **2.** *(person)* imposer
tax disc *n* (*UK*) vignette *f* automobile
tax-free *adj* exonéré(e) d'impôts
taxi ['tæksɪ] *n* taxi *m* ◇ *vi (plane)* rouler
taxi driver *n* chauffeur *m* de taxi
taxi rank *n* (*UK*) station *f* de taxis
taxi stand (*US*) = **taxi rank**
T-bone steak *n* steak *m* dans l'aloyau
tea [tiː] *n* **1.** thé *m* **2.** *(herbal)* tisane *f* **3.** (*UK*) *(evening meal)* dîner *m*
tea bag *n* sachet *m* de thé
teacake ['tiːkeɪk] *n* (*UK*) *petit pain brioché aux raisins secs*
teach [tiːtʃ] *(pt & pp* **taught**) *vt* **1.** *(subject)* enseigner **2.** *(person)* enseigner à ◇ *vi* enseigner • **to teach adults English, to teach English to adults** enseigner l'anglais à des adultes • **to teach sb (how) to do sthg** apprendre à qqn à faire qqch
teacher ['tiːtʃəʳ] *n* **1.** *(primary)* instituteur *m*, -trice *f* **2.** *(secondary)* professeur *m*
teaching ['tiːtʃɪŋ] *n (U)* enseignement *m*
tea cloth = **tea towel**
teacup ['tiːkʌp] *n* tasse *f* à thé
team [tiːm] *n* équipe *f*
teapot ['tiːpɒt] *n* théière *f*
[1]**tear** [teəʳ] *(pt* **tore**, *pp* **torn**) *vt (rip)* déchirer ◇ *vi* se déchirer ◇ *n* déchirure *f* ◆ **tear up** *vt sep* déchirer
[2]**tear** [tɪəʳ] *n* larme *f*
tearoom ['tiːrʊm] *n* salon *m* de thé
tease [tiːz] *vt* taquiner
tea set *n* service *m* à thé

teaspoon ['ti:spu:n] *n* **1.** cuillère *f* à café **2.** *(amount)* = **teaspoonful**
teaspoonful ['ti:spu:n,ful] *n* cuillerée *f* à café
teat [ti:t] *n (animal)* tétine *f*
teatime ['ti:taɪm] *n* heure *f* du thé
tea towel *n (UK)* torchon *m*
technical ['teknɪkl] *adj* technique
technical data sheet fiche *f* technique
technical drawing *n (U)* dessin *m* industriel
technicality [,teknɪ'kælətɪ] *n (detail)* détail *m* technique
technician [tek'nɪʃn] *n* technicien *m*, -ienne *f*
technique [tek'ni:k] *n* technique *f*
techno ['teknəʊ] *n (U) MUS* techno *f*
technological [,teknə'lɒdʒɪkl] *adj* technologique
technology [tek'nɒlədʒɪ] *n* technologie *f*
teddy (bear) ['tedɪ-] *n* ours *m* en peluche
tedious ['ti:djəs] *adj* ennuyeux(euse)
tee [ti:] *n* **1.** *(peg)* tee *m* **2.** *(area)* point *m* de départ
teenager ['ti:n,eɪdʒər] *n* adolescent *m*, -e *f*
teeth [ti:θ] *pl* ➤ **tooth**
teethe [ti:ð] *vi* • **to be teething** faire ses dents
teetotal [ti:'təutl] *adj* qui ne boit jamais
telebanking ['telɪ,bæŋkɪŋ] *n (U)* télébanque *f*
teleconference ['telɪ,kɒnfərəns] *n* téléconférence *f*
telegram ['telɪgræm] *n* télégramme *m*
telegraph ['telɪgrɑ:f] *n* télégraphe *m* ◇ *vt* télégraphier
telegraph pole *n (UK)* poteau *m* télégraphique
telephone ['telɪfəun] *n* téléphone *m* ◇ *vt (person, place)* téléphoner à ◇ *vi* téléphoner • **to be on the telephone** *(talking)* être au téléphone ; *(UK) (connected)* avoir le téléphone

answering the telephone

In France you simply say *Allo* when you answer the phone.
If you ask someone on the phone whether they are a particular person, they will say *c'est moi* or *c'est moi-même*, or, more formally, *lui-même (elle-même)*.

ending a telephone conversation

It is customary for the person who has rung up to end the conversation because this is considered more polite.
In formal situations you end the conversation simply by saying *au revoir*.
With friends, you end with *grosses bises* or *bisous*.

telephone booth *(US)* = **telephone box**
telephone box *n (UK)* cabine *f* téléphonique
telephone call *n* appel *m* téléphonique

telephone directory *n* annuaire *m* (téléphonique)

telephone number *n* numéro *m* de téléphone

telephonist [tɪ'lefənɪst] *n* (*UK*) téléphoniste *m ou f*

telephoto lens [ˌtelɪ'fəʊtəʊ-] *n* téléobjectif *m*

telescope ['telɪskəʊp] *n* télescope *m*

television ['telɪˌvɪʒn] *n* **1.** (*U*) (*medium, industry*) télévision *f* **2.** (*set*) (poste *m* de)télévision *f*, téléviseur *m* • **on (the) television** (*broadcast*) à la télévision

teleworking ['telɪwɜːkɪŋ] *n* (*U*) télétravail *m*

telex ['teleks] *n* télex *m*

tell [tel] (*pt & pp* **told**) *vt* **1.** (*inform*) dire à **2.** (*story, joke*) raconter **3.** (*truth, lie*) dire **4.** (*distinguish*) voir ◇ *vi* • **I can tell** ça se voit • **can you tell me the time?** pouvez-vous me dire l'heure ? • **you should tell him the truth** tu devrais lui dire la vérité • **did she tell him about the job offer?** est-ce qu'elle lui a parlé de l'offre d'emploi ? • **to tell sb how to do sthg** dire à qqn comment faire qqch • **to tell sb to do sthg** dire à qqn de faire qqch ♦ **tell off** *vt sep* gronder

teller ['telər] *n* (*US*) (*in bank*) caissier *m*, -ière *f*

telly ['telɪ] *n* (*UK*) (*inf*) télé *f*

temp [temp] *n* intérimaire *m ou f* ◇ *vi* faire de l'intérim

temper ['tempər] *n* • **to be in a temper** être de mauvaise humeur • **to lose one's temper** se mettre en colère

temperature ['temprətʃər] *n* température *f* • **to have a temperature** avoir de la température

temple ['templ] *n* **1.** (*building*) temple *m* **2.** (*of forehead*) tempe *f*

temporary ['tempərərɪ] *adj* temporaire

temporary file fichier *m* temporaire

tempt [tempt] *vt* tenter • **to be tempted to do sthg** être tenté de faire qqch

temptation [temp'teɪʃn] *n* tentation *f*

tempting ['temptɪŋ] *adj* tentant(e)

ten [ten] *num adj & n* dix • **to be ten (years old)** avoir dix ans • **it's ten (o'clock)** il est dix heures • **a hundred and ten** cent dix • **ten Hill St** 10 Hill St • **it's minus ten (degrees)** il fait moins dix

tenant ['tenənt] *n* locataire *m ou f*

tend [tend] *vi* • **to tend to do sthg** avoir tendance à faire qqch

tendency ['tendənsɪ] *n* tendance *f*

tender ['tendər] *adj* **1.** tendre **2.** (*sore*) douloureux(euse) ◇ *vt* (*fml*) (*pay*) présenter

tendon ['tendən] *n* tendon *m*

tenement ['tenəmənt] *n* immeuble *m*

tennis ['tenɪs] *n* (*U*) tennis *m*

tennis ball *n* balle *f* de tennis

tennis court *n* court *m* de tennis

tennis racket *n* raquette *f* de tennis

tenpin bowling ['tenpɪn-] *n* (*U*) (*UK*) bowling *m*

tenpins ['tenpɪnz] (*US*) = **tenpin bowling**

tense [tens] *adj* tendu(e) ◇ *n* GRAM temps *m*

tension ['tenʃn] *n* tension *f*

tent [tent] *n* tente *f*

tenth [tenθ] *num adj & adv* dixième ◇ *num pron* dixième *m ou f* ◇ *num n (fraction)* dixième *m* • **the tenth (of September)** le dix(septembre)

tent peg *n* piquet *m* de tente

tepid ['tepɪd] *adj* tiède

tequila [tɪ'kiːlə] *n* tequila *f*

term [tɜːm] *n* **1.** *(word, expression)* terme *m* **2.** *(at school, university)* trimestre *m* • **in the long term** à long terme • **in the short term** à court terme • **in terms of** du point de vue de • **in business terms** d'un point de vue commercial ◆ **terms** *npl* **1.** *(of contract)* termes *mpl* **2.** *(price)* conditions *fpl*

terminal ['tɜːmɪnl] *adj (illness)* mortel(elle) ◇ *n* **1.** *(for buses)* terminus *m* **2.** *(at airport)* terminal *m*, aérogare *f* **3.** *COMPUT* terminal

terminate ['tɜːmɪneɪt] *vi (train, bus)* arriver à son terminus

terminus ['tɜːmɪnəs] *n* terminus *m*

terrace ['terəs] *n (patio)* terrasse *f* • **the terraces** *(UK) (at football ground)* les gradins *mpl*

terraced house ['terəst-] *n (UK) maison attenante aux maisons voisines*

terrible ['terəbl] *adj* **1.** terrible **2.** *(very ill)* très mal

terribly ['terəblɪ] *adv* **1.** terriblement **2.** *(very badly)* terriblement mal

terrier ['terɪə^r] *n* terrier *m*

terrific [tə'rɪfɪk] *adj* **1.** *(inf) (very good)* super *inv* **2.** *(very great)* terrible

terrified ['terɪfaɪd] *adj* terrifié(e)

territory ['terətrɪ] *n* territoire *m*

terror ['terə^r] *n* terreur *f*

terrorism ['terərɪzm] *n (U)* terrorisme *m*

terrorist ['terərɪst] *n* terroriste *m ou f*

terrorize ['terəraɪz] *vt* terroriser

test [test] *n* **1.** *(exam, medical)* examen *m* **2.** *(at school, on machine, car)* contrôle *m* **3.** *(of intelligence, personality)* test *m* **4.** *(of blood)* analyse *f* ◇ *vt* **1.** *(check)* tester **2.** *(give exam to)* interroger **3.** *(dish, drink)* goûter (à)

testicles ['testɪklz] *npl* testicules *mpl*

tetanus ['tetənəs] *n (U)* tétanos *m*

text [tekst] *n* **1.** texte *m* **2.** *(on mobile phone)* mini-message *m* ◇ *vi* envoyer un mini-message ◇ *vt* envoyer un mini-message à

textbook ['tekstbʊk] *n* manuel *m*

textile ['tekstaɪl] *n* textile *m*

text message ['tekstbʊk] *n* mini-message *m*

texture ['tekstʃə^r] *n* texture *f*

Thai [taɪ] *adj* thaïlandais(e)

Thailand ['taɪlænd] *n* la Thaïlande

Thames [temz] *n* • **the Thames** la Tamise

than *(weak form* [ðən], *strong form* [ðæn]*) prep & conj* que • **you're better than me** tu es meilleur que moi • **I'd rather stay in than go out** je préférerais rester à la maison (plutôt) que sortir • **more than ten** plus de dix

thank [θæŋk] *vt* remercier • **I thanked her for her help** je l'ai remerciée de OR pour son aide ◆ **thanks** *npl* remerciements *mpl* ◇ *excl* merci ! • **thanks to** grâce à • **many thanks** mille mercis

Thanksgiving ['θæŋks,gɪvɪŋ] *n (U) fête nationale américaine*

Thanksgiving

Importante fête annuelle américaine, célébrée le quatrième jeudi de novembre, qui marque le début de la saison des fêtes de fin d'année. Elle commémore la récolte des pèlerins de la colonie de Plymouth en 1621, après un hiver très rude : le gouverneur William Bradford décida alors d'organiser une grande fête et institue ce « jour de remerciement ». Cette coutume reste très vivante de nos jours et les familles se retrouvent autour d'un dîner où l'on déguste de la dinde farcie, de la purée de pommes de terre, des ignames sucrés et un gâteau de potiron.

thank you *excl* merci ! • **thank you very much!** merci beaucoup ! • **no thank you!** non merci !

that [ðæt] (*pl* **those**) *adj*
1. *(referring to thing, person mentioned)* ce (cette), cet *(before vowel or mute "h")*, ces *pl* • **that film was very good** ce film était très bien • **those chocolates are delicious** ces chocolats sont délicieux
2. *(referring to thing, person further away)* ce...-là (cette...-là), cet...-là *(before vowel or mute "h")*, ces...-là *pl* • **I prefer that book** je préfère ce livre-là • **I'll have that one** je prends celui-là
◇ *pron*
1. *(referring to thing mentioned)* ce, cela, ça • **what's that?** qu'est-ce que c'est que ça ? • **that's interesting** c'est intéressant • **who's that?** qui est-ce ? • **is that Lucy?** c'est Lucy ?
2. *(referring to thing, person further away)* celui-là (celle-là), ceux-là (celles-là) *pl*
3. *(weak form* [ðət]*) (introducing relative clause: subject)* qui • **a shop that sells antiques** un magasin qui vend des antiquités
4. *(weak form* [ðət]*) (introducing relative clause: object)* que • **the film that I saw** le film que j'ai vu
5. *(weak form* [ðət]*) (introducing relative clause: after prep)* • **the person that I bought it for** la personne pour laquelle je l'ai acheté • **the place that I'm looking for** l'endroit que je cherche
◇ *adv (inf)* si • **it wasn't that bad/good** ce n'était pas si mauvais/bon (que ça)
◇ *conj (weak form* [ðət]*)* que • **tell him that I'm going to be late** dis-lui que je vais être en retard

thatched [θætʃt] *adj* **1.** *(roof)* de chaume
2. *(cottage)* au toit de chaume

that's [ðæts] = **that is**

thaw [θɔː] *vi (snow, ice)* fondre ◇ *vt (frozen food)* décongeler

the *(weak form* [ðə], *before vowel* [ðɪ], *strong form* [ðiː]*) art*
1. *(gen)* le (la), les *pl* • **the book** le livre • **the man** l'homme • **the woman** la femme • **the girls** les filles • **the Wilsons** les Wilson
2. *(with an adjective to form a noun)* • **the British** les Britanniques • **the young** les jeunes

3. *(in dates)* • **the twelfth** le douze • **the forties** les années quarante
4. *(in titles)* • **Elizabeth the Second** Élisabeth II
theater ['θɪətəʳ] *n* *(US)* **1.** *(for plays, drama)* = **theatre 2.** *(for films)* cinéma *m*
theatre ['θɪətəʳ] *n* *(UK)* théâtre *m*
theft [θeft] *n* vol *m*
their [ðeəʳ] *adj* leur, leurs *pl*
theirs [ðeəz] *pron* le leur (la leur), les leurs *pl* • **a friend of theirs** un de leurs amis
them *(weak form* [ðəm], *strong form* [ðem]*)* *pron* **1.** *(direct)* les **2.** *(indirect)* leur **3.** *(after prep)* eux (elles) • **I know them** je les connais • **it's them** ce sont OR c'est eux • **send it to them** envoyez-le-leur • **tell them** dites-leur • **he's worse than them** il est pire qu'eux
theme [θiːm] *n* thème *m*
theme park *n* parc *m* à thème

theme park

Parcs d'attractions américains offrant de nombreuses activités ludiques, souvent thématiques (Far West, safari, royaumes médiévaux, etc.), et s'étendant sur de vastes espaces comprenant des bars, des restaurants et des hôtels. Les plus réputés sont Disneyland, les studios Universal (découverte des effets spéciaux et des plateaux de tournage des films à succès), le parc de Dollywood (dans le Tennessee), propriété de la chanteuse de country Dolly Parton. Les frais d'admission étant onéreux, les familles y passent la journée ou davantage suivant leur budget.

theme pub *n* *(UK)* pub à thème *m*
themselves [ðəm'selvz] *pron* **1.** *(reflexive)* se **2.** *(after prep)* eux, eux-mêmes • **they did it themselves** ils l'ont fait eux-mêmes
then [ðen] *adv* **1.** *(at time in past, in that case)* alors **2.** *(at time in future)* à ce moment-là **3.** *(next)* puis, ensuite • **from then on** depuis ce moment-là • **until then** jusque-là
theory ['θɪərɪ] *n* théorie *f* • **in theory** en théorie
therapist ['θerəpɪst] *n* thérapeute *m ou f*
therapy ['θerəpɪ] *n* thérapie *f*
there [ðeəʳ] *adv* là, là-bas ◇ *pron* • **there is** il y a • **there are** il y a • **is anyone there?** il y a quelqu'un ? • **is Bob there, please?** *(on phone)* est-ce que Bob est là, s'il vous plaît ? • **we're going there tomorrow** nous y allons demain • **over there** là-bas • **there you are** *(when giving)* voilà
thereabouts [ˌðeərə'baʊts] *adv* • **or thereabouts** environ
therefore ['ðeəfɔːʳ] *adv* donc, par conséquent
there's [ðeəz] = **there is**
thermal underwear [ˌθɜːml-] *n* *(U)* sous-vêtements *mpl* en thermolactyl
thermometer [θə'mɒmɪtəʳ] *n* thermomètre *m*
Thermos (flask)® ['θɜːməs-] *n* Thermos® *f*
thermostat ['θɜːməstæt] *n* thermostat *m*

these [ðiːz] *pl* ➤ **this**
they [ðeɪ] *pron* ils (elles)
thick [θɪk] *adj* **1.** épais(aisse) **2.** *(inf) (stupid)* bouché(e) ● **it's 1 metre thick** ça fait 1 mètre d'épaisseur
thicken ['θɪkn] *vt* épaissir
thickness ['θɪknɪs] *n* épaisseur *f*
thief [θiːf] (*pl* **thieves** [θiːvz]) *n* voleur *m*, -euse *f*
thigh [θaɪ] *n* cuisse *f*
thimble ['θɪmbl] *n* dé *m* à coudre
thin [θɪn] *adj* **1.** *(in size)* fin(e) **2.** *(person)* mince **3.** *(soup, sauce)* peu épais(aisse)
thing [θɪŋ] *n* chose *f* ● **the thing is** le problème, c'est que ◆ **things** *npl (clothes, possessions)* affaires *fpl* ● **how are things?** *(inf)* comment ça va ?
thingummyjig ['θɪŋəmɪdʒɪg] *n* *(inf)* truc *m*
think [θɪŋk] (*pt & pp* **thought**) *vt* penser ◇ *vi* réfléchir ● **what do you think of this jacket?** qu'est-ce que tu penses de cette veste ? ● **to think that** penser que ● **to think about** penser à ● **to think of** penser à ; *(remember)* se souvenir de ● **to think of doing sthg** songer à faire qqch ● **I think so** je pense (que oui) ● **I don't think so** je ne pense pas ● **do you think you could...?** pourrais-tu...? ● **to think highly of sb** penser beaucoup de bien de qqn ◆ **think over** *vt sep* réfléchir à ◆ **think up** *vt sep* imaginer
third [θɜːd] *num adj & adv* troisième ◇ *num pron* troisième *m ou f* ◇ *num n (fraction)* troisième *m* ● **the third (of September)** le trois (septembre)
third party insurance *n (U)* assurance *f* au tiers
Third World *n* ● **the Third World** le tiers-monde
thirst [θɜːst] *n* soif *f*
thirsty ['θɜːstɪ] *adj* ● **to be thirsty** avoir soif
thirteen [,θɜː'tiːn] *num adj & n* six ● **to be thirteen (years old)** avoir treize ans ● **a hundred and thirteen** cent treize ● **thirteen Hill St** 13 Hill St ● **it's minus thirteen (degrees)** il fait moins treize
thirteenth [,θɜː'tiːnθ] *num adj & adv* treizième ◇ *num pron* treizième *m ou f* ◇ *num n (fraction)* treizième *m* ● **the thirteenth (of September)** le treize (septembre)
thirtieth ['θɜːtɪəθ] *num adj & adv* trentième ◇ *num pron* trentième *m ou f* ◇ *num n (fraction)* trentième *m* ● **the thirtieth (of September)** le trente (septembre)
thirty ['θɜːtɪ] *num adj & n* six ● **to be thirty (years old)** avoir trente ans ● **a hundred and thirty** cent trente ● **thirty Hill St** 30 Hill St ● **it's minus thirty (degrees)** il fait moins trente
this [ðɪs] (*pl* **these**) *adj*
1. *(referring to thing, person mentioned)* ce (cette), cet *(before vowel or mute "h")*, ces *pl* ● **these chocolates are delicious** ces chocolats sont délicieux ● **this morning** ce matin ● **this week** cette semaine
2. *(referring to thing, person nearer)* ce...-ci (cette...-ci), cet...-ci *(before vowel or mute "h")*, ces...-ci *pl* ● **I prefer this book** je préfère ce livre-ci ● **I'll have this one** je prends celui-ci
3. *(inf) (used when telling a story)* ● **there was this man...** il y avait un bonhomme...

◇ *pron*
1. *(referring to thing mentioned)* ce, ceci ● **this is for you** c'est pour vous ● **what are these?** qu'est-ce que c'est ? ● **this is David Gregory** *(introducing someone)* je vous présente David Gregory ; *(on telephone)* David Gregory à l'appareil
2. *(referring to thing, person nearer)* celui-ci (celle-ci), ceux-ci (celles-ci) *pl*
◇ *adv* ● **it was this big** *(inf)* c'était grand comme ça

thistle ['θɪsl] *n* chardon *m*

thorn [θɔːn] *n* épine *f*

thorough ['θʌrə] *adj* minutieux(ieuse)

thoroughly ['θʌrəlɪ] *adv (check, clean)* à fond

those [ðəʊz] *pl* ➤ **that**

though [ðəʊ] *conj* bien que *(+ subjunctive)* ◇ *adv* pourtant ● **even though** bien que *(+ subjunctive)*

thought [θɔːt] *pt* & *pp* ➤ **think** ◇ *n* **1.** *(idea)* idée *f (U)* **2.** *(U) (thinking)* pensées *fpl* **3.** *(U) (careful)* réflexion *f* ◆ **thoughts** *npl (opinion)* avis *m*, opinion *f*

thoughtful ['θɔːtfʊl] *adj* **1.** *(serious)* pensif(ive) **2.** *(considerate)* prévenant(e)

thoughtless ['θɔːtlɪs] *adj* indélicat(e)

thousand ['θaʊznd] *num* mille ● **a** OR **one thousand** mille ● **thousands of** des milliers de, six

thrash [θræʃ] *vt (defeat)* battre à plate(s) couture(s)

thread [θred] *n (of cotton etc)* fil *m* ◇ *vt (needle)* enfiler

threadbare ['θredbeə^r] *adj* usé(e) jusqu'à la corde

threat [θret] *n* menace *f*

threaten ['θretn] *vt* menacer ● **to threaten to do sthg** menacer de faire qqch

threatening ['θretnɪŋ] *adj* menaçant(e)

three [θriː] *num* trois ● **to be three (years old)** avoir trois ans ● **it's three (o'clock)** il est trois heures ● **a hundred and three** cent trois ● **three Hill St** 3 Hill St ● **it's minus three (degrees)** il fait moins trois

three-D *n (U)* ● **in three-D** en relief

three-piece suite *n (UK)* ensemble *m* canapé-deux fauteuils

three-quarters ['-kwɔːtəz] *n* trois quarts *mpl* ● **three-quarters of an hour** trois quarts d'heure

threshold ['θreʃhəʊld] *n* seuil *m*

threw [θruː] *pt* ➤ **throw**

thrifty ['θrɪftɪ] *adj* économe

thrift shop, thrift store ['θrɪft-] *n (US) magasin vendant des articles d'occasion au profit d'œuvres charitables*

thrilled [θrɪld] *adj* ravi(e)

thriller ['θrɪlə^r] *n* thriller *m*

thrive [θraɪv] *vi* **1.** *(plant, animal, person)* s'épanouir **2.** *(business, tourism)* être florissant(e)

throat [θrəʊt] *n* gorge *f*

throb [θrɒb] *vi (noise, engine)* vibrer ● **my head is throbbing** j'ai un mal de tête lancinant

throne [θrəʊn] *n* trône *m*

throttle ['θrɒtl] *n (of motorbike)* poignée *f* des gaz

through [θruː] *prep* **1.** *(to other side of)* à travers **2.** *(hole, window)* par **3.** *(by means of)* par **4.** *(because of)* grâce à **5.** *(during)* pendant ◇ *adv (to other side)* à travers ◇ *adj* ● **to be through (with sthg)** *(finished)* avoir fini (qqch) ● **you're through** *(on* *phone)* vous êtes en ligne • **Monday through Thursday** (*US*) de lundi à jeudi • **to let sb through** laisser passer qqn • **I slept through until nine** j'ai dormi d'une traite jusqu'à neuf heures • **through traffic** *circulation se dirigeant vers un autre endroit sans s'arrêter* • **a through train** un train direct ▾ **no through road** (*UK*) voie sans issue

throughout [θru:'aʊt] *prep* **1.** *(day, morning, year)* tout au long de **2.** *(place, country, building)* partout dans ◇ *adv* **1.** *(all the time)* tout le temps **2.** *(everywhere)* partout

throw [θrəʊ] (*pt* **threw**, *pp* **thrown** [θrəʊn]) *vt* **1.** jeter, lancer **2.** *(ball, javelin, dice)* lancer **3.** *(person)* projeter **4.** *(a switch)* actionner • **to throw sthg in the bin** jeter qqch à la poubelle ◆ **throw away** *vt sep (get rid of)* jeter ◆ **throw out** *vt sep* **1.** *(get rid of)* jeter **2.** *(person)* jeter dehors ◆ **throw up** *vi (inf) (vomit)* vomir

thru [θru:] (*US*) = **through**

thrush [θrʌʃ] *n (bird)* grive *f*

thud [θʌd] *n* bruit *m* sourd

thug [θʌg] *n* voyou *m*

thumb [θʌm] *n* pouce *m* ◇ *vt* • **to thumb a lift** faire de l'auto-stop

thumbtack ['θʌmtæk] *n* (*US*) punaise *f*

thump [θʌmp] *n* **1.** *(punch)* coup *m* **2.** *(sound)* bruit *m* sourd ◇ *vt* cogner

thunder ['θʌndəʳ] *n (U)* tonnerre *m*

thunderstorm ['θʌndəstɔ:m] *n* orage *m*

Thurs. (*abbr of Thursday*) jeu. *(jeudi)*

Thursday ['θɜ:zdɪ] *n* jeudi *m* • **it's Thursday** on est jeudi • **Thursday morning** jeudi matin • **on Thursday** jeudi • **on Thursdays** le jeudi • **last Thursday** jeudi dernier • **this Thursday** jeudi • **next Thursday** jeudi prochain • **Thursday week** (*UK*), **a week on Thursday** (*UK*) **a week from Thursday** (*US*) jeudi en huit

thyme [taɪm] *n (U)* thym *m*

tick [tɪk] *n* **1.** (*UK*) *(written mark)* coche *f* **2.** *(insect)* tique *f* ◇ *vt* (*UK*) cocher ◇ *vi (clock, watch)* faire tic-tac ◆ **tick off** *vt sep* (*UK*) *(mark off)* cocher

ticket ['tɪkɪt] *n* **1.** billet *m* **2.** *(for bus, underground)* ticket *m* **3.** *(label)* étiquette *f* **4.** *(for speeding, parking)* contravention *f*

ticket collector *n (at barrier)* contrôleur *m*, -euse *f*

ticket inspector *n (on train)* contrôleur *m*, -euse *f*

ticket machine *n* billetterie *f* automatique

ticket office *n* guichet *m*

tickle ['tɪkl] *vt & vi* chatouiller

ticklish ['tɪklɪʃ] *adj* chatouilleux(euse)

tick-tack-toe *n (U)* (*US*) morpion *m*

tide [taɪd] *n* marée *f*

tidy ['taɪdɪ] *adj* **1.** *(room, desk)* rangé(e) **2.** (*UK*) *(person, hair)* soigné(e) ◆ **tidy up** *vt sep* ranger

tie [taɪ] (*pt & pp* **tied**, OU **tying**) *n* **1.** *(around neck)* cravate *f* **2.** *(draw)* match *m* nul **3.** (*US*) *(on railway track)* traverse *f* ◇ *vt* **1.** attacher **2.** *(knot)* faire ◇ *vi* **1.** *(at end of competition)* terminer à égalité **2.** *(at end of match)* faire match nul ◆ **tie up** *vt sep* **1.** attacher **2.** *(delay)* retenir

tiepin ['taɪpɪn] *n* (*UK*) épingle *f* de cravate

tier [tɪəʳ] *n (of seats)* gradin *m*

tiger ['taɪgəʳ] *n* tigre *m*

tight [taɪt] *adj* **1.** serré(e) **2.** *(drawer, tap)* dur(e) **3.** *(rope, material)* tendu(e) **4.** *(chest)* oppressé(e) **5.** *(inf)* *(drunk)* soûl(e) ◇ *adv (hold)* bien

tighten ['taɪtn] *vt* serrer, resserrer

tightrope ['taɪtrəʊp] *n* corde *f* raide

tights [taɪts] *npl* collant(s) *mpl* • **a pair of tights** un collant, des collants

tile ['taɪl] *n* **1.** *(for roof)* tuile *f* **2.** *(for floor, wall)* carreau *m*

till [tɪl] *n (for money)* caisse *f* ◇ *prep* jusqu'à ◇ *conj* jusqu'à ce que

tiller ['tɪlər] *n* barre *f*

tilt [tɪlt] *vt* pencher ◇ *vi* se pencher

timber ['tɪmbər] *n* **1.** *(U)* *(wood)* bois *m* **2.** *(of roof)* poutre *f*

time [taɪm] *n* **1.** *(U)* temps *m* **2.** *(measured by clock)* heure *f* **3.** *(moment)* moment *m* **4.** *(occasion)* fois *f* **5.** *(in history)* époque *f* ◇ *vt* **1.** *(measure)* chronométrer **2.** *(arrange)* prévoir • **I haven't got the time** je n'ai pas le temps • **it's time to go** il est temps OR l'heure de partir • **what's the time?** quelle heure est-il ? • **two times two** deux fois deux • **five times as much** cinq fois plus • **in a month's time** dans un mois • **to have a good time** bien s'amuser • **all the time** tout le temps • **every time** chaque fois • **from time to time** de temps en temps • **for the time being** pour l'instant • **in time** *(arrive)* à l'heure • **in good time** en temps voulu • **last time** la dernière fois • **most of the time** la plupart du temps • **on time** à l'heure • **some of the time** parfois • **this time** cette fois

time difference *n* décalage *m* horaire

time limit *n* délai *m*

timer ['taɪmər] *n (machine)* minuteur *m*

time share *n* logement *m* en multipropriété

timetable ['taɪm,teɪbl] *n* **1.** horaire *m* **2.** *(UK)* *SCH* emploi *m* du temps **3.** *(of events)* calendrier *m*

time zone *n* fuseau *m* horaire

timid ['tɪmɪd] *adj* timide

tin [tɪn] *n* **1.** *(U)* *(metal)* étain *m* **2.** *(container)* boîte *f* ◇ *adj* en étain

tinfoil ['tɪnfɔɪl] *n (U)* papier *m* aluminium

tinned food [tɪnd-] *n (U)* *(UK)* conserves *fpl*

tin opener [-,əʊpnər] *n (UK)* ouvre-boîtes *m inv*

tinsel ['tɪnsl] *n (U)* guirlandes *fpl* de Noël

tint [tɪnt] *n* teinte *f*

tinted glass [,tɪntɪd-] *n (U)* verre *m* teinté

tiny ['taɪnɪ] *adj* minuscule

tip [tɪp] *n* **1.** *(of pen, needle)* pointe *f* **2.** *(of finger, cigarette)* bout *m* **3.** *(to waiter, taxi driver etc)* pourboire *m* **4.** *(piece of advice)* tuyau *m* **5.** *(UK)* *(rubbish dump)* décharge *f* ◇ *vt* **1.** *(waiter, taxi driver etc)* donner un pourboire à **2.** *(tilt)* incliner **3.** *(pour)* verser ◆ **tip over** *vt sep* renverser ◇ *vi* se renverser

tipping

En Grande-Bretagne, les pourboires sont généralement inclus dans le prix des consommations et des additions : dans les pubs, on peut offrir un verre au personnel et laisser un pourboire de 10 à 15% dans les restaurants (quand le service n'est pas pris en compte). Aux États-Unis en revanche, le personnel étant peu rémunéré, un pourboire de 15 à 20% est presque obligatoire pour les clients des restaurants (excepté les fast-foods), des bars, des hôtels, des taxis et des coiffeurs.

tire ['taɪər] *vi* se fatiguer ◇ *n* (*US*) = **tyre**

tired ['taɪəd] *adj* fatigué(e) • **to be tired of** *(fed up with)* en avoir assez de

tired out *adj* épuisé(e)

tiring ['taɪərɪŋ] *adj* fatigant(e)

tissue ['tɪʃuː] *n (handkerchief)* mouchoir *m* en papier

tissue paper *n* (*U*) papier *m* de soie

tit [tɪt] *n* (*vulg*) *(breast)* nichon *m*

title ['taɪtl] *n* titre *m*

T-junction *n* (*UK*) intersection *f* en T

to *(unstressed before consonant* [tə], *unstressed before vowel* [tʊ], *stressed* [tuː]*) prep*

1. *(indicating direction)* à • **to go to the States** aller aux États-Unis • **to go to France** aller en France • **to go to school** aller à l'école

2. *(indicating position)* • **to one side** sur le côté • **to the left/right** à gauche/droite

3. *(expressing indirect object)* à • **she gave the letter to her assistant** elle a donné la lettre à son assistant • **to listen to the radio** écouter la radio

4. *(indicating reaction, effect)* à • **to my surprise** à ma grande surprise

5. *(until)* jusqu'à • **to count to ten** compter jusqu'à dix • **we work from nine to five** nous travaillons de neuf heures à dix-sept heures

6. *(indicating change of state)* • **the rain was turning to snow** la pluie se transformait en neige • **it could lead to trouble** ça pourrait causer des ennuis

7. (*UK*) *(in expressions of time)* • **it's ten to three** il est trois heures moins dix • **at quarter to seven** à sept heures moins le quart

8. *(in ratios, rates)* • **40 miles to the gallon** ≃ 7 litres au cent • **how many euros are there to the pound?** combien d'euros vaut la livre ?

9. *(of, for)* • **the key to the car** la clef de la voiture • **a letter to my daughter** une lettre à ma fille

10. *(indicating attitude)* avec, envers • **to be rude to sb** se montrer impoli envers qqn

◇ *with inf*

1. *(forming simple infinitive)* • **to walk** marcher • **to laugh** rire

2. *(following another verb)* • **to begin to do sthg** commencer à faire qqch • **to try to do sthg** essayer de faire qqch

3. *(following an adjective)* • **difficult to do** difficile à faire • **pleased to meet you** enchanté de faire votre connaissance • **ready to go** prêt à partir

4. *(indicating purpose)* pour • **we came here to look at the castle** nous sommes venus (pour) voir le château

toad [təʊd] *n* crapaud *m*

toadstool ['təʊdstuːl] *n* champignon *m* vénéneux

toast [təust] *n* **1.** *(U) (bread)* pain *m* grillé **2.** *(when drinking)* toast *m* ◇ *vt* faire griller • **a piece** OR **slice of toast** un toast, une tranche de pain grillé
toasted sandwich ['təustɪd-] *n* sandwich *m* grillé
toaster ['təustər] *n* grille-pain *m inv*
toastie ['təustɪ] *(UK)* = **toasted sandwich**
tobacco [tə'bækəu] *n* tabac *m*
tobacconist's [tə'bækənɪsts] *n* bureau *m* de tabac
toboggan [tə'bɒgən] *n* luge *f*
today [tə'deɪ] *adv* & *n (U)* aujourd'hui
toddler ['tɒdlər] *n* tout-petit *m*
toe [təu] *n* doigt *m* de pied, orteil *m*
toe clip *n* cale-pied *m*
TOEFL [tɔfl] *(abbr of Test of English as a Foreign Language) n test d'anglais passé par les étudiants étrangers désirant faire des études dans une université américaine*
toenail ['təuneɪl] *n* ongle *m* du pied
toffee ['tɒfɪ] *n* caramel *m*
together [tə'geðər] *adv* ensemble • **together with** ainsi que
toilet ['tɔɪlɪt] *n* **1.** *(UK) (room)* toilettes *fpl* **2.** *(bowl)* W-C *mpl* • **to go to the toilet** aller aux toilettes • **where's the toilet?** où sont les toilettes ?
toilet bag *n* trousse *f* de toilette
toilet paper *n (U)* papier *m* toilette OR hygiénique
toiletries ['tɔɪlɪtrɪz] *npl* articles *mpl* de toilette
toilet roll *n (UK)* rouleau *m* de papier toilette
toilet water *n (U)* eau *f* de toilette
token ['təukn] *n (metal disc)* jeton *m*
told [təuld] *pt* & *pp* ➤ **tell**
tolerable ['tɒlərəbl] *adj* tolérable
tolerant ['tɒlərənt] *adj* tolérant(e)
tolerate ['tɒləreɪt] *vt* tolérer
toll [təul] *n (for road, bridge)* péage *m*
tollbooth ['təulbu:θ] *n* péage *m*
toll-free *adj (US)* • **toll-free number** ≃ numéro *m* vert
tomato [*(UK)* tə'mɑ:təu, *(US)* tə'meɪtəu] *(pl* **-es***)* *n* tomate *f*
tomato juice *n* jus *m* de tomate
tomato ketchup *n (U)* ketchup *m*
tomato puree *n (U)* purée *f* de tomate
tomato sauce *n (U)* sauce *f* tomate
tomb [tu:m] *n* tombe *f*
tomorrow [tə'mɒrəu] *adv* & *n (U)* demain *m* • **the day after tomorrow** après-demain • **tomorrow afternoon** demain après-midi • **tomorrow morning** demain matin • **tomorrow night** demain soir
ton [tʌn] *n* **1.** *(in UK)* = 1016 kg **2.** *(in US)* = 907,2 kg **3.** *(metric tonne)* tonne *f* • **tons of** *(inf)* des tonnes de
tone [təun] *n* **1.** ton *m* **2.** *(on phone)* tonalité *f*
toner ['təunər] *n* toner *m*
tongs [tɒŋz] *npl* **1.** *(for hair)* fer *m* à friser **2.** *(for sugar)* pince *f*
tongue [tʌŋ] *n* langue *f*
tonic ['tɒnɪk] *n* **1.** *(tonic water)* ≃ Schweppes® *m* **2.** *(medicine)* tonique *m*
tonic water *n* ≃ Schweppes® *m*
tonight [tə'naɪt] *adv* & *n* **1.** *(U)* ce soir **2.** *(later)* cette nuit
tonne [tʌn] *n* tonne *f*
tonsillitis [ˌtɒnsɪ'laɪtɪs] *n (U)* amygdalite *f*

too [tuː] *adv* **1.** trop **2.** *(also)* aussi • **it's not too good** ce n'est pas extraordinaire • **it's too late to go out** il est trop tard pour sortir • **too many** trop de • **too much** trop de
took [tʊk] *pt* ➤ **take**
tool [tuːl] *n* outil *m*
toolbar *n* barre *f* d'outils
tool kit *n* trousse *f* à outils
tooth [tuːθ] (*pl* **teeth**) *n* dent *f*
toothache ['tuːθeɪk] *n (U)* rage *f* de dents
toothbrush ['tuːθbrʌʃ] *n* brosse *f* à dents
toothpaste ['tuːθpeɪst] *n* dentifrice *m*
toothpick ['tuːθpɪk] *n* cure-dents *m inv*
top [tɒp] *adj* **1.** *(highest)* du haut **2.** *(best, most important)* meilleur(e) ◇ *n* **1.** *(garment, of stairs, page, road)* haut *m* **2.** *(of mountain, tree)* cime *f* **3.** *(of table, head)* dessus *m* **4.** *(of class, league)* premier *m*, -ière *f* **5.** *(of bottle, tube, pen)* bouchon *m* **6.** *(of box, jar)* couvercle *m* • **at the top (of)** en haut (de) • **on top of** sur ; *(in addition to)* en plus de • **at top speed** à toute vitesse • **top gear** ≃ cinquième *f* ♦ **top up** *vt sep (glass)* remplir ◇ *vi (with petrol)* faire le plein
top floor *n* dernier étage *m*
topic ['tɒpɪk] *n* sujet *m*
topical ['tɒpɪkl] *adj* d'actualité
topless ['tɒplɪs] *adj* • **to go topless** faire du monokini
topped [tɒpt] *adj* • **topped with** *(food)* garni(e)de
topping ['tɒpɪŋ] *n* garniture *f*
torch [tɔːtʃ] *n (UK) (electric light)* lampe *f* de poche OR électrique

tore [tɔːʳ] *pt* ➤ **tear**[1]
torment [tɔː'ment] *vt* tourmenter
torn [tɔːn] *pp* ➤ **tear**[1] ◇ *adj (ripped)* déchiré(e)
tornado [tɔː'neɪdəʊ] (*pl* **-es** OU **-s**) *n* tornade *f*
torrential rain [tə,renʃl-] *n* pluie *f* torrentielle
tortoise ['tɔːtəs] *n* tortue *f*
tortoiseshell ['tɔːtəʃel] *n (U)* écaille *f* (de tortue)
torture ['tɔːtʃəʳ] *n (U)* torture *f* ◇ *vt* torturer
Tory ['tɔːrɪ] *n membre du parti conservateur britannique*
toss [tɒs] *vt* **1.** *(throw)* jeter **2.** *(salad, vegetables)* remuer • **to toss a coin** jouer à pile ou face
total ['təʊtl] *adj* total(e) ◇ *n* total *m* • **in total** au total
touch [tʌtʃ] *n* **1.** *(U) (sense)* toucher *m* **2.** *(detail)* détail *m* ◇ *vt* toucher ◇ *vi* se toucher • **(just) a touch** *(of milk, wine)* (juste) une goutte ; *(of sauce, salt)* (juste) un soupçon • **to get in touch (with sb)** entrer en contact (avec qqn) • **to keep in touch (with sb)** rester en contact (avec qqn) ♦ **touch down** *vi (plane)* atterrir
touching ['tʌtʃɪŋ] *adj* touchant(e)
touch pad *n* touch pad *m*
tough [tʌf] *adj* **1.** dur(e) **2.** *(resilient)* résistant(e)
tour [tʊəʳ] *n* **1.** *(journey)* voyage *m* **2.** *(of city, castle etc)* visite *f* **3.** *(of pop group, theatre company)* tournée *f* ◇ *vt* visiter • **cycling tour** randonnée *f* à vélo • **walking tour** randonnée à pied • **on tour** en tournée

tourism ['tʊərɪzm] *n* (*U*) tourisme *m*
tourist ['tʊərɪst] *n* touriste *m ou f*
tourist class *n* classe *f* touriste
tourist information office *n* office *m* de tourisme
tournament ['tɔːnəmənt] *n* tournoi *m*
tour operator *n* tour-opérateur *m*
tout [taʊt] *n* (*UK*) revendeur *m*, -euse *f* de billets *(au marché noir)*
tow [təʊ] *vt* remorquer
toward [tə'wɔːd] (*US*) = **towards**
towards [tə'wɔːdz] *prep* **1.** vers **2.** *(with regard to)* envers **3.** *(to help pay for)* pour
towaway zone ['təʊəweɪ-] *n* (*US*) *zone de stationnement interdit sous peine de mise à la fourrière*
towel ['taʊəl] *n* serviette *f* (de toilette)
toweling ['taʊəlɪŋ] (*US*) = **towelling**
towelling ['taʊəlɪŋ] *n* (*U*) (*UK*) tissu-éponge *m*
towel rack (*US*) = **towel rail**
towel rail *n* (*UK*) porte-serviettes *m inv*
tower ['taʊər] *n* tour *f*
tower block *n* (*UK*) tour *f*
Tower Bridge *n* Tower Bridge
Tower of London *n* • **the Tower of London** la Tour de Londres

Tower of London / Tower Bridge

Située dans le centre Est de la capitale anglaise et dominant la Tamise, la Tour de Londres (ou « Tour Blanche ») fut érigée par Guillaume le Conquérant au XIe siècle : elle servit tour à tour de palais, de forteresse, de trésorerie, d'hôtel des Monnaies, d'arsenal, de refuge et de prison. Principale attraction touristique de la City, elle abrite les bijoux de la famille royale, mais les visiteurs empruntent également les passerelles du fameux *Tower Bridge*, un pont ouvrant achevé en 1894, qui permet le passage des navires et d'où l'on a une très belle vue sur la ville.

town [taʊn] *n* ville *f*
town centre *n* (*UK*) centre-ville *m*
town hall *n* mairie *f*
towpath ['təʊpɑːθ] (*pl* [pɑːðz]) *n* chemin *m* de halage
towrope ['təʊrəʊp] *n* câble *m* de remorque
tow truck *n* (*US*) dépanneuse *f*
toxic ['tɒksɪk] *adj* toxique
toy [tɔɪ] *n* jouet *m*
toy shop *n* magasin *m* de jouets
trace [treɪs] *n* trace *f* ◇ *vt (find)* retrouver
tracing paper ['treɪsɪŋ-] *n* (*U*) papier-calque *m*
track [træk] *n* **1.** *(path)* chemin *m* **2.** *(of railway)* voie *f* **3.** SPORT piste *f* **4.** *(song)* plage *f* ◆ **track down** *vt sep* retrouver
tracksuit ['træksuːt] *n* survêtement *m*
tractor ['træktər] *n* tracteur *m*
trade [treɪd] *n* **1.** (*U*) COMM commerce *m* **2.** *(job)* métier *m* ◇ *vt* échanger ◇ *vi* faire du commerce
trade-in *n* reprise *f*
trademark ['treɪdmɑːk] *n* marque *f* déposée
trader ['treɪdər] *n* commerçant *m*, -e *f*

tradesman ['treɪdzmən] (*pl* **-men**) *n* (*UK*) **1.** (*deliveryman*) livreur *m* **2.** (*shopkeeper*) marchand *m*
trade union *n* (*UK*) syndicat *m*
tradition [trə'dɪʃn] *n* tradition *f*
traditional [trə'dɪʃənl] *adj* traditionnel(elle)
traffic ['træfɪk] (*pt & pp* **-ked**) *n* (*U*) trafic *m*, circulation *f* ◇ *vi* ● **to traffic in** faire le trafic de
traffic circle *n* (*US*) rond-point *m*
traffic island *n* refuge *m*
traffic jam *n* embouteillage *m*
traffic lights *npl* feux *mpl* (de signalisation)
traffic warden *n* (*UK*) contractuel *m*, -elle *f*
tragedy ['trædʒədɪ] *n* tragédie *f*
tragic ['trædʒɪk] *adj* tragique
trail [treɪl] *n* **1.** (*path*) sentier *m* **2.** (*marks*) piste *f* ◇ *vi* (*be losing*) être mené
trailer ['treɪlər] *n* **1.** (*for boat, luggage*) remorque *f* **2.** (*US*) (*caravan*) caravane *f* **3.** (*for film, programme*) bande-annonce *f*
train [treɪn] *n* train *m* ◇ *vt* **1.** (*teach*) former **2.** (*animal*) dresser ◇ *vi* SPORT s'entraîner ● **by train** en train
train driver *n* conducteur *m*, -trice *f* de train
trainee [treɪ'niː] *n* stagiaire *m ou f*
trainer ['treɪnər] *n* (*of athlete etc*) entraîneur *m* ◆ **trainers** *npl* (*UK*) (*shoes*) tennis *mpl*
training ['treɪnɪŋ] *n* (*U*) **1.** (*instruction*) formation *f* **2.** (*exercises*) entraînement *m*
training shoes *npl* (*UK*) tennis *mpl*
tram [træm] *n* (*UK*) tramway *m*
tramp [træmp] *n* clochard *m*, -e *f*
trampoline ['træmpəliːn] *n* trampoline *m*
trance [trɑːns] *n* transe *f*
tranquilizer ['træŋkwɪlaɪzər] (*US*) = **tranquillizer**
tranquillizer ['træŋkwɪlaɪzər] *n* (*UK*) tranquillisant *m*
transaction [træn'zækʃn] *n* transaction *f*
transatlantic [ˌtrænzət'læntɪk] *adj* transatlantique
transfer *n* ['trænsfɜːr] **1.** transfert *m* **2.** (*picture*) décalcomanie *f* **3.** (*US*) (*ticket*) *billet donnant droit à la correspondance* ◇ *vt* [træns'fɜːr] transférer ◇ *vi* (*change bus, plane etc*) changer ▼ **transfers** (*in airport*) passagers en transit
transfer desk *n* (*in airport*) comptoir *m* de transit
transform [træns'fɔːm] *vt* transformer
transfusion [træns'fjuːʒn] *n* transfusion *f*
transistor radio [træn'zɪstər] *n* transistor *m*
transit ['trænzɪt] ◆ **in transit** *adv* en transit
transitive ['trænzɪtɪv] *adj* transitif(ive)
transit lounge *n* salle *f* de transit
translate [træns'leɪt] *vt* traduire
translation [træns'leɪʃn] *n* traduction *f*
translator [træns'leɪtər] *n* traducteur *m*, -trice *f*
transmission [trænz'mɪʃn] *n* (*broadcast*) émission *f*
transmit [trænz'mɪt] *vt* transmettre
transparent [træns'pærənt] *adj* transparent(e)
transplant ['trænsplɑːnt] *n* greffe *f*

transport *n* ['trænspɔːt] *(U)* transport *m* ◇ *vt* [træn'spɔːt] transporter
transportation [ˌtrænspɔː'teɪʃn] *n (U)* transport *m*
trap [træp] *n* piège *m* ◇ *vt* • **to be trapped** *(stuck)* être coincé
trapdoor [ˌtræp'dɔːʳ] *n* trappe *f*
trash [træʃ] *n (U) (US) (waste material)* ordures *fpl*
trashcan ['træʃkæn] *n (US)* poubelle *f*
trauma ['trɔːmə] *n* traumatisme *m*
traumatic [trɔː'mætɪk] *adj* traumatisant(e)
travel ['trævl] *n (U)* voyages *mpl* ◇ *vt (distance)* parcourir ◇ *vi* voyager
travel agency *n* agence *f* de voyages
travel agent *n* employé *m*, -e *f* d'une agence de voyages • **travel agent's** *(shop)* agence *f* de voyages
Travelcard ['trævlkɑːd] *n forfait d'une journée sur les transports publics dans Londres et sa région*
travel centre *n (UK) (in railway, bus station) bureau d'information et de vente de billets*
traveler ['trævlər] *(US)* = **traveller**
traveler's check *(US)* = **traveller's cheque**
travel insurance *n (U)* assurance-voyage *f*
traveller ['trævləʳ] *n (UK)* voyageur *m*, -euse *f*
traveller's cheque *n (UK)* traveller's cheque *m*
travelsick ['trævəlsɪk] *adj* • **to be travelsick** avoir le mal des transports
trawler ['trɔːləʳ] *n* chalutier *m*
tray [treɪ] *n* plateau *m*
treacherous ['tretʃərəs] *adj* traître
treacle ['triːkl] *n (U) (UK)* mélasse *f*
tread [tred] *(pt* **trod**, *pp* **trodden**) *n (of tyre)* bande *f* de roulement ◇ *vi* • **to tread on sthg** marcher sur qqch
treasure ['treʒəʳ] *n* trésor *m*
treat [triːt] *vt* traiter ◇ *n* gâterie *f* • **to treat sb to a meal** offrir un repas à qqn
treatment ['triːtmənt] *n* traitement *m*
treble ['trebl] *adj* triple
tree [triː] *n* arbre *m*
tree structure *n* arborescence *f*
trek [trek] *n* randonnée *f*
tremble ['trembl] *vi* trembler
tremendous [trɪ'mendəs] *adj* **1.** *(very large)* énorme **2.** *(inf) (very good)* formidable
trench [trentʃ] *n* tranchée *f*
trend [trend] *n* tendance *f*
trendy ['trendɪ] *adj (inf)* branché(e)
trespasser ['trespəsəʳ] *n* intrus *m*, -e *f* ▼ **trespassers will be prosecuted** défense d'entrer sous peine de poursuites
trial ['traɪəl] *n* **1.** LAW procès *m* **2.** *(test)* essai *m* • **a trial period** une période d'essai
triangle ['traɪæŋgl] *n* triangle *m*
triangular [traɪ'æŋgjʊləʳ] *adj* triangulaire
tribe [traɪb] *n* tribu *f*
tributary ['trɪbjʊtrɪ] *n* affluent *m*
trick [trɪk] *n* tour *m* ◇ *vt* jouer un tour à
trickle ['trɪkl] *vi (liquid)* couler
tricky ['trɪkɪ] *adj* difficile
tricycle ['traɪsɪkl] *n* tricycle *m*
trifle ['traɪfl] *n (UK) (dessert)* ≃ diplomate *m*
trigger ['trɪgəʳ] *n* gâchette *f*

trim [trɪm] *n (haircut)* coupe *f* (de cheveux) ◇ *vt* **1.** *(hair)* couper **2.** *(beard, hedge)* tailler

trinket ['trɪŋkɪt] *n* babiole *f*

trio ['tri:əʊ] (*pl* **-s**) *n* trio *m*

trip [trɪp] *n* **1.** *(journey)* voyage *m* **2.** *(short)* excursion *f* ◇ *vi* trébucher ◆ **trip up** *vi* trébucher

triple ['trɪpl] *adj* triple

tripod ['traɪpɒd] *n* trépied *m*

triumph ['traɪəmf] *n* triomphe *m*

trivial ['trɪvɪəl] *adj* (*pej*) insignifiant(e)

trod [trɒd] *pt* ➤ **tread**

trodden ['trɒdn] *pp* ➤ **tread**

trolley ['trɒlɪ] (*pl* **-s**) *n* **1.** (*UK*) *(in supermarket, at airport)* chariot *m* **2.** (*UK*) *(for food, drinks)* table *f* roulante **3.** (*US*) *(tram)* tramway *m*

trombone [trɒm'bəʊn] *n* trombone *m*

troops [tru:ps] *npl* troupes *fpl*

trophy ['trəʊfɪ] *n* trophée *m*

tropical ['trɒpɪkl] *adj* tropical(e)

trot [trɒt] *vi (horse)* trotter ◇ *n* ● **on the trot** (*UK*) (*inf*) d'affilée

trouble ['trʌbl] *n (U)* problèmes *mpl*, ennuis *mpl* ◇ *vt* **1.** *(worry)* inquiéter **2.** *(bother)* déranger ● **to be in trouble** avoir des problèmes OR des ennuis ● **to get into trouble** s'attirer des ennuis ● **to take the trouble to do sthg** prendre la peine de faire qqch ● **it's no trouble** ça ne me dérange pas ; *(in reply to thanks)* je vous en prie

trough [trɒf] *n* **1.** *(for food)* mangeoire *f* **2.** *(for drink)* abreuvoir *m*

trouser press ['traʊzə-] *n* (*UK*) presse *f* à pantalons

trousers ['traʊzəz] *npl* (*UK*) pantalon *m* ● **a pair of trousers** un pantalon

trout [traʊt] (*pl inv*) *n* truite *f*

trowel ['traʊəl] *n (for gardening)* déplantoir *m*

truant ['tru:ənt] *n* ● **to play truant** (*UK*) faire l'école buissonnière

truce [tru:s] *n* trêve *f*

truck [trʌk] *n* camion *m*

true [tru:] *adj* **1.** vrai(e) **2.** *(genuine, actual)* véritable

truly ['tru:lɪ] *adv* ● **yours truly** veuillez agréer l'expression de mes sentiments respectueux

trumpet ['trʌmpɪt] *n* trompette *f*

trumps [trʌmps] *npl* atout *m*

truncheon ['trʌntʃən] *n* (*UK*) matraque *f*

trunk [trʌŋk] *n* **1.** *(of tree)* tronc *m* **2.** (*US*) *(of car)* coffre *m* **3.** *(case, box)* malle *f* **4.** *(of elephant)* trompe *f*

trunk call *n* (*UK*) communication *f* interurbaine

trunk road *n* (*UK*) route *f* nationale

trunks [trʌŋks] *npl (for swimming)* slip *m* de bain

trust [trʌst] *n (U) (confidence)* confiance *f* ◇ *vt* **1.** *(have confidence in)* avoir confiance en **2.** (*fml*) *(hope)* espérer

trustworthy ['trʌst,wɜ:ðɪ] *adj* digne de confiance

truth [tru:θ] *n (U)* vérité *f*

truthful ['tru:θfʊl] *adj* **1.** *(statement, account)* fidèle à la réalité **2.** *(person)* honnête

try [traɪ] *n* essai *m* ◇ *vt* **1.** essayer **2.** *(food)* goûter (à) **3.** LAW juger ◇ *vi* essayer ● **to have a try** essayer ● **to try to do sthg**

essayer de faire qqch ◆ **try on** *vt sep (clothes)* essayer ◆ **try out** *vt sep* essayer

T-shirt *n* T-shirt *m*

tub [tʌb] *n* **1.** *(of margarine etc)* barquette *f* **2.** *(small)* pot *m* **3.** *(bath)* baignoire *f*

tube [tju:b] *n* **1.** tube *m* **2.** (*UK*) (*inf*) *(underground)* métro *m* ● **by tube** (*UK*) (*inf*) en métro

tube station *n* (*UK*) (*inf*) station *f* de métro

tuck [tʌk] ◆ **tuck in** *vt sep* **1.** *(shirt)* rentrer **2.** *(child, person)* border ◇ *vi* (*inf*) *(start eating)* attaquer

tuck shop *n* (*UK*) *petite boutique qui vend bonbons, gâteaux, etc*

Tudor ['tju:dəʳ] *adj* Tudor *inv (XVIe siècle)*

Tues. (*abbr of Tuesday*) mar. *(mardi)*

Tuesday ['tju:zdɪ] *n* mardi *m* ● **it's Tuesday** on est mardi ● **Tuesday morning** mardi matin ● **on Tuesday** mardi ● **on Tuesdays** le mardi ● **last Tuesday** mardi dernier ● **this Tuesday** mardi ● **next Tuesday** mardi prochain ● **Tuesday week** (*UK*), **a week on Tuesday** (*UK*) **a week from Tuesday** (*US*) mardi en huit

tuft [tʌft] *n* touffe *f*

tug [tʌg] *vt* tirer ◇ *n (boat)* remorqueur *m*

tuition [tju:'ɪʃn] *n (U)* cours *mpl*

tulip ['tju:lɪp] *n* tulipe *f*

tumble-dryer ['tʌmbldraɪəʳ] *n* (*UK*) sèche-linge *m inv*

tumbler ['tʌmbləʳ] *n (glass)* verre *m* haut

tummy ['tʌmɪ] *n* (*inf*) ventre *m*

tummy upset *n* (*inf*) embarras *m* gastrique

tumor ['tu:mər] (*US*) = **tumour**

tumour ['tju:məʳ] *n* (*UK*) tumeur *f*

tuna (fish) [(*UK*) 'tju:nə-, (*US*) 'tu:nə-] *n (U)* thon *m*

tuna melt *n toast au thon et au fromage fondu*

tune [tju:n] *n* air *m* ◇ *vt* **1.** *(radio, TV, engine)* régler **2.** *(instrument)* accorder ● **in tune** juste ● **out of tune** faux

tunic ['tju:nɪk] *n* tunique *f*

Tunisia [tju:'nɪzɪə] *n* la Tunisie

tunnel ['tʌnl] *n* tunnel *m*

turban ['tɜ:bən] *n* turban *m*

turbo ['tɜ:bəʊ] (*pl* **-s**) *n* turbo *m*

turbulence ['tɜ:bjʊləns] *n (U)* turbulence *f*

turf [tɜ:f] *n (U) (grass)* gazon *m*

Turk [tɜ:k] *n* Turc *m*, Turque *f*

turkey ['tɜ:kɪ] (*pl* **-s**) *n* dinde *f*

Turkey ['tɜ:kɪ] *n* la Turquie

Turkish ['tɜ:kɪʃ] *adj* turc (turque) ◇ *n (language)* turc *m* ◇ *npl* ● **the Turkish** les Turcs *mpl*

Turkish delight *n (U)* loukoum *m*

turn [tɜ:n] *n* **1.** *(in road)* tournant *m* **2.** *(of knob, key, in game)* tour *m* ◇ *vi* **1.** tourner **2.** *(person)* se tourner ◇ *vt* **1.** tourner **2.** *(corner, bend)* prendre **3.** *(become)* devenir ● **to turn sthg black** noircir qqch ● **he's turned into a fine young man** c'est devenu un beau jeune homme ● **they're turning the play into a film** ils adaptent la pièce pour l'écran ● **to turn left/right** tourner à gauche/à droite ● **it's your turn** c'est à ton tour ● **at the turn of the century** au début du siècle ● **to take it in turns to do sthg** faire qqch à tour de rôle ● **to turn a T-shirt inside out** retourner un T-shirt ◆ **turn around** *vt sep (table etc)* tourner ◇ *vi (person)* se retourner ◆ **turn back** *vt sep (person, car)* refouler ◇ *vi* faire demi-tour ◆ **turn down** *vt sep* **1.** *(radio, volume, heating)* baisser **2.** *(offer, request)* refuser ◆ **turn off** *vt sep* **1.** *(light, TV)* éteindre **2.** *(engine)* couper **3.** *(water, gas, tap)* fermer ◇ *vi (leave road)* tourner ◆ **turn on** *vt sep* **1.** *(light, TV)* allumer **2.** *(engine)* mettre en marche **3.** *(water, gas, tap)* ouvrir ◆ **turn out** *vt sep (light, fire)* éteindre ◇ *vi (come)* venir ◇ *vt insep* ● **to turn out to be sthg** se révéler être qqch ◆ **turn over** *vt sep* retourner ◇ *vi* **1.** *(in bed)* se retourner **2.** *(UK) (change channels)* changer de chaîne ◆ **turn round** *vt sep* & *vi (UK)* = **turn around** ◆ **turn up** *vt sep (radio, volume, heating)* monter ◇ *vi (come)* venir

turning ['tɜːnɪŋ] *n (off road)* embranchement *m*

turnip ['tɜːnɪp] *n* navet *m*

turn-up *n (UK) (on trousers)* revers *m*

turps [tɜːps] *n (U) (UK) (inf)* térébenthine *f*

turquoise ['tɜːkwɔɪz] *adj* turquoise *inv*

turtle ['tɜːtl] *n* tortue *f* (de mer)

turtleneck ['tɜːtlnek] *n* pull *m* à col montant

tutor ['tjuːtəʳ] *n (teacher)* professeur *m* particulier

tuxedo [tʌk'siːdəʊ] *(pl -s) n (US)* smoking *m*

TV *n* télé *f* ● **on TV** à la télé

TV movie *n* téléfilm *m*

tweed [twiːd] *n* tweed *m*

tweezers ['twiːzəz] *npl* pince *f* à épiler

twelfth [twelfθ] *num adj & adv* douzième ◇ *num pron* douzième *m ou f* ◇ *num n (fraction)* douzième *m* ● **the twelfth (of September)** le douze (septembre)

twelve [twelv] *num adj & n* douze ● **to be twelve (years old)** avoir douze ans ● **it's twelve (o'clock)** il est douze heures ● **a hundred and twelve** cent douze ● **twelve Hill St** 12 Hill St ● **it's minus twelve (degrees)** il fait moins douze

twentieth ['twentɪəθ] *num adj & adv* vingtième ◇ *num pron* vingtième *m ou f* ◇ *num n (fraction)* vingtième *m* ● **the twentieth (of September)** le vingt (septembre) ● **the twentieth century** le vingtième siècle

twenty ['twentɪ] *num adj & n* vingt ● **to be twenty (years old)** avoir vingt ans ● **a hundred and twenty** cent vingt ● **twenty Hill St** 20 Hill St ● **it's minus twenty (degrees)** il fait moins vingt

twice [twaɪs] *adv* deux fois ● **it's twice as good** c'est deux fois meilleur

twig [twɪg] *n* brindille *f*

twilight ['twaɪlaɪt] *n (U)* crépuscule *m*

twin [twɪn] *n* jumeau *m*, -elle *f*

twin beds *npl* lits *mpl* jumeaux

twine [twaɪn] *n (U)* ficelle *f*

twin room *n* chambre *f* à deux lits

twist [twɪst] *vt* **1.** tordre **2.** *(bottle top, lid, knob)* tourner ● **to twist one's ankle** se tordre la cheville

twisting ['twɪstɪŋ] *adj (road, river)* en lacets

two [tuː] *num adj & n* deux ● **to be two (years old)** avoir deux ans ● **it's two (o'clock)** il est deux heures ● **a hundred and two** cent deux ● **two Hill St** 2 Hill St ● **it's minus two (degrees)** il fait moins deux

two-piece *adj (swimsuit, suit)* deux-pièces
tying ['taɪɪŋ] *cont* ➤ **tie**
type [taɪp] *n (kind)* type *m*, sorte *f* ◇ *vt* & *vi* taper
typewriter ['taɪpˌraɪtəʳ] *n* machine *f* à écrire
typhoid ['taɪfɔɪd] *n (U)* typhoïde *f*
typical ['tɪpɪkl] *adj* typique
typist ['taɪpɪst] *n* dactylo *m ou f*
tyre ['taɪəʳ] *n (UK)* pneu *m*

*u*U

U *adj (UK) (film)* pour tous
UCAS ['ju:kas] (*abbr of Universities and Colleges Admissions Service*) *n organisme gérant les inscriptions dans les universités au Royaume-Uni*
UFO *n* (*abbr of unidentified flying object*) OVNI *(objet volant non identifié) m*
ugly ['ʌglɪ] *adj* laid(e)
UHT *adj* (*abbr of ultra heat treated*) UHT *(ultra-haute température)*
UK *n* • **the UK** le Royaume-Uni
ulcer ['ʌlsəʳ] *n* ulcère *m*
ultimate ['ʌltɪmət] *adj* **1.** *(final)* dernier(ière) **2.** *(best, greatest)* idéal(e)
ultraviolet [ˌʌltrə'vaɪələt] *adj* ultra-violet(ette)
umbrella [ʌm'brelə] *n* parapluie *m*
umpire ['ʌmpaɪəʳ] *n* arbitre *m*
UN *n* (*abbr of United Nations*) • **the UN** l'ONU *(Organisation des Nations unies) f*
unable [ʌn'eɪbl] *adj* • **to be unable to do sthg** ne pas pouvoir faire qqch
unacceptable [ˌʌnək'septəbl] *adj* inacceptable
unaccustomed [ˌʌnə'kʌstəmd] *adj* • **to be unaccustomed to sthg** ne pas être habitué(e) à qqch
unanimous [ju:'nænɪməs] *adj* unanime
unattended [ˌʌnə'tendɪd] *adj (baggage)* sans surveillance
unattractive [ˌʌnə'træktɪv] *adj* **1.** *(person, place)* sans charme **2.** *(idea)* peu attrayant(e)
unauthorized [ˌʌn'ɔ:θəraɪzd] *adj* non autorisé(e)
unavailable [ˌʌnə'veɪləbl] *adj* non disponible
unavoidable [ˌʌnə'vɔɪdəbl] *adj* inévitable
unaware [ˌʌnə'weəʳ] *adj* • **to be unaware that** ignorer que • **to be unaware of sthg** être inconscient de qqch ; *(facts)* ignorer qqch
unbearable [ʌn'beərəbl] *adj* insupportable
unbelievable [ˌʌnbɪ'li:vəbl] *adj* incroyable
unbundling *n* dégroupage *m*
unbutton [ˌʌn'bʌtn] *vt* déboutonner
uncertain [ʌn'sɜ:tn] *adj* incertain(e)
uncertainty [ˌʌn'sɜ:tntɪ] *n* incertitude *f*
uncle ['ʌŋkl] *n* oncle *m*
unclean [ˌʌn'kli:n] *adj* sale
unclear [ˌʌn'klɪəʳ] *adj* **1.** pas clair(e) **2.** *(not sure)* pas sûr(e)

uncomfortable [ˌʌn'kʌmftəbl] *adj (chair, bed)* inconfortable • **to feel uncomfortable** *(person)* se sentir mal à l'aise
uncommon [ʌn'kɒmən] *adj (rare)* rare
unconscious [ʌn'kɒnʃəs] *adj* inconscient(e)
unconvincing [ˌʌnkən'vɪnsɪŋ] *adj* peu convaincant(e)
uncooperative [ˌʌnkəʊ'ɒpərətɪv] *adj* peu coopératif(ive)
uncork [ˌʌn'kɔːk] *vt* déboucher
uncouth [ʌn'kuːθ] *adj* grossier(ière)
uncover [ʌn'kʌvər] *vt* découvrir
under ['ʌndər] *prep* **1.** *(beneath)* sous **2.** *(less than)* moins de **3.** *(according to)* selon **4.** *(in classification)* dans • **children under ten** les enfants de moins de dix ans • **under the circumstances** dans ces circonstances • **under construction** en construction • **to be under pressure** être sous pression
underage [ʌndər'eɪdʒ] *adj* mineur(e)
undercarriage ['ʌndəˌkærɪdʒ] *n* train *m* d'atterrissage
underdone [ˌʌndə'dʌn] *adj* **1.** *(accidentally)* pas assez cuit(e) **2.** *(steak)* saignant(e)
underestimate [ˌʌndər'estɪmeɪt] *vt* sous-estimer
underexposed [ˌʌndərɪk'spəʊzd] *adj* sous-exposé(e)
undergo [ˌʌndə'gəʊ] *(pt* **-went**, *pp* **-gone**) *vt* subir
undergraduate [ˌʌndə'grædjʊət] *n* étudiant *m*, -e *f (en licence)*
underground ['ʌndəgraʊnd] *adj* **1.** souterrain(e) **2.** *(secret)* clandestin(e) ◇ *n (UK) (railway)* métro *m*

underground

Le métro londonien (ou *Tube*), très ancien et très étendu, couvre près de 408 km, avec douze lignes séparées en six zones (de la ligne 1, très centrale, à la ligne 6, menant notamment à l'aéroport d'Heathrow), et comporte 274 stations au total (la première fut inaugurée en 1863). Les rames circulent de cinq heures du matin aux environs de minuit, chaque ligne étant identifiée par une couleur et chaque destination géographique étant indiquée sur les quais. On peut acheter des cartes de transport *(travel cards)* quotidiennes, hebdomadaires, mensuelles ou annuelles.

undergrowth ['ʌndəgrəʊθ] *n (U)* sous-bois *m*
underline [ˌʌndə'laɪn] *vt* souligner
underneath [ˌʌndə'niːθ] *prep* au-dessous de ◇ *adv* au-dessous ◇ *n* dessous *m*
underpants ['ʌndəpænts] *npl* slip *m*
underpass ['ʌndəpɑːs] *n* route *f* en contrebas
undershirt ['ʌndəʃɜːt] *n (US)* maillot *m* de corps
underskirt ['ʌndəskɜːt] *n* jupon *m*
understand [ˌʌndə'stænd] *(pt & pp* **-stood**) *vt* **1.** comprendre **2.** *(believe)* croire ◇ *vi* comprendre • **I don't understand** je ne comprends pas • **to make o.s. understood** se faire comprendre

understanding [ˌʌndəˈstændɪŋ] *adj* compréhensif(ive) ◇ *n* **1.** *(agreement)* entente *f* **2.** *(U)* *(knowledge, sympathy)* compréhension *f* **3.** *(interpretation)* interprétation *f*

understatement [ˌʌndəˈsteɪtmənt] *n* ● **that's an understatement** c'est peu dire

understood [ˌʌndəˈstʊd] *pt & pp* ➤ **understand**

undertake [ˌʌndəˈteɪk] (*pt* **-took**, *pp* **-taken**) *vt* entreprendre ● **to undertake to do sthg** s'engager à faire qqch

undertaker [ˈʌndəˌteɪkəʳ] *n* ordonnateur *m* des pompes funèbres

undertaking [ˌʌndəˈteɪkɪŋ] *n* **1.** *(promise)* promesse *f* **2.** *(task)* entreprise *f*

undertook [ˌʌndəˈtʊk] *pt* ➤ **undertake**

underwater [ˌʌndəˈwɔːtəʳ] *adj* sous-marin(e) ◇ *adv* sous l'eau

underwear [ˈʌndəweəʳ] *n* *(U)* sous-vêtements *mpl*

underwent [ˌʌndəˈwent] *pt* ➤ **undergo**

undesirable [ˌʌndɪˈzaɪərəbl] *adj* indésirable

undo [ˌʌnˈduː] (*pt* **-did**, *pp* **-done**) *vt* défaire, annuler

undone [ˌʌnˈdʌn] *adj* défait(e)

undress [ˌʌnˈdres] *vi* se déshabiller ◇ *vt* déshabiller

undressed [ˌʌnˈdrest] *adj* déshabillé(e) ● **to get undressed** se déshabiller

uneasy [ʌnˈiːzɪ] *adj* mal à l'aise

uneducated [ˌʌnˈedjʊkeɪtɪd] *adj* sans éducation

unemployed [ˌʌnɪmˈplɔɪd] *adj* au chômage ◇ *npl* ● **the unemployed** les chômeurs *mpl*

unemployment [ˌʌnɪmˈplɔɪmənt] *n* *(U)* chômage *m*

unemployment benefit *n* *(U)* *(UK)* allocation *f* de chômage

unequal [ˌʌnˈiːkwəl] *adj* inégal(e)

uneven [ˌʌnˈiːvn] *adj* **1.** inégal(e) **2.** *(speed, beat, share)* irrégulier(ière)

uneventful [ˌʌnɪˈventfʊl] *adj* sans histoires

unexpected [ˌʌnɪkˈspektɪd] *adj* inattendu(e)

unexpectedly [ˌʌnɪkˈspektɪdlɪ] *adv* inopinément

unfair [ˌʌnˈfeəʳ] *adj* injuste

unfairly [ˌʌnˈfeəlɪ] *adv* injustement

unfaithful [ˌʌnˈfeɪθfʊl] *adj* infidèle

unfamiliar [ˌʌnfəˈmɪljəʳ] *adj* peu familier(ière) ● **to be unfamiliar with** mal connaître

unfashionable [ˌʌnˈfæʃnəbl] *adj* démodé(e)

unfasten [ˌʌnˈfɑːsn] *vt* **1.** *(seatbelt)* détacher **2.** *(knot, laces, belt)* défaire

unfavorable *(US)* = **unfavourable**

unfavourable [ˌʌnˈfeɪvrəbl] *adj* *(UK)* défavorable

unfinished [ˌʌnˈfɪnɪʃt] *adj* inachevé(e)

unfit [ˌʌnˈfɪt] *adj* *(not healthy)* pas en forme ● **to be unfit for sthg** *(not suitable)* ne pas être adapté à qqch

unfold [ʌnˈfəʊld] *vt* déplier

unforgettable [ˌʌnfəˈgetəbl] *adj* inoubliable

unforgivable [ˌʌnfəˈgɪvəbl] *adj* impardonnable

unfortunate [ʌnˈfɔːtʃnət] *adj* **1.** *(unlucky)* malchanceux(euse) **2.** *(regrettable)* regrettable

unfortunately [ʌn'fɔːtʃnətlɪ] *adv* malheureusement
unfriendly [ˌʌn'frendlɪ] *adj* inamical(e), hostile
unfurnished [ˌʌn'fɜːnɪʃt] *adj* non meublé(e)
ungrateful [ʌn'greɪtfʊl] *adj* ingrat(e)
unhappy [ʌn'hæpɪ] *adj* **1.** *(sad)* malheureux(euse), triste **2.** *(not pleased)* mécontent(e) • **to be unhappy about sthg** être mécontent de qqch
unharmed [ˌʌn'hɑːmd] *adj* indemne
unhealthy [ʌn'helθɪ] *adj* **1.** *(person)* en mauvaise santé **2.** *(food, smoking)* mauvais(e) pour la santé
unhelpful [ˌʌn'helpfʊl] *adj* **1.** *(person)* peu serviable **2.** *(advice, instructions)* peu utile
unhurt [ˌʌn'hɜːt] *adj* indemne
unhygienic [ˌʌnhaɪ'dʒiːnɪk] *adj* antihygiénique
unification [ˌjuːnɪfɪ'keɪʃn] *n* unification *f*
uniform ['junɪfɔːm] *n* uniforme *m*
unimportant [ˌʌnɪm'pɔːtənt] *adj* sans importance
uninstall *vt* désinstaller
unintelligent [ˌʌnɪn'telɪdʒənt] *adj* inintelligent(e)
unintentional [ˌʌnɪn'tenʃənl] *adj* involontaire
uninterested [ˌʌn'ɪntrəstɪd] *adj* indifférent(e)
uninteresting [ˌʌn'ɪntrestɪŋ] *adj* inintéressant(e)
union ['juːnjən] *n* *(of workers)* syndicat *m*
Union Jack *n* • **the Union Jack** le drapeau britannique

the Union Jack

Depuis 1801, c'est le drapeau officiel du Royaume-Uni et de l'Irlande du Nord (appelé également *Union Flag*, drapeau de l'Union). Il est en effet composé d'un assemblage des drapeaux anglais (croix rouge de Saint-Georges, perpendiculaire sur fond blanc), écossais (croix blanche de Saint-André, en diagonale sur fond bleu) et irlandais (croix rouge de Saint-Patrick, en diagonale sur fond blanc).

unique [juː'niːk] *adj* unique • **to be unique to** être propre à
unisex ['juːnɪseks] *adj* unisexe
unit ['juːnɪt] *n* **1.** *(measurement, group)* unité *f* **2.** *(department)* service *m* **3.** *(of furniture)* élément *m* **4.** *(machine)* appareil *m*
unite [juː'naɪt] *vt* unir ◇ *vi* s'unir
United Kingdom [juː'naɪtɪd-] *n* • **the United Kingdom** le Royaume-Uni
United Nations [juː'naɪtɪd-] *npl* • **the United Nations** les Nations *fpl* Unies
United States (of America) [juː'naɪtɪd-] *npl* les États-Unis *mpl* (d'Amérique)
unity ['juːnətɪ] *n* *(U)* unité *f*
universal [ˌjuːnɪ'vɜːsl] *adj* universel(elle)
universe ['juːnɪvɜːs] *n* univers *m*
university [ˌjuːnɪ'vɜːsətɪ] *n* université *f*
unjust [ˌʌn'dʒʌst] *adj* injuste
unkind [ʌn'kaɪnd] *adj* méchant(e)
unknown [ˌʌn'nəʊn] *adj* inconnu(e)
unleaded [ˌʌn'ledɪd] *n* essence *f* sans plomb

unless [ən'les] *conj* à moins que *(+ subjunctive)* • **unless it rains** à moins qu'il (ne) pleuve

unlike [ˌʌn'laɪk] *prep* à la différence de • **that's unlike him** cela ne lui ressemble pas

unlikely [ʌn'laɪklɪ] *adj* peu probable • **we're unlikely to arrive before six** il est peu probable que nous arrivions avant six heures

unlimited [ʌn'lɪmɪtɪd] *adj* illimité(e) • **unlimited mileage** kilométrage illimité

unlisted [ʌn'lɪstɪd] *adj* *(US)* *(phone number)* sur la liste rouge

unload [ˌʌn'ləʊd] *vt* *(goods, vehicle)* décharger

unlock [ˌʌn'lɒk] *vt* déverrouiller

unlocking *n* déverrouillage *m*

unlucky [ʌn'lʌkɪ] *adj* **1.** *(unfortunate)* malchanceux(euse) **2.** *(bringing bad luck)* qui porte malheur

unmarried [ˌʌn'mærɪd] *adj* célibataire

unnatural [ʌn'nætʃrəl] *adj* **1.** *(unusual)* anormal(e) **2.** *(behaviour, person)* peu naturel(elle)

unnecessary [ʌn'nesəsərɪ] *adj* inutile

unobtainable [ˌʌnəb'teɪnəbl] *adj* **1.** *(product)* non disponible **2.** *(phone number)* pas en service

unoccupied [ˌʌn'ɒkjʊpaɪd] *adj* *(place, seat)* libre

unofficial [ˌʌnə'fɪʃl] *adj* non officiel(ielle)

unpack [ˌʌn'pæk] *vt* défaire ◇ *vi* défaire ses valises

unpleasant [ʌn'pleznt] *adj* désagréable

unplug [ʌn'plʌg] *vt* débrancher

unpopular [ˌʌn'pɒpjʊlə^r] *adj* impopulaire

unpredictable [ˌʌnprɪ'dɪktəbl] *adj* imprévisible

unprepared [ˌʌnprɪ'peəd] *adj* mal préparé(e)

unprotected [ˌʌnprə'tektɪd] *adj* sans protection

unqualified [ˌʌn'kwɒlɪfaɪd] *adj* *(person)* non qualifié(e)

unreal [ˌʌn'rɪəl] *adj* irréel(elle)

unreasonable [ʌn'ri:znəbl] *adj* déraisonnable

unrecognizable [ˌʌnrekəg'naɪzəbl] *adj* méconnaissable

unreliable [ˌʌnrɪ'laɪəbl] *adj* peu fiable

unrest [ˌʌn'rest] *n* *(U)* troubles *mpl*

unroll [ˌʌn'rəʊl] *vt* dérouler

unsafe [ˌʌn'seɪf] *adj* **1.** *(dangerous)* dangereux(euse) **2.** *(in danger)* en danger

unsatisfactory [ˌʌnsætɪs'fæktərɪ] *adj* peu satisfaisant(e)

unscrew [ˌʌn'skru:] *vt* *(lid, top)* dévisser

unsightly [ʌn'saɪtlɪ] *adj* laid(e)

unskilled [ˌʌn'skɪld] *adj* *(worker)* non qualifié(e)

unsociable [ʌn'səʊʃəbl] *adj* sauvage

unsound [ˌʌn'saʊnd] *adj* **1.** *(building, structure)* peu solide **2.** *(argument)* peu pertinent(e)

unspoiled [ˌʌn'spɔɪlt] *adj* *(place, beach)* qui n'est pas défiguré(e)

unsteady [ˌʌn'stedɪ] *adj* **1.** instable **2.** *(hand)* tremblant(e)

unstuck [ˌʌn'stʌk] *adj* • **to come unstuck** *(label, poster etc)* se décoller

unsuccessful [ˌʌnsək'sesful] *adj* **1.** *(person)* malchanceux(euse) **2.** *(attempt)* infructueux(euse)
unsuitable [ˌʌn'suːtəbl] *adj* inadéquat(e)
unsure [ˌʌn'ʃɔːʳ] *adj* • **to be unsure (about)** ne pas être sûr(e)(de)
unsweetened [ˌʌn'swiːtnd] *adj* sans sucre
untidy [ʌn'taɪdɪ] *adj* *(UK)* **1.** *(person)* désordonné(e) **2.** *(room, desk)* en désordre
untie [ˌʌn'taɪ] *(fp* **untying** [ˌʌn'taɪɪŋ]*)* *vt* **1.** *(person)* détacher **2.** *(knot)* défaire
until [ən'tɪl] *prep* jusqu'à ◇ *conj* jusqu'à ce que *(+ subjunctive)* • **it won't be ready until Thursday** ce ne sera pas prêt avant jeudi
untrue [ˌʌn'truː] *adj* faux (fausse)
untrustworthy [ˌʌn'trʌstˌwɜːðɪ] *adj* pas digne de confiance
unusual [ʌn'juːʒl] *adj* inhabituel(elle)
unusually [ʌn'juːʒəlɪ] *adv* *(more than usual)* exceptionnellement
unwell [ˌʌn'wel] *adj* • **to be unwell** ne pas aller très bien • **to feel unwell** ne pas se sentir bien
unwilling [ˌʌn'wɪlɪŋ] *adj* • **to be unwilling to do sthg** ne pas vouloir faire qqch
unwind [ˌʌn'waɪnd] *(pt & pp* **unwound** [ˌʌnwaʊnd]*)* *vt* dérouler ◇ *vi (relax)* se détendre
unwrap [ˌʌn'ræp] *vt* déballer
unzip [ˌʌn'zɪp] *vt* **1.** défaire la fermeture de **2.** COMPUT dézipper
up [ʌp] *adv*
1. *(towards higher position)* vers le haut • **to go up** monter • **we walked up to the top** nous sommes montés jusqu'en haut • **to pick sthg up** ramasser qqch
2. *(in higher position)* en haut • **she's up in her bedroom** elle est en haut dans sa chambre • **up there** là-haut
3. *(into upright position)* • **to stand up** se lever • **to sit up** *(from lying position)* s'asseoir ; *(sit straight)* se redresser
4. *(to increased level)* • **prices are going up** les prix augmentent
5. *(northwards)* • **up in Scotland** en Écosse
6. *(in phrases)* • **to walk up and down** faire les cent pas • **to jump up and down** sauter • **up to ten people** jusqu'à dix personnes • **are you up to travelling?** tu te sens en état de voyager ? • **what are you up to?** qu'est-ce que tu mijotes ? • **it's up to you** (c'est) à vous de voir • **up until ten o'clock** jusqu'à dix heures
◇ *prep*
1. *(towards higher position)* • **to walk up a hill** grimper sur une colline • **I went up the stairs** j'ai monté l'escalier
2. *(in higher position)* en haut de • **up a hill** en haut d'une colline • **up a ladder** sur une échelle
3. *(at end of)* • **they live up the road from us** ils habitent un peu plus haut que nous
◇ *adj*
1. *(out of bed)* levé(e)
2. *(at an end)* • **time's up** c'est l'heure
3. *(rising)* • **the up escalator** l'Escalator® pour monter
◇ *n* • **ups and downs** des hauts et des bas *mpl*
update [ˌʌp'deɪt] *n* mise *f* à jour ◇ *vt* mettre à jour
uphill [ˌʌp'hɪl] *adv* • **to go uphill** monter

upholstery [ʌp'həʊlstərɪ] *n (U)* rembourrage *m*
upkeep ['ʌpkiːp] *n (U)* entretien *m*
up-market *adj (UK)* haut de gamme *inv*
upon [ə'pɒn] *prep (fml) (on)* sur • **upon hearing the news...** en apprenant la nouvelle...
upper ['ʌpər] *adj* supérieur(e) ◇ *n (of shoe)* empeigne *f*
upper class *n* haute société *f*
uppermost ['ʌpəməʊst] *adj (highest)* le plus haut (la plus haute)
upper sixth *n (UK)* ≃ terminale *f*
upright ['ʌpraɪt] *adj* droit(e) ◇ *adv* droit
upset [ʌp'set] *(pt & pp* **upset***) adj (distressed)* peiné(e) ◇ *vt* **1.** *(distress)* peiner **2.** *(plans)* déranger **3.** *(knock over)* renverser • **to have an upset stomach** avoir un embarras gastrique
upside down [ˌʌpsaɪd-] *adj & adv* à l'envers
upstairs [ˌʌp'steəz] *adj* du haut ◇ *adv (on a higher floor)* en haut, à l'étage • **to go upstairs** monter
up-to-date *adj* **1.** *(modern)* moderne **2.** *(well-informed)* au courant
upwards ['ʌpwədz] *adv* vers le haut • **upwards of 100 people** plus de 100 personnes
urban ['ɜːbən] *adj* urbain(e)
urban clearway [-'klɪəweɪ] *n (UK)* route *f* à stationnement interdit
Urdu ['ʊəduː] *n (U)* ourdou *m*
urge [ɜːdʒ] *vt* • **to urge sb to do sthg** presser qqn de faire qqch
urgent ['ɜːdʒənt] *adj* urgent(e)
urgently ['ɜːdʒəntlɪ] *adv (immediately)* d'urgence
urinal [ˌjʊə'raɪnl] *n (fml)* urinoir *m*
urinate ['jʊərɪneɪt] *vi (fml)* uriner
urine ['jʊərɪn] *n (U)* urine *f*
URL (*abbr of uniform resource locator*) *n COMPUT* URL *m (adresse électronique)*
us [ʌs] *pron* nous • **they know us** ils nous connaissent • **it's us** c'est nous • **send it to us** envoyez-le nous • **tell us** dites-nous • **they're worse than us** ils sont pires que nous
US *n* (*abbr of United States*) • **the US** les USA *(United States of America) mpl*

US Open

Événement phare du tennis international, qui est parmi les plus suivis au monde, ce tournoi américain accueille durant trois semaines, entre août et septembre, les amateurs et professionnels de cette discipline sur le terrain du *Flushing Meadows-Corona Park*, dans le quartier du Queens à New York. Depuis 1895, le *Masters* américain de golf est également un événement annuel sportif de premier plan.

USA *n* (*abbr of United States of America*) • **the USA** les USA *(United States of America) mpl*
USB cable *n* câble *m* USB
USB key clé *f* USB
usable ['juːzəbl] *adj* utilisable
use *n* [juːs] *(U)* utilisation *f*, emploi *m* ◇ *vt* [juːz] utiliser, se servir de • **to be of use** être utile • **to have the use of sthg** avoir l'usage de qqch • **to make use of**

sthg utiliser qqch ; *(time, opportunity)* mettre qqch à profit • **to be in use** être en usage • **it's no use** ça ne sert à rien • **what's the use?** à quoi bon ? • **to use a crate as a table** utiliser un cageot comme table ▾ **out of use** hors service ▾ **use before...** *(food, drink)* à consommer avant... ◆ **use up** *vt sep* épuiser

used *adj* [ju:zd] **1.** *(towel, glass etc)* sale **2.** *(car)* d'occasion ◇ *aux vb* [ju:st] • **I used to live near here** j'habitais près d'ici avant • **I used to go there every day** j'y allais tous les jours • **to be used to sthg** avoir l'habitude de qqch • **to get used to sthg** s'habituer à qqch

useful ['ju:sfʊl] *adj* utile

useless ['ju:slɪs] *adj* **1.** inutile **2.** *(inf) (very bad)* nul (nulle)

Usenet® ['ju:znet] *n* Usenet® *m*, forum *m* électronique

user ['ju:zəʳ] *n* utilisateur *m*, -trice *f*

username *n* identifiant *m*

usher ['ʌʃəʳ] *n (at cinema, theatre)* ouvreur *m*

usherette [,ʌʃə'ret] *n* ouvreuse *f*

usual ['ju:ʒəl] *adj* habituel(elle) • **as usual** comme d'habitude

usually ['ju:ʒəlɪ] *adv* d'habitude

utensil [ju:'tensl] *n* ustensile *m*

utilize ['ju:təlaɪz] *vt* utiliser

utmost ['ʌtməʊst] *adj* le plus grand (la plus grande) ◇ *n* • **to do one's utmost** faire tout son possible

utter ['ʌtəʳ] *adj* total(e) ◇ *vt* **1.** prononcer **2.** *(cry)* pousser

utterly ['ʌtəlɪ] *adv* complètement

U-turn *n (in vehicle)* demi-tour *m*

Vv

vacancy ['veɪkənsɪ] *n (job)* offre *f* d'emploi ▾ **vacancies** chambres à louer ▾ **no vacancies** complet

vacant ['veɪkənt] *adj* libre

vacate [və'keɪt] *vt (fml) (room, house)* libérer

vacation [və'keɪʃn] *n (US)* vacances *fpl* ◇ *vi (US)* passer les vacances • **to go on vacation** *(US)* partir en vacances

vacationer [və'keɪʃənər] *n (US)* vacancier *m*, -ière *f*

vaccination [,væksɪ'neɪʃn] *n* vaccination *f*

vaccine [*(UK)* 'væksi:n, *(US)* væk'si:n] *n* vaccin *m*

vacuum ['vækjʊəm] *vt* passer l'aspirateur dans

vacuum cleaner *n* aspirateur *m*

vague [veɪg] *adj* vague

vain [veɪn] *adj (pej) (conceited)* vaniteux(euse) • **in vain** en vain

Valentine card ['væləntaɪn-] *n* carte *f* de la Saint-Valentin

Valentine's Day ['væləntaɪnz-] *n* la Saint-Valentin

valet ['væleɪ, 'vælɪt] *n (UK) (in hotel)* valet *m* de chambre

valet service *n (UK)* **1.** *(in hotel)* pressing *m* **2.** *(for car)* nettoyage *m* complet

valid ['vælɪd] *adj (ticket, passport)* valide

validate ['vælɪdeɪt] *vt (ticket)* valider

Valium® ['vælɪəm] *n* Valium® *m*

valley ['vælɪ] *n* vallée *f*

valuable ['væljʊəbl] *adj* **1.** *(jewellery, object)* de valeur **2.** *(advice, help)* précieux(ieuse) ◆ **valuables** *npl* objets *mpl* de valeur
value ['vælju:] *n (U)* **1.** valeur *f* **2.** *(usefulness)* intérêt *m* ● **a value pack** un paquet économique ● **to be good value (for money)** être d'un bon rapport qualité-prix
valve [vælv] *n* **1.** soupape *f* **2.** *(of tyre)* valve *f*
van [væn] *n* camionnette *f*
vandal ['vændl] *n* vandale *m*
vandalize ['vændəlaɪz] *vt* saccager
vanilla [və'nɪlə] *n (U)* vanille *f*
vanish ['vænɪʃ] *vi* disparaître
vapor ['veɪpər] *(US)* = **vapour**
vapour ['veɪpər] *n (U) (UK)* vapeur *f*
variable ['veərɪəbl] *adj* variable
varicose veins ['værɪkəʊs-] *npl* varices *fpl*
varied ['veərɪd] *adj* varié(e)
variety [və'raɪətɪ] *n* variété *f*
various ['veərɪəs] *adj* divers(es)
varnish ['vɑ:nɪʃ] *n* vernis *m* ◇ *vt* vernir
vary ['veərɪ] *vi* varier ◇ *vt* (faire) varier ● **regulations vary from country to country** les réglementations varient d'un pays à l'autre ▼ **prices vary** prix variables
vase [*(UK)* vɑ:z, *(US)* veɪz] *n* vase *m*
Vaseline® ['væsəli:n] *n (U)* vaseline *f*
vast [vɑ:st] *adj* vaste
vat [væt] *n* cuve *f*
VAT [væt, vi:eɪ'ti:] *n* (*abbr of value added tax*) TVA *(taxe à la valeur ajoutée) f*
vault [vɔ:lt] *n* **1.** *(in bank)* salle *f* des coffres **2.** *(in church)* caveau *m*

VCR *n (UK)* (*abbr of video cassette recorder*) magnétoscope *m*
VDU *n* (*abbr of visual display unit*) moniteur *m*
veal [vi:l] *n (U)* veau *m*
veg [vedʒ] *abbr of* **vegetable**
vegan ['vi:gən] *adj* végétalien(ienne) ◇ *n* végétalien *m*, -ienne *f*
vegetable ['vedʒtəbl] *n* légume *m*
vegetable oil *n* huile *f* végétale
vegetarian [ˌvedʒɪ'teərɪən] *adj* végétarien(ienne) ◇ *n* végétarien *m*, -ienne *f*
vegetation [ˌvedʒɪ'teɪʃn] *n (U)* végétation *f*
vehicle ['vi:əkl] *n* véhicule *m*
veil [veɪl] *n* voile *m*
vein [veɪn] *n* veine *f*
Velcro® ['velkrəʊ] *n (U)* Velcro® *m*
velvet ['velvɪt] *n (U)* velours *m*
vending machine ['vendɪŋ-] *n* distributeur *m* (automatique)
venetian blind [vɪˌni:ʃn-] *n* store *m* vénitien
venison ['venɪzn] *n (U)* chevreuil *m*
vent [vent] *n (for air, smoke etc)* grille *f* d'aération
ventilation [ˌventɪ'leɪʃn] *n (U)* ventilation *f*
ventilator ['ventɪleɪtər] *n* ventilateur *m*
venture ['ventʃər] *n* entreprise *f* ◇ *vi (go)* s'aventurer
venue ['venju:] *n* **1.** *(for show)* salle *f* (de spectacle) **2.** *(for sport)* stade *m*
veranda [və'rændə] *n* véranda *f*
verb [vɜ:b] *n* verbe *m*
verdict ['vɜ:dɪkt] *n* verdict *m*

verge [vɜːdʒ] *n* (*UK*) (*of road, lawn*) bord *m* ▼ **soft verges** (*UK*) accotements non stabilisés
verify [ˈverɪfaɪ] *vt* vérifier
vermin [ˈvɜːmɪn] *n* (*U*) vermine *f*
vermouth [ˈvɜːməθ] *n* vermouth *m*
versa ➤ **vice versa**
versatile [ˈvɜːsətaɪl] *adj* polyvalent(e)
verse [vɜːs] *n* **1.** (*of poem*) strophe *f* **2.** (*of song*) couplet *m* **3.** (*U*) (*poetry*) vers *mpl*
version [ˈvɜːʃn] *n* version *f*
versus [ˈvɜːsəs] *prep* contre
vertical [ˈvɜːtɪkl] *adj* vertical(e)
vertigo [ˈvɜːtɪgəʊ] *n* (*U*) vertige *m*
very [ˈverɪ] *adv* très ◇ *adj* ● **at the very bottom** tout au fond ● **very much** beaucoup ● **not very** pas très ● **my very own room** ma propre chambre ● **it's the very thing I need** c'est juste ce dont j'ai besoin
vessel [ˈvesl] *n* (*fml*) (*ship*) vaisseau *m*
vest [vest] *n* **1.** (*UK*) (*underwear*) maillot *m* de corps **2.** (*US*) (*waistcoat*) gilet *m* (sans manches)
vet [vet] *n* (*UK*) vétérinaire *m ou f*
veteran [ˈvetrən] *n* (*of war*) ancien combattant *m*
veterinarian [ˌvetərɪˈneərɪən] (*US*) = **vet**
veterinary surgeon [ˈvetərɪnrɪ-] (*UK*) (*fml*) = **vet**
VHF *n* (*abbr of very high frequency*) VHF (*very high frequency*) *f*
VHS *n* (*U*) (*abbr of video home system*) VHS *m*
via [ˈvaɪə] *prep* **1.** (*place*) en passant par **2.** (*by means of*) par
viaduct [ˈvaɪədʌkt] *n* viaduc *m*
vibrate [vaɪˈbreɪt] *vi* vibrer
vibration [vaɪˈbreɪʃn] *n* vibration *f*
vicar [ˈvɪkər] *n* pasteur *m*
vicarage [ˈvɪkərɪdʒ] *n* ≃ presbytère *m*
vice [vaɪs] *n* (*fault*) vice *m*
vice-president *n* vice-président *m*, -e *f*
vice versa [ˌvaɪsɪˈvɜːsə] *adv* vice versa
vicinity [vɪˈsɪnətɪ] *n* ● **in the vicinity** dans les environs
vicious [ˈvɪʃəs] *adj* **1.** (*attack*) violent(e) **2.** (*animal, comment*) méchant(e)
victim [ˈvɪktɪm] *n* victime *f*
Victorian [vɪkˈtɔːrɪən] *adj* victorien(ienne) (*deuxième moitié du XIXe siècle*)
victory [ˈvɪktərɪ] *n* victoire *f*
video [ˈvɪdɪəʊ] (*pl* **-s**) *n* **1.** vidéo *f* **2.** (*video recorder*) magnétoscope *m* ◇ *vt* **1.** (*using video recorder*) enregistrer sur magnétoscope **2.** (*using camera*) filmer ● **on video** en vidéo
video camera *n* caméra *f* vidéo
video cassette recorder = **video recorder**
videoconference *n* visioconférence *f*
video game *n* jeu *m* vidéo
video recorder *n* (*UK*) magnétoscope *m*
video shop *n* (*UK*) vidéoclub *m*
video store (*US*) = **video shop**
videotape [ˈvɪdɪəʊteɪp] *n* cassette *f* vidéo
Vietnam [(*UK*) ˌvjetˈnæm, (*US*) ˌvjetˈnɑːm] *n* le Vietnam
view [vjuː] *n* **1.** vue *f* **2.** (*opinion*) opinion *f* **3.** (*attitude*) vision *f* ◇ *vt* (*look at*) visionner ● **in my view** à mon avis ● **in view of** (*considering*) étant donné ● **to come into view** apparaître

viewer ['vjuːəʳ] *n (of TV)* téléspectateur *m*, -trice *f*
viewfinder ['vjuːˌfaɪndəʳ] *n* viseur *m*
viewpoint ['vjuːpɔɪnt] *n* point de vue *m*
vigilant ['vɪdʒɪlənt] *adj (fml)* vigilant(e)
villa ['vɪlə] *n* **1.** *(in countryside, by sea)* villa *f* **2.** *(UK) (in town)* pavillon *m*
village ['vɪlɪdʒ] *n* village *m*
villager ['vɪlɪdʒəʳ] *n* villageois *m*, -e *f*
villain ['vɪlən] *n* **1.** *(of book, film)* méchant *m*, -e *f* **2.** *(criminal)* bandit *m*
vinaigrette [ˌvɪnɪ'gret] *n (U)* vinaigrette *f*
vine [vaɪn] *n* vigne *f*
vinegar ['vɪnɪgəʳ] *n* vinaigre *m*
vineyard ['vɪnjəd] *n* vignoble *m*
vintage ['vɪntɪdʒ] *adj (wine)* de grand cru ◇ *n (year)* millésime *m*
vinyl ['vaɪnɪl] *n (U)* vinyle *m*
viola [vɪ'əʊlə] *n* alto *m*
violence ['vaɪələns] *n (U)* violence *f*
violent ['vaɪələnt] *adj* violent(e)
violet ['vaɪələt] *adj* violet(ette) ◇ *n (flower)* violette *f*
violin [ˌvaɪə'lɪn] *n* violon *m*
VIP *n (abbr of very important person)* personnalité *f*
virgin ['vɜːdʒɪn] *n* • **to be a virgin** être vierge
Virgo ['vɜːgəʊ] *(pl* **-s***) n* Vierge *f*
virtually ['vɜːtʃʊəlɪ] *adv* pratiquement
virtual reality ['vɜːtʃʊəl-] *n (U)* réalité *f* virtuelle
virus ['vaɪrəs] *n* virus *m*
visa ['viːzə] *n* visa *m*
viscose ['vɪskəʊs] *n (U)* viscose *f*
visibility [ˌvɪzɪ'bɪlətɪ] *n (U)* visibilité *f*
visible ['vɪzəbl] *adj* visible
visit ['vɪzɪt] *vt* **1.** *(person)* rendre visite à **2.** *(place)* visiter ◇ *n* visite *f*
visiting hours ['vɪzɪtɪŋ-] *npl* heures *fpl* de visite
visitor ['vɪzɪtəʳ] *n* visiteur *m*, -euse *f*
visitor centre *n (UK)* centre *m* d'information touristique
visitors' book *n* livre *m* d'or
visitor's passport *n (UK)* passeport *m* temporaire
visor ['vaɪzəʳ] *n* visière *f*
vital ['vaɪtl] *adj* vital(e)
vitamin [*(UK)* 'vɪtəmɪn, *(US)* 'vaɪtəmɪn] *n* vitamine *f*
vivid ['vɪvɪd] *adj* **1.** *(colour)* vif (vive) **2.** *(description)* vivant(e) **3.** *(memory)* précis(e)
V-neck *n (design)* col *m* en V
vocabulary [və'kæbjʊlərɪ] *n* vocabulaire *m*
vodka ['vɒdkə] *n* vodka *f*
voice [vɔɪs] *n* voix *f*
voice mail *n COMPUT* messagerie *f* vocale • **to send/receive voice mail** envoyer/recevoir un message sur une boîte vocale
volcano [vɒl'keɪnəʊ] *(pl* **-es** OU **-s***) n* volcan *m*
volleyball ['vɒlɪbɔːl] *n (U)* volley(-ball) *m*
volt [vəʊlt] *n* volt *m*
voltage ['vəʊltɪdʒ] *n* voltage *m*
volume ['vɒljuːm] *n* volume *m*
voluntary ['vɒləntrɪ] *adj* **1.** volontaire **2.** *(work)* bénévole
volunteer [ˌvɒlən'tɪəʳ] *n* volontaire *m ou f* ◇ *vt* • **to volunteer to do sthg** se porter volontaire pour faire qqch

vomit ['vɒmɪt] *n (U)* vomi *m* ◇ *vi* vomir
vote [vəʊt] *n* **1.** *(choice)* voix *f* **2.** *(process)* vote *m* ◇ *vi* ● **to vote (for)** voter (pour)
voter ['vəʊtə^r] *n* électeur *m*, -trice *f*
voucher ['vaʊtʃə^r] *n* bon *m*
vowel ['vaʊəl] *n* voyelle *f*
voyage ['vɔɪɪdʒ] *n* voyage *m*
vulgar ['vʌlgə^r] *adj* vulgaire
vulture ['vʌltʃə^r] *n* vautour *m*

W

W (*abbr of west*) O *(Ouest)*
wad [wɒd] *n* **1.** *(of paper, bank notes)* liasse *f* **2.** *(of cotton)* tampon *m*
waddle ['wɒdl] *vi* se dandiner
wade [weɪd] *vi* patauger
wading pool ['weɪdɪŋ-] *n* (*US*) pataugeoire *f*
wafer ['weɪfə^r] *n* gaufrette *f*
waffle ['wɒfl] *n (to eat)* gaufre *f* ◇ *vi* (*UK*) (*inf*) parler pour ne rien dire
wag [wæg] *vt* remuer
wage [weɪdʒ] *n* salaire *m* ◆ **wages** *npl* salaire *m*
wagon ['wægən] *n* **1.** *(vehicle)* chariot *m* **2.** (*UK*) *(of train)* wagon *m*
waist [weɪst] *n* taille *f*
waistcoat ['weɪskəʊt] *n* (*UK*) gilet *m (sans manches)*
wait [weɪt] *n* attente *f* ◇ *vi* attendre ● **to wait for sb to do sthg** attendre que qqn fasse qqch ● **I can't wait to get there!** il me tarde d'arriver ! ◆ **wait for** *vt insep* attendre
waiter ['weɪtə^r] *n* serveur *m*, garçon *m*
waiting room ['weɪtɪŋ-] *n* salle *f* d'attente
waitress ['weɪtrɪs] *n* serveuse *f*
wake [weɪk] (*pt* **woke**, *pp* **woken**) *vt* réveiller ◇ *vi* se réveiller ◆ **wake up** *vt sep* réveiller ◇ *vi (wake)* se réveiller
Waldorf salad ['wɔːldɔːf-] *n* salade *f* Waldorf *(pommes, céleri et noix avec mayonnaise légère)*
Wales [weɪlz] *n* le pays de Galles
walk [wɔːk] *n* **1.** *(hike)* marche *f* **2.** *(stroll)* promenade *f* **3.** *(path)* chemin *m* ◇ *vi* **1.** marcher **2.** *(stroll)* se promener **3.** *(as hobby)* faire de la marche ◇ *vt* **1.** *(distance)* faire à pied **2.** *(dog)* promener ● **to go for a walk** aller se promener ; *(hike)* faire de la marche ● **it's a short walk** ça n'est pas loin à pied ● **to take the dog for a walk** sortir le chien ▼ **walk** (*US*) *message lumineux indiquant aux piétons qu'ils peuvent traverser* ▼ **don't walk** (*US*) *message lumineux indiquant aux piétons qu'ils ne doivent pas traverser* ◆ **walk away** *vi* partir ◆ **walk in** *vi* entrer ◆ **walk out** *vi* partir
walker ['wɔːkə^r] *n* **1.** promeneur *m*, -euse *f* **2.** *(hiker)* marcheur *m*, -euse *f*
walking boots ['wɔːkɪŋ-] *npl* chaussures *fpl* de marche
walking stick ['wɔːkɪŋ-] *n* canne *f*
Walkman® ['wɔːkmən] *n* baladeur *m*, Walkman® *m*
wall [wɔːl] *n* **1.** mur *m* **2.** *(of tunnel, cave)* paroi *f*
wallet ['wɒlɪt] *n* portefeuille *m*

wallpaper ['wɔːl,peɪpəʳ] *n (U)* papier *m* peint
Wall Street *n* Wall Street *m*

Wall Street

Cette rue, située à l'extrémité sud de l'île de Manhattan à New York, regroupe la majorité des institutions financières américaines, dont la célèbre Bourse des valeurs, le *New York Stock Exchange*, expression utilisée quasi quotidiennement dans les médias. L'effondrement de cette dernière durant la Grande Dépression des années 1930 (le fameux *Jeudi noir* du 24 octobre 1929, ou *crash* de Wall Street) fut l'un des événements marquants de l'histoire économique américaine.

wally ['wɒlɪ] *n (UK) (inf)* andouille *f*
walnut ['wɔːlnʌt] *n* noix *f*
waltz [wɔːls] *n* valse *f*
wander ['wɒndəʳ] *vi* errer
want [wɒnt] *vt* **1.** vouloir **2.** *(need)* avoir besoin de • **to want to do sthg** vouloir faire qqch • **do you want me to help you?** voulez-vous que je vous aide ?
war [wɔːʳ] *n* guerre *f*
ward [wɔːd] *n (in hospital)* salle *f*
warden ['wɔːdn] *n* **1.** *(of park)* gardien *m*, -ienne *f* **2.** *(UK) (of youth hostel)* directeur *m*, -trice *f* **3.** *(US) (of prison)* directeur *m*, -trice *f*
wardrobe ['wɔːdrəʊb] *n* penderie *f*
warehouse ['weəhaʊs] *(pl* [-haʊzɪz]*) n* entrepôt *m*
warm [wɔːm] *adj* **1.** chaud(e) **2.** *(friendly)* chaleureux(euse) ◇ *vt* chauffer • **to be warm** avoir chaud • **it's warm** il fait chaud ◆ **warm up** *vt sep* réchauffer ◇ *vi* **1.** se réchauffer **2.** *(do exercises)* s'échauffer **3.** *(machine, engine)* chauffer
war memorial *n* monument *m* aux morts
warmth [wɔːmθ] *n (U)* chaleur *f*
warn [wɔːn] *vt* avertir • **we warned them about the risks** nous les avons avertis des risques • **I warned you not to do that** je t'ai déconseillé de faire cela
warning ['wɔːnɪŋ] *n (of danger)* avertissement *m* • **they didn't give us any warning** ils ne nous ont pas prévenus
warranty ['wɒrəntɪ] *n (fml)* garantie *f*
warship ['wɔːʃɪp] *n* navire *m* de guerre
wart [wɔːt] *n* verrue *f*
was [wɒz] *pt* ➤ **be**
wash [wɒʃ] *vt* laver ◇ *vi* se laver ◇ *n* • **to give sthg a wash** laver qqch • **to have a wash** se laver • **to wash one's hands** se laver les mains ◆ **wash up** *vi* **1.** *(UK) (do washing-up)* faire la vaisselle **2.** *(US) (clean o.s.)* se laver
washable ['wɒʃəbl] *adj* lavable
washbasin ['wɒʃ,beɪsn] *n* lavabo *m*
washbowl ['wɒʃbəʊl] *n (US)* lavabo *m*
washer ['wɒʃəʳ] *n* **1.** *(for bolt, screw)* rondelle *f* **2.** *(of tap)* joint *m*
washing ['wɒʃɪŋ] *n (U) (UK)* lessive *f*
washing line *n (UK)* corde *f* à linge
washing machine *n* machine *f* à laver
washing powder *n (UK)* lessive *f*
washing-up *n (U) (UK)* • **to do the washing-up** faire la vaisselle

washing-up bowl *n* (*UK*) *bassine dans laquelle on fait la vaisselle*
washing-up liquid *n* (*U*) (*UK*) liquide *m* vaisselle
washroom ['wɒʃrʊm] *n* (*US*) toilettes *fpl*
wasn't [wɒznt] = **was not**
wasp [wɒsp] *n* guêpe *f*
waste [weɪst] *n* (*U*) (*rubbish*) déchets *mpl* ◇ *vt* **1.** (*money, energy*) gaspiller **2.** (*time*) perdre • **a waste of money** de l'argent gaspillé • **a waste of time** une perte de temps
wastebin ['weɪstbɪn] *n* (*UK*) poubelle *f*
waste ground *n* (*U*) terrain *m* vague
wastepaper basket [ˌweɪst'peɪpə-] *n* corbeille *f* à papier
watch [wɒtʃ] *n* (*wristwatch*) montre *f* ◇ *vt* **1.** regarder **2.** (*spy on*) observer **3.** (*be careful with*) faire attention à • **watch out** *vi* (*be careful*) faire attention • **to watch out for** (*look for*) guetter
watchstrap ['wɒtʃstræp] *n* bracelet *m* de montre
water ['wɔːtər] *n* (*U*) eau *f* ◇ *vt* (*plants, garden*) arroser ◇ *vi* (*eyes*) pleurer • **to make sb's mouth water** mettre l'eau à la bouche de qqn
water bottle *n* gourde *f*
watercolor (*US*) = **watercolour**
watercolour ['wɔːtəˌkʌlər] *n* (*UK*) aquarelle *f*
watercress ['wɔːtəkres] *n* cresson *m*
waterfall ['wɔːtəfɔːl] *n* chutes *fpl* d'eau, cascade *f*
watering can ['wɔːtərɪŋ-] *n* arrosoir *m*
watermelon ['wɔːtəˌmelən] *n* pastèque *f*
waterproof ['wɔːtəpruːf] *adj* **1.** (*clothes*) imperméable **2.** (*watch*) étanche
water purification tablets [-pjʊərɪfɪ'keɪʃn-] *npl* pastilles *fpl* pour la clarification de l'eau
water skiing *n* (*U*) ski *m* nautique
watersports ['wɔːtəspɔːts] *npl* sports *mpl* nautiques
water tank *n* citerne *f* d'eau
watertight ['wɔːtətaɪt] *adj* étanche
watt [wɒt] *n* watt *m* • **a 60-watt bulb** une ampoule 60 watts
wave [weɪv] *n* **1.** vague *f* **2.** (*in hair*) ondulation *f* **3.** (*of light, sound etc*) onde *f* ◇ *vt* agiter ◇ *vi* (*with hand*) faire signe (de la main)
wavelength ['weɪvleŋθ] *n* longueur *f* d'onde
wavy ['weɪvɪ] *adj* (*hair*) ondulé(e)
wax [wæks] *n* (*U*) **1.** cire *f* **2.** (*in ears*) cérumen *m*
way [weɪ] *n* **1.** (*manner*) façon *f*, manière *f* **2.** (*means*) moyen *m* **3.** (*route*) route *f*, chemin *m* **4.** (*distance*) trajet *m* • **which way is the station?** dans quelle direction est la gare ? • **the town is out of our way** la ville n'est pas sur notre chemin • **to be in the way** gêner • **to be on the way** (*coming*) être en route • **to get out of the way** s'écarter • **to get under way** démarrer • **a long way (away)** loin • **to lose one's way** se perdre • **on the way back** sur le chemin du retour • **on the way there** pendant le trajet • **that way** (*like that*) comme ça ; (*in that direction*) par là • **this way** (*like this*) comme ceci ; (*in this direction*) par ici • **no way!** (*inf*) pas ques-

tion ! ▾ **give way** cédez le passage ▾ **way in** entrée ▾ **way out** sortie

WC *n* (*UK*) (*abbr of water closet*) W-C *(water closet) mpl*

we [wiː] *pron* nous

weak [wiːk] *adj* **1.** faible **2.** *(structure)* fragile **3.** *(drink, soup)* léger(ère)

weaken ['wiːkn] *vt* affaiblir

weakness ['wiːknɪs] *n* faiblesse *f*

wealth [welθ] *n (U)* richesse *f*

wealthy ['welθɪ] *adj* riche

weapon ['wepən] *n* arme *f*

wear [weəʳ] (*pt* **wore,** *pp* **worn**) *vt* porter ◇ *n (U) (clothes)* vêtements *mpl* ● **wear and tear** usure *f* ◆ **wear off** *vi* disparaître ◆ **wear out** *vi* s'user

weary ['wɪərɪ] *adj* fatigué(e)

weasel ['wiːzl] *n* belette *f*

weather ['weðəʳ] *n (U)* temps *m* ● **what's the weather like?** quel temps fait-il ? ● **to be under the weather** (*inf*) être patraque

weather forecast *n* prévisions *fpl* météo

weather forecaster [↓fɔːkɑːstəʳ] *n* météorologiste *m ou f*

weather report *n* bulletin *m* météo

weather vane [↓veɪn] *n* girouette *f*

weave [wiːv] (*pt* **wove,** *pp* **woven**) *vt* tisser

web [web] *n* **1.** *(of spider)* toile *f* (d'araignée) **2.** *COMPUT* ● **the web** le Web

webmaster ['web,mɑstəʳ] *n* webmaster *m*, webmestre *m*

Wed. (*abbr of Wednesday*) mer. *(mercredi)*

wedding ['wedɪŋ] *n* mariage *m*

wedding anniversary *n* anniversaire *m* de mariage

wedding dress *n* robe *f* de mariée

wedding ring *n* alliance *f*

wedge [wedʒ] *n* **1.** *(of cake)* part *f* **2.** *(of wood etc)* coin *m*

Wednesday ['wenzdɪ] *n* mercredi *m* ● **it's Wednesday** on est mercredi ● **Wednesday morning** mercredi matin ● **on Wednesday** mercredi ● **on Wednesdays** le mercredi ● **last Wednesday** mercredi dernier ● **this Wednesday** mercredi ● **next Wednesday** mercredi prochain ● **Wednesday week** (*UK*), **a week on Wednesday** (*UK*) **a week from Wednesday** (*US*) mercredi en huit

wee [wiː] *adj* (*Scot*) petit(e) ◇ *n* (*inf*) pipi *m*

weed [wiːd] *n* mauvaise herbe *f*

week [wiːk] *n* semaine *f* ● **a week today** dans une semaine ● **in a week's time** dans une semaine

weekday ['wiːkdeɪ] *n* jour *m* de (la) semaine

weekend [,wiːk'end] *n* week-end *m*

weekly ['wiːklɪ] *adj* hebdomadaire ◇ *adv* chaque semaine ◇ *n* hebdomadaire *m*

weep [wiːp] (*pt & pp* **wept**) *vi* pleurer

weigh [weɪ] *vt* peser ● **how much does it weigh?** combien ça pèse ?

weight [weɪt] *n* poids *m* ● **to lose weight** maigrir ● **to put on weight** grossir

weightlifting ['weɪt,lɪftɪŋ] *n (U)* haltérophilie *f*

weight training *n (U)* musculation *f*

weir [wɪəʳ] *n* barrage *m*

weird [wɪəd] *adj* bizarre

welcome ['welkəm] *n* accueil *m* ◇ *vt* **1.** accueillir **2.** *(opportunity)* se réjouir de ◇ *excl* bienvenue ! ◇ *adj* bienvenu(e) ● **you're welcome to help yourself** n'hésitez pas à vous servir ● **to make sb feel welcome** mettre qqn à l'aise ● **you're welcome!** il n'y a pas de quoi !
weld [weld] *vt* souder
welfare ['welfeəʳ] *n (U)* **1.** bien-être *m* **2.** *(US) (money)* aide *f* sociale
well [wel] (*comp* **better**, *superl* **best**) *adj (healthy)* en forme *inv* ◇ *adv* bien ◇ *n (for water)* puits *m* ● **to get well** se remettre ● **to go well** aller bien ● **well done!** bien joué ! ● **it may well happen** ça pourrait très bien arriver ● **it's well worth it** ça en vaut bien la peine ● **as well** *(in addition)* aussi ● **as well as** *(in addition to)* ainsi que
we'll [wi:l] = **we shall, we will**
well-behaved [↓bɪ'heɪvd] *adj* bien élevé(e)
well-built *adj* bien bâti(e)
well-done *adj (meat)* bien cuit(e)
well-dressed [↓'drest] *adj* bien habillé(e)
wellington (boot) ['welɪŋtən-] *n (UK)* botte *f* en caoutchouc
well-known *adj* célèbre
well-off *adj (rich)* aisé(e)
well-paid *adj* bien payé(e)
welly ['welɪ] *n (UK) (inf)* botte *f* en caoutchouc
Welsh [welʃ] *adj* gallois(e) ◇ *n (U) (language)* gallois *m* ◇ *npl* ● **the Welsh** les Gallois *mpl*
Welsh Assembly *n* Assemblée *f* galloise OR du pays de Galles

Welsh National Assembly

L'Assemblée nationale du pays de Galles, (ou Assemblée galloise), ne date que de 1999, elle a été mise en place par le gouvernement britannique à l'issue du référendum sur la *devolution*, organisé en 1997. Le pays de Galles a depuis une autonomie certaine, notamment dans des domaines tels que l'agriculture, l'éducation, la santé et le tourisme. L'Assemblée siège dans d'anciens locaux situés sur la baie de Cardiff, mais un nouveau Parlement est actuellement en construction.

Welshman ['welʃmən] (*pl* **-men**) *n* Gallois *m*
Welsh rarebit [↓'reəbɪt] *n* toast *m* au fromage fondu
Welshwoman ['welʃ,wʊmən] (*pl* **-women**) *n* Galloise *f*
went [went] *pt* ➤ **go**
wept [wept] *pt & pp* ➤ **weep**
were [wɜ:ʳ] *pt* ➤ **be**
we're [wɪəʳ] = **we are**
weren't [wɜ:nt] = **were not**
west [west] *n* ouest *m* ◇ *adj* occidental(e), ouest *inv* ◇ *adv* **1.** *(fly, walk)* vers l'ouest **2.** *(be situated)* à l'ouest ● **in the west of England** à OR dans l'ouest de l'Angleterre
westbound ['westbaʊnd] *adj* en direction de l'ouest

West Country *n* • **the West Country** *le sud-ouest de l'Angleterre, comprenant les comtés de Cornouailles, Devon et Somerset*

West End *n* • **the West End** *quartier des grands magasins et des théâtres à Londres*

western ['westən] *adj* occidental(e) ◇ *n (film)* western *m*

West Indies [ˌ'ɪndiːz] *npl* Antilles *fpl*

Westminster ['westmɪnstəʳ] *n quartier du centre de Londres*

Westminster / Westminster Abbey

Nom donné au quartier du centre de Londres qui abrite divers organismes gouvernementaux, dont les chambres du Parlement qui siègent au palais de Westminster. Non loin de là se dresse l'abbaye du même nom, un chef-d'œuvre architectural construit entre le XIIIe et le XVIe siècle, où sont prononcés les sacrements solennels (Guillaume le Conquérant fut le premier à y être couronné le jour de Noël, en 1066). Elle abrite également la sépulture de rois, de hauts dignitaires, d'écrivains et d'artistes célèbres et possède un ensemble de chœurs exceptionnels, mondialement connu.

Westminster Abbey *n* l'abbaye *f* de Westminster

westwards ['westwədz] *adv* vers l'ouest

wet [wet] (*pt & pp* **wet** OU **-ted**) *adj* **1.** mouillé(e) **2.** *(rainy)* pluvieux(ieuse) ◇ *vt* mouiller • **to get wet** se mouiller ▼ **wet paint** peinture fraîche

wet suit *n* combinaison *f* de plongée

we've [wiːv] = **we have**

whale [weɪl] *n* baleine *f*

wharf [wɔːf] (*pl* **-s** OU **wharves** [wɔːvz]) *n* quai *m*

what [wɒt] *adj*

1. *(in questions)* quel (quelle) • **what colour is it?** c'est de quelle couleur ? • **he asked me what colour it was** il m'a demandé de quelle couleur c'était

2. *(in exclamations)* • **what a surprise!** quelle surprise ! • **what a beautiful day!** quelle belle journée !

◇ *pron*

1. *(in direct questions: subject)* qu'est-ce qui • **what is going on?** qu'est-ce qui se passe ? • **what is that?** qu'est-ce que c'est ? • **what is it called?** comment ça s'appelle ?

2. *(in direct questions: object)* qu'est-ce que, que • **what are they doing?** qu'est-ce qu'ils font ?, que font-ils ?

3. *(in direct questions: after prep)* quoi • **what are they talking about?** de quoi parlent-ils ? • **what is it for?** à quoi ça sert ?

4. *(in indirect questions, relative clauses: subject)* ce qui • **she asked me what had happened** elle m'a demandé ce qui s'était passé • **I don't know what's wrong** je ne sais pas ce qui ne va pas

5. *(in indirect questions, relative clauses: object)* ce que • **she asked me what I had seen** elle m'a demandé ce que j'avais vu

• **I didn't hear what she said** je n'ai pas entendu ce qu'elle a dit
6. *(in indirect questions, after prep)* quoi • **she asked me what I was thinking about** elle m'a demandé à quoi je pensais
7. *(in phrases)* • **what for?** pour quoi faire ? • **what about going out for a meal?** si on allait manger au restaurant ?
◇ *excl* quoi !

whatever [wɒt'evəʳ] *pron* • **take whatever you want** prends ce que tu veux • **whatever I do, I'll lose** quoi que je fasse, je perdrai

wheat [wiːt] *n (U)* blé *m*

wheel [wiːl] *n* **1.** roue *f* **2.** *(steering wheel)* volant *m*

wheelbarrow ['wiːl,bærəʊ] *n* brouette *f*

wheelchair ['wiːl,tʃeəʳ] *n* fauteuil *m* roulant

wheelclamp [,wiːl'klæmp] *n (UK)* sabot *m* de Denver

wheezy ['wiːzɪ] *adj* • **to be wheezy** avoir la respiration sifflante

when [wen] *adv* quand ◇ *conj* **1.** quand, lorsque **2.** *(although, seeing as)* alors que • **when it's ready** quand ce sera prêt • **when I've finished** quand j'aurai terminé

whenever [wen'evəʳ] *conj* quand

where [weəʳ] *adv & conj* où • **this is where you will be sleeping** c'est ici que vous dormirez

whereabouts ['weərəbaʊts] *adv* où ◇ *npl* • **his whereabouts are unknown** personne ne sait où il se trouve

whereas [weər'æz] *conj* alors que

wherever [weər'evəʳ] *conj* où que *(+ subjunctive)* • **go wherever you like** va où tu veux

whether ['weðəʳ] *conj* si • **whether you like it or not** que ça te plaise ou non

which [wɪtʃ] *adj (in questions)* quel (quelle) • **which room do you want?** quelle chambre voulez-vous ? • **which one?** lequel (laquelle) ? • **she asked me which room I wanted** elle m'a demandé quelle chambre je voulais
◇ *pron*
1. *(in direct, indirect questions)* lequel (laquelle) • **which is the cheapest?** lequel est le moins cher ? • **which do you prefer?** lequel préférez-vous ? • **he asked me which was the best** il m'a demandé lequel était le meilleur • **he asked me which I preferred** il m'a demandé lequel je préférais • **he asked me which I was talking about** il m'a demandé duquel je parlais
2. *(introducing relative clause: subject)* qui • **the house which is on the corner** la maison qui est au coin de la rue
3. *(introducing relative clause: object)* que • **the television which I bought** le téléviseur que j'ai acheté
4. *(introducing relative clause: after prep)* lequel (laquelle) • **the settee on which I'm sitting** le canapé sur lequel je suis assis • **the book about which we were talking** le livre dont nous parlions
5. *(referring back, subject)* ce qui • **he's late, which annoys me** il est en retard, ce qui m'ennuie
6. *(referring back, object)* ce que • **he's always late, which I don't like** il est toujours en retard, ce que je n'aime pas

whichever [wɪtʃ'evəʳ] *pron* celui que (celle que) ◇ *adj* • **whichever seat you**

prefer la place que tu préfères • **whichever way you do it** quelle que soit la façon dont tu t'y prennes

while [waɪl] *conj* **1.** pendant que **2.** *(although)* bien que *(+ subjunctive)* **3.** *(whereas)* alors que ◇ *n* • **a while** un moment • **for a while** pendant un moment • **in a while** dans un moment

whim [wɪm] *n* caprice *m*

whine [waɪn] *vi* **1.** gémir **2.** *(complain)* pleurnicher

whip [wɪp] *n* fouet *m* ◇ *vt* fouetter

whipped cream [wɪpt-] *n (U)* crème *f* fouettée

whirlpool ['wɜːlpuːl] *n (Jacuzzi)* bain *m* à remous

whisk [wɪsk] *n (utensil)* fouet *m* ◇ *vt (eggs, cream)* battre

whiskers ['wɪskəz] *npl* **1.** *(of person)* favoris *mpl* **2.** *(of animal)* moustaches *fpl*

whiskey ['wɪskɪ] *(pl* **-s***) n (US)* whisky *m*

whisky ['wɪskɪ] *n (UK)* whisky *m*

whisper ['wɪspər] *vt & vi* chuchoter

whistle ['wɪsl] *n* **1.** *(instrument)* sifflet *m* **2.** *(sound)* sifflement *m* ◇ *vi* siffler

white [waɪt] *adj* **1.** blanc (blanche) **2.** *(coffee, tea)* au lait ◇ *n* **1.** *(U)* blanc *m* **2.** *(person)* Blanc *m*, Blanche *f*

white bread *n (U)* pain *m* blanc

White House *n* • **the White House** la Maison-Blanche

White House

Résidence officielle du président américain à Washington (D.C.) depuis 1800, la Maison-Blanche est l'un des plus vieux édifices de la capitale. Elle est ouverte au public. La plupart des visiteurs s'attardent devant le célèbre « Bureau ovale », symbole de la présidence, qui fut inauguré en 1909. De manière plus générale et particulièrement dans les médias, ce terme fait directement référence à l'administration et au gouvernement américains.

white sauce *n* sauce *f* béchamel

white spirit *n (U) (UK)* white-spirit *m*

whitewash ['waɪtwɒʃ] *vt* blanchir à la chaux

white wine *n* vin *m* blanc

whiting ['waɪtɪŋ] *(pl inv) n* merlan *m*

Whitsun ['wɪtsn] *n* la Pentecôte

who [huː] *pron* qui

whoever [huː'evər] *pron (whichever person)* quiconque • **whoever it is** qui que ce soit

whole [həʊl] *adj* **1.** entier(ière) **2.** *(undamaged)* intact(e) ◇ *n* • **the whole of the journey** tout le trajet • **on the whole** dans l'ensemble • **the whole day** toute la journée • **the whole time** tout le temps

wholefoods ['həʊlfuːdz] *npl (UK)* aliments *mpl* complets

wholemeal bread ['həʊlmiːl-] *n (U) (UK)* pain *m* complet

wholesale ['həʊlseɪl] *adv* en gros

wholewheat bread ['həʊl,wiːt-] *(US)* = **wholemeal bread**

whom [huːm] *pron* **1.** *(fml) (in questions)* qui **2.** *(in relative clauses)* que • **to whom** à qui

whooping cough ['hu:pɪŋ-] *n (U)* coqueluche *f*

whose [hu:z] *adj & pron* • **whose jumper is this?** à qui est ce pull ? • **she asked whose bag it was** elle a demandé à qui était le sac • **the woman whose daughter I know** la femme dont je connais la fille • **whose is this?** à qui est-ce ?

why [waɪ] *adv & conj* pourquoi • **why don't we go swimming?** si on allait nager ? • **why not?** pourquoi pas ? • **why not have a rest?** pourquoi ne pas te reposer ?

wick [wɪk] *n (of candle, lighter)* mèche *f*

wicked ['wɪkɪd] *adj* **1.** *(evil)* mauvais(e) **2.** *(mischievous)* malicieux(ieuse)

wicker ['wɪkəʳ] *adj* en osier

wide [waɪd] *adj* large ◇ *adv* • **open your mouth wide** ouvre grand la bouche • **how wide is the road?** quelle est la largeur de la route ? • **it's 12 metres wide** ça fait 12 mètres de large • **wide open** grand ouvert

widely ['waɪdlɪ] *adv* **1.** *(known, found)* généralement **2.** *(travel)* beaucoup

widen ['waɪdn] *vt* élargir ◇ *vi* s'élargir

wide screen *n* écran *m* 16/9

wide-screen *adj (television, film, format)* 16/9

widespread ['waɪdspred] *adj* répandu(e)

widow ['wɪdəʊ] *n* veuve *f*

widower ['wɪdəʊəʳ] *n* veuf *m*

width [wɪdθ] *n* largeur *f*

wife [waɪf] *(pl* **wives***)* *n* femme *f*

wig [wɪg] *n* perruque *f*

wild [waɪld] *adj* **1.** sauvage **2.** *(crazy)* fou (folle) • **to be wild about** *(inf)* être dingue de

wild flower *n* fleur *f* des champs

wildlife ['waɪldlaɪf] *n (U)* la faune et la flore

[1]**will** [wɪl] *aux vb*

1. *(expressing future tense)* • **I will go next week** j'irai la semaine prochaine • **will you be here next Friday?** est-ce que tu seras là vendredi prochain ? • **yes I will** oui • **no I won't** non

2. *(expressing willingness)* • **I won't do it** je refuse de le faire

3. *(expressing polite question)* • **will you have some more tea?** prendrez-vous un peu plus de thé ?

4. *(in commands, requests)* • **will you please be quiet!** veux-tu te taire ! • **close that window, will you?** ferme cette fenêtre, veux-tu ?

[2]**will** [wɪl] *n (document)* testament *m* • **against my will** contre ma volonté

willing ['wɪlɪŋ] *adj* • **to be willing to do sthg** être disposé(e)à faire qqch

willingly ['wɪlɪŋlɪ] *adv* volontiers

willow ['wɪləʊ] *n* saule *m*

Wimbledon ['wɪmbəldn] *n tournois annuel de tennis à Londres*

Wimbledon

C'est l'un des plus importants tournois annuels de tennis international, qui se tient durant quinze jours à partir de la fin juin sur les célèbres courts sur gazon du *All England Tennis and Croquet*

Club, situés à Wimbledon, près de Londres. Cet événement sportif est l'un des quatre grands chelems australiens, français et américains de cette discipline.

win [wɪn] (*pt & pp* **won**) *n* victoire *f* ◇ *vt* gagner ◇ *vi* **1.** gagner **2.** *(be ahead)* être en tête

[1]**wind** [wɪnd] *n* **1.** vent *m* **2.** *(U)* *(UK)* *(in stomach)* gaz *mpl*

[2]**wind** [waɪnd] (*pt & pp* **wound**) *vi (road, river)* serpenter ◇ *vt* • **to wind a rope around a post** enrouler une corde autour d'un poteau ◆ **wind up** *vt sep* **1.** *(inf)* *(annoy)* faire marcher **2.** *(car window, clock, watch)* remonter

windbreak ['wɪndbreɪk] *n* écran *m* coupe-vent

windmill ['wɪndmɪl] *n* moulin *m* à vent

window ['wɪndəʊ] *n* **1.** fenêtre *f* **2.** *(of car)* vitre *f* **3.** *(of shop)* vitrine *f*

window box *n* jardinière *f*

window cleaner *n* laveur *m*, -euse *f* de carreaux

windowpane ['wɪndəʊ,peɪn] *n* vitre *f*

window seat *n* siège *m* côté fenêtre

window-shopping *n* *(U)* lèche-vitrines *m*

windowsill ['wɪndəʊsɪl] *n* appui *m* de (la) fenêtre

windscreen ['wɪndskriːn] *n* *(UK)* pare-brise *m inv*

windscreen wipers *npl* *(UK)* essuie-glaces *mpl*

windshield ['wɪndʃiːld] *n* *(US)* pare-brise *m inv*

Windsor Castle ['wɪnzə-] *n* le château de Windsor

windsurfing ['wɪnd,sɜːfɪŋ] *n* *(U)* planche *f* à voile • **to go windsurfing** faire de la planche à voile

windy ['wɪndɪ] *adj* venteux(euse) • **it's windy** il y a du vent

wine [waɪn] *n* vin *m*

wine bar *n* bar *m* à vin

wineglass ['waɪnglɑːs] *n* verre *m* à vin

wine list *n* carte *f* des vins

wine tasting [↓'teɪstɪŋ] *n* *(U)* dégustation *f* de vins

wine waiter *n* sommelier *m*

wing [wɪŋ] *n* aile *f* ◆ **wings** *npl* • **the wings** *(in theatre)* les coulisses *fpl*

wink [wɪŋk] *vi* faire un clin d'œil

winner ['wɪnə[r]] *n* gagnant *m*, -e *f*

winning ['wɪnɪŋ] *adj* gagnant(e)

winter ['wɪntə[r]] *n* hiver *m* • **in (the) winter** en hiver

wintertime ['wɪntətaɪm] *n* *(U)* hiver *m*

wipe [waɪp] *n* *(cloth)* lingette *f* ◇ *vt* essuyer • **to wipe one's hands/feet** s'essuyer les mains/pieds ◆ **wipe up** *vt sep* *(liquid, dirt)* essuyer ◇ *vi (dry the dishes)* essuyer la vaisselle

wiper ['waɪpə[r]] *n AUT* essuie-glace *m*

wire ['waɪə[r]] *n* **1.** fil *m* de fer **2.** *(electrical wire)* fil *m* électrique ◇ *vt (plug)* connecter les fils de

wireless ['waɪəlɪs] *n* TSF *f* ◇ *adj* sans fil

wiring ['waɪərɪŋ] *n* *(U)* installation *f* électrique

wisdom tooth ['wɪzdəm-] *n* dent *f* de sagesse

wise [waɪz] *adj* sage

wish [wɪʃ] *n* souhait *m* ◇ *vt* souhaiter • **best wishes** meilleurs vœux • **I wish it was sunny!** si seulement il faisait beau ! • **I wish I hadn't done that** je regrette d'avoir fait ça • **I wish he would hurry up** j'aimerais bien qu'il se dépêche • **to wish for sthg** souhaiter qqch • **to wish to do sthg** (*fml*) souhaiter faire qqch • **to wish sb luck/happy birthday** souhaiter bonne chance/bon anniversaire à qqn • **if you wish** (*fml*) si vous le désirez

witch [wɪtʃ] *n* sorcière *f*

with [wɪð] *prep*

1. (*gen*) avec • **come with me** venez avec moi • **a man with a beard** un barbu • **a room with a bathroom** une chambre avec salle de bains • **to argue with sb** se disputer avec qqn

2. (*at house of*) chez • **we stayed with friends** nous avons séjourné chez des amis

3. (*indicating emotion*) de • **to tremble with fear** trembler de peur

4. (*indicating covering, contents*) de • **to fill a bucket with water** remplir un seau d'eau • **topped with cream** nappé de crème

withdraw [wɪð'drɔː] (*pt* **-drew**, *pp* **-drawn**) *vt* retirer ◇ *vi* se retirer

withdrawal [wɪð'drɔːəl] *n* retrait *m*

withdrawn [wɪð'drɔːn] *pp* ➤ **withdraw**

withdrew [wɪð'druː] *pt* ➤ **withdraw**

wither ['wɪðər] *vi* se faner

within [wɪ'ðɪn] *prep* **1.** (*inside*) à l'intérieur de **2.** (*not exceeding*) dans les limites de ◇ *adv* à l'intérieur • **within 10 miles of...** à moins de 15 kilomètres de... • **the beach is within walking distance** on peut aller à la plage à pied • **it arrived within a week** c'est arrivé en l'espace d'une semaine • **within the next week** au cours de la semaine prochaine

without [wɪð'aʊt] *prep* sans • **without doing sthg** sans faire qqch

withstand [wɪð'stænd] (*pt & pp* **-stood**) *vt* résister à

witness ['wɪtnɪs] *n* témoin *m* ◇ *vt* (*see*) être témoin de

witty ['wɪtɪ] *adj* spirituel(elle)

wives [waɪvz] *pl* ➤ **wife**

wobbly ['wɒblɪ] *adj* (*table, chair*) branlant(e)

wok [wɒk] *n poêle à bords hauts utilisée dans la cuisine chinoise*

woke [wəʊk] *pt* ➤ **wake**

woken ['wəʊkn] *pp* ➤ **wake**

wolf [wʊlf] (*pl* **wolves** [wʊlvz]) *n* loup *m*

woman ['wʊmən] (*pl* **women** ['wɪmɪn]) *n* femme *f*

womb [wuːm] *n* utérus *m*

women ['wɪmɪn] *pl* ➤ **woman**

won [wʌn] *pt & pp* ➤ **win**

wonder ['wʌndər] *vi* (*ask o.s.*) se demander ◇ *n* (*U*) (*amazement*) émerveillement *m* • **I wonder if I could ask you a favour?** cela vous ennuierait-il de me rendre un service ?

wonderful ['wʌndəfʊl] *adj* merveilleux(euse)

won't [wəʊnt] = **will not**

wood [wʊd] *n* bois *m*

wooden ['wʊdn] *adj* en bois

woodland ['wʊdlənd] *n* (*U*) forêt *f*

woodpecker ['wʊd,pekər] *n* pic-vert *m*

woodwork ['wʊdwɜːk] *n (U)* **1.** *(doors, window frames etc)* boiseries *fpl* **2.** *SCH* travail *m* du bois
wool [wʊl] *n (U)* laine *f*
woolen ['wʊlən] *(US)* = **woollen**
woollen ['wʊlən] *adj (UK)* en laine
woolly ['wʊlɪ] *adj (UK)* en laine
wooly ['wʊlɪ] *(US)* = **woolly**
Worcester sauce ['wʊstə-] *n (U) (UK)* *sauce très relevée*
Worcestershire sauce *(US)* = **Worcester sauce**
word [wɜːd] *n* **1.** mot *m* **2.** *(promise)* parole *f* • **in other words** en d'autres termes • **to have a word with sb** parler à qqn
wording ['wɜːdɪŋ] *n (U)* termes *mpl*
word processing [-'prəʊsesɪŋ] *n (U)* traitement *m* de texte
word processor [-'prəʊsesəʳ] *n* machine *f* à traitement de texte
wore [wɔːʳ] *pt* ➤ **wear**
work [wɜːk] *n* **1.** *(U)* travail *m* **2.** *(painting, novel etc)* œuvre *f* ◇ *vi* **1.** travailler **2.** *(operate, have desired effect)* marcher **3.** *(take effect)* faire effet ◇ *vt (machine, controls)* faire marcher • **out of work** sans emploi • **to be at work** être au travail • **to be off work** *(on holiday)* être en congé ; *(ill)* être en congé-maladie • **the works** *(inf) (everything)* tout le tralala • **how does it work?** comment ça marche ? • **it's not working** ça ne marche pas ◆ **work out** *vt sep* **1.** *(price, total)* calculer **2.** *(solution, plan)* trouver **3.** *(understand)* comprendre ◇ *vi* **1.** *(result, be successful)* marcher **2.** *(do exercise)* faire de l'exercice • **it works out at £20 each** *(bill, total)* ça revient à 20 livres chacun
worker ['wɜːkəʳ] *n* travailleur *m*, -euse *f*
working class ['wɜːkɪŋ-] *n* • **the working class** la classe ouvrière
working hours ['wɜːkɪŋ-] *npl* heures *fpl* de travail

working hours

En Grande-Bretagne, les horaires de travail varient entre 35 et 38 heures, excepté avec le système du *flexitime* (horaires flexibles) où mis à part des périodes obligatoires, les employés sont libres d'organiser leurs horaires de travail. Les Britanniques ont droit à quatre ou cinq semaines de congé mais ne partent généralement que quinze jours, à moins d'obtenir un séjour sans solde pour s'occuper de leurs enfants ou de proches malades ou âgés. Les Américains, quant à eux, travaillent en moyenne 40 à 45 heures et leurs congés varient d'une à quatre semaines en fonction de leur ancienneté.

workman ['wɜːkmən] *(pl* **-men***) n* ouvrier *m*
work of art *n* œuvre *f* d'art
workout ['wɜːkaʊt] *n* série *f* d'exercices
work permit *n* permis *m* de travail
workplace ['wɜːkpleɪs] *n* lieu *m* de travail
workshop ['wɜːkʃɒp] *n (for repairs)* atelier *m*
work surface *n (UK)* plan *m* de travail

world [wɜːld] *n* monde *m* ◇ *adj* mondial(e) • **the best in the world** le meilleur du monde
World Series *n (US)* • **the World Series** *le championnat américain de base-ball*
worldwide [ˌwɜːld'waɪd] *adv* dans le monde entier
World Wide Web *n* • **the World Wide Web** le World Wide Web
worm [wɜːm] *n* ver *m*
worn [wɔːn] *pp* ➤ **wear** ◇ *adj (clothes, carpet)* usé(e)
worn-out *adj* **1.** *(clothes, shoes etc)* usé(e) **2.** *(tired)* épuisé(e)
worried ['wʌrɪd] *adj* inquiet(iète)
worry ['wʌrɪ] *n* souci *m* ◇ *vt* inquiéter ◇ *vi* • **to worry (about)** s'inquiéter (pour)
worrying ['wʌrɪɪŋ] *adj* inquiétant(e)
worse [wɜːs] *adj* **1.** pire **2.** *(more ill)* plus mal ◇ *adv* pire • **to get worse** empirer ; *(more ill)* aller plus mal • **worse off** *(in worse position)* en plus mauvaise posture ; *(poorer)* plus pauvre
worsen ['wɜːsn] *vi* empirer
worship ['wɜːʃɪp] *n (U) (church service)* office *m* ◇ *vt* adorer
worst [wɜːst] *adj* pire ◇ *adv* le plus mal ◇ *n* • **the worst** le pire (la pire)
worth [wɜːθ] *prep* • **how much is it worth?** combien ça vaut ? • **it's worth £50** ça vaut 50 livres • **it's worth seeing** ça vaut la peine d'être vu • **it's not worth it** ça ne vaut pas la peine • **£50 worth of traveller's cheques** des chèques de voyage pour une valeur de 50 livres
worthless ['wɜːθlɪs] *adj* sans valeur
worthwhile [ˌwɜːθ'waɪl] *adj* qui vaut la peine
worthy ['wɜːðɪ] *adj (cause)* juste • **to be a worthy winner** mériter de gagner • **to be worthy of sthg** être digne de qqch
would [wʊd] *aux vb*
1. *(in reported speech)* • **she said she would come** elle a dit qu'elle viendrait
2. *(indicating condition)* • **what would you do?** qu'est-ce que tu ferais ? • **what would you have done?** qu'est-ce que tu aurais fait ? • **I would be most grateful** je vous en serais très reconnaissant
3. *(indicating willingness)* • **she wouldn't go** elle refusait d'y aller • **he would do anything for her** il ferait n'importe quoi pour elle
4. *(in polite questions)* • **would you like a drink?** voulez-vous boire quelque chose ? • **would you mind closing the window?** cela vous ennuierait de fermer la fenêtre ?
5. *(indicating inevitability)* • **he would say that** ça ne m'étonne pas qu'il ait dit ça
6. *(giving advice)* • **I would report it if I were you** si j'étais vous, je le signalerais
7. *(expressing opinions)* • **I would prefer** je préférerais • **I would have thought (that)...** j'aurais pensé que...
[1]**wound** [wuːnd] *n* blessure *f* ◇ *vt* blesser
[2]**wound** [waʊnd] *pt & pp* ➤ **wind**[2]
wove [wəʊv] *pt* ➤ **weave**
woven ['wəʊvn] *pp* ➤ **weave**
wrap [ræp] *vt (package)* emballer • **to wrap a towel around your waist** enrouler une serviette autour de la taille
◆ **wrap up** *vt sep (package)* emballer ◇ *vi (dress warmly)* s'emmitoufler
wrapper ['ræpəʳ] *n (for sweet)* papier *m*

wrapping ['ræpɪŋ] *n (material)* emballage *m*
wrapping paper *n* papier *m* d'emballage
wreath [ri:θ] *n* couronne *f*
wreck [rek] *n* **1.** épave *f* **2.** *(US) (crash)* accident *m* ◇ *vt* **1.** *(destroy)* détruire **2.** *(spoil)* gâcher ● **to be wrecked** *(ship)* faire naufrage
wreckage ['rekɪdʒ] *n (U)* **1.** *(of plane, car)* débris *mpl* **2.** *(of building)* décombres *mpl*
wrench [rentʃ] *n* **1.** *(UK) (monkey wrench)* clé *f* anglaise **2.** *(US) (spanner)* clé *f*
wrestler ['reslə^r] *n* lutteur *m*, -euse *f*
wrestling ['reslɪŋ] *n (U)* lutte *f*
wretched ['retʃɪd] *adj* **1.** *(miserable)* misérable **2.** *(very bad)* affreux(euse)
wring [rɪŋ] *(pt & pp* **wrung***) vt (clothes, cloth)* essorer
wrinkle ['rɪŋkl] *n* ride *f*
wrist [rɪst] *n* poignet *m*
wrist rest *m inv* repose-poignets *m inv*
wristwatch ['rɪstwɒtʃ] *n* montre-bracelet *f*
write [raɪt] *(pt* **wrote**, *pp* **written***) vt* **1.** écrire **2.** *(cheque, prescription)* faire **3.** *(US) (send letter to)* écrire à ◇ *vi* écrire ● **to write to sb** *(UK)* écrire à qqn ◆ **write back** *vi* répondre ◆ **write down** *vt sep* noter ◆ **write off** *vt sep (UK) (inf) (car)* bousiller ◇ *vi* ● **to write off for sthg** écrire pour demander qqch ◆ **write out** *vt sep* **1.** *(list, essay)* rédiger **2.** *(cheque, receipt)* faire
write-off *n (UK) (vehicle)* épave *f*
writer ['raɪtə^r] *n (author)* écrivain *m*
writing ['raɪtɪŋ] *n* **1.** écriture *f* **2.** *(written words)* écrit *m*
writing desk *n* secrétaire *m*
writing pad *n* bloc-notes *m*
writing paper *n (U)* papier *m* à lettres
written ['rɪtn] *pp* ➤ **write**
wrong [rɒŋ] *adj* **1.** mauvais(e) **2.** *(bad, immoral)* mal *inv* ◇ *adv* mal ● **to be wrong** *(person)* avoir tort ● **what's wrong?** qu'est-ce qui ne va pas ? ● **something's wrong with the car** la voiture a un problème ● **to be in the wrong** être dans son tort ● **to get sthg wrong** se tromper sur qqch ● **to go wrong** *(machine)* se détraquer ▼ **wrong way** *(US) panneau indiquant un sens unique*
wrongly ['rɒŋlɪ] *adv* mal
wrong number *n* faux numéro *m*
wrote [rəʊt] *pt* ➤ **write**
wrought iron [rɔ:t-] *n (U)* fer *m* forgé
wrung [rʌŋ] *pt & pp* ➤ **wring**
WWW *(abbr of World Wide Web) n* WWW *m*
xing *(US)* ▼ **ped xing** panneau signalant un passage clouté *abbr of* **crossing**

XL *(abbr of extra-large)* XL
Xmas ['eksməs] *n (inf)* Noël *m*
X-ray *n (picture)* radio(graphie) *f* ◇ *vt* radiographier ● **to have an X-ray** passer une radio

yacht [jɒt] *n* **1.** *(for pleasure)* yacht *m* **2.** *(for racing)* voilier *m*

Yankee ['jæŋkɪ] *n* *(US)* *(citizen)* Yankee *m ou f*

yard [jɑːd] *n* **1.** *(unit of measurement)* = 91,44 cm, yard *m* **2.** *(enclosed area)* cour *f* **3.** *(US)* *(garden)* jardin *m*

yard sale *n* *(US)* *vente d'objets d'occasion par un particulier devant sa maison*

yarn [jɑːn] *n* *(U)* *(thread)* fil *m*

yawn [jɔːn] *vi* *(person)* bâiller

yd *abbr of* **yard**

yeah [jeə] *adv* *(inf)* ouais

year [jɪəʳ] *n* **1.** an *m*, année *f* **2.** année *f* • **next year** l'année prochaine • **this year** cette année • **I'm 15 years old** j'ai 15 ans • **I haven't seen her for years** *(inf)* ça fait des années que je ne l'ai pas vue

yearly ['jɪəlɪ] *adj* annuel(elle)

yeast [jiːst] *n* *(U)* levure *f*

yell [jel] *vi* hurler

yellow ['jeləʊ] *adj* jaune ◇ *n* *(U)* jaune *m*

yellow lines *npl* bandes *fpl* jaunes

Yellow Pages® *n* • **(the) Yellow Pages** les Pages *fpl* Jaunes

yes [jes] *adv* oui

yesterday ['jestədɪ] *n & adv* hier • **the day before yesterday** avant-hier • **yesterday afternoon** hier après-midi • **yesterday morning** hier matin

yet [jet] *adv* encore ◇ *conj* pourtant • **have they arrived yet?** est-ce qu'ils sont déjà arrivés ? • **not yet** pas encore • **I've yet to do it** je ne l'ai pas encore fait • **yet again** encore une fois • **yet another drink** encore un autre verre

yew [juː] *n* if *m*

yield [jiːld] *vt* *(profit, interest)* rapporter ◇ *vi* *(break, give way)* céder ▼ **yield** *(US)* AUT cédez le passage

YMCA *n association chrétienne de jeunes gens (proposant notamment des services d'hébergement)*

yob [jɒb] *n* *(UK)* *(inf)* loubard *m*

yoga ['jəʊgə] *n* *(U)* yoga *m*

yoghurt ['jɒgət] *n* *(U)* yaourt *m*

yolk [jəʊk] *n* jaune *m* d'œuf

York Minster [jɔːk'mɪnstəʳ] *n* la cathédrale de York

Yorkshire pudding ['jɔːkʃə-] *n* *(UK)* *petit soufflé en pâte à crêpe servi avec le rosbif*

you [juː] *pron*

1. *(subject, singular)* tu ; *(subject, polite form, plural)* vous • **you French** vous autres Français

2. *(object, singular)* te ; *(object, polite form, plural)* vous

3. *(after prep, singular)* toi ; *(after prep, polite form, plural)* vous • **I'm shorter than you** je suis plus petit que toi/vous

4. *(indefinite use, subject)* on ; *(indefinite use, object)* te, vous • **you never know** on ne sait jamais

young [jʌŋ] *adj* jeune ◇ *npl* • **the young** les jeunes *mpl*

younger ['jʌŋgəʳ] *adj* plus jeune

youngest ['jʌŋgəst] *adj* le plus jeune (la plus jeune)

youngster ['jʌŋstər] *n* jeune *m ou f*

your [jɔːr] *adj*
1. *(singular subject)* ton (ta), tes *pl* ; *(singular subject, polite form)* votre, vos *pl* ; *(plural subject)* votre, vos *pl* • **your dog** ton/votre chien • **your house** ta/votre maison • **your children** tes/vos enfants
2. *(indefinite subject)* • **it's good for your health** c'est bon pour la santé

yours [jɔːz] *pron* 1. *(singular subject)* le tien (la tienne) 2. *(plural subject, polite form)* le vôtre (la vôtre) • **a friend of yours** un ami à toi, un de tes amis • **are these yours?** ils sont à toi/vous ?

yourself [jɔː'self] (*pl* **-selves**) *pron*
1. *(reflexive: singular)* te ; *(reflexive: plural, polite form)* vous
2. *(after prep: singular)* toi ; *(after prep: polite form, plural)* vous • **did you do it yourself?** *(singular)* tu l'as fait toi-même ? ; *(polite form)* vous l'avez fait vous-même ? • **did you do it yourselves?** vous l'avez fait vous-mêmes ?

youth [juːθ] *n* 1. *(U)* jeunesse *f* 2. *(young man)* jeune *m*

youth club *n* ≃ maison *f* des jeunes

youth hostel *n* auberge *f* de jeunesse

Yugoslavia [,juːgə'slɑːvɪə] *n* la Yougoslavie

yuppie ['jʌpɪ] *n* yuppie *m ou f*

YWCA *n association chrétienne de jeunes filles (proposant notamment des services d'hébergement)*

Z

zebra [(*UK*) 'zebrə, (*US*) 'ziːbrə] *n* zèbre *m*

zebra crossing *n* (*UK*) passage *m* pour piétons

zero ['zɪərəʊ] (*pl* **-es**) *n* zéro *m* • **five degrees below zero** cinq degrés au-dessous de zéro

zest [zest] *n (U) (of lemon, orange)* zeste *m*

zigzag ['zɪgzæg] *vi* zigzaguer

zinc [zɪŋk] *n (U)* zinc *m*

zip [zɪp] *n* (*UK*) fermeture *f* Éclair® ◇ *vt* 1. fermer 2. *COMPUT* zipper ◆ **zip up** *vt sep* fermer

zip code *n* (*US*) code *m* postal

zip file *n* ZIP *m*

zipper ['zɪpər] *n* (*US*) fermeture *f* Éclair®

zit [zɪt] *n* (*inf*) bouton *m*

zodiac ['zəʊdɪæk] *n* zodiaque *m*

zone [zəʊn] *n* zone *f*

zoo [zuː] (*pl* **-s**) *n* zoo *m*

zoom (lens) [zuːm-] *n* zoom *m*

zucchini [zuː'kiːnɪ] (*pl inv*) *n* (*US*) courgette *f*

GUIDE DE CONVERSATION

les chiffres et l'heure

COMMUNICATION GUIDE

numbers and time

Sommaire

Contents

Sommaire

saluer quelqu'un	*greeting s.o.*
bonjour	good morning [le matin] good afternoon [l'après-midi]
bonsoir	good evening
salut !	hello! hi!
comment vas-tu ? [to a friend]/ comment allez-vous ? [polite form]	how are you?
très bien, merci	very well, thank you
bien, merci	fine, thank you
et toi ?/et vous ?	and you?
ça va ? [sans attendre de réponse]	how's it going? how are you doing?
bien, et vous ? [idem]	fine, and you?

se présenter	*introducing yourself*
je m'appelle Pierre	my name is Pierre
je suis français	I'm French
je viens de Paris	I come from Paris
salut, moi c'est Marc	hello, I'm Marc
je me présente, je m'appelle Lola	allow me to introduce myself, I'm Lola
je ne crois pas que nous nous connaissons	I don't think we've met

présenter quelqu'un	*making introductions*
voici M. Durand	this is Mr Durand
je vous présente M. Durand	I'd like to introduce Mr Durand
enchanté/enchantée	pleased to meet you
ravi de vous connaître/ faire votre connaissance	pleased to meet you
j'espère que vous avez fait bon voyage	I hope you had a good trip
bienvenue	welcome
je vais faire les présentations : ...	shall I do the introductions?

prendre congé	*saying goodbye*
au revoir	goodbye *ou* bye
à tout à l'heure	see you later
à bientôt	see you soon
à plus	see you *ou* so long
à plus tard	see you later
à un de ces jours	see you again sometime
bonsoir	good evening good night
bonne nuit	good night
je vous souhaite un bon voyage	enjoy your trip
heureux d'avoir fait votre connaissance	it was nice to meet you
je vais devoir vous laisser	I'm afraid I have to go now

salut la compagnie	bye everybody
mes amitiés à ...	give my best regards to ...
bonne continuation	all the best
remercier	***saying thank you***
merci	thank you
merci beaucoup	thank you very much
vous de même	you too
merci de votre aide	thank you for your help
un grand merci pour tout	thanks a lot for everything
je ne sais comment vous remercier	I can't thank you enough
je vous suis très reconnaissant de ...	I'm very grateful for ...
répondre à des remerciements	***replying to thanks***
il n'y a pas de quoi	don't mention it
de rien	not at all
je vous en prie [polite form]	you're welcome my pleasure
je t'en prie [to a friend]	you're welcome
ce n'est rien	it was nothing
c'est la moindre des choses	that's the least I can do
présenter ses excuses	***apologizing***
excusez-moi	excuse me
pardon	excuse me
je suis désolé	I'm sorry
je suis vraiment désolé	I'm very *ou* terribly (UK) sorry

désolé	sorry
je suis désolé d'être en retard	I'm sorry I'm late
je suis désolé de vous déranger	I'm sorry to bother you
j'ai bien peur de devoir annuler le rendez-vous	I'm afraid I have to cancel our appointment
toutes mes excuses	I apologize
accepter des excuses	*accepting an apology*
ce n'est pas grave	it doesn't matter/it's *ou* that's OK
ça ne fait rien	that's all right
il n'y a pas de mal	no harm done
c'est oublié	forget it *ou* don't worry about it
n'en parlons plus	let's say no more about it
ne vous excusez pas	there's no need to apologize
exprimer des vœux	*wishes and greetings*
bonne chance !	good luck!
amuse-toi bien !	have fun! enjoy yourself!
bon appétit !	enjoy your meal!
bon anniversaire !	happy birthday!
joyeuses Pâques !	Happy Easter!
joyeux Noël !	Merry Christmas!
bonne année !	Happy New Year!
bon week-end !	have a good weekend!
bonnes vacances !	enjoy your holiday (UK) *ou* vacation (US)!

meilleurs vœux !	best wishes!
passe une bonne journée !	have a nice day!
santé !	cheers!
à votre santé !	to your health!
bonne continuation !	all the best!
félicitations !	congratulations!
le temps	***the weather***
il fait très beau aujourd'hui	it's a beautiful day
il fait beau	it's nice
il y a du soleil	it's sunny
il pleut	it's raining
le ciel est couvert	it's cloudy
on annonce de la pluie pour demain	it's supposed to rain tomorrow
quel temps épouvantable !	what horrible *ou* awful weather!
il fait (très) chaud/froid	it's (very) hot/cold
quel temps fait-il ?	what's the weather like?
il y a une éclaircie	here's a sunny spell
le temps est humide	it's humid
le temps est très lourd	it's very oppressive/sultry/close (UK)
pensez-vous que les températures vont remonter ?	do you think the temperature is going to rise?
j'espère que le temps va changer !	I hope the weather's going to change!

exprimer une opinion	*expressing likes and dislikes*
ça me plaît	I like it
ça ne me plaît pas	I don't like it
oui, volontiers	yes, please
non merci	no, thanks no, thank you
cela vous dirait-il de venir au cinéma avec nous ?	would you like to come to the cinema (UK) *ou* movies (US) with us?
oui, avec grand plaisir	yes, I'd love to
je ne suis pas d'accord	I don't agree
je suis totalement de votre avis	I totally agree with you
ce n'est pas ma tasse de thé	this is not my cup of tea
cela me tenterait bien	that sounds very tempting I'd really like that
je préférerais quelque chose d'autre	I'd prefer something else
j'adore la voile	I have a passion for sailing
à mon avis, ...	in my opinion, ...
en ce qui me concerne, ...	as far as I'm concerned, ...

au téléphone	*phoning*
allô !	hello
Anne Martin à l'appareil	Anne Martin speaking
je voudrais parler à M. Gladstone	I'd like to speak to Mr Gladstone

j'appelle de la part de Mme Smith	I'm calling on behalf of Mrs Smith
je rappellerai dans dix minutes	I'll call back in ten minutes
je préfère patienter	I'd rather hold the line
puis-je lui laisser un message ?	can I leave him a message?
excusez-moi, j'ai dû faire un mauvais numéro	sorry, I must have dialled the wrong number
qui est à l'appareil ?	who's calling?
ne quittez pas, je vous le passe	hold the line, I'll put you through
pouvez-vous rappeler dans une heure ?	could you call back in an hour?
elle est sortie	she's out
elle est absente jusqu'à demain	she won't be back until tomorrow
je pense que vous faites erreur	I think you've got the wrong number
relations professionnelles	*business*
bonjour, je fais partie de Biotech Ltd	hello, I'm from Biotech Ltd
j'ai rendez-vous avec M. Martin à 14 h 30	I have an appointment with Mr Martin at 2:30
voici ma carte de visite	here's my business card
je voudrais voir le directeur	I'd like to see the managing director
mon adresse e-mail est paul@easyconnect.com	my e-mail address is paul@easyconnect.com

j'appelle pour prendre rendez-vous	I'm calling to make an appointment
seriez-vous libre pour déjeuner ?	are you free for lunch?
ma secrétaire vous rappellera pour fixer une date	my secretary will call you back to arrange a date
louer une voiture	*hiring (UK) ou renting (US) a car*
je voudrais louer une voiture climatisée pour une semaine	I'd like to hire (UK) *ou* rent (US) a car with air-conditioning for a week
quel est le tarif pour une journée ?	what's the cost per day?
le kilométrage est-il illimité ?	is the mileage unlimited?
combien coûte l'assurance tous risques ?	how much does it cost for comprehensive insurance?
est-il possible de rendre la voiture à l'aéroport ?	can I leave the car at the airport?
voici mon permis de conduire	here's my driving licence (UK) *ou* driver's license (US)
circuler en voiture	*in the car*
comment rejoint-on le centre-ville/l'autoroute ?	how do we get downtown (US) *ou* to the city centre (UK)/ motorway?
y a-t-il un parking près d'ici ?	is there a car park nearby?
est-ce que je peux stationner ici ?	can I park here?
je cherche une station-service	I'm looking for a petrol (UK) *ou* gas (US) station

où se trouve le garage le plus proche ?	where's the nearest garage?
est-ce bien la direction de la gare ?	is this the way to the train station?
est-ce que c'est loin en voiture ?	is it far by car?
à la station-service	***at the petrol (UK) ou gas (US) station***
le plein, s'il vous plaît	fill it up, please
je voudrais vérifier la pression des pneus	I'd like to check the tyre pressure
pompe (numéro) 3	pump number three
vous ne vendez pas de GPL ?	don't you sell LPG?
je voudrais une paire d'essuie-glaces	I'd like a pair of windscreen wipers (UK) *ou* windshield wipers (US)
chez le garagiste	***at the garage***
je suis en panne	my car has broken down
je suis en panne d'essence	I've run out of petrol (UK) *ou* gas (US)
l'air conditionné ne marche pas	the air-conditioning doesn't work
j'ai perdu le pot d'échappement	the exhaust pipe has fallen off
ma voiture perd de l'huile	my car has an oil leak
le moteur chauffe	the engine is overheating
le moteur fait un drôle de bruit	the engine is making strange sounds
pourriez-vous vérifier les freins ?	could you check the brakes?
pourriez-vous vérifier le niveau d'eau ?	could you check the water level?

la batterie est à plat	the battery is flat (UK) *ou* dead (US)
j'ai crevé	I've got a puncture (UK) *ou* a flat tire (US)
il faut réparer le pneu	the tyre needs to be repaired
combien vont coûter les réparations ?	how much will the repairs cost?
prendre un taxi	***taking a taxi (UK) ou cab (US)***
pourriez-vous m'appeler un taxi ?	could you call a taxi (UK) ou cab (US) for me?
où est la station de taxis ?	where is there a taxi stand?
je voudrais réserver un taxi pour 8 heures	I'd like to book a taxi (UK) *ou* cab (US) for 8:00 a.m.
combien coûte un taxi d'ici au centre-ville ?	How much does a taxi to the city centre cost?
combien de temps met-on pour aller à l'aéroport ?	how long does it take to get to the airport?
puis-je monter devant ?	can I ride up front (US) *ou* in the front (seat)?
à la gare routière/à la gare/à l'aéroport, s'il vous plaît	to the bus station/train station/ airport, please
veuillez vous arrêter ici/ au feu/au coin de la rue	stop here/at the lights/at the corner, please
pourriez-vous m'attendre ?	can you wait for me?
je vous dois combien ?	how much is it?
pourrais-je avoir une fiche ?	can I have a receipt, please?
gardez la monnaie	keep the change

prendre le car	*taking the coach (UK) ou bus (US)*
quand part le prochain car pour Oxford ?	what time is the next coach (UK) *ou* bus (US) to Oxford?
de quel quai part-il ?	from which platform does the bus leave?
combien de temps met le car pour Brighton ?	how long does the coach (UK) *ou* bus (US) take to get to Brighton?
combien coûte un aller-retour pour Chicago ?	how much is a return (UK) *ou* round-trip (US) ticket to Chicago?
vous avez des tarifs réduits ?	do you have any reduced fares (UK) *ou* discounts (US)?
y a-t-il des toilettes dans le car ?	is there a toilet (UK) *ou* restroom (US) *ou* bathroom (US) on the bus?
le car est-il climatisé ?	is the coach (UK) *ou* bus (US) air-conditioned?
excusez-moi, cette place est-elle occupée ?	excuse me, is the seat taken?
cela vous ennuie si je baisse le store ?	would it bother you if I lowered the blind (UK) *ou* shade (US)?
arrêt demandé	next stop

prendre le train	*taking the train*
où se trouvent les guichets ?	where is the ticket office?
à quelle heure part le prochain train pour Paris ?	when does the next train for Paris leave?
de quel quai part-il ?	from which platform does it leave?

combien coûte un aller-retour pour Boston ?	how much is a return ticket to Boston?
y a-t-il un tarif jeune ?	is there a youth fare?
y a-t-il une consigne ?	is there a left-luggage office (UK) *ou* baggage storage (US) ?
une place côté fenêtre (dans un wagon) non-fumeur(s) dans le sens de la marche, s'il vous plaît	a window seat facing forward in a non-smoking coach (UK) *ou* car (US), please
je voudrais réserver une couchette dans le train de 21h pour Paris	I'd like to reserve a sleeper on the 9:00 p.m. train to Paris
où puis-je composter mon billet ?	where do I validate my ticket?
excusez-moi, cette place est-elle libre ?	excuse me, is this seat free ?
où est la voiture restaurant ?	where is the restaurant car?
à l'aéroport	***at the airport***
où se trouve le terminal 1/ la porte 2 ?	where is terminal 1/gate number 2?
où est le comptoir Air France ?	where is the Air France desk?
où dois-je enregistrer mes bagages ?	where is the check-in desk?
j'aimerais une place côté couloir/ hublot	I'd like an aisle/window seat
à quelle heure est l'embarquement ?	what time is boarding?

j'ai raté ma correspondance	I've missed my connection
j'ai perdu ma carte d'embarquement	I've lost my boarding card
quand part le prochain vol pour Seattle ?	when is the next flight to Seattle?
où récupère-t-on les bagages ?	where is the baggage reclaim (UK) *ou* claim (US)?
où se trouve la navette pour le centre-ville ?	where's the shuttle bus downtown (US)/to the city centre (UK)?
se déplacer en ville	***getting around town***
quel est le bus pour l'aéroport ?	which bus goes to the airport?
où puis-je prendre le bus pour la gare ?	where do I catch the bus for the (railway) station?
j'aimerais un aller simple/un aller-retour pour Boston	I'd like a single (UK) *ou* one-way (US)/return (UK) *ou* round-trip (US) ticket to Boston
pourriez-vous me prévenir quand nous serons arrivés/à cet arrêt ?	could you tell me when we get there/to the stop?
est-ce que ce bus va à la gare ?	does this bus go to the train station?
où faut-il prendre la ligne 63 vers Coventry ?	where can one get line 63 to Coventry?
à quelle heure est le dernier métro/tramway ?	what time is the last train/tram?

au café	*at the café*
cette table/chaise est-elle libre ?	is this table/seat free?
s'il vous plaît !	excuse me!
pourriez-vous nous apporter la carte des consommations ?	could you please bring us the drinks list ?
deux cafés noirs, s'il vous plaît	two cups of black coffee, please
je voudrais un café crème/au lait	I'd like a coffee with cream/milk (US) *ou* white coffee (UK)
un thé nature/citron/au lait	a tea/lemon tea/tea with milk
qu'est-ce que vous avez comme boissons chaudes/fraîches ?	what have you got that's warm/ cold to drink?
avez-vous du soda sans sucre ?	do you have any light sodas (US) *ou* soft-drinks?
pourrais-je avoir des glaçons ?	could I have some ice?
un jus d'orange/ une eau minérale	an orange juice/ a mineral water
puis-je avoir une autre bière ?	can I have another beer, please?
où sont les toilettes ?	where is the toilet (UK) *ou* rest-room (US) *ou* bathroom (US)?
y a-t-il une zone fumeur ?	is there a smoking section?

au restaurant	*at the restaurant*
j'aimerais réserver une table pour 20 heures	I'd like to reserve a table for 8 p.m.
une table pour deux personnes	a table for two, please
peut-on avoir une table dans la zone non-fumeurs ?	can we have a table in the non-smoking section?

le café avec l'addition, s'il vous plaît !	could we have the bill (UK) *ou* check (US) with our coffee, please?
avez-vous un menu enfant/végétarien ?	do you have a children's/vegetarian menu?
nous aimerions prendre un apéritif	we'd like a drink before dinner
une bouteille/un verre de vin blanc/rouge de la cuvée du patron, s'il vous plaît	a bottle/a glass of house white/red, please
quelle est votre plat du jour ?	what is the special of the day?
saignant/à point/bien cuit	rare/medium/well-done
qu'est-ce que vous avez comme desserts ?	what desserts do you have?
l'addition, s'il vous plaît	can I have the bill (UK) *ou* check (US), please?

à l'hôtel	*at the hotel*
nous voudrions une chambre double/deux chambres simples	we'd like a double room/two single rooms
j'aimerais une chambre pour deux nuits	I'd like a room for two nights, please
j'ai réservé une chambre au nom de Berger	I have a reservation in the name of Berger
j'ai réservé une chambre avec douche/avec salle de bains	I reserved a room with a shower/bathroom
y a-t-il un parking réservé aux clients de l'hôtel ?	is there a car park for hotel guests?
la clé de la chambre 121, s'il vous plaît	could I have the key for room 121, please?

pourrais-je avoir un oreiller/ une couverture supplémentaire ?	could I have an extra pillow/ blanket, please?
est-ce qu'il y a des messages pour moi ?	are there any messages for me?
à quelle heure est le petit déjeuner ?	what time is breakfast served?
j'aimerais prendre le petit déjeuner dans ma chambre	I'd like breakfast in my room
pourriez-vous me réveiller à 7 heures ?	I'd like a wake-up call at 7 a.m., please
je voudrais régler	I'd like to check out now
les achats	***at the shops***
combien ça coûte ? /c'est combien ?	how much is this?
je cherche des lunettes de soleil/ un maillot de bain	I'd like to buy sunglasses/a swimsuit (US) *ou* bathing suit (UK)
je fais du 38	I'm a size 10 [vêtements]
je chausse du 40	I take a size 7 [chaussures]
est-ce que je peux l'essayer ?	can I try it on?
est-ce que je peux l'échanger/le faire rembourser ?	can I exchange it/get a refund?
où se trouvent les cabines d'essayage ?	where are the fitting rooms (UK) *ou* changing rooms (US)?
avez-vous la taille au-dessus/ en dessous ?	do you have this in a bigger/ smaller size?

l'avez-vous en bleu ?	do you have this in blue?
vendez-vous des enveloppes/ des plans de la ville ?	do you sell envelopes/street maps?
une pellicule photo, s'il vous plaît	I'd like to buy a roll of film for my camera, please
à l'office de tourisme	***out and about***
à quelle heure le musée ferme-t-il ?	what time does the museum close?
où se trouve la piscine la plus proche ?	where is the nearest public swimming pool?
pourriez-vous m'indiquer une église (catholique/ baptiste) à proximité ?	could you tell me where the nearest (Catholic/Baptist) church is?
savez-vous quand a lieu la messe/le prochain office religieux ?	do you know what time mass/the next service is?
y a-t-il un cinéma près d'ici ?	is there a cinema (UK) *ou* movie theatre (US) nearby?
à quelle distance se trouve la plage ?	how far is it to the beach?
avez-vous un plan de la ville ?	have you got a city map?
je cherche un hôtel pas trop cher	I'm looking for an hotel that's not too expensive
pouvez-vous me recommander un hôtel près du centre ?	could you recommend a hotel near the centre (UK) *ou* close to town (US)?
avez-vous un guide des restaurants de la ville ?	have you got a town restaurant guide?

la certitude	*certaintly*
Elle va réussir, j'en suis sûr et certain.	I'm convinced she'll pass
Je suis persuadé qu'il va revenir.	I'm sure he'll come back
Je suis convaincu de sa bonne foi.	I'm sure he acted in good faith
Tu es sûr que c'était elle ?	Are you sure it was her?
On va les retrouver, c'est sûr.	We'll definitely find them
Bien sûr qu'il va venir.	Of course he'll come
Je sais qu'il ne le fera pas.	I know that he won't do it
Je t'assure, c'est quelqu'un de très bien.	Believe me, he's/she's a really nice person
Il n'y a pas de doute, c'est bien lui.	There's no doubt about it, it is him

inviter quelqu'un	*invitations*
J'organise une fête pour mon anniversaire samedi 22. Vous viendrez, j'espère?	I'm having a birthday party on Saturday 22. I hope you'll be able to come.
Tu viens boire un verre après le match ?	Why don't you come for a drink with after the match?
Tu es libre pour déjeuner demain ?	Are you free for lunch tomorrow?
Je me demandais si tu aimerais venir dîner ce soir avec Catherine?	I was wondering if you and Catherine would like to come to dinner this evening?
Pourquoi ne viendrais-tu pas avec nous?	Why don't you come with us?
Une partie de tennis, ça te tente?	Do you feel like a game of tennis?

demander des explications	*asking for explanations*
Qu'est-ce que tu veux dire, exactement ?	What do you mean exactly?
C'est-à-dire ?	Meaning?
Pourriez-vous être plus précis ?	Could you be a little more specific?
Qu'entendez-vous par là ?	What do you mean by that?
Comment ça ?	How do you mean?
donner des explications	***giving explanations***
Je veux/voulais dire que...	I mean/meant that...
Je vais tâcher d'être plus clair...	Let me try to explain a little more clearly...
Je m'explique : ...	Let me explain: ...
Ce que j'essaie de dire, c'est...	What I'm trying to say is...
encourager quelqu'un	***encouraging***
Vas-y, demande-lui!	Go on, ask her!
Allez, tu sais bien que ça va te plaire	Oh, come on - you know you'll enjoy it
Je trouve tout cela très positif	I have a good feeling about this
Tu es très bien	You look just fine
Tu ne vas pas laisser tomber maintenant!	You can't give up now!

demander la permission	*asking permission*
Est-ce que je peux me servir de l'ordinateur?	Could I use the computer?
Je peux utiliser votre téléphone?	Do you mind if I use your phone?
J'emprunte ta voiture, d'accord?	Is it OK if I borrow your car?
Ça pose un problème si je pars maintenant?	Would it be all right if I left now?
donner la permission	***giving permission***
Oui, bien sûr	Yes, of course
Allez-y	Go ahead
Mais certainement	Yes, feel free
Je vous en prie	Please do
Servez-vous	Help yourself
Non, ça ne me dérange pas	No, I don't mind
exprimer un refus	***to express refusal***
Non, je suis désolé, je ne peux pas	No, I'm sorry, I can't
Je regrette, mais je ne peux vraiment pas	I'm afraid I can't possibly do that
Je regrette, mais ce n'est pas possible	I'm afraid that's not possible
J'aimerais mieux pas	I'd rather you didn't
En fait, je préférerais que vous restiez	Actually, I'd prefer you to stay
Désolé, ça ne dépend pas de moi	I'm sorry, but it's not up to me
Je ne peux vraiment rien faire	There's really nothing I can do

Je regrette, mais je ne peux pas accepter votre suggestion	I am afraid I cannot accept your suggestion
Je refuse de faire son travail à sa place	I refuse to do her job for her
Il n'en est pas question	It's out of the question
Certainement pas!	Certainly not!
Pas question!	No way!
Alors là, tu peux toujours courir!	Forget it!
entretien d'embauche	*job interview*
Comme vous le voyez sur mon CV ...	As you can see from my CV ...
Je crois être doué pour les relations humaines	I think I'm good at dealing with people
J'aime travailler au sein d'une équipe	I like working as part of a team
En quoi consiste le travail?	What does the job involve?
Qui serait mon supérieur ?	Who would I be reporting to?
S'agit-il d'un contrat à durée indéterminée?	Is it a permanent contract?
Quels sont les horaires de travail?	What are the normal working hours?
répondre à une annonce	*answering an add*
J'ai vu votre annonce dans le journal d'aujourd'hui	I saw your ad in today's paper
J'appelle au sujet de l'appartement qui était dans le journal hier	I'm calling about the flat advertised in yesterday's paper

Est-ce que l'appartement est encore libre?	Is the flat still available?
Votre annonce m'a vivement intéressé	I was very interested to see your advertisement
J'appelle pour la petite annonce B252.	I'm calling about the advertisement B252.
le sport	***sports***
nous aimerions voir un match de football, y en a-t-il un ce soir ?	we'd like to see a football match (UK) *ou* soccer game (US), is there one on tonight?
où se trouve le stade ?	where's the stadium?
où peut-on louer des vélos ?	where can we hire (UK) *ou* rent (US) bicycles?
je voudrais réserver un court (de tennis) pour 19 heures	I'd like to book a tennis court for 7:00 p.m.
c'est combien pour une heure de cours ?	how much does a one-hour lesson cost?
la piscine est-elle ouverte tous les jours ?	is the pool open every day?
où peut-on se changer ?	where can we change?
peut-on louer du matériel ?	can we hire (UK) *ou* rent (US) equipment?
est-ce que vous louez des bateaux ?	do you rent boats?
où peut-on faire un bowling par ici ?	where can we go bowling around here?
j'aimerais faire une randonnée (à vélo)	I'd like to go on a bike ride

à la banque	*at the bank*
je voudrais changer 100 euros en dollars/livres sterling	I'd like to change 100 euros into dollars/pounds, please
en petites coupures, s'il vous plaît	in small denominations *ou* notes (UK) *ou* bills (US), please
quel est le taux de change pour le dollar ?	what is the exchange rate for dollars?
quel est le montant de la commission ?	how much is the commission?
en euros, cela fait combien ?	how much is that in euros?
je voudrais encaisser des chèques de voyage	I'd like to cash some traveller's cheques
je voudrais faire un transfert d'argent	I'd like to transfer some money
où se trouve le distributeur de billets ?	where is the cash point (UK) *ou* ATM (US)?
le distributeur a avalé ma carte de crédit	the cash machine (UK) *ou* ATM (US) retained my credit card
ma carte de crédit ne fonctionne pas	my credit card isn't working

au bureau de poste	*at the post office*
combien ça coûte pour envoyer une lettre/une carte postale à Paris ?	how much is it to send a letter/ postcard to Paris?
je voudrais dix timbres pour la France	I'd like ten stamps for France
je voudrais envoyer ce paquet en recommandé	I'd like to send this parcel by registered post (UK) *ou* mail (US)

quel est le tarif pour un courrier urgent ?	how much is it to send an urgent letter?
combien de temps mettra-t-il pour arriver ?	how long will it take to get there?
j'aurais voulu une télécarte à 50 unités	I'd like a 50-unit phonecard
puis-je envoyer un fax ?	can I send a fax?
je voudrais envoyer un e-mail, pouvez-vous m'indiquer un cybercentre ?	I'd like to send an e-mail, can you tell me where I can find an Internet cafe?
je voudrais consulter l'annuaire	I'd like to have the telephone directory (UK) *ou* phone book (US)

chez le médecin	*at the doctor's*
j'ai vomi	I've been vomiting
j'ai la diarrhée	I have diarrhoea
j'ai mal là	it hurts here *ou* there
j'ai mal à la tête	I have a headache
j'ai mal à la gorge	I have a sore throat
j'ai mal au ventre	my stomach hurts
je ne peux plus marcher	I can't walk
mon fils tousse	my son has a cough
il a de la fièvre	he has a fever
je suis allergique à la pénicilline	I'm allergic to penicillin
je ne supporte pas bien les antibiotiques	antibiotics don't agree with me
je crois que j'ai une otite	I think I have an ear infection

je fais de l'hypertension	I've got high blood pressure
je suis diabétique	I'm diabetic
je crois que je me suis cassé le poignet	I think I may have broken my wrist
jusqu'à quand dois-je suivre le traitement ?	for how long should I follow the treatment?
chez le dentiste	*at the dentist's*
j'ai une rage de dents	I have a toothache
c'est une molaire qui me fait mal	one of my molars hurts
j'ai perdu un plombage	I've lost a filling
j'ai certainement une carie	I'm sure I have a cavity
une de mes incisives s'est cassée	I've broken an incisor
mes dents de sagesse me font souffrir	my wisdom teeth are really bothering me
mon bridge est cassé	I've broken my dental bridge
j'ai perdu mon appareil dentaire	I've lost my dentures
pourriez-vous me faire une anesthésie locale ?	could you give me a local anaesthetic?
à la pharmacie	*at the chemist's (UK) ou drugstore (US)*
je voudrais un médicament contre les maux de tête/le mal de gorge/la diarrhée	can you give me something for a headache/sore throat/diarrhoea?
il me faudrait de l'aspirine/ des pansements	can I have some aspirin/ band-aids® (US) *ou* plasters (UK), please?

j'aurais voulu une crème solaire haute protection	I need some high-protection sunscreen
auriez-vous une lotion contre les piqûres d'insectes ?	do you have any insect repellent?
j'ai une ordonnance de mon médecin français	I have a prescription from my doctor in France
vendez-vous ce médicament sans ordonnance ?	do you sell this medicine without a prescription?
pourriez-vous me recommander un médecin ?	could you recommend a doctor?
où est le médecin de garde ?	where is there a doctor on duty?

urgences — *emergencies*

appelez un médecin/les pompiers/la police !	call a doctor/the fire brigade (UK) *ou* department (US)/the police!
appelez une ambulance !	call an ambulance!
pouvez-vous nous emmener aux urgences ?	can you please take us to the Casualty Department (UK) *ou* Emergency Room (US)?
où est l'hôpital le plus proche ?	where is the nearest hospital ?
le groupe sanguin de mon fils est O+	my son's blood group (UK) *ou* blood type (US) is O positive
je dois voir un médecin /un dentiste de toute urgence	I have to see a doctor/a dentist, urgently
j'ai été volé	I've been robbed
il y a eu un accident	there's been an accident
on m'a volé ma voiture	my car's been stolen
nous avons été agressés	we've been assaulted *ou* mugged

Sommaire

Nombres cardinaux / Cardinal numbers		
zéro	0	zero
un	1	one
deux	2	two
trois	3	three
quatre	4	four
cinq	5	five
six	6	six
sept	7	seven
huit	8	eight
neuf	9	nine
dix	10	ten
onze	11	eleven
douze	12	twelve
treize	13	thirteen
quatorze	14	fourteen
quinze	15	fifteen
seize	16	sixteen
dix-sept	17	seventeen
dix-huit	18	eighteen
dix-neuf	19	nineteen
vingt	20	twenty
vingt et un	21	twenty-one
vingt-deux	22	twenty-two
vingt-trois	23	twenty-three
vingt-quatre	24	twenty-four
vingt-cinq	25	twenty-five
vingt-six	26	twenty-six
vingt-sept	27	twenty-seven
vingt-huit	28	twenty-eight
vingt-neuf	29	twenty-nine
trente	30	thirty
cinquante	50	fifty
cent	100	one hundred
mille	1 000/1000	one thousand

Nombres ordinaux / Ordinal numbers		
premier	1er/1st	first
deuxième	2e/2nd	second
troisième	3e/3rd	third
quatrième	4e/4th	fourth
cinquième	5e/5th	fifth
septième	6e/7th	seventh
huitième	8e/8th	eighth
neuvième	9e/9th	ninth
dixième	10e/10th	tenth
onzième	11e/11th	eleventh
douzième	12e/12th	twelfth
treizième	13e/13th	thirteenth
quatorzième	14e/14th	fourteenth
quinzième	15e/15th	fifteenth
seizième	16e/16th	sixteenth
dix-septième	17e/17th	seventeenth
dix-huitième	18e/18th	eighteenth
dix-neuvième	19e/19th	nineteenth
vingtième	20e/20th	twentieth
vingt et unième	21e/21st	twenty-first
vingt-deuxième	22e/22nd	twenty-second
vingt-troisième	23e/23rd	twenty-third
vingt-quatrième	24e/24th	twenty-fourth
vingt-cinquième	25e/25th	twenty-fifth
vingt-sixième	26e/26th	twenty-sixth
vingt-septième	27e/27th	twenty-seventh
vingt-huitième	28e/28th	twenty-eighth
vingt-neuvième	29e/29th	twenty-ninth
trentième	30e/30th	thirtieth
cinquantième	50e/50th	fiftieth
centième	100e/100th	(one) hundredth
millième	1 000e/1000th	(one) thousandth

Valeurs mathématiques / Fractional, decimal and negative numbers		
un demi	½	(one) half
deux tiers	2/3	two thirds*
trois quarts	¾	three quarters/three fourths*
six cinquièmes	6/5	six fifths*
trois et sept cinquièmes	3 7/5	three and seven fifths
un dixième	1/10	one tenth
un centième	1/100	one hundredth
zéro virgule un	0,1/0.1	(zero) point one
deux virgule cinq	2,5/2.5	two point five
six virgule zéro trois	6,03/6.03	six point zero three
moins un	-1	minus/negative one
moins douze	-12	minus/negative twelve

[*avec trait d'union (two-thirds etc.) en adjectif]

Le calcul / Mathematical operations		
huit plus deux égal dix	8+2=10	eight plus two equals ten
neuf moins trois égal six	9-3=6	nine minus three equals six
sept fois trois égal vingt et un	7×3=21	seven times three equals twenty-one/seven multiplied by three equals twenty-one
vingt divisé par quatre égal cinq	20:4=5	twenty divided by four equals five
la racine carrée de neuf est trois	$\sqrt{9}=3$	the square root of nine is three
cinq au carré égal vingt-cinq	$5^2=25$	five squared equals twenty-five
quatre puissance vingt-neuf	4^{29}	four to the power of twenty-nine/four to the twenty-ninth
f est supérieur à x	$f>x$	f is greater than x
f est inférieur à x	$f<x$	f is less than x

Longueur / Length		
millimètre	mm	millimetre*
centimètre	cm	centimetre*
mètre	m	metre*
kilomètre	km	kilometre *

* (US) : meter

pouce	1 in = 2.54 cm	inch
pied	1 ft = 0.304 m	foot
yard	1 yd = 0.9144 m	yard
mile	1 m = 1.609 km	mile

Superficie / Area		
centimètre carré	cm^2	square centimetre*
mètre carré	m^2	square metre*
are (= 100 m^2)	a	are (= 100 m^2)
hectare (= 10 000 m^2)	ha	hectare (= 10,000 m^2)
kilomètre carré	km^2	square kilometre*

* (US) : meter

pouce carré	6.45 cm^2 = 1 in^2	square inch
pied carré	0.09290 m^2 = 1 ft^2	square foot
yard carré	0.836 m^2 = 1 yd^2	square yard
mille carré	2.59 km^2 = 1 m^2	square mile

Capacité / Capacity		
décilitre	dl	decilitre (UK) / deciliter (US)
litre	l	litre (UK) / liter (US)

once	oz	ounce
(UK)	1 oz = 28.41 ml	
(US)	1 oz = 29.6 ml	

pinte	pt	pint
(UK)	1pt = 0.125 gal = 0.56 l	
(US)	1pt = 0.124 gal = 0.47 l	
gallon	gal	gallon
(UK)	1 gal = 4.546 l	
(US)	1 gal = 3.785 l	

Volume / Volume		
centimètre cube	cm3	cubic centimetre*
mètre cube	m3	cubic metre*

* (US) : meter

pied cube	0,028 m3 = 1 ft3	cubic foot
yard cube	0,765 m3 = 1 yd3	cubic yard

Poids / Weight		
milligramme	mg/mg	milligramme*
gramme	g/g	gramme*
hectogramme	hg/hg	hectogramme*
livre	500 g/lb	pound
kilo(gramme)	kg/kg	(kilo)gramme*
quintal	q/q	quintal
tonne	t/t	(metric) ton(ne)

* *ou* gram

Unités anglo-saxonnes		
once	1 oz = 28,35 g	ounce
livre	lb	pound
(UK)	1 lb = 11.99oz = 0.373kg	
(US)	1 lb = 16.01oz = 0.454kg	

La monnaie britannique / British currency		
coins		**pièces**
un penny	1p	a penny
deux pence	2p	two pence
cinq pence	5p	five pence
dix pence	10p	ten pence
vingt pence	20p	twenty pence
cinquante pence	50p	fifty pence
une livre	£1	a pound/a quid *(fam)*
banknotes		**billets**
cinq livres	£5	five pounds
dix livres	£10	ten pounds
vingt livres	£20	twenty pounds
cinquante livres	£50	fifty pounds

La monnaie américaine / American currency		
coins		**pièces**
un cent	1¢	one cent/a penny
cinq cents	5¢	five cents/a nickel
dix cents	10¢	ten cents/a dime
vingt-cinq cents	25¢	twenty-five cents/a quarter
cinquante cents	50¢	fifty cents/a half dollar
banknotes		**billets**
un dollar	$1	one dollar/a buck *(fam)*
cinq dollars	$5	five dollars
dix dollars	$10	ten dollars
vingt dollars	$20	twenty dollars
cinquante dollars	$50	fifty dollars
cent dollars	$100	a hundred dollars

La monnaie européenne / European currency		
coins		**pièces**
un centime	1 cent	a cent
deux centimes	2 cents	two cents
cinq centimes	5 cents	five cents
dix centimes	10 cents	ten cents
vingt centimes	20 cents	twenty cents
cinquante centimes	50 cents	fifty cents
un euro	1€/€1	a euro
deux euros	2€/€2	two euros
banknotes		**billets**
cinq euros	5 €/€5	five euros
dix euros	10 €/€10	ten euros
vingt euros	20 €/€20	twenty euros
cinquante euros	50 €/€50	fifty euros
cent euros	100 €/€100	a hundred euros
deux cents euros	200 €/€200	two hundred euros
cinq cents euros	500 €/€500	five hundred euros

L'heure / Time		
cinq heures		five o'clock
sept heures cinq		five past seven
huit heures dix		ten past eight
neuf heures et quart/ neuf heures quinze		a quarter past nine
onze heures et demie		half past eleven
midi		noon/twelve p.m. (post meridiem)/midday
midi et demie		half past twelve/twelve thirty
minuit		twelve a.m. (ante meridiem)/ midnight
une heure *OR* une heure (du matin)		one p.m. (post meridiem) *OU* one a.m./one in the morning
deux heures/quatorze heures		two o'clock
quatre heures moins le quart/ quinze heures quarante-cinq		a quarter to four/three forty-five